晋江年鉴

JINJIANG NIANJIAN

(2017)

晋江市地方志编纂委员会 编

方志出版社
Publishing House of Local Records

图书在版编目（CIP）数据

晋江年鉴. 2017 / 晋江市地方志编纂委员会编. --
北京：方志出版社，2017.11
ISBN 978-7-5144-2755-4

Ⅰ. ①晋… Ⅱ. ①晋… Ⅲ. ①晋江—2017—年鉴
Ⅳ. ①Z525.74

中国版本图书馆CIP数据核字（2017）第296795号

晋江年鉴（2017）

编　　者：晋江市地方志编纂委员会
责任编辑：刘方圆
出 版 人：冀祥德
出 版 者：方志出版社
地址　北京市朝阳区潘家园东里9号（国家方志馆4层）
邮编　100021
网址　http://www.fzph.org
发　　行：方志出版社图书经销中心
电话（010）67110500
经　　销：各地新华书店
印　　刷：福州报业鸿升印刷有限责任公司
开　　本：889×1194　1/16
印　　张：35.25
字　　数：938千字
版　　次：2017年11月第1版　2017年11月第1次印刷
印　　数：0001~1000册
ISBN 978-7-5144-2755-4　**定价**：292.00元

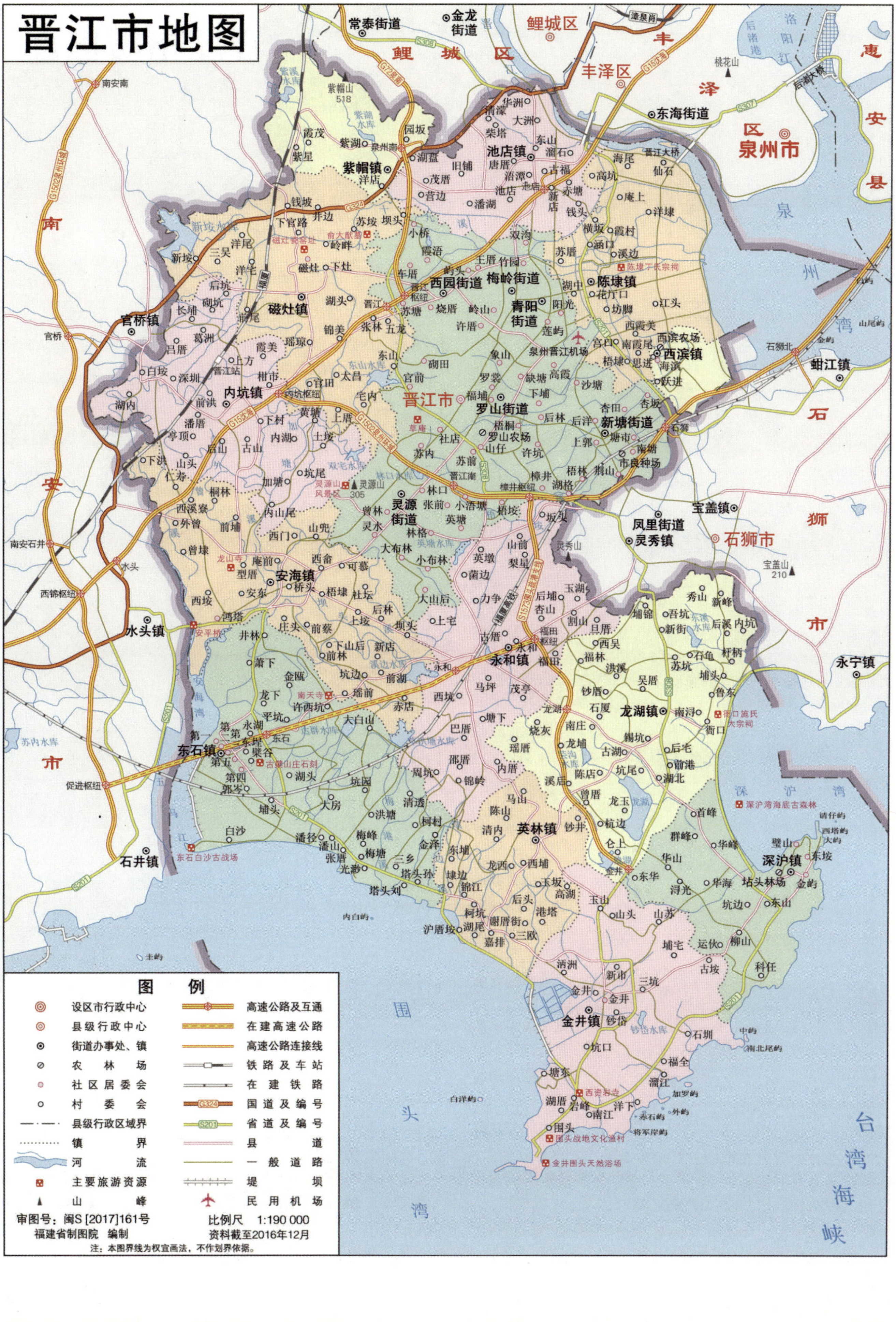
晋江市地图
鲤城区
丰泽区
泉州市
惠安县
南安市
石狮市
台湾海峡
围头湾
深沪湾
泉州湾
晋江市
紫帽镇
池店镇
西园街道
梅岭街道
青阳街道
陈埭镇
西滨镇
磁灶镇
内坑镇
罗山街道
新塘街道
灵源街道
安海镇
永和镇
龙湖镇
东石镇
英林镇
深沪镇
金井镇
凤里街道
灵秀镇
宝盖镇
官桥镇
水头镇
石井镇
蚶江镇
永宁镇
东海街道
常泰街道
金龙街道
泉州晋江机场
紫帽山 518
灵源山 305
宝盖山 210
图例
设区市行政中心
县级行政中心
街道办事处、镇
农林场
社区居委会
村委会
县级行政区域界
镇界
河流
主要旅游资源
山峰
高速公路及互通
在建高速公路
高速公路连接线
铁路及车站
在建铁路
国道及编号
省道及编号
县道
一般道路
堤坝
民用机场
审图号：闽S [2017]161号
福建省制图院 编制
比例尺 1:190 000
资料截至2016年12月
注：本图界线为权宜画法，不作划界依据。

晋江市城区图

晋江市城区图
沈海高速公路
往泉州市
往泉州市
晋阳湖
江滨公园
江滨公园
双龙路
宝龙酒店
明伟鞋服
市移动通信分公司
竹园
仕头小学
玉厝
屿头
双龙路
往晋江火车站
竹树下公园
竹树下
科龙公司
赤西小学
赤西
振兴鞋塑有限公司
陈埭赤西第二卫生所
龙寿宫
凤竹集团
平山小学
三光天
凤竹小学
沟头小学
梅园
基督教青阳堂
灵安殿
市中医院
沟头
石鼓庙
蔡厝
石鼓路
安意堂
八仙山公园
万石山
平山中学
市政协
梅岭街道
晋江一中
青华小区
湖中
晋江汽车站
湖光路
万达广场
梅岭派出所
庄氏家庙
金星大厦
自来水公司
桂山水库
桂山
桂华路
湖光西路
庄用宾故居(状元第)
市人大
国龙鞋业
青阳工业区指挥部
华兴电子
桂山农贸市场
青阳街道
新华路
华光路
青华
奇龙鞋塑有限公司
富盛漂染公司
希信小学
市委
实验小学
帝豪酒店
永昌大厦
梅山
永福里
爱乐酒店
岭山
华侨中学
南池大厦
得添大厦
阳光广场
鸿福大酒店
教育局
教师进修学校
锦青
旅游局
兴泰酒店
岭山小学
电业局
梅青
市政园林局
南山寺
金鸡水利纪念碑
金溪路
气象局
敦月公园
卫生局
阳光
市残疾人服务中心
财政局
广电局
第三车站
民政局
南苑酒店
宫安殿
市方志办
泉州轻工学院
博览大道
文警一中队
市医院
农业局
莲屿
许厝
许厝小学
体育中心综合楼
青新
司法局
邮政局
妇幼保健院
镜光殿
市公交公司
宋祠
张瑞图故居
白毫庵
体育中心
青少年宫
第二实小
药监局
崇德小学
市烟草专卖局
厦航泉州办事处
青阳派出所
长青路
中和小学
梅庭
中国人寿保险晋江支公司
建行
农行
地税局
曾井
霞行
陈村
工行
审计局
兴业银行
传阳玻璃
莲花寺
长途汽车站
市市场服务中心
国税局
市高甲剧团
晋江南区中学
晓聪中心小学
中行
电信局
崇德商厦
公交新站
崎山水库
国土资源局
泉州晋江机场
计生局
福音钟楼
统计局
地震办
市法院
市检察院
院林寺
市科技馆
大三豪鞋业有限公司
普贤学校
高霞小学
总工会
安监局
泉山
市交警大队
林锦记食品有限公司
红十字会
博物馆
普照
公安局
公安局出入境管理大队经济犯罪侦查大队
峰安皮业有限公司
凤埃小学
高霞
图书馆
洪宅埃
世纪公园
老年活动中心
缺塘
海事局
市质检局
市交通综合行政大队
市公路分局
育德小学
沙塘
军民学校
罗裳
市公安局交警大队二中队
汽车交易市场
市罗山运输管理站
市政府
国税
罗山街道
规划建设与房产管理局
水利局
市委党校
福埔
凯莱大酒店
福埔小学
兰峰
晋江福埔SM国际广场
华泰
前沿
往石狮市
世纪大道
泉安南路
福兴路
长兴路
迎宾路
梅岭路
新华街
崇德路
泉安中路
平北路
阳光中路
晋江大道
竹园路
图例
市政府驻地
街道办事处
村委会
社区居委会
街道
在建街道
主要商业街
河流
民用机场
汽车站
企事业单位
医院 学校
酒店、大厦
寺庙
纪念碑
其他景点
审图号：闽S[2017]161号
福建省制图院 编制
资料截至2016年12月

晋江市地方志编纂委员会

顾　　问：刘文儒
主　　任：张文贤
常务副主任：黄少伟
副 主 任：吴尊意　陈钖岑　陈进福　蔡　晖　黄　良
委　　员：（按姓氏笔画排列）

王立民　王庆福　王志宏　王清龙　方庆强　甘泽阳　叶秀枝
叶苍榆　叶荣聪　庄垂生　庄晓芳　王洪喜　刘向阳　刘建民
许一平　许小卫　许礼义　许英蔚　许特级　许著赟　许紫竹
许嘉丰　孙晋展　纪刚宏　苏文伟　苏振发　李友加　李伟才
李章凯　李德铭　杨双华　杨春雷　肖金树　吴晋居　吴鸿斌
吴靖宇　邱鸿荣　张世雄　张志友　张志雄　张健龙　陈水深
陈文荣　陈东聆　陈伟荣　陈伟勇　陈多多　陈志刚　陈志雄
陈其昌　陈建生　陈建军　陈荣松　陈恩典　陈高攀　范飞跃
林志雄　王经勤　林金田　郑科伟　柯发音　柯枫伟　柯国林
柯荣围　钟文玲　饶聪敏　洪安和　洪志强　骆裕明　郭浪滔
郭培源　黄建华　黄项飞　黄胜鑫　黄清泉　彭培育　曾国灿
谢永彬　谢江漫　谢建智　谢建新　蔡少林　蔡水利　蔡文卿
蔡尚才　蔡育树　蔡逸卿　蔡清渠　颜志平　戴庆阳

《晋江年鉴》总编室

主　　审：张文贤
副 主 审：陈进福
主审助理：柯晓钟　陈钖岑　蔡斯坤　蔡　晖　陈志雄
主　　编：黄少伟
执行主编：黄　良
副 主 编：黄尤敏　尤春晓
编　　辑：庄满堂　张婉萍　林荣国　苏锦生　翁丽程
高忠洲　王云传
编　　务：赖安安　林文堡　许泽波

分管领导(按姓氏笔画排列)

丁玉梅　王义彬　王立民　王尾珠　王保坚　王活泼　王振明
王耀民　尤国盘　尤国辉　尹继雄　卢奕珠　叶苍榆　叶鸣涛
叶荣聪　庄东航　庄晓芳　庄鸿文　刘昭曙　许一平　许小卫
许礼义　许建林　许著赟　许维蓄　许紫竹　许增智　苏文伟
苏瑞厚　李文宏　李冬阳　李伟才　李和范　李清茎　杨志勇
杨青梅　肖金树　吴传强　吴金猛　吴金鹏　吴晋居　吴鸿斌
吴朝晖　余国庆　余　洁　张一兵　张广德　张东奇　张华山
张晓光　张晚金　张跃铭　张琳琳　张　榕　陈小妮　陈飞熊
陈文海　陈书琴　陈白露　陈伟荣　陈多多　陈志刚　陈希枫
陈良辉　陈金尚　陈建生　陈建军　陈建辉　陈俊毅　陈恩典
陈继添　陈清漂　陈雅莲　陈瑞伟　陈德生　范飞跃　林水清
林光荣　林志阳　林志雄　林志辉　林君清　林金田　林宗灿
林建明　林春旭　林积焕　林　楠　郑君平　胡天祝　柯发音
柯波峰　柯荣围　柯惠玲　施能善　施跃腾　洪文哲　洪安和
洪春婷　洪晓东　洪海港　洪鸿雁　姚远志　骆裕明　郭振煌
郭培源　唐玉梅　唐丽娟　黄永刚　黄华东　黄　良　黄贤答
黄建华　黄项飞　黄清泉　龚子猛　彭培育　傅子勤　傅仰钦
曾世明　曾国灿　谢江漫　蔡文习　蔡永钦　蔡永潮　蔡尚才
蔡命港　蔡育树　蔡家煌　蔡逸卿　颜江龙　颜　虹　戴伟顺
戴庆阳　戴若立

特邀编辑(按姓氏笔画排列)

丁思华　王丹妮　王凤仪　王华毅　王宇华　王远航　王志宏
王建筑　王真真　王桂源　王海东　王海洪　王萍萍　王惠灵
王辉庭　王婷婷　卢古质　叶　扬　叶钰清　冯骏翔　任　雪
庄子云　庄子瑜　庄永明　庄伟阳　庄树涛　庄培清　刘吉山
刘岩澍　刘金华　刘雅铮　许少东　许计划　许绍辉　许珊俐
许秋停　苏水波　苏进盘　苏志英　苏芙蓉　苏锦生　苏　曦
李少荣　李志明　李依婷　李　俐　李默得　杨舒琳　连小妹
连凯华　吴文英　吴志源　吴丽霞　吴振辉　吴家添　吴培雅

吴震家	邱钰婧	宋成功	张　丹	张小萍	张子牙	张国荣
张鸿进	张鹏江	张新阳	张燕娜	陈卫星	陈长江	陈文财
陈龙琪	陈弘光	陈伟哲	陈冰冰	陈君兰	陈建造	陈建福
陈维维	陈超颖	陈舒祁	陈聪艺	林子文	林幼瑜	林志宏
林英泼	林旺荣	林金国	林承标	林承狮	林胜利	林振贤
林桂林	卓思峰	罗秋高	金晓梅	周文来	周　达	周　沁
周培瑜	周嘉庆	单洪海	赵志远	柳艳红	施并章	施荣达
施锦双	洪金中	洪春生	姚珊瑜	徐学锋	高少蓉	高姗姗
郭灿辉	郭劲彬	黄工作	黄巧巧	黄宇鹏	黄振杰	黄哲昉
黄海金	黄辉雅	黄　璟	曹荣山	康丽雅	程　亮	富伟俊
谢佩龙	谢　哲	谢　菁	赖婷婷	雷翠云	蔡诗雯	蔡思凤
蔡　菁	蔡婉婷	蔡滨琪	潘惠惠			

编 辑 说 明

一、《晋江年鉴》是中共晋江市委、晋江市人民政府组织编纂，晋江市地方志编纂委员会负责编辑出版的地方综合年鉴。从1996年开始，每年编纂出版一卷，逐年记载晋江市自然、政治、经济、文化、社会等方面的情况，展示晋江社会主义现代化建设崭新风貌。《晋江年鉴》所刊载资料系统、翔实、准确，具有权威性，为国内外读者全面了解、研究晋江提供帮助。同时，也为编修地方志书积累资料。

二、《晋江年鉴(2017)》以马克思列宁主义、毛泽东思想、邓小平理论、“三个代表”重要思想、科学发展观、习近平新时代中国特色社会主义思想为指导，坚持辩证唯物主义和历史唯物主义的立场、观点和方法，实事求是记载2016年晋江市社会主义现代化建设的进程。记事时限为2016年1月1日至12月31日。

三、本年鉴共设14个类目、53个分目、81个表格。反映各行业、各部门工作和经济社会发展新貌的图片分列于各类目中，图文并茂。

四、本年鉴采用规范的现代汉语记述。文字、标点符号、计量单位(除统计资料部分照录外)均以国家现行规范为准。

五、本年鉴采编的资料(除特载、附录外)，由市直各单位、各镇(街道)提供，并由各参编单位的领导审定；某些类目的内容，编者亦采集有关资料编纂或融合成文；采用的统计数字属全市性的，以市统计局公布的资料为准，不属市统计局统计的部门性资料，由主管部门提供；类目扉页及通栏标题图片由晋江市摄影家协会、晋江市新闻摄影学会提供，随文照片由供稿单位提供。

六、本年鉴的组稿、编辑、印刷、出版等工作得到各相关单位、镇(街道)的大力支持，对关心支持年鉴工作的各级领导及参与文稿编辑、审订的同志所付出的辛勤劳动，在此致以衷心的谢忱！《晋江年鉴》内容广泛，采编时间仓促，加上编者水平有限，疏漏差错之处在所难免，恳请广大读者批评指正。

《晋江年鉴》总编室

2017年10月

目　录

特　载

Special records

大事记

Chronicle of events

基本情况

General conditions

魅力晋江

Charm jinjiang

关注焦点

Focus of attention

·精神文明建设·

·统一战线工作·

·老干部和老龄工作·

晋江市人民政府

The people′s government of Jinjiang

·市政府全体会议与常务会议·

Plenary meetings and standing meetings of the municipal government

·政务纪要·

Summary of government affairs

·市政府办公室工作·

Office work of the municipal government

·信访和市长专线电话·

Petition letter and the mayor′s line

·行政审批·

Administrative examination and approval

·城市管理·

City management

文　化
Culture

社 会

Society

教 育

Education

·综 述·

Overview

民　政

Civil administration

生　态

Ecology

国土资源管理

Land and resources administration

街道　镇　场

Street　Town　Farm

荣誉榜

Honor roll

人　物

Character

附 录

Appendix

特载

- 在中共晋江市第十三届代表大会上的报告
- 晋江市人民代表大会常务委员会工作报告
- 政府工作报告
- 中国人民政治协商会议第十二届晋江市委员会常务委员会工作报告

敢拼会创　砥砺前行
为建设国际化创新型品质城市而努力奋斗

——2016年7月28日在中共晋江市第十三届代表大会上的报告

中共晋江市委书记　刘文儒

各位代表，同志们：

现在，我代表中共晋江市第十二届委员会向大会作报告，请予审议。

一、过去五年，晋江收获满满

五年来，面对错综复杂的宏观形势和繁重的改革发展任务，市委认真贯彻上级决策部署，团结带领全市各级党组织、广大党员和干部群众，全面深化改革，加快创新转型，持续推进新型城镇化建设，有力推动经济社会全面协调发展，为今后五年打下了坚实基础。

这五年，综合实力实现大跨越。我们坚持统筹全局，全力推进稳增长、防风险、调结构、促转型，持续推动一产做精、二产做优、三产做强。GDP年均增长11.2%，工业总产值突破4000亿元；一般公共预算总收入突破200亿元，实现五年翻一番。产业集群效应明显，制鞋、纺织服装行业产值突破千亿，战略性新兴产业和高新技术产业加快聚集，晋华存储器集成电路、莲花汽车等项目相继落地。专业市场、跨境电商、文创研发等服务业平台相继建成，三产增加值增速持续高于二产。龙头企业支撑效应明显，纳税超亿元企业达到25家，上市企业达到46家，恒安、安踏等一批龙头企业跻身行业领先，走向国际舞台。创新驱动效应明显，设立创投引导基金和安芯产业投资基金，成功引进7家"国字号"科研机构，设立4家院士工作站，聚集4名国家"千人计划"、11名省"百人计划"专家，全社会研发投入占GDP比重提升至2.6%，每万人发明专利拥有量大幅增长至4.5件。特别是我们大力开展企业帮扶，出台系列扶持政策，引导企业开展"五个创新"，帮助企业有效应对经济下行压力和金融风险；我们大力实施"回归工程"，引进87家企业总部、营销中心、电子商务中心；我们大力加强招商引资，新引进63个重大项目，为今后发展积蓄了强大后劲。

这五年，城乡面貌实现大变化。我们坚持以人为本、为民建城，推进大规模城市更新改造，城镇化水平显著提升。全面推进16个组团(片区)建设，建成52个现代小区，中心城区建成区面积拓展到107平方公里，城镇化率提升至65%，初步形成"全市一城、一主两辅"的发展格局。全面构建海陆空立体交通体系，加快建设"152030"快速交通圈，建成晋石高速、机场连接线等一批高等级公路、城市主次干道，基本建成"三环七射"城市快速路网，海陆空港持续扩容，初步形成"市际互联、市域通畅、市区便捷"的综合交通体系。全面提升功能品质，实施"五个系列"资源整合，高标准建设一批公共配套和市政基础设施，建成公共自行车系统一期和"一山一水"城市慢道试验段，打造一批"美丽乡村"，一座本地人留恋、外地人向往的品质城市初具雏形。全面改善生态环境，坚持党政同责，加快生态文明体制改革，实施生态建设"四大行动"，推进33条生态流域综合治理，编制14个田园风光项目规划，新建改建八仙山、绿洲等21个公园，森林覆盖率提升4.5个百分点，年平均空气质量优良率达97.26%，获评国家园林城市，顺利通过国家生态市考核验收。

这五年，民生福利实现大提升。我们坚持执政为民，突出民生优先、"保障全覆盖、待遇均等化"，构建七个民生保障体系，城乡居民人均可支配收入分别突破4万元、1.8万元。我们从群众最关注的热点问题入手，办好46件民生实事，实现村村通自来水、镇镇通公交，把保洁队伍、巡防队伍配到村一级，农村环境显著改善，群众安全感大幅提升。我们从群众对美好生活的更高期盼入手，统筹民生投入，新建45所学校、9个医疗项目和40所养老机构，率先在全国实行新农合跨省异地结报，率先在全省实现公办高中和中职学校免学费，成功引进树兰医疗、福州大学等一批高端医疗教育资源，让群众享有更多优质公共服务。我们从关注弱势群体入手，开展精准扶贫，实施"四帮四扶"工程，帮助721户困难家庭脱贫解困，充分发挥慈善总会作用，救助困难群众6万多人次。我们从推进外来人口本地化入手，率先在全省推行"居住证"制度，110万新晋江人同等享受30项市民化待遇，城市更显和谐宜居、开放包容。

这五年，文化事业实现大发展。我们坚持推进固态保护、活态传承、业态提升，充分彰显文化底蕴。围绕文化惠民，加快完善公共文化服务体系，文化中心、戏剧中心建成投用，"10分钟体育健身圈""15分钟文化生活圈"基本形成，"大美晋江"舞台等文艺精品成为惠民品牌，国际自行车赛、亚洲沙排、CBA等国内外赛事在晋江精彩演绎，充分展示体育城市的激情与活力。围绕文化传承，集中开展古建筑、古村落保护修缮，推动南音、木偶、高甲戏等传统文化艺术传承弘扬，建成安平桥生态公园，草庵列入世遗申报点，五店市传统街区成为展示闽南文化的城市地标。围绕发展文化产业，举办晋江文化产业周活动，“三园一基地”聚集了一批名家大师、创新创业团队和新型文化业态。围绕文明创建，实施文明城市创建三年行动计划，市民素质和城市文明程度持续提升，连续两届蝉联省级文明城市，荣获全国文明城市提名资格。

这五年，改革开放取得新突破。我们坚持改革引领，创新突围，新型城镇化、农村宅基地等16项改革纳入国家试点，商事登记等改革纵深推进，行政审批制度改革不断深化，经济发达镇、镇级小城市、小城镇改革加快推进，行政效能持续提升。我们坚持开放先行，主动融入海丝核心区建设，“联合国海陆丝绸之路城市联盟工商理事会”落地晋江，出口加工区升格为综合保税区，五店市传统街区成为国家对台文化交流基地，对外开放水平进一步提高。

这五年，党的建设展现新活力。我们坚持聚焦党建主业，实施干部队伍素质提升工程，创新实绩量化考评办法，推进农村党员登记制度，建立党代表工作室，党代会常任制试点取得新突破。创设村级组织“三张清单”和“三项经费”，创新非公党建“二带十”、机关党员“义工进社区”等品牌，大埔村、优兰发公司党委获评全国先进基层党组织。支持人大、政协独立开展工作，保障司法机关独立行使职权，扎实做好统战、群团、人武、老干、双拥、宗教、老区建设、对口帮扶等工作，党委统揽能力持续增强。坚持全面从严治党，坚决贯彻“八项规定”精神，扎实开展群众路线等党内集中教育活动，持之以恒反对“四风”，狠抓“两个责任”落实，保持从严惩治腐败的高压态势，党风廉政建设和反腐败斗争取得新成效。

五年的成绩来之不易。五年来，各级领导都很给力，习近平总书记专门为晋江新型城镇化建设作出批示，李克强总理充分肯定晋江新型城镇化建设成效，张高丽副总理亲临晋江调研指导，省、泉州市在晋江召开新型城镇化建设现场会，这些给了我们莫大的鼓舞。五年来，各级各部门都蛮拼的，每条战线逢一必夺，先后荣膺全国创先争优活动先进市委等7个国家级荣誉称号，蝉联全国双拥模范城“六连冠”；我们亮相中欧城镇化论坛，成功承办第六届APEC电子商务工商联盟论坛、国际集成电路产业发展高峰论坛，尽展晋江国际风范；我们综合实力持续位居福建首位，县域基本竞争力位居全国第5。这些成绩的取得，得益于上级党委政府的坚强领导，得益于历届领导班子、全市党员干部群众、海内外晋江人和外来建设者的共同打拼、不懈努力。在此，我谨代表中共晋江市委，向为晋江发展作出贡献的老干部、老领导，向全市人民群众、广大党员，向所有关心和支持晋江建设发展的同志们、朋友们，表示衷心的感谢！

回顾五年的发展，我们深深感到，习近平总书记总结晋江经验的“六个始终坚持”，是晋江改革发展的制胜法宝和行动指南，我们必须一以贯之、用好用活，不断丰富发展“晋江经验”，走出一条符合晋江实际、具有晋江特色的县域发展路子；必须大力弘扬攻坚克难的精神，保持改革创新的锐气，以自我革新的魄力冲破思想的桎梏和利益的藩篱；必须更加注重打基础、利长远，“一届为一届打基础、一年为一年添后劲”，不断开创晋江发展新伟业；必须牢牢兜住民生底线，坚持发展为了人民，让群众共享改革发展成果，不断提升群众获得感和满意度；必须全面从严治党，坚持党委统揽、政企互动，四套班子一起上，干部群众齐努力，团结依靠海内外500万晋江人，最大限度地凝聚“晋江力量”。

在看到成绩的同时，我们也清醒认识到存在的问题：一是经济下行压力加大，新增长点的培育、大项目的支撑带动作用还不明显，产业创新能力偏弱，“两新”产业培育偏慢，企业面临的市场压力和金融风险仍然较大，稳增长、促转型的任务十分繁重。二是城市功能品质有待提升，中心城区集聚效应不够明显，新业态发展相对滞后，城市承载力和吸引力仍需加强，提升国际化水平、建设品质城市的任务十分繁重。三是生态环境、公共服务等民生领域存在短板，特别是高端医疗教育的供给与群众期盼还有差距，持续改善民生、让群众有更多获得感的任务十分繁重。四是市民素质跟不上新型城镇化进程，城乡发展不够协调，“美丽乡村”建设仍有较大空间，加快人的城镇化、实现城乡一体发展的任务十分繁重。五是一些改革举措落地见效不够快，对经济社会发展推动作用不够明显，先行先试、再创体制机制新优势的任务十分繁重。特别是面对新形势新要求，个别领导干部的能力素质、专业素养、服务水平还有待提升，需要我们持续全面从严治党，加强干部队伍建设，在今后的工作中直面问题、应对挑战，认真加以解决。

二、谋划未来，开启晋江新征程

回顾过去，晋江谱写了壮丽篇章。今天发展的“接力棒”交到我们手中，面对新使命，我们务必要牢固树立历史责任感和使命感，始终保持干事创业的激情、爱拼敢赢的斗志、创新突围的勇气，抢抓机遇，放宽视野，汇聚全球资源，再创晋江新奇迹。

今后五年的指导思想是：高举中国特色社会主义伟大旗帜，全面贯彻党的十八大和十八届三中、四中、五中全会精神，以马克思列宁主义、毛泽东思想、邓小平理论、“三个代表”重要思想、科学发展观为指导，深入贯彻习近平总书记系列重要讲话精神和对福建工作的重要指示，紧紧围绕“四个全面”战略布局，坚持发展第一要务，牢固树立、自觉践行“五大发展理念”，以创新转型、跨越发展为主线，以提升人民群众获得感为目的，统筹推进经济建设、政治建设、文化建设、社会建设、生态文明建设和党的建设，全力打造国际化创新型品质城市，丰富“晋江经验”，在“新福建”“五个泉州”建设中持续当标兵、走前列。力争到2020年，GDP突破2500亿元，一般公共预算总收入突破260亿元，服务业增加值占GDP比重达到34%，高新技术企业产值占规上工业产值比重达到20%，全社会研发投入占GDP比重提高到2.8%，城镇化率提高到70%，建成更高水平的全面小康社会。

今后五年，我们将坚定不移推进“三大战略”：

——坚定不移推进“人才强市”战略。围绕建设“人才强市”目标，坚持党管人才，突出引育并举、以用为本，全力推进人才工作赶超行动，完善人才、项目、平台、资金一体化的政策体系，以最灵活的机制、最优惠的政策、最优越的环境，不断激发各类人才创新创业的活力和激情，为转型升级跨越发展注入源头活水。

——坚定不移推进“新型城镇化”战略。围绕推进国家“新型城镇化”建设试点，坚持以人为本，加快人的城镇化，完善服务管理体系，深化精神文明创建，强化融合融入、共建共享，让城市更加包容、更有温度。坚持功能重于形象，提升城市业态，精细城市管理，彰显文化特色，进一步做强做优中心城区，推动辅城联动发展，打造若干特色小镇，建设一批美丽乡村，持续提高城镇化建设品质，让本地人更加留恋、外地人更加向往，让晋江成为更多人可托付终身的“人生选择”。

——坚定不移推进“国际化”战略。围绕融入“一带一路”建设，对接集成电路等国家重大生产力布局，以国际化视野谋划晋江发展，用好“侨”“台”资源，抢占“海丝”建设高地。以国际化标准完善城市配套，营造一流营商环境，让城市更具“国际范”。以国际化思维汇聚全球技术、高端资源、国际英才，打造更多国际企业和国际品牌，构建企业在晋江、资源在全球、市场国际化的发展格局，不断提升晋江产业的国际影响力。

三、攻坚突围，让晋江更出彩

未来五年，蓝图已经绘就。我们要以更加务实的姿态甩开膀子、大干一场、再拼一次，在建设国际化创新型品质城市的新征程中，创造无愧于时代的新业绩。

(一)全力实施“136”攻坚行动

1.培育创新驱动核心动能。创新是永恒主题。我们要坚持创新驱动的核心地位，推动经济增长由要素驱动向创新驱动根本转变。发挥企业创新主体作用。鼓励自主创新、自创品牌、自我创业，持续引导企业开展“五个创新”，推进“两新企业双百计划”，不断提升企业核心竞争力。优化创新资源配置。加快科技体制改革，强化知识产权保护与运用，建设产业创新信息服务中心、青年梦工场，推动石墨烯产业技术研究院等科研机构完善功能、发挥作用。组建一批产业技术创新联盟、技术标准战略联盟，打造“服务供给多元、平台支撑有力、运行模式灵活”的创新孵化保障链条。汇聚创新创业人才。坚持以产业招揽人才、以项目对接人才，健全“1+N”人才政策体系，探索建立公益性的人才•科技•资本综合开发运营平台，实施“四大人才计划”，打造多层次人才队伍。推行柔性引才用才，吸引一批“假日专家”、“星期天工程师”。突出精诚留才，推动人才市场化和社会化服务，破解人才自由流动体制障碍，在住房、子女就学、医疗等方面给予倾斜，让优秀人才舒心工作、大展拳脚。构建创新金融体系。深化金融领域改革，做大做活产业创投引导基金，大力发展VC/PE，探索供应链金融、众筹孵化等网络金融服务模式，做大做强资本市场“晋江板块”，构建全生命周期创新金融服务链。

2.培育“三大新产业”。大力发展集成电路产业。抢抓国家战略布局机遇，以晋华存储器集成电路项目和安芯基金为依托，吸引、并购集成电路上下游产业项目，健全人才引进培养、科技研发、公共服务等体系，构建从芯片设计到终端应用的全产业链生态圈，打造具有国际竞争力的内存产业基地。大力发展体育产业。对接全民健身国家战略，发力“体育+”，推动传统运动鞋服产业向多业融合转型，鼓励发展尖端体育装备、赛事运营、观赏体验等业态。加快崎山自行车主题公园等载体建设，盘活一批现有体育设施、存量资源，促进大众体育消费。积极承办重大体育赛事，做强鞋(体)博会等展会活动，打造若干个全国闻名赛事展会精品，点亮体育城市新名片。大力发展汽车制造产业。以莲花汽车生产基地为龙头，整合现有汽车配件产业链，大力发展汽车整车装配、关键零部件生产研发，逐步延伸上下游产业链，引进一批新能源技术应用、汽车制造装备等配套产业，打造具有国际竞争力的汽车制造及零部件生产基地。

3.培育“六大新增长区域”。立足区域发展布局，强化龙头项目带动，打造功能凸显、配套齐全、产城一体的区域新增长空间。建设“双创”活力走廊。以三创园、洪山文创园为支撑，以世纪大道两侧重大设施配套为基础，引导建设一批便利化、全要素众创空间，大力培育科创孵化、文化创意、科技金融等新业态，打造混合型创新创业活力走廊。建设高新产业聚集区。以晋华存储器集成电路项目为支撑，以发展全产业链为手段，以“三园一区”空间载体为依托，有效承接台湾技术转移，汇聚国际高端企业、研发团队和生产要素，力争打造国内一流、世界先进的高新技术产业聚集区。建设“双高”道口经济区。以高铁福厦客专泉州南站建设为契机，推进TOD综合开发，发挥站点枢纽作用，叠加高速路网等交通优势，积极融入厦漳泉同城化，加快布局高端商务、信息物流等业态，推动与中心城区连片发展，打造城市综合交通枢纽示范区。发挥福厦高铁晋江动车站、陆地港道口优势，推进晋西北物流商贸集聚区建设，大力发展城市配送、跨境电商等业态，打造闽南地区重要物流基地、道口经济综合示范区。建设科教产业集聚区。以福大晋江科教园为支撑，吸引境内外科研院校、创新人才、高成长性企业聚集发展，推动科技成果与本土产业对接转化，培育孵化一批高新企业，打造产学研用一体的综合性智力高地。建设综合保税区。以建设“三基地、四中心”为支撑，同步复制推广自贸区政策，加强综保区功能延伸拓展及资源整合，大力发展转口贸易、国际采购、保税物流等，打造对外开放的核心承载平台。建设晋东新区。以国际鞋纺城、品牌工业城为支撑，突出智能制造、专业市场、现代商贸、楼宇总部四大功能，加速推进滨江商务区和鞋都片区功能融合、辐射互动，以都市化标准加快基础设施建设，打造具有区域竞争力的先进鞋业制造基地、商贸中心，功能完善、产服一体的转型样板区。同时，实施经济开发区“一区多园”价值链、产业链“双提升”行动，推动园区业态升级、配套完善、服务提质，高标准推进新拓园区开发建设，提高园区承载转型发展的能级。

(二)全力推进产业品质提升工程

1.守住传统产业看家宝。引导差异化、高端化发展，推动传统企业向“微笑曲线”两端延伸，向产业链、价值链高端攀升，让“老树”开“新花”。巩固家底保根本。坚持以供给侧结构性改革为主攻方向，实施降低实体经济企业成本行动，建立企业兼并重组服务体系，完善企业资金风险防控机制，全力化解产能过剩、成本过高、资金过紧问题。探索快速响应、弹性灵活的政策保障方式，分行业、分企业精准施策，推动产业政策由“业态导向型”向“要素保障型”转变，真正让传统产业“留下来、发展好”。拓展提升增质效。坚持龙头带动，大力弘扬“工匠精神”，深入实施“晋江智能制造2025”和“互联网+”行动，大力推广“数控一代”，推动企业实现设计数字化、生产智能化、管理精细化、营销一体化和服务个性化。实施发展服务型制造行动计划，引导集群链条上下延伸、左右拓展，加快发展高级定制、时尚快消等新业态，探索制造+互联网、+营运服务等新模式，以跨界融合拓展新空间、催生新效益。

2.培育新兴产业生力军。围绕规模化、集群化发展，推动要素资源向新兴产业集聚，让"新苗"成"大树"。转变方式、引大育强。推动招商由依靠优惠政策向依靠国际化营商环境转变，加快智能装备园、海洋生物园等新兴园区建设，着力引进一批产业龙头、核心项目，带动吸引上下游配套，推动智能装备、海洋生物、新材料、光伏电子等新兴产业跨入发展快车道。倾斜资源、孵化培育。实施新兴产业全成长过程、全要素资源支持政策，开展核心技术研发攻关，推动一批科技型、创新型项目孵化转化，超常规支持先驱型企业做大做强。紧盯石墨烯应用、智慧产业、节能环保等前沿科技领域，加快营造未来产业孵化生态环境，抢占未来竞争制高点。

3.做强现代服务业增长极。坚持生活性、生产性服务业并重，新老业态、线上线下并举，推动现代服务业优化升级。培育壮大生产性服务业。围绕现代物流、科创设计、高端中介等新业态，引导生产企业加快服务环节专业化分离和外包，推动生产性服务业向专业化、高端化发展。拓展提升生活性服务业。适应消费结构升级，引导向精细化和高品质转变，重点发展健康养老、家庭服务等业态，打造功能完善的生活性服务业体系。做大做强城市核心商圈。统筹规划全市商贸布局，强化中心城区聚集效应，加快培育高端商业、总部经济、信息服务等新型城市业态，扶持金融广场等重点特色楼宇经济，盘活回迁小区商业资产，打造一批主题商圈、特色街区和专业市场，营造浓厚商贸氛围。

(三)全力推进城市品质提升工程

1.优化空间布局。突出疏密有致、精明增长。健全规划体系，强化规划执行，加快推动"多规合一"，突出"五留"控制，注重"五量"调节，科学划定城市开发边界、生态保护红线、"二级七线控制"，严控城市开发强度，让城市建设更加有序有度。突出功能互补、联动发展。中心城区更加注重核心功能聚集，打造一批重大生产性服务业集聚区、大型公共服务和功能配套设施，抢占环湾城市经济中心。晋南辅城更加注重整合滨海资源、高等教育资源，适时启动填海造地工程建设，打造滨海运动休闲旅游中心。晋西辅城更加注重整合提升优质文化资源，构筑联系泉厦两地的重要产业、文化交通"功能高地"，打造泉州南翼新城核心区。突出城乡统筹、激发活力。实施强镇扩权改革，深化陈埭发达镇行政管理体制改革，加快安海、金井镇级小城市试点建设，推进东石、磁灶等小城镇综合改革和龙湖产城乡融合试点建设，科学划分市镇两级财权、事权，全面激发镇域发展活力。

2.构建大交通格局。坚持"快慢结合、高效接驳、互联互通"，持续构建城市交通网络。打通城市"大动脉"。加快泉厦漳城市联盟高速公路，中部、东部、西部等快速通道建设，推动东海大桥启动建设，完善城市主干路网，推动中心城区向北联融入泉州环湾城市，向东接辐射晋东新区，向西拓与内坑、磁灶连片发展，向南走带动晋南、安海、东石快速发展，不断增强中心城区的辐射带动力。疏通城市"毛细血管"。在市区、镇区推行"窄马路、密路网"，丰富路网支次干道，拓展延伸"一山一水"城市慢道，建设中心城区慢行系统，打通城市道路"最后一公里"，让出行更为便捷。健全公共交通体系。依托"两场、两站"，统筹轨道交通、公共汽车等多种交通方式，实现无缝换乘，构筑"半小时生活圈"。

3.完善城市功能。突出"适用、经济、绿色、美观"，推进城市建设。坚持促成效、去库存，提升城市续航力。做好组团(片区)征迁收尾工作，持续推进项目策划和精准招商，推动项目尽快建成投用。加强房地产统筹调控，把握开发节奏，优化供应结构，畅通商品房、安置房、保障房转换通道，推行货币化安置，有效化解房地产库存。坚持优配套、夯基础，提升城市承载力。深化"五个系列"资源整合，推进一批城市能源、供排水、垃圾处理等基础设施、民生工程建设。加快地下综合管廊建设，优化管网线路，减少城市硬覆盖地面，打造海绵城市。坚持修肌理、强功能，提升城市生命力。纵深推动城市更新，开展城市修补和三旧改造，活化城中村、空心村，打造一批整洁有序、文艺清新的小坊小巷，培育城市活力点，建设若干"国际小区""产业社区"。

4.精细化管理运作。加快人的城镇化。深化户籍制度改革，完善居住证制度和积分优待政策，健全生活保障、生产就业、人文关怀机制，完善社区建设管理机制，创新新型社区、新建小区管理模式，全力推动外来人口本地化、农业转移人口市民化。创新城市治理。构建"大城管"格局，探索综合执法模式，推进执法重心和执法力量下移。推行精细精准管理，引导专家、公众、社会组织共同参与，推进建筑产业化，提升工程质量、安置房建设等管理水平。以智慧城管、智慧交通、智慧社区为重点，加快建设智慧城市。强化城市经营。深化投融资体制改革，组建水务集团，做大做强城投、文化旅游等国有企业，积极推广股权融资、项目融资、PPP等融资模式，引导社会资本参与政府公共项目投资建设运营。

(四)全力推进民生品质提升工程

1.增进民生福祉。"意莫高于爱民、行莫厚于乐民"，我们要始终把群众冷暖放在心坎上。格外关爱困难群众。全力开展脱贫攻坚，深化"四帮四扶"，深入推进精准扶贫，确保小康路上不落一户、不丢一人。健全社会救助体系，持续壮大慈善事业，提升"救急难"能力，在兜牢民生底线上始终不抛弃、不放弃。格外关心基本民生。完善社会保障体系，更加突出普惠共享，实施全民参保计划，推动各类社保提标扩面。高度关注转型升级中的群众生产生活，加强住房保障体系建设，全面加快农村石结构及危旧房翻建改造。格外关注热点民生。积极回应群众诉求，加快构建新型养老服务体系，着力解决市区"停车难"、公共交通、物业管理等热点民生问题，锲而不舍、实实在在地改善民生。

2.增加优质资源供给。拿出"短板变样板"的决心，提供更多的优质公共服务。让百姓在家门口上好学。优化教育资源布局，持续深化"小片区管理"，推广集团化、委托管理等办学模式，办优高等教育、职业教育，大力提升信息化水平。深入推进教育人才"5121"引育计划，打造"名师名校长"集群。鼓励社会办学，推行"公办民助""民办公助"等合作办学模式，引进更多高端教育资源。让百姓在家门口看好病。深化医药卫生体制和公立医院综合改革，加快市医院迁建等医疗项目建设，实施"名医、名科、名院"工程和"510卫生育才工程"。深化与树兰医疗合作，支持社会资本兴办优、精、专医疗机构，鼓励对接高端医疗资源，完善公共卫生服务体系。

3.增强社会治理实效。突出全民参与、共建共享，让人民安居乐业、社会安定有序。深化平安晋江建设。健全完善立体化治安防控体系，全面提升治安管控能力和综合治理水平，扎实抓好安全生产各领域工作，确保人民群众生命财产安全。深化法治晋江建设。推进司法体制改革、人民陪审员制度改革，深入开展“七五”普法，健全公共法律服务体系，提升依法治市水平。深化诚信晋江建设。加快信用体系建设及信息社会化应用，推进政务诚信、商务诚信、社会诚信和司法公信建设，坚决打击恶意逃废债等违法行为。深化新型社区建设。促进社会组织多元健康发展，加强社会工作者队伍建设，加大政府向社会组织转移职能和购买服务力度，推动“三社联动”，完善村(社区)网格化管理体系，全面提升现代化治理水平。

(五)全力推进生态品质提升工程

1.推动绿色低碳发展。从生产、生活两头入手，全力加快经济结构调整、生产生活方式转变。大力发展循环经济、环保产业，加快神华、福能热电联产项目建设，推进工业固体废物综合利用、中水回用，开展排污权交易，建设循环经济产业园，提升垃圾处理再利用能力。围绕建设资源节约型、环境友好型社会，实施全民节能行动计划，推行绿色建筑，培育绿色消费，倡导节约、绿色、低碳生活方式，让生态文明理念深入人心。

2.持续优化生态环境。坚持治理和修复两手抓，持之以恒打好环境整治“组合拳”，打造天蓝、地绿、水清、岸美、空气更清新的美丽家园。深化三大污染源治理，完善市镇村三级污水处理设施建设，全面完成生态流域综合治理，开展安全生态水系建设，加快推进湖库连通、(氵+戽)湖水资源保护、金门供水等工程。推进土壤污染治理修复，持续开展“全民动员、绿化晋江”活动，打造一批绿化造林精品工程，让“晋江绿”成为城市最美底色。健全大气污染联防联控体系，加快集中供热和燃煤锅炉整治，强化扬尘综合治理，让“晋江蓝”成为城市靓丽名片。

3.完善生态文明体制。坚持源头严防、过程严管、后果严惩。落实中央生态文明体制改革“1+6”方案，逐步形成产权清晰、多元参与、系统完整、激励约束并重的生态文明制度体系。落实新环保法，以最严格的执法和最严厉的处罚，让环境违法行为无处遁形。落实生态文明建设“一票否决”和绩效考核实施办法，真正把生态环境保护“党政同责、一岗双责”落到实处。

(六)全力推进“三农”品质提升工程

1.加快推动农业现代化。转变农业发展方式，打造新型农业。提高农业产业化水平。培育壮大农业龙头企业和农民合作社，培养新型职业农民，创新农商联盟等新型经营模式，推进农业适度规模经营。发展智慧农业，提升农业技术装备和信息化水平。推进现代农业园区发展，争创国家级现代农业示范区。推进农业“接二连三”。大力发展海洋经济，做强农产品精加工、农产品流通产业，加快发展冷链物流、远洋渔业，建设深沪渔港经济区。大力发展新型农业，推动传统农业向全链条增值和品牌化发展。

2.深化美丽乡村建设。持续推进精品村建设、中心村培育、空心村整治和历史文化村保护利用，着力培育100个各具特色的“最美乡村”。支持革命老区建设发展。全面提升人居环境，做到村容村貌“五清楚”，打造一批特色田园风光。

3.促进农民持续增收。深化农村集体产权制度改革和宅基地制度改革，探索农村集体资产有效实现形式，稳妥推进宅基地使用权有偿退出和“两权”抵押贷款，强化农业转移人口的“三权”保障，提升土地资源集约利用水平。实施富民强村行动，拓宽村集体增收渠道，发展壮大村集体经济，让农民的腰包越来越鼓。

(七)全力推进文化品质提升工程

1.提升市民文明素质。以争创全国文明城市为抓手，持续开展“五大创建”活动，构建常态化文明创建机制。着眼成风化人，践行市民文明公约和市民行为规范，确立核心价值，弘扬传统美德，树立良好家风，优化公序良俗，提升志愿服务水平，大力倡导与新城市、新农村相适应的新生活，让市民行为习惯少一点任性，多一分自觉。

2.健全公共文化服务体系。建成全民健身中心、镇级综合文化站等一批文体设施，推进“书香城市”建设，持续完善中心市区“10分钟体育健身圈”、“15分钟文化生活圈”，促进公共文化服务标准化、均等化发展。深入实施“文化惠民”工程，开展戏剧会演、南音会唱、国学讲堂等活动，创作推出一批文化精品力作，满足市民多元化精神文化需求。

3.做大做强文化产业。完善文化产业发展政策，用好文化产业专项资金，扶持壮大一批文化龙头企业，组建若干文化产品和服务交易平台，培育引进一批行业组织和中介机构。推动文化与科技、制造、旅游等深度融合，大力发展工业设计、动漫游戏等文创产业，加快文化产业聚集发展，着力构建“三园一基地多节点”文化产业空间发展格局。

4.深耕文化旅游品牌。坚持保护和利用并重，全面做好文物古迹、古镇名村、历史街区保护修缮，有序推进历史风貌区和传统建筑群的保护利用，推进文化遗产可持续发展。整合各类文化古迹和滨海旅游岸线资源，深度挖掘闽越文化、海交文化、现代工业文明等丰富内涵，讲好晋江故事，做强滨海、工业、宗教文化旅游，打造海丝旅游目的地。

(八)全力推进开放品质提升工程

1.全面提升外向型经济水平。主动融入“海丝”先行区建设，发挥“联合国海陆丝绸之路城市联盟工商理事会”、综合保税区等作用，打造“海丝”开放平台。主动对接国际经济合作走廊，更高水平“引进来”，推进“回归工程”，引导侨亲侨企回乡投资兴业，建立先进技术设备对接渠道，吸引境外资本和先进技术投向新兴产业、现代服务业等领域。更高质量“走出去”，支持企业扩大对外合作，深度融入全球一体化，在全世界配置资源、开拓市场、运营品牌，打响“晋江制造”国际品牌。

2.加快推进城市国际化进程。推进围头港深水航道、大型深水码头等建设，探索发展第三代港口，提升机场客货运乘能力，增开加密国际航线，加强“大通关”合作。坚持世界眼光、国际标准，立足本土优势，开展国际对标行动，推动城市规划、建设、管理与国际接轨，促进公共服务、社会管理、人文环境跟上国际节奏，引进一批具有国际背景的教育医疗资源，积极承办国际会议和赛事，打造具有国际气息、人文特色的开放城市，让晋江拥抱世界，让世界喜欢晋江。

3.拓展对外文化交流。做好“海丝”申遗工作，加快草庵、金交椅山古窑址等“海丝”重点文化项目建设，广泛开展文化教育、体育旅游等领域的对外交流活动，推动高甲戏、掌中木偶等非遗文化品牌拓展国际市场，让晋江元素洋溢世界，让晋江声音响誉全球。加强城市形象宣传，拓展国际"朋友圈"，增进与国际友城的互动往来，提升城市文化影响力。

4. 深化晋台交流合作。构建晋台双向贸易投资互动发展长效机制，开通围头至金门海上航线，对接台湾百大企业、行业龙头，鼓励引导本土企业与台商共建研发、生产和销售联合体，打响"海峡杯"工业设计大赛、闽台食品交易会、晋台青年创业基地等品牌，把晋江打造成为对台延伸合作区。紧扣"晋台一家亲"，创新民间交流模式，做深"七夕返亲节"、"数宫灯"、"龙山寺"等品牌文化，让晋台文化交流成为常态习惯，让两岸骨肉亲情更加根深蒂固。

四、坚持全面从严治党，切实加强党的建设

建设国际化创新型品质城市，是全市广大党员、干部群众的共同奋斗目标，对党的建设科学化水平也提出了更高要求，我们必须牢牢把握党的执政能力建设，坚持全面从严治党，全力造就一批好党员、好公仆、好干部、好班子。

（一）推动思想大解放，不断激发干事创新力。落实意识形态工作责任制，加强理想信念教育，坚持用党的理论创新成果武装党员、教育群众，持续推进"两学一做"学习教育，强化"四种意识"，不断拧紧党员干部思想"总开关"。大力弘扬开拓创新精神，坚决冲破一切制约发展的思想束缚，革除一切不合时宜的陈旧观念，建立健全鼓励干部改革创新的容错机制，最大限度激发干部群众敢于担当、奋发有为、攻坚克难、逢一必夺的精气神，争创更多的工作品牌。

（二）推动能力大提升，不断增强队伍战斗力。坚持"只要干得好，就一定会用得好"的用人导向，坚持"哪里出成绩，哪里就出干部"的用人原则，格外关注负重拼搏、实干争先的干部，格外关注勇于破难、敢于担当的干部，格外关注革故鼎新、奋发有为的干部，不断优化考核评价体系和激励问责机制。深化干部素质提升工程，完善培训考察、实践锻炼常态机制，优化领导班子知识结构、专业结构、年龄结构，努力打造一支具有国际视野、专业素养、公仆情怀的干部队伍。

（三）推动活力大彰显，不断迸发基层创造力。严格落实基层党建工作责任制，建立清单化、指标化、项目化驱动机制，推动全面从严治党向基层延伸。更加重视基层、关心基层、宽容基层，开展"党员亮相"行动，精准帮扶困难党员。实施带头人队伍"红色菁英"培养工程，推进抓党促村"双翼"行动计划，构建新型乡村（社区）治理体系，完善园区党建"三化五联"模式，深化社会组织"同业党建联盟"，创优机关党建工作新格局，培育一批有影响、可复制的先进典型，让基层每个领域、每条战线都高扬党的旗帜、凸显党员作为。

（四）推动作风大转变，不断提升党组织公信力。自觉践行执政为民理念，推动党内集中性教育向经常性教育延伸，严格落实"八项规定"精神，严防"四风"反弹回潮。以敬民之心，行简政之道，最大限度削减行政审批事项、压缩审批流程，推行"互联网+政务服务"，全面提升服务效能。加强党风廉政建设，严格履行"两个责任"，落实"五抓五看"，认真执行《廉洁自律准则》、《纪律处分条例》和《问责条例》。坚决把纪律和规矩挺在法律前面，推动"四种形态"运用具体化常态化。坚持有案必查、有腐必惩，严查侵害群众利益的不正之风和腐败问题，以反腐倡廉的实际成效取信于民。

（五）推动合力大汇聚，不断凝聚发展向心力。充分发挥党委统揽全局、协调各方的领导核心作用，深化试行市党代会常任制，完善基层党员代表大会（会议）制度，增强党内生活原则性和透明度。支持保证人大及其常委会依法履职，加强和改进人大代表工作。探索开展协商民主新形式，推进协商民主广泛多层制度化发展。大力弘扬政企互动的优良传统，构建"亲"、"清"新型政商关系，精心呵护企业家和人才的创新创业精神，给企业、人才更多留在晋江发展的理由。巩固壮大最广泛的爱国统一战线，做好老干部工作，支持群团组织积极作为，强化党管武装，推进军民融合深度发展，最大限度地弘扬"晋江精神"、团结"晋江力量"，凝聚海内外500万晋江人的智慧和共识，激发全社会创新创造活力，形成推动发展的强大合力。

各位代表、同志们，爱拼才会赢是晋江人的特质。展望未来五年，我们满怀憧憬，开启新征程，追逐新梦想，我们信心满满。让我们更加紧密地团结在以习近平同志为总书记的党中央周围，以更加昂扬的斗志、更加扎实的作风、更加振奋的精神，不忘初心，继续前进，为打造国际化创新型品质城市、建成更高水平的全面小康社会而努力奋斗！

附注：

*"五个创新"：产品创新、技术创新、品牌创新、管理创新、商业模式创新。

*"152030"快速交通圈：全市15分钟上高速、中心城区至各镇街20分钟可达、各镇街间30分钟连通。

*"三环七射"城市快速路网："三环"：内层环湾快速路（晋新路）、外层环湾快速路、西部快速路—沿海大通道；"七射"：凤池路、双龙路、世纪大道、中部快速路、东部快速路、新龙英路、大深线。

*"五个系列"资源整合：包括教育、卫生、文体、市政配套、社会福利。

*"一山一水"城市慢道："一山"部分沿灵源山、华表山、罗裳山、崎山、八仙山等面城一重山，并利用世纪大道部分自行车道为连接线，至晋阳湖与"一水"部分衔接，然后沿九十九溪至晋江出海口，以"一链串珠"的布局形式，形成串起连接沿线风景名胜、公园绿地等景观、功能区和文化点的慢行休闲运动线路。

*生态建设"四大行动"：植树造林、清水净海、环卫保洁、治污减排。

*七个民生保障体系：包括就业、教育、医疗、住房、安全、环境、社会保障。

*"四帮四扶"工程：帮就业、帮就医、帮就学、帮安居和扶贫困、扶老幼、扶伤残、扶志气。

*"10分钟体育健身圈"：市民开车或步行10分钟内可到达具有体育锻炼器械的场所进行体育活动。

*"15分钟文化生活圈"：市民开车或步行15分钟内可到达文化活动场所进行文化活动。

*"三严三实"：严以修身、严以用权、严以律己，谋事要实、创业要实、做人要实。

*"两学一做"：学党章党规，学系列讲话，做合格党员。

*"三张清单"：业务性工作清单、政务性工作清单、服务性工作清单。

*“三项经费”：党建工作经费、服务群众经费、基本运转经费。

*非公党建“二带十”：将全市以1—4个镇街（经济开发区）为单位划分为十个片区，每个片区确定两家党建强的产业集群核心企业或重点规模企业，辐射带动周边十家左右党建基础较好的企业党组织，围绕“六共”（共建机制、共抓组织、共办活动、共塑文化、共创品牌、共享资源）工作内容，探索建立“二带十”区域化党建工作模式。

*“两个责任”：党委主体责任、纪委监督责任。

*“六个始终坚持”：始终坚持以发展社会生产力为改革和发展的根本方向，始终坚持以市场为导向发展经济，始终坚持在顽强拼搏中取胜，始终坚持以诚信促进市场经济的健康发展，始终坚持立足本地优势选择最佳方式加快经济发展，始终坚持加强政府对市场经济发展的引导和服务。

*“两新”产业：高新技术产业和战略性新兴产业。

*“五个泉州”：创新泉州、智造泉州、海丝泉州、美丽泉州、幸福泉州。

*“一带一路”：丝绸之路经济带和21世纪海上丝绸之路。

*“两新企业双百计划”：至2020年，全市省级以上创新型企业、高新技术企业均突破100家。

*“1+N”人才政策体系：1份《晋江市人才工作赶超行动方案》，N份配套优惠扶持政策。

*“四大人才计划”：高层次人才“海峡计划”、企业家素质提升“领航计划”、大学生“创客公寓计划”、高技能人才“振兴计划”。高层次人才“海峡计划”：自2016年起，利用4年时间，市财政投入3亿元，在传统优势产业、新兴产业等领域对接、引进100个带技术、带项目、带团队的高层次创新创业人才及其团队，吸引带动3000名以上的海内外人才来晋就业创业。企业家素质提升“领航计划”：自2016 年起，利用3年时间，面向全市规模以上企业主要负责人、控股股东，以及新生代、创二代企业家、高层次创业人才，常年系统开展企业家领导力工程、晋江企业大讲堂、对标工程和企业家社群品牌活动等系列活动，培养一支具备国际视野、先进理念、管理创新能力和社会责任感的高素质企业家队伍。大学生“创客公寓计划”：采取实物免租或租房补贴方式，为来晋江求职或就业创业不满1年的在校大学生或毕业5年内的高校毕业生，提供可“拎包入住”的免租公寓，或发放房租补贴，由其自行租赁住房。高技能人才“振兴计划”：充分发挥政府引导作用、企业主体作用和职业院校基础作用，大力引进各类急需紧缺高技能人才，加快建设高技能人才培养培训体系，力争到2020年集聚高级技师和技师1000名以上，高级工5000名以上，造就一支符合我市产业发展需要的高技能人才队伍。

*VC/PE：风险投资、私募股权。

*“体育+”：推动体育与大健康、大旅游、大文化、大数据、大生态等多业融合。

*“三园一区”空间载体：科学园、工业园、设计园以及综合保税区。

*TOD综合开发：以公共交通为导向的开发模式，形成土地开发与交通发展保持有机协调互动，促进地区整体功能提升，城市空间形态合理布局和土地的集约高效利用。

*“三基地、四中心”：“三基地”：加工贸易生产基地、航空配件维修制造基地、大宗进口商品集散基地；“四中心”：保税研发中心、跨境电子商务中心、进口商品展示直销中心、“海丝”国际物流中心。

*“五留”控制：留白、留绿、留旧、留文、留魂。

*“五量”调节：框定总量、优化增量、盘活存量、用好流量、提升质量。

*“多规合一”：利用信息化手段，加强国民经济和社会发展规划、城乡规划、土地利用总体规划及环境保护规划等的衔接，建立以城乡空间发展战略为纲领的统一空间规划体系，搭建规划信息共享和业务协同办理的统一平台，推进行政审批制度改革，实现城乡统筹发展。

*“二级七线控制”：“多规合一”控制线体系分为一级控制线和二级控制线两种类型。一级控制线为结构控制线，包括生态控制线、建设用地增长边界控制线；二级控制线为用地控制线，包括基本生态控制线、基本农田控制线、生态林地控制线、建设用地规模控制线、产业区块控制线。

*“两场、两站”：泉州晋江机场、翔安国际机场，福厦客专泉州南站、福厦高铁晋江动车站。

*海绵城市：城市在适应环境变化和应对雨水带来的自然灾害等方面具有良好的“弹性”，下雨时吸水、蓄水、渗水、净水，需要时将蓄存的水“释放”并加以利用。

*“三旧”改造：旧城镇、旧厂房、旧村庄改造。

*“大城管”格局：以创新城市管理体制机制为核心，以优化整合城市管理资源为基础，以破解城市管理难点为切入点，构建管理、执法与服务“三位一体”的城市综合管理模式，实现城市综合管理“一元化统筹领导、常态化联勤管理、电子信息化掌控、全员化力量参与”。

*PPP模式：公私合营模式，政府公共部门通过与私人部门建立伙伴关系提供公共产品或服务的一种方式。

*教育人才“5121”引育计划：至2020年，引进和培育高端人才5名以上、高级人才10名以上、骨干人才20名以上、优秀人才100名以上。

*“510卫生育才工程”：培育10名晋江名医，遴选10个重点学科带头人，培养10名拔尖人才，评选10名青年技术能手，推选10名优秀卫生管理骨干。

*“三社联动”：社区、社会组织和社会工作者资源共享、优势互补、相互促进。

*三大污染源治理：工业污染源、农业污染源、生活污染源。

*中央生态文明体制改革“1+6”方案：“1”指生态文明体制改革总体方案；“6”包括环境保护督察方案（试行）、生态环境监测网络建设方案、开展领导干部自然资源资产离任审计的试点方案、党政领导干部生态环境损害责任追究办法（试行）、编制自然资源资产负债表试点方案、生态环境损害赔偿制度改革试点方案。

*“五清楚”：拆清楚、摆清楚、扫清楚、分清楚、粉清楚。

*“两权”抵押：农村土地承包经营权和宅基地使用权抵押。

*“三权”：农村土地承包经营权、集体利益分配权和宅基地使用权。

*“五大创建”活动：文明城市、文明单位、文明行业、文明校园、文明家庭创建活动。

*“三园一基地多节点”：“三园”：洪山文化创意产业园区、五店市传统街区、创意创业创新园；“一基地”：中国包

装印刷产业晋江基地;“多节点”:婴童产业文创园、利郎文创园等多个民营文创园区。

*“四种意识”:政治意识、大局意识、核心意识、看齐意识。

*抓党促村“双翼”行动计划:通过先进村“领头雁”示范工程、薄弱村“奋蹄马”治理工程,推动农村基层党建工作全面提升、全面过硬。“领头雁”示范工程:每年按15%左右比例培育一批带富能力强、政治素质好、工作实绩好、群众评价好的优秀村级党组织书记典型;“奋蹄马”治理工程:每年按7%左右比例滚动倒排部分村(社区),围绕治软、治穷、治乱、治散、治差目标,进行整顿治理。

*“三化五联”模式:以园区为龙头,探索构建“以区域化为主,行业化、网格化为辅”的党建机制,实施组织条块联创、队伍上下联抓、阵地虚实联建、经费多元联投、活动党群联办等“五联”措施,深化园区党建示范点建设,带动全市非公企业党建工作全面提升。

*“同业党建联盟”:筛选确定若干重点行业协会,以创新“两双两推”机制为主要抓手,大力加强行业性社会组织党建工作,切实推动行业协会和党组织发挥作用,带动提升全市社会组织党建工作整体水平。

*“五抓五看”:看有没有抓加强教育,看有没有抓制度建设,看有没有抓“一把手”,看有没有抓查处,看有没有抓部署、检查、落实。

*“四种形态”:党内关系要正常化,批评和自我批评要经常开展,让咬耳扯袖、红脸出汗成为常态;党纪轻处分和组织处理要成为大多数;对严重违纪的重处分、作出重大职务调整应当是少数;而严重违纪涉嫌违法立案审查的只能是极极少数。

晋江市人民代表大会常务委员会工作报告

——2016年1月7日在晋江市第十六届人民代表大会第五次会议上

晋江市人大常委会主任 陈健倩

各位代表:

我受晋江市人大常委会委托,向大会报告工作,请予审议,并请列席人员提出意见。

过去一年的主要工作

2015年,市人大常委会在中共晋江市委的领导下,坚持党的领导、人民当家作主、依法治国有机统一,认真履行宪法和法律赋予的职责,为推动人民代表大会制度的具体实践和促进全市经济、政治、文化、社会、生态文明全面发展作出了应有贡献。一年来,共召开7次常委会会议,13次主任会议,听取和审议“一府两院”工作报告11项,开展3次执法检查,作出7项决议决定,依法补选泉州市人大代表1名、晋江市人大代表10名,任免国家机关工作人员83人次,较好地完成了市十六届人大四次会议确定的工作任务。

一、主动融入大局,积极有效担当作为

把围绕中心、服务大局作为首要职责,充分发挥地方人大推动改革发展的职能优势。

1.推动落实市委重点工作。常委会坚持从权力机关的站位出发,围绕市委决策主动担当尽责。为推进国家新型城镇化综合试点建设,组织开展了新型城镇化规划建设调研。在调研报告中,围绕试点工作的指导思想、发展目标、对策思路等内容,综合提出了明确管理机制、提升规划理念、推进多规合一、优化规划编制、统筹城乡建设、高效集约用地等6个方面的建议。为支持创建全国文明城市,首次组织视察全国文明城市创建工作,围绕文明创建活动在配套体系、管理水平、城管理念等方面存在的薄弱环节提出视察意见,明确要求农贸市场秩序、停车秩序、交通秩序和支线道路、背街小巷环境卫生等方面的问题整改要确保在年底前见到成效。为督促为民办实事项目落实,组织对26件实事项目完成情况进行检查,督促有关部门对照年初确定的实事项目加快推进步伐,确保为民办实事项目真正兑现承诺。在开展监督、建言献策的同时,常委会班子成员还按照市委“帮企业、促项目、谋思路、抓落实”等活动的统一部署,深入基层一线,协调解决困难,以实际行动体现权力机关的责任担当,支持推进全市重点项目建设。

2.高度关注经济运行态势。常委会密切关注、深入分析新常态下全市经济运行情况,切实履行监督职能。一是围绕计划执行履职行权。听取和审议市政府关于上半年国民经济和社会发展计划执行情况的报告,充分肯定了市政府采取的工作措施及实际成效,并针对计划执行中的问题提出了审议意见。积极支持市政府应对宏观环境和转型发展双重压力，审议批准年度计划调整方案，对GDP、固投增长等9项指标进行调整。二是围绕转型升级实施监督。根据市委要求，将产业转型升级列入年度视察议题。在视察活动中，强调要切实把握"中国制造2025"、"互联网+"等政策导向，坚持新兴产业增长点与传统产业增长点并重，扶持发展潜力大、带动效应好的新兴业态，加快改造提升传统优势产业。市委李建辉书记在视察意见上作出批示予以肯定。一年来，常委会还开展了文化旅游、特色现代农业等视察活动，组织食品产业、远洋渔业等专题调研，对推动相关产业的转型升级起到积极的促进作用。三是围绕规划编制开展工作。高度关注"十三五"规划编制，深入镇街、部门调研了解情况。在此基础上，听取市政府关于规划编制情况报告，要求根据经济社会发展的新特点、新任务，科学谋划"十三五"规划理念、规划目标和规划内容。常委会所做的这些工作，为市委决策和规划编制提供了参考，为本次大会审查批准规划纲要打下了基础。

3.切实加强预算审查监督。常委会根据新预算法的规定，从推动预算"全口径"和审计"全覆盖"两个方面作了努力。预算监督方面，结合审议预算报告、批准年度决算以及年度预算调整，要求市政府实施全面规范、公开透明的预算制度，进一步健全"全口径"预决算体系，完善一般公共预算，细化政府性基金预算、社会保险基金预算和国有资产经营预算，切实增强预算编制的规范性、真实性和有效性。审计监督方面，支持审计机关依法审计，重视督促审计问题整改落实，部分涉及体制机制层面的问题得到较好解决，逐步实现了审计监督从"程序性"向"实质性"转变。

二、回应社会关切，致力补齐民生短板

把全市人民对美好生活的向往作为目标追求，致力在补齐民生短板中提高城乡群众的生活品质和幸福指数。

1.关注公共交通，让广大群众"行有所乘"。公交事业滞后于城市化进程，是我市社会民生的一大短板，常委会对此高度重视、持续发力。在2012—2014年连续三年审议专项报告的基础上，2015年组织开展了专题询问。会前，在开展调研和听取意见的基础上，组织8个小组对16条公交线路运行情况进行实地暗访，客观掌握市民对公交出行的满意程度以及反映强烈、需要改进的重点事项；会中，常委会组成人员围绕公共交通规划、基础设施建设、财政投入机制、出租车市场培育和管理等10个方面热点问题进行了询问，相关单位主要负责同志一一作了应询，市政府分管领导就落实专题询问意见、加强和改进城乡公交工作作了表态；会后，常委会及时形成审议意见，交由市政府研究处理，确保城乡公交专题询问涉及问题得到有效解决。目前，全市公交线路总里程由2014年的616公里增加到720公里，公交出行分担率由12%提高到15%，市民办卡数量由8.5万张增加到12万张，城乡公共交通出行环境继续得到改善。

2.关注物业管理，让小区居民"住有所乐"。物业管理既是城市管理的难点，也是社会关注的热点。常委会积极回应群众对物业管理的现实关切，在2014年开展物业管理"两条例"执法检查的基础上，去年继续跟踪这一问题，安排听取审议意见研究处理情况报告，要求市政府及相关部门强化责任意识，着力解决当前物业管理最迫切和最实际的问题，推动物业管理"两条例"进一步贯彻实施。市政府根据常委会的意见，切实加强组织领导，加快出台了《晋江市物业小区精细化管理办法》等文件，着手解决应急预案实施、监控设备、消防设施等方面存在的薄弱环节和突出问题，建立健全常态化、长效性的物业管理工作机制。

3.关注教育公平，让适龄儿童"学有所教"。教育是最基本、最现实的民生保障。为此，常委会把中心城区教育规划布局纳入年度调研内容，在实地走访、征求意见的基础上，根据社会普遍关注并且反映强烈的中心城区小学、幼儿园教育资源紧张问题，决定把这项工作增加为审议议题，并及时抓好问题反馈。市委、市政府对此高度重视，市委、市政府主要领导主持召开现场办公会议，协调解决相关事宜，新增22个项目，新增小学、幼儿园教育用地233亩，明确第二实验小学梅岭校区等新建、扩建项目的用地位置、用地规模和建设方案。

4.关注社会救助，让特定人群"困有所助"。对特定人群特殊困难的精准帮扶是改善民生的重要内容，常委会把这项工作摆上监督议程，组织视察社会救助"救急难"工作，并根据实际情况提出了意见建议，强调要织密编牢社会救助安全网，最大限度地保障困难群众的基本生活。围绕制约院前医疗急救工作发展的现实问题，常委会组织视察部分急救中心(站)建设情况，提出了加大财政投入、完善保障机制、加强队伍建设、健全急救网络等要求，推动相关部门改进工作、解决问题，切实加快院前医疗急救体系建设。

三、紧盯决议执行，扎实推进生态建设

把加强生态建设作为"法定作业"，督促推动本届人大三次会议《关于加快推进我市生态水域建设的决议》执行。一是监督重实效。延续大声势、大范围的检查方式，去年12月份，常委会组成人员和机关干部会同市政府领导及相关部门负责同志，分5个组实地检查了全市13条溪流、3处沟渠和7个污水处理设施。在此基础上，听取市政府专项工作报告并进行测评，推动解决整治工作在目标定位、责任落实、规划设计、污染整治等方面存在的问题。二是内涵再拓展。立足"水质"与"水量"并重，将监督视线从"水环境"向"水安全"拓展，组织视察水利网建设情况，重点就提升全市水资源调蓄保障能力，满足金门供水中远期及应急用水需求提出监督意见。坚持"水清"与"岸美"同步，把监督触角由"水文章"向"绿环境"延伸，开展美丽乡村视察活动，跟踪检查《晋江市海岸带保护利用规划(2012—2030)》和《关于确定市树市花的决定》、《关于设立"全民动员、绿化晋江"义务植树活动月的决定》执行情况。三是重点更突出。围绕重点污染源监管、环保基础设施建设和水污染防治等三个重点，开展工业污染源综合整治、小流域整治等视察活动，组织新环保法执行情况、市政管网规划建设及管理等专题调研，跟踪检查近海水域环境污染整治审议意见的研究处理情况，推动相关重点工作落实。四是上下齐发力。坚持属地负责、共同推进的工作理念，充分整合全市人大监督资源，指导相关镇、街道人大把所在辖区生态水域建设纳入年度监督计划，要求同步开展相应的监督活动。

市政府及有关职能部门按照人代会决议和常委会要求，认真落实年度任务，依法加强生态环境监管，切实加大工作推进力度。目前，全市生态水域建设机制已经形成，污染源整治取得阶段性成效，污水处理格局持续完善，生态景观效果明显提升，九十九溪、南低干渠、东溪、埭边溪、坝头溪、钞井溪、港塔溪等部分流域水质明显改善，污染指标明显下降。

四、立足根本任务，加快营造法治环境

把加强法治建设作为根本任务，充分发挥人大在贯彻依法治国方略、推进依法治市中的重要作用。

1.加强法律实施监督。选择文物保护、民事诉讼和气象预测三个方面作为执法检查重点领域。在文物保护法执法检查中，针对宣传引导、组织领导、工作措施、规划编制、经费保障、队伍建设等6个方面的突出问题和薄弱环节，专门召集市政府分管领导及文物保护、财政、编制部门进行情况通报，并对存在问题提出整改要求和整改时限。在民事诉讼法执法检查中，注重"常规动作"与"专业动作"、全面检查与重点检查、内部力量与外部力量的有效结合，并将问题整改贯穿执法检查全过程，先后3次正式发函反馈问题。市法院高度重视，制定整改措施，并认真抓好落实。在气象法执法检查中，重点围绕法律宣传、执行、适用中存在的实际问题，从组织领导、探测环境、灾害防御等方面提出意见。在开展执法检查的同时，常委会结合有关监督活动，加强了食品安全法、传染病防治法、华侨捐赠兴办公益事业管理条例等法律法规实施情况的监督。一年来，常委会还组织对市政府报送备案的33份规范性文件进行认真审查，确保其合法性和有效性。

2.强化司法民主功能。人民陪审员制度是推进司法公正的重要改革举措。2015年4月，晋江法院被最高人民法院确定为全国50家试点单位之一，为支持这项"国字号"改革，8月25日，市十六届人大常委会第二十四次会议决定，人民陪审员员额总数增加至410名。10月27日，第二十五次常委会会议在市法院依照上级要求"随机抽选"的基础上，决定任命261名人民陪审员。常委会在依法作出两项决定的同时，要求市法院加强人民陪审员的业务培训、审判实践、履职保障和日常管理，切实发挥好人民陪审员队伍在促进司法公正中的积极作用。

3.支持社会治理创新。常委会立足当前未成年人犯罪的新特点，开展了未成年人刑事检察专题调研，重点加强办理未成年人刑事案件配套工作体系、刑事检察专门机构和队伍建设等情况的监督，支持检察机关正确行使法律赋予的职能。根据当前社会治安防控的新形势，组织开展基层警务视察活动，跟踪检查评议市公安局创建"人民满意单位"工作相关意见的落实情况，在肯定市政府推进警务工作规范化、社区民警专职化所取得成效的同时，针对存在问题提出了意见建议。结合流动人口户籍制度改革的新要求，常委会开展了专题调研，建议加强宣传引导、资源配置、落户管理、督查推动等方面工作，确保这项任务顺利完成。

4.畅通民意表达渠道。注重发挥民意机关作用，坚持公开征集监督议题，吸收公众意见，继续在主要媒体上公布年度监督计划和相关审议意见。通过邀请公民旁听代表大会和参与调研座谈等方式，积极引导公民参与政治生活实践。把受理群众来信来访作为体察民情、化解矛盾的重要途径。一年来，共受理群众来信290件，接待群众来访85批157人，一些关系群众切身利益的信访问题得到解决。

五、尊重主体地位，充分发挥代表作用

把密切与人大代表的联系作为基础工作，积极为人大代表依法履职、发挥作用提供有力的支持和保障。

1.组织指导代表活动。探索闭会期间丰富代表活动内容和形式的新路径，在全市19个镇、街道设立"人大代表之家"。认真执行代表联系群众制度，316名市人大代表直接联系3160名基层群众，代表的桥梁纽带作用进一步发挥。深化代表述职活动，规范述职内容、方法、步骤及相关要求，全年共有113名市级人大代表向选区选民述职。组织代表开展异地调研和专题视察，为代表审议大会各项工作报告、提出高质量的议案建议创造条件。

2.认真督办代表建议。完善常委会领导牵头督办、委办对口督办、相关工作机构统筹督办相结合的工作机制，督促政府部门加强与代表的沟通联系，提高办理质量，推动问题解决。注重建议督办与履职行权的有效结合，听取建议办理工作情况报告，组织对不满意件进行重新交办，检查重点建议办理落实情况，推动建议办理由"被满意"向"真满意"转变。通过各方面的共同努力，代表在市十六届人大四次会议期间提出的170件建议全部办理完毕。代表表示满意112件，占65.88%，同比上升近2个百分点；基本满意58件，占34.12%。

3.保障支持代表履职。健全完善常委会组成人员联系代表制度，29名组成人员联系走访290名基层一线的市人大代表，了解代表情况，征求代表意见。坚持邀请代表列席常委会会议和参加有关活动制度，全年共邀请近600人次的代表列席会议、参加活动。改进代表培训方式，首次组织晋江的泉州市人大代表参加全国人大培训班，举办两期省、泉州、晋江市人大代表培训班，代表履职能力有了新的提高。拓宽代表知情知政渠道，推进服务代表的信息系统建设，切实保障代表履职。

六、坚持与时俱进，不断提升履职水平

把推动人大工作与时俱进作为努力方向，不断提高做好新形势下人大工作的能力和水平。

1.注重思想建设，履职意识不断增强。认真贯彻《中共中央转发〈中共全国人大常委会党组关于加强县乡人大工作和建设的若干意见〉的通知》，深入学习坚持和完善人民代表大会制度的新理论、新论述，增强道路自信、理论自信和制度自信。扎实开展"三严三实"专题教育，紧密联系人大工作实际，强化教育和整改，把"三严三实"要求落实到履职尽责上。切实抓好机关文化建设，市人大常委会机关被评为"省级文明单位"。

2.注重制度规范，履职效力明显提高。一是监督选题贴近实际。探索建立在专题调研或跟踪检查中对问题突出、群众呼声强烈的议题提交常委会审议的工作机制，如中心城区教育规划布局和农村食品安全监管体系建设两个议题在专题调研后，经主任会议研究决定分别提交常委会审议。二是测评工作形成链条。根据《晋江市人大常委会关于审议意见研究处理情况满意度测评的暂行规定》，对物业管理"两条例"审议意见研究处理情况报告进行测评，在全省率先形成对"一府两院"专项工作报告"审议—测评—反馈—再审议—再测评—再落实"的监督链条。三是专题询问注重效果。在城乡公共交通专题询问中，采取补充提问、连续追问等方式增进互动效果，增强监督刚性，进一步发挥专题询问在人大监督工作的独特作用。

3.注重宣传研讨，履职形象得到提升。发挥《晋江人大》、人大门户网站、“人大直通车”专栏等宣传阵地作用，开通人大微信号，充分展示人大工作成效。加强人大理论研讨，《提升常规手段的刚性效力》等6篇研讨文章在中国人大门户网站发表，《执法检查价值与实现路径探讨》课题成果在全省“全面推进依法治国与发挥地方人大作用”专题研讨会交流，为人大工作的创新与发展提供有益的参考案例。

4.注重整体合力，履职环境更加优化。正确把握人大履职特点，在一些重大事项决定、重点工作监督中，形成了市委“点题”、人大“选题”、政府“解题”、共同“破题”的运作格局。切实加强对基层人大工作指导，定期召开镇、街道人大工作会和座谈会，组织镇、街道人大同志到上杭才溪学习经验，营造重基础、讲规范、求实效、创特色的浓厚氛围，促进全市人大工作的整体运作、共同提高。

各位代表：一年来，市人大常委会工作取得的成绩，是市委正确领导的结果，是全体市人大代表、常委会组成人员齐心协力、辛勤付出的结果，是“一府两院”、基层人大大力支持、密切配合的结果，是广大群众积极参与和监督的结果。在此，我代表市人大常委会，表示崇高的敬意和衷心的感谢！

同时，我们也清醒地认识到，在经济社会发展和民主法治建设进程中，常委会的工作与法律的规定、人民的期望、代表的要求还有一定差距。主要是：有的监督活动针对性、实效性不够强，跟踪落实的机制有待进一步探索；讨论决定重大事项的机制有待进一步健全；加强常委会同代表的联系制度有待进一步落实；常委会自身建设有待进一步加强，履职能力有待进一步提升。对此，我们将自觉接受人民监督，虚心听取代表意见，不断加强和改进常委会工作，更好地担负起宪法和法律赋予的职责。

新一年的主要任务

2016年是“十三五”发展开局之年，是县乡人大换届选举之年，也是本届人大任期的最后一年。常委会要站在承前启后、继往开来的历史节点上，深化实践，主动作为，努力向全市人民交上一份满意答卷，为本届工作划上一个圆满句号。新一年常委会工作的总体思路是：高举中国特色社会主义伟大旗帜，全面贯彻党的十八大和十八届三中、四中、五中全会精神，以马克思列宁主义、毛泽东思想、邓小平理论、“三个代表”重要思想、科学发展观为指导，深入贯彻习近平总书记系列重要讲话精神，在中共晋江市委的领导下，紧紧围绕“四个全面”战略布局，充分发挥地方国家权力机关职能作用，为丰富“晋江经验”，持续当好机制活、产业优、百姓富、生态美“新福建”建设的县域排头兵作出新贡献。

根据这一总体思路，新一年常委会工作要努力做到“一个坚持、三个强化、三个注重”。

“一个坚持”，即坚持问题导向。要紧紧围绕晋江改革发展中的重大问题、民生保障中的重点问题、工作推进落实中的难点问题主动作为，在补短板方面找准人大工作着力点。

“三个强化”：一是强化法治保障。要着眼于全面深化改革对法治的迫切需求，充分发挥人大在法治建设中的重要作用，为转型升级、跨越发展提供有力的法治保障。二是强化监督推动。要落实好监督法的要求，加大人大监督力度，依法监督、有效监督、刚性监督，促进各方面工作规范有序推进。三是强化自身建设。要始终把思想建设放在首位，不断提高适应客观环境和发展形势变化的能力，为新形势下的人大工作与时俱进提供支撑。

三个注重：一是注重用科学理论武装头脑、指导实践、推动工作。把学习贯彻党的十八届五中全会精神作为重大政治任务，通过运用监督、任免、决定重大事项等手段，确保“十三五”发展开好局起好步；认真学习领会《中共中央转发〈中共全国人大常委会党组关于加强县乡人大工作和建设的若干意见〉的通知》精神，组织课题调研，争取有力支持，推动文件精神落实。二是注重从实际出发选准角度、把握尺度、增强力度。紧贴大局抓监督，围绕转型升级、跨越发展，听取和审议市政府关于计划、预算执行以及审计工作情况的报告，切实加大对产业转型升级、科技创新、城市规划、安置房建设回迁、存量土地利用、文化旅游等方面的监督力度；顺应民意抓监督，在关注妇幼健康优质服务、美丽乡村建设、造林绿化等工作的同时，全力抓好本届重点民生监督事项的跟踪问效，督促推动《关于加快推进我市生态水域建设的决议》执行，跟踪检查城乡公交事业发展情况，开展物业管理专题询问；围绕法治抓监督，落实宪法宣誓制度，推动全社会树立宪法意识，弘扬法治精神。组织对相关法律法规执行情况进行检查。听取“六五”普法工作情况报告，适时作出关于“七五”普法工作的决议。三是注重为代表履职搭建平台、提供服务、创造条件。坚持和完善常委会组成人员联系代表、代表联系群众制度；完善代表履职平台，加强代表履职培训；深化“人大代表之家”创建工作，规范代表述职活动，切实加强对代表视察、调研活动的统筹；进一步健全完善代表建议督办机制，适时听取建议办理情况报告，组织检查重点建议办理情况，依法做好代表建议提出和办理情况的公开工作；积极应对市镇两级人大换届选举工作中可能出现的新情况、新问题，扎实推进保障选民自主行使选举权利新实践，持续提升代表素质，不断优化代表结构。

各位代表：发展之路无坦途，蓝图落地看担当。让我们更加紧密地团结在以习近平同志为总书记的党中央周围，在中共晋江市委的领导下，凝心聚力，攻坚克难，为推动人大制度和人大工作与时俱进，为实现晋江“十三五”发展良好开局而努力奋斗！

晋江市人民代表大会常务委员会工作报告（摘录）

——2016年12月17日在晋江市第十七届人民代表大会第一次会议上

晋江市人大常委会主任 陈健倩

过去五年的主要工作

五年来，市人大常委会在市委的领导下，始终坚持党的领导、人民当家作主、依法治国有机统一，积极发挥地方国家权力机关职能作用，共举行常委会会议34次，作出决议、决定43项，听取审议“一府两院”工作报告90项，组织对10部法律法规的执行情况进行检查，任免国家机关工作人员380人次，先后授予第二批“晋江市荣誉市民”称号和授予市行政审批服务中心“2012—2013年度人民满意单位”、市公安局“2013—2014年度人民满意单位”，同意晋江市与意大利库内奥省建立友好城市关系，圆满地完成了市十六届人大历次会议确定的各项任务。

一、始终把服务发展作为人大工作的首要职责，主动融入全市大局

1.切实加强经济工作监督。一是紧盯五年规划的编制实施。2013年，开展“十二五”规划中期评估报告的审议工作，依法对城市发展方向、产业体系目标等12方面内容进行调整，明确了“十二五”后半期的主要任务、工作思路和保障措施。2015年，审查“十三五”规划纲要草案，提出意见建议，促进了规划质量和编制水平的提高。二是紧盯年度计划的执行落实。坚持每年听取和审议市政府关于计划执行情况的报告，加强监督，合理调整年度目标任务。2014年，依法对6项指标进行调整；2015年，同意调整9项指标；2016年，批准调整了7项指标，使年度计划更加符合实际、利于操作。三是紧盯重点产业的转型升级。加强对金融改革、新兴产业培育、食品产业、石材行业整体退出、现代物流体系、文化旅游、特色现代农业、远洋渔业等方面的监督，促进市政府理清发展思路，出台相关政策，加大推进力度。

2.切实加强预算事项监督。围绕预算“全口径”，加强预算编制、预算执行、决算审查等环节的监督，增强预算编制的规范性、真实性和有效性。密切关注债务风险防范问题，多次听取政府性债务管理情况报告，建议市政府切实采取有效措施，防范控制债务风险。围绕审计“全覆盖”，加强审计监督，支持审计机关不断加大对重要领域、重点部门、重大投资项目的审计监督力度，组织开展生态、民生、公有房产专题审计，对加强国有资产管理、强化预算执行、严肃财经纪律起到了积极作用。

3.切实加强城建领域监督。一是加强城市规划监督。建议尽快完善城市分区规划、专项规划及详细规划，增强总体规划的科学性、前瞻性和可操作性。二是加强城市建设监督。关注城市重点项目建设的质量与进度，组织视察城建项目安置房回迁、商品混凝土管理。同时，对市住建局进行工作评议，督促健全机制，从根本上解决城建领域存在的薄弱环节和突出问题。三是加强城市管理监督。连续三年开展物业管理监督活动。2014年开展物业管理条例执法检查，2015年首次对执法检查审议意见落实情况进行满意度测评，2016年安排物业管理专题询问。着力推动物业管理法规的实施和政策的落实。

二、始终把改善民生作为人大工作的价值取向，积极回应社会关切

1.督促解决热点问题。根据城乡公共交通的发展现状，明确了“一条主线，三个重点”的监督思路。2012—2014年，连续三年听取审议专项工作报告；2015年，开展城乡公共交通服务管理工作专题询问；2016年，安排听取专题询问意见的研究处理情况报告并进行满意度测评。监督市政府理顺体制机制、完善公交基础设施、提升管理服务水平。针对食品安全监管的突出问题，2014年首次采取专题询问的形式，要求市政府推进食品安全监管职能整合，深入开展食品安全专项整治，构建完善食品安全监管机制，大力推进食品行业诚信建设。2016年，安排审议农村食品安全监管体系建设情况报告，督促相关部门切实履行监管责任，加强执法监督、企业自律、追溯检测、违法惩处等工作，推动我市食品安全监管形势明显好转。

2.督促发展社会事业。常委会始终坚持以人为本、民生优先的理念。针对医药卫生体制改革现状，从财力保障、激励机制、人才建设、医德医风等方面提出意见，促进全市医改工作特别是公立医院改革的深入开展。组织检查《福建省学校安全管理条例》执行情况，听取扶持发展农村教育工作情况报告。2016年，把中心城区教育规划布局纳入年度调研内容。市委、市政府高度重视，市主要领导主持召开现场办公会议，协调解决相关事宜，新增40个项目，新增小学、幼儿园教育用地776亩。

3.督促实施精准扶贫。常委会每年均以推进市委、市政府年度为民办实事项目的落实为抓手，加强特困群众帮扶、农村计生二女户政策落实、社会救助“救急难”等情况的监督，要求切实解决困难群众生活就业问题，完善落实农村计生二女户扶持政策，织密编牢社会救助安全网，努力让弱势群体共享改革发展成果。根据归侨侨眷权益保护法和少数民族权益保障条例的有关规定，要求政府帮扶困难归侨、落实侨房政策，并通过政策倾斜、项目带动、资金帮扶等措施，进一步推动民族村经济社会发展。此外，常委会领导还按照市委关于“春风计划•四帮四扶”的部署，认真做好挂钩联系的特困家庭帮扶工作。

三、始终把自然生态作为人大工作的监督重点，致力保护绿水青山

1.坚持立足当前与统筹长远的有机统一。2013年，依法批准了《晋江市海岸带保护利用规划（2012—2030）》，明确各类岸段、空间及重点区域的规划管制和引导要求；作出了《关于<晋江生态市建设规划（2011—2020年）>的决议》，明确了生态市建设的指标体系、工作措施和技术要求；2014年，依法作出《关于确定市树市花的决定》和《关于设立“全民动员、绿化晋江”义务植树活动月的决定》，确定菩提树为市树、白兰花为市花，并将每年3月份设立为“全民动员、绿化晋江”义务植树活动月。

2.坚持听取报告与实地检查的有效结合。一方面，把听取专项报告作为主要监督形式，多次安排听取《关于加快推进我市生态水域建设的决议》执行情况和司法机关依法打击环境污染犯罪工作情况的报告，加快推进全市生态水域建设，加强行政执法与刑事司法衔接，形成依法打击环境违法行为的震慑效应。另一方面，注重在整治现场中发现问题、推动工作。市政府根据常委会提出的“生态型、全流域”的监督意见，将流域河道整治任务由12条流域增加到33条，并按照新环保法要求，不断完善水污染防治机制以及工业、农业、生活污染源销号制度。

3.坚持整体推动与重点整改的有序衔接。遵循点面结合的监督理念。针对2013年近海水域环境污染整治专项报告未能审议通过的情况，集中力量开展专项监督。市政府按照要求加大整治力度，2014年10月，专项工作报告再次审议测评时获得通过。加强对畜禽养殖污染整治、工业污染整治、美丽乡村建设、水土保持、引水第二通道建设等方面的监督，为晋江创建“国家生态市”起到了积极的推动作用。

四、始终把法治建设作为人大工作的根本任务，加快推进依法治市

1.促进法治宣传制度化。把法治宣传教育作为推进法治晋江建设的重要基础性工作，2013年安排听取《关于进一步加强法治宣传教育的决议》执行情况汇报，推动“六五”普法和依法治市工作的深入开展。2016年，审议了市人民政府《关于提请审议〈关于在全市公民中开展法治宣传教育第七个五年规划（2016－2020年）〉的议案》，并作出《关于开展第七个五年法治宣传教育的决议》。今年以来，根据《全国人民代表大会常务委员会关于实行宪法宣誓制度的决定》，组织34名国家工作人员进行宪法宣誓，彰显宪法权威，激励和教育国家工作人员忠于宪法、遵守宪法、维护宪法，加强宪法实施。

2.促进依法行政规范化。听取市政府关于治安管理、文物保护、宗教事务管理等报告，开展人民调解、社会组织建设、流动人口户籍制度改革等调研活动，组织视察基层警务、道路事故多发点段整治等情况，推动平安建设和社会治理创新相关工作的落实。按照“职权法定”原则和“权责一致”要求，组织对市政府及相关部门报送备案的179份规范性文件进行审查，对推进依法行政起到了积极作用。

3.促进司法监督常态化。一是聚焦司法职权的行使。听取市法院关于刑事审判、人民法庭建设和市检察院关于侦查监督等工作报告，组织民事诉讼法执法检查和监所检察工作的视察活动，开展反贪污贿赂和未成年人刑事检察等专题调研，提出改进工作的意见建议。二是聚焦司法民主功能的强化。先后3次审议市法院提出的议案，我市人民陪审员数量由149名增加至410名。组织开展工作调研，要求市法院以全国改革试点为契机，从选任、退出、管理、培训等方面入手，创新方式方法，切实发挥好人民陪审员队伍在促进司法公正中的积极作用。三是聚焦信访问题的解决。强化重点信访事项特别是涉法涉诉问题的跟踪督办，共受理群众来信1565件，接待群众来访391批863人次，推动相关问题解决，维护群众合法权益。

五、始终把代表工作作为人大工作的基础所在，充分发挥主体作用

1.搞好换届选举。结合我市实际，在深入调研的基础上提出指导意见。依法成立选举机构，制定实施方案，全面动员部署，广泛宣传发动，加强业务培训，抓好督促指导。同时严守换届纪律，严把代表标准，全市共依法选举产生市第十七届人大代表326名、新一届镇级人大代表1012名，代表整体素质明显提高，结构更加合理，广大选民的民主权利得到了充分保障。

2.指导开展活动。在全市19个镇（街道）设立“人大代表之家”，认真执行代表联系群众制度，深化代表述职活动，共有290名市级人大代表向选区选民述职。组织代表开展异地调研和专题视察，为代表审议大会各项工作报告、提出高质量的议案建议创造条件。

3.搭建履职平台。坚持邀请代表列席常委会会议和参加有关活动制度，五年来共邀请2950人次的代表列席会议、参加活动。改进代表培训方式，首次组织晋江的泉州市人大代表参加全国人大培训班，举办9期省、泉州、晋江市人大代表培训班，拓宽代表知情知政渠道，推进服务代表的信息系统建设，切实保障代表履职。及时启动法律程序，依法许可司法机关对4名涉嫌违法的人大代表采取司法强制措施，维护了代表的纯洁性、先进性。

4.督办落实建议。完善常委会领导牵头督办、委办对口督办、相关工作机构统筹督办相结合的工作机制，督促政府部门加强与代表的沟通联系，提高办理质量，推动问题解决。代表建议涉及的农村石结构房屋翻建、医疗机构停车收费、被征地人员养老保险等问题得到妥善解决，代表满意率由2012年的58.9%提高到2016年的76.9%。

六、始终把自身建设作为人大工作的有力抓手，积极适应形势需要

1.注重正风肃纪，弘扬担当精神。严格落实“一岗双责”、“八项规定”，认真组织开展群众路线、“三严三实”和“两学一做”专题教育，深入学习领会习近平总书记系列重要讲话精神，不断增强道路自信、理论自信、制度自信和文化自信，着力强化政治意识、大局意识、核心意识、看齐意识，凝聚政治坚定、业务优良、作风过硬、勇于担当、团结奋进的精气神。

2.注重建章立制，规范运作程序。制定修改了12项常委会工作制度，健全完善了42项机关管理制度，为人大工作的顺利开展提供了规范有序的机制保障。着力抓好重大事项决定、人事任免等运作程序和工作环节的规范，提高依法履职的民主化、科学化程度。

3.注重整体推进，树立良好形象。主动接受上级人大指导，正确把握人大履职特点，在一些重大事项决定、重点工作监督中，形成了市委"点题"、人大"选题"、政府"解题"、共同"破题"的运作格局。深入开展创先争优、文明创建、效能建设活动，首次获评省级文明单位，机关干部的光荣感、责任感和使命感不断增强。

常委会主动适应新形势新要求，以改革创新精神和法治思维理念积极开展工作。

——推动履职行权增实效。一是在刚性监督上积极探索。把测评工作和专题询问作为监督工作的有益探索和积极尝试。测评工作方面，重新梳理专项工作报告满意度测评的相关规则，制定出台《关于审议意见研究处理情况满意度测评的暂行规定》，形成对"一府两院"专项工作报告"审议—测评—反馈—再审议—再测评—再落实"的连环链条。专题询问方面，2014年首次开展专题询问，实现了监督手段的新突破。认真把握专题询问的内容形式、程序规则、方式方法、组织实施等环节，采取补充提问、连续追问等方式增进互动效果。二是在重大事项决定上积极探索。注重决定权与监督权的综合运用，通过在开展工作评议的基础上授予"人民满意单位"的做法，推动被评议单位自加压力、提升服务。三是在人事任免上积极探索。建立健全任前知情和对接沟通机制，不断规范工作程序，完善操作流程，进一步推进人事任免工作的制度化、规范化、程序化。

——推动宣传研讨出成果。切实加强理论研讨和信息宣传工作，《提升"常规手段"的刚性效力》等90篇文章在国家和省级媒体发表，相关课题成果在省人大常委会研讨会上获得一等奖1次、二等奖2次，4次应邀在全省人大系统会议上交流发言。加快构建"一刊一网一微信"的立体宣传平台，重视《晋江人大》办刊和网站提升工作，开通晋江人大微信公众信息号，为人大及其常委会依法履职营造了良好的舆论氛围。

——推动全市人大工作上水平。贯彻中央、省委关于加强县乡人大工作和建设的文件精神，认真开展专题调研，深入探讨工作路径。健全市镇两级人大组织机构设置，切实加强基层人大工作指导，坚持每年两次召开会议部署交流镇、街道人大工作，委托全国人大深圳培训基地举办"贯彻五中全会精神提高人大工作水平"培训班，组织前往上杭县才溪乡学习先进工作经验，推进市镇两级人大上下联动，提升全市人大工作整体水平。

政府工作报告

——2016年1月6日在晋江市第十六届人民代表大会第五次会议上

晋江市人民政府市长　刘文儒

各位代表：

现在，我代表市人民政府向大会作工作报告，请各位代表连同《晋江市国民经济和社会发展第十三个五年规划纲要（草案）》一并审议，并请市政协各位委员和其他列席人员提出意见。

一、2015年和"十二五"经济社会发展回顾

2015年，在上级党委、政府和市委的正确领导下，在市人大工作监督、法律监督和市政协民主监督下，我们深入贯彻党的十八大、十八届三中、四中、五中全会和习近平总书记系列重要讲话精神，加强改革创新，加快转型升级，有力推动经济社会平稳发展。地区生产总值预计完成1620亿元，增长8.6%；公共预算总收入200.29亿元，增长1.15%，其中本级收入117.2亿元，增长2.72%；城乡居民收入分别达到4万元、1.8万元，分别增长8.2%和9.5%。县域经济基本竞争力保持全国第5位。

（一）突出稳增长防风险，经济大盘保持稳定。深入开展"三比一看"和"帮企业、促项目、谋思路、抓落实"活动，有效应对经济下行压力。加大政策扶持力度，兑现各级政策资金13亿元，有效帮扶企业发展。685家亿元企业贡献加大，实现产值占全部规上工业产值90%；25家税收上亿元企业纳税超62亿元，恒安、安踏纳税均超10亿元。有效防范金融风险，为281家企业过桥资金77.8亿元，成功处置不良贷款14.8亿元。加强政银企对接，办理企业"两证"367宗，全年新增贷款129.2亿元。帮助企业拓展市场，组织企业赴菲律宾、泰国等"一带一路"沿线国家拓展市场，自营出口逆势增长。鞋博会、闽台食品交易会分别实现交易额147.5亿元和65.3亿元。入驻阿里巴巴"中国质造"平台，与京东、苏宁共建特色馆，新增19个淘宝村、2个淘宝镇,电商交易额突破600亿元。加快项目推进,争取国家专项建设基金5.28亿元,336个在建重点项目超额完成投资计划,260个工业储备项目投产。食品产业园、时尚服饰园、海洋生物科技园26个入驻项目开工。积极培育新增长点,对接招引24个项目,总投资827亿元。培育自营出口主体200家、限上主体128家。新增企业电商中心2家。吸引税源回归5.08亿元。

(二)突出调结构促转型,产业升级步伐加快。三次产业比例调整为1.1∶66.9∶32。三产跃升势头加快显现,占GDP比重提高0.2个百分点,投资增幅高于工业投资20个百分点。国际鞋纺城一期基本建成,商铺认筹比例达85%。出口加工区进口商品展示直销中心、海峡国际五金城等市场运营。普洛斯物流园、传化公路港等物流基地投用。新增金融机构9家,金融业增加值增长12.6%。传统产业加快优化升级,32%以上规模企业应用智能装备。获评省级智能制造试点示范基地。实施22个"数控一代"示范工程。160个重点技改项目投产。第二届"海峡杯"工业设计大赛促成32项设计成果对接。新兴产业加快集聚,完成产值480亿元,占工业总产值11.8%。54个新兴产业重点项目完成投资23.8亿元。新增高新技术企业14家,成功引进莲花汽车、软通动力等项目。创新创业活力迸发,设立产业创投引导基金和智能制造、互联网+、创新创业3支子基金。全社会研发经费占GDP2.6%。新增认定优秀人才426名。新增众创空间10个,陆地港成为省级众创空间;三创园入驻创客团队31个;洪山文创园入驻机构60家,承接1200多家企业服务外包。

(三)突出强功能提品质,城市平台日益完善。晋江作为县级城市代表,赴欧盟总部参加"中欧城镇化伙伴关系论坛",荣获中欧绿色智慧城市"技术推广奖"。完善规划体系。推进"多规合一"试点,完成海岸带保护利用、流域生态景观等专项规划,中心城区控规面积190平方公里,覆盖率达到70%。推进组团片区建设。加快征迁扫尾,梳理解决109个问题。71个城建重点项目完成投资55.3亿元。建成14个安置房项目,2.7万名群众幸福回迁。完善城市配套。"五张网""五个系列"资源整合196个项目完成投资109亿元。龙狮公路英林段、伞都大道、鹏青路东延等道路建成通车,促成刺桐大桥取消收费,打通5条城区"断头路"。新增输变电容量12.6万千伏安。建成公共自行车租赁系统。加强城市精细管理。出台小区物业管理、食品小作坊整治等15项长效机制,实施"城建小战役"项目74个,清理违章广告牌4795宗,整治29处积水点,拆除"两违"建筑81万平方米。启动建设5处公共停车场,新增停车位1343个。

(四)突出均等化优质化,群众幸福感明显增强。投入68.8亿元用于民生建设,占本级支出66.2%。26个为民办实事项目如期完成。建成11所中小学校、幼儿园。高考本科上线率76.23%,比上年提高5.47个百分点。校园"一键报警"系统全覆盖。50项公立医院综合改革任务扎实推进,减轻群众药品费用3600万元。市医院迁建工程感染楼、教学楼基本建成,3个基层卫生改扩建项目投用。计生考核位居泉州第三。"12345"便民服务热线为市民解决急事难事1.6万件。安全生产四项指数全面下降。市镇村企四级视频监控全覆盖。建成省级食品质检中心。实施精准扶贫,开展"四帮四扶",帮助300户困难家庭脱贫解困。慈善总会累计募集资金25.5亿元。五店市传统街区获评4A级景区。"大美晋江"惠民舞台24场演出场场火爆。掌中木偶闪耀亚洲艺术节。篮球、足球、沙排等赛事不断掀起全民健身热潮。此外,民族宗教、侨台外事、统计调查、档案方志、老区建设、对口帮扶、老干老龄、工青妇儿、残疾人事业、红十字、支前双拥、国防动员等工作取得新成绩。

(五)突出农村美农民富,三农工作扎实推进。新增省级林业龙头企业2家,流转耕地4728亩。启动20个农村小型污水处理设施建设,10个村入选省级"千村整治、百村示范"工程。启动农村宅基地制度改革,发放全省首单宅基地抵押贷款。实施集体创收项目40个。完成村级组织换届。市财政对村财薄弱村(社区)一律补足到20万元。建成远洋渔业深沪作业区。引水第二通道完成15.5公里主体工程,大陆向金门供水工程开工。

(六)突出绿色化可持续,生态环境加快改善。开展全国林地占补平衡试点,新增造林1.3万亩。加快推进14个田园风光项目,实施九十九溪田洋启动区征迁。15条生态流域整治河道18.4公里,排查销号污染源268个。西北、南港、仙石三期等污水处理厂建成投用。

各位代表!只要坚持,梦想总是可以实现的。过去五年晋江发展硕果累累,先后获得国家园林城市、中国爱心城市、七星级慈善城市、全国双拥模范城、全国平安建设先进市、全国科技先进市、全国教育"两基"工作先进地区,通过国家级生态市考核验收,县域经济基本竞争力从全国第7位提升到第5位。这些成绩的取得,得益于我们坚定不移地贯彻落实上级和市委的决策部署,在继承中创新,在发展中突破,不断丰富发展"晋江经验";得益于广大企业家始终扎根晋江,坚守实体,在经济发展中发挥重要作用,做出了突出贡献;得益于广大海外侨亲、异地乡亲始终怀着对家乡的赤子情怀,全力支持家乡建设,出钱出力,不甘人后;得益于海内外500万晋江人团结一致,携手打拼,共同为晋江付出辛勤的汗水,凝聚成推动科学发展、共创美好未来的强大合力。在这里,我代表市人民政府,向奋斗在各条战线的广大干部群众和外来建设者,向给予我们不懈支持的人大代表、政协委员、离退休干部,各民主党派、工商联和社会各界人士,向各级驻晋直属单位和部队官兵,向所有关心支持晋江发展的港澳台同胞、海外侨胞,表示崇高的敬意和衷心的感谢!

在看到成绩的同时,我们也清醒认识到,发展中还有不少困难和问题。一是部分指标完成不理想,三产增速和占GDP比重、工业投资等15项指标没有完成"十二五"规划目标;二是产业转型升级还不够快,中小企业创新意愿不强、方向不明、动力不足,同质化竞争还没有根本解决。新的产业增长点还不明显,部分项目产生效益仍需时间;三是部分企业生产经营困难,产能过剩,库存压力仍然较大,个别企业面临资金风险;四是人才总量和结构仍然不能适应转型升级的需要;五是城市的规模、功能品质和管理水平有待进一步提升;六是经济社会发展还不够协调,教育、医疗等优质资源总量不足、分布不均,还不能满足群众需求;七是资源环境约束趋紧,水、空气、土壤等污染问题仍然突出,公共安全、食品安全等方面仍有不少薄弱环节;八是政府职能转变不够到位,个别公职人员专业素养、法治意识、服务效能有待提升。对此,我们将采取有力措施,认真加以解决。

二、"十三五"发展目标和主要任务

"十三五"期间,国内外经济仍将深度调整,速度变化、结构优化、动力转换"三大特点"日益明显,机遇和挑战并存。我们必须坚定发展信心,按照市十二届党代会第五次会议的部署要求,高举中国特色社会主义伟大旗帜,全面贯彻党的十八大和十八届三中、四中、五中全会精神,以马列主义、毛泽东思想、邓小平理论、"三个代表"重要思想、科学发展观为指导,深入贯彻习近平总书记系列重要讲话精神和对福建工作的重要指示,坚持全面建成小康社会、全面深化改革、全面依法治国、全面从严治党的战略布局,坚持发展是第一要务,着力创新发展、协调发展、绿色发展、开放发展、共享发展。认真落实中央、省、泉州支持晋江发展的重大决策部署,以转型升级、跨越发展为主线,以创新驱动为核心战略,以提升人民群众获得感为目的,全面推进经济建设、政治建设、文化建设、社会建设、生态文明建设和党的建设,凝心聚力,创新突围,重塑优势,丰富"晋江经验",持续当好机制活、产业优、百姓富、生态美"新福建"建设的县域排头兵。

"十三五"发展主要有"五大目标":

经济发展预期目标:地区生产总值年均增长8.5%左右、力争突破2500亿元;公共预算总收入年均增长6%、达到268亿元;工业总产值年均增长9.5%、突破6500亿元;全社会固定资产投资年均增长12%、突破1600亿元。服务业增加值占GDP34%。

民生建设预期目标:城乡居民人均可支配收入年均增长8%;义务教育阶段入学率保持稳定,全面普及高中阶段教育;每千人拥有床位4.1张、卫技人员4.88人;每千名老人拥有养老床位35张以上;群众安全感明显提高。

城市建设预期目标:中心城区建成区拓展到117平方公里,城镇化率70%以上;城市公交分担率20%;城市生活污水、垃圾日处理能力分别达到41万吨、2000吨。

生态建设预期目标:可计算森林覆盖率23%,人均公共绿地面积13平方米;耕地保有量26.9万亩;完成上级下达减排任务。

创新驱动预期目标:全社会研发经费占GDP比重2.8%;发明专利拥有量达到2000件以上;高新技术企业产值占规上工业产值20%,经济发展质量和效益显著提高。

围绕上述目标,我们将按照市委"四个必须"的要求,全面实施"四个工程",奋力推动"四个升级"。

——实施"个十百千万"工程,奋力推动产业升级。"个"是培育壮大7个产业集群,其中制鞋、纺织服装业产值均突破1500亿元,汽车制造及零部件、食品饮料业均突破1000亿元。"十"是培育主营业务收入超百亿元企业20家以上。"百"是实施转型升级示范项目100个以上。"千"是培育科技型、创新型、成长型企业1000家以上。"万"是集聚创客人才1万名以上、新型产业工人15万名以上。加强企业家培训,发挥企业家的重要作用。通过抓龙头、铸链条、建集群,加快传统产业优化升级,培育壮大新兴产业和高新技术产业,推动服务业跨越发展,构建面向未来、迈向高端、具有国际竞争力的现代产业体系。

——实施城建品质提升工程,奋力推动城市升级。按照"全市一城、一主两辅"的城市布局,划定城市边界,构建完善的路网框架和海陆空立体交通体系、合理的功能分区、科学的空间结构,实现"疏密有致、空间适度、和谐宜居"。始终把民生需求、生活体验放在首位,注重"留白""留绿""留旧""留文""留魂",推动城市规模与功能同步拓展,建设与管理协调并进,生态与人文充分彰显,让城市与市民更亲近、与自然更和谐、与产业更融合,全力抢占泉州环湾城市建设制高点。

——实施社会治理创新工程,奋力推动社会升级。加快培育社会组织和中介机构,逐步推进政府"放权"、民间"接力",构建政府主导、社会参与、监管高效的公共服务供给体系。牢固树立安全发展理念,加快构建全领域、立体化、精细化的安全防控体系。坚持以人民为中心,统筹政府、社会、市民三大主体,构建完善民生保障体系,推动形成政府有形之手、市场无形之手、群众勤劳之手同向发力的社会治理格局。

——实施政府效能提升工程,奋力推动服务升级。始终把群众需求作为第一选择,把专业专注作为第一要求,把落实执行作为第一责任,把依法行政作为第一准则,以政府的勤奋指数,提高市民幸福指数、城市繁荣指数。深化简政放权,梳理服务清单,加快推行网上审批。全面推进依法行政,营造一流法治环境,加快建设学习型服务型法治政府。

三、2016年主要工作安排

2016年是"十三五"开局之年。今年经济社会发展主要预期目标是:地区生产总值增长8.5%,公共预算总收入增长7%,全社会固定资产投资增长16%,城乡居民人均可支配收入增长8%。我们将按照市委"五个着力"的部署要求,重点做好9个方面工作:

(一)坚持稳中求进,全力保持经济平稳增长

1.强化供需两侧结构性改革。引导企业加快"五个创新",让产业升级的步伐跟上消费升级的变化。从产品创新发力,引导企业建立快速响应的研发体系,下决心淘汰市场份额低、不适应市场需求的产品系列,推出更多满足个性化、多样化消费需求的新产品。从技术创新发力,实施重点技改、智能化改造和"数控一代"示范工程,加快企业装备升级。鼓励龙头企业发起建设行业共性技术平台,提高行业整体研发能力。从品牌创新发力,引导企业实施多品牌战略,拓展子品牌系列,推动企业从品牌批发向品牌零售转变,打造一批具有行业话语权的领军品牌。从管理创新发力,引导企业颠覆传统串联式管理流程,削减管理层级,构建扁平化、并联式流程体系,让企业运营更紧凑、更干练、更具创新活力。从商业模式创新发力,引导企业改造门店系统和供应链体系,实现线上线下有机融合。打破区域分销模式,"外去中间商、内去隔热层",让员工直接面对客户,提升营销快速响应能力。从消费引导发力,促进文化体育、信息服务、金融服务、旅游休闲、健康养老、装修装饰等消费,引导购买本地产品,发挥消费拉动作用。

2.强化难题破解。精准施策、有为应对,帮助企业破解生产经营困难。围绕降低企业成本,落实减费降税措施,快速兑现政策补助资金。继续实施"两电分离",加速固定资产折旧。降低企业社保支出。鼓励金融机构落实利率政

策，降低融资成本，减轻企业负担。围绕消化过剩产能，抢抓“一带一路”机遇，加强与东南亚、非盟、南美、北欧等新兴市场经贸合作。加快滨江、洪山文创园等电商园区建设，完善陆地港、出口加工区等跨境电商平台，做大电商规模，打造电子商务示范市。瞄准中西部、农村地区，深耕国内市场。加快整合产能，引导生产能力强、管理水平高的中小企业转向OEM、ODM，为品牌企业作配套，密切区域产能协作。围绕防范金融风险，按照“破产清算一批、重整重组一批、脱链解链一批、帮扶解困一批”的要求，完善应急处置机制，简化手续办理“两证”，帮助企业化解资金风险。严厉打击非法集资和逃废债，维护金融稳定。围绕房地产去库存，实行“零门槛”落户，出台优惠政策，鼓励外来创业务工人员和周边县市购房人群在晋江买房，稳定购房消费。引导开发商加大改善型、中小户型和产业综合体房源投放，形成多梯次、多元化房源结构，促进房地产健康发展。打通商品房、安置房、保障性住房的转换通道，加快消化存量安置房。

3. 强化项目带动。集中力量推进586个重点项目建设，力争完成年度投资458.2亿元。更加注重项目前期，建立重点项目建设问题清单，实行销号制度，开展周汇总、月协调、季督查，滚动跟踪解决项目前期问题。加大政府投资力度，筛选228个城建、环保和民生重点项目，编制政府性投资项目资金保障计划，用好国家专项建设基金补助，积极推进PPP合作，确保完成投资95亿元以上。千方百计引导扩大社会投资，完善“三旧”改造政策，加强规划和业态管控，鼓励社会资金参与。策划359个工业储备项目、145个三产项目，落实挂钩服务、进度约谈等制度，确保完成投资240亿元以上。

（二）坚守实体实业，全力加快产业转型升级

1. 巩固传统产业集群优势。实施转型升级路线图计划，用好产业创投引导基金，推动传统产业向时尚创意转型。发展时尚设计，建立鞋服行业流行趋势信息平台，发布中国晋江鞋业发展指数。加快利郎文化创意产业园建设，打造设计师走廊。举办第三届“海峡杯”工业设计大赛，促成优秀设计团队与企业对接合作，为产品注入全新的设计理念和设计元素。发展智能制造，大力引进系统集成项目，加快制鞋、纺织服装、食品饮料、建材陶瓷、制伞等行业智能化改造，培育一批智能工厂、数字化车间，打造智能装备应用示范区。发展服务型制造，鼓励企业加大服务环节投入，发展高级定制、时尚快消等新业态，探索在线支持、远程服务等新模式，加快制造业服务化，提高附加值。发展跨界产业，引导企业更多投向产业高端环节，积极探索互联网+制造、+营销、+文化创意、+金融，促进产业和现代金融、信息技术融合，拓展传统产业新空间。发展高端原辅材料，主动对接意大利、韩国等地高端资源，重点开发高分子材料、合成纤维、记忆面料等功能性材料。

2. 大力发展高新技术产业。成立专门机构，设立专项资金，以战略性新兴产业为重点，加快做大高新产业规模。建设高新园区，加快智能装备产业园、装备制造安海园、海洋生物科技园等新兴产业园区建设，积极申报省级以上高新园区。主动对接招引高新项目，重点瞄准新材料、光伏电子、集成电路、海洋生物及海洋相关产业、智能装备及机械制造、汽车制造及零部件等产业方向，力争引进高新产业项目、承接高新技术转移取得更大突破。完善高新产业政策，实施高新企业倍增工程，引导有条件的传统制造企业申报高新企业，加快培育科技型中小微企业，推动要素资源向高新集中、政府投入向高新倾斜、龙头企业向高新转型。积极抢占未来产业先机，围绕智慧产业、节能环保、石墨烯应用、航空航天零部件等领域，超前谋划产业规划和配套政策，主动对接高端产业资源，推动产业高端化发展。

3. 做大做强现代服务业。实施服务业2025发展计划，全力打造区域物流节点城市、金融创新中心、重要商品集散地。围绕“产服一体”，推动生产性服务业向专业化和价值链高端延伸。专业市场重点加快国际鞋纺城融市运营，启动二期工程建设。加强市场经营主体培育，加快海峡国际五金城、海西建材等专业市场集聚繁荣。现代物流重点推动传化公路港运营，加快菜鸟智能物流、永和快递产业园等项目建设，推动物流与电商有机衔接。出台运费最低保护价政策，规范物流行业经营秩序。支持物流业智能化、自动化改造，有效降低成本。科创设计重点完善“五大科创平台”，启动三创园二期和福大科教园建设，加快洪山文创园二期改造，集聚更多文创研发机构和人才，做大服务外包规模。金融服务重点加快民营金融、互联网金融、跨境金融创新发展，利用注册制和“新三板”等改革机遇，加快地方金融市场建设，力争金融业增加值增长20%以上。高端中介服务重点集聚培训咨询、营销策划、法律服务等业态，建设人力资源服务产业园。会展经济重点加快会展中心建设，办好鞋业（体育产业）博览会和闽台食品交易会。围绕“产城融合”，推动生活性服务业向多元化和高品质升级。积极发展大健康、大文化、大旅游、大生态、大数据等新型业态，改造提升传统服务业。大力发展体育产业，培育壮大体育健身、竞赛表演、技术培训等业态，打响国家体育产业基地品牌。加快发展旅游业，实施5A级景区创建，串联五店市、八仙山、草庵、灵源山、龙山寺、安平桥等景点，打造精品旅游线路。新增培育3个观光工厂。建设游客集散中心，发展乡村民宿，提高旅游接待能力。

（三）坚持创新发展，全力打造创新型城市

1. 完善创新孵化体系。设立科创服务中心，有效整合资源，为人才提供孵化平台、政策兑现、创新协同、知识产权等“全链条”服务。开展支持创客发展三年行动，建设青年梦工场，打造更多大学生创业驿站、创业工坊，激发大学生创业潜能。推动科技孵化从政府主导向市场运作转变，鼓励社会资金参与，利用旧厂房、旧仓库、旧民居等建设各类众创平台，打造区域创客中心。

2. 强化政产学研资介合作。整合利用中科院等7家“国字号”机构和企业技术中心、工程中心，建设集检测、标准、研发“三位一体”的技术公共服务平台，推动产学研协同创新。加快培育一批工业技术研究院、产业技术创新联盟、技术标准战略联盟。大力发展众筹、众包、众扶，建立从实验室研发、中试到生产全过程的创新融资模式。用好研发费用加计扣除等税收政策，为初创企业提供政策性资金支持。用好“6·18”平台，依

托科技成果展示交易平台，加快发展科技中介机构，促进创新成果转移。设立快速维权中心，依法打击侵权行为，加强知识产权保护。

3.加快建设“人才特区”。深入推进“人才强市”试点，以全新思维引进人才团队。实施高层次人才“海峡计划”和博士聚集计划，鼓励企业通过股权激励、技术分红等方式引才用才留才，加快集聚高端人才。坚持引才和借智相结合，加快建设多领域、多层次、高水平的智库团队。实施企业家素质提升行动计划，培养具备战略眼光、创新思维、创业激情的“创二代”、“创三代”。对接德国、台湾等地职教资源，加快发展职业教育，储备高素质产业大军。以更大力度扶持人才项目。完善人才、团队、项目、平台“四位一体”工作体系，落实一支服务团队，一个办公场所，一套融资计划，一笔补助经费，一个保障方案的“五个一”机制，推动人才创新项目与企业对接，充分释放人才创新效应。以更多举措帮助人才创业。引进北大创客训练营等机构，建立创业导师团队。加快建设人才大厦、人才驿站，打造国际化、精致化社区，培育人才社群。拓展企业文化沙龙，举办“海峡杯”创业大赛和菁英创业创客周等活动，让更多创意在晋江碰撞出火花。

（四）坚持开放发展，全力建设海丝前沿高地

1.构筑国际化营商环境。出台投资审批负面清单，建立科学的抽查制度、责任追溯制度和黑名单制度，完善“宽进严管”模式。扩大政府购买服务，培育壮大社会组织和中介机构，促进公共产品多元供给。探索“多证联办”和“一门式”审批服务。复制推广自贸区政策，推动出口加工区升格为综合保税区。深化口岸通关一体化改革，促进贸易便利化。

2.推动高质量走出去。设立国际合作引导基金，建立对外投资项目服务小组。围绕制鞋、纺织服装、建材陶瓷、装备机械等行业筛选优质产能，开展“点对点”经贸对接活动，引导产能有序转移。探索与“一带一路”沿线国家合作建设异地产业园，引导企业抱团入驻。支持龙头企业参与国际并购，打造自主品牌和国际营销网络，提升“晋江制造”的国际地位。

3.加快晋江人经济大融合。以华侨新生代为重点，广泛开展经贸交流、恳亲寻根等活动，加强侨亲与家乡的联络联谊和根脉联系。主动策划合作项目，吸引更多侨亲回乡投资。加快大陆向金门供水工程建设，拓展对台小额贸易，争创五店市国家级对台交流基地，推动晋台融合发展。加强与港澳对接，拓展现代金融、转口贸易等领域交流，提升晋港晋澳合作水平。

（五）坚持品质至上，全力构筑现代化城市平台

1.完善配套设施，提升城市功能。立足城市长远发展，补齐短板，适度超前，构筑现代化城市功能体系。增强承载功能，实施35个市政交通项目，加快构建高速路、快速路、主次干道、支路、慢行系统和港口、机场、高铁站、动车站“快慢结合、高效接驳、互联互通”的城市立体交通网。东部重点启动东部快速通道工程；西部重点打通环湾大道，改造深安线，启动西部快速通道和高速公路内坑出入口工程；南部重点打通横九线金井段、龙狮公路龙湖段、草马路永和到英林段；北部重点打通迎宾路北延、324国道塘头到井边段；中部重点推进厦漳泉城市联盟路晋江段建设，启动东石连接线和中部快速通道工程，加快拉开城市快速路骨架。启动智造大道龙湖段、桥山路改造，打通晋新路、双龙路东拓二期，加快完善城市主次干道网。实施5条市政道路建设，完善组团片区区间道路，打通一批“断头路”，加快梳理城市交通“毛细血管”，完善城市支路网。建设公共自行车专用道，延伸“一山一水”慢行绿道，完善中心市区、重点山体景区、滨水岸线“成网闭合”的慢行道系统。推动有轨电车晋江段和福厦客专晋江南站建设。加快围头港、深沪港发展，密切港城联动。实施55个供水供电项目，建成引水第二通道。推进深沪污水处理厂建设，建成一批建筑渣土综合利用项目，提高城乡垃圾污水处理能力。增强服务功能，推进“五个系列”资源整合，建成养正中学新校区、社会福利中心等55个项目。加快建设全民健身中心。培育滨江、池店南、长兴路、陶东路等新商圈。建设崎山山地自行车公园，打造更多市民锻炼休闲的好去处。推动镇级公园全覆盖。增强居住功能，新建改造许厝、梅岭市场二期、曾井等农贸市场，加快建设蔬菜批发市场。新建金井、深沪粮食储备库。加快安置房建设，推广“四位一体”模式，提高物业管理水平。建设20个环境好、配套好、治安好、服务好、文明好的“五好”社区。

2.完善片区建设，提升城市品质。坚持“适用、经济、绿色、美观”，“点线面”结合推进组团片区开发。“点”上，围绕重要城市节点，实施片区整体开发。高铁晋江南站区域重点建设交通接驳系统，配套商务酒店、大型卖场等服务设施，发展高铁经济。国际鞋纺城区域重点建设客运枢纽、物流配送等设施，释放集聚效应，繁荣城东片区。机场区域重点发展临空经济、空港物流，加快建设“空港城”。内坑动车站重点加强区域综合开发，发展道口经济，打造生产性服务业示范区。“线”上，推进城市轴线开发，带动片区发展。世纪大道中轴线重点推进梅庭片区、罗裳片区建设，发展现代商住、总部经济、文体科教、休闲旅游等业态。机场连接线（和平路）轴线重点推进池店南片区、莲屿片区建设，加快发展楼宇、众创、贸易货代等业态。沿江轴线重点推进滨江组团、鞋都片区建设，完善基础设施和商贸配套，加快企业总部集聚。沿海轴线重点建设沿海大通道景观带和滨海慢行道，串联龙湖、深沪、金井、英林、东石、安海等镇文化旅游资源，打造最显晋江魅力的滨海旅游带。山体轴线重点串联主要山体资源，推进紫帽山、大灵源山脉旅游开发，把好山好水好风光融入城市。“面”上，加快组团片区改造建设收尾，强化“五个统筹”，落实“五个账本”，推动组团片区连片开发。加快推进田园风光项目，开工建设九十九溪田洋启动区。开展“三边三节点”整治，加快泉三、晋石高速公路生态景观通道建设，推进江滨南路、晋新路等绿化景观工程，提升城乡宜居环境。

3.完善管理体系，提升城市运营水平。深化城市管理体制改革，确定管理范围、权力清单、责任主体，加强城市精细化管理。完善规划体系，促进全域规划统筹、“多规合一”统筹、控制性规划和专项规划统筹、地上和地下统筹。加强城市设计。强化建筑质量安全管理和工地扬尘治理。完善公交换乘枢纽和停车场站建设。严厉打击“两违”，严格规范渣土车运输行为。加快“智慧城市”建设，构建人性化、精细化、标准化、智慧化管理体系。

（六）坚持共享发展，全力提高民生

获得感

1. 从安全发展入手，促进社会和谐稳定。全面推进平安建设，强化科技强警和互联网安全管理，构建立体化、全覆盖治安“打防管控”体系。严厉打击暴恐、“两抢一盗”、黄赌毒等违法犯罪行为。深入开展“六打六治”行动，强化道路交通、危化品、特种设备等重点领域安全监管，落实企业安全生产主体责任，杜绝重特大安全事故发生，保障城市安全、市民安宁。实施食品安全放心工程，健全农产品溯源制度，建设远程监管系统，构建完善食品检验检测体系、监管体系和责任体系，让群众吃得放心安心。加强应急体系建设，完善应急预案，提高公众防灾减灾能力。落实初次信访首办责任制，提高信访化解率，妥善处理信访热点和遗留问题。

2. 从教育医疗入手，做大做强优质资源。实施83个教育资源整合项目，新开办10所公办幼儿园，启动泉州五中、实验中学晋江校区建设。积极创办国际和国际化学校。实施教育人才“5121”引育计划，实行校长职级制，激发教师队伍活力。实施医疗卫生跨越发展行动计划，深化医药卫生体制和公立医院综合改革。深入实施“510”卫生育才工程，大力培育名医名科名院。推动市医院迁建等16个项目全面提速，开办福医大附属口腔医院晋江分院，启动康复医院建设，构建多元办医格局。创新“互联网+医疗”服务新模式。实施一对夫妇可生育两个孩子政策。

3. 从急事难事入手，积极回应民生热点。办理30件为民实事。征集民生“微实事”，从群众身边事做起，让群众得到更多实惠。拓展新农合异地结报覆盖面。推进35个镇村养老机构建设、新增20个居家养老服务站。为65岁以上老人提供免费公交服务。投用一批审批服务自助终端和出入境24小时自助服务机。推动一批校园运动场所逐步向社会开放。建设八仙山、阳光广场等公共停车场，加快破解“停车难”问题。

4. 从精准扶贫入手，促进发展成果全民共享。加强建档立卡，坚持“五看法”，以事实为依据，精准识别，严格认定扶贫对象，防止“富人戴帽，穷人落榜”。坚持因户施策、因人施策，继续实施“四帮四扶”，找准“病灶”，开对“药方”，投入3000万元帮助300户困难家庭脱贫解困。建立动态管理和退出机制，防止群众因灾、因病、因残返贫。开展“全民参保登记计划”试点，推动社会保障提标扩面，为2000名特殊困难老人购买家政服务。充分发挥慈善总会作用，深入实施慈善救助工程，把爱心传递给每个需要帮助的人。

(七)坚持协调发展，全力打造最美乡村

1. 让现代农业兴起来。加快建设国家级农业产业化示范区，大力推广农业“五新”技术，新增智能温控大棚200亩、流转耕地3000亩以上。新增国家级农业产业化龙头企业1家、省级10家，农业标准化生产面积达7万亩。发展设施农业、生态农业、观光农业，培育农业合作示范社5家、家庭农场5家。建设深沪渔港经济区，推进香港联泰、闽南水产等项目，加快发展远洋捕捞、冷链物流、海产品深加工，做大海洋产业规模。

2. 让美丽乡村靓起来。开展村庄环境综合整治，拆搭盖、清水沟、扫垃圾、种大树、美环境，集中管理农具渔具等生产生活设施，按照适合现代农村小区标准，整治一批裸房，配套一批停车场，修整一批村间街巷，新建一批绿地，建设一批小型污水处理设施，打造20个最美乡村，让农村既有乡村的自然风情，又有城市的生活品质。支持革命老区建设发展。实施灵水、塘东、南浔等古村落保护项目，打造原生态传统村落。

3. 让农民腰包鼓起来。继续加大财政资金向农村倾斜力度，村财薄弱村(社区)一律补足到25万元；村主干、两委月基本报酬分别提高到1550元、900元。实施农村集体产权制度改革，加快土地承包经营权确权登记颁证，稳妥推进宅基地制度改革试点。拓宽村集体增收渠道，推广股份合作等经营模式，提高农民财产性收入。创新农村金融服务，支持农民自主创业。鼓励发展电商、物流、特色餐饮等多种经营，增加农民经营性收入。

(八)坚持绿色发展，全力推进生态文明建设

1. 实施绿色工程。深入开展“四大行动”，打造“天蓝、地绿、水清、岸美”的城乡环境。加强森林资源保护，新增造林1.6万亩以上。加快推进15条生态流域综合治理。加强海岸带保护利用，建设泉州湾南岸、金井塘东湿地红树林。加快安海湾等湾区治理，有效管控海漂垃圾，坚决取缔涉渔“三无”船舶。强化工业废水、农业面源污染和生活污染源治理，继续淘汰黄标车。加快飏湖综合治理。启动湖库连通和雨洪资源利用工程，建设“海绵城市”，逐步构建涵盖山、水、海、林、空气、土壤的综合治理体系。

2. 发展绿色产业。开展工业废气和固体废弃物治理，加快建陶企业干燥塔和除尘设施改造。建设神华、福能热电联产项目，启动安海、东石、经济开发区集中供热改造。建设资源循环利用产业园，大力推进安东园等中水回用项目建设。推广绿色建筑、绿色照明新技术和新产品。

3. 培育绿色文化。深化生态文明体制改革，全面开展排污权有偿使用和交易，建立阶梯水价制度。实施全民节能行动计划，普及节能技术和方法，倡导节约、绿色、低碳的生产生活方式。加强生态价值观教育，加大环保普法力度，增强市民生态意识和环保意识，让“大生态”理念融入城市发展各领域，形成政府、企业、公众全民参与的共治体系。

(九)坚持多元包容，全力打造文化强市

1. 推进文化传承。编制实施国家级文保单位保护规划，加快推进草庵、白塔、龙山寺等重点保护项目。启动首期名人故居修缮工程。实施“非遗”传承人培养计划，吸引更多青年文艺人才投身“非遗”事业。建设陶艺、木雕、水密隔舱等传统技艺体验基地，推动传统技艺在规模化生产中得到传承。

2. 推进文化惠民。加快公共文化服务标准化、均等化，实施安置小区体育设施普及工程，推动镇级文化站全覆盖。举办东石数宫灯、金井返亲节、安海端午中秋等民俗活动，组织“晋江之夏”文艺会演，丰富“大美晋江”惠民舞台演出。广泛开展全民健身活动，承办篮球、羽毛球、沙排等国内外赛事。举办海峡两岸图书馆交流论坛，构建“通借通还”全流通图书馆群。

3. 推进文化弘扬。对接泉州东亚文化之都建设，实施“文化印记”工程，建设八仙山书法碑林，打造一批文化地标性建筑和城市雕塑。加快发展文化创意、影视动漫、工艺美术等业态，推动文化创新。建设金井海峡两岸文化交流基地、东石闽台木雕民俗文化园，深化晋台文化交流。加强与意大利库内奥省友城合作，全方位、多层次、宽领域拓展文化传播。

4. 推进文明创建。积极创建全国文明城市，建设20个志愿服务驿站，开展

文明出行、文明餐桌、文明服务等实践活动。推荐更多道德模范参评“中国好人”、“福建好人”。加强国学教育，开展优秀童谣征集传唱，让孩子们从小养成传统美德。建设家风家训展示馆，引导全社会重视家风家训家教。发布“诚信红黑榜”，加强诚信建设制度化，积极引导守信自觉。

四、加强政府自身建设

各位代表！转型升级是事关晋江前途命运的一场硬仗。我们必须打起十二分的精神，挺起十二分的担当，加快职能转变，全力建设学习型服务型法治政府。

1.提高创新力。始终把解放思想作为不竭动力，以世界眼光、全局视野、战略思维推进理念创新、思维创新、制度创新和方法创新。深化全方位改革，构建“人人皆可创新、人人竞相创新、全社会支持创新”的体制机制，充分激发全社会创新活力。大力弘扬“敢为天下先、爱拼才会赢”的精神，鼓励更多人敢于梦想、敢于颠覆常规，让创新创业成为晋江时代最强音。

2.提高学习力。每个公职人员都要有“本领恐慌”、“知识危机”，把学习作为一种生活态度、工作责任和精神追求。坚持干什么学什么，缺什么补什么，系统掌握政治经济知识、专业知识和文化综合知识，不断提高专业素养和综合素质。坚持学以致用，真正把学习成果转化成推动工作的思路、举措和能力，专注本职，钻研业务，当好晋江改革发展的“操盘手”。

3.提高执行力。坚决贯彻市委决策部署，认真执行市人大及其常委会的决议决定，认真办理人大代表建议和政协委员提案。深化陈埭行政管理体制和安海、金井“镇级小城市”改革，加快简政放权，把该管的管好，做到不缺位、不越位、更到位。加强政府效能建设，对确定的目标、制定的政策、部署的任务，要抓早抓细抓深抓实，提高政府运行效率。加强精细管理，树立绩效导向，探索新方法、新模式，提高抓落实的能力和水平。

4.提高服务力。我们要带着感情和温度服务好群众、服务好企业、服务好创新创业，通过审批提速，服务水平提高，让群众办事更便捷；通过要素保障的加速跟进，营造优越创业环境，帮助企业抢抓机遇，轻装上阵，加快发展；通过一件件急事难事的高效落实，有效解决民生热点问题，让群众生活年年都有新变化，一年更比一年好，让可触可及的明天更加值得期待！

5.提高公信力。加强法治建设，组建政府法律顾问团队，完善依法行政制度规范，推进普法宣传、人民调解、法律援助网络建设。完善重大决策公众参与机制。加强政府信息公开，让群众看得见、看得懂，反映诉求有通道、有回应。落实党风廉政建设责任制，严格执行中央八项规定，持续转变作风，树立为民务实清廉的政府形象。

各位代表！信心是胜利的希望。发展全凭实干、奋斗成就未来，让我们紧密团结在以习近平同志为总书记的党中央周围，在市委的坚强领导下，以改革的精神、创新的理念、务实的作为，与全市人民一道，全面加快转型升级，不断丰富“晋江经验”新内涵，用我们的满满信心、满满干劲，建设满满幸福的“新晋江”！

政府工作报告

——2016年12月16日在晋江市第十七届人民代表大会第一次会议上

晋江市人民政府代市长　张文贤

各位代表：

现在，我代表市人民政府向大会作工作报告，请予审议，并请市政协各位委员和其他列席人员提出意见。

一、2016年和过去五年工作回顾

2016年，在上级党委、政府和市委的坚强领导下，在市人大工作监督、法律监督和市政协民主监督下，我们深入贯彻党的十八大和十八届三中、四中、五中、六中全会精神，习近平总书记系列重要讲话和对福建工作的重要指示精神，牢固树立“五大发展理念”，抢抓机遇、应对挑战、精心运作，有力保持经济社会平稳发展。预计地区生产总值完成1730亿元，增长7.5%；一般公共预算总收入200.5亿元，增长0.1%，其中本级收入119.54亿元，增长2%；城乡居民人均可支配收入3.4万元，增长8%。

一年来，我们把政府工作报告确定的目标任务，分解为146个工作项目，全力抓好落实，切实兑现承诺，主要工作和成效是：

(一)坚持稳中求进，经济保持平稳增长。扎实推进供给侧结构性改革，全面落实“三去一降一补”措施，兑现经济发展政策资金13.9亿元，有效帮扶企业，有力稳住经济大盘。全力攻坚项目建设。落实“五个一批”要求，组织“尖刀连”“小分队”，开展“重大项目前期工作活动年”“百日攻坚会战”，争取国家专项建设基金40.5亿元，380个年度在建重点项目超额完成投资计划。晋华存储器、福大科教园、陈埭品牌工业城等大项目顺利开工，形成新的投资增量。全力帮助企业拓展市场。成功举办第6届APEC电子商务工商联盟论坛，跨境电商洪山园开园，斯凯奇等知名电商落户，361度、特步、七匹狼等龙头企业电商中心回归，全年电商交易额达900亿元。出口加工区被国务院批准为综合保税区。贸易通关服务环境持续优化，新增自营出口企业235家，阿里巴巴一达通落地运营。发布中国·晋江鞋业发展指数，第18届鞋业(体育产业)博览会、第3届闽台食品交易会分别实现交易额163.8亿元、80亿元。有效化解房地产库存。率先出台财政购房补贴政策，兑现补贴1.04亿元，销售商品房240万平方米，住宅商品房去化周期下降到14个月以内，外地购房消费群体占比达三分之二。有效防控金融风险。设立处置不良信贷资产投资基金，出台金融风险重点企业限制措施9条、银行机构管理办法8条，严厉打击逃废债行为，成功处置不良贷款40亿元，不良贷款率控制在3%左右。设立政策性融资担保公司，推荐293家优质企业争取银行授信，全年新增贷款90亿元。优化企业融资结构，新增上市公司2家、“新三板”挂牌企业11家。

(二)坚持创新突围，产业加快转型升级。三次产业比例调整为1.2：62.2：36.6。推动高新技术产业突破发展。实施集成电路产业发展规划纲要，出台26条扶持措施，启动“三园一区”产业平台建设。与国家集成电路大基金合作，成立规模500亿元安芯产业投资基金。晋华存储器项目纳入国家“十三五”集成电路重大生产力布局规划和“910工程”。石墨烯产业技术研究院正式运营。年产100兆瓦HDT高效太阳能电池项目试投产。推动传统产业转型升级。引导企业强化“五个创新”，龙头支撑带动作用更加明显，产值超亿元工业企业达740家。成功培育一批“专精特新”成长型企业，信泰、夜光达、普斯特等中小企业在全球产业链中崭露头角。推动三产跃升发展。海峡石化产品交易中心销售额累计突破千亿元，传化公路港、顺丰物流开业运营，国际鞋纺城一期商铺租售率达95%。中铁快运、德邦等15家国内知名物流企业区域总部落户晋江。菜鸟智能物流、食品园专业市场等项目加快建设。三产增加值增长10%，比二产增加值高3.8个百分点。推广新技术、新工艺、新业态。举办首届海峡杯创新创业大赛、第三届工业设计大赛，三创园创客大街开街运营。实施产学研合作项目22个，专利申请量、授权量分别达到9536件、3334件，国家“千人计划”、省“百人计划”专家分别增至4人、19人。恒安、百宏成为工信部智能制造试点示范。加快发展体育产业，安踏、贵人鸟等企业拓展体育新业态取得新进展，晋江品牌在里约奥运会大放异彩。

(三)坚持品质至上，城市加速更新提质。按照“一主两辅”城市布局，深入推进新型城镇化试点建设，经济发达镇、镇级“小城市”、小城镇等系列改革稳步实施，金井人才梦想小镇、深沪体育小镇入选全省首批“特色小镇”创建名单，安海入选第五批省级历史文化名镇，福林、灵水、梧林入选“中国传统村落”。强化全域规划管控。成立城乡规划设计院，启动建设“多规合一”信息系统，形成市域空间“一张图”，19个试点村实现村庄建设和土地利用规划统一。强化组团片区开发。整合撤并部分组团(片区)指挥部，有序化解征迁遗留问题。建成15个“口袋公园”，投用21个片区公建配套项目，成功培育20个“五好社区”，推动拔萃双语学校等高端资源项目落地，有力提升片区建设品质。强化基础设施配套。迎宾路北延伸、伞都大道二期、桂泉路、磁青路等13条道路建成通车。投用公共停车位740个，铺设污水管网62.7公里，新增输变电容量37.8万千伏安。整治交通事故多发点18个、积水点9处，城市基础设施、防灾体系经受住连续强台风、强降雨考验。强化宜居环境建设。编制实施田园风光发展规划和三年行动方案。新增造林1.68万亩。顺利完成生态水域综合治理“两个60%”目标。拓展“智慧城管”平台，有效治理“两违”、广告牌等城市乱象。完成小区“二次供水”改造1.5万户，物业管理水平持续提升。

(四)坚持普惠共享，民生获得感明显提高。财政统筹投入69.25亿元用于民生建设，占本级支出66.2%。办好30件为民实事、108件民生“微实事”。新办10所公办幼儿园。新增2所省一级达标高中，高考本科上线率达80.4%，比上年提高4.17个百分点。公立医院综合改革稳步推进，市医院迁建等卫生项目加快建设。树兰医疗集团进驻晋江，国际门诊、远程会诊相继运行。完成基层卫计服务融合，落实全面二孩政策。实施精准扶贫，帮助302户困难家庭脱贫解困。试行政府购买家政养老服务，建成32个养老机构。投放100部新能源公交车，建成公共自行车系统二期，市民出行更加便捷。举办第三届文化产业周，草庵入选“海丝”申遗考察点，五店市传统街区获批国家海峡两岸交流基地，安平桥创建国家4A级景区通过考评。举办国际半程马拉松赛。晋江小伙林超攀勇夺里约奥运会铜牌，实现泉州奥运奖牌零的突破。金门供水工程大陆方具备供水条件。加强平安建设，治安管控、安全生产、食品安全等保持形势稳定。荣膺全国双拥模范城“六连冠”，荣获全国残疾人工作先进单位。民族宗教、统计调查、档案方志、老区建设、对口帮扶、老干老龄、工青妇儿、红十字、国防动员等工作取得新成绩。

(五)坚持协调发展，农村活力不断增强。农村土地制度改革三项试点、土地承包经营权确权登记颁证、集体产权制度改革稳步推进。新增省级农业产业化龙头企业18家，流转耕地3500亩，“衙口花生”成功申报农产品国家地理标志。扶持村(社区)壮大集体经济，村财薄弱村(社区)一律补足到25万元，成功培育20个最美乡村，金井围头村获评“中国最美休闲乡村”。实施中央小型农田水利设施重点县建设，建成20个农村小型污水处理设施，修复23处水毁工程。远洋渔业深沪作业区成为全省唯一远洋渔业专用码头。

(六)坚持为民务实清廉，服务效能持续提升。严格执行中央八项规定，深入开展“两学一做”学习教育。认真办理人大代表建议169件、政协委员提案331件，满意率、基本满意率达100%。完善市级“三张清单”，编制镇(街道)权责清单。11个部门实行全程网上审批。开展公车制度改革。加强效能督查、政务督查、绩效评估、行政监察、审计监督，服务水平明显提高。

2016年是“十三五”的开局之年，也是本届政府任期届满之年。过去的五年，国内外经济形势严峻复杂，经济下行压力加大，困难挑战明显增多，全市上下在市委的坚强领导下，提振精神，敢为人先，奋力拼搏，推动经济社会发展取得重大成就，书写了无愧于时代的发展篇章！

回顾这五年，“跨越、攻坚、突破、转型”成为晋江发展关键词。这是综合实力跨越的五年。地区生产总值年均增长10%，工业总产值、一般公共预算总收入分别跃上4000亿元、200亿元的大台阶，县域经济基本竞争力从全国第7位上升到第5位，荣获国家生态市、国家园林城市、国家级海洋生态文明示范区、全国双拥模范城、全国科技先进市、全国教育“两基”工作先进地区。这是重大项目攻坚的五年。大力推进1130个重点项目建设，引进100个重大招商项目，国际鞋纺城、三创园、晋华存储器、滨海新区填海造地工程、引水第二通道等战略性大项目顺利实施，不断增添发展新动力。这是改革创新突破的五年。实施21项国家级改革试点，新型城镇化工作得到习近平总书记重要批示。居住证制度、农村宅基地、文化保护、社会综合治理、生态文明建设等重点领域改革，为全省全国提供“晋江经验”，晋江成为全国改革“试验田”。这是全面加快转型的五年。产业更具实力、更有竞争力，成功培育制鞋、纺织服装两大千亿集群，一批龙头企业跻身行业领先，迈向国际舞台。高新技术产业发展取得重大进展，全社会研发经费支出占GDP比重提高到2.62%，服务业对经济的支撑日益明显。城市更有品质、更加宜居，大规模推进16个组团（片区）改造更新，实施73个安置房项目，18.6万名群众幸福回迁，建成52个现代小区和一批大公园、大绿地、大商圈、大型文体设施，城镇化率从60%提高到65.2%。民生保障更有力度、更有温度。财政民生投入从31亿元增加到69.25亿元，构建起7个民生保障体系，荣膺中国爱心城市、七星级慈善城市、全国平安建设先进市，获得全国文明城市提名资格。这些成绩的取得，推动晋江发展跃上新的平台、达到新的高度，为今后发展奠定了坚实的基础！

各位代表！五年的成就，得益于上级党委、政府的坚强领导和关心支持，得益于市委总揽全局和统筹谋划，凝聚着海内外500万晋江人的聪明才智和辛勤汗水。在此，我代表市人民政府，向奋斗在各条战线的广大干部群众、外来建设者，向给予我们不懈支持的人大代表、政协委员、离退休老干部老领导，各民主党派、工商联、社会各界人士，向各级驻晋直属单位、部队武警官兵，向所有关心支持晋江发展的港澳台同胞、海外侨胞和国际友人，表示崇高的敬意和衷心的感谢！

在看到成绩的同时，我们也清醒认识到，晋江发展还存在一些短板问题：一是城市对创新资源要素的吸引力不足，良好的创新生态尚未形成，创新型领军人才、高技能人才仍然紧缺；二是传统产业转型升级不够快，高新技术产业和现代服务业的支撑贡献偏小，项目接续推进效应还不明显，新旧增长动能转换仍需时日；三是教育、医疗、养老等优质资源供给还不能适应产业城市转型需要，与群众期盼有较大差距；四是环境保护、安全生产、信访维稳等面临较大压力，防范风险、应急处置能力亟待加快提升；五是政府职能转变不够到位，行政服务效能有待提高。对此，我们将采取有力措施，认真加以解决。

二、今后五年的发展目标和主要任务

今后五年，晋江处在大有可为的重要机遇期和改革攻坚期，既具备转型跨越的有利条件，也面临前所未有的困难挑战，既要引领发展，又要破解难题，必须坚持“一届为一届打基础，一任为一任添后劲”的好传统，接续奋斗，砥砺前行，延续改革开放以来的强劲态势。我们将按照市十三届党代会确立的“三大战略”“136攻坚行动”“七个品质提升工程”整体布局，坚定信心，有为运作，久久为功，全力推动晋江发展再上新台阶，以优异成绩迎接建党100周年！

政府工作的指导思想是：高举中国特色社会主义伟大旗帜，全面贯彻党的十八大和十八届三中、四中、五中、六中全会精神，以马克思列宁主义、毛泽东思想、邓小平理论、“三个代表”重要思想、科学发展观为指导，深入贯彻习近平总书记系列重要讲话和对福建工作的重要指示精神，紧紧围绕“四个全面”战略布局，坚持发展第一要务，牢固树立、自觉践行“五大发展理念”，以创新转型、跨越发展为主线，以提升人民群众获得感为目的，统筹推进经济建设、政治建设、文化建设、社会建设、生态文明建设和党的建设，全力打造国际化创新型品质城市，丰富“晋江经验”，在“新福建”“五个泉州”建设中持续当标兵、走前列。

今后五年的总体目标和重要任务是：面向国际化，壮大新动能，加速双转型，创造好生活，开创质量型内涵式发展新格局，建成更高水平的全面小康社会，力争在实现“十三五”规划目标基础上，地区生产总值年均递增8.5%，一般公共预算总收入年均递增6%，规上工业产值年均递增10%，三产增加值年均递增10%，城乡居民人均可支配收入年均递增8%。重点推进五大任务：

——*聚焦打造国际化营商环境，拓展改革开放新作为*。对接“一带一路”战略，对标北上广深等城市，深化政府职能转变，加快营造亲商、安商、富商的国际化一流营商环境，把改革开放推向新阶段。构建国际标准的政策支撑。对照国际市场竞争需要和企业人才需求，把制度创新重点转向完善规则、强化监管，加快投资贸易、市场监管、金融服务等领域改革创新，建立与国际适应的市场通行规则和政策体系。建设国际品质的设施配套。顺应国际资本、信息、人才流动趋势，把公共配套重点转向建设高品质基础设施和产业平台，加快推进泉厦漳联盟高速路、福厦高铁晋江段、机场扩容、滨海新区填海造地工程、集成电路产业园等项目，建设国际社区、国际学校、国际医院、国际酒店，持续优化投资环境。提供国际水准的政府服务。把握公开透明、公平公正、便捷高效的服务需求，把政府服务重点转向简环节、转作风、优流程、提效能，突出担责担当、务实落实，构建“马上就办、办就办好”的执行体系和“言出必行、行之必果”的诚信体系，为政企互动注入新内涵。

——*聚焦构建创新体系，壮大经济发展新动能*。深入实施创新驱动和人才强市战略，加快福厦泉国家自主创新示范区晋江区域建设，推进以科技创新为核心的全面创新，为经济发展提供源源不断的内生动力。培育勇试敢拼的创新文化。大力倡导爱拼敢赢、敢为人先的企业家精神，营造鼓励尝试、宽容失败的创新氛围，使创新成为一种价值导向、一种生活方式、一种时代气息，为创新提供丰厚肥沃的土壤。集聚敢于梦想的创新人才。改革人才评价体系，打造人才洼地，扶植“创二代”企业家，培养职业经理人队伍，广纳有想法、有创意的人才团队，引育懂技术、敢冒尖的高技能人才，汇聚推动发展的磅礴力量。建立活力迸发的创新机制。大力推进创新链、资金链、政策链、人才链协调联动，完善孵化、研发、中试、成果转化、知识产权保护、科技金融等制度支撑，形成政府激励创新、社会支持创新、人人皆可创新的生动局面。搭建完备高效的创新平台。大力推行公办专营、民办公助、企办补贴等模式，建设一批政府主导、行业普惠的重点实验室、共性研发平台，引导龙头企业设立高端前瞻、行业领先的新型研发机构，支撑企业从主要依靠要素投入，向更多依靠创新驱动转变。

——聚焦营造产业生态，构筑转型升级新支撑。坚守实体经济根基，按照“一个产业、一张路线图、一支基金、一份政策、一个创新平台”的要求，编制实施转型升级路线图计划，深化供给侧结构性改革，营造链条完整、配套齐全、要素完备的产业生态，有力支撑产业转型升级。推动传统产业提升转型。下决心改变行业同质化竞争、产品附加值低的局面，以企业国际化为导向，鼓励龙头企业并购国际知名品牌，把生产基地、营销网络向全球布局，在更高平台参与国际竞争；以整合供应链为导向，引导中小企业转型做代工、做配套，培育产业梯队，推动各行业差异化发展，提高传统产业整体竞争力。推动新兴产业提速裂变。下决心改变项目少、规模小、链条薄弱的局面，瞄准高端、新型、重化产业方向，推动集成电路、石墨烯、智能装备、光伏电子、汽车制造等产业项目落地，集中力量打造全球重要内存生产基地、中国石墨烯产业前沿高地。推动服务业提质扩量。下决心改变占比低、总量少、业态水平不高的局面，坚持生产性服务业和生活性服务业并重，加快培育电子商务、专业市场、现代物流、体育、旅游等业态，推动服务业跨越发展。在推动产业转型升级过程中，按照“产业社区”理念，加快建设“双创”活力走廊、高新产业聚集区、“双高”道口经济区、科教产业集聚区、综合保税区、晋东新区等六大新增长区域，打造产业生态示范区。

——聚焦提升城市魅力，争创区域竞争新优势。深入推进新型城镇化试点建设，把留白、留绿、留旧、留文、留魂等多种智慧，通达、便利、生态、安全等多种因子融入城市工作，打造一张让世界喜欢的城市面孔。构建现代城市形态。按照“一主两辅”城市布局，围绕“五个系列”资源整合、全域田园风光建设、特色小镇培育、最美乡村打造等方面推进一批重点项目，集中力量做强做优中心城区，加快辅城联动发展，激发农村活力，力争2021年城市建成区拓展到117平方公里、城镇化率提高到70%。发展高端城市业态。按照“产城互动、融合发展”要求，把重心从大拆大建转向集约式、内涵式发展，开展城市业态策划，加快发展都市产业，创造更多就业岗位，让城市既有“城”的形态，又有“市”的繁荣。培育特色城市文态。按照“固态保护、活态传承、业态提升”思路，充分挖掘文化资源，建设具有鲜明晋江印记、吸引世界眼球的文化地标、人文景观，让闽南特色文化充分彰显。塑造优美城市生态。按照“生态优先”原则，加快建设国家生态文明试验区，深入实施生态水域治理、绿色廊道等重点工程，让晋江蓝天常在、绿水常流、空气常新。

——聚焦建设美好生活，创造民生幸福新高度。按照全市统筹、城乡一体，待遇均等化、保障全覆盖的要求，持续完善民生体系，让群众更有幸福感、获得感。兜牢民生底线。坚持政府主导、公平可持续的原则，从解决群众衣食住行、生老病终、安居乐业入手，落实社会保障、慈善救助、扶贫济困等政策措施，全力补齐民生短板。做大优质资源。坚持政府引导、市场发力、多元投入的思路，以教育、医疗、养老等领域为重点，引进培育具有先进理念、一流管理、丰富经验的高端服务机构，满足群众更高层次的民生需求。促进共建共享。坚持人人参与、人人尽力、人人享有的理念，深化基层服务社会化改革，加快培育社会组织、中介机构，发展社工和志愿服务，引导全社会关注民生、服务民生，共同创造更加幸福的美好生活。

三、2017年主要工作安排

2017年是习近平总书记总结“晋江经验”15周年，也是晋江撤县设市25周年。在这关键一年，我们将按照市委的决策部署，全力以赴抓好工作落实，奋力保持良好发展势头。经济社会发展主要预期目标是：地区生产总值增长7.5%，一般公共预算总收入增长5%，全社会固定资产投资增长10%，城乡居民人均可支配收入增长7.5%。围绕实现上述目标，我们将扎实做好八个方面工作：

（一）强化创新驱动，全力建设创新型城市

1.突出科技创新核心地位。立足产业基础，大力推进自主创新，推动产业创新从模仿、跟踪向并行、领先转变。完善科研平台。与中科院、福州大学共建微电子研究院。加快筹建IC公共技术服务平台。推动海西研究院装备制造所建成投用。引导企业对接科研院所，发起设立行业共性研发平台，支持建设制鞋产业技术创新联盟、服装质量创新技术研究院、食品研究院等新型研发机构。加快推进科研项目。实施防辐射高档面料、自动脚型测量、高端工业设计制造、新型节能环保材料等30个产学研合作项目，力争形成一批自主创新成果。与10个国内外城市建立技术采购关系，承接欧美、台湾等地技术转移，推动一批前沿高新技术项目落地。加大企业科研投入。落实研发费用加计扣除、研发设备加速折旧、高新企业税收优惠等政策，引导企业加大科研投入，力争全社会研发经费支出占GDP比重达到2.75%，增强企业自主创新能力，新增创新型、高新技术、科技“小巨人”企业20家以上。

2.突出人才支撑关键作用。加快实施“四大人才计划”，创新人才评价认定办法，强化企业评价主体责任，拓宽引进海内外优秀人才绿色通道，完善“1+N”人才政策体系。建设晋江聚才网，培育人才社群，增强人才集聚“雁群效应”。推进高层次创新人才引进专项。搭建国家“千人计划”专家引进平台，重点招引集成电路、石墨烯、医疗等领域科研团队和行业技术专家。推进创业企业家培育专项。建成海归人才创业中心，吸引具有国际视野、掌握关键技术资源的创业人才入驻。开办新生代企业家领航班，引导“创二代”企业家接班传承、创业晋江。推进高技能人才培养专项。建设集成电路人才培养基地，组建纺织服装等3个实体性职业教育集团，发展专业培训机构，举办行业技能竞赛，弘扬精于设计、工于制造的工匠精神，培养高级技师100名、高级工1000名以上。推进创客人才集聚专项。出台众创空间扶持措施，建设海峡全球路演中心，打造人才梦想小镇，举办创新创业大赛、创客周、人才节等活动，提供更多可拎包入住的免租公寓，集聚创客人才2000名以上。

3.突出创新生态聚合效应。加快建立创新全链条保障机制，促进多要素联动、多主体协同。推动创新孵化器升级。加快建设“双创”活力走廊，提升三创园、洪山文创园等孵化平台功能，促进孵化器、工业园区、中介机构联动发展，支持悍森医疗、康赛新能源等孵化项目量产。推动科技金融深度融合。高效运作产业创投引导基金，设立科技成果产业转化基金，鼓励发展各类风投、创投，吸引社会资本参与高新技术、互联网+、智能制造等领域投资。推进国家专利权质押融资试点，加大对轻资产、创新型、高成长性小企业的信贷支持，构建完备的创新金融服务链。推动创新成果快速转化。建设科技大市场，培育科技中介，设立知识产权保护维权机构，举办科创节、科洽会等展示交易活动，建立协同规范的技术转移转化服务体系。

（二）强化项目带动，全力扩大有效投资

1.持续推进项目攻坚。坚持谋划一批、签约一批、开工一批、投产一批、增资一批，深化项目建设攻坚行动。加强项目策划，强化招商联动，滚动跟踪50个重点招商项目。实施692个年度重点项目建设，完成投资544.1亿元，带动全社会固定资产投资975亿元。扎实推进340个工业储备项目、150个服务业项目，积极扩大产业投资。抓好交通、水利、电力、环保、市政、信息化等316个基础设施项目建设，不断增强城市承载力。实施教育、医疗、养老等147个民生工程，持续完善民生保障体系。

2.集中突破项目前期。开展重点项目征迁清零行动，集中解决一批征迁“卡脖子”问题。加强项目用地报批，建设补充林地5000亩以上，保障重点项目用地用林需求。完善项目退出机制，加大力度清理闲置土地，力促食品园、时尚服饰园、装备制造安海园等园区入驻项目开工。梳理项目全链条审批环节，编制前期工作流程图，严格规范行政自由裁量权，加强中介机构管理，探索多评合一、多图联审，推行“单一窗口”模式，压缩项目审批时限。

3.拓宽多元投资渠道。积极争取上级资金支持，对接推动晋华存储器项目100亿元国家专项建设基金落地。强化政银企互动，争取全年新增贷款100亿元。滚动策划政府和社会资本合作项目库，引导社会资本参与基础设施、教育医疗、市政环保等领域投资。实施“三旧”改造政策，引导企业和个人参与城市改造更新。组建“四大集团”“四大公司”，扩大国有企业投资经营自主权，高效经营运作国有资产，让资产变成资本，积极参与重点项目投资，提升国有企业经营效益。

（三）强化路线图思维，全力推动产业转型升级

1.实施传统产业升级计划。紧盯智能化、服务化、高端化、差异化发展方向，加快创新转型，推进“三去一降一补”，推动传统产业向价值链高端攀升。开展产业集群补链行动。加快填补高档布料染整、功能鞋材、食品添加剂、精密模具、精密机加工等产业链高端环节、薄弱环节。开展产业协作促进行动。建设制鞋、泳装、婴童、建材陶瓷等产业联盟，设立品牌企业代工授权中心，引导龙头企业在本地代工、采购本地原辅材料，密切产业分工协作。开展智能制造推广行动。实施20个智能制造项目、10个“数控一代”示范工程，新建8个智能工厂、数字化车间，力争规模企业数控化率达到39%以上。开展“互联网+”应用行动。大力发展信息经济，培育以互联网为核心的新经济、新业态。推广一品嘉、陆港通、冠达星云商等供应链平台模式，加快互联网在产业链协同、服务型制造、工业物流等领域的应用。开展产业跨界融合行动。引导传统产业与高新技术产业、现代服务业融合。积极拓展体育全产业链，推动鞋服企业围绕主业深挖细分领域，开拓功能鞋服、户外用品、体育器械等新品类，跨界发展赛事运营、健康咨询、体育培训、场馆服务等新业态，打造产业新亮点。

2.实施新兴产业倍增计划。坚持龙头引领、重点突破，强化产业链招商，打造高新产业聚集区。集成电路产业，加快“三园一区”建设，力促晋华存储器项目一期完成机电、洁净安装，实现年度投资100亿元以上。发挥晋华项目的带动作用，推动一批IC设计、封测、装备材料、内存模组、终端应用等产业链关联企业落地。扩大安芯产业投资基金的撬动效应，实施境内外并购，发展Ⅲ—Ⅴ族化合物半导体产业群。汽车制造产业，加快建设莲花汽车生产基地，积极招引新能源汽车、关键零部件等配套项目，支持汽配行业转型升级，培育汽车制造及零部件产业集群。石墨烯产业，按照“一院一园一区”产业布局，坚持政府主导、委托运营、企业加盟、市场运作，高效运行石墨烯产业技术研究院，引导高分子、先进面料、智能穿戴等技术与传统产业融合，加快前沿技术产业化项目落地。着手启动石墨烯产业区规划建设。光伏电子产业，推动HDT高效太阳能电池项目扩容，积极引进驱动电源、高性能LED封装等项目。同时，加快招引智能装备、海洋生物科技、节能环保等项目，壮大新兴产业集群。

3.实施现代服务业超越计划。紧抓服务业兴市不动摇，积极培育服务业新主体、新业态，推动服务业发展提速、占比提高、业态提升。打造海西商品集散中心。实行“一市场一政策”，探索线上线下融合、实体虚拟互补的运营模式，引导石化、五金、食品、果蔬、汽车销售、钢材贸易等专业市场特色化发展。推动国际鞋纺城一期融市，推进中国鞋都市场业态转换。支持建设家装一体化产业园，举办家装建材博览会。打造区域物流节点城市。重点培育“双高”道口经济区，加快现代物流园等项目建设，支持菜鸟智能物流、传化公路港等物流企业做大规模。引导龙头企业剥离物流环节，培育第三方、第四方物流、冷链物流、电商物流等新业态。把握机场扩容机遇，建设空港物流园。打造重要电商产业基地。依托综保区、洪山、五里、陆地港、鞋都等电商平台，招引国内外知名电商品牌，培育“晋江购”等本土电商企业，扶持跨境电商产业发展。引导制造业触网升级，发展网上批发零售，推动电商成为企业销售重要平台、进出口贸易主要通道。打造金融改革创新先导示范区。完善金融广场建设，加强与港澳台金融合作，加快发展全业态金融服务。扩大企业直接融资规模，引导更多企业登陆主板、“新三板”等境内外各类资本市场，支持企业发债，优化融资结构。有效防控金融风险，维护金融市场安全稳定。打造都市产业集群。繁荣发展滨江高端商务，做大SM、万达、宝龙、和平广场等城市商圈，吸引商贸、物流等企业设立区域总部，引导龙头企业运营中心回归。积极培育文化创意、管理咨询、中介代理、会展广告等城市服务业主体，拓展健康养老、康复养生、家政护理、信息服务、主题乐园等新消费领域，推进服务业“品质革命”。

（四）强化功能升级，全力提升新型城镇化品质

1.提高城市宜居指数。把创造优良人居环境作为新型城镇化的中心目标。稳步推进“多规合一”，建设规划信息共享平台。编制完善教育、医疗、文体、养

老、绿地系统等专项规划，严格规划执行，优先保障公共设施建设空间，彰显“见人、见物、见生活”的城市发展理念。纵深推进城市更新，按照“修肌理、强功能”的要求，实施超高端国际人才社区、市民广场等109个重点城建项目，启动中心城区环城慢行步道示范段，完善“一山一水”慢行系统，建设18个城市街头绿地，加快推进第二体育中心、工人文化宫、青少年妇女儿童活动中心、崎山公园等项目，提升城市功能品质。抓紧完善片区配套，完成组团(片区)征迁扫尾，加快罗裳、紫帽、城北等片区重点地块招商，推进30个安置房项目，建成5个现代小区，培育世茂酒吧一条街等休闲街区。提高城市精细化管理水平，加快“智慧城市”推进步伐，建设大数据中心。深化“大城管”体制改革，坚持“软引导”和“硬约束”并重，推进“两违”治理、市容整治，创建塘岸街、阳光路等示范街。完善排水自动化管理系统，集中整治易涝点，提高防洪排涝能力。

2.提高出行便捷指数。实施综合交通规划，推进41个市政交通道路项目，加快完善“152030”快速交通圈。建成双龙路东拓二期、龙狮公路龙湖段等道路，启动深安线马坪至外曾段、快速通道东石连接线、市域8号路、横九线龙湖段等道路建设。结合泉州现代有轨电车工程，实施和平路高架桥项目。完善区间路网布局，推进江滨南路、双龙路、凤池西路等道路改造，加快打通福兴路西延伸等10条“断头路”。提升公交服务，加大新能源公交车投放力度，完善“一镇一枢纽”工程，构建高效便捷的换乘系统。铺设20公里自行车专用道，串联“四横四纵”自行车道网。优化交通组织，建设5个公共停车场和一批过街设施，整治5个交通易堵点、10个事故多发点，完善道路标示系统，让群众出行更加准点、舒适。

3.提高社会文明指数。积极创建全国文明城市。持续移风易俗，在全社会形成“不比排场比慈善”的文明新风。开展市民文明公约践行活动，促进文明出行、文明旅游、文明餐桌等习惯养成，提高市民文明素质。弘扬社会主义核心价值观，评选“美丽晋江人”等道德模范，落实帮扶和礼遇道德模范措施，广泛宣扬好人好事好家风，塑造“文明有德”的晋江人群体形象。完善诚信“红黑榜”发布制度，健全失信惩戒机制，建设覆盖全社会的诚信体系。举办首届志愿服务文化节“十个一”系列活动，增设100个“爱心奉茶站”联盟服务网点，推广“白兰花”志愿服务品牌。完善“见义勇为”保障机制，让人们该出手时敢出手，让好心人不吃亏！

4.提高和谐安定指数。深入建设平安晋江，完善高清视频监控系统，建设反恐防暴训练基地，筑牢治安巡逻防控网、事故应急处突网、群防群治守护网。高压打击“两抢一盗”、网络电信诈骗等违法犯罪行为。落实“党政同责、一岗双责”和企业主体责任，强化道路交通、消防、危化品、建筑施工、特种设备等重点行业领域安全整治，坚决遏制重特大生产安全事故。完善防灾减灾救灾体系，建设350兆应急无线通信系统，提高灾害应急响应和灾后恢复能力。积极构建和谐劳动关系。加强矛盾纠纷风险预警化解，真诚回应群众关切，找到全社会意愿的“最大公约数”。

(五)强化公共服务，全力提高民生幸福感

1.让群众有更好的身体。加快医药卫生体制和公立医院综合改革，为群众提供全生命周期的卫生和健康服务。深化与树兰医疗合作，加快市医院、晋南分院国际JCI认证工作，完善国际疑难病多学科会诊中心建设。推动省口腔医院闽南分院投用，加快推进市医院迁建、晋东医院等12个卫生项目建设。支持开办福典医院、龙华康复、百大妇产等民营医疗机构，构建多元办医格局。实施“510”卫生育才工程，引进更多医德医技兼备的好医生。坚持计划生育基本国策，加强妇女儿童健康服务。做好精神卫生、慢性病防治工作。完善医疗应急体系建设，提高批量伤员紧急救援收治能力。积极创建省级农产品质量安全示范县，建设100个“明厨亮灶”示范工程，加强药品、医疗器械制售企业监管，严守从农田到餐桌、从企业到医院每一道防线，保障市民饮食用药安全。

2.让群众有更好的教育。坚持教育优先发展，推进学前教育优质普惠、义务教育优质均衡、高中教育优质特色。实施泉州五中桥南校区等169个教育项目，启动第三轮中心城区教育资源整合提升工程，完成养正中学新校区搬迁，建成5所公办幼儿园。建设30个智慧课堂，实现宽带进教室全覆盖。推进“三名”工程，实施“5121”教育人才引育和“千百十一”名师名校长孵化计划，培训青年骨干教师500名以上。实施道德素养、心理健康、实践技能提升工程，创建10所美育、20所心理健康特色学校、5个科学创新实验室。加快建设福大科教园，培育科教产业集聚区。扶持发展高端民办教育，加快推进大明国际、拔萃双语等项目建设，持续做大优质资源。

3.让群众有更好的保障。实施22个为民办实事项目，办理200件民生“微实事”。扎实推进扶贫攻坚，深化“四帮四扶”工程，精准帮扶300户困难群众。实施全民参保计划，新农合筹资标准提高到620元，为1.5万名低保妇女、二女户母亲购买安康保险。深入实施残疾人帮扶工程。深化“救急难”试点，完善医疗救助和临时救助制度，组织7万名来晋创业务工人员参加医疗互助。启动社会福利中心运营，为10个居家养老服务站配备智能健康体检系统。引导慈善资金参与教育、医疗等民生投入，扩大慈善爱心援助受益面。加快石结构危房改造，建设2万套保障性住房。

4.让群众有更好的社区化服务。优化城乡社区运行机制，大力推进村经分离、基层自治。加大社会组织孵化培育力度，促进社工机构提升专业化服务。开办5所“儿童之家”四点钟学校。新建提升20个村(社区)文化活动中心、40个健身场地。开展文艺精品公益性演出，举办24场“大美晋江”惠民舞台展演，丰富城乡居民文化体育生活。完善老旧小区线路管网、电梯、消防、绿地等设施，建设50个物联网安防小区，改造“二次供水”1万户。整顿规范物业服务市场，严厉整治小区违建、噪音污染等热点问题，提高物业管理水平。

(六)强化生态优先，全力打造美丽晋江

1.推进绿色发展。采用循环再生利用先进技术，加快发展循环经济产业。开展工业园区循环化改造，促进鞋服边角料、皮革废料等资源化利用。实施印染、陶瓷等重点行业节水节气改造。加快建设神华、福能热电联产项目，推进食品园供热管网工程，淘汰供热区域燃煤锅炉。发展钢结构、装配式建筑。开展全民节能行动，形成绿色循环低碳的生产生活方式。

2.推进环境治理。加快33条生态水域整治，确保80%以上流域不黑不臭、不淤不堵。实施虺湖、龙湖综合治理，强化安海湾等海湾环境整治，持续改善市域水生态。启动深沪、泉荣远东三期等污水处理厂建设，铺设80公里污水管网，建设安东、深沪排海管工程。持续加强矿山综合整治。推进土壤重金属污染治理试点。开展建材陶瓷企业干燥塔整治，加强工地扬尘、汽车尾气治理，全面淘汰黄标车。

3. 推进生态修复。严格主体功能区管控，划定生态保护红线。深化城乡“四绿”工程，新增造林1.7万亩以上。推进晋石、泉三高速森林通道工程，实施晋新路、世纪大道南拓等道路景观项目。建设42公里中部山地绿道。抓好溪流两旁、交通干道两侧、沿海风沙地和水库、城镇周边一重山等重点区域生态修复、水土保持。实施湖库连通工程，加强“四库一湖一渠”饮用水源地保护。建设沿海基干林带和湿地修复工程。在居住小区、城市绿地、流域整治等新建项目试点“海绵城市”建设模式，提高生态自净能力。

4. 推进生态文明建设。全面完成自然资源统一确权登记，编制自然资源资产负债表，促进资源集约利用。完善环境行政执法与刑事司法衔接，严厉打击超排偷排、偷采盗采等行为。建立环境污染强制责任险制度，倒逼企业管控环境风险，遏制重特大环境污染事故发生。严格执行阶梯水价电价，推行排污权、碳排放权交易，用更少的资源消耗、更低的环境成本，创造更多更好的发展成果，实现“百姓富”“生态美”和谐统一。

（七）强化城乡统筹，全力抓好三农工作

1. 以龙头培育带动农业更强。扎实开展第三次全国农业普查、第一次全国海洋经济调查。设立现代农业发展基金，鼓励组建土地股份合作社，流转耕地3000亩以上，建设3个现代农业示范园区。重点发展瓜果种植、种业养殖等特色农业。举办首届海峡两岸花艺大赛和农业“嘉年华”活动，开办迎春花市，建设花鸟市场。启动“晋江马”保护工程。大力发展远洋捕捞和新型水产养殖，建设深沪渔港经济区，促进海洋渔业升级。

2. 以典型示范带动农村更美。开展村容村貌“五清楚”行动，全面整治农村排（灌）沟渠，补助农民拆除农田破损临时搭盖，改建标准化农业生产用房，持续美化村庄环境。倾斜支持革命老区建设。设立田野综合开发公司，统筹推进14个田园风光项目，建设九十九溪田洋启动区，打造最美田园。实施90公里农村公路生命防护工程，建设40个小型污水处理设施，新建一批小型停车场、村庄绿地，培育第二批20个最美乡村。

3. 以创业就业带动农民更富。完善创业就业培训体系，帮助8000名农村转移劳动力、就业困难人员实现就业。加快培育新型职业农民。坚持以创业带动就业，发展农业保险，成立农业融资贷款担保公司，建设东石省级农民创业示范基地。实施20个村（社区）集体创收项目。扎实推进农村土地制度改革三项试点，加快土地经营权确权登记颁证，扩大农房抵押贷款覆盖面，完善土地权能，增加农民财产性收入。

（八）强化开放发展，全力加快国际化进程

1. 加强对外城市推广。整体策划城市推广方案，组织开展城市宣传推介，发挥重大涉外活动的宣传效应。引入国际化赛事运营机制，发展竞赛产业，高水平承办沙排、马拉松等赛事，积极申办国际性综合运动会。启动国际会展中心建设，办好鞋业（体育产业）博览会、闽台食品交易会等品牌展会，积极承办国际和地区性论坛、年会、峰会等活动，提高国际知名度。

2. 加强国际经贸合作。推动综保区充分发挥政策功能优势，积极复制自贸区创新服务，加快发展保税加工贸易、保税物流、保税研发、保税维修、融资租赁等业务，为集成电路等国际合作项目配套，打造开放型经济新增长极。完善一达通、国际邮件互换局等外贸服务平台，健全关检、税汇、金融联动机制，优化外贸环境。引导企业用好国际国内“两个市场”“两种资源”，支持企业并购境外品牌、研发团队，打造国际营销网络，加快培育本土国际化企业。

3. 加强国际文化交流。主动对接泉州“海丝”门户城市建设，推进“海丝”申遗草庵考察点提升项目，启动龙山寺周边环境整治，加强紫峰里、梧林等古村落、古民居保护，守护城市记忆。支持创办涉外酒店，建设旅游集散中心，以华侨新生代、境外游客为目标群体，策划特色旅游线路，努力打造国际旅游目的地。鼓励文艺工作者坚持“不忘本来、吸收外来、面向未来”的要求，创作更多具有晋江风格、弘扬晋江精神、展现晋江魅力的优秀作品。深化友城交往，加强“一带一路”软力量建设，组织南音、木偶、高甲戏等文艺院团到海外举办晋江文化节，登上国际舞台，讲好“晋江故事”，唱响晋江“好声音”。

四、全面提升政府施政能力和服务水平

各位代表！重任千钧惟担当。我们必须磨砺敢担当、能担当、会担当的“铁肩膀”，不忘初心，继续前进，加快转变职能，建设法治政府、创新政府、廉洁政府、诚信政府和服务型政府。

（一）建设法治政府。完善法律顾问制度，切实加强政府法制建设。自觉接受市人大工作监督、法律监督和市政协民主监督。落实公众参与、风险评估、合法性审查等机制，加强政府信息公开，确保权力在阳光下运行。深入实施“七五”普法，弘扬法治精神，增强全体市民法治观念。

（二）建设创新政府。发扬“敢为天下先、爱拼才会赢”的闯劲，以全球视野谋划推动创新，聚焦国际化、市场化、法治化，突出问题导向，坚持目标引领，大力推进关键领域变革突破，推动理念创新、制度创新、模式创新，营造良好创新生态，激发全社会创新热情，让创新产生效率、提升品质、引领潮流，构建可持续的发展竞争力。

（三）建设廉洁政府。巩固党的群众路线教育实践活动、“三严三实”专题教育成果，深化“两学一做”学习教育，严格党内政治生活，持之以恒推进正风肃纪。持续加强党风廉洁建设，严格落实“一岗双责”。倡导“亲”“清”新型政商关系，强化工程建设、公共资源交易、国有资产管理等领域廉政监督，坚决纠正损害群众利益的不正之风，树好为民、务实、清廉的政府形象。

（四）建设诚信政府。政府要做诚信建设的标杆，我们将严格履行作出的承诺，把经济社会发展和为民办实事落实情况，作为评价政府诚信的重要内容，加强政府工作人员诚信教育和管理，少一些套路，多一点真诚，践信于行，取信于民，以政府的信用赢得群众的信任，增强全社会的发展信心。

（五）建设服务型政府。推行“互联网+政务服务”模式，建设政务信息共享平台。试行“前台统一受理、后台并联审批、一个窗口出件”模式，梳理优化审批服务流程，变“群众四处找”为“部门协同办”，让群众少跑腿、好办事、不添堵。探索政府雇员制。全面梳理服务链条、责任链条，加强绩效管理，强化效能监督，提高行政服务水平。

各位代表！信心凝聚力量，奋斗赢得未来。让我们紧密团结在以习近平同志为核心的党中央周围，在市委的坚强领导下，紧紧依靠全市人民，坚定信心，锐意进取，务实落实，不断丰富“晋江经验”，为建设国际化创新型品质城市而努力奋斗！

附注：

(P1)“五大发展理念”：创新、协调、绿色、开放、共享。

(P2)“三去一降一补”：去产能、去库存、去杠杆、降成本、补短板。

(P3)“三园一区”：集成电路产业园规划建设科学园、工业园、设计园(三创园)和综合保税区。

(P3)晋华存储器项目：国家重点支持的DRAM存储器生产线项目，一期投资370亿元，将建设12英寸内存晶圆生产线，打造成为国内首家具有自主技术及世界级制造工艺水平的存储器研发制造企业，建成后将填补我国主流存储器领域空白。

(P3)“910工程”：2016年6月，国家出台“十三五”期间集成电路重大生产力布局规划，从先进代工工艺提升、存储器芯片跨越、特色工艺制造、化合物半导体等四个拟突破领域选出十大项目重点扶持，并作为“九五”期间集成电路“909工程”的延续，称为“910工程”。

(P3)“五个创新”：产品创新、技术创新、品牌创新、管理创新和商业模式创新。

(P3)“专精特新”：专业化、精细化、特色化、新颖化。

(P3)“一主两辅”：“一主”指晋江主城区，包括晋江老城区、滨江商务区、磁灶内坑物流商贸区。“两辅”指依托安海、东石以及内坑南部区域，打造晋西辅城；依托金井、英林、深沪、龙湖，打造以滨海休闲旅游产业为主导的晋南辅城。

(P4)“多规合一”：将经济社会发展规划、土地利用总体规划、城市总体规划以及生态环保、林业保护、市政交通、公共服务、海洋水利等多个规划有效整合为一张规划图纸。

(P4)“口袋公园”：也称袖珍公园，指规模较小的城市开放空间，常呈斑块状散落或隐藏在城市结构中，如城市中的各种小型绿地、小公园、街心花园、社区小型运动场所等。

(P4)“五好社区”：环境好、配套好、治安好、服务好、文明好。

(P4)“两个60%”：原15条流域要确保10条、新增18条流域要确保12条达到水体不黑不臭、水流通畅，治理成效显著。

(P4)“二次供水”：单位或个人将城市公共供水或自建设施供水经储存、加压，通过管道再供用户或自用。

(P4)民生“微实事”：城乡社区居民关注度高、受益面广、单个项目资金量少的小事、急事、难事。

(P6)“两学一做”：学党章党规、学系列讲话、做合格党员。

(P6)“三张清单”：权力清单、责任清单、公共服务事项清单。

(P6)“两基”：基本实施九年义务教育和基本扫除青壮年文盲。

(P8)“三大战略”：人才强市战略、新型城镇化战略、国际化战略。

(P8)“136攻坚行动”：“1”指培育创新驱动核心动能，“3”指发展集成电路产业、体育产业、汽车制造业“三大新产业”，“6”指培育“双创”活力走廊、高新产业聚集区、“双高”道口经济区、科教产业集聚区、综合保税区、晋东新区等“六大新增长区域”。

(P8)“七个品质提升工程”：产业、城市、民生、生态、三农、文化、开放等品质提升工程。

(P9)“五个泉州”：创新泉州、智造泉州、海丝泉州、美丽泉州、幸福泉州。

(P9)“双转型”：经济社会转型、产业城市转型。

(P9)“一带一路”：丝绸之路经济带和21世纪海上丝绸之路。

(P11)“留白”“留绿”“留旧”“留文”“留魂”：“留白”，保留功能性“空地”、公共空间和生态空间；“留绿”，充分保护山体、林木、河流、湿地等，扩大自然生态空间；“留旧”，注重保护古街、古宅、古树、古道、古井，实现聚落保存、古物重生，留住和唤起人们的乡愁；“留文”，加强历史建筑、工业遗产和文化遗产的保护、修复、开发、利用，延续历史文脉，保存文化基因；“留魂”，用有形的建筑体现无形的魂，创造出无愧于历史和时代的建筑精品，传承城市精神。

(P12)“五个系列”：教育、卫生、文体、市政配套、社会福利。

(P14)“四大人才计划”：高层次人才“海峡计划”、企业家素质提升“领航计划”、大学生“创客公寓计划”、高技能人才“振兴计划”。

(P14)“1+N”人才政策体系：1份《晋江市人才工作赶超行动方案(2015—2020年)》，“N”份配套优惠扶持政策。

(P16)“三旧”改造：旧城镇、旧厂房、旧村庄改造。

(P16)“四大集团”“四大公司”：城建、文旅、产业、水务等四大集团，金融控股、鞋纺城、围头湾、工业园区等四大专业公司。

(P16)“数控一代”：以数字、信息控制技术为代表的自动化技术研发应用。

(P17)“一院一园一区”：一院即石墨烯产业技术研究院；一园即三创园；一区即石墨烯产业区。

(P19)“一山一水”慢行系统：“一山”，南起灵源，北至绿洲公园，串联华表山、八仙山等山脉，连接景观、功能区和文化点；“一水”，沿九十九溪浦沟河两岸。

(P19)“152030”快速交通圈：全市15分钟上高速、中心城区至各镇(街道)20分钟可达、各镇(街道)间30分钟连通。

(P20)“十个一”系列活动：一台志愿文艺晚会、一次志愿表彰、一个志愿展厅揭牌仪式、一次志愿组织负责人培训、一场志愿活动沙龙、一场大型志愿活动、一次志愿主题摄影比赛、一份志愿倡议书、一部志愿主题宣传片、一本志愿服务画册。

(P21)“510”卫生育才工程：培育10名晋江名医、遴选10个重点学科带头人、培养10名拔尖人才、评选10名青年技术能手、推选10名优秀卫生管理骨干。

(P21)“明厨亮灶”示范工程：在学校食堂、社会餐饮经营单位的后厨粗加工区、切配区、洗消区、配餐间等关键区域安装云摄像头，实现全过程实时监督。

(P22)“三名”工程：名校长、名师、名班主任工程。

(P22)“5121”教育人才引育计划：到2020年，引进和培育高端人才5人以上、高级人才10人以上、骨干人才20人以上、优秀人才100人以上。

(P22)“千百十一”名师名校长孵化计划:“十三五”期间,新选拔骨干教师培养对象超1000人,新造就各类名师超100人,新设立名师工作室超10个,让每所公办学校都有1名以上的名师,全力打造名师集群。

(P23)“四绿”工程:绿色城市、绿色村镇、绿色通道、绿色屏障。

(P24)“四库一湖一渠”:新安水库、东山水库、草洪塘水库、溪边水库,龙湖,南高干渠。

(P24)“海绵城市”:指城市在适应环境变化和应对雨水带来的自然灾害等方面具有良好的“弹性”,下雨时吸水、蓄水、渗水、净水,需要时将蓄存的水“释放”并加以利用。

(P24)“五清楚”:拆清楚、摆清楚、扫清楚、分清楚、粉清楚。

(P27)“三严三实”:严以修身、严以用权、严以律己,谋事要实、创业要实、做人要实。

中国人民政治协商会议
第十二届晋江市委员会常务委员会工作报告

2016年1月5日在政协第十二届晋江市委员会第五次会议上

政协晋江市委员会副主席　叶荣宗

各位委员、同志们:

我受政协第十二届晋江市委员会常务委员会的委托,向大会报告工作,请予审议,并请列席会议的同志提出意见。

2015年工作回顾

一年来,市政协常委会在中共晋江市委的坚强领导下,认真学习贯彻《中共中央办公厅关于加强人民政协协商民主建设的实施意见》,准确把握协商民主重要渠道和专门协商机构的科学定位,坚持团结和民主两大主题,围绕中心、服务大局,认真履行三大职能,不断增强工作实效,为晋江经济发展、民生改善、社会和谐、民主建设作出了积极贡献。

一、紧紧围绕全市中心工作,在服务发展中献计出力

建言产业转型升级。在新常态下,产业能否创新突围、实现转型升级,事关我市经济社会发展全局,也是一年来市政协履行职能的重中之重。坚持走访企业建真言。组织开展“走企业、看项目、听呼声、建真言”系列活动,先后走访19个镇(街道)、经济开发区的40多家企业,与委员和部分企业家围绕转型升级、创新发展的主题,深入开展互动,主动听取呼声建议,及时帮助企业反映遇到的困难和问题,在深入基层、深入企业中摸实情、求真知、献良策,深受基层和企业的“点赞”。关注创新驱动谋发展。创新驱动是转变经济发展方式的战略途径,是实现动力转换的关键,也是晋江跨越发展的突破口。对此,市政协给予特别关注,认真督办了“加强扶持科技创新型企业发展”重点提案,专题听取市发改局、经信局、科技和知识产权局等部门的办理情况通报,组织委员开展科技创新专题视察活动,从发挥政策引导作用、加快科技创新平台建设、加强科技人才引进和培育、调动激活行政资源等方面建言献策,助力创新发展。组织委员与青商会会员围绕政策创新、体制创新、科技创新、企业创新和金融创新等话题,开展互动交流,为青年创新创业营造氛围,凝聚共识。助推经济运行献良策。为应对经济下行压力,助力经济健康平稳运行,组织召开了专题议政性常委会,围绕“经济工作和重点项目建设”议政协商,就保持经济平稳运行、大力推进创新驱动、加快简政放权、加强银企互动、推进企业智能化改造、推动产学研合作等相关工作提出建议,得到市委、市政府的重视,有的建议被及时采纳。

助力城市品位提升。新型城镇化是全面建成小康社会的重要载体,我市又是全国新型城镇化建设的试点单位,市政协坚持把推动新型城镇化建设作为履职建言、献计出力的工作重点。持续关注城市改造建设。市政协领导和委员不仅积极参加组团和片区的具体工作,而且十分关注城市建设品位和管理质量的提升。连续5年关注居民安置小区服务管理问题,通过实地视察、专题调研、协商座谈等形式,加强跟踪督促,及时提出规范物业服务管理、推进业委会组建、加快小区文明创建、着力提升居民文明素质等方面的意见建议,得到市委、市政府的吸收采纳,有效促使群众幸福“回巢”。积极建言城市公共交通。把“完善公共交通,方便群众出行”作为年度专题协商的开题之作,组织民主党派和提案者与交通运输职能部门,就我市城乡公共交通服务管理工作,展开面对面的互动协商。协商中提出的加强公交建设规划、科学优

化公交线路、提高城乡公交通达率和覆盖面、开通双休日及节假日旅游公交线路、科学择址建设具有地方特色的候车亭等建议,引起市领导的高度重视并作出批示,部分意见建议被相关部门在推进具体工作时采纳。助力城乡一体化建设。市政协领导和机关深入挂钩镇(街道)现场办公,开展“四帮四扶”活动,走访慰问帮扶对象和特困户,落实项目资金和帮扶资金300多万元,解决部分村(社区)发展问题和部分困难群众的生产生活问题。联合泉州市政协到新农村建设试点示范村安海镇瑶前村现场办公,协调泉州市直、晋江市直有关部门,共筹集168万元,解决建设中的资金紧张问题。组织“传统村落文化传承与保护”专题视察,开展“休闲农业和乡村旅游”“完善村规民约,加强基层治理”等调研活动,提出建设性的意见建议,并以专报形式报送市委、市政府,助推城乡一体化建设。

推进生态文明建设。长期以来,市政协一直关注生态文明建设。围绕生态工作重要部署组织议政建言。市政协领导和委员在参加有关生态工作会议时,针对生态治理、环境保护、文明服务等方面工作,提出意见建议。同时,及时整合委员提案和社情民意信息,确定年度在生态文明建设方面的视察和协商课题,促使委员履职具体化、常态化。围绕水资源保护开展民主监督。把“加强水利规划管理,提高晋江蓄水活水洁水能力”的建议,列为2015年1号重点提案,组织委员视察水系运行调度系统、污水处理厂运行情况,开展跟踪督促,并就加强水利设施管理、推进水域生态治理、加大水域生态文明理念宣传等方面提出建议,取得良好的效果。围绕生态水域整治落实具体工作。按照市委、市政府的部署,市政协领导负责九十九溪磁灶段、潘径溪河道生态水域综合治理,工作中认真督促落实“河长制”,积极建言工农业污染整治、拦污截污、河道整治、流域绿化、环卫保洁等具体工作,取得实际成效。

二、扎实推进协商民主建设,在协商议政中增添活力

认真学习协商民主《实施意见》。《中共中央办公厅关于加强人民政协协商民主建设的实施意见》,是新形势下政协开展协商活动的重要依据。市委对学习贯彻《实施意见》高度重视,专门召开了各民主党派、工商联、联络组等参加的座谈会,为我市贯彻落实《实施意见》提出了具体要求,明确了工作方向。市政协把学习贯彻《实施意见》作为一项重要任务,通过印发学习材料、集中传达学习、组织座谈交流,以及召开常委会议、主席会议、专委会议等方式,深入开展学习,为推进协商民主建设,夯实理论基础,营造良好氛围。市政协领导还参加中共泉州市委召开的座谈会和泉州市政协召开的学习交流会,并在会上作交流发言,我市贯彻意见和工作措施得到泉州市的肯定。

广泛开展协商民主议政活动。懂政协、会协商、善议政是政协组织和政协委员履职的基本要求。一年来,市政协坚持把协商民主贯穿于履职的全过程,围绕年度协商计划确定的产业、城建、民生、文化、教育、交通等11个议题,通过专题议政性常委会、提案办理协商、对口协商等载体和形式,先后组织协商议政活动20多场。其中,召开提案办理协商会4场,388件提案全部办理完结,满意率达96.4%。积极建言“十三五”规划编制,召开专题协商会议,邀请市政府领导和发改局与各民主党派、部分政协常委、委员就“十三五”规划编制进行协商议政,从城镇建设管理、产业转型升级、“三农”工作、生态文明、人才工作、基础设施建设、诚信体系构建、民主法治建设等方面,提出许多意见建议,引起市委、市政府及相关部门的高度重视,部分意见被充分吸纳到“十三五”规划之中。

建立健全协商民主长效机制。以《实施意见》为依据,修订完善了《专委会工作通则》和《做好社情民意信息工作的意见》,推进协商民主扎实有效开展。积极争取市委、市政府的重视与支持,加强协商工作的有效衔接,坚持把关系经济社会发展的重大问题和关乎群众切身利益问题作为协商的重点内容,制定年度协商计划,明确协商程序、工作分工和具体落实措施,确保协商活动有序进行。建立“晋江政协专报”直通车,对调研视察、提案督办和协商座谈中的意见建议进行梳理汇总,快速便捷地反映给市委、市政府,促进协商成果转化。

三、始终坚持履职为民宗旨,在民生福祉中竭智尽力

关注医疗卫生体制改革。医疗卫生体制改革一直是社会关注的热点,也是政协委员普遍关注的焦点。市政协以推进医疗卫生资源合理配置为切入口,以督办“加强乡村(社区)医疗卫生资源配置,提升基层医疗服务保障水平”重点提案为抓手,组织委员深入视察基层医疗卫生所站,提出了建立医疗信息平台、加强村级医疗机构标准化建设、优化乡村医务队伍等方面的建议,为打造城乡居民“15分钟健康服务圈”,保障群众就近享受基本医疗服务积极建言。同时,联合泉州市政协开展“推进公立医院改革”专题调研,助力医疗改革发展,为减轻群众就医负担,提升群众健康指数建言献计。

协力养老事业加快发展。高度关注我市人口老龄化问题,重视社会养老事业和居家养老服务,组织视察村级敬老院建设和居家养老服务工作情况,及时向相关部门提出合理布局养老机构、提升改造镇街敬老院、重视发展养老产业、鼓励社会开办养老机构、培育专业养老服务队伍等建议,着力聚焦“夕阳红”事业。联合省政协民宗委调研“宗教界养老服务规范发展问题”,实地察看安海云水寺慈静养老院,晋江宗教养老服务业的实践探索得到省政协及省直相关部门的肯定,为推进晋江乃至全省养老事业发展提供有益借鉴。

助推文化教育事业发展。开展“加强文化遗产保护与传承”重点提案督办活动,提出加大非遗传承保护、挖掘城市文化底蕴、推进文化创意产业发展、强化宣传培训等建议,委员的建议在《晋江经济报》专版登载,得到有关领导的肯定和相关部门的关注,引起社会各界积极反响。视察教育资源配置,建言教育资源整合提升。协同省政协开展“推进高等职业教育发展”调研活动,积极建言职业教育发展。拓宽史料征集渠道,加强文史专题研究,开展《晋江进士录》搜集编撰工作。支持晋江诗词学会和政协之友书画院开展交流活动,组织诗词采风活动,举办晋江·澳门书画作品联展,为繁荣晋江文化作出贡献。

聚焦社会治理。坚持把协调关系、理顺情绪、化解矛盾作为政协履行职能的重要内容,持续跟踪网格化建设与管理工作,重视基层社会治理工作落实情况,积极参与和推进平安晋江、法治晋江、文明晋江建设,为完善社会治理体系献计出力。一年来,就“加强社会矛盾纠纷大调解机制建设”议题,多次开展对口协商,提出整合社会资源、完善调解机制、强化调解队伍建设、落实调解保障等建议,协商成果以政协专报的形式报送市委、市政府，引起相关部门的重视。此外，还拓宽社情民意渠道，设立36个政协社情民意信息联系点，全年共编送社情民意信息54期，得到市委、市政府主要领导的重视和批示，促进一批民生相关问题的解决。

四、牢牢把握团结民主主题，在合作共事中凝心聚力

支持民主党派工作。始终把团结和民主两大主题贯穿于政协各项工作中，广泛凝聚各方智慧和力量，汇聚推进我市经济社会发展的合力。市政协领导和机关坚持联系和走访各民主党派、工商联的工作制度，积极搭建参政议政、知情明政、联系群众、信息互通的平台，全力支持政协各参加单位开展各种履职活动。主动邀请各民主党派、工商联、人民团体及无党派人士，参加政协组织的各项会议，以及调研视察、协商议政、提案办理等活动。支持和鼓励民主党派、无党派人士开展民主监督，组织参与市政府及其工作部门的行风评议活动，参加各种情况通报会、政情交流会、专题咨询会等，做到知情明政，为更好地履行政协职能创造条件。

加强联络联谊工作。通过参加港澳地区同乡会活动、协调组织回乡考察访问等形式和办法，加强港澳台侨联络联谊工作，主动听取他们的意见建议，共叙乡谊、共谋发展、共聚合力，激发爱国爱乡和支持晋江建设的热情。加强与异地商会和异地委员的联系交流，组织走访异地商会和委员企业，发挥建言晋江、宣传晋江、支持晋江的独特优势和作用，汇聚晋江发展正能量。

推动民族宗教工作。加强与民族宗教界人士的沟通交流，走访我市各宗教协会，引导民族宗教界人士为促进社会和谐发挥积极作用。组织专题视察宗教场所，共商加强宗教场所建设与管理问题，帮助协调解决遇到的实际困难，有力促进民族团结、宗教和睦。开展宗教活动场所收留抚养弃婴情况调研，了解收留抚养弃婴的现状，并对保障弃婴合法权益问题，提出了具体的意见和建议。

此外，积极配合全国政协、省政协、泉州市政协以及各地政协来晋考察调研，做好协助和保障工作，累计38批次。

五、不断加强政协自身建设，在转变作风中提升能力

强化思想作风建设。市政协认真贯彻落实中央“八项规定”精神，坚持不懈地整治“四风”，并按照市委的统一部署，扎实开展“三严三实”专题教育，认真学习《习近平关于党风廉政建设和反腐败斗争的论述摘编》《中国共产党廉洁自律准则》《中国共产党纪律处分条例》。深入开展“四个专题”学习研讨和个人对照检查，召开意见征询会，及时查纠和整改存在问题，进一步端正思想作风和工作作风，严明政治纪律和政治规矩，坚定政协工作的正确方向，保持清正廉明的机关形象，树立为民履职的高尚情怀。

强化机关和委员管理。加强机关队伍建设，狠抓工作责任落实，着力提升服务和保障水平。健全机关例会学习制度、考勤考评制度，完善机关办文办事规则，强化干部教育培训，增强业务能力。认真做好服务老干部工作，对老同志保持敬重之心、多做务实之事。深化政协机关与基层组织结对共建工作，发挥指导带动、协商协调、帮扶助力作用。加强委员服务管理，重视委员主体作用的发挥，进一步完善委员履职考评机制，积极做好委员学习、联络、宣传和服务工作，切实尊重和保障委员的民主权利，为委员有效履职创造良好条件。

强化基层联络组建设。推进基层联络组和委员工作室建设，进一步完善市政协领导挂钩联系基层联络组和委员工作室制度，制定下发《关于进一步加强政协联络组工作的意见》，推动基层联络组开展协商民主的实践探索。各联络组和委员工作室围绕中心工作、群众诉求、社会热点等问题，开展基层协商和视察调研活动，激发了委员履职的积极性，发挥了基层联络组和委员工作室的独特作用。

强化信息宣传工作。积极推进政协信息宣传工作创新，注重新媒体运用，更新政协网站，继续编印《晋江政协》内刊，开设“政协之声”专栏，设立晋江政协微信公众号，建立联络组微信群，搭建沟通交流的新渠道新平台，更好播发政协工作信息，宣传委员履职业绩，展示委员履职风采，扩大政协工作和委员履职的影响力。

各位委员、同志们，过去的一年，是市政协参政议政经常化、协商活动有成果、民主监督见成效、自身建设再提升的一年。成绩和成效的取得，是中共晋江市委坚强领导的结果，是市人大、市政府以及社会各界大力支持的结果，也是政协各参加单位和广大政协委员团结协作、共同努力的结果。在此，我代表十二届市政协常委会，向所有关心支持政协工作的各级组织和个人，表示衷心的感谢！

回顾一年来的履职实践，我们也清醒地看到，工作还存在一些差距和不足。主要是：协商民主建设还需要深入推进，民主监督工作还比较薄弱，成果落实机制还不够完善，联络联谊活动还不够丰富，服务委员、基层和群众还不够到位，等等。这些都需要常委会深入反思和研究，并认真加以解决。

2016年工作意见

2016年是实施“十三五”规划的开局之年，是人民政协协商民主实践的深化之年。常委会工作的总体思路是：高举中国特色社会主义伟大旗帜，深入学习贯彻中共十八届五中全会精神和习近平总书记系列重要讲话精神，认真落实《中共中央办公厅关于加强人民政协协商民主建设的实施意见》，按照市委的决策部署和工作安排，充分发挥政协作为协商民主重要渠道和专门协商机构作用，围绕全市发展大局，紧扣中心工作，认真履行政协职能，为“十三五”开好局、起好步，实现创新突围，重塑晋江优势，持续当好县域排头兵作出更大贡献。

一、积极建言产业转型升级，助推经济跨越发展

要按照“四个全面”战略布局和“五大发展”理念要求，聚焦“十三五”规划的实施，把推动产业转型升级作为协商建言的重点，精心选择协商议政课题，周密制定协商活动计划，走进企业调研，深入现场视察，用好“话语权”，真诚献良策。重点围绕产业合理布局、企业科技创新、现代服务业提升、金融资本运作、文化旅游业发展等重大课题，开展有针对性的议政协商。关注去库存、去产能、去杠杆、降成本、补短板重点工作任务，同时，力促村村有快递站点、农村民宿旅游开发、城乡电商繁荣发展、精准扶贫脱困、壮大集体经济等重农固本惠农强农富农措施的落实，促进农村居民收入实质增长。围绕“一带一路”、“海上丝绸之路先行区”建设，以及自贸区可复制政策和对台产业政策的对接，开展专题调研，积极建言创新驱动、兼并重组、跨界融合等工作，助推晋江转型升级、跨越发展。

二、重点关注城镇化建设，助力打造现代化城市

要认真学习贯彻中央城市工作会议精神，按照“一个尊重、五个统筹”城市建设要求，深入研究新常态下新型城镇化建设的特点与要求，积极履职，勇于作为，助推畅通城市、海绵城市、智慧城市、绿色城市、宜居城市建设，为加快推进具有特色、充满活力、和谐宜居的现代化城市建设和早日实现全面建成小康社会目标贡献智慧和力量。要重点围绕组团和片区建设成效、城市业态发展合理布局、城乡交通路网规划建设、城市生态建设、水资源利用与水域整治、城市文化建设与文明创建、美丽乡村建设等一批市委决策部署、市民重点关切的问题，开展协商议政，及时反映社情民意，持续跟踪落实，助力城市品质提升。

三、全面聚焦民生保障，促进社会和谐稳定

要坚持共治共享的发展理念，把维护好、发展好、实现好人民群众的根本利益作为政协工作的出发点和落脚点，不断提升人民群众生活水平，增强人民群众获得感、幸福感。要抓住各项惠民政策有效落实，认真开展议政建言、提案办理，加强情况咨询和民主监督。重点就市委市政府为民办实事项目、农村石结构危房改造、城市社区服务管理、少数民族政策落实、革命基点村和贫困村扶持、“四帮四扶”活动、农村污水处理等具体工作，开展视察活动，跟踪督促落实，助力民生保障和改善。要进一步关注公交运行管理、食品安全、教育医疗、养老保障、群众维权和法律救助、诚信晋江建设等问题，有效开展民主监督，及时提出建议，促进社会和谐稳定。

四、不断强化工作创新，建设适应新要求的政协机关

要充分发挥常委会的核心作用、专委会的协调带动作用、委员的主体作用和基层联络组、委员工作室的基础性作用，创新履职的方式方法，切实提高政治把握能力、调查研究能力、联系群众能力、合作共事能力。要进一步贯彻落实“八项规定”精神和“三严三实”要求，加强政协机关思想政治建设、作风建设和纪律建设，积极创建学习型、服务型、创新型的政协机关，努力提高政协机关干部队伍素质，不断提升服务水平和工作成效，为政协和政协委员履行职能提供保障。要巩固和发展最广泛的爱国统一战线，坚持和完善中国共产党领导的多党合作和政治协商制度，全面落实民族、宗教、侨务等政策，充分发挥民主党派、工商联和无党派人士的作用，促进政党、民族、宗教、海内外之间关系和谐，为助力“十三五”规划实施，持续当好县域排头兵，唱响好声音，凝聚正能量。

各位委员、同志们，展望全面建成小康社会的宏伟蓝图，直面晋江未来发展的美好前景，我们豪情满怀、倍感振奋、充满信心，同时也深感政协使命光荣、重任在肩、大有可为。让我们紧密团结在以习近平同志为总书记的中共中央周围，高举中国特色社会主义伟大旗帜，在中共晋江市委的坚强领导下，同心同德、开拓创新、携手奋进，再创晋江经济社会发展的新经验，再谱人民政协事业发展的新篇章！

中国人民政治协商会议
第十二届晋江市委员会常务委员会工作报告

——2016年12月15日在政协第十三届晋江市委员会第一次会议上

政协晋江市委员会副主席　叶荣宗

各位委员，同志们：

受周伯恭主席委托，我代表政协第十二届晋江市委员会常务委员会，向大会报告工作，请予审议。并请列席会议的同志提出意见。

五年来工作回顾

五年来，在中共晋江市委的坚强领导下，市政协常委会严格遵照政协章程，准确把握团结和民主两大主题，继续深化协商民主建设，广泛汇聚推动改革发展的正能量，扎实履行政治协商、民主监督、参政议政职能，为晋江经济发展、民生改善、社会和谐作出了积极贡献。

一、积极有效履职，协商议政成效显著

始终准确把握职能定位和履职的基本方法，坚持与市委、市政府“同心同向”，与全市的中心工作和重大部署“同频共振”，按照“协商推动工作、监督促进落实、议政助力决策”的基本思路，发扬民主、凝智聚力，务实开展各项履职活动。

深化协商民主，发挥职能作用。认真学习贯彻中共中央和省委、泉州市委《关于加强人民政协协商民主建设的实施意见》，进一步明确协商内容，丰富协商形式，完善协商制度，制定协商计划，建立和规范了以政协全会为龙头，议政性常委会议和主席会议为重点，专题协商、对口协商、界别协商、提案办理协商为基础的协商民主体系，推进协商民主制度化、规范化、程序化。共召开5次政协全体会议、22次政协常委会议、62次主席会议，组织大会发言（或提供发言材料）117篇，向市委提交政协常委会、主席会建议25件，先后开展各类协商活动68场。市政协关于协商民主的实践和做法，在泉州市政协工作座谈会上作典型发言，总结材料被省政协主办的《政协天地》转发刊用。

*加强民主监督，推动工作落实。*每年有计划地安排视察事关产业发展的重点项目、事关民生保障的社会项目、事关生态环保的建设项目，及时提出意见建议，力促重点工作落实生效。以增强提案办理实效为抓手，强化民主监督，先后跟踪办理各类提案2105件，其中督办重点提案17件，组织专项视察40多场，收到良好的效果。同时，还积极做好民主监督员选派工作，先后推荐100多名政协委员担任市镇两级党政部门的特约监督员，积极参与政风、行风评议活动。每年安排听取市纪委工作通报，关注了解党风廉政建设和反腐败工作情况。

*重视参政议政，积极建言献策。*积极参与全市重大工作的讨论研究，及时提出意见建议，把履职贯穿于决策过程中。市政协每年坚持按照“党政所需、群众所盼、政协所能”的要求，聚焦重点、难点、关键点，精心选择调研课题和视察主题，力求贴近实际、有的放矢、竭尽所能，特别是注重调研成果和视察结果的转化运用，不断提高建言献策的质量和水平。各专委会积极参加相关部门和单位组织的议政性会议及重要活动，在加强沟通往来、相互支持配合中发挥政协职能作用。各民主党派通过调研累计形成调研报告123篇，为市委、市政府推动工作提供了决策参考。委员们通过参加征求意见会、听证会、测评会，以及调研视察、反映社情民意等形式，积极履职，发挥主体作用。

二、紧贴中心工作，倾心尽力助推发展

始终把服务改革发展作为履职的第一要务，紧紧围绕市委、市政府中心工作和重大部署，动员组织政协组成单位和广大政协委员，凝智聚力、倾心而为，参全局之政、议重要之事、建管用之言、献务实之策，助推我市各项工作高效落实、健康发展。

*聚焦经济建设，力促转型升级。*主动适应经济发展新常态，与市委、市政府同步思考转型升级、创新突围的新路径。坚持常态化聚焦经济运行情况，每年都安排常委会议，听取市政府及市直有关部门通报经济工作形势和重点项目推进情况，针对企业反映的问题和政府扶持措施落实情况等，提出意见建议，助力经济平稳发展。每年新年伊始，组织政协委员开展“走企业、看项目”系列活动，深入了解年度生产计划和开工开业情况，及时上门送温暖、添信心、鼓干劲。高度关注产业转型升级，先后就传统产业动能转换、现代商贸服务业扩营提质、文创和旅游产业培育发展、金融创新与企业融资、农业生产经营机制创新等专项议题，组织委员深入开展调研视察、提案督办和协商议政活动。比如，3次召开电子商务产业发展专题协商会，提出网络经济与实体经济高度融合、相互促进的思路，有效地助推我市互联网经济发展。通过调研，提出的《关于加快推进金融服务实体经济的建议》，在泉州市政协常委会上作交流发言，引起相关部门的重视，建议得到吸收采纳。把《关于营造城市核心商圈，促进商贸服务业发展的建议》列为2016年一号重点提案，提出的意见建议，市直相关部门和有关街道认真采纳、抓紧落实，并已初见成效。对此，全国政协主办的《人民政协报》作了宣传报道。

*聚焦城市改造，关注品质提升。*围绕市委、市政府提出的关于“城建提速、城市提质”的决策部署，把城市改造建设与现代化管理作为履职重点，集中智慧、出谋划策、倾心尽力。市政协领导积极参与城市规划专题讨论和方案审议，还分别兼任组团或片区总指挥、副总指挥，直接参与城市改造建设。一部分政协委员还积极参加征地拆迁工作、重点项目建设，在一线岗位上吃苦耐劳、锻炼成长、履职奉献。针对城市建设中的有关问题，多次组织专题协商和提案并案督办，听取规划、建设、市政、交通等部门的情况通报，就具体问题开展咨询、交流互动，及时提出意见建议。结合我市列为全国新型城镇化建设试点，组织政协组成单位和委员开展专题讨论，形成的建议材料得到市主要领导批示，并被试点方案吸收采纳。持续关注城市精细化管理和品质提升，专题协商城市公共交通体系建设，推动增设公交站点，完善交通网络，方便群众出行；督办《关于推进公共场所整合利用，提高公共资源共享效益的建议》这一重点提案，力促开放共享，服务广大市民。针对安置小区建设及服务管理问题，连续4年组织开展调研视察、提案督办和专题协商，促进小区物业规范管理、公共服务提升、精神文明创建，促使被安置的群众“幸福回巢”。

*聚焦生态文明，助力和美宜居。*高度重视生态建设和环境保护工作，坚持问题导向，以提案办理、专题协商、视察活动为履职形式，助力清水净海、植树造林、环卫保洁、治污减排“四大行动”，有力促进项目落地生效，存在问题及时整改。围绕《晋江市环境提升三年行动方案（2014年—2016年）》，组织政协常委和部分委员与13个相关职能部门面对面开展协商，促进相关工作提质增效，促使方案得到有效落实。组织委员就农村环境卫生综合整治工作、市民饮用水卫生安全问题开展专项视察，发挥民主监督作用。采取现场踏勘、听取汇报、点评建议等方式，组织视察九十九溪整治项目、新安水库保护工程、下灶溪、金井溪、钞岱溪综合整治工程情况，并参与部分工程的督导工作。2015年，把《加强水利规划建设管理，提高晋江蓄水活水洁水能力的建议》列为一号重点提案，专题调研水系运行调度系统和污水处理厂运行情况，并就加强水利设施管理、推进水域生态治理、加大水域生态文明宣传等工作提出意见建议，促进了相关工作的落实。

三、聚焦民生改善，建言献策为民履职

始终把实现好、维护好、发展好广大人民群众的根本利益作为履职的出发点和落脚点，充分发挥政协联系群众紧密、协商渠道畅通、效果反馈快捷等独特优势，主动呼民意之声、献富民之策、办利民之事、尽委员之责，力促民生改善和社会和谐稳定。

*关注社会建设，顺应群众期盼。*围绕教育资源配置、学前教育发展、中小学课桌椅人性化设置、学校食堂管理、校车安全管理等课题，组织政协委员深入中小学调研视察，提出针对性、操作性强的措施建议，促进相关问题及时解决。开展推进公立医院综合改革、构建和谐医患关系、加快基础设施建设等专

题调研，组织医疗卫生体制改革对口协商，以重点提案督办为抓手，视察基层卫生所(站)，建言打造城乡居民“15分钟健康服务圈”等，助力我市医疗卫生工作健康发展，群众基本卫生服务得到改善。积极参与法治晋江建设和社会治理工作，每年组织听取法院、检察院、公安局的专项工作通报，就司法保障、法律服务工作、基层巡防体系建设、网格化建设与管理、矛盾纠纷大调解机制建设、社会信用体系建设等议题进行广泛协商，为完善社会治理体系、构建和谐社会献计出力。

关注民生项目，回应群众诉求。关注为民办实事项目落实生效，坚持每年多次组织视察，及时了解和掌握进展情况，针对承办工作提出意见建议，促进相关部门和单位把实事办好，把好事办实。关注食品安全监管、饮用水安全供给、校园周边安全管理、农村污染源处理等民生问题，开展专项视察监督，及时反馈群众意见，提出建设性建议，并跟踪督促整改和落实，得到社会的普遍好评。关注我市人口老龄化问题，连续3年组织视察村级敬老院建设和居家养老服务工作情况，提出合理布局养老机构、提升改造镇街敬老院、重视发展养老产业、鼓励社会集资开办养老机构、培育专业养老服务队伍等建议，引起相关部门的重视，得到省政协领导的充分肯定。

关注社情民意，倾听群众呼声。紧密结合开展党的群众路线教育实践活动，进一步改进政协调研视察的工作方法和工作作风。坚持问需于民、问计于民，倾听群众呼声；坚持进村入户、嘘寒问暖，结穷亲、接地气。进一步健全委员联络机制，政协领导分片联系委员联络组，支持和参与基层联络组开展履职活动，机关每月坚持走访联络组及部分委员，在镇村一线了解社情民意。坚持办好《社情民意专报》，在民主党派、委员联络组设立36个社情民意信息联系点，共收集、编发社情民意信息278期，其中市领导作出批转109次，使《社情民意专报》成为连接党委政府的“中转站”，成为通往人民群众的“连心桥”。动员委员和委员企业，积极投身扶贫攻坚工作，参与“四帮四扶”行动，支持革命老区村和少数民族村建设。五年来，全市政协委员累计捐款捐物超过亿元，热心慈善公益事业，为政协增光添彩。

四、深化团结民主，汇聚合作共事合力

始终坚持以政协为平台，视政协为家园，立协商参政为主轴，充分发挥协商民主重要渠道和专门协商机构作用，同心同德、凝智聚力，为推动晋江经济社会全面发展贡献智慧和力量。

坚持团结民主，促进履职增效。在政协履职过程中，各民主党派认真贯彻“长期共存、互相监督、肝胆相照、荣辱与共”的方针，始终坚持团结民主主题，进一步统一思想、形成共识、拧成合力，在人民政协的广阔舞台上唱出好声音、演好角色活。市政协领导认真落实联系民主党派制度，每年组织走访民主党派，专题听取民主党派的意见建议，积极营造开诚布公、畅所欲言、生动活泼的履职氛围。邀请民主党派和委员参加政协组织的各种议政性会议，支持民主党派在协商议政中挑大梁。支持各民主党派开展调研、视察和考察活动，重视所提交的提案和反映的民意信息，及时帮助解决实际困难，为党派和委员创造良好的履职条件。各民主党派、工商联、无党派人士共提交提案1680件，大会发言材料68篇。

深化联络联谊，营造融洽氛围。坚持把团结海内外晋江人、汇聚晋江发展合力作为政协的一项重要任务，立足晋江实际，继承传统做法，深化联络联谊工作。加强与港澳联络组的互动交流，支持他们回乡参加政协组织的活动和组团考察家乡建设，鼓励港澳委员为晋江发展出谋献策，为家乡建设牵线搭桥。加强与台湾同胞和海外侨胞的联系，积极参与市海联会、世晋总、世晋青等有关海外乡亲社团活动，热情接待海外来访团队，拓展联络联谊工作。举办第七、第八届“海峡杯”篮球赛，增进新生代对家乡的认可度和亲和力。加强与异地商会的联系和交流，积极参与异地商会的重要活动，鼓励异地晋商融入“回归工程”，支持家乡建设，认真吸纳异地商会政协委员提出的意见建议。累计配合各地政协来晋调研、考察、交流达162批次。认真贯彻党的民族和宗教政策，举办民族和宗教知识专题讲座，开展宗教场所建设与管理、宗教文物保护、传统文化弘扬等方面的视察活动，重视发挥民族和宗教界委员的作用，增进民族团结，促进宗教和睦。

突出文史资政，激发内在活力。坚持以文史委为主阵地，组建一支文化界委员和文史爱好者、特邀专家学者参加的文史队伍，通过他们的辛勤劳动和不懈努力，为我市的历史文化弘扬和精神文明建设作出了积极贡献。围绕推进文化创新发展、提升文化软实力、加强文化遗产保护与传承、促进公共文化场馆建设与管理、凸显东亚文化之都的晋江品牌等议题，多次组织调研视察和专题协商，发挥“存史、资政、团结、育人”的作用，促进文化繁荣，提升我市文化软实力。先后编撰出版《晋江迈向幸福》《晋江碑刻集》《围头“八二三”炮战纪事》《古韵新村》《海丝晋江大商人》等文史书籍，编发《晋江政协》内刊19期，在晋江经济报上开辟“政协之声”专栏共计22期。会同省文史馆举办“墨韵心声”书画展，支持晋江市诗词学会开展创作采风活动，协同晋江政协之友书画院举办“纪念人民政协成立65周年书画展”和“晋江·澳门书画作品联展”，主动对接各级各类文化活动，为晋江文化繁荣搭建平台、贡献力量。

五、强化自身建设，固本强基创新作为

始终强化政协自身政治建设、思想建设、组织建设和制度建设，狠抓工作成效和工作作风，不断提高履职能力和水平。

深入学习教育，强化理论武装。严格按照上级的统一部署，组织政协委员和机关党员干部，认真学习中共十八大以来各次会议精神，积极开展党的群众路线教育实践活动、“三严三实”专题教育和“两学一做”学习教育，学习习近平总书记系列重要讲话精神，进一步坚定理想信念，增强党员政治意识、大局意识、核心意识、看齐意识。认真整治“四风”问题，严格执行中央八项规定，切实把思想和行动统一到以习近平同志为核心的党中央的各项要求上来。在机关开展学习教育的基础上，紧密结合政协党组会议、政协常委会议和有关座谈协商会议，以专题讲座、交流发言、学习讨论等形式，在政协委员中开展学习、宣传和教育，进一步统一思想认识，提高理论和政策水平，增强当好委员、履行好职能的责任感和主动性，筑牢共同的思想政治基础。

规范工作制度，强化主体责任。积极发挥政协党组的统揽协调作用，切实履行起领导和管理责任，促进各项工作

的落实。坚持每季度召开一次政协常委会议，协商部署政协重大工作，听取常委们的意见建议；坚持每月至少召开一次主席会议，研究政协工作计划，处理日常事务问题，听取相关汇报和建议；坚持召开机关工作例会，组织机关全体人员学习政治理论、传达相关规定、开展思想教育、明确工作要求，提高机关业务能力和保障水平。进一步健全专委会工作规则，充分发挥专委会计划、组织、协调和保障委员开展调研视察、提案督办、协商讨论、成果转化等方面的作用，提高专委会的组织能力和保障能力。

*创新履职机制，提升服务水平。*坚持在贯彻执行中推进发展、在发展中创新落实的基本思路，紧密结合政协工作实际，积极探索新途径、新方法，不断提高履职实效。创新设立5个委员工作室，开办政协网站、微信公众号，组建各联络组微信群，方便委员间互动和交流。设立“政协工作专报”，搭建起“直通车”、“快车道”，使政协活动情况和结果，能够快速传送给市领导和有关部门。联合审定政协年度协商计划，实现需求对接、课题对接、工作对接，使协商更加制度化、规范化、程序化，做到帮忙不添乱、督促不走样。建立“多案整合集中、面对面互动督办”的提案办理新机制，实现资源整合、统筹协调、系统解决问题。对每年所列的重点提案，建立由市政府领导与市政协领导领衔督办机制，增强办理实效。加强委员服务管理，开展委员履职考核活动，增强委员履职意识和责任感，调动委员履职积极性。

各位委员，同志们！人民政协肝胆相照、同舟共济，改革发展的征程上我们奋力同行。十二届市政协这五年，是积极应对经济发展新常态，奋力实现转型升级、创新突围的五年；是深入探索政协协商民主建设，不断推进政协工作持续发展的五年。

回顾这五年，我们深切地体会到：做好政协工作，必须始终坚持党的领导。要保持与党委、政府在政治上同向、目标点同一、工作节奏同步。政协的调研视察、提案督办、协商工作、议政建言等，都应当围绕市委、市政府的中心工作、重大部署、阶段性重点来开展，都应当谋事在先、议在其中、言在点上、落到实处，不断提高政协的履职能力和水平，把握政协工作的正确方向。做好政协工作，必须始终把握团结民主主题。政协是个大家庭，是各个组成单位和全体委员协商议政、履职尽责的平台。团结才能有力量，民主才能聚人心，政协每一项工作的落实，每一次履职活动，都离不开政协各组成单位和全体政协委员的积极参与和共同努力；合作共事才是真本事，才能干出大好事，增进团结、发扬民主，找准定位、精确作为，才能彰显价值、焕发出政协风采。做好政协工作，必须始终树立为民履职情怀。政协委员来源广泛、代表性强，又智力密集、位置超脱，政协平台上接党委政府，下连普通百姓，因此要聚焦民生、关注社会，倾听群众呼声，收集民意民愿，了解各界需求，客观公正地反映情况，理性独到地提出建议，力促诉求与问题得到有效解决，切实当好党委政府的“好帮手”，架好联系群众的“连心桥”。做好政协工作，必须始终坚持以改革创新求发展。改革创新是时代的特征，是前进和发展的动力，也是人民政协永续发展的根本保证。政协工作面临着改革开放的新背景、经济社会发展的新形势、协商民主深度推进的新要求，必须以提高履职水平为根本，以增强履职实效为目的，以改革创新为抓手，打基础、求作为、添后劲，不断增强政协工作的生机与活力。

回顾这五年，我们深深地感受到：在市委的坚强领导下，市政协领导班子和常委会严格遵照政协章程，坚持团结民主主题，紧紧围绕市委、市政府的中心工作，充分发挥政协各委办和联络组的作用，极大地调动委员的履职积极性，认真履行政协三大职能，工作富有成效，成绩可圈可点，得到了全体委员和社会各界的好评，为晋江经济社会全面协调发展做出了突出的贡献，为市政协的建设和发展奠定了坚实的基础。我们深知，五年来，市政协所取得的各项成绩，是中共晋江市委坚强领导的结果，是市人大、市政府及市直各部门、各镇（街道）大力支持的结果，是市政协各组成单位和全体委员共同努力、一起打拼的结果。在这里，我代表十二届市政协常委会，向长期以来关心、支持市政协工作的各位领导、各位嘉宾，以及全体政协委员，表示衷心的感谢和崇高的敬意！

回顾这五年，我们也清醒地认识到：在政协的各项工作中，还存在不少问题和不足。比如，界别联组的分设和作用的发挥应当进一步科学合理；专委会的设置和职能应当进一步适应发展的需要；协商议政成果应当及时跟踪和促进转化；民主监督职能应当进一步深化运用；委员的学习培训、考察交流、履职保障应当进一步加强；各联络组的活动应当进一步加强指导和支持，等等。这些问题和不足，还需认真研究，及时加以改进。

今后工作的建议

各位委员，同志们！今后五年，是晋江全面建成更高水平的小康社会的关键时期，也是政协工作主动作为、多做贡献的重要时期。市政协常委会工作的总体要求是：高举中国特色社会主义伟大旗帜，以邓小平理论、“三个代表”重要思想、科学发展观为指导，深入贯彻中共十八大和十八届三中、四中、五中、六中全会精神，在中共晋江市委的坚强领导下，牢牢把握团结和民主两大主题，认真履行政治协商、民主监督、参政议政职能，紧紧围绕市第十三届党代会的决策部署和市委、市政府的中心工作，凝智聚力、创新作为、勇于担当，为打造国际化创新型品质城市、全面建成更高水平的小康社会做出新的贡献。为此，对做好十三届市政协工作提出如下建议：

一、深入学习强化引领，准确把握政协工作新要求

要坚持把理论学习放在首位，认真组织市政协组成单位、全体政协委员和机关干部，学习中国特色社会主义理论，学习中共十八大以来重大会议精神，不断增强道路自信、理论自信、制度自信和文化自信。要深入学习习近平总书记系列重要讲话精神，特别是关于政协工作的重要指示和要求，牢牢把握政协发展的正确方向。要深入贯彻中共中央《关于加强人民政协工作的意见》和《关于加强人民政协协商民主建设的实施意见》，准确把握政协工作的新特点、新做法、新要求，紧密结合晋江市情和政协工作实际，抓落实、勇创新、善作为。要深入推进全面从严治党，落实党内政治生活准则和党内监督条例，发挥政协党组统揽和引领作用，加强机关党支部建设，发挥党员先锋模范作用，努力推进晋江政协工作新发展。

二、积极履职主动作为，协力开创“十三五”发展新局面

要把为“十三五”时期发展献计出力作为政协履行职能的主线，按照市党代会确定的总体目标和决策部署，有序、有为、有效地组织和开展政协履职活动，用好协商民主的话语权，提高民主监督的实效性，增强参政议政的助推力，为实施人才强市、新型城镇化、国际化“三大战略”，“136”攻坚行动和“七大品质提升工程”，建睿智之言，谋可行之策，献管用之计。要围绕经济发展动能转换，发展“三大新产业”，打造“六大新增长区域”，深入调研视察，及时建言献策，参与具体落实。要积极协商和建言文化事业建设和文创产业发展，重视传统文化遗存保护与传承，促进文化繁荣和文化惠民。要持续关注水流域综合治理、城乡污水处理、城乡环卫保洁、绿化晋江行动和美丽乡村建设；继续关注市政基础设施建设、城乡公共交通运营管理和文明城市创建活动，助力生态城市建设和城市品质提升。要加强“晋江与‘海丝’关系”的研究，发挥政协智力密集的优势和文史队伍的资政作用，为对接“一带一路”战略建言献策。

三、心系群众关注民生，齐心共谋全面小康新福祉

要始终牢记“人民对美好生活的向往，就是我们的奋斗目标”的庄严承诺，做到心系群众、关注民生、体察民意、反映民愿，切实当好百姓的“传递员”、人民群众的“知心人”。要围绕为民办实事项目、扩大就业和社会保障、优质教育资源均衡布局、医疗卫生体制改革和公立医院综合改革、高端教育医疗资源对接引进、农村石结构及危旧房改造、土地确权、精准扶贫等重大工作精选议题，综合运用专题协商、提案督办、调研视察、反映社情民意等形式，积极协助市委、市政府做好帮民困、解民忧、暖民心工作。要坚持问题导向，进一步围绕城乡供水、食品安全监管、垃圾处理、特困帮扶、养老保障、小区管理、法律服务、平安建设等具体工作，开展调研视察，组织专题协商，用好民主监督机制，助推问题整改和工作成效提升。要动员和组织政协委员支持开展“四帮四扶”活动，积极参与文化、科技、卫生“三下乡”，热心慈善公益事业，倾心尽力地为群众做好事、办实事、解难事。

四、增进团结扩大共识，广泛汇聚改革发展新动力

要坚持和完善中国共产党领导的多党合作和政治协商制度，严格遵照政协章程开展工作、履行职能，不断巩固和扩大爱国统一战线。要始终坚持团结民主主题，落实市政协领导走访和联系民主党派制度，支持各民主党派开展履职活动，不断改善党派履职条件。充分发挥异地商会委员的作用，加强联络联谊和信息交流，为“回归工程”牵线搭桥，为宣传晋江尽责出力。高度重视发展与港澳台侨的往来和联系，重视发挥港澳地区委员联络组和委员的作用，不断拓展海外联络联谊平台，用好港澳台同胞和海外侨胞的联系渠道，为我市实施国际化战略搭桥铺路。要认真贯彻党的民族和宗教政策，支持少数民族界和宗教界委员开展履职活动，尊重和采纳他们的意见建议，帮助解决遇到的困难和问题。继续支持晋江市诗词学会和政协之友书画院开展文化交流活动，积极探索与社会组织和新社会阶层人士的团结联谊工作，不断扩大政协的联系面和影响力。

五、强化责任勇于担当，努力推进政协工作新发展

面对新形势、新任务，政协工作的继承与开拓、创新与发展，成为摆在我们面前的崭新课题。我们要坚持“一届接着一届干、一棒接着一棒跑”，不断推进政协工作新发展。要进一步加强政协领导班子建设，统一思想认识，履行主体责任，团结和带领政协组成单位和全体委员，行使使命、履行职能、多做贡献，不辜负上级党组织和全体委员的高度信任。要坚持以制度规范工作、推进发展，进一步健全常委会、主席会、专委会议事规则，认真贯彻落实政协协商民主各项规定，准确把握履职定位和工作要求，积极推进政协工作制度化、规范化、程序化。要进一步加强政协机关建设，积极创建“学习型、创新型、服务型”机关，不断提高机关服务保障水平。要充分发挥委员的主体作用，加强委员学习培训和服务管理，建立委员履职档案，健全委员考核管理制度，不断提高政治把握能力、调查研究能力、联系群众能力和合作共事能力，切实做到懂政协、会协商、善议政，让每一个政协委员，在政协的履职平台上，闪光发亮、焕发风采。

各位委员，同志们！承前启后创伟业，继往开来写新篇，新一届市政协已经站在一个新的历史起点上。展望“十三五”时期的发展前景，畅想晋江的美好未来，聚焦全面建成更高水平的小康社会目标，我们信心满满、众志成城。让我们紧密团结在以习近平同志为核心的党中央周围，在中共晋江市委的坚强领导下，勤奋工作、认真履职、创新作为，奋力开创晋江政协工作的新局面，为打造国际化创新型品质城市作出新的更大的贡献！

大事记

一月

4日 省委副书记、代省长于伟国到晋江市调研。调研组走访晋江市创意创新园、参观晋江与中科院、哈工大、中关村合作的科技创新孵化成果，与开发网络手游、智慧医疗等项目的创业青年面对面交流。泉州、晋江市领导郑新聪、康涛、李建辉、刘文儒参加。

5—7日 中国人民政治协商会议第十二届晋江市委员会第五次会议在梅岭文体中心召开。会议听取政协第十二届晋江市委员会常务委员会2015年工作报告及四次会议以来提案工作情况的报告；听取市政协文史资料委员会2015年工作报告（书面）；听取市政协提案审查委员会作关于市政协十二届五次会议提案初审报告；通过《中国人民政治协商会议第十二届晋江市委员会第五次会议决议》。中共泉州市委常委、晋江市委书记李建辉到会讲话。

6—8日 市十六届人大五次会议在市委党校召开。会议通过《关于晋江市人民政府工作报告的决议》《关于晋江市国民经济和社会发展第十三个五年规划纲要的决议》《关于晋江市2015年国民经济和社会发展计划执行情况的报告及2016年国民经济和社会发展计划的决议》《关于晋江市2015年预算执行情况的报告及2016年预算的决议》《关于晋江市人民代表大会常务委员会工作报告的决议》《关于晋江市人民法院工作报告的决议》《关于晋江市人民检察院工作报告的决议》等7份决议，选举丁鸿雨，许乔良，陈其昌，林德生为市十六届人大常委会委员。

晋江市第十六届人民代表大会第五次会议

6日 晋江市人文微电影《玉兰菩提》获全国首届生态文明主题微电影优秀奖。

7日 省台办副主任宋志强一行3人到晋江市，考察五店市传统街区创建海峡两岸交流基地建设情况。

10日 晋江市塘东滨海观光旅游休闲村、坫头森林人家被评为“全国休闲农业与乡村旅游三星级示范企业（园区）”。

上旬 “中国鞋业在线交易平台”启动仪式在晋江佰翔酒店举行，该平台立足福建、广东、浙江、安徽、四川五大制鞋基地资源，打造原辅料供应链、技术研发、产成品B2B在线批发交易、在线B2C零售交易、电商分销及托管经营、产经媒体宣传等于一体的鞋业在线综合交易平台。

11日 西园街道烧厝社区、内坑镇长埔村被列入国家减灾委员会、民政部公布的2015年“全国综合减灾示范社区”名单。

12日 晋江市“警渔”合署海上综合执法合署办事处成立入选《中国海洋报》“2015海洋执法十大新闻”。

13日 泉州市委常委、晋江市委书记李建辉带队调研晋江市部分创新型、成长型企业，继续深化“帮企业、促项目、谋思路、抓落实”活动的开展。市领导走访晋江婴童产业文创园、国盛鞋材、名志体育用品有限公司、佶龙机械工业有限公司和福建兴宇树脂有限公司。

同日 市第五实验小学教师侯丽

丽执教的五年级语文上册《唱脸谱》获部级(国家级)"优课"及省一等奖。

15日 市禁毒委被评为"全国社区戒毒社区康复示范单位"。

16日 住建部总规划师唐凯率队到晋江市考察泉州市南翼新城规划建设情况。考察组现场考察安平桥生态文化公园,并到东石镇了解晋江辅城区空间发展、规划路网情况。

19日上午 省侨办副主任郑惠文一行2人到晋江市,看望并慰问南侨机工遗孀俄红绸、陈德启母亲。

25日 经国务院批准,泉州出口加工区正式升级为泉州综合保税区。

同日 泉州市委书记郑新聪到挂钩联系的新农村建设试点示范村晋江市永和镇玉溪村开展调研。察看玉溪村文体活动中心,并召开座谈会,帮助解决新农村建设有关问题,并走访慰问玉溪村部分计生困难户和低保户。

同日 晋江市在全国创建妇幼健康优质服务示范工程颁奖典礼上获全国首批"妇幼健康优质服务示范县(市、区)"称号,并作为全省示范县(市、区)。

26—29日 市长刘文儒带队到广州、东莞、沈阳、哈尔滨等地,访师问贤择良才,以晋江巨大的机器人市场和优厚的扶持政策,吸引诸多国内智能化研发机构及制造企业。期间,市政府与广州数控设备有限公司、福建国巨智能科技有限公司签订三方战略投资协议;与哈工大签订产业化项目战略合作框架协议。

28日 全国侨联副主席乔卫一行到晋江调研基层侨联建设情况。察看深沪镇运伙村、金井镇围头村等知名侨村的建设和侨联工作开展情况,并慰问贫困归侨。

31日 公安部党委委员、副部长黄明率队到晋江市调研户籍制度改革,走访阳光社区、市公安局指挥中心、办证服务大厅、派出所和警务室,向干部群众了解改革情况,并召开省市县有关部门参加的户籍制度改革座谈会。

下旬 晋江市被团中央确定为全国首批农村基层团建示范县(市)。

二月

1日 晋江市首家专门针对智能装备融资租赁的公司——晋融智能装备融资租赁公司正式开业,5家银行为晋融融资租赁授信总额10亿元,授信企业融资租赁业务金额2500万元。

3日 晋江市建立全省首个智慧公交充电站并投入运营,该公交充电站位于五里经济开发区,有10台智能直流充电机、20把充电枪,可同时对20部公交车辆进行充电,满足50部公交车辆的充电需求。

4日 国家纺织服装产品质量监督检验(福建晋江)服装分中心,通过国家质检总局的验收,并升级为国家服装服饰质量监督检验中心。

5日 台湾嘉义大学农场管理联合会与晋江市新界生态农业有限公司签署合作意向书,双方将在农业产销及加工、乡村旅游、美丽乡村等方面建立长期的友好合作关系。

14日 从当日起,晋江市全面实施社会组织统一社会信用代码制度改革,在本市新登记的社会组织不再办理组织机构代码证、税务登记证,而由民政部门核发加载统一社会信用代码的登记证。

18日 中央电视台元宵晚会在五店市传统街区进行彩排录制,集中展示高甲戏、火鼎公婆、闽台数宫灯、木偶戏等传统特色民俗元素。

21日 市长刘文儒率队到五店市状元街长廊、戏台、游廊等人群聚集点,详细了解区域内警力的部署、人群疏散通道和消防措施的设置等。查看现场布置情况,了解元宵期间人员疏散、安全保卫等各项工作及相关应急预案。

22日 海西家居建材博览城项目一期开业,该项目位于晋江市磁灶镇,由全国磁商联盟打造的家居建材装饰一站式专业市场,占地42.4公顷,总建筑面积约80万平方米,投资总额30亿元,项目一期入驻厂商320家。

同日晚 养正中学谜语代表队黄亦陈、唐沁兰、蔡彧三位选手在央视第三季《中国谜语大会》总决赛中获得金牌。

23日 晋江市庄用宾故居举行省级文物保护单位揭牌仪式,并成立庄用宾故居文物管理所。

24日 金星莲花汽车项目完成补充协议签订,该项目位于晋江市金井镇,由金星重工制造有限公司、莲花国际集团有限公司、马来西亚宝腾集团合作投资,总投资120亿元,用于建设汽车生产基地和研发中心。

同日 晋江市被教育部批准为国家学前教育改革发展实验区,是全省唯一入选的实验区。

同日 泉州市委常委、晋江市委书

中央电视台元宵晚会晋江五店市节目录制现场

记李建辉，晋江市市长刘文儒分别带队调研部分企业节后开工及生产安排情况，并走访部分人才市场，了解企业招工用工情况。李建辉实地走访鑫华公司、大力亚公司、著龙服装公司、墩煌世家服装公司。刘文儒走访陈埭镇“春风行动”企业招聘会现场。

同日 应邀参加2016年中国作家看晋江·五店市正月笔会暨第二届晋江诗歌节活动的中国文艺名家齐聚晋江。应邀前来的有中国作家协会领导、知名作家，以及《人民日报》《诗刊》《文学报》《小说选刊》《海内海外》等媒体的相关负责人，活动首次邀请来自台湾的作家。

同日 晋江兴业皮革科技股份有限公司国家认定企业技术中心揭牌暨院士工作站成立仪式在兴业科技中心大楼隆重举行。全国政协常委、中国工程院院士石碧参加并致辞，还签订2016年度重大产学研合作项目。

26日 晋江公安“盾边”警察志愿服务队被中宣部、中央文明办评为全国“最佳志愿服务组织奖”。

同日下午 市长刘文儒带队走访国际鞋纺城、智能装备产业园、食品产业园和省装备制造基地安海园园区项目，了解项目最新进展情况，督促项目加快建设。

27日 泉州市人民政府、国家集成电路产业投资基金股份有限公司、华芯投资管理有限责任公司、福建三安集团有限公司，共同在福州签订设立福建省安芯产业投资基金合伙企业战略合作协议。成立的安芯基金落户泉州晋江，基金目标规模500亿元，首期出资规模75.1亿元人民币。仪式前，省委常委、常务副省长张志南，泉州、晋江市领导郑新聪、康涛、李建辉、刘文儒、张文贤、王茂泉，与工信部电子信息司司长刁石京，国家集成电路产业投资基金股份有限公司董事长王占甫，华芯投资管理有限责任公司总裁、国开金融有限责任公司副总裁路军，福建三安集团有限公司董事长林秀成交流座谈。

28日 台湾中国国民党中常委、中华两岸劳动关系发展协会理事长姚江临一行3人，到晋江市参观访问。

29日 国家文物局副局长宋新潮率队到晋江市调研海丝文物保护情况，实地走访草庵寺。

三月

2日 泉州市委常委、晋江市委书记李建辉率队调研晋江文化保护工作，察看晋江县政府旧址、新塘街道梧林古村落、灵源街道灵水古村落，并召开文化保护工作汇报会。

4日 围头港区首迎4.5万吨集装箱船“中谷辽宁”轮，该船舶是迄今为止靠泊围头港区最大的船舶。

5日下午 泉州市委常委、晋江市委书记李建辉带队调研九十九溪片区田洋启动区，为晋江田园风光项目规划蓝图。调研组实地察看九十九溪片区田洋启动区入园口、渔人码头，并在启动区工作组办公楼楼顶全方位察看九十九溪片区池店田洋启动区全景。

8日 晋江市英文网站获评“2015年度中国政府网站外文版国际化程度优秀奖”(区县网站全国第五名)。

9日下午 福建检验检疫局党组书记、局长宇方成率队到晋江市调研，察看泉州检验检疫局晋江办事处检务大厅和国家鞋类检测中心，并召开座谈会。

同日 《人民日报》刊发《安平古镇 海丝名城》专版，美文美图美版面，将晋江安海的千年底蕴文化大餐呈现给全国读者。《安平古镇 海丝名城》专版报道从“海丝起点”“海滨邹鲁”“海西重镇”“海峡乡愁”四个方面介绍安海深厚的人文积淀和千年风韵盛景，图片为晋江摄影家施清凉拍摄的作品《安平桥》和《龙山寺》。此外，专版当中还刊发安海书画家蔡笃的油画作品《安平古港》和安海当代书法家尤慎的书法作品《安海赋》(节选)，以及安海作家颜长江的诗作《状元巷》。

10日 央视新闻中心《文化十分》栏目组到晋江市，专访国家级非遗传承人陈芳财半个世纪以来坚守古法造船技艺、还原明代郑和宝船的事迹。

12日上午 晋江市政府主办，宣传部、农业局、文体新局、旅游局、卫计局、

晋江市2016年“全民动员 绿化晋江”义务植树活动月文艺晚会

紫帽镇政府等单位承办的第四届紫帽山植树节系列活动。举办"菩提情•玉兰韵"文艺晚会、"防范未燃　清山行动"启动仪式暨捡柴火换蔬菜活动、紫星健康生态跑、"春之恋"嘉年华等活动，电影《听风的日子》宣传推介，并举行中国•紫星知青影视基地揭牌仪式。中国文联电影艺术中心主任胡子光，中国电影家协会分党组成员、副秘书长李景富，台湾"金马奖"获得者、著名导演张柏瑞，福建省电影家协会副主席詹金灿，福建影视艺术人才协会会长杨平，晋江市领导曾清金、李自力、朱永远、薛宗炎出席。

14日下午　市长刘文儒带队调研中心城区教育资源整合提升工作，察看第二实验小学第二校区、华侨中学、实验小学凤竹校区、第三实验幼儿园桂山园区等项目现场，并召开会议，听取教育工作情况汇报，协调解决有关事宜。

同日下午　泉州市委常委、晋江市委书记李建辉带队调研晋江市精准扶贫工作，走访永和镇锦岭村、永和镇观头村、英林镇湖尾村和陈山村的困难群众，听取精准扶贫工作推进情况汇报及建议。

15日　市法院和总工会联合成立市劳动争议调处中心。

16日　晋江市企业兼并重组公共信息服务平台正式上线，该平台主要包括工作动态、政策法规、案例交流、中介信息、政企互动、资源对接等栏目。

19—24日　市长刘文儒率队到宁夏、西藏开展考察交流活动，并走访慰问援宁、援藏干部。市领导分别到宁夏红寺堡区、西藏工布江达县，考察当地经济社会发展情况，并与当地党政班子成员座谈，了解援宁、援藏工作情况，商讨如何深化援建工作。

20日　海峡创客工场正式启动，项目一期面积3000平方米，设置有创客办公区、项目孵化区、多功能宣传区及多媒体路演厅，主要吸引文化传媒、动漫、影视、互联网等创业团队，为入驻创业团体提供业务、资金、产品销路等方面支持。审批通过企业14家，签约企业10家、入驻企业8家。

同日　养正中学与菲律宾中正学院正式缔结为姐妹校。菲律宾中正学院创办于1939年，是目前唯一由海外华人创办的，中国政府和菲律宾政府都承认的高等教育学院。

同日　泉州晋江国际机场正式获国务院批准开展口岸签证工作。

21—23日　国家自然科学基金委员会副主任、中科院院士姚建年及天津大学校长李家俊率队到晋江市调研相关企业及产学研战略合作情况，并召开产学研合作座谈会，双方签订战略合作协议。市领导李建辉、张文贤、林仁达、王茂泉、史思泉、王文晖参加。

23日　福建盛达机器股份公司成功登陆新三板。至此，晋江市新三板挂牌企业累计5家。

24—26日　晋江市组织43家食品企业抱团参加第94届全国春季糖酒商品交易会，达成意向交易合同38.2亿元。

《晋江文库》首批文献出版座谈会

25日　晋江市召开《晋江文库》首批文献出版座谈会，省、泉州市方志委领导，《晋江文库》整理出版工作委员会成员、特邀委员、委员等专家学者共聚一堂，就《晋江文库》出版的工作成果和出版工作进行阶段性总结。副市长史思泉参加。

26日下午　福建省食药监局局长林凤祥带队到晋江市调研食品、药品市场安全监管工作。调研组走访西园街道泉安医药有限公司、雅客食品有限公司、五店市餐饮一条街、宝龙城市广场餐饮街。

27日　晋江保姆庄茉莉、晋江交警大队被评为"2015年度感动福建十大人物"。

28日　晋江市民族乐团成立仪式在市文化中心祖昌音乐厅隆重举行，该乐团是一个群众性、专业性、非营利性的社会组织。

29日上午　市领导李建辉、刘文儒带队调研基层服务社会化试点工作，察看致和社工事务所、梅岭街道社会工作服务中心，了解两家社工机构的服务范围、人员组成、业务特色等，以及运营过程中存在的问题，并征求机构负责人关于推进晋江基层服务社会化试点工作的意见建议。

30—31日　省政协副主席杨根生率队到晋江市开展"加快我省小城市培育"重点提案专题调研。调研组考察金井莲花汽车生产基地、晋江燃气电厂、福州大学晋江科教园区、安海镇社会治理应急指挥中心和海东鸿塔片区旧城改造工程等项目，并召开座谈会，听取金井、安海等6个培育试点城镇工作开展情况、存在的问题及建议。

30日　晋江锦兴集团在"2015年度中国十佳聚酯产业链供应商"颁奖盛典上获"中国十佳聚酯产业链供应商"。

31日上午　中国农业发展银行总行副行长林立率队到晋江市调研对接重点建设项目信贷工作。调研组参观晋江城市展馆、紫帽片区棚改建设项目，听取晋江新型城镇化建设、公共基础设施建设、城乡一体化规划、根脉文脉保护等情况介绍。

四月

3日　晋江三六一度集团在"第十

第十八届中国（晋江）国际鞋业（体育产业）博览会在美旗城举办

一届中国服装品牌年度大奖”颁奖典礼上，获“最佳时尚运动品牌”“最佳童装品牌”两个奖项。

4日上午 市领导李建辉、刘文儒带队走访部分重点项目，察看金星莲花汽车整车生产项目、集成电路产业园区项目、中科院海西研究院泉州装备制造研究所建设项目、深沪污水处理厂项目地块选址、万德高档面料生产项目，了解项目进展情况，督促项目建设提速。

5日 柒牌集团在2016年“3•15产品和服务质量诚信承诺”活动中获“全国产品和服务质量诚信示范企业”称号。

6日 泉州市委书记郑新聪带队到晋江市开展2016年第二季度“促进项目落地、帮扶企业发展”活动周。走访莲花汽车项目、万德高档面料生产项目、柒牌公司、食品专业市场项目、中科院海西研究院泉州装备制造研究所建设项目、跨境电商洪山园、菜鸟泉州智能物流东南核心节点晋江项目、安踏一体化产业园、乔丹公司、国际鞋纺城项目等，了解项目建设推进情况，询问企业销售及产品创新情况，协调解决相关问题。

6日 中央统战部五局巡视员、中国光彩事业促进会副秘书长戚建美等一行5人到晋江市，调研许健康捐赠的美丽乡村建设项目。

同日 全国政协委员、全国工商联副主席、宝龙集团董事局主席许健康向安海镇坝头村溪边自然村“美丽乡村”建设及可持续发展项目捐赠1亿元。市领导李建辉、刘文儒接过1亿元的捐赠牌匾。中央统战部五局巡视员、中国光彩事业促进会副秘书长戚建美，中央统战部光彩事业指导中心主任、中国光彩事业促进会副秘书长余敏安，晋江市领导曾清金、王金战、丁峰出席。

9日 中台办副主任龙明彪一行3人，在福建省台办副主任宋志强、泉州市政府市长康涛的陪同下到晋江市，考察调研五店市申报全国海峡两岸交流基地有关工作。

11日 紫帽片区兴紫大道一期工程正式开工建设。该项目总投资约1.5亿元，拟建长度约4.4千米，内容包括道路、交通工程、桥涵工程、排水工程、电力排管工程等。

13—14日 晋江市党政考察团赴浙江考察树兰医疗集团，走访绍兴市柯桥区中医院和浙江大学国际医院，就双方合作进行深入考察和探讨，推进晋江医疗卫生事业实现跨越发展。市领导李建辉、刘文儒、陈健倩、周伯恭、许宏程、林惠玲、曾献礼参加。

16日 华泰实验小学被国家体育总局授予“全国传统跳绳项目试点单位”称号。

18日上午 由中共中央组织部组织二局、中国扶贫开发协会联合举办的2016年第一期贫困村大学生村官培训班在泉州理工职业学院开班，来自全国9省、市、自治区的200多名大学生村官在晋江进行为期一周的学习培训。

18—21日 泉州商品博览会暨第十八届中国(晋江)国际鞋业(体育产业)博览会在美旗城举办。本届鞋博会以“提升品牌展会内涵，助推体育产业发展”为主题，展馆面积5万平方米，设置鞋机、鞋材、成品鞋、体育设备及泳装等五大展区1800个国际标准展位。吸引来自美、法、意、俄、韩等70个国家和地区的500多家企业参加，与会客商12.32万人，同比增长42.7%；现场达成意向成交额163.87亿元，同比增长11.1%。

19日 市政协主席周伯恭带队到金井镇、深沪镇调研经济社会发展情况，考察金井塘东木栈道、深沪渔港经济区和深沪烟墩山海丝文化公园的建设情况。

20日 广州数控智能装备(福建)工程技术服务中心揭牌仪式在晋江市举行。该项目集工业机器人销售、展示、维护和智能工厂系统集成方案研发等功能为一体，由广州数控设备有限公司和福建国巨智能科技有限公司合作建设。

22日上午 中国共产党的优秀党员、久经考验的忠诚的共产主义战士，省政协原副主席、晋江籍离休干部许集美在福州逝世，享年92岁。中共中央总书记习近平对许集美的逝世表示哀悼，对其亲属表示慰问，并送花圈，俞正声、刘云山、孙春兰、赵乐际、胡锦涛、朱镕基、贾庆林、贺国强、卢展工、王兆国及省领导尤权、于伟国等以不同方式表示哀悼。28日上午，泉州市委常委、晋江市委书记李建辉带队参加许集美遗体告别仪式，代表晋江市四套班子及家乡人民表示悼念。

25日 晋江市新塘街道乡贤杨自

然当选香港福建希望工程基金会主席。该基金会成立22年来，筹集善款2.89亿元，援建561所希望小学，其中在福建省援建243所。

26日 晋江市出台《晋江市人民政府促进快递服务业发展的意见》，提出15条扶持政策解决快递企业用地难、通行难、投递难等问题。

27日 磁灶TOB陶瓷、豪山陶瓷、万利陶瓷入选2016中国最具影响力陶瓷品牌50强。

29日至5月3日 晋江市举办第三届中华灯谜文化节暨晋江市"品牌之都"国际校园灯谜精英赛，安海养正中心小学获评"全国灯谜教学示范校"称号。

是月 晋江市外来少数民族流动人口服务管理工作得到中共中央政治局常委、全国政协主席俞正声，省委书记尤权等批示肯定。

五月

1日 从当日起，晋江市纳税信用A类龙头企业，可在市国税局享受免排队、先批后审、先办后补、一窗办理业务的VIP服务。首批可享受国税VIP服务的企业35家，是上一年度信用良好的纳税大户。

同日 泉州晋江国际机场经国务院批复和公安部授权口岸签证正式启动。

1—5日 晋江市在第119届广交会上意向成交额1000万美元。

2日 海峡国际五金机电市场获"全国五金机电专业领军市场"称号。

同日 市政府出台《关于实施晋江市企业家素质提升行动"领航计划"的意见》。意见指出晋江企业将实现由"爱拼敢赢"向"善拼会赢"的跨越转变，构建晋江创新企业家生态圈层。

4日 晋江市企业参与制定的两项省地方标准《电子商务交易产品信息描述规范(运动鞋)》《鞋用网眼布热老化试验方法》发布，并于7月16日正式实施。

5日 晋江市龙峰纺织、向兴集团、大发科技集团、信诚集团、万兴隆集团、远大服装织造公司等6家企业入围2015年中国长丝织造行业经济效益50强。

6日 晋江市启动"全流程网上审批"，梳理首批涉及发改、商务、公安等11个部门、31个事项，按照"申报—审核—办理—办结—评价"的流程，实现在线申请、网上受理、网上办结。

8日 市政府出台《加快推进高新技术产业发展若干措施》，从高新技术企业培育、创新平台建设等六个方面，引导各类创新要素向高新技术产业集聚，加速高新技术成果转化。

9—10日 国家土地督察上海局调研组副专员彭群、王钊率队到晋江市，开展宅基地制度改革试点和"多规合一"工作专题调研，走访内坑镇砌坑村宅基地改革及村级规划编制，并在内坑召开镇村座谈会。

10日 晋江市启用全国首个民间发起的青年创新创业公益基金，该基金由晋江青年商会发起设立，筹集基金1058万元，其中晋江青商会员支持758万元，市财政支持300万元。将用于青年创业小额贷款贴息、定向支持优质青年创业创新项目等。首批9名创业青年分别获5000元—2万元不等的创业小额贷款贴息。

12日 晋江婴童产业文创园与韩国代表方正式签署"中韩文创产业馆"合作事宜，韩国馆首次落户福建，与晋江市企业开展合作。来自韩国的化妆品、食品、鞋服、咖啡店等领域的上百个品牌陆续进驻中韩文创产业馆。

同日 澳门籍旅客许先生返回澳门时，在泉州晋江国际机场办理离境退税手续，应退增值税额1100元，代理机构兴业银行扣除相关手续费200元后，实退增值税额900元。这是泉州晋江国际机场开出的首票离境退税单。

13日上午 泉州市人大常委会组织到晋江市，对"数控一代"示范工程及《泉州制造2015》实施情况进行调研。调研组听取相关工作汇报，并走访百宏聚纤科技实业有限公司，重点调研创新驱动、政策扶持、平台服务、推动提升数控技术及产品质量并融合应用于各行各业，提升制造业数字化、网络化、智能化水平，推动产业转型升级等情况及实施过程中存在的困难。

15日 晋江市与美国晋江青年联谊会签署设立晋江市人才工作(美国费城)联络服务点。

16日 泉州市委书记郑新聪、市长康涛带队到晋江市调研，走访龙峰纺织集团和三创园石墨烯产业技术研究院，了解相关生产情况。

19日上午 省政协副主席陈荣凯带领调研组到晋江市开展"加强宗教团体自身建设和推进宗教活动场所文物保护长效机制建设"调研活动，考察安海龙山寺。

同日 泉州市原任地厅级老领导到晋江市参观考察重点项目建设、城乡建设新貌，以及革命传统教育基地，走访百宏智能化工厂项目、深沪镇运伙村新农村建设、龙峰织造有限公司、恒安新型智能化生产基地、中共泉州中心县委历史纪念馆。

20日 特步公司董事局主席丁水波，被中国企业联合会授予"2015—2016年度全国优秀企业家"称号。

24日 晋江市在祖昌音乐厅举行"乡音寄怀"李焕之作品音乐会，晋江市民族乐团、市合唱团联袂演绎李焕之创作的一批经典爱国主义精神声乐、器乐作品。

24—25日 副省长黄琪玉带领省直相关部门负责人到晋江市调研现代

李焕之作品音乐会

农业发展情况，走访力豪现代农业公司、盼盼公司、陆地港公司和深沪渔港经济区。

25日 晋江陆地港国家级甩挂运输试点项目通过验收审查。该项目纳入全国甩挂运输第3批运输，实际投资总额6696万元，试点线路6条。

25—26日 全国人大常委会委员、中国科协副主席冯长根带领中国科协第九届常委会继续教育专委会成员到晋江市开展"福建省纺织民营企业实施继续教育工作现状"专题调研，考察晋江市佶龙机械工业有限公司、浩沙实业(福建)有限公司等地，详细了解这些企业实施继续教育工作现状。

26日 晋江市首家智慧教育类新三板企业福建宏祥智能科技股份有限公司在全国中小企业股份转让系统正式挂牌。

同日 晋江市举办第五届残疾人就业专场招聘会。此次招聘会以"关爱孤残儿童，让爱洒满人间"为主题，55家企业提供涉及23个工种共500多个岗位，吸引400多名残疾人参加，达成初步意向155人。"第五届闽台残障人士书画作品展"美术类一等奖等书画作品以及"第六届和第七届全省特教学校学生艺术汇演"表演类二等奖等作品颁奖仪式同步举行。

26—27日 省林业厅副厅长严金静到晋江市调研林地占补平衡、沿海防护林建设工作。调研组走访察看沈海高速晋江(西园示范段)森林通道、安平桥生态公园、绿洲公园、五店市传统街区、沿海大通道前港段基干林带、晋江坫头国有防护林场苗圃、东石镇艺达木雕公司等。

30日 晋江市成立全省首个异地商会"一带一路"党员服务岗，该服务岗依托昆明晋江商会党支部，为晋江企业家到越南、老挝、缅甸等国家经商办企业牵线搭桥、提供服务，帮助晋江企业融入当地经济发展，迅速抢抓"一带一路"发展机遇，促进晋江和东南亚各地的交流合作。

六月

1日 东石镇郑银聘的木雕作品"丝绸之路"、蔡建昌的漆画作品"正月十五闹元宵"分别获得2016中国工艺美术"百花奖"金奖和银奖。

2日 晋江市入选教育部公布的第六批全国社区教育实验区名单。

同日上午 泉州市委常委、晋江市委书记李建辉率队到龙湖镇，察看福兴拉链有限公司、百宏聚纤智能化建设项目、宗兴五金拉链有限公司等，调研经济运行、项目推进及新一届班子到位、分工和党代会筹备工作等情况，并组织召开现场办公会，协调解决相关问题。

同日下午 省环保厅厅长朱华率队到晋江市调研流域整治和危废处理工作，察看梧垵溪流域永和段、福建亿利环境技术有限公司废物处置情况。

3日 晋江市英林中学、晋江二中高中部被确认为"福建省一级达标高中"。

5日 全国人大常委会副委员长向巴平措到晋江市三六一度公司调研城镇化中的民族工作。

6日上午 中国第二个"放鱼日"，泉州市委书记郑新聪、泉州市市长康涛率队参加在深沪湾举行的增殖放流活动。

7日 省人大常委会组织到晋江市开展《福建省违法建筑查处条例》立法调研，并召开座谈会。

8日 晋江籍王冬星(利郎)、陈加贫(九牧王)、陈远追(颍川轻工)、陈明金(澳门金龙)、陈聪聪(香港联华)、柯吉熊(雅环)、洪忠信(劲霸)、洪祖杭(香港金保利)8位企业家，在世界第五届闽商大会上，受省政府表彰为"福建省非公有制经济优秀建设者"。

12日 晋江国际鞋纺城一期工程完成竣工验收。一期工程总占地约26.3公顷，总建筑面积约50万平方米，其中专业市场总建筑面积25.6万平方米，可租售商铺1533间，租售1175间，租售率76.64%。

同日 2016年全国沙滩排球大满贯赛"卡尔美杯"晋江站落幕。上海队选手洪佳骏/李杰与八一队选手蒋莉/白冰分别获得本次大赛男、女组冠军。晋江获得2016年全国沙滩排球大满贯赛突出贡献奖。

13日 安海镇、龙湖镇福林村入选第五批福建省历史文化名镇名村。

13日 国台办交流局局长黄文涛一行4人到晋江市，调研并指导五店市海峡两岸交流基地的工作开展情况。

同日 晋江市与树兰医疗集团正式签订合作协议书，双方合作进入实质性阶段。仪式后，泉州市委书记郑新聪会见中国工程院院士、树兰医疗总院院长郑树森和中国工程院院士、树兰医疗发起人李兰娟。晋江市还聘请澳门科技大学校长刘良作为特聘专家。

14日 五店市传统街区被中共中央台办、国务院台办选为海峡两岸交流基地。

同日上午 全国妇联党组副书记、副主席、书记处书记孟晓驷率队到晋江调研妇联组织改革创新和基层组织建设工作。调研组到华泰社区察看妇女之家、"四点钟学校"建设情况，到五店市传统街区调研闽南特色文化。

16日 晋江市第三实验小学获得2016"舞动中国——排舞联赛"(福建赛区)暨2016年海峡两岸排舞交流赛小学甲组集体规定曲目第一名。

同日上午 泉州市委常委、晋江市委书记李建辉，市长刘文儒带队检查生态水域综合治理工作。市领导察看梧桐溪罗山肉联厂段、紫帽镇园坂村农村污水处理工程和西北污水处理厂，并召开会议，听取全市流域综合治理工作的进程，了解当前工作中存在困难和下阶段工作安排，并协调解决相关问题。市领导陈健倩、周伯恭、曾清金参加。

17日 省公安厅副厅长杨建平到晋江市调研打击"盗抢骗"犯罪专项行动开展情况，察看晋江市公安局反诈骗中心和警情研判中心，了解晋江在打击各类信息诈骗犯罪、开展普法宣传工作等方面的情况。

18日 晋江市在第十四届"中国海峡项目成果交易会"对接项目125项，总投资94亿元，项目数和总投资均位居泉州市第一。对接项目涵盖电子信息、机械制造、新型材料、新能源和节能技术、现代农业、海洋开发等13个领域。同时，征集上报技术需求28项。

20日上午 菲律宾总统中国特使、菲律宾宋庆龄基金会董事长、上好佳(国际)有限公司名誉董事长施恭旗携家族成员一行到晋江寻根谒祖、参观访问。

22日 省人大常委会副主任陈伦带队到晋江市检查《中华人民共和国环境保护法》实施情况，走访福建安泰建材实业有限公司、安海水后垃圾中转站、安平桥周边环境整治、泉荣远东污水处理厂。

同日 浙江省海宁市人大常委会主任徐辉带领海宁市考察组到晋江市考察质量立市和品牌兴市相关工作，走访安踏公司、恒安公司总部，并召开交流座谈会。

22—24日 晋江市13家企业13个展位参加在印度新德里国际展览中心举办的印度国际商品展览会。

23日 厦门市省市级老领导到晋江市参观考察，走访五店市传统街区、磁灶镇大埔村、恒安新型智能化生产基地，了解晋江重点项目推进、美丽乡村建设等情况。

23—24日 英国驻广州总领事馆气候变化与能源处处长、首席领事邱岩居率队到晋江市进行工作访问，探讨双方共同支持相关企业或机构通过英国外交部战略繁荣基金（SPF）等方式参与福建省相关领域研究的途径，并开展晋江市与米尔顿•凯恩斯市在绿色城镇化等领域的合作交流。市领导刘文儒、许宏程参加。

24日 福建向金门地区供水工程海底管道动工，长15.69千米，总投资25864万元。

25日 福建省安芯产业投资基金在晋江揭牌启动。该基金目标规模500亿元，首期出资规模7.51亿元，重点支持发展集成电路产业和半导体等高尖端技术产业。

27日至7月3日 晋江市举办“全景中国•晋江城市周”中外媒体联合采访活动。该活动由中国国际广播电台、中国公共外交协会及市委宣传部共同主办，邀请中国国际广播电台、中华网、以及来自韩国、孟加拉、印度等7个国家的媒体。在一周内，走访草庵、安平桥、龙山寺，丁氏宗祠等历史文化古迹，探寻晋江作为海上丝绸之路重要起点城市的印迹，并探访安踏集团、文创园等产业基地。

28日 跨境电商洪山园正式开园，成为全省最大跨境电商产业园。该园于2月启动建设，81家企业入驻，其中包括深圳赛维、有棵树等国内跨境电商龙头，嘉年华、雨中鸟等本土企业，以及深圳321电商学院培训机构、新航线、邮政EMS等等三方服务机构，初步形成集平台、货源、通关、物流等一体化的低成本、便利化、开放式跨境电商生态圈。

同日 亚太经济合作组织和商务部主办，以“跨境电商促进中小企业外贸转型”为主题的第六届APEC电子商务工商联盟分论坛暨晋江市第二届跨境电商峰会召开。APEC电子商务工商联盟秘书长胡杨，APEC电子商务工商联盟代表、俄罗斯电子商务协会邮政物流委员会主席苏保（Igor Subow），晋江市领导刘文儒、薛宗炎参加。

同日上午 省卫计委副主任阮诗玮到晋江市调研基层卫计融合和中医药建设等方面工作，并督导检查省人民医院晋江分院、晋江市中西医结合医院运营情况。调研组考察磁灶中心卫生院新院现场、磁灶中心卫生院、晋江市中医院，详细了解相关建设情况，并提出意见和建议。

同日下午 晋江市召开全市领导干部大会，宣布省委、泉州市委有关人事任免决定：刘文儒任中共晋江市委书记；张文贤任中共晋江市委副书记；李建辉不再担任中共晋江市委书记、常委、委员职务。

同日 恒盛玩具公司被国家质检总局授予出入境检验检疫信用管理AA级企业。

同日 晋江市首个本土物流平台闽运兴物流公司“龙易配”智慧物流平台正式上线。

30日 民革晋江市委会获“民革全国祖统工作先进集体”称号。

第六届APEC电子商务工商联盟论坛

七月

1日 市方志办组织编纂的《晋江年鉴（2013）》获全国地方志优秀成果（年鉴类）特等奖。

3日 晋江市乡贤王倩仪获香港特区政府金紫荆星章，施子清获银紫荆星章，施清流被委任为太平绅士。

同日 泉州晋江国际机场新增泉州至韩国襄阳航线。

5日上午 广东省政协副主席唐豪到晋江市就发挥港澳政协委员作用，推进“一带一路”建设进行考察。

7日 福建亲亲股份有限公司在香港联交所正式上市，股票代码为1583.HK，总股本4.7亿股。

11日下午 泉州晋江集成电路产业发展规划专家论证会在北京举行。会上，《晋江市集成电路产业发展规划（2016—2025）》通过专家论证。工信部电子信息司司长刁石京，泉州市、晋江市领导李建辉、农刚、张文贤、王文晖参加会议。

14—16日 第三届闽台（泉州）食品交易会在晋江SM国际展览中心举办，本届交易会展览面积3.5万平方米、1600个标准展位，共吸引17个国家或区域的400多家食品及配套企业参展，其中境外70家，占18%；展会期间到会客商6.22万人，比增44.18%；参展企业累计达成交易额80.21亿元人民币，比增22.83%。其间，举行首届中国（晋江）食品资本高端论坛、第四届欧中食品文化艺术节等8大系列配套活动。

16日 福建省晋华存储器集成电路项目举行开业仪式。国家工信部副部长陈肇雄、海峡两岸关系协会常委副会长郑立中、福建省常委、常务副省长张志南，国家发改委高技术产业司副司长

中共晋江市第十三届代表大会

孙伟、国家相关部委、国家集成电路投资基金、中国科学院微电子研究所等单位近百名国内外资深专家、业界重量级嘉宾，近200家产业链相关企业代表等出席开工仪式。该项目由福建省电子信息集团和泉州、晋江两级政府共同投建，总规划面积39.6公顷，一期投资370亿元，纳入国家“十三五”集成电路重大生产力布局规划重大项目清单，并获得国家专项建设基金支持。

18日 福建省铭兴激光科技有限公司、稳踏（福建）鞋业有限公司、泉州市给力文化传播有限公司等三家晋江企业在深圳前海股权交易中心“新四板”成功挂牌。

19日下午 省人大常委会副主任叶双瑜、苏增添等福建省全国人大代表到晋江，开展“实施创新驱动，加快制造业升级”专题调研。考察鑫华股份有限公司和百宏聚纤科技实业有限公司。

21日 省安监局副局长周惠珍到晋江开展用人单位职业卫生基础建设、“四类企业”粉尘危害专项治理工作调研活动。调研组听取晋江相关工作的情况汇报，建议晋江要继续推动职业卫生防治责任落实、推进职业卫生基础建设。

同日 泉州市人大常委会副主任张建生率调研组到晋江市调研城市管理行政执法工作。

20日 2016美国第四届华裔青少年“中国寻根之旅”夏令营福建晋江营正式开营，本次夏令营有43名华裔青少年参加。

中旬 普洛斯晋江物流园天猫超市货仓开仓发货。该货仓是天猫超市在福建区域唯一的货仓，货品种类覆盖食品、粮油、纸质品等日常热门用品。

24日 市图书馆与全球最大电子图书馆——联机计算机图书馆中心（O-CLC）签订战略合作协议，成为全省首家加入OCLC的公共图书馆。

25日 市人大常委会组织视察道路交通事故多发点段整改工作情况，实地视察机场连接线新店路口、国道324复线仕春—茂厝路段、双龙路印刷基地路口等。市人大常委会领导陈健倩、洪于权、郭鸿荣、林庆峰、连泉富、姚志强、黄小闽参加视察，晋江市副市长王文晖陪同视察。

28日 晋江市实验小学在第十六届中国青少年机器人竞赛中获“优秀组织学校”，磁灶镇岭畔小学学生谢金龙、刘帅获综合技能小学组一等奖。

28—30日 中共晋江市第十三届代表大会召开。大会选举产生中共晋江市第十三届委员会委员37名，候补委员8名，中共晋江市第十三届纪律检查委员会委员21名和出席泉州市第十二次党代会代表52名，通过《中共晋江市第十三届代表大会关于中共晋江市第十二届委员会工作报告的决议》《中共晋江市第十三届代表大会关于中共晋江市第十二届纪律检查委员会工作报告的决议》《中共晋江市第十三届代表大会关于深化实行中共晋江市代表大会常任制的决议》《中共晋江市第十三届代表大会提案工作委员会名单》。30日下午，中共晋江市第十三届委员会第一次全体会议召开。会议选举产生中共晋江市第十三届委员会常务委员会委员、书记、副书记，听取并通过中共晋江市第十三届纪律检查委员会第一次全体会议选举结果的报告。刘文儒当选为市委书记，张文贤、陈晋永当选为市委副书记。

30日 晋江市在全国双拥工作领导小组、民政部、中央军委政治工作部召开的全国双拥模范城（县）提名暨双拥模范单位和个人表彰大会电话会议上，第六次获全国双拥模范城称号。

同日 晋江市高甲柯派表演艺术中心演职人员一行60人应香港晋江社团总会邀请，赴港参加“2016年东区文化节暨香港回归19周年”汇演活动。

31日 全国政协人口资源环境委员会副主任解振华率“推进生态文明建设问题研究”课题组到晋江市开展生态文明建设课题调研，走访中国节能海东青新材料集团有限公司、晋江三创园。

是月 晋江电视台节目在中国网络电视台的直播上线，目标覆盖全球2亿的中国网络电视台的直播页面和客户端产品，包含央视影音客户端、CBOX

客户端等。

是月 晋江市启动村(社区)居家养老服务站运营补贴星级评定考核激励制度根据服务设施、服务网络、服务制度、服务队伍和服务成效等五个方面建设情况,采用星级制评定等级,从低到高依次分为三星级、四星级、五星级三个等级,市财政将按照"三星级站点2万元、四星级站点3万元、五星级站点5万元"的标准,拨付运营补贴资金。

八月

2日 泰国商业部部长顾问披萨弩率亚洲国际贸易投资商会到晋江市进行友好访问,洽谈合作事宜。市委书记刘文儒会见访问团,希望双方继续加强交流、共谋发展,为促进中泰两国友谊多做贡献。当天,访问团考察晋江城市展馆、五店市传统街区。

3日下午 浙江大学求是特聘教授、中国思想文化研究所所长,央视《百家讲坛》主讲嘉宾董平应邀做客"晋江大讲堂",作《王阳明的知行合一》专题讲座。

3—22日 晋江市第二十九届戏剧展演节举行。此次展演节邀请16个高甲戏剧团、1个芗剧团、5个歌舞团参演,演出23场。近10万人次群众观看演出。

4日 泉州市人大常委会副主任吕竞带队到晋江开展《中华人民共和国森林法》执法检查,实地检查绿洲公园、安平桥生态文化公园、东石镇檗谷村公园、沿海大通道深沪湾段基干林带等建设情况。

同日下午 省国税局局长林京华带领相关人员到晋江市开展税收调研。先后慰问探望晋江市国税局税源管理二分局和中心办税厅干部,并参观晋江局职工文体活动中心、楼道文化展。

8日 泉州理工学院获全国民办高校创新创业示范校"实践实训基地建设奖"。

同日 省住建厅副厅长吴建迅到陈埭镇参观鞋都片区综合改建项目。

同日 晋江市第一中学、晋江实验小学、晋江子江中学、晋江市养正中学入围教育部中国教育国际交流协会公布的中美"千校携手"第三批中方项目学校名单。

9日 陈埭镇选手林超攀携队友在里约奥运会男子体操团体决赛中获得铜牌,为泉州拿下史上首枚奥运奖牌。

9日—11日 晋江市举办第四届海峡两岸七夕返亲节,来自海峡两岸的500多位姻亲代表参加。返亲节期间,举行"围头新娘恳亲会""海峡两岸"围头村跑活动、闽台乡村旅游座谈会、"家和两岸亲"亲子互动活动、两岸海上义务救生演练交流、两岸海上休闲垂钓比赛,以及针对两岸未婚青年的"海峡邂逅——情缘晋江"交流等多项活动。

两岸七夕返亲节围头村活动现场

11日 市人大常委会对晋江市十六届人大五次会议重点代表建议办理落实情况进行检查,先后检查世纪大道与湖光路交叉口人行天桥项目、安海镇溪边村成片改造项目、西滨镇跃进村石结构房屋改造工程项目、陈埭镇梧埭村第二卫生所。

12日上午 泉州市政协副主席吴共湖到挂钩联系的晋江新塘街道杏坂社区调研美丽乡村建设情况。

同日下午 省公安厅副厅长许耀鹏带领省公安厅网安总队、机场分局领导,到晋江市公安局调研指导网安工作。

12日—14日 福建晋江国际纺织服装工业技术展览会在SM国际展览中心举行。与会专业观众16178人次,意向成交额1.28亿元。

14日 市地税局、安踏公司被全国总工会授予全国模范职工之家称号,七匹狼公司制衣二厂A车间工会小组被授予全国模范职工小家,恒安公司陈云湍获全国优秀工会工作者称号。

15日 陈埭镇在全市率先试点身份证异地受理工作,按照规定,户籍为天津、江苏、浙江、安徽、江西、河南、湖北、湖南、广东、陕西、宁夏11个省(自治区、直辖市)的居民,在晋江市办理居住登记满半年,或持有经教育部门注册的学生证或学籍证明等材料,以及依法签订劳动合同或持有工商执照,同时按照国家规定参加社会保险,即可申请办理居民身份证有效期满换证、损坏换领和丢失补领业务。

同日 恒安集团引入柏明顿阿米巴经营管理体系发展智能制造,被国家工信部列入《2016年智能制造试点示范项目》名单。

16日 安海文化旅游创客基地入选国家旅游局第二批"中国乡村旅游创客示范基地"名单。

同日 泉州市委书记郑新聪到晋江市,启动第三季度"促进项目落地,帮扶企业发展"活动周调研,检查党风廉政建设责任制落实情况,推动省委、泉州市委全会精神落到实处。

18日 市恒盛集团在韩国证券交易所挂牌上市,募集资金720亿韩元,合计人民币4.3亿元。

23日 中良海运有限公司在围头港区投入一条8500吨船舶运营"泉州—钦州—厦门—泉州"航线。

同日 晋江市成立中共晋江市委离退休干部工作委员会,为市委派出机构,挂靠市委老干部局。

24日上午 市政协党组书记林仁达带队到挂钩的金井溪和钞岱溪检查生态水域综合治理情况,察看金井溪的东环路桥段、中兴街教堂旁段、西二环桥段，钞岱溪的东环路钞岱水库溢洪道出水口段、钞岱村戏台旁段、西环路著龙公司旁段，并在金井镇召开座谈会，听取金井镇关于金井溪和钞岱溪生态水域综合治理工作情况汇报，协调解决存在问题。

25日 福建省晋华集成电路有限公司与联华电子股份有限公司合作的“32奈米动态随机存取记忆体”(DRAM)技术研发项目首笔地税款202.33万元入库。

29日 晋江市名列工信部发布的《2016年中国工业百强县（市）发展报告》第5位。

30日 晋江市成立中共晋江市委食品行业协会工作委员会、中共晋江市委工业设计与时尚创意协会工作委员会、中共晋江市包装印刷协会工作委员会、中共晋江市委物业管理协会工作委员会、中共晋江市委农村专业技术协会工作委员会等5个行业协会党工委。

31日 人社部社保中心副主任徐延君带队到晋江督导全民参保登记试点工作。察看行政审批中心社保分中心、档案局社保档案馆，并召开督导座谈会，听取省、泉州、晋江三级人社部门汇报全民参保登记试点推进情况。

下旬 晋江市城投公司获国家发改委核准，公开发行30亿元企业债券，用于棚户区改造工程项目建设及补充流动资金。

下旬 晋江市15名运动员参加在徐州市举行的2016年第十三届全国武术之乡武术套路比赛参与31个项目比赛，获得32枚奖牌(2金15银15铜)。

九月

1日起 晋江市开通重庆、云南新农合异地结报服务。

6日 特步集团主席丁水波在第十二届中国企业教育百强年度盛典上获得“第十二届中国十大教导型企业家”称号。

同日 省人大常委会副主任邓力平到晋江市开展深化行政审批制度改革专题调研。

7日上午 市政协党组书记林仁达到金井镇开展“促进项目落地、帮扶企业发展”和“加快项目建设百日攻坚”现场办公活动，走访世兴达公司、宏凯公司、华侨商贸城、宏雅公司、西资岩公园等地，听取各企业生产、经营情况汇报，详细了解西资岩公园项目建设事宜，并就走访中了解到的问题召开现场协调会。

8日 晋江市共策划对接8个外资项目参加第十九届泉州市外资专场恳谈对接会。合计拟利用外资5.22亿美元，合同外资3.72亿美元，利用外资总额均位居泉州市各县(市、区)首位。其中，合同项目6个，拟利用外资3.7亿美元；意向项目2个，拟利用外资1.5亿美元。

同日上午 中国工程院院长周济、工信部规划司副司长刘树苹到晋江市考察评估泉州市创建“中国制造2025”城市试点示范情况。专家组参观考察安踏公司、恒安家庭生活用品公司、百宏公司，对晋江企业智能化技术改造及晋江经济社会发展所取得的成效给予充分肯定。

同日下午 全国政协副主席、全国工商联主席王钦敏到晋江，考察中科院海西研究院泉州装备制造研究所、石墨烯产业技术研究院、华宇织造有限公司，了解晋江科技研发及应用、企业运营及智能化改造等情况。

上旬 晋江市出台《市委、市纪委落实党风廉政建设“两个责任”清单》，分别划定市委和市纪委在党风廉政建设中应承担的83项责任。

11日 晋江市晋江青年志愿者协会驰航服务总队副队长吴宝治入围“全国最美教师志愿者”。

12日 泉州阿里一达通公司在晋江市跨境电商洪山园注册登记。

同日上午 市委书记刘文儒带队到紫帽、池店、陈埭等地，开展项目建设百日攻坚活动，专门就交通、水利、电力重点项目召开督查调度会，听取项目进展汇报，协调解决存在的困难。

13日 省委副书记、省长于伟国，副省长梁建勇、周联清带领有关设区市党政主要领导和省直有关部门负责人到晋江察看石墨烯产业技术研究院、龙峰集团总部建设项目，了解晋江市加快项目建设、实施创新驱动、促进产业转型升级、推进供给侧结构性改革等方面工作情况。

15日 台风“莫兰蒂”袭击晋江，晋江市认真贯彻落实省、泉州市关于做好防御14号台风“莫兰蒂”的精神和要求，迅速启动应急预案，四套班子领导靠前指挥，各镇(街道)及有关部门密切配合，部队官兵、公安干警和人民群众团结奋战，全力把台风灾害损失降到最低。各镇街商会组织人员和志愿者到一线慰问受灾转移群众，关心受灾转移群众在安置点的生活保障问题。台风过境后，广大志愿者第一时间深入社区、学校、工厂和背街小巷，带动群众有序开展灾后自救自建。受台风影响，全市有大约5万株树木倒伏、折断。9月17日下午，市委文明办、志愿者协会和青年志愿者协会组织200多名志愿者分40组开展“扶绿行动”，扶正并加固从三创园草庵广场到灵水社区世纪大道南拓路段近2公里两侧辅道被台风刮倒的菩提、洋槐等树木近400株。防抗台风期间，晋江义务救援协会应急救援队继续化身为“义务拖车队”，为因积水而熄火的车辆提供免费施救，出动15辆救援车辆，被救助车辆超过70辆。

17日 菲律宾葛丹恋礼示省省长柯孙福一行4人和菲律宾商联总会访问团，到晋江市寻根谒祖、参观访问，并向扶西•黎刹纪念碑献花、

20日 晋江市举办第十六个“国防教育日”暨纪念红军长征胜利80周年主题活动，此次活动以“传承红色基因•共建巩固国防”为主题，以传承弘扬长征精神为主线，通过组织开展系列主题展板展览、发放国防教育知识宣传资料、国防教育知识灯谜展猜、专场文艺晚会演出等方式，营造“铭记历史、关注国防”的氛围。

20日 晋江国际鞋纺城一期正式开盘，共四栋连体建筑，总面积25.6万平方米，设标准铺位1800个，首日开盘签约100多家商户，签约金额5亿元。

中旬 晋江海纳机械股份有限公司的“全伺服儿u型拉拉裤”项目在2016年法国斯特拉斯堡欧盟国际发明展览会上获金奖。

23日 国务院第九督查组第一组到晋江市开展督查工作，察看陆地港、三创园、恒安生活用品智能化生产基地。

同日 副省长洪捷序率省直有关部门到晋江调研自然资源资产确权登记和宅基地改革试点工作，并召开座谈会，听取有关汇报。

24日下午 中国关工委常务副主任武韬到晋江市开展第三届“关爱明天 普法先行”青少年普法教育调研活动。调研组参观艾美加公司和七彩狐公司的“帮教基地”，并与相关人员座

谈交流。

27日 山东省政协副主席孙继业到晋江市考察五店市古民居。

28日 传化公路港举办大泉州城市物流中心启航暨泉州传化公路港开业仪式，传化公路港正式运营。

30日 晋江市被国家环保部授予“国家生态市”称号。

30日至10月4日 第二十届泉州国际汽车展在晋江SM展览中心举办，63个整车汽车厂家参展，展馆面积达3万平方米，吸引12万多人次观展，订售汽车8700余台，成交金额约10.2亿元。

是月 市方志办、市文体新局组织征集整理的《晋江文库》相关文献资料工作得到国家图书馆的支持与关注，出版的《晋江文库》系列（包括《白毫庵集》《壶书》《正气研斋汇稿》《百哀诗》《国史唯疑》《石房樵唱》）、《晋江县志》乾隆版等书籍被收藏于国家图书馆特藏室。

十月

1日上午 晋江安海乡贤蔡建立向青阳承祖慈善基金会捐赠善款4999999元，冠名成立“蔡裕怀、黄秀美慈善基金”。

6日晚 晋江市磁灶镇乡贤庄清乐借爱子庄劲伟、爱媳吴君仪结婚的大喜日子，通过晋江市慈善总会定向捐赠善款500万元。

7日 迎宾路北延伸工程项目桥梁主体结构和全线主车道路基全部完成，并通过泉州市质监站现场验收。

8日下午 市委书记刘文儒带队开展项目建设百日攻坚活动现场办公，就市政、环保重点项目召开督查调度会，听取项目进展汇报，协调解决存在的困难。刘文儒一行察看食品产业园污水处理厂和梧垵溪截污管道工程。

9日 福州大学晋江科教园区举行试桩（开工）仪式，分两期建设，一期总建筑面积18.43万平方米，投入11.42亿元，建设周期3年，采用PPP建设模式。

10日上午 市委书记刘文儒、代市长张文贤带队检查生态水域综合治理工作。现场检查陈埭镇南霞美村环村沟、江头村南宫古地周边沟渠的整治成果，以及南低干渠滨水景观工程池店溪头村段和柴塔大道段的整治现状。

12日 省野生动物保护协会观鸟分会在东石安海湾发现并记录4只黑脸琵鹭，为泉州地区首次发现。

上旬 菲律宾总统杜特尔特签署再委任旅菲晋江籍侨领、上好佳集团董事长施恭旗为“菲律宾总统中国事务特使”的文件。施恭旗曾被前总统阿基诺三世和阿罗约任命为菲律宾总统中国事务特使，这是他第三次担任“菲律宾总统中国事务特使”。

16日 晋江市地税局毛娟文入选9月份“中国好人榜”。

17日下午 晋江市委书记刘文儒率晋江党政代表团到安溪县开展对口帮扶活动，并到虎邱镇走访慰问贫困户。

18日 侨声中学举行建校六十周年庆典，海内外乡贤、校友共捐赠教育专项基金4088万元，专项用于奖教奖学、扶困助学和学校建设。

中旬 市人民法院刑一庭、市人民检察院、市食品药品监督管理执法大队被团中央等部委命名为2014—2015年度全国“青少年维权岗”。

24—25日 国家土地督察上海局副局长张先余到晋江调研国土资源管理暨农村土地制度改革试点工作。座谈会上，调研组听取晋江国土资源管理暨农村土地制度改革试点工作开展情况汇报。调研组走访五店市古民居保护项目、晋江城市展馆、三创园、不动产登记中心、内坑镇砌坑村等地。

25日 全国政协常委、提案委员会副主任、九三学社中央副主席赖明率九三学社中央课题组到晋江市调研海岸带综合治理及流域生态补偿机制创新试行情况。课题组考察深沪镇海底古森林遗迹、金沙湾海岸带、白沙堤海岸带等地。

同日 省政协副主席陈荣凯率调研组到晋江开展农村“两权”抵押贷款试点提案调研活动，调研磁灶镇大埔村

菲律宾葛丹恋礼示省省长柯孙福及菲华商联总会访问团到晋江参访交流

便民服务中心、司法服务站、警务视频防控中心、敬老院等地，并召开座谈会。

26日 省质监局局长郑建闽、副局长刘先义到福建恒安集团有限公司调研考察，肯定晋江市市场监督管理局工作，并对培育国家质量奖企业提出要求。

27日 省人大常委会副主任刘群英带队到晋江开展《福建省体育经营活动管理条例》实施情况执法检查，检查鼎级健身会所、福建浔兴体育文化传媒有限公司、海峡体育创客工场和安踏集团。

同日 浙江省金华市委常委、义乌市委书记盛秋平率义乌市党政考察团到晋江市考察，走访安踏公司、磁灶镇大埔村、恒安生活用品智能化生产基地、五店市传统街区等地，了解晋江企业品牌建设、企业上市、新型城镇化、农村宅基地制度改革等方面的经验和做法。

29日 省委书记尤权到晋江，与基层干部群众深入交流，共同学习中共十八届六中全会精神。并察看晋江市党建展馆“从严治党”展馆。

31日 巴基斯坦政党联合代表团一行29人到晋江市参观访问，实地走访经济开发区三六一度公司。

下旬 市妇联开展2016年福建省第一批“两癌”贫困妇女救助活动，救助79名患病妇女，发放18.85万元。

十一月

2日 全国社区戒毒社区康复工作座谈会在晋江市召开。与会代表分别汇报贯彻落实国家禁毒委“贵阳会议”精神情况，就推动开展社区戒毒社区康复工作进行交流。国家禁毒办副主任、公安部禁毒局副局长韩旭光，省政府副秘书长刘琳，省禁毒委副主任、禁毒办常务副主任、公安厅副厅长薛祺安，泉州市副市长、禁毒委主任、公安局局长卢炳椿，晋江市领导张文贤、陈长义、李志强出席会议。

4日 市人社局开通社会保险服务热线，设置三个人工座席，通过24小时自助语音和工作日6.5小时人工服务，解答广大群众和参保对象在社保政策、办事流程、参保信息查询、社保卡挂失等方面的疑问。

5日 泉州轻工学院与澳门城市大学签订人才培养合作协议，双方将就师资队伍建设、人才培养、学术交流及科学研发等领域开展合作。

7日 泉州晋江国际机场首次开通直飞珠海航班，由厦门航空公司执飞“泉州—珠海—昆明”航班。

同日 2016年中国中小城市科学发展指数研究成果发布，从经济发展、社会进步、环境友好、政府效率四个方面进行评价，晋江市居“中国中小城市综合实力百强县市”第8位、“中国最具投资潜力中小城市百强县市”第3位、“中国中小城市创新创业(双创)百强县市”第4位、“中国十佳‘两型’中小城市”第8位。“中国建制镇综合实力前100强”，晋江市安海镇第27位，陈埭镇第30位，英林镇第52位，东石镇第89位，金井镇第98位。

同日 恒安集团股东、纸业发展部总监许文默爱子许鸿江、爱媳许丽红结婚大喜，许文默通过晋江市慈善总会定向捐款500万元，成立许有圳、郭秀鹞伉俪慈善基金。

8日 龙湖镇福林村、新塘街道梧林社区和灵源街道灵水社区入选第四批全国传统村落名单。

同日 深沪镇运伙村通过“全国文明村”创建村现场考评，成为全市首个“全国文明村”。

9日 福建省工业设计协会晋江办事处正式落户晋江国际工业设计园。同时，由福建省工业设计协会和晋江市工业设计与时尚创意协会共同打造的“福建省工业设计(晋江)公共服务平台”正式挂牌成立。

同日上午 省老龄办常务副主任方少雄，省民政厅副厅长陈丽华、副巡视员张维船一行到泉州参加全省养老服务管理人员培训活动，并到晋江考察居家养老专业化服务点，走访晋江雅适家政有限公司。

同日下午 省环保厅巡视员杨荣郎带领新华社、经济日报社、中国环境报社、人民网等媒体记者到晋江，采访晋江市生态文明试验区建设重点亮点工作。采访团一行到九十九溪磁灶段进行考察和采访，详细了解晋江市生态水域综合治理主要做法及成效。

10日 晋江市浩沙实业(福建)有限公司、晋江市亿泰隆化纤制造有限公司、乔丹公司被中国纺织工业联合会授予“2016年全国纺织行业质量管理示范单位”称号。

18日 市法院成立全省法院系统首家新媒体中心，整合原有采编团队与传统媒体资源，搭建信息采集、媒体运营、视图创作三平台，利用“两微一端”在线视频直播庭审或执行情况、组织当事人调解、进行司法拍卖等，并通过建立健全新闻发布制度，推进法治宣传基础设施建设。

20日 市公安局刑侦大队被公安部授予“全国公安机关执法示范单位”。

同日 由全国政协委员、澳门行政会委员、立法会议员陈明金任总顾问，全国政协委员、澳门中小型企业联合总商会会长周锦辉任团长的澳门工商界福建考察团回乡交流访问。

中旬 福建百宏聚纤科技实业有限公司入围国家工业和信息化部、财政部联合发布的2016年国家技术创新示范企业名单。

南天禅寺寺兴800周年庆典活动

23日　深沪坫头国有防护林场入选全国休闲农业和乡村旅游星级示范企业（园区）名单。

24日上午　晋江东石南天禅寺寺兴800周年庆典。邀请日本、菲律宾的高僧大德及爱国华侨共襄盛举，省内外佛教界人士及港澳台地区的十多位晋江乡贤及近万市民群众同庆盛事。省民族与宗教事务厅副厅长林致知，泉州、晋江市领导周真平、黄文福、洪元程出席庆典活动。

26日　安海晋工机械JGM791FT50KN成为世界最大吨位叉装机，获2016年中国工程机械产业互联网大会暨品牌盛会产品最高荣誉“匠工精品”奖。

同日　海口福建晋江商会成立。

同日　菲律宾参议员维拉尔·辛茜娅、内湖省省长贺南兹·拉米尔和内湖省卡兰巴市市长池培科·贾斯丁·玛可、菲律宾驻厦门总领事付昕伟到晋江市访问，探讨卡兰巴市与晋江结好事宜。

30日　晋江金门民俗文创馆在五店市传统街区正式开馆，该馆以“民俗、文化、文创”为主题，主要展示金门的旅游景点、民俗文化、极具金门特色的风狮爷文创品等。

十二月

1日　七匹狼集团入选国家旅游局公布的首批国家工业旅游创新单位。

2日　第一届晋江购物节开幕。本届购物节历时一个月，以“魅力晋江·全城乐购”为主题，分为购在晋江、约惠晋江、乐游晋江、食尚晋江四个篇章，联合专业市场、鞋服、食品、旅游等各行业商家，搭建商旅文娱结合的特色消费平台，购物节期间举行第一届晋江品牌年货展、家居建材团购会、美食嘉年华、安海旅游美食节、晋江伴手礼五店市展销会、“百万红包大放送”等8个配套活动。

3日上午　2016年“特步杯”晋江国际半程马拉松赛开赛。中国田径协会马拉松办公室高山，省体育局产业办主任陈三平，省田径协会主席严蓬，泉州市体育局副局长吴永江，晋江市领导刘文儒、张文贤、林惠玲、黄少伟，晋马总冠名商特步集团董事局主席丁水波出席开幕式，并为开赛鸣枪。晋江国际半程马拉松赛是泉州史上首届国际马拉松赛，吸引10多个国家、近百家企业跑团、约1万人参与。

4日　福建久久王食品工业有限公司获批全国首批“同线同标同质”示范企业，为泉州首家入选企业。

5日　晋江市在全省率先开发税源地理信息系统，该系统采用GIS技术将国土宗地信息和税源信息有效结合，以电子地图的形式直观展示某一区域、某一特征的纳税人位置、土地权证范围、税额标准等全部税源信息，实现“地”“税”信息可视化查询、风险预警等功能，对全市土地税源进行实时动态监控。

同日　安海镇新颖布行吴秀冬在全国先进个体工商户表彰大会上被评为“全国先进个体工商户”，并受到国务院总理李克强接见。

同日下午　公安部督察组组长、督察专员曾伟带领公安部第二派驻督察队到晋江市道路交通事故调处中心开展综合督察。

5—9日　中国国际广播电台与晋江市广电局开展交流合作，并开展联合采访，述说晋江故事。此次采访是中国国际广播电台华语环球广播中心、东南亚地区广播中心和市广电局合作，通过马来语、泰语、菲律宾语、印尼语、英语五种语言，向海外推广晋江，讲述晋江发展故事，传播“一带一路”理念。

7日　泉州晋江国际机场开通首个直飞天津的航班。

同日　市环保局首次利用无人机拍摄协助环保执法检查，通过无人机搭载的高清摄像头对企业排污、排废等污染环境的行为进行监控和拍照取证。

同日　福建好邻居股份有限公司100%收购中粮集团旗下国内最大巧克力生产商金帝食品有限公司，为国内最大巧克力糖果联合企业。

8日上午　江西省委常委、赣州市委书记李炳军，赣州市市长曾文明带领赣州市党政考察团到晋江市考察，走访考察安踏公司、五店市传统街区、三创园服务中心、福建海峡石墨烯产业技术研究院、创客大街，了解晋江经济社会发展情况。

8—9日　意大利佩斯卡拉代表团到晋江市考察调研，探讨在晋江打造一个集意大利足球、产品、设计及文化中心为一体的足球城项目的可行性。

9日　市委发展战略咨询智库正式成立，聘请11位行业权威专家，涉及城市发展战略、经济发展政策、改革创新、产业发展、城市规划建设管理、社会管理、文化、新闻媒体等领域，并明确创新发展“晋江经验”、实施“三大战略”、加快创新转型、全面深化改革4个决策咨询重点。

12日　泉州轻工职业学院与台北海洋技术学院举行战略合作签约仪式，联合开设海洋食品专业。

泉州轻工学院与台北海洋技术学院合作共建食品专业

同日　国家发改委城市和小城镇改革发展中心副主任乔润令到晋江市开展基础设施投融资体制改革试点和模式创新情况调研评估。

14日下午　省政协副主席陈荣凯到晋江开展经济社会事业发展新成果考察活动。考察组先后考察石墨烯产业技术研究院和三创园创客大街，对晋江通过不断创新对传统产业进行转型升级，以科创孵化为核心、助力创业企业发展的做法表示肯定。

15—17日 中国人民政治协商会议第十三届晋江市委员会第一次会议召开。会议听取并审议通过市政协十二届常委会工作报告、提案工作情况的报告、文史工作报告和有关决议，听取市法院、检察院工作通报；列席市十七届人大一次会议，听取和讨论政府工作报告，听取计划和预算报告。听取市政协提案审查委员会作关于市政协十三届一次会议提案初审报告；通过《中国人民政治协商会议第十三届晋江市委员会第一次会议决议》。林仁达当选为政协第十三届晋江市委员会主席，林庆峰、叶荣宗、洪元程、洪忠信当选为副主席，蔡晖当选为秘书长。会议还选出了60名常务委员。

16日 迎宾路北拓公路正式通车。

16—18日 市十七届人大一次会议在市委党校会堂召开。会议听取市人民政府代市长张文贤所作的政府工作报告，和2016年国民经济和社会发展计划执行情况及2017年计划草案报告（书面）、2016年预算执行情况及2017年预算草案报告（书面）。听取市人大常委会主任陈健倩所作的市人大常委会工作报告，听取市人民法院工作报告、市人民检察院工作报告。并通过相关决议。大会选举洪于权为市第十七届人大常委会主任，张文贤为市人民政府市长，陈水深为市法院院长，甘泽阳为市人民检察院检察长。会议还选举郭鸿荣、曾献礼、连泉富、姚志强为市第十七届人大常委会副主任，王茂泉、李自力、张淑语、黄少伟、李自强、庄天怀、王文晖为市人民政府副市长。林友竹等35人当选为市十七届人大常委会委员。

18日 国台办交流局局长黄文涛一行2人到晋江市，出席晋江市五店市传统街区“海峡两岸交流基地”授牌仪式等活动。

19日上午 全国首个HDT高效太阳能电池项目在晋江经济开发区五里园举行竣工投产仪式。该项目由鈞石电力（香港）有限公司投资建设，项目一期总投资20亿元，主要建设600MW高效单晶异质结太阳能电池制造工厂，共有6条100MW高效太阳能电池生产线，厂房面积约9万平方米。

19日下午 省台办主任王玲一行5人到晋江市调研，考察龙湖取水泵站、金门供水工程海底管道入海口、晋华集成电路项目。

20日 副市长庄天怀在2016年全国纺织产业集群复评工作总结会议上作经验交流发言。会上，晋江市被列入29个“中国纺织产业基地市（县）”名单，深沪镇、英林镇、龙湖镇分别再次获评“中国内衣名镇、中国休闲服装名镇、中国织造名镇”称号，深沪商会入选全国“纺织产业集群地区优秀协（商）会”名单。

21日 马来西亚第二届华裔青少年“中国寻根之旅”冬令营福建晋江营开营，50余名马来西亚华裔青少年参加。

同日上午 最高人民检察院、教育部联合组织的“法治进校园”全国巡讲团走进晋江，在晋江一中学术报告厅举办讲座。晋江一中、华侨中学初二年级约300名学生参加讲座。

22日 福建省首个镇级医疗纠纷调解中心在安海镇举行揭牌仪式。

23日 安海安平桥景区获评国家AAAA级旅游景区。

27日 晋江五店市传统街区获“福建省美食城”称号，是泉州市首个获此称号的街区。

28日 晋江市耀华园林股份有限公司在新三板正式挂牌，为泉州市首家挂牌上市的园林绿化工程类企业。

28—29日 省人大常委会副主任、省诚信促进会会长陈伦带队到晋江调研五店市传统街区保护情况、恒安生活用品智能化生产基地企业诚信建设情况。

29日 磁灶中心卫生院、安海卫生院被国家卫计委评为“2015—2016年度全国群众满意的乡镇卫生院”。

下旬 市高甲柯派表演艺术中心应中央电视台戏曲频道邀请赴京参加2017年春节戏曲晚会节目录制。

基本情况

·历史与发展·

【历史脉络】

晋江历史悠久，早在新石器时代即是古闽人聚居地。春秋战国时，越人迁入，融合成为闽越族。西晋永嘉年间(307—313年)，中原战乱不息，大批士庶南迁避乱，在这里沿江而居，称江为晋江。唐开元六年(718年)，析南安县东南部置县，因地处晋江下游而得名。历来是泉州首邑。宋太平兴国六年(981年)，析东乡十六里置惠安县。宋乾道七年(1171年)起，兼辖澎湖列岛；澎湖列岛至清康熙二十二年(1683年)方划属台湾府。中华人民共和国成立后，晋江行政区域几经析变。1951年划出县城及部分近郊建立泉州市，县治南迁青阳镇；1958年和1971年分别划出部分与泉州近郊相邻地归泉州市管辖；1988年，划出石狮、永宁等乡(镇)设立石狮市。1992年3月6日，经国务院批准撤县设市。2001年，晋江市被列为福建省中等城市，是福建省综合改革试验区、加快闽东南开放开发、建设海峡西岸经济区的前沿区域。

【海上交通贸易】

晋江的历史，相当程度上是一部海外贸易史。晋江的发展离不开港口的开放、国门的开放和与世界的经济交流。晋江地理条件优越，沿海港湾多，水陆交通便利。早在一千多年前的唐代，晋江口的泉州港就是中国对外贸易的四大港口之一。宋元时期，泉州港更加鼎盛，号称“东方第一大港”，是“海上丝绸之路”的起点，海外交通贸易直达东西大洋彼岸。海外贸易是晋江人走向海洋、走向世界的主要手段。他们的足迹遍布菲律宾、新加坡、泰国、印尼、越南、马来西亚、朝鲜、美国、日本等国家。宋元时期，晋江人积极从事海外贸易，市场十分活跃，使县城泉州成为当时国内屈指可数的大城市。海外贸易迅速发展，使晋江的农业、手工业获得较快发展。为适应海外交通贸易进出口物资的集散转运，两宋时期晋江共造石桥90座，而以“天下无桥长此桥”的安平桥(俗称五里桥)为最，因而赢得“闽中桥梁甲天下”之称。

【文化积淀】

晋江历史悠久，孕育丰富的文化，山川毓秀，人文荟萃，素享“声华文物、雄称海内”“泉南佛国”“海滨邹鲁”之美誉。晋人南迁到晋江后，中原文化即在晋江这块土地上扎根、衍化。同时，海外交通贸易空前繁荣，招来四面八方商旅。中世纪的晋江县城泉州，既是贸易大港，又是中外文化交流中心。外国商人及传教士把他们的文化习俗、宗教信仰传入晋江，使晋江文化既有中原古老文化遗风，又有外来文化痕迹相映交融的特色。出现既有中国古老的道教、汉化的佛教，又有阿拉伯世界的伊斯兰教、中亚的摩尼教、南亚次大陆的印度教和欧洲的基督教等多种宗教自传共存的盛况。境内拥有市级以上文物保护单位124处，其中有全国唯一、世界仅有的保存比较完整的摩尼教遗址“草庵”。在艺术方面，既保留中原文化遗韵又吸取闽南风土文化精华的南音、民间乐曲、舞蹈以及木偶、梨园、高甲等戏曲，风靡海内外。海外贸易发展也促进晋江文教事业兴旺发达，使晋江人才辈出，历史上先后出现16名宰相、8名文状元、3名武状元、1853名文武进士。海洋文化还造就晋江人勇敢、拼搏、开拓创新、富于冒险的精神和强烈的商业意识、竞争意识、开放意识和创业意识。这种文化积淀，成为晋江最宝贵的历史财富，使晋江人更少墨守成规，更富“勇为天下先”的改革创新精神，更注重于发展经济，更敢于面向世界、走向世界。

【侨乡和台胞祖籍地】

晋江是全国著名侨乡和台湾汉族同胞的祖籍地之一。早在宋元时期，即有晋江人移居海外。在明中后期、清鸦片战争、抗日战争期间、中华人民共和国成立前后4个时期，晋江人大量外迁，侨居东南亚及世界58个国家或地区，以东南亚为最。“十户人家九户侨”，晋江的海外侨胞和港澳同胞达200多万人；晋江与台湾一衣带水，与金门相隔仅5.3海里。历代迁居台湾宝岛者为数不少，世代相传，绵延不断，地理相近，语言相通，习俗相同，血缘相亲，至今祖籍晋江的台湾同胞100多万人；而现在晋江本地户籍人口有100多万人，外来新晋江人100多万人，故有“海内外500万晋江人”之说。

【红色的革命历程】

晋江人民历来有反抗侵略、反抗压迫的革命精神，他们不堪受压受辱，奋起反帝反封建斗争，在抗倭、抗荷及收复台湾的斗争中，做出巨大的贡献。1919年“五四”爱国运动以后，马列主义在晋江传播，1927年1月，中国共产党晋江地方组织(泉州特支)在晋江县城成立，工农革命运动蓬勃兴起。1927年4月，国民党反动派发动反革命政变后，晋江党组织转入农村，继续进行革命斗争。土地革命战争时期，晋江党组织逐渐恢复和发展，并建立革命根据地和工农武装，开展抗租、抗饷、抗捐、抗税、抗粮的“五抗”斗争，在晋南周边地区开展游击战争。抗日战争时期，晋江党组织始终坚持抗日民族统一战线，高举抗日救亡旗帜，领导晋江人民进行抗日和反顽斗争。抗日战争胜利后，晋江党组织积极发动群众，开展反内战、反饥饿、反迫害的斗争，努力巩固革命据点，建立人民武装，开辟白区战场，扩大爱国统一战线，粉碎国民党反动派的“清乡”，摧毁国民党基层政权，迎接南下的中国人民解放军。1949年8月31日，配合中国人民解放军解放县城泉州。9月4日，晋江全境解放。9月6日，建立地方人民政权。从此，晋江的历史掀开新的一页。

【经济社会发展】

中华人民共和国成立以来，勤劳勇敢的晋江人民，在中共中央和各级党组织的领导下，以极大的革命热情，积极投入伟大、艰巨的社会主义革命和建设，其间虽几经周折，但总的来说，各项建设事业都有很大的发展，特别是中共十一届三中全会之后，高举中国特色社会主义伟大旗帜，实行改革开放，充分发挥特有的侨乡优势和人文传统，牢牢把握革故履新的历史机遇，始终坚持以经济建设为中心，解放思想，开拓创新，率先探索建立以民营经济为主体多种经济成分共同发展的社会主义市场经济的崭新实践，催发并不断丰富“诚信、谦恭、团结、拼搏”的晋江精神，开创并不断发展引人瞩目的晋江模式、晋江经验，成功走出一条“实现工业化，推进城镇化，迈向现代化”的道路，极大地解放和发展社会生产力，极大地促进经济和社会，城市与农村，物质文明与精神文明及生态文明的协调发展。使晋江从一个农业县一跃而成为闻名全国、海外知名的侨乡港口工贸城市。2016年，综合实力连续23年保持福建县域首位，县域经济基本竞争力位居全国百强县（市）第5位，是中国著名的品牌之都、产业集群和制造业基地，成为福建省乃至全国经济发展最快，最具活力的地区之一。人民的物质文化生活水平得到极大提高，不但本地劳动力得到充分就业，而且吸纳100万外来务工人员，建立和不断完善社会保障制度，人民生活富裕，社会安定和谐，获"全国创建文明村镇工作先进城市""中国品牌之都""中国爱心城市""国家园林城市""全国科技进步先进县（市）""全国文化先进市""全国体育先进市""全国卫生先进市""全国老龄工作先进市""全国创先争优活动先进县（市、区）党委"等称号，被誉为海峡西岸的明珠。

（尤春晓撰　黄　良审）

·地理位置 行政区划　人口·

【地理位置、面积】

晋江地处福建省东南沿海，位于北纬24°30′44″—24°54′21″，东经118°24′56″—118°41′10″。东濒台湾海峡，西和南安市接壤，南与金门隔海相望，北同鲤城区、丰泽区毗邻，东北与石狮相连，境内陆地面积649平方千米；三面临海，海岸线长121千米，海域面积6345平方千米。

【行政区划】

2016年，晋江市辖13个镇、6个街道；293个村、100个社区。

（尤春晓撰　黄　良审）

【人口变动】

2016年，经市、镇、村（社区）三级人口统计汇总，晋江市户籍人口总户数306062户，总人口数1132305人（男性579861人、女性552444人），比上年1118178增加14127人，其中出生15371人，死亡4316人；迁入13789人（省内迁入10398人、省外迁入3319人）；迁出10497人（迁往省内6873人、迁往省外3654人）。流动人口1170302人，比上年1089180人增加81122人，其中2016年注销流动人口信息414663人，新登记489134人。

（陈志龙撰　张　飞审）

·地质地貌 环境　资源·

【地质地貌】

晋江市地质属闽东滨海加里东隆起带。地势由西北向东南倾斜。地貌以台地平原为主，丘陵多为低丘，呈条带状或弧丘状分布。西北部的紫帽山海拔517.8米，为境内最高峰。海拔100—300米的罗裳—灵源和灵秀山脉分别纵贯中部东西。福建省四大河流之一—晋江，流经东北部，与横贯市境的支流九十九溪于泉州湾汇合入海。流域一带的晋东平原是泉州市最大的冲积平原，土地肥沃，河网密布，为水稻主要种植区。中部及南部广大地区丘陵起伏，多属侵蚀剥蚀台地，为甘薯、花生、大豆主产区。湖泊分布在滨海一带。东部的龙湖、飑湖是福建著名的淡水湖。海岸曲折，多港湾、岛礁，海岸线长，主要港湾有泉州湾、深沪湾、围头湾。

（尤春晓撰　黄　良审）

【气候】

2016年，晋江市主要气候特点是：年平均气温21.9℃，比常年偏高1.1℃，气温显著偏高，破历史记录；极端最高36.4℃，最低0.1℃（平1961年以来历史同期记录）；年降水量2010.4毫米，比常年多671.6毫米，偏多50%，暴雨及以上降水7天，一日最大降水量为9月15日184.5毫米；年日照时数1774.0小时，显著偏低。前汛期（4月23日—6月19日）开始偏早，结束偏早，历时58天，与常年相当；雨季总强度属正常。主要气象灾害有：台风、暴雨、强冷空气、强对流、大雾、高温、干旱、低温连阴雨，以台风和暴雨造成的气象灾情为重；与往年相比，全年四季降雨皆偏多，出现罕见冬汛，秋季降水量为历史同期最多；登陆台风偏多偏强、致灾严重，年内经历6个影响台风（2个登陆泉州，分别为石狮、惠安）；强冷空气过程多，极端最低气温平历史记录，但是夏秋季和年平均气温均偏高。对农业生产而言，2016年，本市气象灾害损失较重，属偏差年景。

（杨舒琳撰、审）

【环境质量】

空气环境质量状况。2016年是执行国家环境空气质量标准（GB3095—2012）的第一年，晋江市城市环境空气质量达到国家环境空气质量标准（GB3095—2012）二级标准，城市空气污染指数（AQI）为61，首要污染物为可吸入颗粒物（PM10）。环境空气质量优良以上天数344天，优良率94.0%，其中空气质量优的天数为133天，良的天数为211天，轻度污染18天，中度污染及以上4天。大气可吸入颗粒物（PM10）、细颗粒物（PM2.5）、二氧化硫（SO_2）、二氧化氮（NO_2）、一氧化碳（CO）和臭氧（O_3）等6项污染因子浓度的年日均值分别为0.061毫克/立方米、0.030毫克/立方米、0.018　毫克/立方米、0.025　毫克/立方米、0.7毫克/立方米和0.087　毫克/立方米，较2015年下降幅度分别为1.61%、3.23%、16.7%和22.2%；污染因子SO_2和O_3年均值浓度较2016年上升，上升幅度分别为12.5%和7.41%。全年降水pH在4.48至7.28之间，酸雨出现频率25%。

水环境质量状况。（1）城市地表水环境质量。2016年，晋江市地表水水体监测点位断面是加沙、乌边港和杏坂，所属水体名称九十九溪和南低渠，功能类别为Ⅲ、Ⅲ、Ⅴ类，分别执行GB3838—2002《地表水环境质量标准》Ⅲ、Ⅲ、Ⅴ类标准，全年监测频次各6次。本年度监测频次共18次，监测达标频次16次，全年水质达标率83.3%。（2）城市饮用水环境质量。2016年，晋江市饮用水源地（南高干渠田洋取水口）水质保持良好，水质达到GB3838—2002《地表水环境质量标准》Ⅲ标准，水质达标率100%。

声环境质量状况。（1）道路交通噪声。2016年度对晋江市21条交通干道进行监测，总长15.35千米，车流量均值为1828辆/小时，21个监测点位交通噪声监测均值为68.7　分贝，达到GB3096—2008《声环境质量标准》环境噪声限值4a类声环境功能区标准。（2）城市区域噪声。2016年晋江城市区域噪声共设置监测点位128个，监测均值为57分贝，达到GB3096—2008《声环境质量标准》环境噪声限值2类声环境功能区标准。

（王丹妮撰　林志雄审）

【土地资源】

至2016年，晋江市土地总面积74434.61公顷，其中农用地26783.92公顷(耕地15707.52 公顷；园地1487.37公顷；林地4210.11公顷；其他农用地5378.92公顷)；建设用地36201.41公顷(城镇村及工矿用地30989.47公顷；交通运输用地4685.67公顷；水域及水利设施用地526.27公顷)；未利用地11449.29公顷。

【矿产资源】

至2016年，晋江市境内发现矿产12种，其中金属矿产2种，非金属矿产10种。优势矿产主要是饰面用花岗岩、建筑用石材、玻璃用砂和铸型用砂4种。其中深沪镇有一探明石英砂矿区(1986—1988年勘探)，位于深沪湾海积一级阶地，为一大型优质玻璃砂、型砂矿床，石英砂总储量7534万吨(其中：玻璃砂储量1671万吨、型砂5863万吨)，分布面积6.51平方千米，尚未开发利用。晋江市花岗岩石资源较为丰富，主要分布于永和、东石、英林、龙湖、金井等镇。开发利用的主要为饰面用花岗岩和建筑用石材。石材荒料的主要品种有巴厝白(G3503)、清透白(G3515)、陈山白(G3532)、内厝白(G3533)、东石白(G3540)5个品种，其中巴厝白、内厝白花岗石于1998年被评为中国名特石材品种。

(林福凉、苏水波撰　林积焕审)

【水资源】

晋江市属亚热带海洋季风气候，多年平均降水量1240毫米，折合年水量8.05亿立方米。最丰年份与最枯年份降雨量之比各雨量站均在3倍左右。年最大降雨量2028.5毫米(1983年磁灶站)，最小年降雨量424毫米(2015年龙湖镇东溪水库站)，降水量年际变化和年内分布不均，多年平均径流深534毫米，径流年际内变化较大。年内分配很不均匀，汛期(4—9月)径流量占年径流量的80%。特别是梅雨和台风雨季节，经常短时间内雨量大，极易产生涝水，而春灌期水量只占年水量的10%左右，缺水现象严重，境内河流多属独流入海水系，源流短促。流域面积在20平方公里以上主要河流有九十九溪、梧垵溪、湖漏溪、阳溪、坝头溪和加塘溪等。

2016年，全市降水总量偏多，但时空分布不均，局地性较强。据统计，年降雨量2010.5毫米，折合年水量13.054亿立方米，比2015年降雨量偏多52.11%，比多年平均降雨量偏多62.13%，属于丰水年份。

全市境内水资源贫乏，多年平均水资源量3.22亿立方米，2016年全年地表水资源量为 4.164 亿立方米，地下水资源量 1.184 亿立方米，扣除重复计算量，全市水资源总量4.335 亿立方米，属于绝对贫水区，只能依靠外引晋江客水来弥补工业、农灌、生活和生态用水需要。

(康丽雅撰　曾文寿审)

【水产资源】

晋江市海岸线长121千米，有滩涂面积0.7万公顷，10米等深线以内浅海面积1.16万公顷，内陆水域面积0.2万公顷。水生生物资源丰富，种类繁多。海洋捕捞的主要渔获种类有100多种，经济价值较高的有带鱼、鲨鱼、海鳗、鲳、鲷、毛虾、梭子蟹、鱿鱼、乌贼等。浅海滩涂和陆上工厂化养殖的主要贝藻类有牡蛎、缢蛏、花蛤、鲍鱼、紫菜、海带、江蓠等。淡水鱼类有青鱼、草鱼、鲢鱼、鳙鱼、鲤鱼、鲫鱼、罗非鱼、胡子鲶、鲈鱼等20多种。海珍品有大黄鱼、石斑鱼、西施舌、鲍鱼、海参、日本对虾、青蟹等10多种。

(苏仲慎撰　吴晋居、朱志新审)

·2016年晋江市户籍人口统计表·

表1　　　　单位：户、人

地区	年末总户数	年末总人口									
		合计	城镇人口	乡村人口	性别		年龄				
					男	女	0—15岁	0—17岁	18—34岁	35—59岁	60岁及以上
晋江市	306062	1132305	609147	523158	579861	552444	200576	221169	330887	415551	164698
青阳街道	16927	55835	55835	0	28666	27169	10851	11908	15079	21502	7346
梅岭街道	12864	42274	42274	0	21079	21195	9292	10032	11939	15176	5127
西园街道	10192	41836	17852	23984	21819	20017	8088	8970	12220	15238	5408
罗山街道	14541	53939	47904	6035	28030	25909	10699	11768	16539	18910	6722
新塘街道	10175	36857	31437	5420	18966	17891	6124	6811	10678	13716	5652
灵源街道	7770	29605	29605	0	15286	14319	5530	6046	9459	10095	4005
安海镇	32769	123079	64201	58878	62039	61040	22628	24887	35661	44377	18154
磁灶镇	23817	95075	45907	49168	49755	45320	17253	18860	30486	33294	12435
陈埭镇	19544	80516	74038	6478	41186	39330	14199	15916	23481	29675	11444
东石镇	27616	108049	27951	80098	55142	52907	18769	20621	32253	39116	16059

续表

地区	年末总户数(户)	年末总人口									
		合计	城镇人口	乡村人口	性别		年龄				
					男	女	0—15岁	0—17岁	18—34岁	35—59岁	60岁及以上
深沪镇	13945	49398	23087	26311	25089	24309	6969	7815	13342	20094	8147
金井镇	16436	56777	16388	40389	28358	28419	8313	9266	15021	22288	10202
池店镇	17539	66491	66491	0	33372	33119	13514	14665	18813	23537	9476
内坑镇	17660	71615	14541	57074	36677	34938	13653	14913	21193	25416	10093
龙湖镇	28940	85933	24265	61668	44370	41563	12214	13725	24704	32702	14802
永和镇	17926	70265	5878	64387	36822	33443	12003	13355	20904	25996	10010
英林镇	13016	47111	14052	33059	24296	22815	7399	8240	13926	17743	7202
紫帽镇	3866	16030	5821	10209	8054	7976	2855	3116	4759	5975	2180
西滨镇	519	1620	1620	0	855	765	223	255	430	701	234

·2016年晋江市人口变动情况表·

表2 单位：人

地区	本年度人口变动										
	出生			死亡			迁入		迁出		
	合计	男	女	合计	男	女	省内迁入	省外迁入	迁往省内	迁往省外	多报删除
晋江市	15371	8719	6652	4316	2529	1787	10398	3319	6843	3654	148
青阳街道	837	463	374	152	78	74	1219	251	503	200	9
梅岭街道	656	352	304	140	81	59	2709	862	318	169	0
西园街道	570	332	238	118	63	55	162	49	298	81	4
罗山街道	873	499	374	244	145	99	762	251	342	119	21
新塘街道	478	274	204	160	89	71	179	47	237	164	2
灵源街道	442	250	192	129	81	48	202	84	215	81	3
安海镇	1626	906	720	460	267	193	563	204	564	202	13
磁灶镇	1557	900	657	418	252	166	324	132	548	178	8
陈埭镇	1012	587	425	246	148	98	260	103	439	459	19
东石镇	1219	727	492	319	185	134	248	111	576	175	9
深沪镇	534	309	225	239	142	97	108	84	233	218	14
金井镇	665	357	308	248	147	101	222	137	318	316	5
池店镇	1065	587	478	209	114	95	2355	533	353	159	10
内坑镇	1027	580	447	227	124	103	239	116	469	106	5
龙湖镇	960	529	431	471	289	182	243	144	517	585	9
永和镇	984	573	411	238	150	88	287	102	452	237	7
英林镇	595	342	253	244	141	103	232	84	312	176	5
紫帽镇	254	144	110	50	31	19	70	16	112	26	4
西滨镇	17	8	9	4	2	2	7	6	16	3	1

·2016年晋江市行政区划基本情况表·

表3

单位	街道个数	镇个数	居委会个数	村个数
合计	6	13	100	293
青阳街道办事处	1	—	13	—
梅岭街道办事处	1	—	15	—
西园街道办事处	1	—	11	—
罗山街道办事处	1	—	16	—
新塘街道办事处	1	—	11	—
灵源街道办事处	1	—	10	—
安海镇	—	1	5	36
磁灶镇	—	1	2	24
陈埭镇	—	1	2	24
东石镇	—	1	5	29
深沪镇	—	1	7	12
金井镇	—	1	2	20
池店镇	—	1	—	24
内坑镇	—	1	—	28
龙湖镇	—	1	—	42
永和镇	—	1	—	24
英林镇	—	1	—	20
紫帽镇	—	1	—	8
西滨镇	—	1	1	2

魅力晋江

- 品牌晋江
- 实力晋江
- 开放晋江
- 创新晋江

【晋江市获产业区域名牌】

晋江市获产业区域名牌表

表4

序号	称号	授予单位	年度
1	中国鞋都	中国皮革与制鞋研究院	2001
2	中国食品工业强县	中国食品工业协会	2001
3	中国纺织产业基地县(市)	中国纺织工业协会	2004
4	中国拉链之都	中国五金制品协会	2004
5	世界茄克之都	全球最大定制化市场研究公司“TNS”中国风	2006
6	中国典范品牌城市	全国工商联、中国民（私）营经济研究会等10家单位	2006
7	中国国家体育产业基地	国家体育总局	2007
8	福建省装备制造业重点基地	福建省经济贸易委员会	2007
9	中国爱心城市	中国社会救助委员会	2013
10	国家园林城市	住房和城乡建设部	2013

【晋江市名牌街镇】

晋江市名牌街镇表

表5

序号	镇（街道）	称号	授予单位	年度
1	磁灶镇	中国陶瓷重镇	中国建筑卫生陶瓷协会	2000
2	永和镇	中国石材之乡	中国石材工业协会	2003
3	东石镇	中国伞都	中国轻工业联合会 中国日用杂品工业协会	2003
4	英林镇	中国休闲服装名镇	中国纺织工业协会 中国服装协会	2004
5	深沪镇	中国内衣名镇	中国纺织工业协会	2004
6	新塘街道	中国运动服装名镇	中国纺织工业协会	2004
7	龙湖镇	中国织造名镇	中国纺织工业协会	2004

【名牌商标】

2016年，晋江市经国家工商总局认定的中国驰名商标累计42件（见附表）；新增福建省著名商标15件，累计220件；泉州市知名商标累计251件；新增马德里国际注册商标38件，累计310件；地理标志证明商标7件；有效注册商标总数70626件。

（林幼瑜撰　叶荣聪审）

晋江市经国家工商总局认定的中国驰名商标表

表6

	申请人	商标图形	商标名称	产品类别	认定年度	所属镇（街道）
1	福建浔兴拉链科技股份有限公司	SBS	SBS	第26类拉链	2002年	深沪
2	福建七匹狼集团有限公司	七匹狼	七匹狼	第25类服装、皮具	2002年	金井
3	安踏（中国）有限公司	ANTA 安踏	ANTA 安踏及图	第25类运动鞋、服装	2002年	池店
4	九牧王（中国）有限公司	JOEONE 九牧王	JOEIONE九牧王	第25类服装、皮具、箱包	2004年	
5	劲霸（中国）有限公司	劲霸	劲霸及图 KBOXING	第25类服装、皮鞋、皮具	2004年	英林
6	福建省晋江市浩沙制衣有限公司	HAOSHA 浩沙	浩沙 （HAOSHA）	第25类健身服、游泳衣、游泳裤、家居服、沙滩装、游泳镜	2004年	深沪
7	乔丹（中国）有限公司		第3028870号 图形	第25类运动鞋、运动服装	2005年	陈埭
8	三六一度（福建）体育用品有限公司		第1509113号 图形	第25类运动鞋、运动服装	2005年	陈埭
9	福建金莱克体育用品有限公司	金莱克	1589329及 1589332号图形， 金莱克及图形	第25类运动鞋、帽子、包、袜	2006年	
10	利郎（福建）时装有限公司	利郎 LILANG	利郎LILANG	第25类服装	2007年	青阳
11	泉州寰球鞋服有限公司	Athletic	Athletic	第25类运动鞋	2007年	池店
12	福建省舒华体育用品有限公司	SHUA 舒华	舒华SHUA及图	第28类跑步机、健身器械	2007年	池店
13	蜡笔小新（福建）食品工业有限公司		蜡笔小新及图	第29类果冻、碎果冰、薯片	2007年	灵源
14	三六一度（福建）体育用品有限公司	361°	第3011117号 图形，361°	第25类运动鞋	2008年	陈埭
15	福建雅客食品有限公司	雅客 yake	雅客及图 4611578	第30类糖果	2008年及 2012年	罗山
16	福建华泰集团有限公司	HUA HONG 华鸿	华鸿及图	第9类建筑砖瓦	2009年	磁灶
17	乔丹（中国）有限公司	乔丹	乔丹	第25类足球鞋、爬山鞋	2009年	陈埭
18	泉州寰球鞋服有限公司		第1280938号图	第25类运动鞋	2010年	池店
19	梅花伞业股份有限公司	PLUM BLOSSOM 梅花	梅花PLUM BLOSSOM	第18类雨伞	2010年	东石
20	福建省晋江福源食品有限公司	盼盼	盼盼及图	第30类糖果	2010年	安海

续表

	申请人	商标图形	商标名称	产品类别	认定年度	备注
22	福建柒牌集团有限公司		第1283610、1509243号图形	第25类服装、皮具	2010年	英林
23	福建冠达星五金制品有限公司		冠达星GudXon及图	第20类服装、皮具	2010年	池店
24	恒安国际集团有限公司		第1488758号图形	纸质和纤维制婴儿尿裤(一次性)	2010年	安海
25	晋江集成轻工有限公司		集成及图	第18类伞	2011年	东石
26	福建省晋江优兰发纸业有限公司		优兰发Youlanfa及图	第16类包装和再生纤维纸，纸，纸张（文具）	2011年	西塘
27	东方骆驼制衣织造（中国）有限公司		东方骆驼EASTERNCAMEL	第25类仿皮革；钱包；公文箱；手提包；旅行包；裘皮；伞；手杖；马具皮带；香肠肠衣；	2011年	金井
28	雨中鸟(福建)户外用品有限公司		雨中鸟及图	伞、伞套、女用阳伞	2012年	东石
29	福建晋江市祥达陶瓷有限公司		祥达及图	瓷砖	2012年	磁灶
30	源兴包装（中国）有限公司		源鑫YUANXIN及图	印刷	2012年	龙湖
31	富隆(福建)洋伞有限公司		金欧及图	雨伞	2012年	东石
32	金冠（中国）食品有限公司		金冠GOLDEN CROWN及图	糖果	2012年	西塘
33	信诚集团（福建）有限公司		X C及图	纺织品化学处理	2012年	龙湖
34	泉州安超鞋业有限公司	安 超 ANCHAO	安超ANCHAO	服装；鞋；帽；袜；领带；围巾；	2012年	陈埭
35	福建省好邻居食品工业有限公司	好邻居 HAOLINJU	好邻居及图1251111号	第30类糖果	2014年	罗山
36	福建省晋江市佶龙机械工业有限公司		佶龙及图形	7类染色机	2014年	灵源
37	锦兴（福建）化纤纺织实业有限公司		锦兴及图	23类弹力丝（纺织用）、长丝、人造丝	2014年	英林
38	福建索力鞋业有限公司		索力及图	25类鞋底、鞋	2013年	永和
39	福建雨丝梦洋伞实业有限公司		YUSIMENG及图	18类雨伞	2013年	东石
40	三六一度(福建)体育用品有限公司	361° 361°	361°（注册号7745704，8566037）	25类服装	2014年	陈埭
41	晋江富永雨具有限公司		FUYONG及图	18类雨具	2014年	东石
42	晋江明伟鞋服有限公司	CAMKIDS	CAMKIDS	25类服装、足球鞋、鞋(脚上的穿着物)	2015年	梅岭

·横向比较·

【晋江市连续23年位居全省县域经济实力“十强”首位】

2016年11月22日，由福建省区域和企业评价中心开展的“2016年度福建省县域经济实力十强、县域经济发展十佳”评价结果揭晓，晋江继续蝉联“十强”首位，自福建省启动县域经济评价以来，晋江市连续领跑福建县域经济23年。

县域经济实力“十强”县（市）依次为晋江市、石狮市、福清市、闽侯县、南安市、长乐市、惠安县、永安市、上杭县、长泰县。

【晋江市县域经济基本竞争力继续居全国百强县第5位】

2016年12月16日，中国县域经济研究所发布第十六届全国县域经济与县域基本竞争力百强县（市）榜单，晋江市继续位居全国百强县的第5位。

从全国前十强看，2016年第1—6位和9—10位的县域排名保持不变，江阴市、昆山市仍并列第1位，第2至第6分别为张家港市、常熟市、太仓市、晋江市、宜兴市，第9位、第10位依然分别是义乌市和龙口市；第7位和第8位的名次对调，长沙县由2015年的第8名变成第7名，慈溪市则由2015年的第7名变成第8名。

从福建省入选情况看，本届共有6县（市）进入全国百强，排名分别为第晋江市（第5位）、福清市（第43位）、南安市（第52位）、石狮市（第54位）、闽侯县（第59位）、长乐市（第87位）。

【晋江市位居全国中小城市综合实力百强县第8位】

2016年11月7日，中国城市经济学会中小城市经济发展委员会、中国中小城市发展战略研究院、中国中小城市科学发展指数研究课题组等单位联合发布第十二届中国中小城市科学发展指数研究成果暨“2016年度中国中小城市综合实力百强县市”“2016年中国建制镇综合实力前1000强”等榜单。2016年度综合实力百强县市排名中，晋江市继续居全国第8位、福建省第1位。除晋江市外，福建省还有5县（市）进入本届百强县市榜单，分别为石狮市（第15位）、福清市（第26位）、南安市（第31位）、惠安县（第37位）、安溪县（第67位）。在同时公布的研究成果中，晋江市居2016年度中国最具投资潜力中小城市百强县市第3位、2016年中国十佳“两型”中小城市第8位、2016年度中国新型城镇化质量百强县市第15位，以上三方面的排名与2015年一致；值得关注的是，在“2016年度中国中小城市创新创业（双创）百强县市”榜单中，晋江市高居第4位，体现晋江市在创新创业活力和成效。

在2016年中国建制镇综合实力前1000强（全国科学发展千强镇）榜单中，晋江市共有11个镇入围，分别是安海镇（第27位）、陈埭镇（30位）、英林镇（第52位）、东石镇（第89位）、金井镇（第98位）、池店镇（第111位）、深沪镇（第156位）、磁灶镇（第208位）、内坑镇（第234位）、永和镇（第268位）、龙湖镇（第405位）。

【晋江市居中国工业百强县（市）第5位】

2016年8月29日，工业和信息化部直属研究机构中国信息通信研究院在北京发布《2016年中国工业百强县（市）发展报告》，晋江市继续位居中国工业百强县（市）第5位。从全国前十强看，江苏省占5席，山东省占2席，福建、内蒙古、浙江各占一席，其中，江苏省的昆山市、江阴市、常熟市、张家港市分别居第1—4位，太仓市居第8位；内蒙古的准格尔旗居第6位；山东省的龙口市、广饶县分别居第7和第10位，浙江省的慈溪市居第9位。从福建省入选情况看，本届共有7县（市）进入全国工业百强，排名分别为晋江市（第5）、南安市（第27）、石狮市（第46）、福清市（第52）、惠安县（第55）、长乐市（第57）、龙海市（第83）。

（郑智政撰　吴其仁审）

·数字说话·

【2011—2016年晋江市社会经济主要指标表】

2011—2016年晋江市社会经济主要指标表

表7

指标名称	单位	2011年	2012年	2013年	2014年	2015年	2016年
年末人口(户籍人口数)	万人	106.97	107.44	109.02	110.81	111.82	113.23
地区生产总值(当年价)	万元	10956953	12138880	13635518	14928580	16204660	17442420
第一产业	万元	175033	182046	182779	186351	195941	213221
第二产业	万元	7390136	8150504	9184219	9989613	10324385	10600289
第三产业	万元	3391784	3806330	4268520	4752616	5684334	6628910
农业总产值	万元	331569	347901	363147	368948	389680	426343
全部工业总产值	万元	27401457	29521788	33581714	37223986	40024660	42503489
粮食总产量	吨	57655	54540	51922	51630	48077	39577
社会消费品零售总额	万元	2861830	3308864	3735707	4205481	5357097	5882818
已批“三资”企业项目(累计)	个	4289	4318	4346	4387	4410	4439
已批“三资”企业合同投资额(累计)	万美元	1173476	1203643	1229199	1269552	1297827	1334542
出口商品总值(自营出口)	亿美元	31.65	42.78	65.27	75.93	82.73	75.75
固定资产投资额	万元	4173790	5182434	6320261	7658660	9058834	9149009
财政收入	万元	1360566	1610169	1827859	1980198	2002899	2010200
财政支出	万元	701225	815191	990382	1263935	1297465	1374144
金融机构存款余额	万元	8873230	10295162	11955058	12914820	13627437	14821794
金融机构贷款余额	万元	6290507	7582147	8600946	9831934	11345280	12864167
住户存款余额	万元	5119632	5771294	6556288	6920320	7563443	8021384
城镇居民人均可支配收入	元	24731	27804	30825	37070	40035	42597
农村居民人均可支配收入	元	11965	13503	15213	16611	18166	19882
各类学校数	所	355	349	348	347	347	347
各类学校在校学生数	万人	248953	250963	255974	264904	273226	281002
各类教职工人数	人	11970	12569	12932	12170	12529	12836
卫生技术人员	人	4747	4816	5057	5143	5025	5910
医院编制床位数	张	3595	3703	3743	3911	4104	4054

注：1.2007年起各类学校数、在校生数和教职工人数统计范围为普通中学、中职教育学校和小学

2.2014年起“农民纯收入”指标更变为“农村居民人均可支配收入”

3.2015年起“城乡居民储蓄存款余额”指标更改为“住户存款余额”

·晋江板块·

【场外市场挂牌】

2016年，晋江市金融局将引导和支持企业开展资本运作作为促进产业优化升级的重要战略举措。新增新三板挂牌企业11家、总数14家，夜光达曾以总市值5.61亿元名列福建新三板企业市值第一位，2家企业实现由协议交易转向做市交易，伟志股份等多家企业通过增发股份等方式实现再融资，1家企业进入创新层。

【多重渠道融资】

2016年，晋江市在首发融资方面，新增亲亲股份和恒盛玩具等2家企业在香港和韩国上市，首发融资额4.5亿元。再融资方面，鼓励企业通过增发、配股、发债等再融资形式解决中长期资金需求，贵人鸟、兴业科技等通过发行短期融资券、中期票据、增发股份等方式实现再融资57.62亿元，恒安集团获批发行20亿元熊猫债券，成为国内首家获准在中国债券市场公开发行熊猫债的民营企业。

【推动并购重组】

2016年，晋江市企业开展并购重组9起，总金额超过48.5亿元。贵人鸟通过收购美国AND1独家商标运营权、威康健身管理咨询等实现全产业链整合，涉及金额21.423亿元；浔兴集团向汇泽丰转让所持占浔兴股份25%的8950万股，涉及金额25亿元。

·规模经济·

【概况】

2016年，全市工业总产值4321.17亿元，同比增长8.4%，其中1466家规模以上工业企业完成产值3924.79亿元，增长8.7%。产值超亿元工业企业734家，同比增加44家，实现工业产值3567.34亿元，增长12.0%。其中，年产值超10亿元的企业74家，完成产值1566.53亿元，增长11.5%；产值在5亿—10亿元的企业112家，完成产值754.75亿元，增长11.6%；产值在2亿—5亿元的企业266家，完成产值841.41亿元，增长15.5%；产值在1亿—2亿元的企业282家，完成产值404.64亿元，增长8.1%。

（洪金中撰　施跃腾审）

【轻重工业】

2016年，晋江市轻工业产值3081.14亿元，同比增长7.7%；重工业产值843.65亿元，同比增长9.1%。

【经济类型】

2016年，晋江市外商及港澳台投资企业完成产值2097.11亿元，同比增长7.1%；股份制企业完成产值1812.88元，同比增长9.8%；股份合作制企业完成产值6.57亿元，同比增长5.7%；其他经济类型企业完成产值8.23亿元，同比增长1.6%。

【行业类型】

2016年，晋江市制鞋业产值1008.68亿元，同比增长3.9%；纺织服装业产值987.51亿元，同比增长13.1%；建材陶瓷业产值422.15亿元，同比增长12.7%；食品饮料业产值382.42亿元，同比增长9.1%；纸制品及包装印刷业产值269.35亿元，同比增长7.2%；新材料业产值201.32亿元，同比增长3.6%；智能装备及机械制造业产值134.90亿元，同比增长10.0%；光伏电子业产值41.79亿元，同比增长39.2%；海洋生物业产值30.47亿元，同比增长12.5%；汽车制造及零部件业产值24.02亿元，同比下降2.0%。

【能耗情况】

2016年，晋江市全年规模以上工业单位增加值能耗同比下降11.6%，节能降耗成效显现。全年规模以上工业企业实现销售产值3737.44亿元，同比增长10.2%，产销率95.2%，同比提升1.9个百分点；实现主营业务收入3635.31亿元，同比增长8.9%；实现利润总额242.91亿元，同比增长3.5%；利润率6.7%，同比下降0.3个百分点；资产负债率43.8%，同比提升1.6个百分点；应收账款488.21亿元，同比下降1.8%，产成品库存160.43亿元，同比增长2.8%，“两金”占比（应收账款和产成品库存占流动资产比重）39.3%，同比下降1.3个百分点。全年全市用电量137.88亿千瓦时，同比增长7.4%，其中，工业用电量109.61亿千瓦时，同比增长7.8%。

（许承龙撰　唐建新审）

【固定资产投资】

2016年，晋江市固定资产投资（不含农户）完成914.90亿元，同比增长3.2%；其中工业投资完成369.20亿元，增长23.7%；第三产业完成投资541.88亿元，同比下降7.2%。

全市房地产开发投资194.87亿元，同比增长11.1%，其中住宅投资127.36亿元，同比增长1.3%。全市房屋施工面积1538.20万平方米，同比增长2.8%；新开工面积222.50万平方米，同比下降13.74%；房屋竣工面积302.98万平方米，同比增长233.6%。商品房销售面积（含限价房）300.26万平方米，同比增长15.6%，其中，住宅销售面积265.36万平方米，同比增长19.6%；商品房销售额186.26亿元，同比增长33.6%，其中住宅销售额165.03亿元，同比增长41.5%。全市年末商品房待售面积104.14万平方米，同比增长76.4%。

（王江畔撰　陈聪鹏审）

【消费市场】

2016年，晋江市实现社会消费品零售总额588.28亿元，同比增长9.1%。其中，限额以上零售额230.60亿元，增长9.3%；限额以下零售额357.68亿元，增长8.9%。在限额以上企业商品零售额中，粮油食品饮料烟酒类增长21.9%，服装鞋帽针纺织品类零售额增长44.5%，汽车类增长7.2%，建筑及装潢材料类增长2.6%，文化办公用品类增长402.4%，石油及制品类下降26.2%。

全市672家限额以上批发和零售业企业实现销售额1564.20亿元，同比增长16.5%（销售额超亿元企业230家，实现销售额1396.22亿元，增长19.9%），其中零售额217.17亿元，同比增长9.5%。64家限额以上住宿和餐饮业企业实现营业额18.37亿元，增长9.9%，其中零售额13.23亿元，增长11.2%。

（洪钦佩撰　吴其仁审）

·产业提升·

【概况】

2016年，晋江市实现地区生产总值

1744.24亿元，同比增长7.8%，总量分别占全省、泉州市的6.1%和26.2%。从三次产业结构看，第一产业增加值20.96亿元，增长3.3%；第二产业增加值1087.47亿元，增长6.5%，对经济增长的贡献率为53.2%，拉动GDP增长4.1个百分点，其中工业增加值1022.38亿元，增长6.4%，对经济增长的贡献率为49.8%，拉动GDP增长3.9个百分点；第三产业增加值635.81亿元，增长10.2%，对经济增长的贡献率为46.3%，拉动GDP增长3.6个百分点。三次产业结构所占比例由2015年的1.2：63.7：35.1调整为2016年的1.2：62.3：36.5。按常住人口计算的人均地区生产总值83657元，同比增长7.1%。

（郑智政撰　吴其仁审）

【第一产业】

2016年，晋江市全年实现农林牧渔业总产值39.8亿元、同比增长3%。农业产业化进程持续加快，新增无公害认证基地2个、无公害认证产品2个、省级农业化产业重点龙头企业18家、省级农业合作示范社1家、家庭农场3家。现代林业进一步壮大，新增省级林业产业化龙头企业2家、泉州市级森林人家示范点2个。现代渔业加速拓展，水产品总产量25.8万吨、增长5.8%，获批全省休闲海钓示范基地1个，获俄罗斯、朝鲜"入渔"资格渔船18艘。深沪渔港经济区启动建设，远洋渔业作业区成为全省唯一远洋渔业专用码头。基础设施继续强化，新增加固小型水库山塘15座、修复水毁工程23处、加高加固海堤3.03千米、疏浚河道8.84千米、节水灌溉550.07公顷。

【第二产业】

2016年，全市工业总产值达4321.17亿元、同比增长8.36%，其中规上工业产值完成3924.79亿元、同比增长8.72%。企业技改投资完成174.5亿元，增长58.4%。主导产业稳中有进，五大传统产业、五大新兴产业分别实现规上产值3070亿元和436亿元，分别增长8.9%和9.2%。其中，纺织服装、建材陶瓷、智能装备及机械制造、光伏电子、海洋生物产业均保持两位数以上增幅；制鞋、纺织服装产业在深度调整中实现逆周期稳步发展，产值均突破近1000亿元；产值超亿元企业增加到740家、规模占规上工业产值比重提高到91%。创新主体不断壮大。新认定省级创新型企业27家、省科技型企业8家，入选工信部智能制造试点示范项目2个、省级智能制造重点项目11个、省科技小巨人培育发展库企业52家；高新技术企业产值占规上工业产值比重提高到15.3%，全社会研发投入占GDP比重2.62%。创新载体日渐丰富。五大科创载体建设加快推进，石墨烯产业研究院签约落户，泉州理工学院智能制造工程中心成立，全年新增众创空间3个。创新服务日益完善。建设科技成果展示交易中心，促成合作项目20个；获批省"互联网+鞋业"区域化链条化试点。产业空间持续拓展。经济开发区"一区多园"合计实施基础配套项目98个、完成投资4.4亿元，其中，集成电路产业园开工建设，食品园、时尚服饰织造园入驻企业转入开工投产阶段，五里电商园正式开园运营。

【第三产业】

2016年，全年三产增加值635.81亿元、同比增长10.2%，比二产增加值增速高3.7个百分点，推进145个三产项目，其中，菜鸟物流、食品园专业市场等8个项目新开工建设，海西建材家居、传化公路港、顺丰物流等40个项目投入运营。第三产业呈现加速发展的良好势头，新增AAA级以上物流企业7家、物流企业总部15家、文创研发机构31家；全市旅游总收入136.5亿元、增长14%；安平桥创建国家4A级景区通过考评，安海文化旅游创客基地入选"中国乡村旅游创客示范基地"，跨境电商洪山园落地开园，陆地港、国际工业设计园、五店市传统街区获批省级现代服务业集聚示范区；全年新增注册三产主体1.8万家。

（苏志英撰　李文宏审）

·三产发展·

【政策帮扶】

2016年，晋江市紧扣创新转型、跨越发展主线，按照"一市场一政策、一楼宇一业态、一街区一行业"的思路，陆续出台《扶持晋江国际鞋纺城发展若干措施》《加快跨境电子商务发展六条措施》《促进物流业发展四项措施》《家政服务业补短板实施方案》等4份政策，政策内容涵盖商贸物流、电子商务、专业市场等领域，政策体系不断健全完善。多形式推进政策宣传解读，先后召开"晋江市2016年度口岸联检部门外经贸政策宣讲会"、《关于加快跨境电子商务发展六条措施》及实施细则解读会、《促进物流业发展四项措施》政策宣讲会等10余场政策宣讲会，鼓励企业用足用好政策。持续开展"送政策进企业"活动，走访海峡五金机电市场等重点企业，进行"一对一"宣传推介，帮助协调解决企业经营困难和问题。优化惠企政策兑现流程，打通政策落实的"最后一公里"，第一时间组织兑现各级扶持资金，让扶持政策变成"真金白银"，提振企业发展信心。2016年，兑现各类外贸扶持资金1亿多元、商贸物流业扶持资金1887万元、电商扶持政策奖励资金1963万元。

泉州理工职业学院成立智能制造工程中心

【电子商务】

2016年，全市电子商务交易额约900亿元、同比增长28.57%，新增淘宝村7个、总数32个，新增淘宝镇1个、总数3个，淘宝村、淘宝镇数量均位居全省县级市第一。推进园区建设。晋江跨境电商洪山园于2月启动建设，于6月28日开园，引进深圳赛维、有棵树、阿里巴巴一达通、递四方等企业入驻，初步形成"生产—交易—支付—通关—结汇—退税"一体化的生态闭环；鞋都电商创业园集聚中小型鞋服供应商和电商及上下游企业近400家，成立大学生创业基地、淘宝网络零售人才培训基地；陆地港2016年跨境电商报关单量超407万件，累计贸易额8825.39万美元，业务量领先全省跨境电商各试点城市。培育电商主体。引进斯凯奇电商销售中心等知名电商企业，推动特步、三六一度、七匹狼、柒牌电商中心回迁注册。其中，9月开始纳税的斯凯奇新增纳税2513万元，特步、七匹狼、柒牌电商中心新增税收3812万元、1290万元、714万元、273万元。仅"双十一"当天，斯凯奇、七匹狼、安踏、贵人鸟、恒安、特步分别实现销售2.9亿元、3.5亿元、3.4亿元、2亿元、1.8亿元、1.4亿元。拓展电商平台。加强与阿里巴巴、苏宁云商、京东等电商平台深度合作，培育和扶持本土平台，"晋江购"、陆地港跨境通关平台正式上线，海峡石化产品交易中心线上交易额50.5亿元(双边)，一品嘉鞋材供应链云平台和冠达星云商平台全年交易额分别达30亿元、5.8亿元。"晋江购"与亚马逊等跨境电商平台积极对接，组织专家评审会，推动晋江购平台升级。健全完善服务支撑。筹办第六届APEC电子商务工商联盟论坛，晋江市获得全国首个APEC电子商务工商联盟合作伙伴城市称号。开展7场人才招聘活动，引进应届毕业生近200人。先后举办跨境电商高峰论坛等6场大型电商主题活动，开展电商专业培训21场次、沙龙17场，培训人次超过2000人。

【现代物流】

2016年，全市新注册物流企业114家、新增AAA级以上物流企业7家。重点推进全市19个在建物流项目建设，共完成投资16.42亿元。其中，传化公路港(一期)、顺丰东南转运中心、陆地港正

第六届APEC电子商务工商联盟论坛

港冷链物流项目正式运营。物流企业"零地招商"取得实效，德邦物流、中铁快运等15家国内知名物流企业区域总部正式入驻晋江市。

【专业市场】

2016年，海峡石化产品交易中心新招企业47家、累计212家，实现营业额473.7亿元、纳税约1.52亿元，分别增长35.5%、7.04%，自2012年启动以来累计营业额1114亿元；海峡国际五金机电城一期入驻商家362户，累计实现交易额超50亿元；海西家居建材博览城2月份开业运营，2016年市场营销总额超过5亿元；国际鞋纺城一期10月份开盘、租售率达95%；和平广场婚庆城一期工程封顶，当当实体书店、苏宁易购等26家商户签约入驻。

【商贸氛围】

2016年，晋江市组织全市43家食品企业抱团参展第94届全国春季糖酒商品交易会，共达成意向交易合同38.2亿元，另设"晋江名优食品馆"；第十八届中国(晋江)国际鞋业(体育产业)博览会于4月18—21日在美旗城1号馆举行，达成意向成交额163.87亿元，同比增长11.1%，同时正式发布"中国·晋江鞋业发展指数"，成为全国首个鞋业和鞋产品综合指数；第三届闽台(泉州)食品交易会于7月14—16日在SM国际展览中心举办，新增设立佰翔世纪酒店作为第二展区，开创福建省酒店办展先河，累计达成交易额80.21亿元，同比增长22.83%；于2016年12月2日至2017年1月3日举办第一届"晋江购物节"，各大商圈拉动消费33850万元，客流量632万人次，客流量同比增长达30%以上，销售额同比增长45%。

(黄仕明撰　苏孙慰审)

·智慧城市·

【空间信息框架完成搭建】

2016年，晋江市建成数字晋江地理空间框架，建设全域覆盖、种类多样的城乡一体化基础地理信息资源体系，构建空间数据管理平台，为政府在资源管理、生态建设、环境保护、城镇管理、防灾减灾、城乡规划、公共安全、社会保障等方面提供辅助决策和相关服务。建成城市地下管网综合信息管理系统，覆盖主城区的6个街道及池店、陈埭2个镇，约198平方千米，完成各类地下管线探测4119.49千米，覆盖排水、给水、燃气供电、通讯等5大类共17种地下管线的平面位置、高程、埋深、走向(流向)、规格、材质等数据全部采集建库。启动多规合一信息平台建设，推进国民经济与社会发展规划、城乡规划、土地利用规划的协调统一、"一张蓝图"实现各审批部门网上并联协同审批。

【物联网络覆盖】

2016年，晋江市加强基础信息网络建设，基础信息网络方面光纤网络覆盖率90%以上，实现全市行政村全覆盖，50M以上用户占比45%。4G网络向市镇深入推进，全市覆盖率98%，无线WiFi网络在交通枢纽、商业集中区、公共活动中

第三届闽台（泉州）食品交易会

心基本实现全覆盖。信息化基础设施的各项指标均居全省前列。加强社会治理视频监控平台建设，规划全市全覆盖视频探头，至6月底，社会治理视频监控建设开展施工建设的村（社区）301个，开工监控建设总数39996个。

【网格化社会综合服务管理】

2016年，晋江市建成网格化社会综合服务管理平台，对网格内人口、楼宇、场所、视频监控等地理信息位置数据进行采集、绑定、管理、维护和查询，实现社区管理从条块分治向整体联动转变、从传统管理方式向信息化管理转变，做到“人在网中走，事在格中办”。建成城市网格化管理平台，监管范围涵盖中心市区30平方千米范围，划分17个管理网格，普查7.5万个部件基础信息，建立由23个部门组成的城市专业处置单位及其相应的业务处置队伍，确保城管指令快速响应、高效落实。

【数据平台支撑】

2016年，晋江市建成政务中心机房。政务中心新机房于2013年投入使用，机房有服务器、网络设备145台，部署着行政执法系统、行政审批系统、数字城管系统、便民服务中心平台、区域卫生平台等28个业务系统以及27个网站系统。启动本级云平台建设。2015年起，全市启动本级政务云平台建设，采用虚拟化技术对本级电子政务中心机房进行改造升级，有37个系统在本级云平台运行。依托安溪EC产业园建设政务云平台。部门建设信息系统将直接从云平台中申请划拨资源，不再需要单独采购设备。

【智慧民生】

2016年，晋江市在便民服务方面，率先开通市级便民服务热线12345和市长专线，打造全市统一的高效便民服务渠道，在全市92个社区开展“智慧社区”创建工作。社保方面，全市社保信息化发展迅速，社保机构医院系统覆盖率超过99%，基本实现城乡居民普遍覆盖。教育方面，教育信息化省内领先，89%学校三通基本完成，94.2%学校建设校园网络中心，并创新提供校园一键视频报警服务。医疗卫生方面，率先开展县市级区域卫生信息平台建设，为本市居民提供网上预约挂号、区域专家会诊资源共享等普惠便捷服务。养老服务方面，搭建居家养老信息平台、派发“一键通”手机，整合社会优质服务资源，开展“虚拟养老院”居家养老家政服务试点。交通出行方面，公共自行车租赁系统、智能公交系统等各类新型智慧交通服务，改善市民的出行体验。

【智慧政务】

2016年，晋江市在城市空间信息管理方面，依托全域覆盖、内容丰富、功能强大的城乡一体化、地上地下相对接的基础地理信息资源体系，满足经济社会对地理信息和空间定位、分析的需求。城市部件管理方面，通过城市网格化管理平台，实现由粗放管理到精确管理的转变、被动管理到主动管理转变、分散管理到闭环管理的转变。社会综合管理方面，通过网格化社会综合服务管理平台，实现网格内基础数据“全息化”、指挥调度“可视化”、事项处理“智能化”和绩效考评“科学化”，实现社区管理从条块分治向整体联动、从被动应对向主动服务、从传统管理方式向信息化管理的深刻转变。政务管理方面，建成覆盖镇（街道）、市直机关的统一协同办公和互联网门户网站平台；依托市公安局视频专网与共享平台，实现全市视频资源共享；推动电子证照共享服务系统建设，有效提升政府效能。

【智慧产业】

2016年，晋江市主动对接“中国制造2025”和“互联网+”行动计划，呈现“体量质量并重、电商制造两核多中心”特点。以晋华存储芯片项目为龙头牵引，打造国家存储芯片制造基地。推动传统产业优化升级，让机器换人换出新动能、企业创新创出新优势，制鞋、纺织服装、陶瓷、食品等产业平均人工替代率25%。引导企业适应大数据时代，探索新商业模式，拓展新的市场空间，培育新业态，发展“四大、四新”（大数据、大生态、大文化、大健康和新技术、新材料、新能源、新模式）产业，抢占产业制高点。

（陈晋兴撰　施跃腾审）

·对外对台经贸亮点·

【自营出口】

2016年，晋江市自营出口75.8亿美元，同比下降8.4%。增幅低于全国6.4个百分点、全省7.2个百分点，高于泉州市2.8个百分点。出口金额占泉州总量的46.6%，同比增长1.4%，全年外贸依存度超过60%。

（张莹撰　庄跃进审）

【外贸生产企业】

2016年，全市386家生产型企业出口285亿元，同比增长15.2%，支撑全市出口54.7%。生产型企业订单相对稳定、整体看好，在外贸出口大环境不利的情况下坚挺经营，支撑作用明显。

【新型贸易方式】

2016年，晋江市推动泉州出口加工区升格综合保税区，向上级申请成立陆地港国际邮件互换局，在全国首创“跨境电商+邮路运输”模式，开辟快件中心—围头港—金门—台北跨境电商海运通路，引入全国规模最大的外贸综合服务平台阿里“一达通”，启动陆地港港务通，为市外贸中小微外贸企业提供一条龙服务。全年全市跨境电商往来贸易实现交易额4亿美元，国际邮政小包量和国际快件量同比分别增长190.6%、662.33%，入围2016年跨境电商创业最活跃的25个县。

【“一带一路”实施】

2016年，晋江市梳理制定《晋江市2016年国（境）内外重点展会及经贸活动计划》，组织885家（次）企业参加德国杜塞尔多夫国际鞋展等57个国（境）外知名展会；在第119届、第120届广交会第三期设立“晋江专区”，以“中国运动鞋服制造之都、中国内衣泳装出口基地、中国休闲食品名城、中国伞都——福建晋江”为主题，全面展示晋江城市、产业、交通、人文形象；10月25—31日，组团赴法国、波兰开展经贸项目对接洽谈活动，与大奥尔布城镇共同体、斯特尔医疗中心、波兰新达贸易有限公司签订经贸合作框架协议。引导福建省安芯产业投资基金等21家企业赴瑞典、德国、中国香港地区开展并购及设立分公司，中方协议投资153438万美元。引导13家企业成功入驻波兰新达商品城，与投资方洽谈有关跨境电商企业抱团入驻、设立海外仓等合作事宜。

（曾晓清撰　庄跃进审）

·出访来访·

【出国访问】

2016年晋江市出国访问的主要团组有：

3月28日—4月7日，副市长李自力应邀随福建省政府团组，赴古巴、阿根廷、巴西，执行水利、农业、经贸和援外人才培训访问任务。

4月6—12日，副市长王茂泉一行2人，应邀赴韩国、日本，执行经贸交流对接任务。

5月7—11日，市委常委、政法委书记吴清滨率领市政府庆贺团一行6人，参加美国晋江青年联谊会换届、美国闽南亲友联谊总会成立等庆典活动。

5月16—25日，市政协主席周伯恭一行2人，应邀赴西班牙、意大利、瑞士，开展技术对接交流及招商洽谈任务。

9月20—29日，市人大常委会副主任连泉富率领市政府商务考察团一行4人，应邀赴法国、德国、波兰执行友好城市工作洽谈及经贸项目签约等任务。

10月22—26日，泉州市市长康涛率晋江市政府考察团一行4人，应邀赴美国，此行旨在对接全球集成电路业界龙头企业和高端人才引进工作。

10月24—31日，市人大常委会副主任连泉富一行4人应邀赴法国、波兰，开展友城工作及经贸项目洽谈签约活动。

11月3—9日，副市长李自力率领市政府商务考察团一行4人，应邀赴泰国、柬埔寨执行项目洽谈对接任务。

11月18—21日，市委常委、统战部部长黄文福率领市政府庆贺团一行3人，应邀赴马来西亚参加马来西亚晋江社团联合会成立四十周年庆典等活动。

12月10—13日，市委常委、统战部部长黄文福率领市政府庆贺团一行4人，应邀赴澳大利亚参加澳大利亚墨尔本晋江同乡会成立四周年暨第三届职员就职典礼等活动。

【访问港澳台】

2月1—5日，市委书记刘文儒，市委常委、总工会主席张文贤一行2人，应邀赴台湾，进行为期5天的经贸考察活动。

3月17—19日，副市长曾献礼率领市政府庆贺团一行6人，赴澳门参加澳门深沪镇同乡联谊会换届、澳门深沪青年促进会成立等庆典活动。

4月21—26日，市委常委、宣传部部长林惠玲率领市政府经贸考察团一行9人，应邀赴台湾进行经贸考察活动。

5月25—28日，市委书记李建辉率领市政府经贸考察团一行9人，应邀赴台湾进行为期4天的经贸考察活动。

6月5—10日，市长刘文儒率领市政府庆贺团一行7人，赴香港参加香港福建同乡会成立77周年，赴澳门参加澳门福建青年联会成立19周年等庆典活动。

6月5—10日，市委常委、组织部部长林仁达率领市政府工作访问团一行3人，赴香港、澳门，做好莲花汽车项目安征迁宣传动员工作。

8月2—4日，代市长张文贤一行3人，随泉州市组团赴台湾参加经贸考察活动。

8月22—24日，副市长李自力率领市政府经贸考察团一行8人，应邀赴金门，对接“晋江——金门”游艇往返事宜。

8月27—30日，市委常委、统战部部长黄文福率领市政府庆贺团一行2人，应邀赴香港参加香港晋江社团总会青年联合会成立十周年庆典等活动。

9月20—22日，市委常委、组织部部长吴忠刘率领市政府工作考察团一行4人应邀赴香港，举办晋江市企业家素质提升“领航计划”全球讲师招募新闻发布会。

10月15—19日，市政协主席周伯恭率领市工作访问团一行4人，应邀赴香港、澳门开展港澳委员履职情况交流座谈访问活动等任务。

11月25—28日，市人大副主任连泉富率领市政府庆贺团一行5人，应邀赴香港参加香港英林镇同乡联谊会成立十周年暨第三届理事会就职典礼等活动。

【接待来访】

2016年晋江市接访的主要团组有：

1月28日，以台湾嘉义大学农管联合会总会长林征原为团长的台湾嘉义大学农管联合会参访团一行15人到晋江市，参观五店市传统街区、晋江市城市展馆。

2月16日，全国政协委员、香港福建同乡会会长陈聪聪一行18人回乡访问，市政府为陈聪聪一行举办座谈会，市领导李建辉、刘文儒、王金战、丁峰出席座谈会。

3月10日上午，香港闽侨中学考察团一行35人在校长罗惠金的带领下到晋江市，参观五店市传统街区、晋江城市展馆、公元食品公司。

3月24—27日，香港晋江社团总会永远荣誉主席施能狮率领青年联合会组织的香港晋江籍青年领袖学习访问团一行58人到晋江市，参观考察、交流学习。市领导刘文儒、王金战接待。

3月25日，旅菲侨胞施振忠在深沪镇东华村举行公益基金捐赠暨文伟公园移交仪式，市领导刘文儒、丁峰出席活动。

3月29日下午，菲律宾中国商会纳卯分会访问团一行24人，在主席陈兴艺的带领下到晋江市，参观五店市传统街区、晋江城市展馆。

3月31日—4月3日，香港龙湖同乡联谊会永远荣誉会长施能狮、施维雄率香港龙湖同乡联谊会返乡访问交流团一行70人，回乡参观考察，礼访泉州、晋江、龙湖相关部门，参观五店市传统街区和晋江城市展馆。

4月1日，旅菲侨领陈永栽一行10人回乡考察，洽谈投资意向。考察晋江鞋纺城项目及推荐地块，池店南片区规划建设情况及推荐地块，紫帽片区规划建设情况及推荐地块。晋江市人民政府设宴款待陈永栽一行，市领导周伯恭、王金战、丁峰、史思泉出席。

4月3日，澳门龙湖同乡会创会会长施志伴、会长许清流率领澳门龙湖同乡会访问团一行37人，回乡交流访问。

4月5日，台湾新北市福建同乡会理事长蔡金排率领访问团一行13人，回乡交流访问。

4月5日，澳门深沪同乡联谊会会长侯祖澎率领访问团一行11人回乡交流访问，参观晋江城市展馆、五店市传统街区。

4月16日，金门县县长陈福海一行9人到晋江市，考察龙湖金门供水泵站工地及金门供水入海口。

4月17—20日，意大利库内奥省福乐市市长伽尼马立诺·热卡一行4人，应邀到晋江市，进行为期4天的友好访问。

4月17—22日，法国埃罗省贝达里约市市长安东尼·马尔提内一行8人，应邀到晋江市，进行为期6天的友好访问。

4月19—30日，由国务院侨办、福建省侨办、泉州市外侨办联合主办，晋江市侨台外事局、菲律宾晋江同乡总会、泉州轻工职业学院共同承办的菲律宾第六届华裔青少年“中国寻根之旅”夏令营福建晋江营举行。60位华裔青少年参加本届夏令营活动。该夏令营以“汉语·中华文化·寻根”为主题，以八闽千家情为载体。本届夏令营于4月21日下午在北京举行开营仪式。国务院侨办文化司司长雷振刚、菲律宾晋江同乡总会理事长施亨利等领导出席开营仪式。

4月22—24日，新西兰奥克兰市旅游·大型活动·经济发展局局长欧佰利、国家体育总局中国帆船帆板运动协会副秘书长李仲一一行7人到晋江市，进行为期3天的考察活动，寻找商机，洽谈合作事宜。

4月27日，以越南人民报社驻华记者站主任TO LE MINH为首的东南亚国家记者团一行15人，在外交部亚洲司参赞、国家发改委国际合作中心相关负责人的陪同下到晋江市，进行采访及调研活动。

5月7日晚上，全国政协委员、香港福建同乡会会长陈聪聪福州大学晋江校区建设资金捐赠仪式在金井镇天禾大酒店举行。

5月26日，中阿体育文化交流协会会长念彬一行5人到晋江市，为9月份阿根廷国家体育部人员的访问打前站。

5月31日下午，以中央政府驻香港联络办宣文部副部长朱挺为顾问，香港影业协会理事长洪祖星为团长的香港电影界代表团一行26人到晋江市，参观五店市传统街区和草庵寺。市政府为香港代表团一行举办座谈会，市领导王金战、史思泉及相关单位的负责同志出席。

6月9日，阿根廷布宜诺斯艾利斯省体育部长GIME DDCARLOS RAMIRO一行12人到晋江市，寻求晋江与阿根廷在足球培训、体育鞋服贸易和两地文化交流的合作机会。考察交流团观看中国沙滩排球大满贯赛，并考察卡尔美公司和安踏公司。市政府为考察交流团举办座谈会，市领导丁峰出席。

6月12日，澳门东石同乡会会长陈远培率领“澳门东石青年会2016年寻根之旅访问团”一行39人到晋江参观考察。参观南天寺、五店市传统街区，并考察洪山文创园。

6月14日，参加第八届海峡论坛活

澳门东石青年会访问团到市侨联参观访问

动的台湾163名基层人士到晋江市，参观考察安踏公司和恒安公司。

6月15日，旅菲侨胞庄炳生一行21人，回乡参加“庄材涂教育基金会”向梅岭街道教育基金捐赠300万元暨晋江市平山实验小学体育馆奠基仪式。

6月17日，泉州市首届“海丝情·中国梦”港澳青年精英故乡行回乡访问团一行44人，在团长张琪腾的带领下到晋江市，参观五店市传统街区、晋江婴童产业文创园、洪山文创园。

6月20日，菲律宾总统特使、菲律宾宋庆龄基金会董事长、上好佳(国际)有限公司名誉董事长施恭旗携家族一行23人回晋江市龙湖镇寻根谒祖，并参观五店市传统街区。

6月22日，以澳门英林同乡会会长许庆良为团长的澳门英林同乡会访问团一行28人到晋江市，进行为期1天的考察交流。

6月23—24日，英国驻广州总领事馆气候变化与能源处处长、首席领事邱岩居一行4人到晋江市，进行为期2天的工作访问。探讨双方共同支持相关企业或机构，通过英国外交部战略繁荣基金(SPF)等方式参与福建省相关领域研究的途径，并开展晋江市与米尔顿·凯恩斯市在绿色城镇化等领域的交流合作。

6月23—26日，缅甸晋江公会理事长林良辉、副理事长柯玉提等一行5人，回乡进行商务考察。

6月24日，为纪念菲律宾民族英雄黎刹诞辰155周年，菲律宾驻厦门总领事付昕伟一行11人到晋江市，在黎刹广场举行为黎刹塑像敬献花圈仪式，并赠送晋江市一座黎刹塑像。

6月26日—7月2日，晋江市开启“全景中国·晋江城市周”。中国国际广播电台组织由“海丝”沿线国家媒体及国际台华语中心、西亚非中心记者组成的采访团来晋开展多语种全媒体采访，全面展示晋江“海丝”文化。

6月28—30日，晋江市举办第六届APEC商务工商联盟论坛。会议主题为：跨境电子商务促进普惠贸易。来自APEC各经济体的政府高官以及300多位国内外知名企业界代表、亚太电子商务领域的专家学者参会。

6月29日，以菲律宾晋江市英林镇各乡联合会理事长洪肇坚为团长的菲律宾晋江市英林镇各乡联合会访问团一行16人，到晋江市进行为期1天的考察交流活动。

7月19—20日，芬兰驻华大使高级项目专家JUHA TUOMINEN一行3人参观晋江城市展馆、三创园。市政府为芬兰客人召开座谈会，探讨双方的项目合作事宜。市领导李自力、王文晖出席。

7月27日，菲律宾锦东同乡会名誉理事长蔡紫彬、理事长蔡景声一行4人到晋江考察，参观金井镇政府规划厅。

7月29日，香港安海同乡会联谊会一行27人，在世界晋江同乡总会永远荣誉会长、香港安海同乡联谊会主席颜乾成的带领下，到晋江市参观龙山寺、晋江城市展馆。

8月1—2日，泰国商务部部长顾问披萨弩率亚洲国际贸易投资商会一行4人到晋江市，对晋江市进行为期2天的友好访问及洽谈合作事宜等活动，考察晋江城市展馆、五店市传统街区。

8月5—6日，台湾联华电子股份有限公司董事长洪嘉聪一行12人到晋江参观施琅纪念馆、草庵、龙泉书院、五店市传统街区。

8月8日，2016年海峡两岸暨港澳青少年侨乡行足球夏令营开营仪式在晋江市金井镇围头村围江学校举行。

8月9日，澳门民众建澳联盟访问团一行7人在澳门立法会议员、澳门民众建澳联盟主席施嘉伦的带领下到晋江市，商谈澳门陈埭同乡会筹建事宜。

8月19—23日，马来亚大学马来西亚华人研究中心考察访问团一行5人，在马来西亚晋江社团联合会会长、拿督黄东海的带领下，在晋江市进行为期4天的考察访问活动。

8月20日，陈明金家族“闽侨精英故乡行”访问团一行27人到晋江，参观晋江市博物馆、城市展馆、草庵、晋江婴童产业文创园、五店市传统街区。

8月24日，“聚焦闽台合作”联合采访团在福建省、泉州市两级台办相关领导的陪同下到晋江市，参观晋江金门向金门供水海底管道施工现场、五店市传统街区。

9月7—8日，印尼晋江同乡会青年组访问团一行59人在会长许宗鸽的带领下到晋江市，参观晋江城市展馆、五店市传统街区。

9月8日，印尼泗水著名晋籍华商、繁荣货柜仓储有限公司董事长、东爪哇华商总会创始人之一李朝耀一行8人，到晋江寻根谒祖。

9月9日，巴西塞阿腊州自贸区主席马里奥·利马一行4人，到晋江考察安踏公司、利郎公司和盼盼公司。

9月9日，第六批太平洋岛国政治家联合考察团一行22人，到晋江参观晋江市安鼎体育用品有限公司、闽南水产开发有限公司。

9月12—13日，台湾“警政署”前署长张四良一行4人到晋江拜访晋江市领导并解查看张克莳大学士纪念馆综合楼建设进展情况。

9月13—15日，台湾晋江商会理事长张贻秋率回乡考察团一行20人到晋江考察晋江城市展馆、三创园、集成电路产业园、跨境电商洪山园、五店市传统街区、安鼎体育用品公司、凯嘉机械公司经济开发区厂区、安海五里桥文化公园、安海龙山寺、安海文化创意协会，并拜会晋台交流协会、晋江市侨台外事局、泉州市台商协会晋江联谊会。

9月17日，菲律宾中国商会2016年回国考察访问团一行27人，在会长王长

2016年9月17日，菲律宾中国商会2016年回国考察访问团到晋江参访交流

沙的带领下，到晋江进行商务考察、参观访问，参观晋江国际鞋纺城、五店市传统街区、三创园。

9月17—20日，菲华商联总会访问团一行36人，在副理事长施梓云的带领下，陪同菲律宾葛丹恋礼示省省长柯孙福到晋江寻根谒祖、参观访问，参观晋江城市展馆、五店市传统街区、扶西•黎刹广场、博物馆、SM广场。

9月18日，澳门福建青年联会“闽澳同心海丝情•创新创业百人行”考察访问团一行106人，在澳门立法会议员、澳门福建青年联会会长许庆良的带领下到晋江市，参观五店市传统街区。

9月26日，菲律宾总统中国特使、上好佳(国际)有限公司名誉董事长施恭旗考察团一行5人到晋江市，参观考察晋江城市展馆、五店市传统街区、国际鞋纺城、三创园、扶西•黎刹广场。

10月12—14日，高雄市晋江同乡会理事长蔡仲谋率访问团一行5人，到晋江参观访问，拜访晋江市侨台外事局、台联会、晋台民间交流协会；参观五店市传统街区、晋江城市展馆、草庵、龙泉书院、安海五里桥文化公司；考察安海文化创意发展协会、三创园、集成电路、洪山文创园。

10月24—25日，晋江市举办2016年福建省“海峡杯”工业设计(晋江)大赛颁奖及相关活动。10所台湾院校、77所境内院校，以及意大利中意设计协会、中关村工业设计协会、广东省工业设计协会、韩国设计企业协会等一批机构组团参赛。

10月29日，巴基斯坦参议院副主席、神学会秘书长毛拉纳•阿卜杜拉•加富尔•海德里率领巴基斯坦政党联合代表团一行29人到晋江，参观三六一度(中国)有限公司。

11月5日，以菲律宾晋江同乡总会名誉理事长、菲华商联总会副理事长庄金耀，香港福建社团联会常委会董事庄荣洲为首的梅岭希信慈善基金会海外庆贺团一行66人，到晋江参观访问。参观晋江城市展馆、洪山文创园、五店市传统街区。市政府设宴款待庆贺团一行，市领导黄文福及相关单位负责同志出席。

11月15日，外交部部长助理李惠来一行5人，对晋江市进行为期半天的调研。察安踏(中国)有限公司、五店市传统街区、草庵摩尼教遗址公园。

11月18日上午，福建省台办副主任吴一明一行4人到晋江市调研，考察洪山文创园。

11月24日，菲华商联总会名誉理事长、菲律宾工商总会永远名誉董事长、菲律宾国际商会创会会长、菲律宾丝绸之路国际商会创会主席蔡聪妙一行11人，到晋江参加南天禅寺800年周年庆典等活动。

11月26日上午，晋江五中晋兴职校建校60周年捐赠仪式在晋江五中晋兴职校田径场举行，香港美亚集团董事局主席李国兴等海内外侨亲代表出席。

11月26日，菲律宾参议员维拉尔•辛西娅、内湖省省长贺南兹•拉米尔、内湖省卡兰巴市市长池培科•贾斯丁•玛可、菲律宾驻厦门总领事付昕伟一行27人访问晋江市，探讨卡兰巴市与晋江市结好事宜。

12月2日，马来西亚晋江联合会青商会一行11人，在青商会会长蔡富发的带领下，到晋江参加世界晋江青年联谊会换届等活动。

12月14日，市委、市政府召开港澳政协委员、异地商会委员及嘉宾座谈会，市领导刘文儒、张文贤、陈健倩、周伯恭、洪于权、林仁达、陈晋永、黄文福、连泉富、李自力、朱永远、林庆峰、叶荣宗、洪元程、施能坑出席。

2016年12月30日—2017年1月1日，台湾中华两岸交流协会代表团一行10人在会长刘宗明的带领下，到晋江参加首届晋江农业嘉年华活动。

2016年12月30日—2017年1月3日，台湾朝阳科技大学代表团一行10人在名誉团长、台湾朝阳科技大学前任校长钟任琴，团长、产学合作处副处长刘素娟的带领下，到晋江参加首届晋江农业嘉年华活动。

(庄伟阳撰　陈建军审)

首届晋江农业嘉年华

·开发区建设·

泉州综合保税区

泉州综合保税区综合服务大楼

【概况】

2016年1月17日，泉州出口加工区获国务院批准，整合优化为泉州综合保税区，并于12月通过海关总署等国家十部委正式联合封关验收。

泉州综合保税区叠加保税区、出口加工区、保税物流园区乃至部分口岸通关的所有政策和功能，具备保税加工、保税仓储、保税研发、保税检测、保税维修及国内外采购分销配送、国际转口、融资租赁、商品展示等功能，是复制推广自贸区政策功能的主要载体，是落实国家"一带一路"及打造泉州市"海丝丝绸之路"先行区战略的重要平台，是晋江市目前唯一的海关特殊监管区域。

【保税区区位优势】

2016年，泉州综合保税区园区首期封关验收面积2047.2平方米，区外规划配套面积2平方千米，主要用于区内产业配套及公共、行政、生活等配套服务设施建设。区内基础设施"五通一平"(通路、通电、通信、给水、排水、场地平整)配套完善。园区位于国道324线北侧，晋江市磁灶镇与紫帽镇交界处，地理区位优势明显，海陆空交通网络发达，距离泉州晋江机场15千米，紧邻福厦高铁晋江站，距泉三高速公路入口2千米，距沈海高速公路入口9千米，距泉州港后渚港区15千米，石湖港区30千米，深沪港区40千米，围头港区45千米。

【基础设施建设】

2016年，泉州综合保税区内建有5栋10.8万平方米标准厂房、监管仓库、验货平台、保税物流仓库等设施，建有专用11万伏变电站和两级供水加压泵站、日处理量1万吨的污水处理厂，可满足入区企业生产需求；区外建有综合服务大楼、3栋3.8万平方米宿舍楼、食堂、商业服务、文化、娱乐、体育、休闲设施等生活设施，可满足企业和职工生活需求。绿化绿地面积20多万平方米，累计栽种10万株(棵)树木。园区设立海关、出入境检验检疫、报关行等专门办事机构，入区企业享受叠加保税区、出口加工区、保税物流园区及口岸通关的所有政策功能，手续办理方便快捷。

【保税区生产态势】

2016年，泉州综合保税区规模以上工业产值75.75亿元，比2011年度增长超过9倍。区内航空维修产业发展势头良好，连续多年实现快速增长，合计实现年度自营进出口总额6.6亿美元，同比增长52.78%。商贸物流方面，外贸政策优势突显，保税物流业务增长迅猛。2016年，进出口总额24.9亿美元，在全国47个综保区中排名第17位。其中，保税物流进出口总额8117万美元，同比增长3.49%。区内葡萄酒占泉州口岸进口葡萄酒总量的70%以上，并成为泉州市最主要的进口葡萄酒集散地。

【招商引资】

2016年，泉州综合保税区主动融入国家"一带一路"战略，推动福建省21世纪海上丝绸之路核心区建设，贯彻泉州市委、市政府"海丝"工作部署，围绕晋江市委、市政府转型升级、创新突围、跨越发展的工作部署，紧抓升格综合保税区的有利契机，全力推动泉州出口加工区"两个基地"(保税加工制造基地、维修研发检测基地)、"三个中心"("海丝"国际物流中心、跨境电子商务运营中心、进口商品展示交易中心)建设。至2016年底，全区累计引进项目63个（包括围网内保税区项目32个及围网外配套区项目31个)，其中加工生产项目26个，商贸物流项目36个，房地产项目1个。项目总投资规模约30亿元(其中外资项目6个，合同外资6500万美元)，主要涉及航空修造、高端印刷、电子元器件、陶瓷喷墨机械、五金制品、酒类食品、新型材料、贵金属加工、保税仓储物流等多个行业。

【管理与服务水平提升】

2016年，泉州综合保税区推进机关效能建设，加强服务企业意识。坚持为入区企业开展全方位"保姆式"服务，建立管委会领导班子成员挂钩重点企业、贫困户制度，协同解决企业自身生产经营上的困难，协调企业与海关、国检、税务、外管等部门的联系。加强园区物业管理服务，充实物业管理队伍，进行物业管理改革，对加工区安全保卫、卫生保洁、公共设施维护实行规范化管理。改善通关环境，建立综保区管委会、海关、国检三方联动机制，实行全年24小时便捷通关，落实"多点报关""集中报关""个性化监管""联合查验"等多项监管运作模式和服务措施，推广复制自贸区创新制度，全面提升园区服务水平。

（苏达丽撰　庄特强审）

晋江经济开发区

【经济发展】

2016年，晋江经济开发区完成规模以上工业产值680.03亿元，同比增长12.08%；完成全社会固定资产投资144.91亿元，同比增长60.41%。其中，完成工业固定资产投资95.06亿元，同比增长53.74%；完成限额以上销售额125.47亿元，同比增长31.62%，其中完成限额以上零售额14.29亿元，同比增长35.75%；完成限额以上住宿餐饮营业额420.5万元，同比增长45.05%；纳税总额33.12亿元。开发区五里园、安东园、新塘园、食品园投产企业550家，其中规模以上企业166家，产值超亿元113家，上市企业12家。园区入驻企业中省级龙头企业、高成长企业16家，高新技术企业21家，基本形成以纺织服装、制鞋、食品饮料、制伞、建筑建材、纸制品等6个传统产业，以及装备制造、高端印刷、光电能源等3个新兴产业。其中，传统产业品牌有恒安、安踏、三六一度、利郎、亲亲、蜡笔小新、福马咪咪、雅客等知名企业；新兴产业品牌如金保利能源、三力机车、佶龙机械等一批在国内有一定知名度和行业影响力的优质企业入驻园区。

【项目建设】

2016年，晋江经济开发区新增落地建设项目13个，新增投产项目12个。包括英塘现代商贸中心、菜鸟骨干网络等在内的86个重点项目完成年度投资68.46亿元，超额完成年度计划；包括金石能源公司HDT高效太阳能电池项目、成达齿轮公司变速器齿轮项目在内的47个技改项目完成年度投资14.01亿元，超额完成年度计划。

【招商选资】

2016年，晋江经济开发区着力引进HDT高效太阳能电池、晋华集成电路、中国智能骨干网二期等12个总投资420.9亿元的优质项目，通过以商引商、以企引企，推动光伏、集成电路、电子商务等产业链不断完善。围绕五里电商产业园的建设运营，从园区内部挖潜，先后有蜡笔小新、雅客、力诚等8家园区企业电商事业部门入驻五里电商园，实现企业和园区“双赢”的新局面。

【基础设施建设】

2016年，晋江经济开发区投入约1.6亿元实施灵安路、东园路、广井路等18条道路工程建设，新修建道路总长达13千米，打通新塘园“两纵五横”、食品园“六纵六横”的道路骨架。完善管网建设，深入开展排污管网排查和整治，推进雨污分流治理，投入约2000万元完善五里园大深公路污水干管、安东园雨污水管道修复、新塘园纵一路雨污水管道等管网建设，食品园工业污水处理厂项目进入实质施工阶段。投入8000万元加快医疗、休闲、教育等公共配套设施建设，完成职工活动中心、社区卫生服务中心初验，完成五里园安置房回迁工作，推进外来职工廉租住房大山后项目配租工作，加快林格项目室内装修进度，第八实验小学和五里园幼儿园完成施工招标后进场建设，五里园、食品园供热管网启动建设。集成电路产业园完成入口景观公园(一、二期)绿化建设和园区70%场平工程，智造大道正在抓紧扫尾，其他市政设施建设同步有序推进。开发区投资6000万元强化区容区貌整治，进一步提高环卫保洁、绿化养护水平，连续三年在晋江市环卫考评中名列前茅；推进五里电商产业园周边区域环境改造提升工程，完成上宅挡墙绿化景观建设、泉源路等道路白改黑改造建设，完善安东园道路灯杆架设，实现园区路灯全覆盖，打造良好的生产生活环境。

【企业服务】

2016年，晋江经济开发区举办3场“人才沙龙”活动，组织105家企业参加全市公益性招聘活动，推荐536名本地劳动力到企业就业；协助70余家入区企业申报各级各类优惠政策补助。督促开发区范围内355家企业与4.61万名职工签订劳动合同，签订率81.49%；开展劳动保障监察检查，对134件工伤认定案件进行调查取证；实行劳动争议调解仲裁，处理各类劳动争议案件524起，涉及人数1365人，涉及金额1849.63万元；办理流动人口居住证信息受理约1.53万份，录入流动人口计生信息约1.28万份，“580热线”提供咨询服务9627次。全年38宗项目141.27公顷用地获得农转用征收批文，组织6.2公顷林地项目通过省林业厅审批；完成35宗103.77公顷用地供地手续，办理14宗项目22.07公顷用地土地使用权登记手续，协助20宗企业办理60.06万平方米房产登记手续，为企业融资提供有力保障。

【安东生态园建设】

2016年，晋江市加快启动安东生态园区规划建设，严控新拓园区准入门槛，新引进项目凡是未通过环保初审的，一律不准入园。强化对人大生态水域视察点位发现问题的整改整治反馈工作，多措并举解决黄标车淘汰难题，督促233个违规项目完成备案和验收工作。

【金融风险防控】

2016年，晋江市成立开发区金融风险防范工作小组，下设防控办负责金融风险防控日常工作；引进弘信联创公司，全面梳理企业金融风险防控方面存在的问题，“点对点”引导和帮助企业做好金融风险防控工作。全年共处置12家企业18笔不良贷款约4.57亿元，协助银行催促6家企业缴还14笔贷款欠息1221.07万元；帮助沟通市金融局、6家银行协调6家企业6笔面临抽贷风险贷款5789.99万元。强化政银企对接，全面摸排征集到园区97家优质企业超84亿元的融资需求；举办“百日攻坚”银企对接签约活动，促成厦门银行晋江支行与开发区商会及22家优质企业达成融资协议。

(朱瑜瑜撰　张玉玺审)

晋江经济开发区五里电商园

·新农村建设·

【"美丽乡村"建设】

2016年，晋江市以创建最美乡村为抓手，重点培育一批可复制、可推广的典型示范，不断提升美丽乡村建设内涵。转变发展思路，引导各创建村做好"五清楚"(扫清楚、拆清楚、摆清楚、分清楚、粉清楚)，着重在背街小巷清理、村庄环境美化、乡村生态建设、废旧房屋整治等工作上下功夫，推动创建村在乡村建设的思维上、方式上转变以往"大拆大建"的建设观念，推进美丽乡村建设"转型升级"。出台扶持政策，制定《晋江市2016年度创建最美乡村工作实施方案》《晋江市最美乡村项目补助规定》《晋江市最美乡村创建考评方案》等政策文件。借力外智外脑，引入福建农林大学、台湾朝阳科技大学的专家团队，组织开展四轮"校村对接"活动，帮助各村(社区)明确发展定位，制定整治方案，重点跟踪服务一批创建村。推进项目建设，各创建村策划生成年度建设项目229个，总投资21630万元，完成年度计划投资103%。拆除旧房198座5.07万平方米，整理土地7.75万平方米，道路硬化61.17千米、修筑或清理排水沟54.89千米，填埋茅厕347座，购置垃圾桶2068个、垃圾转运车52辆，安装或完善路灯2331支，新增绿化36.64万平方米。典型示范培育，扎实推进磁灶镇前尾村、新塘街道杏坂社区、英林镇三欧村等3个泉州市级新农村建设示范村建设项目的推进，安海镇瑶前村、紫帽镇园坂村、磁灶镇前尾村获评第五批泉州市美丽乡村。组织开展首批晋江市最美乡村评选活动，评选产生磁灶镇东山村、龙湖镇衙口村、深沪镇运伙村等20个村(社区)为"首批晋江最美乡村"。开

美丽乡村建设（塘东古民居保护）

展现场办公月活动，会同市委组织部，做好市领导到村（社区）“现场办公月”活动，45位市领导到112个村（社区）现场办公，协调解决各类问题220多个，下拨综合经费补助1190万元。

【山海协作对口帮扶】

2016年，晋江市强化组织领导，调整充实晋江市山海协作、扶贫开发工作力量，统筹成立晋江市山海协作对口帮扶与扶贫开发领导小组，领导小组以市委主要领导为组长，市政府主要领导为第一副组长，下设办公室挂靠在市农业局，确保山海协作精准扶贫工作有力推进。拓展山海协作内容，加强与长汀县、安溪县的山海协作对口帮扶活动，组织开展晋汀、晋安党政代表团互访活动。落实长汀县对口帮扶资金2100万元；拓展“互联网+农业”，组织电商企业与长汀县农业企业洽谈，就长汀河田鸡、米粉、腐竹等特色农产品达成合作协议，每年可实现销售300多万元；促进两地文化交流互动，组织晋江艺术家赴长汀县开展文学摄影采风活动。落实安溪县对口帮扶资金450万元，继续组织全市10个镇（街道）与安溪县10个乡镇开展结对帮扶活动，筛选帮扶项目，每个镇（街道）确定帮扶40户贫困户；创新帮扶模式，发挥带动作用，变“输血”为“造血”。

【农村产权制度改革】

2016年，晋江市以被确定为全省深化农村集体产权制度改革试点单位为契机，拓展农村改革试验广度和深度，在农村集体产权制度改革上进行探索。出台《晋江市农村集体经济组织成员资格认定指导意见》《晋江市农村集体产权制度改革试点实施方案》《晋江市农村集体经济组织管理暂行规定》等多份深化农村改革政策文件，与福建天衡（泉州）联合律师事务所合作，引入社会力量，为试点村（社区）改革工作在法律咨询、档案管理、章程制定等方面提供专业服务。在全市范围内选取36个试点村（社区）、1个试点镇，开展“三大类”试点工作。因地制宜，聚焦经营性资产股份权能改革。青阳街道阳光社区完成成员资格认定、清产核资、股权量化工作。池店镇华洲村、大洲村完成成员资格认定。

（施鑫鑫、尤德文撰　许建林审）

·新型城镇化建设·

【农业转移人口市民化】

2016年，晋江市全市通过实行“居住证”制度、放开落户限制、优化流动人口积分优待办法让人“进得来、落得下”。办理居住证50.1万张、延期19.6万张，落户9628人。为外来人口提供免费就业创业培训，加强薪资、维权保障，从廉租房、公租房、经济适用房、企业员工宿舍、安置房和人才房等6方面构筑多元化住房保障体系，赋予外来人口平等享受急难救助、公共卫生、社保待遇、升学就学等基本公共服务，全方位解决外来人口的就业、住房、社保和公共服务等问题。12月9日，国家发展改革委印发新型城镇化系列典型经验（农业转移人口市民化案例），将《福建省晋江市推进农业转移人口市民化案例》收录其中，向全国推广。

【县城基础设施投融资体制改革试点工作】

2016年，晋江市投放30亿元城镇化资金，重点支持安置房建设及其他基础设施建设项目、服务最美乡村和现代化城市建设项目，争取国开行、农发行等政策性银行倾斜支持，探索形成“政府引导推动有力、投资主体丰富多元、项目管理精细规范、资金要素保障到位、社会经济效益良好”的新型投融资体制。

【美丽特色小（城）镇建设】

2016年9月，金井、安海镇“小城市”培育试点2016—2018年行动计划获省城镇化办批复，正式启动试点建设工作；金井人才梦想小镇、深沪体育小镇被省政府列入省级第一批特色小镇创建名单；成功培育20个最美乡村，金井围头村获评“中国最美乡村”。

（吴敏兰撰　饶一兵审）

·科技文化创新·

【三创园（一期）项目建设】

2016年，三创园（一期）完成投资额约5.65亿元，占年度计划94.2%，累计完成投资15.51亿元。新开工项目1个（研发设计中心，总建筑面积约为9.16万平方米），在建项目5个，竣工项目6个（服务中心、环区道路、排洪沟、疏解公路匝道绿化、商业街、国际文创中心工程），园区开发建设有序推进，建成区投用。6月海归人才创业中心一层及室外景观投用；7月创客大街完成室外景观及室内二装；专家工作室、人才活动中心、展示中心、运营管理中心等待建工程设计方案评估优化，在建工程室内二装及室外环境同步推进施工图设计。

【中科院泉州装备制造研究所（三创园片区）一期工程建设】

至2016年，累计完成基建投资5500万元，主体结构全部封顶，进行室内外装修，交叉进行围墙工程，梧垵溪河道整治工程完成。为保障装备所建设期间的过渡研发、办公，为其免费提供各类用房场地约7000平方米。

【招商引智】

2016年，三创园开展招商引智工作。重点对接国家级、台字号、龙头型等知名科研院校/机构。累计引入中科院泉州装备制造研究所、中纺院海西纺织新材料工业技术（晋江）研究院、福建海峡石墨烯产业技术研究院等平台机构7家。组织中国科学院海西研究院泉州装备制造研究所、中国皮革和制鞋工业研究院（晋江）有限公司等国字号研究所与晋江市企业签订32项产学研项目。协助福州大学晋江科教园举办福州大学晋江研究院研发平台推介会，组织10家企业进行产学研合作对接；组织鞋博会科技创新馆成果展示，邀请鞋业专业科研院所和高等院校专家8名进行现场技术咨询，成果推介、技术诊断、洽谈等活动。加大内引外联力度，引进本科以上学历人才669人，其中博士95人（海归博士20人），占比约15%；硕士181人，占比约27%。入驻孵化团队中国“千人计划”人才1人、国家“青年千人计划”人才1人、省“百人计划”人才7人，省百人计划人才中有4名入园孵化后申报获评。高质量引项目，累计对接项目超过500个，开展13期入驻孵化项目评审会，筛选98个项目参加路演评审，48个项目通过评审获准入孵，项目涉及信息技术、节能环保、食品科技、生物科技、新材料研

首届海峡杯（晋江）创新创业大赛

发、医疗科技、智能设备等领域，孵化企业拥有专利248件，其中发明专利58件，实用专利127件，外观专利17件，著作46件；申请中专利170件，其中发明专利66件。悍森医疗、在野软件等7家企业正筹备上新三板。

【三创园区宣传推介】

2016年，园区结合工程建设进度，加大宣传推介力度，全面提升园区知名度、影响力，取得阶段性成效。启动园区微信公众号，印发招商宣传推介材料近1万份，参加省内外宣传推介专场会议15场次，接待招商考察、调研等169批。其中，接待上级检查、调研工作57批，境外来宾参观考察27批。筹备完成2016年福建省拉练工作检查、全省人才服务体系建设现场会暨业务座谈交流会等重要活动。省委书记尤权、省长于伟国、国家发改委环资司司长何炳光等领导先后视察三创园建设发展情况。

（翁莺姗撰　黄丹蓉审）

【首届“海峡杯”(晋江)创新创业大赛举办】

2016年12月26—27日，市政府主办，深圳南山区科技创业服务中心、市委人才办、市科技局、市人社局、市三创园、市洪山文创园、清控科创控股股份有限公司承办的首届“海峡杯(晋江)创新创业大赛举行。此次大赛立足晋江，面向全国，辐射全球，致力于打造国内外科技界最具有影响力的常态化赛事平台。大赛吸引海内外633个项目报名参加，其中海外项目67个，40%以上有博士参与。20个获奖项目中17个项目有落地意向（其中企业成长组8个，初创项目组9个），占获奖项目的85%。举办“海峡杯”(晋江)创新创业高峰论坛和资本对接会议，40个决赛项目、200多名创业人员以及50家创投机构、15位创投界大咖参加盛会进行项目对接。

（庄　悦、肖辉钰、翁莺姗撰　黄丹蓉、陈东郁审）

·管理创新·

【派出所受理出入境与往来港澳台业务】

2016年5月，晋江市在全省率先推行派出所受理出入境业务工作，并在全市行政派出所推广。全市12个行政派出所被公安部授权办理出入境业务。全市受理中国公民出入境及往来中国港澳台地区申请27.18万人次，其中护照3.32万人次，港澳旅游18.96万人次，往来台湾3.27万人次。

【异地办理居民身份证试点】

2016年8月，在陈埭镇便民服务中心设立全省第一批异地办理居民身份证试点，可受理21个省市的身份证办理，在各派出所设立异地身份证受理点。全年，全市各派出所办理异地二代身份证8233张。

【社会治安综合保险理赔服务】

2016年，作为晋江市“为民办实事”项目之一，“社会治安综合保险”赔偿范围在原来保障对象为晋江市户籍人口的基础上，将范围拓宽到持晋江居住证的流动人口、居住在石狮的晋江本地市民等人群。以上群众因受盗窃、“两抢”、自然灾害、公共突发事件等造成损失，只需提供公安部门出具的立案证明、工作说明或报警回执，保险公司将在5个工作日内进行理赔，理赔金额最高达11万元。2016年，全市共接到综治保险报案9086起，结案8911起，理赔金额共计人民币787.54万元。其中，在“莫兰蒂”“鲇鱼”等台风中造成家财损失的群众，获得综治保险补助金370万余元。

【人口管理改革】

2016年，晋江市持续深化流动人口管理和户籍制度改革，共办理《居住证》69.7万张，办理流动人口落户9628人，登记境外人员住宿登记2.48万人次。推进地址标准化和门楼牌编制工作，完成全市门楼牌编制工作总量48%。

【社会治理便民服务中心】

2016年，晋江市建立12345便民服务热线与110热线“双线互动”机制，着力完善联动督导机制，强化与联动部门的沟通协作，有效减轻公安机关接处警工作压力，不断提高为民服务效率和水平。12345热线共接群众求助电话14.95万次，帮助群众解决实际问题5.9万件，办结率100%，满意率99.3%。共联动处置1.18万起警情，联动处置群众建议诉求6075起，处置反馈率100%。累计开展便民服务活动198场次，分发宣传册10万份、宣传品6万份。

【交通调处机制】

2016年，晋江市在全省范围内首创律师团入驻调处中心，强化交通事故法律援助。健全完善交通事故快处中心、调处中心运行机制，做到“一站式”办结。大力推广交通事故处理“3+X”模式，全市因交通事故引发的信访案件减少80%以上。调处中心共受理案件1981起，接受群众咨询378起，涉及金额6044万元；主持协助调解1282场，达成协议600起。

【驾照及驾考改革】

2016年,晋江市新增小型汽车类科目一、科目三安全文明常识及满分学习科目一考试。办理相关业务31769起。推进驾驶证异地申领、审验和小型汽车驾驶人省内异地考试改革,办理驾驶证转入换证4532人次、异地审验1408人次、满分学习1374人次。

(陈志龙撰　张　飞审)

【数字城管三期建设】

2016年9月,数字城管三期经住建部专家验收通过。监管范围涵盖中心市区117平方千米,划分28个管理网格;将市政设施视为"部件",并通过数据普查进行准确定位,掌握18.6万个部件基础信息;将部件与部件业主、维护单位关联起来,建立部件管理数据库。有19个镇(街道)、22个市直单位参与联动,初步建立起"一级平台、集中派单、三级联动、监管分离"的智慧城市管理体制。

(周嘉庆撰　黄清泉审)

【投资项目申报审批】

2016年,按照国家发改委牵头运行的投资项目在线审批平台,实行"一项目一代码"制,实行网上办件。实现对项目审批的全程跟踪,实现投资项目信息互联互通,资源共享、在线并联审批、纵横协同监管。简化企业投资备案的项目资本金、规划、用地、节能等材料要求,仅凭营业执照即可办理项目备案。2016年企业投资项目备案1513宗(增长258.5%)、投资917.1亿元(增长205%),办件量首次突破千件、创历史新高。将节能评估和审查、建设项目环境影响评价由申请报告核准或可研报告审批的前置改为后置。办结政府投资项目221宗(下降22.7%)、总投资179.8元(下降147.4%)。对公布的清单在法律依据、申报材料等方面及时跟进进行调整,并予以公布执行。调整后行政权力45项、公共服务4项、政府内部审批2项、责任清单129项。

(王世涌撰　李文宏审)

【工商登记制度改革】

2016年,市市场监督管理局深入推进工商登记制度改革,简政放权,营造宽松便利、放心满意的创新创业环境。持续深化工商登记制度改革,落实企业"一照一码""三证合一""五证合一"和个体工商户"两证整合"等相关举措,力推资源整合、服务创新,掀起晋江新一轮创业热潮。全市新增各类市场主体25151家,市场主体总量133754家,同比增长16.87%,其中内资企业40465户、外资企业2155户、个体工商户91134户。5月,开始推行企业简易注销登记,引入承诺制度,免除清算组备案和报纸公告,削减登记流程,至年底,422家企业通过网上平台发布简易注销公告,267家企业通过简易注销程序退出市场,此项改革为每家服务企业节省时间30余天。开展市场主体年报工作。2015年全市辖区内资企业年报27420家,年报率86.05%;外资企业年报1640家,年报率86.27%;农民专业合作社年报127家,年报率92.7%;个体工商户年报46848户,年报率62.49%。帮助部分上规模的个体工商户、个人独资和合伙企业等非法人市场主体做大做强,转制为有限责任公司,同时争取市政府奖励每家符合转制补助条件的"个转企"对象2万元,完成转制登记企业189家,累计转制1345家。帮扶企业拓展融资渠道。用活股权出质、动产抵押等多种融资方式,帮扶企业融资贷款。共办理动产抵押登记106起,获得融资贷款授信额度14.1亿元;办理股权出质登记15起,获得融资贷款授信额度17.39亿元。推动重点项目更快落地。开通绿色通道,全年办理晋江市石墨烯产业技术研究院有限公司等220家重点企业(项目)绿色通道件;指派专人入驻晋江跨境电商洪山园现场办公,办理公司登记53件。

(林幼瑜撰　叶荣聪审)

【建筑工地精细化管理】

2016年,晋江市印发《关于开展建筑工程安全文明标准化巡查的通知》,建立建筑施工安全文明标准化巡查制度。对罗裳片区安置房等市区新开工安置房项目开展精细化考评。组织全市各在建项目各责任主体到中航城·天玺、利郎创意园等示范项目现场观摩工地自动水雾喷淋降尘系统、智能洗车系统及施工现场硬化绿化措施,将其好的文明施工做法在全市进行推广。

【小区物业管理】

2016年,晋江市印发《晋江市人民政府办公室关于加强全市物业管理工作的通知》,制定《晋江市物业服务行业三年发展规划》,修订物业企业信用考核办法,建立违规联动处置机制,申请300万元物业专项经费,启用物业管理系统,定期召开物业管理联席会,逐步健全物业管理机制。成立物业协会联合党工委,把全市物业企业的流动党员纳入管理范畴。利用晋江市物业行业协会平台,牵头组织行业上岗培训8场、实际操练7场、人才选聘会1场、防抗台风实地指导15场。

【市容管理创新】

2016年,晋江市将全市渣土运输车辆纳入渣土车安全管控平台统一监管,逐步推进运输主体企业化、本地化,现有11家运营企业、本地籍渣土车79辆;实行渣土运输联审联批制度,核发建筑废土处置核准55宗377万立方米,运输路线牌1567张。市渣土办牵头各成员单位开展联合执法行动,累计开展行动107次,查扣车辆225辆;推进渣土场建设,选址规划11处消纳场,完成东石大白山村、英林龙西村2处建筑渣土消纳场的审批、发证。市住建局将渣土运输管理纳入建设工程质安巡查必检项目及安全文明标准化施工考评内容,督促施工现场规范渣土车登记抄告、密闭装载、净车冲洗等行为。累计出动检查600余人次,发出整改通知单189余份,对18个违规运输项目的施工、监理单位给予通报批评,并对7个施工单位扣除5%安全文明措施费25.3万元。

(蔡金龙撰　蔡逸卿审)

关注焦点

- 两会热点
- 重点项目建设
- 小城镇建设
- 为民办实事

·人大代表建议·

【中心城区交通配套设施建设】

2016年，晋江市第十六届人大五次会议期间，针对中心城区交通配套设施建设事宜，市人大代表建议：

1.因地制宜，超前谋划，提高城市畅通能力。进一步加强对城市畅通工程的调查研究，积极探索和建立符合晋江市情的城市交通规划、建设和管理一体化工作机制，有效推动城市道路交通管理工作逐步由经验型管理向科学化管理转变，确保城市交通管理工作再上新台阶。近期要抓紧做好商业中心与居住集中区人行交通规划，在主要交通路口、商业广场之间建设人行天桥，为做大做强阳光商圈、宝龙广场、万达广场等商圈，建议在大剧院灯控路口、湖中圆盘（湖光路）与和平中路交汇处各建设一座人行天桥；结合阳光地下停车场建设，由市政府对旧的时代广场人行天桥进行改造或重建，并负责日后的维护和管理；为融合洪山文创园及利郎心路创意园，做大洪山文创品牌，做强宝龙商圈，可考虑在宝龙广场及洪山文创园之间建设人行天桥，把宝龙广场、利郎、洪山文创园有机结合起来；在世纪大道与体育馆、万达广场及南区中学三个交汇处，建议建设下穿式的天桥，或其他人流量多的路口也同样适用。这些天桥的形成，既能使人车分流，提高车辆通行效率，又提升交通安全指数。同时建议市政府应牵头设立一支专门队伍用于红绿灯等交通信号灯的及时维护，以防因交通信号灯损坏导致车辆、行人乱窜，造成不必要的安全系数。

2.统筹安排，合理布局，加快中心城区公用停车场建设。要尽快编制城市机动车停车设施和公共交通规划，将其纳入城市总体规划，合理布局。特别是要加强人流和车流密集地区公共停车场的建设，形成点面结合、疏密适中、覆盖全市的较为完善的停车场体系。近年来，中心城区公用停车场建设虽然排上政府的建设目标，相关部门也进行规划、论证，探讨建设模式，但却没有真正落到实处，规划的公用停车场只有阳光广场地下停车费启动建设。为有效缓解中心城区停车压力，建议在帝豪广场、市中医院、市医院（爱国楼）、竹树下（凤凰城）等中心城区建设地下停车场，同时减少路面停车位，采取以地下停车为主的方式，使得路面拓宽，交通更为便利。

【扶持村级卫生所发展】

2016年，晋江市第十六届人大五次会议期间，针对扶持村级卫生所发展事宜，市人大代表建议：

1.加大建设力度，改善服务环境。按照统一设计图纸、统一建设标准的要求，全面推进规范化村卫生所建设。根据村卫生所的实际情况，对已经建好并符合要求的可不再重建，对不达标的进行改、扩建，对没有卫生所的行政村依托学校、村委会闲置的场所进行改造或新建，逐步实现村卫生所由政府或集体举办，村卫生所建设用地、业务用房应由村集体无偿提供，各级政府应采取多种形式支持村卫生所建设。

2.完善保障机制，稳定人员队伍。进一步稳定农村医疗卫生队伍，明确乡村医生身份，完善激励机制和分级诊疗机制，发挥经济杠杆调节导向作用。将村医纳入卫生系统队伍统一管理，实施乡镇卫生院管理，建立以岗位聘用制为主要内容、人员能进能出的人事管理制度，逐步落实乡村医生的医疗保险、养老保险、医疗风险保障等问题，使乡村医生老有所养，无后顾之忧，更好地服务村民。

3.加强素质教育，提升服务水平。加大培训投入，尽快培养一批以全科医生为主的较高层次的基层专业人才，并对现有技术人员定期开展轮训，提升业务水平。每年对乡村医生进行1－2次集中业务知识培训和医德医风教育，使乡村医生掌握农村常见病、多发病的预防、诊断和治疗。

【食品安全监管】

2016年，晋江市第十六届人大五次会议期间，针对食品安全监管事宜，市人大代表建议：

1.健全监管体制，构建高效统一的监管体系。机构改革后，要按照国家相关规定的要求，进一步厘清各监管部门的职能职责，构建行政管理、监管执法、技术支撑、基层监管“四位一体”的食品安全监管体系，做到各环节无缝链接的监管。

2.强化监管能力，提升监管效能。一要建立专业化监管队伍。引进一批高素质食品专业技术人员，加强市镇两级市场监督管理部门执法人员和检验检

农产品质量安全承诺

测人员的培训，规范执法行为，强化执法力度。二要加强装备建设。市食品检验所要提高食品的独立全项检测能力，镇（街）市场监督管理所要配备必需的快检和现场调查取证设备等执法装备，提高检测能力，在较大规模的农产品批发市场、集贸市场，如曾井农贸市场、禾富农贸市场等地设立快速检验检测设施，开展市场流动快速定性检测工作。三要加强食品监管信息化体系建设。疏通监管部门信息互联互通渠道，健全食品生产经营企业的电子监管档案和诚信体系，搭建食品安全信息交换平台，加快推进物联网技术在大型养殖场的应用。四要鼓励和培育社会检测机构的发展，通过第三方检测，增加检测的公正性和公信力。

3. 严格规范生产经营主体行为，提高产品质量和管理水平。一是建立食品安全授权制度。实施企业法人代表定期履责报告制度和生产质量授权制度，推动食品生产经营企业落实首负责任制，建全食品安全可追溯机制。二是建立食品信用体系。借鉴其他市场监督管理较为先进的地区的做法，采取信用积分累计制，对食品生产经营主体或从业人员按照信用评价标准进行统一评级，实行动态管理，有失信行为的按不同等级扣分，在一个信用周期内扣完分数的主体，列入“黑名单”系统，并定期公布。三是建立晋江市食品安全信息公开机制。借鉴香港消费者委员会创办杂志《选择》的经验，定期公布检验检测结果，对企业的违法违规行为坚决予以曝光。

4. 多方宣传，加大执法力度。强化食品安全人人有责的观念，大力宣传《食品安全法》，增强人民群众的维权意识和监督意识，充分发动社会力量参与监督。加大食品安全执法力度。一方面对食品生产、经营主体违法犯罪行为要从严打击，依法高效追究犯罪分子的刑事责任，加大经济处罚力度，提高违法犯罪成本；另一方面，强化监管主体的责任，对监管主体的徇私舞弊、玩忽职守行为，坚决绳之以法。

【传统村落保护与晋江城市发展】

2016年，晋江市第十六届人大五次会议期间，针对传统村落保护与晋江城市发展事宜，市人大代表建议：1. 以灵水古村为核心，打响“老晋江”品牌。将传统村落的保护与“晋江精神”“晋江速度”“晋江模式”的追根溯源融合起来，为传统村落打上深深的晋江烙印，追寻晋江这座城市发展的记忆，做出本土特色，打造海内外三百万晋江人的精神家园，成为晋江新型城镇化建设的新亮点。

2. 以灵水古村为旅游集散地，打造晋江“半小时旅游圈”。晋江现有景区分散，各自为政，又缺乏配套，留不住游客。灵水目前的老建筑200多栋，为晋江传统村落现存数量最多，规划的核心保护区范围30公顷，灵水村域连山体部分共400公顷，相当于4个八仙山公园和4个五店市的综合体，加上以工业园区为发展腹地，体量和前景看好。建议市政府将灵水古村打造成晋江旅游的集散地、中转站，利用现有的交通优势，将全市重要景点进行系统地串联，打造四大旅游品牌。

【农村危房改造与美丽乡村规划建设】

2016年，晋江市第十六届人大五次会议期间，针对农村危房改造与美丽乡村规划建设事宜，市人大代表建议：1. 危房改造要结合美丽乡村建设的实施，同步推进，不一定要大拆大建，但要体现乡村特色，体现人居环境的改善，体现设施功能的完善。2. 危房改造过程中，在必要的道路退让基础上，充分利用空间，放宽建筑层数，满足家庭人口较多的群众的住房需求。

·政协委员提案·

【城市核心商圈营造】

2016年，政协第十二届晋江市委会第五次会议期间，就营造城市核心商圈，促进商贸服务业发展，市政协委员提出提案：

一、合理规划商贸布局，培育扶持“核心商圈”

要统筹安排，对现有商圈进行合理规划，培育城市“核心商圈”，同时突出社区商圈的发展，与核心商圈功能进行互补。

1. 打造世纪大道核心商圈。市区总长7043米的世纪大道作为环泉州湾重要的都市发展轴，将成为晋江最繁华的城市发展轴。这条城市的形象轴正发挥聚集、规模与品位一体的城市化效应，因而该版块被视为黄金宝地，将是晋江商圈的核心。建议打造以世纪大道为中轴，以五店市传统街区和世纪大道两侧世茂•御龙湾、晋江万达广场和宝龙城市广场等楼盘为载体的“商业+文化+旅游”特色核心商圈，以带动辐射周边区域商业繁荣，逐渐形成集购物、餐饮、娱乐、休闲、文化、金融、旅游等为一体的核心商圈。

2. 改造提升老城区商圈。晋江最早的城市商圈当属老城区和阳光商圈。老城区商圈是晋江传统商业街区，以商贸店铺为主。阳光商圈由于地处泉州、石狮、晋江连接枢纽位置，交通四通八达，因此吸引了大批商家，逐渐形成了集酒店、超市、娱乐、商铺为一体的较新型商业圈。但该地段交通拥堵、基础设施相对不足、规划滞后、停车难，已逐渐失去了原有的区位优势。建议可以通过改建，解决交通、停车问题，合理建造公厕、增设网络通信设施、增加绿化休闲场所，进一步方便消费者和群众，提升区域综合环境水平，促进老城区商圈持续发展繁荣。

3.优化SM广场核心商圈。2005年SM购物广场开业，填补当时晋江大型品牌百货业的空缺，一座集购物、娱乐、餐饮为一体的现代化SHOPPINGMALL的出现，给晋江人带来全新消费体验。十年来，随着周边商业地产的建成和入住，更促使SM广场商业繁荣。但总体上，SM广场对区域商业带动尚不明显。目前，从人流的集聚、区域环境和地理位置上看，基本具备构建核心商圈基础条件。可以通过规划定位，培育发展旅游业、物流业、金融服务业等重点领域，互补融合，形成功能多样化的核心商圈。

4.构建环湾高端商务走廊。随着滨江组团、城北组团、鞋都片区等新区的不断成型和人气的逐渐集聚，可以依托世贸中心、泉商环球广场、海峡石化交易中心、品牌企业总部区、晋江鞋纺城等大型功能项目，大力培育和发展总部经济、金融信息、电子商务等高端商务和新业态，极力将该片区打造成繁华的商业中心和泉州的“陆家嘴”。

5.发展以卫星镇街、专业市场、工业区、商业楼盘为补充的商圈网络。晋江的交通网络完善，可以带动和辐射卫星镇街、专业市场、工业区、商业楼盘商圈发展，在功能上相互衔接补充，有利于晋江全市一城的城乡一体化建设。

二、不断优化营商环境，合力营造“商贸活市”氛围

1.加强政府依法行政和服务意识。要积极推进市级行政权力清理规范和规范性文件备案审查及清理工作，清除阻碍商贸发展的不利因素。公安、财税、商务、金融、文化、卫生、供水供电等政府各部门都与商贸发展息息相关，政府各相关部门应增强服务意识，主动把为商贸业提供良好的发展环境作为份内事来抓，加强协作，以真正形成大贸易、大市场。要加强法治化营商环境建设，健全商贸流通规范有序的规制体系，全面推进依法治商，创造公平竞争的市场环境。

2.大力推进商务诚信体系建设。狠抓商务诚信信息系统建设和信用信息记录工作，开展商务领域诚信示范创建工作，加大“消费者满意商家”“诚信示范商业街区”“诚信示范商贸企业”“诚信经营示范门店”等评比、挂牌表彰和宣传，创建一批诚信经营优质服务示范企业、门店和街区，引导商贸企业和经营者诚实守信、依法经营，夯实商贸服务业健康发展基础，打造晋江商贸服务业的诚信品牌，增强消费者信心，扩大消费群体。

3.完善基础设施建设。要结合晋江市各商圈发展的定位和特点，以及周边道路设计，对交通系统继续实施改造。建议加快建设世纪大道万达、世茂、体育场、宝龙等地段天桥(或下穿通道)，对道路布局和重点商业楼宇道路出入口进行合理规划和再设计。同时，规划建设城市快速交通系统，缓解商圈内部与周边的交通压力，从而改善商圈间、商圈内的交通状况；尽快规划建设立体式停车场，以解决停车难问题；并加大商圈的宽带、电信、移动等设施投入。

三、激活闲置商业要素，优化商圈业态结构

1.盘活安置区商铺资源。一是建议市相关部门尽早分析商圈的发展需要，根据各商圈环境和特色优势，合理定位功能，优化业态结构，制定与功能定位相配套的优惠政策，使商圈利益与晋江的社会效益达到协调统一。二是建议市政府出台重点支持安置房底层招商扶持政策，通过政策支持，引导、鼓励社区有效利用闲置房产、商铺开展面向社区居民的便民利民社区经营服务。面向一般群体的家政保洁、就业培训、校外教育、养生保健、社工服务，面向特殊群体的托幼养老、助残帮扶等服务，完善城市转型的社会服务功能，增加社区集体经济收入，解决房产闲置问题。对于闲置的店铺还可以探索与下岗工人再就业或助困扶贫等政策相联系，店铺租金分别由政府补贴部分，业主优惠部分，经营者自出部分。在政府有关部门的协调下，通过多方主体的共同努力，逐渐把生意做起来，把商圈慢慢做实做大。

2.先行先试，支持梅岭街道“127规划”实施。一是改造老旧工业区，将老旧工业区重新规划建设成创客孵化区，吸引创业人才聚集，引导培育众创空间。将梅岭工业区打造成集休闲、旅游、文化创意、商贸服务为一体的海峡时尚中心；完善提升竹树下工业区相关配套设施，实施立面改造，吸引商贸服务企业入驻，打造成新型商贸区。二是依托万达广场、五店市传统街区等区位优势，打造“文化+商业+旅游”的梅岭特色核心商圈，提振商业繁荣，强化新城市中心地位。三是重点培育商务楼宇，吸引省内外科技含量高、附加值高的企业和项目入驻。

3.引导商圈和商贸企业协调发展。引进先进商业理念，丰富商贸业态，拉长服务产业链。提高业态间的关联度，引导相同业态内部在多方面进行错位经营和市场细分，避免内部竞争导致商圈内商铺利益受损。进行业态规划和整体招商策划，打造城市品牌体验街区、休闲养生文化街区、旅游特色商品街区、建筑设计一条街、中介服务一条街等商业业态。

4.打造核心商圈品牌。建议政府及相关部门进一步提高服务管理水平，改善商圈街面布局，提升形象，同时充分挖掘晋江的文化内涵，使其具有独特魅力；要加大对商圈环境的宣传，扩大对新兴商业业态、老字号商号和著名品牌商铺的宣传，提高消费者的认知度。

5.做好商业的招商选商工作。要协助各大专场积极引进世界知名品牌进驻晋江，提升卖场品位，同时积极争取在晋江航空、码头口岸设立进口商品免税点，吸引更多的市民和高端消费群体在本地消费。

四、加快发展电子商务，推进商贸转型升级

要充分发挥电子商务在释放消费潜力、激发行业活力和增加就业机会等方面的重要作用，用好“互联网+”，促进传统商贸流通产业与信息化、电子商务深度融合，推进商贸服务业信息化建设。一要推广电子认证、电子结算、电子订单、电子分销等技术的应用，节约成本，实现资源共享；二要加快相关系统和平台建设，提高物流、商流、资金流的融合，降低相关企业的成本，提升商圈的综合竞争力；三要线上线下融合，采取农网对接、工网对接等方式，推动推动“晋江造”产品营销。

积极推进商业、服务业企业自主品牌创建，重点培育金融、现代物流、商务服务等生产服务业品牌，创建电子商、云计算、物联网等新兴服务业品牌，打造商贸流通、居民服务等生活服务业品牌。通过规划引导、政策扶持和市场竞争，进一步激发龙头商业企业提升核心竞争力的内生动力，为繁荣晋江市商贸服务业作出贡献。

五、坚持商贸惠民导向，营造便民利民的消费环境

商贸服务业是最贴近老百姓的民生事业，既让老百姓真正共享到方便实惠放心的消费，也有利于促进商贸服务业的发展。

1. 不断巩固完善商贸网络。要以便民为出发点，加大投资，大力支持查漏补缺的社区便民超市和菜市场建设，支持合理布局社区生活服务网点。同时，注重引导社区商业向连锁化、便利化、电商化转型；居民服务业向个性化、人性化、便利化转型。

2. 大力开展促销惠民活动。促销是让百姓得到实惠的重要途径，近年来，利郎公司每年底的促销会，吸引了周边市县（区）甚至江西等省份的顾客来晋江消费，甚至在公司周边形成了长达一个多月的短期性“新商圈”，成为了晋江市年底消费一道独特的风景，这种消费现象值得研究。要政府搭台、商业企业唱戏，支持开展工业品下乡、农产品进城等系列巡展活动，鼓励批发零售、餐饮住宿、生活服务等各行各业借助年节等时间节点，开展形式多样、内容丰富的促销活动，促进全市商贸的流通和发展。

【公共场所整合利用】

2016年，政协第十二届晋江市委会第五次会议期间，就推进公共场所整合利用，提高公共资源共享效益，市政协委员提出提案：

一、要加强宣传，树立和坚持共享共建共管发展理念。要通过多形式、多渠道地加大宣传力度，使人民群众在共建共享中感受更多的获得感。要完善城市管理公众参与机制，树立人人为我、我为人人的城市管理理念。

二、要对全市范围内可供开放整合共享的资源进行全面摸底，制定具体计划，先易后难，先急后缓，分期分类推进。

1. 近期，要开展专项整治，加大打击力度，严厉处罚占用公共场所行为，对于违规占用公共场所的，要限期无条件给予清理腾退。

2. 中期，对于政府投资建设类，现由部门负责管理的项目，例如：学校运动场地、公园、会堂、停车场等等，要在制定完善管理方案的情况下，逐步向社会开放。对于现有的封闭式居住小区类。要针对每个小区制定个性化开放共享方案。例如：游泳池、篮球场、停车位等小区设施，政府可通过购买服务进行整合利用，降低公共设施投入成本，促进资源的充分利用；小区道路逐步公共化，推行“窄路密网”，可考虑主要道路两侧、体量较大、交通拥堵和影响市民出行的区域先行试点，立足于资源合理利用、优化人居环境，缓解交通压力，具体区域具体问题具体分析，并逐步过渡到街区制管理模式；对于停车位的整合共享，可尝试通过建立全市智能化开放式停车管理系统，实现各种停车位（含收费和不收费两种）统一管理，开放共享。对于暂时、节假日或白天闲置的车位可进入系统进行调剂或有偿供给，通过集约化利用，缓解停车难问题。对于安置房剩余房源，建议用于在全市公共办公场所的调剂利用的同时，可统筹优先安置在美丽乡村公共设施建设过程中房屋被拆除的群众，鼓励兼顾城乡公共设施同步平衡发展。

3. 远期，要充分借鉴先进地区的有益做法，因地制宜地制定实施细则，原则上新建住宅要逐步推广街区制，不再建设封闭式住宅小区，同时，要强化城市公共场所的规划建设和管理，不断完善城市功能，倡导节约集约利用和共建共享。

三、要研究出台相应的保障政策，确保公共服务设施开放共享的稳步推进。要兼顾平衡各方利益，广泛征求意见，在稳定和谐的条件下，妥善处理好开放共享有关事项，制定完善开放后的管理措施，充分考虑公共设施整合使用过程中人流引导、同类项兼容整合、安全风险评估方案，做细做实基础工作，把好事办好。

四、要健全完善公共设施投入机制，引导社会资金加大对公共设施的投入。参考引入PPP公共设施投入模式，对于个人出资投入建设公共设施，如停车场、运动场等等，要出台相关优惠政策给予鼓励补助，协助完善手续，不断拓展公共设施投入渠道，引导公众对公共设施的投入。

【加强金融创新】

2016年，政协第十二届晋江市委会第五次会议期间，就加强金融创新，促进实体经济发展，市政协委员提出提案：

一、双管齐下畅通直接融资渠道，增强内生动力

国家“十三五”规划建议明确资本市场改革发展思路和目标，注册制改革、新三板扩容、挂牌提速、长期资本入市、监管转型等资本市场新政，将进一步强化资本市场对实体经济发展、创新引擎打造等的支持作用，建议着力引导企业通过多层次资本市场融资。

1. 要高度重视新三板市场融资交易功能，培植企业赴新三板挂牌。首先要加强市镇联动、充分挖掘后备资源。

中桥传媒在新三板挂牌

金融局要将培育优质挂牌资源作为突破口，坚持内力激发与外力驱动并重，集中力量做大基数、建好梯队、不断完善后备资源管理；要发挥各街镇、园区及科技局、经信局等企业主管部门挂牌工作的“一线”作用，积极从本地区、行业企业资源中筛选、推荐优质创新创业、高新科技类、战略新兴型企业入库跟踪管理。其次要深化部门协作、优化挂牌行政服务。要创新服务理念、注重协调解难、优化服务方式，特别是涉及手续补办、欠税补交等历史遗留问题、合规合法证明等手续办理事项的，相关部门既依法合规处置，又要基于历史原因特事特办、急事急办，确保企业挂牌各项工作按计划推进。另外要强化资源聚集、提升中介服务水平。善用巧用券商等中介机构，借助专业力量全程策划挂牌方案，提供最优路径，最大化发挥第三方机构推力作用。

2.要加快发展股权投融资业，提高投融资效率。首先，要充分发挥产业创投引导基金的引领和支持作用，引导社会资本进入我市重点培育产业发展领域。加快智能装备、“互联网+”、创业创新投资三支子基金的运作投资，提升管理水平，加大对新兴产业、创业企业股权投资力度。其次，要进一步丰富地方股权投融资机构。支持引导本土企业发起设立股权投资机构，引入优质投资机构来晋设点，鼓励天使投资、创业投资机构入驻双创基地，加大对本市企业投资力度，扩大股权投融资市场规模；探索通过举办推介会等形式，促进股权投资企业与晋江市企业的有效对接，推动资源整合，提高投融资效率。

二、积极稳妥发展新兴金融业态，实现良性互动

实体经济有序稳定发展，离不开金融系统强有力的供血系统支持，而性能完备的金融供血系统需要发挥银行机构主体作用，也要有中小准金融机构作为有效补充。建议立足晋江民营资本引导和集聚各类资本借道金融领域服务实体经济重要关键领域，加快优化金融产业布局。要优化信用担保机制，设立政策性融资担保公司，发挥其纽带和增信作用，防范化解区域担保链风险，促进中小企业健康发展；营造融资租赁市场集聚效应，积极培育市场主体，逐步拓宽服务领域，有效化解产能过剩，助力转型升级；创新供应链金融服务，尽快促成政府引导、民资参与的供应链管理公司，为企业提供融资支持，降低融资成本。

三、多措并举创新金融产品服务，引领创新驱动

包容性、普惠性的金融服务模式，具有可持续性、共享性、和谐性特征，能够全方位有效地便利广泛的经济主体，实现金融资产和实体经济的有效对接。建议加快重点领域和薄弱环节的金融改革创新，鼓励金融机构围绕加快经济结构调整，细分市场，不断向广大经济主体提供个性化、特色化、差异化的金融产品。尝试培育适合科技企业全生命周期的金融服务体系，发挥政府风险代偿、贷款贴息作用，发展科技金融贷款和科技金融服务；突出“两创”导向，设计并推广针对轻资产型、初创期、调整期企业金融创新产品，鼓励专业园区布局异地孵化项目，搭建与先进地区成熟孵化器合作机制；把握“转型”主线，结合企业转型升级和“机器换人”的迫切需求，扩大技术改造、设备按揭贷款等信贷业务规模，服务智能化改造；紧抓新型城镇化建设发展机遇，开展农村“两权”抵押贷款试点，创新农村产权、设备抵押贷款，推广安置房按揭贷款，探索政府结构化融资新模式。

2016年12月12—13日，泉州市农村“两权”抵押贷款试点宣传采访座谈会暨采访活动在晋江举办

【概况】

2016年，晋江市安排重点项目586个，总投资3514.0亿元，年度计划投资458.2亿元。其中，在建重点项目380个，总投资2411.9亿元，年度计划投资357.9亿元；预备重点项目206个，总投资1102.1亿元，年度计划投资100.4亿元。至12月底，在建重点项目开工337个，开工率88.7%，完成投资425.4亿元，完成年度计划118.9%；预备重点项目完成投资63.6亿元，完成年度计划63.4%。

【晋华集成电路存储器生产项目】

至2016年底，晋华集成电路存储器生产项目完成82.3%打桩量（4491根）和73.6%外运土方量（55.2万立方米），其中地面桩基本完成。该项目位于经济开发区，建设年限为2016—2018年。项目总投资370亿元。项目用地39.6公顷，总建筑面积59.4万平方米；建设12吋25/20nm IDM存储器晶圆厂，一期投产后月产存储器晶圆6万片；二期将建设1X/1Ynm IDM存储器晶圆生产线，总产能计划提升为月产12万片。

【安踏一体化产业园】

至2016年底，安踏一体化产业园基础施工、防雷接地机电预留预埋完成，主体工程、钢构围护、机电安装施工中。

安踏一体化产业园位于陈埭镇，建设年限为2016—2019年。项目总投资20亿元，分为智能型、科技型、现代化物流中心及智能工厂两大数据集成化处理中心，配套有员工活动中心、广场、公寓、食堂等建筑群。项目南侧地块为现代化物流中心，占地面积约28万平方米，建筑面积26万平方米，可支持安踏集团300多亿元年销售额，存储货品400多万箱，日最大吞吐量60多万箱。项目北侧地块为办公、工厂和生活配套区。占地约6.8万平方米，建筑面积达13万平方米。主要建设规模为：生产总部办公大楼，配套相关的生产及研发控制中心。生产车间，配套设有16条鞋品自动生产线的生产车间，年生产1000万双运动鞋。宿舍及生活区：配套办公、生产、物流约4000人的公寓型的生活区。一体化产业园项目拟分两期进行建设，一期项目涵盖两栋AS/RS立体库、一栋VNA仓库、分拣车间及配套的生活区。

晋华集成电路项目施工现场

【HDT高效太阳能电池生产项目】

至2016年底，HDT高效太阳能电池生产项目洁净装修工程（一期）完成，（一期）设备方面调试完毕，于12月19日举行（一期）项目竣工、验收、投产仪式。

该项目位于经济开发区，建设年限为2016—2018年。项目总投资10亿元，由钧石电力（香港）有限公司与金保利（泉州）包装科技有限公司合作成立的福建金石能源有限公司投资建设，租用厂房面积3万平方米，建设100MWHDT高效太阳能电池生产线6条。2016年，金石能源拥有高效太阳能电池成套设备和技术、工艺整合能力，并具备HDT高效太阳能电池的整线输出能力，在行业内处于领先地位。公司的生产设备和多项工艺已获得相关专利，成品已获得德国

TUV和国家光伏检测中心等相关认证。与传统单晶硅电池相比，金石能源HDT电池转换效率高出10—20%，电池组件发电量高出10%，并且采用低温工艺流程进行生产，更加环保低碳。HDT 高效单晶异质结太阳电池技术作为“十三五”高效太阳电池技术领域重点发展方向，备受光伏业界关注。

【迎宾路北延伸工程】

至2016年底，迎宾路北延伸工程全线主车道路面沥青全部完成。该项目位于西园街道、池店镇，建设年限为2014—2016年。项目总投资5.6亿元，全长约3.76千米，途经赖厝、霞浯、仕头、潘湖等行政村，采用二级公路兼城市主干道标准，双向六车道，设计时速60千米，沥青混凝土路面。该道路兼具城市客货快速分流交通功能通道和田园生态景观大道双重定位，建成后直接缝合沈海高速公路对晋江西北片区路网的割裂，把晋江中心市区通往紫帽片区、泉州西南片区（清濛片区）的时空距离缩短至12分钟左右，完善片区间的多通道快速联系，促进区域融合发展。

【八仙山全民健身中心】

至2016年底，八仙山全民健身中心1#楼主体结构混凝土浇筑完成，砖砌体完成，进行内装修、电气及消防设施安装。屋面钢结构预制，幕墙预埋件钻孔完成，进行主龙骨安装。2#楼进行底板浇筑及顶板模板安装等基础施工。3#楼完成内装修，幕墙主龙骨、次龙骨安装完成，消防设施安装完成。水处理设备进场施工。

该项目位于梅岭街道、西园街道，建设年限为2015—2017年。项目总投资2.3亿元，用地面积72.42亩，总建筑面积4万平方米，建设综合训练馆、游泳馆及室外游泳池、室外篮球场、室外网球场、足球场等及配套设施。

（李至锋撰　吴荣世审）

八仙山公园

【安海镇】

2016年，安海镇立足当地实际，积极先行先试、探索各项试点工作，“两轮驱动”(产业创新、城市提质为核心驱动)，“四轮并进”(推动产业、城镇、生态、文化齐头并进)，为实现经济转型升级、城镇拓展更新、社会和谐稳定提供机制体制保障，有力推动安海赶超跨越发展。安海镇级小城市总项目15个，总投资28.19亿元，年度计划投资8.47亿元，完成投资10.52亿元，完成年度任务的124.2%。海景湾高尚住宅区一期室内外装修基本完成，进行室外场地平整。安平桥生态文化公园基本完成，并召开竣工验收会议。安海镇车站至南环路道路建设工程进行方案设计。

【金井镇】

2016年，金井镇围绕城市功能基本完善、特色鲜明、空间布局合理、治理体系健全、产业和人口吸纳能力强、以城带乡和就近就地城镇化成效显著、辐射带动周边区域协同发展的宜业宜居宜游小城市的目标，扎实推进小城镇综合改革建设试点、镇级小城市培育试点工作。金井镇级小城市总项目47个，总投资255.17亿元，年度计划投资18.92亿元，完成投资23.68亿元，完成年度任务的125.16%。福州大学晋江科教园建设项目完成一期(启动区)工程报建。莲花汽车生产基地一期58.67公顷土地完成招拍挂，完成33.33公顷土地土方平整工程；新草马路装备制造业基地金井园连接段完成地下管网施工，进行路基施工。国省道干线横九线金井围头至深沪东华段工程完成路基85%、桥梁85%和路面50%。

【东石镇】

2016年，东石镇深入开展“三比一看促跨越、创新创业走前列”活动，紧盯“国际伞都、现代环湾宜商宜居宜业滨海新城”发展目标，以“12345”工程为抓手，加快项目建设、提升城镇品位，积极融入晋江新型城镇化建设大局，全力以赴推进小城镇综合改革试点建设各项工作。东石省级小城镇总项目51个，总投资75.36亿元，年度计划投资16.61亿元，完成投资16.62亿元，完成年度任务的100.06%。高新产业园进行土方回填及园区内两条主干道路建设。雨中鸟照明伞、东风橡胶、隆盛印染等重点技改项目完工。持续深化企业与高等院校、科研机构的互动合作，有效破解关键材料、核心部件和工艺技术瓶颈，为企业转型提供智力支撑。快速通道东石连接线工程完成项目建议书、外业测设验收、初步设计以及施工图审查，与泉厦漳城市联盟同步开展调查摸底及清点、测量工作。

【磁灶镇】

2016年，磁灶镇确定“三个一”的定位要求(即：一个现代产业基地，一个商贸物流中心，一个现代化新区)，加快形成以包装印刷基地为中心，以陶东路、延泽街、火车站连接线、318线为发展轴的“一心四轴”发展格局，着力推动产业融合、产城融合、城乡融合、人的融合以及资源创新融合等五个融合，努力探索小城镇建设新路子，保持经济平稳健康发展良性态势，产业结构实现华丽转身，城乡面貌显著改观，民生保障更加有力，生态环境日趋和谐，改革开放持续深化。磁灶镇泉州市级小城镇总项目24个，总投资115.06亿元，年度计划投资25.03亿元，完成投资33.31亿元，完成年度任务133.08%。中心居住区改造项目竣工验收，财富广场项目进行主体建设。海西建材家居装饰交易中心项目一期开业，二期主体22幢封顶，三期前期建设准备。公园路、东环路等印刷基地区间道路基本完工。

(丁思华撰　蔡逸卿审)

【概况】

2016年，市委、市政府确定30件为民办实事项目，年度投资84280万元，其中财政投入49300万元，涉及美丽乡村建设、城市功能完善、教育卫生资源整合、文体设施配套、民生保障等多个领域。在各级各部门的共同努力下，30件为民办实事项目全面完成。

【20个“最美乡村”评选】

2016年，晋江市评选出首批20个“最美乡村”。出台《晋江市“最美乡村”项目补助规定》，从7个方面27类项目，加强“最美乡村”创建政策扶持；开展与福建农林大学合作，组建专家服务团队深入指导创建工作；建立创评机制，通过考评、路演、公众投票等环节。

东石镇梅峰村水土保持生态公园

【20个“五好社区”创建】

2016年，晋江市完成投资200万元，20个社区65个创建项目全部完工，评选出10个“五好”完备示范社区、10个“五好”完备社区。

【20个村（社区）集体经济创收项目】

2016年，晋江市完成投资5631万元，20个村（社区）集体经济创收项目全部完工。其中：建成村（社区）集体经营性建筑面积26770平方米。

【40个农村污水处理设施项目】

2016年，晋江市推动农村污水处理设施建设（二期），策划生成40个农村污水管网项目、10个农村小型污水处理站项目。至年底，40个农村污水管网项目完工5个、开工18个、进行招投标17个；10个农村小型污水处理站项目开工9个、进行招投标1个。

【城乡环卫保洁提升工程】

2016年，晋江市开展常态化考评。修订《晋江市村（社区）环境卫生考评办法》，每月组织常态化考评，并对上月考评排名末位的镇（街道）进行全域巡查。强化环卫保洁资金保障。累计兑现村（社区）环卫保洁补助5972万元、“以奖代补”资金400万元、环卫完工项目补助230万元。加强环卫基础设施建设。累计埋设排污管道26.63千米、购置垃圾吊桶6851个、新建公厕9座、新增保洁车43辆，11个镇（街道）实行垃圾中转市场化，5个镇（街道）实行全域环卫保洁市场化作业。

【城市公共自行车（二期）工程】

2016年，晋江市完成投资3231万元，新建130个自行车站点，投放3000辆公共自行车。二期工程在一期的基础上进行了提升完善，采用充气轮胎自行车，站点设置更细更密，范围扩大到池店、陈埭等人流集中区域，并开通手机扫码租车和24小时租车服务，完成自行车专用道改造方案设计及评审。

【公交服务提升】

2016年，晋江市正式开通五里枢纽站—动车站、金井—五里枢纽站两条线路，其中五里枢纽站—动车站为全市首

“爱护环境——垃圾不落地晋江更美丽”环卫宣传活动

条快速公交线路，全程35分钟。开工建设金井、磁灶两个枢纽站。投放100部8.5米纯电动公交车，8条公交线路更换为纯电动车辆并加密班次，候车时间缩短至10分钟。建成13座公交候车亭。为65周岁以上老人办理寿星卡19493张，提供免费乘车服务，并为全市60周岁以上老人购买乘坐公交车意外险。

【停车设施建设】

2016年，市医院、八仙山公园两个停车场项目进入招投标程序。在停车位紧张的环湖路、竹树下小区等处新增施划200个停车位。

【视频联网报警系统】

2016年，晋江市实现社会治理视频监控系统建设全覆盖，推进中小学、幼儿园校园技防系统升级改造。新增社会治理视频监控2万个，全市监控总数5万个，实现全市覆盖。655所学校技防系统升级改造全部动工。

【基层安保提升】

2016年，晋江市强化三级巡防体系，办理社会治安财产综合保险，提升100个村级消防“微型站”，实施住宅小区消防设施维修改造工程。出台《晋江市公安局派出所巡逻防控考评细则》，落实常态化巡防及季度督查考评工作，并为三级巡逻队员投保雇主责任险及扩展巡逻车第三者责任险。至年底，市级巡逻队1支150人，镇级巡逻队27支870人，村级巡逻队393支3038人。全面完成社会治安财产综合保险投保工作，受理赔付案件8944起，兑现赔付8826起，赔付金额761.23万元。村级消防队“微型站”全部完成建设并组织培训。侨联大厦、宝龙金色家园两个小区消防设施维修改造完工，华泰、福璟花园两个小区动工。

【物联网安防小区建设(一期)】

2016年，完成兰峰、世纪雅苑、世纪豪园、竹园等4个试点小区智能门禁系统建设，一期20个住宅小区物联网安防改造工程全部开工。

【1.5万户居民自来水“一户一表”改造】

2016年，晋江市出台《晋江市住宅小区二次供水设施建设及管理实施意见》，启动28个住宅小区18646户居民自来水“一户一表”改造，完成改造15000户。

【18处交通事故多发点段整治】

2016年，晋江市完成投资1360万元，18处交通事故多发点全部完成整治。全市主要交通事故数同比减少17.38%，死亡人数同比减少10.50%，受伤人数同比减少21.86%。

【10所公办幼儿园开办】

2016年，晋江市完成投资2850万元，10所公办幼儿园全部开办，分别为：第三实验幼儿园中奥名雅居分园，罗山街道苏前幼儿园，池店镇海丝、启智（溜石）、启梦（溜溪）、启慧（东山西宅）、绿洲幼儿园，磁灶镇张林锦美分园，东石镇钻石海岸幼儿园，金井镇石圳幼儿园。

【30所学校少年宫建设】

2016年，晋江市完成投资600万元，30所学校少年宫全部建成验收。

【50个学校食堂“明厨亮灶”工程】

2016年，晋江市完成投资18.8万元，50个学校食堂“明厨亮灶”工程全部完工投用，安装云摄像头150个。

【为新生儿减免50%疾病筛查费】

2016年，晋江市出台《晋江市新生儿疾病筛查工程实施方案》，累计为符合条件的10589名新生儿减免疾病筛查费用132.36万元。

【基层卫生院建设】

2016年，灵源街道社区卫生服务中心建成投用；东石中心卫生院基本完工；经济开发区社区卫生服务中心完成主体建设，进行二次装修；磁灶中心卫生院迁建项目完成门诊、医技、病房楼主体建设，进行二次装修；内坑卫生院迁建项目、市医院晋南分院后勤保障楼进入招投标程序。

【晋江市智慧卫生信息平台（二期）建设】

2016年，晋江市完成智慧卫生信息平台数据中心建设，并实现与5家市属医院、3家试点基层医疗机构互联互通。完善市医院及晋南分院、中医院、内坑卫生院等医疗单位手机APP和微信平台便民服务系统。完成安海卫生院、永和卫生院、灵源街道社区卫生服务中心基层卫生信息系统试点建设。市医院及晋南分院远程会诊系统IMDT投入运行。启动市医院晋南分院区域电子病历建设。

【城市图书馆群“1123”工程】

2016年，安海镇、实验幼儿园、华泰实验小学、空间书屋等4家市图书馆分馆全部建成投用，3台24小时自助图书馆开通运行，1座24小时城市书房建成开放。至年底，全市有24小时自助图书馆35台、24小时城市书房1座、市图书馆分馆15家。完成馆藏文献二次利用及阅读推广课题研究，并编辑出版。举办第六届“悦”读节，开展大型系列活动18个，组织各类阅读活动442场次，41万人次参与。

【40个基层体育设施项目】

2016年，晋江市完成投资300万元，建成53个基层体育设施项目，其中基层村(社区)项目31个、安置小区项目22个。

【学校运动场所改造利用】

2016年，晋江市10所学校足球场地改造项目全部完工投用。10所学校运动场所已全部改造升级并向公众开放，分别为：养正中学、晋江一中、侨声中学、平山中学、华侨职校、安海职校、实验中学、松熹中学、泉州轻工学院、泉州理工学院。

【户籍制度改革】

2016年，晋江市办理流动人口落户8502名，解决无户口人员9026名。设置62个居住证办理点，办理居住证66.537万张。

【17个人才驿站建设】

2016年，晋江市建成17个人才驿站(综合型6个、行业型6个、专业型2个、窗口型3个)，组织开展人才沙龙等形式多样的活动。

【7万名到晋江务工人员参加医疗互助】

2016年，晋江市完成投资140.36万元，组织7.8万名到晋江务工人员参加职工医疗互助活动。

【困难家庭重点帮扶】

2016年，晋江市实施“四帮四扶”，确定301户困难家庭，逐户研究制定帮扶计划，整合各项民生保障资源和社会各界力量，实行精准帮扶。至年底，全部完成帮扶任务，兑现财政补助3000万元。其中，帮安居227户、帮就医152户、帮就业21户、帮就学397人。

【村级敬老院、居家养老服务站建设】

2016年，晋江市完成投资730万元。10个村级敬老院建设项目全部开工，其中：3个封顶、7个在建。20个居家养老服务站全面建成，共设置日间照料床位91张、组建服务队伍71支、助老服务人数280名、挂钩服务商173家，惠及老年人口6400多人。

【残疾人帮扶工程】

2016年，晋江市完成投资81万元，市残疾人辅助器具中心和5个残疾人康复站、5个福乐书屋全部建成投用。

新建晋江市残疾人辅助器具中心

【行政审批服务】

2016年，晋江市提升行政审批服务水平，建立企业变更、注销登记全程网上审批机制。升级电子审批系统，实现与省网上办事大厅上下匹配和时限同步。至年底，所有进驻行政服务中心(分中心)的712个事项均升级为3星级服务事项，实现网上查询办件指南、在线申报、预审批、进度查询、结果反馈等办事服务。选取11个部门31个事项作为首批全流程网上审批事项，升级为5星级服务事项，于5月5日正式开通运作，并在行政服务中心大厅设置网上审批自助办理点。推行名称预先核准全流程电子化，实现企业名称登记网上自助核准。实现“五证合一”公司变更、注销登记网上审批。

【新增4个社保卡制发卡服务窗口】

2016年，晋江市完成投资99.34万元。新增4个社保卡制发卡服务窗口，分别为：在农业银行安平支行、金井支行各增设1个新农合社保卡制发卡服务窗口；在工商银行安海成功支行、陈埭鹏青支行各增设1个职工医保社保卡制发卡服务窗口。至年底，制发卡7079张，其中职工医保社保卡3458张、新农合社保卡3621张。

(林齐帆撰　颜才镖审)

政治

- 中共晋江市委员会
- 晋江市人大及其常委会
- 晋江市人民政府
- 政协晋江市委员会
- 中共晋江市纪律检查委员会
晋江市监察局
- 民主党派　工商联
- 社会团体
- 人民武装　支前双拥
- 法　治
- 人事　编制
- 侨台港澳事务　外事

中共晋江市委员会

·市委重要会议和决策·

【“帮企业、促项目、谋思路、抓落实”活动】

2016年1月6日，晋江市印发《关于深化“帮企业、促项目、谋思路、抓落实”活动的通知》，要求各级各部门按照泉州市《关于开展2016年“促进项目落地、帮扶企业发展”活动周的通知》，结合贯彻落实市党代会及“两会”精神，继续深化“帮企业、促项目、谋思路、抓落实”活动。市四套班子领导分别到所挂钩联系的镇(街道)、经济开发区开展活动。各镇(街道)、经济开发区围绕活动内容，根据实际情况提出一批需推动的项目、需扶持的企业、需帮扶的对象等，确保活动针对性和实效性。要求各组团(片区)、项目指挥部要加快征迁收尾、回迁安置工作进程，及时梳理、汇总、解决困难和问题。市直有关部门要对此次活动中提出需协调解决的具体问题和困难，及时采取有效措施协调解决，确保各项工作落实到位；进一步完善政企常态沟通机制，认真听取企业、基层的意见建议，深入分析研究，把好的意见建议提升转化为针对性强的政策措施，实现精准施策、惠民惠企。宣传部门要开展全市深化“帮企业、促项目、谋思路、抓落实”活动的专题宣传报道活动，营造活动氛围。

2月3日、2月5日、3月2日和3月4日，晋江市分别召开市委常委会专题听取各镇(街道、经济开发区)及部分市直单位2016年经济社会发展工作思路和重点安排的汇报。汇报模拟项目“路演”、采取PPT演示的形式，由镇(街道)及市直单位主要领导汇报，内容包括当前经济运行情况、新一年创新发展思路、主要经济指标安排和重点项目支撑。发改、经信、商务、财政、统计等市直单位提出意见建议，挂钩市领导结合开展“帮企业、促项目、谋思路、抓落实”活动做点评，市委市政府主要领导做专场小结，同时邀请相关镇(街道)、经济开发区商会会长、党代表、人大代表、政协委员和龙头企业代表参会，并现场测评打分。

【市委工作会】

2016年2月18日，市委工作会在市委党校召开。会议表彰2015年度绩效评估优秀单位，市委副书记、市政府市长刘文儒部署全年工作，市委书记李建辉讲话。会议指出，过去一年，面对严峻的经济形势，晋江干部、企业家全力稳大盘，经济保持较好的运行态势，为全省、泉州市作出重要贡献。面对供给侧结构性改革、“五大发展”等新思路、新理念，积极转变观念，调整思路，进一步凝聚共识。会议强调，2016年是“十三五”开局之年，也是晋江转型升级、跨越发展的关键之年，各级各部门要摸清情况，时刻保持警醒，在看到民营经济、产业集群、品牌营销、资本运作等方面积累的优势的同时，也要认识到，想要在新一轮发展中持续领跑、跨越赶超，就要摸清企业发展情况、晋江的发展空间和发展方式、行政效率等方面存在的问题；要摸清同全国县域第一集团军之间的差距，各镇域之间的变化和现状，确实做到底子清、情况明、接地气、实打实。会议强调，创新突围、重塑优势的关键就是要明确目标，瞄准发展方向，及时更新观念理念，找准定位，以更高的站位、更宽的眼界、更长远的考量，放眼晋江未来的发展，将手中的“好牌”打成“好局”。在复杂严峻的形势下，任务更要具体，要突出重点，更善于做“加减乘除”，重点突出“扶持一批专精特、科技型企业和产业创新联盟”“盘活一批发展空间”“抓好一批惠民实事”“理顺一批体制机制”“整合一批政策”“引进一批人才”等“六个一”工作，将任务具体化。同时要强化运作能力，在操作上下苦功、用巧劲、借外力；要带好队伍，落实责任，提升能力，转变作风，凝心聚力。

【组团(片区)征迁收尾】

2016年3月18日，晋江市召开十二届市委常委会第143次(扩大)会议，听取组团(片区)收尾有关工作汇报。市四套班子领导成员等出席会议。会议指出，组团(片区)征迁工作事关全市城市更新和民生改善大局，是推动产业转型升级，实现跨越发展的重要基础和前提，更是检验各级干部责任担当、能力水平的“试金石”。会议强调，全市各组团(片区)指挥部、相关镇街以及市直有关部门要高度重视，全力以赴推进征迁收尾工作，推动项目顺利落地，完善功能配套，切实改善征迁对象生产生活水平。同时，要全面盘点，建章立制，整合机构，推动人员归队，做好人、财、物交接和责任交接。

【全面深化改革】

2016年4月8日，晋江市召开全面深化改革领导小组2016年第一次成员会议，听取各专项工作小组汇报2015年深改工作推进情况和2016年工作思路，重点研究《晋江市全面深化改革领导小组2016年工作要点》及《晋江市2016年全面深化改革重点项目及进度安排表》。会议指出，2015年，晋江市全面深化改革工作开拓思路、狠抓落实，形成多点突破、纵深推进的局面，但也存在思想上重视不够、压力传导不够、重点不够突出等问题。会议强调，各级各部门要转变观念理念，让改革创新一直成为推动晋江持续发展的领先动力，通过改革的思维、方法破解难题，用改革去改变体制机制，为晋江跨越发展、转型升级提供新动力。

9月5日，晋江市召开全面深化改革领导小组2016年第二次成员会议，听取农村宅基地制度改革试点工作情况和基层服务社会化试点工作情况汇报，研究《晋江市农村集体产权制度改革试点实施方案》。会议强调，改革是"晋江经验"的源泉和动力，各级各部门要抓思想认识，把改革放在各项工作的重中之重，向中央看齐，向深圳、江浙等先进地区看齐，聚焦问题、聚焦落实；要抓重点突破，围绕重点领域、关键环节，通过突破重点难点来打造亮点；要坚持问题导向、注重改革实效、强化担当作为；要抓改革落地，围绕年初提出的各项改革任务，逐一认真梳理，逐项总结分析，抓好对账盘点；要抓宣传推广，注重总结提炼工作品牌和亮点经验，调动各方积极性参与到改革中来。

10月31日，晋江市召开全面深化改革领导小组2016年第三次成员会议，听取农村土地承包经营权确权登记颁证和全国林地占补平衡试点工作汇报，研究《福建省晋江市农村土地征收、集体经营性建设用地入市、宅基地制度改革试点实施方案》。会议强调，各级各部门务必站在全局和战略高度，切实增强责任感和紧迫感，统一思想，严守底线，紧密协作，共同推进，充分用好改革试点机遇，进一步盘活土地资源，促进土地节约集约利用。

12月27日，晋江市召开全面深化改革领导小组2016年第四次成员会议，研究《福建省晋江市农村宅基地与村民住宅建设管理暂行规定（征求意见稿）》。会议强调，各级各相关部门要统一认识，大胆探索，充分利用此次改革，实现农村发展、农民增收，切实保障农民权益；要协同协调，加快进度，完善方案细则，健全工作机制，推动各项工作有序开展；要及时掌握群众诉求、化解群众疑虑，确保改革改出成效。会议还研究了《晋江市自然资源统一确权登记试点工作细则（呈审稿）》《晋江市自然资源统一确权登记试点自然资源调查类型（试行）（呈审稿）》和《晋江市自然资源所有权争议处理暂行规定（呈审稿）》。会议强调，自然资源统一确权登记是一项系统工程，也是一项新试点、一个新领域，既要大胆创新，又要积极稳妥。各级各相关部门要摸清家底、把握节奏，及时调处矛盾纠纷，建立健全保障、运作、联络、监督等机制，邀请专业人士、专业机构参与，全力确保试点工作按时推进、按时完成。

【稳增长 促转型 防风险】

2016年4月22日，晋江市召开十二届市委常委会第147次（扩大）会议，分析第一季度全市经济运行情况，研究下一步经济工作，市四套班子领导成员等出席会议。市发改局、统计局分别就第一季度全市经济运行情况进行总结分析，并结合对当前经济走势的研判，提出稳增长、促转型的措施建议；市委副书记、市长刘文儒部署下阶段经济工作，市委书记李建辉作了讲话。会议指出，在经济形势趋紧、下行压力加大的背景下，全市第一季度经济运行总体平稳，但形势仍非常严峻，部分主要经济指标下滑，行业分化加剧，项目支撑不足，金融风险胶着，镇域之间发展不平衡，同时，积极的因素也在增多，宏观背景逐渐向好，企业经营更加理性，创新转型的共识正在转化为行动、转化为成效。会议强调，各级各有关部门要科学研判，正确把握当前经济发展形势，认真分析解决当前面临的新旧动能接续转换、城市转型以及干部、企业家主观方面等问题，预见"悬崖一公里"，打通落实"最后一公里"，进一步保持定力、坚定信心，直面挑战、攻坚克难，精准发力、全力突破，为巩固大盘稳中有进蓄能增势。

5月9日，晋江市"匠心智造 创新突围"企业创新大会在市委党校召开，泉州市委副书记、市长康涛，晋江市四套班子领导成员等出席会议。会上，石墨烯产业技术研究院博士许志、维珍妮公司董事长洪游奕、知名体育学者易剑东、一品嘉公司董事长刘纪恒、深圳投石研究院院长孙荣芸分别作了主题演讲。会议表彰2015年度纳税超3000万元企业，以及在转型升级、对外贸易、商贸旅游文化等领域作出突出业绩的先进企业和优秀创新人才，印发《关于实施高层次人才"海峡计划"的意见》《关于实施晋江市企业家素质提升行动"领航计划"的意见》《关于全面推进体育城市建设的决定》（征求意见稿）。泉州市委副书记、市长康涛，晋江市委书记李建辉分别作重要讲话。泉州市康涛市长充分肯定晋江的发展成就，并对晋江今后的发展提出新的期望和要求。康涛市长要求，晋江要增强信心，保持爱拼敢赢的锐气，立足产业优势，凝聚发展合力，率先走出困境；要不忘初心，做最根本、最擅长的事，坚守实体，扎根本土，以诚为本；要坚守匠心，做最好的"中国制造"，要有"匠"的精神、"匠"的技术、"匠"的团队；要服务贴心，致力打造一流营商环境，构建"亲""清"新型政商关系，不断提升城市品位、促进服务提速提效；要始终保持"敢为天下先，爱拼才会赢"的创业精神，携起手来，创新突围，迎来创业发展新天地，为泉州产业转型升级作出新的表率，为建设现代化的"五个泉州"作出更大贡献。晋江市委书记李建辉指出，新一轮科技革命和产业变革孕育兴起，正在开创一个全新的时代。晋江市委市政府将举全市之力，整合最好的资源，全方位、全体系、全领域推进创新突围，打造创新型城市，推动"晋江经验"新发展。当前，晋江正在聚集创新资源上下功夫，推进四大"人才计划"汇聚天下英才，构建多元化的创新金融体系，打造多层次的创新载体；正在发展创新型产业上下功夫，推动传统产业高端化，发力"体育+"产业，培育壮大新兴产业；正在优化创新环境上下功夫，做精城市硬环境，做优服务软环境。李建辉书记强调，广大企业家要把创新作为应对危机的首选之策、引领发展的第一动力，大胆开展技术创新、产品创新、业态创新、商业模式创新；要敢于瞄准世界前沿，敢于超常规运作，整合全球资源，推进颠覆性创新，实现跨越式发展。全市人民要以主人翁的姿态,大力弘扬"敢为人先"的晋江精神,在全面创新改革、建设创新型城市征程中建功立业。

7月18日,晋江市召开十二届市委常委会第163次(扩大)会议,分析上半年经济运行情况,部署下半年各项工作,市四套班子领导成员等出席会议。会上统计、发改、财政、经信、金融等部门分别作工作汇报,并提出相关工作意见建议;各镇(街道)、经济开发区围绕完成全市目标任务、特别是对未完成时序进度的经济指标进行分析,并提出措施对策。市委副书记、代市长张文贤分析上半年经济运行情况并部署下一步经济工作,市委书记刘文儒作了讲话。会议强调,要对标找差,按照既定目标,不折不扣抓落实;要找准支撑点,深入挖掘,迎头赶上;要精准帮扶,多听企业的声音和需求,做到帮扶企业依法依规、到位到点,赢得企业信任,增强企业信心;要狠抓项目,主动对接,加快进度,创新体制机制,强化要素保障,开展集中攻坚;要防范风险,盯紧时间节点,强化一企一策、分类处置,狠抓责任落实,提高防范处置效率;要加速转型,坚持创新驱动,实施人才战略,推进供给侧结构性改革,推动传统产业提质增效,加快发展新兴产业。

10月21日,晋江市召开第三季度全市经济运行分析会议,总结前三季度经济运行情况,分析研判当前经济形势,部署安排下阶段经济工作,全力冲刺年度目标任务。市四套班子领导成员等出席会议。会上,市发改局、统计局、攻坚办分别作汇报并提出措施对策,各镇(街道)、经济开发区、出口加工区围绕完成全年主要经济指标目标任务作表态性发言,市委副书记、代市长张文贤部署相关工作,市委书记刘文儒讲话。会议强调,各级各部门要增强极端负责的责任感和紧迫感,克服畏难情绪,敢于迎难而上,把压力传导下去,把责任担当起来,不折不扣完成目标任务,继续扛旗领跑、当好排头兵。

12月30日,晋江市召开全市经济工作会议,传达贯彻中央、全省及泉州市经济工作会议精神,总结2016年全市经济工作,部署2017年全市经济工作。市四套班子领导成员等出席会议,市委书记刘文儒,市委副书记、市长张文贤分别作了讲话。市委书记刘文儒强调,各级各部门要深入贯彻上级有关会议精神,科学研判当前经济形势,透过现象看本质、看到问题找根源、看到利好增信心,提振干事创业精气神,把各项工作落实到位,保持经济的平稳健康增长,持续在全省、泉州扛旗领跑、当好标兵。要紧紧围绕打造"国际化创新型品质城市"的奋斗目标,坚持稳中求进总基调,全面落实新的发展理念,着力稳增长、抓创新、调结构、惠民生、防风险,坚决推进供给侧结构性改革,推动经济社会平稳健康发展,为"新福建"和"五个泉州"建设做出更大贡献。要坚持问题导向,精准施策和责任落实,突出抓好项目攻坚、产业转型、创新驱动、新增长极、重大体育赛事、改革开放、风险防控等七个方面工作。同时进一步加强和改善党对经济工作的领导,围绕发展大局,找准坐标定位,谋划新一轮发展;提振干事创业精气神,强化担当抓落实,求精准、重精干;树立清正廉洁形象,营造风清气正良好干事氛围。张文贤强调,明年经济下行的压力仍然较大,保持经济平稳增长任务繁重,抓好经济工作的首要任务是稳增长。各部门、各镇街要立足当前,帮助企业过好年关,抓紧启动新一轮经济政策,有效服务企业生产经营,确保一季度"开门红"。要着眼长远,深化供给侧结构性改革,加快产业转型升级,培育壮大经济新动能,做优存量和提升增量同步、搭平台和聚人才同步、拓展主业与跨界融合同步,加快制造业升级。要挖掘商贸业、电商、房地产、金融业、都市产业等领域的发展空间,推动服务业发展提速、占比提高、业态提升。要从项目建设、项目招商、征迁清零、审批改革等四方面持续推进项目攻坚,全力促投资。要加快发展跨境电商、办好大型展会、支持企业走出去,有效拓展市场。要牢固树立底线思维,着力防风险,保稳定,坚守金融风险底线、信访维稳底线、安全生产底线、环境安全底线,为经济发展营造和谐稳定的社会环境。要惠民生,增福祉,继续把新增财力主要用于民生,既要保基本、兜底线,也要满足高水平、个性化需求,切实抓好为民办实事、教育医疗、扶贫攻坚、美丽乡村和社区建设及食品安全等民生项目,不断增强民生获得感。

市委根据省委、省政府关于金融风险防控的工作部署,把防风险作为经济工作的重中之重。2016年下半年以来,市委书记刘文儒先后主持召开28次金融风险防控工作会议,部署强调防控工作,加强监测预警,强化政银司企联动协调,"一企一策"协调处置金融风险防控化解,专题研究出台《辖内银行机构不良贷款防范化解管理办法》《金融风险重点企业限制措施》等机制,有力推进晋江市金融风险防控化解工作。

【全市领导干部大会】

2016年6月28日,晋江市召开全市领导干部大会,宣布省委、泉州市委关于晋江党政主要领导调整变动的决定:刘文儒任中共晋江市委书记,张文贤任中共晋江市委副书记,李建辉不再担任中共晋江市委书记、常委、委员职务。会上,泉州市委书记郑新聪代表泉州市委作重要讲话,对晋江市和李建辉、刘文儒的工作给予高度评价,并要求晋江全市领导干部增强大局意识,营造团结奋进的氛围,把思想和行动统一到省委、泉州市委的决定精神上来,带头讲政治、守纪律,同心同德,以实际行动支持晋江市委市政府的工作,确保各项工作顺利交接、全面过渡;要增强党性意识,正确对待进退留转;要树立正确的权力观、地位观,坦然面对职务变动,保持一颗平常的心,把思想和精力用在工作上;要增强纪律意识,有序推进换届工作;要增强担当意识,统筹推进经济社会发展。李建辉对晋江人民的养育、对全市广大干部职工的支持和帮助表示真诚的感谢,并衷心希望晋江的明天更加美好,晋江的人民更加幸福。刘文儒表示,将在省委、泉州市委的坚强领导下,紧紧依靠班子全体成员,紧紧依靠广大干部群众,紧紧依靠海内外500万晋江人,按照建设"五个泉州"的总体部署和晋江市委"转型升级、创新突围"的工作要求,突出谋发展,全力稳住经济大盘,奋力保持经济平稳较快增长,继续当好全省县域经济的排头兵。

【市十三届党代会】

2016年7月28日,中国共产党晋江市第十三届代表大会在市委党校会堂召开,市十三届党代会全体代表、列席人员和特邀来宾参加大会。大会审议并决定批准刘文儒代表中共晋江市第十二届委员会所作的《敢拼会创 砥砺前行 为建设国际化创新型品质城市而努力奋斗》的报告。大会认为，报告总结五年来的工作和成绩客观实在，分析存在的问题科学准确，提出新一轮发展的目标方向、战略构想和工作思路符合上级精神、切合晋江实际，充分体现了全市人民的共同愿望，是指导晋江创新转型、跨越发展的纲领性文件。大会充分肯定十二届市委的工作。一致认为，五年来，面对错综复杂的宏观形势和繁重的改革发展任务，市委认真贯彻上级决策部署，团结带领全市各级党组织、广大党员和干部群众，全面深化改革，加快创新转型，持续推进新型城镇化建设，实现综合实力大跨越，城乡面貌大变化，民生福利大提升，文化事业大发展，改革开放取得新突破，党的建设展现新活力，为今后五年发展打下了坚实基础。大会指出，五年的发展成就表明，中共中央总书记习近平总结晋江经验的“六个始终坚持”，是晋江改革发展的制胜法宝和行动指南，必须一以贯之、用好用活，不断丰富发展“晋江经验”；必须大力弘扬攻坚克难的精神，保持改革创新的锐气；必须更加注重打基础、利长远，“一届为一届打基础、一年为一年添后劲”；必须牢牢兜住民生底线，让群众共享改革发展成果；必须全面从严治党，坚持党委统揽、政企互动，最大限度地凝聚“晋江力量”。大会强调，谋划未来，开启晋江新征程，必须清醒认识存在的问题，抢抓机遇，放宽视野，汇聚全球资源，再创无愧于时代的新业绩。要高举中国特色社会主义伟大旗帜，全面贯彻党的十八大和十八届三中、四中、五中全会精神，以马克思列宁主义、毛泽东思想、邓小平理论、“三个代表”重要思想、科学发展观为指导，深入贯彻习近平系列重要讲话精神和对福建工作的重要指示，紧紧围绕“四个全面”战略布局，坚持发展第一要务，牢固树立、自觉践行“五大发展理念”，以创新转型、跨越发展为主线，以提升人民群众获得感为目的，统筹推进经济建设、政治建设、文化建设、社会建设、生态文明建设和党的建设，全力打造国际化创新型品质城市，丰富“晋江经验”，在“新福建”“五个泉州”建设中持续当标兵、走前列。大会强调，做好未来五年工作，必须坚定不移推进“人才强市”“新型城镇化”和“国际化”三大战略，以更加务实的姿态甩开膀子、大干一场、再拼一次，攻坚突围，让晋江更出彩。要全力实施“136”攻坚行动，培育创新驱动核心动能、三大新产业和六大新增长区域；全力推进产业品质提升工程，守住传统产业看家宝，培育新兴产业生力军，做强现代服务业增长极；全力推进城市品质提升工程，着力优化空间布局，构建大交通格局，完善城市功能，推行精细化管理运作；全力推进民生品质提升工程，注重增进民生福祉，增加优质资源供给，增强社会治理实效；全力推进生态品质提升工程，推动绿色低碳发展，持续优化生态环境，完善生态文明体制；全力推进“三农”品质提升工程，加快推动农业现代化，深化美丽乡村建设，促进农民持续增收；全力推进文化品质提升工程，提升市民文明素质，健全公共文化服务体系，做大做强文化产业，深耕文化旅游品牌；全力推进开放品质提升工程，提升外向型经济水平，加快推进城市国际化进程，拓展对外文化交流，深化晋台交流合作。大会强调，建设国际化创新型品质城市，是全市广大党员、干部群众的共同奋斗目标，对党的建设科学化水平提出了更高要求，必须牢牢把握党的执政能力建设，坚持全面从严治党，推动思想大解放，不断激发干事创新力；推动能力大提升，不断增强队伍战斗力；推动活力大彰显，不断迸发基层创造力；推动作风大转变，不断提升党组织公信力；推动合力大汇聚，不断凝聚发展向心力，全力造就一批好党员、好公仆、好干部、好班子。大会号召，全市各级党组织、全体共产党员和广大干部群众，更加紧密地团结在以习近平总书记为核心的党中央周围，以更加昂扬的斗志、更加扎实的作风、更加振奋的精神，不忘初心，继续前进，为打造国际化创新型品质城市、建成更高水平的全面小康社会而努力奋斗！

会议选举产生十三届晋江市委委员、候补委员，晋江市纪委委员和出席泉州市第十二次党代会代表，通过关于十二届晋江市委工作报告的决议、关于十二届晋江市纪委工作报告的决议，以及关于深化试行党代会常任制的决议，通过大会提案工作委员会名单。

【市委全会】

2016年7月30日，中共晋江市第十三届委员会第一次全体会议在市委党校召开。根据选举结果，刘文儒当选晋江市委书记，张文贤、陈晋永当选晋江市委副书记。会议选举刘文儒、张文贤、陈晋永、林惠玲、许仰东、王茂泉、黄文福、潘子良、吴忠刘、陈长义、刘文成等11人为新一届晋江市委常委。会议还通过晋江市纪委十三届一次全体会议选举结果。

12月13日，中国共产党晋江市第十三届委员会第二次全体会议在市委党校召开。全会深入学习贯彻党的十八届六中全会精神，学习贯彻省第十次党代会、省委十届一次全会以及泉州市委十二届二次全会精神，听取市委书记刘文儒代表市委常委会所作的报告。全会指出，党的十八届六中全会深入分析全面从严治党面临的形势和任务，就新形势下加强党的建设作出新的重大部署，开启全面从严治党的新阶段。省第十次党代会、省委十届一次全会、泉州市委十二届二次全会全面贯彻十八届六中全会精神，对深入推进“五位一体”总体布局和“四个全面”战略布局作出重要部署，开启迈向更高水平发展的新征程。全会强调，要深刻领会十八届六中全会的精神实质，充分认识确立习近平总书记在党中央、全党核心地位的极端重要性，以及出台《关于新形势下党内政治生活的若干准则》(以下简称准则)和修订《中国共产党党内监督条例》(以下简称条例)的重要意义；深刻把握省委、泉州市委的战略宏图，在“新福建”和“五个泉州”建设中找准目标定位，把省、泉州市党代会提出的各项战略重点，落实到推进国际化创新型品质城市建设的各个领域；深刻认识晋江肩负的历史使命，倍加珍惜省委、泉州市委的关心厚爱和大力支持，奋力攻坚，干事创业，推动中央、省委和泉州市委决策部署落实到晋江的各项工作中。全会要求，全市各级党组织和广大党员干部要深入贯彻十八届六中全会精神，落实全面从严治党“两个责任”，严格执行准则、条例，坚定不移地把全面从严治党向纵深推进。全会号召，全市各级党组织和广大党员干部更加紧密地团结在以习近平同志为核心的党中央周围，在省委、泉州市委的坚强领导下，抓牢全面从严治党，不忘初心，继续前进，奋力把晋江打造成“国际化创新型品质城市”，在“新福建”和“五个泉州”建设大局中作出新的更大贡献，以优异的成绩迎接中国共产党成立100周年！

【“两学一做”学习教育】

2016年4月21日，晋江市召开“两学一做”学习教育工作会议，传达中央、全省和泉州“两学一做”学习教育有关精神，并部署启动晋江学习教育工作。会议指出，开展“两学一做”学习教育，是夯实“思想建党”的根基、实现“覆盖全党”的目标、体现“经常教育”的定位、落实“主体责任”的要求，要深刻学习领会，统一思想、自觉行动，真正把思想政治建设抓在日常、严在经常，进一步增强政治意识、大局意识、核心意识、看齐意识。会议强调，开展“两学一做”，是当前的一项重大政治任务，要坚持问题导向，查摆整改、夯实基层，对照党员标准检视和改进自己，抓整顿、抓排查、抓典型、抓处置、抓长效。要高度重视，分工合作，精准指导，传导压力，营造氛围，加强组织领导，落实责任、统筹推进，切实抓紧抓好、抓出实效，推动每一名党员干部提振精气神、展现新作为，用推动发展的成效来检验学习教育的实效。要围绕专题学习讨论，每季度安排一个专题，确保自学一套书、周推一张图、月聚一次学、季度一讨论；要重点围绕讲理论、讲规矩、讲党史、讲典型，创新方式讲好党课；要开展“晋江新发展，党员勇担当”主体实践行动，落实设岗定责、党员义工、关怀帮扶、典型宣传、党内表彰等五项制度；要开展“我心中的合格党员”专题讨论，对照标尺查改问题，同时开好专题组织生活会、党员民主评议会，严格开展党内批评。

5月13日，晋江市召开市委常委会“两学一做”学习教育第一专题学习讨论会，市委常委出席会议，市人大、市政协正职领导，市委副处级及以上干部列席会议。会议以“坚定理想信念、增强‘四种意识’”为主题，重点围绕党章和习近平总书记系列重要讲话中蕴含的治国理政新理念新思想新战略、习近平对福建工作的重要指示等有关精神，结合古田会议精神、才溪乡调查精神，进行学习讨论，进一步强化理想信念和党性修养，增强政治意识、大局意识、核心意识、看齐意识，在思想上政治上行动上始终同以习近平同志为总书记的党中央保持高度一致。会上市委领导李建辉、许仰东、陈晋永、郑亚亮作主题发言，其他市委常委作交流发言。会议强调，领导干部要带头树牢“四种意识”，通过学习党章党规、系列重要讲话，在思想上政治上行动上始终同以习近平同志为总书记的党中央保持高度一致。要对标查改问题，对照合格党员标准，把自己摆进去，真正树起清风正气，营造勇于担当的氛围。要统筹推进发展，通过学习教育，推动每一名党员干部以更有担当、更加实干的精神面貌，在经济运行、转型升级、项目建设、脱贫攻坚、民生保障、市镇换届等重点工作中发挥先锋模范作用，为加快转型升级跨越发展，丰富晋江经验，持续当好排头兵作出更大贡献。

8月9日，晋江市召开市委常委会“两学一做”学习教育第二专题学习讨论会，市委常委出席会议，市人大、市政协正职领导，市委副处级及以上干部列席会议。会议以“坚守纪律底线、培养高尚情操”为主题，重点围绕《中国共产党廉洁自律准则》和《中国共产党纪律处分条例》、中共中央总书记习近平在庆祝中国共产党成立95周年大会上的讲话及关于严明党的政治纪律和政治规矩等重要讲话精神进行学习讨论。会上市委常委、市纪委书记许仰东解读《中国共产党问责条例》，市领导张文贤、黄文福、吴忠刘、陈长义分别作主题发言，其他市委常委分别作交流发言。会议强调，党员领导干部要发挥示范作用，带头开展好“两学一做”学习教育，坚持高标准、严要求，学在先、做在前，着力推动“学”向“做”的转变，做到学用结合、知行合一；要突出基层重点，落实主体责任，层层传导压力，加强指导，督促基层组织既要高标准做好“规定动作”，又要精心开展富有当地特色的“自选动作”；要统筹推进工作，坚持两手抓、两促进，把开展“两学一做”学习教育与贯彻落实党代会精神结合起来，与完成年度目标任务、推进重点项目建设、维护社会稳定等中心工作结合起来，确保取得实际成效。

11月1日，晋江市召开市委常委会“两学一做”学习教育第三专题学习讨论会，市委常委出席会议，市人大、市政协正职领导，市委副处级及以上干部列席会议。会上，市委常委以“坚持根本宗旨、发挥党员作用”为主题，结合学习党的十八届六中全会精神，围绕学习贯彻习近平总书记在中共中央学习《胡锦涛文选》报告会上的重要讲话精神和《中共中央关于学习〈胡锦涛文选〉的决定》进行学习讨论。市委领导刘文儒、林惠玲、王茂泉、潘子良、刘文成作主题发言，其他市委常委作交流发言。会议强调，“两学一做”，关键在做，党员干部要敢于担当、善于作为，发挥先锋模范作用，做到“平常时候能看出来”“立足岗位能体现出来”“组织需要能站出来”；当好表率，塑造好形象，主动作为，把党员意识体现到岗位上、落实到行动中，在攻坚克难关键期，身先士卒，冲锋在前，以上率下。要把学习贯彻十八届六中全会精神、学习习近平在纪念红军长征胜利80周年大会上的重要讲话和在学习《胡锦涛文选》报告会上的重要讲话作为重点，纳入“两学一做”学习教育，持续深化学习；要发挥支部作用，持续抓实“三诺”载体，引导党员在做好本职工作和日常事务中积极履诺践诺；严格落实责任，层层传导任务，确保学习教育取得实效。

【文明城市创建】

2016年12月1日，晋江市召开文明城市创建暨移风易俗推进会，部署2016年文明城市迎检工作。会上，市政园林局、行政执法局、市场监督管理局、交警大队和青阳街道、梅岭街道就整改落实创建工作薄弱环节作表态发言，市委常委、宣传部部长、市文明委常务副主任林惠玲部署迎检工作；市委书记刘文儒，市委副书记、市长张文贤分别讲话。会议要求，各级各相关部门要坚定信心，持续发力，增强创城的紧迫感和责任感，客观分析存在的问题和原因，全力以赴抓好创城工作，举全市之力、创文明之城，以文明城市创建为抓手和载体，完善一批城市基础设施建设，推动一批城市精细化管理项目，解决一批和老百姓生活息息相关的问题，改变一些和现代生活、城市生活格格不入的现象。会议强调，要持续深化移风易俗，成风化人，树立文明新风尚。要常抓不懈、持之以恒、久久为功，紧盯社会热点和难点，破除陈规陋习，延续优良传统，引导百姓活出品质；要定好用好村规民约，约束群众行为习惯，不断推广好经验、好做法；要发挥“关键少数”的作用，突出党员干部、社会精英的示范带动，以良好的党风政风带动民风社风；要以新文化改造旧文化，持续完善城市功能配套，切实加强社风文化建设。

【全面从严治党】

2016年1月30日，晋江市召开2015年度抓基层党建暨履行党风廉政建设主体责任述职评议会。会上，市委组织部汇报2015年度全市基层党建工作情况，各镇(街道)、经济开发区党(工)委主要领导围绕2015年基层党建暨履行党风廉政建设主体工作进行述职并接受评议，市委书记李建辉逐一进行点评并作总结讲话。会议指出，近年来，晋江市党建工作亮点频出，但也要清醒地看到存在的问题。认识新常态、把握新常态、引领新常态，是今后一个时期经济社会发展的大逻辑，全体党员干部要立足全面从严治党新常态，以解放思想为引领，坚持问题导向、眼睛向下，推动基层党建和党风廉政工作再上新台阶。会议强调，下一步，抓好党建工作，要聚焦能力素质，提振干部激情，注意提高专业水平、加强一线历练、弘扬晋江精神；要聚焦政治功能，打造坚强核心，确保“要有一名好支书、要有一批好党员、要有一个好传统、要有一项好服务”；要聚焦资源整合，创新乡村治理，推进区域党建、队伍建设、基层减负和村资分离；要聚焦品牌优势，提升“两新”党建，抓住重点、抓实弱点、抓准痛点；要聚焦风清气正，坚守纪律规矩，强化严格自律、一岗双责、正风肃纪。

2月2日，晋江市召开市纪委十二届十次全会，会上，市长刘文儒传达中央纪委十八届六次全会、省纪委九届七次全会和泉州市纪委十一届七次全会主要精神；市委常委、纪委书记许仰东作晋江市纪委工作报告，通报2015年晋江查处的违纪违法典型案件及“八项规定”贯彻落实情况并部署节日期间廉洁自律和厉行节约工作，市委书记李建辉作了讲话。会议指出，过去的一年，全市纪检监察部门紧紧围绕市委、市政府中心工作，聚焦主业，着力正风肃纪、反腐惩恶，为晋江推动转型升级、跨越发展作出重要贡献。会议强调，反腐倡廉事关发展、事关全局，全体党员领导干部要认清形势任务，增强抓好党风廉政建设的责任感、紧迫感，深刻领会全会精神、认清当前形势、服务发展大局。要强化压力传导，切实担负起全面从严治党的政治责任，党组织要担负起主体责任，党委(组)书记作为第一责任人，要切实担负起抓好班子、带好队伍的任务，班子成员要对分管范围内的党风廉政负责；纪检监察部门要严肃追责，倒逼责任落实；要把纪律挺在前面，引导干部筑牢防腐拒变的思想道德防线；要突出“关键少数”，强化党内监督。要狠抓工作落实，扎实推进党风廉政建设和反腐败工作，要让党员干部知规守纪，驰而不息地推进作风建设，坚决遏制腐败蔓延势头，切实加强基层党风廉政建设，加强纪检监察干部队伍建设。全体党员干部务必以身作则，严守廉洁自律底线，不要为圈子所累、不要为奢靡所腐、不要为小利所获、不要为权力所俘。

11月30日，晋江市召开十三届市委常委会第13次(扩大)会议，市四套班子领导成员，各镇(街道)党(工)委书记、经济开发区党工委书记及市直各单位主要领导参加会议。会上，市委书记刘文儒进行集体廉政谈话。会议指出，今年来晋江市扎实推进党风廉政建设和反腐败工作，取得新成效，但仍存在一些问题，要利用集体廉政谈话契机，以谈促廉，推动各党员干部切实做到忠诚、干净、担当。会议强调，一要对党忠诚。把贯彻六中全会精神作为当前最大的政治任务，全面准确、不折不扣贯彻落实好上级各项重大决策部署，确保政令畅通。二要廉洁自律。严肃党内政治生活，驰而不息抓好作风建设，加强党内监督，强化监督执纪问责，实践好“四种形态”，重视日常监督执纪。三要敢于担当。要把全面从严治党主体责任扛在肩上，紧抓党风廉洁工作不放松，敢于迎难而上、勇于作为，时刻保持干事创业精气神，按照“四个绝对不能”要求，全力在“建设新福建”“五个泉州”及“国际化创新型品质城市”建设中彰显新作为。

12月9日，晋江市召开全市党风廉政建设形势分析会，落实全面从严治党要求，总结部署推进全市党风廉洁建设。市四套班子领导成员等出席会议。会上市委常委、市纪委书记许仰东通报2016年全市党风廉政建设工作，分析存在问题，提出下一步工作计划，市委书记刘文儒作了重要讲话。会议强调，党风廉洁建设和反腐败工作事关发展、事关全局，各级各部门要保持清醒认识，全面从严治党。要牢固树立“四个意识”，切实增强抓好党风廉洁建设的紧迫感和责任感，把思想和行动统一到中央和各级党委的要求和部署上。要层层传导压力，压实“两个责任”。要严格履行管党治党的主体责任，严格执行《准则》和《条例》，规范党内政治生活，加强党内监督，推进全面从严治党落到实处；纪检监察机关要加强对“两个责任”落实情况的监督检查，让监督成为常态。要突出工作重点，把党风廉洁建设引向深入。要坚持抓早抓小抓预防，严肃查处任何违纪问题，驰而不息抓好作风建设，坚定不移强化党内监督，不断营造风清气正的政治生态，为促进全市经济社会稳步发展多做贡献。

(林扬刚撰　蒋家兴审)

·中共晋江市委办公室工作·

【概况】

2016年，中共晋江市委办公室(以下简称市委办)围绕建设“国际化创新型品质城市”这一中心工作，认真履行“参谋助手、督促检查、综合协调、后勤保障”职能，在完成市委重大任务和做好各项服务保障中，齐心协力，规范运作，较好实现年度工作目标，各项工作取得新的进步。信息工作连续12年全省评比第一，督查工作连续18年全省先进，公文处理、政研工作、机要工作、保密工作、党的建设继续走在全省、泉州市前列。

【综合协调】

2016年，市委办树立“协调服务无小事”理念，主动加强与省委办、泉州市委办的业务联系，正确处理好与全市各单位特别是“四办”之间的关系，促进横向、纵向交流沟通顺畅。总结公务接待活动服务经验，注重统筹谋划，优化服务流程，建立一套“启动及时、运转有序”的服务机制。按照“高效、严谨、规范”要求，推进文风转变。制订出台《关于进一步改进文风的实施意见》，严把格式关、政策关、文字关，严控发文数量和转发文；规范公文呈批审签程序，最大限度减少公文“体外循环”等老大难问题。完善文电处理机制，成立文电法规室、配备专人负责，文电办理效率显著提升。

【参谋助手】

2016年，市委办主动适应新形势新要求，注重把握发展规律，紧跟上级精神，紧扣市委决策意图和工作思路，起草、修改市委重要文件、会议纪要等文稿530余篇，200多万字。先后撰写市委工作会、企业创新大会、市第十三届党代会、省工作检查、全委会等40多个重大会议、活动的会议材料，每篇文稿都力求新、实、活，文稿的“含金量”不断提升。

围绕中央、省委关注的热点问题，开拓视野、延伸触角，及时上报大量前瞻性、导向性、苗头性的信息，为服务上级领导决策做出积极贡献。全年采编《晋江信息》正刊146期、增刊68期、专报件399期、《每日动态》217期、业务通讯12期，20条信息得到市委主要领导批示；上报信息近900条，被省委办公厅《八闽快讯》采用114条，被泉州市委办《侨区快讯》采用109条，9条信息被《八闽快讯》专报件采用，12条信息被中办信息采用，共有9条信息得到中央领导批示。

紧扣打造“国际化创新型品质城市”发展大局、紧贴领导思路、紧跟热点问题，把市委工作重点作为政研工作核心，“身在兵位，胸为帅谋”，谋好参优党委正在想的事，精准提供决策参考，参到点子上、谋到关键处，全年编发《决策参考》6期，其中3期得到市委主要领导批示。牵头组织全市重点课题调研，研究确定19个市级年度重点调研课题，形成一批高质量的调研文稿，并做好调研成果的转化运用。全年编发《晋江调研》10期，推荐上报并被上级刊物采用4篇次，其中市委书记署名文章《聚焦聚力先创先行 不断探索非公企业党建的晋江经验》被省委政研室《调研内参》专刊刊发；《晋江市创新人才发展机制，驱动产业质量发展的实践与探索》等3篇调研文章在《泉州通讯》刊发。

加强党建办主责意识、主角姿态和主动精神，会同市委组织部，做好全市20个重点党建项目管理，联合开展2016年度党建一把手精品项目展评活动，成功申报泉州市级党建重点项目3个。抓党建课题调研，推荐的优秀课题2篇获得省级一等奖、三等奖，2篇获得泉州市级一等奖、二等奖，在泉州市非公有制企业党建主题征文评选中，获一等奖1篇、二等奖1篇、三等奖2篇。科学制定2016年度对全市党建绩效考评指标，牵头迎接泉州市对晋江市党委工作绩效考评，考评成绩连续5年领跑泉州市各县(市、区)。总结推广全市“三化五联”园区非公党建工作，在全省党建工作联系点会议上推介晋江市非公党建工作成果。

【督促检查】

2016年，市委办坚持“围绕中心，服务大局”原则，重点抓好市委重大决策部署的督促检查和市委主要领导批示件的办理工作。组织开展市第十三届党代会目标任务责任分解，对项目建设百日攻坚、市领导“现场办公月”活动等重要工作任务进行督促检查，较好履行督查工作职能。加强与市政府督查室、效能办等单位联动，在全市形成督查工作一体化格局。执行督查制度，树立督查工作的严肃性和权威性，发挥绩效考核“指挥棒”作用，倒逼项目承办单位加快项目工作进度，推动项目攻坚取得新突破。全年对上级党委和市委重大决策部署立项督办95项，编发各类刊物194期，其中《落实与反馈》161期、《督查专报》33期；组织查办领导批示件52件。

【后勤保障】

2016年，市委办注意适应新情况、新变化，不断总结经验，加强制度建设，注重抓好落实，有效促进服务保障水平提升。加强日常卫生绿化管理，加大出入大院车辆排查，重新划定大院泊车位，解决机关大院车辆停放无序问题。健全完善机关保卫、保密、防火、防盗、值班巡逻等安全防范制度，扩大安保巡查范围、增加巡查次数，严格来访人员的出入登记制度。设立市委大院警务室，协调公安部门增派民警协同配合做好大院安全维稳工作。研究制定本办公务用车制度改革具体实施方案，做好车辆管理处置、司勤人员安置招聘及有关文件政策解读答疑，规划车改工作涉及的院内车辆管理，整合市委周边停车场，着力解决停车难问题。

(程思斯撰　柯晓钟审)

·组织工作·

【概况】

2016年，全市组织工作坚持全面从严治党，围绕中心，服务大局，聚焦主业，开拓创新，提高组织工作质量水平，为实现“十三五”良好开局，建设国际化创新型品质城市提供坚强组织保障和人才支撑。一年来，晋江市先后在全国区域化党建专题研讨会、全省“两学一做”学习教育工作推进会、全省党建工作联系点工作会、全省深化人才发展体制机制改革座谈会、全省机关党建重点课题调研推进会、泉州市园区党建现场会等作典型发言。市委组织部获评泉州市2016年组织工作先进单位，市直党工委获评全省机关工委系统先进集体。省委书记尤权对晋江市基层党建特别是非公党建工作给予充分肯定。至2016年底，全市市委工作部门8个、市政府工作部门29个、部门管理机构2个(老干局、信访局)、派出机构4个(经济开发区管委会、泉州出口加工区管理局、安平管理处、行政服务中心管委会)、驻外机构2个(驻深办、驻榕办)；处级及以上干部61名，科级干部1217人(其中正科级干部382人，副科级干部835人，不含教育、医疗卫生单位)，市直医疗卫生单位市管干部10人，中学(职校)市管校级干部135人，一类国有企业正职8人；院士工作站7个、博士后工作站1个，国家“千人计划”专家6人、“国家有突出贡献的中青年专家”2人、省“百人计划”专家20人、泉州市“海纳百川”高端人才83人、认定晋江第一至第五类人才1748人；党委74个，其中镇党委13个、市直系统党委17个、建制村党委1个、社区党委2个、镇(街道、经济开发区)企业和社会组织党委20个、机关事业单位党委4个、国有企业党委1个、非公企业党委13个、新社会组织党委3个；派出党工委9个，其中街道党工委6个、市直机关工委1个，市委经济开发区工委1个、市委非公企业和社会组织工委1个；党总支92个，其中村(社区)党总支部21个、机关事业和公有经济组织党总支51个、“两新”组织党总支20个；党支部2478个，其中村(社区)党支部433个、机关事业和公有经济组织党支部628个、“两新”组织党支部1417个；党员49761人，其中13个镇党员31617人、6个街道党员8866人、经济开发区党员362人、市直机关党员8916人。

(陈贤才撰　蔡文思审)

【“两学一做”学习教育活动】

2016年4月，市委按照中共中央统一部署，启动“两学一做”学习教育，全

晋江市"两学一做"先进模范事迹报告会

市2614个党支部、49761名党员参加。制定"1+7"方案，项目化推进25项具体任务，泉州在晋江市召开现场推进会，"三诺"工作经验在全省学习教育工作推进会上交流。坚持以上率下，开展"书记上党课"，精心安排三个专题讨论，力促落实"三会一课"和双重组织生活要求。强化典型引领，拍摄《信念》党性纪录片，举办先进模范事迹报告会，宣传学习磁灶镇大埔村创建全国先进基层党组织经验。发挥党员作用，对照"四讲四有"，制定正负清单，开展"讲述•我的党员故事"和"讨论•我看合格党员"活动，全力推进"承诺、践诺、评诺"，全面推行"党员亮相"行动，有效防范"换届综合症""脱离群众症""软弱涣散症"。

（陈孟哲撰　施嘉奕审）

【市镇换届工作】

2016年，市委组织部按照《干部任用条例》及换届有关政策规定，坚持"只要干得好就能用的好"的用人导向和"那里出成绩，那里出干部"的用人原则，推进换届及有关人事调配，配强班子、选准干部，为推动事业发展打好基础。坚持通盘考虑、按需分批、精准配备，持续推动领导班子结构优化。镇街换届调整后，镇街党政正职平均年龄43.6岁，比换届前下降3岁，配备4名35岁左右的党政正职，占镇街数21%，35名35岁以下镇（街道）领导班子，占配备总数13.6%，其中有9名30岁以下干部。镇街领导班子平均年龄比换届前下降近1.5岁。每个镇街领导班子至少配备1名女性干部，5个少数民族常住人口千人以上镇街班子均至少配备1名少数民族干部。从"六类人员"中择优选拔14名对象进入乡镇领导班子，其中村级党组织书记、非公企业党组织负责人、大学生村官各1名体制外人员。推动市直镇街干部双向交流，调整与镇街换届联动的市直单位干部，优化市直班子结构，市政府一半以上工作部门配备女性领导班子成员，超过三分之一配备党外领导干部，新配3名80后市直单位正职。认真做好各级党代表、人大代表、政协委员提名推荐工作，优化代表、委员结构，从严执行上级关于代表、委员资格条件审查要求，做好市党代会、人大会、政协会各项组织工作，确保换届选举工作依法依规、严密组织、平稳进行。前移干部选任关口，执行选任全程纪实制度，落实"凡提四必"要求，完成全市科级干部及新提任对象"三龄两历一身份"审核认定，核查群众反映信访事项，深化科级干部个人有关事项报告制度，力阻干部"带病提拔"。严肃换届纪律，建立换届工作联络督导组及换届风气巡回督察组，加强换届风气监督和信访举报核查力度，顺利通过中组部专项督查，营造风清气正的换届环境。

【干部教育培训】

2016年，市委组织部学习领会中共中央《干部教育培训工作条例》以及《加强和改进新形势下党校工作的意见》文件精神，围绕落实《2014—2017年晋江市干部教育培训规划》，按照干训领导小组会议议定培训计划，着眼集中换届干部队伍思想建设和能力建设，扎实开展干部培训工作。全年举办核心班次34个，投入党政群教育培训经费2894万元；各单位共举办各类培训、讲座1506场，培训党政干部6.8万人次，专业技术人员3.7万人次，企业经营管理人员1.5万人次，圆满完成年度培训任务。干部培训工作作为换届后提振干部干事创业热情的重要做法，被福建省《组工通讯》刊发推介。突显党性教育，坚持将中共十八大和十八届三中、四中、五中、六中全会精神特别是中共中央总书记习近平系列讲话精神作为教学核心内容，做到党的重大理论成果、重大战略部署第一时间进课堂。注重分类轮训，深化"组织调训，党校服务，业务主管单位牵头举办"的联动办学模式，着眼提高干部专业化素养，按照岗位类别举办各类"短小精专"专题培训班，全年轮训各层次干部近8400人次。改进办学方式，实现培训系统性和参训灵活性高度统一，促进业务学深学透和缓解工学矛盾的“双赢”效果。完善委培机制，将培训工作作为“晋江经验”宣传窗口和与各地交流工作的重要阵地，全年承办省内外12个委托班次，培训各地干部近600人次。

【干部考评机制】

2016年，市委组织部改进考察提名方式，组织对全市79个领导班子，845名科级干部，163名拟提拔副科级干部人选进行全面考察，全方位、近距离地考察干部表现，客观准确的发现、推荐干部，为换届人事调配提供有力支撑。立足“管人管事相结合”，出台《关于加强和改进市管副科级后备干部工作的通知》，落实党组织培养、推荐干部的主体责任，组织各单位推荐后备干部317人。开展实名推荐，组织市领导、单位主要领导“双向”实名推荐，对分管或所在班子结构搭配进行分析，对班子建设调整优化提出意见建议，并根据掌握情况，实事求是、负责任地推荐单位科级干部和副科级干部人选到适合的岗位任职，为配班子、选干部提供参考依据。创新量化站队办法，运用“大数据”思维，收集分析考察对象民主测评、民主推荐、考察组评价、干部成熟度测评、近5年度考核情况等15个重要指标，进行量化站队；丰富横向评比标的，开展市直单位和镇（街道）互评、同班子科级干部自评互测、副科级干部人选登台述职，考准考实干部表现。

【干部培养锻炼】

2016年，市委组织部严把队伍入口关，全年共招录事业干部39人，安置军转干部41名及转业士官25人。抽调50名干部参与集成电路产业园筹备组、泉厦漳联盟路、循环经济产业园，在基层一线、发展前沿锻炼干部。坚持“外派内引”相结合，选派6名年轻科级干部担任市招商分局长，3名干部到平潭综合实验区、泉州市信访局挂职，接收3名干部到政府办、发改局、文体新局挂职。完成2014年大学生村官考录选调生、服务期满考核及转正定级，做好28名选调生、大学生村官接收安置工作。

【干部日常监督管理】

2016年，市委组织部加强干部日常监管，依托干部监督联席会议等渠道，按照“六必谈”要求，定期梳理反馈应谈干部对象，通过近距离谈心交心，掌握发现班子运行和干部表现情况和存在问题，做到早提醒、早纠正。严格执行经济责任审计、个人重大事项报告、干部请销假制度等制度，全年共组织对8名领导干部进行任期经济责任审计，结果予以及时通报；组织全市科级干部参加个人有关事项报告填报培训并填写表格；办理科级干部请销假手续1885人次。严落实职务与职级并行制度，989人晋升职级。做好干部日常管理，更改、确认干部学历39人次，审核审批股级干部任免408人次，办理干部职工调动51人、科员职员任命46人、公务员（含参公人员）登记62人、干部辞职（解聘）6人。完成2015年度考核工作，落实“优秀等次负面清单”制度，会同市人社局做好表彰工作，记三等功139人，嘉奖603人。

（傅安贤撰　洪文惯审）

【基层党建工作责任制】

2016年，晋江市实施项目化运作，完成总投资3800万元的20个党建重点项目，完善基层党建一把手精品项目展评制度，精心组织实施非公企业和社会组织“三级同创”项目，以项目运作破解突出问题。全面落实问责条例，开展市领导到村（社区）“现场办公月”活动，探索向村（社区）等基层党组织派出党建指导员，完善三级联述联评联考，开展基层党建重点工作约谈、督查、通报，建立市直机关党组（党委）抓基层党建绩效考评制度。

【村级组织建设】

2016年，市委组织部实施抓党促村“双翼”行动计划，推行问题清单治理机制，培育65名先进村“领头雁”，整顿32个薄弱村“奋蹄马”，选派第五批干部驻村任职、第二批干部驻村蹲点。加强村官履职能力建设，创办晋江干部学堂之村官轮训讲座，委托复旦大学举办“社会治理与公共服务”专题研讨班，设立福建农林大学博导团队。落实党建、服务、运转3项经费，全年核拨4904.842万元。推行村级干部百分制量化考评，提高2003年以前离职的主干基本养老补贴标准。全面推行村级组织工作清单，修订村务公开民主管理制度，建立村级干部档案，开展村级组织换届“回头看”，启动村经分离改革试点，进一步夯实从严管理村官的制度基础。

（陈孟哲撰　施嘉奕审）

【非公企业和两新组织党建】

2016年，市委组织部以创新“三化五联”园区党建模式为重点，巩固提升“二带十”区域化带动、“小微抱团”网格化推动、“党建联盟”行业化促动工作格局，新建开发区、英林服装园、西滨工业区等一批党群活动服务中心和党建指导站，成立5个行业协会党工委、9个同业公会党组织。开展“红色力量·助推发展”活动，组织市食品协会、市装备制造业协会抱团参展，签署45.2亿元意向合同。组建41支非公企业党员防汛应急突击队，帮助挽回经济损失1400多万元。创新“三职三选”机制，培育一支286人的党务干部队伍，举办浙江示范培训班。开展第二届“三级同创”党建品牌评选，评选红色提案委、党员智能工作组等27个创新项目。《晋江市探索非公企业党建的经验》在省委《调研内参（特刊）》发表。

（叶小滨撰　洪肇堆审）

【党组织“创新升级年”活动】

2016年，市委组织部开展机关党组织“创新升级年”活动，着力提高机关党建创新驱动发展能力，为丰富“晋江经验”提供服务和政治保障。晋江市获泉州市机关特色党建评选活动和重点课题评选“六连冠”，蝉联泉州市特色机关党建创建“特别成就奖”和全省机关党建重点课题评选一等奖，获评全省机关工委系统先进集体。开展“机关党旗红，‘五个泉州’在行动”主题实践活动，策划生成一系列品牌项目，部署开展第7轮特色机关党建品牌创建工作，举办全市特色机关党建项目评选总决赛，表彰12项特色成果和6个创建特色品牌先进单位，夯实“一系统一品牌、一支部一特色”党建格局，相关做法在《侨区快讯》刊发，得到泉州市委书记郑新聪批示肯定。指导统战系统党委做实“乡愁”党建品牌，获泉州市特色党建项目评选一等奖，主要做法在《每日汇报》《八闽快讯》和《侨区快讯》上刊发。创新市直机关党组织党建工作绩效评估，首次对40个市直政府部门、24个市直党群部门机关党建情况进行精细化考评。牵头组织开展市直党群部门25个单位绩效评估工作，评选表彰9个考评优秀单位、8个良好单位和3个合格单位。

开展机关党员“义工进村社，助力微心愿”活动，累计开展服务活动近百场，服务群众2万余人。《福建晋江市深入开展“党员义工进村社”活动推动机关党建服务升级》在《福建信息》刊发。

（郭秀银撰　陈倩仪审）

【发展党员及党员教育管理】

2016年，市委组织部以中央部署的七项基层党建重点任务为抓手，深化党员队伍结构预警制，推广入党成熟度积分制试点，提高发展党员质量，累计发展党员660人，其中农村（社区）261人，非公企业和社会组织221人，机关企事业单位178人。开展党员组织关系集中排查工作，理顺空挂党员645人，找到失联党员102人，对排查出的84人受刑事责任追究党员、94人受行政处罚的党员给予党纪处分。党费收缴专项检查中全市补交党费166.66万元。开展庆祝建党95周年暨“一先两优”表彰大会等十大系列活动，推荐评选各级“一先两优”188个。

【党员互助协会】

2016年，市委组织部走访调查，滚动更新2016—2017年度困难党员库，春节、七一期间走访慰问1427名困难党员，拨付19.88万党费专项慰问莫兰蒂台风受灾党员。实施困难党员精准帮扶项目，出台困难党员住院医疗专项救助实施方案，实现1140名困难党员在晋江住院看病基本“不要钱”。开展“党员互助”捐款活动，募集616.38万元，全年拨付党内互助基金396.13万元，帮扶救助困难党员9421人次。改网党员远程教育平台，全市1140名困难党员户可免费收看高清互动电视节目。

（施纯龙撰　施嘉奕审）

【组织信息调研】

2016年，市委组织部加强组织工作调研，落实信息轮值和工作研讨制度，相关组织工作被中央办公厅《中办专报》、中组部《组工信息》、省委办公厅《八闽快讯》、省组《组工信息》等省级以上刊物刊发56次，获各级领导批示17条（次），信息工作连续8年位列泉州市各县（市、区）第一名，《晋江市创新人才发展机制驱动产业质量发展的实践与探索》获评泉州市2016年度优秀调研课题一等奖，在泉州市组织系统信息调研座谈会上作典型发言，获评泉州市组工文化大讲堂单场“最佳评书”。

（陈贤才撰　黄文思审）

·宣传工作·

【概况】

2016年，晋江市宣传思想文化工作全面贯彻中共中央总书记习近平系列重要讲话和中共十八届三中、四中、五中、六中全会精神，认真贯彻落实各级宣传部长会议精神和市委要求，为推动晋江国际化创新型品质城市建设提供强有力的思想保证、舆论支持、精神动力、道德滋养和文化条件。理论武装方面，学习宣传贯彻中共十八届六中全会精神、省第十次党代会精神，邀请各级专家学者作专题讲座；加强学习型党组织建设，常态化编发各类学习参考资料；举办全市社会科学普及宣传周活动，晋江市获评省级社科普及示范创建市；组织“晋江经验”课题研究，创设“晋江四方馆”，构建推动晋江发展的智库交流平台。中心宣传方面，围绕中心大局做深主题宣传，全年在地市级以上主流媒体推出晋江发展经验成效报道逾万篇（次），市委报道组连续7年荣膺福建日报“双十佳”称号；强化网络宣传管理，举办第三届网络文化节；完善舆论引导机制，营造良好舆论环境。文明创建方面，深化道德教育实践、核心价值观教育、志愿服务制度化、未成年人思想道德建设、基层基础创建等工作，顺利通过全国县级文明城市年度测评；移风易俗“晋江经验”在全国作典型发言。文化繁荣方面，弘扬优秀传统文化，规划引导优秀作品创作生产；开展城乡文体活动1000多场，实施基层宣传文化“155”计划；指导做好省、泉州市级宣传

晋江市庆祝中国共产党成立95周年大会

思想文化示范乡镇创建工作;持续举办企业文化沙龙;强化文化产业政策资金支持,举办2016年晋江市文化产业周活动。队伍建设方面,抓好意识形态责任制;加强宣传系统党建工作和“两学一做”学习教育;组织宣传部机关、市广电局股级调配,开展市直医疗卫生单位副职领导考核调配;定期开展集体讲座、专题发言、下基层调研等活动。

(李俐撰　柯荣国审)

【学习宣传贯彻习近平重要讲话和中共中央、省委会议精神】

2016年,晋江市组织举办专题学习会、专题研讨会、主题宣讲活动等,在全市兴起学习宣传贯彻中共中央总书记习近平系列重要讲话和中共十八届五中、六中全会、省第十次党代会精神的热潮。1月5日,邀请原省委政研室副巡视员叶穗山作《学习贯彻五中全会精神正确认识“十三五”新发展》专题讲座。7月1日,组织全市各级党组织党员领导干部集中收听收看庆祝中国共产党成立95周年大会现场直播,学习习近平重要讲话。9月21日,邀请泉州市监察局副局长林振约作《适应全面从严治党新常态 强化担当履职 落实“两个责任”》专题讲座。结合“两学一做”学习教育,先后围绕“坚定理想信念、增强‘四种意识’”“坚守纪律底线、培养高尚情操”“坚持根本宗旨、发挥党员作用”等主题,开展学习研讨。先后开展“聚力十三五,创新促跨越”主题宣讲、“两学一做”学习教育百场宣讲和中共十八届六中全会精神宣讲等活动,组建宣讲团,组织集体备课,在全市广泛宣讲中共十八届五中、六中全会精神,宣讲党规党纪,推进理论进机关、进村、进社区、进企业、进学校,其中,11月21日,邀请泉州市委党的十八届六中全会精神宣讲团成员、泉州市委党校副校长、教授彭丽花作《学习六中全会精神,推进全面从严治党》辅导报告;12月22日,邀请泉州市委党校校委委员、党史党建教研室主任、副教授林常颖作《学习贯彻省第十次党代会精神》辅导报告。全年全市累计开展主题宣讲活动逾300场。

(谢佩龙撰　黄华东审)

【党委理论学习中心组】

2016年,晋江市突出统筹引领,注重学习服务,不断提升党委理论学习中心组学习实效。年初,印发《晋江市2016年理论学习安排意见》,明确全年理论学习重点、热点。根据人事调整情况,及时引导各党委(党工委、党组)建立健全学习中心组。10月,通报各镇党委、街道党工委、经济开发区党工委、市直单位党组学习中心组学习情况。12月8日,全国宣传干部学院到晋江调研,肯定晋江市党委学习中心组制度和企业文化沙龙的经验做法。全年全市各基层党委学习中心组累计开展学习活动近500场。以市委理论学习中心组为龙头,先后围绕中共十八届五中、六中全会精神、“两学一做”学习教育、党风廉政建设和体育产业、城市规划、知识产权、信息产业等主题,开展专题学习活动21场。12月28日,晋江市在泉州党委中心组学习经验交流座谈会交流发言,介绍晋江党委理论学习中心组学习的主要做法和成效。强化学习针对性,优化《中心组学习参考资料》编撰,并结合知识产权、体育产业等专题学习,适时编发学习专刊,全年累计编发参考资料34期,向党员干部推荐阅读书目6期60种,向市委理论学习中心组成员寄发《习近平总书记系列重要讲话读本(2016年版)》、党规学习材料、《全面小康热点面对面》《心胜2》《说不尽的外交》《月读》等书刊50余种。

(谢佩龙撰　黄华东审)

【“晋江大讲堂”“国学讲堂”“晋江四方馆”】

2016年,晋江市继续打造城市学习平台,扩大理论宣传宣讲覆盖。发挥“晋江大讲堂”城市学习品牌效应,8月3日,邀请央视《百家讲坛》主讲嘉宾董平作《王阳明的知行合一》专题讲座;8月28日,邀请中国公共外交协会会长、第九任中国外交部部长李肇星作《“一带一路”:晋江发展新机遇》专题讲座;优化“晋江大讲堂·手机版”课堂编撰,将手机彩信定向发送与微信公众平台推送相结合,全年累计编发50期。创设龙泉书院“国学讲堂”,8月3日,举办龙泉书院“国学讲堂”启动仪式暨“如何有效传播国学知识”主题沙龙,市委常委、宣传部部长林惠玲致辞,并与央视《百家讲坛》主讲嘉宾董平共同为龙泉书院“国学讲堂”揭牌。龙泉书院“国学讲堂”先后邀请浙江大学董平、集美大学王人恩、厦门大学傅小凡、福建师范大学郭丹、江夏学院徐刚、龙岩学院徐维群、泉州浩然书院陈少佑等专家学者讲授国学知识,全年累计举办专题活动8场。创设“晋江四方馆”,10月28日,举办“晋江四方馆”启动仪式暨“建设国际化创新型品质城市”座谈会。启动仪式上,省社科规划办主任陈飞,泉州市社科联主席李培德,晋江市委常委、宣传部部长,市社科联主席林惠玲,《晋江经济报》总编陈煜晃共同为“晋江四方馆”揭牌,林惠玲常委向“晋江经验”系列课题负责人颁发晋江发展战略研究院研究员聘书。启动仪式后,省社科规划特别委托重大项目“晋江经验”系列课题负责人与市直有关单位领导围绕晋江“建设国际化创新型品质城市”展开座谈。《晋江经济报》开设“晋江四方馆”专版,每月推出社科理论专版报道,2016年,累计推出3期理论专版,先后围绕“建设国际化创新型品质城市”“坚定信心、创新发展”“打造发展战略研究咨询‘智库’平台”主题,刊载社科专家意见建议。

(谢佩龙撰　黄华东审)

【“晋江经验”研究推介】

2016年,晋江市开展省社科规划特别委托重大项目“晋江经验”系列课题研究。2月23日,举办“晋江经验”系列课题对接会,邀请市直有关单位与6个立项课题团队座谈交流,明确课题研究方向、重点。3月至6月,组织立项课题团队通过实地走访、问卷调查,开展产业、城市、社会治理、文化、生态和执政能力建设的课题研究。7月,“晋江经验”系列课题形成决策咨询报告,为晋江市十三次党代会报告提供参考。编发《晋江发展战略研究》第五期。面向社科界推介“晋江经验”,在全国中文核心期刊《中共福建省委党校学报》封二开设“印象晋江”专栏,每月一期,围绕产业转型升级、体育产业、第十八届鞋业博览会、文化产业周等主题,通过图文结合的方式,宣传晋江经济社会发展的新举措、新动态,全年累计推出专题宣传12期。

(谢佩龙撰　黄华东审)

【重大主题宣传】

2016年,晋江市委宣传部整合宣传资源,创新宣传形式,围绕市委中心大局,精心策划各项主题宣传。《晋江经济报》、晋江电视台、晋江新闻网陆续开设“城韵晋江 你我缔造”“匠心智造 创新

"晋江四方馆"启动仪式暨"建设国际化创新型品质城市"座谈会

突围 全力打造创新型城市""创建全国文明城市""创新突围、重塑优势""新理念、新动力、新发展""敢拼会创 百日攻坚"等近20个专题、专栏。精心策划"企业创新大会"主题宣传，制作《匠心智造创新突围》企业创新宣传片，新华社刊发通稿《匠心智造为"晋江经验"注入新活力——福建晋江企业创新大会见闻》，《福建日报》头版头条刊发《政企互动，匠心智造探新路》并配发评论《互动的力量》，《光明日报》《经济日报》《人民日报(海外版)》、新华网、人民网、中新网等多家主流媒体刊发10多篇重头深度报道。精心策划移风易俗主题宣传，11月27日下午，在中宣部、中央文明办召开的"推动移风易俗、树立文明乡风"电视电话会上，晋江作为全国唯一县级代表做典型发言，会后，各级主流媒体纷纷聚焦晋江，推出一系列主题报道：12月2日，中央电视台《新闻联播》播发《福建晋江：移风易俗 不比排场比慈善》(时长1分43秒)，《光明日报》刊发《福建晋江：以文易俗 树文化新风》，《泉州晚报》刊发《晋江移风易俗 城美人更美》；12月3日，《人民日报》刊发《过去比操办 现在比文化》，中央人民广播电台播发《福建陕西等地通过完善村规民约 推进移风易俗》；12月4日，《福建日报》头版刊发《晋江：村规民约，约出好民风》。组织策划党代会和"两会"宣传，开展"发展新征程 镇街忙什么""扬帆再起航 发展大家谈""逐梦五年 晋江嬗变"等系列专题宣传，整合报、刊、台、网等各类传播平台，采用全媒体宣传手段，综合运用动态消息、深度解读、现场花絮、代表声音、新闻短评、综述报道、人物访谈等形式，用规范、全面、老百姓听得懂的语言传递党委政府的政策、思路和举措，传播晋江打造国际化创新型品质城市的好声音。

(陈文经、姚煜娟撰　柯荣国审)

【重大活动宣传】

2016年，晋江市按照"活动+城市"宣传的总体思路，精心策划组织重大活动宣传。围绕央视元宵晚会五店市分会场、第十八届中国(晋江)国际鞋业(体育产业)博览会、2016年全国沙滩排球赛(晋江站)、第五届端午民俗旅游文化节、第三届闽台(泉州)食品交易会、第六届APEC电子商务工商联盟论坛、国际集成电路产业发展高峰论坛、2016"海峡杯"福建(晋江)工业设计大赛、"海峡杯"(晋江)创新创业大赛、晋江半程国际马拉松等全年重大展会、文化和赛事活动，精心策划方案，统筹组织实施，拓展宣传渠道，创新宣传形式，活动宣传效果和城市影响力不断提升。

3月30日，到北京开展新闻发布活动，集中发布全年重大活动赛事，来自中央、北京的报纸、广播、电视、网站共60多家媒体汇集现场，聚焦晋江盛事，陆续推出相关报道160多篇，网络媒体转载近千条，掀起舆论热潮。当天下午，市主要领导做客新浪网，向广大网友推介晋江，新浪网、新浪微博、新浪视频、腾讯视频客户端登载专访视频。鞋博会期间，紧扣晋江打造体育城市目标，以推动转型升级为主线，围绕展会扩展提升，精心策划宣传项目，形成多角度、立体化、全媒体宣传格局，策划推出相关报道3000多篇(次)，实现新闻宣传按既定导向推进。举办"看体育名城 享晋江经验"媒体总编走进晋江采风活动，邀请国内重点城市的40多家主流媒体的总编、记者，组成大型采风团，集中宣传推介晋江的产业、文化和城市，进一步打响晋江体育城市的名片，推出近40个专版，100多篇报道，极大地提升活动和城市影响力，得到各级领导充分肯定。

6月17日，商务部在例行新闻发布会上向人民日报社、新华社、经济日报社、中新社、中国日报社、央广经济之声、中央电视台、中国国际广播电台、环球时报社、经济参考报社等28家中央主流媒体和财经媒体发布第六届APEC电子商务工商联盟在晋江举办的信息，新华网、中国政府网、中国经济网、和讯网、国际在线、《参考消息》等30多家媒体刊发、转载报道200多篇(次)。活动期间，邀请新华社、经济日报社、中新社、中国国际广播电台、国际在线、福建日报社等20多家媒体参会报道，新华网、央视网、中华网、国际在线、人民网、中新网、中国日报网、中国商务新闻网、央广网、中国经济网、光明网、香港新闻网等100多家网站刊发、转载报道。中国国际广播电台中文平台以通稿的方式，通过发稿平台分别向阿拉伯语、土耳其语、日语、英语等65种语言新闻库发稿；在网络平台通过国际在线和中华网发布多语种资讯。其中，相关资讯在国内外广播平台以中文、英文、柬埔寨语、约旦语、豪萨语、土耳其语、阿拉伯语、斯瓦希里语等语种播出。本级媒体围绕论坛及配套活动进行深度报道解读，注重深挖展现论坛中的“晋江元素”，推出10余篇网络推文，累计阅读量达4万余人次；晋江电视台微信客户端对论坛进行全程视频直播，最高峰1.3万人同时在线观看；晋江新闻网掌上直播平台对论坛进行微直播，通过图文、视频等多种形式对论坛盛况进行实时播报，阅读量累计超10万。

7月14—16日，食品交易会期间，策划全媒体融合报道，提升展会氛围布置，邀请60多家各级各类媒体参会报道，共刊发报道130多篇，央视网、中国经济网、参考消息网等近百家网站转载报道近千篇次，扩大展会影响力，彰显展会国际范，造浓展会舆论氛围。创新运用直播工具和直播平台，实现线上线下资源整合。新浪网对食交会进行微博视频、图文直播，阅读量累计近百万次，策划“达人逛食交会”线上线下互动活动，微博达人发布相关微博阅读量累计达876万人次；晋江新闻网依托“全民TV”直播平台开展“主播逛吃食交会”活动，同时在线观看人数最高峰达6.8万余人次，成功登上全民TV首页热门；晋江电视台微信公众号开展“雁南带你吃玩逛展会”活动，全程微信视频+图文直播，同时在线观看人数最高峰达5000多人次。

7月16—17日，国际集成电路产业发展高峰论坛暨福建省晋华存储器集成电路生产线项目开工仪式举行。活动邀请31家国内主流及专业媒体近40名记者全程参与采访报道，推出报道90多篇，150多家网站转载。传统媒体方面，新华社、中新社刊发专电、通讯稿，50多家网站转载；网络媒体方面，新华网、第一财经网、《经济日报》、网易科技以及DOIT传媒、全球半导体观察等专业媒体刊发报道，100多家网络媒体转载；新浪网首页刊发《福建晋华存储器集成电路项目开工 一期投资370亿元》，阅读量达130万次。做好氛围营造，摄制中英双语版晋江城市形象片，在开工仪式和论坛现场播放；以“海丝起点 内存启航 创建中国存储器产业基地”为主题，制作15秒宣传片花，在晋江电视台高密度播放。晋江新闻网制作微信H5页面，对系列活动时间和议程进行预告。拟定10条中英文宣传标语，将海丝元素、科技元素融入宣传版面，突显“国际范”，并在市区显要位置、参观沿线、重要出入口利用各种媒介资源进行布设，形成多层次、覆盖广的社会氛围。

（陈文经、姚煜娟撰　柯荣国审）

【城市形象宣传推广】

2016年，晋江市对外宣传工作围绕打造国际化创新型品质城市，策划落实一批对外宣传工作项目。6月27日—7月2日，由中国国际广播电台、中国公共外交协会、晋江市委宣传部共同主办的“全景中国•晋江城市周”中外媒体联合采访活动在晋江举行。在联合采访启动仪式上，中国公共外交协会、中国国际广播电台华语中心与晋江市委宣传部共同签署“晋江城市形象国际推广”备忘录。来自中国国际广播电台西非亚中心外籍专家，韩国中央日报社、马来西亚国家新闻社、印度亚洲新闻社、印度人民力量报社、孟加拉独立报社、阿富汗国家广播电台、尼泊尔加德满都邮报等七国媒体，用汉语、英语、韩语、波斯语、土耳其语、阿拉伯语、斯瓦希里语等七种语言向世界宣传晋江。拍摄城市形象宣传片，在第六届APEC工商联盟论坛开幕式上播出。制作《千年文脉 古邑海丝》中英双语邮册，选取晋江国家级以上文保单位和非物质文化遗产为主要内容，按照城市礼品的规格制成。

（蔡宇航撰　黄艺君审）

【晋江元素频现央视】

2016年，晋江市借助央视等高端媒体资源开展国际化创新型品质城市、海上丝绸之路重要起点城市等主题宣传。1月29日，中央电视台中文国际频道(CCTV—4)《记住乡愁》播出第二季专题节目《塘东村——忠义传家》。2月18日，综合频道(CCTV—1)元宵晚会泉州分会场在五店市传统街区录制。2月22日，晋江市养正中学三名选手在央视《中国谜语大会》总决赛上夺得金牌。3月25日，综艺频道（CCTV—3)《文化十分》播出《古镇船王的“中国梦”》，讲述水密隔舱福船制造技艺国家级代表性传承人陈芳财的造船“中国梦”。4月27日，财经频道(CCTV—2)《交易时间》栏目播出大型系列报道《来自创新一线的报道•村镇突围记》，讲述晋江鞋服企业转型升级之路。8月26日，中文国际频道(CCTV—4)《国宝档案》播出陈埭丁氏宗祠专题纪录片《古厝寻珍——从商人到科学家》。11月14日，中文国际频道(CCTV—4)大型纪录片《穿越海上丝绸之路》第八集《轮回》讲述陈埭阿拉伯商人后裔丁氏一族，通过古代“海上丝绸之路”从阿拉伯来，历经几百年回汉融合，再把生意做回阿拉伯地区的故事。此外，中文国际频道（CCTV—4)《远方的家》《城市一对一》等多个栏目先后来晋取景拍摄，《记住乡愁》第三季在安海镇完成录制。

（蔡宇航撰　黄艺君审）

【网络文化建设与管理】

2016年，晋江市委宣传部综合运用各级网络媒体资源，通过专题专栏、视频直播、微直播、微话题设置引导、H5页面等形式多样的新媒体手段，策划开展重大活动网络宣传。调整充实全市网络阅评员队伍，组织举办晋江市政务微平台运维经验分享会、网络阅评员培训班，进一步提升晋江市政务微平台运维人员及网络阅评员的业务能力和综合素质。着力加强属地网站、自媒体管理，组织开展各项有害信息专项整治行动，杜绝网络谣言、淫秽色情等低俗有害信息传播，营造清朗网络空间。联合网安部门组织开展关键信息基础设施网络安全检查，做好关键信息基础设施安全保障。强化各类网络敏感舆情分析研判和应对处置，常态化编发《舆情日报告》《舆情周小结》《网络舆情提示》《一周网络舆情分析研判报告》，有效推动线上反馈问题线下及时解决。9月，晋江市入选人民网“小城故事多”大型策划报道首批12个宣传报道城市之一，10月20日，人民网总网首页大头条及全媒体推出“小城故事多——晋江篇”专题报道10篇。

（蔡东升撰　黄华东审）

【晋江市第三届网络文化节】

2016年6—12月，晋江市委宣传部以“创E缔造品质”为主题策划举办晋江市第三届网络文化节，活动共分“晋精彩”“晋有才”“晋文明”“晋分享”四个篇章24个项目，内容涵盖城市推介、公益文明、传统文化、人才吸引等多个角度，通过线上线下活动同步推进，着力彰显晋江温情、活力、文化和形象。其中，“奔跑吧，晋江”双微互动传播活动持续贯穿全年各大重点主题宣传，新浪微博微话题阅读量累计突破1亿人次，成为展示晋江精神和晋江形象的精品平台；《老师，我爱你》微视频祝福、我在晋江挺好的——“邮爱”中秋节明信片等活动在教师节、中秋节推出，引起广大网友情感上的共鸣；“微生活、味生活”2016大学生微营销大赛，吸引华侨大学、泉州师院等10所高校116个团队参加，网络点击量超10万人次；第二届“晋江·滑动精彩”微信H5页面设计传播大赛、“我有茶，你有故事吗”图文征集等活动持续受到网民关注，相关推文点击超30万人次，征集到相关作品累计400余份。晋江市政务微平台运维经验分享会邀请新浪微博大V@江宁公安在线作经验分享，举办全市网络阅评员培训，提升网络队伍的业务能力和综合素质，强化全市政务微平台建设。晋江打造全省唯一的县级网络文化节经验做法，得到省委常委、宣传部长高翔批示肯定。

（丁志俭撰　黄华东审）

【舆论引导机制】

2016年，晋江市注重健全完善舆论引导机制，提高舆论引导和突发敏感事件应急处置水平，为全市各项工作有序推进创造良好舆论环境。新闻舆论引导方面，完善重大新闻题材宣传策划工作联席会议制度，提高中心工作宣传的分析研判和协调策划能力，不定期召集相关部门和媒体单位开展中心工作宣传协调策划，先后策划“城韵晋江　你我缔造”“创新突围　重塑优势”“敢拼会创百日攻坚”“党代会”“两会”等多个重大主题和重大活动的宣传，宣传质量显著提升，得到市主要领导多次批示肯定；加强突发事件新闻宣传应对机制建设，出台《晋江市突发和敏感事件新闻应急处置预案》，强化舆情引导与新闻发布的互联互动，指导基层建立一套完整的新闻宣传与舆情引导工作机制，积极妥善处置各级各类应急突发舆情事件；实施“订单式”新闻素材报送机制，建立“新闻宣传线索素材库”，及时向媒体提供报道线索，全年在地市级及以上媒体刊（播）发晋江的正面报道逾万篇。网络舆论引导方面，实行政务微平台登记备案机制，积极发动、引导政务微平台参与全市中心工作的舆论氛围营造；调整充实全市网络阅评员队伍，落实网络阅评员培训制度，举办网络阅评员培训班、晋江市政务微平台运维经验分享会，进一步提升网络阅评员及政务微平台运维人员的业务能力和综合素质；建立属地网站、自媒体定期沟通联系机制，做大晋江“朋友圈”。12月9日，邀请资深媒体人、新闻官王惠作《媒体沟通与网络舆论引导》专题讲座，为市委中心组和全市新闻发言人、新闻联络员授课，提升领导干部、新闻发言人、新闻联络员对突发事件的应急处置能力。

（陈文经、丁志俭、蔡宇航撰　柯荣国、黄华东、黄艺君审）

【文脉传承】

2016年，晋江市委宣传部着眼保护弘扬优秀传统文化，延续城市历史文脉，开展晋江历史人文故事搜集整理工作。举办专题培训班，对各镇（街道）综合文化站专职人员、文物管理员和乡土文化志愿者进行集中培训。组织作家深入晋江12个有代表性的传统村落采风创作，发动全市挖掘、整理晋江传统村落、传统建筑、传统街区的历史人文故事和海丝文化故事，推出《凝固乡愁——晋江古村落速写》《被忽视的海丝八大商人》《安海故事》《古韵乡情话灵水》等书籍。举办“海丝晋江”福建省报纸副刊征文大赛，以全省18家报纸副刊为平台，征集“海丝晋江”题材作品，在《晋江经济报》“地理”专版《海丝晋江记住乡愁》专栏刊登，宣传和展示晋江的“海丝”文化。

【基层宣传文化建设】

2016年，晋江市出台《关于加强基层宣传文化建设的若干意见》，针对基层思想新动态和媒体传播新特点，以基层宣传文化工作存在的问题为导向，着眼提升基层宣传文化阵地服务力、队伍战斗力、管理和运行机制创新力、组织保障力，推动固本强基，补齐短板，规范运作，强化保障。市委宣传部指导推进宣传思想文化工作示范乡镇创建，安海镇获评全省宣传思想文化工作示范乡镇，东石镇、金井镇、梅岭街道获评泉州市宣传思想文化工作示范乡镇（街道）。安海镇承办泉州市基层宣传思想文化工作示范乡镇（街道）创建推进会，金井镇、陈埭镇全力做好全省、泉州市宣传思想文化工作示范乡镇迎检工作。陈埭镇、磁灶镇、金井镇、东石镇建成社会主义核心价值观主题公园，梅岭街道建成社会主义核心价值观主题社区。

【爱国主义教育】

2016年，晋江市委宣传部围绕庆祝中国共产党成立95周年、长征胜利80周年，组织开展“党史宣传月”理论、舆论、文艺、教育“四大篇章”系列活动，举办“旗帜飞扬·筑梦晋江”文艺晚会、“乡音寄怀”李焕之作品音乐会、“不忘初心·长征精神”文艺演出、“党在我心中”诗词征集大赛、纪念长征胜利80周年征文大赛等，推出“我的晋江故事”“晋江党史大事件”“党史小典故”“晋江历史上的今天”系列媒体专栏，摄制纪录片《信念》，引进浙江话剧团话剧《谁主沉浮》“党建之路”巡演。结合重大纪念日和节日，组织开展系列党性教育和爱国主义教育。开通“人文晋江”微信公众号，策划推送爱国主义教育文章、爱国主义教育基地网上巡礼，原创推文《勿忘国耻铭记“九一八”。爱国，只需您随手一转》阅读量达32.8万人次。市档案馆、围头“8·23”炮战遗址获评第四批泉州市级爱国主义教育基地。

【文化科技卫生“三下乡”】

2016年元旦、春节期间，晋江市集中性文化、科技、卫生“三下乡”活动分别在陈埭镇江头村、永和镇巴厝村举办。活动由市委、市政府主办，市委宣传部牵头组织，23家市直单位参与承办，市掌中木偶艺术保护传承中心、高甲柯派表演艺术中心、青少年宫、晋江合唱团、音乐舞蹈协会、夕阳红艺术团等文化志愿者队伍参与文艺演出，着力倡导过好“传统年、文化年、文明年、节俭年”。活动围绕“欢乐新村行”主题，精心策划43个惠民服务项目，包括春联剪纸、优惠售书、义务摄影等文化下乡项目，农业科技、防灾、流动科技馆等科技下乡项目，义诊、计生、食品安全等卫生下乡项目，以及劳动保障、防盗防骗防抢、妇女儿童权益保护等法律下乡项目。

(吴文博撰　吴清淡审)

【企业文化建设】

2016年，晋江市委宣传部、晋江市企业文化协会围绕“培育先进企业文化 引领企业创新发展”主题，举办企业文化节，通过表彰先进、分享经验、专家授课，提升企业家、企业文化建设者对企业思想政治工作的共识。分别围绕“走进安海”“品质与创意——企业文化再出发”以及“酒吧文化与国际化品质生活”等主题举办3期企业文化沙龙，持续建好这一文化交流、产业对接、政企互动和政策宣传的平台。创设“晋江市企业文化沙龙”网上展馆和微信公众号，推进晋江市企业文化走廊建设，延伸企业文化沙龙交流平台。企业文化沙龙案例获得晋江市特色机关党建项目创新大赛一等奖。全国宣传干部学院到晋江调研企业文化沙龙案例并再次肯定。

(吴文博撰　吴清淡审)

【文化产业发展】

2016年，晋江市以文化产业园区、协会、企业及项目为抓手，发挥文化产业资金导向作用，积极构建对外交流窗口及平台，推动全市文化产业繁荣发展。全市现有洪山文创园、三创园、五店市和包装印刷基地等4个市级文创园区，婴童文创园、海明文化城等2个民营文创园区，以及11个众创空间，初步形成“三园一基地多节点”的文化产业发展格局。推动成立晋江市安海文化创意发展协会和晋江市工艺美术协会，引导行业协会发挥自我管理、自我发展作用，全市文化产业行业协会数量达到7个。艾派公司获评“2015年度福建省文化企业十强”称号；中桥传媒登陆新三板，成为泉州市首家登陆新三板的国有控股文化企业；恒盛集团在韩国证券交易所创业板科挂牌上市；新增1家省级文化产业示范基地、3家泉州市级文化产业示范基地，文化产业示范基地数量达23家。建立并滚动更新文化产业项目库，入库项目78个，总投资约300亿元。全年共兑现两批文化产业政策资金，惠及88个项目，兑现政策奖励补助资金超900万元。灵水古村落获得2016年泉州市第一批文化产业发展专项资金30万元。完善充实晋江文化产业网和微信公众号功能内容，晋江文化产业微信公众号粉丝数量达到10.6万，成为晋江文化产业对外宣传推介的重要平台。

【晋江市文化产业周】

2016年11月7—13日，晋江市举办文化产业周活动。文化产业周活动紧扣“建设国际化创新型品质城市”的目标定位，以“文创让城市更具品质”为主题，以6大主要文创园区平台为载体，策划举办23项活动，包括启动仪式、海峡青年创客空间开放日、“文创心生活”创意市集、“绘聚洪山”创意3D涂鸦秀、“惠及万家”晋江文体惠民卡线上推广、晋江市工艺美术主题展暨2016年两岸大学生美术作品巡回展、晋江市2016年公益广告展、创意路跑、微电影《后爱》首映暨晋江题材微电影分享展映、尚之坊•狂欢夜、两岸艺术大讲堂、海峡两岸戏剧电影高峰研讨会、“大美晋江•情系两岸”电影音乐晚会、海明文化城禅文化空间美学展、中国(晋江)国际电影暨国际文艺巡演交流会签约仪式、晋江古玩城“星期五收藏月宴”暨鞋服工业传承展、晋江伴手礼五店市旗舰店揭牌仪式、动漫COSPLAY秀暨动漫衍生品、VR互动体验市集、动漫营销掘金儿童市场论坛、泉州市动漫产业衍生品推介秀、晋江首届纸玩大赛总决赛、“乐享童趣”亲子DIY互动体验、“千年古厝群 醉美五店市”导游大赛决赛等。文化产业周活动有效搭建产业对接平台，服务项目招商推介。

(黄亚衡撰　柯荣围审)

【意识形态工作责任制】

2016年，晋江市认真贯彻落实意识形态工作责任制，推动意识形态各项工作落到实处。5月24日，市委常委会专题听取中央、省委、泉州市委意识形态座谈会主要精神汇报，并提出贯彻意见。7月4日，召开全市党委(党组)意识形态工作责任制座谈会，市委书记刘文儒强调要深刻认识意识形态工作的极端重要性，严格落实意识形态工作责任制。在贯彻各级党委(党组)意识形态工作责任制实施办法、实施细则的基础上，晋江市结合实际进一步提出更加切合基层实际、更具操作性的要求。11月17日，泉州市委宣传部到晋江调研督查晋江市贯彻落实意识形态工作责任制情况。11月21日，市委常委会研究通过《晋江市党委(党组)意识形态工作责任制实施细则》，明确意识形态领域工作具体要求和主体责任部门，严格责任追究，强化各类宣传文化阵地管理，把好意识形态工作的主动权。

(李俐撰　柯荣围审)

【基层宣传文化“155计划”】

2016年，晋江市委宣传部落实各级宣传思想文化工作会议精神和“基层工作加强年”的部署要求，围绕宣传文化工作和精神文明创建实际，继续实施基层宣传文化“155”计划。年初，在与各镇(街道)充分沟通的基础上，立足打造“一镇一品”特色宣传文化品牌，制定实施工作方案，确定22个项目培育点。按照项目工作方案，市委宣传部领导、各科室和各镇(街道)宣传委员定期到项

第三届晋江市文化产业周——晋江市工艺美术主题展

目培育点调研，加强对基层宣传工作的扶持指导。年底，市委宣传部组织对各镇（街道）落实基层宣传文化“155”计划情况进行考评，并将考评情况纳入年度基层绩效考核。一些项目成效明显，如，罗山街道兰峰社区建设“聚爱小铺”，打造集“跳蚤市场”、志愿服务驿站功能为一体的爱心平台；灵源街道灵水古村落建设“灵水先贤馆”“灵水村民讲堂”等，创建泉州市级“五谷丰登”示范点；新塘街道梧林社区以申报全国第四批传统村落为目标，实施侨居修缮保护工程，梳理修编村史、侨史，挖掘传承传统文化和工艺；安海镇发展文化创意产业协会，组织晋台两岸文创市集活动，促进文化创新孵化及众创空间等大型文创项目落地；磁灶镇依托磁灶窑址、磁灶手工陶艺体验基地，引进新型功能性陶瓷制作技术工艺及合作资金，建设陶瓷文化生活体验馆；深沪镇加大水密隔舱福船制造技艺保护传承，建造大型传统水密隔舱福船，作为海丝文化公园的配套景观；金井镇推动妈祖文化交流园一期工程、渔村民俗文化展馆等项目建设，打造围头闽台乡村文化旅游。各镇（街道）通过及时总结推介经验成效，形成宣传文化工作亮点频出的浓厚氛围。

（李俐撰　柯荣围审）

·精神文明建设·

【概况】

2016年，晋江市精神文明建设以创建全国文明城市为龙头，以“城韵晋江·共同缔造”为主题，全面开展“六德行动”，培育和践行社会主义核心价值观，提高市民文明素质和社会文明程度，服务新型城镇化，探索创建常态化，实现管理长效化，为加强新形势下的意识形态和城市工作巩固群众基础，提供思想保证、精神动力、道德滋养和人文条件。通过全国县级文明城市年度测评，出台《诚信红黑榜集中发布导则》，拍摄创城宣传片《晋江的梦想》。《晋江市民公约》《晋江市民行为规范》颁布实行，移风易俗“晋江经验”亮相全国，获评中国好人1名，福建好人1名，“感动福建”十大人物2名，全省“最美家庭”4个；“厝边警察”志愿服务队获全国百个“最佳志愿服务组织”、团中央“团建优品汇”、第十一届中国青年志愿者优秀组织奖和首届福建省志愿项目大赛金奖，“爱心格子铺”在第二届中国志愿服务项目大赛上获银奖；指导7家全国文明单位、文明村镇和2家培育对象做好迎接全国文明单位届中考评，组织开展2013—2015年度省级文明村镇、文明单位申报对象初评工作，举办“城韵晋江·共同缔造”全国文明单位暨培育对象书画作品联展活动。

（刘岩澍撰　陈多多审）

【全国县级文明城市年度测评】

2016年12月4—5日，省文明委受中央文明办委托对晋江创建全国文明城市工作进行年度测评。测评组采用听取现场汇报和实地检查相结合的方式，对街道、社区、公园、广场、商业街区、主次道、出租车、小型餐馆、网吧等进行分组检查和随机查看。测评组表示，晋江文明城市创建全民参与氛围浓厚，工作有力度、有特色、有亮点，不少经验、做法都走在全省前列，希望凝练成常态化的机制，促进城市文明全面升级。12月23日，在省委文明办测评反馈中，晋江市得分为92.47分，位居全省8个提名城市前列。

【文明创建常态化法治化】

2016年，市文明委专题研究市民APP手机软件、城市精细化管理系列规定、巩固和深化移风易俗、统一晋江志愿服务品牌等12项事涉长远的问题，市政府出台《关于规范市区核心区民俗和商业活动拱门、彩旗等设置行为的通告》《关于禁止乱张挂、张贴小广告的通告》《关于市区禁止违法饲养鸡鸭禽畜的通告》等三份通告，由相关职能部门依照规定常态巡查整治。市主要领导多次带队现场办公，协调解决消防栓占用人行道、小区周边饲养家禽以及随意搭盖、卫生脏乱等城市管理问题。

【移风易俗】

2016年11月28日，晋江市作为全国唯一县级代表，在中宣部、中央文明办“推动移风易俗、树立文明乡风”电视电话会议上作典型发言。《人民日报》《光明日报》、中央电视台新闻联播、中央人民广播电台和《福建日报》等媒体随后跟进推出有关报道。

【诚信制度化建设】

2016年，晋江市出台《诚信红黑榜集中发布导则》，协调有关部门以各种形式发布诚信“红黑榜”4期，以经济和民生领域为重点，把握标准，精选案例，把以案释法与名单曝光结合起来，提高“黑名单”的威慑力，同时加大失信被执行人联合惩戒力度，把失信被执行人推上公交车载电视，开展“执行风暴”网上全程直播抓老赖行动，惩戒4650人，让失信者寸步难行。

（许清源撰　陈多多审）

【《晋江市民文明公约》《晋江市民行为规范》颁布实行】

2016年3—5月，晋江市发起“我的地盘我做主，文明公约大家约”全面大讨论，面向全市各个部门、单位干部职工、社区居民等举办10多场座谈讨论会，征集社会各界意见建议2000多条，先后修改10余稿，把公约制订过程转变为政民互动、民主参与的过程。7月15日，市第十六届人大常委会第三十次会议通过《晋江市民文明公约》和《晋江市民行为规范》并予以颁布实行，全省首例从法治层面上为市民文明素质和社会文明程度的提高提供了保障，进一步强化规约权威，推动文明创建法治化。

（刘岩澍撰　陈多多审）

【“六德”行动】

2016年，晋江市深入贯彻《公民思想道德建设实施纲要》，把社会主义核心价值体系建设融入国民教育和精神文明建设全过程。3月5日—4月5日，举办“公民道德建设宣传月”系列活动，突出普及文明风尚、维护公共秩序、传承传统文化、开展志愿服务等重点，策划组织集中性的公民道德宣传教育实践活动。实施价值弘德、文化养德、法治固德、诚信立德、传播润德和实践育德等“六德”行动，破旧立新，成风化人。3月5日，在灵源灵水社区举办公民道德建设宣传月暨“六德”行动启动仪式，活动围绕“城韵晋江·共同缔造”主题，精心策划10多项志愿服务项目及精彩的文艺演出。活动还举行义诊、免费理发、机顶盒免费维修、微信照片免费打印等10多个志愿服务项目，将实施“六德”行动、社会主义核心价值观等 宣传内容融入其中，获得群众的好评。3月28日上午，在市图书馆举行“城韵晋江·共同缔造”全国文明单位暨培育对象书画摄影作品联展，共展出摄影、绘画、书法等三个大类的作品总计143幅。本次展览主题鲜明，题材丰富，从不同角度体现职工们对生活之美、道德之美、工作之美和城市之美的追求。针对"人进城行为不进城"等市民素养问题，深入开展规则意识宣传、教育、践行活动，帮助群众养成与城市生活接轨的公共行为习惯。结合推行福建省"八不"行为规范，策划实施"文明公约我践行·公共生活好言行"系列活动，引导广大市民守公约、遵规范。9月，联合交警大队启动 "文明出行 大美晋江"最美司机评选系列活动，通过"贴车标""微信答题""微信助力""志愿督导"等环节开展评选，最终评选出10名"最美司机"、入围20名最美司机及3个最美家庭，于12月2日"全国交通安全日"当天举行评选颁奖典礼。此次活动共计报名5974人，超万名司机承诺文明行车。9月13日，转发泉州市委宣传部、文明办《关于认真组织开展第十四个 "公民道德宣传日"宣传教育实践活动的通知》，各镇(街道)、市直各单位在9月20日全国第十四个"公民道德宣传日"前后，广泛开展"我们的节日·中秋节""中华经典诵读"、文明礼仪教育、学习道德模范和志愿服务等主题活动，形成人人参与、共建共享的思想道德建设生动局面。

【全国道德模范故事汇基层巡演】

2016年9月21日晚，中央文明办、中国文联主办，中国曲艺家协会、中共福建省委文明办承办，中共晋江市委、晋江市政府、市文明委协办的第五届全国道德模范故事汇基层巡演晋江专场在晋江戏剧中心举行。省、泉州市文明办领导，晋江市领导第五届全国道德模范刘真茂、第五届全国道德模范提名奖获得者罗永秀及晋江各界人士近500人观看演出。此次巡演以全国道德模范奖获得者为人物原型，由刘兰芳、李立山等曲艺名家领衔，一批有实力、有影响力的中青年曲艺工作者参与创作排演，精心编成由数来宝、相声、故事、长子鼓书等体裁组成的多个曲艺节目，将全国诚实守信模范朱国萍、刘真茂，全国敬业奉献模范王忠心，全国助人为乐模范毛秉华，全国见义勇为模范秦开美、王林华，全国道德模范提名奖获得者罗永秀的感人事迹用多种艺术形式予以再现，抒发对道德模范的真情礼赞，诠释了社会主义核心价值观的时代内涵，用曲艺艺术演绎模范精神，致敬大美大爱。用模范精神讲述模范故事，以示范引领晋江各地宣传和学习道德模范，推动晋江精神文明建设更上一层楼，助力晋江创建全国文明城。

(张燕妮撰　陈多多审)

【道德模范微电影《后爱》拍摄】

2016年7月，泉州市委文明办、晋江市委文明办、东南网联合发起"我写模范"微电影剧本征集活动。9月1日，以晋江市全国道德模范提名奖获得者罗永秀事迹为题材的微电影《后爱》，正式在晋江龙湖镇举行开机仪式。故事讲述罗永秀多年来精心照顾植物人继子，虽然他们并没有血缘关系，但女主人公仍用善良、包容、勤劳、乐观的心坚守在儿子身边，坚信有朝一日能够唤醒儿子的意识，诠释超越血缘的母爱。该片选择罗永秀故事发生地晋江龙湖埔头村为主要取景地，意在更好地还原故事原型的生活环境。11月8日，微电影《后爱》在中骁影音播映厅举行首映仪式，现场邀请晋江道德模范代表、《后爱》故事原型人物、剧组主创人员、市民代表、影迷观众等到场观影、交流分享。全方位展示、传播罗永秀先进事迹，同步启动晋江题材系列公益微电影分享展映活动活动，影片再现罗永秀超越血缘的母爱和亲情。

【道德模范先进事迹传播】

2016年，晋江市毛娟文、白晓闯入选"中国好人""福建好人"，4个家庭获评福建省"最美家庭"。组织美丽晋江人学雷锋志愿服务队开展事迹巡讲、慰问贫困户等，传播、弘扬道德模范先进事迹。落实帮扶和礼遇道德模范的措施，为他们统一购买人身意外伤害保险，优先解决子女入学和住房翻建问题，树立好人好报的价值导向。

(张燕妮撰　陈多多审)

第五届全国道德模范故事汇基层巡演晋江专场

晋江青少年宫管弦乐团新春音乐会

【市民文明素质提升】

2016年，晋江市针对“人进城行为不进城”等市民素养问题，深入开展规则意识宣传、教育、践行活动，帮助群众养成与城市生活接轨的公共行为习惯。深入开展“文明公约我践行·公共生活好言行”系列实践活动，结合推行“八不”行为规范，引导广大市民守公约、遵规范。制作2000份“八不行为规范”书签，结合最美司机评选校园行“小手拉大手”走进学校活动，通过学生带动家长，让文明行车的理念更加深入人心。开展闽南四句征集比赛。联合举办“不同色彩一样美丽”点亮蓝灯世界自闭症关注日系列公益活动。创作以市树菩提、市花白兰花为原型的卡通动漫形象——阿菩、阿兰，策划制作系列动漫宣传片，宣扬市民文明公约和行为规范。

（刘岩澍撰　陈多多审）

【“我们的节日”主题活动】

2016年，晋江市充分利用春节、元宵、清明、端午、七夕、重阳、中秋等传统节日，策划举办以“我们的节日”为主题的系列活动，突出节日内涵，体现地域特色，宣传节日知识、节日习俗，引导人们认知、继承和弘扬民族文化优秀传统。春节、元宵期间，围绕“文明和谐·欢乐新春”“红红火火过大年”为主题，先后举办“我们的节日·文明新风畅新春”文艺演出、晋江青少年宫管弦乐团新春音乐会、新春影视大放送等文体活动300多项，丰富基层群众精神文化生活。清明节期间，广泛开展开展祭扫革命烈士陵园、“网上祭英烈”签名寄语、“红色经典诵读、缅怀革命先烈”等活动，引导广大干部群众在慎终追远、缅怀先辈的情怀中认知传统、尊重传统、继承传统、弘扬传统。端午节期间，举办晋江市（安海）第五届端午民俗旅游文化节系列活动，在传承、展示端午习俗的同时，引导人们增进爱国爱乡情感。中秋节期间，突出团结、团圆、祥和主题，组织开展“中秋月　故乡情”第二届灵水中秋文化旅游节、“品味经典·情寄中秋”诗词会等民俗活动。重阳节期间，以“唱响银龄华章·筑梦大美晋江”为主题，举办第五届老年文化艺术节，设置文艺表演、老年“悦读节”、“关爱老人·共享健康”老年人科普知识宣传等系列活动。同时，在《晋江经济报》、市广电台开设专栏，宣传普及节日民俗知识，在全市中小学校开展传统节日主题文化活动，引导群众了解、认同、喜爱、过好传统节日。

（张燕妮撰　陈多多审）

【“我们的节日·文明新风畅新春”志愿服务进社区】

从2016年1月开始，为加强创建全国文明城市宣传，推动志愿服务进社区，营造欢乐喜庆、祥和文明的节日氛围，由晋江市委宣传部、市委文明办主办，市志愿者协会、青少年宫承办的“我们的节日·文明新风畅新春”志愿服务走进罗山街道许坑社区、西园街道赖厝社区、西滨镇文体活动中心、青阳街道普照社区、梅岭街道竹园社区、灵源街道灵水社区、新塘街道后洋社区开展活动。活动现场，“美丽晋江人”学雷锋志愿服务队代表带着慰问品入户慰问社区困难群众，为他们送上新春节日祝福和问候。市公安局、供电公司、邮政分公司、中医院、团市委、建行晋江支行、电信晋江分公司、图书馆等8个省级以上文明单位志愿服务队，广电网络集团晋江分公司、福建漫画协会晋江创作中心等志愿服务组织现场开展政策法律咨询、义诊、免费理发、书赠春联、法律宣传等志愿服务活动。现场还举办“我们的节日·文明新风畅新春”文艺演出。

【志愿服务“4个10”评选表彰】

2016年4月，市委文明办、市志愿者协会发出评选社会志愿服务“四个10”评选表彰通知，在《晋江经济报》“文明城事”专版、中国文明网盟·晋江站、“文明晋江”“志愿晋江”及各志愿者团体微信公众号等媒介发布评选活动、推荐办法。以志愿服务活动协调小组成员单位、镇（街道）和志愿服务组织为举荐主体，采取推荐、自荐两种办法，产生参选对象122个。其中，志愿者42人、志愿服务项目41个、志愿服务组织24个、社区和村15个。在市志愿者协会根据评选标准，对122个举荐参选对象进行分类、审核的基础上，由评委会以协商评议方式从中产生候选投票对象59个，其中，志愿者15人、志愿服务项目17个、志愿服务组织14个、社区和村13个；并在《晋江经济报》“文明城事”专版展示候选对象事迹，以“志愿晋江”微信公众号为平台，开展为期10天的公众投票，有效票103636票。以兼顾职业、地域、年龄分布和体制内外、新老晋江人等因素，并向社会志愿服务组织倾斜为原则，由市志愿者协会根据公众投票情况，按1.25∶1的比例提出50个正式候选对象名单，供评委会无记名投票，从中选出10名“最美志愿者”、10个“最佳志愿服务项目”、10个“最佳志愿服务组织”和10个“最美志愿服务社区(村)”，并在首届晋江市志愿文化节进行表彰，进一步展示晋江社会志愿服务活动丰硕成果。

“志愿晋江”展厅

【“志愿晋江”展厅】

2016年，晋江市启动“志愿晋江”展厅建设。该展厅位于梅岭街道桂华苑小区公益组织孵化中心2楼，面积130多平方米，内容以序章、美章、华章、新章等四个章节为主线，展示晋江志愿服务工作的发展历程、现状、前景以及品牌人物、团队、项目和礼遇政策，总结晋江孝老、敬奉、济困、救灾等志愿服务活动成果，不断深化着“体制内+体制外、社工+志工、志愿服务+专业、境内+境外、互联网+公益、公益机构+商业运营”等“6个+”的新探索，设置爱心格子铺分站，普及志愿服务文化，倡导“奉献、友爱、互助、进步”的志愿服务精神；与晋江市志愿服务联合会办公区、公益组织孵化基地培训中心相辅相成，为志愿服务团队提供后援服务。

【“白兰花”志愿服务驿站建设】

2016年，晋江市建设10个白兰花志愿服务驿站。驿站的主体，既有群团组织和行政机关，也有民间志愿服务团队。市场监督管理局在塘岸街口建起“诚信驿站”，化无形的诚信理念为有形；行政执法局在敏月公园和内沟河边创立“城管服务驿站”，体现“为人管城”的新理念；团市委在紫帽山下和万达广场、体育中心构筑“爱心小屋”，为青年志愿者提供服务基地；阳光社区与圆爱团队联办“爱心屋”，推动关爱环卫工和衣物捐赠等志愿服务走向常态。这些驿站的建设为市民提供各种为民、便民、利民志愿服务，如免费茶水、应急药箱、应急充电、便民雨伞、物品寄存、道路指引等。8月，晋江万达广场志愿服务驿站获评福建省首批“志愿服务驿站”示范点。

（陈志耐撰　陈多多审）

【“爱心奉茶站”加盟行动】

2016年5月1日，市委文明办、市市政园林局、晋江经济报社、泉州一元公益等联合举办“平等劳动·同享生活”爱心奉茶站授牌发布仪式，发起“爱心奉茶站”加盟行动，截至年底，144个公私服务网点加入“奉茶”联盟，以自己的实际行动，参与公益，践行互助，体现互爱，树立标杆，为管线施工人员、交警、环卫工人等路面高温工作者免费提供饮水便利和防暑降温药品，同时，还向各镇街发布倡议，动员基层与当地公益团队合作，并向周边县、市扩散。

【首届志愿服务文化节】

2016年12月，开展“搭把手”——晋江市首届志愿服务文艺晚会、志愿服务组织负责人培训班、向全市发布志愿服务倡议书等“十个一”系列志愿服务文化活动，并开展包括科普送教、宪法日普法志愿服务、巴菲特公益儿童跳蚤市场等36项志愿服务活动，积极倡导“奉献、友爱、互助、进步”的志愿精神，展示晋江志愿服务风采成果。

12月7日，“搭把手”——晋江市首届志愿文化节文艺晚会在晋江戏剧中心举行。晋江市领导林惠玲、黄少伟、洪元程出席晚会。林惠玲致开幕辞。当晚还为新成立的中共晋江市委党校学员志愿服务队、晋江市教师进修学校心理辅导志愿者服务队、晋江市心声志愿服务队、白兰花教师志愿者联盟等四个志愿服务组织授队旗，并表彰晋江志愿服务“四个10”对象，对获得最美志愿者、最佳志愿服务项目、最美志愿服务社区(村)、最佳志愿服务组织的个人及集体进行表彰。同日，晋江首期志愿服务组织负责人培训班召开，近50名志愿服务组织的负责人及业务骨干参加培训，晋江市领导林惠玲出席会议。此次培训为期三天，以讲座学习、沙龙分享、实地考察为内容，邀请知名的志愿服务方面专家前来授课。主要内容有志愿服务的问题与个案分析、志愿服务项目的开发与设计、防台抗台及灾后重建志愿服务实务技能训练，包括灾后重建消杀技能实操、扶绿技能实操、受伤急救技能实操等方面开展专业培训与交流讨论，进一步推进志愿服务制度化，提升志愿服务组织负责人的综合能力。

（刘岩澍撰　陈多多审）

【志愿救援行动】

2016年，晋江市发起“八闽一心，大爱晋江”支援永泰抗洪救灾行动，24小时内组织近20个爱心单位、募集总价值10余万元灾区急需物资，到永泰灾区开展赈灾活动;与市委党校及各社会志愿服务团体协作,动员在市委党校学习的市直、乡镇(街道)单位科级干部35人以及民间志愿者100多人驰援南安洪濑灾区,清理晋江江岸水积垃圾达700多米;组织200多名志愿者开展"扶绿行动",扶正并加固从晋江三创园草庵广场到灵水社区世纪大道南拓路段两侧辅道被台风"莫兰蒂"吹倒的菩提、洋槐等树木500多株。

【志愿服务晋江模式探索】

2016年,晋江市总结"社工+志工、互联网+公益、志愿服务+专业、体制内+体制外、境内+境外、公益机构+商业运营"等"6个+"志愿服务模式,开辟市民参与志愿服务的新途径。首创英林"心商店"公益运营模式,"心商店"自5月27日筹备以来,共接收101家企业和个人认捐的衣服鞋帽等18万多件物品,开业后两天销售额117.42万元。该模式以"可持续"为核心,创新公益理念,以"经营型"为核心,创新公益模式,以"大众化"为核心,创造一种全新的公益事业和志愿服务发展模式,实现生产者去库存做公益、消费者得实惠献爱心、志愿者以服务获培养、受助者获捐助解忧困"四方共益、常态持续"。至年底,晋江市在中志联、民政、共青团、红十字会等官方平台注册和在各种民间志愿服务团体登记的志愿者7万多人,占城市建成区常住人口近10%,带动10万多人参与,呈现主体多元化、团队社会化、活动常态化、服务生活化等特点,涌现出"全国最佳志愿服务组织"厝边警察志愿服务队、"感动中国十大抗震救灾志愿者"赖金土、"五星级青年志愿者"黄小芳、全国"最美教师志愿者提名奖"获得者吴宝治等一批典范。

(张燕妮撰　陈多多审)

【学校少年宫建设】

2016年,晋江市将再建30所学校少年宫建设纳入为民办实事项目,市财政安排每所承建校20万元建设经费,所在镇、街道配套2万元—5万元作为运行经费,巩固提升学校少年宫建设成果,举办现场交流培训、建设成果展演和微信展示活动,指导承建校策划富有校本特色和当地特点的品牌项目,推动学校少年宫节假日向学生开放。

【《晋江市小学孝道教育读本》编印】

2016年,市委文明办、市教育局与市教师进修学校联手编撰地方教材《晋江市小学孝敬文化教育读本(试行)》,将之列入三年级"品德与社会"课堂教学计划,在50多所小学13000名学生中试行,每周授课一个学时,拟用一学年时间完成教学并总结经验、修订再版全面推行。读本由作协会员中的小学教师执笔,分"学孝道文化""诵孝道诗歌""读孝道故事"和"唱孝道歌曲"四部分,采取诵读、讨论、演讲、故事、唱歌和亲子互动等形式开展教学,并配合设计学生表现量化和家校沟通等表格,用于教学效果的评价。读本充分尊重学生接受心理和德育教育规律,兼顾文化性、趣味性和实践性,把"孝"的概念从传统的家庭拓展到社会,传播"老吾老及人之老"的美德和新时期的孝敬文化,使"孝敬文化进校园"课程化、常态化有了教材基础。

【未成年人思想道德教育实践活动】

2016年,晋江市运用重要时间节点组织清明祭英烈、学习争做"美德少年"、童心向党、向国旗敬礼等四项集中活动,6名优秀学生获评泉州市第二届"美德少年",不断深化"我的中国梦"主题教育。继续深化"闽南文化进校园"活动,征集、传唱优秀童谣,开展首届庆祝"世界儿歌日"展演,7篇童谣入选泉州市优秀童谣。开展"小手拉大手"系列主题教育实践活动,组织"城韵晋江·文明有约"绘画创意大赛、"老少同乐·粽香端午"小小志愿者走进老年大学、"学长征精神,做红色传人"系列教育活动等。建好用好晋江市"家训家风实践基地"——石圳华侨中学等爱国主义教育基地,2016年紫帽、石圳两所中小学综合实践(劳动教育)基地开展面向中小学社会实践73期41269人次。

【未成年人心理健康辅导站建设】

2016年,晋江市提升2个未成年人校外心理健康辅导站(南山站、致和站)服务水平,南山站增设对外窗口办公室并加设"关怀青少年健康发展"热线,修订致和站考核标准,组织参加心理辅导人员绘画疗法专项培训、家庭教育心理辅导讲座,策划开展"我爱我+"大型心理体验活动、2场以关爱儿童心理发育为主题的"靳雯有约"市民沙龙,成立市教师进修学校心理辅导志愿者队伍,推动2所心理辅导站规范化建设。

(林晓燕撰　陈多多审)

【精神文明"五大创建"活动】

2016年,晋江市认真做好2013—2015年度晋江市精神文明建设各类先进的推荐、审核、考评和抽检,评选表彰文明村镇65个、文明单位61个、文明学校37所、文明社区20个。指导7家全国文明单位、文明村镇和市场监管、建设银行2家培育对象做好迎接全国文明单位届中考评,推荐深沪镇运伙村作为新一轮全国文明村镇培育对象。磁灶镇大埔村通过省美丽乡村精神文明建设示范村创建考评,灵源街道灵水社区入选泉州市"五古丰登"行动计划试点,梅岭街道获全国社区网络春晚最佳组织奖。推动文明单位与村、社区开展"结对子、种文化"帮扶共建,今年以来,各级投入共建资金90余万元。选送一批群众性精神文明创作活动优秀作品赴省参展、参评,17件作品获评省级各类奖项。

【基层宣传文化155典型示范培育】

2016年,市委文明办围绕社会主义核心价值观建设、群众性精神文明创建、市民素质提升、未成年人思想道德建设、志愿服务等方面工作,以赖厝民间艺术剑狮保护传承、兰峰社区"聚爱小铺"培育、诚信"淘宝村"建设及灵水古村落"五古丰登"省级示范点创建为培育对象,组织开展各类志愿服务活动、传统文化教育、民间技艺传承和诚信制度化建设,着力提升群众性精神文明创建水平。

(许清源撰　陈多多审)

【"文明晋江"官方微信运行】

2016年,晋江市探索"互联网+文明"传播渠道,运营"文明晋江"微信公众号,全年更新1600条图文信息;每天发布消息,推出线上互动、H5微海报传播和文明小游戏等,多次进入全省微信公众号WCI指数政务类排行榜前10名,并在全市政务微信大会上做典型交流。

(张燕妮撰　陈多多审)

【文明信息交流展示】

2016年,晋江市运营"中国文明网·

晋江站”，办好《晋江经济报》“文明城事”半月专版，出版28期30个版面，积极向省、泉州市、晋江市有关宣传媒体上报信息，2500多篇信息被中国文明网、省文明风、泉州文明网采用。市委文明办获评2015年度全省精神文明建设信息工作先进单位。

（张燕妮撰　陈多多审）

·统一战线工作·

【民主党派工作】

2016年，晋江市构建政党协商平台，拓展民主党派参政议政渠道，营造多党合作事业良好氛围。邀请各民主党派参加市委书记主持召开的晋江市各界人士工作通报会、市委2016年工作会、中共晋江市第十三届代表大会、十二届市委常委会第161次(扩大)会议以及向离退休干部、民主党派负责人、工商联负责人、无党派代表人士通报会等各项重大会议10多次，市委、市人大、市政府、市政协等召开的各类重大会议10多次。坚持和完善落实民主党派主委例会、党派机关例会制度，全年召开15次相关的会议，加强与民主党派的沟通交流，研究协商问题。

建立健全各项规章制度。打造“知情明政平台”“协商参政平台”两大平台，完善市委常委、党员副市长与党外人士联系交友制度，完善政府部门与民主党派对口联系制度，为民主党派与各级各部门开展政党协商提供制度保障。健全特约工作人员聘任管理制度，为履行民主监督创造条件。筹建民主党派智库，征集各类专家30多人。发挥民主党派人才智力优势，落实“党委出题、党派调研、政府采纳、部门落实”工作机制，举办2016年晋江市党外人士献策论坛，围绕动力转换、供给侧结构性改革和稳增长、调结构等重大问题开展调研课题35项，为“十三五”规划实施建言献策。通过基层统战工作理论晋江研究基地，邀请统战系统各单位、统一战线各界人士根据自身特点，开展特色调研工作，形成《建国际晋江　汇统战力量》论文集，收录调研论文74篇、35万多字。全年各民主党派提交提案议案257件，占提案议案总数的77.6%，其中4篇政协重点提案及13篇社情民意获市委书记、市长等市领导批示，民革晋江市委会获评“民革全国祖统工作先进集体”。

加强民主党派组织建设。引导民主党派把好组织发展入口关，民主党派成员稳步增长，总人数突破1150人。举办第一期民主党派新成员、积极分子培训班和2016年民主党派骨干、党外干部培训班，引导各民主党派提高政治把握能力、参政议政能力、组织领导能力、合作共事能力、解决自身问题能力。做好各级人大代表、政协委员换届工作中民主党派人士的推荐工作。民主党派组织工作获得上级部门的高度认可，民盟晋江市委会被民盟省委授予“民盟福建省组织建设工作先进集体”称号，农工党晋江市委会青阳第一支部被农工党省委授予“先进基层组织”称号。

打造民主党派服务社会品牌。引导民主党派发挥自身优势，服务社会助推发展，创新推动民主党派挂钩镇(街)活动，结对共建，促成8个对子，开展义诊送药、慈善捐赠、关老爱幼、法律下乡、文化卫生宣传等活动实现。全年各民主党派开展社会服务次数超过20次，累计捐资突破100万元，社会服务影响力不断扩大。民进晋江市总支部被民进省委授予“民进全省社会服务工作先进集体”称号。

营造多党合作良好氛围。深入开展坚持和发展中国特色社会主义学习实践活动，积极组织动员，不定期组织交流推动，定期总结提升。各民主党派积极响应组织开展读书会、学习讲座、爱国主义征文等活动及实地考察、社会服务，活动取得明显成效，民主党派成员参政议政、民主监督、社会服务的积极性得到提高。举办“同心杯”趣味运动会，“同心杯”登山比赛、“同心讲堂·朱子文化与福建文化建设”专题讲座等多项活动，营造多党合作浓厚氛围。

（李毅斌撰　陈秋景审）

【非公经济领域统战工作】

2016年，晋江市贯彻落实全国工商联主席王钦敏到晋江调研讲话精神，按照中央、省、泉州市工作部署，广泛凝聚各方面智慧和力量，坚持围绕中心工作，主动作为、积极探索，全力构建“亲”“清”政商关系，在促进“两个健康”上取得显著成效，开创了经济统战工作的新局面。

加强非公经济人士思想的教育引领。深化非公经济人士理想信念教育实践活动，开展“亲清润晋商，促进两健康”系列宣传教育活动，全年举办8场专题讲座，向企业家发放1000多份守法经营的倡议书，树立非公有制企业守法经营、新型政商关系典范，构建好“亲”“清”氛围。引导非公人士代表中的市人大代表、政协委员积极履职，及时反馈民意。2016年政协十二届五次会议上，非公经济人士委员共提交提案57篇。引导非公经济人士履行社会责任，在精准扶贫行动中，9个商会及4家企业参与15个贫困村结对帮扶，累计投入超1.7亿元。全年非公经济人士累计捐资超过2.5亿元。其中，全国政协委员、全国工商联副主席、宝龙集团董事局主席许健康捐赠1亿元，用于溪边村“美丽乡村”建设；英林心慈善公益基金累计捐资超1亿元。

做好政治安排工作。开展非公经济人士综合评价，将综合评价作为人大、政协和工商联换届工作的前置环节，成立领导小组，组织培训会，累计完成1145名非公经济代表人士综合评价工作，加大高素质非公经济代表人士队伍建设力度。做好党外人士的政治安排。协助做好各级人大代表、政协委员中党外人士的推荐工作，规范程序，周密部署，严把政协委员的“结构关、素质关、身份关、审查关”，完成政协晋江市第十三届委员会333名委员、政协泉州市第十二届委员会38名委员、晋江市第十六届人大132名非公人士代表的推荐提名工作。配强新一届工商联组织领导班子，完成389名市工商联(总商会)第十届执委会成员推荐提名工作，推动届满商会按期换届，完善会员信息库。

完善平台深化政企互动。完善市领导挂钩联系非公人士制度。推广“党政+商会”联席会议制度。将“政商联席会”从市级延伸到镇(街)，延伸至各职能部门，推动各基层党委、政府、职能部门面对面听取商会会员意见建议，对企业提出的困难和问题，实行“马上就办”“专人督办”，及时在“台面”上解决，畅通政企互动渠道，确保政商关系阳光和谐。

强化商会建设提升履职能力。完善商会网络建设，职业经理人协会、泳装协会等新兴行业商协会纳入市总商会团体会员单位，指导成立广州、海口等2家异地晋江商会。加强商会秘书处建设，举办2016年全国晋江商会秘书培训班。引导山西、广东、昆明、重庆等4家商会设立晋江市新农合异地结报点。引导民资管理金融机构吸引的超5亿民间资本，用于中小企业应急周转金业务。推进企业家素质提升“领航计划”，搭建高端学习交流平台，邀请原外交部长李肇星、著名经济学家吴晓波等到晋江开办专题讲座。依托异地商会，推动企业与福州大学、东华大学、南京航空航天大学、北京服装学院等10所高校签订战略合作协议，引导216家企业与80多所高校开展人才培养项目合作，形成工商联主导、校企合作、企业自办、社会参与的多元人才培养机制。

开展“凝聚乡情、助推回归”活动。通过“走出去、引进来”，引进投资20亿元的“HDT高效太阳能电池”、投资15亿元的豪新食品市场等13个项目回归。宣传晋江人才政策，通过异地商会主动对接异地高校，构建人才引进长效机制。通过异地商会对接高校4所，项目洽谈2个，组建3个大学生联谊会，在外晋江籍学子库5530多人，其中博士9人。同时，协助政府对接清华大学深圳研究院、深圳市科技创新委员会、天津大学等6家单位。

完善异地商会党组织建设。下派党建指导员指导构建昆明晋江商会“一带一路”党员服务岗、晋江温州商会党员创客空间等12个品牌。市统战系统党委、南京晋江商会党支部与南京航空航天大学党委首创“政校商”党建品牌创建活动，组建大学生联谊会，在晋江成立南航大学实践基地、人才中心，为晋江市人才引进，企业创业创新提供服务。

(庄志森撰　陈秋景审)

【港澳及海外联络联谊工作】

2016年，市委统战部聚焦服务市委工作中心，发挥海上丝绸之路起点、港澳台侨资源深厚优势，强化海外统战交流品牌。主动融入“一带一路”建设，指导协助香港晋江社团会成立海西国际引智香港工作站，共谋“一带一路”合作发展机遇，指导马来西亚晋江社团联合会举办“马来西亚晋江经济文化国际论坛”，加强海外乡亲对家乡历史文化的认同，推动海内外晋江人合作发展。

引导乡亲回乡开展公益事业。深化“百侨帮百村·共建美丽乡村”活动，引导和服务侨商侨企到贫困地区投资兴业，参与特色农业发展。引导侨捐资金投入乡村公园、文化中心、养老机构等项目，让侨界群众普惠收益。全年侨捐资金2.37亿元，同比增长43%，占泉州侨捐总额一半。其中，黄书镇捐赠4088万元，用于侨声中学奖教奖学、扶困助学和学校建设；许健康、黄丽真伉俪捐资500万元投建东石中心卫生院“健康楼”；乡贤陈永建捐资1000万元设立“养正中学种胜教育基金会”。

引导乡亲参与社会事务。市政府核拨晋江市海外联谊会活动经费100万元，用于支持香港晋江社团总会开展社会事务工作。王倩仪、施子清、黄舒明、施清流等4名旅港乡贤获香港特区政府授勋；洪祖杭、陈聪聪、陈明金3位乡贤获“第五届世界闽商大会非公有制经济优秀建设者”称号。

优化海峡两岸暨港澳联谊以及海外联络联谊工作。利用海外代表人士回乡参加各种活动的机会，采用拜访、举行座谈会等形式，进行交流互动，联系乡情、增进乡谊。组织市领导、涉侨部门17个团组78人次，参加一些影响力较大、影响范围较广的海外晋江社团活动。先后接待到晋江寻根谒祖、考察访问、捐办公益的海内外团体18个团组682人次。会同侨务部门组织开展海峡两岸暨港澳青少年侨乡行足球夏令营、做好第四届海峡两岸(晋江·围头)“七夕返亲节”等活动。引导成立澳门深沪镇同乡联谊会、香港御辇同乡会等社团。

(曾金珠撰　陈金尚审)

【港澳及海外新生代统战工作】

2016年，市委统战部以“世界晋江青年联谊会”为平台，强化新生代统战工作。组织8届“情源晋江”活动成员及部分世晋青理事举办第三届“我的未来不是梦”交流座谈会；开展第九届“情源晋江·新加坡之行”青少年文化交流活动。做大做强“世晋青”，圆满完成世晋青换届任务；举办以“青年劲将　国际晋江”为主题的第四届世界晋江青年发展论坛。组织世晋青理事赴南京开展季度联谊考察活动，赴菲律宾开展联谊考察活动。推进港澳新生代“寻根之旅”，加深港澳晋籍青年对家乡的认知和情感。全年接待5个回乡寻根谒祖、考察交流的港澳晋江籍青年团组。鼓励海内外新生代积极参与慈善活动，共捐赠6.3万元用于开展关爱弱势群体、关注社会公益等慈善活动。

以晋江市留学人员暨归国创业人员联谊会(简称晋江留联)为平台，深化开展交流活动。拓展晋江“留联”会务工作，召开晋江留联2016年度会长办公会，增补28名新会员。广泛开展联谊工作，引导留联举办“大众创业.万众创新”分享会”；组织会员参加友好社团活动、走访考察会员企业；举办万圣见面会等新老会员交流活动，为新老会员提供交流互动平台。引导创业创新创投，协助欧美同学会在晋江召开组织建设推进会暨地方组织秘书长座谈会；联合西马置业举办平台发布会暨海外置业投资说明会；组织会员参加2016年“第十四届6.18中国留学人员成果展”、第六届APEC电子商务工商联盟论坛和晋江市集成电路项目相关学习会、推介会和招商会等活动。

(曾金珠撰　陈金尚审)

【为侨胞和港澳同胞服务】

2016年，市委统战部深入拓展为侨胞、港澳同胞服务工作，通过各种形式加强涉侨法律法规的宣传，积极协助海外乡亲、社团与国内相关部门进行对接，对于部分旅外乡亲在回乡办事、子女就学等方面碰到困难的，主动协调有关部门尽力帮助解决，处理并反馈1件来自海外乡亲的信访件和3件政协提案。

(曾金珠撰　陈金尚审)

·老干部和老龄工作·

【概况】

2016年，晋江市老干部和老龄工作围绕“突出重点，强化服务，推动老干部工作创新发展，为党和人民的事业增添正能量”的思路，探索优化老干部服务管理机制，持续抓好老干部“两项建设”，高标准落实“两项待遇”，有力推动正能量活动深入开展，老干部和老年人满意度不断提高。至年末，晋江市有离休干部83人，5·12退休干部9人，其中地厅级离休干部3人，离休干部遗偶197人(无工作遗属112人)；退休干部6859人，其中实职县处级干部53人，科级干部759人。老年人164698人，占总人口的14.55%，其中70—79周岁36038人，80—89周岁22103人，90—99周岁2985人，百岁老人46人。行政村(社区)老年协会387个，占行政村(社区)总数的98.72%,会员13.67万人,约占老年人口总数83%。

【重视关心老干部】

2016年,市委、市政府高度重视老干部工作,纳入全市干部和组织工作全局,作为年度镇(街道)党委(党工委)工作绩效评估重要内容,齐抓共管、统筹推进。市委、市政府主要领导、分管领导带头落实挂钩联系老干部制度,在重大节日中带头走访慰问老干部、为老干部祝寿;1月、7月分别主持召开通报会,向老干部通报半年、全年工作情况。市委、市政府主要领导到任第二天即走访部分老干部及市级各涉老单位,了解老干部工作情况。分管市领导积极参加各项涉老会议、活动,主动紧密与老干部工作部门和老干部的联系。市、镇、村老干部工作组织网络健全,机制运转顺畅,全市老干部工作有序、健康发展。

市老干部局结合开展“两学一做”学习教育,不断增强老干部工作队伍大局意识、政治意识、服务意识和看齐意识。全年举办6期“悦读好书·共享进步”干部素质提升沙龙活动,8月组织开展股级干部竞争上岗,6名干部晋升股级岗位,进一步激发干部队伍活力,提升人员素质。深入开展“党员义工进村社”、党员志愿者服务等活动,有效提高服务老干部工作水平。2016年,晋江市老干部工作相关信息被《中国老年报》《福建老年报》《福建老干部工作》《泉州老干部工作简报》采用信息113篇(条)。老干部局连续获评全省、泉州市老干部工作先进集体。

【离退休干部组织建设】

2016年8月23日,中共晋江市委离退休干部工作委员会成立,进一步加强和改进离退休干部党组织建设。积极实施2016年度市基层党建重点项目——“离退休党员晚霞映村社”,试点设立华泰社区离退休干部临时党支部,指导成立8支离退休党员义工服务队,统一着装,统一标志、开展“老党员活动日”“七一·走进华泰”“久久重阳·飘香桂华”现场集中志愿服务专场活动,探索建立老党员发挥作用、服务社区长效机制。完善离退休干部党组织基本运转经费补助机制,建立老党员之家,为部分无办公、活动场所的市直单位离退休党支部提供固定办公室、活动室,着力补齐离退休干部党组织“经费缺”“场所少”短板。加大支部书记培训力度,6月16日,与市委党校联合举办晋江市第一期离退休干部党组织书记培训班,促进离退休干部党组织规范化建设再上新台阶。

【落实老干部政治生活待遇】

2016年,晋江市兑现老干部相关政策,按照略高于省、泉州市水平落实老干部政治生活待遇。4月、6月、12月先后组织老干部参观军鹏特种装备有限公司、安平生态公园、深沪森林人家、安溪县光电产业园、李光地故居等项目,让老干部实地感受“新晋江”“新泉州”。坚持季度下乡传达文件,送书送学上门。4月、9月分别举办《快乐人生》《蔡英文上台后台海局势新形势》讲座,全市处级及以上离退休干部、市级涉老单位领导100余人参加。安排部分离退休干部代表参加市党代会、人大会、市委工作会等重要会议活动,让老同志及时了解、关心支持市委市政府决策部署。

【开展老年人活动】

2016年6月30日,举行晋江市“唱响银龄华章·筑梦大美晋江”主题活动暨离退休党员“晚霞映村社”基层党建项目启动仪式,围绕“展示阳光心态、体验美好生活、畅谈发展变化”主题,把正能量活动引向深入,推向基层。9月初至10月26日,成功举办为期一个多月的晋江市第五届老年文化艺术节,集中开展开闭幕式暨文艺演出、老年健康运动节、“红色记忆·闽南传承”主题诗词评选、科普宣传系列活动以及钓鱼比赛、象棋比赛等18项市级大型活动,各镇(街道)和村(社区)举办各类老年文化汇演和庆祝、慰问活动近百场。

【健全完善老干部帮扶解困机制】

2016年,晋江市从“离退休干部帮扶解困基金”中,为企业、自收自支和差额拨款事业单位的离休干部报销医药费88人次87.86万元;为困难离退休干部及离休干部遗属17人发放困难补助18.8万元;为挂钩离休干部无工作遗属发放困难补助5.55万元;为离休干部无

“唱响银龄华章·筑梦大美晋江”主题活动暨离退休党员“晚霞映村社”基层党建项目启动仪式

晋江市第五届老年文化艺术节闭幕式

工作遗偶发放门诊费补助9.95万元。扎实推进社区就近服务工作，指导推进梅岭、竹园社区离退休就近服务站争创泉州市级示范点。依托老龄工作资源，探索为病困离退休干部提供政府购买服务，完善病困群体服务救助体系。8月12日，承办泉州市社区服务老干部省级示范点现场推进会，晋江市就近服务老干部工作经验得到宣传推广。

2016年，共组织慰问住院老干部97人次，发放慰问金3.07万元；走访慰问去世离退休干部家属40户；组织前往山东、河北、福州、漳州、厦门、莆田、宁化等地，走访慰问50名易地安置省内外的离退休干部及遗属。春节期间，组织走访慰问离退休干部及遗属1321人次，发放慰问金80.57万元、慰问品6549份。重阳节期间，为407名离退休干部祝寿，赠送祝寿牌匾，慰问病困离退休干部及离休遗属179人，慰问百岁老人58人，特困失能老人600人。组织全市近200名离休干部和处级退休干部健康检查，及时更新健康档案。市老年活动中心老年义诊站每月定期组织三次义诊活动，全年为1000多人次离退休干部提供送医送药志愿服务。

【为老年人办实事】

2016年，晋江市组织实施泉州市、晋江市两级为民办实事项目，精准为370名特困失能老人提供政府购买服务、为65周岁及以上老年人提供免费公交搭乘服务，为老年人搭乘公交车购买意外保险。老年人优待证办理实现常态化，全年累计办理5875张。准时、准确、足额发放高龄老人生活补贴、征迁区域老年人生活补贴及特困失能老人政府购买服务经费1930万元。持续巩固深化市基层重点党建项目——“老协会‘晚晴余晖’工程”，有序推进8个老年协会规范化试点建设。用好200万元的老年协会专项扶持资金，为388个老年协会拨补172万元基本运转经费，为每个老年协会订阅一份《福建老年报》、为每个老年协会会长办理一份意外保险、在春节和重阳节慰问一批老年协会会长，下拨57万元扶持42个经费薄弱老年协会，老年协会规范化建设再上新台阶。开展“尊老敬老活动月”“敬老文明号评选”“百企进百村敬老助老”等主题活动，与基层老年协会联办庆重阳文艺演出6场、庆元宵文艺演出1场。选送晋江市老年文艺节目《天乌乌》获评“泉州市第二届夕阳红才艺交流展示大赛”一等奖。

【发挥老干部作用】

2016年，晋江市强化构建“大老干”工作格局，有效整合、盘活涉老工作资源，完善市镇村三级立体式作用发挥平台建设，提升老干部发挥作用的深度与广度。完善市级涉老单位联络员制度，加强与7个市级涉老单位的日常沟通联系。全市各项涉老工作成效显著：关工委全年助学帮扶1297名学生，发放“爱心助学金”364.9万元。老促会多举措帮扶解困“五老”人员，累计下拨补助金49.8万元，先后3次协调市领导到老区村现场办公，为3个老区村争取1100万元项目建设补助资金。老教委拓展基层办学覆盖面，全年新办村（社区）老年学校29所，录制12个课件，编写教材39篇，收集研究论文42篇，8所基层老年学校获评泉州市级示范校。老年大学持续推进“省一级示范校”建设，于11月8—23日期间成功举办第十五届校园文化艺术节暨2016年教学成果展示活动。老年大学现设有8个系、73个教学班，46门学科，1个艺术团，9个专业学会，在校学员1890人（3184人次），2016年，获评全国示范老年大学。老年学学会会员全年撰写论文、文章38篇，其中1篇论文获全国高峰论坛优秀论文奖，1篇获省2016年老年学学会年会优秀奖，学会常务副会长蔡天赞被评为全国老年学学会工作先进个人。老科协编印《晋江老科协》杂志4期，印发2600册，举办各类科普讲座102场，创办老年义诊站的做法与经验被省民政厅授予“省社会组织工作改革创新案例优秀奖”。老体协积极创建老年人健身康乐家园，全年新增泉州市级康乐家园15个，全市共有121个。与老龄办、邮政集团公司晋江分公司联合举办“邮政杯”千村万队老年人有氧行进操展示活动，与市文体新局联合举办健步操培训班。

按照“资源共享、活动共办、保障共有”的思路，建好用活学习活动阵地，为老干部发挥作用提供保障和支撑。全面提升市老年（老干部）活动中心软硬件实力，争取市财政专项资金450万元，启动市老年活动中心馆室场所升级、设施设备添置和新建教学综合楼前期建设等项目工程。积极扶持镇村两级老年活动中心建设，成立梅岭街道老年（老干）活动中心，下拨177万元扶持新建34座村级老年活动中心。成立晋江市图书馆市老年（老干部）活动中心分馆，率先在泉州地区公共图书馆针对50周岁以上的人实行免押金办借阅证服务。老干部正能量增添常态化，开通老干局“晋江老年视界”微信公众号，组建市离退休干部网络宣传队，开辟正能量传播新阵地。1月，选派2名退休干部参加市委“聚力十三五，创新促跨越”宣讲团，深入基层开展党的十八届全会及全国“两会”精神宣讲活动。4月，组建“白兰花”志愿者服务驿站市老年大学分站，为老年大学志愿者开展志愿服务提供支撑和保障。与市委组织部、党史室、市广电局联合制作纪念建党95周年专题片《信念》，邀请9名不同时期在晋江工作的老党员、老领导，讲述“晋江故事”。依托离退休干部就近服务站、党员活动室等，在梅岭街道、华泰社区等设立离退休党员服务基地——老党员阳光会客厅，面对面接待群众，为群众排忧解难。

(郭劲彬撰　许著赞审)

·保密工作·

【保密委组织调整】

2016年，晋江市根据换届后的人事变动，调整市委保密委组成人员，市委常委、政法委书记陈长义任保密委主任。及时召开市委保密委全体成员(扩大)会议，市委保密委全体成员，各镇(街道)、经济开发区、市直有关单位分管保密工作的领导、办公室主任或秘书科科长、保密干部参加，陈长义对抓好保密工作提出三点意见：一是认清形势，进一步增强做好保密工作的责任感紧迫感；二是把握重点，不断提升保密工作水平；三是党管保密，为保密工作发展提供有力保障。并强调，做好保密工作，关键要做到五个“多”，即多绷一根弦，多留一个意，多抓一处细，多把一层关，多加一份爱。

【保密工作监督检查】

2016年，晋江市继续将保密工作纳入全市绩效评估内容，市委保密办、市国家保密局与市委机要局、公安局、安全局、数字办组成联合检查组，通过查阅资料、上机检查等形式，对各镇(街道)、经济开发区、市直有关单位进行保密检查。重点对保密组织机构、保密教育培训、保密制度建设、保密监督管理、保密检查整改等内容进行检查，进一步强化全市保密工作。

【保密工作宣传教育】

2016年，晋江市举办全市保密工作培训会，由泉州市国家保密局局长黄万成作《新形势下如何做好机关保密工作》主题讲座。继续发挥党校保密教育基地作用，将保密知识学习纳入科级干部培训班、青干班等专项培训班、教育系统干部培训班、全市纪检监察综合业务培训班内容。推广“保密观”微信公众号，组织领导干部、公务员、涉密人员进行订阅；利用LED显示屏播放标语、群发保密警示短信等多种形式开展保密宣传；编发本市《保密工作》刊物，重点采编保密工作经验交流、保密警示案例、保密技术知识、保密法律法规条文等内容供学习。

【高考保密】

2016年高考前，市国家保密局、市公安局完成全市9个高考试卷保密室规范化建设的检查验收。高考期间，市委保密办、市国家保密局联合公安局、教育局圆满完成高考试卷的接送、押运工作，并对全市9个高考试卷保密室进行每天3至4次的安全保密巡检、巡查，确保高考试卷安全保密，实现“平安高考”目标。

(程思斯撰　柯晓钟审)

·党校工作·

【概况】

2016年，市委党校坚持党校姓党，紧扣市委、市政府中心任务，围绕建设“一流品质党校”目标，以争创“第十三届(2015—2017年度)省级文明单位”为契机，持续开拓创新，全面落实干部教育培训、理论研究宣传、科研决策咨询、会务服务及阵地建设等各项工作，先后获评“全省党校、行政学院系统先进集体”“泉州市巾帼志愿服务示范团队”“晋江市三八红旗集体”“晋江市平安单位”等称号。

【干部培训轮训】

2016年，市委党校充分发挥干部教育培训主渠道主阵地作用，严格落实全市干部教育培训年度计划。重点突出主课教育，作为培训重要内容和必修课程纳入到各个主体班次中；注重分类培训，根据不同需求，统筹党校、行政学校、社会主义学院等培训平台资源，对党政干部进行系统培训；改进“晋江干部学堂”，创新学员管理方式和教学形式。全年举办59个班次，培训人次8400多人次，其中主体班38个，培训学员5802人次。

【理论宣传】

2016年，市委党校把握宣传思想文化的新任务、主旋律。依托53家基层党校网络，开展中共十八届六中全会、“两学一做”、习近平系列重要讲话等主题宣讲250余场；依托30家教学实践基地，全力宣传推介“晋江经验”，全年共承接西藏昌都市乡镇党务干部专题培训班、沈阳市委党校中青班（省委党校培训班）等来校委托培训班12期，培训学员约600人次。

【市情前沿热点调研科研】

2016年，市委党校聚焦市情前沿热点，集合校内及高等院所等多方科研力量，力创学科领域项目精品。全年发表论文10篇，立项课题4项，完成省委党校、泉州党校2015—2016年结项课题7项，校级课题10项。其中，1项课题被评为2015年福建省党校、行政学院系统中国特色社会主义理论体系研究基地优秀成果课题；3项课题参加福建省党校系统2016年学术年会，并代表县级党校发言；2项课题分别获泉州市委党校2016年校级课题一等奖和三等奖；4项课题成果得到市政府主要领导肯定性批示；2项课题被列入晋江市2016年度党建重点调研课题；按期完成与国研中心智石研究院、香港科技大学的合作课题。

(刘雅铮撰　戴庆阳审)

·党史工作·

【党史资料征集、整理】

2016年，市委党史研究室继续抓好各种文字图片资料的征集和整理，全年共拍摄、征集、整理各种重大会议、纪念活动系列照片2500多张。根据省委党史研究室要求，征集晋江保护红色资源、传承红色基因、弘扬革命传统的新实践资料，形成专题报告。根据泉州闽浙赣边区革命史研究会要求，征集整理泉州闽浙赣边区革命史人员资料卡630多个。根据泉州市新四军研究会要求，做好新四军老战士史料征集编写工作，共收集21位老战士的相关图片17张、回忆录15篇及个人简历21篇，计4万多字。

【党史编研】

2016年，市委党史研究室以编写党史基本著作和专题著作为重点，开展党史资政研究，做好党史资料汇编，活跃学术研讨氛围。全年出版书籍2本；撰写、发表专题、理论调研文章8篇。出版《中国共产党晋江市历史大事记(2002年5月—2012年6月)》。采用编年体例、条目式体裁编写，按事件发生时间顺序，全面、客观地记述2002年5月至2012年6月晋江市在政治、经济、文化、教育等方面持续发展历史进程中的大事、要事，全书共计102.7万字。出版《晋江重要文献选编》第十四辑，全书收编1994年间晋江市委、市政府、人大、政协以及人民武装部的重要文件资料，共计42万字。

率先在全省启动《中国共产党晋江历史（1978.12～2012.12）》三卷资料的征集、研究、编撰工作。开展《晋江市红色遗址》（暂名）第三稿的编研工作。本书按时期、按标准收录1951年前的晋江行政区域内的革命历史遗址，包括党的重要机构旧址，重要党史人物的旧居、活动地、重要事件遗址及中华人民共和国成立以来特别是近年来兴建的各类纪念馆、展览馆等内容涉及新民主主义革命时期的纪念设施，共计100个。开展《晋江现代史人物》的编研工作。全书收集、整理、编写1919年以来晋江籍（新中国成立前包括县城、泉州城区和石狮市）在政治、经济、军事、文化艺术、科技教育、医疗卫生等各领域分别作出一定贡献，在全省、全国乃至世界有一定影响的已故人物；籍属其他省、市、县曾在晋江任职、活动的部分人物；部分侨、港、台重要人物；党政军一般收录县团级以上人员，抗日和以前参加革命及爱国进步人士、烈士、英雄适当放宽级别，主要收录人物一生的主要活动和贡献。至年底，共收录100多人。做好大事记征编工作，刊登出版晋江市2015年下半年大事记，完成2016年上半年大事记的征集整理工作。

撰写理论调研文章。结合当前中心工作撰写理论调研文章《运用晋江地方党史资源加强新形势下党员教育研究》《加强思想作风建设，树立党员干部好榜样》《头顶信仰之光，追随一生一世》《读<四渡赤水战役亲历记>感言》《浅谈“长征精神”》《弘扬长征精神、开启新的征程》等；《晋江在土改中贯彻落实华侨政策概述》《“金鸡吟，产黄金”——郭沫若书写“金鸡水利纪念碑”并撰文》入选《福建社会主义时期党史专题文集（1949—1978）》（中共福建省委党史研究室编，中共党史出版社出版，2016年7月第1版）。

中国共产党晋江市历史大事记（2002年5月—2012年6月）

【党史宣传教育】

2016年，市委党史研究室重点围绕纪念中国共产党成立95周年、红军长征胜利80周年等重要纪念日，提前谋划并组织实施，开展形式多样、内容丰富的党史宣传教育活动。一是编辑、出版《晋江党史》刊物3本，其中一本是《纪念中国共产党成立95周年——中共泉州中心县委历史纪念馆纪念专刊》（2016年第2期）。二是制作电视纪录片。与市委组织部、市广电局等单位，联合制作“讲述·我的党员故事”之《我的晋江故事》纪录片，通过9名老领导回忆自己在晋江工作时期，面对晋江当时革命、建设、改革的形势任务，作为一名党员、一名干部，为党的事业和晋江发展的工作故事，结合历史影像、图片等资料，宣讲不同时期，晋江市（县）老党员、老干部“入党为什么、入党干什么、给党留什么”的革命故事和奋斗历史，展示95周年来，在中国共产党领导下，晋江不平凡的发展历程和成就的认识，教育、引导激励全体党员干部立足岗位、多做贡献。三是推出纪念专题。与《晋江经济报》联合推出“‘学党史 跟党走’——纪念中国共产党建党95周年”专题，以图文并茂的方式再现95年来发生在晋江这片热土上的“党史大事记”。四是巩固、拓宽数字宣传平台。在重视保密问题的前提下，结合当前宣教中心工作，认真做好晋江党史在线网站和晋江党史微平台内容的更新和充实工作。五是组织稿件参加比赛。组织近10篇诗歌参加泉州市庆祝中国共产党成立95周年诗歌大赛，其中《镰刀和斧头的爱情》获三等奖。组织3篇稿件参加中共福建省委党史研究室和中共泉州市委党史研究室纪念长征胜利80周年理论研讨会。六是为上级有关单位提供宣传资料。为配合泉州市委党史研究室、泉州晚报社等单位联合编纂《纪念中国共产党建党95周年暨党建历史中的泉州》纪念画册及开辟公益宣传专栏，积极提供相关文字图片资料。七是配合大学生开展专题调研。为厦门大学大一学生提供图片、文字材料，接受采访，陪同下基层开展晋江市抗日救亡运动专题调研。八是做好纪念馆布展的业务指导工作。内坑砌坑革命史陈列室于2001年6月建成开展，因年久受损严重，计划重建。党史研究室认真配合做好布展工作。九是多渠道赠送党史书刊。分别向市直各单位、镇（街道）、村居、中小学及各方面的人士寄发党史期刊共约3500多份（本）。围绕“创新发展理念·提升城市品质”主题，协助办好社会科学普及宣传周活动，现场赠送党史书刊，推动党史知识宣传教育进农村、进社区、进机关、进学校。十是协助举办纪念红军长征胜利80周年活动。协助福建省新四军研究会到晋江举办“不忘初心·长征精神”——纪念红军长征胜利八十周年演出活动。

（刘吉山撰　陈伟荣审）

·市直机关党务·

【概况】

2016年，晋江市机关党建工作按照上级党代会以及机关党的工作会议的部署，深入开展“创新升级年”活动，扎实推进“两学一做”学习教育，切实强化管党治党、改革创新、问题导向和党内监督，着力提高机关党建创新驱动发展能力，为丰富“晋江经验”，持续当好“机制活、产业优、百姓富、生态美”的“新福建”县域排头兵，提供优良服务和政治保障。一年来，市直党工委获得泉州市机关特色党建评选活动和重点课题评选“六连冠”，蝉联泉州市特色机关党建创建“特别成就奖”和全省机关党建重点课题评选一等奖，获评全省机关工委系统先进集体。

【机关理论武装】

2016年，市直党工委坚持“工委带系统、系统带支部、支部带党员”，通过党委(党组)中心组学习、专题讲座、培训研讨、座谈交流、撰写心得、网上大讨论等形式，深入学习贯彻中共十八大、十八届五中、六中全会和习近平总书记系列重要讲话以及省委书记尤权到晋江考察重要讲话精神，进一步强化全市机关党员干部“四个意识”。举办全市科级班、青干班等主体班次，开展机关党务干部轮训，全面提升机关党员干部服务改革创新、转型升级的能力素质。

【机关“两学一做”学习教育】

2016年，市直党工委制发全市机关党员开展“两学一做”学习教育指导方案。以“好党课”评选活动为抓手，采取领导干部讲、宣讲团队讲、支部书记讲、先进模范讲等4种方式组织近百场宣讲活动，在全市机关营造学习浓厚氛围。开展“讨论•我看合格党员”“讲述•我的党员故事”，组织机关党员对照正反清单、典型，坦诚开展批评和自我批评，让咬耳扯袖、红脸出汗成为常态。指导全市各系统、各单位开展“两学一做”学习教育知识竞赛、主题演讲等19场次，组织观看《信念》党性记录片、参加庆祝建党95周年暨“一先两优”表彰大会和先模事迹报告会，教育机关党员以先辈先模为榜样，切实践行“四讲四有”要求。相关做法在省市机关工委书记联席会议上作典型交流。

【党建重点课题调研】

2016年，市直党工委全面部署并牵头指导党建重点课题调研活动，深入开展机关党建“大调研、大走访”活动，成立多个课题组，深入走访全市各级机关党组织，形成多篇高质量调研成果，信息调研工作走在全省前列。一年来，《“一系统一品牌，一支部一特色”服务县域发展的晋江实践与思考》获机关党建重点课题调研论文评选全省、泉州市一等奖，《从严从实推进换届风气监督工作的实践与思考》获晋江市纪检监察系统调研一等奖，晋江市在全省机关党的建设研究会重点课题调研推进会上作典型发言，调研工作经验在《党的生活》刊发推广。

【市直机关“创新升级年”活动】

市直党工委确定2016年，为全市机关党建“创新升级年”，围绕服务经济创新发展和转型升级，发动市直机关各级党组织根据职能特点，创新生成一批服务大局、应对经济下行压力的党建精品项目，指导各系统党委围绕市委的工作部署，分别策划1个“一把手”项目，择优形成年度机关党建重点项目并组织实施，着力发挥机关党建推动发展的主导作用，实现创新升级、服务升级、效能升级。下半年，按照泉州工委统一部署，全面开展“机关党旗红，‘五个泉州’在行动”主题实践活动，围绕“五大行动”策划生成一系列品牌项目，任务细化到岗、责任落实到人，引导广大机关党组织和党员在“五个泉州”建设中走前头、作表率、当先锋，《晋江市铸就经济社会发展“新引擎”》被《泉州晚报》专栏报道推广。

【机关党建特色品牌创建】

2016年，市直党工委部署开展第7轮特色机关党建品牌创建工作，编印《特色机关党建项目选编》，举办机关党建创新大赛，加大优秀党建项目宣传推广力度，打造党群系统“党群XIN家园”、经信系统“电爱心灯”、教育系统“六卡‘寄深情’”和卫计系统“医患连心桥”等一批特色品牌，不断优化“一系统一品牌，一支部一特色”格局，得到泉州市委书记郑新聪批示肯定。指导统战系统党委做实“乡愁”党建品牌，获泉州市直机关特色党建项目评选一等奖，主要做法在中央统战部《每日汇报》、省委《八闽快讯》和泉州市委《侨区快讯》上刊发，得到省委、泉州市委领导批示肯定。

【新一批机关党建示范典型】

2016年，市直党工委深化典型培育工作，着力“抓两头、带中间”，延伸拓展培育链条，配套专项培育经费，指导各系统精心培育1—2个新典型。如公安局机关“盾边警察”获多项国字号荣誉，“一村两警”特色项目在《党的生活》刊发；宣传部党支部打造“企业文化沙龙”项目，入选《全国宣传干部培训教学案例》；社保综合服务窗口被国家人社局评为“2014—2016年度优质服务窗口”；政法委党支部实施“基层社会治理党建项目化”，在《八闽快讯》刊发；“乡愁”党建馆、“流动的红色法庭”展馆以及晋江一中、平山中学等单位党建展馆相继开馆，得到泉州机关工委常务副书记黄黎波充分肯定。2016年，共推荐评选机关各级“一先两优”67个，其中统战系统党委、中国电信晋江分公司党总支、季延初中党支部等被评为泉州市先进基层党组织，市公安局党委委员洪进南、市法院机关党委书记叶佩芬等8名机关党务干部被评选为泉州市优秀共产党员、优秀党务工作者。

【机关党组织集中规范建设】

2016年，市直党工委加强机关党组织和党员的日常管理，梳理规范“三会一课”“组织生活会”“党员学习日”等基础工作。研究出台《市直机关〈条例〉贯彻落实情况参考对照标准》，细化5大类43条具体项目，供市直各单位对照自查和整改提升，有效规范机关党组织履职，严格落实“五有”机制。出台专项文件，集中推进部分重点国有企业党的组织和工作机构设置，有效扩大党的工作覆盖。认真完成中央部署的七项基层党建重点任务，开展党员组织关系集中排查和党费收缴管理专项检查，理顺空挂党员33人，找到失联党员5人，补交党费656233.72元。

【“一评三述”机关党建考核制度】

2016年，市直党工委创新市直机关党组织党建工作绩效评估，牵头制定考评细则和年度工作任务，专门争取3—5%分值，对40个市直政府部门、24个市直党群部门机关党建情况，首次进行单列精细化考评，全面落实机关党建责任。健全系统党委书记、专职副书记、单位党组织书记三类对象抓机关党建工作述职评议制度，评议结果作为干部选拔任用的重要依据，并对考核评价靠后的党组织和负责人约谈提醒、督促整改，层层传导压力，有效强化党务干部主业意识。

【机关党员队伍建设】

2016年，市直党工委严把党员“入口关”，贯彻落实发展党员“十六字”方针，全年发展机关党员107人，其中大专以上学历100人，占93.46%；35岁以下74人，占69.16%；女性党员20人，占18.69%。举办市直机关第35期入党积极分子培训班，通过听取专家讲座、观看党员电教片、学唱国际歌、参观市党建展馆、廉政教育基地等多种形式，激发了170名入党积极分子创先进、争优秀的内在动力。组织64名新党员参加入党宣誓仪式，重温入党誓词，有效提升党员荣誉感，增强党员意识。深入开展“两节”期间走访慰问生活困难党员、老党员、老干部等工作，拨出56000元专项资金，走访慰问机关困难党员，营造党内和谐和党员人文关怀氛围。

【“义工进村社，助力微心愿”活动】

2016年，市直党工委深化“党员义工进村社”服务活动，建设新一批党员义工服务站和群众需求登记站，创新服务载体，常态化开展“群众菜单式点题、义工项目化服务”，将现场办证、职位供需对接、优惠售书、义诊等个性化服务送到村、社区、企业中，被市委确定为“两学一做”学习教育“规定动作”，向非公企业、项目工地等一线拓展延伸。以教育系统党委为试点，开展“助力微心愿”活动，精准结对帮扶，并召开专题会议总结推广。全年，全市机关累计开展集中性党员义工服务活动近百场，服务群众2万余人。

【机关党员“双联系”活动】

2016年，市直党工委创新落实机关联系基层、党员联系群众“双联系”机制，结合第4、5轮市直单位与农村（社区）党组织结对共建和选派干部驻村任职工作，落实每个贫困户都有机关党员挂钩帮助脱贫，组织机关党组织和党员深入基层倾听诉求，上下联动补齐短板，帮助化解一批难题，办理一批实事。一年来，走访村（社区）1135次，帮扶困难群众768人，落实帮扶项目资金246万元。深入开展“帮扶企业发展、推动项目落地”活动，领导干部带头下企业一线，通过一对一挂钩、点对点发力，帮助企业协调解决困难，机关党员干部累计深入企业2500多家，梳理解决问题800多个。

【市直党群部门绩效考评】

2016年，市直党工委牵头组织开展市直党群部门25个单位绩效评估工作，围绕绩效目标、绩效责任、绩效运行、绩效评估、绩效提升等五个环节，科学制定实施细则，认真审核审批工作方案，严格组织综合评审和集中考评，评选表彰9个考评优秀单位、8个良好单位和3个合格单位，形成注重绩效、讲求绩效、创造绩效的良好导向，全市机关干部干事创业的精气神进一步提振、作风进一步转变。

【学习型党组织建设】

2016年，市直党工委办好办活“晋江大讲堂”“干部学堂”和“组工讲堂”，开展“聚力十三五，创新促跨越”主题宣讲活动，提升党员干部理论学习层次和水平。健全党员集中轮训制度，完善定期讲党课等制度，对市直机关党务干部进行集中培训，提升机关党员干部、党务干部素质能力。统筹建设一批“机关党建书屋”，抓好机关党员“学习日”制度，坚持党员“日学一小时，旬听一节课，月读一本书，季写一心得”。举办征文比赛、文艺采风、学习讲座，定期推荐学习书目，开展“同读一本好书”等系列活动，营造浓厚的机关学习氛围。

【廉洁文化进机关】

2016年，市直党工委深入贯彻落实中共中央八项规定，在元旦、春节节日期间，开展“廉节年·健康过”主题活动，通过“共看廉画倡廉”“短信接力话廉”“电教片展播促廉”等喜闻乐见的形式，引导机关党员干部过一个廉洁、节约、

晋江市非公企业和社会组织党务干部赴浙江考察学习

文明、祥和的“廉节”，切实做好两节期间廉洁自律、厉行节约等工作。联合市纪委举办全市“学习贯彻《党章》和《准则》《条例》”知识竞赛，推动机关廉洁文化建设和作风建设常态化。

（黄哲昉撰　庄东航审）

·非公有制企业和社会组织党务·

省委常委、组织部部长王宁（前左二）到晋江市磁灶五金机电城党支部调研

【概况】

2016年，晋江市非公有制企业和社会组织党务工作紧扣全面从严治党和“两学一做”学习教育要求，更加突出政治属性，更加突出服务功能，以党建的统揽引领作用为经济社会发展注入“红色动力”，确保党建和经济“两手抓”“两促进”。市委书记刘文儒专门总结《晋江探索非公企业党建的经验》在省委《调研内参》发表，《福建日报》头版头条刊发《红色动力，劲推晋江民企发展》的专题报道，非公党建“晋江经验”首次入选“十大市民关注事件”，全市非公党建的社会影响力逐步提升。

【非公党建基础工作】

2016年，晋江市在市镇两级调整设置非公企业和社会组织工委，在市民政局设立社会组织综合党委，统筹推进全市非公企业和社会组织党建工作。同时，按照全国园区党建会议精神，理顺“开发区党工委—园区企业党委—园区党建指导站”的“一区十园”党建工作机制，新建一批党群活动服务中心、党建指导站。在持续深化片区“二带十”非公企业党建做法基础上，制定印发《关于实施“两双两推”机制深化“同业党建联盟”项目的意见》，进一步以“两双两推”机制探索“同业党建联盟”新经验，推进非公企业党建抱团，打造“立体式”区域化党建工作模式，新成立5个市级行业协会党工委、9个同业公会党组织。9月18日—23日举办非公企业与社会组织党务干部示范培训班，组织镇街新任企业党委专职副书记、市委选派企业党建专职干部、重点两新组织党组织负责人等共48人赴浙江学习考察“两新组织”党建工作先进经验，回来所作考察报告得到泉州市领导批示肯定。

【非公党建日常工作】

2016年，晋江市制定印发《全市非公有制经济组织和社会组织党员开展“两学一做”学习教育的具体实施方案》，突出抓好学习教育与发挥党员作用相结合，提出以“三亮三诺”（亮党员身份、亮示范岗位、亮整改问题，公开承诺、跟踪践诺、民主评诺）活动为学做载体，引导党员以学促做、以知促行。大力推进“两个覆盖”。先后组织召开多场调研会、推进会，全面摸清非公企业党组织底细，将党组织覆盖任务细化分解到各镇街（开发区）、市直各业务主管部门，采取目标倒逼、三天一报等方式，明确责任单位和责任人，确保非公企业和社会组织均超额完成省委要求的覆盖目标，分别达到85%、63%。深化“一区多园”园区建设。将产业集群的“规模优势”转化为非公党建的“规模效益”，创新“二带十”区域化带动、“小微抱团”网格化推动、“党建联盟”行业化促动等3种园区党建模式，把园区凝聚成一个个党建共同体，解决中小微企业支部党建不规范、活动难开展等问题。园区非公党建分别在全国区域化党建与非公有制经济组织和社会组织党建工作专题研讨会、全省党建工作联系点工作会和泉州在晋江现场会上做典型发言，得到省委常委、组织部长王宁的批示肯定。

【“红色力量·助推发展”活动】

2016年，晋江市全面深化“红色力量·助推发展”活动，组织市食品协会、市装备制造业协会等行业抱团参展，取得抱团实效，如市装备制造业协会组织智能装备制造园等企业参加海峡项目成果交易会等各种展会，开设“党员+人才+项目”红色展区，展示17个党员科研成果，促成80多个合作意向。

【非公企业党建品牌“三级同创”评选活动】

2016年，晋江市开展第二届非公企业党建品牌“三级同创”评选活动，新培育评选红色提案委、党员项目领办制、党员“智能”工作组等27个党组织、党员发挥先锋作用的创新项目，为全市其他非公企业和社会组织提供案例借鉴。

【非公企业党员人才双向培育】

2016年，晋江市推行党员人才双向培养，引导企业管理层与党务工作者“双向进入”，2016年全市大部分龙头企业50%的高管是党员，成为推动生产创新、稳定员工队伍、提升企业文化的红色引擎。组建41支非公企业党员防汛应急突击队，让党员冲锋在前、与企业共患难，挽回经济损失1400多万元，该做法得到泉州市委常委、组织部长孔繁军的批示肯定。

（叶小滨撰　庄东航审）

·人民代表大会·

【晋江市第十六届人民代表大会第五次会议】

2016年1月5—8日，晋江市第十六届人民代表大会第五次会议在市委党校会堂召开。

大会听取和审议晋江市人民政府工作报告；听取和审议晋江市2015年国民经济和社会发展计划执行情况及2016年国民经济和社会发展计划草案的报告（书面），审查和批准晋江市2015年国民经济和社会发展计划执行情况的报告及2016年国民经济和社会发展计划；听取和审议晋江市2015年预算执行情况及2016年预算草案的报告，审查和批准晋江市2015年预算执行情况的报告及2016年预算；听取和审议晋江市人民代表大会常务委员会工作报告；听取和审议晋江市人民法院工作报告；听取和审议晋江市人民检察院工作报告。大会在听取和审议各项工作报告后，作出相应决议。大会还补选丁鸿雨、许乔良、陈其昌、林德生为晋江市第十六届人民代表大会常务委员会委员。

【晋江市第十七届人民代表大会第一次会议】

2016年12月15—19日，市十七届人大一次会议在市委党校会堂召开。会议听取市人民政府代市长张文贤所作的政府工作报告，书面听取2016年国民经济和社会发展计划执行情况及2017年计划草案报告、2016年预算执行情况及2017年预算草案报告。听取市人大常委会主任陈健倩所作的市人大常委会工作报告，听取市人民法院工作报告、市人民检察院工作报告。并通过相关决议。大会选举洪于权为市第十七届人大常委会主任，张文贤为市人民政府市长，陈水深为市法院院长，甘泽阳为市人民检察院检察长（须报经泉州市人民检察院检察长提请泉州市人大常委会批准）。会议还选举郭鸿荣、曾献礼、连泉富、姚志强为市第十七届人大常委会副主任，王茂泉、李自力、张淑语、黄少伟、李自强、庄天怀、王文晖为市人民政府副市长。林友竹等35人当选为市十七届人大常委会委员。

·主要工作和活动·

【法律监督】

2016年，市人大常委会加强监督法律实施，选择《中华人民共和国环境保护法》作为执法检查重点领域。在检查中指出，要重点从加大环保法在企业单位的宣传力度、加强环保执法队伍的能力建设、加强环保监管力度等多方面入手，严格执行环保法，做到有法必依，加大环境执法力量和惩治环境违法行为的力度，全面排查和整改各类污染环境、破坏生态和环境的隐患问题，进一步提高环境质量，确保环境安全。在开展执法检查的同时，市人大常委会结合有关监督活动，加强文物保护法、民事诉讼法、气象法等执法检查意见研究处理情况的跟踪监督。市人大常委会还组织对市政府报送备案规范性文件进行认真审查，确保其合法性和有效性。

【经济工作监督】

2016年，市人大常委会围绕年度计划的执行落实，听取和审议市政府关于计划执行情况的报告，加强监督，合理调整年度目标任务。批准调整7项指标，使年度计划更加符合实际、利于操作。紧盯重点产业的转型升级。加强对金融改革、新兴产业培育、食品产业、石材行业整体退出、现代物流体系、文化旅游、特色现代农业、远洋渔业等方面的监督，促进市政府理清发展思路，出台相关政策，加大推进力度。

【预算事项监督】

2016年，市人大常委会围绕预算“全口径”，加强预算编制、预算执行、决算审查等环节的监督，增强预算编制的规范性、真实性和有效性。密切关注债务风险防范问题，多次听取政府性债务管理情况报告，建议市政府切实采取有效措施，防范控制债务风险。围绕审计“全覆盖”，加强审计监督，支持审计机关不断加大对重要领域、重点部门、重大投资项目的审计监督力度，组织开展生态、民生、公有房产专题审计，对加强国有资产管理、强化预算执行、严肃财经纪律起到了积极作用。

【城建领域监督】

2016年，市人大常委会切实加强城建领域监督。加强城市规划监督，建议尽快完善城市分区规划、专项规划及详细规划，增强总体规划的科学性、前瞻性和可操作性。加强城市建设监督，关注城市重点项目建设的质量与进度，组织视察城建项目安置房回迁、商品混凝土管理。同时，对市住建局进行工作评议，督促健全机制，从根本上解决城建领域存在的薄弱环节和突出问题。加强城市管理监督，连续三年开展物业管理监督活动。2016年安排物业管理专题询问。着力推动物业管理法规的实施和政策的落实。

【关注社会民生】

2016年，市人大常委会坚持把优先保障和改善民生作为依法履职的出发点和落脚点，推动解决群众最关心最直接最现实的利益问题。

督促解决热点问题。根据城乡公共交通的发展现状，明确“一条主线，三个重点”的监督思路。安排听取专题询问意见的研究处理情况报告并进行满意度测评。监督市政府理顺体制机制、完善公交基础设施、提升管理服务水平。安排审议农村食品安全监管体系建设情况报告，督促相关部门切实履行监管责任，加强执法监督、企业自律、追溯检测、违法惩处等工作，推动食品安全监管形势好转。

督促发展社会事业。常委会坚持以人为本、民生优先的理念。针对医药卫生体制改革现状，从财力保障、激励机制、人才建设、医德医风等方面提出意见，促进全市医改工作特别是公立医院改革的深入开展。组织检查《福建省学校安全管理条例》执行情况，听取扶持发展农村教育工作情况报告。把中心城区教育规划布局纳入年度调研内容。市委、市政府高度重视，市主要领导主持召开现场办公会议，协调解决相关事宜，新增40个项目，新增小学、幼儿园教育用地51.73公顷。

督促实施精准扶贫。常委会以推进市委、市政府年度为民办实事项目的落实为抓手，加强特困群众帮扶、农村计生二女户政策落实、社会救助“救急难”等情况的监督，要求切实解决困难群众生活就业问题，完善落实农村计生二女户扶持政策，织密编牢社会救助安全网，努力让弱势群体共享改革发展成果。根据归侨侨眷权益保护法和少数民族权益保障条例的有关规定，要求政府帮扶困难归侨、落实侨房政策，并通过政策倾斜、项目带动、资金帮扶等措施，进一步推动民族村经济社会发展。此外，常委会领导还按照市委关于“春风计划·四帮四扶”的部署，认真做好挂钩联系的特困家庭帮扶工作。

【环境治理和生态修复监督】

2016年，市人大常委会坚持把生态建设纳入人大视线，督促加强环境治理和生态修复，推动建立系统完整的生态文明新格局。坚持听取报告与实地检查的有效结合。一方面，把听取专项报告作为主要监督形式，多次安排听取《关于加快推进我市生态水域建设的决议》执行情况和司法机关依法打击环境污染犯罪工作情况的报告，加快推进全市生态水域建设，加强行政执法与刑事司法衔接，形成依法打击环境违法行为的震慑效应。另一方面，注重在整治现场中发现问题、推动工作。市政府根据常委会提出的“生态型、全流域”的监督意见，将流域河道整治任务由12条流域增加到33条，并按照新环保法要求，不断完善水污染防治机制以及工业、农业、生活污染源销号制度。坚持整体推动与重点整改的有序衔接。遵循点面结合的监督理念。针对2013年近海水域环境污染整治专项报告未能审议通过的情况，集中力量开展专项监督。加强对畜禽养殖污染整治、工业污染整治、美丽乡村建设、水土保持、引水第二通道建设等方面的监督，为晋江创建“国家生态市”起到了积极的推动作用。

【推进依法治市】

2016年，市人大常委会坚持把依法治国、维护宪法和法律权威作为根本任务，紧紧围绕法治宣传、依法行政、司法监督等重要环节开展工作，充分发挥地方人大在建设法治社会中的重要作用。

促进法治宣传制度化。把法治宣传教育作为推进法治晋江建设的重要基础性工作。审议市人民政府《关于提请审议〈关于在全市公民中开展法治宣传教育第七个五年规划(2016－2020年)〉的议案》，并作出《关于开展第七个五年法治宣传教育的决议》。根据《全国人民代表大会常务委员会关于实行宪法宣誓制度的决定》，组织34名国家工作人员进行宪法宣誓，彰显宪法权威，激励和教育国家工作人员忠于宪法、遵守宪法、维护宪法，加强宪法实施。

市人大常委会组织国家工作人员进行宪法宣誓

促进依法行政规范化。听取市政府关于治安管理、文物保护、宗教事务管理等报告，开展人民调解、社会组织建设、流动人口户籍制度改革等调研活动，组织视察基层警务、道路事故多发点段整治等情况，推动平安建设和社会治理创新相关工作的落实。按照“职权法定”原则和“权责一致”要求，组织对市政府及相关部门报送备案的179份规范性文件进行审查，对推进依法行政起到了积极作用。

促进司法监督常态化。聚焦司法职权的行使，听取市法院关于刑事审判、人民法庭建设和市检察院关于侦查监督等工作报告，组织民事诉讼法执法检查和监所检察工作的视察活动，开展反贪污贿赂和未成年人刑事检察等专题调研，提出改进工作的意见建议。聚焦司法民主功能的强化，3次审议市法院提出的议案，晋江市人民陪审员数量由149人增加至410人。组织开展工作调研，要求市法院以全国改革试点为契机，从选任、退出、管理、培训等方面入手，创新方式方法，切实发挥好人民陪审员队伍在促进司法公正中的积极作用。聚焦信访问题的解决。加强重点信访事项特别是涉法涉诉问题的跟踪督办，共受理群众来信1565件，接待群众来访391批863人次，推动相关问题解决，维护群众合法权益。

【发挥人民代表作用】

2016年，市人大常委会树立代表主体意识，努力为代表执行职务、开展活动创造条件，充分发挥代表主体作用。

搞好换届选举。结合晋江市实际，在深入调研的基础上提出指导意见。依法成立选举机构，制订实施方案，全面动员部署，广泛宣传发动，加强业务培训，抓好督促指导。同时严守换届纪律，严把代表标准，全市依法选举产生市第十七届人大代表326人、新一届镇级人大代表1012人，代表整体素质明显提高，结构更加合理，广大选民的民主权利得到充分保障。

指导开展活动。在全市19个镇(街道)设立“人大代表之家”，认真执行代表联系群众制度，深化代表述职活动，290名市级人大代表向选区选民述职。组织代表开展异地调研和专题视察，为代表审议大会各项工作报告、提出高质量的议案建议创造条件。

搭建履职平台。坚持邀请代表列席常委会会议和参加有关活动制度，改进代表培训方式，首次组织晋江的泉州市人大代表参加全国人大培训班，举办9期省、泉州、晋江市人大代表培训班，拓宽代表知情知政渠道，推进服务代表的信息系统建设，切实保障代表履职。及时启动法律程序，依法许可司法机关对4名涉嫌违法的人大代表采取司法强制措施，维护代表的纯洁性、先进性。

督办落实建议。完善常委会领导牵头督办、委办对口督办、相关工作机构统筹督办相结合的工作机制，督促政府部门加强与代表的沟通联系，提高办理质量，推动问题解决。代表建议涉及的农村石结构房屋翻建、医疗机构停车收费、被征地人员养老保险等问题得到妥善解决，代表满意率由2012年的58.9%提高到2016年的76.9%。

【人大常委会自身建设】

2016年，市人大常委会把握新形势新要求，认真抓好思想建设、作风建设、制度建设和廉政建设，不断提高依法履职的能力和水平。

注重正风肃纪，弘扬担当精神。严格落实“一岗双责”“八项规定”，认真组织开展群众路线、“三严三实”和“两学一做”专题教育，深入学习领会中共中央总书记习近平系列重要讲话精神，不断增强道路自信、理论自信、制度自信和文化自信，着力强化政治意识、大局意识、核心意识、看齐意识，凝聚政治坚定、业务优良、作风过硬、勇于担当、团结奋进的精气神。

注重建章立制，规范运作程序。制定修改12项常委会工作制度，健全完善42项机关管理制度，为人大工作的顺利开展提供规范有序的机制保障。着力抓好重大事项决定、人事任免等运作程序和工作环节的规范，提高依法履职的民主化、科学化程度。

注重整体推进，树立良好形象。主动接受上级人大指导，正确把握人大履职特点，在一些重大事项决定、重点工作监督中，形成市委“点题”、人大“选题”、政府“解题”、共同“破题”的运作格局。深入开展创先争优、文明创建、效能建设活动，首次获评省级文明单位，机关干部的光荣感、责任感和使命感不断增强。

(洪彬鍪撰　陈钖岑审)

晋江市人民政府

·市政府全体会议与常务会议·

【市政府全体会议】

2016年1月8日，市政府第一次全体会议在梅岭文体活动中心召开。市长刘文儒作重要讲话，强调三点意见：一是要认清形势，坚定信心，对当前形势保持清醒，满怀信心干劲，迅速投入新的征程；二是要推进重点工作，抓住重点项目，不折不扣完成党代会、人代会确定的各项工作安排，加快推进一批产业、招商、城建、民生、生态环保、社会治理项目；三是要凝聚合力，激发活力，发挥好企业家、新晋江人、海内外异地乡亲、晋江干部群众等各个方面作用。

2016年12月19日，市政府第一次全体会议在市戏剧中心召开。市长张文贤作重要讲话，强调五点意见：一是要马上就办，行胜于言，真抓实干，将蓝图变成作战图；二是要壮大动能，接续发展，加快提升旧动能、壮大新动能；三是要挂图作战，攻坚项目，重点抓好产业项目、城建项目、民生项目和省、泉州重点关注的项目；四是要担责担当，务实落实，具备大视野眼光、大胸襟气度、路线图思维、铁肩膀担当、言必行作风；五是要秉公用权，廉洁从政，做到严于律己、严抓作风、严格监督。

【市政府常务会议】

2016年1月16日上午，市长刘文儒主持召开市政府第69次常务会议，研究《晋江市跨境电子商务发展行动方案》《关于推动电商龙头企业加快发展的四条措施》补充条款及HDT高效太阳能电池项目投资等事宜。

1月25日下午，市长刘文儒主持召开市政府第70次常务会议，研究《晋江市农村集体经济组织成员资格认定指导意见》《晋江市村（社区）集体资产管理规定》、晋江国际鞋纺城专项扶持政策、设立陈埭镇江浦社区等事宜，并听取城建小战役工作推进情况汇报。

3月11日上午，市长刘文儒主持召开市政府第71次常务会议，研究晋江市P2015－8号、21号和G2015－19号、20号、22号、G2016－1号等六宗地块公开出让、《晋江市浥湖综合整治项目土地房屋征收补偿实施方案》《晋江市教育人才“5121”引育计划》以及机关事业单位养老保险制度改革试点期间个人缴费处理等事宜。

3月18日下午，市长刘文儒主持召开市政府第72次常务会议，研究《晋江市“重大项目前期工作活动年”实施方案》《关于促进快递服务业发展的意见》《关于促进工业稳增长若干措施的通知》《晋江市扶持高新技术企业发展的若干措施》《关于加快互联网金融和跨境金融发展的若干意见》《关于加快集聚金融人才的若干意见》以及投资设立安芯产业基金等事宜。

4月28日下午，市长刘文儒主持召开市政府第73次常务会议，研究《关于化解房地产库存的实施意见》《2016年晋江体育城市建设行动方案》《晋江市“党群心连心·民生微实事”项目建设实施方案》《关于加快推进高新技术产业发展的若干意见》《关于扶持做大做强传统产业集群的14条措施》《福建向金门地区供水工程海域使用收回补偿实施方案》《龙头企业创新发展奖励扶持办法补充规定》有关条款修订，以及晋江市G2016－5号、6号、7号、9号、10号、11号等六宗地块公开出让等事宜。

5月20日下午，市长刘文儒主持召开市政府第74次常务会议，研究《福州大学晋江科教园区PPP项目实施方案》《关于全面推进体育城市建设的决定》《晋江市促进物流业发展行动方案》《晋江装配式建筑产业基地项目土地房屋征收补偿安置实施方案》《建筑产业现代化合作框架协议》《晋江市石墨烯产业技术研究院项目合作协议》、晋江市G2015－7号、G2016－2号、3号等三宗地块公开出让、晋江市G2014－37号地块出让合同履约、晋江市公共自行车二期项目采购以及给予公安局民警何彬辉记个人三等功等事宜。

6月12日下午，市长刘文儒主持召开市政府第75次常务会议，听取晋江市与树兰（杭州）医院有限公司合作项目进展情况汇报。

6月17日下午，市长刘文儒主持召开市政府第76次常务会议，研究《关于加强全市物业管理工作的若干意见》《晋江市农村集体产权制度改革试点实施方案》《晋江市民文明公约》《晋江市民行为规范》、晋江市G2014—1号地块核减土地出让面积以及晋江市国有企业薪酬和绩效改革试点工作等事宜。

7月26日上午，代市长张文贤主持召开市政府第77次常务会议，研究《新型职业农民认定管理暂行规定》《晋江市“两违”综合治理工作考核规定（试行）》《晋江市“十三五”综合防灾减灾专项规划》、晋江市P2015－20号、23号、G2016－12号等3宗地块公开出让以及成立福建省晋融资产管理有限公司等事宜。

8月15日上午，代市长张文贤主持召开市政府第78次常务会议，研究晋江市关于贯彻落实《福建省实施创新驱动发展战略建设创新型省份的决定》的实施意见、《福建省推进供给侧结构性改革总体方案（2016—2018年）》的实施意见、《福建省有序降低杠杆率水平防范化解金融风险的意见》的实施意见等3份文件。

8月29日上午，代市长张文贤主持召开市政府第79次常务会议，研究金郎投资公司总部改造项目纳入洪山文创园统一改造范围、晋江市重点培育产业龙头企业筛选、《晋江市排污权储备和出让管理规定（试行）》、晋江市基准地价修编更新、《晋江市关于加快推进残疾人小康进程的实施意见》《泉厦漳城市联盟路晋江段和快速通道东石连接线项目土地房屋征收补偿安置实施方案》《泉厦漳城市联盟路晋江段和快速通道东石连接线项目海域使用补偿实施方案》和晋江市G2015—8号、P2015—19号、P2016—2号等3宗地块公开出让事宜。

9月19日下午，代市长张文贤主持召开市政府第80次常务会议，研究“七五”普法规划、《晋江市做好台风灾后恢复重建工作方案》《晋江市城乡临时救助实施方案》《晋江市城乡困难家庭医疗救助实施方案》《晋江市住宅小区二次供水设施建设与管理实施意见》《泉州市现代有轨电车（一期）工程晋江段项目土地征收补偿实施方案》《沈海高速公路泉州机场连接线陈埭段项目建设选房安置实施方案》《关于组建泉州市公共资源交易中心晋江分中心的实施方案》以及晋江市P2016—4号地块公开出让、G2010—30号地块核减土地出让面积、提高2003年以前离职村主干养老补贴标准等事宜。

9月30日上午，代市长张文贤主持召开市政府第81次常务会议，研究《晋江市关于强化精准扶贫打赢脱贫攻坚战的实施意见》《晋江市集成电路产业发展规划纲要（2016—2025）》《关于加快培育集成电路全产业链的若干意见》以及晋江市污水处理收费标准调整，晋江市与福州大学、福建电子信息（集团）有限责任公司签订共建“示范性微电子学院”合作框架协议等事宜。

11月4日下午，代市长张文贤主持召开市政府第82次常务会议，研究《晋江市突发和敏感事件新闻应急处置预案》《关于促进企业提升统计意识的工作措施》、镇（街道）权责清单事项、福建海峡石墨烯产业技术研究院组建方案和委托运营管理协议书、晋江市人民政府与工信部电子科学技术情报研究所合作协议、《晋江经济开发区五里园中心区安置房项目选房安置实施办法》以及福建万泰兴化工发展公司改变土地用途和经济技术指标调整、晋江市P2015—22号、P2016—3号2宗地块公开出让等事宜。

11月19日下午，代市长张文贤主持召开市政府第83次常务会议，研究2016年国民经济和社会发展预期目标及财政收支预算调整事宜。

11月28日下午，代市长张文贤主持召开市政府第84次常务会议，研究《晋江市信用体系建设工作方案》、2017年度新农合工作安排、晋江市现代农业“十三五”发展规划、《2017年国民经济和社会发展主要经济指标安排方案》以及晋江市P2016—8号地块公开出让等事宜。

12月5日下午，代市长张文贤主持召开市政府第85次常务会议，传达贯彻福建省第十次党代会、省委十届一次全会、泉州市委常委（扩大）会及晋江市委常委（扩大）会议精神并进行廉政集体谈话，研究2017年政府工作报告及计划、财政报告和2017年市委市政府为民办实事项目、2017年重点项目安排等事宜。

12月12日下午，代市长张文贤主持召开市政府第86次常务会议，研究晋江市公务用车制度改革实施方案、晋江市贯彻落实《国家生态文明试验区（福建）实施方案》的意见、晋江市“十三五”安全生产专项规划等事宜。

12月15日晚，代市长张文贤主持召开市政府第87次常务会议，研究购置中航城高端人才社区有关事宜。

12月27日下午，市长张文贤主持召开市政府第1次常务会议，研究《晋江市农村集体经济组织管理暂行规定》《关于进一步加强农村公路养护管理的贯彻意见》《晋江市进一步支持和促进海洋经济发展若干措施》以及晋江市G2016—18号地块公开出让、晋江市G2013—31号地块用地性质变更、石墨烯产业研究院运营保障等事宜。

12月29日下午，市长张文贤主持召开市政府第2次常务会议，研究《青阳组团改建工程陈村片区项目选房安置实施方案》《青阳组团改建工程陈村片区项目地下停车位申购方案》等事宜。

【市长办公会议】

1月25日下午，市长刘文儒主持召开市长办公会议，研究晋江市农发行办公用房置换、晋江胜康自来水公司预约用地价格等事宜，听取追认陈鸿同志为革命烈士有关情况汇报，并开展市政府领导班子廉政集体谈话。

2月2日晚上，市长刘文儒主持召开市长办公会议，研究集成电路项目协议、金星莲花汽车项目补充协议签订等事宜。

3月11日上午，市长刘文儒主持召开市长办公会议，研究档案馆新馆工程重大设计变更事宜，并开展市政府领导班子廉政集体谈话。

4月28日下午，市长刘文儒主持召开市长办公会议，研究14家国有二类企业领导人员人选及滨江商务区池店安置房一期工程项目调整概算等事宜，并传达学习毛泽东《党委会的工作方法》、中共中央总书记习近平重要批示和中组部《通知》的主要精神。

6月17日下午，市长刘文儒主持召开市长办公会议，研究部分国有企业债务余额审核确认、纵二线紫帽塘头至磁灶井边段电力管沟工程重大设计变更、滨江商务区池店安置房二期、三期项目重大设计变更、五店市传统街区地下停车场工程重大设计变更以及设立晋江市水务集团有限责任公司等事宜。

7月26日上午，代市长张文贤主持召开市长办公会议，研究引水第二通道工程紫帽山隧洞C6标重大设计变更有关事宜。

8月29日上午，代市长张文贤主持召开市长办公会议，研究草马路永和至英林段改造工程重大设计变更有关事宜。

9月19日下午，代市长张文贤主持召开市长办公会议，研究地税局清理财政存量资金事宜。

11月4日下午，代市长张文贤主持召开市长办公会议，研究成立集成电路产业园区项目公司及其高管人选、自然人股东限售股减持有关政策、福厦铁路晋江站快速疏解公路一期辅道工程重大设计变更、华洲堤防安置小区不动产登记问题等事宜。

12月27日下午，市长张文贤主持召开市长办公会议，研究滨江商务区企业运营中心总部大楼项目、滨江商务区市政道路中央景观道K0+000~K0+727.733段工程、东石镇园东路道路改造工程等重大设计变更，以及给予金星路特士汽车公司污染物排污权指标优惠、动用社会保障资金及计提占用费用、社团组织及企业资金拆借模式等事宜。

（林齐帆撰　颜才镖审）

·政务纪要·

【经济发展】

2016年，晋江市牢固树立“五大发展理念”，抢抓机遇、应对挑战、精心运作，有力保持经济社会平稳发展。地区生产总值完成1744.24亿元，同比增长7.8%；一般公共预算总收入200.5亿元，同比增长0.1%，其中本级收入119.54亿元，增长2%；城乡居民人均可支配收入3.4万元，增长7.7%。

经济保持平稳增长。扎实推进供给侧结构性改革，全面落实“三去一降一补”措施，兑现经济发展政策资金13.9亿元，有效帮扶企业，有力稳住经济大盘。全力攻坚项目建设。落实“五个一批”要求，组织“尖刀连”“小分队”，开展“重大项目前期工作活动年”“百日攻坚会战”，争取国家专项建设基金40.5亿元，380个年度在建重点项目超额完成投资计划。晋华存储器、福大科教园、陈埭品牌工业城等大项目顺利开工，形成新的投资增量。全力帮助企业拓展市场。成功举办第6届APEC电子商务工商联盟论坛，跨境电商洪山园开园，斯凯奇等知名电商落户，三六一度、特步、七匹狼等龙头企业电商中心回归，全年电商交易额900亿元。出口加工区被国务院批准为综合保税区。贸易通关服务环境持续优化，新增自营出口企业235家，阿里巴巴一达通落地运营。发布中国·晋江鞋业发展指数，第18届鞋业（体育产业）博览会、第3届闽台食品交易会分别实现交易额163.8亿元、80亿元。有效化解房地产库存。率先出台财政购房补贴政策，兑现补贴1.04亿元，销售商品房240万平方米，住宅商品房去化周期下降到14个月以内，外地购房消费群体占比达三分之二。有效防控金融风险。设立处置不良信贷资产投资基金，出台金融风险重点企业限制措施9条、银行机构管理办法8条，严厉打击逃废债行为，成功处置不良贷款40亿元，不良贷款率控制在3%左右。设立政策性融资担保公司，推荐293家优质企业争取银行授信，全年新增贷款90亿元。优化企业融资结构，新增上市公司2家、“新三板”挂牌企业11家。

产业加快转型升级。三次产业比例调整为1.2:62.2:36.6。推动高新技术产业突破发展。实施集成电路产业发展规划纲要，出台26条扶持措施，启动“三园一区”产业平台建设。与国家集成电路大基金合作，成立规模500亿元安芯产业投资基金。晋华存储器项目纳入国家“十三五”集成电路重大生产力布局规划和“910工程”。石墨烯产业技术研究院正式运营。年产100兆瓦HDT高效太阳能电池项目试投产。推动传统产业转型升级。引导企业强化“五个创新”，龙头支撑带动作用更加明显，产值超亿元工业企业达740家。培育一批“专精特新”成长型企业，信泰、夜光达、普斯特等中小企业在全球产业链中崭露头角。推动三产跃升发展。海峡石化产品交易中心销售额累计突破千亿元，传化公路港、顺丰物流开业运营，国际鞋纺城一期商铺租售率达95%。中铁快运、德邦等15家国内知名物流企业区域总部落户晋江。菜鸟智能物流、食品园专业市场等项目加快建设。三产增加值增长10.2%，比二产增加值高3.7个百分点。推广新技术、新工艺、新业态。举办首届海峡杯创新创业大赛、第三届工业设计大赛，三创园创客大街开街运营。实施产学研合作项目22个，专利申请量、授权量分别达到9536件、3334件，国家“千人计划”、省“百人计划”专家分别增至4人、19人。恒安、百宏成为工信部智能制造试点示范。加快发展体育产业，安踏、贵人鸟等企业拓展体育新业态取得新进展，晋江品牌在里约奥运会大放异彩。

【城市建设】

2016年，晋江市按照“一主两辅”城市布局，深入推进新型城镇化试点建设，经济发达镇、镇级“小城市”、小城镇等系列改革稳步实施，金井人才梦想小镇、深沪体育小镇入选全省首批“特色小镇”创建名单，安海入选第五批省级历史文化名镇，福林、灵水、梧林入选“中国传统村落”。强化全域规划管控。成立城乡规划设计院，启动建设“多规合一”信息系统，形成市域空间“一张图”，19个试点村实现村庄建设和土地利用规划统一。强化组团片区开发。整合撤并部分组团（片区）指挥部，有序化解征迁遗留问题。建成15个“口袋公园”，投用21个片区公建配套项目，成功培育20个“五好社区”，推动拔萃双语学校等高端资源项目落地，有力提升片区建设品质。强化基础设施配套。迎宾路北延伸、伞都大道二期、桂泉路、磁青路等13条道路建成通车。投用公共停车位740个，铺设污水管网62.7千米，新增输变电容量37.8万千伏安。整治交通事故多发点18个、积水点9处，城市基础设施、防灾体系经受住连续强台风、强降雨考验。强化宜居环境建设。编制实施田园风光发展规划和三年行动方案。新增造林1120公顷。顺利完成生态水域综合治理“两个60%”目标。拓展“智慧城管”平台，有效治理“两违”、广告牌等城市乱象。完成小区“二次供水”改造1.5万户，物业管理水平持续提升。

【民生保障】

2016年，晋江市财政统筹投入69.25亿元用于民生建设，占本级支出66.2%。办好30件为民实事、108件民生“微实事”。新办10所公办幼儿园。新增2所省一级达标高中，高考本科上线率80.4%，比上年提高4.17个百分点。公立医院综合改革稳步推进，市医院迁建等卫生项目加快建设。树兰医疗集团进驻晋江，国际门诊、远程会诊相继运行。完成基层卫计服务融合，落实全面二孩政策。实施精准扶贫，帮助302户困难家庭脱贫解困。试行政府购买家政养老服务，建成32个养老机构。投放100部新能源公交车，建成公共自行车系统二期，市民出行更加便捷。举办第三届文化产业周，草庵入选“海丝”申遗考察点，五店市传统街区获批国家海峡两岸交流基地，安平桥创建国家AAAA级景区通过考评。举办国际半程马拉松赛。晋江小伙林超攀勇夺里约奥运会铜牌，实现泉州奥运奖牌零的突破。金门供水工程大陆方具备供水条件。加强平安建设，治安管控、安全生产、食品安全等保持形势稳定。获全国双拥模范城“六连冠”，获全国残疾人工作先进单位。民族宗教、统计调查、档案方志、老区建设、对口帮扶、老干老龄、工青妇儿、红十字、国防动员等工作取得新成绩。

【“三农”工作】

2016年，晋江市农村土地制度改革三项试点、土地承包经营权确权登记颁证、集体产权制度改革稳步推进。新增省级农业产业化龙头企业18家，流转耕地233.33公顷，“衙口花生”成功申报农产品国家地理标志。扶持村（社区）壮大集体经济，村财薄弱村（社区）一律补足到25万元，成功培育20个最美乡村，金井围头村获评“中国最美休闲乡村”。实施中央小型农田水利设施重点县建设，建成20个农村小型污水处理设施，修复23处水毁工程。远洋渔业深沪作业区成为全省唯一远洋渔业专用码头。

【政府服务】

2016年，晋江市严格执行中央“八项规定”，深入开展“两学一做”学习教育。认真办理人大代表建议169件、政协委员提案331件，满意率、基本满意率100%。完善市级“三张清单”，编制镇（街道）权责清单。11个部门实行全程网上审批。开展公车制度改革。加强效能督查、政务督查、绩效评估、行政监察、审计监督，服务水平明显提高。

（林齐帆撰　颜才镖审）

·市政府办公室工作·

【决策参谋】

2016年，市政府办公室（以下简称市府办）开展综合辅政服务，为领导决策献招出策、当参谋。突出智辅，依托《晋江要讯》《参考》《法制参阅》等刊物，主动走出去，深入部门、企业及福州、厦门等地调研，撰写15篇调研文章，935条调研信息。5篇调研成果被国办采用，178条调研信息被省、泉州两级内部刊发，政务信息排名全省、泉州第一。突出文辅，抓文稿风格转型、观点提炼、思路创新，力求多出精品。突出法辅，成立晋江检察监督指导中心入驻市政府，开展行政决策服务、行政执法个案指导、行政执法检查等专项工作；与市法院建立依法行政与行政审判良性互动机制，开展工作交流和重大案件、重要事项协调；组建市政府法律咨询和顾问团队，为政府行政提供参谋。承办40件行政复议、56件行政诉讼案件。

【统筹协调】

2016年，市府办集中精力谋全局、抓大事、办难事。围绕组织筹备全市性重大活动，有效发挥政府办统筹协调作用，参与策划筹办APEC电子商务工商联盟论坛、千人企业大会、鞋博会、晋华集成电路项目开工仪式、国际毛利人经贸文化洽谈会等12个重大活动，均办出质量水准和特色效应。围绕惠企政策兑现落实，梳理汇编24份经济扶持政策，设立经济决策咨询微信公众号，加强政策宣传咨询；并建立经济发展鼓励扶持政策服务保障体系，提升政策扶持及奖励资金兑现的效率，帮助基层、企业了解政策、用好政策。围绕拓展口岸海防职能，实施口岸联检单位联席会议制度，主动协调口岸联检单位，推行“三个一”通关新模式；举办外经贸口岸联检部门政策宣讲会、海关特殊监管区域与自贸区发展宣讲会，向企业宣讲解读最新的通关便利政策；围头通关中心主体完工，围头海防执勤码头完成75.26%工程量；深沪远洋渔业作业区通过省级验收对外开放，成为泉州市首个远洋渔业专用码头，福建首个正式对外开放的专业化渔港。

【督促落实】

2016年，市府办抓效能建设，梳理职责定位，突出主责主业，制定出台《晋江市绩效评估工作加分扣分暂行规则》《晋江市2016年度机关效能建设工作要点》，明确年度17个效能建设工作重点；抓督查，推行系列化运作，持续提升督查权威和实效。开展效能督查，组织对重大项目建设、组团（片区、项目）征迁扫尾、环保问题整改等进行立项督查，76项组团征迁扫尾问题解决61项；组织对涉企、涉民、涉项目的行政审批和公共服务事项办理的督促检查，排查出76个问题，建立台账，督促各部门逐一限时整改；组织对土地出让领域问题整改、石材业回潮综合治理等问题进行督查督办。开展明察暗访，落实常态化检查，组织对各部门干部职工节后到岗到位、“五一”等节假日值班、防抗“尼伯特”和“莫兰蒂”台风进行督查，全市效能问责24人次，其中效能告诫1人、通报批评13人、诫勉教育10人。开展绩效评估，优化制定2016年度绩效评估工作方案、《绩效评估工作加分扣分暂行规则》，创新对镇街指标绩效考核体系，实行共性指标、差异指标并行考核，更加突出绩效指挥棒作用。开展“比服务”“马上就办”“帮企业、促项目、谋思路、抓落实”活动，细化分解为34个工作项目，列表跟踪，定期督查通报进度；开展审批服务事项规范化办理清查整改，缩减700多份行政许可和公共服务事项申报材料。开展重点工作、事项跟踪督促，优化市政府主要领导批示、接访件办理流程，跟踪督办31份市长批示件，批示件办结率91%，接访群众满意率100%；持续督办145个政府工作报告分解任务，并开展回头看，办结率再创新高。

【创新应变】

2016年，市府办适应新时代、新形势、新任务，不断创新工作理念、服务方式。以工作机制创新为抓手，设定公文流转流程图，做专文电业务；每月召开科长例会，梳理各科室阶段工作重点，分解任务，抓跟踪督促，推动落实工作；室务会听取挂牌机构、专项工作汇报，理清工作思路。以信息化为抓手，推进“政务参考”“政府办”微信群、“经济决策咨询”“罗裳山下好读书”公众号、电子设备普及等信息化项目建设，运用现代技术手段，提升综合服务的技术含量。以应急处置为抓手，修订完善《突发事件信息报送与处理工作规范》《值班工作手册》和《总值班室（应急办）工作制度》等系列制度，构建全市应急通讯网络；积极拓展应急工作领域，6月、7月会同市防汛办、地震办、消防大队等分别开展防汛、山洪灾害2场专项应急演练，提高全市突发自然灾害等事件的应急处置能力。

【群众工作】

2016年，市府办在各项工作、各个环节中，注重群众观念、群众意识。7个系列30件实事全部落实，学校食堂“明厨亮灶”建设、物联网安防小区改造、公办幼儿园开办等项目成为民生新亮点。169件人大建议、331件政协提案办理满意率再创新高，均在规定时限内办理并答复，满意、基本满意率100%，人大建议满意率76.92%，比上年提高近11个百分点，创历史新高；政协提案办理满意率98.5%，比上年提高0.4个百分点，连续多年保持在95%以上。44件群众效能投诉件办结率97%，做到件件有回音，事事抓落实。11个基层挂钩对象帮扶任务全面落实，将任务承担分解到各办领导、科室，分头协调推动，切实帮助基层解决问题、促进发展。

【内外沟通】

2016年，市府办加强内外沟通，营造有利于发展的工作环境、舆论环境、外部环境。对上沟通“勤”，经常往省、泉州对应部门跑，强化点对点、人对人联络对接，建立紧密的工作关系，争取一系列工作上支持指导。对镇街、部门沟通“实”，站位准确，主动担当统筹，协调互动线性清楚、条块分明。对宣传媒体沟通“灵”，完善与《晋江经济报》、电视台、新闻网等媒体宣传统筹机制，及时沟通宣传重点，策划一批群众叫好、领导满意的专题报道，20余篇高质量的新闻报道在新华社、《人民日报》、人民网等新闻媒体刊发。2017年政府工作报告新媒体专题宣传，近10万人转载关注。

【服务保障】

2016年，市府办按照“敏、实、周、廉”的要求，加强精细管理服务。严格落实中央“八项规定”，规范财务管理流程，加强各类票据的报销管理，从严把关。2016年，“三公”经费同比下降6.77%，公务用车运行维护费下降8.87%。加强机关事务管理，进一步规范公务用车，严格按照全市统一安排参与公车改革；加强行政中心大楼管理，严控携带礼品、土特产等物品进入大楼。牵头开展全市党政机关办公用房清理整改，加强督促指导，会同有关部门开展检查。建立办公设备动态修缮更新机制，对行政中心中央空调、监控系统等进行维护保养，完成后勤区、医疗室等场所修缮。

（林齐帆撰　颜才镖审）

·信访和市长专线电话·

【概况】

2016年，晋江市信访局以打造“阳光信访”“法治信访”“责任信访”为主线，畅通群众诉求表达渠道，加强信访基础业务规范化建设，及时有效化解一批信访问题。10月，晋江市信访局被泉州市信访局推荐参评2012—2015年福建省信访系统先进集体。

【信访基础业务规范化建设】

2016年，市信访局严格落实《信访条例》和信访“路线图”，明确工作责任，及时协调解决信访事项。办理各级群众来信1526件（其中，省级转送610件、泉州级转送246件、本级办理381件、省长信箱125件、泉州市长信箱80件、人民网留言84件）；接待群众来访465批次2412人次。规范提升网上信访办理质量。建立业务人员分片挂钩联系制度，定期通报“三率”和网上办理各环节存在的问题，抓好督促整改。

【领导干部接访】

2016年，晋江市全年组织12场市主要领导接访群众活动，受理问题37件，办结率100%。加强接访件的排查分析，优化工作流程，加强与部门沟通对接，提前了解核实情况，联合市委督查室、市政府督查室对市主要领导接访件进行督办落实，强化督办力度，推动信访事项及时解决。

【市长专线电话】

2016年，市信访局落实市长专线电话轮值接听制度，每月1名市政府领导，每周二、四镇（街道）、市职能部门主要领导轮值接听市长专线电话，做好回访测评。全年组织市领导接听活动11场，受理问题152件，镇（街道）、职能部门主要领导接听70场，受理问题453件。市长专线全年接听群众来电14534个，收到书记市长信箱来邮1023封，受理交办6924件，办结反馈率98.5%。

【信访积案化解】

2016年，市信访局对上级交办和我市自行排查的21件信访积案，逐一明确责任单位和工作时限，落实“五个一”工作机制，通过定期通报、实地督查、强化考评等措施，将信访积案化解纳入政府绩效和综治考评内容。全年各级交办和自行排查的21件积案全部办结化解。

【信访事项专案评审和公开听证】

2016年，市信访局组织召开8场信访事项专案评审，摸清案件实情，依法依规对信访事项提出评审意见，找出争议症结，确定化解方案，督促抓好落实。同时，严选信访听证案源，研究制定公开听证实施方案，做好听证评议会文书送达、落实评议员等工作，组织开展3场信访听证评议会，2场当场实现息诉息访。

【分类处理信访投诉请求】

2016年，市信访局按照通过法定途径分类处理信访投诉请求工作方案，从工伤认定、劳动仲裁、交通事故认定等方面入手，有序开展法定途径分类处理信访投诉请求工作。全年办理法定途径分类处理信访投诉请求51件。

【信访交办件办理】

2016年，市信访局建立“四到位、一确保”工作机制，即交办到位、提醒到位、督办到位、把关到位，确保每日两次以上对办件流转情况和办理情况进行检查，指定专人负责，实行交叉提醒，确保工作落实。全年办理泉州市“12345”政务平台交办件813件，未出现逾期办理情况。

【信访业务培训】

2016年，晋江市开展全市信访业务培训，建立信访业务跟班学习机制，指导信访业务经办人员学习掌握省信访信息系统操作流程及工作规范，提升基层信访业务能力。全年组织9人次到市信访局跟班学习。

【信访法规宣传】

2016年，市信访局联合市依法治市办，自7月份起开展“信访法规宣传月”活动，分发信访“路线图”、依法逐级走访示意图等各类宣传材料10万多份，引导信访人依法理性表达诉求，正确认识信访权利和实现权益的途径。

（王宇华撰　许小卫审）

·行政审批·

【概况】 2016年，晋江市行政服务中心推动审批服务事项申报材料“瘦身”工作，组织开展审批服务自由裁量权梳理规范工作，推进全流程网上审批工作，构建投资项目在线审批监管平台，建设智能化办事大厅，促进审批环节简化，审批时限压缩，服务水平提高。先后获得“国家级行政服务标准化试点”“全国工人先锋号”“福建省青年文明号”“福建省五一劳动奖状”“福建省巾帼文明岗”“福建省文明单位”“福建省青年突击队”“福建省行政服务中心党的建设示范点”“晋江市绩效评估优秀单位”“晋江市2012—2013年度人民满意单位”等称号，2011—2016年均被评为晋江市年度绩效评估优秀单位。

【行政审批制度改革】 2016年，市行政服务中心深化行政审批制度改革。分管领导进中心签批机制，做到接办、咨询、初审、核批、用印、收费等各个环节都在窗口完成。所有进驻中心事项整体授权达到98.49%。所有进驻中心（分中心）的部门窗口统一刻制和使用“晋江市行政服务中心（XX分中心）审批专用章”，效力等同于单位公章。2016年，全市667项（1064子项）的行政许可和公共服务事项全部进驻中心和分中心。

【审批服务事项申报材料“瘦身”】 2016年3月，市行政服务中心配合审改办，对全市“两张清单”中所有审批服务事项的申报材料进行全面清理。按“合法、合理、便民”原则，无法律、法规、规章和设区市及以上规范性文件为依据一律取消；与审批服务事项无关、脱离实际、显失合理的申报材料一律取消；对面向同一部门重复提交的申报材料，最大程度予以精减；需其他部门出具的证明（意见），本着便民原则由审批机关受理后征求相关部门意见，解决审批服务事项中因申报材料不规范导致的“办证难，办事难”问题。经过两轮梳理，涉及全市35个部门1064个事项，取消727项材料，规范整理8443项申报材料。

【审批服务自由裁量权梳理规范】 行政服务中心按照泉州市政府行政审批服务专题会议精神制订出台《晋江市人民政府办公室关于印发进一步规范行政审批服务自由裁量权实施方案的通知》，牵头组织全市职能部门全面梳理行政许可和公共服务事项的办事流程和权力运行，注重在细节处发力，对审批授权、现场勘踏、技术评审、中介服务等环节存在的自由裁量权全面进行回头看，进一步细化标准、分类规范、健全机制，改“体外循环”为“体内监督”。经过第一轮分类梳理，共涉及发改、经信等33个部门的903项审批事项（含子项），分类规范617项鼓励允许类事项、279项限制类事项、7项禁止类事项，其中需现场踏勘的有306项事项，需技术审查的有46项事项。

市行政审批中心新增导询台

【全流程网上审批】 2016年，市行政服务中心分步铺开全流程网上审批，共选择11个部门的32个程序比较简易、材料比较简单事项于5月份正式开通全流程网上审批，让群众不用跑中心，不用面对窗口人员，便可把事办成。

【窗口设置调整优化】 2016年，市行政服务中心结合晋江市设立不动产登记中心，进驻中心住建窗口、国土窗口的事项和人员均有调整，根据省、泉州市关于“三集中”审批改革精神，调整部分部门进驻窗口及业务，推进行政审批集中对外服务，推动窗口审批服务水平再提升。中心对空缺窗口进行统筹管理，梳理一批与企业、群众密切相关的事项入驻中心。经与文体新局、市政园林局、水利局、住建局等相关部门衔接，共梳理71项行政许可、17项公共服务、2项行政确认、1项其他类事项入驻中心运作，服务内容涉及建设工程、市政公共服务、水利工程等。

【精细化管理】 市行政服务中心制定人事管理规范、考勤管理规范、窗口人员配备规范等日常管理办法。并把绩效考评工作作为窗口常规管理的最为重要的规范手段，持之以恒抓好落实。每月、每季度把窗口人员的服务行为、服务质量、群众评议等进行量化考核，将考核结果上报、通报、公告，接受监督，推进中心审批服务业务的有序衔接、高效运转。实施电子监控系统全覆盖，全天候实时对窗口办事场景进行全程视频摄录和声音同步采集，实时监督检查窗口工作人员的工作作风、服务态度、在岗情况。9月，中心制定出台《2016年晋江市行政审批服务质量考评办法》，并对绩效评估对象的第二系列，综合与管理类、监管与服务类中进驻中心的窗口单位及8个分中心和不动产登记中心进行审批服务质量考评，考评成绩占参评单位目标考评得分的5%，以明确的条款量化、规范审批服务行为，提高晋江市行政审批服务质量。开展业务集中培训工作，一是窗口负责人对本窗口工作人员的业务培训；二是窗口负责人对中心管理处人员的业务培训。2016年上半年启动第二轮业务培训，主要针对新进驻窗口及进驻中心综合窗口首席代表、分中心相关业务负责人对本窗口人员及中心管委会人员的业务培训。抽调各部门审批科科长组成4个小分组，利用政务办件系统对进驻中心(分中心)部门窗口的业务办件情况进行定期或不定期抽查。对窗口办件标准化情况进行实时监控、查询统计、预警纠错、督查督办。

推行亮岗履职服务。所有工作人员按规定着统一服装上岗，统一摆放上岗工作牌，佩戴工作证；党员佩戴党徽，摆放党员先锋岗桌牌。中心在大厅设置3处导办台，选拔一批素质好、业务能力强、服务水平高的工作人员担任导询员，除为群众提供预登记咨询服务外，还提供办件引导、进度查询、文书代写等服务。在大厅设立青年志愿服务站和党员志愿服务站，安排青年志愿者和党员义工在大厅为有需要的企业群众服务。

（苏曦撰　杨志勇审）

·城市管理·

【概况】

2016年，晋江市行政执法局(以下简称市执法局)，以牢固树立“为人管城”的核心理念和“维护城建秩序，维护市容环境，维护公共利益，维护法律尊严”的行动指南，以深入推进“两违”综合治理和城市精细化管理为重点，履行城市管理行政执法职能。全年累计拆除违法建设546宗次，拆除面积约为75.3万平方米，纠正取缔占道经营5万余宗、违规设置拱门900余宗，查处未经批准挖掘城市道路200余宗、破坏园林绿化600余宗、工地噪音扰民500余宗，拆除未经批准设置户外广告(店招)3567块、违规设置布条横幅4349条。

【“两违”治理】

2016年，市执法局多措并举，通过创新执法手段，加大执法力度，有效遏制“两违”，“两违”态势总体处于可控状态。

宣传动员　市执法局坚持“拆除为手段，教育为目的”的宣传理念，借助主流媒体，利用传统的宣传手法与互联网、微信等新的宣传渠道相结合的宣传方式，在媒体上公布曝光“两违”黑名单57批(572宗)，提高治违舆论声势；在各个节假日期间，进村入户开展治违宣传活动，营造浓厚的治违氛围，引导群众自觉遵守相关的法律法规，主动抵制“两违”行为，调动群众参与、监督治违热情。

示范创建　根据晋江市实际情况，青阳街道、梅岭街道、灵源街道、西滨镇、紫帽镇和金井镇等的60多个单位先后被确定为“无违建”创建示范点。各示范点围绕“调查摸底、新增管控、分类处置、拆后土地利用、个人自建房管理、依法治违”等六项达标，以点带面，持续推进。市执法局协同市治违办，加大对创建工作的检查督导，每月通报创建开展情况，组织各单位相互交流学习。青阳街道将“互联网+”运用到创建工作中，利用微信群、微信公众号等新媒体资源，推动形成快速反应、全民参与的综合治理格局；梅岭街道、灵源街道、陈埭镇和紫帽镇合理规划拆后土地利用，拆后土地利用率达到100%，建成街心公园、灵水公园等市民健身休憩场所；深沪镇探索做好拆后土地的综合利用工作，着力“海丝风情小镇”建设，按照“宜耕则耕、宜绿则绿、宜建则建”的原则，强化责任分工，落实依法治违，通过层层递进，先后推进科任公园、东湖公园和群峰村等拆违改建项目；西滨镇强化分类处置，制定出台分类处置办法，除拆除外，采取补办手续、没收、暂时保留使用等方式分类处置历史遗留问题，分类处置率100%。

重点治违　市执法局结合生态环境治理、美丽乡村建设、企业转型升级等工作开展专项整治行动。以生态流域整治为契机，加强水域周边“两违”治理，各辖区中队将生态流域周边违章建筑的整治作为日常巡查工作的重点，对流域周边建筑、空地进行严控，防止新增“两违”，发现一宗拆除一宗；根据流域综合整治任务安排，市执法局对六个街道和四个镇(西滨、紫帽、陈埭、池店)所属流域周边违章建筑排查建档，2宗新增违建及2015年1宗遗留违建，均被拆除，完成销号任务100%。把新增管控作为“两违”治理工作的重中之重，制定基层中队和直属中队跨区域交叉执法工作方案，落实“制高点”巡查，健全网格化管理和零报告制度、部门联合执法、严格督查问责等措施，有效管控新增违法建设，确保“两违”“零增长”。全市全年拆除违法建设546宗次，拆除面积约为75.3万平方米。

【市容管理】

2016年，市执法局以创建全国文明城市为契机，发挥城市管理执法职能，从严管理，疏堵结合，重点遏制违反市容市貌管理的行为，提高市容市貌保障水平。全年累计查处占道经营5万余宗，夜市大排档3000余宗，土方车“滴撒漏”660起，违规设置拱门900余宗，未经批准挖掘城市道路200余宗，破坏园林绿化600余宗，工地噪音扰民500余宗，焚烧垃圾229宗，倾倒建筑或生活垃圾2527宗，拆除未经批准设置户外广告(店招)3567块，清洗张贴牛皮癣小广告25894块，拆除乱拉布条横幅4349条。

占道经营管理　市执法局坚持以“主干道严控、次干道严管、背街小巷规范”为原则，出台《开展中心市区夜市大排档、烧烤摊专项整治工作方案》和《开展中心市区占道经营集中整治工作方案》，在中心市区开展多次夜市大排档整治行动，结合校园周边环境整治行动，打击无证摊贩，对于市区主要道路岔口、公园广场、车站周边的流动摊贩坚决取缔，严肃查处违规占道经营行为；协调各街道、社区等部门，为群众生产生活提供服务，推广福埔社区“夜市小吃一条街”和阳光社区摊点布点方案的先进经验，引导群众通过合法渠道解决居住、经营等现实需要；针对早餐摊点，限定经营时间，合理分布经营区域，规范经营行为，疏导一部分社会摊点，满足群众需求；针对店外经营，主要以劝导为主，引导商家入店经营。将临时占用城市道路的行政审批权授权给窗口负责人，审批环节由原先的5个环节缩短至3个环节，法定时限由原来的7个工作日缩短至4个工作日；将可合并的审批材料(如平面图和审批表)进行整合，审批表由原来要求的一式三份减少为一式两份，同时删减“相关批准文件或材料”等兜底性条款，减少安全责任状等非必要审批文件，进一步明确材料清单，简化申请人办事手续。

杜绝“滴洒漏” 出台《开展乱堆倒建筑垃圾及渣土车“滴洒漏”整治“百日会战”行动工作方案》，组织各中队开展专项整治行动，坚持“教育为先、预防为主、坚决整治”的管理方式，对全市14个渣土运输车队和26家商品混凝土公司建档管理，开展走访活动；协调渣土办，从源头治理入手，敦促全市所有施工单位严格遵守文明施工的有关规定，落实对进出工作的车辆进行清洗，确保车辆净车出场；加强路面管控，坚决整治滴洒漏等各类工程车违法行为，全年开展渣土车专项整治行动35场。

整治“牛皮癣”。推进城市“牛皮癣”小广告整治常态化、规范化，不定期检查承包清洗工作公司的人员、设备配备情况；组建考评组，每周随机考评两到三次；建立微信群“城市清道夫”，发现问题及时反馈处置。开展全城围剿“牛皮癣”活动，继续推进举报“门前三包”不达标奖励话费活动。推进社区、小区的公告栏建设，疏解群众张贴广告的需求，并组织人员跟踪公告栏使用情况，及时清理过期、破碎张贴物；与中国移动、中国电信等部门联合对通知三次仍未自行整改的小广告，则对该小广告上的号码暂停服务。

严控“破路”施工 对未经审批擅自破坏路面、绿化等公共设施的行为严格管理，通过发放停工通知，扣留施工工具等，责令恢复原有路面、绿化等公共设施的原貌，待该施工单位或个人取得相关部门的审批后，方可进行施工建设，并严格规范，文明施工。全年共查处未经审批破路施工39起，扣压施工挖掘机3部，查处毁绿行为45宗。

贯彻落实“三份通告” 12月，晋江市政府出台《关于规范市区核心区民俗和商业活动拱门、彩旗等设置行为的通告》《关于禁止乱张挂张贴小广告的通告》《关于禁止违法饲养鸡鸭禽畜的通告》三份通告，市执法局多措并举，深入推进“三份通告”的贯彻落实。集中整治。市执法局各中队摸底排查所在辖区情况，结合创建全国文明城市市容市貌整治工作，多次组织开展规范拱门彩旗设置、禁止违法饲养鸡鸭禽畜、禁止乱张挂张贴小广告专项整治行动。部门联动。与市委文明办、市场监督管理局、市公安局、市卫计局等部门开展联合执法行动3次，通过发放整改通知书，督促市民自觉整改。疏堵结合。针对规范拱门设置，既采取现场规范，又从源头制止，督促相关经营者自觉遵守；针对张贴小广告，推进社区、小区的公告栏建设，满足群众张贴广告的需求；积极联合社区、物业服务机构，对市民做好引导教育工作。四是宣传引导。通过“晋江城管”微信公众号及时推送“三份通告”信息；通过开展宣传活动，将通告下发至各村（社区），引导规范市民。

【智慧城管】

2016年1月，市执法局完成数字城管三期项目硬件采购、安装和调试运行，3月，完成地理普查，4月九大业务子系统正式上线，6月，上线运行，9月，通过住建部专家验收。经过三期发展，监管范围涵盖中心市区117平方千米范围，划分28个管理网格；将市政设施视为“部件”，并通过数据普查进行准确定位，掌握18.6万个部件基础信息；将部件与部件业主、维护单位关联起来，建立部件管理数据库。19个镇（街道）、22个市直单位参与联动，初步建立起“一级平台、集中派单、三级联动、监管分离”的城管新体制。2016年，晋江市城市管理监督指挥中心共受理城市管理问题26615件，立案25284件，结案24335件，结案率为96.25%。

完善行业制度 重新制定《晋江市城市部件和事件问题处置指挥手册》，用图、文的方式展现城市管理部件，明确部件、事件管理标准、处置时限、结案条件；再造流程，特别是在立案、派遣和核查环节上下功夫，取消值班长角色，做到快速立结案，快速流转件。补充《城管问题上报注意事项要求》，新增4名坐席员和6名采集员。同时，把数字城管考评结果纳入政府绩效考核体系。

实行网上巡逻 共享市公安局综治、市住建局建筑工地出入口、市国土局田园风光及矿区、市教育局校园周边和电信局全球眼等视频资源，利用这些视频监控把发现问题的触角延伸到市区各个角落，在城管中心就可以进行线上（网上）巡逻，主动发现问题，做到线上和线下同时巡查城管问题，同时处置结果在线上一看便知，节约投入的成本和提高巡查和核查时效。2016年上线以来，通过网上巡逻立案的有397 件。

增加城市服务功能 对“晋江城管”微信公众号进行改版升级，在版面上丰富城市服务功能，有公共自行车查询、晋江地图、公交到站实时查询、电费查询、APP应用软件下载以及相关城市服务预约等，同时也对举报城管问题模块进行改造，群众可以查询自己上报的案件办理进度，吸引公众的参与热情，做到人人参与城市管理。

【文明执法】

2016年，市执法局编制全省首部《城管执法操作实务》，细化制违、市容各类执法流程、现场应急处置以及执法全过程记录，规范执法程序。成立直属规范化模范中队，完善市容管理规范化操作流程。以执法规范化、强化责任意识、提高效能、优化结构为核心，坚持依法行政、文明执法。

坚持“疏堵结合、以疏为主”，突出服务为先，变被动管理为主动服务，变末端执法为源头治理。倡导“721”工作方法，让70%的问题用服务手段解决，20%的问题用管理手段解决，10%的问题用执法手段解决。坚持以人为本，文明执法，柔性执法，对行政管理相对人做到宣传劝导在先，教育在先，普法在先，

规范化演练——持盾警戒

告诫在先，处罚在后。

完善城市管理服务驿站内涵，增设便民饮水点、免费充电、免费无线、政策法规咨询等服务功能，促进服务驿站常态化运作，以驿站为据点，结合市容女子分队的整治管理，充分发挥驿站的辐射功能，带动驿站周边商户自觉参与到市容管理中；围绕市容市貌整治行动推出便民围挡使用机制等创新管理手段，兼顾市容环境与便民服务的双重要求。

加强政风行风建设。根据住建部出台的《全国城市管理执法队伍“强基础、转作风、树形象”专项行动方案》，市执法局制定相应的专项行动方案，以改进城市管理执法方式为抓手，提高城市管理执法队伍的政治素质和业务水平，转变工作作风，树立崭新形象。倡导简文、简会，尽可能地减少会议次数，可开可不开的会议一律不开，能够合并的会议一律合开；各类通知一律用短信发送，精简文件，提高办文效率，在上报请示、报告等公文方面，倡导电子政务，明确办文流程、权限以及各环节办文时间等要求。

【执法宣传】

2016年，市执法局紧抓对内宣传，强化对外宣传。对内宣传，充分利用“清风执法”微信公众号平台、局全体干部职工微信群、手机短信、宣传栏等宣传阵地作用。各科室、中队在局微信群上分享各自的工作动态和工作经验，内部形成一个浓厚的干事创业的工作氛围；不定期向全体干部职工推送廉政信息，强化党员干部廉洁自律意识。对外宣传，加强在晋江电视台、《晋江经济报》等新闻媒体上的宣传力度，全年在晋江电视台累计报道15篇，在《晋江经济报》累计报道347篇；利用“晋江城管”微信公众号，不定期向社会公众推送工作动态。全年在各级部门、媒体上刊登宣传报道509篇，其中，被《中国建设报》、人民网、新华网各报道2篇，《城建监察》报道7篇，中国网报道1篇，《泉州晚报》报道15篇。

2016年下半年，为规范执法宣传方式，强化舆论宣传引导，市执法局筹备设立媒体联络站和“晋江城管视野”宣传专栏。

【信访维稳】

2016年，市执法局强化责任落实，维护信访工作秩序，切实核实群众举报事项，及时查办信访事项。严格落实群众信访举报受理登记、领导签批、转交办理、限时反馈、包案督办、跟踪回访等办理流程，严格执行7个工作日内综合反馈的效能规定。全年累计受理各类信访举办案件2824件和人大、政协代表意见建议28件，各项案件均明确相关的责任单位和责任人，在规定的时限内，做出调查回复意见和信息反馈。

（周嘉庆撰　黄清泉审）

·晋江市人民政府驻福州办事处·

【沟通协调】

2016年，晋江市人民政府驻福州办事处(以下简称市驻榕办)充分发挥省会窗口桥梁纽带作用，牵线搭桥，为晋江市镇街道向省有关部门争取项目资金补助；晋江滨海新区填海造地工程协调省交通港航部门作为招标备案单位及工程质量监督单位、协助申报金井、深沪入选省第一批特色小镇、协助申报安海镇入选第五批福建省历史文化名镇、协助申办第十八届世界中学生运动会获得入围提名资格、助推泉州出口加工区获批升级为综合保税区、为晋江集成电路项目在榕招聘人才提供相关专业生源信息、多次协调市领导赴台手续报批。

【服务区域间经济合作】

2016年，市驻榕办积极做好区域间经济合作服务工作。台湾联华电子集团到福州洽谈在晋江投资合作存储器集成电路生产线项目并举行签约仪式；国家集成电路产业投资基金股份公司、华芯投资管理公司、三安集团在福州商洽合作设立安芯产业投资基金并举行签约仪式；台湾矽品精密工业股份公司到福州考察洽谈合作项目；在榕期间，市驻榕办积极衔接做好福州长乐机场接送、客人食宿安排、与市领导会谈、宴请及签约等活动相关事宜，与省直部门衔接好市领导及客人前往省委参会、省领导会见等事宜，全力促进项目落地。

【联络交流】

2016年，市驻榕办充分利用晋江籍在榕乡贤在各行业的资源优势，完善医疗、教育、金融、法律维权平台的构建，以便更好地为会员企业和乡贤提供便捷优质的服务；组织商会参加昆明、上海、世界晋江青年联谊会换届大会和海口晋江商会成立庆典活动；助力商会承办2016年全国晋江异地商会秘书培训班，提升商会影响力；为了更好地提升会员企业的管理水平和能力，先后组织会员企业参加“北京大学高级研修班”学习和工商联举办的培训班；协助商会利用中秋和春节举办联谊活动，为会员企业和乡亲提供沟通互动的平台；通过组织参观会员企业，开拓视野，提高眼界；通过走访会员企业，为会员企业解决实际问题和需求，帮助解决晋江籍乡亲在榕经商办企、生活中遇到的困难和难题。

积极推进福州大学团委、晋江市直统战系统团工委、福州市晋江商会团支部开展共建活动。先后组织“青春联盟”志愿服务队到金浦老人公寓慰问孤寡老人、到福州文林山革命烈士陵园吊唁先烈等一系列活动；为了方便在榕晋江籍大学生联谊联络，更好地了解家乡日新月异的变化和信息，驻榕办牵头推动商会组织在榕晋江籍大学生开展青年分享会，为青年会的成立奠定基础。

2016年全国晋江异地商会秘书培训班

【服务会员企业】

2016年，市驻榕办深入会员企业，开座谈会、讲党课，对要求入党的会员进行重点培养；同时，办事处和党支部领导班子率先垂范，捐资捐物，先后走访慰问永泰县失孤儿童和“五老”人员及环卫工人；商会党支部组织开展“重走长征路”红色体验主题活动；陪同省市民政部门领导到商会调研非公党建活动情况，得到省市民政部门的肯定。

【社会公益活动】

2016年，市驻榕办发挥导向效应，引导商会树立“源于社会，回报社会”的价值理念，以实际行动积极参与榕晋两地公益事业。先后组织商会到福州市福利院关爱帮扶困难群体，并送上相应的物资用品、响应晋江市委统战部“百企帮百村”精准扶贫行动，组织商会向安溪的对口扶贫对象捐款30000元、推动商会参与“千企植千树、美化新福州”暨榕商植树造林活动，捐苗木款5000元。

【后勤保障服务】

2016年，市驻榕办联系安排省两会、党代会期间信访人员的食宿，处理劝退晋江市群众四批次90多人到省上访；做好到榕参加省两会的代表、安排与晋江籍港澳政协委员座谈，做好“6•18”第十四届海峡项目成果交易会暨第六届民企产业项目洽谈会、全国双拥模范表彰会、省委全委会、全省宗教工作会、全省县委书记县长防汛培训班、全省经济工作会等会议的后勤服务保障工作。

（蔡永庆撰　蔡长坚审）

·晋江市人民政府驻深圳办事处·

【协助专题培训班工作】

2016年3月10—15日，晋江市“贯彻五中全会精神切实提高人大工作水平”专题培训班在全国人大深圳培训基地开班。培训学习为期5天，参加培训的学员有晋江市十六届人大常委会组成人员、各镇人大主席、各街道人大工委主任及晋江市人大常委会机关其他科级干部。培训主要采取课堂集中授课、实地参观考察、座谈交流研讨相结合的方式，学习内容包括9个课题与8个现场考察点，学习深圳城市建设、产业转型的经验和做法。

2016年，晋江市人民政府驻深圳办事处（以下简称市驻深办）走访深圳市委党校、全国人大深圳培训基地、前海管理局、南山区南山街道社区工作站、中兴公司等多家单位，主动联系对接培训地点、参观考察点、培训班人员的食宿、车辆安排等后勤工作，协助市人大办公室、培训基地全力以赴做好培训，确保万无一失。同时，也协助完成晋江市科级干部人才工作研修班、晋江市第八期科级干部培训班、晋江市2016年民主党派骨干、党外干部培训班等专题培训学习活动的落地及后勤保障工作。

【培育晋深发展考察库】

2016年，市驻深办围绕晋江发展的需求，探索培育新的考察点，建立关系，联络情谊，确保市委市政府各级考察团在粤考察活动能取得圆满成效。一年来，先后主动走访深圳市前海深港现代服务业合作区管理局、深圳市委组织部、深圳市南山区委组织部、深圳市南山区科创中心、中国科学院深圳先进技术研究院、清华大学深圳研究生院、国新南方知识产权研究院、北京大学汇丰商学院、广东社会团体等60多家单位，建立战略合作关系，对接相关工作。

【推动招商引智对接活动】

2016年，市驻深办主动服务，推动招商引智对接活动，积极开展回归工作。当好晋江宣传员。广东省及港、澳、台的晋江籍工商界人士有着资金、人才、信息、技术等雄厚优势。市驻深办积极充分把握商会优势平台，做好服务乡亲企业工作，经常性的向乡亲及社会各界人士介绍晋江的政治、经济、科技、文化建设成就及投资环境，激励爱乡、支乡热情，鼓励企业回家乡投资及实地考察晋江的投资环境。通过同商会活动互动、参加乡亲企业的庆典活动和参加全国各地来深招商推介等活动，及时宣传晋江、介绍晋江的独特优势和城市魅力，充分利用驻深办和商会两大平台塑造晋江这一品牌城市。同时加强与在粤各闽籍社团及相关行业协会对接联系，向他们宣传晋江市的相关投资优惠政策和重点招商项目，积极引导有行业代表性的企业到晋江市参观考察、投资创业。

当好晋江服务员。积极协助市政府及市商务局等部门做好在粤的商务考察和招商引资等相关服务，主动加强对接，做好跟踪服务。接待市四套班子领导及市“贯彻五中全会精神切实提高人大工作水平”专题培训班、市第8期科级干部培训班、科级干部人才工作研修班，泉州出口加工区、泉州市委党校、市直组织部、宣传部、统战部、市委办、党校、市府办、政法委、商务局、财政局、公安局、国税局、地税局、三创园、人社局、人才办、科技局、高教办、行政审批中心、晋江经济报社等单位及永和、深沪、东石、英林等有关镇、街道赴粤考察学习团60多批次，500多人次，为市领导及各部门到粤考察交流、学习等公务活动进行事前的联络、组织和安排，提供坚实的后勤保障。全国人大代表、福建凤竹集团有限公司董事长李春兴在3月份深圳举办晋江市“贯彻五中全会精神切实提高人大工作水平”专题培训班培训期间，因突发疾病紧急住院，市驻深办及时协调医疗机构安排住院、手术，并通过各种渠道对接医院的领导、主治医生协调术后的康复安排，陪同晋江市人大及其他领导多次到医院看望李春兴，配合家属主动多次与主治医生沟通病情的康复情况及治疗方案。

当好晋江推介员。启动“招商引智”晋粤对接系列活动，按照一项目一对接一服务等“3个一原则”，主动靠前服务，确保好项目大项目能落户晋江，推动我市跨越发展。走访深圳、东莞、中山、珠海对接企业近60多家。根据晋江企业创新转型的需要，对接国新南方知识产权研究院，并邀请国新南方的多位领导到晋江考察，最终对接引进项目落地晋江，签订合作框架协议，在晋江落户筹备设立晋江国新南方知识产权研究院有限公司，为晋江市政府部门提供产业规划、专项政策咨询等智库研究服务，为企业提供以创新为核心的专业智囊服务。同时，筹备设立文体产业投资基金和军民融合股权基金落地晋江等相关事宜，推动晋江文化创意新经济产业和知识产权密集型产业的发展。引进国新南方知识产权研究院、米粒影业和迷宫影视有限公司联合投资出品青春励志电影《玩大了》，后更名为《垫底联盟》，并在晋江市洪山文创园举行开机仪式，该影片95%场景将取景于晋江。引

晋江市领导与参加广州晋江商会筹备组的全体成员合影

入文创产业的同时，推介晋江，宣传晋江，为晋江产业的转型升级、提质增效、增添新动力。

【信息报送工作】

2016年，市驻深办针对深圳出台的有关重大政策做好研究，注重收集珠江三角洲及港澳台地区经济、科技和政务方面的信息，了解掌握前瞻性的重大决策，发掘深层次多方位政策信息，为领导决策当好参谋。主要是：着力加强对接深圳市“创新思想库”和“深圳改革办”，及时了解深圳研究方针、政策及在政府服务、产业转型、房产调控、人才储备、创意创新等各个领域的改革发展动态信息；着力加强与在粤政府职能部门的互动交流，做好每期《驻深办信息专报》采编工作，开辟广东省情、深圳要闻、热点新闻、专题报道等栏目，一年来，编印23期216篇；编辑《驻深办信息专报——增刊》10期10篇，关注深圳市改革举措、改革政策和改革经验等改革发展动态；编辑“深圳改革进行时专版”23期87篇，及时转载深圳市出台的实施方案、政策措施、计划制度等具有宏观性、前瞻性的资讯，总计26万余字的信息。同时围绕市委市政府的中心工作，主动对接，积极行动，有针对性地收集广东、深圳等地系列专题资料，呈报给市委、市政府主要领导参阅，为晋江市制定相关政策提供信息服务。包括《深圳市和南山区有关“十三五”发展的主要思路以及2016年主要工作方向》《2016年深圳市政府重大调研课题》《关于促进深圳市科技创新的若干措施》《关于支持深圳市企业提升竞争力的若干措施》和《关于深圳市促进人才优先发展的若干措施》等政策及其他相关资料，共计5期。

【驻深办微信公众号】

2016年，市驻深办根据市委市政府的工作要求，创建驻深办微信公众号，时刻关注深圳(广东)改革前沿之音，宣传晋江、推介晋江，安排专人及时发布有关信息动态；4月起，推出“深圳每周头条”，向市四套班子领导和市直各单位、各镇、街道，即时发布报道深圳的时政和创新点以及一些值得晋江学习的经验，目前已累计发送41期，400条新闻实事动态。

【联络交流】

2016年，市驻深办积极开展多种形式、多渠道的联络走访活动，经常性与企业乡亲及在深党政机关工作的乡贤代表、在深当地公安、交警、工商、税务、海关、边防、人才交流中心等党政机关、部门及异地商会加强交流沟通，增进乡谊，宣扬晋江市改革开放、经济建设成就；平时利用中秋、元旦、春节等重大节日群发短信和电话问候祝福，让在粤乡亲感受浓浓节日乡情。同时参加广东省晋江商会企业乡贤的家庭红白喜事，加强与在粤、港澳乡贤联系，提升与他们的凝聚力；走访广东省100多家乡亲企业，凝聚乡情，实地了解企业经营发展状况。

【协助商会开展工作】

2016年，市驻深办协助商会开展会务工作，走访商会会员企业，认真沟通、了解、听取他们的意见和需求，做好服务工作。帮助商会加强自身建设，认真组织商会会务工作。从大局出发，本着为会员负责、服务会员的态度，主动协助商会处理会务工作，与商会形成良性互动，主要有：协助商会组织回乡参观考察，拜访市新任班子领导及主要离退休老干部领导；协助商会有关政协委员回乡参加“两会”，参政议政；组织商会协助商会组织参加晋江市2016“匠心智造、创新突围”企业创新大会；协助组织商会参加全国异地晋江商会秘书培训；协助商会召开多次主要领导议事会、会长办公(扩大)会议、理监事会等；协助晋江驻粤团工委、商会青年部、妇联部举办青年、妇联活动，加强凝聚力；协助商会继续吸收新会员，壮大商会队伍；协助商会组织参加各种招商会，帮助会员寻找商机，发挥桥梁纽带作用，努力为会员企业服务；协助商会党支部开展党建工作，加强政治交流学习；协助商会与晋江市卫计局签订《晋江户籍新农合参合人在广东就医异地结报服务协议》，为在粤晋江乡贤带来福音等等。发挥组织协调作用，鼓励乡亲奉献光彩事业。凝聚乡亲力量，激励爱乡、支乡热情，不断鼓励在粤企业乡亲积极为家乡的慈善等公益事业多作贡献，此次协助商会回乡考察期间，引导商会会员企业向晋江社会公益事业捐赠144万元。

【广州晋江商会筹建】

2016年，市驻深办根据市委市政府、市委统战部的工作部署，多次赴广州组织召开在穗晋江乡贤座谈会，就成立广州晋江商会事宜进行多方推动和宣传，8月，协助晋江市委统战部在组织召开广州市福建晋江商会筹备工作会议，全面推动广州市福建晋江商会的筹建工作，凝聚在穗晋江工商界人士的智慧和力量，搭建学习调研、考察交流、联盟统战、回乡投资、联络沟通等共建平台，资源共享、互利共赢，助推晋江新发展；协助组织在穗晋江乡贤召开会员代表大会及选举大会，推选出以丁清增乡贤为会长的首届领导班子，广州市福建晋江商会正式成立。

(蔡少余撰　陈金尚审)

·重要会议·

【政协十二届五次会议】

2016年1月4—7日，中国人民政治协商会议第十二届晋江市委员会第五次会议在梅岭召开。会议听取和审议中国人民政治协商会议第十二届晋江市委员会常务委员会2015年工作报告；听取和审议中国人民政治协商会议第十二届晋江市委员会常务委员会关于四次会议以来提案工作情况的报告和政协第十二届晋江市委员会第五次会议提案初审情况的报告；听取和审议中国人民政治协商会议第十二届晋江市委员会文史资料委员会2015年工作报告（书面）；听取并讨论晋江市人民法院2015年工作通报和晋江市人民检察院2015年工作通报；大会发言；列席晋江市第十六届人民代表大会第五次会议的有关议程，听取并讨论市政府工作报告、计划报告、预算报告及“十三五”规划纲要（草案）的编制说明；审议通过中国人民政治协商会议第十二届晋江市委员会第五次会议决议。泉州市委常委、晋江市委书记李建辉在会上讲话。

【政协十三届一次会议】

2016年12月14—17日，中国人民政治协商会议第十三届晋江市委员会第一次会议在市戏剧中心召开。会议听取和审议中国人民政治协商会议第十二届晋江市委员会常务委员会工作报告；听取和审议中国人民政治协商会议第十二届晋江市委员会常务委员会关于提案工作情况的报告；审议中国人民政治协商会议第十二届晋江市委员会文史资料委员会工作报告（书面）；大会发言；听取晋江市人民法院工作通报、晋江市人民检察院工作通报；列席晋江市第十七届人民代表大会第一次会议的有关议程，听取并讨论晋江市人民政府工作报告、计划报告、预算报告；选举中国人民政治协商会议第十三届晋江市委员会主席、副主席、秘书长、常务委员；听取中国人民政治协商会议第十三

政协第十二届晋江市委员会第五次会议

政协第十三届晋江市委员会第一次会议

届晋江市委员会第一次会议提案审查委员会关于市政协十三届一次会议提案初审情况的报告；审议通过中国人民政治协商会议第十三届晋江市委员会第一次会议决议。中共晋江市委书记刘文儒在会上作重要讲话。会议选举林仁达为十三届市政协主席，林庆峰、叶荣宗、洪元程、洪忠信为副主席，蔡晖为秘书长，丁帆快等60人为常务委员。

【政协常委会议】

2016年3月24日下午，市政协召开十二届市政协常委会第十九次会议，传达学习全国政协十二届四次会议、福建省政协十一届四次会议、泉州市政协十一届五次会议精神，听取市政府关于生态建设和环境保护工作通报，协商通过2016年工作要点和2016年度协商工作计划。会议建议，生态建设和环境保护工作要牢固树立生态文明理念，切实把生态文明建设摆在重要位置；要坚持问题导向，深化生态环保领域改革；要强化科技支撑，全面提升环境监管能力；要健全工作机制，抓好责任落实。会议强调市政协常委会工作要注重发挥专委会、联络组和委员主体作用，把握工作重点，聚焦民生，为民履职，明确分工，落实责任，提高履职实效和水平。

6月23日下午，市政协召开十二届市政协常委会第二十次会议，听取市纪委关于党风廉政建设和反腐败工作情况通报，听取市公安局关于社会治安和防控体系建设情况通报，通过张晚金任市政协办公室副主任的决定，接受郭浪滔因工作变动辞去政协十二届晋江市委员会秘书长职务。会议要求，党风廉政建设和反腐败工作要坚持教育为先，构筑反腐倡廉思想防线；要落实“两个责任”，营造从严治党浓厚氛围；要强化执纪审查，保持惩治腐败高压态势；要加强制度建设，提高管党治党规范化水平；要进一步探索政协民主监督与纪检工作有机结合。社会治安和防控体系建设要提高认识，加强领导，进一步抓好治安防控长效机制建设；要多方整合资源，构建新形势下群防群治的基本格局；要坚持问题导向，突出重点排查隐患；要强化科技应用，推进体制机制创新；要加强舆论宣传，营造良好社会氛围。

2016年9月23日下午，市政协召开十二届市政协常委会第二十一次会议，听取市政府关于2016年1月以来经济运行情况的通报，听取市金融局关于金融风险防控工作通报。会议建议，下一阶段的稳增长、促发展工作，要坚定发展信心，加快项目推进，抓好实体经济，构筑人才高地，推动改革落地，加强作风建设。会议要求，要及早成立市政协换届工作领导组，抓紧制定筹备工作方案，启动委员履职考核工作，起草好十二届市政协常委会报告、提案工作报告和文史工作报告，提高提案和大会发言质量。

12月6日下午，市政协召开十二届市政协常委会第二十二次会议，听取市政府关于办理十二届市政协提案工作情况的通报、市政协关于十二届市政协委员履职考核工作情况的通报，通过十二届市政协常委会工作报告(草案)、关于提案工作情况的报告(草案)、以及市政协十三届一次会议的有关事项，通过尤国盘等333人为十三届市政协委员的决定，通过蔡晖任市政协办公室主任、张谋荣任市政协经法委主任、林真真任市政协联络委副主任、许特级不再担任市政协办公室主任职务、许荣宣不再担任市政协经法委主任职务、张谋荣不再担任市政协提案委副主任职务等决定。会议决定，市政协十三届一次全会于12月14日至12月17日在市区召开。会议要求，要认真做好十三届一次会议的筹备工作，深入学习中共十八届六中全会精神，为开好全会做好思想准备；切实搞好调查研究，努力提高参政议政质量；认真准备会议文件、发言和提案；做好会议宣传报道，营造良好氛围；周密细致安排好会务工作，以良好的精神状态参加会议。

【政协主席会议】

2016年，市政协召开主席会议12次，其中十二届市政协主席会议11次，十三届市政协主席会议1次。会议主要学习贯彻中共十八届六中全会精神、市第十三届党代会精神，研究讨论市政协常委会2016年工作要点、市政协2016年度协商工作计划、十二届市政协委员履职情况考核工作方案，调整市政协领导分工，审议政协常委会议议程、日程安排以及提请政协常委会通过的其他事项，部署市政协党组“两学一做”学习教育活动、市政协十三届一次会议筹备、《海丝晋江大商人》编撰、重点提案督办、专题协商和调研视察活动组织开展，安排市政协领导参与“促进项目落地，帮扶企业发展”和“加快项目建设百日攻坚”活动以及“四帮四扶”工作，明确政协机关每月重点工作，做好政协机关精神文明建设、机关党建、信息宣传等工作。

·主要工作与活动·

【议政建言】

2016年，市政协按照“党政所需、群众所盼、政协所能”的要求，认真履行参政议政职能，积极议政建言，为市委、市政府科学决策发挥积极作用。市政协十三届一次会议期间，组织政协委员围绕凸显海丝特色、加强侨捐公益事业管理、拓展对外交流、搭建创新服务综合性平台、推行医养结合养老模式、加强农村环境污染治理、建设国际化创新型品质城市、成立新兴产业行业协会、“一对一”帮扶开展巾帼扶贫、加紧传统产业转型升级等重大课题，通过大会发言、分组讨论与市委、市政府领导及市直有关部门领导坦诚交换意见，共商发展大计。会议期间，共收到大会发言材料32篇，从中选出18篇编入《大会发言材料汇编》进行书面交流，并选出10篇在大会上发言。

【协商民主】

2016年，市政协认真学习贯彻中共中央和省委、泉州市委《关于加强人民政协协商民主建设的实施意见》，首次对年度协商工作进行专题安排部署，会同市政府提出市政协年度协商工作计划，并报经市委同意，市委办、政府办、政协办联合印发《晋江市政协2016年度协商工作计划》，明确采取常委会议协商、提案办理协商、对口协商、界别协商等形式，围绕城市工作、经济工作、营造城市核心商圈、加强金融创新、加大文化旅游资源融合力度等14个议题统筹推进协商活动。市政协关于协商民主的实践和做法，在泉州市政协工作座谈会上作典型发言，总结材料在省政协《政协天地》刊发。

【调研视察】

2016年，市政协紧紧围绕市委、市政府中心工作和重大部署，聚焦重点、难点、关键点，精心选择调研课题和视察主题，注重调研成果和视察结果的转化运用，不断提高建言献策的质量和水平。组织开展城区商圈培育发展、村(社区)在精准扶贫中如何发挥作用、挖掘宗教文化旅游资源3个专题调研，围绕消防设施建设、全国文明城市创建、宗教活动场所管理、基层治安组织、疗养院设施建设与服务管理、乡村旅游、民间晋台合作交流、法院工作、沿海防护林建设和保护、少数民族村的保护和建设、历史文化名人故居保护修缮等开展视察活动。市政协领导和机关还深入挂钩镇现场办公，开展“四帮四扶”挂钩帮扶工作，解决部分村(社区)发展问题和部分困难群众的生产生活问题。

【促进合作共事】

2016年，市政协领导认真落实联系民主党派制度，组织走访民主党派，专题听取民主党派的意见建议，积极营造开诚布公、畅所欲言、生动活泼的履职氛围。邀请民主党派、工商联、人民团体及无党派人士参加政协组织的各种议政性会议，支持其开展调研、视察、考察和民主监督活动，重视所提交的提案和反映的民意信息，及时帮助解决实际困难，为其创造良好的履职条件。一年来，各民主党派、工商联、无党派人士积极参与协商议政活动，共提出《加大我市海外人才引智工作力度，服务我市经济社会发展》《加强对全职家庭妇女实用

十二届市政协常委会第二十一次会议

知识普及培训》《加大传统村落、文物文化遗址保护工作》等提案260件，反映《妥善处理安置房小区遗留问题》《在各居民小区设立快递投递站》《挖潜盘活国有资产，提高运营效益》《推进我市建筑产业现代化》等社情民意150条。

【政协提案工作】

2016年，市政协充分发挥提案工作的重要作用，围绕中心、服务大局，注重质量、讲求实效，全面提升提案工作水平。市政协十二届五次会议以来，全体政协委员、政协各参加单位、各联络组深入实际，广泛调研，共提交提案508件，经审查立案425件(并案为331件)，立案率83.7%。其中集体提案360件，委员提案148件。按类别分，有关经济方面的提案126件，占24.8%；城建、交通、环保方面的提案129件，占25.39%；科教文卫体方面的提案141件，占27.76%；统战、法制、社会保障等其他方面的提案112件，占22.05%。在立案的提案中，集体提案304件，占71.5%；委员提案121件，占28.5%。提案内容涉及本市经济社会发展的各个方面，其中，经济工作类106件，占24.9%；城建、交通、环保类113件，占26.6%；科教文卫体类122件，占28.7%；组织、人事、统战、法制、社会保障等方面84件，占19.8%。425件提案交由96个承办单位办理，并精选确定《营造城市核心商圈，促进商贸服务业发展》《推进公共场所整合利用，提高公共资源共享效益》《加强金融创新，促进实体经济发展》3件为重点提案。所有提案均在规定期限内办理答复，办复率达100%。提案者对提案办理情况表示满意的有416件，满意率97.9%；表示基本满意的9件，基本满意率2.1%。

【反映社情民意】

2016年，市政协坚持办好《社情民意专报》，使之成为市委市政府的“中转站”，成为通往人民群众的“连心桥”。一年来，收集、编发社情民意信息54期，向市委、市政府反映政协委员和群众的意见建议，一些群众反映强烈的问题得到及时解决，一些重要问题得到高度重视。其中《关于在各居民小区设立快递投递站的建议》《关于加强汽车在夜间滥用远光灯管理的建议》《关于建立新生儿DNA及指纹库的建议》等14期得到市委、市政府主要领导的重视和批示，为市委、市政府提供决策参考。

【文史工作】

2016年，市政协立足晋江文史工作实际，充分发挥“存史、资政、团结、育人”的作用，认真做好政协文史资料征编工作。紧扣海丝文化主题，编撰出版《海丝晋江大商人》，撰述林銮、黄护、李五、郑芝龙、郑成功、伍秉鉴、黄秀烺、陈清机自隋唐到民国海丝起点晋江八大商人的创业史，全书近30万字。结合政协换届，编印《十二届晋江市政协工作剪影》画册，从“领导关怀、鞭策鼓励”“民主协商、共谋大计”“加强监督、注重实效”“紧扣发展、献计出力”“关心民生、反映民意”“团结各界、促进和谐”“强基固本、全面发展”7个部分，客观地反映十二届市政协工作的历史进程，展示晋江政协的精神风貌。关注支持政协之友书画院、市诗词学会开展文化交流活动，积极参与全市文化建设工作。

【联络联谊】

2016年，市政协充分发挥台港澳侨委员海外关系多、联系面广的优势，多形式、多渠道、多领域地开展海内外联谊工作。密切与台港澳侨社团的联系与沟通，凝聚侨心，维护侨益，汇聚海内外发展力量。加强与异地商会和异地委员的联系交流，积极参与异地商会的重要活动，鼓励异地晋商融入“回归工作”，支持参加建设。认真贯彻党的民族和宗教政策，召开市“四大宗教”负责人和民宗界委员座谈会，开展宗教文化旅游资源的保护和开发利用、宗教活动场所管理等视察活动，促进宗教和睦。

【各级各地政协委员到晋江市调研考察】

2016年，市政协配合全国、省、泉州市政协组织到本市开展“加强宗教团体自身建设和推进宗教活动场所文物保护长效机制建设”“加快我省小城市培育”“农村两权抵押贷款试点”“泉州市级重点项目建设”等考察调研或提案督办活动18批次，接待各省、市、县政协到本市开展“农村宅基地制度改革有关做法和经验”“招商引资及服务台资企业工作”“旧城改造政策和历史文化保护工作”“如何充分发挥上市(挂牌)公司优势，引领和推动实体经济稳健发展”“发挥港澳政协委员作用，推进‘一带一路’建设”等考察调研组22批次。全国政协副主席何厚铧，省政协副主席陈荣凯、杨根生，福州大学省政协委员小组组长、党委书记陈永正等带队到晋江市调研、考察。

(林志宏撰　张晚全审)

中共晋江市纪律检查委员会 晋江市监察局

·综　述·

【概况】

2016年，中共晋江市纪律检查委员会晋江市监察局（以下简称市纪检监察机关）坚持全面从严治党、依规治党，聚焦主责主业，深化纪检体制改革，强化监督执纪问责，驰而不息纠正“四风”，深入落实中央八项规定精神，加大惩治腐败力度，党风廉政建设和反腐败工作取得新的明显成效，有力保障和促进晋江市经济社会全面发展。2016年度党风廉政建设和反腐败工作获绩效评估泉州市第一名，市纪检监察机关绩效评估综合成绩居晋江市直党群部门第二名。

【纪检监察工作目标管理考评】

2016年，市纪检监察机关继续组织实施年度基层纪委、市直纪检组（监察室）规范化建设和纪检监察工作目标管理，推动全市纪检监察工作的落实和创新。出台《2016年度基层纪委和市直纪检组（监察室）规范化建设和纪检监察工作目标管理实施意见》，围绕“三转”要求，对基层纪委和派驻机构目标管理考评指标体系进行修改完善，将镇纪委（街道纪工委）、市直纪检组（监察室）的全年工作任务细化分解为党风政风监督、纪律审查、信访举报、宣传教育、行政监察和自身建设6个方面、20多个具体项目，分别提出基本要求和评分标准。重点检查考评纪委（纪工委、纪检组）监督执纪问责具体业务，以及对党委（党工委、党组）落实主体责任的监督工作，突出党章和行政监察法对纪检监察机关的职能定位。平时加强对基层纪委和派驻机构的日常指导，通过综合业务培训、挂钩联系、走访调研、定期听取汇报以及案件协审、复杂信访件办理全程跟踪等方式，督促基层纪委和派驻机构做好纪检监察业务。12月22—26日，抽调委局各室（部）业务骨干组成一个

中共晋江市纪委十二届十次全会

综合检查组对各单位2016年纪检监察工作落实情况进行检查考评，采取实地查阅内业资料并结合平时掌握情况进行综合考评的方式，按统一标准客观公正评分。综合检查考评情况及结果经市纪委常委会、监察局长办公会研究确定后在全市进行通报，龙湖镇纪委、东石镇纪委、池店镇纪委位列基层纪委综合考评得分前三名，市水利局纪检组、市行政执法局纪检组、市教育局纪检组位列市直纪检组综合考评得分前三名。通过检查考评和通报，进一步增强基层纪委和派驻机构的工作积极性和主动性。

【纪检监察工作项目化管理】

2016年，市纪检监察机关继续组织实施“纪检监察重点工作项目化管理工作”，鼓励全市纪检监察系统各单位和机关各室（部）从2016年度纪检监察工作中，选取具有开创性、独特性和代表性的工作作为项目重点推行，打造一批有影响的示范亮点，促进纪检监察“常规工作规范化、重点工作精品化、创新工作特色化”。年初，经过广泛征集项目和市纪委常委会多次筛选研究，确定年度重点项目53个，其中市级项目9个、镇（街道）项目22个、市直单位项目22个。项目立项后，由牵头责任单位（科室）对立项的纪检监察工作设定目标任务，细化项目内容，明确进度安排，落实工作责任，认真组织实施。市纪委监察局各室（部）经常进行业务指导和监督检查，2次通报项目进展情况。12月份，对各项目组织实施情况和成效进行实地验收，53个重点项目全部按时完成，成效好的16个，成效较好的28个，成效一般的9个。

【纪检监察队伍自身建设】

2016年，市纪检监察机关深入开展“两学一做”学习教育，组织全市纪检监察干部学习党章党规党纪、学习系列讲话，做合格党员，进一步提升纪检监察干部思想政治素质。完成市纪委机关内设科室的调整改革，推动派驻纪检监察机构统一管理，将派驻机构由市纪委监察局和驻在部门（单位）双重领导改为由市纪委监察局直接领导。出台《镇纪委书记、副书记提名考察办法（试行）》《市纪委派驻纪检组长、副组长提名考察办法（试行）》，严格纪检监察队伍选人用人制度，选准、配强一线纪检监察干部。举办全市纪检监察干部综合业务培训班、晋江市纪检监察干部素质提升研修班，分批组织纪检监察干部进行应知应会知识测试、到各单位宣讲党规党纪，提升干部理论政策水平。注重加强纪检监察干部的业务学习和实践锻炼，选派干部到一线办案、下基层锻炼、到机关跟班。全年，共挑选3名纪检监察干部到上级纪委跟班学习、协助办案，选派1名纪检监察干部到基层挂职锻炼，抽调23名纪检监察干部到委局机关跟班学习和参与纪律审查工作，全面提升队伍综合素质。认真抓好2016年全市纪检监察系统课题调研工作，收到调研文章72篇；开展学习《习近平关于严明党的纪律和规矩论述摘编》心得体会征文活动，收到征文55篇，择优上报上级纪委。做好中科院廉政研究中心到晋江调研有关工作。出台《纪检监察干部监督工作暂行办法》《纪检监察干部行为规范（试行）》《关于进一步加强全市纪检监察系统干部队伍作风建设的通知》，组织廉政谈话，开展内部巡察和借款、出借资金和融资担保专项清理工作，进一步加强内部监督，规范纪检监察干部行为，树立纪检监察干部队伍的良好形象。

·党风廉政建设·

【落实“两个责任”】

2016年，市纪检监察机关通过健全督察机制、强化责任追究，进一步完善责任链条，夯实党风廉政建设基础。明责，细化责任内容，将2016年度党风廉政建设和反腐败工作任务分解为6个板块、17个大项70个小项，明确主办、协办单位，做到责任清、任务明。推动出台《晋江市委、市纪委落实党风廉政建设“两个责任”清单》《晋江市落实党风廉政建设党委主体责任和纪委监督责任清单（试行）》，构建涵盖市领导到全市各级各部门落实党风廉政建设的责任体系。履责，做好示范引领。市委主要领导率先垂范，落实“五抓五看”“四个亲自”，在市委常委（扩大）会等多种场合强调廉政纪律20多次，开展班子成员集体廉政谈话4次，结合班子换届事宜逐一进行个别谈话50多人次，督促班子成员强化责任意识，落实“一岗双责”。市纪委主要领导逐一约谈各单位党委（党工委、党组）、纪委（纪工委、纪检组）主要负责人，谈话200多人次，通过面对面交任务、提要求，强化领导干部责任意识；督责，落实问题整改。组织对各镇（街道）、经济开发区和市直单位党委（党工委、党组）书记抓履行党风廉政建设主体责任情况进行检查和评议，当面提交“问题清单”，并对“问题清单”整改情况进行“回头看”，推动责任落实和问题整改。做好省委、泉州市委对晋江市2015年度党风廉政建设责任制检查交办问题清单的整改落实工作，省委交办的12项共性问题、2项具体问题及泉州市委交办的18个问题整改到位。省纪委巡察、审计涉及晋江市的8个重点整改问题、16个对照检查问题于9月底整改到位；问责，倒逼责任落实。出台《落实党风廉政建设责任制约谈制度》，对落实“两个责任”不力的单位和领导进行约谈，追究主体责任8人、监督责任3人，进一步强化领导干部责任意识和担当意识。继续推行纪委（纪工委、纪检组）规范化建设与纪检监察工作目标管理工作，对年底检查排名后三名的纪委（纪工委）书记和纪检组长进行约谈，促使纪委（纪工委、纪检组）聚焦主责主业，认真履行监督职责。

【落实中央“八项规定”】

2016年，市纪检监察机关以贯彻落实中央“八项规定”精神为重点，把作风建设放在重要位置，坚持高标准引领，以良好的党风带动政风、民风好转。在元旦、春节、中秋、国庆等重要节日及干部人事调整期间，下发文件和编发手机短信，强调严禁违规公款吃喝、违规收送礼金礼品、违规发放津补贴或福利等纪律要求。出台《加强作风建设常态化监督检查实施方案》，组织全市性明察暗访10轮（次），查处违反中央八项规定精神问题26起，处理31人。印发《晋江市开展“1+X”专项督查、推动中央八项规定精神深入落实的工作方案》，由12个市直部门根据职能分工，齐抓共管、形成日常监管体系。针对“四风”隐形变异，出台《探索破解穿上“隐身衣”的“四风”问题工作实施方案》，查处隐身衣问题5起。针对群众反映强烈的“吃拿卡要”等问题，主动出击，严肃查处群众身边的腐败案件16起，处理21人。采取个案通报与专题通报相结合的方式，在重要时间节点通报曝光典型问题，发挥查处一案、教育一片、震慑一方的效果。全年下发通报7期，通报曝光违反中央八项规定精神的典型问题16起。

·惩治和预防腐败·

【纪律审查】

2016年，市纪检监察机关综合运用信访监督、组织处理、纪律处分等方式，坚持无禁区、全覆盖、零容忍，对违反纪律的行为发现一起、查处一起，体现"越往后执纪越严"。拓宽线索来源，加强执纪执法机关的协作配合，互通问题信息。以省级试点为契机，创新纪检监察信访举报反馈督查工作机制，设计开发"电子督查反馈"系统，推进信访举报"零暂存"工作，加大信访交办、督办和直接查办力度，强化信访件办理质效。2016年，办理检控类初信初访352件，提供问题线索106件，立案中问题线索来源于信访举报的25件，同比上升4.2%。突出审查重点，从严查处中共十八大后不收敛、不收手，问题线索反映集中、群众反映强烈的重点对象，先后查处教育、医疗等领域的严重违纪案件。着力查处扶贫领域违规违纪问题，发现线索2起，谈话函询3人，党纪立案2人，通报批评4人。积极开展行政监察和监督检查，实施问责11起，立案22人（涉及科级干部9人）、通报批评86人次、诫勉谈话18人次、廉政谈话3人。加大审查力度，坚持力度不减、尺度不松，查处各类违纪违法案件204件，办结202件，结案率99.02%。其中，经济类案件41件，万元以上经济大案40件；涉及党员197人，监察对象40人；乡科级干部22人；共处分违纪违法人员201人，其中党纪处分185人、政纪处分27人，受双重处分11人，为国家和集体挽回经济损失203.19万元。

【监督执纪】

2016年，市纪检监察机关坚持挺纪在前、露头就打，实现惩处极少数，教育大多数的目的。创新制度，出台《关于实践监督执纪"四种形态"推进全面从严治党的实施意见》《晋江市纪检监察系统把握运用"四种形态"加强监督执纪工作的实施意见》《关于加强对党政"一把手"信访监督的工作意见（试行）》等文件，推动党委（党组）、纪委（纪检组）在实际工作中规范运用"四种形态"。抓早抓小，全市廉政谈话函询641件（其中乡科级103人），轻处分和组织（适当）处理188件，重处分和重大职务调整90件，移送司法机关处理20件，受轻处分、组织（适当）处理和谈话函询的党员干部占受处理和处分人员总数的88.29%，第三种形态与第四种形态之间的比值为4.5:1（上级要求不低于4:1）。规范处置。把责任追究、行政问责和推进领导干部能上能下若干规定贯通起来使用，综合运用批评教育、诫勉谈话、组织处理和纪律处分等多种方式实施责任追究，增强执纪监督的综合效果。同时，注重保护和调动干部干事创业的积极性，为90名受到不实举报的党员干部澄清问题，鼓励干部主动作为、敢于担当。四是强化整改。实行"一案一整改"，对发生违纪问题的单位，责令排查制度漏洞，完善配套制度，健全程序性、保障性规定，增强制度的针对性和操作性，扎牢制度笼子。

【党员干部宣传教育】

2016年，市纪检监察机关坚持把对党员干部的宣传教育作为党风廉政建设的基础性工作，把党性党风党纪教育纳入党员干部的岗位培训、任前培训内容。突出纪律教育。出台《关于加强新录用机关事业单位人员廉政教育培训的意见》，举办学习贯彻党章、准则、条例知识竞赛、新提任党委（党工委、党组）班子成员廉洁从政专题教育班，组织7批（次）、157名党员干部参加任前廉政法规知识测试。突出警示教育。召开警示教育会，通报晋江市查处的违纪违法典型案件及中共中央八项规定精神贯彻落实情况。组织党员干部旁听庭审、参观廉政教育基地、收看《永远在路上》《打铁还需自身硬》专题片，提高党员干部法纪意识。突出家训家风教育。开展"倡优家训·养美家风"家庭助廉活动，挖掘整理五店市等优秀传统家规家训，拍摄《闽南古厝里看家规家训》宣传片。结合"三下乡"和春节、元宵节期间文化体育活动，组织开展家庭助廉、廉政灯谜、廉政春联、廉政戏曲等主题宣传活动，营造崇尚廉洁的社会氛围。突出换届纪律教育。组织2700多名党员观看《镜鉴》教育片和《换届纪律"九严禁"》宣传片，通过网络、晋江电视台等载体，广泛宣传"九个严禁、九个一律"换届纪律。将任前廉政知识测试、任前廉政对照检查材料的覆盖范围扩大到非领导职务人员，多形式、多渠道强化党员干部的纪律观念。加强新闻宣传和舆论引导工作。发出《关于进一步加强纪检监察信息和党风廉政新闻宣传稿件报送工作的意见》《关于报送〈中国纪检监察报〉有关新闻线索的通知》，在《晋江经济报》开设"正风肃纪在晋江"宣传专栏。编报新闻稿被《中国纪检监察报》等省级以上重点党报党刊采用52篇幅；中央纪委内部网采用34篇（次）；省纪委网站采用49篇幅；泉州市纪委网站采用75篇（幅）。此外，利用市纪委监察局网站和"晋江纪检监察"微信公众号、"晋江党员微平台"等加大宣传力度，认真做好舆情信息报送工作。

（黄工作撰　郭培源审）

·中国国民党革命委员会晋江市委会·

【概况】

2016年，中国国民党革命委员会晋江市委会（以下简称民革晋江市委会）围绕全市中心工作，按照“打造国际化创新型品质城市”的目标定位，以强化参政议政工作为重点，以强力推进“同心”工程为抓手，创新工作机制，提高服务水平，完成各项工作任务。被民革中央评为“全国祖统工作先进集体”。

【学习培训】

2016年，民革晋江市委会把学习中共十八大精神与学习民革十二大精神、党章党史相结合，与学习多党合作理论相结合，与学习、树立和践行社会主义核心价值体系活动相结合，采取集体学习、撰写学习心得、自学等多种形式，在党员中掀起学习中共十八大精神的热潮。通过系列理论学习，党员的思想认识水平和理论素养得到了提高，夯实与中国共产党团结奋斗的思想基础，端正理想信念和价值追求，更加坚定与中国共产党共同建设中国特色社会主义的信心与决心。围绕学习和践行社会主义核心价值体系、“观故居，走多党合作之路”、“同心”行动等一系列主题教育活动，确保民革广大党员始终与中国共产党在思想上同心同德、目标上同心同向、行动上同心同行。

【组织建设】

2016年，民革晋江市委会组织党员参加泉州民革的骨干党员培训，共组织党员13人参加培训。组织党员参加晋江市第一期民主党派成员、积极分子培训班，民革晋江市委会8名新党员、入党积极分子参加培训。组织骨干党员赴深圳市参加2016年民主党派骨干、党外干部培训班的学习考察，民革晋江市委会4名党员参训。积极参加市委宣传部、统战部所举办的“道德讲堂”“同心讲堂”的专题讲座。岗位培训，提升业务技能。党员吴丽婷参加泉州市委党校第26期中青班，进行为期100天的学习培训；党员李志勇参加省“十三五”第一期高（完）中校长任职资格培训，并前往苏州第十中学进行三个月的挂职跟岗学习；党员庄舒怀先后参加晋江市第八期科级干部培训班、晋江市第八期“人才驱动创新发展（深圳）专题培训班”的学习；党员洪清岩先后参加福建电力职业学校的班组长年度培训及省电力公司开展的大面积停电应急预案培训；党员洪振华参加市委党校2016年度股级干部序列第6期专题班的培训。举办市委会参政议政工作推进会暨培训会。民革晋江市委会委员陈春雷作《谈谈提案撰写的体会》的辅导讲座，陈春雷通过多年来在参政议政方面、政协委员履职方面、提案撰写的切身体会，与大家分享其经验。领导班子认真贯彻民主集中制原则，制定主委会议、市委会议事规则，按照议事规则和决策程序办事，健全集体领导和个人分工负责相结合的制度，工作中注意发挥兼职领导的作用。做好党员信息的采集，完善“民革E家”相关材料。夯实组织基础，提升履职能力。在民革泉州市第十五次党员代表大会上，市委会曾献礼主委再次当选为副主任委员；在晋江市第十七届人民代表大会一次会议上，曾献礼主委当选为常委会副主任，吴丽婷、颜颜当选为泉州市人大代表；在政协晋江市第十三届一次会议上，张子牙、李志勇、颜颜当选为常务委员；张子牙被提拔为市政协专职常委（正科级）、颜颜提拔为罗山供电所副所长、庄舒怀提拔为东石镇司法所所长（副科级），组织力量切实增强。坚持速度和质量协调发展，质量为重。全年发展党员8人，培育入党积极分子6人。新党员本科学历8人，平均年龄35.2岁。至年底，民革晋江市委会共有党员114人，其中女党员39人，本科以上学历72人，拥有高级职称24人，中级职称33人。

【基层组织活动】

2016年，民革晋江市委会组织活动紧贴实际，凸显党派特色。重点组织开展纪念孙中山先生诞辰150周年系列活动，先后组织党员选送作品参加泉州市政协与泉州民革联合举办的“走进大同”书画摄影展的展出，民革晋江市委会作品参展的有苏荣章及施荣怀老党员。选送了6篇文章参加泉州民革的征文比赛，民革晋江市委会获组织奖，张子牙获二等奖，李志勇、林守端获三等奖。参加市“同心杯”登山赛。市委会夺得团体第三名，党员林吉尾夺得女子组第一名，实现该组别的“四连冠”，洪天姿夺得男子青年组第二名。开展“爱在重阳、情系两岸”重阳节考察活动。组织老党员到泉州闽台缘博物馆参观考察，立足于民革党派所负有的祖统工作职责，通过参观考察，让老党员更加深入了解闽台两地同根同宗、中华民族一脉相传的历史事实，更好地推进祖国统一大业。支部活动主题突出、各具特色。第一支部组织党员进行为期四天的三峡考察之行，重点考察国家重大水利工程；第三支部组织党员前往吉林省开展爱国主义教育主题实践活动，旨在隆重纪念“8·15”日本投降纪念日71周年，深切缅怀抗战先驱们的英勇事迹和革命情操，激发支部全体党员爱国主义情怀和积极投身社会主义现代化建设的热忱。

【交流联谊】

2016年，民革晋江市委会做好纵向的联络交流，先后接待来访的民革福建省委会省直机关一行及民革江苏省委会组织处处长曾献苓率领的考察组。做好交友互融，接待江苏省苏州市第十中学校长柳袁照一行来晋江进行教学回访工作。市委会副主委、英林中学副校长李志勇，2016年到苏州市第十中学进行为期三个月的挂职学习。增强与兄弟民革地方组织的联谊。民革泉州师范学院支部在主委苏金泷的带领下，到晋江进行考察调研与联谊交流。考察组一行了解晋江在旧城改造中古民居的保护成果，调研晋江市城市规划中古民居保护的相关历程。促成双方形成共同调研文章，进一步将把晋江的好经验、好做法进行总结、提取，提出对泉州旧城保护与开发的建议，助力泉州经济与社会的全面发展。

【参政议政】

2016年，民革晋江市委会深入基层调查研究，在为民谋利中体现新作为。积极参加各类调研、考察活动，带头关注政府和百姓关心的热点问题，深入调查研究，广泛了解民意，切实提出合理可行的意见和建议。在政协十二届委员会的常委会上，副主委张子牙代表市委会针对不同会议主题作了发言，受到政协领导及与会人员的高度评价。2016年，形成统战理论调研文章8篇、政协大会发言稿1篇，提案60篇、社情民意5篇，其中2篇被市政协列为重点提案，1篇为年度重点督办件。组织重点考察调研市重点建设项目——福建省集成电路产业园区建设筹备工作，了解园区规划建设、招商引资、人才招聘工作等方面，进一步了解晋江市以“晋华存储器集成电路生产线项目”和“安芯集成电路产业基金”为抓手，全面推动晋江转型升级，打造具备完整上下游产业的中国第一内存基地，构建“芯片设计——芯片制造——封装测试——装备与材料——配套及终端应用”的集成电路全产业链生态圈的理解。配合民革福建省委会做好关于《大力发展服务型制造，推动我省体育用品产业转型升级》的专题调研工作，该调研文章还作为2016年福建统一战线建言献策成果汇报会暨第十二届建言献策论坛的调研报告，为福建省发展服务型制造，推动体育产业转型升级发展建言献策。

在项目建设中创造新作为。民革晋江市委会主要领导积极参与中共晋江市委、市政府项目建设、民生保障等重大问题的协商讨论，并亲身投入于市重点工程建设项目。主委曾献礼继续担任罗裳片区征迁项目的副总指挥，做好征迁扫尾工作；副主委张子牙抽调至池店南片区、沈海高速池店互动拓改项目、机场连接线陈埭段拓改项目负责安置房的回迁工作，并再次抽调至市九十九溪田园风光项目进行安征迁工作。晋江民革党员主动作为，为打造晋江升级版贡献自己的一份力量。

在提升城市品质中彰显新作为。晋江民革党员长期关注城市的建设和管理，把握市党代会所提出的打造“国际化创新型品质城市”目标定向，积极建言献策，为晋江的城市品质提升作出应有的贡献。在市政协第十三届一次大会上，张子牙代表市委会作了《打造海丝特色城市，彰显晋江品牌魅力》的大会发言，晋江侨乡频道及晋江经济报进行专访；颜颜所倡导的《全面打造海绵城市》的建议也受到多家媒体的争相报道。李志勇的《关于加快发展立体交通，助推城市建设的建议》、陈春雷的《发展晋江休闲农业推进生态城市建设》、郭白琳的《关于促进服务业兴市，加快发展现代服务业的建议》，洪振华的《关于加快拆迁安置房建设的建议》、高珊珊的《关于切实做好我市垃圾分类的建议》等提案。

【服务社会】

2016年，民革晋江市委会把帮扶弱势群体作为社会服务的切入点。继续推进社会服务工作在基层、服务低层困难群众的原则，持续开展“一对一”结对帮扶、牵手困难群众等活动，参与市“海丝春雨”大型社会服务活动。持续开展“一对一”结对帮扶活动，到磁灶镇下灶村慰问特困肢体残疾人吴明德、安海镇新店村智障特困户颜丽敏等困难群众。积极参加市委统战部举办的“海丝春雨”大型社会服务活动，走访慰问困难群众，为当地群众送医赠药，并有党员苏荣章、兰祥龙现场为群众书写春联。开展慰问生病党员活动，先后走访慰问因病住院的老党员丁国鑫、吴温典、王火成等。开展尊老爱老走访慰问活动，第三支部组织在春节前看望慰问支部的老党员，已经成为一项优良传统。通过慰问老党员，与老党员开展交流谈心等方式，教育、培养年轻党员，接受民革历史文化教诲和熏陶，积极营造支部尊老、敬老、爱老的和谐氛围。

把结对共建作为社会服务的示范点。民革晋江市委会与灵源街道的结对共建活动取得很好的成效，共建形式多样，打造结对共建的新样板。持续开展捐赠图书、倡导全民读书活动。每年都会开展图书捐赠活动，所捐赠的图书设立晋江民革图书专柜，在灵源街道辖区内各学校开展图书漂流，让街道近5000名学生共享这丰富的精神食粮，让街道每个学校都飘着浓浓的书香。发挥优势、服务地方，开展联合调研活动。为了把共建活动更好地引向深入，提升至更高的水平，组织开展“关于进一步做好灵水古村落、古村居的保护与开发”的联合专题调研。助力灵水社区的古村落、古民居的保护与开发，推动灵源街道的经济社会的发展。关爱基层，共建增添新举措。举办“关爱自己、关注乳腺健康”专题卫生知识讲座，参加对象为灵源街道全体女教职员工。讲座旨在通过结对共建活动，宣传妇女卫生保健知识，进一步关爱基层女教职员工，共建和谐社会。讲座主讲者为晋江民革党员、晋江市医院甲状腺乳腺外科副主任医师洪天姿。

把助力成长作为社会服务的特色点。第二支部继续推动“关爱成长、助飞梦想”助力成才公益活动。2016年，助梦成才的对象是晋江市内坑镇的学生曾清雅，她已被福建医科大学临床医学录取，而且是“5+3”一体化八年本硕连读。二支部党员、恒隆国际投资公司董事长许连椅以其个人资助的方式，出资10多万元帮助曾清雅走进大学校门并持续完成8年大学学业。历年来党员许连椅陆续资助8名大学生完成大学学业，部分大学生是他特地去翻阅《东南早报》，找出信息主动要求资助。

【促进祖国统一】

2016年，民革晋江市委会获民革中央授予“全国祖统工作先进集体”的称号。市委会历来以“凝聚力量”为核心密切与台湾同胞的关系。认真学习和理解中共中央的对台方针政策，认真推行“和平统一”“一国两制”方针的新形势、新格局，适时、主动、多渠道、多层次、多方位地积极开展对台工作，邀请台湾问题专家学者介绍分析台湾形势，并结合探亲访友的党员举办报告会，将其所见写成情况反映，供领导及有关部门参考。制订祖统工作实施计划，协调、组织、推动祖统联络工作的有序进行。建立健全祖统工作机制，如祖统工作学习“三个一”：每年举办一次台湾形势报告会、一次学习会、一次讨论会。同时，形成了市委会每年一次入台交流活动的机制。开展以民间组织为主体的交流互访活动。主委曾献礼多次以晋江市红十字会会长的名义组织赴金门、澎湖、马祖等地开展交流活动，并与金门红十字会结成友好协作单位，举办十届“晋江——金门红十字会青少年夏令营”活动，促成两岸青少年交流互动，搭起两岸青少年的沟通桥梁。开展与台湾金融界、医疗界深入磋商，达成合作，促进晋台经贸合作，并促成晋江医疗卫生单位人才赴台深造。

（张子牙撰　曾献礼审）

·中国民主同盟晋江市委员会·

【概况】

2016年，中国民主同盟晋江市委员会（以下简称民盟晋江市委会）有下属支部9个，盟员265人。其中高级职称73人，中级职称109人，中高级职称盟员占总数的69%。离退休盟员占25%，盟员平均年龄48岁。

全市盟员认真学习贯彻中共十八大、十八届三中、四中、五中、六中全会和中共中央总书记习近平系列重要讲话精神，积极围绕市委、市政府中心工作建言献策，切实履行参政党职能，继续在全盟开展坚持和发展中国特色社会主义学习实践活动，全面夯实自身建设，深入拓展社会服务，各项工作取得了新进展。

【学习培训】

2016年，民盟晋江市委会组织学习贯彻中共十八大和十八届历次全会精神，始终坚持中国共产党的领导是多党合作的政治准则，开展坚持和发展中国特色社会主义学习实践活动，提高思想认识水平，巩固团结合作的共同思想政治基础。按照中国特色社会主义参政党的要求，加强自身的思想、组织、制度特别是领导班子建设，提高政治把握能力、参政议政能力、组织领导能力、合作共事能力、解决自身问题能力，围绕协调推进“四个全面”战略布局积极献计出力。12月25—26日，盟市委推选政治思想过硬的17位盟员代表参加民盟泉州市第十五次代表大会。会议选举产生民盟泉州市第十五届委员会委员38人，其中晋江民盟被选举1名常委1名委员，会议选出出席民盟福建省第十四次代表大会代表38人，其中晋江民盟代表3人。

民盟晋江市委会领导和部分盟员先后参加全省统战信息会议暨统战信息员培训班；泉州市社会主义学院举办的民主党派基层组织负责人培训班；民盟福建省委会在福州市举办的2016年

民盟晋江市委员会“盟员之家”揭牌仪式

民盟中央美术院晋江分院成立揭牌仪式

民盟省、市骨干盟员培训班；泉州市社会主义学院举办的民主党派骨干培训班；民盟泉州市委会2016年暑期新盟员学习班；民盟福建省委会在上海复旦大学举办的民盟福建省盟务骨干培训班；晋江市第一期民主党派新成员、积极分子培训班；民盟泉州市委会2016年信息工作暨培训会；晋江市委统战部在深圳举办的晋江市2016年民主党派骨干、党外干部培训班；民盟福建省委会在龙岩古田举办的民盟互联网宣传培训班等。

推进中国特色社会主义学习实践活动。民盟晋江市委会将学习实践活动作为全盟思想建设的主线，组织和发动盟员以推动履职尽责为重点，开展坚持和发展中国特色社会主义学习实践活动。通过参加各种讲座、调研视察、自主学习等形式，深化盟员对国家政治制度、政党制度的认识，提高盟员的政治责任感和使命感。1月26日，组织10名盟员参加民盟晋江市委会与深沪镇政府在深沪镇文体活动中心开展“四联建”活动，活动内容包括书赠春联、法律服务、猜灯谜、南音表演等，吸引参观的群众达千人；2月25日，组织近80名盟员到五店市参加“文墨闲篇”吴志实书法艺术展开幕式；3月6日，民盟泉州市妇女工作委员会、女盟员书画家和民盟晋江市委员会联合举行庆祝“三八国际劳动妇女节”系列活动；3月18日，组织参加民盟泉州市委召开的纪念民盟成立75周年座谈会；4月19日，民盟晋江市委会组织部分书画界盟员到五店市“盟员之家”开展书画笔会交流活动；7月2日，组织近40名盟员参加2016年晋江市“同心杯”趣味运动会，民盟晋江市委代表队荣获团体第二名；7月15日，组员参加晋江市统一战线“同心讲堂——朱子文化与福建文化建设”专题讲座；10月14日，组织12名盟员参加晋江市第十二届“同心杯”登山比赛活动，民盟晋江市委会代表队获团体第一名。

【组织建设】

2016年，民盟晋江市委会进一步优化组织发展工作和自身建设。规范市盟员大会、全委会、主委例会等会议、议事制度，完善盟务的集体决策机制，同时促进班子的沟通和团结，提高市委会的工作效率。民盟晋江市委会始终坚持“三个为主”的组织发展方针，积极物色优秀人士加入盟组织，不断为盟组织注入新鲜血液。9月1日，民盟晋江市委会组织申请入盟的积极分子进行了解座谈。至年底，民盟晋江市委会发展新盟员7人，其中经济界1人、律师1人、机关3人、书法艺术工作者2人，其中中级以上职称4人，大专以上学历6人。

【基层组织活动】

2016年，民盟晋江市委会结合工作实际，不断探索开展盟务工作的新思路新方法，增强基层组织活力。1月15日，在民盟福建省第十二届委员会第六次全体会议中，民盟晋江市委会获“2014—2015年度民盟福建省组织建设工作先进集体”称号，专职副主委粘文俊获“2014—2015年度民盟福建省组织建设工作先进个人”，盟员雷翠云获“2014—2015年度民盟福建省思想宣传工作先进个人”；9月8日，在不断强化为盟员服务的基础上，在五店市竹语山房成立晋江首个“盟员之家”，60多人参加揭牌仪式。11月25日，民盟晋江市委会为更好地开展坚持和发展中国特色社会主义学习实践活动，创新形式、创新载体，为盟员提供一个良好的艺术创作基地和交流平台，经与上级盟组织充分沟通商议，民盟中央美术院晋江分院成立揭牌仪式暨书画作品展在晋江五店市传统街区布政衙广场举行，参加揭牌仪式的盟员100多人。民盟中央宣传部部长曲伟在讲话中指出，在中国首个东亚文化之都、海上丝绸之路起点——泉州，在民营经济最具活力的“品牌之都”晋江成立分院，将进一步推进晋江民盟在文化领域的参政议政、社会服务等各项工作，在参与晋江文化建设中发挥积极作用。

在全盟开展走访基层活动。春节前夕，民盟晋江市委会领导上门探望盟内老领导、老盟员，给他们送去节日慰问；盟员生病住院，及时予以探望；盟员去世，第一时间上门吊唁；使盟员同志感受到民盟大家庭的温暖。10月11日，民盟晋江市委会在五店市“盟员之家”开展重阳节庆祝活动并座谈，近60位老盟员参加活动。一年来，盟机关走访基层支部的各种学习座谈会。1月16日，经科支部组织20名盟员参观晋江市五店市传统街区，活动走访支部盟员企业好来屋食品及“盟员之家”；2月15日，南英支部组织支部盟员开展新年茶话会；2月17日，安海支部召开全体盟员大会；2月28日，陈埭支部召开全体盟员新春茶话会等。3月8日，专职副主委粘文俊带队走访盟员企业，详细了解在复杂的经济形势下企业的经营状况、发展规模以及公司发展中存在的困难等情况，对企业积极配合民盟晋江市委开展社会服务工作给予充分肯定。8月6日，经科支部组织支部盟员近20人开展学习实践主题活动。9月14日，南英支部全体盟员在英林南英诗社举行座谈会。通过走访座谈活动加强盟员之间的联系，增进对盟员的了解。

【参政议政】

2016年，民盟晋江市委会依托参政议政平台积极履职。各位盟员人大代表、政协委员在年初召开的市人大、政协会上，民盟晋江市委会提交集体提案61件，个人提案21件，社情民意9件，政协大会发言2篇，立案73件。其中，盟员许文林与政协梅岭联络组共同撰写《关于营造城市核心商圈，促进商贸服务业发展的建议》的提案被市政协列为2016年一号重点提案。11月13日，民盟晋江市委会组织召开2016年参政议政工作会议，对参政议政工作进行动员和部署。12月中旬，在晋江市政协第十三届晋江市委员会第一次会议上，民盟晋江市委会提交集体提案55件、个人提案26件、社情民意35件、大会发言1件，立案73件。盟员蔡长益执笔的大会发言《关于拓展对外交流，让世界领略晋江非物质文化遗产风采的建议》，代表政协东石联络组在大会上发言。12月，福建省政协主办的《政协天地》刊载盟员许文林撰写的关于规范侨捐工程改造方案的社情民意。不少代表、委员还勇于在晋江市各类会议、场合上发表见解不断发出民盟的声音，扩大民盟的参政议政影响力。民盟晋江市委会多次在省、市各级部门召开的调研会、通报会、协商会和征求意见会上作专题发言：王子标、张开端、粘文俊、许文林、郭振煌、蔡长益、张贻钦等多位政协委员针对晋江市文化旅游发展、精准扶贫、诚信建设、环境保护等问题在市政协等会议上发表见解。1月30日，民盟晋江市委会召开的2016年工作年会上，对一批在社情民意、提案工作方面表现突出的盟员进行表彰，多位盟员被授予参政议政积极分子、参政议政优秀分子、热心盟务工作者、盟务工作积极分子等称号。

【调研活动】

2016年，民盟晋江市委会加强理论研究和课题调研，完成20余篇各级各类调研、论文、政协大会发言。2月23日，在中共晋江市委召开的2016年全市统战工作会议上，民盟晋江市委会调研文章《关于有效开展基层协商民主的思考》（冯建平执笔）获评第三类优秀调研成果。积极配合上级组织的课题调研。3月12日，民盟安徽省委会副主委、民盟合肥市委会主委会张雪平一行6人到晋江市开展“盟员之家”建设调研。3月25日，厦门市人大常委、民盟厦门市委会副主委朱奖怀一行12人到晋江市开展《进一步推进闽南文化生态保护实验区建设的建议》重点课题调研。4月26日，民盟河北省委会副主委鲁平、田咏一行50余人，到晋江市五店市考察民间传统建筑的创新保护机制，以及如何引入商业经营，推动地方旅游业发展。5月20日，民盟中央社会服务部副部长段海溪、民盟福建省委会秘书长刘丹艳一行10人到晋江市开展社会服务和参政议政信息工作调研。6月1日及23日，民盟中央宣传部部长曲伟、民盟福建省委会专职副主委刘泓、省委宣传部部长黄小红分别到晋江市就民盟中央美术院分院选址和学习实践活动爱国主义教育基地选址等有关工作进行调研。8月22日，参加市委统战部组织的考察调研重点建设项目——福建省集成电路产业园区建设筹备工作并座谈。9月3日，民盟永安市委会调研组一行12人到晋江市开展“关于推进我省中小企业转型创新的对策建议”课题调研。9月30日，民盟重庆市委会一行17人到晋江市五店市“盟员之家”考察调研。11月18日，民盟泉州市机关一支部组织到晋江开展考察学习活动。积极建言“十三五”规划，认真有效履职。多名盟员政协委员积极参与市政协组织的各项视察、调研活动，把主动服务“十三五”规划的科学编制当作应尽职责，把积极建言“十三五”时期的发展蓝图作为履行职能的生动实践，围绕晋江市中心大局认真调研，积极撰写调研文章，很多建议被市委、市政府或市有关部门采纳。5月份，盟员张子健撰写的《精心打造晋江职业教育品牌》的调研报告获李建辉书记的重要批示，11月份撰写的《让基地尽快发挥更大的作用》调研报告获市委书记刘文儒的重要批示。由梅岭联络组和盟员许文林联合提交的《关于营造城市核心商圈，促进商贸服务业发展的建议》一号重点提案，受到《人民政协报》、人民政协网、民盟福建省委网站、晋江电视台等媒体的关注报道。12月份，盟员蔡长益撰写的《依托“古檗山庄”，设立“晋江石刻博物馆”》的建议，得到新闻媒体的关注，并在民盟福建省委网站、晋江电视台、《晋江经济报》等栏目中进行采访报道。

【服务社会】

2016年，民盟晋江市委会社会服务迈出新步伐。继续办好“教育帮扶”挂钩贫困学生爱心助学活动，为晋江市8所中学的29名品学兼优困难学生进行一对一帮扶，帮扶对接盟员38人，至年底，帮扶5个学期总共捐出款项10.8万元。组员参加每年一度“海西春雨行动”。1月29日，盟市委会组织11名书法医卫法律界盟员参加由市委统战部牵头举办的2016年晋江市“海西春雨行动•共谱民族团结发展新篇章”新春社会服务活动。现场举行体检义诊送药、书赠春联、法律咨询服务、卫生知识宣传与咨询、走访慰问，还开展新农村合作医疗政策宣传，发放卫生知识宣传材料等，服务人数千余人。积极走访“一助一”挂钩残疾对象。春节期间，民盟机关赴龙湖镇、安海镇慰问挂钩残疾对象，送去了民盟组织的关心和关爱，为晋江民盟扶残助残服务奠定基础。部分盟内民营企业家捐物捐资献爱心。2月12日，南英支部及支部全体盟员向英林爱心公益慈善基金会捐款3200元，盟员欧阳为行的企业向英林心公益慈善基金会捐款10万元；盟员张儒德向晋江磁灶上厝村公益事业爱心慈善援助站捐款10万元，用于扶贫助困、助学奖学等等。

（雷翠云撰　郭振煌审）

·中国民主建国会晋江市委员会·

【概况】

2016年，中国民主建国会晋江市委员会（以下简称民建晋江市委会）加强自身建设，履行参政党职能，努力推进民主监督，开展社会服务，拓展对外联络，践行中国特色社会主义核心价值体系，各项工作都取得新成效，为晋江市的社会、经济发展贡献力量。女工委副主任吴秀冬获得“全国先进个体商户”称号，并受到国务院总理李克强的接见。至年底，民建晋江市委会会员252人，平均年龄51岁。下设7个支部和调研工作、老会员工作、女会员工作等3个工作委员会。其中，经济界人士196人，占会员总数78%；大专以上文化程度134人，占会员总数53.1%；具有中、高级职称47人，占会员总数18.7%；担任各级人大代表、政协委员24人，占会员总数9.5%。会员的群体结构、知识结构、年龄结构分布趋于合理，企业界代表人士和经济界知识分子两支骨干队伍得到发展壮大。

【学习培训】

2016年，民建晋江市委会结合晋江市开展“两学一做”专题教育和“十三五规划”的启动实施，组织会员加强学习省两会精神，学习《关于加强社会主义政治协商民主建设的意见》、学习《统一战线工作条例》、学习中共中央总书记习近平关于民主党派“四个建设、五种能力”等一系列最新论述，全面加强自身建设，焕发新活力，取得新成绩。

民建晋江市委会推荐骨干会员、机关干部到中央、省、市社会主义学院、民建上级组织、晋江市政协、中共晋江市委统战部等单位参加政治理论学习与业务培训计37人次。其中，市委会选送青阳二支部主任李玉琴到北京参加民建全国基层组织主委培训班；市委会副主委洪鸿雁、庄健航到江西井岗山参加民建福建省骨干会员第三期进修班培训；安海一支部主任蔡耀传到福州参加2016年民建福建省委基层组织主委培训班；支部主任何文辉、张文钲、许可等3人参加泉州市2016年度干部培训班；陈埭支部副主任张云云参加民建省委信息宣传员培训学习班；会员陈建强参加泉州市市委统战部组织的民主党派骨干会员培训班；市委会专职副主委洪鸿雁、会员蔡艳红、杨平生、傅龙福等人前往深圳社会主义学院参加晋江市2016年民主党派骨干、党外干部培训班；张一新、何亚军等十多位新会员及积极分子分别参加2016年泉州市民建及晋江市市委统战部举办的新会员培训班。

【调研考察】

2016年1月，民建晋江市委会副主委洪鸿雁率委员李玉琴、许珊珊带队前到西园街道走访考察。5月，由民建市委会副主委洪鸿雁、庄健航、女工委主任许珊珊带队到潮汕对当地企业及经济发展情况进行调研考察。6月，民建市委会晋南支部组织到西安调研当地的历史文化产业发展情况。同月，民建市委会专职副主委参加由市政协组织的对晋江市基层治安组织工作进行专题视察活动。7月，民建市委会副主委庄健航、顾问吴松茂、女工委主任许珊珊、安海三支部主任许可领安海三支部部分会员到大田对新会员企业进行走访考察。同月，民建晋江市委会、民建女工委一行在主委庄天怀的带领下，深入会员企业家、青阳二支部张金钟的福建安琪儿卫生用品有限公司开展考察走访，并召开调研座谈会。7月底，民建南宁市委会到晋江开展“关于国家非公经济发展政策执行情况”调研活动。10月，民建晋南支部组织会员开展“金井镇小城镇建设规划、围头湾旅游资源开发”的实地调研并走访会员企业活动。11月，民建主委庄天怀带队开展走访考察新塘梧林古民居及文创工场基地活动。

民建晋江市委委员李玉琴（前左二）参加民建全国基层组织主委培训班

【组织建设】

2016年，民建晋江市委会继续贯彻落实《民建中央关于进一步加强基层组织建设的意见》精神，为党派自身的发展建设打下夯实的基础。注意将代表性强、知识层次高、参政议政能力强的人员吸收加入民建，严格按照程序发展会员。新会员的发展经过基层会员民主评议、基层支部讨论、市委会审议、组织考核后方完成组织审批程序，从而有效确保新加入会员的质量。认真做好人才储备工作和后备干部推荐工作。通过各种会务活动和实践锻炼，从会员中发现人才，积极向中共晋江市委组织部、统战部推荐后备干部。在近几年的人事调配中，民建晋江市委会多位会员走上领导岗位。在2016年的人事调动中，市委会主委庄天怀被任命为晋江市副市长，副主委庄伏龙被任命为晋江市人大常委会委员（正科级），会员许紫竹被任命为晋江市旅游局局长，会员金宏勃被任命为晋江市供销社副主任。

【基层组织活动】

2016年，民建晋江市委会本着重在参与、增强组织凝聚力的原则，发动和鼓励基层组织参加形式多样的活动。4月，女工委召开“弘扬传统文化构建和谐社会”主题座谈会。6月，组织会员参加晋江市“同心杯”趣味运动会，并于“五人六足”“乒乓球托跑”等项目中取得了第三名的佳绩。同月，会员陈建强应邀出席由由民建中央、工业和信息化部、河南省人民政府共同主办的“2016年中国（河南）非公有制经济发展论坛”。7月，李长远、林非余、张一新等多位会员参加市委统战部与民进晋江市总支部共同组织的晋江同心讲坛——“朱子文化与福建文化建设”专题讲座。9月底，在晋江市委统战部的牵头组织下，在主委庄天怀，副主委洪鸿雁的带领下参加第十二届“同心杯”登山比赛并获得团体第四名；10月，主委庄天怀带领市委会及女工委一行到晋江各地开展重阳节慰问老会员活动，为各位老领导、老会员们带去重阳节的问候与祝福。

【参政议政】

2016年，民建晋江市委会履行职责，开展调查研究，倾听和反映基层群众的心声，针对人民群众普遍关注的重点、难点、热点问题建言献策，撰写大批上调研文章和提案议案，提出一些建设性和可操作性的意见和建议，履行参政党职能。在晋江市政协第十二届第五次会议上，民建晋江市委会提交44篇政协提案，其中39篇被予以立案；在第十三届第一次会议上，提交37篇政协提案，其中25篇被予以立案，其内容涉及晋江市工业、农业、科技、经济、民生、环保、城建、教育、文化、卫生、社区建设、精神文明建设等多方面。其中，提案《关于加强金融创新，促进实体经济发展的建议》在第十二届五次会议上被批示为重点提案。副主委庄伏龙撰写的《实施创新驱动发展战略 助推产业转型升级》作为政协第十二届第五次会议的大会发言提交入案；会员杨平生执笔的《创建国际化品质城市的若干意见》代表晋江民建做政协第十三届第一次会议的大会发言。完成2016年晋江市统一战线理论调研重点课题拟定工作。民建晋江市委会于4月在晋江电力荣誉三楼吉祥厅召开2016年度调研工作会，会上，产业经济、民主法制、社会事业、三农、城市建设、生态旅游、对外交流、金融服务、人才引进等九个方面提出40个参考调研课题，为2016年参政议政课题的选择提供详细的数据，便于各支部与调研组的研究、讨论。随后，各个支部也分别召开支部会议，对调研工作与下半年安排进行讨论与部署。民建晋江市委会主要领导及骨干会员分别多次出席有关单位行风评议征求意见座谈会。出席政府组成各部门绩效评估，社会公共测评会工作及座谈会。多次参加市政协、市委统战部等有关单位组织的各类视察工作会，为加强民主监督和促进社会和谐贡献力量。参与视察工作，了解社情民意。市委会主要领导及政协委员多次应邀参加视察晋江市重点工程建设，民建晋江参与市政协重要提案《关于营造城市核心商圈，促进商贸服务业发展的建议》《推进公共场所整合利用，提高公共资源共享效益》等重点提案的跟踪督办活动。座谈会上就视察活动的情况提出意见和建议。

【服务社会】

2016年，民建晋江市委会结合晋江实际情况，本着“为国家出力，为组织增光”的原则，每年都把开展支援社会主义新农村建设的“海西春雨”行动作为社会服务工作的重中之重。在市统战部的牵头下，民建晋江市委会与多方合作共同举办“海西春雨行动 助力新型城镇化建设”新春社会服务活动。由民建晋江市委会领导带领会内律师团及其他会员共同到英林镇钞岱村进行送医赠药、书赠春联、法律咨询服务、卫生知识宣传与咨询、走访慰问等活动。同时慰问村内贫困户，向他们赠送慰问金及食用油、方便面等生活用品，并致以春节的问候和新年的祝福。各支部会员积极向组织靠拢，牵头开展扶贫助学活动，不失时机奉献爱心。1月，女工委主任许珊珊、青阳二支部主任李玉琴带队走访西园街道后间社区内几户贫困居民，了解基层情况，并协助办理特殊教育入学手续，帮助居民解决困难。12月，专职副主委带队到安海镇开展“一助一”挂钩扶助贫困残疾人活动。同月，市委委员苏孙庚、青阳一支部主任何文辉带队前往紫帽镇慰问当地特困户，为他们带去民建会员的关怀与慰问金。在各种公益活动中，晋江市民建会员发扬风格，热心奉献。在政和扶贫中，各个支部积极动员，会员热心捐款，共计捐款12.4万元。10月，会员吴秀冬向树兰医疗晋江市医院捐赠500套床单被服。此外，会员张秀惠每年固定资助多位贫困学生上学；会员王秋娥亦多次向西边小学、妇联、爱心援助站等机构进行不定数额的慈善捐款。同时，在信息与科技发达的现在，各个会员也仍坚持着通过微信平台或捐款、或协助各种遇到困难而需要帮助的人们，奉献出自己的一份爱心。

（叶钰清撰　洪鸿雁审）

·中国民主促进会晋江市总支部委员会·

【概况】

2016年中国民主促进会晋江市总支部委员会（以下简称民进晋江总支）有财经支部、文化支部、综合支部、教育支部等4个下属支部，会员69人，其中财经支部15人，文化支部7人，综合支部21人，教育支部26人。会员中有泉州市人大代表1人，晋江市人大代表2人，泉州市政协委员2人，晋江市政协委员6人（其中常委1人）。民进晋江市总支继续坚持“有思有行、集智聚力、顺势而为、开拓创新”的工作方针，围绕市委、市政府的工作重心，参政议政，履行参政党职能，各项活动创新形式开展。

【学习培训】

2016年，民进晋江总支注重基础的夯实，全面发力，精准提升。组织会员学习中央统战工作会议、《中国共产党统一战线工作条例（试行）》、中共十八届五中全会精神，动员全体会员认真、热情地深入学习，以提升会员思想认识水平，提高参政议政意识，并通过开展形式多样的活动，进一步增强学习的实效性。在市委、市政府、市政协和各委局举行的调研会、通报会、协商会和征求意见会中，为履行党派政治职能作出积极贡献。民进晋江总支先后参加民进福建省委参政议政工作务虚会、民进福建省委会统一战线干部培训、泉州市社会民主党派骨干培训班等，推荐14人次骨干会员参加，让会员在学习活动中更深一步了解中国政党关系和统一战线工作的深远意义和重要性。壮大会员队伍，加强自身建设。为进一步壮大民进队伍吸纳优秀会员，总支上半年吸收新会员5人。

【参政议政】

2016年，民进晋江总支通过充实调整调研工作委员会，集聚参政议政能力

会员参加民进福建省委参政议政工作务虚会

较强的精干力量，成员超过20人，同时通过制定调研工作制度，建立“年初布置、年中推动、年末总结”的运作机制。持续关注民生，在年初筛选发展集体经济、打造市区商圈、建设慢行通道、加强物业管理、优化公共交通、建设公共停车空间、构建智慧城市等一批党委关注、群众关心的重大民生课题，并开会研讨部署，要求各支部将调研提案工作作为主要任务来部署。2月，由总支撰写的《创新社会组织统一战线工作研究》等2篇上报参评2015年省委统战部统一战线理论研究，《以“镇级小城市”培育试点为契机 加快安海、金井小城镇城市化步伐》《推进产业和城镇联动，实现产城一体化发展研究》等4篇入选2015年中共晋江市委统战部理论研究成果汇编并分别获得一等奖及三等奖，民进晋江总支连续三年获得市委统战部“统战理论研究工作先进单位”。3月份，积极组织会员关注全国“两会”，撰写两会相关信息13件上报泉州、晋江两级；4月，民进总支召开2016年调研工作推进座谈会，会议围绕总支2016年的调研工作以及各支部开展的活动项目情况进行深入讨论，议政小组组长陈建造就关于党派人员如何做好参政议政工作做关于《创新党派调研工作的做法和体会》的讲座。这次调研课题工作会的召开促进会员间的交流，增强组织的凝聚力，扩大会员们的视野，提升他们参政议政的能力。5月，由陈建造主笔的《大力发展混合所有制经济，增市场竞争活力研究》《我省在21世纪“海上丝绸之路”建设中的作用、优势和对策研究——以古代海上丝绸之路的起点泉州为例》获民进省委重点课题立项，并由民进省委汇编印发调研成果专集；《对交通运输部“专车新政”的若干修改建议》被民进省委、省政协、全国政协采用，并被评为2015年度好信息一等奖；《党外人士对贯彻落实中共十八届五中全会精神的意见建议》《福建民进会员对李克强政府工作报告的反映》被民进省委、民进中央、省委统战部、省委办公厅采用，并被评为2015年度好信息二等奖；6月，《对县（市、区）民主党派换届工作的建议》获得民进中央采用；12月，《加紧我市传统产业转型升级促进创新链、服务链、价值链整合延伸》被确定为政协晋江市十三届一次会议发言。全年提交提案、建议43件，立案30件。

【调研活动】

2016年，民进总支提交《着手开展对我市地下空间利用工作的几点思考和建议》《社会组织引入统一战线工作研究》等7篇调研报告。其中由陈国栋主笔的《新常态下晋江市民营企业科技人才队伍建设探析》《服务民营企业发展之统战工作路径研究》被中共晋江市委统战部评为2015年度晋江市统一战线理论研究第二类优秀调研成果。在课题调研方面，总支推荐泉州市委会参政议政部副主任、晋江总支委员陈建造参加由民进省委会牵头的“推进福建21世纪海上丝绸之路核心区建设”调研课题赴广东开平、广西合浦等“海上丝绸之路”发源地进行实地调研。3月，在全国“两会”期间，陈建造撰写《对李克强总理政府工作报告的反映》被民进省委会、省委统战部、省委办采用；《关于我省自贸园区建设的几点意见》及《构建规模化体系，切实加快特色现代农业建设》分别被省政协、民进省委会采用。

【基础组织活动】

2016年，民进晋江总支不断探索开展会务工作的新思路新方法，增强基层组织活力。发挥总支组织架构领导参谋作用，先后召开四次委员扩大会并建立常效机制。营造关心关爱会员的良好氛围，定期走访关心民进总支骨干会员，共走访养正中心小学、市政园林局、福建兆瑞律师事务所等5个会员所在单位，同时通过及时帮会员排忧解难，解决就学、就医、购房等个人问题。3月12日，民进泉州市委会妇工委、民进晋江总支全体会员在八仙山举行丰富多彩的2016年“同心同行 美丽绽放”庆祝“三八”节活动。5月14日，民进晋江总支组织会员到晋江市防震减灾科普馆参观。7月15日上午，晋江市委统战部联合民进晋江总支举办了晋江市统一战线的“同心讲堂——朱子文化与福建文化建设”专题讲座在龙泉书院举行，邀请福建省人大常委会委员、民进福建省委会副主委、福建省出版物检测中心主任何强深入介绍朱子文化。当天，晋江市委统战部联合民进晋江总支，举行“我身边的先进”晋江站巡回演讲。宣讲活动是推进学习实践活动更接地气的积极探索，鼓励支部会员要以“身边的先进”为榜样，积极“双岗建功”，为经济社会发展和多党合作事业作出新贡献。7月30—31日，民进厦门市委会组织部分优秀信息员到晋江考察调研，总支与厦门联合开展晋江历史文化传承与保护、民营企业文化建设、跨境电商产业园建设情况调研，调研组分别到利郎公司、晋江市五店市传统街区、草庵寺、晋江市跨境电商洪山园、安踏公司、三六一度公司、晋江市城市展览馆参观调研。9月，总支在民进泉州范围内开展教师节“寻找我身边的美丽教师”的征文摄影比赛活动。重阳节期间，专职副主委周莹代表民进总支分别走访慰问杜松碧、吴大雄、施能錶等三位60岁以上老会员，副主委吴谨程，会员陈建造、曾友余等代表民进总支走访慰问许经波，并送上慰问品。组织与兄弟县市交流，传递民进兄弟情缘，邀请民进南安市支部到晋江金井，联合开展民进会员户外素质拓展训练活动，增进双方友谊，提升会员凝聚力和向心力。加强与上级工作沟通对接。3月11日，由省民进组织处处长林龙金、省民进办公室副调研员林华东、泉州市委会专职副主委黄金钟组织民进新的社会阶层专业人士培训成员一行50人，到晋江开展“2016年民进省委新阶层参政议政骨干班泉州异地教学实践培训”调研工作，民进晋江总支部积极承接并妥善安排。

【服务社会】

2016年，民进晋江总支牵头组织多场微公益、心关怀活动，取得良好社会效应。1月，参加晋江市委统战部组织市各民主党派开展“海西春雨行动·共谱民族团结发展新篇章”新春社会服务活动，活动内容包含免费体检义诊送药、书赠春联、提供法律咨询服务、卫生知识宣传与咨询。4月，民进晋江市总支开展捐资助学活动，为晋江一中10名品学兼优的贫困生资助每人每学期500元生活补助直接充值到餐卡，共计10000元助学金。5月，民进总支开展“关爱孤残儿童，让爱洒满人间”助残日活动，组织会员到晋江市晨露儿童潜能（自闭症）康复幼儿园开展助残献爱心活动，捐助3000元爱心款。6月，民进晋江市总支组织举行“星雨心愿 快乐成长”走进学校六一活动，为池店金山小学、紫峰小学的60名儿童送去节日礼物。此外，民进总支还给金山小学捐赠了3000元的学校图书购置款。本次活动共筹集捐赠款项6000余元。8月24日，民进晋江总支与晋江公安“厝边警察”志愿服务队携手相约育婴院，开展“暖心行动”，给孩子们送去一份开学礼。当天总支还给育婴院的孩子们捐赠精美图书及足球、篮球、羽毛球等学习、生活用品；总支会员丁芳妹还为全院儿童捐赠价值30000多元的棒球帽、网球裙、毛绒玩具等，主委许维蓄特意给院里学生包了个“开学红”。11月，在晋江南侨中学建校70周年中许维蓄主委捐款3万元。12月，民进晋江总支开展“一助一”挂钩扶助贫困残疾人活动，到安海镇前林村残疾人蔡清曲家中走访慰问。特别是在信息与科技发达的现在，民进晋江总支的会员多次通过微信平台捐款给各种有需要的人们。

（庄培清撰　许维蓄、周　莹审）

·中国农工民主党晋江市委员会·

【概况】

2016年，中国农工民主党晋江市委员会（以下简称农工党晋江市委会）以加强自身建设为抓手，团结带领全体党员，凝才聚智，开拓创新，奋发有为，为助力晋江国际化创新型品质城市建设做出积极的贡献，被农工民主党中央评为“中国农工民主党优秀县级组织”。至年底，共有党员246人，其中男党员151人，女党员95人；医卫界121人，教育界84人，公务员及事业干部26人，其他15人；高级职称81人，中级职称67人。共设8个支部，分别是青阳第一支部、青阳第二支部、综合支部、罗山支部、陈埭支部、金井毓英中学支部、安海支部、金井中心卫生院支部。

【基层组织活动】

2016年，农工党晋江市委会坚持丰富组织活动，增进党员间的沟通交流，激发党员队伍活力。开展爱国主义教育活动。在清明节组织党员开展“缅怀革命先烈，弘扬革命精神”祭扫活动，激发党员爱国热情。开展送温暖活动。在重阳节、春节慰问老党员，及时探望慰问患病的党员，慰问家有过世亲人的党员，让党员感受组织的温暖。鼓励党员参加党外活动。组织发动党员参加晋江市“全民动员、绿化晋江”义务植树、“巾帼建新功·共筑中国梦”庆祝“三八”国际妇女节等活动。组织32名党员参加统战部七一“同心杯”趣味运动会，取得团体第一名。组织党员参加统战部“同心

民进晋江总支部“星语星愿 快乐成长”走进金山活动

杯”登山比赛，获团体第二名，其中2名党员分别获得男子中年组第三名、青年组第五名，3名党员分别获得女子组第二名、第四名、第五名。搭建党员交流平台。做好市委会新闻网站建设，内容涉及市委会工作动态、支部工作动态、党员活动风采等，为党员提供学习交流平台。

【组织建设】

2016年，农工党晋江市委会组织机构更加规范。坚持机关制度建设，促进组织机构运行更加规范有序。继续坚持民主议事原则。重大事项进行集体研究表决，全年召开12次主委办公会，4次市委委员扩大会。进行支部量化考核评比。制定《支部量化考核实施方案》，从支部的组织发展、财务管理、参政议政、社会服务、支部活动等11项工作进行综合考评，并对考评得分排名前三的支部进行表彰，全面推动支部工作开展。2016年1月，青阳第一支部被农工党福建省委授予“先进基层组织”称号。坚持党员队伍建设，从发展优秀新党员入手，加大党员培训力度，不断提高党员队伍素质。严把党员质量关。要求各支部严格按照入党程序发展党员，鼓励支部优先发展人大、政协、政府、两院的优秀人才。对符合条件的入党积极分子，在全体市委委员会上进行无记名投票表决，赞成票达到三分之二以上才可批准入党。发展新党员9人，其中公务员1人，副主任医师1人，主管检验师1人。重视党员教育培训。年初制定教育培训计划，组织市委委员、各支部正副主委学习中国特色社会主义理论、农工党各级重要会议、重要文件精神，并要求各支部开展相应的学习活动，不断提高党员政治把握能力。全年选派11名骨干党员参加各级党务培训班，组织33名党员参加各级理论培训班。积极培育优秀人才。重视后备干部队伍建设，3名党员受到提拔任用，3名医生党员取得副高职称，1名党员取得中级职称，3名党员受到省级表彰，11名党员受到泉州市级表彰，11名党员受到晋江市级表彰。

【参政议政】

2016年，农工党晋江市委会坚持履行职责，动员全体党员，认真参政议政，不断扩大组织影响力。专题调研紧扣热点。针对晋江市医疗改革、扶贫、旅游业发展等问题，成立课题组，由市委会正副主委担任课题小组组长，同时要求8个支部年初各确定一个调研课题，切实开展调研活动，完成调研9篇，其中2篇提交中共福建省委统战部，3篇提交中共晋江市委统战部，1篇被中共晋江市委统战部评为“统一战线理论研究第三类优秀调研成果”。在两会召开前，举行提案工作座谈会，邀请多名经常撰写提案的党员交流撰写经验，要求支部党员围绕市委、市政府的中心工作，积极建言献策。在晋江市政协十二届五次会议上，作题为《关于做强做大职业教育，为产业转型升级提供人才支撑的建议》的大会发言，提交提案49篇，立案40篇。在晋江市政协十三届一次会议上，提交提案49篇，立案44篇，其中1篇作为独立重点提案。鼓励党员关注社会民生，撰写社情民意，要求各支部每月至少报送一篇社情民意，经市委会审阅后酌情上报农工党泉州市委会、晋江市政协。2016年，向农工党泉州市委会上报信息42篇，被《农工党泉讯》刊登30篇。积极组织党员参加中共晋江市委、市政府、市政协、统战部及有关部门召开的协商会、座谈会、征求意见会和调研考察等活动，全年共计32人次，就晋江市的十三五规划、市委市政府工作报告、经济发展、社会民生等重大问题，有针对性的提出意见和建议，为晋江的发展作出一定的贡献。坚持履行民主监督职责，坚定“荣辱与共、肝胆相照”的理想信念，力求做到知无不言、言无不尽。共有2名党员分别担任泉州、晋江两级人大代表，7名党员担任晋江政协委员，9名党员担任晋江市党风廉政监督员、人民法院执法监督员、检察院特聘检察员、招生考试监督员、食品药品监督员等特邀职务。受邀党员积极参与医疗、环保、执法、教育和综治等重大社会问题的视察和评议工作，为提高全市机关单位等的服务质量和办事效率，发挥重要作用。

第九届“中国环境与健康宣传周”健康咨询活动

【服务社会】

2016年，农工党晋江市委会坚持发扬农工的优良传统，积极开展社会服务，继续做好品牌服务项目。开展“两周”医疗宣传服务活动。在第九届“中国环境与健康宣传周”及第二十八届“国际科学与和平周”宣传期间，联合晋江市疾病预防控制中心、晋江市医院、晋江市中医院等有关单位，分别在八仙山公园、陈埭镇江头村开展健康咨询活动，宣传卫生科普知识，为群众提供看病诊疗、量血压、测血糖等医疗服务。在统战部组织的“海西春雨行动新春社会服务活动”中，组织数十名医疗专家提供义诊及送药服务。开展爱心公益活动，春节慰问一助一帮扶的残疾困难家庭，在全国助残日到晋江特殊学校捐款助学，组织党员参加无偿献血，在中秋节联合晋江市人民法院到安海育婴院开展“温情系育婴，暖心度中秋”活动，联合陈埭中心卫生院、陈埭镇计生协会开展对“空巢老人”和“失独家庭”入户走访的生育关怀行动，联合陈埭中心卫生院志愿者服务队开展以“情暖重阳、志愿先行”为主题的慰问“空巢”老人活动。全年共计爱心捐款捐物约合人民币12000元。

（周培瑜撰　张琳琳审）

第二十八届"国际科学与和平周"健康宣传活动

·中国致公党晋江市委员会·

【概况】

2016年，中国致公党晋江市委员会（以下简称致公党晋江市委会）下设青阳、梅岭、西园、安海第一、安海第二和晋南6个直属支部。党员总数158人。致公党晋江市委会认真履行参政党职能，充分发挥"侨""海"特色，团结全市广大党员，积极履职，扎实作为，在自身建设、参政议政、海外联谊和社会服务等方面取得一定成绩。

【制度建设】

2016年，致公党晋江市委会坚持年初召开工作年会，研究部署年度工作计划。每季度召开市委（扩大）会，传达各级有关会议、文件精神，细化部署每季度的工作。各支部每季度至少召开一次会议或组织一次活动，及时向每一位党员传达市委（扩大）会议精神和工作要求，确保信息畅通和各项工作的落实。工作机制更趋科学合理。制定出台《致公党晋江市委会参政议政管理办法》《支部工作测评管理办法》《致公党党员病灾慰问管理办法》等，各项制度进一步规范完善。

【学习培训】

2016年，致公党晋江市委会及时组织市委（扩大）会全体成员学习传达中共十八届六中全会、中共中央总书记习近平"七一"讲话等有关精神；开展暑期读书班活动，印发学习习近平"七一"讲话精神、《关于加强政党协商的实施意见》、"致力为公精神在不同历史时期的具体体现"等有关学习资料；此外，还多次组织骨干党员参加统战部、泉州市委会的信息业务培训，推荐2位党员参加泉州市统战系统组织的为期14天的学习培训；组织1名党员参加致公党省委会组织的宣传骨干培训班；组织12名新党员参加中共市委统战部组织的2016年民主党派骨干、党外干部培训班学习等等，多层次加强党员党性教育培训，不断提高党员党性修养、参政议政能力、政治敏锐性和鉴别力。

【组织建设】

2016年，致公党晋江市委会做好新党员发展工作，从党派长远发展考虑，经充分考察筛选，全年发展新党员6名，全部为大学学历及中级以上职称，为党派的发展注入新生力量。注重为优秀党员锻炼成长提供平台，努力营造优秀人才脱颖而出的工作机制。向中共组织部门推荐优秀骨干党员，在本轮干部调整中，有3位党员得到提拔任用，有若干位党员被确定为后备干部；各级人大政协换届中，柯文托、颜虹、何棋松、李建筑等4名党员被推荐为第十七届晋江市人民代表，其中柯文托、颜虹两位党员当选为晋江市人大常委会委员；施丹凝被推荐当选为第十六届泉州市人大代表；曾焕呈、柯吉熊、庄卫东、蔡晓萌、吕耀山、吴姝娉、林荣周、赖锦同等8名党员被推荐当选为晋江市第十三届政协委员，其中柯吉熊、曾焕呈两位党员当选为政协常委等等。多渠道加强队伍建设，逐步形成良性发展格局。通过制定《支部工作测评管理办法》，对支部组织生活进行规范，支部组织生活更加活跃，更加常态化，党员参政议政积极性进一步提升。梅岭支部组织党员开展射箭活动；西园支部组织党员前往永春县蓬壶镇呈祥乡就美丽乡村和生态产业建设进行实地考察调研，调研期间还与致公党永春县委会进行座谈交流；青阳支部组织党员参观泉州海丝公园、安海文化古镇，围绕传统文化保护开展调研等等。

【基层组织活动】

2016年，致公党晋江市委会结合"三八"妇女节、"五四"青年节、"九九"重阳节，组织开展系列活动，增强党员之间的交流互动，"三八"妇女节组织女党员开展插花艺术讲座，提升党员的生活品质；"五四"青年节组织青年党员前往南安市金淘镇占石村参观泉州华侨革命历史博物馆，通过重温老一辈的光辉历程，进一步增强党员的爱国情操；"九九"重阳节组织慰问退休老党员等等。参加统战部组织的系列"同心杯"活动，在登山活动中，赖永钦获得中年组第一名、张君梁获得中年组第一名；在"同心杯趣味运动会"中，致公党市委会获得了团体第三名。此外，通过微信平台及时宣传有关政策和信息，通过市委会和支部微信群加强党员之间的互动交流，党派的凝聚力进一步增强。

【参政议政】

2016年，致公党晋江市委会在年初晋江市政协第十二届五次会议上，提交提案47件、社情民意4件，内容涵盖经济建设、创业创新、生态环境、民生福祉、社会稳定等方面，数量多、质量高、针对性强，受到市领导的充分肯定。其中《关于大力发展融资租赁业的建议》被确定为大会交流材料，《关于推进公共资源整合利用的建议》被确定为重点提案加以督办。晋江市人大第十七届一次会议和市政协第十三届一次会议上，提交提案50件（其中经审查立案38件），《关于自媒体时代加强政府网络治理的建议》被确定为政协大会交流材料，党员参政议政的热情进一步高涨。全面落实一支部调研课题，年初经充分讨论研究，结合晋江实际，确定《关于小流域河道生态治理长效管理机制的建议》《加快物流园区建设，助推经济转型升级》《关于我市农村精神文化建设发展状况的调研》《民主党派履行民主监督职能研究》《关于在我市推行医养结合养老模式调研报告》《自媒体时代统战工作的研究》等作为2016年的调研课题，每个课题都成立调研组，制定调研方案和工作计划，精心组织开展调查研究，现课题已全部完成并提交给市委、市政府作为决策参考。广泛征集社情民意。建立社情民意反映长效工作机制，依托各支部活动、微信群等形式，《弘扬乡贤文化，发掘基层人文资源》《关于挖潜盘活国有资产，提高运营效益的建议》《关于建立新生儿DNA及指纹库的建议》等11条社情民意被《社情民意》专刊刊登，并由市领导签发交付办理。积极发挥民主党派的协商和监督职能，参加市政协组织的各项视察活动。《关于开展我市消防安全工作情况视察》《关于对我市基层治安组织工作进行专题视察》，参与重点提案《关于营造城市核心商圈，促进商贸服务业发展的建议》《关于推进公共场所整合利用，提高公共资源共享效益的建议》《关于加强金融创新，促进实体经济发展的建议》的督办活动；参加《村(社区)在扶贫帮困中如何发挥作用》专题调研；出席中共晋江市委和市政府工作报告征求意见会，在各项活动中均能主动提出意见建议，为促进各项工作的落实建言献策。

【服务社会】

2016年，致公党晋江市委会多形式开展社会服务。参加市委统战部组织的晋江市“海西春雨行动•共谱民族团结发展新篇章”新春社会服务活动，前往金井镇钞岱回族村岱峰中心小学开展为群众送医送药、书赠春联，开展法律知识宣传与咨询等服务；联合新塘街道在南塘社区老年活动中心组织开展“四联建”社会服务，活动的主要内容包括：义诊、法律咨询、综治、计生、安全生产宣传等，活动场面热烈，得到群众的好评。定期不定期组织对贫困归侨侨眷的进行关心慰问，为他们送去温暖和关心。如：市委会与南塘的“四联建”活动期间组织对新塘南塘贫困侨眷的慰问；致公党晋江梅岭支部部分党员与回乡探亲的菲律宾中国洪门致公昆仲共同组成“致公爱心•公益365”新春、元宵慰问小组，前往青阳街道、梅岭街道先后慰问8户特困归侨、侨眷，为他们送上慰问金及新春、元宵慰问品；西园支部也分别组织对辖区范围内的贫困归侨侨眷进行慰问。积极响应致公党福建省委会的倡议，自发组织对甘肃定西的捐资助学行动。通过广泛发动，致公党员均热心参与，联合“致公爱心公益365”共募集善款8万多元，购置衣物和学杂用品对口帮扶定西部分小学。在市委会的倡议下，各支部及部分党员自发组织参与公益爱心行动。青阳支部组织看望安海育婴院儿童；梅岭支部设立爱心365基金，用于帮难解困；党员朱惠芳参与建立旨在服务助学的和谐公益活动；党员黄福安积极为海内外华侨寻找亲人牵线搭桥，做好服务等等。联合市文体新局等单位主办“传•承”——全国中青年油画作品学术展走进大美晋江大型油画展，为晋江市人民献上视觉上的艺术盛宴。2月，党员李建筑当选深沪中学教育发展促进会首届会长，通过各种渠道，推动家乡教育事业的发展。

【海外联谊】

2016年，致公党晋江市委会继续发挥致公党侨海特色，全面开展海外联谊工作。继续深化与菲律宾中国洪门致公党的联系，分别于3月、5月、10月中国洪门致公党中吕宋支部第十七届、十八届职员就职典礼、菲律宾中国洪门联合总会第八十三届职员就职典礼以及中国洪门致公党纳卯支部第九届、十届职员就职典礼活动期间，发去贺电贺信并登报祝福。8月，接待菲律宾中国洪门致公党第一支部吴永忠一行，向他们介绍晋江市第十三届党代会确立的国际化创新型品质城市的发展愿景以及晋江近年来社会经济的发展情况，双方进行友好的座谈与交流。与菲律宾爱心人士联合开展社会服务工作，梅岭支部与菲律宾洪门致公党爱心人士共同设立爱心365基金，开展4期活动，分别到安海育婴院、泉州自闭症学校开展慰问，年初，组织慰问青阳梅岭困难归侨侨眷，组织参与甘肃定西的帮扶行动。加强与“五侨”部门的互动，认真执行新颁布的《华侨法》，注重加强与五侨部门的沟通联系，积极协助华侨争取正当的权益保护。

（黄辉雅撰　颜虹审）

·九三学社晋江支社·

【概况】

2016年，九三学社晋江支社围绕市委、市政府的中心工作，认真履行参政党的职责，不断加强自身建设，提高服务水平，圆满完成各项工作，为助推晋江创新转型跨越式发展作出积极贡献。林水龙委员被授予“2016年度晋江市统一战线理论研究工作先进个人”，他的《多党合作制度创新的几点认识》一文获评2016年度晋江市统一战线理论研究优秀调研成果。

【学习培训】

2016年，九三学社晋江支社组织社员参加各种培训活动，不断提升社员的综合素质和参政议政能力。组织班子成员、信息员及部分社员参加九三学社泉州市委举办的“坚持和发展中国特色社会主义学习实践活动”培训班学习，学习九三学社社史、中国共产党领导的多党合作和政治协商制度，听取关于学习实践活动宣讲辅导报告。主委苏温州参加全国人大北戴河干部培训班和2016年第七期地方代表培训班并在培训会上就经济发展问题、加强爱国主义教育、继承中华民族传统文化等方面提出很好的建议，得到与会人员的充分肯定。苏温州带领社员参加社中央在泉州举办“院士专家科普巡讲”辅导讲座，听取褚君浩院士《新工业革命和创新驱动转型发展》和钮文异教授《健康生活，和谐人生》的专题辅导报告。组织社员参加“九三学社福建省委纪念九三学社建设71周年暨社内先进典型事迹报告会”，听取社内先进典型人物的发言，副省长、九三学社福建省委会主委洪捷序讲话。

【调研活动】

2016年，全国政协常委、提案委员会副主任、九三学社中央副主席赖明率九三学社中央课题组一行23人到晋江就“深沪镇海底古森林遗迹、金沙湾、白沙堤海岸带环境治理与保护”课题进行调研，福建政协常委、九三学社福建省

菲律宾中国洪门致公党第一支部吴永忠一行访问致公党晋江市委会

委会专职副主委陈美琼，泉州市委常委、统战部部长林万明，泉州市政协副主席、九三学社泉州市委会主委王祖耀，晋江市委书记刘文儒等领导及主委苏温州陪同调研。调研组通过实地考察、详细了解对晋江市在推进海岸带综合治理等方面取得的成绩给予充分的肯定，并就如何更好地兼顾海岸带综合治理和合理开发利用，进一步提升晋江海岸带经济和生态价值提出宝贵的意见和建议。

九三学社省常委会、九三学社南平市委会副主委、武夷学院院长黄亚惠，九三学社省委会常委、九三学社莆田市委会主委、莆田市人大常委会副主任王玉芳等领导带领九三学社省文体委成员以及省各地市的九三社员代表等一行29人到晋江市开展调研活动。晋江支社主委苏温州、市相关单位领导陪同调研，座谈会上支社与调研组成员就关于如何开展“保护古建筑、古民居、古村落”的调研情况作充分交流，同时，就加强九三学社基层建设作了交流，调研组成员肯定晋江支社近年来的工作所取得的成绩。

【参政议政】

2016年，九三学社晋江支社积极参政议政，把保障和改善民生作为全部工作的出发点和落脚点，牢固树立并切实贯彻创新、协调、绿色、开放、共享的发展理念，紧紧围绕晋江市委、市政府中心工作及群众普遍关心的热点、难点问题深入调研。在泉州市、晋江市政协会议上，支社提交提案30余件，其中，由蔡秋红执笔《关于加强福建省村集体专用收款票据管理的建议》、陈磊《关于传统村落发展更新的建议》被泉州九三市委会确定为重点提案，由蔡灿辉执笔的《关于借力“互联网+”发展普惠金融的建议》作大会发言交流，林水龙执笔的《医养结合，健全养老服务体制》被确定为晋江市政协重点提案，《关于打通华泰社区“断头路”的建议》得到市长张文贤的重视并作了批示。完成晋江市统一战线理论调研重点课题工作，提交《合理构建晋江新型城镇化规划，扎实推进晋江美丽新农村建设》《大力开发文化旅游资源 促进我市旅游经济发展》为晋江市统一战线理论重点调研课题。《民主党派履行民主监督职能研究》《新形势下拓展闽台交流合作的研究》为省九三、泉州九三调研课题。支社领导和骨干社员、政协委员、人大代表等出席政府、政协举行的协商会、座谈会，在调研基础上提出很好的意见、建议，参与政治协商、民主监督活动。

【服务社会】

2016年，九三学社晋江支社组织支社医务人员及社员骨干到英林镇钞岱村开展2016年晋江市“海西春雨行动·助力新型城镇化建设”新春社会服务活动，慰问贫困户、送医、送药、书赠春联、卫生知识宣传与咨询，深入农村给村民送去温暖和关怀。

支社深入帮扶家庭，走访慰问晋江九三学社挂钩扶助贫困残疾人受助对象，对其健康及生活情况表示关心，了解并帮助解决实际困难，送上慰问和祝福。走访慰问支社老社员，关心询问他们的生活起居和健康状况，对老社员几十年来服务社会，为晋江经济发展做出的贡献表示感谢，并祝愿老社员健康长寿，希望老社员继续关心九三学社发展，积极为社会奉献余热。

（苏芙蓉撰　林宗灿审）

·台湾民主自治同盟晋江市支部委员会·

【概况】

2016年，台湾民主自治同盟晋江市支部委员会（以下简称晋江台盟支部）盟员38名，其中本科及中高级职称以上32名，泉州市人大代表1名，泉州市政协

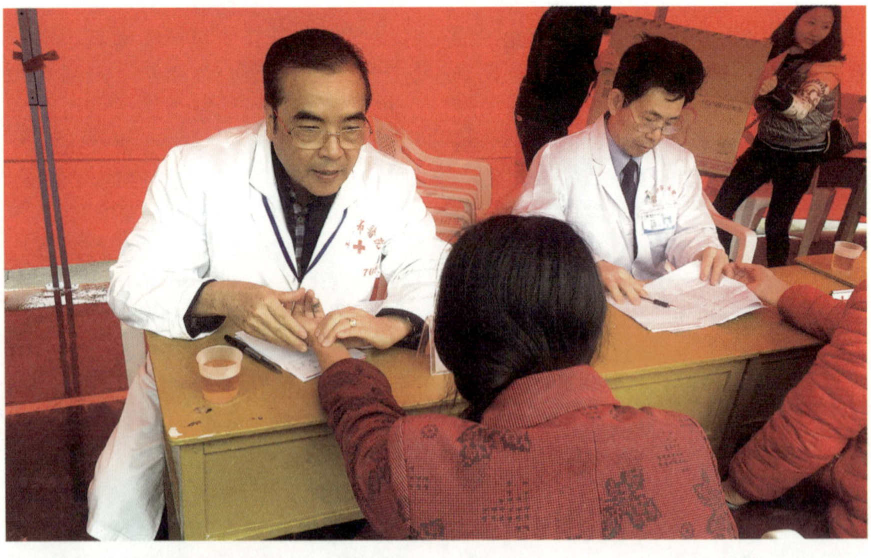

九三学社晋江支社组织医务人员下乡义诊

委员2名，晋江市政协委员3名。通过开展各种形式的联谊活动，加强与岛内和海外台胞交流，做好对台宣传和联谊交流等工作，激发广大盟员推动科学发展、全面建成小康社会的积极性和创造性，确保学习活动和各项工作取得实效，发展新盟员1人。

【参政议政】

2016年，晋江台盟支部围绕市委、市政府中心工作建言献策，数次提交会议发言，全年提交13个提案，内容涉及经济、文教、卫生等方面，为政府相关部门科学决策提供重要参考，并得到相关单位的重视与反馈，发挥民主党派参政议政的作用。提交的发言、议案和建议主要有：十六届人大五次会议和市政协十二届五次会议提案会议上，主委洪元程提交《关于我市建设河道生态护岸的建议》，提出根据河道情况科学规划设计，提倡生态护岸，选择适宜草种，绿化硬质护岸；副主委蔡清渺提交《关于我市农村小学图书室建设及管理的建议》，建议转变观念，更新认识，从政策方面确保经费，加强队伍建设，提高业务水平。此外，各位盟员还提出关于整治城市光污染、鼓励农民进城购房、先急后缓推动智慧城市建设、加强职业教育发展、加强道路交通安全的管理、优化企业环评环节降低收费、加强社会治安提升群众安全感、如何处理家庭过期药品等建议。

【基层组织活动】

2016年，台盟晋江支部组织各种活动。努力配合台盟泉州市委会的工作部署，参加台盟泉州市委会组织的赴井冈山开展红色革命史教育活动，坚持和发展中国特色社会主义学习实践活动，深入推进学习实践活动的形式和内容，结合市级民主党派换届的薪火相传工作。实地学习、领悟、传承井冈山精神，增强政治定力和同心思想，牢固树立社会主义核心价值观。服从市统战部工作指导，如参加统战部召开的例会、工作会议、座谈会等。加强与社会各界的文化交流，参加晋江市“全民动员，绿化晋江”义务植树活动月启动仪式，参加特殊教育学校举办以“遇见更好的自己”为主题的第26次法定“全国助残日”活动；参加2016年“晋华杯”海峡两岸暨港澳地区羽毛球赛开幕式，主委洪元程为运动员们开球，向政和县石屯镇文化馆图书室捐书40本。

【组织建设】

2016年，台盟晋江支部发展1名新盟员，培养台胞积极分子2人。召开台盟晋江支部委员座谈会，晋江市政协副主席，主委洪元程作工作汇报，安排工作任务，传达台盟泉州市委会工作信息，听取各个委员们的工作汇报。参加统战部门和上级盟组织的各项培训活动，提高参政议政的能力。参加台盟泉州市委会2015年年终总结大会暨台情报告，要求盟员不断提升自身修养，积极参政议政，参与社情民意的撰写，提出自己宝贵的意见。听取福建省社会科学院吴能远教授作《台湾选后政治发展与两岸关系》专题讲座。召开读书报告会，分享学习心得。组织慰问因病住院盟员陈扬圣，张丽卿，看望并慰问许丽美、詹淑华、颜期富等老盟员。

【对台交流】

2016年，台盟晋江支部充分发挥台盟自身优势，做好到晋江投资考察、旅游观光、寻根谒祖以及进行各项交流活动的台胞、台商的迎来送往等接待服务工作。接待到晋江台胞15批次，近200人。为加强两岸经济、文化、科技等领域的对话与互动发挥桥梁和纽带作用。主委洪元程带领支部盟员分别到五里园区台资台商企业、陈埭旧村改造搬迁企业慰问困难职工；尽心尽力做好台商服务工作，为台商在晋江安心经营，并介绍好的台资项目到晋江投资创造条件。参加晋江市妈祖文化研究会“妈祖大学堂”授牌、开学仪式，洪元程与台湾、金门的来宾拍照合影纪念并与他们座谈交流。

（*苏婷婷撰　洪元程审*）

·晋江市工商业联合会·

【引导非公有制经济人士守法诚信】

2016年，晋江市工商业联合会（以下简称市工商联）注重开展理想信念教育实践活动，引导非公有制经济人士守法诚信。举办专题辅导报告会，邀请省委统战部、泉州市工商联、深圳市社会组织管理局领导授课，帮助机关干部职工、广大会员准确领会“亲”“清”新型政商关系的核心要义。举办“基于互联网下的产融一体化商业模式创新”“国际化精细化流程管理技术”主题讲座及“坚定信心·创新发展”企业精英下午茶活动，邀请投石智库、重点高校专家学者授课，发改、经信、商务、科技等相关职能部门领导与龙头企业负责人及高管座谈交流，帮助企业破题探路、排忧解难。注重正面教育，在全市企业创新大会上，向参会企业发出1500多份《诚信守法经营倡议书》；在市工商联（总商会）第十次会员代表大会上，向全体会员代表发出《坚守匠心　创新转型　为打造国际化创新型品质城市再立新功》倡议书，引导企业把守法诚信作为安身立命之本，依法经营、依法治企、依法维权。

【履行社会责任】

2016年，市工商联组织参与全省“百企帮百村”精准扶贫行动，组织9个商会及4家会员企业结对帮扶15个贫困村，累计投入资金超1.7亿元；开展“四帮四扶”活动，配合市民政局做好入户核实工作，发动镇级商会、会员企业认领帮扶特困家庭，286家会员企业兑现帮扶资金243万元，着力帮助困难群众脱贫解困。组织镇级商会开展“情系灾民·情暖中秋”走访慰问活动，仅用一天时间，筹集了40万元款项和物资，走访慰问转移安置群众及受灾户2000余人。对口帮扶东石镇坑园村，落实帮扶资金7万元。

【助推民营企业转型升级】

2016年，市工商联围绕中心服务大局，助推民营企业转型升级。

拓宽企业融资渠道。推动池店、深沪、罗山等商会和武汉晋江商会成立池商投资、恒盛、晋融、正隆等4家民资管理公司，累计吸引超5亿民间资本，为中小企业续贷提供“过桥”支持。据统计，为531家企业转贷3000笔，累计金额148.36亿元。

支持晋商回归创业。按照福建《省政府工作报告责任分解表》有关要求，加强与经信、商务等部门沟通协调，收集并反映海西家居建材博览城、和平国际广场等回归工程遗留问题及企业负责人的意见建议，推动解决回归项目落地难题。加强对外联络，组织15名异地企业家代表返乡参加晋江市企业创新大会，接待南京、广东、台湾等异地晋江商会及深圳泉州商会来晋考察，积极搭建经贸合作交流平台，引导在外晋商回归创业。江苏晋江商会与内坑镇成功对接"滋补药材市场"项目。

助力人才培养引进。举办晋台人才交流工作会，邀请人才办副主任解读晋江人才引进优惠政策，组织全市部分企业负责人与台湾人才代表座谈交流，双方就依托台湾晋江商会深化晋台人才交流合作达成共识。做好职称评定工作，组织3个批次非公企业专业技术职称评审，有288人获评初级职称；分别指导114名、10名企业职工赴泉州、省参评中高级职称。

维护企业合法权益。出席市协调劳动关系三方会议，与人社局、总工会密切配合，围绕落实劳动合同制度、化解企业经济纠纷、保障农民工工资支付等问题献计出力。加强与市检察院的交流合作，向企业赠送《民营企业预防职务犯罪法律知识读本》；龙湖镇商会被市检察院确定为"非公经济领域预防职务犯罪联系点"，有效提升商会服务会员的能力。

帮助企业开拓市场。配合市委、市政府组织40家食品企业参加第94届全国春季糖酒商品交易会；安海商会组织玩具企业参加香港玩具展，组织食品企业参加马来西亚吉隆坡国际食品展览会，着力帮助企业开拓新市场。磁灶商会、内坑商会积极引导建陶企业抱团发展，推动成立晋江市建材陶瓷行业协会。经济开发区、安海、磁灶等商会组织会员企业赴俄罗斯、马来西亚及中国台湾等地考察，帮助企业发掘新商机。深沪、西滨商会组织企业家赴深圳充电学习，灵源商会组织会员企业参加泉州市数控与智能装备技术工人岗位提升培训活动，引导企业练好内功，提高企业核心竞争力。

积极议政建言。配合中央统战部、全国工商联在晋江市调研年轻一代非公经济人士教育培养工作，组织会员企业参与全国工商联开展的"民间投资政策落实情况"第三方评估、构建清新型政商关系等调查问卷。在市政协会议期间，召集工商联界别分组讨论，汇总梳理委员们反映的存在问题和意见建议，并在大会上发言，提交2件工商联团体提案，题目分别为《建立"创二代"培养机制 确保"二代"顺利接棒》《关于搭建企业创新服务综合性平台，发挥企业创新主体作用的建议》。开展统一战线理论调研，撰写《关于支持晋商回归创业的思考和建议》调研报告。

【"五好"县级工商联创建】

2016年，市工商联夯实基层打牢基础，推进"五好"县级工商联建设。

深化"五好"工商联建设。做好全国政协副主席、全国工商联主席王钦敏到晋江调研各项前期准备工作。承办全省"五好"县级工商联建设现场推进会，并在大会上作典型发言。按照全国"五好"县级工商联的标准和上级工商联的要求，对近年来"五好"创建情况进行"回头看"，逐步健全和完善台账资料，精心制作主题宣传片和图片展，全方位、多角度展示晋江市"五好"县级工商联创建成果。

加强基层商会建设。成立海口、广州等2家异地晋江商会及晋江湖南商会，指导龙湖、梅岭商会，昆明、山东、上海等异地晋江商会及晋江温州商会换届。赴厦门举办2016年全国晋江商会秘书培训班，增进全国各地晋江商会交流互鉴，切实帮助商会秘书提高履职能

晋江市工商业联合会（总商会）第十次会员代表大会

福建省"五好"县级工商联建设现场推进会在晋江召开

力。与晋江市新农合服务中心合作，支持山西、广东、昆明、重庆等4家商会率先设立新农合异地结报点，切实帮助在外乡亲解决就医结报难题。联合《晋江商人》杂志社开展2015年度商会十大亮点事件评选活动，选树一批可比、可学的先进典型，有效激发基层组织的活力。安海、陈埭、磁灶、经济开发区等4家商会获评泉州市"五好"基层商会。

加强机关自身建设。在市委的领导下，严格执行换届政策、程序和纪律，坚持"三强一好"标准和"凡进必评"原则，注重在年轻一代推荐选用非公有制经济代表人士，确保市工商联（总商会）新一届领导班子政治过硬、素质优良、结构合理。第十届执委会共有388人，其中30周岁以下18人，占4.6%；30—45周岁164人，占42.3%；46—50周岁73人，占18.8%；新提名执委226人，占执委会规模58.2%。开展"两学一做"学习教育，精心组织系列专题学习讨论活动，引导机关党员领导干部真学深学、补齐短板、做实基础工作。严格执行中央八项规定，纪检室加大廉政建设宣传引导力度，不定期对机关各项制度执行情况进行监督检查，查找和解决问题，督促抓好整改落实，切实巩固机关作风建设成果。

（许计划撰　张跃铭审）

·晋江市总工会·

【概况】

2016年，市总工会紧紧围绕发展和谐劳动关系、维护职工合法权益这条主线，深入实施“与晋江共成长职工圆梦计划”，牢记使命，恪尽职守，奋发进取，扎实工作，全面提升工会工作科学化水平，为推动全市经济社会发展作出新的更大的贡献。连续8个年度被中华全国总工会、国家安全生产监督管理总局授予“全国‘安康杯’竞赛优秀组织奖”。

【职工圆梦计划】

2016年，市总工会组织职工素质提升计划。紧紧围绕“转型升级、跨越发展”，以“工会大学校”示范基地为依托，推进职工综合素质提升活动，促进企业加快人才培养、转型升级，推进企业稳定健康发展。制定实施职工综合素质提升培训计划方案，举办各类提升职工综合素质培训班，全年培训职工15.8万人次，各级投入培训经费1172.59万元。实施精准培训千名职业技术能手计划，先后有浩沙、七匹狼、向兴、贵人鸟等20家企业参与精准培训，涉及鞋服、纺织、机械、食品等多个行业，培训企业班组长等中坚骨干力量1298名。深化“职工书屋”创建工作，新建职工书屋20家。

开展职工创新创业计划。在全市深入开展合理化建议、技术革新、团队攻关等经济技术创新活动，动员广大职工积极投身大众创业、万众创新热潮。开展“五小·智慧杯”职工创新活动，收集项目583个，并择优推选138个项目参评省百万职工“五小”创新大赛项目，获得2个一等奖、11个二等奖、27个三等奖、98个优秀奖的好成绩。启动晋江市农民工创业扶助工程项目三年行动方案，计划3年扶助100个项目，考核通过扶助农民工创业项目41个，并核拨扶助资金每家4万元。与科技局联合开展的晋江市职工发明创造奖评选活动有序推进。

推进蓝领职工成才计划。以培养造就高素质、高技能的创新型职工队伍为发力点，以“名师带徒弟”、技能竞赛为抓手，推进职工技能水平提升。为弘扬“工匠精神”，在全市职工中广泛开展“名师带高徒”活动，全市已实现结对802对。承办泉州市制鞋工职业技能竞赛活动，与相关单位联合举办晋江市旅游行业、基层卫生岗位练兵、首届教师教学等技能竞赛，组织参加泉州市举办的旅游饭店服务、数控装备制造等12场职工技能竞赛。全年，全市各级工会共举行320多场次职工技能竞赛，参加职工达10万多人次。

【职工服务体系】

2016年，市总工会组织14.54万人次参加2016年度职工医疗互助活动，为2512人次发放625万元的补助金。每年全市参加职工医疗互助活动的人数和结报比例高居泉州市首位。与市中医院联合为女职工、女环卫工提供乳腺癌、宫颈癌免费筛查体检服务。开展“金秋助学”活动，为77名困难职工子女发放19.25万元的助学金，圆困难职工子女的“大学梦”；开展到晋江务工人员子女助学活动，向池店雁塔、龙湖蓝天等12所外来工子弟学校的500名贫困学生发放助学金25万元，让到晋江务工人员子女能上好学。深入开展送温暖活动，共慰问环卫工、殡仪馆工、户外建筑工、单亲困难女职工1987人，发放慰问金233.93万元。成立职工健康运动指导中心，增设职工健康指导服务和太极拳培训活动，聘请国家专业八段老师常年进行授课，举办三期专业培训班，培养健身运动骨干160多人。为1800多人次提供脊椎免费治疗和养护；为2200多人次的职工提供便捷式的购票服务；免费为150人次提供各种心理健康辅导服务。

【依法维权平台】

2016年，市总工会联合市司法局为74名困难农民工提供法律援助，帮助他们追回62.88万元的欠薪、工伤及交通事故补助金。联合市司法局开展“家门口法律服务”，开通法律援助网上、微信服务平台，让职工在家即可申请法律援助。与福建佳汇律师事务所合作成立晋江市职工法律服务中心，为广大职工提供法律服务，并不定期走进镇（街道）开展法律法规宣传。派驻两名律师到陈埭镇职工服务中心值班，现场为职工提供法律援助。接到电话及现场咨询85个，免费代理劳动争议案件8件，涉案金额70余万元。3月15日，联合市法院成立晋江市劳动争议联合调处中心，按法庭管理范围划定7个片区，实现辖区内全覆盖。市总工会选派工会专干进驻基层法庭联合开展劳动争议调处，有效地推动法院和工会调解资源的有机整合。晋江市“创新劳动争议案件诉前多元化解新机制”作为全省六大新模式之一，在7月份召开的“全省法院·工会推进职工维权工作现场推进会”上作典型发言。

【基层组织工作】

2016年，市总工会基层工会组织逐步夯实。全市21个镇级工会圆满完成换届选举工作。深化基层工会规范化建设，扩大典型培育工作的覆盖面，建立镇级典型到市级典型的阶梯式培育模式，提升工会组织建设水平。实施镇级工会量化考核方案，推进镇级工会规范化建设不断深化，进一步提高镇级工会规范化、制度化、标准化水平。全市基层工会8875个，会员70.5万余人。全市有“全国示范乡镇（街道）工会”6家；全国模范职工之家11家，省模范职工之家38家，泉州市先进职工之家127家。进一步完善工会干部教育培训体系，实行统筹管理、分级负责、分层组织、分批实施，通过开设工会大讲堂、举办专题培训班、现场观摩会等形式，不断提高基层工会干部的能力和水平，培训各级工会干部1511人次。深入开展“面对面、心贴心、实打实服务职工在基层活动”，建立健全各级工会干部挂钩联系企业工会机制，打造一支“务实、高效、服务、廉洁”的工会干部队伍。

【工会服务数据平台】

2016年，市工会服务数据平台计划分三期建设，第一期项目总投资181万元，采用一中心四平台建设（会员数据服务中心、工会管理平台、信息服务平台、云办公平台、职工服务平台）模式，职工可通过Web端、手机APP、微信等客服端登录平台享受市总工会提供的各项方便、快捷、精准的服务。目前晋江市工会服务数据平台已基本建设完成，已具备上线试运行条件，正在进行系统调试、小范围测试及相关人员培训工作。已基本完成全市9100多家企业、69.7万多名职工的信息录入工作，这对于研究全市职工队伍组成有很大的意义。

【职工文化生活】

2016年，市工会开展全市非公企业职工“风采之星”歌手大赛，通过选拔赛、复活赛及总决赛，共历时1个多月，从报名的140名选手中，评出优秀歌手20人。选送《风雨彩虹》等5个节目参加泉州市职工才艺选拔比赛，全部晋级决赛。开展以“笔墨话清风”为主题的廉政书画大赛活动，共收到参赛作品50多件，评选出获奖作品23件。举办“工会小故事”有奖征文活动，激发基层工会创作热情，真实反映职工的创新潜能和创造活力，在基层工会形成关爱、维护、服务职工的浓厚氛围，共收到参赛作品60余篇，评选出获奖作品20篇。开展13场下基层慰问演出和职工网络春晚、百场电影进企业等活动，为广大职工送文化、送艺术、送欢乐。

【经费管理】

2016年，市工会对市直系统、镇一级工会等39个单位在工会经费管理使用方面存在的问题进行专项督查，重点检查2016年以来是否存在违反工会经费“八不准”规定，并对需整改的问题进行谈话函询，到2016年底已全部完成整改工作，有效地推动工会经费管理使用规范化建设，并推动“1+X”专项督查工作常态化、长效化开展。

（吴培雅撰　彭培育审）

·中国共产主义青年团晋江市委员会·

【概况】

2016年，中国共产主义青年团晋江市委员会（以下简称团市委）紧紧围绕组织青年、引导青年、服务青年、维护青少年合法权益四项基本职能，扎实推进共青团各项工作，努力服务好党政大局。一年来，《中国青年报》先后5次对晋江市团青工作进行报道，全市4个青年集体获全国青少年维权岗，省级志愿服务示范驿站等国家级、省级表彰；2个集体、6名个人获泉州市级表彰。全市基层团组织3188个，其中团（工）委89个（街道团工委6个、镇团委13个、经济开发区团工委1个、企业团委19个、中学团委21个、市直团工委1个、系统团工委17个（含旅游行业团工委）、公安局团委1个、驻外

组织青年志愿者参与服务2016年“特步杯”晋江国际半程马拉松赛

团工委2个)，团总支178个(中学团总支134个、市直团总支9个)，团支部2934个；全市共青团员9.3万人，少先队员20万人。14周岁至28周岁青少年36万人。

【服务中心】

2016年，团市委组织汇聚各界青年力量，打响“六大青春战役”，结合“三严三实”专题教育活动，充分发挥青年先锋作用，在重点项目建设中深入开展青年文明号创建等活动。举办“缘聚晋江为爱前行”晋江市第二届青年人才单身派对，为单身青年提供交友联谊的平台。组织青年志愿者参与服务第六届APEC电子商务工商联盟论坛、国际集成电路产业发展高峰论坛、2016年“特步杯”晋江国际半程马拉松等活动。

共青团爱心小屋

【青少年思想道德建设】

2016年，团市委改版升级“晋江青年网”和“晋江共青团”微信公众号，着力扩大影响力，定期推送各类思想文化产品，全年粉丝数量稳步增长，达22万多人，综合影响力每周位居全省政务类微信排行榜前二十、全国基层团组织排行榜百强。分类建立团员青年微信群，实现市、镇、村、校、企全覆盖。编写服务手册，制作宣传折页，将共青团职能实体化。开展“优秀少先队辅导员”“优秀少先队志愿辅导员”“优秀少先队员”“星星火炬奖章获得者”评选，挖掘和选树一批先进典型。利用重要时间节点，举办纪念五四运动97周年系列活动，第八届青年男子篮球赛，第七届“关爱女孩”腰鼓大会操，纪念少先队建队67周年暨“红色基因 我们传承——听党的话，做好少年”主题队日活动，丰富青少年文体生活，引导广大青少年践行社会主义核心价值观。

【青年志愿服务】

2016年，团市委在深沪和池店建成2个共青团爱心小屋，扩大服务阵地，强化服务功能。开展志愿服务需求调查，实现志愿服务“供需对接”。研究出台《关于推进青年志愿服务工作的若干意见》，从志愿需求、服务立项、项目展示、属地联系等方面提供保障。建立“团干+青少年事务社工+青年志愿者”机制，采取购买社工、志愿服务等方式，推动基层建设好“青年之家”，提供创业、维权、心理咨询等志愿服务。深入推进“共青团员义务星期六”活动，建立志愿服务常态化机制。加强志愿服务品牌建设，打造好“公益巴菲特跳蚤市场”、春节“三下乡”、“情暖回家路”“七夕玫瑰义卖”等志愿服务品牌。倡导“小微公益，大爱晋江”理念，2016年建立2家小学(幼儿园)“爱心格子铺·爱心储蓄所”分站，定期开展捐资助学、结对帮扶等各类爱心主题活动，共帮扶困难青少年49人，捐助爱心善款26万多元。“爱心格子铺·爱心储蓄所”荣获首届福建志愿项目大赛入围奖和首届晋江市社会志愿服务“四个10”“最佳志愿服务项目”。

第七届“关爱女孩”腰鼓大会操

【青年统战】

2016年，团市委开展多期青商学习沙龙、片区走访互动交流活动；加强青年社团建设，推进秘书处常态化运作；召开青联常委会，组织青联委员开展“走进古镇安海”和“第十期自驾游”活动；助力青年创新创业，开展政协委员与青商会员“面对面”活动；结合青春助孤，开展中秋送温暖主题活动，走访慰问困难青少年；开展第七期“青商军事日”活动；举办第十二期青商财俊培训班“德国工业4.0标杆学习”，组织青商会员赴德国实地参访全球制造技术领域主导企业。

【基层组织建设】

2016年，团市委开展团建项目总动员，将工程招投标的理念导入团建工作，通过招标、投标、定标等程序，整合团建项目经费107万元，确定33个重点项目。在“两新组织”启动创建以“二带十促N”为主要内容的团建聚集圈，以核

晋江青年创新大会暨青商成立20周年纪念大会

心层带动骨干层、以骨干层推动辐射层，做到聚合力量、聚集信息、聚享资源、聚办活动、聚创品牌，实现市、镇、村、企四级区域化建团。8月，团省委组织部部长杨溢到晋江市调研非公企业团建工作。启动星级团支部创建工作，开展达标、1—5星级团支部评定工作，配套激励保障措施，推动“三会两制一课”制度落实到位，确保团组织活动有序开展。分类组织培训，举办村级团组织负责人、“两新组织”团组织负责人、少先队辅导员、青年志愿者骨干等多个培训班。配套激励保障措施，推动“三会两制一课”制度落实到位，确保团组织活动有序开展。

【青年就业创业】

2016年，晋江市成立全省首个青年创新创业公益基金，募集资金1058万元。深化落实“金翼贷”项目，降低贷款门槛、提高贷款额度、简化贷款程序，第二期投保100万元，承保1亿元，为650名创业青年发放贷款1.01亿元，带动就业4000多人次。召开全市青年创新大会暨晋江青年商会20周年纪念大会，评选表彰10名青年创新创业之星。推动晋江市委与团省委签订“全省青年创新创业示范区”建设合作协议，承办2016年福建省大学生“创业之星”训练营活动。举办“劲霸·创富汇”大讲堂和2期青商学习沙龙，搭建“创二代”学习交流平台。

【青少年校外活动】

2016年，团市委加强青少年校外培训，青少年宫全年开设44门课程、810个班次，培训16000多人次，组织青年艺术团参演“星光耀香港”2016年全国校园综艺大赛，获得金奖。完成市青少年活动中心用地预审、项目立项、地质勘察及设计方案优化。

（陈维维撰　卢奕珠审）

·晋江市妇女联合会·

【概况】

2016年，晋江市妇联组织全面贯彻落实各级党的群团工作会议精神，围绕市委、市政府工作大局，适应新常态、探索新思路、构建新机制，推进全市妇女儿童事业全面发展。晋江市妇女联合会（简称市妇联）获得全省妇联系统先进集体、晋江市“先进基层党组织”、2011—2015年晋江市普法工作先进单位等荣誉称号，市女企业家联谊会会长张秀惠荣获“全国三八红旗手”称号，4人获得省级表彰，17人、6个单位获得泉州市级表彰；6月14日全国妇联副主席孟晓驷来晋调研妇联组织改革创新和基层组织建设工作，对晋江市“妇女之家”“白兰花家庭驿站”“四点钟学校”等品牌亮点给予肯定。

（邱钰婧撰　许清心审）

【品牌活动】

2016年，市妇联精心策划组织“三八”节系列活动，举办纪念“三八”国际劳动妇女节106周年暨妇女微电商培训、微企对接会、“巾帼杯”门球赛等活动，展示晋江市广大女性新时期的风采。

发挥优势，继续做好“家”的文章，举办第九届家庭文化节活动，以家庭文明促进社会文明，推进社会和谐发展。承办第四届七夕返亲节系列活动，举办“我眼中的最美家庭”摄影比赛及“最美家庭”专题摄影展、“城韵晋江 文明有约”第七届平安家庭绘画大赛、“美丽家庭”创建活动、“好家风 好孩子”主题征文比赛，联合《晋江经济报》建立了两批20家“亲子驿站”，开展“爱心传递•伴你成长”爱心妈妈结对关爱活动、“为贫困母亲圆梦行动”暨母亲节慰问、“六一”儿童节慰问、宝宝运动会、家教巡回讲座等丰富多彩、发动面广、影响力大、群众参与积极性高的活动，在全市唱响和谐家庭、和睦邻里、和谐社会的主题曲。

深化19个巾帼志愿服务示范基地、36支巾帼志愿服务示范团队、1937名成员的建设。注重对巾帼志愿服务工作的指导和管理，依托福建志愿云，在全市开展巾帼志愿者网上注册登记工作，进

举办第四届海峡两岸（晋江 围头）七夕返亲节“家和两岸亲”围头新娘恳亲会

一步规范和完善巾帼志愿者队伍。成立晋江市“巾帼志愿服务宣讲队”，在全市19个镇(街道)开展《反家暴 促和谐》巡回宣讲活动13场，受益人数达15000余人。协调督促市直17个系统和各镇(街道)近千名巾帼志愿者依托每月的“巾帼志愿者服务日”开展服务活动。

评选表彰巾帼创新创业典型34名、巾帼文明岗10个、三八红旗手107名、三八红旗集体35个、五好文明家庭42个、最美家庭40个;晋江市获评“泉州市家庭教育工作示范市”;王碧霞家庭获“第十届福建省五好文明家庭”称号;磁灶镇磁灶社区获泉州市“和谐家庭文化”创建工作示范点;施丽容家庭被推选为全国“最美家庭”;王炼武、孙凌霞、黄朝阳家庭获省级“最美家庭”;磁灶镇大埔村获评省级“巾帼美丽家园”，金井镇三坑村、深沪镇运伙村获2016年泉州市级“美丽家庭”创建示范村;金井镇围头村巾帼志愿服务队获福建省优秀巾帼志愿服务组织称号;推荐疗养院“绿丝带”巾帼志愿服务队和“悦读风尚我引领”志愿服务队参评市文明办评选的最佳志愿服务组织。

【妇联宣传工作】

2016年，市妇联创新“互联网＋妇联”工作模式，建设五大宣传平台，积极探索实体妇联和“网上妇联”并举，形成宣传合力;不断完善晋江妇女网、妇联微信公众号等新媒体，充分运用是《泉州晚报》“和美晋江”专栏，《晋江经济报》“白兰飘香暖万家”专栏，晋江电视台“最美家庭”“解读家风家训”“聚焦晋江 聚焦文明”的《父母——永不下课的班主任》《邻里和谐——新社区里的好邻居》《沟通让家庭更和谐》等节目，强化网上网下联动，全力构建妇女儿童网络服务新平台;联合晋江电视台在“晋江财经报道”栏目推出郭卓君、施明丽、张美玉、林梅等9名巾帼创业创新典型系列报道(其中“省级巾帼示范基地—张美玉:2000亩农场种放心菜”点击量单日破10万);积极向《中国妇女报》、中华女性网、中国女网、福建妇联新闻网、《福建日报》、泉州妇女网、泉州女性等各级媒体报刊投稿，据不完全统计，今年来各级媒体、信息刊发晋江市妇女儿童工作正面报道862篇(次)。同时，制定《晋江市妇联系统信息宣传报道工作考核办法》，以量化计分方式，在全市妇联系统一年一考核一汇总进行排名，加强信息宣传报道考核，提升妇女工作的影响力，推动妇联宣传工作上新水平。

(王婉霞撰　丁玉梅审)

【家庭教育】

2016年，市妇联加强15个“儿童之家四点钟学校”规范管理，永福里“儿童之家”升级为泉州市级为民办实事项目——儿童之家试点之一;深入走访调研，对试点进行及时调整，促进项目健康有序发展，开展暑期夏令营和社工团队培训，服务3万多人次，其中个案辅导62例、小组活动24场、社区活动173场。拓展家庭教育平台，晋江市获评“泉州市家庭教育工作示范市”;联合市教育局、市委文明办开展“好家风 好孩子”主题征文比赛，征集低、中、高年级组文章125篇，评选表彰一、二、三等奖征文30篇;命名阳溪中学等8所学校为“泉州市示范家长学校”;持续开展“争做合格家长，培养合格人才”家教巡回讲座。联合《晋江经济报》建立两批20家“亲子驿站”，先后举办春游、周末游、生日趴、亲子讲座等形式多样、种类丰富的亲子活动，受到各幼儿园的认可和家长朋友们的喜爱。每季度开展“爱心传递•伴你成长”爱心妈妈结对关爱活动，促进“爱心妈妈”与“困境儿童”之间的情感交流和沟通，使“母爱”继续延续，进一步扩大社会影响力。

(吴娉婷撰　许清心审)

【妇女维权】

2016年，市妇联以全国首部《反家庭暴力法》颁布实施为契机，开展“进万家门 访万家情 结万家亲”三八维权月暨市妇联主席下乡接访活动，宣传《反家庭暴力法》，共有5000多人参与;成功承办“妇女情•童心梦•共享健康生活”泉州市妇女儿童发展纲要政策主题宣传活动，引导广大居民关注妇女儿童的发展，共创和谐家庭。积极发挥家事审判庭、各镇(街道)妇女维权服务站、调解中心三大平台作用。2016年，市妇联系统5名人民陪审员陪审40多起各类案件，依法履行人民陪审员职责，处理来信、来访、来电30宗，结案率98%。举办“城韵晋江 文明有约”第七届平安家庭绘画大赛，全市229名学生参加，评选出一等奖9人，二等奖18人，三等奖28人。

【帮扶贫困妇女儿童】

2016年元旦春节期间，慰问贫困妇女儿童46人3.68万元;“母亲节”期间帮扶慰问100名贫困母亲20万元;“六一”期间由市领导率部分妇儿工委成员单位领导和女企业家联谊会代表到10所学校及福利机构走访慰问20万元。加强“两癌”妇女救助，联合市卫生局做好农村低保妇女妇科病普查工作，与慈善总会共同出资30万元慰问全市100名贫困“两癌”妇女，慈善日期间组织慰问全市20名贫困两癌妇女，送去慰问金20万元;开展“母亲健康1+1”众筹活动，共筹集善款达23.48万元，回拨80%善款18.85万元用于帮扶79名贫困患病妇女。

(肖丽婷撰　许清心审)

【妇女发展】

2016年，市妇联在全省妇联工作中

晋江巾帼创客空间揭牌仪式

率先打造“晋江巾帼创客空间”，联合洪山文创园依托海峡青年创客坊9楼开设约700平方米的办公空间，采用“政府扶持，专业运营”的方式，于2016年6月27日正式揭牌，构建专业的女性创业导师体系，多家巾帼创客团队入驻。成立“晋江市跨境电商巾帼创业孵化基地”，拓展妇女电商创业渠道。9月，承办泉州市2016年第三期女性创业跨境电商培训班，近60名有意向从事电商、微商的城乡妇女和毕业女大学生参训。举办纪念“三八”国际劳动妇女节106周年暨妇女微电商培训、微企对接会，大会表彰34名巾帼创新创业典型、10个巾帼文明岗、107名三八红旗手、35个三八红旗集体、42个五好文明家庭和40个最美家庭，邀请厦门市微小店网络科技有限公司高级讲师石特伟、微盟讲师刘国华分别为200多名城乡妇女和女大学生作《借力互联网实现新一轮创业》《如何制作微平台》讲座，筛选组织10家知名微企现场讲解项目并与部分参训人员签订合作意向书，促进广大妇女创业就业，帮助企业拓展销售渠道，实现“双赢”。深化农村妇女“双学双比”活动，强化科技对接，促进农村妇女创业致富，晋江市新界生态农业有限公司获2016年度省级重点巾帼示范基地，晋江市陈埭镇芳惠农场获泉州市级巾帼示范基地。开展“美丽家庭”创建活动，磁灶镇大埔村获评省级“巾帼美丽家园”，金井镇三坑村、深沪镇运伙村获2016年泉州市级“美丽家庭”创建示范村。依托雅适职业技能培训学校平台，在新塘街道等地举办家政技能初级公益培训班，组织相关待就业妇女参与“春风计划”公益招聘会，认真做好妇女创业小额贴息贷款后期工作。举办“领航计划”——巾帼创客分享汇之女性管理者御人之道，帮助女性扩宽创业、企业经营等思路，提升自我修养，提高管理能力，增加“双创”信心。组织申报2016—2017年度晋江市“巾帼文明岗”的单位(岗位)，对全市各级“巾帼文明岗”创建进行指导工作，协调市区小学、幼儿园巾帼文明岗做好“悦读风尚我引领”巾帼志愿服务活动34场。

【女企业家联谊会】

2016年，市妇联首推市女企联会员分片区活动制度，划分四大片区，成立活动领导组，明确职责、工作制度等，每年给予各片区10万元活动经费，各片区纷纷单独或联合举办形式多样的联谊活动，在会员中引起良好反响。注入“新鲜血液”，深入走访巾帼企业，吸收新生代、创二代、到晋江创业的新晋江人以及新兴产业、第三产业的女企业家加入，促进团体发展。引导参与公益慈善活动，捐款近75万元用于慰问贫困妇女、儿童、拥军等。推动统战联谊，香港兰芳妇女会主席庄淑卿一行53人到晋江交流，参观五店市传统街区、城市展馆，对晋江发展成效给予肯定，进一步加深了解、增进友情，推动两地妇女友好交流。加强企业家素质提升行动，投石私人智库行家孙荣芸围绕《女性管理者御人之道》作精彩分享，并与参会企业家就晋江女性在企业管理方面进行深入探讨。

(邱钰婧撰　丁玉梅审)

【“两纲”实施】

晋江市被列为全省2016年度“两纲”重难点项目县，重点实施儿童早期发展项目，项目实施周期为两年。发挥妇儿工委办职能，召开妇女儿童发展纲要中期评估督查工作推进会，通报2015年度妇女儿童发展纲要各项指标监测情况，督促指导各成员单位梳理薄弱指标，落实重难点指标。在市委分管领导的直接领导下，协同团市委解决活动中心规划设计方案招投标问题，在福建千亿建筑设计有限公司的规划设计初稿基础上，先后聘请华侨大学、香港华艺设计、深圳华汇设计及上海交通大学马文军团队进行优化。

2016年，市妇联提升妇女参政议政水平，激发妇女创新创造活力，引领妇女有序参与政治生活和社会管理创新，积极为各级女干部、女党代表、女人大代表、女政协委员参政议政搭建平台，为她们更好地履行职责、了解民情、建言献策服务。晋江市“两会”召开，326名人大代表中女性40人，占代表总数的12.3%，女代表比往届增比从19%增至23.1%；333名政协委员中女性39名，占委员总数的11.7%，所占比例与上届持平。会议选出政协第十三届女性常务委员8人，第十七届人大常委会女性委员4人，晋江市出席泉州市第十六届人民代表大会的女性代表16人。12月28—30日召开的福建省第十二次妇代会代表推选工作中，市妇联畅通渠道，创新推荐方式，首次面向社会公开征集两新组织妇女代表，扎实推进代表推荐工作。此次省妇代会代表20人，比上一届增长81.8%，省执委比上一届增加1人。

(肖丽婷撰　许清心审)

【基层组织建设】

2016年，市妇联按照“四好十六有”的要求，积极拓展“妇女之家”建设领域，以点带面推动全市“妇女之家”功能和服务提升，夯实基层妇女工作的基础。新增福建晋创置业有限公司和木延文创园两个市级“两新组织”妇女之家。推进“白兰花家庭驿站”建设，项目服务11530人次，其中开展活动97场、小组工作60节次，课业辅导服务、偶到服务、暑期夏令营服务等常规服务达2905人次。举办全市村(社区)新一届妇代会主任(妇联主席)岗位培训班，组织19个镇(街道)妇联主席、妇工委主任及392个村(社区)妇联主席、妇代会主任参加培训，采取讲座授课与交流研讨相结合的创新形式，邀请女村主干王美英、王碧霞以个人亲身经历分享交流工作心得，使基层妇女干部得到一次多角度的培训教育。圆满完成镇级妇联组织换届工作，产生新一届执委162名，妇联主席、副主席、兼职副主席50名，不断推进妇联工作上新台阶，推动村妇代会改妇联工作，实现全市村妇联改建实现覆盖率100%。

(邱钰婧撰　丁玉梅审)

·晋江市归国华侨联合会·

【概况】

2016年，晋江市归国华侨联合会(以下简称市侨联)认真贯彻中共十八大、十八届三中、四中、五中、六中全会和习总书记系列重要讲话精神，按照上级侨联工作部署，紧紧围绕市委市政府工作大局，发挥优势，凝心聚力，积极参与经济社会建设，取得新的成绩，做出积极的贡献。市侨联再次获评市级文明单位。

【服务发展大局】

2016年，市侨联开展谱牒文献征集工作。“南洋华裔族群寻根谒祖综合服务平台”是省海丝核心区项目和泉州市海丝先行区“十大行动”计划之一，2016年，征集到《围江洪氏族谱》《岱阳锦里吴氏三房公谱》《龙山派温陵曾氏族谱》等300多册族谱，为满足海外华侨及台港澳同胞寻根谒祖的需求，增进海外华裔与祖籍地的亲情互动提供又一个全方位的平台。

建立挂钩侨资企业制度。与海峡国际五金机电城、福建大发科技集团有限公司、晋江市亿利达喷胶棉有限公司等3家侨企建立挂钩联系制度，通过召开座谈会、走访侨资企业、开展专项调研等多种形式，广泛听取侨资企业意见和建议，深入基层切实帮助解决侨资企业发展中存在的困难和问题，积极维护他们的合法权益。

引导侨界力量参与社会建设。认真组织侨界人大代表、政协委员，围绕全市经济和社会发展中的热点、难点等问题促进参政议政，并对重大政策的执行情况等进行专题调研，充分了解情况，收集掌握大量信息和素材，提出具有较高质量的意见和建议。各级侨界人大代表、政协委员共提出建议、提案近20件，较好地履行参政议政职能。同时，市侨联也作为承办单位对《关于在丝路建设中利用好侨台优势的建议》《关于加强侨亲对外联谊凝聚侨心侨力的建议》《关于借助世晋总平台，为晋江的再次腾飞作贡献的建议》《关于进一步做好华侨华人新生代服务工作的建议》4件议案进行答复，其中3件评议满意，1件基本满意。

【联谊交流】

2016年，市侨联保持海内外交流联谊。在“走出去”方面，先后派人参加菲律宾安海联乡总会、美国晋江青年联谊会、美国闽南亲友联谊总会及香港陈埭同乡会、香港安海同乡联谊会、澳门深沪镇同乡联谊会、香港福建同乡会、澳门福建青年会等海外及港澳社团换届庆典活动，通过联谊，扩大交流层面，传承思根恋乡情谊。在“请进来”方面，充分利用各种平台以及重大庆典活动、宗祠活动和公益慈善活动，热情接待回乡参加庆典、考察、访问交流、探亲等活动的众多海外及港澳台团体和乡亲。同时，引导海外侨亲捐资建设公益及文件建设等事业，共接待及参与接待旅外乡亲团组20多个。

加强与华裔青少年的交流互动。罗山、灵源、新塘、池店、东石及英林侨联分别与海外同乡会联合举办各自所属的海外华裔青少年寻根之旅活动，利用闽南传统文化和丰富的人文资源优势，邀请旅居海外的青少年回乡参观访问、寻根谒祖、学习交流，提高华裔青少年学习汉语和中华文化的浓厚兴趣，增强华裔青少年对家乡的认识，培养他们的爱国、爱乡意识。

保持对外日常联络。坚持做好日常联系，巩固对外联谊工作。元旦期间，向海外侨亲寄送贺卡800多份。争取做到每位侨亲新年收到来自家乡的第一张贺卡、第一句问候都是由侨联寄出的。在节假日以外，还十分注重海内外新老朋友的日常联系交往，共向海内外侨亲发送贺电、感谢信、唁电近60封，让广大归侨侨眷感受到晋江侨联永远是他们和谐、温馨、永久的“家”。

加强兄弟侨联横向交流。热情接待合肥市侨联、鲤城区侨联、福州市侨联、厦门大学侨联、长春市侨联、大连市侨联组织的交流访问团。通过与访问团的经验交流，加强双方各项工作的合作与交流，有效地实现特色互补，促进双方的相互合作和友好往来。

【护侨惠侨】

2016年，市侨联抓好维权工作。接待来访和信访案件9起，协调解决6起，其余案件协助解决中，内容涉及侨房购买、土地合同纠纷、生活困难及社会保障等多方面。市侨联对所有信访案件都热情接待、耐心疏导，能解决的及时解决，不能解决的也帮助联系有关部门，请求给予协调，有效维护侨界权益。

开展慰问走访活动。春节期间，配合上级侨联和市委、市政府对全市贫难归侨侨眷的慰问活动，将党和政府的关怀送到贫难侨的心里。继续向全市100户贫难侨发放著名旅菲侨领陈祖昌先生1000元/户的补助慰问金，向全市20名大学贫困新生发放5000元/人的祖昌助学金，把党和政府的亲切关怀送到贫难侨眷的心里。

开展侨情普查工作。将侨情普查列入重要议事日程，结合上级侨联工作，重点普查海外社团、贫困归侨侨眷、从事侨联工作20周年工作者的有关信息，征集到的海外社团信息145条，从事侨联工作20周年以上的工作者102人。与侨台外事局密切沟通，联合向基层发放调查摸底有关表格，力争实现建档立卡，做到精准识别，为精准扶贫、精准脱贫提供准确有力的数据支撑。

【基层组织建设】

2016年，市侨联促进基层侨联按时换届。加强对基层主席人选的指导和推荐，争取更多年轻化、热心侨联事业、具备较好社会影响力的侨眷或海外乡亲担任主席。12月27日，召开十一届六次全委会，补选庄晓芳为主席。英林镇、安海镇、东石镇、龙湖镇侨联分别召开第七次、第十二次、第九次、第八次归侨侨眷代表大会，顺利完成换届工作。

推动侨联上下的团结协作。坚持按

庄晓芳（左一）当选为市侨联十一届委员会主席

年度计划召开基层侨联组织会议，及时做好上级精神传达、工作部署和经验交流，保持侨联工作整体性和连贯性。3月15日，召开晋江市侨联十一届五次全委会，传达全国、省、泉州市侨联有关会议精神，并向全体与会人员汇报晋江市侨联2015年工作，部署2016年工作。1月15日、5月17日分别召开基层侨联主席工作会议，学习《福建省侨联关于进一步推进"'侨胞之家'建设年"活动的通知》《晋江市侨联关于规范基层侨联组织工作台账的通知》等文件精神，并部署相关工作。

开展"侨胞之家"建设。11个侨联组织被评为福建省首批"侨胞之家"。1月28日，中国侨联副主席乔卫到晋江深沪镇运伙村、金井围头村调研基层组织建设，乔卫表示晋江在基层侨联组织建设、"百侨帮百村·共建美丽乡村"等方面工作非常有特色、有成效，创造了许多值得推广的好经验、好做法，并高度赞誉"晋江的基层组织建设工作是全国做得最好、最棒的！"

（蔡婉婷撰　庄晓芳审）

·晋江市文学艺术界联合会·

【概况】

2016年，晋江市文学艺术界联合会（以下简称市文联）紧紧围绕市委、市政府工作大局，坚持"百花齐放、百家争鸣"的方针，切实履行"团结引导、联络协调、服务管理、自律维权"职能，认真带领全市各级文艺协会和广大文艺工作者，积极开展各种文艺创作、文艺展演、文艺交流等活动，加强文联自身建设，取得较好成效，促进晋江文艺事业的进一步发展。《文艺报》《福建日报》《泉州晚报》等媒体均报道或转载市文联文艺工作的做法和成绩，市文联被授予"中国楹联学会楹联文化创作中心"，并获"全省文联系统先进集体"荣誉称号。

【主承办全国性文艺活动】

2016年1月20—22日，市文联承办中国电视艺术家协会第五届四次理事会。会议回顾总结了中国电视艺术家协会2015年工作，安排部署2016年工作规划，中国文联领导夏潮、赵化勇等参加会议。市文联与主办、协办方通力协作，圆满完成各项议程和目标任务，活动结束后，中国电视艺术家协会向晋江市文联发来感谢信。

2月24—26日，与市文体新局、市文化馆共同承办"中国作家看晋江·五店市正月笔会"暨第二届晋江诗歌节。举办晋江诗群与晋江文学现象研讨会暨2016晋江新春文学恳谈会、乙未年海内外五店市人文笔会颁奖典礼暨2016年"五店市的故事"征文活动启动仪式、"大美晋江"诗歌音乐会等多场交流活动。中国作协领导陈峥嵘等出席活动。

3月26日，承办全国楹联教育工作会议。中国楹联学会领导蒋有泉、孙本胜、孙之贵、胡春奎等，晋江市委常委、宣传部长林惠玲，副市长史思泉，市文联、市教育系统党委主要负责人，全国各省市楹联学会负责人，相关学校负责人及教师代表等近200人参会。"晋江联教经验"在会上交流，并得到大会推广，中国楹联学会授予晋江市文学艺术界联合会"中国楹联学会楹联文化创作中心"。

4月25—27日，举办"海丝晋江"《诗

全国楹联教育工作会议在晋江召开

中国电视艺术家协会第五届四次理事会会议在晋江召开

刊》子曰诗社诗词名家采风活动。《诗刊》子曰诗社诗词名家一行10人走进晋江，开展“海丝晋江”诗词采风活动，分别走进龙山寺、石井书院、安平桥、草庵、五店市传统街区、城市展馆等考察交流，并于26日晚举行“海丝晋江”《诗刊》子曰诗社诗词名家采风座谈会，《诗刊》子曰诗社领导江岚等参加。

5月1—3日，与市文体新局、市教育局、梅岭街道办事处共同承办第三届中华灯谜文化节暨晋江市“品牌之都”国际校园灯谜精英赛、晋江市第七届校园灯谜赛。谜会设小学组、初中组、高中组、高校组、教师组、精英组等6个组别，参与人数超过400人，中华灯谜委员会多位领导出席活动。

9月21日，与市文明办共同执行第五届全国道德模范故事汇基层巡演晋江专场的演出事宜。中国文联副主席、表演艺术家刘兰芳等曲艺名家专程到晋江演绎模范精神，以接地气的艺术方式，生动再现道德模范的先进事迹。

【文艺展览】

2016年，市文联举办28场展览，各类展览精彩纷呈。个展方面，有洪志雄风狮爷百印展、李世乐书法作品展、吴华明摄影作品展、许竹敬“乡影溢彩”五店市手绘展、“文墨闲篇”吴志实书法艺术展、“黄永玉笔下的泉州”插图展等。书画摄影方面，有晋江艺术双年展、安海当代书法家作品展、晋江市楹联书法作品展、“海丝梦”泉州市书法家楷书作品巡展、大慈善家李五画传展、晋江市“和谐双拥”书法作品展、晋江市非公企业职工“笔墨话清风”廉政书法作品展、第十八届少儿美术、书法比赛优秀作品展、省政协“墨韵心声”诗书画联展、“菩提心·慈善情”主题百佛像剪纸作品展、晋江古今名人(部分)肖像剪纸作品展、晋江市第二届剪纸艺术作品比赛获奖作品展、“大美晋江·海丝风情”摄影展等。

【文艺比赛】

2016年，市文联组织26项文艺赛事、征集活动。为主举办“党在我心中”诗词征集、文明晋江书法作品照片征集、社会主义核心价值观楹联作品征集等，与泉州晚报社、市文体新局、市总工会等相关单位联合举办晋江市第六届悦读节之“书香晋江”第二届书评大奖赛、庆祝中国共产党成立95周年“激扬诗篇颂党恩”诗歌大赛、晋江市“灵水古村落”民间剪纸作品大赛、“故园诗情·追忆蔡其矫”征文活动、“海丝晋江”福建省报纸副刊征文大赛、晋江市“笔墨话清风”廉政书画比赛、“工会小故事”有奖征文活动、红军长征胜利80周年征文、晋江市“最美三农”晋江生态纪实摄影大赛、福建省第二届二胡比赛、晋江市“和谐双拥”书法作品征集、“红色记忆·闽南传承”诗词征集、晋江市第二届“城韵晋江”城市建设摄影大赛、晋江市第七届校园灯谜赛等活动。

【文艺交流】

2016年，市文联开展文艺交流60余场次。举办《开窗放入大江来》《穿越千年的邂逅》《夏季风》《星天的清响》等新书出版座谈会，“花开一场春宴 共谋文学新篇”——第三期晋江市作家沙龙、新春文学分享会，晋江市文学创作座谈会，韩小蕙谈散文——《从传统到新变》、杨少衡的“小说创作”“伊洛渊源与海滨邹鲁”等专场文学讲座，举办晋江优秀微电影新春展映会、“故园诗情·追忆蔡其矫作品朗诵会”暨“如何打造蔡其矫文化品牌”研讨会等主题会议；接待“中国文学名家看泉州”文学笔会采风团、中国作家协会“海上丝绸之路”采访采风团、北京青年美术双年展“一带一路”主题创作采风团、浙江省绍兴市文联文艺家赴晋江考察交流等主题创作采风活动；开展晋江作家安溪采风行、晋江摄影、文学汀州采风交流活动，市文联组团赴厦门观摩2016年“凤凰·鼓浪屿”诗歌节等；指导支持戏剧、剪纸、南音等下属协会对外开展文艺交流活动：市戏剧家协会部分会员赴港参加东区文化节交流活动、参加福建百折传统折子戏展演活动、献演2016(马六甲)世界闽南文化节、参加2017春节戏曲晚会节目录制，市剪纸协会参加桂东县2016年精准扶贫培训暨剪纸艺术培训活动，市南音协会组团赴澳进行南音艺术交流、东石镇南音社赴台开展文化交流活动。

【文艺惠民】

2016年，市文联开展志愿服务近40场次。成立33个文艺宣讲项目，不定期走进社区、学校、机关等进行文艺宣讲。与市文体新局联合开展“我们的中国梦，文艺进万家”福建文艺志愿者艺术团惠民演出，积极参加市委宣传部组织的2016年元旦春节期间集中性“三下乡”活动，开展春联、剪纸等文化下乡，现场赠送剪纸、春联。开展“到人民中去”文艺扶贫志愿服务主题活动，开展“海丝泉州年·邮礼送春联”义务写春联活动。组织剪纸进社区、进学校义务开展剪纸培训课程，支持下属协会举办暑假南音非遗文化传承特色公益培训，“正在开讲”摄影公益讲堂等志愿服务活动。与文体新局联合举办第十届南音演唱节，演唱时间为期半个月，演唱形式有南音清唱、南音小组唱、南音说唱、器乐合奏等。

【文艺成果】

2016年，市文联领导的下属文艺家文艺创作作品频频获奖。在“乙未年海内外五店市人文笔会”应征文学评选中，颜纯均的《五店市的文化根基》获三等奖，林娜、李伟才、李锦秋、王常婷、蔡安阳等作者获佳作奖；蔡建昌的漆画作品在2016中国工艺美术“百花奖”获银奖，木版年画作品《金猴闹春》入选首届全国农民画展；晋江少儿舞蹈《呛呛滚来好年冬》在国际国内比赛中数次夺金，获“第十二届福建音乐舞蹈节”舞蹈(群文组)金奖，在第八届“小荷风采”全国少儿舞蹈展演荣获“小荷之星”、表演金奖、最佳编导奖，“第九届中国——东盟青少年舞蹈交流展演”金奖；李相华、李伟才的文学作品获泉州文学奖；掌中木偶《龙山情缘》在第六届省艺术节中获得了剧目奖二等奖等。2016年，50多人次的文艺作品在泉州市级及以上的赛事中获奖。文艺著作迭出，文联单位组织出版或援助个人出版的各类文艺作品集30多本。文学有《凝固乡愁·晋江古村落速写》《被忽视的海丝八大商人》《平静地收获》等；美术有《蔡碧珍剪纸作品集》《大慈善家李五画传》；书法有《晋江市楹联书法作品集》《独庐文字》等；获奖作品集有《海丝茶魂》《灵水乡愁——“灵水古村落”全国剪纸大赛获奖作品集》等等。文艺会员作品发表于泉州市级及以上报刊的，有300多人次(件)。市文联被授予“中国楹联学会楹联文化创作中心”，并获“全省文联系统先进集体”荣誉称号，晋江市摄影家协会入选首届福建省十强摄影县(市、区)，洪群加入中国作协。

【文联平台建设】

2016年，市文联文艺平台建设取得新成效：编辑《晋江文联通讯》15期；协助编辑《晋江经济报》文艺副刊“五里桥”，出版50期；《晋江艺术》《晋江剪纸》正式出版；晋江文艺网站正式开通，定期更新文艺工作信息，宣传文艺成果，指导文艺创作方向等。

（连小妹撰 李伟才审）

·晋江市科学技术协会·

【院士专家服务】

2016年，晋江市科学技术协会（以下简称市科协）着力智力支撑，打造院士专家服务品牌。

实施创新驱动助力工程。在晋江经济发展的重要关口，围绕创新驱动发展战略，以创新驱动助力产业转型。借助中国科协、省科协及全国、省级学会的智力资源，广泛开展科技咨询、成果推广、协同创新和产业化服务，助力晋江企业创新驱动升级转型。对接中国纺织工程学会、中国农学会、中国农技协等国字号机构来晋开展合作调研，为产业发展诊断献策。3月，福建省科协正式把晋江列为“创建福建省创新驱动助力工程试点单位”。

推动院地合作项目落地。结合晋江市环保产业和生态城市建设需求，策划引进南京大学张全兴院士团队到晋江设立研究院，力争打造一批具有自主创新

第二届晋江市青少年科普剧表演大赛

能力和核心竞争力的企业，助推产业转型升级。市科协会同相关部门梳理全市环保产业需求情况，并就签订合作协议事宜与张全兴院士团队保持紧密联系交流。另外，为晋江市组建福建微电子研究院、福建省海西伞具研究院寻求合作对象，推荐专家人才，牵线联系北京大学黄如院士等专家，黄如院士有意就组建福建微电子研究院与晋江开展合作。

推动院士专家工作站建设。晋江市畅通企事业单位与院士专家合作渠道，根据企事业单位在生产经营中的技术升级需求，促成泉州理工学院、晋江市医院和兴业皮革科技股份有限公司成立院士工作站。全市组建省级院士专家工作站8家，引进院士9人、院士专家团队41人，开展合作项目16项。

【青少年科技创新】

2016年，市科协着力科学涵养，打造青少年科技创新品牌。

实施未成年人科学素质行动。面向全市中小学生和教师，开展电脑机器人竞赛、创新大赛、青少年Scratch编程竞赛、计算机奥林匹克竞赛和网页设计大赛等一系列科技教育活动，组织优秀选手参加全省、全国和国际性的各项竞赛。2016年，晋江市选手在各级科技竞赛中，获得全国赛奖项28项，省级奖项53项，晋江市实验小学还获2016WRO世界青少年机器人奥林匹克竞赛中国区总决赛创意赛小学组亚军，并代表中国参加11月在印度举行的第十三届WRO总决赛。另外，为广泛开展未成年人科技

晋江市全国科普日主题科普广场活动启动仪式

教育活动，在全市中小学校开展科技文化节36场，进一步扩大科学素质行动覆盖面。

打造特色科普活动。2016年，市科协在市戏剧中心木偶剧场成功举办第二届晋江市青少年科普剧表演大赛，19支小学代表队、13支中学组代表队参加比赛，参赛剧目内容涉及到环境保护、食品安全、垃圾分类、人体健康、生物学及植物学等基础科学知识，表演形式丰富多彩，有相声、小品、童话剧、快板、音乐剧等。以科普剧形式表达科普，让科普知识的传播更加生动有趣，更富有感染力。

举办青少年科技培训班。2016年春季、暑期、秋季分别在市青少年科技活动中心（市科技馆）举办电脑机器人、Scratch创意编程、科学影像等培训班，每期开设初级班、提高班和实战班等共12个班次，吸引1000多名中小学生参加培训。科技培训班课程受到广大青少年的喜爱。

加强科技辅导员队伍建设。2016年，先后举办电脑机器人裁判员培训班、科普剧大赛辅导讲座、科技辅导员创新大赛讲座、电脑机器人教练员培训班以及Scratch创意编程教练员培训班，共培训科技辅导员近500人次，进一步提高科技辅导员的科技指导能力。举办3期Scratch创意编程教学公开课及研讨活动，全市200多名小学信息技术教师参加研讨。研讨活动对Scratch与数学的融合教学作了有益的尝试，促进了全市小学教师对“Scratch与其他学科的整合”作进一步的教学思考与实践。

【科普惠民】

2016年，市科协着力基层科普，打造科普惠民品牌。

紧抓科普惠农工作。依托市农技协会开展农村实用技术培训。2016年，推荐2家单位和3位个人申报2016年福建省和泉州市“基层科普行动计划”项目，获得泉州市专项奖补资金5万元；举办实用技术培训6次，培训农民500多人次。

持续开展主题科普活动。开展“流动科技馆”巡展活动。面向全市基层学校常年开展“流动科技馆”巡展，推动科普资源的共建共享，丰富青少年学生课外活动。“流动科技馆”在全市各中小学、村(社区)开展巡展50场。全年开展科技“三下乡”活动。活动以发放科普宣传手册，移动科技馆展览，义诊等群众喜闻乐见的形式，让群众在活动中掌握科学知识、学习科学方法，分发科普资料近1万册、科普问卷3000多份，现场参与活动3000多人次。积极开展全国科普日活动。9月，市科协围绕全国科普日主题举办主题科普广场活动、青少年科普行动、社区电梯影视科普宣传行动、《我爱科学DV》节目播放、“互联网+科普”宣传行动等十大主题科普活动。其中，泉州市科协领导魏隆福、晋江市领导吴忠刘参加主题科普广场活动，在当天的微信直播现场活动中，12326人收看直播；9月10—13日，在“晋江科协”微信公众平台开展科普知识有奖答题活动，2000多名公众参与；制作科普日主题科普宣传片，于9月在晋江市25个社区及医院的350台梯视设备播放，宣传频次90次/天/台。

【科普场馆】

2016年，市科协着力阵地建设，打造科普场馆形象品牌。

推进科技馆展教更新。晋江市科技馆顺利通过国家科协考评，纳入国家确定的免费开放范围，每年将获得国家科协经费补助150万；市科协持续推进科技馆展厅改造展品更新，一楼大厅LED显示屏定期更新播放科普节目，二楼标本室展柜完成改造更新，第三展厅完成基础改造，新展品更新项目启动相关工作。科技馆展教内容得到进一步充实，营造更加安全舒适的参观环境，全年免费接待观众5.2万人次。

开展学校“创新实验室”创建活动。市科协联合教育局、关工委在全市各校开展“科学创新实验室”创建活动。经过实地考察，在综合考评各申报单位“科学创新实验室”筹建场所及建设方案的基础上，确定实验中学等8所学校为第五批学校“科学创新实验室”建设试点学校，全市累计创建50所。

成立“晋江市青少年创客空间”。为帮助中小学生实现自己的创意点子，培养创新后备军，市科协成立“晋江市青少年创客空间”。“晋江市青少年创客空间”建有“科学体验展厅”“青少年科学工作室”“机器人工作室”和“科学影像工作室”等活动场所，配备电脑机器人、Scratch创意编程、科学影像等活动的器材设备，并聚集一批经验丰富、朝气蓬勃的创客导师为青少年们提供实践指导与培训。

【科技服务】

2016年，市科协着力科普支点，提升组织服务水平。

推进企业科协建设。针对晋江经济发展模式和现状，着力凝聚非公有制企业科技工作者力量，不断探索新形势下企业科协建设的新路子，积极服务企业科技人才成长，服务经济社会发展。新增企业科协7家，推荐百宏公司科技人员裘大洪参评“全国优秀科技工作者”奖，推荐2人申报福建运盛青年基金会第二十届“运盛青年科技奖”，2人申报福建省第五届紫金科技创新奖，2人申报2016晋江市优秀人才培养专项经费资助，3人申报泉州青年科技奖，7人申报文创科技创新奖，6家企业申报泉州市专家工作站。

加强学会工作和学术交流。根据《社会团体管理条例》，认真抓好市直学会(协会、研究会)的建设和管理工作，督促学会按时完成换届、年检工作，鼓励学会不断聚集体制内外科技工作者、产业界优秀科技人士，指导市科协开展一系列服务经济社会发展的工作。各市直学会结合自身实际积极举办各种形式的学术交流和科普活动。如：晋江市护理学会举办纪念“5•12”国际护士节义诊活动；市科普创作协会和中医药学会联合编印4期科普报；老科技工作者协会开展社区义诊系列活动；科普巡讲团到机关、企业、学校举办科普讲座55场。

【科普工作创新】

2016年，市科协着力科普载体，创新科普工作形式。

实施大众传媒科技传播能力建设工程。充分利用晋江市科普短信平台，每月编辑一条短小精悍的科普短信随机发送到市民手中，每次发送2万余条；在《晋江经济报》开办“创建全国科普示范市在行动专栏”，为市民走进科普、了解科普提供一个良好的窗口。

推进“互联网+科普”建设。做好晋江市科普网站和科技馆网站维护工作，不断更新内容，为浏览者提供及时的科技活动信息；开通“晋江科协”微信公众平台，将科普教育有机嵌入大众生活当中，使公众觉得提升全民科学素质不再距离遥远。与晋江市中医学会合作推出中医健康养生栏目，提高公众对疾病、养生方面的认识，栏目每周三在微信公众平台推送。微信公众平台推送科普信息562条。

策划拍摄“我爱科学DV”系列节目。市科协联合市广播电视事业局组织，策划“我爱科学DV”系列节目，该节目以“探究科学·放飞梦想”为主题，是一档融知识性、科学性、趣味性为一体的探究性科普节目。节目共5集，于9月在晋江电视台《彩虹桥》栏目播出。

（施锦双撰　谢江漫审）

·晋江市台湾同胞联谊会·

【服务台胞】

2016年，晋江市台湾同胞联谊会（以下简称市台联会）围绕服务宗旨，把对台胞的深厚感情融入实实在在的服务之中，为台胞办好事、办实事，稳固“台胞之家”在台胞心目中的地位。积极争取台胞“两补”经费。向市政府申请核拨老龄台胞及困难台胞补助配套经费并获得批准，得以按“年满60周岁台胞”新标准发放老龄补助，老龄台胞、困难台胞补助金额提升一倍，全年为97名老龄台胞、17名困难台胞发放补助金70多万元。首次为老台胞进行健康体检，有40位非离退休老台胞参加，市台联会将该活动作为常规工作每年开展，并为老台胞建立健康档案。为方便中考台胞学生办理升学考试加分审批手续，原本由泉州市台联开具的台籍证明，改为由晋江市台联会开具，2016年，为参加中考的15名台胞开具台籍证明。

【交流联谊】

2016年，市台联会发挥对台窗口作用，推动两岸民间交往，在党和台胞之间发挥桥梁作用。联络乡情，深入开展晋台“同名村”活动。晋江与台湾的同名村众多，它们同名、同姓、同宗，根脉相连，缘深情长。6月，市台联会参加在厦门举办的第八届海峡论坛“同名村·心连心”“返乡之旅”活动中，组织台湾嘉义布袋镇（东石乡）参访团、新北市西盛里许厝参访团回到东石镇嘉应庙以及安海镇前埔村许厝祠堂拜谒先祖；经多次与梅岭街道许厝社区（同名村对应台湾云林县麦寮乡许厝寮）两委、老人会座谈及酝酿，12月，阔别故土300多年的台湾云林县麦寮乡许厝寮许氏宗亲首度回到晋江拜谒先祖，与梅岭街道许厝社区进行族谱对接，参观许厝村旧城改造项目。打造“中华情　两岸缘”新生代台胞结对联谊品牌活动。10月13日，市台联会组织晋江市首届“中华情　两岸缘”新生代台胞结对联谊活动暨晋台中学生足球邀请赛。来自台湾宜兰高级中学、台湾台北中正高级中学、晋江市永和中学、侨声中学的4支中学生足球队参加该活动。省台联会副会长、泉州市台联会会长陈严辉，晋江市领导黄文福、李自力等出席开幕式，黄文福为足球邀请赛开球。本次活动除足球赛事外，还安排晋台新生代台胞素质拓展、联谊结对等活动以及参观晋江城市展馆、科技馆、洪山文创园、台资企业等，并特地安排台湾中学生到晋江台胞中学生家中做客，热情接待，深挖涉台交流联谊资源。参加正月十五元宵节在东石镇举行的“两岸宗亲座谈会”并出席东石灯俗“数宫灯”“春祭”仪式，体验闽台习俗，与带队参加灯俗的台湾“一国两制”研究协会理事长蔡武璋交谈，策划交流活动项目；与泉州市台联会共同举办华侨大学台湾大一新生的“同乐汇”活动；主动接待台北市晋江同乡会、高雄市泉州晋江同乡会、高雄市闽南同乡会返乡台胞以及台湾彰化县大崙村参访团。在鞋博会期间，接待台湾区制鞋工业同业公会、台湾青出联谊会一行人；并利用清明期间台胞回乡祭祖之机，主动接待，与返乡台胞拉家常，清明节前后，接待6个团130多人。拜访泉州市台资企业协会晋江联谊会、晋江市台属联谊会、晋江市晋台民间交流协会，共同交流晋台经济文化发展情况，就如何做好服务台胞台商工作、引导岛内青年回大陆就业、创业展开讨论。

晋江市“中华情 两岸缘 ”新生代台胞联谊结对活动暨中学生足球邀请赛开幕式

【学习培训】

2016年7月17—22日，市台联会会同市委统战部、市委党校举办晋江市2016年优秀中青年台胞培训班，该活动是全省县一级首次以台湾同胞为主要培训对象的培训班。学员是由涉台单位和台胞家族推荐的骨干分子，培训内容包括理论专题讲座、现场教学、分组讨论和班部联谊活动等；专题讲座涵盖台湾文化、台海局势等；现场教学安排参观闽台缘博物馆、安踏公司、城市展馆、平潭综合实验区台商创业园等。培训期间，岛内台胞与在晋江居住的台胞积极联谊沟通，交流彼此在学习、工作和生活中的点滴。同时，为进一步加深台胞对台湾历史、文化、经济等方面的知识储备，同时增进台胞间的了解和联络，市台联特开设“同心讲堂”，活动内容分为两类，一是邀请在涉台方面卓有建树的专家、教授讲授台海交流、台湾历史等方面内容；二是邀请有阅历，或有特殊经历的台胞讲述自身或本家族的经历和故事。9月，该讲堂首次开办，由晋江市文保中心主任、晋江市博物馆馆长吴金鹏研究员讲授《晋台五缘关系》。

（蔡菁撰　吴朝晖审）

·晋江市残疾人联合会·

晋江市第五届残疾人就业招聘会暨残疾人艺术作品颁奖仪式

【概况】

2016年9月，晋江市人民政府残疾人工作委员会获"十二五"期间"全国残疾人工作先进单位"称号。晋江被列入全国、全省政府购买残疾人服务试点单位和全省社会组织扶残助残示范点，晋江市残疾人联合会（以下简称市残联）以此为契机，以市委、市政府"春风计划"和"四帮四扶"工程为载体，充分发挥扶残助残社会组织作用，不断健全政府购买残疾人服务机制体制，扎实推进残疾人"两个体系"建设，携手残疾人与全市人民共奔小康。

【扶残助残政策措施落实】

2016年，市政府、市政府办分别出台《关于加快推进残疾人小康进程的实施意见》《关于发放2016年困难残疾人生活补贴和重度残疾人护理补贴的通知》。市残联落实"春风计划"，对轻度、重度残疾人参加新农保给予每人100元、200元的补助；免收残疾人参加新农合个人参合费130元；为残疾人购买意外伤害保险，每人20元；为残疾人每人发放300元生活保障金；开展节日慰问、临时救助，帮扶88名残疾人，发放一次性临时价格补贴，共投入1800多万元，受益残疾人近12万人次。实施"四帮四扶"工程，市残联率领工作组入户核查30户受助对象家庭情况，制订帮扶措施，市残联机关挂钩帮扶5户"四帮四扶"对象。连续7年开展一助一帮扶活动。市领导和市直各单位每年挂钩帮扶100名残疾人。

【康复服务延伸】

2016年，市残联坚持开展康复救助服务。实施重度残疾人居家托养和机构托养项目，补助215名重度残疾人；推进残疾儿童康复救助工程，补助99名在机构接受康复训练的残疾儿童，实现本市0—14岁残疾儿童康复救助全覆盖；实施"复明、助行、助听"工程，免费为160名白内障患者进行手术；免费适配284件假肢、矫形器、轮椅等辅助器具；免费赠送110件助听器；继续实施政府购买重度残疾人居家养护家政服务，为503户重度残疾人提供康复护理、生活照料、居家保洁、精神慰藉、人文关怀等优质居家养护家政服务。建设残疾人康复设施。新建晋江市残疾人辅助器具中心，引进福建省假肢中心专业技术，对原有场所、设备进行更新改造，为本市残疾人提供服务；新建5个村社区残疾人康复站，完善市镇村三级康复服务网络，让残疾人能够得到就近康复服务。普及宣传康复知识。在全国"爱耳日"和"爱眼日"期间，联合树兰医疗集团、市医院开展义诊和耳聋防治、白内障诊疗等康复知识讲座。

【残疾人就业创业帮扶】

2016年2月26日，市残联组织150多名就业年龄段残疾人参加市委、市政府主办的晋江市"春风行动"公益招聘会。5月16日，首次由市委、市政府举办，市人社局、市残联共同承办"晋江市第五届残疾人就业招聘会"，55家企业和用人单位、400多名适龄残疾人参加，其中恒安、安踏、浔兴、浩沙、贵人鸟、明伟、集成伞业等7家上市公司首次参加，并为残疾人量身定制专门的岗位。当天达成初步就业意向155人次。落实省委省政府为民办实事项目，扶持55名贫困残疾人开展就业、创业、生产经营等项目。采取政府购买服务方式，委托市特教学校、市自强自立残疾人服务中心开办5期服装裁剪、五金包装、烹饪、美容美发培训班，培训残疾人120人次。残疾人就业保障金征收稳中有升，全年征收5230万元。

【残疾人教育文体工作】

2016年，晋江残疾学生首次站上国际舞台，11月，经市残联推荐，市特殊教育学校学生洪晓银作为福建省唯一选手，代表中国参加"第六届全球残疾青少年IT挑战赛"，获组委会颁发的"成就奖"；选送8幅残疾人优秀艺术作品参加省残联、省美术家协会、省书法家协会联合会举办的2016年"第六届闽台残障人士书画作品展比赛"获2个三等奖；选送8幅优秀残疾人文化艺术作品参加"绽放生命之花·唱响文化助残"泉州市2016残疾人艺术作品展，获一金、三铜、两优秀和一入围的佳绩。新建5家村、社区残疾人福乐书屋，该项目纳入2016年市委、市政府为民办实事项目。体育运动稳步发展，5月，受泉州市残联委托，晋江市残联以市特殊教育学校学生为代表组建泉州聋人足球队，在"2016年福建省聋人足球选拔赛"获三等奖，且有5名队员入选省残联集训队。

【维权工作创新】

2016年，政协第十三届晋江市委员会增设社会福利与社会保障界别，市残联理事长入选政协委员并当选政协常委，为残疾人诉求新增渠道。市残联理事长两次轮值接听市长热线，当场解答7件，7件按期办结，让残疾人朋友们的诉求件件有着落，事事有回音。法律援助有新举措，聘请福建天衡联合（泉州）律师事务所担任市残联机关日常法律顾问，为全市残疾人提供咨询、代书、调解、申请司法救助、残疾人维权等法律服务。开通法律援助网络服务平台，承接全市“12345便民服务平台”的残疾人便民服务事项。在市社保中心开通“绿色通道”服务残疾人，专人专岗为残疾人提供办证、信访维权、政策咨询等服务。针对电信网络诈骗涉及残疾人的新问题，先后邀请市公安局、中国联通防诈骗专家作防诈骗专题辅导讲座；连续5天在《晋江经济报》刊登防诈骗公告。

【政府购买服务】

2016年，市委、市政府先后出台《关于印发<晋江市推进基层服务社会化试点工作方案>的通知》《关于推进政府购买社会组织服务的实施意见》《关于进一步加快推进民办社社会工作服务机构发展的实施意见》等多份重要文件，市财政安排政府购买残疾人服务专项资金给予大力支持。购买项目覆盖残疾人康复辅具配置服务、残疾儿童抢救性康复服务、残疾人照料服务、残疾人就业培训与岗位提供服务、残疾人家庭无障碍改造服务等五大类18小项，涉及社会保障、法律服务、婚恋辅导等领域。首次购买残疾人法律服务和家庭无障碍设施改造项目。政府购买残疾人意外伤害保险、婚恋辅导、重度残疾人居家养护家政等项目在中残联、省残联刊物和网站报道推广；市残联在全省残联和2次在泉州市残联重要工作会议上作政府购买残疾人服务和联络员管理工作典型经验发言。

【志愿助残服务】

2016年，晋江市在原有70家扶残助残社会组织的基础上，新增市精神残疾人亲友协会、永和镇玉溪村残协、陈埭镇洋埭村残协等5家社会组织，广泛参与残疾人康复、托养、教育、培训、就业、婚恋等系列扶残助残服务，初步形成“政府主导、社会参与、公办民办并举的残疾人事业发展格局”。5月13日，市领导王金战率领市民宗局和佛教、道教、伊斯兰教、基督教等宗教界知名人士走访慰问市残联，并捐赠晋江市“爱心助残工程”轮椅110部，价值6万元。2016年春节、全国助残日、爱耳日等主题活动期间，市红十字会、天缘传承TS7团队、市仁爱慈善协会、市残联助残服务队等扶残助残组织先后开展助残志愿服务活动达37场，受益残疾人1000多人次。

【残疾人基础管理】

2016年，晋江市全面完成残疾人动态更新工作，对全市393个村（社区）、38207名残疾人进行调查和信息录入，完成率100%。调整镇级残疾人联络员岗位津贴标准，由2500元/月提高至3000元/月，充分调动工作积极性。承办泉州市残疾人联络员管理工作经验交流会，晋江市残联在会上作经验介绍，有力推动联络员队伍建设再上新台阶。举办2015—2016年晋江市基层残疾人联络员培训班，加强基层残疾人联络员队伍管理，提升残疾人联络员队伍的综合素质和服务水平。

【考察交流】

2016年，市残联理事长随同福建省残疾人工作考察团赴台参加“海峡两岸残障社会组织”研讨会，同时台湾伊甸福利基金会到晋江互访，交流经验；新疆昌吉州残联、内蒙古兴安盟和河北沧州市南皮县等省内外10余个兄弟残联到晋江考察，交流经验。

（林旺荣撰　蔡尚才审）

·晋江市国际贸易促进委员会·

【展览服务】

2016年，市贸促会积极贯彻市场多元化、“一带一路”、服务贸易发展等战略，在境内外组织企业抱团参展，努力为企业提供更多贸易合作机会。

提升展览服务水平，帮助企业开拓国内国际市场。全年组织808家企业975.5个摊位参加意大利、美国、德国、日本、泰国、印尼、越南等10多个国家和地区的24场境外国际知名展会，涉及服装、鞋、玩具、文具、汽配、工程配件、婴童用品等行业。

立足带团出展，做到服务全方位，突出晋江市“抱团”出展整体形象。积极参与招展、带队出展、集中参展区域、统一形象，其中，广东及上海玩具文具及婴童用品展、香港内衣展、德国慕尼黑户外体育用品展、美国拉斯维加斯服装和鞋展、德国杜塞尔多夫鞋展、成都汽配展、上海法兰克福汽配展等属于市贸促会自主招展的展会，并成为市贸促会常年助推的固定展会。

积极考察符合晋江市行业特点的各类专业展览会。重点考察广交会（春秋两季）、福州体博会及针对每年的鞋博会对台湾进行经贸考察等，了解相关行业企业对展览会的诉求。积极回访参展企业，对参展企业的要求进行修改梳理，力争服务到位，并积极探索新兴行业的参展意愿，力求开拓新的展览市场，如：纺织机械、鞋机行业企业等。

【法律服务】

2016年，市贸促会共签发原产地证书12072份，涉及100多个国家和地区，遍及亚洲、欧洲、非洲、大洋洲、南美洲、北美洲。出具国际商事证明书448份；代办使领馆认证415份，代办文件种类包括用于通关结汇的商业单据、各类涉外商贸活动文件及其他与涉外商贸活动相关需办理领事认证的文件，涉及20多个国家和地区；签发优惠原产地证书1343份，新增注册企业47家。

全面推进电子原产地证工作，推动原产地证电子数据跨境传输，提高服务效率。新版一般原产地证书采用二维码防伪标识、防复印区域等技术措施，是履行国际协定、增强防伪安全、提升服务效率的体现；CA证书保障企业信息安全，维护贸促会网络签证平台的稳定性，使贸促会系统对企业的服务更规范、更丰富、更便捷。至11月底，市贸促会183家企业使用CA数字证书。

贯彻落实《财政部国家发展改革委关于取消、停征和免征一批行政事业性收费的通知》的通知，全年共签发10338份原产地证，免征金额361830元。

建立经贸摩擦应对机制，及时转发《经贸摩擦预警信息快报》，维护企业正当权益，更好地服务政府和企业。目前，市贸促会共转发信息快报63期，帮助相关企业密切关注事态进展情况，提早预防，做好必要的应对准备。

【交流合作】

2016年，市贸促会紧紧围绕政府关心、企业关切、社会关注的热点焦点问题，深入开展经贸调研，及时向各级政府部门反映企业呼声和诉求，提出有深度、可操作的政策建议，为有关部门决策提供参考，为企业营造良好营商环境。

邀请泰国商业部部长顾问和亚洲国际贸易投资商会会长到晋江市进行友好访问，并洽谈参加“2016东盟(曼谷)中国进出口商品博览会”等合作事宜，进一步深化晋江与东盟的经贸交流合作。

组团赴泰国、柬埔寨进行项目洽谈对接，筹划在当地设立经济交流中心及布局海外仓合作事宜，宣传推介晋江投资环境和第十九届中国(晋江)国际鞋业(体育产业)博览会，争取东盟、一带一路等国家企业、客商参加第十九届鞋(体)博会并到晋江投资创业。

邀请和接待中国轻工业协会、中国皮革协会、中国皮革和制鞋工业研究院、菲华鞋业联合工会、台湾制鞋工业同业公会、台湾机械工业同业公会、台湾贸易中心等多个团体、组织及来自美国、英国、意大利、德国等70多个国家和地区的数万名客商，扩大交流与合作，助推企业“走出去”拓展市场。

率团赴广东省揭阳市考察，交流学习揭阳鞋业商会服务企业的先进做法和经验，探讨双方加强合作、促进两地鞋企对接以及下一届鞋博会合作等相关事宜。

积极参与闽西南贸促机构联席会，就如何加强资源整合和信息共享、促进跨境电商发展、抱团开拓国际市场、重大经贸活动配合支持、境外客商相互推荐等事项与兄弟分会开展交流合作。通过加强与贸促总会、兄弟分会和国内外商协会的联系，拓展合作空间，拓宽外联渠道。

【晋江市贸促(中欧)经济交流中心】

2015年，设立晋江市贸促(中欧)经济交流中心。2016年，欧洲品牌竞相入驻。借鉴上届食品交易会取得的经验，中心继续向组委会申请设立欧洲馆，展位面积135平方米。多家欧洲百年品牌争相入驻，与上年相比参展企业增加5家，其中包含柏卡莱集团(Brazzale)、特德斯科(Tedesco)、帕拉迪索(Paradiso)、Balistreri、新吴布尼瑞德(Grissitalia)、托提尼(Todini)、特奥科斯塔酒庄、罗马骑士、佩斯利饼干工厂(Piselli)、卡尔迪罗拉、科黎魏砕提尼等欧洲公司。通过统一特装展区，陈列欧洲古法酿造红酒、阿尔卑斯矿泉水、意式传统烘焙、古典奶酪等热销产品，高品质的产品深受境内外采购商喜爱，同时提升展会的品位。

展会期间，据统计，欧洲参展企业取得意向成交额突破2000万元人民币。仅展览第1天TONIDI酒庄取得了两笔大订单；PISELLI食品企业也取得广州经销商签署中国区域的代理权。此外，意大利团组在欧中食品文化交流协会呼里也提•哈斯木秘书长陪同下，走访盼盼集团、久久王、福马、东石镇企业等数家晋江食品知名企业，不仅为现有设备技术提供指导，还与部分企业达成意向合作项目。其中福马意向引进grissitalia面包棒技术意向合作；意大利最大连锁商超COOP，拟设立晋江产品专区，采购包括盼盼食品在内的晋江休闲食品及鞋服、东石镇雨伞等，促进晋江传统产业走向欧洲市场；意大利食品参展商LUCA CERIANI 参观东石的泉州大和金属包装制品有限公司，对其包装盒非常感兴趣，意向采购出口欧洲；参观久久王公司并针对2015年免费提供维修帮助进行回访。

为搭建中欧交流对接平台，共促晋欧两地经贸交流。中心继续联合欧中食品文化交流协会于展会同期举办第四届欧中食品文化艺术节大型配套活动，邀请市领导、意大利客商及各地重要采购商参会，获得社会各界好评，进一步促进两地友好城市深度合作。在中心的引荐下，晋江食品行业协会将于2017年5月组织辖区内食品企业赴欧洲考察，欧洲方面将协助参会企业了解国际食品产业发展新趋势，促进本地企业与欧洲工艺技术及采购意向合作，为晋江本土企业提供转型升级的好契机，继续递交两地友好往来名片。

(林子文撰　蔡育树审)

·晋江市计划生育协会·

【概况】

2016年，晋江市计划生育协会(以下简称市计生协会)围绕中心，从群众工作的特点出发，开展“四联创”活动，重视抓好基层群众自治“六好”示范村(社区)建设；健全组织网络，依托晋江商会组建计生协会；以项目实施为契机，拓宽服务领域，先后实施“五大工程”及生育关怀项目，把计生工作落实到千家万户，为有效地促进人口计生工作的稳步发展，做出应有的贡献。

【计生协会制度建设】

2016年，市计生协会定期召开会长办公会、镇(街道)计生协会会长工作例会学习泉州市委、市政府《关于在全面两孩政策环境下进一步加强计生协会工作的若干意见》，并制订下发《中共晋江市委、晋江市人民政府关于贯彻落实〈中共泉州市委、泉州市人民政府关于在全面两孩政策环境下进一步加强计生协会工作的若干意见〉的实施意见》，落实卫计局局长兼任协会副会长，协会常务专职副会长兼任政协第十三届晋江市委员会委员。配强镇(街道)计生协会专兼职人员，下发《关于进一步加强镇(街道)计生协会建设的通知》《关于优化整合妇幼保健和计划生育技术服务资源有关机构编制事项的通知》两份文件，明确编制来源和人员数量，同时村级常务副会长工资待遇由600元/月提高到900元/月。

【争先创优活动】

年初，晋江市召开“四联创”培训会学习创建标准和要求，3月，组织对镇(街道)和企业计生协会进行指导督查，共创建先进镇级计生协会12个，达标率63.16%，在省计生协会“四联创”先进县级计生协会评估验收工作中排名第二。全年共认定110个村(社区)为“六好”示范村(社区)，经验做法在泉州市计生基层群众自治工作经验交流会上做介绍。

【流动人口计生协会建设】

2016年，市计生协会指导镇(街道)创建流动人口计生协会示范点，成立志愿者服务队，12月，在英林镇召开经验交流会，相关做法在全国和省计生协会工作经验交流会上做典型发言，乔丹体育股份有限公司计生协会被确定为国家级企业计生协会示范点，2家企业计生协会被列为泉州级示范点，另有27家企业计生协会被确定为晋江市级示范点。编制异地计生关爱网，相继指导福州、长沙等19个省级晋江商会组建省级异地计生协会，给予每个协会3万元作为生育关怀基金启动资金，帮助计生困难家庭。

【宣传服务活动】

2016年，市计生协会开通“晋江计

学习宣传中国计生协第八次会员代表大会精神暨安海镇精准帮扶计生困难家庭启动仪式

生协会”微信公众平台，相继开展“时间去哪儿”主题活动等专栏，全方位展示协会工作。组织各镇（街道）参加中国计生协“全面二孩”政策文艺作品征集活动，依托侨乡之声开展有声宣传，解说全面二孩政策，邀请二女户做客采播厅分享故事。打造宣传教育品牌。邀请《中国人口报》《人口之声》等6家媒体，实地采访晋江市“购买社会工作，服务失独家庭”工作，向各界展现协会作用和工作成效，《晋江市帮计生特殊家庭建温暖“生活圈”》等相关新闻稿件在上述媒体重要版面报道。精心组织主题活动。召开贯彻落实中国计生协会第八次会员代表大会精神暨全市计生协会工作会议，组织会员学习贯彻中国计生协会“八代会”及中共中央总书记习近平和国务院总理李克强重要指示批示精神，并就做好“六项工作任务”进行部署。利用“5•29”全国计生协会会员日等重要节日，组织开展各种形式多样的宣传服务活动。联合安海镇举办“学习宣传中国计生协第八次会员代表大会精神暨安海镇精准帮扶计生困难家庭”启动仪式，发动社会爱心团体为“计生困难家庭精准帮扶资金”募捐，组织协会会员举行“计生协会一家亲•携手共筑爱心城”大型文艺汇演和“计生嘉年华”系列游园活动，现场共募集50万元扶贫资金，与12户计生困难家庭建立结对帮扶。携手英林镇在新宇拉链织造有限公司举办“英林心家庭驿站”“青少年健康发展服务中心”“英林心四点钟学校”揭牌仪式和有奖趣味游园活动。

【关怀服务项目】

2016年，市计生协会先后投入50万元救助金资助100户困难计生家庭，帮助208户计生户获小额贴息贷款共1263万元，奖励659名二女户大学生共计117.5万元，帮助困难学生申请助学金651人次89.63万元，投入1084万元解决241户住房特困计生家庭居住问题，为33648户计生家庭投保意外伤害险。通过技能培训、吸纳就业、捐资助贫等多种方式推进计生家庭精准扶贫工作。联合市人社局、紫帽镇在紫帽中学举办首期计生家庭SYB创业培训班，培养学员25名。实施“阳光•暖心港湾”失独家庭服务项目，依托阳光家庭服务中心，为失独家庭提供精准化、个性化的“关爱小组”志愿服务项目。完善71户个案档案，构筑失独个体微生态圈，全覆盖逐户访谈，满足失独家庭“微心愿”。举办女性健康知识巡回讲座8场，依托“夕阳红”生殖健康志愿服务队进村入企开展关怀妇女生殖保健活动29场，免费检查治疗群众2172人次，发放各类宣传材料1.4万多份、安全套4000多只。

（周达撰　王立民审）

·晋江市红十字会·

【概况】

2016年，市红十字会深入社区、企业和学校进行宣传发动，加强镇（街道）、村（社区）、学校中的红十字基层组织建设，扩大红十字会员队伍。先后成立晋江市金井镇围头村红十字会、晋江市红十字会海尾江上救援服务队，全市共有红十字基层组织43个，红十字会会员16416名，红十字基层组织进一步得到巩固发展。

【红十字博爱活动】

2016年元旦、春节期间，市红十字会组织开展“红十字博爱送万家”活动，筹集救济款物9万多元，深入农村，向213户生活特困户、残疾人、社会孤寡老人和生育关怀对象送去红十字会的温暖。5月8日前后一周，市红十字会在全市范围内开展“红十字博爱周”主题系列活动。与晋江经济报社联合，举办应急救护技能培训班；与市残联、探索者TS7团队联合，开展“关爱生命•爱心助残”公益活动，募集救助款2.5万元，深入残疾人集聚地进行慰问；组织红十字志愿者义诊队在市老人活动中心开展义诊活动。

市红十字会利用报纸、电视等传播媒体，广泛开展大病救助宣传，到社区、农村，为群众答疑解惑；主动到行动不便的重特大疾病患者家中现场办理申请，及时对获得救助的对象进行入户回访；认真审核申请材料，抽查并报送至上级红十字会，确保零差错零退件。2015年度，全市共有符合申报条件的大病患者64人，获得救助款56.4万元。

【无偿献血与器官捐献】

2016年，市红十字会认真依照红十字会法和献血法赋予的工作职责，继续参与全市无偿献血的宣传发动、组织协调和后勤保障工作。深入到全市各镇和街道开展公民无偿献血活动。组织市红十字志愿者无偿献血服务队，坚持每月一次的街头无偿献血活动，积极推进晋江市无偿献血组织工作由指令计划向公民自愿参加的转变。全年全市公民参加无偿献血人数达到15526人次，献血量3105200毫升，确保全市临床医疗用血100%来自无偿献血。

市红十字会积极开展遗体与器官捐献宣传工作，利用“5•8”世界红十字纪念日和文化、科技、卫生三下乡等时机，深入农村积极宣传遗体和器官捐献这项崇高的奉献行为。2016年，志愿者谭双林、龚玉群实现器官捐献，志愿者盛明飞实现眼角膜捐献。

【救护培训】

2016年,市红十字会在全市范围内持续开展“博爱家园——红十字应急救护志愿服务进社区”活动。组织志愿者深入社区,通过红十字救护员培训班的形式,对全市各街道110名社区工作人员、社区居民等进行培训和演练,使其了解和掌握基本的红十字应急救护知识和技能。与晋江经济报社联合开展现场救护知识普及活动,为40多名群众免费传授急救技能。对来自电力、酒店、民航等系统和外资企业的145名员工开展现场急救培训。

11月20日,市红十字会与市总工会联合举办“安康杯”红十字应急救护培训班,对市经济开发区内所属企业100名分管安全生产工作的领导、工会主席、劳动保护监督检查员、车间主任(工段长)、班组长等对象,按照推广应用应急救护的要求组织进行培训,在职工中普及红十字应急避险和自救互救知识和技能,提高自我保护能力。

【青少年生命教育活动】

市红十字会加强对学校红十字会的指导,深入开展福建省红十字体验式生命教育活动。磁灶中学红十字会在2016年5月份开展“感恩母亲节”系列活动,发出《感恩母亲、学会做人》的倡议,同时利用班会课时间召开以“母爱至上、母亲伟大”为主题的主题会,唤醒同学们的感恩之心。侨声中学红十字会组织学校爱心义卖“跳蚤市场”,募集爱心救助基金;市红十字会走入学校举办5场红十字会知识和现场急救讲座,普及现场急救技能,传播红十字运动基本知识。

【两岸突发事件协调处理】

2016年,市红十字会通过与台湾、金门红十字组织等多方协调联系,索回被扣的晋江市渔船2艘,挽回经济损失60多万元。4—5月,晋江市相继有1名渔民和1名老人落水身亡,尸体漂流至金门。市红十字会从人道主义出发,与金门县红十字组织紧密配合,协助2名遇难者家属前往金门处理善后。

【两岸交流与往来】

2016年,市红十字会通过举办“携手红十字•走进品牌之都”金门大学赴晋江企业研习活动,帮助130名金门大学生走进晋江企业,了解企业生产及营销状况;协助金门金城国中、金门农工高职学校、金门县老人权益促进会等单位前来晋江市参访联谊;10月,台湾新竹县红十字组织会长姚琼珠带领该会理、监事一行24人到市红十字会参访交流,双方就两岸红十字组织在备灾救灾、水上救生救护、社会救助服务等方面开展合作的事宜进行探讨,并对联合开展2017年两岸红十字青少年夏令营达成一致的共识。

【两岸水上救生交流】

2016年,市红十字会按照《晋江—金门红十字会合作交流备忘录》的约定,在金井镇围头村和陈埭镇海尾村等两个不同水域,开展2期两岸水上救生交流活动,邀请台湾红十字组织水上救生高级教练协同参与,通过模拟各种水上意外事故开展施救演练,努力提升晋江市红十字志愿者的水上救生能力。

【两岸青少年夏令营】

2016年7月22—26日,市红十字会与金门县红十字会在晋江市侨声中学举办第十一届晋江—金门红十字青少年夏令营活动,邀请台湾新高雄市、新竹县、花莲县等地红十字青少年,以及福建省红十字会对口支援的宁夏回族自治区红十字会5名学生共同参与,营员120人。两岸青少年通过参加水上和应急救生训练、参观市博物馆、市科技馆和游览五店市传统文化街区,掌握水上救生知识和现场初级卫生救护技能,增进对中华民族传统文化的认知,亲身感受侨乡晋江经济社会发展的脉搏;通过“破冰行动”和文艺联欢晚会,相互开启心扉,交汇思想,增进友谊,培养团队协作的精神。

【志愿服务】

2016年初,市红十字会指导内坑中学红十字会开展“情暖回乡路”春运志愿服务活动,组织42名红十字志愿者前往晋江火车站,为还乡的旅客端茶递水、购买车票、搬运行李,用微笑和实际行动温暖回乡旅客。市红十字志愿者协会深入到全市3个镇(街道),开展“关爱老人,关注健康”义诊活动,义诊1000多人次,送药价值3000多元。市红十字会围头海上救护队,义务为广大游客提供海上游泳安全的救护工作,救护7名失足落水游客,帮助旅客找回3名走失儿童。

【志愿者获表彰】

在2016年全市社会服务“四个十

2016年第十一届晋江——金门红十字青少年夏令营

“听党话，跟党走——老少同歌共产党”文艺汇演

佳”的推选活动中，市红十字会志愿者孙芳义、吴聪敏获晋江市“十大最美志愿者”称号；市红十字志愿工作者协会、市红十字会围头海上救护队获晋江市“十大最佳志愿者团队”称号。市红十字会志愿者杨思彪入围晋江市“十大最美志愿者”评选范围。

【爱心募捐】

2016年2月6日，永和镇红十字会在坂头村东堡老人院举行为肝硬化患者许建平募捐活动。一个上午的时间，便收到来自社会各界善心人士的捐款44371元。活动结束后仍有善心人士持续通过网络捐款、现金捐款等形式继续捐助，整个活动共筹集治病善款138774.39元。3月8日，永和红十字会的志愿者联合八闽永不散爱心扶贫群到坂头村和英墩村继续为肝硬化患者许建平进行募捐活动，筹集25276元。2016年，永和镇红十字会还先后为心脏病患者王诗双、大火烧伤患者蔡清顺、白血病患者沈龙生、急性肝衰竭患者黄培猛等人募得医疗费用259080.88元。

（曹荣山撰　陈小妮审）

·晋江市关心下一代工作委员会·

【概况】

2016年是晋江市关心下一代工作委员会（以下简称市关工委）“基层工作年”收官之年。为加强关工委组织建设，市委调整市关工委成员，各镇（街道）党委（党工委）和教育系统党委亦调整基层关工委37个，新成立关工委组织59个。全市关工委组织695个、参加关工委总人数8446人。

开展“两史”“三爱”教育主题活动，注重家庭、家教、家风建设，编发《最美孝心少年事迹选》并开展读书活动和征文比赛，并将获奖文章汇编《感悟集》。举行第三届“关爱明天·普法先行”普法教育启动仪式，组建“晋江市青少年普法教育宣讲团”。市关工委连续16年被中国关工委授予“宣传工作先进集体”称号，市教育系统关工委被省教育系统关工委授予“2016年全省教育关工委先进集体”，养正中学、晋江一中、平山中学关工委获“泉州市教育系统关工委基层创建‘五好’关工委先进集体”，泉州市关工委报送新侨中学关工委为“全省‘五好’基层关工委先进集体”，全市达标“五好”关工委90个。

编发《关心下一代简报》12期2760份、宣传资料4种1.2万份，汇编《颂歌献给共产党》歌曲集（95首）5000册、《最美孝心少年事迹选》4000册、《最美孝心少年事迹选》读书活动征文比赛获奖文章汇编《感悟集》4000册分发机关单位、村（社区）、学校。还赠送“青少年社会教育活动中心”，中宣部、教育部、共青团中央向青少年推荐的“百种优秀图书”（全套434册、7660.5元）。征订《中国火炬》杂志610份、《关心下一代》杂志25份，分发基层关工委。

【“两史”“三爱”主题教育】

2016年，市关工委开展纪念中国共产党成立95周年和红军长征胜利80周年为主题的“两史”“三爱”教育活动。依托晋江五中、晋兴职校和金井镇围头村党支部、关工委、青少年社会教育活动中心，分别组建“晋江市关心下一代工作委员会‘三爱’教育基地”和“晋江市关心下一代工作委员会国防教育基地”。市关工委编发《颂歌献给共产党》歌曲集，开展村村校校唱“红歌”活动，与市委文明办等单位联合举办晋江市中小学生“童心向党”大合唱、举办“学长征精神，做红色传人”“长征故事，我来讲”演讲比赛，与青阳街道关工委联手举办“听党话、跟党走——老少同歌共产党”文艺汇演。青阳街道关工委召开“两史”“三爱”教育推进会，基层关工委、报告员进村入校讲“两史”、讲“三爱”，并配合所在地小学举行“红色基因，我们传承——听党话，做好个好少年”主题队日活动，养正中学关工委开展“十二个一”深化学习雷锋精神活动。与团市委联办小学生“快乐成长”夏令营。举办学习、宣传、贯彻党的十八大精神、建党95周年、红军长征胜利80周年、“三爱”教育、诚信教育、孝敬教育、学生守则和日常行为规范教育等主题报告会1244场次、受教育437850人次，主题活动1925场次、参与827950人次。

【中国关工委领导视察】

9月24日，中国关工委常务副主任武韬、全国青少年普法教育办公室主任徐磊一行，在省关工委副秘书长周保俤和泉州市晋江市关工委领导陪同下，到晋江视察艾美加家具有限位责任公司的"帮教基地"和七彩狐服装织造有限公司的"未成年人帮教基地"，副市长黄少伟全程陪同。武韬一行察看两个基地的展板，听取介绍，并与企业老总、帮教人员亲切交谈，在座谈会上，听取市关工委副主任、秘书长陈龙琪的汇报。武韬肯定晋江市关工委的"关、检、企""关、法、企"的帮教模式。认为民营企业关工委不仅要加强对青工子女的关爱服务，也可以承担一些帮教失足未成年人的社会责任；青少年法制教育既要立足学校，着眼"大多数"，也要关注特殊青少年群体这个"关键少数"。武韬深有感触赞道："挽救一个孩子，就是挽救一个家庭，两家企业的典型做法给民营企业为关心下一代工作和帮教青少年儿童工作做出启示和榜样，'关企联手'真正发挥作用，作出贡献。"

【《最美孝心少年事迹选》读书、征文活动】

2016年，市关工委编发《最美孝心少年事迹选》，并联合市委文明办、市教育局、团市委、市妇联开展《最美孝心少年事迹选》读后感征文比赛。全市各级各类学校和各青少年社会教育活动中心组织开展读书、征文活动，青少年学生认真阅读、畅谈体会、感悟人生，以文表达心声——"百善孝为先"。

市关工委组织评委会，评选小学、初中、高中组获奖文章30篇。30篇获奖文章汇编成册：《最美孝心少年事迹选》读书活动征文比赛获奖文章汇编《感悟集》。

内坑镇关工委开展寻找"最美孝心少年"活动，表彰奖励20名"最有孝心美少年"。季延初级中学学生莫松霖获"全国最美中学生"称号，是泉州市唯一获此称号的中学生。

市工委走进青阳、罗山、灵源、陈埭、内坑、永和镇(街道)看望、慰问8名美德少年，并送上慰问金，勉励他(她)们面对现实、正视、克服困难，自立自强，孝敬父母、长辈、珍惜荣誉、刻苦学习、争当"三爱"学生，长大后做对祖国建设有用的人才。

【家庭、家教、家风教育】

2016年，晋江市关工委"心理健康教育基地"晋江市第二实验小学举办家长讲堂，推行一对一家教活动，推出家庭教育主题沙龙，拍摄家庭教育短片《彩色汤圆》；晋江市关工委"孝敬教育基地"晋江市实验幼儿园家长学校开展亲子志愿者活动，亲子一起走进敬老院、一起植树、一起义卖、一起为残疾人做好事，一起缅怀先烈、传承红色基因，为稚嫩的孩子播下爱的种子，培育奉献心。晋江市"关爱外来生教育基地"新侨中学家长学校、家委会，着力提高外来生家长素质、树立正确的育儿观，举办讲座、座谈交流，讲立家规、有家训、好家风，举办十六岁集体"庆生"，增进亲子深情，还举办"好孩子是如何教出来"等讲座；晋江市关工委"诚信教育基地"三民中学家长学校，举办"好爸妈、好孩子"讲座和亲子活动。

海峡两岸百组家庭(其中，来自台湾70组)亲子走进市中小学劳动技术教育基地（市关工委青少年社会实践基地)体验中华传统手工艺，走进安海镇成功中心小学寻找民族英雄郑成功足迹、参观书画长廊、书法作品、聆听"厚德博学""马到成功"讲座，增进海峡两岸家庭互动。还与团委联办第七届少先队"关爱女孩"腰鼓大会操，启动"关爱困难儿童，我们在行动"结对活动，丰富"学校、家庭、社会"家庭教育内涵。

全市基层关工委707名家教员配合学校、关工委和家长学校举办家教报告会403场次，家长出席100175人次，举行主题活动533场次、参加者86013人次。远华中学关工委、家长学校联合举办家庭心理健康教育讲座。2016年，学校、村(社区)家长学校、青少年社会教育活动中心举办有家长、学生参加的心理健康讲座达200场次，出席38406人次、心理咨询14334人次。

【教育基地建设】

2016年，市关工委依托晋江市第五中学、晋江市晋兴职业中专学校和金井镇围头村党支部、关工委、社会教育活动中心分别创建"晋江市关心下一代工作委员会'三爱'教育基地"和"晋江市关心下一代工作委员会国防教育基地"，又与市科协联建"学校科技实验室"8个。至年底，市关工委建有"青少年社会教育活动中心"9处、"社区科学工作室"3处、各类"教育基地"20处，与市科协等联合创建"学校科技创新实验室"50个。各"活动中心""科学工作室""教育基地""创新实验室"，突出思想道德教育内涵，注重青少年兴趣爱好，活动内容鲜活、形式新颖、吸引力强、有亮点、有特色，成为青少年活动的好去处。市关工委在有限经费中拨款支持、赠送教育活动中心、教育基地图书、设备等，并要求按市关工委"十着力"要求，在"建、管、用"上下功夫、热心服务青少年，开展适应青少年需求，有特色，"一单位一品牌"活动。各"活动中心"，举办"课后四点班"，解家长、学生放学之忧，开展读书、科技、文体活动，举办兴趣小组和夏令营等，使"活动中心"成为"老少家园""青少年乐园"。

市关工委依托"革命传统教育基地"，联手机关单位、学校、村居组织万人缅怀革命先辈，传承革命传统、祭扫烈士陵园、参观展馆、举行党、团、队活动和入团、入队宣誓活动等等；依托晋江市中小学劳动技术基地（市关工委"青少年社会实践基地")，组织中小学2万多名学生开展学军、学农、学工和科普等社会实践活动；依托青阳街道高霞小学、高霞社区关工委的"青少年思想道德建设教育基地"，突出思想内涵，强化道德要求开展活动，并联手社区关工委，关爱外来员工子女、推行"六个一视同仁""走三门"和"一对一"帮教"问题小学生"；依托晋江市实验幼儿园的"孝敬教育基地"，开展亲子活动，敬老爱老孝亲从幼儿抓起。依托青阳街道中和中心小学的"'五爱'教育基地"，引导学生从小养成"爱同学、爱学校、爱父母、爱家乡、爱祖国"，举办丰富多彩的活动，打造学校的办学特色，并开展"小交警"活动；依托晋江特教学校的"'三礼'教育基地"，配合学校教育引导身残学生讲礼貌、懂礼仪、知礼节，市关工委拨款支持开展活动，帮扶100名家庭经济困难学生，助推晋兴职校联合办班，助力学生学技能、自立自强、自食其力，长大后成为有用之人；依托在三民中学的"诚信教育基地"，配合学校着力诚信教育，推行"诚信考试"，开展"诚实守信"的各种活动，培育和践行社会主义核心价值观；依托在梅溪中学、新塘街道的"国学教育基地"，助力学校"书香校园”建设，市关工委拨经费、赠送图书，教室、走廊、班班有图书角，配合开展“阅读活动”，读《三字经》《弟子规》，讲“国学知识”“中国古训”“名人名言”，知行合一，国学教育融入教育教学、班团队活动中；依托在深沪湾古森林国家公园的“科普教育基地”，与参加实践活动的青少年讲“地史”“晋江海陆变迁”“7000年前油杉群落”“古牡蛎礁”等，参观展品，察看古油杉树桩、古牡蛎礁、海蚀地貌、天然海堤、沙滩、古人类文化遗址。

【科普活动】

2016年，晋江市基层关工委科教员781人，举办科技培训519场次、参训235907人次，协助建立农业基地（种子工程）一处，学农耕地13个，举办科普讲座240场次、参加82449人次，举办科普主题活动319场次、参加153530人次。

【普法帮教】

2016年，市关工委着力推行“普法先行”，法治宣传教育进校园、村（社区），配合创建“零犯罪学校”“零犯罪村（社区）”和“文明学校”“文明村（社区）”活动。基层关工委的校外辅导员、帮教员和法制副校长，教育引导青少年学法、知法、用法、守法，推行学生“每周带法回家”，提升家庭的法律意识，守法意识。举行法制（法律、交通安全、防溺水、防诈骗、反校园暴力）主题报告会1114场次、受教育者399457人次，举办主题活动857场次，参与259646人次。帮教问题、失足青少年76人，其中明显转化30人，参与督查校园周边环境779人次，督查网吧、娱乐场所2504人次、文化市场439人次。

学习、传达、贯彻泉州市关工委召开第三届“关爱明天·普法先行”会议精神，深入学习、贯彻“七五”普法规划，组建第三届“晋江市青少年普法教育宣讲团”。6月1日，在晋江一中召开有1000多人参加的晋江市第三届“关爱明天·普法先行”普法教育暨“反校园欺凌、做守法青少年”普法教育系列活动启动仪式，向普法教育宣讲团成员颁发聘书，向与会的青少年赠送法制书籍，向学生家长分发5000份的《给家长的一封信》，邀请市检察院未检科科长、市普法教育宣讲团副团长詹雅须作《远离校园欺凌，走向幸福未来》主题报告。市政法系统关工委以自身优势，进村（社区）、入校园开展普法、“送法进校园”活动，举办法治讲座、法律咨询、以案释法、帮教失足青少年，编发《青少年法治教育读本》《中华人民共和国预防未成年人犯罪法》《中华人民共和国未成年人保护法》折页8万份，在晋江电视台开设《说法》栏目，开通《晋江微普法》微信平台，开展“净化网络”“远离毒品、珍爱生命”宣传活动，法制讲座342场次，218名法制副校长进校工作1257次。

打造“帮教基地”，用亮点、品牌效应，着力推行“八要求”（常反思、怀感恩、服管教、遵法规、勤学习、学技术、讲诚实、成新人）和“六帮教”（一帮不良行为的矫治、二帮正确世界观的确立、三帮良好习惯的养成、四帮生产技术的提高、五帮遵纪守法走正道、六帮自食其力成新人），充实艾美加、七彩狐帮教基地图书、与帮教对象谈心、心理辅导、赠送学习、生活用品、发放“进步鼓励金”。艾美加、七彩狐“帮教基地”对帮教对象实行“同工同酬”，情感帮教、情理帮教、制度帮教，人文关怀促其转化。12月2日，市关工委陈龙琪、张孙厚、黄小云专程看望帮教对象，致以新年的祝愿。至年底，艾美加“帮教基地”成功帮教涉罪青少年143人，有10人回校继续就学，1人考上大学，还有4人在帮教之中；七彩狐“未成年人帮教基地”，帮教90名缓刑少年犯，还有7人在帮教中，有3人自愿留公司务工，成为公司车间骨干。七彩狐“未成年人帮教基地”，还组织帮教对象到省未管所进行警示教育，到华侨大学法学院感悟大学生生活，华侨大学学生也到基地与帮教对象互动，还组织帮教对象到敬老院、育婴院做好事，感悟人生亲情。10月28日，市关工委陈龙琪、张孙厚、黄小云和市委政法委、市法院刑一庭、团市委、市妇联相关人员到省未成年犯管教所，慰问干警，看望晋江籍未成年犯22人和被晋江市法院审判的外县地籍未成年犯74人。市关工委送给他们学习、生活用品，并面对面的帮教。还给市关工委建在未管所“爱心图书基地”充实一批法律、励志类图书，为服刑人员提供更多有学习资料。

配合市检察院联合综治办、团市委制定《关于与企业共建青少年关护帮教工作点的工作方案》，确定普照、梅庭、井林、艾美加、佳宝、华丽彩印、乐隆食品等7个工作点，并召开“关护帮教”工作交流会。

【关爱外来员工子女和留守儿童】

2016年，市关工委发挥“关爱外来生教育基地”的作用，推行对外来员工子女和留守儿童走“三门”（贫困生家门、学困生家门、优秀生家门）和“六个一视同仁”（引领成长、社会实践、表扬选优、帮教帮差、排忧解难、家长活动），关注、关心、关爱外来员工子女和留守儿童健康成长。“六一”期间，市关工委给1200名外来学生和留守儿童赠送书包1200个，并走访外来工子女居多的部分的中小学。基层关工委组织外来员工子女活动284次、参加36017人次，帮助解困830次、7229人受益。组织留守儿童活动172次、参加5452人次，解困3490次、1573人受益。

发放“爱心助学”金中，外来工子女1087人获助学金44.09万元。其中，高中生305人、21.7万元，初中生481人、15.67万元，小学生301人、15.67万元。全市各镇（街道）发放奖学金29.77万元、2764名外来工子女获奖。开展“关爱困难儿童，我们在行动”活动，33位爱心妈妈牵手33名困难儿童，为之排忧解难、助力健康成长。

市关工委“关爱外来生教育基地”新侨中学、新侨中学关工委、家长学校举办“手拉手共成长”、十六岁集体“庆生”，组织晋江一日游等，引导外来学生感悟晋江、融入晋江、热爱晋江。南岳中学外来学生高礼霞患重病，师生行动捐款扶助，筹集善款78760元，以爱心点燃希望，真情传递温暖。市关工委、教育系统关工委和晋江华侨职校、华侨职校关工委牵挂藏族学生在晋就学，与藏族学生共度藏族新年，关注学习、生活，尽力为之排忧解难。香港同胞苏千墅回乡奖教助学，向西藏中职班捐资10万元，资助藏族学生更好完成学业、成才。藏族学生邓巴耳鼓膜穿孔住院，校领导、校关工委专程看望、送去慰问金，晋江华侨中学老教师万齐英对他更是关爱倍加，藏族学生称“汉族妈妈”。季延初级中学师生走进仙游县开展“关爱山区留守儿童”献爱心活动。毓英中学开展“献爱心，情系宁夏小伙伴”活动，帮扶宁夏回族自治区三营中学家庭经济困难学生。

【精准助学】

2016年3月，市关工委发文《关于做好家庭经济困难调查摸底工作的通知》，对全市各中学、职校家庭经济困难的七类对象(孤儿、单亲、重病灾、残疾人、父或母残疾、革命老区'五老'直系亲属、低保或五保户)学生调查摸底,市"特困家庭·四帮四扶"工作人员进村入户调查"帮就学"对象。6月,市关工委发文《关于精准做好2016年家庭经济困难学生申请"爱心助学"金工作的通知》,要求基层关工委切实做好"爱心助学"工作,并发动社会各界、爱心人士为寒门学子排忧解难做好事。市关工委召开各镇(街道)关工委专干会部署"爱心助学"金的申请、发放工作,并就"2016年高校、普高、中专、职校、初中学生入学就学申请'爱心助学'金操作"作了说明,要求规范程序,认真审核并广泛发动社会各界为寒门学子就学、升学助力,配合民政部门做好"四帮四扶"帮就学对象的审核报批工作。全年全市发放"爱心助学"金769.48万元,帮扶寒门学生5562人。其中,资助大学生1558人、491.61万元,高中、中专、职校生1697人、146.34万元,初中生1202人、93.78万元,小学生1092人、35.35万元,幼儿园幼儿13人、2.6万元。

全市共发放奖学金466.77万元,13473名学子获奖。其中,高校生获奖1485人、327.97万元,普高、职校生1635人、57.98万元,初中生44.3人、39.49万元,小学生5950人、41.33万元。在获奖学生中,外来高中、职校生75人、10万元,外来初中生1529人、11.05万元,外来小学生1187人、588万元。发放奖教金257.57万元,954名中小学老师获奖。市关工委参与发动捐资办学789.50万元,奖助学教育发展基金171个、9551.6万元。

(陈龙琪撰、审)

市委书记李建辉、市长刘文儒为市慈善总会揭幕

·晋江市慈善总会·

【概况】

2016年,晋江市新设立冠名慈善基金13个3231.51万元,新设立留本捐息慈善基金1个500万元,新增捐赠及定向捐赠921万元。至2016年底,共设立冠名慈善基金137个,留本付息慈善基金60个,基金总额22.05亿元。市慈善总会共向社会募集慈善资金1.67亿元(历年累计27.25亿元),投入慈善工程1.03亿元(历年累计13.5亿元),帮扶困难群众4056人次(历年累计166268人次)。

【慈善工程】

2016年,市慈善总会开展解困工程,为符合救助条件、情况属实的2645名贫困重病灾户开展救助活动,投入1140.7万元;开展慈善公益项目,2016年,定向投入教育、卫生、老人福利等慈善公益事业8372.21万元。配合市

晋江市慈善总会第三届理事会第五次会议

委、市政府开展"四帮四扶"工作，根据晋江市委、市政府开展2016年"四帮四扶"工作的通知精神，为5名挂钩对象各补助1万元，对非低保、五保对象患重病灾者的困难对象适当扩大救济面。开展关爱贫困母亲工程，联合市妇联，市女企业家联谊会开展"浓情五月、感恩母亲"慰问活动，走访慰问100名贫困母亲。开展"两癌"妇女救助活动，联合晋江市妇联于4—5月进行全市调查摸底，对符合救助对象的100名"两癌"困难患者实施救助。开展"海西春雨行动"新春社会服务活动，总会联合市委统战部开展"海西春雨行动·共谱民族团结发展新篇章"新春社会服务活动，为群众义诊、送药、书赠春联、法律咨询、义务医疗卫生咨询等，并走访慰问贫困家庭48户。开展"三下乡"慰问活动。1月27日，联合团市委、市文明办、东石镇党委、镇政府在东石镇萧下村共同举办"文明新风畅新春 青春志愿走基层"第十八届晋江青年志愿者春节"三下乡"服务活动，为他们送上新年的慰问；开展帮扶困难青少年活动。为加大困难青少年帮扶力度，与团市委联合开展居住一年以上的贫困新晋江人青少年调查摸底，走访慰问100名新晋江人青少年；开展义诊活动，与市老科协联合成立的老年义诊站，每月逢8日、18日、28日为老年人免费义诊，全年义诊34次10571人次。配合市委市政府中心工作。2016年，投入善款535.9万元用于凼湖片区、泉厦漳城市联盟路晋江段、紫帽片区、梅庭片区、智能装备产业园、青阳组团等安征迁困难户284人次，历年累计投入安征迁善款3630.75万元，救助4434人次；联合市关工委开展金秋助学工程活动，投入善款219.5万元，帮扶927名困难学生圆"就学梦"。公墓区建设方面。完成园区墓碑采购招标工作；设置大型户外广告，利用报刊、电视等媒体进行宣传，提高公墓区知名度；认真制订清明节工作方案，引导市民文明祭扫；完成南入区连接线道路铺设工程；推出二期新园区。至12月31日(开业20个月)销售墓位2017位，实现销售收入12082万元，其中2015年度销售墓位1205位，销售收入6326万元；2016年度销售墓位812位，销售收入5756万元。处理来信来访，包括市长热线、交通事故、司法救助、案件纠纷等78人次。跟踪捐赠款的到位，对历年捐赠款未到位9600万元进行梳理建档，跟踪催促。2016年，发出传真催款单78份，电话短信催款100多个，经催促到位3032万元，未到位6589万元。

【慈善文化宣传】

2016年，市慈善总会围绕"互相关爱·构建和谐"这一宗旨，大力宣传慈善文化，不断拓展慈善宣传的覆盖面，发挥慈善正面引导作用。主动与各级新闻媒体联系，弘扬慈善先进典型，宣传报道晋江市慈善活动及慈善人物先进事迹30多条次。编印《晋江慈善》信息专刊14期14000份，加强慈善总会网站管理，及时更新慈善信息和宣传内容。积极配合精神文明建设，倡导移风易俗、婚丧喜庆简办，节约礼金捐赠慈善事业，有18名理事会成员婚丧喜庆捐赠4436万元，历年累计共收到捐赠礼金12.82亿元。2016年12月2日，中央新闻联播报道晋江市"移风易俗不比排场比慈善"的事迹。

3月23日，总会联合晋江市文联、泉州晚报社出版《大慈善家李五画传》，并在晋江市博物馆举办"大慈善家李五画传展"，大力弘扬晋江市慈善文化。

总会还受邀参加各级慈善活动，及时开展慈善工作交流，宣传推介晋江慈善文化。3月，应邀参加福建省慈善总会在福州召开的第三届理事会第四次会议，5月，应邀参加中华慈善总会在北京召开的第四届理事会第七次会议，6月，应邀参加中华慈善总会在宁波召开的《中华人民共和国慈善法》培训会。7月26日，11月14日龙岩市上杭县人大常委会、厦门市慈善总会先后到晋江市慈善总会，交流慈善工作经验。

【慈善日活动】

12月5日，市慈善总会以通讯会议形式召开第三届理事会第八次会长办公会议。

12月18日晋江慈善日，16—18日，晋江市慈善总会联合晋江市老科协主办"晋江市慈善日"义诊活动，慈善日前后，义诊老人300余人。

12月24日，在金锭慈善大厦召开第三届理事会第五次会议。大会推选晋江市慈善总会第三届理事会新成员，并分别授予陈永培、黄书镇、许文默、庄清乐"晋江市慈善家"称号，吴建加、吴清标、张长春"晋江市慈善大使"称号。大会还向20位两癌特困妇女送上慰问金，每人1万元。

(林桂林撰　龚子猛审)

·晋江市老区建设促进会·

【概况】

2016年，晋江市老区建设促进会(简称市老促会)紧紧围绕市委、市政府的中心工作，服务发展大局，深入调研，并充分运用调研成果，建言献策，促进老区发展。精心做好市领导赴老区村现场办公的前期准备及后续落实工作；继续参与实施扶持革命老区村建设三年规划；关心服务革命"五老人员及""五老"遗偶；重视开展老区的宣传工作，增强加快老区发展的力度。

【市委市政府重视老区建设】

2016年，市委、市政府把倾斜支持老区建设写入市委、市政府的工作报告、市国民经济和社会发展第十三个五年规划及《关于强化精准扶贫打赢脱贫攻坚战的实施意见》等文件。

1月6日，在晋江市第十六届人民代表大会第五次会议上，政府工作报告强调要"支持革命老区建设发展"。会议通过的《晋江市国民经济和社会发展第十三个五年规划纲要》提出："继续实施革命老区村建设三年规划，力争到'十三五'期末，老区村农村经济总收入、村集体收入增幅，农民人均收入达到全市平均水平。"7月28日，中共晋江市第十三届代表大会的工作报告中，两次提及老区建设发展；"扎实做好老区建设""支持革命老区建设发展"，体现市委对老区建设的关切和重视。10月18日，市委市政府出台《关于强化精准扶贫打赢脱贫攻坚战的实施意见》，强调继续坚持"老区优先，适当倾斜"的原则，制定支持革命老区村开发建设的政策措施，主要从培育特色产业脱贫、转移就业脱贫、医疗救助脱贫、发展教育脱贫、完善社会保障脱贫、改善基础及公共设施、促进集体经济壮大等方面，推动革命老区村加快发展。市政府分管副市长任主任，26个部门为成员单位的老建委专门召开会议研究促进老区发展重大事项，解决老区发展中的困难和问题。第四次出台《晋江市扶持革命老区村建设三年规划（2016年—2018年)》。12月16日，市第十七届人民代表大会第一次会议上的政府工作报告肯定了老区建设取得的新成绩，强调了新的一年要继续倾斜支持革命老区村建设。老建委各成员单位结合各自职能特点，讲求实效，提出帮助老区村更好更快地发展的具体措施。为农业部门出台老区村优惠政策，将全市革命老区村的美丽乡村建设项目统一按工程结算金额给予40%的资金补助。从2007年开始，每三年制定出台实施老区村建设三年规划。2016年，市委、市政府在开展“美丽乡村”“最美乡村”创建活动中，优先把老区村列为创建示范村进行扶持建设。全市141个行政村参与“美丽乡村”创建活动，其中有29个老区村。年终全市评选首批20个“最美乡村”中有6个老区村榜上有名。

【市领导到老区村办公】

2016年，经民政局老区办与市老促会联席会议分析研究，向市主要领导及分管领导提出现场办公村的建议名单。4月，市老促会与民政局老区办联合到内坑镇东宅村、永和镇茂亭村、安海镇可慕村、龙湖镇浯坑村、东石镇光渺村、罗山街道苏内社区溪东村等6个老区村调研，并为市领导到该村现场办公作好各项准备，或列入2016年跨越发展工程的老区村，重点调研分析该村需要帮助解决的问题。5月10日，市委、市政府主要领导到内坑镇东宅老区村现场办公，指导该村发展，协调解决有关困难，并拨付专项资金300万元给予支持。市分管领导于5月19日、6月1日、6月17日分别到永和镇茂亭村、安海镇可慕村、龙湖镇梧坑村等3个老区村现场办公，除了协调解决有关问题、补助有关项目外，各村分别拨付专项资金100万元，并为东石镇潘径老区村拨专项资金，合计投入帮扶资金1100万元，带动社会筹资1500万元，项目覆盖交通道路、村委会办公楼、文化活动中心、农贸市场、卫生设施、学校、敬老院、村级公园等基础设施建设。同时补助东石镇光渺老区村、罗山街道溪东老区村跨越发展工程资金各50万元。市领导到老区村现场办公制度在帮助老区村解决发展中的困难和问题方面起到了明显作用，同时带动社会力量参与老区建设，激发干部群众建设老区村的热情和积极性。

【扶持老区建设项目资金监督】

3月9—18日，市老区办、财政局、老促会联合检查验收2015年全市下拨扶持老区村建设专项资金。2015年，下拨老区扶持资金395万元，扶持涉及13个镇(街道)，68个老区村，建设项目包括修建水泥道路，整治农田水利设施，新建、改建和装修村委会办公楼、老年活动中心、办公楼，中、小学教学楼，冲水公厕、绿化工程、公园建设、自来水工程、排水沟、老区科技示范基地建设等项目。完工项目63个，施工中项目13个，未施工项目7个。除此之外，还对市领导4个现场办公村确定的项目落实情况进行跟踪检查，并给予通报。

2016年，下拨建设资金350万元，帮扶建设项目81个，涉及31个镇(街道)75个老区村。在政府扶持带动下，帮扶老区村发动群众、企业及海内外乡亲通过捐资等形式参与老区新农村建设。

【“五老”待遇落实】

2016年，晋江市根据省民政厅、财政厅《关于提高全省革命“五老”人员定期生活补助标准的通知》及《晋江市人民政府关于提高优抚对象和革命“五老”人员抚恤补助标准的通知》，革命“五老”人员每人每月定补调整至1437元，超过省定标准567元，定补标准的所需经费纳入年度财政预算。健全完善革命“五老”人员遗属临时困难补助五批次35人次计14.25万元；实施革命“五老”人员安居工程，帮助解决住房困难。核实上报特困“五老”人员39人，高龄“五老”人员84人，每人每年补助1000元、500元。春节、重阳节，配合相关部门开展全面慰问革命“五老”人员及遗属活动。春节期间，走访慰问革命“五老”人员及遗属，发放慰问金16.1万元；重阳节期间，走访慰问全市健在革命“五老”人员87人，发放慰问金4.35万元；为“五老”人员办理2016年度新农合参合，给予春节一次性生活补贴、临时物价补贴。免费安装电视机机顶盒并免收基本收视维护费。清明节，组织革命“五老”人员及遗属到晋江市革命烈士纪念碑参加缅怀悼念先烈活动，参加人数100余人。

【老区发展宣传】

2016年，市老促会充分运用各种媒体，多方位宣传报道老区发展的举措和成效。进一步扩大革命老区政策和品牌宣传效果，增强老区加快发展的信心。在办好自家小报的同时，在中国老区、福建民政、泉州民政、晋江民政等网站发表稿件25篇。在《中国老区建设》《红土地》《晋江经济报》上发表文章12篇，其中《中国老区建设》第6期、第8期、第11期连续报道晋江市老区先进人物及经验介绍。积极配合泉州电视台到晋江拍摄纪念红军长征胜利80周年宣传活动。加大革命遗址保护力度，对许运伙烈士故居、苏内社区溪东自然村革命老区纪念室、塘东村地下支部活动旧址等革命遗址进行维护修缮，把爱国主义教育基地建设作为开展革命传统教育、弘扬老区革命精神的重要宣传阵地。

(施并章撰、审)

·晋江市社会科学联合会·

【全省社科普及工作专题会议在晋江召开】

2016年1月14—16日，全省社科普及工作专题会议在晋江召开。参加会议的有省社科联党组成员、副主席缪建萍及泉州市社科联领导，各设区市社科联分管领导，省社科联科普部工作人员，上杭、福安、洛江、南靖等4个科普示范县(市、区)社科联领导，晋江市、长乐市、马尾区社科联领导。会议旨在贯彻落实《福建省社会科学普及条例》和省社科普及工作联席会议精神，总结2015年工作经验，探讨2016年工作思路。缪建萍肯定晋江社科工作成效。会后，与会人员参观调研晋江城市展馆、社科联办公室、五店市传统街区及洪山文创园等单位。

【社科知识竞答获奖】

2016年5月17日—6月20日，市社科联组织全市广大党员干部群众、学校师生参加省社科联和省直机关工委联合举办的“以习近平同志为总书记的党中央治国理政新思想新实践”社科知识有奖竞答活动。6月29日，省社科联下发《省社科联关于表彰奖励第四期社科知识有奖竞答活动先进单位和个人的决定》，市社科联获评优秀组织奖。10月16日—11月30日，市社科联组织全市广大党员干部群众、学校师生参加省社科联和省直机关工委联合举办“树立发展新理念，加快建设新福建”第五期社会科学知识有奖竞答活动。12月19日，省社科联下发《省社科联关于表彰奖励第五期社科知识有奖竞答活动先进单位和个人的决定》，市社科联获评最佳组织奖。

【获评省示范创建市及泉州市社科普及基地】

2016年9月27日，晋江市被省社科联确认为第二批省级社科普及示范创建县(市、区)。

9月30日，市图书馆、市规划馆、金井镇围头村青少年社会教育活动中心3个单位被泉州市委宣传部、泉州市社科联命名为泉州市社会科学普及基地(2016年—2018年)。

【社科普及宣传周活动】

2016年10月16—22日，晋江市围绕“创新发展理念•提升城市品质”，举办2016年社会科学普及宣传周。普及宣传周由市委宣传部、市社科联主办，市社科普及工作联席会议成员单位联办。10月16日上午，启动仪式在五店市布政衙广场举行，市委常委、宣传部部长，市社科联主席林惠玲出席活动并致辞。启动仪式上，先后举行社会科学普及书籍赠送仪式、晋江市社会科学普及志愿服务队授旗仪式。启动仪式结束后，市委宣传部、市社科联牵头，会同市直有关单位、市属社科社团联合举办“社会科学在你身边”集中普及咨询活动，通过展览、分发宣传品、知识竞答等多种方式，广泛宣传普及社会科学知识。宣传周期间，全市举办社科普及活动30余项。

【社会科学普及联席会议制度建立】

2016年3月11日，市委办、市政府办联合制发《晋江市社会科学普及工作联席会议制度》，建立晋江市社会科学普及工作联席会议制度，明确联席会议的职责、组成单位和形式，为晋江市社科普及工作提供有力的组织保障。3月22日，市社会科学普及工作联席会议第一次全体成员会议暨2016年社会科学工作座谈会在泉州轻工职业学院三楼学术会议厅召开。市领导林惠玲、史思泉，市委宣传部、文明办、党校，市政府办、财政局、教育局、司法局、文体新局、广电局、总工会、团市委、妇联、社科联、晋江经济报社、晋江新闻网等市社会科学普及工作联席会议制度成员单位领导，市社科联兼职副主席，市属社科社团负责人和泉州、晋江市级社科普及基地负责人参加会议。会议传达学习了省社科联七届二次全体(扩大)会议、泉州市社科联第四届委员会第二次会议和市十二届市委常委会第141次(扩大)会议精神，交流探讨全市社会科学工作。

【社科联委员调整】

2016年12月29日，晋江市社会科学界联合会第一届委员会第二次会议召开，会议通报了市社科联成立以来的工作情况，免除、增补市社科联第一届委员会部分委员，选举市委宣传部副部长柯荣国为市社科联第一届委员会新一任主席，市委常委、宣传部部长林惠玲出席会议并就做好全市哲学社会科学工作提出具体要求。

(谢佩龙撰　黄华东审)

·市人民武装部·

【概况】

2016年，晋江市人民武装部（以下简称市人武部）围绕"为打仗、保打仗、能打仗"总要求，正确把握"新体制、新职能、新使命"特点，始终保持"提升标准，稳步推进"总基调，扎实抓好履行"新五部职能"和各项工作落实，人武部全面建设呈现协调发展，被福建省军区评为"先进人武部党委"。

【思想政治教育】

2016年，市人武部组织学习中央军委主席习近平系列讲话"改革篇""福建篇""融合篇"，强化干部职工"四个意识"（政治、大局、核心、看齐），服从改革、提振精神、恪尽职守；学习理解习近平"七一篇"，帮助干部职工深刻领会8个"不忘初心、继续前进"深刻内涵；重点辅导学习《关于新形势下党内政治生活的若干准则》《中国共产党党内监督条例》等"党内篇"，坚定干部职工党员对从严治党、规范党内政治生活的坚强信心。推开"日学一节、周学一章、月读一书"读书活动，营造"多读书读好书"氛围，重点阅读军分区郑政委推荐的16本书籍，提升干部履职尽责能力。通过抓好系统读书，全面深刻领会掌握改革强军的重大现实意义，以及开展"两学一做"学习教育活动的必要性紧迫性；通过抓好讨论辨析，使广大干部以"四铁"担当要求投身改革强军实践，高标准完成各项工作任务。

【行政管理】

2016年，市人武部按照"重抓一季度、贯穿全年度"的思路，3月，集中组织开展"条令条例学习月"活动，打牢依法、科学、严格管理基础；二季度集中开展"三零一好"（零违规、零违纪、零隐患，完成任务好）活动；7月，以《中央军委国防动员部安全管理暂行规定》等文件为依据，以"学法规、明遵循、整秩序、治隐患"为主题，组织开展"规定学习月"活动。以"零违规、零违纪、零隐患，完成任务好"为目标，开展规范战备值班、完善防暴预案、安全自查自纠、电视会议和信息系统安全保密专项清查整治等活动。结合"三零一好"活动、"安全规定学习月"活动，持续抓好安全常识的学习、安全理论的背记，干部职工的保密观念、法纪观念、安全观念、条令意识不断增强。始终保持高压态势、使用超强手段，看紧盯死"九防"管控重点（防战备出事、防车辆事故、防违规饮酒、防训练问题、防暴恐袭扰、防引发火灾、防自然灾害、防高风险部位、防打进来拉出去），定期坚持安全隐患排查，安全形势分析、安全风险评估制度。严格落实每周五保密检查、涉密资料出入柜登记、文印室打印审批、武器库查库、重要岗位政治考核等制度，及时遏制消除安全隐患。组织传达学习国防动员部下发《关于近期发生事故案件和自杀问题的情况通报》，并结合省军区不打招呼检查通报的情况，查找问题，分析原因，抓好整改。

【党管武装工作】

2016年，市人武部以贯彻落定省委12号文件精神为契机，推进党管武装工作开展。3月底，组织召开镇（街道）党（工）委书记落实党管武装工作述职报告会，颁发镇（街道）武装部教导员任命书，讲评党管武装工作开展情况，促使党管武装各项工作在基层末端有效落实。为进一步加强镇（街道）专武干部队伍建设，推动基层武装工作发展，6月中下旬，协调市委组织部，联合拟制下发《关于加强镇（街道）专职人民武装干部队伍建设的通知》，要求各镇（街道）严格按照省委12号文件精神，切实落实专武干部编制专列、武装部教导员由单位书记兼任、专武干部兼职不得超过2项、按照"四个优先"进行选配、民兵营（连）长必须100%进"两委"。全市13个镇专武干部全部按照上级规定，配备公务员不少于2人。

【民兵预备役工作】

2016年，市人武部在军事训练工作中突出抓好抓头练官活动，严格组织现役干部训练落实，在军分区上半年组织的"月训季考"中，获第三名的好成绩。组织3批人员参加本级、军分区、省军区专武干部"五法"集训；组织8批人员参加省军区、军分区组织民兵情报信息员、海上民兵系统、抗震救援、防汛骨干、防化专业、森林防火、哨所哨员集训以及本部组织的兵种专业训练，较好地提高专武干部的任职能力、专业骨干的组训能力以及基干民兵执行任务的能力。加强军地反恐情报、当面海域情报、辖区民社情报会商共享，定期走访市政府办、国家安全局、海洋与渔业局、公安局反恐大队等单位。编实建强陆（海）上民兵情报信息员，选派分管参谋到浙江宁波参加东海方向海上民兵侦察情报骨干集训，组织18名民兵情报信息员到仰恩大学参加军分区集训。全年发送民兵情报短信22252条，其中被省军区采用奖励的有价值信息13条，新塘、金井、灵源等单位民兵信息员年人均发送短信均在100条以上。

狠抓民兵应急能力建设，围绕情况设想、指挥程序、力量调用、行动要领、综合保障等要素，修订11个应急预案和保障计划。结合抢险救灾等行动，有针对性地组织专业器材操作和处置技能训练，熟悉方案计划，提高遂行任务能力。在11号台风“尼伯特”、14号台风“莫兰蒂”来袭时，派出现役干部参加地方防汛抗旱指挥部联合值班，召集联络海防13师、导4旅、空军场站等驻晋部队，共同做好防抗台风的各项工作。两次台风期间，出动现役军人520人次，备勤民兵分队980人次，协助转移群众700余人次，道路清障60余处50余公里，清理树枝1000余棵，清淤排水口90余处，重要涉水路段巡查巡防80余批次，完成防台抗台任务。

完成泉州军分区赋予民兵整组工作试点任务，研究规范市、镇（街道）、村（社区）三级民兵整组工作主要内容及标准、工作流程、硬软件建设标准。试点工作采取以点带面、逐步推进的方法，按照“调研论证、统一规范、分类建设、现场观摩、全面推进”5个步骤，形成“四个一”成果（一套成熟可以借鉴的经验做法材料、一本系统完善操作性强的《民兵组织整顿工作指导手册》、一套系统规范的资料、一个配套规范的示范观摩场所和设施）。把握担负军分区民兵整组工作试点的有利时机，围绕大胆创新民兵整组模式，统一规范镇（街）“两本四簿十表十册”、村（居）“两本两簿三表四册”，投入经费4.5万元开发晋江市武装工作平台微信企业号，提升民兵整组工作信息化水平。及时梳理整组工作的试点经验做法和汇编材料，完成3类111支队伍4589人的基干民兵整组试点任务。结合开展整组试点任务时机，在8个镇（街道）、村（社区）开展基层规范化建设试点，6月份在全市推广，投入经费114万多元，全市100%的基层武装部建有“三室一库”（办公室、资料室、会议室、物资器材库），100%的民兵营连部达到“两室一家”（办公室、资料室、青年民兵之家）标准。扎实抓好围头哨所担负军分区试点任务落实，进一步规范哨所四个秩序。协调支前办投入30余万元对白沙哨所进行升级改造，统一配备40倍微光夜视望远镜、制作“六图六表”和完善哨所政治氛围，使哨所软硬件建设水平得到全面提升。

民兵应急分队野营拉练

【国防动员】

2016年，市国防动员委员会先后2次组织开展国防动员潜力调查和核准，尤其是结合新启用的国防动员潜力信息系统，通过采取动员部署、业务培训、召开协调会、集中会审等方式，促进工作的有效落实，全面摸清掌握全市国民动员潜力数据。全年共采集调查7类44项292张表格潜力数据，关键数据进行重点核查，确保数据真实精准。

【军民融合】

2016年，市人武部与市委、市政府共同拟制《推进晋江军民融合深度发展的实施方案》，结合晋江“五城同创”的发展思路，找准定位，挖掘项目，有序推进，努力探索经济效益、社会效益和军事效益有机结合的经验。培育以迦南新材料、晋工机械、盛达机器、军鹏特种装备、福马食品、福源食品等为主体的示范企业，组织相关企业申报项目资金，重点发展新材料、工程机械、后勤保障装备、军需用品等产业，探索建立军民通用装备器材联储联供制度和应急转（扩）生协议，促进军民融合产业进一步发展。全市5家企业取得军工资质认证，10家企业产品进入军队采购目录。

【兵员征集】

2016年，市人武部按照“一季征兵，全年准备”的工作思路，围绕“五保一降”（保质、保量、保廉、保安全、保满意、降低退兵率）的目标要求，坚持把新兵质量作为征兵工作的核心来抓，采取有效措施，严格按照征兵工作流程规范操作，把好基层推荐关、体检检查关、政治考核关、走访调查关、审批定兵关等“五关”。代市长张文贤、副市长王文晖高度重视，参加征兵工作会议部署征兵工作，两次到市人武部体检站检查指导工作，对征兵体检和大学生征集等工作提出具体要求。政委刘文成、副部长戴若立坚持筹划部署、一线组织、审查把关、协调解决问题，有力保证征兵工作的顺利展开。市征兵办采取分片包干的方法深入基层检查指导征兵工作。各镇（街道）和宣传、教育、公安、卫生、民政等有关部门各司其职，整个征兵工作计划周密，组织严密。新兵中，大专以上文化，占任务数的47.2%，高中文化（含中专、职高、技校），占任务数的50%，初中文化，占任务数2.8%。完成年度征兵工作任务，实现保质争先。

（罗秋高撰　戴若立审）

·武警晋江中队·

【概况】

2016年，武警晋江中队（以下简称晋江中队）坚持以中央军委主席习近平建军治军重要思想为统领，以《军队基层建设纲要》为依据，围绕支队党委决策部署，坚持“弘扬传统筑警魂、实战练兵谋打赢、依法治队深内涵、稳中求进争标兵”的工作思路，狠抓工作落实，全面提升中队建设质量，被总队表彰为“百日安全竞赛”优胜单位，武警晋江中队支部被总队表彰为“先进基层党组织”，实现年度“再创标兵中队”的工作目标。

【思想政治工作】

2016年，晋江中队坚持把思想政治建设摆在各项工作的首位，紧紧围绕打牢官兵“永远做党和人民忠诚卫士”的思想基础。中队按照《政治教育大纲》要求，注重继承和发扬政治思想扎实、部队管理正规的优良传统，努力在保持特色、发挥优势上下功夫，扎实抓好各项教育的落实，带动和促进其他工作的协调发展。中队注重发挥战士的主体作用，让战士们多讨论、多发表个人看法，增强战士学习的自觉性和热情。中队党支部对官兵的思想形势分析从未间断，坚持落实思想汇报制度，及时研究对策。坚持把一人一事思想工作渗透到日常工作、生活、执勤和训练中去，充分利用“三互”“双四一”和现代传媒等有效载体，严格落实谈心制度，打好拒腐防变的主动仗。中队从“一班人”抓起，坚持做好“三个一”工作，即每月上一次拒腐防变教育课，观看一次反腐录像，进行一次“思想自查”，自觉发扬中队的光荣传统，把“拒腐蚀，永不沾”观念深深地扎在官兵的心中。

聚焦强军主题，筑牢官兵思想防线。中队坚持用先进理论武装官兵头脑，认真抓好教育和讨论活动，着重以中队先进人物李明松、林泗水、宋小峰的事迹为教材，从身边人讲身边事，从点滴渗透启发官兵。同时还积极开展读励志书籍、看优秀影视、唱革命歌曲和“改革强军大讨论”等配合活动，学习歌曲30首，读书交流35次，丰富官兵课余文化生活，加深官兵对教育内容的理解，筑牢官兵的思想基础。

紧密结合实际，充分运用“三互”“双四一”“深知兵、真爱兵”等有效载体，建立“主官包干常交流、骨干结对常帮带、家庭社会常联动”模式，让思想工作不留死角。面对官兵压力大，定期邀请晋江市阳光心理工作室老师，为官兵进行心理疏导，开展解压减负的小游戏，取到良好效果。在支队统一组织授课的基础上，突出抓好补课、讨论、实践转化三个环节的落实。先后组织参观见学3次（8·23战地公园、海防某师摩步营、闽浙赣革命教育基地），参与社会活动4次（晋江市国庆升旗、烈士公祭活动、慰问安海敬老院孤寡老人、到罗山街道打扫街道卫生），邀请1978—1988年老兵到部队参观，讲队史、谈感受，让官兵在追溯中队发展历程中强化归属感。

注重立足现有资源，突出实践感悟，弘扬主旋律，凝聚人心，振奋士气。先后改造营区灯箱、宣传栏，更新荣誉室版面，建造国旗台，极大改善政治环境，展现中队新面貌，树立新形象，增强官兵的认同感、归属感。为配合宣传教育，中队共更新板报15版，组织知识竞赛1次，演讲比赛1次，组织“说说我身边的榜样”微课教育31堂，丰富教育形式。战士杨睿鹏参加支队主题教育演讲比赛获得第二名。组织官兵普遍关注“学习小组”“人民武警”“军报记者”等军地公众账号，用主流声音统住官兵“活思想”。

【中心任务完成】

2016年，武警晋江中队党支部始终树牢中心意识，狠抓执勤正规化建设，确保中心任务的圆满完成。武警晋江中队在执勤工作中始终坚持做到“三个经常，即：教育经常搞、形势经常分析、动作经常规范。针对执勤工作面临的严峻形势，中队经常召集干部、骨干利用执勤研究会，对中队当前的执勤现状和周围敌社情进行分析研究、查找不足、制定整改措施，有效地确保勤务工作的正常开展。为了达到正规化执勤要求，经常开展四哨动作、哨兵反袭击、情况处置、方案演练、哨兵应急动作，处置突发事件等课目训练，着重在提高官兵处置情况的能力上下功夫，有效地提高执勤和处突能力。通过狠抓执勤正规化建设，确保执勤目标年年安全无事故，受到部队各级领导和晋江市委市政府的表扬。中队充分发挥“拳头”和“尖刀”作用，协助公安机关完成各类临时勤务。完成押解勤务49起，出动兵力391人次，押解犯人2123人；出动兵力110人次，完成“环泉州湾国际公路自行车赛”安保任务、台风“莫兰蒂”灾后重建等临时勤务8起。协调目标单位完成总队挂账的拆除廊桥问题整改工作，更换部分老旧蛇形刀刺网，提高执勤安全系数。

各项制度落实到位。中队认真落实好“三个过一遍”工作和“两个十二小时”查勤制度，突出抓好“三员一兵一组”、值班员“四全”、干部领班站哨和交班制度的落实。并继续将执勤纳入“双

台风“莫兰蒂”灾后重建

国际公路自行车赛安保

争"活动中,营造积极向上的工作氛围。

"三共"活动扎实有效。中队积极与目标单位联系,定期走访、开好联席会,联合组织安全检查和方案演练。中队还经常邀请目标单位领导进行狱情分析介绍,进一步提高官兵执勤忧患意识。

【军事训练】

2016年,武警晋江中队党支部紧紧围绕年度军事工作要点,按照中队年度军事工作计划,狠抓军事训练,积极研究探讨新形势下的执勤、处突的新情况、新战法,以确保"中心"任务的圆满完成。

按纲施训,重点突出。中队党支部严格按照《军事训练与考核大纲》《军事训练指导法》《军事训练若干规定》和支队下发月训练计划,严格组织施训,坚持做到课前准备、器材保障、动作示范、训练编组、组织指挥和考核验收"六个到位"。

措施得当,效果明显。中队定期召开军事训练研究分析会,及时发现问题,纠正训练中出现的随意性和盲目性。坚持紧贴实际、讲究科学,同时注重培养训练典型、示范班和训练尖子,针对各科目中出现的个别重点、难点训练问题,进行专门的研究,掌握正确的授训方法,确保训练少走弯路,营造"比、学、赶、帮、超"的训练氛围,通过科学抓训练,训练重科学,中队官兵的军事技能和执勤能力进一步提高。在监区扩建占用中队训练场地的情况下,中队主动作为,训练场地建设100%达标。士官王伟参加总队"四会"教练员集训获得第二名,调任支队教员。中队在总队年终考核中总评优秀。

【部队管理】

2016年,武警晋江中队抓好各项规章制度的学习教育。中队认真贯彻落实支队作勤业务培训精神,深刻汲取兄弟单位事故教训,组织官兵分析执勤形势、观看录像、撰写对照检查材料,提高官兵认识,克服麻痹思想。

发挥骨干作用抓安全。中队把抓好班长骨干队伍建设作为提高预防事故案件工作效能的"放大器",建立由班长、副班长、战士安全员组成的骨干防护队伍,把责任制定到正、副班长、党小组长、战士安全员等层次上,要求骨干发挥身在兵中的优势,时时、事事不忘安全,形成"安全责任大家挑,骨干肩上有指标"的良好局面。

利用"双争""三互"等有效载体,提高官兵的安全意识。中队党支部坚持把"三互"活动开展情况纳入"双争",把"双争"贯穿日常管理、训练、教育、执勤战备中去,实现一环扣一环、环环不脱节的立体化管理模式,并且建立政治教育、军事训练、内务设置、行政管理、执勤战备评比制度,进行精神奖励与物质奖励相结合,确保部队"四个秩序"的正规化。

着眼从严治警,提升正规化管理水平。中队注重在狠抓管理、落实制度、突出重点上下功夫。学习法规强意识。中队从官兵意识入手,坚持每周组织一次《军人自我防险手册》学习,每月开展一次法纪教育,季度参加一次法院庭审,强化官兵安全守纪意识。中队还积极开展配套活动,通过邀请晋江市法院刑一庭副庭长林萍、法官许逢其一行5人到中队为官兵开展法律服务授课辅导,对提高官兵的法治建设质量起到了积极的推动作用。注重点滴抓规范。中队坚持从大处着眼,细节着手,点滴抓起。大到每个房间、库室的总体设置,小到墙上挂的、柜内摆的、桌上放的、床上铺的物品种类、样式、位置、数量,一项一项全面对照抓落实,做到架子化、标签化、规范化。中队严格落实总队《基层中队日周月季工作规范》和支队四中队现场会精神,将每个官兵的职责任务,逐一进行细化、明确和规范,定人、定位、定职责、定任务,保证事事有人管、件件有标准、人人有责任。4月11日,总队政委吕能亚来队视察时,对中队精细化管理给予高度肯定。三是突出重点治隐患。紧跟"互联网+"思维,建立战士家属微信群,拓宽联管教育平台。制作微信使用"十不准"贴纸、手机壁纸和手机屏保,强化官兵保密意识。在营房二楼、三楼窗户加装锁扣,提高安全系数。中队被总队表彰为"百日安全竞赛"优胜单位。

严格财经制度。中队严格落实经济民主组每月查帐制度,做到收入公开、支出公开、用途公开,实现官兵共同理财。更新部分家具,完成体育活动室建设和图书阅览室、体育活动室调整,改善官兵生活条件。

提升后勤保障。中队把保中心、保生活作为保障的重点,深化后勤规范化管理,提高后勤保障能力。中队党支部不断加强对后勤业务人员的培训力度,通过业务对口培训、专业比武等形式,不断提高后勤人员的业务水平。中队严格按照《基层财务管理规定》,坚持支部当家,司务长理财。同时,严格遵守重大经费开支研究、报批制度,杜绝铺张浪费,充分发扬经济民主,严格落实经济民主组每月查帐制度,及时发现和查处问题,堵塞漏洞,做到经费开支公开、收入公开、用途公开。

(卓思峰撰 傅仰钦审)

·海警三大队·

【海上综合执法】

2016年,海警三大队深入推进"警

渔”合署办事处深度合作相关事宜，紧紧围绕“合署办公、职能互补、资源共享、深度合作”的工作方针，努力践行“四联四融”的工作模式，并积极探索推出“四强四优”，即“强化资源整合，优化办公成本；强化区域互动，优化联勤效能；强化职能互补，优化办案成效；强化良性互动，优化宣传效益”，实现警地双方合署办公高效快捷，组建联合执法船艇编队，在海上治安整治、行政资源整合、社会影响等方面均取得良好成效，受到国家海洋执法部门的高度关注。省人民检察院副检察长李明蓉率省、泉州市、晋江市人民检察院调研组实地调研“警渔”合署办公工作并对办公模式给予充分的肯定；泉州市副市长林万明、肖汉辉作出专门指示，要求海警二支队和泉州市海洋与渔业局要将海上综合执法“晋江模式”在全市范围内进行推广。

海警三大队紧紧抓好“警渔”合署办公的有利契机，多次开展海上联合巡逻执法、水产品质量监管、海上联合救助等行动，并通过走访重点渔村、召开警民恳谈会、共建“海上110”宣传平台、“净海2016”专项行动等方式开展联合宣传教育。全年累计出动船艇26艘次，总航程1068.8海里，累计航时119小时22分钟，查处非法采砂案件13起，处罚48人次，罚款100余万元，查获非法海砂约6000立方米，联合办理各类复杂疑难案件4起，有效维护辖区的安全稳定及海洋环境和渔业资源的可持续发展。

防台抢险

【辖区治安维稳】

2016年，海警三大队以“创建平安港湾”为目标，维护海上辖区和谐稳定为出发点和落脚点，每月定期在深沪湾、围头湾一线海域开展海域巡航、锚泊待机、海上“110”宣传。联合泉晋地区的渔政、海监、海事等涉海部门开展联合巡逻、打击非法采砂、“三无”船舶整治、“两会”安保、“净海2016”专项行动、“海上违法行为打击月”活动等12次，登临检查船只112艘次，抓获涉渔“三无”船舶18艘，劝解群众主动上交涉渔船舶39艘，拆解“三无”船舶43艘，辖区治安得到有力管控。针对辖区金沙湾旅游区，海域情况复杂，常出现游客、渔民落水事故的特点，海警三大队联合金沙湾景区管理处成立“海上义务救助队”，2016年组织开展海上救生演练8次，参与海上抢险救助13次，救助遇险船舶3艘，抢救落水群众8人。此外，参与防台抗汛工作，排除“尼伯特”“莫兰蒂”等台风灾后险情4次，大队全员深入一线进行突击抢修，对驻地部分道路倒伏树木、电线杆、广告牌等进行扶正清移，保证道路的安全畅通和市民出行安全，得到地方党委政委和人民群众的高度评价。

（黄海金撰　余国庆审）

海上巡航登检

·人民防空·

【概况】

2016年，晋江市人防办按照既定的工作目标，突出重点，狠抓落实，人民防空建设工作稳步发展。晋江市人防办被泉州市国动委评为2015年先进单位。

【人防工程建设管理】

2016年，晋江市人防办审批人防工程易地建设项目189件；审批就地建设人防工程项目34件，建设面积20.9万平方米；竣工人防工程15件，建设面积11万平方米。依法加强人防工程建设质量监督，规范人防工程使用管理。不断完善人防指挥所软硬件建设和外部配套设施，顺利完成1#、3#口部和广场建设。

【全省“两规合编”试点工作推进】

选取博览片区作为地下空间和人防专项规划“两规合编”试点片区，总用地面积4.47平方千米。委托浙江大学城乡规划设计研究院进行编制，完成中期成果并组织召开方案评审会。

【人防工程易地建设费专项整改】

2016年，晋江市根据上级关于防空地下室易地建设费专项督查活动工作部署，成立专项整改行动领导小组，明确人防办、财政局、规划局各自职责，对2009年3月1日—2016年5月31日以来审批建设的项目进行全面梳理和逐项核对，理清项目存在问题，并及时向上级部门汇报，目前已完成第一阶段整改任务。

【人防工作宣传教育】

2016年，晋江市人防办以"防患于未然"为主题，制作10分钟的宣传短片，全面聚焦人防工程建设，并在晋江电视台播放，充分运用报刊、电视、短信、微信等媒体对人防工作进行广泛宣传。9月1日，组织第十九次防空警报试鸣，并在罗山街道兰峰社区举办防空防灾应急疏散演练，现场分发人防应急包、宣传图册，同步在地震预警报知平台上滚动播放防空警报试鸣公告、防空警报信号类别和注意事项。

（丁思华撰　蔡逸卿审）

·支前　双拥·

【概况】

2016年，晋江市双拥工作坚持军民融合深度发展，认真落实双拥政策法规，妥善解决热点难点问题，创新发展双拥共建成果。7月29日，晋江市获"全国双拥模范城"六连冠。

【宣传造势】

2016年，晋江市结合建军89周年和长征胜利80周年，强化获国双拥模范城"六连冠"的宣传效应，举办'晋水情'文艺晚会，通报晋江市荣获"六连冠"喜讯，并在晚会现场举行"六连冠"挂牌仪式；通过晋江电视台、《晋江经济报》、微信、微博等媒体开设专栏，系统报道创模成果、先进典型、双拥事迹等，在《中国双拥》杂志、中国双拥网、《中国社会报》等全国性媒体策划系列宣传，持续造浓双拥氛围。将2016年确定为创模总结年和新一轮创建元年，"六连冠"顺利命名后，马上印发《晋江市持续开展创建全国双拥模范城工作方案》，锁定"七连冠"目标，启动创建工作。

【军民融合】

2016年，泉州晋江机场增扩飞机起降滑行跑道，解决民航与军用飞机只能共用同一条跑道的问题，节省多机起降等待时长，推进晋江机场军民两用深度发展；利用城市规划、改建之机，地方政府免费提供通讯管网，将部队军用光缆迁移到管道内，确保国防通讯安全；深沪国家级中心渔港与军用码头合用、交战道路与市政道路等一系列基础设施融合建设使用。推进社会事业融合。按照军改的要求，在教育、医疗等领域先行做好承接融合，驻晋某部"八一"幼儿园停办后，市第二实验幼儿园接收全部军人子女的转学；市医院迁建新址同时配套"战时五级医疗救护工程"。推进市场对接融合。探索建立民企与军工市场对接，引导更多民企"参军"，参与军工产品的研发生产，拓展军工产品市场。卓展科技、迦南新材料科技公司先行先试、紧抓机遇，对接军工产品，探索转型升级的方法措施。推进科研成果融合。引导民营企业与部队在科研上主动对接，共同攻关军民融合技术成果，重点培育军鹏特种装备公司与中国人民解放军装甲兵工程学院共建军民融合技术创新联合实验室。

【支前保障】

2016年，晋江市支持部队"四项建设"（基础设施、训练设施、文化设施、生产生活设施）和"六个一好"项目建设，注重筛选能最大程度发挥效用的、部队急需的项目纳入"六个一好"项目工程。持续加大财政投入力度，本级财政划拨"六个一好"项目资金150万元，向泉州市支前办争取58万元资金共同用于支持驻晋部队基层连队食堂修缮、灶具改造、饮水工程、晾衣间建设、生态菜园建设等17个项目，资金当年拨付到位，项目已陆续完成，不断提高部队后勤保障和应急机动能力。开展科技拥军，解决部队官兵热点、难点问题。坚持市领导科技拥军现场办公制度，市财政投入资金420万元，支持驻地部队3个科技强军项目建设。极大地提升部队战斗力。投入475.34万元用于部队节日慰问、燃料补贴和官兵节日副食品补贴。保障部队备战行动。先后协调做好来晋空军某师轮训分队、武警海关执勤分队、某部直政处、通讯团、运输大队、省军区侦察大队等驻训、轮值保障任务。12月，在东石支前物资供应点组织年度支前物资前送实务演练，此次模拟实战应急实务演练，组织5个镇级支前物资供应点相关人员前往观摩，以会代训，现场体验，全面检验和提高我市支前物资供应站快速反应和综合保障能力，也为我市进一步完善支前保障预案，提升支前保障能力打下良好基础。

【拥军优属】

2016年，市民政局建立市、镇、村企、校等与部队基层单位结对共建制度，市财政投入1045万元帮助部队解决战备执勤、军事训练、国防工程、后勤保障等问题，驻军子女入学率"百分百"。深化"1+1"军地共建结对帮扶模式，协调协助驻晋部队做好土地置换、驻训备战保障等工作，巩固发展军政军民团结良好局面。

配合军改要求，重点围绕如何解决"三后"（后路、后院、后代）的问题，建强一支队伍、落实三项政策。

建强拥军队伍。春节期间成立拥军慰问团，由市主要领导亲自带队，先后走访慰问驻军某部、空军福州指挥所、空军漳州指挥所、厦门水警区等作战指挥单位，给官兵送去节日的问候和新年的祝福。举办第二届"情系国防•好家庭"亲子活动，组织部队官兵家庭开展户外亲子活动，增进了军人与子女间的感情，获得官兵们的高度好评。"八一"期间，开展历时一个月的双拥系列活动，内容包括为部队办实事、现场办公、慰问驻训部队、"关爱功臣"行动、市青年商会开展"军事日"、市女企业家联谊会进军营联谊、泉州企业家书法协会举办"文化进军营"、庆祝中国人民解放军建军89周年暨长征胜利80周年"晋水情"文艺晚会、组织纪念长征胜利80周年书法展等18项活动，进一步丰富双拥工作的具体内容。

落实惠军政策。策划依托泉州轻工学院，设立随军家属培训创业辅导中心，免费对随军家属进行创业培训；无工作随军家属每人每月发放500元生活补助金，全年共划拨随军家属未就业补助金108.5万元；帮助解决部队随军随调及安置家属14人；市教育局、双拥办联合出台《晋江市进一步落实军人子女教育优待办法》，全年有113名军人子女全部接受优质教育，为较好地解决军人

“三后”问题树立典范。

落实安置政策。按照军转干部安置任务要求，全年共接收安置转业军人67人，其中，团级干部14人，营级及以下干部27人，士官26人，安置完全符合政策规定。加强军休干部服务管理工作，落实离退休费自然增长机制，参照晋江市国家机关同职离退休干部标准，落实军休干部的政治待遇、生活待遇。

落实优抚政策。着力解决军转干部安置、随军家属就业、部队子女入学、优抚安置和部队干部住房等热点难点问题。保持抚恤优待待遇自然增长。坚持实行优抚对象抚恤补助标准城乡一体和自然增长机制，调整后的各类抚恤补助标准分别高于省定标准的41%—91%，全年发放各类抚恤补助金2261万元。落实义务兵优待金待遇，2016年义务兵家庭优待金标准为18200元（进藏兵为54600元，全日制本科、专科毕业生分别为27300元和23600元）。高标准的抚恤优待待遇，为超额完成征兵任务提供强大保障，为年年荣获征兵工作先进单位注入持续动力。帮助优抚对象解决“三难”问题。深入开展“关爱功臣”活动，多渠道、全方位解决重点优抚对象“三难”问题。2016年，全市共发放节日慰问金183.46万元，下拨困难补助款57.6万元，对全市重点优抚对象实行数字电视“双免”政策，给予每户每月40度的用电优惠补助；发放小额医疗补助和健康体检费用76.14万元，推进住院医疗救助“一站式”即时结算服务，累计救助2057人次，发放医疗救助金52.7万元；实施优抚对象安居工程，下拨147万建房补助款，帮助31户无房、危房的重点优抚对象和革命“五老”人员解决住房困难。做好退伍军人和军休干部服务管理。接收2015年秋、冬季自主就业退役士兵402名，发放地方经济补助金1527.21万元，组织215名退役士兵参加各级组织的职业教育和技能培训，发放退役士兵驾驶技能培训补助金17.1万元。实施优抚对象动态管理机制，开展优抚对象核查和身份认定工作，为9名残疾军人办理抚恤关系转移手续，认定新增2名参战退役人员、2名烈士子女、1名病故军人家属、348名60周岁农村籍退役士兵，列入全市抚恤补助范围。妥善解决部队官兵后顾之忧。实施随军家属“业前保障、免费培训、多方安置”政策。

【拥政爱民】

2016年，驻晋部队大力支持地方经济建设。晋江市重点项目建设涉及到部队军地土地置换、军事设施保护、部队光缆迁移等相关事项，驻晋部队及其上级给予全力支持配合。全年先后批准军地土地置换2宗、40.67公顷地块，帮助解决沉积多年的历史问题，有效保障晋新路、崎山公园、西环路、中航城、许厝农贸市场等5个重点项目建设。驻晋某部支持省道横九线、莲花项目涉军事项建设。

海警三大队主动融入晋江市经济发展大局，以维护部队内部和辖区“双稳定”，谋求大队建设和驻地经济“同发展”为总目标，搭建“党政团警企”共建新平台，在加强部队建设、落实从优待警、促进海上综合执法、服务辖区群众、参与抢险救灾等方面挖掘双拥工作亮点。积极争取地方经费20万元，对营区进行绿化修整，进一步完善训练、办公、生活等基础设施，同时对“阳光房”进行升级，有效提升部队的基础建设水平；4月，携手晋江市第三实验小学开展“清明祭英烈”“警地大联欢”“送法进校园”等联谊活动4次；7月，联合晋江市金井、深沪非公企业党委成功举办两期“新二代”小学生军训夏令营活动，为外来务工子女提供优质的教育平台，创造扎晋发展的良好氛围；8月，携手晋江市检察院及市海洋与渔业局开展全省首例海洋生态补偿案之“恢复性司法实践活动”，充分践行生态案件办理中倡导的“专业化法律监督、恢复性司法实践、综合性社会治理”司法理念，取得良好的社会效应及反响。

驻晋部队积极参与文明创建活动，积极参与地方公益事业建设、环保整治和植树造林活动。参加驻地生态文明建设，投入义务劳动1500多人次，出动2000多人义务植树造林，全力配合地方对军垦农场外租企业进行环保整治工作；XXXXX部队组织100多余名官兵参加无偿献血；XXXXX部队到龙湖镇尚善敬老院送温暖，为老人开展义务体检活动，量血压、测血糖、免费提供疾病诊断和药物治疗等服务；驻晋某部开展“1+1”助学活动，发动73名团级以上干部共捐赠14.25万元，分别帮扶晋江一中、季延中学、民族中学73名家庭困难的学生。

勇于承担急难险重任务。驻晋部队勇于承担抢险救灾等急难险重任务，“莫兰蒂”台风期间，晋江市主干道路沿线树木损失严重，驻晋部队第一时间响应、第一时间出动，与全市干部群众一起日夜奋战，克难抢险渡关，为维护群众的生命、财产安全，在关键时刻发挥重要作用。积极参与“平安晋江”建设，开展军警民联防联治，密切警地合作交流。驻地部队主动配合公安部门查处案件、抓捕罪犯、打击走私，有力维护地方安定稳定；海警三大队创造性地探索执法为民新模式，整合涉海相关部门的资源，积极与海洋与渔业局探索“警渔”海上联合执法；参与海上执勤维稳，开展海上生命救助等活动，全年执行2起海上救助任务，成功救助1名渔民、13名遇险船员，救助事迹得到中央人民广播电台等30多家中央、省、市级媒体的报道；开放部队军史馆、荣誉室、武器装备陈列馆等场所支持开展全民国防教育。

（黄志刚撰　周先进审）

·政法委及综治工作·

【概况】

2016年，晋江市政法工作坚持“发展是第一要务、稳定是第一责任”方针，围绕市委建设国际化创新型品质城市战略部署，以理念思路、体制机制、方法手段创新为动力，以“三化一龙头”为抓手，以“六个专项治理”（即治理：严重精神障碍患者肇事肇祸、电信网络诈骗和金融风险防范、寄递物流、危险物品监管、毒品犯罪、执行难）为载体，深入开展“两学一做”学习教育，落实政法综治维稳各项措施，“法治晋江”和“平安晋江”建设取得新成效。全市社会治安好转，群众安全感达94.21%，位居泉州市第三名，创记录连续三个季度没有镇（街道）落入泉州市后30名，综治平安建设工作连续8年进入泉州市优秀行列，再次受到泉州市委市政府通报表彰，群众对干警执法工作满意度达91.27%，居泉州市第4名，创晋江历史最好水平。全市政法机关共有115个集体、560人次获各级表彰奖励。市法院刑一庭被评为全国青少年维权岗，市检察院被评为全国检察宣传工作先进单位，市公安局刑侦大队被公安部命名为全国公安机关执法示范单位，市司法局被福建省司法厅评为全省司法系统先进集体，市安全局被福建省安全厅记集体三等功，政法系统党委获全市学习党规、条例知识竞赛第1名，政法委获全市2011—2015普法工作先进单位、市直党群部门绩效考评第1名。

【服务保障提升】

2016年，晋江市推动建立政府法律顾问制度，组建晋江市金融改革发展律师服务团，在泉州地区率先实现“一村（社区）一法律顾问”全覆盖；建立矛盾纠纷和不安定隐患滚动排查制度，全市共成功调解各类矛盾纠纷16548起，审结民商事案件13795件，涉案标的54亿元，执行结案5986件，执行到位标的24亿元。社会治理综合指挥中心“12345”24小时便民服务热线接受群众求助电话14.95万次，帮助群众解决实际问题5.8万件，联动处置警情1.18万起、群众建议诉求6075起，群众对接处警满意度从原来80%上升到98.13%，位列泉州市第1名。

【综治责任落实】

2016年，晋江市推进以落实“综治平安晋江”建设责任为龙头，抓好社会治安防控立体化、矛盾纠纷化解多元化、城乡社区服务管理网格化“三化一龙头”工作，转发执行中共中央办公厅、国务院办公厅印发的《健全落实社会治安综合治理领导责任制规定》、泉州市综治委印发的《关于开展综治（平安建设）“对清单、压责任、求突破、保平安”活动的实施方案》，市主要领导与各镇（街道）、市综治委成员单位签署综治平安建设责任状，排查确定19个由市领导挂钩督办的市级重点整治点，开展积案化解集中攻坚、“三无”镇（街）创建、专案评审、信访事项复查、涉法涉诉信访案件处理等活动，坚续公、检、法“三长”月接访制度，持续开展司法救助工作，全年发放司法救助金53件、197.7万元，组织镇村干部进村进校宣传教育铁路护路工作，增设80块高铁安全警示牌，落实流动人口“同城同待遇”和市民化优待积分管理，将新晋江人纳入综治保险保障覆盖范围，全年受理赔付案件8944起，赔付761.23万元。确定2016年为“人民调解规范化建设年”，制定全市矛盾纠纷排查调处工作要点，实行矛盾纠纷排查调解工作月报制度；围绕征地拆迁、涉法涉诉、民间借贷、企业重组等领域，开展“服务大局解民忧、春风化雨促和谐”人民调解专项活动；选派律师进驻市交通事故调处中心，为市民提供免费法律服务。全市各人民调解委员会共调解成功724起，调解成功率99.3%；评选第三轮第三批“平安村（社区）”129个，“平安企业”24家，“平安学校”151所，“平安单位”66个。

【治安防控体系建设】

2016年，晋江市率先在全省成立县级情报研判中心，建成中心综合研判、警种专业研判、派出所属地研判“三位一体”情报研判体系；建立金融风险监测预警体系，对非法集资重点领域、重点行业、重点地区开展风险隐患排查，组建晋江市金融改革发展律师服务团，成立金融审判庭，依法审理企业破产清算案件；完善信访工作网络和分析通报机制，建立重要会议（活动）驻勤保障机制，优化“12348”法律服务热线，提升“020”法律援助信息平台；按计划完成新建“天网”视频监控5万个，构筑24小时站岗的“火眼卫士”矩阵，推行路面巡逻“地网”与视频巡逻“天网”相结合巡防模式，刑事发案数连续五年大幅下降，立刑事案件15556起、比降23.3%；依托“天网”视频监控体系，嵌入“一键视频报警”，覆盖全市重点场所及公交车、机场车站等人员密集场所。开展六个专项治理，共排查列管精神障碍患者2123人，收诊看护1500人次，救助35名；建成各镇（街道）社区戒毒社区康复综合中心（工作站），实行预防管控、治疗康复、宣传教育、帮扶回归、就业安置“五位一体”的社区戒毒社区康复“晋江模式”，全国社区戒毒社区康复工作座谈会在晋江召开；开展明察与暗访，检查抽查涉危从业单位512家次，发现、整改安全隐患65处；率先在全省成立县级反诈骗中心，构建“主动打击、部门联动、警种合成、专班运作、立体防范”的反诈骗机制，侦破诈骗案件450起，抓获诈骗犯罪嫌疑人280名，完善警银协作、快速堵截机制，成功阻损148起1928万元；成立金融审判庭，在全省率先建立基层组织协助做好人民法院司法送达工作机制，出台落实加快金融案件审执“十条措施”和《金融风险重点企业限制措施》，成立金融风险防控督察组，破获组织领导传销等涉众型经济犯罪1起、非法吸收公众存款案1起，涉案金额数亿元。在全省首先采取快递件内加盖验视章方式，添加“实名登记”电话语音，与辖区物流企业签订企业及其员工落实收寄验视、实名收寄、过机安检3个100%制度责任状，建立寄递安全视频监控系统，出台全省首份《寄递渠道可疑信息报告奖励办法》，查获3起涉枪、涉爆、涉毒案件。成立市“执行难”协调领导小组，建立协助执行网络、信息共享体系和执行远程指挥、单兵作战系统；在全省率先建立涉房产执行案件“三停”（停水、停电、停气）机制；在全省首创“公交曝光老赖”制度，在银行网点、微信微博、新闻媒体、户外电子屏等多平台曝光失信被执行人；围绕涉民生、金融等六类重点案件开展集中统一执行行动18次，全年清理执行积案3387件，执结新收案件5022件，执行到位标的额超2亿元。

【基层基础建设】

2016年，晋江市加强平安基层基础建设。基层服务社会化建设。通过政府购买服务的方式率先在涉罪未成年人帮教工作中引入司法社工服务，构建“政府—企业—机构”三位一体帮教体系，帮助涉罪未成年人顺利回归家庭、融入社会。物联网安防小区建设。将物联网安防小区试点建设列入市政府为民办实事项目，斥资200万元实施罗山兰峰、梅岭竹园、青阳新世纪豪园等20个小区智能化安防建设，安装智能门禁系统和数据联网，提高居民的安全感。村（社区）司法行政工作室建设。再选派律师进村担任法律顾问225家，实现392个行政村（社区）“一村（社区）一法律顾问”全覆盖，整合36个试点村（社区）司法助理员、律师、法律工作者、法律援助联络员、调解员等力量组成司法行政工作室，为群众提供法律服务。12345便民服务应急指挥中心建设。整合全市19个镇（街道）、64个部门和近千家商家服务资源，涵盖14大类200多个服务项目，联动单位85家，合作商家2000多家，打造“永不下班的便民服务中心”，群众对接处警满意率达98.13%，位列泉州第一。基层综治组织建设。加强基层治保会、调委会建设，常态绩效管理三级专职巡防队伍425支、4085人，开展群防群治联动联防，推进“综治进两新组织”工作，推广“1233”模式（即，抓住“综治责任”一个龙头，纳入“大党建”“平安创建”两个体系，抓好“阵地、制度、项目”三项建设，培育“制造业、服务业、社会组织”三种业态典型）；全年各类巡逻队伍抓获犯罪嫌疑人805人；开设“平安晋江”微信公众号，制作广播录音光盘，利用公交系列载体、“口袋公园”、村居宣传栏等开展综治平安宣传；制定并实施市“七五”普法规划，出台《关于建立媒体公益普法制度的实施意见》。网格化服务管理建设。新增村（社区）73个，全市覆盖率98.5%，录入实有人口信息近203万条、楼栋信息24万余条、出租屋信息近5万条，建设社会治理便民服务中心平台，实行“费随事转”，提高基层服务管理效率。

【司法体制改革】

2016年，晋江市督促推动政法各部门落实司法体制改革主体责任，遴选首批84名法官、65名检察官纳入法官、检察官员额管理。完善“让审理者裁判、由裁判者负责”和院长、庭长直接办案制，推进人民陪审员改革试点工作，成立金融审判庭和破产合议庭；在全国率先成立检察监督指导中心和全省首个金融检察科，建立“陆海空”生态司法保护模式和知识产权司法保护晋江模式，出台《晋江市警务辅助人员管理规定》，在全省率先推行派出所受理出入境业务，在陈埭镇便民服务中心设立全省第一批异地办理居民身份证试点。

【执法监督】

2016年，市政法委发挥监督职能作用，依法对政法部门办理的案件进行监督，纠正办案中的问题，促进法治晋江建设，维护社会的公平正义。执法检查。6月份，政法委组织执法检查活动，从执法思想、办案和审理程序、适用法律、法律文书、卷宗装订、归档管理六个方面对6起重点案件进行审阅检查，发现8处瑕疵问题，在政法委员会议上进行通报并交付办案单位整改。案件评查。制定《关于组织开展2016年全市政法机关案件评查活动通知》，明确排查项目、内容、标准和分数，确定100个评查案件（法院40件、检察院15件、公安局40件、司法局5件），组织评查小组，实行交叉评查和集中评析，查阅卷宗，查找问题，开展调查，明确责任，边查边改。评查结果记入办案干警执法档案，作为干警绩效考评内容。未发现执法过错案件，发现瑕疵38件121处。涉法涉诉信访。2016年督办转办来信来访22件，其中督办的10件全部得到反馈。坚持公安局、检察院、法院信访接待室日常接访，每月设定1—2个公、检、法三长接访群众日，共接访212件次，办结率达85.3%。

（庄永明撰　王义彬审）

·公　安·

打击刑事犯罪

【概况】

2016年，晋江市公安机关坚持以服务发展为第一要务、以维护稳定为第一责任、以人民满意为第一标准，深化警务改革，注重管理创新，破解发展难题，推动全市公安工作跃上新台阶，为建设国际化创新型品质城市创造安定稳定环境。始终将维护国家安全和政治稳定作为首责、摆在首位，严密落实各项稳控措施和责任，确保社会持续安定稳定。7月，市公安局被公安部确定为情报综合研判改革试点单位（全国县级试点7个）。健全矛盾多元调处机制。坚持每月10日、25日局长接访群众，定期带案下访，畅通信访渠道；针对信访积案等疑难问题，按照“一件案子、一名领导、一套班子、一个方案、一包到底”全力化解，群众来信来访件办结化解率98.6%，部厅级单位交办信访件100%化解。健全应急处突机制。健全应急处突机制，屯警街面、动中备勤。健全警卫安保机制。紧盯各项活动节点，突出做好央视元宵晚会、APEC会议、G20峰会等重大活动期间安保工作，确保各项安保措施落实到位。圆满完成27批次级别警卫、140场次大型活动安保工作。

【刑事案件侦破】

2016年，市公安局坚持“命案必破”“有广泛社会影响的案件必须尽快破获”要求，全面提高刑事打击能力。2016年，全市共立刑事案件15556起，同比下降23.3%；破7919起、破案率50.9%；全市共刑拘6093人、批捕2681人、起诉4733人。2016年，晋江市群众安全感达94.21%，位居泉州市第3名。市公安局对大要案件，坚持刑侦、技侦、网侦、图侦、情报“五侦”同步快速上案、一体化作战，固化“四长必到”、快速反应、现场勘查、协同作战和考核奖惩等长效工作机制，强化大要案侦破的组织指挥和警力保证，提高侦查破案效能。立八类案件514起、同比下降17.6%，破503起、破案率98%；破命案29起、破案率96.0%。

【县级反诈骗中心】

2016年3月，晋江市率先成立全省首个县级反诈骗中心，实现公安、金融、通讯“三方联动”，落实联络员制度，与8家主要商业银行签订警银合作协议，建立完善警银协作“八项制度”，通讯部门接入专线，派员入驻中心，做到接警快、查询快、止付快、封堵快、抓人快。

【合成作战研判中心】

2016年10月，市公安局抽调刑侦、技侦、网安、情报等警种成立合成作战研判中心，对现行案件警情实时跟踪、实时研判、实时指导基层办案民警侦查和防范。突出抓好系列性、团伙性案件的分析串并，做到2起就串、3起推送、5起督办。

【“24小时快速破案”机制】

2016年，市公安局立足快侦快破，借鉴命案、“两抢”犯罪侦破机制，8月，推出“24小时快速破案”机制，即紧紧抓住案发24小时黄金侦查时间，建立起“快速反应、联动协作、规范运行、合成作战”24小时快速破案工作机制和奖励办法，一有案件发生，以合成研判作战中心为发起点，综合运用各种侦查手段，充分发挥技术集成优势，捆绑运作、协同作战，快侦快破各类刑事案件。对案发后24小时内侦破的，根据案件类别，视情给予500元至8000元奖励。

【“主办侦查员”制度】

2016年，市公安局全面推行刑事案件“主办侦查员”制度，做到每起警情有首接责任人、每一起案件都有案件主办人。按照“谁办案谁负责、谁审核谁负责、谁审批谁负责”的原则，从接处警、受立案、侦查分工、快速上案、职责管理、考核奖惩等方面做出详细规定，做到每起案件都有人到现场勘查、有人侦查研判、有人经营侦办、有人负责兜底。

【打击侵财类犯罪】

2016年，市公安局建立完善常态化打击侵财犯罪工作机制，坚持日常打击、专案经营和集中抓捕相结合，深化“四位一体”研判体系，开展实时动态警情串并研判，做到发生一起、研判一起、串并一系列、打掉一整伙；组织开展打击“盗抢骗”犯罪三年行动、打击整治电信网络新型违法犯罪行动和“打盗抢、反诈骗、肃毒害”等专项行动，集中时间力量，破获一批案件，抓获一批犯罪嫌疑人。全市破侵财类案件5120起。其中，破“两抢”案件102起，破案率达100%；破盗窃案件3953起；破盗窃机动车案件263起；破诈骗案件1003起，劝阻止付1798万元。

【打击黑恶和涉拐犯罪】

2016年，市公安局坚持“打早打小、露头就打”的方针，加强线索摸排、串并研判、经营深挖，严厉打击、严密防范黑恶和涉拐犯罪，切实保障群众合法权益。摧毁黑恶势力团伙24个，破黑恶“六类”案件113起（积案7起）；破涉拐案件15起（销案9起），解救被拐妇女儿童54人；召开认亲大会12场次，为17名儿童找回亲生父母。

【打击经济犯罪】

2016年，市公安局发挥“打击、参谋、服务”三大职能，严厉打击非法集资、恶意逃废债、信用卡诈骗、网络传销、“洗黑钱”、假币犯罪等各类经济领域犯罪，全力开展追赃挽损，全力配合开展“猎狐2016”缉捕行动，最大程度为群众挽回经济损失。全市破各类经济犯罪案件379起，抓获犯罪嫌疑人353人，追赃挽损12.5亿元，综合战果位居泉州市第一。其中，破获洪某亮等人非法经营案、福建沃客生活信息科技有限公司涉嫌组织、领导传销活动案等部督案件6起，省督案件1起，组织发起全国性集群战役2起；破获上市公司法定代表人或老板逃废债案件18起，涉案金额45.05亿元，采取刑事强制措施32人、逮捕9人、起诉3人；配合银行化解不良贷款22亿元，追赃折合人民币2亿元。

【追逃工作】

2016年，市公安局完善各警种部门联动协作、整体作战长效工作机制，深

晋江市公安局情报研判中心

入开展清网追逃专项行动，综合采取网上研判、赴外追逃、集中抓捕、规劝自首等有效措施，加大对各类逃犯特别是部、省、市通缉督捕逃犯、命案、涉枪涉爆、历年、年前等重大逃犯的缉捕力度，成功规劝抓获一批逃犯。抓获在逃人员1494人，其中本市在逃人员1017人，外地在逃人员477人；抓获公安部A级逃犯2人，命案逃犯22人，历年逃犯158人；抓获总数位居泉州第一名。

【禁毒工作】

2016年，市公安局围绕“飓风肃毒”会战行动，创新工作思路，整合警力资源和信息资源，全力构建“打、防、管、控”晋江禁毒防控体系，坚持解决当前毒情发展蔓延与深入开展旅菲人员涉毒问题排摸相结合、打击毒品犯罪与减少吸毒人员相结合，全面开展禁毒宣传教育，不断丰富完善社区戒毒社区康复工作“晋江经验”，推进晋江市禁毒工作深入开展，有效遏制毒品危害的发展蔓延。全市破获毒品犯罪案件738起(部督6起)，抓获毒品犯罪嫌疑人758人，缴获各类毒品21.23千克；查处吸毒人员2912人次，强制隔离戒毒318人次。全市设立社区戒毒社区康复工作站19个，纳入戒毒康复吸毒人员540人。开展毒品预防教育活动187场次，发送禁毒公益短彩信2.6万条，发放宣传材料7.5万份，受教育公众达7.5万人次；2016年11月，全国社区戒毒社区康复工作座谈会在晋江市召开。

治安管控

【治安热点整治】

2016年，市公安局围绕治安热点，组织专项整治行动，健全长效机制，强化、落实各项巩固措施，改善全市社会治安面貌。全市共查处治安案件43675起35637人；以综合考评第一名的成绩获评2016年度泉州市公安局“治安管理”“打击黄赌”“缉枪治爆”等专项行动优胜单位。

【“打四黑除四害”】

2016年，市公安局重拳出击群众反映强烈的、事关群众生命健康的制假售假、污染环境、食品药品等违法犯罪，持续深入开展“打四黑除四害”专项行动。查处“四黑四害”案件87起，抓获违法犯罪人员78人；受理环境违法行政案件66起，行政拘留68人，立污染环境案28起，破获28起，刑事拘留41人，移送起诉44人，其中公安部督办案件3起、省厅督办案件6起、发起全国集群战役1起。

【涉黄涉赌打击工作】

2016年，市公安局全力整治黄赌重点区域、重点场所，综合应用警情研判、挂牌督办、异地用警、暗访检查等措施，聚力打击网络黄赌、山头野外赌博、组织卖淫等黄赌违法犯罪。全市破获黄赌刑事案件136起274人；其中，破获涉案赌资达千万元的陈某新等人山头野外聚众赌博案，刑拘13人，起诉11人。

【缉枪治爆】

2016年，市公安局开展缉枪治爆、危险化学品安全专项整治等专项行动，切实做到“不流失、不漏管、不炸响”。破获涉枪涉爆涉危刑事案件12起、查处非法烟花爆竹案件232起、散装汽油案件24起，收缴非法枪支108支、各类子弹7600余发、烟花爆竹12600余箱、散装汽油486.73升。

【社会治安视频监控系统建设】

市政府近年来累计投入2.3亿元，建起四期城市安全信息系统，同时按照市区每平方公里联网接入探头数不少于150个、镇街区不少于100个、村(社区)不少于60个的标准，用两年时间建5万个村村通视频监控探头；2016年，全市已建立并联网的高清视频监控探头达5.5万个，采集标注社会类视频监控探头12万个。完善视频巡逻机制，发挥视频监控在治安防控、侦查破案上的功能效应；2016年，利用视频破获各类案件5230起。

【三级巡逻队伍建设】

2016年，晋江市进一步健全市镇村三级巡逻队伍管理机制，强化路面巡逻防控，提高群众的见警率和对犯罪分子的震慑力；建立巡逻队伍412支4058人，做到每个1村至少1支专职巡逻队伍。巡特警反恐大队负责市区重点部位武装巡逻和暴力突发事件处置工作。三级巡防队伍抓获违法犯罪嫌疑人711人。

【社区民警专职化】

2016年，晋江市将全市393个村(社区)划分为177个警务网格，配备专职社区(驻村)民警204名。出台《社区民警专职化工作意见》《优秀社区(驻村)民警考核办法》等，明确规定社区(驻村)民警“先进后出”，确保社区(驻村)民警队伍专职、稳定；每名社区(驻村)民警至少配备1名专职警辅，统一招收、统一报酬、统一工作标准。出台星级评定办法，设立50个股级警务室，将警务室打造成“老百姓家门口的派出所”。

【重点行业场所管控】

2016年，市公安局采取定期检查和突击抽查、明查和暗访相结合等方式方法，推进寄递物流行业、危爆物品行业等行业场所依法经营；严抓行业场所基础，紧抓旅馆业“四实”登记，旅馆“四实”登记合格率保持80%以上；通过旅馆业系统抓获网上在逃人员63人。在全省率先建立寄递渠道可疑信息报告奖励机制以及非标信息采集、安装视频监控联网、民警跟班作业、部门联动检查等举措，督促企业落实主体责任。

(陈志龙撰　张　飞审)

公安法制建设

【执法教育】

2016年，市公安局建立健全执法培训机制，定期组织专家讲座、旁听庭审等，全面提高民警法律素质和业务水平。举办6期执法集中培训、6期法院庭审旁听活动，下基层执法培训、指导200余次，受训2000余人次。

【规范办案流程】

2016年，市公安局在处警过程中，严格落实现场制作询问笔录、现场勘查、现场调查访问、现场调取视频资料“四个规定动作”；在执法办案中，做到执法办案信息一律进警务平台、涉案财物信息一律进管理系统、涉案人员一律进办案场所、执法场所一律进视频监控“四个一律”。

【执法监督】

2016年，市公安局成立执法管理委员会，在办案单位设立法制室，强化案件审核把关。对办理的案件，坚持“一月一考评”，对考评等次为“中、差”的办案民警、审核法制员和单位领导进行集中培训。组织开展执法安全问题集中整治活动，坚持边查边改的方针，对苗头性、倾向性问题，坚持发现在早、解决在小。

【执法纪律】

2016年，市公安局严格执行《晋江市公安局行政问责暂行规定》《晋江市公安局执法责任终身制规定》，建立执法过错捆绑追责机制，即民警出现执法过错，至少上追两级领导责任，切实增强抓执法工作责任感和紧迫感，有效遏制“有令不行、有禁不止”问题。

【网上公开办事制度】

2016年，市公安局利用“晋江公安公众服务网”积极开展网上办事活动，实现行政许可、非行政许可审批、备案类事项办理的网上咨询、网上预约、网上受理等；对网上开展行政许可、非行政许可审批、备案类事项办理情况积极开展满意度测评，受理申请人的投诉和意见建议，并及时反馈处理结果。

【定期联络制度】

2016年，市公安局进一步加强与人大代表、政协委员联络工作，健全代表、委员意见建议办理制度和关注案件回馈机制，对代表的意见建议，明确责任人、工作要求、办理时限，由专人及时处理反馈；建立完善“开放日”制度，定期邀请新闻媒体和人民群众到公安机关监管场所参观；定期举行专项工作新闻发布会，增强信息公开的主动性和权威性；建立快速回应机制，认真对待、及时答复群众意见建议，使群众第一时间了解真实情况，消除对案件办理的各种猜疑。

【信访化解工作】

2016年，市公安局采取领导接访、领导包案和主动走访、带案下访等多种措施，集中开展信访排查化解工作。群众来信来访件办结化解率达98.6%，部厅级单位交办信访件100%化解。2月，法制大队获全国公安信访窗口示范单位。

（陈志龙撰　张　飞审）

公安行政管理

【户政管理】

2016年，市公安局户籍管理部门先行先试推行户籍制度改革，完善居住证管理制度，让流动人口留得住；持续推行“无房也可落户、先落户后管理”政策，对符合落户要求但乡镇、村（社区）设置落户门槛的，由行政审批服务中心直接予以落户；加大对流动人口管理力度，会同市综治办开展流动人口积分优待、居住证制度惠民政策等宣传活动，着力解决无户口人员的登记户口问题。全市办理居住证501094张，延期196456张，申请参加市民化积分优待42271名；采集流动人口信息489134人、注销414663人。持续优化户籍窗口服务。为派出所配齐临时身份证制作设备，将临时身份证审核签发制证工作权限下放到派出所，群众只要在辖区派出所就可就近办理；推广“福建治安便民”微信户政业务办理工作，群众可通过微信实现“先批后办、一趟办结”；推动市财政划拨专项经费600多万元用于户籍历史档案数字化建设，方便公安内部应用及群众查询；推动建立户籍窗口AB岗机制，组织“强服务、树形象、提三率”户籍窗口百日竞赛活动，加强户籍民警业务培训、考核。全市出生登记18503人，死亡注销4862人，办理户口迁入15452人次，迁出11673人次，办理户口变更更正201230人次，为群众提供户籍资料查询21355人次；办理含指纹信息的二代证137747张、临时居民身份证3977张。

【出入境与往来港澳台管理】

2016年，市公安局出入境管理部门打造群众满意窗口。主动与上级单位对接，先后获得往来港澳签注和前往台湾签注制证权限和省内居民赴台旅游再次签注自助受理业务权限，并在全省率先推行派出所受理出入境业务工作，在全市19个行政派出所推广；探索“互联网＋出入境”服务，积极落实网上办证、微信办证、电话办证等“指尖办证”，不断优化各项办证流程，为群众提供便民的出入境服务。全市受理出入境申请与往来港澳台271761人次，其中护照33167人次，港澳探亲14397人次，港澳旅游189550人次，港澳商务323人次，港澳就业134人次，港澳学习92人次，港澳培训8人次，港澳定居866人，往来台湾32654人次；审批港澳个人游再次签注100984人次，其中电子港澳个人游再次签注47371人次，办理台胞证及来往大陆签注1659人次。完善外国人管理机制。主动跟进外国人住宿登记信息采集业务，建立宾馆酒店境外人员住宿登记指导微信群，定期对重点国家人员数据进行巡查，及时发现掌握重点国家人员活动轨迹和情况，深入开展“三非”外国人清查行动，及时深挖案件，全面查清犯罪团伙。全市查处“三非”案件64起95人；登记境外人员住宿登记24838人次；走访涉外机构132家；受理各类外国人签证申请829件。

【监所管理】

2016年，市公安局严格落实监所安全管理制度，定期不定期开展监所安全大检查，及时整改安全隐患，确保监所绝对安全。完成拘留所综合安防系统改造，推进看守所监房扩建工程，进一步提升安全系数。2016年，看守所共羁押8954人，其中新收押6892人，消化处理6797人；拘留所共收拘7692人次，其中行政拘留7259人次，司法拘留433人次。

（陈志龙撰　张　飞审）

公安四项建设

【基础信息化建设】

2016年，市公安局高标准配备技术侦查设施。推进刑事侦查技术专业化、规范化、信息化建设，通过全国一级示范刑事科学技术室验收、建立全省首家县级DNA实验室以及技侦、网侦工作点，提升精准打击犯罪水平。利用技术破案963起、占破案总数12.2%；6月，全省县级公安机关DNA实验室建设现场部署会在晋江召开。全覆盖布建视频监控。在建设两期城安系统的基础上，市委、市政府于2015年出资1.2个亿两年内在全市建设5万个高清视频探头。2016年，全市共建设高清视频探头5.5万个，实现全市道路、街巷、重点单位、重点部位视频全覆盖。在市公安局成立可视化信息研判组、派出所设置视频研判岗、社区警务室设立视频巡逻员，依托可视化视频应用系统，对视频监控覆盖区域进行巡查研判。利用视频破获刑事案件5230起、占破案总数的66%。多渠道充实基础信息库。大力推进社区民警专职化，重点围绕“人、地、物、事、组织”等基本治安要素开展信息大采集，纳入民警每月绩效考评，落实信息采集与办案同工同奖措施，做到“应采尽采，应录尽录”。以晋江市社会治理综合指挥中心挂靠市公安局运作为契机，自主研发基础信息应用平台，对全市85家联动单位的信息进行整合，实现信息资源高度融合共享。

至年底，基础信息应用平台共采集非标信息2.52亿条；民警利用该平台抓获犯罪嫌疑人1804名，破获案件2064起。

【警务实战化建设】

2016年，市公安局强化跨警种协作。抽调刑侦、技侦、网安、情报等警种成立合成作战研判中心，对现行案件警情实时跟踪、实时研判、实时指导基层办案民警侦查和防范。突出抓好系列性、团伙性案件的分析串并，做到2起就串、3起推送、5起督办。对大要案件，坚持刑侦、技侦、网侦、图侦、情报“五侦”同步快速上案、一体化作战。中心成立以来，协助破获591起案件。强化跨部门协作。争取市委市政府支持，每年组织开展系列社会治安综合整治行动。3月，针对电信网络诈骗多发的情况，成立全省首个县级反诈骗中心，实现公安、金融、通信“三方联动”。同时，争取泉州市公安局支持，由刑侦支队副支队长带领4名民警入驻市公安局反诈骗中心，实行集中办公、一体运作，提升实效。破电信诈骗780起、比升266.2%；止损诈骗案件1114起，冻结止付涉案资金1642万元。8月15日，晋江市发生一起涉案价值逾290万元特大电信诈骗案，仅用3天就成功告破，得到副省长、公安厅长王惠敏的批示肯定。强化跨区域协作。依托跨区域协作机制和网上作战平台，开展全国案件串并、线索协查和打击破案，将深挖出来的外地案件全部上网核实，低成本、高效率地侦破流窜犯罪案件。通过跨区域协作破获刑事案件982起。

【执法规范化建设】

2016年，市公安局加强执法规范化建设，严把统一审核关。在法制大队设立固定审核人员，在办案单位设立法制室或专职法制员，层层审核把关，提升执法质量。严把受立案分离关。明确接处警民警接到指令后，及时将情况反馈至法制员。法制员抓好审核把关，呈报审批，决定是否立案，真正做到受立案分离。严把执法监督关。纪委联合法制、政工等开展执法监督，及时纠正苗头性、倾向性问题。建立执法过错捆绑追责机制，做到“谁办案、谁审批、谁负责”，并至少上追两级领导干部责任，有效遏制“有令不行、有禁不止”问题。严把执法公开关。依托“门户网站、双微、宣传栏”等，最大限度公开执法依据、程序、进度和结果，做到以公开促公正、以透明保廉洁。市公安局连续10年被评为全省执法质量优秀单位，刑侦大队、罗山派出所被评为“全国公安机关执法示范单位”。

【队伍正规化建设】

2016年，市公安局大力实施“铁警工程”。扣紧“责任链条”，严格落实党委主体责任和纪委监督责任 “两个责任”，推出党委捆绑所队、领导捆绑民警、民警捆绑辅警“三级捆绑”机制，层层传导管警压力。用好“打招呼、谈话、告诫”三项制度，做到抓早抓小、防范未然。强化辅警管理，开展2016年度辅警定(晋)级晋档工作，树立起“能者上、平者让、庸者下、劣者汰”的用人导向。大力实施“强警工程”。聚焦实战实效，优化战训模式，打造“金牌教官团队”，办好“晋江公安讲堂”，深化“1+N师徒结对”机制，培养一大批行家里手，勇夺2016年泉州市局举办的民警综合对抗考核比武第一名。健全每月绩效考评机制，明确每月绩效与民警经济激励、评功评奖、提拔使用等相挂钩，激发队伍士气，形成“争着干、抢着干、比着干”的良好氛围。加强典型培育，打造名所名队名警。市公安局被省公安厅确定为全省及泉州市公安队伍正规化建设两级创建示范点，出入境大队、刑侦大队、罗山派出所等3个单位被泉州市局确定为“全市公安队伍正规化建设示范单位创建点”。大力实施“暖警工程”。坚持政治暖警，优化机构设置，积极协调编办批准设立户政大队，批准巡特警反恐大队下设中队；本着成熟一批、发展一批的思路，提拔调配股级干部143人。坚持经济暖警，落实公务员职务与职级并行工作，套改264人。坚持工作暖警，按照“充分交流、正向激励、人岗适应”原则，结合民警适岗情况，调整一批在同一个单位连续工作10年以上的民警，照顾一批因身体、家庭原因存在不便的民警。坚持生活暖警，落实从优待警10件实事、文化惠警8件实事，成立“爱警基金”，畅通民警就医快速通道，优化警属帮扶机制。

(陈志龙撰　张　飞审)

交通安全管理

【概况】

2016年，晋江市公安局交通警察大队(以下简称市交警大队)贯彻各级党委政府和公安机关部署要求，以推进道路交通安全综合整治“三年提升”工程为抓手，以深化“四项建设”和公安交管改革为主线，以提升交通安全要素管控、风险防范、服务保障能力为重点，扎实推进公安交管业务创新和交警队伍规范管理，做好事故预防和疏堵保畅工作，取得一定成效。2016年全市共发生道路交通事故293起，造成86人死亡，316人受伤，同比分别下降12.01%、2.27%、21.20%，连续第四年死亡交通肇事逃逸案件100%侦破。晋江被评为省级“模范城市交通管理县级市”，交警大队获“全省道路交通安全综合整治先进集体”“感动福建十大人物”“全省公安机关执法示范单位”，作为先进典型在全省交警队伍作“两学一做”先进事迹报告。

【道路通行环境】

2016年，市交警大队采取措施，不断改善道路通行环境。一是建设智能交通管理系统。建成“晋江市城市智能交通管理系统”，中心城区交通状况可全部呈现在指挥室大屏幕上，实现可视化控制、视频会商、指挥调度、缉查布控、评估预警、勤务管理、信息研判等日常交通管理；对全市灯控、卡口整合提升，远程优化控制市中心29个信号灯配时方案，实现主要灯控路口联网控制、主线道路“绿波带”控制(对世纪大道、和平路、泉安北路设置南北向绿波，湖光路设置东西向绿波)以及区域协调控制等功能，大幅提升道路通行能力。二是推进停车产业化。推动市委市政府成立整治停车难领导小组，确定晋江停车产业化的总体方向。阳光广场地下停车场投入使用，梅岭综合农贸市场停车场一期封顶，市医院立体停车场建设完成选址、拨款立项，八仙山公园停车场进行方案设计；向市委市政府主要领导作停车收费工作专门报告，组织更深入对论证。三是重点整治易堵点段。在交通压力特别大的第二实验小学、实验幼儿园等地，试点推行限时通行、单向微循环模式；在占道停车突出易引发拥堵的世纪大道万达广场路段及晋光路路口设施违停抓拍系统，并加派人手加强巡逻劝导；在市区推行车辆违停按“违反禁令标线指示”重拳处罚，停车秩序更加规范；在各主要交通路口设置固定勤务

指挥中心

岗，加派人手加强交通指挥疏导特别是高峰期的交通疏导工作；开展综合交通调研，排摸出5处易堵点段，提请市委市政府立项列入2017年为民办实事项目。

【交通事故预防机制】

2016年，市交警大队不断完善事故预防机制。一是建立事故研判分析制度。树立“交通事故可防”的管理理念，建立交通事故研判平台，制定交通事故分析制度，每月、每季度召开“事故分析研讨会”，根据辖区季度特点和交通规律，总结分析交通违法的特点，仔细查找各个管理环节存在的突出问题，特别是找准交通秩序管理中存在的突出问题，并研究落实相关的对策和措施。二是建立隐患排查整改机制。依托道安办，积极提请市政府对2016年全市18处交通事故多发点段（其中9处被省委省政府列为“为民办实事”项目）进行任务分解，如期完成整改。持续强化隐患排查，加大力度对全市事故多发路段、低标路段和危险路段进行再排查、再整改，建立隐患基础台账，全市共排查出504处隐患点段，并通过道安办提请市政府进行责任分解。三是建立交通安全设施定期排查整改机制。增设交通标志牌439套、反光柱1786根、减速带16949米、爆闪灯43套、安装护栏5280米、热熔标线57204平方米、水除标线1870平方米、震荡标线1596平方米。四是健全农村道安管理机制。依托道安办，继续开展“交通安全示范村（居）”建设，新增晋江级示范村（居）81个，其中，泉州市级5个；启动“农村交通安全劝导站”建设，建成在用交通安全劝导站178个，结合重要活动、重大节日，对农村重点车辆、驾驶员进行安全劝导，突出典型交通违法和事故案例警示教育，提高农村群众安全出行意识；在此基础上，结合晋江城镇化水平高的特点，分别建成社区、学校、企业劝导站（67个、1个、2个），丰富劝导站内涵。五是健全严重交通违法行为整治机制。建立“集中”整治机制。在辖区交警中队日常整治的基础上，每月组织“逢六逢九”统一行动，持续整治摩托车超员、未戴安全头盔，涉酒驾驶、涉牌涉证、超速、超载等严重交通安全违法行为；建立“重点”整治机制。针对辖区交通管理实际和事故规律特点，对发生较大交通事故对英林、金井及死亡人数上升的陈埭等开展区域性专项整治，对易发生严重后果的酒驾、超员、超载等违法行为开展系列专项整治行动；建立“联合”整治机制。密切联系交通、教育、安监、农业等部门，联合开展交通执法行动，加强客货车、危化车、校车、农机车、面包车等重点车型交通违法的现场查纠，强化路面管控；建立“动态”考评机制。针对每月交通事故情况及违法查处任务数完成情况，有针对性调整违法查处绩效考评内容。2016年以来，大队共查处重点交通安全违法行为19万起，其中：查处酒后驾驶2230起、醉酒毒驾994起、营运客车及非营运大中型客车超员225起、摩托车超员20424起、其他车辆超员3575、货车超载4529起、涉牌涉证5.15万起。

【交通管理便民措施】

2016年，市交警大队不断丰富便民利民措施。一是进一步深化推广交通事故处理“3+X”模式。进一步在全省范围内首创律师团入驻调处中心，为当事人提供法律咨询、免费代写诉讼文书、协助当事人整理相关的法律材料以及为困难群众和弱势群体提供法律援助。快处中心受理交通警情13866起，日均38起；调处中心受理疑难案件1981起，达成协议982起，涉及金额6044万元。先进的调（快）处经验被《人民公安报》专题报道，泉州召开工作现场会推广，全国首创的交通事故简易程序小额诉讼跨域工作模式代表全省参加全国公安机关改革创新大赛。二是深入推进“车驾管”改革。新增小型汽车类科目一、科目三安全文明常识及满分学习科目一考试，2016年办理相关业务31769起；实现异地补换领驾驶证、审验、提交身体证明，2016年共计办理相关业务7344起；全面落实“带牌销售”，全市共设立摩托车带牌销售点9家、电动车带牌销售点9家，分别办理带牌注册登记5897部、2757部；三是打造互联网+服务“新平台”。充分利用“晋江交警”微信平台，自主开发信息查询、业务受理和警民互动等平台功能，实现非现场交通违法处理、机动车及驾驶人联系电话变更、“6年免检”自助办理、驾驶证满期换证、遗失补证、损毁换证、超龄年审、摩托车科目一考试等业务的自助预约和查询，并开通了交通违法、实时路况、公共交通、交通管制信息等便捷查询功能，2016年通过微信平台共办理排队预约1747人次、变更联系方式1760人次、补换驾驶证1829人次、办理“6年免检”1882人次。

【交通安全教育】

2016年，市交警大队加强交通安全教育。一是做精“传统”宣教模式。建立民警宣传“分片、挂村”机制，以客货运企业、重点车辆驾驶员、外来务工人员、中小学生等为重点，每月坚持开展100场以上的“五进”宣传教育活动；收集、整合晋江本地发生的交通安全事故，制作“生死抉择—晋江市道路交通事故实录”系列宣传片，开展警示教育；结合事故预防工作，设立LED宣传车，在全市范围内开展流动宣传；同时，在市主流报纸媒体开设专栏，曝光严重违法和典型事故案例，媒体宣传影响力大。二是做好“主题”宣传活动。举办以“牵手同行，平安春运”、“守护天使，平安出行”暨“庆六一”活动等主题宣传活动；以“关爱生命、文明出行”为主题面向全社会征集优秀文明交通公益广告作品；积极开展“文明行车，大美晋江”首届最美司机评选活动；组织“六个不少”交通安全宣传活动面向社会开展文明交通宣传教育活动；创新形式，首开“直播查酒驾”活动，超过6.8万名网友同时在线观看，评论2万余条，取得良好的交通安全宣传效果。三是打造“两微”平台。积极借助微博、微信平台，及时发布辖区天气和路面情况，曝光典型案例；利用“晋江交警”微信微博平台开展“随手拍，消陋习”警民互动活动等形式多样的宣传活动。微信平台创建以来，粉丝数262275多人次，为及时消除交通违法行为，确保广大交通参与者的人身安全撑起一把新的保护伞。2016年，大队在中央级外媒上稿15篇、省级229篇、市县级以上1071篇；内部网站公安部10篇、省厅7篇、省交警总队60篇、泉州市局292篇，调研34篇，开展声势浩大的宣传活动20场次，深入运输企业召开宣传信息工作通报会38场，播放宣传光盘5000余张，印发各类宣传单50000张，受教育面达20余万人。

（杨坪强撰　高泉清审）

消防管理

【概况】

2016年，市消防大队紧紧围绕夏季消防检查、冬春火灾防控、小区消防安全整治、微型消防站建设等工作，全面推动落实消防安全责任制，进一步完善消防安全网络化管理，加强消防基础设施建设，健全消防安全群防群治体系，提升消防安全管理水平，确保晋江火灾形势和队伍管理的“双稳定”。全年消防大队接处警4830起，其中参加社会抢险救援3759起，为人民群众挽回经济损失9721.9万元，疏散被困群众102人，解救被困群众690人。全市发生各类火灾971起，死亡7人（其中2人为放火案件中死亡），受伤1人，直接财产损失3321.8万元，无发生重特大火灾事故。市消防大队被福建省消防总队评为2016年度“基层建设标兵大队”。

【消防队伍建设】

2016年，市消防大队以全面从严治党为指导，建强班子队伍，加强思想政治工作，促进党风廉洁，构建和谐警营，着力构建一支听党指挥、作风优良的消防队伍。

抓好班子队伍。市消防大队牢牢抓住班子自身建设这个根本，从思想、组织、作风、领导能力和廉政建设着手，打造成想干事、能干事、干成事和做好事的班子，凡是涉及消防工作和部队建设的重大问题，通过党委进行充分讨论，并广泛征求广大官兵的意见和建议，营造和谐创业氛围。期间，大队25人被记功嘉奖，3人获“三等功”，3人被泉州消防支队授予“十佳”称号，下辖安海中队被福建省消防总队评为“先进基层党组织”。

抓牢思想政治。市消防大队把政治建警放在首位，坚持不懈地用中国特色社会主义理论体系武装广大官兵的头脑，培育当代革命军人和人民警察核心价值观，教育引导官兵在政治上、思想上、行动上自觉与党中央保持高度一致，讲政治、听指挥、顾大局，永远做党和人民的忠诚卫士。深入学习中共中央总书记习近平系列讲话精神，组织全体官兵参加“两学一做”“三严三争”“三严三治”“严纪律、守规矩、保廉洁、促稳定”等专题教育，不断丰富学习载体，增强教育实效，在支队举办 的条令条例知识竞赛中取一等奖的好成绩。积极开展“双拥”活动，组织官兵参加学习雷锋活动、青年文明号在行动活动、义务植树、无偿献血等公益活动。

抓紧党风廉洁。市消防大队严格落实各项廉政规定，深入推进廉政建设“阳光工程”，建立惩治和预防腐败体系，规范权力运行，部队风气持续好转。不断转变部队作风。开展消防监督执法突出问题专项整治活动，组织开展廉洁执法相关规章制度学习，纠正当前防火监督干部存在的“庸、懒、散”问题，增强监督执法干部执法为民意识，做到“理性、平和、文明、规范”执法。积极完善“三动”机制，走访纪检部门、法院检察院等部门，商讨消防部队党风廉洁建设问题。扎实开展消防执法监督“问廉制”建设工作，自觉接受群众监督。聘请12名廉政监督员，召开党风廉洁建设政风行风建设述职座谈会，听取党风廉政的意见和建议。全年市消防大队向社会发放《消防执法监督问廉表》529份，回收529份，群众反馈满意率100%。

抓实警营建设。市消防大队积极倡导“快乐工作、幸福生活”的理念，全力营造栓心留人的营区环境。积极解决转业士官就业问题，提请市政府利用消防服务中心的事业编制妥善安置泉州支队退伍人员。大队开展建立一个电子图书室、建立一个心理咨询室、建立一个消防信息网站、设置一条警营文化走廊、建立一种“教育功夫茶”制度、组织一次文艺

晋江市公安消防服务中心揭牌仪式

演出活动、组织一次献爱心活动、开展一项文化娱乐活动等构建和谐警营“八个一”活动，现役中队警营文化建设达标率达到100%。同时，逐步完善大队备勤楼建设，美化居住环境。并组织安海、龙湖、陈村中队针对营房漏水、电器老化、电线裸露等安全隐患问题进行修缮。

【执勤战备训练】

2016年，市消防大队把执勤岗位练兵活动放到重要的位置来抓，依法施训、科学规范、扎实深化岗位练兵的重要保证，以规范促训，积极打造一支“能打胜仗”的消防铁军。

岗位大练兵。强化攻坚组能力建设，组织官兵扎实开展灭火救援大练兵、大熟悉、大演练活动，转变战斗力生成模式，深化执勤岗位练兵活动，组织开展防汛应急、综合应急、危化品应急救援实战演练5次，部队作战能力明显提高，出色完成“4·6”漳州古雷腾龙芳烃火灾爆炸事故、“9·27”晋江市信昌服织造有限公司火灾以及抗击台风“莫兰蒂”“尼伯特”等急难险重任务。

部队正规化管理。深入推进正规化建设精细化管理达标创建活动，深入开展“创五无”和“严纪律、守规矩、保廉洁、促稳定”专题学习教育活动，严格执行条令条例和规章制度，狠抓“两个经常性”工作，扎实开展“条令条例学习月”“纪律作风整治年”活动，紧盯“人、车、酒”等重点环节和节假日、炎热季节等重点时期管理，进一步规范部队“四个秩序”。2016年，市消防大队未发生行政责任事故及安全事故，20名干部中有10人得到上级的提拔或重用，10余人次受到各级奖励。

【社会火灾防控】

2016年，市消防大队不断完善火灾预防措施，落实隐患排查整治，加强消防宣传培训，为全市和谐发展筑牢“防火墙”。

落实主体责任。积极提请市政府召开3次消防工作联席会议，层层签定责任书，通过督察、考评、通报等方式督促各级各部门履行消防工作职责。严格依照《福建省火灾隐患排查整治若干规定》要求，组织各部门开展联合检查、联合执法，抄告火灾隐患，加强行业监管力度，推动地方属地监管、行业直接监管、安监部门综合监管的“三级”监管格局的形成。召开4次消防安全重点单位例会，帮扶企业加强员工岗前消防安全培训，通过微信、手机、网络等方式密切联系企业，督促其规范消防安全管理制度，加强企业消防安全预控管理，彻底消除企业火灾隐患。

落实隐患排查整治。全市多次开展节日“零点行动”、多部门联合开展“三合一”创所整治、小区消防安全整改、出租厂房仓库安全管理、夏季消防检查、电动车火灾隐患检查、文物古建筑消防隐患检查、遏制小火亡人事故、今冬明春火灾防控等专项整治工作。推动全市重点单位、重点场所安装“5+1”简易消防设施，全市共安装感烟火灾探测报警器8000多个。针对本市火灾多由电气线路故障引起，开展电气消防安全检查，印发《生产经营场所用电消防安全》手册2万本。全市检查各类单位3871家，发现火灾隐患3675处，消除火灾隐患3678处，下发《责令改正通知书》1236份，查封467家，责令“三停”35家，罚款461万元，拘留20人。市政府挂牌督办的重大火灾隐患单位“晋江大剧院”在大队的帮扶指导下，于12月29日正式摘牌。

开展消防宣传教育。开展全市“三合一”场所消防安全排查整治业务大培训，持续推进消防宣传“七进”活动，深入各镇（街道）、各行业主管部门、各派出所、各社区、各重点单位等开展火灾防控、火场逃生培训。召开重点单位培训会，强化重点单位负责人消防安全意识，提高单位整体消防安全管理水平。在《晋江经济报》开设专栏，追踪隐患排查情况，督促整改；依托“晋江消防”官方微信每日定时推送最新的火灾视频及各行业、场所火灾隐患排查整改教学视频以及实用有趣的防火自救信息。在全市公交车车载电视、楼宇电视播放夏季防火宣传视频，免费发放各类宣传材料25000多份，在全市主要街道和场所张挂大幅消防宣传标语、横幅150条，印刷发放《生产经营场所用电消防安全》10000册。开放消防站192次，10000多人进站参观，3000多人参加了消防灭火演练。

【消防后勤保障】

2016年，市消防大队扎实推进后勤保障工作。

打牢经费保障基础。贯彻落实《福建省地方消防经费管理办法》，争取各级党委、政府加大消防经费投入6000万元，创历史新高。同时，大队还为2016年成立的晋江市公安消防服务中心争取每年120万的办公经费用于防火监督、行政审批、消防宣传等工作。

打牢装备建设基础。市消防大队投入700万元新购5辆消防车，新投入350万元购置各类器材装备，以满足灭火救援需要。泉州特勤消防站一期工程内部装修基本完成，池店镇政府专职消防站投入使用，新塘集成电路产业园消防站完成选址。

落实“为民办实事”项目。完成100个市政消火栓的新建和180个村（居）微型消防站的建设任务，并对已有消火栓进行维养、修缮，为180个微型消防站配齐器材装备。为四个小区消防设施改造

抗击莫兰蒂台风转移被困群众

工作,侨联大厦、宝隆金色家园完成改造并验收,华泰小区、福璟花园两个小区由于市政管网尚未通水,因此无法进行消防验收。

(施少红撰 邱建鹏审)

边防管理

【概况】

2016年,市边防大队以打造大队级模范团队为目标,按照"严谨、细致、正规、有序"队训要求,凝心聚力攻坚克难,高位求进勇争一流,部队呈现出驾驭能力增强、落实效能提升、队伍管理规范、辖区管控到位、发展后劲增强的良好势头。

【边防队伍管理】

2016年,市边防大队把维护队伍稳定作为第一责任,深入开展"大排查、大清理、大整改"活动,逐级签订责任书、逐项查摆剖析、逐人对帐销号,并采取一对一挂钩帮扶的方式,横向到边、纵向到底,确保问题查摆到位、解决到底。统筹推进部队教育管理工作专项整治、枪弹管理使用安全大检查等活动,严格推行每月部队正规化建设和内部安全检查,将视频督查和实地督导相结合,注重加强官兵"八小时"以外、休假期间和驾驶私家车等重点节点、重点部位的管理,建立健全部队、家庭双向互动管理机制,及时向家属通报官兵休假情况,抓好日常跟踪管理。

【边防公安业务】

2016年,市边防大队深化G20峰会期间安保工作、固边"一二号"行动,高强度加强社会面防控,实现控发案、打现案"一降一升"目标。接处警5325起,立刑事案件889起、破288起,接处警数、立案数实现两降,分别下降9.3%、21.7%,实现泉州市公安局提出的刑事案件发案率下降20%的目标;查获各类涉私案件72起,缴获无合法手续柴油630.077吨,同比分别上升318%和180%。强化情报信息搜集研判,双指标完成率达140.28%,提前超额完成年度任务指标。查处治安(行政)案件3757起,查结率95.2%,抓获各类违法犯罪嫌疑人3865名,网上在逃人员33名。派出警力865人次,配合市公安局完成"2016年全国沙滩排球大满贯赛(晋江站)"等16项重大活动安保工作。

晋江边防大队禁毒工作业务指导推进会

【边防基层基础建设】

2016年,市边防大队为基层配齐警务通26部、现场勘查"IPAD"6部,结合基础信息"随手采"APP软件,强化基础信息采集,采集各类信息35条,通过比对抓获网上在逃人员48人。积极争取党政支持,主动推动辖区3526个监控点849万元建设经费纳入政府整体建设规划,建设完成监控点2598个、共享监控资源34138个,数量居支队第一。整合监控系统运用,所属单位监控系统全部接入城市安全信息管理系统、公安卡口平台、"村村通"平台。通过视频巡逻,抓获各类违法犯罪人员17人,同比上升25%。

【警民关系】

2016年,市边防大队坚持服务与管理并重,将爱民固边模范创建与服务地方经济建设融合联动。开展"沿海边防治安管理条例""困难渔船民精准帮扶"宣传等活动,联合驻地渔政渔监、海洋渔业、医院、劳动等部门,开展联合帮扶活动,拉近警民关系。服务驻地重点工程建设,主动做好金门供水项目矛盾纠纷化解工作。全面走访地方党政机关、辖区群众、部队官兵,"三级主官"实现100%进班子,模范市(县)、镇、村创建率100%,各有1人获评泉州市公安局"优秀社区(驻村)民警""优秀户籍民警"。

【政治建警】

2016年,市边防大队扎实推进"双争"活动,依托驻地资源打造"晋韵"开放式教育文化品牌富有特色,兵之心、兵之味更浓,经验做法被《边防警察报》《福建法治报》长篇报道,13个集体、80名个人立功受奖,1人获评总队主题教育授课竞赛优秀政治教员。篮球队取得历史性突破,夺取晋江市公安局第三届"长安杯"篮球赛冠军。部局政工网、"双争"专栏上稿调研文章16篇,同比上升100%。狠抓公共形象塑造,被各级新闻媒体采用稿件642篇,同比增长55.8%。

【综合勤务保障】

2016年,市边防大队注重服务一线,强化保障基层。完成6个单位"标准兵器室"改造及3个单位节能炉灶建设,全面提升保障能力,深沪所食堂获评部局先进食堂,系支队唯一;大队兵器室和伙食管理代表支队接受总队专项检查。紧盯官兵诉求热点,投入60万元资金,完成仙石、围头、伍堡3个单位晒衣场、衙口所下水管道排污问题及大队公寓楼的两套宿舍改造。受台风"莫拉蒂"影响,所属单位营房、警务室、船管站等受损严重的实际,不等不靠,主动向市政府汇报,初步争取40万元专项经费用于营房修缮。

(蔡嘉裕撰 许文鑫审)

森林公安

【概况】

2016年,晋江市公安局森林分局紧紧围绕森林公安中心工作,扎实推进"两学一做"教育活动,内强素质、外树形象,强化职能、优化服务,与时俱进、创新工作,在打击违法犯罪、维护林区治安稳定、积极排查矛盾纠纷等方面取得显著成效。受理查处各类涉林案件20起，其中：立刑事案件1起，破案1起，抓获涉案犯罪嫌疑人2人；立林业行政案件19起，查处19起，收缴非法木材12.59立方米，野生动物制品1条，恢复植被面积6809.5平方米，行政罚款约15万元；受理各类信访件3起，办结3起；上报各类信息45条。

【森林公安队伍管理】

2016年，市公安局森林分局坚持政治建警，建设过硬班子。分局长、教导员分别与派出所、民警签订《2016年领导抓队伍工作责任状》，要求全体人员必须不择不扣认真遵守各项铁规警纪。采取集中学习与自学相结合的方式组织全体党员民警、协勤人员学习《中国共产党廉洁自律准则》和《中国共产党纪律处分条例》，切实增强贯彻执行党内法规的思想自觉性和行动自觉性。突出制度建设，严格队伍管理。以贯彻落实《公安机关人民警察纪律条令》为契机，进一步提高队伍管理的认识，狠抓内务管理和养成教育，严格公务用枪和警务车辆管理使用，把管理创新和机制建设贯穿始终，用制度管人、管事、管权，提升制度执行力。加强党建工作，提高党性修养。在坚持政治建警、从严治警的同时，加大学习教育，不断提升党员民警党性修养，使全体民警的思想和行动统一到“立警为公、执法为民”的实际上来，始终保持高昂的斗志和积极向上的状态，做党和人民的忠诚卫士。

【绿色环境保护】

2016年，市公安局森林分局不断加大执法力度，加强执法规范化建设，有力打击各类涉林案件，维护林区社会治安和谐稳定，受理查处各类涉林案件20起。

首推“补植复绿机制”，有效化解积案。2014年起，市公安局森林分局以涉嫌非法占用农用地罪将犯罪嫌疑人洪某取保候审，先后补充侦查2次，2016年，在与市人民检察院协商多次后，首推“补植复绿机制”，即在行为人自愿补植复绿的情况下，要求行为人与被破坏农用地的实际所有权人（或使用权人）达成双向同意补植的“和解协议书”，以“补植复绿保证书”的形式要求洪某在保证书上签字，作为约束洪某按规范种植并保证成活率的书面依据，有效化解洪某与当地村民的多年积怨，并直接督促其在破坏的农用地上补植复绿木麻黄1350株，有效修复被破坏的防护林近0.33公顷。

在打击盗伐滥伐林木专项行动中，出动警力85余人次，分发宣传材料3000多份，查处盗伐滥伐案件7起，打击处理违法犯罪人员7人，没收木材4.63立方米，补种林木2000余株，取得“打击一点，震慑一片”的效果，有效遏制破坏森林资源违法犯罪行为。

在严厉打击非法占用林地等涉林违法犯罪百日攻坚专项行动中，出动执法力量162人次，出动车辆81台次，立刑事案件1起，查处涉林林政案件10起，办结7起，罚没款金额123789元，没收木材6434.5立方米，打击处理6人，开展宣传教育活动1次。

在台风灾后林地巡查工作中，协同市农业局执法大队、坫头林场工作人员兵分两路，逐乡镇、逐村社、逐山头开展巡查，加强区域内林地巡查，对趁机进行盗伐林木等林业违法犯罪行为坚决打击。重点检查台风后受灾树木的清理人员及木材运输车辆有无违规违法行为，坚决打击“趁风打劫”的盗伐林木违法犯罪行为。出动人员30余人次、车辆8次，劝导盗取林木人员4人，追回被盗林木2车，劝阻无证砍伐倒塌林木人员10余名，并劝诫林木清理人员要依法依规办理许可证再进行采伐清理工作。

【执法规范化建设】

2016年，市公安局森林分局与市法院、检察院、公安局、环保局、消防大队等联合召开以“保护森林资源、促进绿色发展”为主题的执法联席会议。积极探索执法理念，创新执法工作。

市公安局森林分局与市检察院副检察长、生态环境监督科等座谈，共同探讨近期侦办的疑难涉林案件案情，分别从各自工作角度出发，对破坏绿色资源的案件侦办过程中遇到的困难和存在的问题进行深入讨论，通过座谈进一步加强森林公安与检察院的沟通、协作。

市公安局森林分局与检察院、环保局、海洋局等部门，在石圳中学和英山公园建立生态警示教育基地，结合中小学生特点，以喜闻乐见、通俗易懂、图文并茂的方式，详细地介绍各单位职能特点、森林资源保护、生态环保常识、生态法律法规及相关案例等，进一步树立中小学生“生态教育从娃娃抓起”的思想，激发学生热爱生态环境的情感，培养学生保护生态环境的意识。

【矛盾纠纷化解】

2016年，市公安局森林分局按照“调防结合、以防为主”的方针，坚持用情化解与依法处理相结合，既在个别案例上多措并举求突破，又从解决共性问题上分析原因找规律，全力做好涉林矛盾纠纷和信访隐患的调处工作。针对信访对象、内容，主动约访信访人，广泛听取信访人合理诉求，变被动接访为主动下访，变“纸上谈兵”为实地走访，解决了群众反映强烈的一些信访积案。受理各级信访件3件，办结3起。

【舆论宣传】

2016年，市公安局森林分局积极利用新闻媒体广泛宣传森林公安队伍、宣传森林公安在保护森林资源和维护生态安全方面所做的贡献，创新宣传形式，扩大社会影响，最大限度地取得社会各界对森林公安工作的理解、关心、支持。

上报各级信息45条，其中被国家级采用1条，省级采用4条、泉州市局采用13条，主管部门采用43条；编辑晋江市有特色的保护绿色生态环境的“绿色警察”宣传材料4期，分发宣传材料5万多份。

（任占学撰　*颜柳绿审*）

·检　察·

【概况】

2016年，晋江市人民检察院坚持以服务大局为中心，以司法办案为重点，以建设过硬队伍为保障，着重在抓规范、固强项、补短板、促发展上下功夫，各项工作取得新进展。23个集体、160人次获各级表彰，公诉、侦查监督、民事行政检察等业务在全省竞赛中均取得历史最好成绩，涌现出“福建省检察业务专家”“全省十佳公诉人”“全省侦查监督业务标兵”等先进典型，先后获得“全国青少年维权岗”“全国维护妇女儿童权益先进集体”“全国检察宣传先进单位”等称号。

全省检察机关生态资源现场会在晋江召开

【服务经济社会发展大局】

2016年,市人民检察院深刻领会和把握晋江市全面深化改革、加快创新转型、跨越发展的目标任务,切实把防控风险、服务发展、保障民生摆在更加突出的位置,立足检察职能,完善服务大局举措,促进发展,保障民生,保护生态。优化法治营商环境。制定出台《"十三五"期间服务和保障晋江国民经济和社会发展的意见》,从服务经济发展、服务社会稳定、服务民生民利等方面对新时期如何加强和改进检察工作作出具体部署。在全省率先成立晋江检察监督指导中心,整合对外检察监督职能,构建衔接政府、联系企业、对接基层、服务群众的线上线下"一站式"服务平台,进一步延伸法律监督服务触角,更好地满足社会各界的法治需求,经验做法在泉州市两级检察院复制推广;被最高检转发推广,《检察日报》头版头条刊载推介,获省政府综治调研督导组充分肯定。积极参与金融风险防控,成立全省基层检察院首个金融检察科,建立"捕、诉、监、防、研"一体化金融检察工作模式,组建金融专家咨询委员会,开展金融犯罪研究。坚持关口前移,提前介入恶意逃废债案件侦查,依法批准逮捕破坏金融管理秩序及金融诈骗犯罪嫌疑人19件、24人,提起公诉39件、44人,经验做法获市委领导批示肯定。围绕推动社会诚信体系建设,建立重点工程项目职务犯罪同步预防机制,及时介入厦漳泉城市联盟泉州段项目等重点工程,保障政府投资安全。探索构建企业诚信体系,提供包括企业及工作人员违法犯罪情况、失信企业名单的查询服务,营造诚实守信的营商氛围。精准服务企业发展。制定出台《服务民营企业发展工作意见》,落实"四个并重""五个慎重"等保护原则,依法规范办理涉企案件,优化企业发展环境。严厉打击侵犯企业犯罪,依法批准逮捕职务侵占、挪用资金、商业贿赂等侵害企业及企业人员合法权益的刑事犯罪19件、19人,提起公诉30件、31人。加强知识产权刑事司法保护,探索建立"执法办案+服务平台+课题研究+保护联盟"的"四位一体"知识产权保护泉州经验晋江模式,建立知识产权刑事司法保护中心,与12家知名品牌企业签订共建协议,在市食品和纺织服装行业协会设立知识产权保护检察室,主动入驻企业提供法律服务,在检察监督指导中心云平台设置知识产权保护服务模块,最大限度地为企业提供便利。深化非公企业职务犯罪预防,在民营企业、新塘汽车销售行业协会、龙湖镇商会等建立12个职务犯罪预防共建联系点,牵头市总工会、总商会等4部门筹建非公经济领域法治教育基地,提升预防工作成效,经验材料获省检察院转发推广。加强生态司法保护。完善"捕、诉、监、防"一体化生态检察工作机制,加大生态违法犯罪打击力度,依法批准逮捕破坏环境资源违法犯罪28件35人,起诉33件45人。深入开展破坏环境资源犯罪立案监督活动,完善行政执法与刑事司法衔接机制,通过设立检察工作室、检察联络员等形式,与海警二支队、国土资源局、森林公安分局等部门建立协作机制,建议行政部门向公安机关移送刑事案件9件9人。创新补植复绿、异地修复等生态修复机制,联合相关部门建立矿山生态警示教育长廊、矿山修复示范基地,变废弃矿山为生态公园。在全省率先办理首例海洋生态补偿案例,督促犯罪嫌疑人增殖放流稀缺鱼种8.75万尾。9月,全省生态资源检察工作现场会在晋江市召开,晋江市人民检察院生态检察工作的经验做法获大会专题推介。

【刑事检察】

2016年,市人民检察院坚持以人民群众平安需求为导向,发挥审查逮捕、审查起诉等职能,参与社会治安综合治理,维护群众安全和社会稳定。依法打击各类刑事犯罪,批准逮捕各类刑事犯罪2210件、2737人,提起公诉3649件、4412人。重点打击侵害人民群众人身财产安全的犯罪,依法批准逮捕故意杀人、强奸、绑架等严重暴力犯罪164件、192人,提起公诉177件、206人。依法加大对群众反映强烈的多发性侵财犯罪的打击力度,加强提前介入、引导取证,批准逮捕盗窃、抢夺、诈骗等刑事犯罪1128件、1359人,提起公诉1314件、1604人。聚焦群众关心的食品药品安全问题,深入开展"舌尖上的安全"专项监督,依法批准逮捕制售伪劣产品、制售有毒有害食品犯罪14件、20人,提起公诉15件、24人;批准逮捕社会高度关注的非法经营疫苗系列案件3件、3人。密切关注弱势群体权益保护，加大力度惩治抽逃资金、恶意欠薪犯罪，依法批准逮捕拒不支付劳动报酬刑事犯罪10件、10人，提起公诉18件、19人。积极主动化解社会矛盾。认真贯彻宽严相济刑事政策，依法对过失犯罪、民间矛盾引发的轻伤害等犯罪情节轻微、社会危害性不大的犯罪嫌疑人不批准逮捕520人，不起诉98人，最大限度地减少社会对抗。建立健全矛盾纠纷多元化解机制，聘请人大代表、政协委员、律师等第三方代表24人参与化解涉检信访，在晋江检察监督指导中心线上便民平台设立刑事和解在线申请、远程调解、第三方介入等配套机制，办理检调对接案件55件，司法救助案件3件，发放国家司法救助金6.4万元。推进涉法涉诉信访工作机制改革，构建集信访、举报、纠错、赔偿、救助于一体的控告申诉检察工作机制，依法妥善办理群众信访340件，获评全省检察机关“文明接待室”。创新检察环节社会治理。参与“六个专项治理”行动，成立全省首家反诈骗侦查监督工作检察室，加强与公安、法院的信息共享、司法联动。依托在全市各乡镇(街道)和村居设立的巡回检察室、检察联系点，盘活用好检察资源与基层组织资源，完善各部门协作联动机制，推动实现问题联治、工作联动、风险联控。健全未成年人刑事检察工作机制，在全省率先引入专业司法社工参与帮教工作，推动未成年人零犯罪村居建设纳入“平安村居”建设综治考评项目，提升对未成年人犯罪的综合治理成效。依托检察监督指导中心，整合教育、妇联、关工委等青少年保护机构力量，开展“女童保护”“反校园欺凌”“未成年人刑事检察工作(以下简称未检工作)三十周年”等专题法制宣传活动，构建未成年人保护工作社会化体系。未检工作突出获最高检通报表彰。

【查办和预防职务犯罪】

2016年，市人民检察院贯彻党委和上级院反腐败部署，依法查办和预防职务犯罪。严肃查处职务犯罪。以查办发生在群众身边特别是民生领域的职务犯罪为重点，深入开展扶贫开发、专项补贴、食药安全、换届选举、生态文明“五个专项”查办活动，共立案侦查医疗卫生、征地拆迁、教育等领域的职务犯罪28件、32人，其中，贪污贿赂案件25件、25人，渎职侵权犯罪案件3件、7人，科级干部9人，大案6件、8人，为国家挽回经济损失266万余元。强化追赃追逃工作，动员投案自首1人，追缴赃款70余万元。把惩治行贿作为遏制腐败的重要内容和手段，建立行贿人员信息资料库，重点立案查办多头行贿、多次行贿、“围猎”干部的行贿案件，依法立案侦查行贿犯罪嫌疑人2人。改进办案方式方法。深化办案资源整合，加强与纪检监察机关和有关司法、行政机关的协作配合，完善“大自侦”格局，提升检察监督合力。加强办案安全和规范化建设，严格执行职务犯罪侦查工作“八条禁令”，全面落实同步录音录像制度，依法保障当事人合法权益和律师执业权利，坚守防范办案安全事故底线。主动服务改革创新的新需要，探索建立渎职侵权案件依法容错纠错机制，对反渎职侵权工作坚持重预防、多调查、慎立案、少拘捕，依法保护干部干事创业积极性。结合经济发展的新特点，坚持打击犯罪和保护企业运行相结合，制定《关于严格规范办理行贿犯罪案件护航民营企业发展意见》，建立“柔性执法”机制，审慎办理涉企案件，最大限度保护企业生存和正常生产经营活动，实现法律效果和社会效果有机统一，经验做法得到市委书记刘文儒的批示肯定。深化职务犯罪预防。夯实预防基础工作，开展预防调查3件，案件分析14件，接受预防咨询59人次，促进相关行业系统完善内控机制、堵塞管理漏洞。依托晋江检察监督指导中心，建立健全预防约谈、警示教育、行业分析等工作机制，提升个案预防和行业性职务犯罪预测预警成效。探索预防宣传活动新形式，抽调34名中层干部和业务骨干组成法制宣讲团，深入机关、社区、非公企业、学校、农村开展反渎职侵权、换届选举、青少年犯罪预防等专项预防，建立120个固定阵地，开展讲座21场，受教育对象1900余人。积极探索“互联网+预防”模式，以“预防微点播”等新媒体形式有效拓宽预防教育覆盖面，《惩治和预防职务犯罪综合报告》被最高检评为“地市和县级院十佳年度报告”。

【执法监督】

2016年，市人民检察院在破解监督难题、加大监督力度、增强监督实效上取得新进步，努力让人民群众在每一起案件中感受到公平正义。强化侦查审判监督。着力纠正有案不立、有罪不究、以罚代刑等问题，充分运用行政执法与刑事司法衔接工作机制，建议行政执法部门移送涉嫌犯罪案件10件。依托驻派出所检察室，对基层派出所刑事侦查活动开展常态化监督，完善提前介入引导侦查、重大疑难案件侦查机关听取检察机关意见等机制，构建新型良性互动的检警关系，依法监督公安机关立案14件，撤案41件，发出纠正违法通知书47份。强化刑事审判监督，拓宽量刑建议适用范围，发出量刑建议书2555份，依法审查刑事判决书3880份，提出抗诉6件、12人。强化刑事执行监督。加强社区矫正工作检察监督，建立矫正对象信息周通报和动态通报制度，实现信息共享、无缝对接。积极开展羁押必要性审查工作，与法院、公安局建立联系互动及相互告知制度，依法对158人提出释放或变更强制措施的检察建议，其中152人被办案部门采纳，采纳数居全省第一。积极开展刑事裁判涉财产部分执行、审前未羁押判处实刑专项检察活动，督促移送执行54件。开展刑事执行违法行为调查工作，通过建立巡查制度、提前介入、定期通报、召开听证会等方式，延伸监督触角，共开展案件调查5件，规范执法办案。加强监管场所安全检察，维护在押人员合法权益，建议监管场所对2名羁押期间严重违规人员从重处罚，首次立案侦查监管场所人员职务犯罪1件、1人。强化民事行政检察监督。综合运用抗诉、再审检察建议、检察建议等方式，维护群众切身利益，办理民事行政诉讼监督案件38件。加强对裁判结果、审判人员违法、执法活动的监督，办理民事执行监督案件26件，依法发出检察建议15份。强化行政检察监督，向科技局、市场监督管理局、环保等部门发出督促履职、纠正违法检察建议30份。开展联合行政执法检查，与市场监督管理局、行政执法局等部门建立联席会议、案件协查等协作机制，促进和支持依法行政。开展“督促收取矿山生态环境恢复治理保障金”“督促收取防空地下室易地建设费”等专项监督活动，督促人防办、国土局等单位开展自查整改。积极对接环保、国土等行政职能部门，及时了解掌握群众意见集中、社会反映强烈的问题，报请泉州市院立案泉州地区首例民事公益诉讼案件，提出行政公益诉讼诉前检察建议15件，促进依法行政。

【检察体制机制改革】

2016年，市人民检察院推进体制机制改革，积极对接以审判为中心的诉讼制度改革，探索建立检察环节认罪认罚从宽处理、刑事案件自行补充侦查等机制，节约司法资源，提升办案效率和案件质量。按照上级党委和检察院部署，全面启动司法体制改革，稳步推进司法责任追究、人员分类管理、工资制度改革以及人财物统一管理等改革工作，按要求遴选65名员额检察官，探索建立责权清单、办案组织、案件分配、绩效评价等机制，完成财物收归省管各项准备工作，着力构建公正高效的检察权运行机制。健全执法办案管理机制。强化对司法办案活动的集中、全程、同步、动态监督管理，案件管理中心被高检院确定为工作联系点。深化检务公开改革，开通“两微一端”，设立电子显示屏、案件信息自助查询机等线上线下公开平台，拓宽信息公开渠道。大力推进“互联网+检务”建设，全面运行案件信息公开、程序性信息手机短信推送等信息公开系统，公开案件信息9084条、法律文书3302份，为律师免费提供加密的电子卷宗光盘356张。加大检察宣传力度，打造新媒体矩阵，传播法治建设好声音，检察宣传稿件被地市级以上媒体采用300余篇次，连续12年被评为“全国检察宣传先进单位”。全面推进科技强检建设。深入实施科技强检战略，推进信息化建设，坚持以规范化引领信息化，以信息化保证规范化，全力打造“智慧检察”。积极搭建远程视频系统，与市行政审批中心加强协同联动，与企业密切联系交流，与基层组织实现问题联治和风险联控。加强侦查信息化、装备现代化建设，购置手机话单分析软件、数据恢复系统、执法记录仪等侦查设备，在线索初查、调查取证、证据突破、追逃等环节灵活运用，提升办案效率和质量。加快推进侦查指挥中心改造，筹建集职务犯罪侦查指挥、机关安防、远程接访、远程庭审评议、统一业务应用系统、检委会议事系统、检务公开等多个系统应用为一体的信息集控中心，促进信息化与检察工作的深度融合。

晋江市检察院举行检察官宣誓仪式

【检察队伍建设】

2016年，市人民检察院贯彻从严治检要求，以正规化、专业化、职业化为方向，围绕提高队伍思想政治素质、业务工作能力、职业道德水准，着力深化“两提升五过硬”建设。严抓纪律作风建设。加强领导班子建设，认真履行主体责任，坚持向党委和上级党组报告工作制度，把纪律和规矩挺在法律前面，抓早抓小，强化日常监督和管理，纠正“四风”和司法作风突出问题。规范党内政治生活，健全党内民主决策机制，严格落实民主生活会、专题组织生活会等制度，切实发挥党组的领导核心作用。紧扣讲党性、懂规矩、严纪律、强作风，认真组织开展“两学一做”专题教育和“准则、条例、检察纪律学习教育整顿年”活动，筑牢廉洁从检底线。把“三严三实”要求贯穿队伍建设始终，把严守政治纪律和政治规矩摆在突出位置，严格落实“两个责任”，正确把握监督执纪“四种形态”，加强谈心谈话、廉政档案记录等常态化作风建设，做到“逢信必谈”和“零暂存”。坚持问题导向，深入开展“学制度、用制度、提高制度执行力”专项检务督查，开展办公用房清理整改、检察人员配偶及亲属担任律师报告备案等专项工作，建立《检察人员廉政档案》173份，促进廉洁司法。强化业务素能建设。加大检察业务培训力度，积极组织干警参加上级院组织的各类培训班和专题讲座，分批次选派干警到浙江大学、厦门大学等高校参加业务培训，累计培训检察人员1031人次。搭建检校共建平台，与厦门大学法学院合作设立“教学(科研)实践基地”，积极开展双向学习交流活动。开展对抗论辩赛、案例教学、公诉实训、读书论坛等岗位练兵活动，全面提升干警综合素质。干警先后在全省检察机关各项业务竞赛中取得历史最好成绩，获奖人数占泉州市获奖人数的1/3。着力提升干警理论研究水平，促进理论成果转化，干警撰写调研文章被市级以上刊物采用84篇次，有31篇论文在各级年会、论坛及征文比赛中获奖，研究室被高检院确定为“理论调研联系点”。优化选人用人机制。注重培养青年检察干部，建立优秀青年人才库。坚持“干得好就会用得好”的用人原则，注重工作实绩、注重平时表现，注重培养和使用“爱学习、想干事、能干事、干成事、不出事、勇担当、口碑好、抓落实、有成效”的检察干部，共提拔党组成员2人，检委会专职委员1人，任命检察员9人，助理检察员7人，为党政机关和上级检察院输送优秀人才3人。注重检察文化建设。成立检察文化建设领导小组，制定文化建设方案，组织开展“青年论坛”“晋检演说家”“趣味运动会”等形式多样的文体活动，发挥检察文化凝聚人心、鼓舞士气的作用。积极开展“一科一亮点”“岗位标兵评选”“榜样的力量”等争先创优活动，成立学雷锋志愿服务队，广泛开展扶贫乐捐、结对帮扶、助孤行动等公益活动，营造向上向善、和谐共赢的良好氛围。市检察院团支部获“福建省五四红旗团(总)支部标兵”。

(庄海浪撰　谢丽明审)

·法　院·

【概况】

2016年，市人民法院做到及早部署、提高认识、主动有为，为晋江的经济社会发展提供了优质的司法服务和有力的司法保障。全年收案34142件，同比上升20.7%；结案24069件，同比上升14.5%。

市人民法院干警有16项集体荣誉、88项个人荣誉受到上级的表彰。新闻宣传工作被最高人民法院、人民法院新闻传媒总社联合通报表扬，刑一庭被授予“全国青少年维权岗”称号，禤汉夏、林雅思等2人分别办结的3起案件被最高法院列为全国典型案例，许艺珊、黄金菊、王清镇、曾摩托等4人分别撰写的论文在国家级研讨会上获奖。全院信息工作位列全省基层法院第三、全市基层法院第一，被省法院多次通报表扬；立案庭被授予“全省法院诉讼服务中心建设工作先进集体”“G20峰会期间涉诉信访维稳工作先进集体”称号；磁灶法庭被授予“全省政法系统优秀基层单位”“全省法院党建工作先进集体”称号；刑二庭被评为“全省法院系统先进集体”；民一庭审理的1起侵害集体经济组织成员权益纠纷案，入选全省维护妇女儿童权益优秀案例；执行局执行的1起涉民生案，入选全省集中清理执行积案典型案例；吴声坛、黄永星、蔡鸿铭、阮芳、林雅思、陈凯思、冯洁、姚志阳、林文晋等9人获评全省法院各项工作先进个人称号；陈永固的在职法律硕士论文获评全省优秀硕士学位论文，邱琰在全省法院司法警察技能大比武中夺得800米全装跑第一名，黄永星、林建新、林丽萍等3人的书画、摄影作品获得省级奖项等。市人民法院狠抓司法公信建设，考评获泉州市基层法院第一名，机关党委的特色党建项目连续第四年蝉联市政法系统党委特色党建品牌PPT大赛冠军。

市人民法院研究确定2016年的工作主题为“深化改革年”，提出5大项20小项具体活动内容，要求做到思想认识、组织保障、责任落实、措施方法“四个到位”，明确方向目标。中共晋江市十三届代表大会闭幕后，市法院形成贯彻意见，提出21条举措确保各项工作落到实处。

【刑事审判】

2016年，市人民法院刑事案件收案3886件，审结3698件。其中，审结盗窃、抢夺等多发性侵财犯罪案件1219件，故意伤害、抢劫等暴力犯罪案件413件，审结诈骗罪131件，其中2起诈骗案分别被确定为全国电信诈骗犯罪典型案例之一，保护群众生命财产安全；审结强奸、聚众斗殴、寻衅滋事、敲诈勒索等严重危害社会治安的犯罪案件90件，提高群众安全感；对轻微刑事案件适用快审机制，审结危险驾驶犯罪案件885件，当庭宣判率76.6%，醉驾打击效果和威慑力凸显；审结制售有毒有害食品、假药犯罪案件7件，保障食品药品安全；坚决惩治腐败，审结贪污受贿、渎职犯罪案件41件75人。刑二庭被评为“全省法院系统先进集体”，被授予“全国青少年维权岗”荣誉称号。

省法院院长马新岚（左五）视察晋江法院

【民事审判】

2016年，市人民法院民商事案件收案18339件，审结14370件。其中，妥善审理离婚等家庭纠纷案件1051件，推进家事审判改革，维护家庭和谐稳定；简易审理普遍存在的民间借贷、买卖合同等纠纷案件7322件、标的额9.64亿元，简易程序适用率78.8%，保护民间投资健康发展；快速审理机动车交通事故责任、提供劳务者受害责任、工伤保险待遇纠纷、医疗损害责任等人身损害纠纷案件860件，通过调解提前落实兑现赔偿款0.48亿元，保障受害当事人基本的医疗、生活费用；审结商品房预售合同纠纷432件，调解结案116件，维护房地产市场和谐稳定；借助人大代表、商会组织、社会乡贤等社会力量调解案件近1000次，调解结案2690件，多元化解成效明显。民一庭审理的1起侵害集体经济组织成员权益纠纷案，入选全省维护妇女儿童权益优秀案例，立案庭被授予“全省法院诉讼服务中心建设工作先进集体”“G20峰会期间涉诉信访维稳工作先进集体”称号，磁灶法庭被授予“全省政法系统优秀基层单位”“全省法院党建工作先进集体”称号。

【行政审判】

2016年，市人民法院行政案件收案13件，结案11件，受理非诉执行审查案件286件，结案286件。积极适应行政诉讼跨区域管辖新形势，充分发挥司法建议作用，及时就行政执法存在的突出问题向行政机关提出司法建议3条，从源头上预防和减少行政纠纷。促进、支持行政机关依法行政，加强与政府法制部门、行政执法机关、信访部门的经常性工作联系，行政非诉审查支持环保行政处罚决定251件896万元，维持行政机关处罚决定率和裁定准予执行率均为100%。与市政府共同出台依法行政与行政审判良性互动机制，保留现有行政审判庭对涉及晋江市的属其他法院审理的行政案件进行协调处理。

【法院工作创新】

2016年，市人民法院针对人民群众了解法治的需求日益增长的问题，紧跟新媒体时代步伐，成立新媒体中心，建设“两微一站”，运营三个平台，唱响司法主旋律，传递司法正能量，实现法院宣传工作和舆论引导的新跨越；针对案多人少矛盾突出、审判效率不高的问题，成立送达工作组集中送达，通过法院官网、微信平台同步推行电子公告送达，聘请全市392个村（社区）治保主任为主要对象作为专门的司法送达联络员，对接网格化综合管理信息平台定位受送达人信息，切实解决送达难题；针对日趋严峻的金融形势，成立金融审判庭集约化审判，实行“1＋7＋15＋3”快审模式，启用表格式裁判文书，受理金融案件1337件，结案1124件，结案标的16.5亿元，同比分别上升89.9%、164%、187%。近年来，晋江当地严重危害社会治安的犯罪案件下降，但轻微刑事案件的数量仍在高位徘徊，刑事案件数量位居泉州地区前列，但轻微刑事案件占比近九成，审判人员相对不足，针对这些问题，先行先试开展“轻刑快审机制”的试点工作，首次试水即在30多分钟内审理并当庭宣判6起案件。

【审判执行】

2016年，市人民法院为切实履行好维护社会大局稳定、促进社会公平正义、保障群众安居乐业的重要职责，以执法办案为根本出发点，完成150名法官职务等级套改工作，遴选84名法官纳入法官员额管理，全面推行完善“让审理者裁判、由裁判者负责”办案责任制和院、庭长直接办案制，围绕生态绿城的建设，充分发挥审判职能，从刑事、行政审判领域，配合市里面对重污染产业、落后产能进行深度治理；围绕新型城镇的试点，以人的城镇化为核心，关注外来农民工就业、外来人口犯罪以及转移市民化的农业人口；围绕民营经济的发展，从立案、审判、执行和延伸司法职能等方面，拿出具体服务保障举措，帮助企业转型升级。2起诈骗案分别被最高人民法院确定为全国15起电信诈骗犯罪典型案例之一，刑一庭被授予“全国青少年维权岗”称号。成立破产合议庭，对具备破产重整或清算条件的本地企业进行摸底，有序推进4起破产案件重整工作，防范资金链断裂引发的系统风险。联合市总工会成立7个劳动争议联合调处中心，妥善处理32起、924人群体性劳资纠纷，确保企业健康良性运营；接受并通过市人大常委会对上年以来《关于我市实施〈民事诉讼法〉情况审议意见》的跟踪检查。全面落实全国法院人民陪审员改革试点工作，出台人民陪审员《参与审判案件实施细则》《庭前阅卷管理实施办法》《考核管理办法》，正式运行使用陪审员参审管理系统，市人大常委会听取市人民法院《关于人民陪审员制度改革试点工作中期情况报告》，会议充分肯定市人民法院在人民陪审员制度改革试点方式方法上的创新和探索。为解决执行难题，在原有基础上，致力于立体化全方位的曝光体系的拓宽，在全市38条公交线路400多辆公交车上的移动车载电视、全市101个农商银行营业网点营业厅以及法院官方网站、微信等平台曝光“老赖”；与银行就司法拍卖按揭贷款工作签订《司法网上拍卖房产个人贷款协作协议》，试行“网拍贷”助力竞买；联合水电气供应部门在涉金融、生态、民生债权拍卖后，对拒不移交房屋案件采取“三停”措施；对涉金融执行中反映的审贷不规范、存在瑕疵等问题，向银行、银监会提出司法建议，堵塞风险漏洞。与市综治办联合行文，将协助配合解决“执行难”问题作为综治责任考评指标，逐步推进信用监督、警示和惩戒机制建设，让失信被执行人一处失信、处处受限。执结各类案件5986件，执行到位标的2.4亿元，结案数同比上升18.9%。

（王清镇撰　陈维山审）

·司法行政·

【概况】

2016年，晋江市司法系统主动服务改革大局，充分发挥职能作用，谋划新发展，落实新举措，实现新突破，法治晋江创建、公共法律服务、社会管理创新深入推进，司法行政工作成效显著，晋江市被评为“2011—2015年全省法治宣传教育先进县（市、区）”，市司法局被评为“2016年全国人民调解宣传工作先进集体”“2013—2015年晋江市文明单位”。

【公共法律服务】

2016年，市司法局建立覆盖城乡居民的公共法律服务体系，创新发展法律援助、律师服务、公证办理、人民调解、法治宣传等工作，不断加大公共法律服务力度，有效拓展服务对象，服务方式更智慧、更亲民。全面铺开司法行政工作室创建工作，出台《晋江市司法局关于开展创建村（社区）司法行政工作室试点工作的通知》，制定“四统一”“四落实”“十六个一”创建标准，编撰《晋江市司法行政工作室创建指南》，完成全市59个村（社区）司法行政工作室标准化创建工作，实现司法行政工作“窗口前移、力量下沉”，打造群众家门口的“微型司法所”。4月，梅岭街道竹树下司法行政室作为全省公共法律服务体系建设现场推进会重要参观点之一；8月，泉州市农村司法行政室建设推进会在晋江市召开，晋江市作为泉州创建“标杆”被推广。持续深耕“一村（社区）一法律顾问”项目，完成全市392个行政村（社区）“一村（社区）一法律顾问”选派工作，在泉州地区率先实现100%覆盖。加快晋江市公共法律服务中心规范化建设，开通网上审批和电子监察系统，推动司法行政3大项28小项公共服务事项进驻省网上办事大厅、对接市行政服务中心系统，实现法律援助窗口接办件100%录入。设置6块LED智能宣传屏轮播各类法律服务信息，升级“12348”法律服务热线，增设扫码免费上网展架、“普法读物”赠阅栏，更新各类宣传折页、服务指南、便民联系卡等。优化“互联网+法律服务”模式，借助“晋江微普法”微信公众平台开通晋江市公共法律服务系统手机服务端口，全面推行法律援助上网申请、办理公证材料网上预审，实现“指尖上”的法律服务。市公共法律服务中心先后接待南平、龙岩等省内兄弟县市以及南京、云南等省外同行组团参观考察，市公共法律中心正逐步成为全省的“新模板”“风向标”。中心窗口共受理矛盾纠纷调解97起，受理法律援助案件208起，接待法律咨询人1199人（次），“12348”热线电话接受群众来电咨询3528人（次）。

（王源善撰　张春晓审）

【法治宣传教育】

2016年，市司法局充分发挥法治引领带动作用，多层次延伸、多领域拓展“法律六进”，推动法治创建与城市文化融为一体，全方位启动“七五”普法工作。刊发“六五”普法工作巡礼专题报道，举办“七五”普法大家谈、法治家风家训征集、法治诗词（楹联、歌谣）征集等系列活动。制订《关于在全市公民中开展法治宣传教育第七个五年规划（2016—2020年）》，经市政府常务会议、

举办12·4国家宪法日法治宣传

市委常委会、市人大常委会审议并印发实施。开展“七五”普法启动宣传月暨“12·4”国家宪法日系列活动，召开全市“六五”普法总结表彰暨“七五”普法动员部署工作会议，高标准、高质量启动“七五”普法。推动法治宣传教育工作纳入2016年度晋江市绩效评估察访核验考评体系。制定出台《关于建立媒体公益普法制度的实施意见》，将公益普法宣传任务分解到各类宣传媒介的发布单位，定期开展专项督导检查，推动“谁执法谁普法”责任制落实。巩固“一台一报一网”传统阵地，加强新媒体、新技术融合运用，全面实施法治宣传“全屏计划”。在全市多个住宅小区500多部电梯、100多辆公交车车载电视投放公益普法广告；向市区主要路段、镇街扩展大型户外普法广告，完成晋江大桥南侧、世纪大道户外普法项目布局，“城市出行法治文化圈”逐步成型。探索“社工+义工”普法服务模式，引入晋江市致和社工事务所参与普法工作，建立全市首个法律服务志愿者工作室。与中国民主法制出版社合作，编印法治文化公园（广场）宣传图册、《晋江市中小学生法治教育读本》。大力培育法治文化，打造“两园一苑”特色法治阵地。

（陈小红撰　张贻潜审）

【法律援助服务】

2016年，市法律援助中心积极打造“互联网+法律援助”服务模式，推动法律援助工作线上线下双向发展，实现“应援尽援、应援优援”，全力服务保障民生。制定出台《关于加强法律援助工作的实施意见》，进一步完善法律援助制度，降低援助门槛，扩大援助范围。制定《法律援助案件质量评估办法》，实行办案质量与办案补贴挂钩的差别案件补贴制度，确保法律援助质效双收。优化020法律援助信息平台，推进法律援助在线咨询、申请、预审、审批、指派、监督及办理进度查询，让数据“多跑路”群众“少跑腿”。配套制定法律援助案件录入补贴制度，量化录入案件质量考核指标，实现在线办理法律援助无障碍、无盲区。制作晋江市法律援助信息平台宣传片，提高法律援助维权品牌知名度，4月，该宣传片在全省公共法律服务体系建设现场推进会上演示并做经验介绍，“互联网+法律援助”晋江经验被省司法厅行文推广。12月，《福建日报》专版报道晋江市法律援助“互联网+”和三级网络建设工作成效。《泉州晚报》、晋江电视台等本地媒体多次对晋江市法律援助工作进行专题报道。全市办理法律援助案件1085件。

（蔡金镜撰　施能谦审）

【特殊人群管控】

2016年，市司法局以“监管—服务—重塑”为主线，持续强化特殊人群精细化管理、信息化监控、亲情化服务，社区矫正规范化建设全面提升。加强机构建设，社区矫正与安置帮教科正式更名为社区矫正管理局。实施“科技强矫”，为19个司法所配备执法记录仪和移动硬盘，配套出台《社区矫正执法记录仪使用管理暂行规定》。每月召开社区矫正工作情况分析会，及时发现新情况、解决新问题。举办司法协理员培训班，提高业务人员实际操作水平。建设入矫教育室、心理咨询室，严把“入口关”。完善重点人员约谈制度，分层跟进、逐级把控。联合市检察院定期开展执法检查，规范社区矫正执法行为。创立司法所社区矫正工作互评互检制度，推动基层交流学习、相互监督。探索社区矫正工作社会参与模式，试行政府购买社区矫正服务方式，引入专业机构分类别、分层次定制心理辅导服务。借助晋江市“春风行动”和精准扶贫就业援助公益招聘会，为社区服刑人员提供就业指导与培训，开展就业情况普查。2016年，办理社区矫正适用前调查380起，接收入矫人数572人。

（苏建发撰　张贻潜审）

【矛盾纠纷化解】

2016年，全市各级人民调解组织坚持把调解促稳定、调解促和谐、调解促发展作为工作出发点和落脚点，在群众关心、政府费心的领域充分发挥人民调解“维稳第一道防线”作用。制订《关于印发2016年全市矛盾纠纷排查调处工作要点的通知》，围绕中央、省、泉州及晋江党代会、“两会”等重要时段、重大活动加强重点领域排查化解，切实把纠纷化解在基层。启动人民调解委员会规范化建设，完成泉州市第一、二批示范点推荐报送，组织对首批41个示范点考核验收。积极应对行业专业领域矛盾纠纷多发情况，推动全市新成立各类专业性、行业性调委会5个，企业调委会11个。加强调解业务指导，组织人民调解员轮训工作，全年开展各类人民调解培训会42场、矛盾纠纷排查例会381次。开展人民调解员星级评定活动，完成晋江市初任到五星级人民调解员评选工作。加强调解宣传力度，开展《中华人民共和国调解法》颁布六周年系列宣传活动，制作《晋江人民调解报》周年合订本，编印《人民调解文件汇编》，刊发9期《晋江市人民调解报》，报送福建电视台“调解有一套”栏目有效线索9条，播出案件5起，使更多的群众了解、支持人民调解工作。3月，晋江市获邀参加全省司法行政基层建设工作现场会，并在会上作行业性、专业性调委会建设工作典型经验介绍。2016年，全市各级人民调解委员会调解矛盾纠纷854起，调解成功849起，调解成功率99.41%。

（庄金虎撰　张春晓审）

【法律服务行业管理】

2016年，市司法局坚持管理与服务并重，对全市律师实行依法管理、科学管理，加强律师队伍建设，在律师队伍中开展全面依法治国教育，推进律师行业健康稳步发展，着力引导律师队伍为全市经济社会发展提供强有力的法律服务。积极构建法律服务决策平台，推行政府法律顾问制度，联合市政府法制办出台《晋江市人民政府办公室关于加快推进政府法律顾问制度建设的通知》，推动将政府法律顾问聘任情况纳入2016年度晋江市绩效评估察访核验内容。全市46个政府部门、单位完成法律顾问聘任工作，覆盖率86.8%。组建晋江市金融改革发展律师服务团，涵盖“银行金融、资本市场、重组重整、公司业务”等4大服务类别，助力晋江市金融综合改革。选派律师进驻市矛盾纠纷多元调解联动指挥中心、市交通事故调处中心、市公共法律服务中心、市长专线轮值，引导律师参与化解和代理涉法涉诉信访案件，发挥专业法律队伍保障促进作用。组织开展“一村(社区)一法律顾问”第一、二批次165个村(社区)法律顾问工作情况专项考评，考核结果作为核发律师经费补贴依据，推动项目发挥实效。与福建省电视台公共频道合作拍摄、制作《晋江市“一村(社区)一法律顾问”专题报道》，扩大社会影响力。11月，本市律师管理工作经验在全省律师管理工作培训班上被作为先进典型进行交流学习。

（苏程程撰　施能谦审）

【公证服务】

2016年，市公证处坚持以制度建设为基础，以质量检查为抓手，以问题整改为核心，持续推进公证服务标准化、程序化、规范化建设，全力服务保障经济社会发展。结合年度公证质量迎检工作，组织开展办结案件质量自查自纠活动，增强检查频率和密度，加大问题整改力度。严格落实责任追究制度，将公证质量纳入年度目标管理，通过问题通报、质量警示、责令整改等手段保障公证质量，增强服务效益。设置办证排队取号机、同步录音录像系统，定期开展窗口服务网络督查，及时对超时件进行提醒、处置。强化对疑难复杂公证事项的指导，及时研究、通报疑难复杂公证案件。更新完善各类公证办证指南及证明材料的样本，提供网络办证预审服务。推进公证信息化建设，实现涉台公证网上预审核，分批次完成公证卷宗数字化整档。办结各类公证7379件，其中国内公证1903件，涉外公证2565件，涉港澳公证2520件，涉台公证391件。

（陈晓荣撰　洪纯洁审）

【司法行政基层基础建设】

2016年，市司法局坚持抓基层、打基础，抓业务，深入推进司法所规范化建设，不断夯实司法行政基层基础，切实服务好基层、服务好群众。加强基层司法所软硬件规范化创建，全面规范上墙制度，完善档案资料管理，组织对部分年久老化的司法所外观重新进行修缮。建立司法所岗位目标责任、定期学习例会、信息报告、统计台账和档案管理等工作制度，构建起用制度管人管事的司法所工作管理体制。组织开展司法所综合工作考评，将考评结果和干部职工的绩效考评、年度考核、各类评先评优挂钩，促使基层所执行有目标，考核有标准。持续加大对基层工作的倾斜力度，落实局领导分片联系挂钩基层司法所、律师所、法律服务所工作制度，加强对基层工作指导和支持。组织调研基层司法行政工作情况，分片区召开5场基层工作汇报会，推动司法所交流经验、查找不足。

（陈著坪撰　张春晓审）

·仲　裁·

【概况】

2016年，泉州仲裁委员会晋江分会(以下简称晋江仲裁分会)受理各类案件1698件，涉案标的9.3971亿元，收入仲裁费426.46万元，分别比上年增长23.13%、37.88%、46.50%。其中，受理经济合同纠纷案件534件，标的9.1850亿元，分别比2015年增长86.06%和38.85%。各项指标均超额完成年初预定的目标任务。受理的经济合同纠纷案件占受理案件总数的31.95%。其中有买卖合同纠纷案件199件，商品房买卖合同纠纷案件231件，租凭合同纠纷案件4件，民间借贷案件89件，金融贷款案件8件，小额贷款案件1件，保险合同纠纷案件1件，建筑工程合同纠纷案件1件。突破银行金融贷款案件的受理，给予提供优质服务，及时办理结案。

【设点办案】

2016年，晋江仲裁分会坚持以点为战，促使齐头并进。在年初召开的全体工作人员会议上，即将全年的目标任务分解安排到各点，并对上年完成或超额完成任务的兑现奖励。每季度在《晋江仲裁》微信群通报各点完成情况，提出具体要求，强调各点加强任务观念和赶超意识。

【办案质量提高】

2016年，晋江仲裁分会着重在保证程序合法、提高办案质量、规范法律文书、卷宗整理归档等方面下功夫。在办结的1545件案件中，没有被法院裁定撤销的案件；在当事人申请执行的45件案件中，没有法院不予执行的案件。办结案件中，调解结案1487件，裁决结案58件，调解结案率为96.25%，自动履行的1500件，申请法院执行的45件，自动履行率为97.09%，基本实现“和谐仲裁”目标。在受理的案件中，特别是民商事案件，大多数当事人直接申请仲裁，仲裁的公信力进一步提升。

（高忠洲撰　陈章进审）

·机构编制工作·

【概况】

2016年，晋江市机构编制部门适应引领机构编制工作新常态，围绕全市工作大局，坚持按照“深化改革、加强管理、提升服务”总体思路，以更大力度推进简政放权、放管结合、优化服务，加快政府职能转变，深化行政体制改革，加大改革创新和机构编制管理服务力度，加强机构编制部门自身建设，为晋江市更好地实现“国际化创新型品质城市”目标定位提供有力体制机制保障。

【政府机构改革深化】

2016年，市委编办总结2015年以来晋江市政府机构改革经验，分析存在问题，及时适时调整完善机构设置和职责配置，进一步理顺权责关系，更好服务全市中心工作。先后对纪检、行政服务中心管理委员会进行“三定”，按规定对公安局、司法局、法院、检察院等部门相关内设机构进行调整完善。

【第三批小城镇机构改革启动】

2016年，市委编办会同泉州市委编办深入各试点小城镇检查调研，结合国家新型城镇化试点，按照“一镇一品、一镇一特色”要求，积极探索小城镇机构改革特色之路，根据各镇人文、地理、环境各异，按类划分小城镇，逐项落实试点政策内容，细化改革措施，优化体制机制，完善政府功能，拓宽发展空间，强化资源配置，打造现代小城镇发展升级版。

【管理体制创新】

2016年，市委编办根据经济开发区、综合保税区、集成电路产业园区在功能布局、政策扶持、区位优势等方面特点，加大特殊监管区域体制机制的顶层设计创新力度，以更加开阔的视野和开放的思路去争取资源、设置机构、配置编制、使用人员，不断通过制度创新、管理创新、服务创新，持续完善“三区”组织机构及人员编制配置，努力构建与区域发展转型相适应的管理体制和管理模式。

【“两张清单”动态调整】

2016年，市委编办建立健全清单动态调整机制，持续完善公共服务事项清单，细化政府社会管理和公共服务责任。2016年，共调整涉及27个市直部门行政权力清单事项494项（行政许可事项58项、不含行政许可的行政权力事项234项、公共服务事项202项），其中增加事项93项、取消删除事项131项、调整为内部审批事项21项、其他调整事项249项。

【全省镇级权责清单编制试点工作】

2016年，市委编办以青阳、陈埭、内坑三个具有代表性的镇街作为试点单位，全面编制镇级权责清单。通过编制权责清单，进一步明确镇级政府权责边界，着力解决镇级政府管理越位、错位问题，防止行政管理不作为、乱作为，构建职责清晰、分工合理、权责一致、运转高效的镇级政府权责体系。8月初，全省乡镇权责清单编制工作培训班在晋江市举办，中央编办、省委编办高度肯定晋江市镇（街）权责清单编制工作，陈埭镇被省委编办列为小城镇类范本，小城镇权责清单也于10月底按期对外公布。

【事业单位分类改革】

2016年，市委编办按照政事分开、事企分开和管办分离的要求，结合晋江市存量事业单位基本现状和事业资源配置实际，有序推进市电影发行放映公司、市工人电影院、市行政服务保障中心等18个暂缓分类和2015年以来新设立事业单位分类、报批工作，10月，晋江市事业单位预分类意见上报泉州市委编办审核备案。

【社会信用代码赋码管理工作】

2016年，市委编办主动与相关部门对接，及时摸清登记党政群机关事业单位底数，建立赋码工作台账。在业务办理过程中，对单位名称、组织机构代码、机构性质等相关信息数据进行“双确认”，提高信息的真实性和准确性。3月底，全市613个事业单位统一社会信用代码赋码完成，111个党政群机关单位也于6月底全部办理完成，完成率均达100%。

【中文域名管理】

2016年，市委编办开展政务和公益中文域名注册及网上名称审核工作，督促全市党政机关事业单位按时保质完成任务。在审核年度公示材料时，一并了解中文域名注册情况，对尚未注册中文域名或中文域名有效期已过期的单位,督促其尽快注册或续费,有效防止重年检、轻注册的现象发生。加强与财政部门协调,将政务和公益机构中文域名注册列入地方财政专项经费,累计争取30万专项资金统一缴费。

【控编减编】

2016年,市委编办紧扣省、泉州市关于推进控编减编工作部署,制定下发《晋江市控编减编工作实施意见》,将控编减编工作细化分解至全市每个单位,确保晋江市行政和事业编制精简比例均超过5%。坚持机构编制总量控制与结构管理并重,对增加职能任务的部门确需增加机构编制的,必须提出充分的增编理由;确因社会发展急需增加的,优先采取挂牌或"撤一建一"的方法设立;对职能任务未做大的调整的,原则上不再受理增编申请。

【重点领域编制需求保障】

2016年,市委编办根据经济社会发展需要,按照"总量控制、撤一建一"原则,保障涉及社会民生、经济发展等重点领域事业编制需求,如:加强安海镇区管理服务工作,调设安海镇市政管理服务中心;加强安全生产监督管理、环境监测队伍力量,调增市安监局、环保局下属事业编制等。

【动态管理机制】

2016年,市委编办根据晋江经济社会发展需要,适时调整机构设置,合理配置编制资源。按照经济社会发展和城市组团建设的新形势新任务新要求,将事业资源优先配置到经济社会发展最亟需最关键的部位,在完成上级"两个不突破"的目标的基础上,拿出566名编制支持教育招聘、204名编制用于支持卫生招聘、33名编制用于全市各部门招聘、安置大学生村官8人、军转干部41人、转业士官25人。

(陈弘光撰　尤国盘审)

·人事人才工作·

人事工作

【公开招考】

2016年,晋江市人社局严格执行"凡进必考"制度,事业单位公开招聘工作人员750人,其中,公开招聘教师572人,医疗卫生单位公开招聘卫技人员148人。

【职称评聘】

2016年,市人社局做好专业技术人员任职资格申报推荐、资格确认和公布,共出具委托评审函143份,申报高级、中级评审分别为185人、499人;办理确认初级职称资格1000多人;公布中级职称资格405人、高级职称资格123人。推进教师职称制度改革,按照上级政策文件要求,调整市公办中学、职校和幼儿园教师专业技术岗位结构比例控制标准。深入开展初级职称评审工作,组织开展3期非公有制企业初级职称评审,1期工程技术人员土建专业初级职务评审。做好全省药学(非临床)专业初中级技术职务任职资格考试报名预审工作。会同市场监督局组织晋江市100多名非临床药企事业单位药学专业技术人员报名参加初中级技术职务任职资格考试。

【工资改革】

2016年,市人社局按照《福建省人力资源和社会保障厅　省财政厅关于调整我省机关事业单位工作人员基本工资标准和增加离休人员离休费有关具体问题的通知》和《福建省人民政府关于2016年调整退休人员基本养老金的通知》精神,做好全市机关事业单位工作人员基本工资标准的调整,涉及全市22922名在职人员、6428名离退休人员。在职人员中,国库统付20136人,拨补和自给单位2626人;机关和参照公务员管理的事业单位3696人,事业单位19226人。在职人员人均月增加300元,离退休人员人均月增加420元。

【绩效考核】

2016年,市人社局总结全省机关事业单位工作人员绩效考核试点工作经验,继续推行绩效考核工作,做好机关事业单位绩效考核等次和奖金的审核审批工作。组织开展年度考核工作,按时完成2015年度政府系列机关事业单位工作人员年度考核工作,全市21263人参加考核,其中优秀3614人、称职(合格)16623人。会同市委组织部对全市2013—2015年度考核连续三年优秀的139人给予记三等功奖励,其中科级干部25人;对2015年度考核优秀的603人给予嘉奖奖励,其中科级干部132人。对在专项工作中表现突出、取得显著成绩的25名工作人员给予记三等功奖励。

【干部管理】

2016年,市人社局开展公务员日常登记管理,及时更新公务员管理信息系统数据库,做好新定级的77名公务员的登记工作。办理公务员(参公人员)任职60人、职员(专业技术人员)聘任245人、辞职(解聘)39人、代市政府拟文57份。严格执行股级干部选拔任用规定,指导国土资源局等18个单位开展股级干部调配工作,审核股级干部任免207人。

【军转干部安置】

2016年,市人社局继续做好军转干部安置工作,实行竞争上岗安置办法接收计划分配的营职及以下军队转业干部27人,于11月15日组织选定安置单位,其中有18人安置到行政机关,5人安置到参公事业单位,4人安置到全额拨款事业单位。

(谢培清撰　施能善审)

人才工作

【人才政策】

2016年,市人社局继续完善"1+N"人才政策体系,出台实施《晋江市人民政府办公室印发关于加快集聚优秀人才若干意见操作程序的通知》,启用"晋江市高层次人才创新创业综合服务平台",开展晋江市人才政策的日常业务工作,包括用人单位注册审核、优秀人才认定、津补贴申报、购房补贴指标申请、购房补贴兑现等工作。新认定优秀人才455人;受理优秀人才申请子女择园择校56人次;审核通过79名优秀人才享受购房补贴指标;兑现2015年度优秀人才津贴1253人1720.45万元;兑现2015年度优秀人才购房补贴101人301万。积极对接上级人才政策,组织各类优秀人才参加各级人才项目评选,组织推荐2016年享受政府特殊津贴人选1名;组织申报福建省引进高层次人才人选20名;推荐2016年度留学人员来闽创业启动支持计划人选2名;组织推荐泉州市2016年度引进高层次创业创新人才评选人选 9名;组织推荐2015年度泉州市智能制造产业集群高端人才人选

139名，其中44名入选。

2016年，晋江市推荐2人申报国家“千人计划”并入围面试答辩；新增二次引进国家“千人计划”专家5人（累计6人），自主申报入选省第五批“百人计划”8人（累计20人），入选省引进高层次人才4人（B类2人、C类2人）；入选泉州市“海纳百川”高端人才聚集计划人选30人（累计85人），新引进博士后5人（累计85人）、博士累计255人。

（谢培清、黄宇鹏撰 施能善、黄建华审）

【人才工作机制】

2016年，市人才办实行市直部门、镇（街道、经济开发区）人才工作目标责任制考评，把人才工作纳入市委年度基层党建述职一并考核，对考核成绩末三位的单位进行诫勉谈话。建立项目化工作推进机制，策划生成45个重大人才项目，采取“六定”方式分解到职能部门，实行季度督查通报制度。建立镇（街道、经济开发区）人才工作领导小组，组建企业人才联络员队伍共162人，形成市镇企齐抓共管的人才工作格局。加强人才工作者队伍自身建设，举办科级干部人才工作研修班，组织36名科级人才工作干部赴深圳考察学习。建立人才项目经费保障机制，制定出台《晋江市人才工作项目经费保障实施细则》，从市人才工作专项经费中划拨300万元补助涉才单位、机构。建立中小企业“助成贷”等业务平台，引入上海兴业、深圳远致富海、北京安芙兰创投公司等三支专业基金管理团队入驻运营。同步建立市财政人才投入稳定梯度增长和重大人才项目投入优先保障机制，全年本级财政人才工作资金投入1.75亿元，占本级财政一般预算收入1.67%。

【人才工作调研】

2016年，市人才办开展《创新人才发展机制 驱动产业质量发展》专项调研，引入社会调查大队开展专项问卷调查并作数据分析，深入各镇（街道、经济开发区）、国字号科研机构、创新创业载体平台等进行实地了解访谈，调研文章获评泉州市组织工作优秀调研成果一等奖。

【高层次人才“海峡计划”】

2016年，晋江市开展首批35个创业团队和第二批8个集成电路产业专项创业团队的项目评审，委托第三方专业机构组织实施，通过材料初审、书面函审、综合评审等环节予以把关筛选。对特别优秀人才、团队项目采取“一事一议”办法，认定国家“千人计划”专家曾福泉团队为第一类优秀创业团队。两批“海峡计划”最终确定26个入围团队，吸引83名博士，其中国家“千人计划”专家4人、省“百人计划”专家6人，累计补助创业启动资金2870万。

【企业家素质提升行动“领航计划”】

2016年，市人才办采取外包项目化运作方式，引入专业运营团队，确定并推进“企业家领导力工程”“晋江企业大讲堂”“对标工程”“企业家社群品牌活动”等4个类别30个项目。先后开办企业总裁高级研修班、新生代企业家领航班，举办12期“晋江企业大讲堂”和多场次的工业设计和精益管理高级讲座，培训企业家565人（次），受训企业超过1000家次。洪炳文、赖世贤、许水深获评第二批省企业高级经营管理人才。9月，赴香港召开“领航计划”全球讲师招募新闻发布会，并依托香港晋江社团总会设立海西国际引智香港工作站。

【对台专项引才行动】

2016年，市人才办举办海峡两岸文创产业论坛、海峡两岸高职教育论坛，召开晋台人才交流工作会、台湾青年大学生就业创业工作交流座谈会，推动理工学院与台湾大叶大学成立海峡两岸创新创业学院、轻工学院与台湾大华科技大学成立应用创新中心和大学生创业孵化基地，洪山文创园、三创园、五店市传统街区获批“泉州市台湾青年就业创业示范基地”。洪山文创园已吸纳9家台湾企业、30多名台湾青年扎根就业。

【人才交流对接】

2016年，晋江市着力全球招才引智设点布局，新增设立美国费城等联络服务点。成立省内首个县级市职业经理人协会，吸纳知名企业职业经理会员207人。举办海外清华校友晋江创业行、国家千人计划专家晋江行等活动，组团赴东华大学、西安工程大学等高校进行人才专场招聘会，举办西安高校校企人才对接会和福建高校集成电路人才校企洽谈对接会。

【各类专业人才引育】

集成电路产业人才　2016年，晋江市制定晋江市集成电路产业人才优惠政策，在人才津贴、培训补贴、高端人才配套奖励、住房保障、子女就学和医疗服务等方面提供优厚待遇，对认定的优秀人才按原标准的150％发放津贴。举办国际集成电路产业发展高峰论坛，组团参加“2016中国集成电路产业发展研讨会暨第19届中国集成电路制造年会”“第十四届中国国际半导体博览会”等，开展人才对接交流，建立省内74所高校集成电路人才库。

教育人才　晋江市发布《2016年晋江市公立学校引进编内教育人才公告》，通过资格审查、业务考核等方式引进高层次教育人才3名。实施名师名校长培养工程，举办名师名校长讲堂18期，中学职校中层干部高级研修班4期，建成6个中职实训基地，开展两期“沪闽教育接力”交流活动，组织选派51名学校干部赴全国名校挂职锻炼、16名学校干部到教育部门挂职。设立“优秀大学生回乡任教资助金”，保障51名优秀人才子女参与义务教育阶段择校或优先派位。

卫技人才　晋江市借助院士专家工作站、名医工作室等平台，建立高端医学人才库（包含院士5名、国家“千人计划”专家1名、名医2名），建设医疗卫生单位10个重点学科，选派99名业务骨干前往各知名医院进修跟班，对69名医疗管理骨干进行轮训，组织专业医疗知识讲座77场、培训班14期，开展1121名乡村医生年度培训，招聘卫生专业技术人才41名。

金融人才　晋江市出台《关于加快集聚金融人才的若干意见》，重点支持紧缺型金融人才、领军型金融人才、金融高级管理人才和金融专业人才，从工作津贴、学习培训、股权（期权）激励等予以倾斜。

社会工作人才　晋江市实施社会工作人才素质提升工程，举办6期社工实务工作坊及专题培训讲座，组织动员社会工作者参加全国社会工作者职业水平考试，共768人取得社工职业资格证书，1名社会工作者获评泉州市优秀社工，3名社会工作者参选省优秀社工。

【青年人才培养计划】

2016年，晋江市以建设“全省青年创新创业示范区”为契机，承办省大学生“创业之星”训练营活动，成立全省首个青年创新创业公益基金，募集资金1058万元，定向支持优质创业创新项目。举办以“学艺德国，全面备战工业4.0”为主题的第十二期“青商财俊”培训班，围绕“企业家领导力提升”和“阿米巴总裁高端分享”等前沿热点，常态化开展青商学习沙龙。全面推进“银团合作”，创新“一卡一贷一基金”金融服务模式，为605名创业青年提供创业贷款计1.01亿元，带动就业4000多人次。

【高技能人才培训计划】

2016年，晋江市广泛开展企业职工技能培训，开展职业技能鉴定15期，共鉴定913人次，兑现“见证补贴”16.94万元，企业直补4.4万，推荐7名高技能人才参评泉州市技能大师，举办泉州市制鞋工职业技能竞赛和晋江市旅游系统职业技能竞赛等，全面培养各行业技能人才。

【农村实用人才培训计划】

2016年，晋江市出台新型职业农民认定管理办法，启动新型职业农民认定工作。分三期组织13人参加农业部农村实用人才带头人培训，举办4期新型职业农民培训计201人次，开办农民田间学校培训206人次，着力构建“教育培训、政策扶持、认定管理”三位一体的农村实用人才培育体系。

【人才服务】

2016年，市人才办落实市领导和市直涉才部门挂钩联系优秀人才制度，实行市领导挂钩联系获评省级以上荣誉和市认定第二类人才40人，市直涉才部门挂钩联系市认定第三类人才150人。落实高层次人才政治待遇，推荐1名国家“千人计划”专家和2名省“百人计划”专家为泉州市人大代表和晋江市人大常委、政协常委人选。开发运行晋江市人才工作网和晋江市高层次人才创新创业综合服务平台，建立各类人才队伍信息库，定期收集公布人才需求目录，提升人才工作信息化水平。办理泉州市高层次人才证37人，为56名优秀人才解决子女入学问题。新增6个人才驿站，全年举办各种沙龙及交流活动15场次。

【人才工作品牌宣传】

2016年，晋江市发布《致海内外晋江乡贤书》，诚邀海内外晋江乡贤回乡兴业。在晋江电视台、《晋江经济报》分别开辟“聚焦人才”“实施人才创新提升工程”专栏，持续宣传推介人才工作做法和优秀人才事迹。组团参加第十四届中国国际人才交流大会、中国海外人才交流大会暨第十八届中国留学人员广州科技交流会、北京高层次人才创新创业大会，获评广交会“最佳组织奖”单位。2016年，相关人才工作被省委办公厅《八闽快讯》、省组《组工信息》等省级以上刊物刊发12次，获泉州市委郑新聪书记批示肯定。人才工作案例《“政府引领”+“社会助力”着力打造一支基层社会治理创新的生力军》获评第二届全国基层人才工作创新案例最佳案例。

（黄宇鹏撰　黄建华审）

【人力资源产业园】

2016年，经市委、市政府同意，市人社局筹划建设“晋江市人力资源产业园”过渡园，将梅岭街道许厝社区廉租房小区二期一区一栋1—2层商铺装修建设作为办公场所。引进人力资源服务机构，发展人力资源服务联盟，构建市场化引才模式，江苏成功人力资源有限公司、天坤国际控股集团有限公司、北京外企人力资源服务福建有限公司(FESCO)、北京万古科技股份有限公司等4家公司注册并运营，福建鹰博人力资源服务有限公司、上海劳达企业管理咨询有限公司、上海优尔蓝信息科技股份有限公司、北京邦泰人和企业管理咨询有限公司、盟亚企业管理顾问有限公司、万仕道(北京)管理咨询有限公司等6家正在办理相关入驻手续。积极推介晋江市人力资源产业园，在第十四届中国国际人才交流大会举办的闽台人才交流座谈会上开展“晋江市人力资源服务产业园推介会”活动，专题向与会的18家台湾人力资源服务机构、高校推介晋江，介绍晋江的人才政策，多家机构对落地晋江表达积极的意愿；“晋江市人力资源服务产业园”展馆首次亮相第十八届中国(晋江)国际鞋业(体育产业)博览会，通过图文并茂的方式展示晋江人力资源服务产业园的功能定位、发展规划及人才政策。举办第二届用人单位与猎头机构洽谈对接会，吸引38家海内外知名猎头机构和58家泉州本地知名企业参会，对接人才单390多单，其中初步达成意向、可以深入合作的约占34.3%，表示需进一步了解后合作的约占56.9%，促单实效力同比2015年增加30%。10月27日—28日，市人社局承办“全省人才服务体系建设现场会暨业务座谈会”并在会上做经验介绍。

【大中专毕业生就业创业】

2016年，市人社局举办“2016年晋江市大中专毕业生就业创业服务月活动”，先后组织2016年晋江市毕业生就业创业对接会、“微生活·味生活”2016年大学生微营销大赛、“H5简历设计大赛”、第二届为梦想前“晋”大学生创客创业大赛。依托中国海峡(晋江)人才市场，先后组织408家次晋江企业参加校园招聘会，分别在闽江学院，闽南理工学院，华侨大学等11所院校举办2016届毕业生就业专场招聘会。6月28日至8月6日，开展清华大学博士生晋江社会实践活动。组织清华大学7名博士生到晋江市中科院海西研究院泉州装备所、梅花伞业、美特妇幼、教育局等四个单位开展为期6周的社会实践调研活动，并协助7名清华大学博士生向泉州人社局申报社会实践活动补贴19250元。

【人才招聘】

2016年2月，市人社局开展“春风行动”公益招聘月活动，举办招聘会59场次，参会企业3172家次，达成求职意向20030人次；3月，组织晋江市30余家知名企业组团赴武汉招聘电商人才，吸引479名电商类人才应聘，达成录用意向138名；4月，组织16家企业赴“珠三角”招聘中高级人才，在深圳人才大市场和东莞智通人才市场举办RPO专场招聘会，共收到求职简历238份，达成初步意向155人；6月，组织10家企业赴广东东莞智通人才连锁集团总部参加“2016晋江品牌企业RPO预约专场招聘活动”，提供中高级岗位98个，258人到场求职，30余名焊接机器人设计工程师、服装高级版师、非标设计工程师、研发技术经理等中高级人才与企业达成聘用意向。11月，组织36家纺织鞋服知名企业赴陕西西安开展校企对接会及校园招聘活动。

【智库建设】

2016年，晋江市新引进博士人才5

位，累计引进博士85位，在站博士后16位。4月，组织16家单位赴深圳参加第十四届中国国际人才交流大会，收到166份简历（其中博士18位，硕士45位），比2015年增加191%。做好博士后协会会员扩容工作，多渠道收集博士资料，会员增至255名。2016年，市人社局做好博士后在站期间的管理，按时发放在站博士后政府津贴，举办博士后开题报告会1次、中期考核6次，博士后出站报告会4次；完成博士后公寓电梯增设工程和博士后公寓6套住房整修工程；协助在站博士后人才陶鹏申报福建省财政资助博士后研究人员计划；协助才吉卓玛、陈俊光、刘峰等3位在站博士后人才申报泉州市博士后科研人员资金资助。

（谢培清撰　施能善审）

【西安高校优秀人才专场对接洽谈会】

2016年11月9—11日，由晋江市委人才办、晋江市人力资源和社会保障局、晋江市纺织鞋服人才培养与技术研发中心主办，中国海峡（晋江）人才市场承办，安踏、七匹狼、贵人鸟、浩沙等37家鞋服企业组团赴西安开展人才政策就业环境宣传推介、校园招聘及产学研对接。此次专场对接会共有西安交通大学等21所高校就业工作负责人等80余人参加，晋江市企业共提供就业岗位1700多个，涉及纺织、服装制造、信息科技、机械制造、皮革制造、纸业制造、通讯通信、高新能源等12个行业。通过在灞桥区大学城、西安科技大学、陕西科技大学、西安工程大学举办4场招聘会，并在招聘会现场播放宣传片，推介晋江就业环境和人才政策，招揽人才，4天时间，共收到972份简历，其中，达成意向455份。

（王海洪撰　陈志刚审）

【华侨、港澳台胞人才引进】

2016年，市侨台外事局以“侨情“汇才，打造回归平台。接待马来西亚华人研究中心、旅美华侨吴榕生家族、澳门“一带一路”交流团等华侨人才团组。借世界晋江青年联谊会换届之机，邀请香港区理事代表团参加三创园座谈会深入探讨晋江人才工作。做好菲律宾安海联乡总会、菲律宾晋江市龙湖镇联乡总会、澳门龙湖同乡会等乡会的换届指导工作，做好侨声中学、希信小学、南侨中学等各校庆典华侨接待工作；为考察团量身定做专门的活动方案。“海外”寻才，构建合作机制。5月，以美国闽南亲友联谊总会、美国晋江青年联谊会首届理事会及职员就职典礼为契机，探索建立旅美侨胞常态化的沟通联系机制，与美国晋江青年联谊会签订人才工作联络服务点协议，探索引进电子芯片等高尖端人才。11月，借助马晋联40周年庆典之机，与马晋联、马来西亚大学中文系、世界晋江同乡总会联合举办“2016年晋江经济与文化国际论坛”，这是晋江首次在国外举办的国际性经济文化论坛，积极拓宽了引才思路和渠道，收集海外深度人才资讯，为有意回国的海外人才提供绿色通道和互动平台，构建常态化的海外人才沟通联系机制。“领航”聚才，对接智领高地。9月，晋江市在香港举办晋江企业家素质提升“领航计划”全球讲师招募新闻发布会暨海西国际引智香港工作站授牌仪式，与香港福建社团联会、香港晋江社团总会、世界晋江青年联谊会签订人才协议，建立“海西国际引智香港工作站”。作为成员单位，侨台外事局对接香港社团、旅港乡贤，为本次活动做好周密部署，宣传动员在港乡贤回乡投资创业，带项目、技术、资金、人才回归。与总会青年联合会成员探讨晋籍青年人才的引育工作，考察香港沙田科学园、香港科技大学、香港应用科技研究院等科研院所及科韵动力有限公司等创新型企业，深入推动闽港人才交流、青年人才交流和产学研合作交流。

（庄伟阳撰　陈建军审）

·侨　务·

【侨务办理和侨捐项目监管】

2016年，市侨台外事局受理国外中国公民到晋定居申请工作咨询5000多人次，开具499份《查询出入境记录介绍信》，帮助216名晋江籍华侨办理回晋江定居手续，为185名不符合申请条件的国外中国公民出具《不予受理定居通知书》；为15名低保贫困归难侨申请每人每月100元的救济金；为16名重大病灾归侨申请困难补助；为10名归侨出具归侨身份证明；为19名"三侨子女"享受加分政策出具身份证明；协助审核110名华侨的危房翻建手续。配合市人大做好华侨捐赠兴办公益事业视察工作，起草华侨捐赠兴办公益事业管理情况汇报材料。做好旅外侨亲捐资确认及表彰的申报工作，为8名侨亲申报捐资确认，6名侨亲受到表彰，其中5名捐资过千万的被列为第五届世界闽商大会表彰对象。继续加强侨捐信息资料库建设，按照"一季一报"制度不断加大全市采集工作，收集采集表3237份，项目2115项，合计捐赠金额186104.7403万元。

【夏冬令营举办】

2016年，市侨台外事局举办第六届菲律宾华裔青少年"中国寻根之旅"夏令营福建晋江营活动、第四届美国华裔青少年"中国寻根之旅"夏令营和第二届马来西亚华裔青少年"中国寻根之旅"冬令营，100多名海外青少年参加活动，得到国务院侨办文化司司长雷振刚出席菲律宾夏令营北京开营仪式。美国夏令营在美国华人圈引起轰动。举办福建省首届镇级夏令营，依托侨胞重点集中的乡镇，借助各乡镇的特色和资源，将活动的承办权拓展到镇级，开创由国家、省、地级市、县级市和乡镇政府部门"五级联办""中国寻根之旅"的新模式，开展池店、罗山、金井3场镇级夏令营活动。

【文化宣传】

2016年7月，市侨台外事局正式开通"晋江侨台外事"微信公众号，推送115条实时资讯，面向全世界直播最新最全的侨台外事资讯。通过《晋江乡讯》《晋江经济报》(菲律宾版)、晋江新闻网，即时报道活动开展情况。在《晋江经济报》设立《天下晋江人》专栏，在《晋江乡讯》设置侨台外事活动专版，让海外侨亲深入全面地了解晋江经济社会文化发展状况，进一步畅通对外宣传渠道、扩大覆盖面。其中，首届镇级夏令营

菲律宾第六届海外华裔青少年"中国寻根之旅"夏令营

晋江市委、市政府向施恭旗家族赠送纪念品

的信息报道得到国侨办的关注并登上国侨办网站。

·港澳台事务·

【港澳青年精英故乡行】

2016年6月，省侨办，泉州外侨办、港澳办，晋江市侨台外事局首次三级联动共同承办首届“海丝情·中国梦”港澳青年精英故乡行，港澳地区22个重要社团的50多名青年精英参加。8月，举办第二届“闽侨精英故乡行”活动，陈明金家族（澳门）20余人首次组团返乡“寻根”。

【文化交流】

2016年，市侨台外事局推动第四届海峡两岸（晋江围头）七夕返亲节列为国台办2016年对台重点交流项目，台湾民意代表杨镇浯、香港福建同乡会会长陈聪聪、中华科技大学等港澳台20多家单位和社会团体300多人，130多户250余名台湾姻亲代表参加返亲节，完成“百对晋台姻亲”互相交流的目标。举办晋港澳台青少年侨乡行足球夏令营、第十一届晋江金门红十字夏令营、首届晋台两岸百对家庭传统文化亲子互动游、首届中华情晋台缘新生代台胞结对联谊暨足球邀请赛、第三届晋台青年祭孔大典等一系列青少年交流活动。

【涉台指导】

2016年，市侨台外事局指导晋江民间交流协会、晋江谱牒民俗学会和传统文化促进会等涉台协会开展对台文化交流活动，举办晋台两地民间协会交流工作座谈会，11个晋台民间社团协会签署协会合作意向书，完成“百个晋台协会”互相交流的目标。为服务保障集成电路项目的需要，会同市口岸办积极推动金门围头陆岛交通码头项目的建设，组团赴金门进行游艇往返对接考察，初步确定金井围头湾陆岛交通游艇码头作为往返金门游艇停泊点的首选，推动晋江金门游艇往返航线的开通。

【晋台交流新载体设立】

2016年6月，中共中央台办、国台办正式批复同意在晋江五店市设立“海峡两岸交流基地”，五店市传统街区成为泉州市第一个县级海峡两岸交流基地，吸引台湾各界人士和民间团体前来参观考察，扩大晋江在两岸交流中的知名度和影响力，泉州、晋江主要领导对此作出重要批示。11月，晋江金门民俗文创馆正式开馆，成为大陆首个金门民俗文创馆，通过展示金门旅游景点、民俗文化等，增进两岸民俗馆、文创界人士及青少年、儿童的交流互动，推动两岸观光旅游、文化创意产业的发展。12月，洪山文创园、三创园、五店市传统街区3个园区正式确定为首批“泉州市台湾青年就业创业基地”。

【“惠台”留才扶持政策落实】

2016年，市侨台外事局召开晋台人才交流工作会、台湾青年大学生就业创业座谈会，宣传晋江市人才和就业创业优惠政策。根据《福建省“海纳百

晋江市举办2016年海峡两岸暨港澳青少年侨乡行足球夏令营

川”高端人才聚集计划》(2013—2017),组织开展第三批“在闽优秀台湾人才”遴选工作,为优秀台湾人才和示范基地申报扶持资金。指导洪山文创园、三创园、五店市传统街区创建泉州市级台湾青年就业创业基地,洪山文创园共有9家台湾企业在园内投资创业,30多名台湾青年扎根就业,通过“鞋博会”“闽台食品交易会”“海峡工业设计大赛”等引进符合晋江人才引智需求的台湾各界专家、学者和专业人士。

·外　事·

【“外宾访晋团”对接】

2016年,市侨台外事局协助做好外交部、省外办、泉州市政府组织的外宾团组以及外国驻华使领馆官员的接待工作,接待意大利库内奥省、法国大奥尔布、新西兰奥克兰市、阿根廷布宜诺斯艾利斯省体育文化部、英国驻广州总领事馆、菲律宾驻厦门总领事馆、东南亚国家记者团、巴基斯坦政党联合代表团、法中友协联合会代表团和菲律宾参议员辛茜娅·维拉尔访问团等10个团组152人次外宾。

【因公出国(境)和APEC商务旅行卡审核】

2016年,市侨台外事局严格审核因公出国(境)团组的出访任务、人员结构等要素,对团组结构不合理、违法量化规定的予以调整,严禁考察性、照顾性等无实质性内容的出访团组。为“海丝”项目团组、重要经贸团组、掌中木偶等非物质文化遗产团组开辟“绿色通道”,提供全程优质高效的指导和服务。2016年,共受理申请因公出国(境)团组55批次212人次,其中取消5批次21人,调整6批次9人次,实际出访50批次182人次。持续加大APEC商务旅行卡,放宽申办门槛,扩大办理范围与规模,减少申办材料,为企业出访提供优质服务。推行企业APEC商务旅行卡管理办法,推荐50家资信优级企业APEC商务旅行卡自行管理,提高企业APEC商务旅行卡的使用效率。2016年,受理APEC商务旅行卡申请29批次46人次。

【友城工作推进】

2016年,晋江市分别与7个国家的省、市签订友好关系协议或达成合作意向,包括与美国加州安大略市、意大利皮埃蒙特大区库内奥省签订建立友好城市关系意向书;与德国乌波塔尔市、法国大奥尔布城镇共同体签订经济友好关系协议;与英国米尔顿·凯恩斯理事会签订城镇化战略合作框架协议;与新西兰奥克兰市、阿根廷布宜诺斯艾利斯省达成体育产业交流意向等。其中,与意大利库内奥省的友好城市关系协议已获批签署,第十八届鞋博会、第三届闽台(泉州)食品交易会,意大利方面均组团参加,并分别设置意大利馆和欧洲名优食品馆,极大地推动两地的产业互补及经贸交流。

(庄伟阳撰　陈建军审)

经济

农业与农村经济

·综　述·

【概况】

2016年，晋江市按照“创新发展、协调发展、绿色发展、开放发展、共享发展”工作思路，同步推进“三农”体制改革、现代农业发展、新农村建设、生态文明建设和农民持续增收等各系列工作，有力、有序、有效推进全市农业农村经济持续稳定发展。

全市实现农林牧渔业总产值42.63亿元，现价同比增长11.4%，可同比增长3.4%。其中，农业78885万元，现价同比增长8.4%，可同比增长1.1%；林业540万元，现价同比增长12.0%，可同比减少3.3%；牧业42041元，现价同比增长0.9%，可同比减少3.8%；渔业288677万元，现价同比增长14.3%，可同比增长6.1%；农林牧渔服务业16200万元，现价同比增长6.2%，可同比增长4.4%。

农林牧渔业增加值（农业GDP）221035万元，现价同比增长9.9%，可同比增长3.3%。其中，农业49236万元，现价同比增长9.4%，可同比增长2.6%；林业283万元，现价同比增长108.8%，可同比减少4.7%；牧业22526万元，现价同比减少3.2%，可同比减少2.4%；渔业141176万元，现价同比增长12.2%，可同比增长5.8%；农林牧渔服务业7814万元，现价同比增长5.2%，可同比增长4.5%。

农村居民人均可支配收入19819元，同比增长9.1%。

（戴斌斌撰　陈志敏审）

农村经济管理

【农村经济统计分析】

2016年，全市392个村（社区）集体经济收入总额22622.56万元，同比增加2466.66万元；村均村财收入57.71万元，同比增加6.16万元，增长11.95%，消灭村财收入5万元以下的“空壳村”；扣除补助收入和其他收入，村（社区）集体经营收入9374.02万元，村均村财收入23.91万元，同比增加1.41万元，同比增长2.27%；支出总额37561.7万元，同比增加7534.53万元；全市村（社区）集体资产达59.41亿元，同比增加3.78亿元，增长6.79%；村均资产达1515.56万元，同比增加92.8万元，增长6.52%。其中：固定资产39.50亿元，同比增加2.75亿元，增长7.48%，村均固定资产1007.65万元，同比增加67.75万元，增长7.21%。

【农村集体“三资”监管】

2016年，晋江市获第三批全国农村集体“三资”（资金、资产和资源）管理示范县称号。规范农村集体资产管理和票据管理，举办三期村级财会业务培训会，有490多人次参加。指导规范村级招投标公告，全年全市经镇（街道）实施公开招标的村级工程建设项目105宗，涉及金额6506.53万元，累计实现工程预算降幅455.29万元。指导规范财务操作，累计退回手续不完整开支1646笔、1835.26万元，纠正不合规开支78笔、104.77万元。

【扶持发展村级集体经济】

2016年，晋江市19个镇（街道）37个村（社区），申报集体创收项目验收45个，筛选确定20个村（社区）作为市领导挂钩帮扶对象，以推动集体创收项目组织实施。据统计累计项目资金投入4580多万元，新增集体经营性建筑面积约26770平方米。兑现2015年集体创收项目补助资金323.51万元。

【农村土地经营权确权登记】

2016年3月2日，晋江市进行农村土地经营权确认登记工作部署，下发工作方案。印发确权工作动画宣传册和致农民一封信各78520份，泉州市宣传手册1570份，制作2期确权访谈节目DVD800份和致农民的一封信录音光盘400份，定期印发工作进度通报和工作简报。5月18日下午至5月19日，举办3期全市农村土地承包经营权确权登记颁证工作培训班，培训1126人，参加各镇（街道）、村（社区）开展业务工作培训25场次。确定3家中标公司，确定合同片区联系人制度，负责与3个合同包的镇（街道）做好联系人员进驻事宜。坚持领导指导和旬工作例会制度，采取7名科级领导分片指导1至2个镇（街道），每周不少于2次下乡下村指导。

【农民专业合作社建设】

2016年，市农业局举办一期农民专业合作社业务知识培训班，培训70多人次。通过镇级推荐和现场勘查相结合方式，择优筛选参评省级、泉州市级示范社名单，获评晋江市级示范社4家、省级、泉州市级各1家。编印政策宣传手册150份。

（陈建福撰　许建林审）

农业产业化

【概况】
2016年，全市35家企业参与第八轮省级农业产业化重点龙头企业申报，其中34家企业获评省级农业产业化重点龙头企业，比上一轮新增18家。全市51家企业参与泉州市第八轮农业产业化市级重点龙头企业申报，其中49家企业获评泉州市级农业产业化重点龙头企业，比上一轮新增11家。

【农业产业化项目】
2016年，福建省晋江福源食品有限公司、阿一波食品有限公司、福建好来屋食品工业有限公司、福建顺成面业发展股份有限公司、福建三好茶博汇茶业有限公司、福建公元食品有限公司等6家企业申报2016年泉州市农业产业化发展项目并通过验收，兑现项目补贴资金67万元；华淇农业综合合作社、晋江远华农场、汇利电子商务有限公司等3家企业参与泉州市农业局、泉州市财政局关于做好农产品冷链物流和农村与农产品电商项目建设申报并通过验收，兑现项目补贴资金60万元。2016年晋江市申报农产品产地初加工项目32座，涉及农户11户、农民专业合作社6个，全部为组装式冷藏库。其中完成项目设施建设21座，通过验收19座，验收未通过2座，发放专项补助资金138.5万元，在建项目设施11座。

【扶农政策制定】
2016年，为做好2017年扶农政策修订前期工作，市农业局提前与相关涉农部门进行沟通，在农业生产大户、农业龙头企业开展调查、征求意见。完成政策修订初步框架。配合市财政局相关科室就组建农业融资担保公司开展相关前期工作，以化解农业发展“融资难”“融资贵”问题，配套支撑晋江市田园风光项目和城镇化建设。

【扶农政策兑现】
2016年，晋江市组织开展三轮扶农项目申报、验收和补助资金兑现。全年兑现财政扶持资金2151万元。开展2016年农业贷款贴息项目项目申报工作，符合规定的申报企业109家，贷款规模47815万元，贴息资金606.48万元。其中，申报农产品加工类企业28家，贷款资金39336万元，兑现财政贴息资金441.38万元；申报农业种养类规模场户64家，贷款资金4320万元，兑现财政贴息资金80.12万元；申报农业捕捞类企业17家，贷款资金4249万元，兑现财政贴息资金84.98万元。

【农业展览展洽】
2016年，晋江市分别组织相关企业参加“泉州市名特优农副产品展销会”“2016年晋江市农产品安全宣传月暨优质农产品展销会”、第九届海峡两岸农产品采购订货会、第十届海峡两岸茶博会、第十八届海峡两岸花卉博览会等5个展会，35家企业42个展位参展。兑现财政补助资金16.6万元。12月31日，晋江市人民政府、泉州市农业局、台湾中华两岸交流协会共同主办的“情系两岸、食在晋江”泉台优质特色农产品展销活动在晋江体育中心广场举行，为期3天，展销活动设立国际标准展位100多个，涵盖台湾、泉州、长汀等地优质特色农产品，展销优质特色农产品200多个品种，农特产品与山海协作的参展单品数量均为泉州历年之最。展销活动期间，吸引市民5万多人次到场参观、购物，实现现场农产品销售总额200多万元，达成购销协议10份总额1.73亿元，达成购销意向18份总额2亿元，有效地促进海峡两岸农特产品种植经营商户及相关企业代表互动交流。

（陈孟体撰　唐敬源审）

晋江市优质农产品展示活动

农业行政与执法

【动物卫生检疫】
2016年，晋江市配备73名动物检疫员，承担全市9个生猪定点屠宰场（2016年10月份龙湖定点屠宰场停业整顿）和1个肉牛屠宰场的动物及动物产品检疫工作。全年生猪屠宰检验580694万头，牛屠宰检疫31536万头，生猪产地检疫35869万头，检出171头病死猪，均按GB16548规范作焚烧、深埋等无害化处理。12月1日起，全市实行动物检疫电子出证工作，通过扫描检疫票证的二维码可以了解到检疫动物产品的来源信息。

【动物卫生监督】
2016年，晋江市购买第三方专业检测服务。委托中国检验认证集团福建有限公司采取定期和不定期相结合的抽检方式，对养殖场、屠宰场进行监督抽检。实行信息化监督。在全市10个牲畜定点屠宰场安装网络签到，市所可以通过系统实时了解、管理动物检疫人员检疫出证和规范检疫行为等事项。建立联合执法机制。出台《打击晋江市生猪私屠滥宰专项整治工作方案》，建立由市食安办牵头，公安、市场监督、农业等部门联合打击生猪私屠滥宰违法行为的执法机制。自2015年畜禽屠宰监管职能划转到农业部门以来，2016年全年查办移送2起生猪私宰案件至公安部门侦办，排查2个生猪私宰线索。对全市11个定点屠宰场进行风险评估，针对性地制定不同阶段、不同风险等级的牲畜定点屠宰场所和监督检查计划。规范牲畜屠宰行为,对无法进行整改的龙湖定点屠宰场进行关闭。组织对市区33家动物服务机构进行检查,针对部分没有达标合法的动物服务机构发放整改告知书;全年抽检养殖环节“瘦肉精”23批次120头份,屠宰环节“瘦肉精”10337批次19032头份。

【动物防疫暨乡村兽医技术培训】

2016年3月15日,市农业局举办全市动物防疫暨乡村兽医技术培训班,邀请泉州市林志谦到晋江授课,农业服务中心主任、村级防疫员、乡村兽医共200人参加;动物检疫人员培训改变以往一年一次集中培训模式,实行每月例会以会代训形式,对全体检疫人员进行分批轮训,推动全市检疫工作向信息化、规范化发展;在轮训基础上,每年组织2次全员理论与实操技能培训。邀请检察院检察官就职务犯罪进行授课,提高检疫人员法律意识。派出33人次畜牧兽医专业技术人员到泉州市公务员局、泉州市农业局参加学习、培训。派出3人次技术骨干参加福建省动物卫生监督执法与动物防控技术培训。印发《动物协检员管理暂行规定》,编印检疫员工作手册,化协检员业务学习和操作规范。完成英林(2个)、安海、青阳、内坑、永和、深沪等7个检疫申报点办公场所装修、设备添置、制度上墙等标准建设,为全市基层动物协检员配备统一的执法防护服。招录5名工作人员充实到官方兽医队伍。

(林金顶撰　施建成审)

【农业行政审批】

2016年,市农业局受理涉农行政审核、审批883件,其中森林植物检疫审批649件。主要有征占用林地审核、木材运输证、植物检疫证、木材生产经营许可、采伐证许可、动物防疫合格证核发等。继续简化优化行政审批服务,结合权力清单工作梳理审批事项和内部科室流程再造,进一步规范、简化办事程序,全年承接2项服务事项,精简52项申报材料,公开67项服务指南,推进2项网上审批,并全面实行“一个窗口”受理,及推进审批信息共享公开。强化行政审批事中事后监管工作,制定双随机抽查方案、工作细则,并建立“两库一清单”及“一抽查一通报制度”。通过“抽签助手”对审批事项进行双随机摇号,随机产生6组执法人员对随机42个市场主体集中进行监督检查。

【林地审核审批】

2016年,市农业局做好林地各项行政管理工作,主动配合集成产业园、福大科教园区、粮食储备库等百日攻坚重大项目的征占用林地审核审批工作。对市级以上的重点建设项目有涉及征占用林地的,做到“四到位”,主动参与配合,下到基层,主动协调解决,并确定专人负责跟踪,加强与上级部门的沟通协调,提高申报审核效率。全年获批16宗,面积25.43公顷。

【全国林地占补平衡试点】

2016年是开展全国林地占补平衡三年试点工作的总结之年,自开展全国林地占补平衡试点工作以来,晋江市林地获批124宗面积约325.33公顷,且补充地块储备库共完成1445宗668.53公顷,是林地获批量的2.1倍,保障全市用林需求。

【木材加工企业安全生产】

2016年,市农业局每个月定时对企业进行安全生产检查,一年来排查32项,督处企业整改32项,整改率100%;年中召开全市木材加工企业安全生产培训会并进行应急演练;并在11月份完成2家林业行业安全生产标准化创建工作。

(吴锟福撰　洪海港审)

【省级农产品质量安全县创建】

2016年,晋江市深化省级农产品质量安全县创建活动,将农产品质量安全监管工作纳入晋江市第十三个五年规划,提出将全面推进农业标准化建设,建立农产品质量安全可追溯体系平台和农资监管平台,健全农产品质量安全监管长效机制。

【农产品质量安全监管体系建设】

2016年,市农业局探索采用外购服务的方式配备10名专业农产品质量安全监管员,主要负责全市农产品快速检测和对科学合理用药的指导工作。加强东石镇、英林镇、磁灶镇等3个镇级监管中心建设,落实属地镇监管主体责任。

【农产品质量安全抽样】

2016年,市农业局印发《关于印发2016年农产品质量安全监测抽检计划的通知》,组织对全市蔬菜农药残留、生猪瘦肉精、畜禽免疫进行监督抽样检测,配合省、泉州市开展农产品质量安全监督抽检工作;开展本级快速检测。逐步完善监督抽检“检打联动”制度,委托第三方检测机构开展风险监测。

【农业“三品”认证】

2016年,晋江市新增无公害生产基地3个、新增农业部无公害农产品认证产品2个,全市有效无公害农产品和绿色食品认证数53家103个。开展“衙口花生”农产品地理标志申报工作,获得农业部农产品地理标志登记证书。全年完成18家20个无公害农产品的年检,完成3家18个绿色食品的年检;完成5家5个产品复查换证工作,完成2家16个绿色食品产品的续展工作。

【农产品质量安全可追溯体系建设】

2016年,晋江市新增5家泉州市级可追溯体系建设单位,全市可追溯农产品质量安全可追溯体系建设单位18家。督促试点单位建立农产品检测实验室,配备检测仪器并组织培训,指导其开展农产品自检。

(陈坤明撰　王活泼审)

农业资源区划

【概况】

2016年,晋江市进一步优化政策措施,开发农业多种功能,促进休闲农业发展,推进农村一二三产业融合,发挥农业区划的基础性、前瞻性、综合性、科学性等职能作用,积极应对、主动工作,发挥优势、上下联动,瞄准切入点、争创新亮点,切实发挥其独特的职能作用,广泛开展农业区划、区域规划、休闲农业、创意农业、项目示范和信息服务等工作。在休闲农业示范创建、农业资源可持续利用项目示范、休闲农业与乡村休闲发展规划、都市农业、创意农业研究和农业区划宣传等方面积极推进,将农业资源区划工作做精做深,较好地发挥农业区划的职能作用,促进农业资源高效利用和农业多功能拓展,优化农业产业结构和区域布局，以实际行动推动晋江现代农业的跨越发展。休闲农业不断提升，发展势头良好，新增中国美丽休闲乡村1个、福建省休闲农业示范点1个、晋江市级休闲农业示范点3个，创建全国休闲农业与乡村旅游四星级企业（园区）2家、三星级企业（园区）2家，泉州市森林人家1家，扶持晋江市级农业资源可持续利用示范项目3个，推动休闲农业与乡村休闲产业的发展，为转变农业农村经济增长方式，优化农业产业结构和区域布局，加快发展现代农业和“美丽乡村”建设作出贡献。

【农业资源可持续利用示范项目建设】

2016年，晋江市农业区划委员会办公室（以下简称市农业区划办）大力开展农业资源可持续利用示范项目建设，根据《晋江市人民政府关于加快特色现代农业发展促进农民增收的若干意见》和《晋江市农业区划委员会办公室关于〈申报2016年晋江市级农业资源可持续利用专项资金项目的通知〉》等要求，组织各镇街申报农业区划项目，加强项目的储备、筛选、申报和管理。积极扶持本级示范项目建设，对列入本级项目的“晋江市围头海峡鲍鱼养殖观光体验示范项目”“晋江市恒山优质鸡蝇蛆养殖技术研究”“晋江市梓源胡萝卜生态循环农业示范项目”等加大扶持指导力度，推进示范项目建设。在日常工作中加强对示范项目的指导工作，引导其加大投入，提升管理水平及服务层次，通过在规划、项目、资金等方面的扶持，晋江市一批具备条件的农业企业不断加大项目建设投入，拓展农业功能，发挥示范带动作用，较好地推动乡村休闲产业发展，增加农业经济效益。

【区划研究和信息工作】

2016年，市农业区划办深入开展农业区划理论研究，与农林大学联合开展的《晋江市乡村休闲类生态产品价值实现机制创新研究》课题，创新晋江休闲农业发展机制，促进晋江休闲农业持续健康发展，拓展农业功能，更好发挥农业资源区划的职能作用，为新时期新的生产力布局和产业调整提供科学依据。加强与科研院校沟通交流建立合作机制，晋江恒山农业综合开发有限公司、晋江市龙湖恒丰水果专业合作社、晋江市深沪镇运伙村委会与泉州师范学院资源与环境科学学院建立院地合作机制，设立“共建专业实践基地”，利用其技术优势、人才优势和公共资源平台，促进双方的共同发展。

开展“奔跑吧！宝贝”活动

为了落实中共中央有关“建设生态文明和美丽中国、美丽乡村”的要求，市农业区划办组织相关休闲农业企业、乡村入编中国休闲农业与乡村旅游指南（2016版）；根据福建省农业厅的要求，市农业区划办认真撰写《中国休闲农业年鉴（2016卷）》；组织符合条件的休闲农场、乡村向社会推介精品和活动线路，进一步推动晋江市休闲农业与乡村旅游产业的发展；与晋江电视台《彩虹桥》栏目联合开展“奔跑吧！宝贝”系列活动，走进晋江坫头森林人家、恒丰休闲农庄；开展休闲农业经营主体调查工作，完成数据填报，组织部分休闲农业点在网站设置宣传版，配合泉州、晋江电视台，《晋江经济报》记者采访，在相关报刊、网站上广泛宣传报道晋江市农业区划、休闲农业、创意农业和循环农业信息。

【农业资源可持续研究】

2016年，市农业区划办继续与市龙眼协会联合在永和荣兴农场和恒山农场开展“铁皮石斛栽培嫁接技术试验”工作，通过利用现有的龙眼品种园区进行嫁接栽培，有效调整农业产业结构和农村经济结构，改善农业生产条件和生态环境，提高农业的科技含量；实现从以往农场农业资源管理的分散性和落后性向农业资源管理的综合性和优势性的转变，为农业资源的合理配置，实现资源的可持续利用生产决策提供科学依据。继续与农林大学联合开展研究，建立农场在农业资源可持续利用评价指标体系和评价体系，找出影响农业资源可持续利用的症结所在，进而提出切合农场实际的资源可持续利用相应对策，为农场的长远发展，为实现农业生产的增产增收、节本增效，为保持和恢复当地良好的生态环境，实现富农强场的战略目标找到一条可行之路，为新时期新的生产力布局和产业调整提供科学依据。

【休闲农业发展】

2016年，市农业区划办把推动休闲农业发展作为一项工作重点。重点开展示范创建活动，打造休闲农业品牌。重点培育6家休闲农业示范点，加大投入和扶持，积极组织参与全国及省、泉州市级、晋江市级示范点创建活动，组织推荐1家申报中国美丽休闲乡村评选，4家申报全国休闲农业与乡村旅游星级评定，1家申报福建省最美休闲乡村评选、1家申报福建省休闲农业示范点评选、1家申报泉州市休闲农业示范点评选，3家申报晋江市休闲农业示范点评选，并精心准备做好评选验收准备工作。加强规划指导，引导科学发展。重视开展休闲农业项目规划工作，加强规划指导，引导、推动休闲农业企业和乡村编制实施休闲农业发展规划，倡导规划先行，科学发展。市农业区划办进一步加大休闲农业区域规划工作，指导恒丰休闲农庄、恒山休闲农庄和鳞谷休闲农庄进行区域性重新布局，结合“美丽乡村”提出发展休闲旅游、农家乐和生态旅游的发展思路，初步完成农场区域开发项目建设整体规划编制工作。统筹结合，规范管理。在开展推进休闲农业与乡村旅游创建工作中，因地制宜，注重与主导特色产业发展、一村一品、新农村建设紧密结合，通过开展各类休闲活动等多种形式，有机结合，形成合力，促进发展。加强宣传，营造氛围。加大休闲农业与乡村旅游宣传促销工作，以节庆活动为平台，借助媒体的宣传优势，加强对我市休闲农业的宣传。围绕休闲农业资源特色，相继成功举办永和恒山生态休闲文化节、围头渔村休闲文化节、恒山中秋民俗文化活动，举办首届晋江农业嘉年华•休闲农业与乡村旅游研讨会，体验乡村慢生活—走进梧林古民居等节庆活动，精心策划晋江市休闲农业与乡村旅游精品线路，打造5条旅游精品线路，在首届晋江农业嘉年华举行精品线路发布会，通过与晋江经济报社联合开展“大美晋江•快乐田园”征文比赛、“小记者走乡村游农业”活动等，对5条精品线路进行专项集中推介，征文近百余篇，刊登《晋江经济报》数十篇，其宣传辐射面和宣传效果创下历年之最。加大宣传品的投入和传播力度，制作出版休闲农业与乡村旅游精品线路宣传片和旅游指南(手册)，内容涉及园区介绍、节庆活动、特色商品、采摘指南等。

【休闲农业品牌】

2016年，晋江市金井镇围头村委会获得中国美丽休闲乡村，晋江市龙湖镇南浔村委会（南浔休闲旅游度假区）和坫头国有防护林场（深沪坫头森林人家）获得全国休闲农业与乡村旅游四星级示范园区，晋江市西园清源综合农场（西园御龙休闲农庄）和晋江市鳞谷休闲农庄有限公司（鳞谷休闲生态农庄）获得全国休闲农业与乡村旅游三星级示范园区；晋江市恒泉农业开发有限公司(恒丰休闲农庄)获得福建省休闲农业示范点；晋江市恒山农业综合开发有限公司(恒山休闲农庄)获得泉州市森林人家；吉隆农业综合开发有限公司(吉隆园休闲农庄)、新塘街道梧林社区居民委员会（梧林古村文化休闲度假村)、新福尚农业开发有限公司(福祥休闲山庄）获得晋江市休闲农业示范点；恒山农业综合开发有限公司被评为全国农村产业融合发展典型企业称号；自2012年开展休闲农业与乡村旅游示范点和星级创建活动以来，晋江市共创建国家级休闲农业示范点1家、中国美丽休闲乡村1家，省级休闲农业示范点5家、省级森林人家1家，泉州市级休闲农业示范点3家、泉州市森林人家1家，晋江市级休闲农业示范点12家，五星级企业(园区)1家、四星企业(园区)4家和三星企业(园区)5家、全国创意农业精品优秀奖1家。

(林英泼撰　王活泼审)

农业机械化

【概况】

2016年，晋江市进一步落实《农业机械化促进法》的要求，以转变农机化发展方式为主线，调整优化农机装备结构布局、提升农机化作业水平为主要任务，加快推进主要农作物关键环节机械化，促进农业机械化和农机工业又好又快发展。至年底，全市农机总动力约为30.12万千瓦，年机械耕作面积13200公顷；全市常年耕地耕种收机械化作业率58%，其中水稻机耕率90%，机收率90%，机插率47%，农地机械耕整地作业率57%。

【农业机械购置补贴政策】

2016年，晋江市农业机械管理站(以下简称市农机站)根据《2015—2017年福建省农业机械购置补贴实施意见》文件精神，会同市财政局农业科共同讨论，制定《2015—2017年晋江市农业机械购置补贴实施方案》。2016年，省安排给晋江市中央补贴资金140万元，2015年结转中央补贴资金81.86万元。省级补贴资金52.23万元。按照大户优先原则受理农户申请。根据农机购置补贴的变化，为落实好“自主购机、定额补贴、县级结算、直补到卡”的总要求，采用挂号信专递的方式，把《2016年泉州市农机购置补贴宣传材料》邮寄到全市各镇(街道)的行政村(社区)，加大对农机购置补贴政策的宣传力度。至12月，2016年度第一批农机购置补贴的机具188台套，申请使用补贴资金238.69万元，其中中央补贴资金133.18万元，省级补贴资金34.61万元，地方累加70.90万元。

【水稻机械化育插秧技术推广】

2016年，市农机站以抓好开展水稻机械化育插秧技术工作的宣传培训入手，认真开展科技信息交流和技术推广以及种植大户、各级农业和农机技术干部的培训。在陈埭镇、磁灶镇、内坑镇、池店镇、西园和新塘街道建立17个水稻育插秧机械化技术示范点，指导农户试用8行高速插秧机，取得比较好的效果。早稻完成软硬盘育秧面积6.15公顷，晚稻完成软硬盘育秧面积3.4公顷。根据《晋江市人民政府关于加快特色现代农业发展促进农民增收的若干意见》第四项第五款发展农业机械化的规定：对实行软盘或硬盘育机插秧苗，且规模0.07公顷(1亩)以上的，每公顷补助3万元，全年对示范点补助金28.64万元。

市农机站高度重视农机化生产，在重点农时季节及时安排工作人员，多次深入乡村、场户进行实地检验，督促新机具的供货、安装、调试等工作，促使新购机具尽快在重点农时季节中投入使用；组织技术人员，进行机具维修、操作技能、安全生产等知识讲解，指导农机手维修保养机具。2015年，办理并发放联合收割机跨区作业证13张（收割机6张、插秧机7张)。根据《关于下达2016年度市级农机专项发展资金（第二批）的通知》精神，为促进全市农机化事业更好发展，2016年，对陈埭镇芳惠农农场水稻生产全程机械化示范点建设补助5万元。

【农机专业合作社建设】

2016年，市农机站发挥管理职能，加强对农机专业合作社的管理、监督和引导。坚持把农机合作组织作为农机社会化服务的指导力量来培育和发展，通过实施购机补贴政策、场库棚建设补贴、项目建设倾斜等形式，加大对农机专业合作社的扶持。建立一批设备完备、功能齐全、规范运作、诚信服务的农机专业合作社示范点，提高农机服务专业化、组织化程度，提高农机作业效率和经营水平，把农机服务组织培养作为延伸农机公共服务的载体和引领农机化发展的龙头。指导万顺农机专业合作社研发胡萝卜自动播种机，取得开沟犁和蔬菜播种机两项专利。至年底，晋江市有欣立明、晋东联、现时代、万顺、东石绿泰和农昌达6家农机专业合作社。

【农机监理管理】

2016年，市农机站加强农机监理管理。严格执行拖拉机注册登记管理制度。在办理拖拉机注册、登记工作中，严格执行牌证管理和档案管理规定，按要求做到手续齐全，表格填写规范，有效有序。对注册登记的拖拉机严格按国家标准进行检验，对不符合条件的严禁发放牌证。坚决杜绝为不符合标准的拖拉机办理注册、登记、发牌证。至年底，办理各类拖拉机注册登记87台。抓好拖拉机年度检验和拖拉机驾驶证换证工作。在拖拉机检审中，执行检验标准，逐车认真查验发动机号、车驾号，落实“谁检验、谁签字、谁负责”的责任制，确保检审质量。凡参加年度检验的拖拉机须在机车货箱后栏板上喷涂与号牌号码字样相同放大字号，在车身显著位置喷涂“严禁拖拉机非法载人”字样，确保参检的拖拉机车容整洁，车况良好。至年底，检审验各类拖拉机1291台。开展农机安全宣传教育。充分利用手机信息平台，向到期应检验的拖拉机车主发送提示，向广大农机手群发专项整治重要性和相关的内容的信息（群发信息1600多人次）。在重点路段和农机监理门外悬挂标语横幅2条，分发“平安农机倡议信”“农机安全生产宣传教育材料”“致拖拉机驾驶员的一封信”等共2500余份，制作农机安全宣传专栏，进一步增强农机手和广大农民群众守法意识、安全意识和农机事故防范意识。结合拖拉机注册、检验工作，和农机手共签订900余份农机安全责任状。联合交通局、交管大队开展联合执法行动。重点对上道路无证驾驶、无牌行驶、未经年检投入作业的重大农机安全隐患进行排查，查处超载、超速、拖拉机超期行驶、酒后驾驶等严重违章行为，组织27人次开展执法行动，检查上道路行驶拖拉机84台次。结合购机补贴验机工作，市农机站执法人员深入村庄场院、田间地头检查拖拉机、收割机、插秧机等农业机械的安全技术状态，同时做好实地检验工作，共组织37人次，检查114台次拖拉机。以农机专业合作社、农机大户、各类农业机械的使用情况为重点，开展隐患排查、登记、整改情况等进行检查。全年开展执法行动16次，出动执法人员45人次，共检查农机专业合作社55家次，拖拉机113台次，安全教育拖拉机驾驶人85人次。积极做好重大节日期间农机安全监管工作。市农机站积极做好农机安全宣传和监管工作，有效防范农机安全事故的发生，确保重大节假日期间全市农机安全生产。

（徐学锋撰　陈飞熊审）

·种植业·

【概况】

2016年，晋江市种植业工作围绕保障农产品有效供给、农民持续增收和农业可持续发展这一中心任务，积极开展田园风光项目、落实各项中央补贴政策、落实各级农业项目、指导种植业生产等工作。突出“稳粮、增收、提质、保安全”这一基础和核心，狠抓重点季节、重点区域、重点项目的各项农业工作，稳定粮食播种面积，积极调优种植结构，提高农业的土地产出率、资源利用率和劳动生产率，加强队伍建设，完善农技推广网络，有效开展面上服务指导，推广良种和先进适用技术，促进农业的科技进步和产品竞争力的提升，有力地推进全市现代农业的发展。

农作物播种面积25840.2公顷。其中：粮食播种面积7457.73公顷，产量39577吨（按季节统计：春粮面积1489.33公顷，产6150吨；夏粮1801.73公顷，产量9673吨；秋粮3920.27公顷，产量22133吨。按品种统计：早稻797.4公顷，产量4677吨；晚稻382公顷，产量2407吨；早晚薯4830.4公顷，产量24955吨；玉米851.6公顷，产量4751吨；大豆133.67公顷，产量254吨）；花生2531.33公顷，产量7409吨；蔬菜15236.67公顷，产量328485吨。水果产量6943吨，食用菌产量5440万吨。

成立田园风光项目建设工作领导小组，下设办公室，10月，全市田园风光项目发展总体规划通过专家评审，修改完善《全域田野风光建设项目三年行动方案》；开展土壤重金属污染检测工作，完成400块土样采集化验，形成土壤重金属污染检测初步普查成果，着手启动试点修复工作；制作分发《全市田园风光招商简章》2000份，开展特色现代农业项目招商引资工作。

（陈伟撰　蔡章棣审）

【种植业技术推行】

2016年，晋江市结合实际，重点推广测土配方施肥技术、马铃薯稻草包芯栽培技术、水稻高产栽培技术、机收再生稻栽培技术、水稻全程机械化种植技术、农业物联网技术等，促进“五新”技术推广应用。

水稻机收再生稻高产示范片项目。选择在陈埭镇、磁灶镇和西园街道等重点区域开展机收再生稻示范、配套技术集成推广和品种筛选试验工作，邀请省农科院水稻所张琳研究员做一期机收再生稻栽培管理技术讲座。通过落实狠抓早稻后期田管、早稻机械收获、再生季水稻栽培关键技术，强化培训及各项栽培技术措施指导，再生稻示范项目取得良好效果。

果树品种结构调整项目。到金井、永和等镇主要龙眼种植区，指导农户科学控花、林下种植铁皮石斛等。组织农户申报2016年省级标准果园示范点建设，通过创建高标准果园，龙眼品种结构调整，扩大优质苗木繁育面积，四季蜜龙眼生产现代技术推广辐射到400公顷以上。测土配方施肥项目。全市实施测土配方施肥面积20833公顷，其中水稻1400公顷，花生2333.33公顷，甘薯4666.67公顷，马铃薯133.33公顷，蔬菜8133.33公顷；推广应用配方肥4000公顷；土样采集400个，检测分析土壤样品400个　2000项次，布置实施“3414”试验8个，“2+X”动态试验2个，校正试验4个，建立示范片10片，示范面积666.67公顷；结合春耕、田管、保产等时机深入田间召开现场会，以会代训形式对村级农技员、专业户进行技术培训。

做好植物病虫害、农业有害生物统防统治工作。全市水稻病虫草鼠害中等发生、局部偏重，虫害重于病害。共印发病虫情报4期，在水稻生长的关键时段召开夏粮保产会议，及时分析病虫情，掌握病虫发生动态，并制定病虫防治策略；开展植保咨询服务和病虫综防工作。对农民反映的病虫问题及时组织人员，深入田间调查，提出防治意见，开展病虫综合防治；建立一个农作物病虫害绿色防控示范片，示范面积66.67公顷；召开专业化统防统治推进会，推广病虫害统防统治工作。

做好种子管理各项工作。加强种子法规宣传，充分利用3月份法制宣传月、“3·15”消费者权益日，配合相关部门联合开展春耕生产科技“三下乡”活动，多形式的宣传《中华人民共和国种子法》和《农作物种子管理条例》，积极为农民群众提供种子法律知识和专业技术服务。提高农户对农作物种子假劣的辨别能力与维权意识。做好相关农资打假与科学使用农资的相关知识宣传，提高农民群众的质量安全意识和维权能力，确保农民用上安全农资。

（黄伟彬撰　蔡章棣审）

【耕地地力保护补贴政策】

2016年，晋江市共有73445户享受农业支持耕地地力保护补贴政策，每公顷补贴1500元，应补贴面积9222.87公顷，发放补贴1383.43万元；符合2016年种粮大户奖励的对象共51户，合计种植面积569.33公顷，奖励标准为1500元/公顷，发放奖励资金85.46万元；符合再生稻补贴的对象共5户，合计种植面积60.67公顷，补贴标准为300元/公顷，发放补贴资金1.82万元。通过一卡通发放。

【水稻种植保险】

2016年，晋江市政策性水稻种植保险投保农户26户，面积745.2公顷，每公顷保费180元，总保费134136元，其中各级财政补贴80%；农户负担20%，计26827.2元。

【省级农业创业示范基地建设】

2016年，晋江市完成2015年东石镇省级农民创业示范基地三个重点项目验收，在严格落实第一轮创建工作的基础上，继续列入第二轮福建农民创业示范基地名单，创建区域为东石镇，规划建设产业集中区为檗谷村和梅塘村，主要产业为蔬菜。推广食用菌瓶栽工厂化生产线，协助指导完成泉州鑫盛食用菌科技有限公司生产车间、辅助生产车间、室外工程的建设工作，生产线安装并完成设备调试，6月份试运行成功，7月份正式投入生产。

（陈伟撰　蔡章棣审）

【科技下乡】

2016年，市农业局组织到陈埭镇江头村和永和镇巴厝村举行2场集中性农林牧业科技下乡服务活动。现场赠送有关“三农”技术小册2869册；赠送水仙花盆栽300盆。现场接受技术政策咨询服务358人次。

【农业信息工作】

2016年，市农业局信息被《晋江信息》采用57条，211分，居第3名。被《晋江要讯》采用67条，209分，居第5名；超额完成市政府下达信息200分的任务，市农业局年度绩效考核加0.3分。被评为2016年度政务信息工作先进单位，科技信息中心主任林争葵被评为政务信息工作先进个人。

【农业系列高师申报】

2016年，市农业局组织申报高级农艺师资格4人，申报高级农经师资格3人。全部通过农业厅第一轮审查。

【新型职业农民培育】

2016年，晋江市出台《晋江市新型职业农民认定管理暂行规定》。市农业局分别派员参加在南平、长汀、德化等地举办的4期新型职业农民培训班201人次。

（林铮葵撰　蔡章棣审）

·畜牧业·

【概况】

2016年，晋江市完成肉蛋奶产量2.21万吨，其中肉类产量1万吨，禽蛋产量0.91万吨，奶类产量0.30万吨。全市生猪存栏3.50万头，出栏8.45万头；牛存栏0.72万头，出栏0.36万头；羊存栏0.71万头，出栏0.46万头；家禽存栏91.53万羽，出栏116.48万羽；兔存栏0.38万只，出栏0.61万只。

【晋江马品种资源保护】

2016年，晋江市经鉴定验收的晋江成年公马63匹，晋江马公马养殖数量稳步增加，新增30匹，兑现补贴资金15万元。

【畜禽养殖污染整治】

2016年，晋江紫滨农牧实业有限公司和晋江市联兴农牧有限公司等2家规模化畜禽养殖场获得省级生猪标准化升级改造补贴项目，补助资金专项用于建设污染防治设施，改善养殖场环境。

【动物疫病防控】

2016年，晋江市累计免疫注射家禽2694760羽次，生猪80844头，羊8754头，牛8552头，应免密度达到100%，全年无发生区域性重大动物疫情。在全省范围内率先实行政府购买服务的防疫新模式，举办晋江市首次突发重大动物疫情应急演练，在泉州市重大动物疫病防控延伸绩效管理考核名列第二。对全市规模和散养畜禽进行免疫效果监测，共检测家禽血清1314份、猪血清146份、牛羊血清109份。

（郭明好撰　施建成审）

·林　业·

【“全民动员，绿化晋江”推进月活动】

2016年，晋江市组织3月份义务植树月和11月份“全民动员，绿化晋江”推进月活动。开展形式多样的全民义务植树活动。大力宣传发动，组织市树市花进校园、进社区、进庭院、进机关“四进”

动物疫病防控

活动，种植菩提树10000株、白兰花8000株。全年组织完成39场义务植树活动，建成镇村级公园10个，城市“口袋公园”15个，新增公共绿地266.67公顷，完成植树造林1066.67公顷。

11月3日，晋江市2016年“全民动员，绿化晋江”推进月活动创新形式，市四套班子领导与晋江市市民一起走进军营开展义务植树活动，共植双拥林，丰富军地双拥内涵，携手共建美好家园。此次植树创以往推进月活动人数新高，达300多人，树种有菩提树、白兰花、香樟、秋枫、木棉、黄花槐等，数量达700多株。

【首次公益众筹千年古桧养护】

2016年3月1—31日，草庵寺千年古桧众筹认捐认养活动在《晋江经济报》官方微信发起众筹活动，筹集3.5万元古桧养护基金。

【晋江市沿海防护林专题纪录片在中央电视台播出】

2016年2月26日，由中央电视台探索发现频道《发现中国》栏目组拍摄的晋江市沿海防护林专题纪录片《筑绿海岸》在中央电视台播出。

【第四届紫帽山植树节】

2016年3月12—18日，晋江市举办第四届紫帽山植树节系列活动，包括启动仪式暨现场义务植树活动、捡柴火换蔬菜活动、紫星乡村生态健康跑、“春之恋”嘉年华等系列活动，活动创新形式，邀请王铮、许敏、银雪等众多明星一起参加植树，并完成中国·紫星知青影视基地、福建广播影视集团电视剧频道拍摄基地、福建省影视艺术人才协会拍摄实践基地等的揭牌仪式，集绿化、体育、文化为一体。

第四届紫帽山植树节活动

【首届福建(晋江)“创森杯”插花花艺大赛、首届福建(晋江)“生活四艺”精品展】

2016年11月5—6日，首届福建（晋江）“创森杯”插花花艺大赛、首届福建（晋江）“生活四艺”精品展在晋江五店市举办。此次活动汇聚省内外诸多插花好手，并邀请海内外知名插花花艺大师点评、表演中国古典插花花艺秀。

【晋江盆景展】

2016年11月26—28日，“大雅盆景 绿美晋江2016年晋江盆景展”在安海镇鸿江盆景园举办。展会汇聚泉州、厦门、宁德、莆田、漳州等福建省内数千盆景中选出的200盆顶级盆景精品参展，邀请中国著名盆景大师王选民、韩学年、郑永泰、陆志伟、陈文辉评审并做交流，现场参与人数达2000多人次。

【中国林业年鉴工作会议】

2016年12月28—29日，中国林业年鉴工作会议在晋江金玛国宾酒店召开。来自国家林业局有关司局和有关直属单位，各省、自治区、直辖市林业厅（局），内蒙古、吉林、黑龙江、大兴安岭森工（林业）集团公司，新疆生产建设兵团林业局等近百名代表参加会议。中国林业出版社副总编辑、中国版协年鉴工作委员会副主任邵权熙，福建省林业厅党组成员、副厅长王宜美，副市长李志强出席会议。

（林仙淋撰　洪海港审）

·海洋与渔业·

【概况】

2016年，晋江市水产品总产量255524吨，同比增长4.74%。其中，海洋捕捞产量53026吨，占总产量的77.49%；海水养殖产量57519吨，占总产量的20.75%；内陆养殖产量4493吨，占总产量的1.76%。

【水产养殖技术服务】

2016年，晋江市做好水产养殖动植物病害测报工作，完成3个水产监测品种（南美白对虾、鲍鱼、紫菜）的病害测报，及时预估全市水产养殖病害发展形势，指导水产养殖户做好相关病害防治措施。开展重点海水养殖区水质环境监测。根据《泉州市重点养殖区的水质环境监测与预警报方案》要求，通过每月2次到围头湾内养殖区水质抽样，及时掌握重点养殖区水质状况，保障海区养殖安全。

【“晋江紫菜”品牌宣传】

2016年，“晋江紫菜”品牌宣传在2016年《领导文萃》第6期封面刊登，集中向外界展示晋江市紫菜加工规模、产业格局、产品品项等产业发展情况，取得良好的推介效果，提升全省十大渔业品牌——“晋江紫菜”的品牌知名度。

（赖永铅撰　吴晋居、朱志新审）

【远洋渔业】

2016年，晋江市拥有远洋渔船28艘，居泉州市首位，全省县级第二位；2016年，远洋捕捞总产量10061吨，占全市水产品总产量的3.94%，实现产值1.5亿元；1月，福建海顺远洋渔业有限公司获得农业部远洋渔业项目审批，旗下12艘远洋渔船转到俄罗斯海域生产作业；8月，福建海顺远洋渔业有限公司再次获得农业部远洋渔业项目审批，旗下6艘远洋渔船转到朝鲜海域生产作业。9月1日，泉州港远洋渔业深沪作业区通过福建省级验收，9月25日，省政府发文公布启用泉州港深沪湾港区深沪国家中心渔港远洋渔业作业区1#、2#泊位，标志着深沪远洋渔业作业区正式对外开放，是福建省首个远洋渔业专用通关作业区。

【海洋经济】

2016年，晋江市兑现本级海洋经济发展补助资金2549.13万元；争取省级海洋经济发展补助资金2717.93万元(含深沪渔港清淤专项资金2000万元)、泉州市级海洋经济发展补助专项资金771.1万元(含渔港经济区补助资金600万元)。修订出台《晋江市人民政府关于进一步支持和促进海洋经济发展若干措施的通知》，每年安排涉企海洋经济专项补助资金预算2000万元，加大对海洋经济的扶持力度。晋江力绿食品有限公司“年产2000吨重要经济红藻规模化养殖及产业化”项目被列为国家海洋经济创新发展区域示范项目。

【深沪渔港经济区建设】

2016年，晋江市编制完成《晋江市深沪渔港经济区概念规划》并报省海洋与渔业厅审批；策划生成42个建设项目，预计总投资32亿元，推动第一、二、三产融合；启动远洋渔业作业区、渔港清淤、深沪海洋科技生物产业园、海丝文化公园等建设项目；强化资本运作，全力争取纳入市PPP投建项目库，采用PPP合作模式，以资本运营激发渔港经济区建设活力。

【现代渔业转型升级】

2016年，晋江市开展现代渔业扶农项目申报工作，经组织申报、镇级初核、市级验收及公示，晋江福大鲍鱼水产有限公司等46家企业(个人)符合资金补助条件，补助资金248.55万元；组织福建乐隆隆食品科技有限公司、晋江市力绿食品有限公司、晋江市闽南水产开发有限公司等7家泉州市级以上龙头企业开展2016年晋江市现代农业（渔业)加工项目(贷款贴息)，拟投建7条水产品加工生产线，项目计划总投资近10836.99万元。探索发展“水乡渔村”、海洋牧场、休闲海钓等现代休闲渔业，深沪休闲海钓项目被列为全省首批10大休闲海钓示范基地建设试点。

【渔船更新改造和渔民减船转产】

2016年，晋江市按照省海洋与渔业厅、泉州市海洋与渔业局工作部署，组织开展2015和2016年度海洋捕捞渔船更新改造和海洋捕捞渔民减船转产项目申报工作。36艘渔船申报2015和2016年度海洋捕捞渔船更新改造项目，超额完成省里下达更新改造16艘任务，拟补助资金3793万元；69艘渔船申报2015和2016年度海洋捕捞渔船减船转产项目，拆解总功率4619.9千瓦，超额完成省里下达2508千瓦的任务，拟补助资金3464.925万元，所有渔船均于12月31日前在指点拆解点全部拆解完成。

(陈宝强撰　吴晋居、朱志新审)

【华峰小学海洋图书馆建设】

2016年4月13日，国家海洋局宣传教育中心副主任王忠一行在省海洋与渔业厅副巡视员刘常标一行陪同下到晋江调研华峰小学海洋图书馆建设工作。王忠实地察看图书馆选址地块，并召集相关部门召开会议协调推进华峰小学海洋图书馆建设。

【海洋日活动】

2016年6月8日，晋江市在深沪湾海底古森林遗迹自然保护区启动世界海洋日系列活动，连续第四年举办“6.8世界海洋日”系列宣传活动。活动共有16大项，21小项活动。其中，包括第九届全国大学生海洋知识竞赛福建赛区电视总决赛、晋江首届“海洋杯”篮球赛、首届蓝色主题海洋摄影绘画大赛、启动拍摄《海丝八大商人》纪录片电影，出品首部海洋公益微电影《海螺致意》等活动。

【海岸公园】

2016年8月30日，金井石圳海岸公园、金井塘东海滨公园、金井围头海角公园、龙湖衙口海滨公园和深沪科任海岸公园入选福建省首批海岸公园名单。

【第九届全国大学生海洋知识竞赛(福建赛区)电视大赛】

2016年10月12日至13日，晋江市在晋江电视台演播大厅举办第九届全国大学生海洋知识竞赛(福建赛区)电视大赛。来自省内11所高校共22名学生参赛。厦门大学夺得团体赛一等奖，集美大学诚毅学院和集美大学分别获得团体二等奖和三等奖。现场还根据选手表现，评选出三名“最佳选手”代表福建赛区参加全国总决赛。

(王华毅撰　吴晋居、何团祖审)

【渔政执法】

2016年，市海洋与渔业局立案查处渔业案件12件，上交罚款金额80150元。深入开展“蓝剑2016”行动，联合泉州海洋与渔业执法支队开展两江下游水域违规渔具和养殖物清理整治工作，累计清理违规渔具210余件。

【涉渔“三无”船舶整治】

2016年，市海洋与渔业局持续开展涉渔“三无”船舶整治，全市主动上交拆解涉渔“三无”船舶26艘，海上执法抓扣13艘，出售外地8艘，取缔47艘，比省海洋与渔业厅要求的38艘任务数多9艘。

【数字船检】

2016年，市海洋与渔业局率先在全省开展数字化船检工作，为晋江市400多艘小型渔船安上“渔船身份识别铭牌”，杜绝渔船套牌冒牌现象发生。

【渔业安全生产监管】

2016年，市海洋与渔业局健全完善渔业安全生产责任体系，切实履行“行业主管”职责。为深刻吸取渔业事故多发教训，进一步加强渔业行业安全生产工作，强化安全监管，8月25日，召开全市渔业生产安全稳定工作会议，并制定《晋江市防范和遏制重特大渔业船舶水上安全事故工作实施方案》，并分别在8月至10月与11月集中开展渔业行业安全生产大检查。

【渔业安全宣传与教育】

2016年，市海洋与渔业局开展五项宣传活动：一是开展防灾减灾周、安全生产月宣传活动。二是先后在晋江电视台投入播放渔业安全生产及渔业保险相关宣传。三是开展各种安全警示教育活动，与船东船长签订渔船安全生产保证书，督促船东船长落实安全生产主体责任。四是扎实开展渔船安全生产应急演练。五是扎实开展敏感海域作业宣传活动。

(陈德昌撰　吴晋居、朱志新审)

【渔船渔工保险】

2016年，晋江市办理渔工承保3683人，应收保费520.27万元；办理渔船承保284艘，应收保费1091.32万元；全年应收总保费1611.59万元。

(曾长沛撰　吴晋居、朱志新、曾长兴审)

【机动渔船油价补助】

2016年，市海洋与渔业局根据省财政厅、海洋与渔业厅有关文件精神，本着公开、公正、透明的原则，认真做好机动渔船油价补贴发放工作，上级下达晋江市2015年度机动渔船油价补助资金11713.96万元，共有718艘渔船符合发放补贴对象，通过“一折通”发放补助金额7361.73万元。

（苏仲慎撰　吴晋居、朱志新审）

·水　利·

【概况】

2016年是“十三五”水利规划的开局之年，也是水利转型发展的重要一年。市水利局按照“节水优先、空间均衡、系统治理、两手发力”的治水思路，着力加强水管理、调蓄水资源、治理水生态、服务水民生、发展水经济、保障水安全，扎实提升水利服务保障民生能力，全市水利完成总投资8.41亿元。

【引水第二通道工程】

累计完成隧洞、箱涵主体工程16.40千米及部分配套建设项目，累计完成投资7.297亿元（其中，2016年投资4816万元）。晋江市引水第二通道工程为2010—2015年省、泉州市在建重点项目，工程概算总投资6.41亿元（因隧洞工程地质条件等因素影响，预计工程总投资需7.5亿元），设计供水规模为21立方米/秒，计划从旧金鸡拦河闸上游约150米处的晋江南岸建设取水口，通过封闭式隧洞、暗涵、倒虹吸或管道等结构形式，经南安市霞美镇、鲤城区的浮桥和常泰街道、晋江市的紫帽镇、磁灶镇、西园街道至池店镇的田洋村，与晋江市供水工程的田洋取水口连接，工程全长17.16千米，计划建设期限为2010—2017年。

【湖库连通工程、水源地水资源保护项目】

2016年，晋江市“五库两湖”（新安、东山、溪边、草洪塘、达群等5座水库和龙湖、凰湖）湖库连通工程完成可研报告、水保、环评、水资源论证等相关专题编制工作和完成324国道溪头泵站—新安水库管道段施工图。龙湖凰湖水源地水资源保护工程进行初步设计编制，完成水保和环评审查等工作。

【金门供水工程建设】

2016年，晋江市紧密配合推进金门供水工程建设，推动大陆方负责工程完成投资1.26亿元，完成陆地管道工程11.68千米的铺设，完成龙湖取水泵站主副厂房建设以及管理楼、附属楼封顶，并于10月31日进行试通行。做好金门方海管工程要素保障工作，促成工程于6月24日开工建设，完成海底管道铺设8.08千米（占全长15.74千米的51.3%）。

【凰湖综合整治】

2016年，市水利局协调、配合龙湖、英林、金井三镇开展凰湖综合整治工程前期征迁工作，完成征迁范围内地形和地上物的测绘、核对工作，申请征迁款2亿元，审核下达征迁款1.05亿元。组织龙湖杭边、龙湖仑上、金井、英林四个片区施工进场准备工作，全面启动凰湖综合整治工作。

【水土流失综合治理】

2016年，晋江市全年累计完成水土保持综合治理面积866.67公顷，占年度计划的371.4%。其中，水利部门完成水土流失综合治理项目34个，完成治理面积520公顷；全年累计完成投资1870万元，护岸护坡2160米，挡土墙3180米，截、排水沟1430米，蓄水池8口，全市林草覆盖率、拦蓄降雨径流量和拦截泥沙能力得到提升。

【水利运行管理】

2016年，市政府出台《晋江市人民政府办公室关于印发晋江市2016年“河长制”实施方案的通知》《晋江市人民政府关于晋江市流域晋江段、九十九流域晋江段2016年“河长制”工作计划及实施方案的报告》和《晋江市人民政府办公室关于印发晋江市“河长制”工作考核方案的通知》，明确工作目标，把任务细化分解到具体部门，确保工作落实到位。成立由市领导担任河长，流经镇街的分管领导担任辖区河（河段）长，各流经村（社区）相关人员担任村级专管员的组织机构。建立分工明确、职责到人的河道保护管理长效机制，抓好河道管理、治理。

【水利行政审批】

2016年，市水利局在行政审批服务中心设立水利服务窗口，并于5月进驻中心办理行政审批事项，首批将13项行政许可和1项公共服务事项进驻窗口，服务群众。自进驻行政审批服务中心以来，共为企业和群众办结行政审批75件。

开展材料瘦身工作，对进驻行政服务中心14项审批事项进行优化，审批环节有现场踏勘的事项控制在5个以内，其他事项控制在4个以内，进一步缩短审批时限，缩短办理时限221个工作日，同时开展材料“瘦身”工作，共精简申报材料17项，精简率达20%。根据《泉州市人民政府办公室关于印发进一步规范行政审批服务自由裁量权实施方案的通知》要求，全面梳理行政审批和公共服务事项的权力运行，对审批授权、现场踏勘、技术评审等涉及自由裁量权的环节进行细化标准、分类规范、健全机制。开展“双随机、一公开”监管工作，制定《关于印发推广随机抽查工作实施方案的通知》和《晋江市水利局关于公布抽查事项清单的通知》，确定并及时向社会公布3项“双随机”抽查事项，分别是：“水土保持监督检查项目”“水土保持补偿费征收检查项目”“在建工程和运行管理工程水利安全生产综合检查项目”。水土办和质监站分别开展一次“双随机”抽查，水土办结合“水土保持监督检查项目”和“水土保持补偿费征收检查项目”开展抽查工作1次，覆盖率30%；质监站开展“在建工程和运行管理工程水利安全生产综合检查项目”“双随机”抽查工作1次，覆盖率9%。办理17宗涉河用地项目审核，核对15宗拟过市项目用地预审领导小组会议的项目用地，完成2宗涉河工程建设防洪影响评价报告的审批。办理举报及信访件20多件。

【水利工程日常巡查管理】

2016年，市水利局严格落实小型水库和山围塘安全管理制度，完善日常巡查制度，督促落实汛期重点险病水利工程加固，全面加强安全管理；开展除草、灭蚁、灌浆等日常维修养护，共完成107座水库、山围塘除草和3座水库、山围塘灭蚁及1座水库、山围塘灌浆维护。

【水利工程安全生产】

2016年，市水利局严格落实工程招投标备案制、工程质量监督制。开展监理单位准入备案，至年底，共有16个监理单位备案，其中甲级监理企业4家，乙级监理企业2家，丙级监理企业10家。组织工程质量安全检查359次，检查水利工程134处，排查隐患293项，已完成整改293项，发放整改通知书76份，全市水利建设项目和生产经营单位检查率100%，有效保障在建工程施工安全、水利设施运行安全。深入推进企事业单位安全生产标准化创建工作，全市12家水利企事业单位标准化创建工作全部通过国标3级验收，全年无重特大安全事故发生。

推动小型水利工程管护体制改革，实施政府购买小型水库(山塘)维修养护服务，制定小型水库(山塘)的除草、灭蚁、灌浆等维护养护模式、管理制度、补助标准和资金筹措管理，小型水库山塘维修养护工作走向专业化、物业化、规范化。

【中央小型农田水利重点县项目】

2016年，晋江市全面推进3个年度共11个标段项目的建设进度。基本完成2013年、2014年项目，通过泉州市级初验，完成2015年项目主体工程。累计完成投资5785.5万元，占总投资95.4%。完成新增节水灌溉面积1647公顷，新铺设输水管线16632千米，新建蓄水池27座，灌溉水利用率87%。

【冬春水利建设】

2015—2016年冬春水利建设期间，晋江市完成投资14223万元，占计划的106.1%。疏浚河道9.35千米；治理水土流失面积0.70平方千米；改善灌溉面积1000公顷；加高加固堤防9.05千米；水库除险加固11座；新建小型塘坝6处、水池12处、小型泵站5座；新增、改善除涝面积333.33公顷。完成水利工程水毁修复20处，占计划的100%，投入资金202万元，占计划的101%。

【农用大井、山地蓄水池项目】

2016年，市水利局落实贯彻《晋江市加快特色现代农业发展促进农民增收的若干意见》文件，部署农用大井、山地蓄水池项目申报工作，会同财政局、农业局对各镇(街道)申报的项目进行核查、验收。全市验收通过新建农用大井6眼，新挖山地蓄水池17座，新增蓄水容量4.26万立方米，改善农田灌溉面积166.67公顷，市财政拨付补助资金69.8万元。

【灌区配套改造】

2016年，市水利局推进灌区渠系建设、会展中心渠道改造项目建设，推进南低干渠桥南片区段河道改造及配套工程、九十九安全生态水系一期(田美桥至溜滨水闸段)等项目建设。完成南低干渠1号闸—2号闸干渠防渗工程及仕头干渠改造工程，共完成投资3000万元。

【美丽乡村水利建设】

2016年，市水利局积极协调各有关单位制定"美丽乡村"年度工作计划和方案，切实抓好工作落实。派出专业人员组织对2015年"美丽乡村"典型示范候选村水利建设项目进行技术指导、验收，兑现补助资金104.5万元。部署2016年美丽乡村(社区)及市领导挂钩村水利建设项目申报工作，指导督促各地开展项目申报工作，2016年共申报项目103个。

【水利工作宣传】

2016年，市水利局通过"两网一刊"(水韵晋江微信公众号、期刊，水土保持微信公众号)，持续报道市水利改革发展、工作动态，弘扬水利文化；结合"3•22"世界水日、"5•12"防灾减灾日、中国水周、水土保持日等特殊节日，在五店市布政衙广场等地开展形式多样、内容丰富多彩的宣传活动，发放各类宣传册(图)12000多份；举办第十届"水保杯"校园歌手大赛，营造社会各界关心水、爱护水、节约水的良好氛围。

·防汛抗旱·

【概况】

2016年，晋江市防汛工作坚持"宁防十次空，不放一次松"原则，认真贯彻落实上级防汛工作部署，精心组织，严密防范，各项工作取得较好成效。

【雨情、水情、灾情】

雨情　2016年降水量2010.5毫米，属异常偏多。

受第14号台风"莫兰蒂"影响，全市出现暴雨到大暴雨，局部特大暴雨，平均降雨量超过115毫米，有3个镇超过200毫米，给全市防御工作带来极大挑战。

受第17号台风"鲇鱼"影响，全市共有17个站点过程雨量超100毫米。其中，内坑(253.5毫米，最大)、紫帽(214.6毫米)、安海(212.7毫米)降雨量达到200毫米以上，部分地区出现不同程度的内涝积水现象。

水情。全市28座小(2)型以上水库

在五店市布政衙广场开展主题宣传活动

台风“莫兰蒂”防汛指挥工作

总库容为1390.25万立方米，占正常总库容的45.4%，其中新安水库的库水位为27.24米，库容为790万立方米，占正常库容的69.4%。全市水库总库容较2015年增加68%。

灾情。2016年，全市因台风暴雨造成直接经济损失3.74亿元，受灾人口1.03万人，倒塌房屋114间。其中：农林牧渔业经济损失1.16亿元，农作物受灾面积3496.53公顷，成灾面积2400.13公顷，绝收面积1579.4公顷，因灾减产粮食0.85万吨，水产养殖损失375.07公顷、产量2.08万吨。

【防汛抗旱目标责任细化】

2016年，晋江市切实做好防汛抗旱工作。健全应急预案体系。组织修订19个镇（街道）、391个村（社区）的防汛应急预案以及山洪灾害防御、水库运行调度等防汛专项预案，提高预案的针对性、有效性和可操作性协调敦促相关责任单位加强预案宣传演练，切实提高防汛应急处置能力。完善防汛责任机制。组织对市、镇、村三级1000多名防汛责任人进行核查调整、确认公示，把责任贯穿于防汛准备、检查、抢险、救灾直至恢复生产等各个环节，构建“预警到乡，预案到村，责任到人”的责任体系。规范信息报送制度。组织对台风期间的信息报送内容、报送要求进行全面梳理，有效提高信息报送主动性、时效性和准确性。同时，制定出台《晋江市防汛抗旱突发险情灾情报告管理办法》，建立灾情险情信息报送制度，增强全市突发险情灾情应对处置能力。塑造全民防汛大格局。推动防汛由“政府主导”向“全民参与”转变。通过电视广告、微信推送、广播报道、入户动员等多种渠道形式以及组织“凝聚晋江力量 共建美好家园”环境整治活动等一系列活动载体，加大宣传动员、组织引导力度，有效提升群众的防汛抗台意识，全力构建“人人关心、个个支持、全民参与”的防汛工作格局。推动防汛由“业务科室主导”向“全局动员参与”转变。制定《晋江市水利局防御台风工作分工方案》，组建调度指挥、督促检查、材料保障、信息报送、后勤保障、灾情受理、抢险救灾等11个工作小组，全局领导干部全体参与防台，强化防汛工作力量保障。

【汛前、汛中、汛后安全隐患整改】

2016年，晋江市汛前、汛中、汛后三个阶段组织开展工作。开展汛前安全大检查，组织全市1908人次，对全市在建水利工程、防洪设施和各级防汛责任体系、预案、物资、队伍等情况进行全面排查，并对检查出来的34个防汛安全隐患点、104处易积水点进行任务分解，明确具体责任单位、整改措施和整改时限，定期跟踪督查。组织汛中安全专项检查，每次台风到来临前后，组织国土、市政、交通、环保、海洋等部门，对地质灾害隐患点、山洪易发区、低洼地带、危旧房屋、水库、山围塘、堤防等重点地区、重点部位进行排查维护，及时落实防护措施，确保万无一失。同时，先后会同市委、市政府督查室和效能部门，组织开展7次专项督查，对安全隐患点、积水点整治情况进行跟踪检查，确保整改到位、消除盲点。组织汛后安全专项整治，主要开展两项专项行动：防洪排涝工程整治行动。以破解影响群众出行生活的内涝积水问题为导向，对“莫兰蒂”“鲇鱼”台风期间发现的内涝突出问题进行系统梳理（共50处），并逐一明确整治工程措施后，分解下达相关责任单位组织实施。河道清障整治行动。制定《晋江市河道清障整治活动实施方案》，成立以分管副市长为组长的清障工作领导小组，并下设清障办挂靠防汛办，按照“谁设障、谁清除，谁管理、谁负责”的原则，从10月底开始，组织对全市33条生态流域49处行洪障碍进行集中整治，完成整治34处，进一步提高河道防洪能力。

【防汛力量保障】

2016年，晋江市夯实基础，切实保障防汛力量。编制防汛作战指挥图。立足直观展示山、水、城、路、工程、站点等重要防汛要素分布以及洪水淹没范围、物资队伍分布、避灾转移路线等信息，启动并完成防汛作战指挥图编制工作，进一步强化防汛指挥决策信息支撑，并被纳入全省四个示范县之一。编织“一张网”。在全省率先启动防汛信息“一张网”编织工作，按照“整体规划、分布实施”的原则，以视频监控资源整合为突破口，将全市治安监测视频网络及气象、海洋、国土等部门和市区水调中心的信息资源整合汇聚到市防汛会商系统，进一步提高防汛信息化水平。完善视频会商系统。组织对全市防汛视频会商系统及配套供电网络进行改造提升，将镇(街道)防汛视频会商系统统一升级到高清级别，并对系统的网络线路进行“一主两备”备份，全面提升系统的可靠性、稳定性和便捷性。加强防汛队伍、物资保障。定期对全市防汛应急物资、抢险救灾队伍、避灾场所、预警广播、预警铜锣等进行摸底造册、检查维护，确保救援物资备足保齐，应急场所随时能用，抢险队伍关键时刻拉得出、用得上。全市共组建防汛抢险队伍137支、5561人(其中，创新组建非公企业抢险队伍30支、766人)，并组建防汛防台风应急抢险与灾后重建服务队技术队伍37支、施工队伍39支；共储备防汛编织袋17.85万条、土工布2400平方米、救生衣1555件、冲锋舟9艘、龙吸水排水车1部、抽水机和潜水泵127台套等。同时，继续采取购买服务的方式，委托社会化专业机构对防汛预警平台系统、机房设备、47个水雨情遥测站点、32个简易水位站、422个简易雨量站点等设备定期巡检维护，有效保障预警预报设施“管得好、用得上”。

【险情灾情防范】

2016年，晋江市加强监测预警。严格执行汛期领导带班和24小时值班制度，密切关注雨情、水情和天气变化。台风期间，加强与气象、海洋、国土等部门会商研判，为防汛抗灾决策提供依据，并通过电视台、广播、微信等多种媒介及时发布灾害预警信息，提醒群众转移避险。强化指挥调度。按照台风动态信息情况，提前预置抢险队伍、物资，做好紧急抢险救灾准备，并根据各地险情灾情，随时发出调度指令。科学调度水位。组织全市水库、山塘、水闸、沿海堤防、河道等全面巡查，根据水雨情会商研判情况，对全市水系水位进行科学调度，提前有序排洪排涝，确保水系水位保持在安全警戒线以下。提前转移人员。始终坚持把人民群众生命安全放在首位，按照省防指部署要求的时间节点提前，组织渔船回港避风，关闭港口码头、旅游景点等，并有序做好海上、陆上人员转移安置工作，全年转移安置群众4.5万人次，实现“不死人、少损失”目标。

【海堤、水库、山围塘除险加固】

2016年，市水利局扎实推进江海堤防、水库(山围塘)、水闸等水利工程除险加固。完成海堤除险加固总投资约400万元，其中东石东潘海堤晋盐段1.7千米抓紧扫尾，深沪华峰海堤加固1千米，金井塘东海堤加固0.33千米。完成水库(山围塘)除险加固总投资约600万元，其中：塘下、东山、英塘、洋柄、埔坑、后望坑、前村、群洋、科任等9座水库除险加固工程正抓紧扫尾，对五斗坝、圳古、南江、仁寿3号、金星、黄塘等6座山围塘进行除险加固建设，抓紧推进新安、溪边、广井、钞岱、玉湖、芸沟、吴厝等7座水库除险加固工程竣工验收工作，开展草洪塘水库清淤工程及山兜水库常态化加固工程的前期工作，开展草洪塘、达群、东溪、钞岱等4座水库常态化安全鉴定工作。

【防灾避灾宣传】

2016年，晋江市主要是通过培训、宣传、演练等三种形式，提升全民防灾避灾意识和应急处置能力。组织开展“1+19”防汛业务培训(1场市级培训会、19场镇级培训会)，对全市1000多名防汛责任人进行全方位、系统性培训，帮助各级防汛责任人做到出险时不慌张、抢险时有章可循、人员转移时心中有数，切实提高各级各部门的快速反应、指挥调度和应急处置能力。结合“3•22”中国水日、世界水周和“5•12”防灾减灾日宣传活动，开展系列现场宣传活动，并通过“两网一刊”(水韵晋江微信公众号、水土保持微信公众号和水韵晋江期刊)持续深入开展宣传报道。同时，积极创新宣传形式，制作以“蚂蚁搬家”为主题的山洪灾害防御动漫宣传片，在新媒体、微信等渠道投放播放，进一步扩大宣传受众面。组织开展两场演练活动，分别是6月份在新安水库举行防汛抢险应急演练、8月份在龙湖镇开展山洪灾害应急避险演练活动，通过演练活动进一步增强群众的自防、自救、互救意识和能力。

(康丽雅撰　林景锋审)

·2011—2016年晋江市农村经济主要指标表·

表8

项目	2011年	2012年	2013年	2014年	2015年	2016年
农林牧渔增加值 (万元)	174033	182046	189018	193233	203272	221035
其中:农业增加值 (万元)	40505	41993	43415	47225	46693	49236
林业增加值 (万元)	203	208	229	345	296	283
牧业增加值 (万元)	38831	37482	30837	26003	22336	22526
渔业增加值 (万元)	89133	96628	108298	112778	126616	141176
农林牧渔服务业增加值 (万元)	5361	5735	6239	6882	7331	7814
农林牧渔总产值 (万元)	331569	347901	363147	368948	389680	426343
其中：农业总产值 (万元)	64478	66699	69096	75311	74628	78885

续表

项目	2011年	2012年	2013年	2014年	2015年	2016年
林业总产值（万元）	381	391	432	654	563	540
牧业总产值（万元）	73589	71207	58643	48279	41575	42041
渔业总产值（万元）	181271	196904	221126	229404	257664	288677
农林牧渔服务业产值（万元）	11850	12700	13850	15300	15250	16200
农林牧渔业总产值发展速度（以1990为100）	388.90	499.60	521.49	529.80	559.60	612.24
农林牧渔业总产值发展速度（环比）	100.85	104.90	104.30	101.50	105.60	109.40
农作物播种总面积（亩）	407785	393477	388321	386805	406406	387603
其中：粮食作物面积（亩）	166850	157077	153763	146224	139210	111866
油料作物面积（亩）	47470	46950	47600	46265	39794	37970
粮食作物总产量（吨）	57655	54540	51922	51630	48077	39577
其中：稻谷产量（吨）	24438	21895	17914	15107	11955	8705
油料作物总产量（吨）	8827	8912	9868	9948	8736	7409
水果总产量（吨）	6601	6185	6886	5916	6043	6943
肉蛋奶总产量（吨）	37617	37295	30344	24007	19121	22100
稻谷亩产（公斤）	394	388	345.1	355	367	407
水产品总产量（吨）	208266	210806	215113	228078	243965	255524
其中：海水产品产量（吨）	204674	207147	211258	224146	239973	251031
淡水产品产量（吨）	3592	3659	3855	3932	3992	4493

工业经济

·综 述·

【概况】

2016年晋江市五大传统产业和五大新兴产业实现规模以上产值3506.2亿元，占全市规模以上产值比重90.97%。精准施策帮扶。出台《关于促进工业稳增长若干措施》《关于扶持做大做强传统产业十四条措施》，充分发挥三级政策叠加效应。组织受理2015年晋江市级工业扶持政策申报，累计兑现奖励、补助资金5581.476万元，有24个类别364家(次)企业受益。积极引导企业申报对接国家工信部、省、泉州市在技术改造、增产增效、用电奖励、技术创新、产业集群、两化融合、设计创新等方面的扶持政策资金，助力企业转型升级，共争取国家、省、泉州市三级扶持政策资金达1.57亿元，并拨付到位。强化运行调度。加强对重点企业生产经营动态跟踪分析，尤其是加强27家省级工业龙头企业、58家泉州市级龙头企业、12家省级高成长型企业、96家晋江本级工业龙头企业的动态跟踪，梳理全市工业经济运行动态和走势。狠抓技改项目。233个重点技改项目完成投资80.3亿元，完成年度计划的103.4%，带动全社会技改投资完成210.83亿元，增长52.51%。

【五大传统产业】

五大传统优势产业完成规模以上工业产值3070.1亿元，现价同比增长8.9%，占全部规模以上产值比重78.2%。

纺织服装行业。501家规模以上企业完成产值987.5亿元，现价增长13.1%，占全部规模以上产值比重25.2%。

制鞋行业。404家规模以上企业完成产值1008.7亿元，现价增长3.9%，占全部规模以上产值比重25.7%。

建材陶瓷行业。149家规模以上企业完成产值422.1亿元，现价增长12.7%，占全部规模以上产值比重10.8%。

食品饮料行业。61家规模以上企业完成产值382.4亿元，现价增长9.1%，占全部规模以上产值比重9.7%。

纸制品及包装印刷行业。70家规模以上企业完成产值269.4亿元，现价增长7.2%，占全部规模以上产值比重6.9%。

2014—2015年度全国“安康杯”竞赛表彰暨经验交流电视电话会议

【五大新兴产业】

五大新兴产业完成规模以上工业产值436.1亿元，现价同比增长9.2%，占全部规模以上产值比重11.1%。

智能装备及机械制造行业。71家规模以上企业完成产值134.9亿元，现价增长10.0%，占全部规模以上产值比重3.4%。

新材料行业。38家规模以上企业完成产值201.3亿元，现价增长3.6%，占全部规模以上产值比重5.1%。

光伏电子行业。5家规模以上企业完成产值41.8亿元，现价增长39.2%，占全部规模以上产值比重1.1%。

海洋生物行业。9家规模以上企业完成产值30.5亿元，现价增长12.5%，占全部规模以上产值比重0.8%。

汽车制造及零部件制造行业。22家规模以上企业完成产值24.0亿元，现价增长-2.0%，占全部规模以上产值比重0.6%。

·国网福建晋江市供电有限公司·

【概况】

2016年，晋江市全社会用电量累计137.88亿千瓦时，同比增长7.44%，其中工业用电109.61亿千瓦时，同比增长7.82%。（扣除池店供区，全社会用电126.17亿千瓦时，同比增长3.91%，其中工业用电102.39亿千瓦时，同比增长5.38%。）

国网福建晋江市供电有限公司（简称市供电公司）供电营业区全年累计完成售电量131.49亿千瓦时、同比增长6.84%。城网供电可靠率99.96%，农网供电可靠率99.83%；全年电网日最高负荷223.71万千瓦，日最高用电量4685万千瓦时。市供电公司高分通过第五届全国文明单位初评，连续8年获评全国“安康杯”竞赛优胜单位。

【电网建设】

2016年，市供电公司配合《智慧晋江基础设施专项规划方案》审查，编写《晋江市电网布局规划》，完成新一轮配网滚动规划及台区规划工作。电网投资3.2亿元，投产110千伏莲屿、力争、葛洲输变电工程，新增变电容量37.8万千伏安。新建（改造）配网线路58（48）回、136.22（39.22）千米。

全面启动配网自动化建设，累计安装并接入DMS系统的“二遥”故障指示器5427套，在线率99.25%，实现配网架空线路自动化全覆盖，全面解决配网盲调问题、实现配网故障快速定位；加快“三遥”终端的建设与实用化，建设安装三遥终端150套，实现远方遥控次数585次；启动国网无线专网建设试点工作，公司配网自动化实用化水平位居全省前列。

【供电安全生产】

2016年，市供电公司实现连续安全天数4169天，未发生考核责任的电网、设备、人身事故。依托市经信局建立客户侧用电隐患长效督查整治机制，电力设施保护首次纳入市政府安全考核范畴。公司落实本质安全管理，创建“无违章”班组61个，整改内部隐患9725项。修订大面积停电应急预案，开展各类应急演练，高效应对超强台风“莫兰蒂”，创下省内历史最快的110千伏铁塔更换抢修记录（38小时）。不断提高配网运维抢修能力，故障平均修复时长同比压降20.73分钟。全年完成带电作业1001次，带电作业化率达99.64%，节约停电时户数5.4万、多供电量768.44万千瓦时，具备夜间带电作业技术能力。

【供电优质服务】

2016年，市供电公司深化采集系统应用和同期线损管理。推广电力微信服务平台，拓展电费缴交渠道，实现用电信息实时可查、缴费方式灵活多样。不断提高办电效率，全年新增用户46252户、容量10.05万千伏安，业扩全流程提速14天。建成全省首个绿色智能互动营业厅。完成APEC电子商务工商联盟论坛、晋华集成电路奠基仪式、央视元宵节晚会录制、鞋博会等重要活动、节日的保供电任务。

市供电公司切实履行社会责任，不断提高服务质量。池店所21条线路顺利划转磁灶所运维。为缩短供电服务时间和服务半径，提高服务质量和效率，方便群众办理各类用电业务。自9月12日起将原来由池店供电所管辖的磁灶镇行政区域的电力用户划归磁灶供电所管辖，所涉及辖区村委情况：新垵村（下属：新垵、石湖边、高厝林、杏当、山仔、姝山等6个自然村）、井边村（下属：笑口、溪东、曾岭等3个自然村）、大坪新村（磁灶镇居委会管辖）、洋尾村、苏垵村、进出口加工区。涉及供电线路20条、公变20台、专变159台、低压用户3247户。主动落实供电保障。全力加快项目建设“百日攻坚”，启动福大科教园区供配电工程、莲花汽车生产基地等相关电力杆线迁移，晋华集成电路配套电力设施项目获得可研批复。建立股改对价项目管理机制，保障市政涉电项目投资额度。无偿接收23个绕越产权小区供配电设施及10千伏子江线路资产，顺利完成供区涉电资产接收及权证办理工作。倡导绿色能源消费。服务新能源电动汽车充电桩建设，成为政府批准的充电设施建设合作单位，编制《晋江市充电设施布局规划》，配合市公交公司完成曾井站等5个公交充电站建设，其中百捷站是省内首个供电企业投资建设的公交充电站。促成清洁能源替代写入城市发展规划，共完成电能替代项目75个、替代电量5201.5万千瓦时，全额消纳清洁能源发电2.56亿千瓦时。建成全省首个远程阀控和智能通讯的“两表合一”工程，纳入晋江市“智慧城市”项目。落实低碳减排，积极推动机场廊桥、太平洋港口公司“煤改电”“油改电”项目落地；全额消纳光伏、风能等清洁能源，配合政府有关部门开展安征迁及无证矿山、环保违规、三合一厂房等专项环境整治活动，共停电59户，出动工作人员241人次。

【供电队伍建设】

2016年，市供电公司常态化开展岗位配置调整，有效缓解结构性缺员难题。开展薪酬套改后续评估工作，启动岗位动态管理模式，建立员工内部岗位轮换的良性机制，完成“三重人员”到期轮岗37人次。健全储备人才培养管理机制，开展一线员工队伍素质分析，分层分类开展培训需求调研，累计开展各类培训58期、1742人次，并以调控运行班为试点推行模块化培训。鼓励全员创新发展，成立校（福州大学）企合作科技研发中心，创建“青年员工创新工作室”，获省公司青创赛银奖，3个项目参评省政府科技进步奖。共组织100多人次参加市公司级以上的竞赛调考并取得优异成绩。

【电力文化建设】

2016年，市供电公司开展“卓越启航”企业文化主题实践，打造企业文化长廊。继续开展“美丽站所我的家”班组建设活动，提炼“美映鞋都 卓越启航”“心立方”等系列班组特色文化。落实五心服务、四季关怀，走访慰问离退休职工、劳动模范、困难职工386人次；协助88人次获取医疗补助、助学补助共计27.5万元；组织238名优秀职工参加疗休养；开办洗车、洗衣、通勤车等便民服务设施。

（吴文英撰 陈白露审）

·晋江热电有限公司·

【概况】

2016年，福建晋江热电有限公司（简称晋江热电）积极应对来自各方面的严峻挑战，安全管理、技术提升、成本管控、企业发展、队伍建设等方面都取得新的业绩。全年发电量7.24亿度，售热量122.45万吨，供电标煤耗338.92克/度，综合厂用电率11.39%，机组利用7240小时，超省经贸委下达的调控计划500小时，连续四年稳居福建省第一。2016年，晋江热电再争取优惠电价政策延续1年，并以优惠电价返还热用户的形式，进一步化解汽价矛盾。晋江热电先后获“2016年度福建省安康杯竞赛先进集体”“2016年度纳税5000万以上先进单位”“2016年职业卫生典型示范单位”等称号。

【热电安全管理】

2016年，晋江热电全面完成安全生产29项重点任务和102项具体工作，实现安全生产天数2304天。举行全厂厂用电中断事故、防台防汛、氨区职业卫生暨火灾事故等综合实战演练。成功抵御“莫兰蒂”等超强台风的侵袭，进一步强化承包商安全管理，编制《承包商管理手册》，启用“人脸识别系统”，有效监督管理承包商人员流动情况。持续强化风险预控体系管理，以反违章管理活动为载体，强化现场检修作业和运行操作的督查，屏蔽影响人身及机组安全的因素；以隐患排查活动为抓手，定期开展设备健康体检工作，排查整改管理及设备中存在的安全隐患；以事故案例通报为警钟，吸取经验教训，举一反三开展专项安全隐患检查治理工作，持续巩固公司安全生产生命线。

【热电技术提升】

2016年，晋江热电完成锅炉脱硫提效改造，采用炉内喷钙技术顺利实现SO2排放稳定自动控制在100毫克／立方米以内，成功取得脱硫电价的同时脱硫效率进一步得到提升，年节约石灰石约3500吨，节约运行费用约70万元。完成锅炉SNCR脱硝改造，实现NOX排放稳定控制在50毫克／立方米以内， 达到超低排放水平并取得脱硝电价。深入开展热控自动研究及应用，实现两台锅炉减温水、南线供热减温水、恒安供热减温水、脱硝系统、脱硫系统等自动调整，热控自动投入率由年初52.94%逐步提高至85%。加强节能管理，落实减排目标。通过运行分析和经济分析，掌握机组能耗实际水平，落实优化机组经济运行的各种运行方式和技术措施。加强节能技术监督和节能宣传，提高全体员工节能减排能力和意识，供电标煤耗同比下降13.56克／千瓦小时。

晋江热电成本管控座谈会

【热电降本增效】

2016年，晋江热电煤炭管理成绩显著，在煤炭价格较低的1—9月份采购煤炭38.26万吨，占全年总量的84.45%，有效控制煤炭成本。全年入炉入厂热值差约25大卡，中转途耗降低到0.08%。生产物资库存总额控制到245.37万元，较上年年末降低4.37%。开展汽款清欠专项行动，控制应收账款数量。开展提案改善活动，共收到407件改善提案，采纳251件，采纳率62%，全员参与共同促进提升公司经营管理水平。

克服煤炭上涨，电、汽售价下调压力，经营业绩保持平稳态势。晋江热电公司领导、市场营销部门积极研究“电改”、热电联产“以热定电”的相关政策，及时掌握电力市场的最新动态，做好政府及调度部门的沟通协调工作，在全省火电机组深度调峰及机组利用小时数持续下降的大环境下，使机组保持在高负荷率运行，参与福建省电量直接交易工作，为电量计划的顺利实施提高了保障。2016年，晋江热电供热量完成122.45万吨，首次突破百万吨大关，机组最大供热负荷超过200吨/小时。

【热电企业发展】

2016年5月，晋江热电完成二期2×350MW超临界燃煤供热发电机组核准所需要全部支持性文件，具备项目核准条件。9月，长输热网和中压供热管道开工建设。热网工程投资概算3亿元，低压管网展开总长41.542千米，其中主管单线长度为18.365千米，支管线长度合计约23.177千米，中压管网3.42千米。供热管网从晋江热电厂接出，敷设“四镇四园”（安东工业园、五里工业园、食品产业园、时尚鞋服园、安海镇、永和镇、龙湖镇和东石镇）。

【热电人才培养】

2016年，晋江热电落实人才培养“双百工程”，2人入选福建公司内部专家库，21人入选“双百工程”人才库。全面开展生产运行人员通岗培训，34人掌

清洁能源型电厂

握第二专业，4人掌握三个专业技能。继续开展“三支”人才队伍建设，重点加强专业技术人才及近两年新进大学生、研究生的培养。落实以人为本发展理念，将运行倒班方式由“四值三倒”调整为“五值四倒”，改善运行人员的劳动强度，提高安全生产人力资源保障水平。

（庄树涛撰　唐丽娟审）

·福建晋江天然气发电有限公司·

【概况】

2016年，福建晋江天然气发电有限公司完成发电量28.18亿千瓦时，上网电量27.53亿千瓦时。福建晋江天然气发电有限公司于2015年8月成立晋南热电项目筹建处，规划建设环保型3台300t/h循环流化床锅炉（1台备用），配套建设2台3万千瓦背压式汽轮发电机组对东海垵工业区进行集中供热，项目计划投资112348万元（含热网），用地面积6公顷，建成后年供热量189万吨蒸汽，年供电量2.7亿度。

【天然气本质安全建设】

2016年，福建晋江天然气发电有限公司大力推进本质安全型企业建设，确保机组安全可靠运行。落实安全生产责任制，出台《本质安全第一阶段实施方案》，层层落实安全生产工作。深化本质安全文化建设，编制《企业安全手册》，构建职业健康卫生体系。强化生产管理过程监督，导入危险预知训练活动，开展隐患排查、应急演练、专项检查等工作，实现安全生产1824天。

【天然气降本增效】

2016年，福建晋江天然气发电有限公司推广“成本领先”理念，聚焦生产经营，深挖成本潜力。出台《创一流亮点培育推广实施方案》，鼓励公司上下开源节流。开展节能降耗系统工作，通过研究机组连续运行、提高单次点火运行时长和平均负荷率，优化机组开机方式，冷态启动次数同比减少10次，提升机组运行经济性。通过技术改造节约工质损失逾百万元。加强资金管理，强化预算管控，减少财务费用。

【天然气公司管理与服务】

2016年，福建晋江天然气发电有限公司以“一流提升·规范标准”为抓手，开展班组建设，提升管理水平。聚焦管理核心，完善机制建设，完成72个流程绘制评审及全流程梳理；加强信息化建设，构建公司级数据备份系统，实现掌上点检，计划信息管理、档案数字化、财务费用报销、工资发放等系统上线运行；保持7S工作，打造公司品牌，承办全国首届电力企业7S管理经验交流会，获评“全国7S管理示范企业、十佳改善创意奖、最佳宣传视频奖”等三大奖项，有效提升公司知名度。

福建晋江天然气发电有限公司多方面履行社会责任，推进企业和社会的和谐发展。贯彻落实各项保电工作，发挥燃气电厂启停灵活、电网调峰的作用，全年共启动618次，有效满足社会用电需求。响应可持续发展战略，发挥清洁能源优势，规范环保管理，完成环境风险评估及预案评审备案工作，顺利完成危废转移工作，实现全年环保无事故。关爱社会，通过党群组织开展“送温暖”“学雷锋”等公益活动。

（蔡诗雯撰　吴传强审）

·城镇集体工业·

【概况】

2016年，晋江市城镇集体工业联合社（以下简称市工业联社）以维护集体企业安全稳定、服务发展工艺美术产业为目标，主动作为，创新服务，各项工作成效明显。把好监管职责。调整下属企业领导班子，主动化解企

晋江市工艺美术主题展启动仪式

业内部矛盾，加强安全监督检查，关心帮扶困难职工，确保系统社会安全稳定。注重服务实效。全年为工艺美术企业、艺人争取专项政策资金、培训补贴41万余元，组织工艺美术企业、艺人参加各级工艺美术类赛事，提高晋江工艺美术知名度。指导市室内装饰协会开展形式多样的交流宣传活动，扩大协会影响力，协会会员由原来单一类型的室内装饰扩展为集室内装饰、建材销售、家装材料各类型企业会员。

【晋江市工艺美术协会】

2016年，市工业联社筹建晋江市工艺美术协会，宣传发动会员加入，起草协会章程及财务管理办法，报批协会成立手续，筹措经费。3月22日召开协会成立筹备大会，选举产生以郑银聘为会长、张世明为秘书长的第一届理事会成员。7月29日，晋江市工艺美术协会成立大会召开，市领导林惠玲、庄天怀出席会议。

【晋江市工艺美术主题展】

2016年11月，市工业联社在市博物馆举办首届晋江市工艺美术主题展，共设木雕、铜雕、古玩、奇石、盆景、字画剪纸、软光雕7大展区。本次展览旨在整合晋江市工艺美术精品资源，推动工艺美术品的保护传承与创新。

（苏奕拉懿撰　洪安和审）

·2001—2016年晋江市全部工业总产值表·

表9

年　份	全部工业总产值（万元）	比增（%）	规模以上工业产值（万元）	比增（%）
2001	5010646	8.9	1606560	40.0
2002	5450224	9.2	2522181	29.3
2003	6385120	17.2	4290348	31.6
2004	7571350	16.9	5773132	26.6
2005	9458379	15.9	7151241	22.4
2006	11243334	19.8	8978073	24.5
2007	13505238	20.4	11258393	23.4
2008	15765251	14.6	13355037	16.3
2009	17457424	14.0	15152815	15.4
2010	20867607	18.7	18595658	20.3
2011	27401457	26.3	24715086	28.1
2012	29521788	16.3	25839524	14.5
2013	33581714	13.1	29610814	13.4
2014	37223986	11.2	32975092	11.2
2015	40024660	9.1	36160735	9.3
2016	42503489	8.4	38539709	8.7

注：1.上表绝对数按当年价计算，增幅1990年及以前按1980年可比价计算，1991年至2003年按1990年可比价计算，2004年以后按价格指数缩减法计算，2005—2009年全部工业总产值按2008年第二次全国经济普查结果进行修正、调整

2.2012年规模以上工业产值由主营业务收入500万元及以上调整为主营业务收入2000万元及以上

·2011—2016年晋江市规模以上工业总产值表·

表10　　单位：万元

项　目	2011年	2012年	2013年	2014年	2015年	2016年
总　计	24715086	25839524	29610814	32975092	36160735	38539709
#国有控股企业	834218	925559	1013230	986611	995475	957663
#农村工业	60677	81811	57084	59584	62612	70363
一、按轻重分	—	—	—	—	—	—
轻工业	18805376	19921976	22989595	25872060	28444129	30184126
重工业	5909710	5917548	6621219	7103032	7716606	8355583
二、按登记注册分	—	—	—	—	—	—
国有	604787	854270	921190	—	—	—
集体	111228	113636	115821	120668	108799	—
股份合作企业	476935	624128	114999	55701	62187	38386
联营	—	6931	—	—	—	—
有限责任公司	1067148	984602	1407184	2673139	3205331	3581898
股份有限公司	592296	768307	1158130	1495875	1989737	2033211
私营企业	6281106	7163690	9249293	10523758	11221609	12739974
港澳台商投资企业	11489769	11067312	12027148	13731956	15099885	16130456
外商投资企业	4073285	4159290	4544834	4373995	4473187	4015784
其他企业	18532	97358	72215	—	—	—
三、按企业规模分	—	—	—	—	—	—
大型企业	7128043	7368190	8182885	9456317	10507502	10258034
中型企业	11385318	10790070	11915234	12966450	13814924	13896044
小型企业	6081013	7510704	9512695	10552325	11838309	14385631
纯小型企业	—	—	—	10468076	11448304	13914024
微型企业	120712	170560	—	84249	390005	471608

·商业零售·

【概况】

2016年，晋江市社会消费品零售总额588.28亿元，同比增长9.1%。其中，限额以上零售额230.60亿元，增长9.3%；限额以下零售额357.68亿元，增长8.9%。在限额以上企业商品零售额中，粮油食品饮料烟酒类增长21.9%，服装鞋帽针纺织品类零售额增长44.5%，汽车类增长7.2%，建筑及装潢材料类增长2.6%，文化办公用品类增长402.4%，石油及制品类下降26.2%。

全市672家限额以上批发和零售业企业，累计实现销售额1564.20亿元，增长16.5%。其中，销售额超亿元企业达230家，累计完成销售额1396.22亿元，增长19.9%。

（吴丽霞撰　吴金猛审）

【农贸市场改造建设】

2016年，晋江市农贸市场物资供应保障有效，农副产品价格保持平稳，资产收益超640万元，交易额34亿元，各项指标保持稳中有升，发展态势稳中向好。

2016年，梅岭综合市场改造工程项目二期工程完成基坑支护、地下室部分，进入地上施工阶段，年底前封顶。滨江农贸市场是陈埭镇滨江商务区的重点民生配套工程，占地面积7958平方米，建筑面积21500平方米，总投资约9166万元，按地下一层，地上二层，局部三层的单体建筑规划设计，完成项目立项、工程勘察设计招标，抓紧进行土地摘牌等相关工作。紫帽综合市场是紫帽片区重要的配套民生项目，占地面积13836平方米，建筑面积24904.8平方米，市场中心作为参建方，抽调精干人员全程参与，前期筹建工作紧锣密鼓推进，先后完成项目选址、地质勘察、方案设计、施工设计等前期工作。蔬菜批发市场项目迁建。市场选址位于西园街道砌田社区，用地面积4.93公顷，完成土地征用、工程勘察和设计联合招标，土地报批经市政府同意按晋江市蔬菜批发仓储中心项目及仓储项目用地性质组织报批，完成土地摘牌等相关工作后即可进场开工。东石镇第四社区综合市场改造建设工作。与镇政府联系协调，初步计划先行选址搭建临时过渡市场，安置旧市场内商贩，保证居民物资供应，市场改造方案正在抓紧征集各方意见。

（程亮撰　柯波峰审）

【台风防抗及灾后物资供应】

2016年，“莫兰蒂”台风期间，市商务局组织深入检查全市各大农贸市场、百货公司、五交公司、医药公司、食品公司，落实防范措施，同时组织食品公司、蛋禽和生猪养殖基地、大润发等大型超市做好各类食品、肉蛋、蔬菜、水果等农副产品物资调配，确保台风期间市场应急供应。台风过后，针对本地水叶菜生产受损严重，市场供应不足，价格涨幅较大等情况，协调曾井蔬菜批发市场从昆明等外省蔬菜基地调入70吨左右新鲜水叶菜供应本市，平抑物价，保障供应。

【油品供应保障】

2016年，市商务局开展成品油配送企业专项检查活动，采取“四不两直”方式对晋江市长城石化有限公司、泉州市锦江石油有限公司等成品油批发配送企业以及中石化五星加油站、中石油恒泰加油站等成品油零售企业进行检查，重点检查销售台账、油品来源、油品质量，组织成品油经营企业签订安全责任书102份，进一步规范成品油企业经营行为。推进国五标准汽柴油置换工作，全市所有加油站全面完成置换任务，确保成品油供应顺畅，市场稳定。

【商贸企业安全生产】

2016年，市商务局强化红线意识，落实安全生产“党政同责、一岗双责”，抓好商贸企业标准化建设提升工作。全面开展夏季消防大检查，共检查企业106家次，出动执法116人次，下发整改通知书30份，排查整改安全生产隐患35个。大力开展安全培训和应急演练，组织开展大型应急演练8次，分发新《中华人民共和国安全生产法》等各类宣传材料560份。

·粮油贸易·

【两季粮食收购】

2016年，晋江市提前做好各项收购准备工作，抓好粮食订单收购工作，保护农民种粮积极性，促进粮食生产发展。全市6家国有粮食购销企业分两季共与29户、28户种粮农户签订订单合同

499.47公顷、464.47公顷，共收购早稻谷3136吨、晚稻谷2025吨。

【储备粮轮换】

2016年，晋江市适时制订储备稻谷、小麦轮换销售方案，于1月13日和6月21日委托泉州市产权交易中心对二批2013年产稻谷、小麦进行公开竞价销售，并于4月12日和8月份通过市采购办公开招标轮入等量2015年产稻谷和小麦。

【粮食储备库建设】

2016年，晋江市紧盯省、泉州市下达的12万吨库容建设任务，粮食储备库项目于12月15日开工建设，用地面积6.96公顷，分2个标的有序推进。

【军粮供应】

2016年，晋江市严把粮油采购、调运、监测、配送各个环节，严格做到“四统一”“四公开”，确保军供粮油质量安全，对驻沿海和边远的部队实行军粮供应义务送粮活动，配送率达50%以上，部队满意率100%。

·供销合作·

【概况】

2016年，晋江市供销合作社联合社（以下简称市供销社）围绕为农服务宗旨，进一步强化供销改革意识，推进供销社服务创新、组织创新、经营创新、管理创新，各项工作取得新进展。全年实现商品总购进64297万元，同比增长18.00%；商品销售总额97925万元，同比增长23.20%，其中生活消费品零售67621万元，同比增长27.62%，化肥销售25259吨，同比增长21.61%；利润总额1019.85万元，同比增长30.83%。市供销社扎根基层、服务群众，传承美德、甘于奉献的精神得到社会各界的广泛认可肯定，获评晋江市文明单位，市供销社党总支获评全省先进基层党组织。鼓励基层社参加“示范农民合作社”创建活动，培育一批引领品牌作用的示范社，英林供销社获评晋江市总工会工人先锋号；安海农资庄稼医院申报省供销社示范庄稼医院；晋江市深沪华清蔬菜专业合作社入选2016年供销合作社农业产业化重点龙头企业，并被全国供销合作社系统、中国农产品流通经纪人协会评为中国农产品好品牌百强企业，进一步推动农民合作社规模化、标准化和品牌化建设。

【春耕农资储备供应】

2016年年初，市供销社采取让利不加进销差价的做法，降低农民群众生产成本，做好春耕农业物资储备工作，至1月底，全市供销社库存各种化肥7398吨，完成泉州市发改委下达冬储计划4400吨的168.14%，库存农药109吨、农用薄膜31吨。春耕之前，下发《关于落实2016年中央一号文件出台十条措施服务农业春耕生产的通知》，做好农业生产资料供应服务工作，维护农民利益。全年市供销社销售化肥25259吨，其中尿素8281吨、碳铵2013吨、磷肥3417吨、钾肥1245吨、复合肥10303吨，以及农药459吨、农膜75吨，农资商品销售总额7260万元，确保农用物资供应不断档、不脱销。3月17日，省供销社副主任占飞豹一行到晋江市调研，对晋江市春耕农耕和农资储备工作给予肯定。

【供销社为农服务】

2月初，市供销社组织一支党员义工队伍到内坑镇东宅村开展春节为农服务专场活动，设置摊位安排庄稼医生提供庄稼病虫害便民咨询服务，赠送农药、化肥、蔬菜种子和开设“田间课堂”，进一步提高市供销社服务基层、服务群众的实效。此次活动吸引农民群众300多人，赠送各种化肥、种子400多千克、各种农药价值4500多元、分发惠农宣传600多册。春节期间，为充分保障节日蔬菜市场供应，启用“菜篮子工程”，从龙湖、西园、陈埭等多个镇街的蔬菜基地调入蔬菜10余种，在晋江市曾井综合市场设立节日蔬菜平价供应点，以政府补贴的形式平价出售，平衡蔬菜市场价格，确保市民实惠购菜，受到广大市民的好评。搭建信息平台，服务现代农业，完成基层社改造1个，提升庄稼医院建设1个，新建农村综合服务社10个，农村社区综合服务中心1个，新建农民合作社6个，并发展农村合作经济组织联合会1个，填补晋江市农副产品经济组织联合社的空白。全系统拥有1个农副产品信息服务中心，19个信息服务站，23个信息服务点，其中10个示范信息服务站，积极为粮农、菜农、果农、鸡农和农产品生产加工企业提供无偿的信息服务。全年编发信息简报12期3360份，收集发布各类商品供求单条信息322条、专版信息150个，接受各种咨询5692人次，开展龙眼产销调查预测和发布蔬菜、果品、禽蛋、猪肉、花卉、粮油、农资等市场价格行情及大宗农产品价格走势848次，通过网上发布商品供求信息促成蔬菜、水果、肉禽蛋、食用菌、花卉、粮油、日用消费品及农资商品交易12000万元，开展市场调查预测预报指导销售蔬菜、果品、肉禽蛋、食用菌、花卉、粮油、日用消费品及农资商品5753.47万元。

【农产品质量检查】

2016年3月底，市供销社联合市场监督管理局、农业局联合开展“春季打

2016年2月14-20日晋江市供销社平价蔬菜供应现场

假保春耕行动”专项检查，通过依法查处无照经营违法行为和销售假冒伪劣农资商品、农资产品质量跟踪检查和农资经营单位进销台帐查验等方式进一步规范农资市场秩序，保障农业生产安全和农产品质量安全，切实维护广大农民合法权益。行动期间，晋江电视台新闻记者跟踪采访，并在《新闻天天报》栏目及时报道农资打假行动情况，营造护农帮农社会氛围。

【供销新网工程建设】

2016年，市供销社通过招商引资、纵横联合、盘活资产整合壮大、向上申报等多种形式，下大力气推进“新网工程”建设，着力抓好农资、农产品、日用消费品、再生资源回收利用、烟花爆竹安全经营网络建设，大力发展农村现代流通。新建农资连锁经营网点4个、按照全国总社行业标准改造提升农资网点1个、新建日用消费品连锁经营网点4个、按照全国总社行业标准改造提升日用消费品连锁经营网点2个，进一步拓展延伸经营网络，促进农产品流通。

【电子商务建设】

2016年，市供销社顺应商业流通模式快速变革的新趋势，发展供销社电子商务建设，探索实体与网络结合、电脑与手机结合的经营服务模式，加强与各职能部门和社会力量联合合作，共同搭建农产品购销服务电子商务平台。利用“互联网+”转换供销合作社传统经营业态，做好与全国总社“供销e家”电商平台对接，推动经营业务转型，11月底，成立晋江市晋供电子商务有限公司，规范电子商务发展。池店供销社、永和供销社和深沪供销社在淘宝网上开设网店，池店供销社主营食品，永和供销社销售一些休闲食品，深沪供销社主营深沪鱼丸、马加羹、拳头母等具有深沪特色的农产品，供销社农村电子商务网络日臻完善，系统完成电商交易规模7500万元。

【供销社综合改革】

2016年12月9日，市委、市政府印发《关于深化供销合作社综合改革的实施意见》，《实施意见》明确深化供销合作社综合改革要紧紧围绕建设“国际化创新型品质城市”的发展目标，坚持为农服务根本宗旨，以提升为农服务能力为根本，以强化基层组织建设、改革联合社治理机制、增强社有企业发展活力为重点，按照政事分开、社企分开的方向，加快推进服务方式、基层组织、联合社治理机制、社有企业经营管理、人才队伍创新，形成为农服务有力、组织体系健全、综合实力强劲、体制机制完善的发展新格局和经营性服务、公益性服务相融合的合作经济组织体系，体现为农、务农、姓农，切实把供销合作社打造成为农民生产生活服务的生力军和综合平台。

（吴丽霞撰　吴金猛审）

·烟草专卖·

【概况】

2016年，晋江市销售卷烟8.9万箱，实现税利7.18亿元，同比增长5.33%，为地方经济发展做出积极贡献。全年查处涉烟违法案件282起，其中5万元以上案件25起。查获各类违规卷烟1283件，总案值1540万元；其中，假烟1030件，走私烟55件，乱渠道烟198件。捣毁3个卷烟制假窝点，查获卷接机组4台及大量制假原辅材料，移送公安机关立案侦查17起，列为省级督查2起，破获“11•04”“1•08”两个国标网络案件，刑拘20人，逮捕12人，判刑21人。

【烟草专卖规范自律】

2016年，市烟草专卖局落实市政府召开卷烟打假打私专项工作会议精神，连续5年与19个镇、街道签订《打击制售假烟工作责任书》，将卷烟打假纳入年度综治考评，形成市、镇、村一级抓一级的高压打假态势。保持严防严查、露头就打的高压态势，每季度组织对山林、废旧厂房、简易搭盖仓库和发生过制假行为的窝点等场所进行重点排查与复核检查，严防制假反弹、转移。发布网上办证和网上升量操作指南，为申请人提供便捷高效服务，将新办事项耗时缩短至3.5个工作日内。落实运用APCD市场检查工作法和“十个维度分析法”，推行127客户分类管理，提高市场检查的针对性和实效性。

【烟草专卖营销服务】

2016年，市烟草专卖局以努力确保“三不”和做到“三同时”为卷烟销售思路，打赢稳量顺价的攻坚战。“三不”，即不过分依赖大户和高星级客户、不过于集中在某几个规格、不过度透支客户库存能力。“三同时”，即在抓住重点客户的同时，抓住每个普通客户；在抓住上柜规格的同时，兼顾所有顺销规格；在抓住客户增库存的同时，更加注重帮助客户去库存。

【烟草专卖基础管理】

2016年，市烟草专卖局稳步推进5S管理，通过定期开展5S管理克服心中的惰性和畏难情绪，促使5S管理成为员工的自觉行动。着力推行TWI—JM，以“传帮带”的形式，推动全体员工对TWI—JM精益工具的思考和应用。夯实岗位安全达标基础，注重岗位培训，按照年初岗位达标培训计划，开展交通、消防、用电、应急处置等安全常识、技能培训。全年共开展驾驶员交通培训11场、全员交通安全教育1场、岗位达标专题培训3场、火灾应急演练2场等，以及基层部门安全活动百余场。

（谢　哲撰、审）

·燃气销售·

【天然气销售与供应】

2016年，晋江新奥燃气有限公司完成天然气管道建设投资1607.9万元，铺设中压管网32.27千米，新增通气居民用户数13043户，新增E城E家蓝牙智能卡居民用户使用数5126户，新增接驳工商业用户113户（17.48万立方米/日）。至年底，共有985家工商业用户/单位食堂、49100户居民用户使用管道天然气，全市天然气用气规模达200万立方米/日，中低压管网总长827.21千米，管网覆盖晋江市区、磁灶、紫帽、内坑、安海、金井、永和、龙湖、池店、东石、陈埭、西滨、罗山、五里开发区等区域。

【液化气经营】

2016年，晋江市有8家瓶装燃气企业取得省建设厅颁发的燃气企业经营许可证，其中7家三级气库和南安市3家气库组成的跨市联盟，是以销售液化石油气为主的经营联盟协会，是全国联合经营的成功典范之一。在全市分布所属供应点共52家，用户约55000多户，瓶装液化气供气量80吨/日。

·食盐贸易·

【概况】

2016年，晋江盐务局维护盐业市场秩序，保障合格碘盐供给，确保群众用盐安全。全局人员19人，设置2个盐政执法中队，5个营销区域，碘盐代批点354个，全年供给盐产品 36851 吨。其中，碘盐 9037吨，加工用盐 27814 吨，多品种盐3200吨。全年查获违法案件94起，没收非法盐产品 28.97吨。全市碘盐合格率、碘盐覆盖率、碘盐食用率90%以上。

【食盐营销】

2016年，晋江盐务局以“加强盐业市场管理，提高合格碘盐覆盖率，让群众吃上放心盐”为工作重点，进一步规范服务内容、服务时效、服务态度、服务质量，通过监督、检查、考核，确保工作落到实处。全市分为 5 个区域，各区域各设1名业务员，负责食盐供应及售后服务工作。以了解市场、监控市场、服务市场为宗旨，深入走访市场，搜集辖区内碘盐批发网点和食品加工用盐厂家的销售、运输、质量、价格、供需信息，进行登记造册，掌握客户的经营现状。与客户签订《盐产品购销协议书》，理顺购销关系，敦促食盐代批网点遵守盐业法规。建立电子商务系统、实施物流配送，向社会公开物流配送流程、服务承诺、举报投诉电话和8008585200免费订货电话，手机短信订货、货款启用POS机刷卡。制定首问责任制、一次告知、限时办结、群众意见处理及反馈制度。加强物流配送工作，不管远近、数量多少，保证三天内送货到客户。发出致广大盐业客户一封信，就食盐配送过程中有关订货、卸货、货款结算等环节以及盐产品安全储备的注意事项作详细的说明和告知。进一步完善碘盐商网建设，遵循“合理布局、方便群众、便于管理”的原则，合理设置营销网点。针对小包装碘盐网点的分布和运作情况，增设距离间隔近的小网点，禁止对无证购销网点供货，规范食盐市场管理。加强对用盐厂家和季节用盐厂家的监管，规范各品种食盐、小工业盐的供应秩序。盐政执法人员加强与客户经理的分工协作和联系，走访食品加工用盐厂家，掌握用盐动态，做好用盐厂家的跟踪管理和对小工业用盐厂家的监控。按照质监部门要求，建立购销台帐，随时接受检查，对没取得生产和卫生资质的用盐厂家限期整改，达不到标准予以取缔。为满足群众需求，积极探索盐产品升级换代，改变盐产品品种单调性，推广低钠盐、锌盐、钙盐、硒盐、餐桌盐，形成多层次、多品种、多价位的盐产品结构。通过入户抽查、检测，以大超市为平台，深入城乡、社区、居民居住区，行政村进行宣传引导，让群众了解食用碘盐、多元营养盐的益处，全年共供给健康营养盐3200吨。对大型超市的食用盐采购进行全面自查，并推行食用盐原料采购使用月报及台帐记录制度，规范食品生产企业的进货渠道，防范工业盐或非法食用盐流入食盐市场。重申《晋江市食盐市场异常波动应急工作预案》，建设盐仓，增加食盐库存量，应对意外事件的发生，确保辖区内群众的食用盐安全。

【食用碘盐宣教】

2016年，晋江盐务局开展各种形式的宣传活动，提高群众食用碘盐意识，保障群众身体健康。盐政人员和业务人员深入乡村，向广大城乡消费者、偏远乡村中小学及山区群众宣传消除碘缺乏危害的重要性，现场发放检测试剂，指导群众识别真假碘盐和伪劣盐，引导群众自觉食用碘盐，抵制私盐。片区经理通过走访用盐厂家、食盐批零网点、进村入户开展宣传工作，盐政人员采取罚教并举的方法，把宣传单、碘试剂发放到商店、饮食店、食堂，做到进村必有宣传画， 入户必有宣传单。“3.15”消费者权益保护日活动日，在晋江、石狮两地参加由工商防疫牵头，卫生、食药监等多部门联合开展的打假宣传活动，配合两市相关部门开展打假宣传和防治碘缺乏病的宣传活动。现场为过往的群众宣传食盐加碘的重要意义，并介绍如何辨别真假碘盐的方法，宣传国家在盐业方面的政策法规和防治碘缺乏病方面的知识，引导群众正确食用加碘食盐，在人们满足基本食用的基础上，有崇尚更健康的生活需求，在“少吃盐，吃好盐”等健康理念方面加强宣传，积极推广新一代更绿色的碘盐产品，现场分别接受群众咨询1500多人次、发放碘试剂100多瓶、宣传单1000多张。深受广大群众的欢迎和肯定，增强消费者识别假冒碘盐的能力和提高自我保护的意识，取得良好的宣传效果。坚持市场检查与“三进”(进百村、进千店、进万家)宣传工作相结合，在与南安交界村落、晋江、石狮两市城乡接合部及农村边远地区，采取市场检查与入户调查宣传并举的方针，第一时间掌握食盐市场的动态和存在的问题。并对年碘盐覆盖率90%以下的乡村及前几年在市场检查中私盐比较集中的地区进行重点的入户宣传、检测、调查，发现问题重点整治。组织后勤、盐政、业务人员利用周末超市客流高峰期，在晋江大润发超市广场、永辉万达超市广场、晋江大润发宝龙世纪广场、磁灶冠超市广场处摆摊设点宣传“福盐牌”低钠类食盐和“中盐牌”贡晶

晋江市2016年“防治碘缺乏病日”宣传咨询活动

盐，通过设咨询台、送碘试剂、宣传单及各类小包装碘盐等形式，开展食盐用盐指导，提高群众对碘缺乏病危害和食用碘盐重要性的认识。

【盐政执法】

2016年，晋江盐务局按照《行政执法自由裁量权工作实施方案》开展执法。严格按照程序办理案件，为盐政执法工作顺利开展提供保障。设2个盐政执法中队，与所在辖区进行挂钩、采取量化考核，提高盐政执法的有效性。不定期召开盐政执法工作例会，总结前期工作情况，对存在的问题进行分析，提出解决方案，对下一阶段的工作进行部署。根据辖区范围广、人口多、经济发达、食盐市场比较复杂、人员和精力有限等情况，加大盐政执法力度，从源头抓起，从销区入手，明查暗防、追根溯源，深挖制假窝点。特别加强对季节加工用盐厂家的跟踪管理。强化部门协作，与相关部门共同打击盐业违法行为。

1月，盐政执法大队与晋江市场监督管理局安海所，对晋江市安海镇梧埭村就该村的面线加工的不规范用盐和其他安全生产情况进行联合执法，共查获和没收各类盐产品7吨。此次联合执法行动，遍及整个梧埭村，声势大，执法力度强，在各个加工户间形成强大的打假声势，对各个面线加工户和违规食盐（包括工业盐）的经营者，具有很强的震慑作用。解决梧埭村长期以来食盐供需没有解决的历史问题，消除食品安全隐患，规范梧埭村面线加工的用盐秩序。对辖区其他小作坊的规范用盐具有很好的警示作用。6月，与晋江市场监督管理局内坑监管所联合端掉内坑镇吕厝村老盐贩的私盐窝点，查获非碘盐和工业矿精盐3吨。此案的查处，消除市场隐患，稳定食盐市场。

【无证无照经营查处】

2016年，晋江盐务局贯彻晋江市查处无证无照经营工作联席会议精神，立足本职，根据“谁发证（照）、谁主管，谁审批、谁负责”原则，把查处无证无照经营工作作为整顿和规范食盐市场经济秩序的一项重要工作来抓，由分管食盐稽查工作的副局长具体负责，盐政、业务人员在日常市场走访中查收无证无照经营信息并做好查处反馈工作。对辖区内的碘盐批发网点和食品加工用盐厂家进行走访、登记造册。坚持“疏”与“堵”相结合，一方面加大查处力度，查处农村、农贸市场集散地，打击食盐无证无照经营行为；另一方面由于农村小食杂店识别真假碘盐能力差，食用盐来源渠道复杂，成为伪劣碘盐产品滋生地，外来人员为了节省时间和金钱购买假冒碘盐，给造假、贩假商贩提供生存空间，晋江盐务局不定期开展对大型企业食堂、学校及外来工聚集地的专项检查。对合法的小食杂餐饮店进行宣传、指导其辨别真假碘盐，保障农民和外来工食用盐安全。通过经常性的宣传、专项整治和相应的行政处罚，规范农村、农贸集散地小餐饮店的无证无照经营行为。

【盐务安全创建】

2016年，晋江盐务局制定《晋江盐务局创建安全发展城市实施方案》，以创建安全生产长效机制为目标，紧扣“安全第一、预防为主”的方针，认真落实责任，做到主要领导负总责，分管领导亲自抓，部门负责具体抓。成立创建安全发展城市活动工作小组，由局长任组长，副局长任副组长，各科负责人组成小组成员，按照“一岗双责”的原则，层层签订安全生产责任书，量化工作目标，明确各部门、各岗位的安全责任，倡导“关爱生命、关注安全”的安全文化意识，开展安全生产、应急避险和“安全生产月”等主题实践活动，更新安全标识、安全警示卡，增强全员的安全生产意识，提高单位的安全生产水平。

（柳艳红撰　林金田审）

·2001—2016年晋江市社会消费品零售总额表·

表11　　　　单位：亿元

年份	绝对数	指数（上年=100）
2001	82.73	105.4
2002	89.08	107.7
2003	79.95	89.7
2004	104.7	131.0
2005	115.3	110.1
2006	126.89	110.1
2007	149.35	117.7
2008	180.65	121.0
2009	208.94	115.7

续表

年份	绝对数	指数（上年=100）
2010	240.49	115.1
2011	286.18	119.0
2012	330.89	115.6
2013	373.57	112.9
2014	420.55	112.6
2015	473.54	112.6
2016	588.28	109.1

注：本表社会消费品零售总额为年度核定数

·2011—2016年晋江市居民消费价格分类指数表·

表12

名　　称	2011 年	2012 年	2013 年	2014 年	2015 年	2016 年
居民消费价格总指数	105.2	102.7	102.4	101.6	101.5	101.0
服务项目价格指数	103.6	105.2	101.2	101.6	101.6	100.1
消费品价格指数	106.0	101.6	103.0	101.7	101.5	101.6
一、食品	110.5	103.4	105.9	104.0	103.2	105.9
1. 粮食	109.9	105.8	103.7	104.2	102.9	95.9
2. 淀粉	125.6	116.0	114.0	94.5	119.9	96.5
3. 干豆类及豆制品	111.2	100.0	107.6	95.4	100.9	99.3
4. 油脂	119.8	98.6	105.0	94.1	95.3	104.5
5. 肉禽及其制品	126.2	104.5	104.5	102.5	105.8	110.2
6. 蛋	116.1	96.6	108.9	104.8	95.1	97.7
7. 水产品	98.7	102.1	108.4	108.1	102.5	105.6
8. 菜	102.8	111.2	111.4	104.4	107.1	124.4
9. 调味品	108.5	105.6	105.7	106.9	104.1	104.3
10. 糖	106.1	98.7	97.3	104.5	100.0	102.1
11. 茶及饮料	102.3	100.4	95.0	103.8	102.6	96.1
12. 干鲜瓜果	121.9	102.4	107.4	109.5	101.7	89.9
13. 糕点饼干	109.7	93.5	95.1	94.4	101.5	102.1
14. 液体乳及乳制品	100.1	103.9	107.7	106.2	100.5	101.1
15. 在外用膳食品	103.4	100.1	104.8	101.6	100.3	99.6

续表

名　　称	2011 年	2012 年	2013 年	2014 年	2015 年	2016 年
16. 其它食品	103.7	108.3	101.6	103.3	101.3	100.6
二、烟酒及用品	102.7	102.8	98.4	102.5	103.3	100.9
1. 烟草	102.0	100.2	99.4	102.0	104.2	102.0
2. 酒	103.7	106.9	96.8	103.4	102.0	99.4
3. 吸烟饮酒用品	—	—	—	—	—	—
三、衣着	101.5	102.9	104.5	105.5	106.0	99.1
1. 服装	103.6	104.8	103.5	105.2	106.2	97.6
2. 衣着材料	103.1	100.1	100.6	99.8	101.2	100.0
3. 鞋袜帽	94.0	95.2	109.2	106.7	105.7	92.8
4. 衣着加工服务	101.3	100.9	104.5	100.0	100.0	100.0
四、家庭设备用品及维修服务	102.7	102.7	100.6	96.1	100.5	98.9
1. 耐用消费品	99.8	96.0	103.7	92.1	98.4	99.4
2. 室内装饰品	102.3	99.2	101.2	103.4	104.3	89.1
3. 床上用品	108.1	112.4	108.1	99.5	109.7	106.5
4. 家庭日用杂品	102.7	103.4	94.7	98.7	100.4	101.1
5. 家庭服务及加工维修服务	112.6	123.3	100.0	100.0	100.4	100.1
五、医疗保健和个人用品	103.0	101.8	100.8	100.4	104.5	—
1. 医疗保健	104.2	102.5	101.8	101.2	109.1	101.6
2. 个人用品及服务	101.3	100.7	99.5	99.2	97.6	99.8
六、交通和通讯	99.6	98.0	98.7	99.2	98.1	99.8
1. 交通	100.6	97.2	98.9	99.5	96.6	99.8
2. 通信	98.2	99.0	98.3	98.8	100.2	99.8
七、娱乐教育文化用品及服务	102.2	101.7	100.1	100.7	98.5	99.9
1. 文娱用耐用消费品及服务	99.2	90.5	89.4	89.5	93.8	—
2. 教育	100.0	100.2	100.5	100.2	101.2	100.6
3. 文化娱乐用品	101.5	100.5	102.0	98.1	102.0	89.5
4. 旅游及外出	109.9	114.0	104.7	108.6	94.8	100.8
八、居住	106.1	105.5	101.3	100.2	99.1	99.4
1. 建房及装修材料	112.3	101.3	101.1	99.8	100.0	100.0
2. 租房	104.2	104.9	100.0	100.0	100.0	96.9
3. 自有住房	106.7	108.3	101.3	101.2	100.0	100.0
4. 水、电、燃料	101.8	100.8	101.8	97.7	95.9	98.5

对外对台经济贸易

·招商选资·

【概况】

2016年，市商务局全力实施专业招商、精准招商，全市累计对接招商项目337个、预计总投资超过2000亿元，项目涵盖集成电路、汽车制造、文体旅游、商贸物流、电子商务、科创研发、城市建设等各个领域，其中落地项目160个、总投资超过900亿元。

【重大项目招商】

2016年，晋江市引入晋华存储器生产项目，设立500亿元安芯大基金，对接集成电路产业链上下游企业40余家，揽括IC设计、制造、封装测试、装备材料和终端应用的集成电路全产业链；先后对接比亚迪跨座式单轨列车等6个汽车整车制造及配套项目；对接马来西亚主题乐园群、法国狂人国主题乐园等16个项目，与新西兰奥克兰对接文体经贸合作事宜；推动中铁快运、德邦物流等15家知名物流企业区域总部落户，对接沃尔玛山姆会员店等14个大型商贸物流项目；对接恒大、富力、泰禾等20余家国内知名地产商。

【经贸活动】

2016年，晋江市组织参加福建省第六届民营企业产业项目洽谈会（“6·18”民企洽谈会）、第十九届中国国际投资贸易洽谈会（“9·8”投洽会）等经贸对接活动，超额完成泉州市下达的目标任务，各项对接指标均位居泉州市首位。其中，“6·18”民企洽谈会对接15个合同项目、总投资303亿元，完成泉州市下达的250亿元对接任务的121.2%。“9·8”投洽会对接外资项目8个、拟利用外资5.22亿美元、合同外资3.72亿美元，完成泉州市下达的拟利用外资5.2亿美元目标的100.4%、合同外资3.5亿美元目标的106.3%。泉州外资专场恳谈对接会签约项目5个、总投资6.9亿美元。

【投资服务】

2016年，晋江市全力实施“百日攻坚”，成立招商对接服务小分队，做好落地项目后续服务工作，帮助协调解决项目建设过程中的问题和困难，推动海西建材家居、传化公路港等6个项目开业运营，拔萃双语学校、菜鸟新塘智能骨干网、豪新国际食品城、国际鞋纺城等13个项目加快建设。在《2016中国中小城市发展报告·绿皮书》中，晋江市获评2016年度中国最具投资潜力中小城市百强县市第3位。

·对外贸易·

【概况】

2016年，晋江市自营出口75.8亿美元，同比下降8.4%。增幅低于全国6.4个百分点、全省7.2个百分点，高于泉州市2.8个百分点。出口金额占泉州总量的46.6%，比上年度提升1.4个百分点。全年外贸依存度超过60%。

2016年全球鞋业暨体育产业发展趋势论坛

【出口企业】

2016年，晋江市自营出口实绩企业839家，较上年度增加138家。出口超千万美元企业170家。其中，出口超亿美元企业11家、出口5000万—1亿美元企业21家；出口1000万—5000万美元企业138家。从出口企业类别看，三资企业285家，出口34.7亿美元，增长11.2%，占全市出口总额的46.1%；国内生产企业101家，出口5.8亿美元，占全市出口总额的7.7%；外贸流通企业574家，出口35亿美元，占全市出口总额的46.2%。

【出口市场】

2016年，晋江市外贸出口亚洲地区48亿美元，同比增长0.31%，占全市出口总额的61.4%；出口欧洲12亿美元，同比下降5.32%，占全市出口总额的15.47%；出口非洲4.5亿美元，同比下降27.68%，占全市出口总额的5.73%；出口北美洲7亿美元，同比下降5.4%，占全市出口总额的9.04%；出口拉丁美洲4.6亿美元，同比下降18.33%，占全市出口总额的5.85%；出口大洋洲1.7亿美元，同比下降2.08%，占全市出口总额的2.22%。从国家和地区看，出口东盟19亿美元，同比增长4.83%，占全市出口总额的24.11%；出口欧盟10亿美元，同比下降5.04%，占全市出口总额的13.22%；出口中东2.0亿美元，同比增长17.6%，占全市出口总额的2.6%。

【出口商品】

2016年，晋江市鞋、服装出口首次同步突破19亿美元大关，纺织化纤、珠宝首饰等2个行业出口超12.5亿美元。其中，鞋出口19亿美元，同比下降6.05%，占全市自营出口总额的24.03%；服装出口20亿美元，同比下降1%，占比25.4%；纺织化纤出口14.1亿美元，同比下降3.08%，占比18%；珠宝首饰出口10.9亿美元，同比下降0.02%，占比13.93%。此外，机电及配件出口2.8亿美元，同比下降37.78%；伞出口4.5亿美元，同比下降0.13%；纸制品出口1.7亿美元，同比下降5.23%；食品出口2亿美元，同比下降5.44%，玩具文具出口1亿美元，同比增长21.08%。除以上9个出口超亿美元行业外，塑料及橡胶制品出口0.65亿美元，同比下降4.92%；家具出口0.6亿美元，同比下降27.81%；陶瓷建材出口0.5亿美元，同比下降15.83%；五金出口0.4亿美元，同比增长5.26%；皮革制品及箱包出口0.3亿美元，同比下降35.48%。

【外贸政策帮扶】

2016年，晋江市延续10年对企业开展进口、出口、境内外参展、经贸活动、品牌收购的外贸扶持措施，同时，增加对拓展“一带一路”市场、跨境电商、外贸综合服务平台、小微企业出口信用保险保费统保等适应新形势的条款措施，为晋江市企业在市场拓展中增强信心、增加市场竞争力。兑现外经贸扶持资金，组织落实本级财政外贸奖励金500余家次企业共计0.8亿元，上级外贸奖励金0.6亿元。

·对台贸易与经济合作·

【利用台资】

2016年，晋江市新批台商投资项目5个，投资总额168万美元，合同台资168万美元。历年累计批准台商投资企业252家，投资总额4.40亿美元，合同台资3.55亿美元，所涉及的行业包括纺织服装、鞋帽、建材、伞、包装、食品、玩具、光电、物流等。

【对台贸易】

2016年，晋江市对台自营出口1亿美元，同比下降12.8%，占全市总量1.5%。

【赴台考察】

2016年6月下旬，市商务局组织18家企业28人赴台湾考察亚洲地区国际化程度最高的专业食品展——“第26届台北国际食品展”，拜访台湾相关社团组织，交流晋台两地经济社会发展情况。

·2016年晋江市利用外资基本情况表·

表13　　单位:万美元

项　　目	本年累计	历年累计
1、投资总额	77963	1926024
其中：增资	30414	780365
2、合同外资	36697	1334524
其中：增资	24240	507827
3、外商实际到资额(验资口径)	54600	—

【第十八届中国（晋江）国际鞋业（体育产业）博览会】

2016年4月18日—21日，由中国国际贸易促进委员会、中国轻工业联合会共同主办，泉州市人民政府、福建省国际贸易促进委员会、中国皮革协会、中国皮革和制鞋工业研究院协办，晋江市人民政府、晋江市国际商会、晋江市制鞋工业协会承办的第十八届中国（晋江）国际鞋业（体育产业）博览会在晋江市美旗城1号馆隆重举行，中国国际贸易促进委员会贸易投资促进部部长林舜杰，中国轻工业联合会会长步正发，中国纺织工业联合会副会长杨纪朝，中国皮革和制鞋工业研究院院长杨承杰，中国皮革协会常务副理事长兼秘书长李玉中，全国政协常委、中国科学院院士石碧等领导以及意大利库内奥省圣福乐市市长伽尼马立诺•热卡、索玛丽娃皮耶诺市市长佛朗西斯卡•卡拉维诺、法国埃罗省贝达里约市市长安托万•马蒂内、韩国新世纪党中央委员尹惠敬等海外嘉宾到会指导。

展会以“提升品牌展会内涵，助推体育产业发展”为主题，展馆面积50000平方米，规划1800个国际标准展位，设置鞋机、鞋材、成品鞋、体育装备、泳装等五大展区，设立科技馆、招商馆、品牌产品馆、中小企业鞋类精装区、工业设计与户外用品馆、电子商务馆、媒体展示区和台湾鞋机馆，不仅集中展示鞋类制成品、鞋材及辅助材料、鞋机等传统制鞋元素，展示泳装、户外用品、体育装备等体育元素，还首次在展会上发布2015年中国鞋业发展报告和晋江鞋业发展指数，为行业发展提供权威信息。安踏、361°、浩沙、舒华、圣弗莱、喜攀登、海德等知名体育用品企业以及来自美国、法国、意大利、俄罗斯、巴西、韩国、越南等70多个国家和地区的企业、采购商齐聚晋江，共襄盛举。到会客商12.32万人次，比上年同期的8.63万人次增长42.8%；达成意向成交额163.87亿元，同比增长11.1%。

【第十九届　二十届泉州（晋江）汽车展览会】

4月30日—5月4日和9月30日—10月4日，第十九届、二十届泉州（晋江）汽车展览会在晋江市SM国际展览中心举办，两届展会合计展览面积6万平方米，参展品牌63个，涵盖所有的合资品牌、民族品牌、高端进口车及部分世界顶级

第十八届中国（晋江）鞋博会在美旗城1号馆举行

名车，厂家直接参展的品牌占到90%，汽车的参展台达到了B类车展的级别。参观观众近22万人次，现场成交汽车15900台，成交金额近17.2亿元。

【纺织服装工业技术展览会】

8月12日—24日，由晋江市国际贸易促进委员会、晋江市国际商会作为支持单位，香港新展国际展览有限公司和广州瑞鸿展览服务公司共同主办的2016福建晋江国际纺织服装工业技术展览会在晋江SM国际展览中心举行。展会共吸引德国、意大利、日本、中国台湾、中国香港等国家和地区的232家海内外企业，携近千种行业领先的纺织服装新产品和机械技术亮相，与会专业观众16178次，意向成交额达1.28亿元。展会期间还举办时装流行趋势发布、原创设计发布会、设计师交流沙龙等多场主题活动，成效明显。

【境内外展览】

2016年，晋江市贯彻市场多元化、“一带一路”、服务贸易发展等战略，在境内外组织企业抱团参展，努力为企业提供更多贸易合作机会。2016年，市贸促会组织808家企业975.5个摊位参加意大利、美国、德国、日本、泰国、印尼、越南等10多个国家和地区的24场境内外国际知名展会，涉及服装、鞋、玩具、文具、汽配、工程配件、婴童用品等行业。

【2016年全球鞋业暨体育产业发展趋势论坛】

2016年4月17日，由晋江市国际贸易促进委员会牵头组织，中国皮革协会、中国皮革和制鞋工业研究院、台湾区制鞋工业同业公会、晋江市人民政府共同主办的“中国鞋都”2016年全球鞋业暨体育产业发展趋势论坛暨中国皮革协会鞋业、鞋材专业委员会年会在晋江市佰翔酒店举行。论坛以“一带一路借力腾飞”为主题，聚集意大利、韩国、越南、中国台湾等国家、地区和国内的体育产业资源、专家学者、500多位境内外鞋服企业代表，共同探讨“一带一路”战略下的中国鞋业、体育产业发展新机遇。论坛不约而同地将体育产业提升的焦点放在“智能制造”与“一带一路”这两个时下最热门的经济话题上，共同为晋江企业把脉体育产业未来黄金十年的发展走向与潮流趋势；在下午分论坛时段，还特意安排“‘一带一路’背景下，中国体育产业链的新机遇”话题讨论，越南平仙鞋厂副总经理杨宏与中国制鞋专家们一起探讨体育产业走出去的风险与机遇。

立足实际，把脉晋江产业发展现状。作为国家体育产业基地，晋江拥有安踏、361度、浩沙等众多知名体育用品品牌，鞋服产业链从原材料到设计、制作非常完整，浓厚的体育氛围也带动全民健身运动蓬勃开展。至年底，晋江市有各类体育场地2596个，每万人拥有体育场地12.7个，人均占有体育场地1.68平方米，是全国平均水平的1倍多。但是，晋江体育产业整体竞争力仍不够强，国际地位仍不够高，体育服务力刚开始起步，还比较薄弱，还有待突破。

权威解读，打造高端化专业化论坛。中国工程院院士、四川大学教授石碧，台湾区制鞋工业同业公会理事长郭正津，中国皮革协会常务副理事长李玉中，国家体育总局体育科学研究所体育社会、科学研究中心主任鲍明晓，意大利机械人自动化系统股份有限公司顾问安格罗塔里诺等体育产业资源、专家学者就《新常态下的中国体育产业发展》、《世界鞋业发展趋势与一带一路开拓商机》《制鞋工业的4.0与自动化》等议题做主题演讲。其中，现场发布的“中国·鞋业发展指数”和《2015中国鞋业运行分析》指出，2015年中国鞋业经历近年来最困难的一年。销售收入增速同比继续趋势性回落，出口出现少见的负增长，消费虽然整体仍上行，但增长乏力，进口消费仍然高速增长。相比于传统制鞋业，体育用品行业从2011年开始进入下行周期，经历数年的深度调整，领先品牌开始率先复苏，2014年开始V型反转。2015年，体育用品行业领先品牌实现快速增长，单个企业销售收入首次突破100亿元，众多领先体育用品品牌实现10%以上甚至20%以上增速，可谓是实现华丽转身，成功反转。报告认为，行业整体结构得到进一步优化，运行效率有一定提升，新的竞争优势正在重塑。

群策群力，探讨体育产业发展新机遇。针对晋江企业如何做好走出去的最后一步，在国际消费者中提升知名度，论坛指出，要先做理念的转变，做好自己的产品；不应局限在同一行业，要跨界合作、跨行业引进高水平的智能制造；从市民运动场景、消费习惯商业模式入手，细分服务研发技术，更加注重人群分类，从运动健康促进新领域进行智能技术研发与改进；通过创来推动实业，制造业的核心价值要回归产品，应该更好地思考怎么为消费者提供核心价值。针对如何借力“一带一路”走出去，论坛指出，“一带一路”是大契机，但走出去有一定的风险，企业应提前做深入的考察与研究，明确自己企业的国际优势，并重视当地的民俗风情；企业要抱团去做产业链整合，以产业园的一体化服务优势提高国际竞争力；中韩携手合作，整合中国制造能力和韩国企业设计，共同走出去，在“一带一路”上借力腾飞。针对如何利用智能制造转型升级，论坛指出，德国工业4.0对晋江鞋服企业有重要的借鉴作用，德国4.0发展到一个人领两个人的工资，承担三个人的工作量，产生4倍的效率；自动化技术并不是取代人，而是要做流程改革与再造，目的是借助机器人助推生产效率，人工退居幕后；为应对消费者多元化的需求，必须利用自动化技术来提高生产效率，同时也提高生产安全性，保持生产一贯性；未来晋江鞋服企业应从设备与技术入手，提高自动化水平，可以使产品质量提升不止一个档次，产品细节上也更精细，也为企业减少废料的产生。

(林子文撰　蔡育树审)

【概况】

2016年，晋江市有国家AAAA级景区2个，AAA级旅游景区3个，中国乡村旅游模范村1个，中国乡村旅游金牌农家乐4家，国家工业旅游创新单位1个，省级特色旅游景观名镇2个，省级特色旅游名村1个，中国乡村旅游创客示范基地1个，福建省乡村旅游特色村4个，乡村旅游经营单位2个，农业旅游示范点7家。众多知名企业纷纷加入省市级观光工厂及工业旅游示范点的创建行列，省级观光工厂5家，市级观光工厂2家，各级工业旅游示范点24家，福建七匹狼实业股份有限公司获评首批“国家工业旅游创新单位”，晋江金井塘东滨海观光旅游休闲村、坫头森林人家被评为“全国休闲农业与乡村旅游三星级示范企业（园区）”。至年底，全市新增2家旅行社，共有旅行社27家，其中AAAAA级旅行社3家，AAAA级旅行社3家，出境游组团社2家，旅游服务网点100家。全市星级酒店18家，其中五星级酒店5家，四星级酒店6家，三星级酒店7家。可为旅游者提供舒适安全，全方位，多层次的旅游服务。全市获评泉州特色伴手礼23种，晋江伴手礼17种。

（宋成功撰　许紫竹、柯惠玲审）

【旅游规划】

2016年9月29日，市旅游局委托福建师范大学旅游规划设计中心编制《晋江市文化旅游专项规划》。10月，市旅游局编制完成《晋江市“十三五”旅游业发展专项规划》。12月23日，福建师范大学旅游学院院长伍世代一行到晋江汇报文化旅游专项规划初稿。

【旅游景点等级创建】

2016年元月，晋江金井塘东滨海观光旅游休闲村、坫头森林人家被农业部社会农村事业发展中心、中国旅游协会休闲农业与乡村旅游分会评为“全国休闲农业与乡村旅游三星级示范企业（园区）”。

8月，安海文化旅游创客基地入选第二批中国乡村旅游创客示范基地。

11月，灵源街道灵水社区、紫帽镇紫星村的省级乡村旅游特色村创建工作通过验收。

12月，安平桥（五里桥）景区被评为国家AAAA级旅游景区。三六一度（中国）文化馆、晋江木延文创体验中心等2家企业被福建省观光工厂质量评定委员会评为福建省观光工厂。市旅游局授予浩沙实业（福建）有限公司、阿一波食品有限公司2家单位“晋江市级观光工厂”称号。

【旅游宣传推介】

2016年2月，中央电视台元宵晚会泉州分会场节目在五店市传统文化旅游区录制。晋江旅游景点在线3D全景漫游系统正式上线，为福建省内县级城市首创。该系统囊括晋江22个景点、景区及观光工厂，在线上就能尽情预览风光，犹如身临其境。游客可以通过关注晋江市旅游局微信（晋江旅游）或直接扫描微信二维码，以及在晋江旅游信息网上点击相应链接，进入系统界面。

市旅游局编制《晋江文明旅游礼仪手册》，并向全市旅游从业人员及市民发放。

5月5—7日，市旅游局组团参加在厦门举办的第十二届海峡旅游博览会，借助平台集中宣传晋江旅游景区、伴手礼等，取得良好效果。作为展会主要配套活动，第三届两岸乡村旅游圆桌会议于5月5日举办，会议期间举办福建省首批观光工厂授牌仪式。

6月，由市旅游局印制的新版晋江旅游手册正式发布。手册以“游海丝、购品牌、尽休闲”为主要内容，涵盖吃、住、行、游、购、娱等要素的基础信息。

【景区活动】

2016年春节期间，五店市传统文化旅游区举办春节元宵游园系列活动，衙口景区举行南音汇演及猜灯谜活动。

5月，五店市传统文化旅游区举办公益彩虹跑、草庵举行传统文化体验活动、深沪镇举办第二届美食节，围头、运伙、灵水等乡村旅游点举行互动体验活动等。

5月15日，为纪念5.19中国旅游日，市旅游局联合厦航泉州分公司，共同举办“跟着厦航空姐游晋江”系列活动。来自25个厦航航班落地城市的优质旅行商受邀参加本次活动。“厦航空姐游晋江”活动中，空姐带领“驴友”走进五店市、安平桥、围头等景区，与游客来一次亲密接触。

5月9—11日端午节期间，安平桥景区举办第五届晋江市（安海）端午民俗旅游文化节，衙口景区举办2016年全国沙滩排球大满贯赛“卡尔美杯”晋江站比赛，五店市传统文化旅游区举办嗦啰嗹、民艺荟萃、民俗体验、粽子DIY、民俗

"跟着厦航空姐游晋江"晋江市纪念"5·19中国旅游日"活动

晚会等活动。

8月9日,第四届海峡两岸(晋江·围头)七夕返亲节在金井围头景区举行。

8月20日,由晋江市侨台外事局、文体新局、旅游局、方志办等单位指导,金井镇政府、晋江市传统文化促进会、市晋台民间交流协会、市五店市传统街区运营有限公司主办的"晋台两岸百对家庭传统文化互动亲子游活动"在金井镇举行开幕式。

11月8日,晋江市委宣传部主办、晋江市旅游局和晋江市捷喜多媒体设计有限公司协办和承办的创意路跑首秀晋江,吸引300余人变装跑。

11月13日,作为晋江市文化产业周系列活动之一"千年古厝群 醉美五店市"导游大赛决赛在五店市露天戏台举办。20名选手进入决赛。

【旅游交流合作】

2016年3月28日—4月1日,副市长史思泉带领旅游局和部分旅游企业负责人到江西、武汉开展人才接洽旅游院校开展校企合作。

6月,受邀参加"第八届海峡论坛·闽台同名村镇续缘之旅"的台湾同名村镇乡亲100多人到晋江东石镇,探访东石嘉应庙、东石寨等景点。9月,以"一带一路 共融发展"为主题的国际毛利经贸文化洽谈会在晋江举行。开幕式上,晋江与奥克兰互相签订经济文化战略合作框架协议,并为在筹备中的晋江中新毛利文化交流中心揭牌。

6月20—22日,四川省32家优质旅行社组团到晋江进行旅游踩线,此次踩线涵盖晋江各旅游景区,以推介晋江工业旅游资源为主,力求全方面展示晋江"海丝首邑、品牌之都"的城市形象,踩线团走访五店市传统文化旅游区、全国首批重点文物保护单位安平桥、世界上仅存的摩尼教遗址草庵、千年古刹龙山寺、两岸通婚第一村围头战地文化渔村、首批福建省观光工厂七匹狼中国男装博物馆和安踏公司、福建省第一侨乡灵水古村落。

7月7日,市旅游局与福建林业职业技术学院就共建旅游管理专业校外实训基地签订合作协议。根据协议,福建林业职业技术学院将为晋江旅游局提供信息服务、技术援助和项目合作研究,而旅游局将为学院学生安排实训企业,以达到相互扶持,互惠双赢的目的。

12月,晋江市休闲农业与乡村旅游精品线路发布暨长汀旅游推介会召开,晋江长汀两地居民可凭身份证享受互游互免门票等优惠政策。

【旅游伴手礼】

2016年1月7日,晋江旅游协会召开四届五次常务理事会,会议审议并通过成立伴手礼分会等相关事宜。伴手礼分会由20家晋江伴手礼商家负责人和相关的销售、策划人员共同组成。市旅游局委托台湾狼群公司设计团队深入20家晋江伴手礼企业进行调研,了解商家需求、产品特点和文化内涵,启动晋江伴手礼形象设计。

9月,在晋江旅游协会伴手礼分会举行全新的晋江伴手礼统一外观包装发布仪式,并举行晋江伴手礼优秀合作伙伴及优秀商家表彰仪式。

10月14—18日在笋江公园举办海丝泉州旅游商品特卖会暨第五批"泉州伴手礼"认定活动,晋江共有三项产品入选第五批泉州伴手礼名单。

11月12日,晋江伴手礼五店市旗舰店开业揭牌仪式在五店市传统文化旅游区举行。

12月,首届晋江品牌年货展暨晋江伴手礼展销会在五店市传统文化旅游区举办。

【旅游行业服务与管理】

2016年1月,晋江市旅游系统开展春节送温暖慰问活动。史思泉副市长带队慰问部分星级酒店特困员工。

5月15日,晋江市旅游志愿者服务大队正式成立,并在"5·19中国旅游日"启动式上发起文明旅游倡议。9月23—25日,全国旅游星级饭店评定委员会办公室委派国家级星评员袁惠、肖燕玲,按照中华人民共和国国家准《旅游饭店星级划分与评定》(GB/T14308—2010),对晋江宝龙大酒店进行五星级评定性复核检查。

6月17日,宝龙大酒店、佰翔酒店、爱乐国际大酒店与华侨职校举行2015级旅游(酒店)服务与管理专业的校企合作暨订单班签约仪式。

【旅游赛事】

2016年5月5—7日,在第十二届海峡旅游博览会期间举办的福建旅游商品创意设计大赛评选上,晋江市有12件商品入围,6件作品跻身百件福建好礼。其中,艺达木雕作品《时来运转》,获得海峡两岸旅游文创商品大赛金奖。

6月,晋江围头景区负责人洪水平

被评为2016年全国旅游系统劳动模范。

8月，市旅游系统第十五届岗位技能竞赛在温德姆酒店举行，本次竞赛由市旅游局、人力资源和社会保障局、市总工会、团市委主办，晋市旅游系统团工委承办，晋江旅游协会、晋江温德姆酒店协办。竞赛共设8个比赛项目，其中个人项目6个，分别为中餐宴会摆台、西餐宴会摆台、中式铺床、鸡尾酒调制、果盘制作和导游风采；另有团体项目2个，分别是团体托盘接力和团体工装展示。共有40家单位参赛，总人数达312人。爱乐国际酒店获团体第一名。

10月，晋江市特色伴手礼运营有限公司选送的《晋江伴手礼礼盒》获得2016年泉州旅游商品设计创作大赛作品展评铜奖，乌先生文创选送的《燕尾脊自动折叠伞》、福建省泉州美琼食品有限公司选送的《美琼肉粕包装》获得优秀奖。晋江市选送选手罗小玲在"中国梦•劳动美"福建省导游职业技能大赛中获三等奖和"福建省五一巾帼标兵"称号。

11月，晋江旅游饭店8名选手参加2016年泉州市旅游饭店服务技能比赛，7人获奖，其中一等奖1名，二等奖3名，三等奖3名，总分位于第二名。

【旅游行业培训】

2016年3月30日，市旅游局组织全市21家星级饭店相关负责人参加"智慧安监"信息管理平台技能培训，培训内容包括"智慧安监"平台的企业端、企安通（手机端）实际操作培训，星级饭店参训率100%，培训采用理论和上机操作结合的方式。

6月，举办安全生产月的培训及现场演练活动，市旅游局、福建省泰安安全环保技术有限公司、九洲旅行社总部及下属各营业网点全体工作人员参加活动。

组织开展首次安全生产宣教培训基地参观培训系列活动，全市18家星级饭店、26家旅行社安全生产负责人参加。8月，市旅游局组织开展"星级饭店有限空间作业安全专题入企宣讲"及"星级饭店有限空间现场确认"培训系列活动。

9月，市旅游局举办"放心游福建"旅游服务承诺工作培训班。

11月，晋江市旅游局在文头悦海大酒店开展"安全生产专题入企宣讲"活动，邀请安监局派驻安全生产专家郭邦一解读《中华人民共和国安全生产法》，普及消防及用电安全常识，文头悦海酒店100多名员工参加宣讲活动。市旅游局联合市消防大队、青阳派出所，组织金玛国际酒店安全工作负责人、重要安全岗位员工共200多人开展消防演练。

【旅游市场监管】

2016年春节假日期间，市旅游局联合市场监督管理局开展四个"注重"专项检查，市政府办、公安局、交通运输局、市场监督管理局、旅游局、消防大队等假日办成员单位组成检查组，开展2016年春节黄金周假日旅游安全检查。

2月24日，市旅游局组织全市旅游企业参加福建省旅游行业服务监管暨文明旅游工作视频会议，联合市委文明办召开全市旅游行业服务监管暨文明旅游工作会议。全市25家旅行社、21家星级饭店、4家A级旅游景区负责人参加会议。

6月，市旅游局联合泉州旅游质监所开展旅游市场检查，重点检查非星级酒店使用星级符号、企业未取得旅行社业务经营许可证进行相应宣传行为。检查组现场检查敦煌大酒店、爱尔凯尔顿（原胜家商务酒店）、晋江阳光堡钻酒店（原阳光商务酒店）及福建展程恒好旅行社四家企业。市政府组织相关单位在SM国际广场开展"全国安全生产月"宣传咨询活动。市旅游局现场向市民分发旅游突发事件应急手册以及文明旅游理性消费、晋江旅游宣传册、晋江二维码地图等宣传折页，向市民耐心讲解旅游安全注意事项，宣传普及在旅游过程中常遇到的相关旅游知识。牵头组织消防大队、市场监督管理局等旅游安全督查领导小组相关成员单位开展安全生产联合检查，检查组一行先后检查英林镇振英大酒店、英华大酒店、金井镇文头悦海大酒店。

8月，市旅游局对旅游企业文明城市创建工作开展专项督查，开展旅游市场专项整治行动。约谈海丰酒店总经理，首次启动安全生产约谈机制。

9月，市旅游局牵头组织消防大队、市场监督管理局等旅游安全督查领导小组相关成员单位开展安全生产联合检查。联合泉州市旅游质监所开展旅游市场监管随机抽查。

11月，市旅游局组织旅游系统党风政风行风监督员以抽查形式对部分旅游企业、景区等开展行风检查活动。开展为期4个月的"不合理低价游"专项整治行动。12月，市旅游局联合部门开展旅游安全生产检查。

（宋成功撰　许紫竹、蔡经雄审）

金融业

·金融服务与保障·

【概况】

2016年，晋江市金融工作局（以下简称市金融局）以建设“海峡西岸金融改革创新先导示范区”为目标，以金融支持产业转型升级和防范化解金融风险为重点，持续加大金融服务实体经济的工作力度。全市累计实现金融业增加值58.89亿元，同比增长7.29%，占第三产业比重为9.26%；全市银行业金融机构本外币各项存贷款余额2768.6亿元，同比增长10.91%；其中各项贷款余额1286.42亿元，年度净增135.44亿元，同比增长11.71%。

【金融保障机制】

2016年，市金融局通过制定规划、出台政策、强化保障，为金融创新发展提供全面支撑。加强顶层设计。聘请深圳综合研究院编制《晋江市金融业创新发展行动方案》。坚持以点带面、开放创新、抓纲务本、远近结合原则，结合案例材料，提出六大行动策略和24项具体行动措施，加快释放金融对经济提质增效的支撑作用。强化政策保障。从晋江金融业发展需要出发，制定《关于加快集聚金融人才的若干意见》《关于规范发展互联网金融和跨境金融的若干意见》，在资源培育、财税奖励和补助、募投导向、人才引进、互联网金融、跨境金融等方面提出具体措施，形成一整套较为完备政策体系兑现奖励2947.14万元。拓展合作交流。瞄准深圳等金融产业发达地区，举办晋江市政府和深圳市金融办战略合作签约仪式及座谈对接会，加强深晋双方的项目推介、资本对接、信息交流、企业互动，利用深圳金融业优势资源，促进晋江市金融与产业融合发展。邀请全国股转系统专家以及知名证券公司召开多场挂牌业务知识培训会及工作交流，为拟上市企业和股转系统机构搭建交流平台。强化载体建设。推进政府独资5亿元，总建筑面积14万多平方米的晋江市金融广场建设，提升金融生态硬件环境，促成晋江金融集群化发展。

【金融服务】

2016年，市金融局以创新为抓手，引导各类金融机构优化服务，融入晋江经济社会发展大局。创新组织形式。发动设立晋江市产业创投引导基金，制定出台产业引导基金及子基金各项管理办法，撬动社会资本6.16亿元设立运行“智能装备”“互联网+”及“创新创业投资”三支子基金，加快引导基金和子基金设立运作，支持转型升级及创业创新，其中“创新创业投资”子基金累计投资13个项目近1.4亿元，成功引导2个项目迁入晋江。完善金融组织体系。推动厦门国际银行入驻，成为第21家入驻晋江市的银行机构，新设支行网点3家，机构网点总数达289个，提升基层金融服务水平；6月，中国工商银行晋江支行获批升格为分行，成为晋江市域银行业金融机构继建行、中行后的第三家分行。提升产品创新水平。推动银行创新小微企业还款方式、担保方式和融资方式，“年审贷”“再融资”等业务贷款余额突破60亿元；把握国家知识产权局专利权质押融资试点契机，鼓励多家银行发放股权、知识产权质押融资18.75亿元；设立轻资产型企业风险补偿共担基金对接建行“助成贷”系列产品，累放170笔、9542万元。设立市级小微企业信贷风险补偿共担资金，对接“保险贷”试点，累放26笔、1348万元。推动发展农地金融。依托晋江市作为农村土地流转试点县的政策优势，出台《农民住房财产权抵押贷款试点实施方案》，设立农业贷款风险补偿专项资金，推动辖内金融机构开展农民住房财产权抵押贷款业务试点，参与试点银行扩容至5家，贷款余额6.77亿元。

【民间金融】

2016年，市金融局深化产融结合，加快民间金融领域改革步伐，支持实体经济健康发展。健全组织体系。引导超50亿民间资本，设立各类金融机构46家。全省首家民营企业集团财务公司设立运营，资产规模达15.39亿元；由泉州、晋江两级财政共同出资1250万元，联合社会资本设立总规模5000万元的政策性融资担保公司，撬动金融资源高效地服务中小微企业发展。培育新业态。根据市场需求，制定促进融资租赁业发展扶持政策，探索融资租赁经营新模式，市财政出资会上市公司、融资租赁公司合作设立晋融智能装备融资租赁公司，支持企业技改、转型升级，设立融资租赁公司11家，融资租赁业务规模超40亿元。规范发展民间金融。建立民间金融组织联席会议制度，落实分类评级管理等制度建设，组织6次准金融机构经营业务检查和非法集资排查、宣传工作；完成对全市小贷、担保和典当公司年审、分类评级以及换证工作。

【金融风险防控】

2016年，晋江市主动作为，坚持问题导向，紧紧守住金融风险防线。主要领导亲自部署协调。制定《晋江市不良贷款防控化解考核方案》，四套班子领导亲自挂钩协调36家重点风险大户企业，密集推进不良贷款防控、打击逃废债以及加快信贷投放等工作，累计协调化解重点风险大户企业110多亿元风险贷款。双管齐下惩办逃废债务。成立打击逃废债专案组，从严从重从快打击13家企业逃废债务违法行为，刑事拘留23人；出台金融风险重点企业“九条限制措施”，限制400多个失信企业关系人办理出入境、乘坐飞机、动车出行以及变更工商登记、土地房产转移等。政银司合力支持风险防控。市法院出台加快金融案件审执工作的“十条措施”，晋江农商行发放“网拍贷”，市金融局、法院派出工作组入驻泉州法院，强化政银司合力，创建涉金融风险案件联合速调机制。创新银行业履职监管办法。出台《银行机构不良贷款防控化解管理办法》，通过采取差别化监管、高管履职、“一案双查”、财政资源倾斜等八条措施，敦促银行落实主体责任。创新不良贷款处置机制。市国有企业与民生银行、长城资产管理公司合作设立总规模20亿元，首期规模5亿元的不良资产管理基金，统筹推进国有企业承接不良贷款资产包、托管工作，成功对接成功2笔不良资产包承接。发挥财政资金撬动保障作用。财政累计出资1.75亿元设立各类保障、增信基金，其中应急周转金累计为531家企业转贷金额158.84亿元；成立鞋服行业政策性担保公司，通过担保置换、担保增信帮助企业化解联保互保风险。狠抓督查促进工作落实。成立金融风险防控督查组，深入银行、镇街开展督查，严肃问责问效。

（张晓如撰　林溢芳审）

·银行业监督管理·

【概况】

2016年，晋江市各银行业机构攻坚克难，统筹推进服务实体经济、信用风险防控和改革发展创新工作，全面落实市委、市政府增贷化险双指导计划，资产、存款等主要经营指标保持稳定增长，带动实现金融业增加值58.89亿元，同比增长7.3%，有效促进晋江经济平稳发展。至年末，辖内共有银行业金融机构22家、网点290个（其中政策性银行1个，大型银行86个、股份制银行45个、城市商业银行24个、邮储银行32个、农村中小金融机构101个、集团财务公司1个）。年末，全市银行业本外币各项存款余额1522亿元，比年初增加90亿元，增长6.28%；本外币各项贷款余额1292亿元，比年初增加136亿元，增长11.76%；存量存贷比84.89%，同比上升4.16个百分点，增量存贷比达151%；银行承兑汇票余额312.72亿元，同比增长19.03亿元，增长6.48%。全年银行业机构无重大案件和事故发生，总体保持平稳运行。

【服务实体经济】

2016年，晋江市银行业机构持续引入信贷活水，通过搭建银企对接会等措施，优化信贷投向，助力供给侧结构性改革。着力加大个人住房贷款投放力度，缩减房地产业投资贷款，支持房地产“去库存”，全年个人住房贷款新增34.7亿元，贷款余额同比增长24.69%，房地产业贷款减少19.6亿元，贷款余额同比减少23.43%；租赁和商务服务业、水利、环境和公共设施管理业支持力度显著增强，全年新增53.66亿元，贷款余额同比增长146%。福建七匹狼集团财务有限公司业务稳步推进，有力地支持集团上下游纺织鞋服企业发展，至12月末，贷款余额10.5亿元，累计结算量近420亿元。持续推进普惠金融，信贷资源继续向小微企业、“三农”倾斜，至年末，晋江市涉农贷款余额974亿元，比年初增加50亿元，同比增长5.41%；小微企业贷款余额403亿元，比年初增加65亿元，同比增长19.23%，高于各项贷款增速7.56个百分点；贷款户数3.13万户，同比增长5831户，申贷获得率92.31%，同比增长5.26个百分点，实现“三个不低于”增长目标；持续推进快速转（续）贷机制，提升转（续）贷服务的透明度和效率，如晋江农商行每月持续开展转贷效率考核，转续贷天数由年初的平均1.82天/笔降低到平均1.04天/笔，全市银行业机构全年累计办理转（续）贷12978笔、856亿元。全省首创农房抵押贷款批量授信模式，晋江农商银行“农房乐”贷款余额6.54亿元、比年初增加1.19亿元，增幅22.24%，占全省农房抵押贷款一半以上，“一卡一贷一基金”青创金融服务模式先后赴银监会、福建省银监局做经验介绍；农行在辖内安平、金井支行设立社保卡“立等可取”服务窗口，落实政府交办的为民办实事项目，进一步方便参合群众。

【金改创新】

2016年，晋江市银行业机构紧跟经济发展实际和系列产业政策，依托特色资源，在完善组织体系、加强金融服务创新等方面，持续推进符合条件银行业金融机构升格，促进规模和权限的双提升。3月14日，中国工商银行晋江支行获批升格为二级分行，全辖共有3家二级分行。晋江市社区银行/小微支行的服务覆盖面拓宽，3月17日、10月26日，民生银行梅岭社区支行、平安银行安海社区支行等两家支行先后获批开业，年末，全辖共有21家银行业金融机构，网点289个，较年初增加3个，其中，社区支行/小微支行33个。持续推进银行业改革发展，稳步推进“引银入晋”工程，机构种类更加丰富。12月19日，厦门国际银行晋江支行获批开业；持续推广“金翼贷”“圆梦贷”“店商贷”等专属产品支持企业创业创新，推出“年审制2.0”等还款方式创新类产品共计5款，累计为中小企业节省融资成本0.85亿元；深化“银税互动”“税易贷”“税融通”等特色产品为企业增信服务提质增效，实现银行业机构与税务部门合作以及企业信用评级名单ABCD评级两个“全覆盖”。借力“互联网+”推进零距离金融服务，晋江农商行创新推出“小微宝”自助循环贷款。银行业无还本续贷产品覆盖面取得新突破，至12月末，全市81%的银行业机构开办并发放无还本续贷5966笔、同比增长91.83%，金额113.27亿元，同比增长122.45%。法人机构改革不断深化，晋江农商行推进全面完善法人治理体系、内控管理体系、风险防控体系建设，提升公司治理水平和增贷化险能力，年内首次发行7亿元次级资本债，有效扩宽融资渠道，增强风险抵补能力。年末，该行资本充足率、杠杆率等指标均优于监管标准要求。推进农村信用体系建设。截至12月末，晋江涉农金融机构共为25.70万户农户建立信用档案，评定信用农户数25.28万户，占比98.4%，评定信用村(社区)89个，信用镇1个，信用船216艘，对建档农户发放贷款余额71.56亿元，金融支持“三农”辐射效应持续放大。

【风险防范】

2016年，中国银行业监督管理委员会泉州监管分局晋江办事处(以下简称晋江监管办)坚持“心中有数、把握节奏、有序暴露、加快处置”原则，多管齐下做好防范化解信用风险。年末不良不良贷款率2.94%，基本控制在3%的防控目标内。强化政策督导落实，召开通报会，传导会议精神，向市委，市政府报送呈阅件，取得支持，逐条分解监管意见，明确责任人和落实时间。根据各机构暴露出的风险苗头及时约谈有关银行机构高管人员累计78人次，做好风险化解和防范工作。以奖惩政策文件促进风险防范与化解，参与研究出台《晋江市金融风险重点企业限制措施》，对失信企业主进行限制；参与研究《晋江市银行机构不良贷款防控化解管理办法》，督促银行强化信用风险防控主体责任。积极向上争取处置份额，综合运用清收、核销、转让等手段累计处置不良资产51.5亿元，同比多处置23.5亿元，占泉州市不良处置金额18%。信用风险防控机制不断完善，通过“一企一议”及风险防控化解工作会，全年各银行业机构与道奇公司等十多家企业签订“一致行为”协议，避免30多亿贷款形成不良，晋江监管办作为督察组成员，配合市监察局、法院等部门组成专项督查组对各银行机构开展两轮金融风险防控专项督查，推动组建债权人委员会及银团贷款，协助解决“优兰发”集团增贷化险。严厉打击逃废债，联合打击逃废债专案组整理嫌疑逃废债对象清单，配合公安部门对22家涉嫌逃废债企业进行约谈，取得实质性的信用风险防范作用。成立晋江市互联网金融风险专项整治工作领导小组，与有关部门开展P2P专项整治，对晋江市网络借贷平台(起跑线贷)、锐拓互联网金融信息服务有限公司等有关情况进行调查取证，在规定时限内关停以上公司。严格按期按规定对泉州银行深沪支行开展经营管理开业后评估、晋江农商行安全保卫现场检查，配合银监会条线省，市检查组延伸检查4次，针对检查中发现存在的问题及时提出监管意见，督促银行把控风险，促进其稳健发展。

【法人机构监管】

2016年，晋江监管办持续做好晋江农商银行各类监管措施，针对该行存款偏离度过高，贷款行业集中度较高，同业投资增长较快，银担合作信用风险持续暴露等情况，及时发出风险提示4份，督促其尽快落实整改措施，做好“小微企业金融服务”“两加强、两遏制”“查找风险，消除隐患”等专项督查；通过进行入社、审慎监管会谈、季度约谈，对该行在大额及异地授信管控、同业与投资业务等方面累计提出40条监管意见。督促坚持支农支小定位，坚持“小额、流动、分散”经营，至12月末，小微企业贷款余额145.06亿元，同比增长10.66%，实现“三个不低于”；涉农贷款余额157.15亿元、同比增长0.14%。督促晋江农商银行强化异地授信管理，严控大额授信比例，狠抓100万元以上不良贷款清收，防范业务风险。多方联动建立化险新机制，晋江农商行与市法院签署《金融案件执行业务合作备忘录》，设立泉州首个一站式集中冻结、扣划执行协助窗口等方式，有效促进金融案件执行质效的提升。

【银行业基础管理】

2016年，晋江监管办履行监管职责，抓好各项基础管理工作，努力把学习教育转化为促进监管工作提升的强大动力，为晋江市银行业改革发展提供坚强的组织保障。严格规范准入管理，做好机构筹建、开业、更名以及高管人员任职的初审管理工作，促进营造良好的银行业金融环境。加强司法建议成果运用，针对辖内银行住房按揭贷款预告登记的法律风险进行摸底调查并召开辖内金融机构负责人会议，及时作出风险提示并提出专项监管意见，实现司法建议对有效监管的补充。针对有效信贷需求不足的情况，积极配合政府各级部门摸排各行业优质企业融资需求，召开专题会议进行部署推进，督促辖内银行业机构对目标企业进行筛选过滤，筛选出247家优质企业，融资需求137亿元。加强银行业协会、金融团工委指导。组织召开2016年第一届会员代表大会，回顾总结上年工作，对2016年协会工作进行部署和要求；指导协会做好华夏银行、七匹狼集团财务公司等2家机构的吸纳入会以及部分人员调整工作；9月27日，指导银行业协会与市金融团工委联合开展晋江市“银协杯”首届乒乓球比赛，进一步丰富员工的文化生活，促进各银行机构的交流，以利于推动晋江市银行业的和谐稳健发展。

(吴震家撰　许一平审)

·中国人民银行晋江市支行·

【货币政策】

2016年，中国人民银行晋江市支行(以下简称人行晋江市支行)贯彻执行稳健货币政策，提高基层央行履职水平。发挥基层央行的窗口指导作用，通过经济分析会、联席会、政银企对接会等形式，引导各金融机构执行稳健货币政策，合理把握信贷投放总量和投放节奏，确保信贷总量与晋江实体经济的发展需求相适应。至12月末，全市银行业金融机构本外币各项存款余额1482.18亿元，同比增长6.24 %；本外币各项贷款余额1286.42亿元，同比增长11.71%。合理运用好差别化存款准备金、差别准备金利率等激励约束工具政策，做好农行三农金融事业部的数据报送、存款准备金率调整建议、监测引导等。结合宏观和微观审慎要求，引导地方法人金融机构加大资本充实力度，3月3日，晋江农商银行在银行间市场成功招标发行发行规模7亿二级资本债，增强其服务实体经济实力。稳妥推进农村住房财权抵押贷款试点工作。自2015年12月份获全国农民住房财产权抵押试点县市以来，市政府和各银行机构积极探索，主动作为，大力推进试点工作，在出台试点实施方案、推动金融机构跟进并加强创新、健全建立试点配套条件以及做好跟踪督查与宣传工作等，取得较好成效。至12月末，辖区农民住房财产权抵押贷款余额6.9亿元，并于11月10日在江苏省泗洪县召开的全国“两权”抵押贷款试点现场会上作经验交流发言。12月13日，10家中央媒体采访团在晋江召开泉州市农村“两权”抵押贷款试点专题宣传采访座谈会，人行福州中支对晋

泉州市农村"两权"抵押贷款试点宣传采访座谈会暨采访活动在晋江举行

江顺利承办此工作任务发感谢信。晋江农商银行优化升级"农房乐"创新产品，并在全省首创农民住房财产权抵押贷款批量授信模式。继续推广"年审制贷款""保险贷"等创新产品。鼓励银行业金融机构不断完善信贷结构，优化信贷审批流程，推动还款方式和担保方式的创新，做大、做实免还本续贷"年审制"贷款产品，有效减少中小微企业转贷环节，降低融资成本。至12月末，辖区办理年审制贷款余额35.16亿元，办理小微企业保证保险贷款余额988万元。持续推进跨境人民币业务扩面增量及业务的政策推介工作，引导进出口企业和外商投资企业采用跨境人民币结算，辖内银行全年办理人民币跨境结算281.15亿元。

【金融稳定】

2016年，人行晋江市支行切实维护金融稳定，努力防范化解金融风险。做好存款保险制度实施工作，按照属地管理原则，做好法人机构投保所需要手续办理工作。继续做好新设金融机构的央行管理与服务工作，依法规范开展"两管理、两综合"工作。3月31日完成对辖内经营满一年的19家银行业金融机构2015年度的综合评价工作；组织对农行晋江市支行开展综合执法现场检查。做好企业资金风险监测预警的同时，配合地方政府处置化解不良贷款，按规定协调政府相关部门依托征信系统查询掌握企业融资担保等信用信息，防范信用风险通过担保链扩散，努力维护良好金融生态。抽调1名业务骨干参加辖区企业资金危机处置相关工作，协调"陈埭镇企业重整工作组办公室"开展企业不良贷款清理、理清企业担保链等有关工作。组织辖内各银行金融机构开展多形式的开展"打击非法集资"系列宣传活动。采取措施协调金融风险防控工作。推动政府出台《金融风险重点企业限制措施实施方案》，协调加强金融风险防控。

【征信管理】

2016年，人行晋江市支行强化征信管理工作，持续提升征信服务水平。严格执行"单人临柜+事后监督"管理制度与监督检查制度，合理设置岗位，提高业务办理速度。2016年度，累计受理个人信用报告查询28182人次，个人异议处理98人次，受理企业信用报告查询447家。组织与协调人行泉州市中支开展对金融机构执行征信管理情况现场检查，促进金融机构征信业务的规范化。组织对晋江农商银行开展1次征信管理制度执法检查，派员参加协调人行泉州市中支开展对中国银行晋江分行、光大银行晋江支行征信管理制度执法检查，进一步规范金融机构的征信管理制度，推动辖区社会信用体系建设上新台阶。推进诚信建设制度化，配合市政府出台《晋江市"市民文明素质提升工程"实施意见》和《晋江市信用"红黑榜"发布制度》，制定《晋江市支行推进诚信建设制度化实施方案》。做好辖区机构信用代码证发放工作，全年审核发放10044户。开展多形式的第九个"6•14"信用记录关爱日系列宣传活动。商业银行在营业场所LED显示屏上打出征信宣传的相关标语和口号，营造良好的宣传氛围；进村入户把征信宣传知识送进工业园区；借助移动互联媒介，在微信朋友圈发送相关征信知识。开展"信用村""信用镇""农村青年信用示范户"的评定与"信用船"创建工作，宣扬"诚信晋江"信用典型模范，推进社会信用体系建设。全市评定信用村67个，信用镇1个、信用船215艘、农村青年示范户40户；建立农户信用档案256036户，占农户数的88.4%，评定信用农户252661户，占建档98.7%。对建立信用档案农户发放贷款68.99亿元，不良率为1.45%，低于全市平均水平1.19个百分点，促进农村信用环境进一步优化。

【支付结算管理】

2016年，人行晋江市支行做好非现金结算推广和运用，加大支付结算日常管理和监督检查力度。推动电子商业汇票应用，采取约谈、走访等方式，调动辖内各银行机构推广应用电子商业汇票业务的积极性，对商业汇票电子化率定期通报，并对电子化率较低的银行进行重点督查。至12月末，晋江电子商票占商业汇票的比例76.35%。做好银行卡助农取款服务推广，继续引导农商行、农行和建行做好银行卡助农取款服务工作，进一步发挥其在支付结算中转站功能。督促银行机构加强对助农取款点的日常监测与巡查。设立银行卡助农取款服务点329个，助农取款服务点累计办理取现8.63万笔，金额3147.38万元；转账4.02万笔，金额9838.21万元；缴费笔数16.32万笔，金额2312.28万元，较好地实现农民足不出村尽享金融服务的目标。加大推进金融IC卡闪付在民生服务领域上应用，在人行泉州中支的指导下，晋江农商银行积极与晋江市市场服务中心及晋江市农贸市场投资有限公司等单位合作，自主研发出IC卡闪付买菜运营平台，最终成功推出"嘀嘀买菜"这款惠民便民利民的金融服务产品。该项目对深化普惠金融体系建设和促进晋江市金融业创新具有重要意义。有50多家商户签约。完善银行结算账户管理，加强账户日常管理和核准监督审批工作，并配合"一照一码"登记制度的改革，进一步优化工作流程。共受理核准类账户的开、销户及变更业务共48493户，比上年同期增加39027户，增幅412.29%。组织开展对晋江农行、晋江交行、晋江中行、晋江平安等四家机构的支付结算检查，检查机构占比26.32%。

持续推动银行卡受理市场规范，针对社会电信诈骗活动猖獗的现状，加大建立跨部门高效合作机制，有效打击通讯网络虚假信息诈骗。落实风险防控措施，专题部署防控跨境移机事宜。要求辖内各收单机构建立健全POS机交易监测风险系统，及时有效调查反馈银联风险监测提示，加强人员配备和日常管理，落实和执行好定期巡检制度。加大整治包括银行卡、账户、票据、网络支付在内的所有支付结算领域的违法犯罪行为，与公安局、有关银行机构成立联合整治支付结算重大违法犯罪办公室，加大打击力度。贯彻执行中国人民银行《关于加强支付结算管理 防范电信网络新型违法犯罪有关事项的通知》，根据上级行统一部署，加大对各银行机构落实文件要求的督导力度，特别是业务流程和系统改造的督导，并于实施首日对辖内部分银行进行督办。加强人民币管理，维护人民币信誉。开展对辖区21个金融网点人民币收付业务及反假货币工作的暗访，责成存在问题的网点提升服务质量，切实做好人民币收付业务。加强反假斗争，全年全市金融机构共收缴假人民币39008张，金额375万元，其中公安机关收缴假人民币29562张，金额294万元。指导辖区金融机构合理配置现金库存与合理调剂券别结构，小面额货币保有量平均达到5.7%。联合辖内金融机构开展反假货币宣传活动，提高社会公众识别假币能力与反假币意识。

【经理国库】

2016年，人行晋江市支行抓牢国库基础工作，切实防范国库资金风险。严格执行国库规章制度，较好完成国库会计核算工作任务，确保政府预算收支任务顺利完成。全辖共办理国库收入199.13万笔、金额275.24亿元，同比增加11.68亿元，增长4.43%；预算拨款1.74万笔、金额246.08亿元；预算收入退库2900笔、金额30.05亿元；更正业务996笔、金额18.13亿元。继续推进地方国库集中支付改革，不断扩大集中支付改革覆盖面。至年底，全市385家预算单位全部纳入集中支付，提高财政性资金运行效率和使用效益。做好国债发行与兑付工作。加强国债宣传工作，进一步普及国债发行、兑付知识，促进国债发行、兑付工作任务圆满完成。做好国库统计分析工作，发挥好国库的参考决策作用。努力完成国库统计分析日常工作，不断提高分析工作质量。按时做好每日国库会计分析工作，及时处理国库统计分析各项报表等数据；做好季度国库资金运行的分析报告；做好TIMS基础信息子系统和电子档案“云”平台数据信息的收集、整理、录入、上传等工作，提高统计分析水平。

【反洗钱】

2016年，人行晋江市支行加强反洗钱工作，打击反洗钱犯罪。多措并举，有效落实差异化监管，根据实际需要对不同义务主体履责风险采取全方位、针对性的监管手段，多措并举，有效落实差异化监管要求。对晋江农商行开展风险评估，对福建七匹狼集团财务有限公司开展监管走访、约见谈话，推动其完善反洗钱内控机制，发挥监管鞭策和惩戒作用。开展洗钱风险自评估工作，督促指导义务主体开展洗钱风险自评估，开展对晋江浦发、晋江光大、晋江国泰君安证券的监管走访，对晋江海峡银行2014年反洗钱执法检查项目开展“回头看”。开展反洗钱现场检查，配合人行泉州中支开展对晋江农行、晋江农商行、晋江工行、富德生命人寿的反洗钱检查。结合辖区情况，继续做好洗钱类型分析报告工作，提高分析报告质量。全年支行上报8条重点可疑线索，其中1条移交公安部门。

【外汇管理】

2016年，人行晋江市支行扎实开展外汇管理工作，促进外汇业务稳健运转。1—12月份，全市出口总额为67.93亿美元，收汇额为54.3亿美元；进口21.42亿美元，付汇19.88亿美元。支持鼓励企业出口创汇，对信用良好的出口企业采取银企联动开通绿色通道，支持做大做强，方便企业办理业务。及时公布贸易收付汇单位名录197家，方便企业办理进出口收付汇业务。运用货物贸易外汇监测系统对企业的物流和资金流进行核查比对，对贸易真实性进行把关，简化企业核销环节，促进进出口贸易便利化。对连续两年没有贸易外汇收支的企业进行名录清理，予以注销，注销192家。

【信贷服务方式创新】

2016年，人行晋江市支行积极提升信贷政策传导力，助推地方经济发展和转型升级。

落实供给侧结构性改革措施，优化信贷投向和结构。加强供给侧改革信贷政策的引导，引导辖内金融机构盘活存量，用好增量，优化信贷资源配置，加大对小微企业、“三农”和民生金融服务等领域的信贷支持力度，不断优化信贷结构。协调人行泉州市中支深入开展金融创新支持经济转型升级发展三年行动，引导辖内金融机构进一步加大对经济转型升级的信贷投放力度，做好传统优势产业的转型升级工作，主动应用技改贷款、企业技术贷款、风险补偿贷款、设备租赁等新业务，支持企业技术改造，支持发展新兴产业，大力发展科技金融和贸易融资相结合的试点。围绕去库存和农民工市民化，做好住房金融支持工作。贯彻国家、上级行有关文件精神以及政府部门出台一系列稳定住房消费、促进房地产去库存的政策，引导商业银行贯彻落实差别化房地产信贷政策，并鼓励地方性银行加强县域住房信贷产品创新服务，推出二手安置房按揭贷款业务，提升县域住房信贷服务水平，支持晋江新型城镇化建设。至12月末，全市个人住房消费贷款余额172.60亿元，新增34.52亿元，同比多增11.63亿元。

多措并举贯彻落实利率市场化深化改革。做实做细利率监测工作。密切关注金融机构存贷款利率变化，并及时报送上级行，督促地方法人金融机构贯彻落实好利率政策。有效发挥窗口指导作用。以利率风险定价能力现场评估为手段，发挥对辖内法人金融机构的利率定价窗口指导作用，引导地方法人金融机构完善利率定价制度、健全利率风险防范体系，督促完成利率定价系统的建设与运用，加强利率市场化微观机制建设。开展对辖内法人金融机构的合格审慎评估，积极推动法人金融机构加入市场利率定价自律机制，提高准利率定价能力。

加强部门协作推动区域金融改革。以泉州金改为契机，加强部门协作，积极推动地方金融领域改革和规范引导工作，激发民间资本活力助推实体经济健康有序发展，区域金融领域改革较大成效。完善发展金融体系。支持银行来晋设立分支机构，并发展小微银行、社区银行，改善供给侧增强金融服务实体能力，至12月末，辖区设有银行机构21家，机构网点284家，其中小微银行8家、社区银行

21家；引进设立1家厦门国际银行；不断推进国有银行改革，其中工行晋江支行继建行、中行升格为二级分行。支持民营资本发起财务公司等非银行金融机构，设立福建七匹狼集团财务公司，并于6月推动该公司办理电子银行承兑汇票，拓宽集团成员单位融资渠道。支持符合条件法人金融机构发行二级资本债。支持晋江农商银行拓展理财、黄金、跨境人民收付以及外汇业务等，服务能力不断加强。探索完善民间融资管理机制，不断推动民间借贷登记服务中心完善经营管理、信息管理、风险防范等各项制度建设，至12月末恒盛民间借贷登记服务中心共登记备案业务724笔金额8.33亿元，备案成交313笔1.95亿元。

加强政策引导与金融创新，深入推进普惠金融建设。积极运用"定向降准""再贷款"等政策工具，引导金融机构不断强化涉农信贷投放。至12月末，全市银行业涉农贷款余额达974.10亿元，同比增长5.43%。加大对种养殖大户、家庭农场、农村专业合作社等新型经营主体。至12月末，全市新型农业经营主体贷款余额3.8亿元，比上年末增加1.1亿元，融资扶持力度不断加大。突出"两创"导向，创新产品支持轻资产中小企业。为支持晋江县域经济转型升级，突破单一制造业的发展固有模式，向服务业和科技产业发力，在人行、晋江市金融局共同推动下，市政府搭建的晋江市中小企业助成贷业务平台正式上线，专门为晋江市成长型、科技型等轻资产中小企业提供贷款。目前该平台已为辖区企业办理了136笔业务，贷款余额8725.9万元。

【人民银行内部管理】

2016年，人行晋江市支行强化内部管理控制，增强队伍战斗力和凝聚力，促进各项工作有序高效开展。加强政治形势教育和思想理论学习，提高员工整体素质。扎实做好财务、财产管理工作。认真做好2016年支行应急演练计划，进行《计算机网络应急演练》《金融统计应急演练》《TCBS异地演练应急预案演练》等，及时修改、完善各项应急预案，及时调整应急领导小组人员。抓好重大节日对重点部位的防范和监控，加强夜间行政值班人员的管理工作。做好保密文件的收、发管理工作，及时将有关保密规定传达至每位员工，做好新调入聘用制员工、上级行下派员工保密承诺书的签订工作。做好公文审核、文件收发、电子公文传输工作，全年收文650件，发文242件。做好文件资料归档、档案查询服务等工作，整理归档文件文书档案901件。组织对涉密计算机、涉密移动存储介质进行清理核对，至少1个星期对每台涉密计算机升级，每月对涉密计算机进行信息安全客户端进行检查，定期对计算机信息安全管理情况进行自查。

强化法律事务基础工作，提高依法行政水平。对11份立项审批表、执法检查通知书、17份执法检查意见书、2份行政处罚告知书和行政处罚决定书开展法律审核；审核2份货物、设备和服务采购合同，全年受理及办结4起投诉；扎实推进"3.15金融消费者权益日"金融消费者权益保护宣传活动和2016年国家宪法日暨全国法制宣传日宣传活动。

发挥内审再管理、同级再监督职能作用。根据人行泉州中支2016年内审工作要求，对支行执行《关于对晋江市支行领导干部履职绩效审计中发现问题进行后续审计的内审结论和处理决定》的情况进行后续审计，确保内审检查中发现的问题得到彻底纠正；对本级国库执行会计制度情况进行专项检查，对检查中发现的制度上的盲点、缺陷及未能完全履行工作职责等问题，及时提出建议并督促整改。

扎实推进"平安单位"创建活动。主动参与地方有关部门组织开展的综治、平安建设宣传，开展各种形式的安全生产教育和安全检查，与各股室签订安全综治责任书，完善安全保卫工作台账，针对各部门各要害岗位可能出现和存在的安全风险及隐患，开展定期不定期督促检查，及时上报相关表格。

（吴振辉撰　骆裕明审）

·中国银行股份有限公司晋江分行·

【概况】

2016年，中国银行股份有限公司晋江分行（以下简称晋江中行）紧紧围绕省中行"四大导向""四种精神"，以"一二三四"工程为抓手，落实"求变、求强、求精、求快"理念，经营管理工作保持健康稳步发展，全年无案件事故发生。至年末，本外币各项存款余额107.56亿元，市场份额7.04%，新增存款6490万元，新增存款市场占比0.69%。本外币各项贷款余额87.38亿元，较年初下降7.25亿元。不良贷款余额47083万元，不良率约5.39%。国际结算量市场份额20.73%，较年初上升1.31%，市场份额排名第二；跨境人民币市场份额31.76%，市场份额排名第一。实现净收入35866万元，完成率71.56%；非息收入8620万元，完成率63.09%；拨备前利润25901万元，完成率71.15%。

【业务创新】

2016年，晋江中行创新方式、主动求变，多渠道挖掘非息收入新的增长点。至12月末，公司金融板块非息收入5845万元，占泉州中行公司业务非息收入的35.12%，主要是叙做债券承销业务和非标理财业务。成功为恒安国际注册熊猫债20亿元，并与建行联手承销，开创中国银行间债券市场四个第一：即恒生指数成分股第一只熊猫债、民营企业第一只熊猫债、快速消费品行业第一只熊猫债、福建省第一只熊猫债。为晋江城投公司注册短融，成为中行首个在中国银行间市场交易商协会获得批准的县级平台债券项目。著名上市公司发行短期和超短期融资债券。为晋江旅游集团和晋江市政叙做泉州中行辖内唯一成功落地非标理财业务。个人金融板块非息收入2776万元。拓展贵金属销售，增加销售收入，分别于9月13日、12月20日、11月30日举办贵金属展销，多次刷新全省中行系统单场销售额新高，全年贵金属销售量排名泉州中行第一。狠抓代理保险销售，全年累计举办小型保险沙龙34场次，大型保险客户回馈活动2次，全年实现期交保险金额606.84万元，占泉州中行保险期交总额的52.83%，排名泉州中行第一。

【风险管控】

2016年，晋江中行成立金融资产风险防控化解领导小组，多措并举化解不良贷款。处置不良资产4.43亿元，其中不良资产打包转让4.2亿元，化解零售贷款不良贷款2301万元，零售贷款不良余额较年初下降69万。以债权转让方式成功收回晋江市一家包装用品公司不良贷款，成为全省中行系统第一笔以债权转让方式收回的不良贷款。与世茂集团沟通，通过开发商回购方式化解零售贷款潜在不良2523万元，有效控制零售贷款不良新增。为德尔惠集团、凯钰公司等6家企业成功申请借新还旧，获批贷款金额60738万元，有效控制24700万元逾期贷款劣变。积极配合政府化解不良贷款考核压力。6月末，德尔惠集团经销商融资1.82亿元产生不良贷款，7月，市委、市政府成立“晋江市金融风险防控工作专项督查组”，并进驻晋江中行，对不良贷款化解进行督促指导。7月19日，晋江中行为德尔惠集团续贷2.24亿元，避免该部分融资2016年度进入不良，同时积极与上级行沟通，成功把德尔惠集团13家省外经销商2.1亿元不良贷款挂账在泉州中行，满足晋江市政府不良化解诉求。12月，福建鑫华股份有限公司产生新增不良贷款，给晋江市政府造成巨大压力，晋江中行主动作为，与泉州市政府沟通，促成泉州市政府取消该笔不良贷款指标考核，减轻晋江市政府不良贷款考核压力。主动帮助企业度过难关。组建泉州市首个存量银团贷款，联合晋江工行、泉州交行发起银团贷款，为晋江某知名企业新增贷款6.45亿元，帮助企业解决暂时资金周转难题，扶持企业转型升级。

【客户群体拓展】

2016年，晋江中行强化基础客户维护。公司客户方面，大力拓展无贷户企业，全年拓展无贷户50户，带动国际结算量17926.67万美元，跨境人民币3006.13万元。个人客户方面，持续加强私行客户、财富客户拜访，全年新增私行客户16人，增长57%，排名泉州中行第一；拓展基础客户，全年个人有效客户数增长9%，排名泉州中行全辖前列，基础客户增长为储蓄存款增长奠定坚实基础。

【企业品牌创建】

2016年，晋江中行深入开展晋江文明单位和中国银行业协会文明规范服务“千佳”示范单位创建活动，把企业文化建设纳入全行主要工作，以点带面扩大各种品牌形象建设。加大对营业部硬件设施投入，增设自助发卡机、自助填单台、硬币自助兑换机、手机银行体验等智能化设备，提升整体服务水平。连续五届蝉联“千佳”示范单位被评为晋江市“2013—2015年度文明单位”，被省中行评为文明优质服务行进单位。青阳支行、东石支行被泉州中行评为文明优质服务行进单位。

（胡传龙撰　陈晖审）

·中国农业银行晋江市支行·

【概况】

2016年，中国农业银行晋江市支行（以下简称晋江农行）全行本外币各项存款余额222.98亿元，比年初净增13.23亿元，增量排名“四大行”第2；全行本外币各项贷款余额173.19亿元，比年初净增28.67亿元，增量排名“四大行”首位，全行不良贷款余额8.46亿元，不良率为4.89%，控制在上级行下达的控制数范围内，“堵新化旧”工作受到地方党政及相关部门肯定。全行实现中间业务收入15615万元，同比增加2715万元；实现拨备前利润62613万元，同比减少2626万元；实现拨备后利润28264万元，同比增加61212万元，顺利实现“扭亏增盈”工作目标。全年累计为7个项目新增授信22.96亿元，并实现信贷投放19.46亿元。个人住房贷款（含公积金）比年初净增7.83亿元，全年累计发放个人住房款1913笔，金额10.84亿元，成功突破10亿元大关，排名泉州农行首位。全行农村个人生产经营贷款比年初增加6.66亿元，缓解小微企业主、个体工商户融资难题。

【考核机制】

2016年，晋江农行不断完善考核体系，根据上级行考核导向，出台《晋江支行2016年综合绩效考核办法》《晋江支行2016年客户经理个人贷款营销考核办法》等一系列考核办法，完善“综合考核”“单项考核”与“分岗位考核”相结合的绩效管理体系，将各岗位履职情况与工资分配、岗位调整、职务升降、评先评优等进行紧密挂钩，实现以制度管人、管事。实行KPI指标条线负责制。将KPI指标分解到部门、到人，实现每个部门一张表，每个指标有人管，围绕指标抓工作，力促全行各项工作有序推进。创建微信工作平台。建立“晋江支行党委班子微信群”“晋江支行网点行长微信群”“晋江支行本部经理微信群”，利用微信平台及时布置传达上级行工作要求，通报业务经营数据，实施精准督导，提高上传下达工作效率。建立典型经验学习交流机制。按月召开业务经营分析推进会，由综合绩效考评前三名网点作典型经验交流，后三名网点汇报下阶段具体工作措施，互相学习，互相鞭策，营造“比学赶超”氛围。

【业务发展】

2016年，晋江农行突出主流营销，围绕上级行政策导向，将信贷营销重点锁定在政府重大项目、优质按揭楼盘等主流客户上，通过抓好“一大一小”信贷营销和投放工作，力促信贷结构在服务实体经济中实现优化。至年底，全行各项贷款比年初增加28.67亿元。突出稳存增存，坚持存款立行思维，将个人贵宾客户分户到人，营造全员抓存款的浓厚氛围，形成全行营销存款的强大合力。至年底，全行本外币日均存款余额209.01亿元，比年初增加9.31亿元，排名“四大行”首位。突出发展新兴中收，把理财业务、代理保险、贵金属、电子银行等作为提升综合服务能力、增加新兴中间业务收入的重要途径来抓。全年实现代理销售标准保费规模29281万元、基金销售7.75亿元、贵金属销售87.2公斤、对私理财产品日均增加8.72亿元；全年信用卡分期交易额21961万元，电商交易金额1.6亿元，互联网金融业务量同比增幅35.90%。突出普惠金融产品，组织开展“金融知识进万家”“金融知识普及月”“送金融知识下乡”“金融消费者权益保护”等活动，大力普及金融知识和产品，提升社会形象。

【风险防控】

2016年，晋江农行把信用风险防控、不良处置作为“一号工程”来抓，全力以赴防控风险，全力以赴化解风险，全力以赴压降不良贷款。强化个贷风险化解工作，做到应盘尽盘、应收尽收、应诉尽诉、应核尽核。至年底，全行个贷不良余额1061万元，比年初下降667万元，不良率仅为0.21%，比年初下降0.19个百分点，个人不良贷款保持在低位运行。加大不良资产处置力度，按项目逐户成立清收处置工作团队，采取清收、盘活、核销、打包转让等组合拳加快推进不良贷款清收处置。全年累计完成不良贷款处置6.76亿元。加大问题贷款客户的化解力度，全年收回19家风险客户公司欠息，同时给予贷款客户调整结息周期、降低利率，避免法人风险客户产生不良贷款15.71亿元。主动加强与地方党政、市金融工作局、法院等部门沟通联系，争取外部力量支持和工作上的主动，提高资产处置效率。与泉州、晋江两级法院及晋江市金融工作局携手，与3起金融借款案件债务人调解结案。

【基础管理】

2016年，晋江农行坚持“一岗双责”，层层抓好“两个责任”的落实，严格执行中央“八项规定”，开展“知法•守法•敬法”案例警示教育活动，组织行内党员干部到晋江反腐倡廉警示教育基地开展警示教育，提升干部队伍防腐拒变能力。强化员工行为管理，严格落实员工行为管理的各项制度，规范员工行为，不定期开展谈心、家访，及时发现异常行为，及时排除风险隐患。强化信贷规范管理，稳步推进信贷业务放款分中心建设，加强信贷档案和抵押品集中管理，优化信贷业务作业流程；强化信贷规模管控，提升网点信贷计划管理执行力，保障信贷资金高效配置。强化合规管理。倡导“合规创造价值”理念，持续开展运营“三化三铁”、信贷“三化三无”、安保“三化三达标”创建活动，规范内部运作体系，提升全行控风险能力。以提升案防能力为着力点，以“平安农行”建设为抓手，扎实开展“防诈骗”工作。全年堵截非法安装侧录仪案件3起，当场抓获犯罪嫌疑人1人，协助公安机关抓获在逃犯罪嫌疑人3人；堵截电信诈骗案件9起，冒名开卡案件1起，为客户挽回经济损失约100万元，6名员工得到晋江市见义勇基金的奖励。执行节假日期间的行政值班和党委班子成员带班制度，重点加强消防、车辆、电梯管理，抓好“尼伯特”“莫兰蒂”“鲇鱼”台风防御工作，确保人员和财产安全。

（吴华莹撰　丁一审）

·中国农业发展银行晋江市支行·

【概况】

2016年，中国农业发展银行晋江市支行（以下简称晋江市农发行）认真贯彻落实省市分行党委工作部署，将发展作为前进中的灯塔，坚持以党建带动发展。采取多管齐下的措施，扎实推进项目营销、贷款投放、存款组织各项工作。12月末，支行信贷资产总额82.97亿元，其中各项贷款余额74.01亿元，比年初增加32亿元、增长76.21%，投资基金项目18个、金额8.96亿元；各项存款余额16.54亿元，比年初增加5.03亿元、增长43.7%；各项日均存款余额21.6亿元，比年初增加9.2亿元、增长74.19%，2016年末实现账面利润1.4亿元；支行贷款余额、日均存款、账面利润均居全省系统县级支行第1位，贷款增量居全市金额机构第1位，资产质量继续保持优良。

【支农信贷业务】

2016年，晋江市农发行秉承传统，强效支农。支行通过加强与地方政府、财政及粮食部门的沟通，协调并跟进粮食风险基金的筹措工作，提高到位水平，超额完成2016年度粮食风险基金到位任务。提早营销，抢占先机。支行抓住“早”这一途径，提前将各项工作稳步，快速展开。支行始终以总行一二三四五六”总体发展战略以及省分行的“四大战略”“五大目标”为主干线，用分行“决战三百亿•支农立新功”主题营销工作方案来武装自己，用“五比五看”为要求，以服务三农的目标来砥砺自己，将“服务一带一路、保粮、建村、扶新城”的信贷战略作为自己前进的路标，始终走在那条推动业务发展的主干道上。支行全体员工上下一条心，拧成一股绳，不断转变工作思路，不断丰富自己的营销手段，提前做好一些铺垫性的工作。支行发挥主观能动性，介入政府项目规划，提供融资融智方案，同时还主动参与策划并同水利局、交通局、发改局等相关部门做好业务对接工作。经过一年的努力，支行获批政府主导的项目贷款金额42亿元。

2016年，市农发行加快投放，促进发展。支行坚持早投放早见效的具体方针，多方协调落实贷前条件。提前策划、明确好贷款的投放内容和资金走向。支行提前介入项目策划，在项目初评估阶段就与政府、财政、项目业主等相关部门打好交道，为贷款的投放工作指明道路。支行及时督促项目业主落实贷前条件，力求做到贷款申报与手续办理同步进行。支行及时掌握项目建设进度，力争做到速战速决，当规模一到，便立即投放。至12月末，累计投放各类贷款35.63亿元。

【存款业务】

2016年，市农发行多管齐下，夯实存款。主要从以下三方面着手。支行使贷款资金实现“体内循环”（即“留存”）。支行落实贷款客户支付链条下游企业及其交易对手到行开户，严格资金支付，从而提升存款的留存率。加大同企业的合作力度，广泛开源。企业就是最大的源头，支行多次派业务员与各大小企业进行沟通，争取企业的支持。有效地节约资金成本，通过采取多渠道引存增存等形式，有效节约成本，各项日均存款余额21.6亿元，比年初增加9.2亿元、增长74.19%。

（彭加林撰　谢庆丰审）

·福建晋江农村商业银行股份有限公司·

【概况】

2016年度，晋江农村商业银行股份有限公司（以下简称农商银行）资产总额464亿元，比年初增加39亿元、增幅9.2%；各项存款333亿元，比年初增加20亿元，增幅6.53%，市场份额持续保持晋江市银行业首位；；各项贷款185亿元，比年初增加7亿元，增幅4.01%，经营规模持续保持全省农信系统县级行社首位；不良贷款余额4.08亿元，不良占比2.2%。被国务院授予“全国新型农村和城镇居民社会养老保险工作先进单位”，被银监会选为全国农村中小金融机构支持“三农”科学发展现场会观摩点、被中央金融团工委授予“银团合作优秀派出机构”；被列为全省农信系统创新实践“观察点”，连续多年被晋江市政府评为经济发展先进企业、纳税大户、文明单位、最佳金融服务品牌、行风评议“好”的金融单位。

【业务转型升级】

2016年，晋江农商银行以资金组织为根基，强化揽储吸存。提升员工揽储

晋江农商银行全省首创农民住房抵押贷款批量授信模式

积极性，建立年度经营绩效、季度专项工作、机关部门考核、支行行长履职评价、客户经理赛马等多维度、多层次的考核体系，调动全员揽储积极性、主动性，成为全省和地方首家存款突破300亿元的县级行社。扩大理财存款贡献度，建立形成爱拼、爱盈、晋融、同盈自主理财产品体系，发行省联社统一理财品牌，细分二十四节气理财、夜市理财、节日秒杀、5060理财、私人订制等理财品牌，多款理财产品发行均被客户“秒杀”，成为全省农信系统首家理财余额突破100亿元的县级行社。开展重点项目攻坚战，积极拓展财政性存款，大力营销机关保业务、村居两委基本账户，扎实做好新农保、新农合金融服务，进村入户开展土地征迁款等项目资金组织，全年新增单位基本存款账户982个。

以支农支小为己任，强化信贷投放。创新支农支小产品，办理首笔“小微宝”业务，稳步推进国内融资性保函业务。延伸支农支小半径，升格二级支行并开办对公授信业务、普通分理处开办个人信贷业务，实现优质房产内部自主评估，推出个人二手房按揭贷款，联合晋江市职业经理人协会发行“金领卡”，新评定信用村14个、累计评定信用村89个、覆盖面22.76%。做大支农支小品牌，发行普惠金融卡24567张、比年初增加10606张、增幅75.97%，授信30.75亿元、增加13.71亿元、增幅80.48%；发放“年审贷”4359笔、余额30.59亿元，比年初增加1810笔、9.94亿元，增幅分别为71.01%和48.16%，占各项贷款比例17.20%、上升3.23个百分点，为企业节省转贷资金6435万元；发放保险贷18笔、余额988万元，比年初增加8笔、498万元。

以普惠金融为导向，强化民生服务。完善普惠金融架构，推进普惠金融发展三年行动计划，成立金融扶贫工作领导小组，建立普惠金融及金融扶贫长效机制，内坑支行被授予省级“农村青年创业金融服务站”称号。开展普惠金融行动，组织参与“绿色金融进社区”，获评“晋江市绿色金融机构先锋品牌”；扎实推进金融服务进村入社区三年行动计划，开展进村入社区活动258场、座谈会33场。创新普惠金融产品，举办农民住房财产权抵押贷款授信授牌仪式，全省首创农房抵押贷款批量授信模式，“农房乐”贷款余额6.54亿元、比年初增加1.19亿元、增幅22.24%，占全省农房抵押贷款一半以上，获评晋江市第七届金融理财节“最具人气金融产品”称号；创新推出“圆梦贷”“金翼贷3.0”等“双创”产品，向泉州理工学院创业大学生授信5000万元，新增“金翼贷”授信1亿元。“金翼贷”贷款余额1.22亿元、比年初增加6905万元、增幅130.8%，带动创业就业一万余人。“一卡一贷一基金”青创金融服务模式先后赴银监会、省银监局作经验介绍、项目展示，获评福建省金融青年“金点子”方案一等奖、全国银团合作优秀项目奖、银团合作优秀派出机构。

【管理提质增效】

2016年，晋江农商银行提高风险防控能力，提升资产质量。找准清收处置重点，狠抓单户100万元（含）以上贷款、潜在不良贷款、责任贷款的处置以及已核销、已置换、已剥离表外不良贷款及表外挂账利息的清收。完善清收处置机制，建立高管包干、不良处置例会、定期通报及约谈诫勉制度，开展信用风险排查，召开信用风险研讨会，及时预测信用风险演化趋势，制定具体应对措施，上下联动合力推进不良处置。积极争取当地党委政府、金融局、公检法等有关部门支持，借助外力清收。制定贷记卡委外催收业务管理办法，与资产管理公司达成委托清收战略合作关系，收回贷记卡逾期771笔、金额556万元。创新清收处置方式，争取不良贷款剥离资源2.9亿元，成为晋江辖内首家银行与法院签订《执行业务合作备忘录》、第二家启动临时解封处置逾期贷款的银行，成为泉州地区首家启动“戴帽过户”处置风险贷款、协调泉州晋江两级法院采取“三停”措施对拒不配合执行的客户集中打击的银行。全年处置不良贷款6.51亿元，其中核销2.17亿元、剥离2.94亿元、清收0.34亿元、上调1.07亿元。

提振科技支撑能力，实现高效发展。强化科技团队建设，成立技术研发中心，全年完成46个科技项目研发。加大科技项目攻坚，开发村镇银行代收水费系统并建立阿里云水费代收模式，建立五店市美食街收银、梅岭菜市场POS收银等交易数据转发系统，形成系统模型。实现理财双录系统全面上线，建立数据平台（一期），搭建服务器虚化平台，科技支撑不断增强。建立集中作业模式，上线会计事后监督系统，建立凭证处理中心，全辖网点日均扫描凭证量2.79万张，事后监督业务总差错率为0.24%；完成省联社“八大项目”科技服务平台全部推广上线，初步建立前后台高度分离与集中作业的流程银行模式。

提速精细管理能力，促进增收节支。实行节支降本和资源倾斜的财务政策，出台分支机构财务费用限额管理办法等管束制度，落实中共中央“八项规定”，减少非业务支出，调集财务费用资源向业务发展及基层一线倾斜，成本收入比26.52%、同比下降1.84个百分点。扎实做好营改增工作，开出晋江市金融行业首张增值税发票。实施精细管理和高效落实的业务模式，精准实施资金头寸运营管控，存放省联社资金清算账户日均余额3.84亿元，同比下降59.13万元、降幅0.15%；全辖库存现金日均余额2.1亿元、同比下降1546.99万元、降幅6.95%。高效落实电子商业汇票业务及单位账户网上年检平台任务推广，签办电子商业汇票总额15.59亿元、电子化率79.63%，签办网上年检对公账户4053户、网上年检率53.63%，分别比人行考核任务目标高出9.63个百分点、3.63个百分点。

提升案防安防能力，保障安全运营。严格落实案防责任，层层签订案防工作责任状及廉洁从业承诺书。强化履职监督力度，充分运用监督执纪"四种形态"，开展中层干部任前廉洁自律谈话7人次，客户经理、支行长审计告诫谈话、诫勉谈话12人次，启动监察程序纪律处分8人。推行贷后函询，发出新增贷款客户回访函件200份，开展离岗离任审计14人，强化履职行为监督。扎实加强专项审计，开展证票照专项检查、新增不良贷款、大额授信及关联交易、员工行为排查及村镇银行等37个专项审计及综合性检查。强化问题整改问责，依据相关规定问责相关责任人1227人(次)，扣罚绩效工资与风险操守基金108.46万元、违规积分225分。加强安全保卫力量，扎实开展各类安全检查，排查安全隐患，下发整改通知书，督促落实整改。通过监控及时阻止57起不法分子破坏自助银行设备行为、185起突发事件。成功拦截电信网络诈骗12起、为客户挽回经济损失14.72万元。

【品牌价值提升】

2016年，晋江农商银行不断开拓金融市场，提升资金营运能力。新增同业存单、质押式回购匿名点击等同业融资渠道，成功加入国开行交易对手库，同业融资渠道分散稳定；开通人民银行SLF(短期借贷便利)功能，增加抵御流动性风险的应急手段。发同业存单34期、募集资金113.5亿元，主动负债能力提升。中债结算交易量3443亿元，位居全国农商银行系统第76位，获评"2016年度中国债券市场金融债优秀发行人"称号。在泉州地区首家成功发行二级资本债7亿元，有效提升资本实力。对各类机构授信65户、授信总额752亿元，获得各类机构授信186户、比年初增加70户、授信总额1209亿元，同业合作深入推进。实现同业业务收入8.66亿元、同比增加1.39亿元、增幅19.12%、占各项收入38.47%。

耕耘电子银行，提升批量获客能力。发力IC卡行业运用，利用流动服务车、自助开卡机、移动签约终端等设备外出开展现场开卡签约活动，创新推出嘀嘀买菜、校园卡、五店市云POS等场景运用，为获取IC卡新用户群体提供支撑。发力微信公众号平台建设，通过考核营销和线上活动吸收微信公众号粉丝，为微信银行渠道运用奠定基础客户群。微信公众号粉丝36万个、比年初增加28.6万个、增幅380%。发力电子渠道主题营销，通过微信积分商城活动吸引客户开立手机银行。以"爱生活"为主题开展春节微信抢红包、中秋博饼、云闪付、抢电影票、圣诞酷跑等10场系列线上主题营销活动。以"银行服务充分融入生活"为理念全省首创嘀嘀买菜、校园卡、五店市云POS、中影票务通、五店市伴手礼收银系统等场景运用，提升电子银行产品知名度。

完善中间业务，提升增收创利能力。发展国际结算，建立外汇业务营销客户储备库，取得办理跨境人民币业务资质，全年国际结算量1.9亿美元、排名全省第三，结售汇量8333万美元、排名全省第六，跨境人民币结算量6.89亿元、排名全省第二，实现外汇业务收益163万元。丰富代理业务品牌，成功取得代销基金资质，开展"代收学费""代收物业费"业务试点营销，取得12所学校代收学费业务资格。营销推广代收水电费、广电代扣、电信代扣、代理贵金属、代客理财等中间业务，开展线上线下联合营销活动8场、参与人数超20万人次，新增各类代扣业务客户5.54万户、新签约理财客户5174个，实现中间业务收入5842.81万元、同比增加364.30万元、增幅6.65%。

【文明优质服务】

2016年，晋江农商银行加强企业文化建设。力推文明优质服务，提升企业形象。开展创先争优活动，获评2013—2015年度晋江市文明单位，安海支行获评中银协三星级精品网点、罗山支行获批泉州市级青年文明号。全年投诉处理满意率100%，每十万笔业务、每百名员工投诉率控制在目标值内。扎实推进网点SI形象改造、改造率52.76%。强化正面形象传导。对外报送信息稿件81篇，被各类传统媒体和新媒体转编刊发209篇次，《海西新农信》采稿量位居全省农信系统第二位。举办嘀嘀买菜、校园一卡通、金融服务进村入企、农房抵押贷款授牌授信等仪式活动，受到社会各界和主流媒体的报道关注，获评晋江市第七届金融理财节"最具人气金融机构"称号。连续八届独家冠名赞助晋江市青年男子篮球赛。

(赖礼宣撰　林太白审)

·中国工商银行股份有限公司晋江分行·

【概况】

2016年6月25日，中国工商银行股份有限公司晋江分行(以下简称晋江工行)正式升格为二级分行。2016年度，晋江工行深入贯彻国家相关宏观调控政策，认真执行各级政府部门工作要求，坚持以依法合规经营为最重要前提，优化结构调整、提高金融服务水平、强化信贷风险和业务风险的防控，实现行处经营管理和企业文化的和谐发展。至12月末，晋江工行各项存款余额142.14亿元，各项贷款余额152.01亿元。包括晋江工行营业部获评全国百强营业网点、总行青年文明号及互联网金融先进支行，私人银行中心获评省行级私人银行业务优秀团队，福埔支行获评信用卡专业先进单位，深沪支行获评合规标兵集体等各项荣誉。

【支持地方经济】

2016年度，晋江工行积极应对外部经济下行风险，贯彻国家相关宏观调控政策，执行各级政府部门工作要求，坚持以依法合规经营为最重要前提，优化结构调整、提高金融服务水平、强化信贷风险和业务风险的防控，维护金融生态，服务发展大局。执行授信项下审批制，缩减审批流程时间，为企业快速转贷续贷提供充足保障。合理适用信贷品种，以减轻企业短期还款压力。在贷款利率定价方面，根据企业信用等级予以优惠。提高放贷效率，降低客户资金成本。

晋江工行升格后，进一步重视票据贴现业务的发展，在办理票据贴现业务的同时提倡"量体裁衣"，为企业找准贴现时机，提供贴现便利，至12月31日，晋江工行完成票据贴现业务14.43亿元，比上年度增加7.51亿元，增幅108%。

晋江工行坚持以支持地方经济为导向、以依法合规经营为最重要前提，全面响应市政府"龙头带动"和"引大育强”的政策动向，全年新增发放优质企业贷款约10.1亿元，其中贸易融资4.5亿元、项目贷款3.45亿元。重点抓好四个方向：把好投向，支持优质项目。晋江工行在信贷业务的发展中，全力支持各类优质地方项目，响应晋江市政府的“百日会战”工程，结合行内产业政策尽力对接好各类优质重点项目，并倾重于对核心企业上下游供应链提供一站式融资服务。跟对趋势，拓展新兴产业。晋江工行加大力度全面介入高新技术产业、创新创意类产业的信贷融资业务，如集成电路产业等。找准市场，力推产业集群。制定产业集群及专业市场整体融资服务方案，并与一批专业市场小微企业建立起良好的业务合作关系。在审慎合规的前提下，不断创新小微企业融资服务，致力改善小微企业融资难困境，提高对小微企业的服务力度，在上级行针对小微企业拓展的政策下，结合小微企业产业集群特性，助力区域小微企业的发展。控稳关口，坚持绿色信贷。晋江工行坚持落实节能减排政策，牢控信贷资金投放领域。严格贯彻“绿色信贷”政策，严格控制“两高一剩”行业贷款，全年贷款投放尚未有企业由于环保违法而造成对信贷资产质量的影响。

【金融产品创新】

2016年度，晋江工行基于工行互联网金融服务平台和E—ICBC互联网金融战略，推广个人信用消费贷款等新型网络融资产品，适应市民消费方式和结构的升级。2016年，晋江工行个人信用贷款累放3294.55万元，个人信用贷款余额2168.04万元，全年新增2163.37万元。此外，晋江工行进行投行业务创新与探索，牵线搭桥完成投行业务的新领域突破。2016年度，获批公司债57.5亿元，当年发债10亿元。同时通过为企业的信贷资源整合，配套办理融安e信等新型增值服务。

晋江工行扣牢地方品牌之都建设，依托全球现金管理优势，为企业提供方案设计、系统接入、服务支持，包括跨境双向人民币资金池服务，经常项下跨境人民币集中收付服务等综合现金管理服务。2016年，申请上报办理跨境双向人民币资金池客户13户，其中获得省人行备案通过12户，上线9户。晋江工行根据企业客户需求，于10月份正式启动收单业务，提升业务处理效率。

工行晋江分行客户服务改进暨服务面貌整治专项推动会

随着移动互联网技术的发展和客户快捷支付需求变化，工商银行创新并丰富服务功能，在业界首推“融E联”“工银E生活”“工银二维码支付”等重大战略工程，搭建无缝连接客户与商户的开放式互联网支付体系，为商户提供更安全、更便捷、更通用的二维码支付交易及收款工具。为全面推广二维码支付及融E联新型互联网金融工具，晋江工行组建二维码支付推动专项团队“青年先锋队”，将二维码支付与各项业务进行有机融合，利用节假日期间进行营销。

【便民渠道升级】

2016年度，晋江工行配合各级政府对于“拓展提升生活型服务业”的布局导向，完善精细化和高品质的金融服务。提升柜面服务、优化办理流程、提升办理效率、强化合规文化建设，做好智能银行的维护升级和对外普及工作，为晋江市民提供更为优质的金融体验，全面保障消费者权益。积极争取资源倾斜，配足、配强新设网点工作团队与智能银行专业化管理团队，在大堂设置专人进行智能银行演示普及，提高业务办理效率。布设自助机具151台，极大地延伸自助渠道服务触角，在营业部、陈埭支行、磁灶支行和东石支行设置智能银行，完善配齐智能银行机具。通过设置“妈妈小屋”、打造高端服务区和智能银行旗舰店，全面提升金融服务环境和服务水平。

【服务地方民生】

2016年度，晋江工行根据晋江地区的区域特点和网点规模，响应市政府对全市空间“六大新增长区域”的规划，多路打造特色网点，鼓励各网点支行发展特色业务，顺应区域特性，为服务范围内的客户提供专业的特色服务。

在个人金融发展的进程中，晋江工行积极支持市民住房信贷需求，努力有效调整信贷结构。在晋江辖区，晋江工行合作的楼盘12个，赢得开发商的良好口碑。此外，在扩大合作楼盘的基础上，在二手房个人按揭业务发展过程中，推进与房屋中介机构的合作，2016年以来，晋江工行与当地规模较大的易嘉、21世纪房地产中介公司签订服务协议，建立长久稳定的合作关系。晋江工行不断增强对市民个贷需求的满足能力，2016年度个人贷款累放1510笔、6.86亿元。

晋江工行对接区域内居民改善性住房家装消费需求、购车消费需求，扩大与当地装修公司、建材商户、汽车经销商的营销联动，拓展信用卡家装分期业务。落实信用卡专业支行建设，保障客户的用卡权益，推广工银e生活、二维码支付等新型金融工具，结合与各大商户的优惠活动及便民渠道，全面提升客户移动端用卡体验。大力推广个人信用消费贷款，进一步适应市民消费方式和结构的升级，至12月31日，晋江工行信用卡发卡14148张，个人信用贷款累放3294.55万元。

开展客户服务改进暨服务面貌整治专项推动工作，开展防范电信诈骗专项整治活动，以营业网点为整治阵地，通过专项整治活动以点带面、多点多面地推动电信诈骗整治及金融普及工作。

（冯骏翔撰　陈良辉审）

·中国建设银行股份有限公司晋江分行·

【概况】

2016年，中国建设银行股份有限公司晋江分行（以下简称建行晋江分行）围绕“一进一保”和“两个极致”工作要求，以党建工作为统领，以加快推进转型创效和强化资产质量管控为主题，实现转型表现突出、业绩指标亮眼、质量稳于掌控的发展。至年末，一般性存款、企业存款、储蓄存款日均余额247.06亿元、90.86亿元、156.20亿元，均居四行首位。一般性存款、企业存款、储蓄存款日均当年新增5.48亿元、—7.78亿元、13.26亿元，居四行第2位、第2位、第1位。各项贷款余额217.09亿元，当年新增8.51亿元。全行累计发放对公信贷316.39亿，实现表外业务余额93.16亿元，“类金融”信贷余额40.4亿元。不良贷款率1.40%，比晋江当地金融机构低1.37个百分点。

【金融业务创新】

2016年，建行晋江分行以创新精神为指引，实现多项业务突破。注册恒安集团熊猫债50亿元（本行份额40亿元），成为系统首笔发行的非金融企业熊猫债，创下中国银行间债券市场的三个第一：“恒生指数成分股第一只熊猫债”“民营企业第一只熊猫债”和“当期发行利率最低的熊猫债”。创新办理1000万元票据池收益权转让同业投资业务，实现全国建行的首笔突破。成功办理全国建行系统首笔小微企业“上市贷”业务，让新产品落地开花。申报75.29亿元人民币资金池额度，一举实现全省目前额度最大、成员企业最多，以境外企业为主办企业的跨境人民币资金池业务新突破。拓展跨国公司外汇资金集中运营业务总重客户成为泉州区域内首家外币双向资金池的签约跨国企业。成功办理全省首笔非自贸区跨境融资性风险参与、全省首笔人民币海外代付、全省首笔代付下“财盈通”业务。

【服务实体经济】

2016年，建行晋江分行围绕晋江经济发展及产业结构特点，择优做好优质民营龙头企业、外贸型和进出口企业的营销储备，加快推进贷款项目投放力度。通过推进信贷方式转变、设立“信贷工厂”、推进供应链融资模式、打造中小企业“助成贷”平台等多种方式，持续满足晋江当地企业多元化的融资需求。围绕晋江市加快项目建设百日攻坚活动，全面梳理晋江市2016年度的586个重点建设项目，有效支持地方重点项目建设。积极推进信贷方式由贷款为主向综合融资方案转变，在保证贷款平稳有序投放的同时，推动银行承兑汇票、信用证、保函等表外业务发展。响应国家支持小微企业发展的扶持政策，推行一站式的小企业客户标准化流水线作业，强化小微企业“六贷一透”产品的推广，至年末，累计为小微企业投放信贷40.64亿元。

【移动优先】

2016年，建行晋江分行推动智能银行和电子渠道建设，突出移动优先和线上迁徙。手机银行全年新增四行占比达50.41%，继续保持同业第一。本年新签约客户、存量客户活跃率位分别位居全省第三、第四位。结合“扫码支付+悦易收”灵活缴费模式，切入物业公司的楼盘费用缴交，成为区域首家银行应用。利用大堂智能设备，将柜面可替代业务分流至自助发卡机、智慧柜员机及在线视频、视频客服等渠道，有效推进柜面业务迁徙替代工作。至年末，在线金融工作考核居全省建行系统第2位，智能设备替代率40.1%，现金自助设备替代率85.92%，柜面现金业务可替代率降至6.01%，皆居全省建行系统前列。

【转型发展】

2016年，建行晋江分行深化转型工作，以智慧经营、集约创效把转型工作做到极致。着眼轻资产转型，因行施策推行“周末轮休+周末停办现金业务模式”，强化内部集约化管理，提高对外营销频率。实施大额现金预约集中支付，减少网点库存，改善客户体验。通过网点尾数箱运送错时调整，减轻员工压力、改善员工体验。着眼专业化转型，优化对公信贷经营职能模式，上移大中型对公客户评价授信工作重心，对原能够独立办理大中型对公客户评价、授信申报的11个网点型支行实现集中化管理，提高对公业务的风险控制能力、营销服务效率和经营管理水平。着眼零售化转型，6月，成立安海、磁灶、晋北等三个网点式个贷中心，提升网点自主经营意识和创效增利能力。下沉并梳理小企业零售化标准，10月，小微快贷系统正式上线，至年末，小微快贷申贷客户142户，授信金额5627万元。

【风险防控】

2016年，建行晋江分行面对资产质量和风险防控更加严峻的形势，将资产质量管控作为头等大事来抓，成立保全团队，分行“一把手”和行领导参与督导、靠前指挥，依托有效的资产质量计划管控与考核机制、有力的风险预警监

建行晋江分行磁灶个贷中心揭牌成立

建行晋江分行营业部党支部开展关心关爱贫困学子行动

测和检查机制，持续提升风险管理能力和价值创造能力。严防死守贷款逾期欠息，抓实贷后管理，掌握客户的生产经营情况，提前研判客户还本付息能力。对存量逾期贷款千方百计、锲而不舍进行催收。灵活运用再融资、贷款承接表外、调整结息周期、贷款利率下调等手段化解潜在风险。推进资产保全，加大存量不良贷款处置和已核销资产回收力度。利用当地法院、政府维护金融债权，防范化解金融风险的政策、精神，加强与司法机关的沟通协调，在诉讼文书送达、执行终结手续、简化讼诉程序、加快讼诉进度等方面争取法院的理解和支持，推动诉讼进程，促进不良资产早处置、多处置、快处置。积极地方政府、司法机关的强制力，打击恶意逃废债行为，将失信人纳入法院“黑名单”管制，限制其投资行为及高消费行为，对借款人与担保人施加压力，压缩恶意逃废债的生存空间。

【合规文化建设】

2016年，建行晋江分行打造服务品牌，强化合规文化建设，始终以党建统筹发展全局。10月，在地方政府组织的社保民主评议中青阳支行以78%的非常满意度收获同业最好口碑。12月，分行营业部营业室顺利通过中银协“千佳”网点示范单位验收，成为建行大泉州地区第一家“千佳”网点。以“合规文化建设年”为契机，制发《合规文化专刊》、推广“合规文化大讨论”活动，营造全行合规的浓厚氛围。在全行范围内开展“走基层、讲合规”活动，组织开展防范和处置非法集资风险、违规操作谋求私利等专项整治工作，打造优良合规作风。在“两学一做”学习教育活动中，该行分别在一线党支部设立“党员示范岗”、在二线党支部设立“党员责任区”，并要求党员佩戴党徽上岗，强化党员责任意识，开展对贫困学子和孤寡老人的关心关爱行动，推动基层党建工作开展。

（王真真撰　陈希枫审）

·兴业银行股份有限公司晋江支行·

【概括】

2016年，兴业银行股份有限公司晋江支行（以下简称兴业银行晋江支行）坚持以“稳发展、保安全、促转型、夯基础”为基本工作主线，积极扶持晋江实体经济的发展。严格执行分行的各项工作部署，把握市场机遇，明确思路和目标，迎难而上、主动适应市场变化，积极调整经营策略，进一步提升区域的业务推进能力和风险管控水平，业务规模稳步增长，市场份额继续巩固，客户基础进一步夯实，业务总体上保持平稳发展态势。至年底，晋江区域存款余额147.4亿元，比年初新增3.18亿元；区域贷款余额167.45亿元，比年初增加27.32亿元，超额完成市政府下达的年末目标计划。

【业务拓展】

2016年，兴业银行晋江支行加强对辖内经营机构的组织、协调、管理，推动支行业务的快速发展。

资产业务：2016年，资产业务余额市场占比处于同业领先地位。各公司业务部储备及对接项目，通过采取融资业务延期、产业基金、企业债等产品对接好各类政府业务，继续支持地方经济建设，保持政府业务的强势地位。加大对上市、龙头企业的拓展力度。转变观念，在授信主体选择上，强化对实际经营、现金流回行率的考量，加强对上市龙头企业的投放力度，采取有效的产品组合方案。对中型客户，根据不同客户的业务特征，采用不同策略和业务产品，通过设计差异化产品和金融服务方案，满足企业的发展需要。通过制定营销计划，强化跟进措施，逐一落实责任人何进度，在不同的部门、不同的行业制定差异化的客户沙盘，做到“每个业务部、支行一沙盘、每位客户经理一沙盘。”通过开展项目论证会，做好与分行有关部门沟通接工作。

负债业务：2016年，兴业银行晋江支行通过供应链融资、结构性存款等业务的带动，推动负债业务的稳定增长。持续开展供应链融资，加大政府类项目的投放，维护政府类存款在本行沉淀；结构性存款带动负债增长，通过结构性存款，成功营销一批上市龙头企业的行外存款，并加深与上市企业的合作深度与粘度；保证金存款规模的稳定增长，为各项创新业务的开展以及负债规模的扩大打好坚实的基础。

【内控管理】

2016年，兴业银行晋江支行迎难而上，沉着应对，把资产质量防控作为工作中的重中之重，以拓展业务的干劲和服务意识投入到不良贷款处置化解工作中。一方面坚持“降旧”与“控新”两手抓，采取灵活有效的化解措施，争取“以时间换空间”，最大限度减少损失。坚持与时俱进，积极开拓思路，大胆作为，用创新的思路、创新的办法去防范、化解风险。加强对风险项目的梳理分类和筛选，并“一户多策”制定处置措施，灵活采取重组、化解、借新还旧等多样化手段。在总分行的大力支持下，支行成功化解多笔风险资产，处置工作取得一定的进展。另一方面扎实做好内部管理工作，加强贷后管理和风险排查，切实做好续作授信、到期业务还款、利息催收等存续期管理工作。机构负责人、客户经理增强主动管理意识，对所辖客户的资产质量状况做到心中有数，坚决避免因管理环节上出现问题，导致不必要的临时性逾期、欠息发生、影响区域资产质量。

（王海东撰　胡天祝审）

·泉州银行股份有限公司晋江区域支行·

【概况】

2016年，泉州银行股份有限公司晋江区域支行（以下简称泉州银行晋江区域支行）下辖12家综合性支行、8家社区支行，秉承“服务地方经济、服务中小企业、服务广大市民”的发展理念，立足泉州，辐射海西，倾力打造运营稳健、布局完善、专业精深、效益上乘的商业银行。2011年10月以来，连续6年成为CBA福建男篮冠名商。2016年，泉州银行晋江区域支行加快推进发展模式转变，不断增强市场竞争力和可持续发展能力，各项业务经营指标发展态势良好，整体工作取得一定成效。不断深入服务地方经济，为晋江当地居民及企业提供差异化、便捷的金融服务。至年末，泉州银行晋江区域支行各项存款余额79.44亿元，较年初增加10.48亿元；各项贷款余额58.91亿元，较年初增加12.43亿元；银承（票面余额）23.83亿元，非标准化债权资产余额15.73亿元；各项营业收入3.9亿元，各项支出3.21亿元，实现拨备前利润7026.13万元，上缴税收3083万元。

【产品创新】

2016年，泉州银行晋江区域支行致力推进改革转型，突出零售、小微战略地位，各项业务获得较快发展。产品体系覆盖公司、小微、零售、金融市场业务，打造“无间贷”“尚好贷”“超能卡”“商链通”“泉贷通”“渔贷通”“泉e通”电子银行、“海西·源泉”理财产品等系列业务品牌。以“普惠、金融、财富”为核心，坚持依托社区、家庭为单位，围绕家庭生命周期财富管理特色，提供符合客户需求及消费习惯的解决方案。提供全面的零售信贷、储蓄结算和财富产品，创新性启动个人微贷业务，延伸社区银行服务触角，致力为当地居民提供全面的零售金融服务。4月26日，泉州银行晋江区域支行的公务（超能）卡首发，超能卡于其随借随还，低至万分之二点三的优惠手续费率引爆市场。通过优化个人综合消费贷款“尚好贷”，融入“无间贷”品牌理念，全力打造零售核心产品新形象，6月28日，以“定价最惠、效率最快，客户体验最优”竞争性优势进入市场。

【社区银行】

至2016年末，泉州银行晋江区域支行下辖8家社区银行。致力打造社区银行“泉行泉家福”品牌，从社区管理、团队建设、产品体系、便民服务、社区金融各方面不断提升，扎根社区、贴近市民，为其提供便捷、贴心、多样化的金融服务体验，提供五心级服务：“省心、放心、热心、贴心、惠心”，真正做到“泉民好邻居，为泉（全）家送福”。把社区银行建立成一个“贴心社区居民，真诚服务万家”的银行服务网点，开展儿童金融类活动，在七夕节和中秋节举办节日主题活动，为老年人举办集体生日等，为社区居民提供贴身、灵活、便捷、多样化的金融服务。

【助力小微】

2016年，泉州银行晋江区域支行秉承“专注中小企业和民生金融的特色银行”的服务理念，将小微企业金融服务作为全行中长期发展战略的重要支撑点。其中，“无间贷”业务品牌凭借其创新解决实体经济、小微企业“融资难、融资贵、续贷难”问题的实质性突破意义，被写入中国人民银行《2013年中国区域金融运行报告》，“小微企业热捧‘无间贷’”获选“2013年度泉州十大经济事件”。至12月底，泉州银行晋江区域支行累计办理“无间贷”业务648笔，累计发放金额15.28亿元，其中2016年办理“无间贷”403笔，贷款金额10.21亿元，累计为企业节约转贷成本1604.4万元。

2016年，小微互助基金担保融资项目新增天工陶瓷城租金贷批量营销授信1亿元。

【普惠金融】

2016年，泉州银行晋江区域支行响应“普惠金融”政策，不断开展金融知识普及和宣传活动，提高当地市民的金融理财知识水平。10月，晋江市第六届金融理财节活动按期成功举行，由中国人民银行晋江市支行、泉州银监分局、晋江监管办主办，多家金融机构协办，在晋江宝龙城市广场、华泰小区、香榭花都等商超、社区开展大型活动。活动期间，泉州银行晋江区域支行积极普及正确的理财观念，将优质零售金融产品和服务推介给广大晋江市民，努力践行银行业社会责任，以满足广大社区民众日益增长的金融服务需求。持续开展“金融知识进万家”宣传服务月活动，至年底，泉州银行晋江区域支行累计开展各类宣传活动10余次，发放宣传资料1.1万份等。

【合规建设】

2016年，泉州银行晋江区域支行加强案防与员工行为管理，开展“两个加强、两个遏制”回头看专项检查，明确员工禁止行为清单，强化员工行为监测与管理，重点关注员工日常行为、合规操守，从员工工作表现、言谈举止、群众反映、日常消费等渠道，多维度监测其八小时内外的动态。开展“员工队伍管理提升年”活动，组织辖内各机构学习行内外相关制度及管理办法，开展“拓思路、强合规”专题研讨等活动。强化技防、物防水平，实现案件零发生。持续强化运钞车、安防器械等的管理，加强排查，化解各类安全隐患。年初与各机构负责人签订案防工作责任书，严格执行各项安全保卫规章制度及管理办法，提高员工的安全防范意识和处置突发事件的能力，切实做好案件防范工作。

（洪春生撰　李清茎审）

·中国民生银行股份有限公司晋江支行·

【概况】

2016年，中国民生银行股份有限公司泉州晋江支行（以下简称民生银行晋江支行）紧紧围绕泉州分行“做泉商的贴心银行、做小微小区零售银行、做专业化的产业银行”的战略定位，结合晋江地方经济结构，应对经济下行的趋势，调整业务方向、做好产品升级，坚持合规经营，提升专业化水平，继续为晋江县域实体经济的发展做好服务工作，实现各项业务稳步发展。至年底，实现本外币各项存款余额达61.69亿元，本外币各项贷款达43.15亿元，不良贷款余额为7838万元，不良贷款率1.82%。

【信贷投放】

2016年，民生银行晋江支行落实金融支持实体经济发展的信贷投放导向，深入市场一线开展业务调研，摸清企业实际家底，根据企业是否聚焦主业、产品竞争力、实际控制人人品、行业发展潜力等多维要素，实事求是地划分企业风险分类，制定“一户一策”政策，区别配置信贷资源的投放。对经济发展影响举足轻重。支行对纺织鞋服行业整体授信政策持鼓励支持态度，对行业内细分企业实施差异化支持策略，重点支持大中型品牌鞋服企业、上市公司、行业龙头、具备差异化竞争能力的中小企业。通过加大信贷投放，支持行业推进产业升级、去库存、去杠杆，至12月底，民生银行晋江支行通过表外转表内、促进流贷额度提用等方法增加贷款投放量，各项贷款余额43.15亿元，比年初增加12.31亿元，增幅39.91%。

【网点搬迁】

2016年，民生银行晋江支行由于原网点无法满足业务发展的需要，为提升客户服务品质、完善客户服务体验，完成新网点的选址装修，并于5月完成网点的整体搬迁。新网点面积大、布局好、装修精美，成为崇德路上又一道靓丽的风景。搬迁后的民生银行晋江支行以开展普惠金融活动为导向，深入乡镇街道社区，为当地居民提供实实在在的专业金融服务。同时支行与晋江自来水公司沟通、合作，由总行科技部门开发的水费代缴系统，免去百姓每月来回奔波村委会现场缴费的麻烦；支行一年来通过公益活动、营销活动等方式深入网点周边的小区、村落、搭建民生银行与百姓交流的平台，不间断为村民提供反假币、防诈骗、公益进村等一系列金融宣传服务。

【服务品质提升】

2016年，民生银行晋江支行为适应经济新常态和金融改革形势要求，在加强产品创新、业务升级调整的同时，重点加强团队建设和人才培养。晋江区域内设有晋江、安海、晋南及陈埭四家一级支行，及12家社区（小微）支行，网点基本覆盖晋江各乡镇。其中安海、晋南及陈埭支行为零售支行，晋江支行为综合性支行。8月，民生银行泉州分行党委班子决定，合并原安海支行对公团队、晋南支行对公团队，组成新的晋江支行公司团队，实行对公零售综合性管理模式，进一步推进公私业务联动，提升服务企业客户的效率和质量。

【产品创新】

2016年以来，民生银行晋江支行始终以服务地方实体经济为己任，牢牢把握区域企业需求，持续增强金融服务功能，不断创新服务品种、丰富服务手段，有力促进地方经济的发展，重点开展创新产品：推出“网络自助电子银行承兑汇票”方案，通过网络化、自助化的开票流程，提高客户开票效率，提升客户体验；推出“网络融资”的创新融资方式，实现全程无纸化足不出户放款，缩短企业贷款时间，大大提高放款效率；推出无本还贷及不规则还款的创新还款方式，降低小微企业的转贷成本，减轻小微企业的还款压力；创新设立晋江不良基处置基金，该项目系民生银行与晋江市政府直接合作，作为泉州地区首例创新型不良贷款处置项目，项目得到包括晋江市、泉州市，甚至福建省政府的高度重视，并获总行批复同意，批复额度5亿元，期限5年；支持A股唯一体育运动鞋服上市公司对1家科技有限公司的并购贷款额度4.5亿元，期限3年，进一步彰显民生银行支持实体经济的信贷投向，为地方经济发展做出较大贡献。

【风险防控】

2016年，民生银行晋江支行面对日益严峻的经济下行形势，严格落实贷款“三查”制度，严把授信准入关，重视第一还款来源，把握企业核心资产，通过预审会对新增授信客户做好风险把控，持续提升优质客户占比，从源头上严控新增不良，增加授信客户走访频率，重视贷中贷后检查，定期召开授信客户集中评议会议，及时对问题客户及时发布风险预警、拟定跟踪处置措施，采取传统和新型手段相结合，加快存量不良化解进度。

（赵志远撰　黄永刚审）

·招商银行股份有限公司泉州晋江支行·

【概况】

2016年，招商银行股份有限公司泉州晋江支行（以下简称晋江招行）认真贯彻落实总分行党委的各项战略部署，按照“深化服务升级，打造轻型银行”的总体思路，以“轻型银行”为方向，以“一体两翼”为定位，以“服务升级”为路径，结合自身实际，克服各种不利因素，拼抢业务市场，不断强化内控管理，推进各项工作稳妥有序地开展。至年末，晋江招行人民币自营存款余额为26.01亿元，比年初增加5.61亿元。其中全折对公人民币存款14.86亿元，比年初增加2.96亿元；储蓄存款余额11.15亿，比年初新增2.65亿元。存款新增位于分行前列。各项贷款余额29.22亿元，比年初增加8.66亿元。其中，对公贷款余额18.30亿元，比年初增加6.73亿元；零售贷款10.92亿元，比年初增加1.94亿元。其中，住房贷款余额9.71亿元，比年初新增2.31亿元；承兑余额15.84亿元，比年初增加6.03亿元。

【“三大亮点”】

2016年，晋江招行在业务发展与风险管控方面持续涌现亮点：

双金客群发展态势良好，公私联动，实现双金客群、代发业务双发展。至2016年11月末，达标金卡1345户，较年初新增325户，达标金葵花卡340户，较年初新增86户。钻石客户新增9户，排名分行第一，私人银行客户新增4户，排名第二，超高端客户新增1户。

中间业务收入稳创佳绩。至11月末，实现非息收入1131万元。其中零售非息收入完成560.72万元，完成率120%，排名分行第二。

不良贷款处置初步取得成效，不良贷款率控制在合理水平。其中，通过重组方式化解不良贷款2笔，金额5855万元；核销5笔，金额2700万元；资产转让1笔，金额752万元。至年末，不良贷款余额2351.31万元，比年初下降2226.41万元，不良贷款率0.80%。实现对公不良贷款现金清收391.23万元，受托资产收回额3622.10万元，完成率位于分行前列。

【招行发展战略】

2016年，晋江招行在公司业务方面，大力发展基础客群，利用工商信息、各行业协会、中介机构等平台多渠道获取信息，拓展新开户及有效户，同时提升信贷客户结算比例，增强企业日常资金沉淀，加大新兴融资业务发展力度，重视国际结算业务，加大与优质房地产企业的合作力度；在零售业务方面，发起全员做零售的总动员，快速提升基础客群，做大做强规模，做大做好商圈，做大做透数据库，做大做活小微贷，做精做细厅堂销售，促进零售业务快速增长；在运营管理方面，分析梳理业务流程，提高资本运营效力。

【内控管理】

2016年，晋江招行重视内控管理，实行简单文化，营造竞争与快乐并举的工作氛围。在工作纪律方面，以员工违规行为整治活动的契机，组织学习"正风肃纪十项铁律"、信用风险管理"八个不能做、五个不能容忍"，强化员工合规守法意识，全面提升员工异常行为管理工作和案件防控履职能力；在队伍建设方面，强化存款营销意识，落实分层营销模式，依靠客户经理开展营销维护工作，明确客户分配管理办法，重建并规范考核制度，形成主动营销、多劳多得的员工激励机制。

（杨晓君撰　张培增审）

·中信银行股份有限公司晋江支行·

【概况】

2016年，中信银行泉州晋江支行（以下简称中信晋江支行）秉承成为"最佳金融综合服务银行"的发展愿景，主动调整工作思路，坚定发展方向，加强内部管理、落实"一户一策一目标"工作方法，主动服务，稳中求进。至年末，各项存款21.96亿元，其中对公存款余额17.49亿元，储蓄存款余额4.47亿元；各项贷款29.45亿元。

【合规建设】

2016年，中信晋江支行贯彻执行福州分行的改革要求，落实公司团队"伞"型架构管理模式，实现对公管理团队调整，整体管理工作有序推进。贵宾理财经理进行差异化经营，固化日常的工作流程，提高零售服务水平。大众系列落实分行要求的柜员"七步曲"、大堂经理"十个一"，提高整体服务水平。强调业务回归传统渠道。公司业务营销强调对企业的规模、盈利方式、结算现金流管理的分析，围绕客户的需求设计业务产品，强调对客户的综合融资服务。加强员工合规意识。在总分行的统一指导下，坚持每周进行合规文化教育，增强全体员工的合规意识，坚持开展员工行为排查，加强操作风险管理，落实各项内控措施，保证每个操作环节、流程、节点的有效监督制衡机制。及时对个别合规意识相对较弱的员工单独谈话，帮助其端正意识、改变陋习，防患于未然。

【服务提升】

2016年，中信晋江支行紧紧围绕总行零售二次转型的指导思路，以"客户至上、服务第一"为工作宗旨，坚定不移地抓好服务工作。全行员工树立服务立行意识，坚持"一日三讲"，牢记"待客物语"；自觉加强业务练兵，提高业务技能；坚持晨夕会培训，熟悉业务产品；坚持业务场景演练，规范仪表言行；坚持领导厅堂巡视，强化日常监督。开展普惠活动、拓宽获客渠道。持续开展社区金融服务，抓住传统节日契机，开展"春节赠写春年活动""端午节走访客户送粽子活动"等专场活动；持续开展代工上门服务，定期走入支行周边500米以内社区开展馈客户普惠活动，打造服务品牌。

【精细化管理】

2016年，中信晋江支行针对每家企业的发展需求及合作途径做好记录，每周动态管理客户的合作方案执行进度，加大信贷支持，实现精细化管理。了解客户的业务需求和他行的业务方案，严格把控授信到期客户管理，合理对企业经营风险评估，为银企持续合作提供基础保证。通过分层管理，立体服务，加强银企合作关系，实现稳定的银企共赢。支持实体经济，提供综合融资服务方案。晋江支行不断拓宽产品品种，切实提高客户感受，有效支持企业发展。

（颜江龙撰　庄鸿文审）

·平安银行股份有限公司泉州晋江支行·

【概况】

2016年，平安银行股份有限公司泉州晋江支行（以下简称平安银行晋江支行）制定全面向零售银行转型的战略目标，建立与战略转型匹配的经营体系，取得了初步成效。至年末，个人金融资产余额14.34亿元，各项存款余额7.71亿元，各项贷余额12.52亿元。

【服务模式创新】

2016年，平安银行晋江支行创新大零售业务SAT智能化服务模式，通过社交（S）、客户和代理人/行员两类APP（A）、远程座席和行内外远程专家（T）三者结合，打造丰富的金融和生活场景，通过客户迁徙和科技创新，加速打造平安特色的智能化、移动化、专业化的零售银行。与此同时，平安银行采用大数据、智能化等手段，持续加强风险管理，打造更科学、更高效的大内控体系，保证全行合规经营，有序发展。通过"综合金融+互联网"和"互联网+综合金融"两个模式，整合客户和产业链上下游资源，向客户提供一站式、多样化的金融服务。践行"以客户为中心"的经营理念，通过产品研发和技术创新，进一步强化传统优势领域，打造"口袋银行""橙e网""行E通""平安金"等多个特色产品或平台，持续提升客户服务能力。

【合规建设】

2016年，平安银行晋江支行进一步加强安防合规的宣传教育，增强员工风险防范意识；培育良好的合规文化，强化员工风险的职业操守教育，增强全行诚信合规建设的凝聚力；培育尽职合规的风险文化，让员工始终保持安防合规的高压态势，确保各项业务稳健有序发展。强化内控体系建设，构建合规绩效考核体系，完善问责机制，建立与银行经营发展战略向适应的专业合规架构；

狠抓案防工作妥善落实监督案防工作要求，着力落实针对重点环节、重点人员的预防措施，持续完善案防长效机制，通过定期或不定期组织各项业务自查自纠，加强日常检查力度，全面把控风险，及时排除隐患。

(富伟俊撰　张华山审)

·交通银行泉州晋江支行·

【概况】

2016年，交通银行泉州晋江支行各项业务进入调整发展阶段，按照年初总分行所确定的转型发展及风险防控指导思想和工作方针，结合实际情况，坚持开拓与风管并重的原则，完成年度各项工作。至年末，各项人民币存款余额5.25亿元，其中人民币对公存款余额4.29亿元，储蓄存款余额0.96亿元；各项人民币贷款余额21.57亿元，比年初增加1.71亿元，增长8.6%，增加信贷投放力度，极大地支持当地经济发展。

【业务创新】

2016年，交通银行泉州晋江支行举办各项金融服务活动，以优势特色业务为抓手，整合零贷资源，贴近当地金融市场，实时更新优惠政策，并深入分析晋江地区的行业发展动态，结合区域特征、行业成长性、风险可控程度，重点营销小微企业及个贷金融业务，投入大量的信贷资源，尽可能满足客户的金融服务需求；强力发展零售业务，推发展e贷通、车贷、装修贷、商铺贷、其他消费贷等个贷业务，做大客户群体，夯实客户基础，真正在客户心中建立起交行“财富管理银行”的品牌形象。

【服务经济建设】

2016年，交通银行泉州晋江支行将坚定不移地走客户至上、服务金融的创新道路，服务“三农”、助力“小微”、造福民生，以金改区为契机，全力打造泉州“财富管理银行”名片，为海丝先行区建设、泉州制造2025添砖加瓦，助力“五个泉州”建设，支持当地产业升级和经济快速发展。

(张鹏江撰　曾世明审)

·中国邮政储蓄银行晋江市支行·

【概况】

2016年，中国邮政储蓄银行晋江市支行(以下简称晋江邮储银行)根据总行“一体两翼”经营发展战略，围绕“稳中求进、转型升级、创新求变”的总体工作思路，做大业务规模、深化结构调整、提升管理水平。至年底，各项存款余额56.8亿元，同比增长2亿元，各项贷款余额13.6亿元，同比增长2.9亿元，资产不良率2.07%，较好地完成“增贷化解”工作。

【业务发展】

2016年，晋江邮储银行多策并举，狠抓各项工作。推动辖区内六家二级支行的转型升级，在人员调整、费用配置、经营指标等资源配置上给予倾斜，树立“早发展、早受益”的经营理念，充分发挥各支行长的能动性，调动员工的积极性，在加快业务发展的同时提供了全体员工攻坚克难的能力。加大品牌宣传力度。作为“防诈骗、促廉能、保平安”暨“廉能杯”马拉松竞赛这场影响晋江全民的体育赛事的赞助商，晋江邮储银行为赛事提供有力的后勤保障，并对小额贷款、个商及小企业贷款等产品进行宣传，大大提高品牌形象。夯实零售业务客户基础，以个人住房按揭贷款为切入点，对晋江辖区内重点的27个项目楼盘逐一进行营销，并成立一手房项目组，通过实行垂直管理提高工作效率，加快对市场的反应速度。全年合作的楼盘达到17家，一手房累计放款2.3亿，助力房企加快去库存。发挥“银行+代理”的特色经营优势，强化邮银联动，全面拓展信贷业务。由邮政晋江分公司挑选7名片区经理，直接派驻到6个二级支行对接日常信贷业务，借助双方平台，通过各乡镇邮政代理网点进乡村、进商圈、进企业，提高邮储银行的市场知名度和占有率。五是补强公司业务短板。长期以来，邮储银行致力于服务小微、三农群体，在服务大中型企业方面较为薄弱。2016年，晋江邮储银行成功落地首笔民营上市企业中期票据业务，并首次为区域龙头化纤企业办理国际贸易融资业务，实现多项公司新业务的突破。

【信贷业务项目组建设】

2016年，晋江邮储银行按业务品种分别设立小额信贷组、消费信贷组、小企业信贷组、个商信贷组。对辖区内的行业市场、二级支行和邮政网点的对接重新进行明确，并配套项目组奖励考核方案。经过磨合和运作，各个信贷项目组在市场开发、行业拓展、业务受理、流程管控等方面已初见成效，特别是对整支信贷队伍在发展积极性和主动性得到明显提升。

【风险管控】

2016年，晋江邮储银行在面临经济下行，资产质量恶化的复杂情况下，多措并举，守住风控底线。牢固树立“不良不等于损失”“不发展就是最大的风险”的经营理念，主动向上级行争取资源，积极配合市金融局、法院及公安等部门，不断丰富不良贷款处置措施，成功收回不良贷款本金2000万元，表内欠息37万元，清收金额创该行历史之最。做好内控管理工作，加强贷后管理和风险排查，做好基础工作，及时准确把握客户信息，严格执行贷后管理工作要求，争取早发现、早处置、早解决。开展职业道德教育活动、整肃行风行纪活动、合规文化教育活动、加强执行力建设主题教育活动、案件专项治理活动、员工守则教育活动、破解熟人经济活动以及《员工违规处理办法》的学习，强化内部管理，贯彻执行上级行“两加强、两遏制”工作要求，提升全行风险管理水平；组织全行员工开展“十条禁令”学习及默写，合规经营意识、案件防控能力明显增强。

(蔡思凤撰　林志辉审)

·中国人民财产保险股份有限公司晋江市分公司·

【概况】

2016年，中国人民财产保险股份有限公司晋江市分公司(以下简称人保财险晋江市分公司)全辖共有11个分支机构，员工417人，代理人员1229人。分公司秉承“人民保险，服务人民”的经营理念，全力配合政府服务地方经济，服务当地民生，在承保农房保险、校园方责任险、政府自然灾害公众责任险、渔工渔船等民生保险的基础上，不断探索新型民生保险业务，于2014年联合晋江市委、市政府首次推出“晋江版”社会治安综合保险，2016年，接受报案9302起，结案9210起，补偿金额872.9万元。推出“青年创业”项目个人贷款保证保险、助贷险、政银保等民生险种，积极响应地方政府经济发展和“和谐社会”建设的各项政策，通过保险机制，有效转移和分散风险，让广大民众在意外和突发事故后能迅速及时得到经济补偿，充分发挥了保险的社会“稳定器”和民生建设的“倍增器”作用。在面对商车费改带来的激烈市场竞争、宏观经济下行导致的保源萎缩、“莫兰蒂”台风大灾等种种不利因素的情况下，坚持对标市场，抓落实严考核；坚持数据说话，讲实效重实绩；坚持过程管理，重规划严督导；坚持依靠一线，讲付出比贡献，多措并举、灵活应对、戮力同心、砥砺奋进，各项工作稳扎稳打，业务持续平稳发展。通过努力，全年实现保费收入8.01亿元，同比增长8.69%，账面利润679万元，全年综合赔付率49.92%，综合成本率99.46%，向政府缴纳税额达10300万元（其中5003万元为代收代缴车船税），支付赔款3.81亿元。应对商车费改，顺利通过验收，实现了平稳过渡；有条不紊开展商业非车险改革，加强团队建设，不断完善各项管理制度；进行人事改革，启用了一批年富力强的新干部，加强整体管理力量；推动“营改增”落地，实现电子发票上线。

人保财险晋江市分公司为地方经济发展保驾护航，获得社会各界的充分认可，获2016年度晋江市金融创新奖、金融服务改革先进单位、最具人气金融产品奖，被人保财险福建省分公司评为2016年度创新成果优秀奖、办公室建设先进单位、宣传工作先进单位、财务工作先进单位等，所辖石狮支公司、青阳支公司分获人保财险福建省分公司2016年度县区级支公司经营管理先进单位一、二等奖。多名员工荣获人保财险总省公司级2016年度销售精英、展业能手、办公室建设先进个人、宣传先进个人、先进党务工作者等称号。

【精细管理】

2016年，人保财险晋江市分公司强化财务的预算管理职能，增强各级管理人员的财务预算意识；加强考核引导，对关键指标加大奖罚力度，推陈出新，推动整体管理水平的提升；开展销售软装备培训，用先进的营销理念武装头脑，学用结合，提升销售能力。通过一系列过程监管，车险在面临市场无序竞争、监管阀值等压力的情况下，实现稳步发展；非车险通过改革，团队活力也得以进一步释放。

【服务能力提升】

2016年，人保财险晋江市分公司抓好“理赔服务提升年”工作，建立理赔金额争议快速处理机制、实行小额快处机制、落实人伤专员导航服务制度、简化合并理赔单证，提升理赔服务质量和效率，提高客户满意度，全年实现亿元保费“零有效投诉”；加强客户能力建设，严格销售营业厅、理赔营业厅、现场查勘三个标准化建设，建立《投诉处理工作制度》，增设环保标志打印等增值服务项目；迅速落实大灾理赔，及时响应。

在社会治安综合保险服务上，人保财险晋江市分公司建立多渠道、分层级、立体式的宣教体系，并在宣传过程中普及理赔知识，保证宣传教育到户、见人、入心；在理赔实务中培养和锻造一支专业的服务队伍，为民众提供准确、迅速、合理的服务；利用镇、村两级政府及民政局、公安局及等部门力量，协助开展查勘理赔及理赔政策宣传，强化理赔服务工作；加强与政府部门的互动，定期不定期汇报、沟通理赔服务情况，争取政府支持。

【合规管控】

2016年，人保财险晋江市分公司建立了基层公司常规经营风险排查制度；开展了单证和印章专项检查，完善各项单证和印章使用制度；持续开展“反洗钱”“反诈骗”“反非法集资”工作，不断完善“三反”工作制度；主动配合监管部门开展机构证照、高管任职资格、营业场所规范等检查和整改工作；完善重点税源检查自查工作；开展从业人员案件风险专项排查工作，如保费挪用案件风险、印章、“三非”保单等专项排查，推动依法合规建设。

（连文兰撰　王秀明审）

·中国人寿保险股份有限公司晋江市支公司·

【概况】

2016年以来，中国人寿保险股份有限公司晋江市支公司（以下简称人寿晋江市支公司）围绕上级公司关于“重价值、强队伍、优结构、稳增长、防风险”的经营方针，继续发扬“爱拼敢赢、永争第

“莫兰蒂”台风后2个工作日兑现社会治安综合保险首赔

一”的国寿晋江精神，在工作实践中坚持“销售为重、个险为先、统筹兼顾、协调推进、全面发展”的经营思路，以党的建设引领全面发展，以队伍建设驱动业务发展，以基础建设助推持续发展，以风险建设保障稳健发展，改革创新，开拓奋进，努力实现系统先进、市场领先、队伍壮大、基础扎实、风险可控的经营目标，推进“品牌福建、富员强司”先行区建设。

晋江支公司三个营销渠道均取得良好经营绩效。个险主要指标均实现历史突破，三项业务指标得分居全市前三名。首年期交首次突破2亿元，在册人力首次突破3000人，主管数达历史新高290人，一年内晋升2位区域总监（总数3人）。银保渠道共完成新单保费19842万元，其中期交完成5164万元，完成111%；十年期交完成1320万元，完成115.8%；标保完成1396万元，完成129.2%；短险完成108.8万元，完成113.3%。团险渠道共收取保费 1824 万元，完成年度任务101.33% ，同比增长21%；学生险完成1006.58万元，完成年度任务100.8%，同比增长12.02%；计生险334万，同比增长12%，信贷险完成33.71万，同比增长2049.61%。

【销售运营】

2016年，人寿晋江市支公司遵循“诚信经营、专业致胜、品牌提升、文化强司”经营方针，以“三超一赶”为核心（首年期交、对标保费、持证人力超越对手，队伍质态赶超对手），个险渠道以标准化营销职场为运作核心，开展增员招募、新人育成、重点区域发展等基础工程，不断完善运营体系，带动新增持证人力增长和月度主险举绩人力提升，保障人力发展。公司个险销售部和客户服务中心密切配合，建立以客户需求为导向的经营战略，举办客户联谊会、投资理财讲座、精英专场答谢会、国寿大讲堂等活动，丰富服务内涵，提升客户服务品质。银保渠道注重专业运营，提升专业管理水平，促进生产力提升。以专业引领队伍，从规范会议经营入手，营造良好职场氛围，全面推进营销进程。团险渠道创新求变，提振士气，强势竞争，挤占同业市场空间。通过搭建平台，开拓政保业务，挖掘新保源。通过与国寿财险的合作也打破原有单动模式，通过方案互补、保额共担的形式推动互动经营，实现双赢。

【社会资源整合】

2016年，人寿晋江市支公司参与晋江市政府组织开展的“金融服务月”活动，加强与金融系统单位的联系，主动服务小微企业，上门咨询服务，建立服务档案，通过保单借款，解决小微企业资金流短缺的问题，受到地方政府的高度肯定，被晋江政府评选为“最佳社会责任奖”。

【科技国寿】

2016年，中国人寿头号工程——科技国寿，在晋江试点运行。科技国寿的主要内容是：以客户为中心、以互联网为特征、敏捷响应、安全可靠、国际一流、行业领先的新一代综合业务处理系统，推动公司的数字化、移动化、社交化、集约化、智能化、平台化、生态化，实现公司信息化建设从1.0到2.0的跨越。建设一套先进的核心业务系统，提升客户体验、完善客户服务，满足市场需求，发掘市场潜力，事关中国人寿持续发展和竞争力提升。2016年，进入攻坚阶段，要完成新一代的主体功能。9月，总公司信息技术部、研发中心、流程管理部三部门联合工作组，一行20多名科技人才进驻晋江支公司，拉开科技国寿，服务保险的序幕。

【客户权益视图】

2016年，人寿晋江市支公司推出客户权益视图。客户权益视图是科技国寿发展战略的一个重要支点，它最大的特点就是方便手机推送，易于推广应用，安全、简便、快捷。客户累计缴费、回报收益、保单借款，一目了然，数据详实，体验感好。中国人寿将在总结晋江支公司运营经验的基础上，向全国系统推广。

【管理机制完善】

2016年，人寿晋江市支公司教育引导全体员工严格遵守公司相关管理制度。在财务上，建立完整的财务预算制度以及购销预审批制度，从根源上有效的进行开源节流，把有限的费用尽量的投入到业务拓展上去，形成增产增收的良好循环；在风险管控上，高度重视风险管控工作，积极促进依法合规经营，切实加强关键风险防范点管理。针对工作实际，加强销售诚信服务管理，开展营销队伍诚信教育、严密防范销售过程中的误导风险。强化督导，定期检查，进一步加强内部控制管理，提升风险防范能力，建立规范经营的长效机制。在员工管理及福利上，公司坚持以人为本，描述岗位价值，增加员工培训学习机会，坚持正面激励为主，促进全面管理，持续开展“创优争先”的活动。

（刘毅撰　余晓烨审）

·中国太平洋财产保险股份有限公司晋江中心支公司·

【概况】

2016年，中国太平洋财产保险股份有限公司晋江中心支公司（以下简称太保产险晋江中支）下辖石狮支公司和晋南、安海、福埔、紫帽4家营销服务部，员工130名，经营险种包括机动车辆保险、财产保险、责任保险、意外伤害保险以及船舶险等250多个主险和1600多个附加险。根据“以客户需求为导向”的战略转型要求，贯彻“保盈利、控品质、强基础、增后劲”的经营指导思想，以实现“可持续价值增长”为发展目标，积极开拓市场，夯实管理基础，全年实现保费收入2.6867亿元，全年综合赔付率63.49%，综合成本率101.79%，向政府缴纳税额3965.34万元（其中1902.30万元为代收代缴车船税）。

【产品与服务模式创新】

2016年，太保产险晋江中支积极探索推动互联网保险产品及服务模式的创新。为了更好地服务经济社会，提升客户的体验，创新和运用移动新技术，强化传统保险业务与移动互联技术的融合，将新技术应用于客户投保、服务、理赔等环节，满足消费者当前和潜在的保险需求。中国太保APP、“太好赔”等客户服务平台的推出，客户可轻松完成车险续保、自助查勘、道路救援、出险报案、道路违章查询等操作。为了方便客户投保，太保产险晋江中支上半年重点推出“码上保”互联网保险产品和CRM移动出单工具，迎合民众消费习惯的变迁，方便客户随时随地投保，同时还推行无纸化保单，提倡环保经济。

太保产险晋江中支探索参与社会管理的渠道和途径，在完善社会管理体系中作出贡献。比如，在工程建设、道路交通、环境保护、旅游安全、安全生产等领域建立保险机制，推进交通事故责任保险、环境污染责任保险、安全生产责任保险、医疗责任保险等与人民群众利益密切相关的责任保险的发展，用商业手段解决责任赔偿等方面的法律纠纷，2015年推出的“诉讼财产保全责任保险”降低社会诉讼成本，提高解决纠纷的效率，减轻政府的社会管理压力。上半年，太保产险晋江中支推出并销售食品安全生产责任保险、电梯安全责任保险、儿童预防接种意外伤害保险、个人账户资金损失保险、现金综合保险、民用燃气用户人身意外伤害保险、物业管理企业责任保险、律师职业责任保险、游泳池（馆）公众责任保险、校车承运人责任险条款等各种产品，累计为上百个客户提供不同形式的保障，履行保险社会管理的功能。

【服务质量监督体系】

2016年，太保产险晋江中支面向社会招聘服务质量社会监督员。来自各行业、各阶层的优秀人士成为了肩负“监督和献策”使命的服务质量社会监督员。开展高管“聆听客户声音”活动，各级机构高管分别深入机动车辆定损中心、门店等客户服务接触点，累计开展各类倾听活动72场。每月开展一次保险消费投诉接待日活动，接访人员从总经理室扩展到各级机构负责人。通过营业厅悬挂提示牌、LED显示屏主动向社会公众公开接访日期、时间、地点及投诉专线电话号码。设立专门的投诉处理小组，负责第一时间联系客户，用合适的方式与客户进行交流，给出解决方案和解决期限，对于可能升级为监管投诉、媒体投诉的投诉案件，采用灵活和主动的“化解原则”，避免事件升级。投诉小组致力于把被动处理投诉转化为主动提升客户服务体验，不断改进服务机制。同时前中后台各部门还牢固树立客户意识，完善投诉闭环管理，从源头上降低客户投诉率。2016年，投诉一次解决率95.24%，亿元保费投诉量8.20件，平均处理周期1.02天，投诉处理及时率86.36%，排在全辖第一。

【保险诉调对接机制】

2016年，太保产险晋江中支参与晋江市诉调对接机制。诉调对接机制即推行人伤案件提前介入并约三方会谈调解，寻找最佳和解方案，既能提高客户满意度，也能提高理赔效率。全年调解人伤案件568件，成功461件。晋江市交通法庭、交警大队授予太保产险晋江中支“积极高效 化解纠纷 勇于担责 共创和谐”的锦旗，泉州电视台也对太保产险晋江中支诉调工作进行现场采访。

【服务社会】

太保产险晋江中支推出“爱心时刻相随，服务一路相伴”节日理赔服务，在高速公路进出口、服务区等地点设置临时服务网点，面向客户提供周到贴心的现场服务。此外，为减少客户等待时间，太保产险晋江中支还推出“免查勘、快定损”和“假日先赔付、节后补发票”两项服务举措，协助客户快速完成理赔流程，尽早重新踏上归家或出游的旅途。以“7•8”全国保险公众宣传日为契机，太保产险晋江中支开展丰富多样的公众宣传活动。围绕2016年保险公众宣传日活动主题“@保险，一切更简单”，组织四场进企业、进机关、进社区宣传活动和一场全司员工参加的“彩虹跑”活动，向民众介绍保险知识，广泛宣传保险的功用。2016年太保产险晋江中支与泉州中支联合冠名由中共泉州市委宣传部、文明办、泉州市公安局、泉州市交通委主办的“文明交通好司机”评选活动，提升晋江市广大机动车驾驶人的交通安全观念和文明出行意识。

【骗赔案件调查】

2016年，太保产险晋江中支加大对保险骗赔案件的查处力度，并取得突出的成绩。在有关部门密切配合下，全年共查处保险骗赔案件85件，为公司避免经济损失259万余元，切实做到不惜赔、不滥赔。太保产险晋江中支还通过提升理赔人员业务技能和工作水平，达到减损降赔的目的，全年共完成专修减损金额365万元。

（洪驾鸯撰　吴紫芳审）

·兴业证券股份有限公司晋江崇德路证券营业部·

【证券经营】

2016年，兴业证券晋江崇德路营业部管理客户总资产约50亿元，管理客户数约2.6万人，市场份额位居当地同业前茅。为晋江广大投资者打造出极具品牌的“1+N”百人投资顾问服务团队，提供全方位的证券投资咨询和理财顾问服务。

【客户服务渠道创新】

2016年，兴业证券晋江崇德路营业部坚持以客户为中心的经营理念，推出融资融券、兴新享融、沪港通等新业务，以更多个性化的金融产品满足客户多样化的金融需求，同时，设立呼叫中心加大与投资者的互动性，了解客户需求，服务客户需要。

【风险管理】

2016年，兴业证券晋江崇德路营业部加强内部风险管理，落实各项公司制度措施，加强从业人员“八大禁止”的学习及执行，发展各类业务。成立投资者教育工作小组，制定各项制度，组织中小投资者座谈会、工作总结会、打击处置非法集资宣传、“3•15”宣传等活动提醒投资者市场风险。

（姚珊瑜撰　傅子勤审）

·中国中投证券有限责任公司晋江迎宾路证券营业部·

【品牌形象提升】

2016年，中投证券有限责任公司晋江迎宾路证券营业部（以下简称中投晋江营业部）紧跟国内外金融发展方向，以“财富管理+互联网金融”模式为客户服务，借助晋江的企业经济优势，与多家企业长期配合，帮助实力企业走上资产证券化的道路。通过多样化投资产品线，全面覆盖各种风险收益、投资期限的资产类别，满足不同客户的理财需求；始终以客户体验为中心，客户回访工作也从开户后贯穿始终，及时回应客户所反馈的问题。为让客户享受互联网+的便捷，公司业务软件逐步升级，客户足不出户便可网上开户、办理创业板转签、港股通权限开通、报价回购权限开通等普通业务，信用业务中的融资额度调整和新易融权限开通可在网上进行。普通资料修改、手机号码更改、身份证更新等账户有关业务也有网络便捷通道可直接更新使用。8月19日，由腾讯主办的“天下牛人汇”实盘竞赛活动拉开帷幕，中投证券作为独家合作券商于推出后大赛首日参赛客户破万名，晋江营业部客户参与到这个与私募大佬同台竞技的赛事中来，并有3名颇具操盘实力的客户夺得初赛冠军。

【合规经营】

2016年，中投晋江营业部将合规问题立于运营之上，从高层做起贯穿至每位员工。“风险事项报告与处置系统(LDC)”项目通过证券业协会组织的专业评价，连续6年获评A类A级，该系统通过智能化识别技术极大降低风险事件恶化的概率。营业部定期组织员工进行合规学习，在全公司推行诚信与政治的职业操守和价值观，提高员工的合规意识。

【投资者教育】

2016年，中投证券晋江营业部始终把投资者教育工作放在首位，为保护中小投资者并提高投资者的风险意识，营业部不定期为新老客户举办投资沙龙，组织员工走入社区宣传风险知识，其中分别在晋江万达广场、宝龙城市广场举办多次宣讲活动。通过公司统一的信息平台向客户提供提醒服务，在市场震荡的时候，及时提醒客户规避风险。营业部重视自身员工的培训工作，其中反洗钱教育以《证券公司反洗钱法规与规范性文件汇编(2013年版)》为主要指导文件，及时组织员工进行学习交流，公司下发的反洗钱相关文件《反恐怖和反恐怖融资及涉恐资产冻结工作规定》《中投证券洗钱和恐怖融资风险评估工作指引》，提高员工对反洗钱可疑交易的鉴别能力，有效防范反洗钱等金融风险。年度评比中获得证券期货业反洗钱工作A类评级。

【特色产品优化】

2016年，中投晋江营业部利用客户资源优势深入挖掘高端客户及机构客户的投融资需求并在多领域均有突破。4月，推荐并完成1家新三板挂牌公司的做市商业务；8月，成功落地三个私募孵化项目，分别涉及量化对冲及股权投资领域；推进针对晋江地区上市公司的股票质押业务。营业部借助总公司的资源优势和专业团队，凭借综合性的融资业务服务体系和在发行市场的定价销售能力，有利于项目运作的快速推进和客户融资成本的降低，可为中小企业提供全方位系统的融资方案，提供不局限于IPO、私募股权融资、信托和租赁等一揽子金融产品和服务，帮助中小企业拓宽融资渠道，完善资本负债结构。

（张小萍撰　蔡命港审）

·2001—2016年晋江市金融机构信贷收支情况表·

表14　　单位：万元

年份	各项存款	其中住户存款余额	各项贷款
2001	1629303	1231972	732894
2002	1939043	1454335	895075
2003	2451148	1762528	1255158
2004	2756390	1972450	1408998
2005	3282951	2283385	1718341
2006	3909152	2583093	2339193
2007	4321942	2674444	2652734
2008	5398276	3516990	3009045
2009	6946767	4243544	4206954
2010	7972978	4737081	5518533
2011	8873230	5119632	6290507
2012	10295162	5771294	7582147
2013	11955058	6556288	8600946
2014	12914820	6920320	9831934
2015	13627437	7563443	11345280
2016	14821794	8021384	12864167

注：2015年起“居民储蓄存款余额”指标更改为“住户存款余额”

·城乡规划·

【多规合一】

2016年，晋江市城乡规划局（以下简称市规划局）按照“四个标”工作思路和“四个一”工作目标，推动“多规合一”工作。晋江市于2015年5月6日被列入全省12个“多规合一”试点城市之一。主动向上沟通协调，向省发改委、住建厅等上级部门作专题汇报，并在11月全省“多规合一”现场会上作典型发言。晋江市调整机构领导架构，由市委主要领导任组长，加强部门协同协作，建立市领导主持的每月例会制度，加大工作协调力度，整体工作进度和质量保持全省前列。市规划局加强与发改、国土、环保、林业等部门的协调互动、协同协作，整理形成总规层面的“一张蓝图”，各个行业主管部门开展各自管理规范整理。首次系统建立空间规划和重点项目的信息数据库，完成各类空间规划的差异分析，消除错误图斑20多万个，初步划定城市发展边界和生态红线。制定“多规合一”信息系统建设方案，完成项目采购招标，整合各个行业主管部门数据平台，加快建设“1+N”系统模式的规划信息综合管理平台，形成初步平台框架。主动对接行政审批服务中心，启动项目建设流程梳理调整。

【规划编制】

2016年，市规划局推进战略研究。启动“十三五”城市空间规划实施战略咨询、城市空间结构和品质升级研究等非法定规划，完善辅城片区战略研究，深入研究城市转型方向和路径。先行规划高新产业聚集区，研究确定集成电路产业园选址，完成“三园一区”整体规划布局，组织开展集成电路园控规路网设计；加快规划“双高”道口经济区，基本确定福厦高铁站点位置及等级，同步启动周边路网规划设计，推动与中心城区连片发展；完善科教产业集聚区规划，优化福大晋江科教园整体布局、建筑设计，确保建设品质。加快推进首批山边、海边、田边、风貌、文保5类19个村庄规划编制工作，整合土地规划、产权村情、群众意愿等，同步研究制定村庄规划编制导则，树立标杆示范和行动指南，提升规划科学性。指导开展公共交通专项规划、公共自行车发展规划等编制工作。明确规划安排。明确2017年规划编制计划，包括城市总规修编等13个城市规划、100多个村庄规划以及中心城区人口聚集引导研究等10项辅助规划。

（翁信托、王萍萍撰　许礼义审）

·项目建设管理·

【草庵周边环境整治】

2016年，晋江市积极配合做好申报世界文化遗产相关工作，大力推进草庵摩尼教光佛造像（海丝遗址）周边环境整治，完成施工图设计，开展施工监理单位招标。

【环境规划建设】

2016年，晋江市深入推进环湾规划建设。全年实施环湾规划建设项目64个，总投资836.22亿元，年度计划投资120.71亿元。累计完成投资127.8亿元，完成年度任务的105.9%。

【宜居环境建设】

2016年，晋江市全面加强宜居环境建设。策划生成省级宜居环境建设行动计划项目221个，总投资696.00亿元，年度计划投资86.35亿元。累计完成投资88.05亿元，完成年度任务的101.97%。

（蔡金龙撰　蔡逸卿审）

【重要功能项目】

2016年，市规划局精准布局重大项目。推进泉厦漳一体化，加强重大交通设施布局协调，深化“两场两站”规划衔接，深入对接城际轨道、高速公路、城市快速路。对接完善泉州市现代有轨电车一期工程（晋江段）的站点及主要节点方案，并就断面设计、站点布局、交通组织、过街设施等方面进行论证。精密构建城市路网。做好影响建设全局的市政交通等重点项目的前期选址论证工作。完善泉州二重环湾快速路，贯通晋光路东延。结合循环经济产业园及建筑装配产业园选址，同步完成市域主干道草马路的前期研究。对西部快速路东石段规划线位进行论证调整。基本完成刺桐大桥与江滨南路节点互通方案研究。完成泉厦漳联盟高速线型、结构形式、退让等指标的规划管控。优化调整东石连接线道路等级和路幅。结合磁湖综合开发同步完成城市快速路新龙英路的前期研究。开展福利院天桥等民生项目前期方案研究，进行中心城区国税、八仙山、爱国楼等公共停车场的前期论证。牵头开展罗裳片区城市设计中公园环路标高设计论证优化。营造公建项目。研究确定超高端人才社区选址，加快完善建筑设计方案。保持与王澍团队对接，完成九十九溪田园风光启动区规划设计。完成会展中心规划设计方案专家评审。加快研究第二体育中心选址，全力保障世界大学生运动会筹备工作。靠前跟踪指导洪山文创园、三创园、鞋纺城等产业平台建设，对接落实周边配套设施。配合神华热电管网配套项目和深沪福能热电厂前期选址。协调确定深沪、龙湖污水处理厂选址。配合金门供水方案论证、配合引水第二通道选线。

【优秀传统建筑及传统村落保护】

2016年，市规划局对石结构危房和传统建筑加以区分，并将修缮加固要求列入石结构改造规划。配合省级第一批历史建筑、特色建筑综合评选，申报第一批184栋建筑。开展第一批围头古街优秀传统建筑和第二批福林、南浔、塘东优秀传统建筑的认定工作。配合开展第四批中国传统村落申报工作，新塘街道梧林社区、灵源街道灵水社区、龙湖镇福林村等3个社区(村)被列入第四批中国传统村落名录。新塘街道梧林社区、安海镇瑶前村、金井镇围头村被列入第一批泉州市级传统村落名单，安海镇、福林村被列入第五批省级历史文化名镇名村。

【专业人才引进】

2016年，市规划局与天津城市规划设计研究院合作成立晋江市城市规划设计研究院，加挂晋江市城乡规划局编制研究中心，承担晋江市规划管理技术工作，引进第一批10名专业人才。与王澍、王富海、黄晶涛、赵燕菁等一批设计大师团队开展实质合作，带动城乡规划设计水平的整体提升。

【城市工作会议】

2016年，市城建办筹备晋江市城市工作会议，谋划城市工作思路，协助市主要领导开展系列调研，广泛征求社会各界意见，组织高规格专家座谈会，在全市举办“我出金点子助力晋江城市工作”活动，参与起草大会材料。

【组团(片区)机构撤并】

2016年，市城建办协助推进全市组团(片区)收尾收官，参与调查研究，明确暂时保留6个指挥部、撤并12个指挥部，深入一线服务好青阳、安海、桥南等12个组团(片区)撤销(兼并)工作，按照遗留问题责任清单，跟踪促进遗留问题加快解决。

【百日攻坚活动】

2016年，市城建办响应全市百日攻坚，牵头城市基础设施建设攻坚会战，出台具体工作方案，跟踪敦促137个城市基础设施建设项目和66个房地产项目建设进度。

(翁信托、王萍萍撰　许礼义审)

【建立常态考评制度】

2016年，晋江市建立城乡建设管理常态考评制度。每月考评。根据村(社区)比例每月随机抽评各镇(街道)2—5个建制村(社区)。对每月考评成绩低于80分的村(社区)在次月考评时作为必检村(社区)，累计考评99个次村(社区)。对每月考评综合成绩排名末位的单位于次月对该辖区进行全域巡查，累计巡查11个镇(街道)次、237个村(社区)次，发现环境卫生问题2143处。组织晋江经济报社、电视台不定期开展薄弱镇村现场回访，通过媒体曝光部分村(社区)的整改情况，累计回访12个镇(街道)次、25个村(社区)次。每月采取书面通报和在《晋江经济报》、电视台、新闻网通报的方式晒出各镇(街道)成绩单，并召开全市环卫保洁情况点评会，通报考评发现的问题，研究整改措施，交流工作经验。根据考评方案，按时兑现每月及年度前五名单位“以奖代补”资金共400万元；扣减绩效成绩。向市政府督查室通报考评成绩，对排名后三位且低于良好等次(80分)的陈埭、池店、磁灶、永和、龙湖、深沪等6个镇分别扣减年度绩效成绩0.2分、0.15分、0.1分。

江滨南路改造一期

·市政公用事业·

【市政路网建设】

2016年，全年市政建设管理项目122个，累计完成投资10.95亿元。市政道路方面。共完成江滨南路道路改造（顺济旱闸－陈泉路）、双龙路东拓二期市政道路（晋新路至沿海大通道段）、陈村片区市政配套道路（四号路、五号路、长虹路）、双沟田美片区市政规划道路、江滨路片区市政道路改造等11个市政道路工程以及泉安南路—灵安路交叉口、和平路—文渊路交叉口、和平路—文景路交叉口等7个交叉路口的交通改造改善工程，市区新增市政道路里程6.9千米，人均道路面积26.78平方米。

【园林景观提升】

2016年，晋江市市政园林局共完成灵源公园、陶西路绿化工程、晋江南高速出口景观提升工程、江滨南路景观提升工程、西环路（八仙山—双龙路）绿化工程、双龙路（梅岭路——环湖路）绿化工程、疏解公路与泉州环城高速桥底景观绿化工程等8个景观绿化工程，新增绿化面积约64.78万平方米，市区绿化覆盖率升至44.01%，绿地率升至39.89%，人均公园面积11.39平方米。

【污水治理】

2016年，晋江市市政园林局完成远东污水厂三期扩建工程BOT协议签订、深沪污水厂前期手续办理工作，全年埋设污水处理厂配套管网87千米，全市配套主次干管网累计741千米，全市生活污水日处理规模达29.5万吨，生活污水处理率升至88.7%。实施全流域治理，2016年埋设截污管道21.15千米，累计完成海烟沟、可慕溪、下灶溪、潘径溪等10条流域的整治工作；至年底，全市农村生活污水治理工作累计完成166个村（社区）的设计和审查工作，并建成23座小型污水处理设施。

【市政民生工程】

2016年，晋江市市政园林局相继完成迎宾路（市标圆盘）、和平路（前沟桥）、泉安中路（松溪路口）等8个节点的雨污分流改造，市区基本无重大内涝；启动晋江市高层住宅小区二次供水“一户一表”建设改造工程，市政府常务会议审议通过《晋江市住宅小区二次供水设施建设及管理办法》，完成1.54万户的建设改造工作；启动并完成公共自行车二期项目，向陈埭、池店等镇街进一步延伸，新增设135个站点，4000个锁止器，3000辆公共自行车，并建设泉州晋江两地公共自行车接驳站点，有效连接两地公共自行车系统；此外还启动并完成陈埭、东石、磁灶等6座垃圾转运站改造升级工作，以及八仙山停车场、夜景工程三期等前期工作。

【市政工程管理养护】

2016年，晋江市市政园林局全年累计完成投资1.73亿元，完成新一轮市区道路保洁、园林绿化养护市场化招标，重新修编《晋江市道路、广场园林绿地绿化日常养护考核细则（暂行）》和出台《晋江市市政工程建设标准化管理实施方案》，至年底，承担总面积约378.9万平方米的环境卫生保洁、40座垃圾转运站、620万平方米市政设施维护和570万平方米园林绿地管养任务。全面完成对全市69座桥梁的结构性检测，累计修复人行道砖约3万平方米，修复破损路面约3万平方米，更换雨污水井盖3000多套；全市全年转运垃圾约73万吨，日均近2000吨，征收生活垃圾处理费195.8万元，开展6场“爱护环境—垃圾不落地 晋江更美丽”系列宣传，赠送宣传手册1200余册；重点开展4个内容的环卫考评督查，全年累计考评1336个次村（社区），发现各类环境卫生问题13065处，整改到位12943处，整改率99.1%，年度考评成绩从84.64分升至86.21分，排在泉州第7位；2016年来共清理雨水口1万余座，清淤管道17.1千米，埋设管道275余米；开展燃气专项治理活动，共出动人员484人次，发出整改通知书35单，排查企业隐患138条，查处取缔了无证无照经营的从业单位11家，扣押钢瓶135瓶，开展“进小区、进校园、进企业”、燃气知识培训班等活动，培训从业人员500多人；组织对市区的二次供水进行3次专项检查；累计完成260份商店招牌审批工作。

【环卫保洁机制】

2016年，晋江市修订出台《晋江市村（社区）环境卫生考评办法》，通过完善考评机制，加强日常监管，进一步推动村级环卫保洁“六个一”机制落实，全面推行“村（社区）一级清扫收集、镇（街道）一级清倒中转、市一级转运处理”的生活垃圾城乡一体化处理模式。在村（社区）全面开展环卫保洁基础上有170个村（社区）实行环卫保洁市场化运作、15个镇（街道）实行垃圾中转市场化，其中罗山、灵源、新塘、东石、永和、西滨等实行全域环卫保洁市场化作业，全市垃圾日常清扫、收集体系更趋完善，城乡环境卫生面貌持续改善，全市垃圾收集量保持逐年增长，2016年全市垃圾收集量73.1万吨，日均1998吨，同比增长13.9%。

“爱护环境·垃圾不落地　晋江更美丽”主题宣传活动

【保洁经费投入】
2016年，晋江市落实村级保洁经费市、镇、村三级保障机制，统一村（社区）环卫保洁补助经费标准，按户籍人口数统一补助40元/人·年，对外来人员按2015年度末办理居住证数20元/人·年标准给予补助，并每年安排400万元环卫保洁“以奖代补”资金，2016年市财政投入村级保洁补助经费6372万元；此外，有15个镇（街道）、53个（次）村（社区）获得泉州市“以奖代补”资金77.9万元，全部下达相关镇（街道）、村（社区）统筹用于环卫保洁。

【环卫队伍及设施建设】
2016年，全市392个村（社区）全部组建环卫队伍，并配备更新垃圾桶、果皮箱等环卫设施，累计兑现环卫保洁完工项目市级补助资金584.8万元。全市有村级环卫工人3584名，人力保洁三轮车（手推车）等1965辆，垃圾吊桶57719个，密闭式垃圾运输车233辆。

【城乡环卫考评】
2016年，晋江市城乡环卫保洁工作持续提升，泉州市级年度考评成绩由2015年的84.64分提高到86.21分，排名各县（市、区）第7位；全市20个镇（街道、经济开发区）年度考评综合成绩均达到良好等次以上，经济开发区、紫帽镇、西滨镇、东石镇、罗山街道考评成绩达到优秀等次。全年累计考评1336个次村（社区、园区），发现环境卫生问题13065处，整改到位12943处，整改率99.1%。

【环卫保洁舆论宣传】
2016年，市城市卫生管理考评中心联合《晋江经济报》开设“我爱我家 环卫考评进行时”“环卫绿V客”有奖举报等专栏，在晋江电视台每周定期推出环卫保洁专题报道，累计刊发（播出）148篇（次）环卫保洁专题报道。依托考评中心官方微博和微信“晋江环卫绿V客”，发动群众对身边的不文明行为和环境卫生问题进行有奖举报和曝光，微信累计发布1000余条图文信息，平均阅读量283人次、粉丝7841人；微博累计发布1838条、粉丝1749人，发放话费充值卡近4万元。策划“爱护环境·垃圾不落地 晋江更美丽”主题宣传活动，制作宣传彩板、印制宣传手册，在晋江经济报连续宣传造势，先后在八仙山公园、晋江体育馆、内坑镇砌坑村、磁灶镇延泽社区等人口聚集地及村（社区）开展9场次环卫保洁主题宣传活动。

（王辉庭撰　林志阳审）

·住房公积金管理·

【住房公积金归集】
2016年，晋江市2131个单位99324位职工缴纳住房公积金，全市历年累计归集住房公积金616628.76万元，历年累计提取住房公积金360954.04万元，全市住房公积金余额255674.72万元，其中全市新增住房公积金归集单位472个，新增归集人数7401人，全年新增归集住房公积金90353.17万元。

【住房公积金提取】
2016年，全市批准94130人提取住房公积金75846.07万元，其中离退休提取329人，金额3921.73万元；调动转出提取100人，金额351.76万元；购建房提取4391人，金额40217.98万元；还贷提取85687人，金额26873.16万元；出境出国等其他原因提取3623人，金额4481.44万元。

【住房公积金贷款】
2016年，全市新增贷款3581户，发放个人住房公积金贷款162495万元，期末贷款余额为394640.97万元，住房公积金个人贷款使用率154.35%。全市历年累计发放住房公积金贷款17064户，贷款累计总金额为583091.55万元。

【住房公积金增值收益】
2016年，全市住房公积金业务收入10705.17万元。其中，住房公积金利息收入81.78万元、增值收益利息收入337.01万元、委托贷款利息收入10286.38万元。住房公积金业务支出7748.79万元，期中全年融资贴息支出2434.3万元。全年实现增值收益2956.38万元。

（张晓光撰、审）

·建筑业·

【概况】

2016年，晋江建筑业实现产值256.77亿元，同比增加15.6%，其中本市建筑企业产值57.25亿元，同比增加81.7%。由于建筑业企业新资质标准出台，企业按要求进行资质重新换证就位，换证后全市取得资质建筑企业110家，其中建筑企业资质新增10家。办理20家建筑业企业资质申请及增项，5家建筑施工企业安全生产许可证申报及延期申请，办理73家建筑业企业资质换证申请；审核企业资质证书变更23家；办理晋江市企业外出承接业务备案及开具证明及介绍信16家次。推荐泉州市建筑业先进企业6家，优秀企业经理4名、优秀项目经理4名。

【工程招投标监管】

2016年，晋江市住房和城乡建设局（以下简称市住建局）严格执行《关于进一步加强房建和市政项目施工招标监督管理的意见》《房屋建筑和市政基础设施工程经评审合理低价中标法评标办法》文件，自2016年1月1日起，晋江市房屋建筑和市政基础设施工程新发布招标公告的施工招标项目，实行引入信用评标推荐三名中标候选人的评标办法。2016年，进入中心招标工程项目360个，投标控制价389677万元，中标价357373万元，节省32303万元，节资率8.29%。

【建筑市场监管】

2016年，市住建局定期组织开展建筑市场综合性大检查，不定期开展建筑市场专项巡查，严厉打击违规承发包、未按基建程序组织建设、人员履职不到位、拖欠工程款、拖欠农民工工资等建筑市场违法违规行为。运用建筑市场综合监管信息平台开展企业综合信用评价，严格按照评价标准对企业市场经营和项目管理活动进行量化评分。适时发布建筑工程责任主体诚信红黑榜，累计将2家企业列入诚信黑榜实施惩处。在全市房屋建筑和市政基础设施项目中推广创建“无欠薪项目部”活动，累计授予6个项目“无欠薪项目部”称号。

【建筑产业化推进】

2016年，市住建局按照绿色、循环、低碳的发展理念，引导建筑业由劳动密集型、粗放型向科技型、集约型转变，促使建筑行业转型，培育新的经济增长点。按照《泉州市人民政府关于进一步促进建筑业发展壮大的若干意见》标准，上报申请3家施工企业资质晋级奖励资金150万元。初步选址永和镇锦岭村及英林镇陈山村13.53公顷用地建设装配式建筑产业示范基地，研究制定建筑产业现代化扶持政策，对建筑产业化园区、合作公司、示范应用项目进行扶持。强化行业培训教育，举办两场建筑业营改增培训，采取有效措施应对营改增税改。开展建筑岗位培训，21家建筑企业的284名工人参加培训，其中274人经考试合格取得岗位证书，合格率达97%。

【建筑节能水平提高】

2016年，市住建局在新立项的政府

崎山保障性住房

投资公益性项目、2万平方米以上的大型公共建筑、10万平方米以上的住宅小区以及财政性投资的保障性住房等“四类项目”全面执行绿色建筑标准，全年35个项目按照绿色建筑标准进行设计并通过施工图审查，总建筑面积130万平方米。推动工厂宿舍、学校宿舍、宾馆酒店及医疗卫生等建设项目建设应用可再生能源系统，全年累计新增示范面积40万平方米。

【工程质量安全管控】

2016年，全市建设工程质量安全形势总体平稳，未发生较大以上安全事故，建设工程安全生产处于受控状态。加大对施工现场的巡查频率，发现安全隐患立即责令整改，确保施工安全。办理质量安全监督手续152宗，其中房建项目100个，工程总造价98亿，建筑面积400万平方米；市政项目52个，造价约12亿元。纳入动态系统监管的房屋建筑工程累计达251个，建筑面积1435万平方米，市政工程项目95个，总造价30亿元。全年共发出建设工程质量问题整改通知书653份；安全隐患整改通知书288份，发现的重大质量问题、安全隐患均跟踪落实整改到位。承办泉州市2016年第三次工程质量安全生产形势分析会及建设工程质量安全现场观摩会，举办镇(街道)村建所(城建办)建筑工程安全生产知识培训和农村工匠培训，组织建筑工程模架坍塌应急救援演练，开展各类专项检查。全市建筑工程质量及施工安全管理水平稳步提升。

(黄嵘撰　蔡逸卿审)

·房地产业·

【概况】

2016年，晋江市商品房签约面积273.66万平方米，同比上升52.49%，销售金额192.34亿元，同比上升51.86%，二手房交易面积78.28万平方米，同比上升23.39%，交易金额20.06亿元，同比上升13.99%。

【房地产市场管理】

2016年，晋江市出台《晋江市人民政府办公室关于进一步促进房地产市场平稳健康发展的通知》《晋江市人民政府关于化解房地产库存的实施意见》，从购房财政补贴、外来人员购房就学、降低贷款首付、商办转商住、金融信贷等方面提出优惠政策。共发放11批购房财政补贴，涉及房产5810套，涉及总购房金额43.1亿元，应发放购房财政补贴8358.06万元。打通商品房、安置房与保障房转换通道，完成商品房、安置房与保障房转换通道网上展示平台；试行“互联网+房地产”模式，建立团购网络平台。举办“厦门置业晋江”城市营销活动，加大营销力度，承接厦门外溢购房刚需、吸引优质人才“择晋江而栖”，助推“人才强市”战略。

【物业服务水平提升】

2016年，晋江市住建局受理物业服务企业资质核准及上报19宗，累计受理前期物业备案33宗，总建筑面积309.4万平方米；收缴住宅专项维修资金约65078万元，新增旧楼盘1个；物业承接查验32宗，总建筑面积475.34万平方米。1家本地企业升为一级资质，5家本地企业升为二级资质。5个小区获得泉州市级示范小区，1个小区获得省级示范小区。

2016年，以市人大开展物业管理工作专项询问为契机，持续完善“四位一体”物业管理工作机制，充实四位一体的工作内容，将镇、街道属地管理优势最大化。完善物业企业信用档案，新增项目经理信用考核办法，修订企业信用考核办法。全市物业服务企业做好自查整改工作，做到安全标识全市基本补齐，二次供水基本能按时清洗，电梯维保、设备维护等方面的管理有较大提升。企业利用互联网技术提高物业管理效率。华菲物业、龙湖物业、世茂物业等企业推行业主网络便捷支付物业费。推广智能快递专柜。瑞景、万达小区安装A卡系统，访客利用业主发送的二维码即可通行。推进老旧小区改造。启动竹园小区电梯加装工程试点，推进华泰小区、福景花园、侨联大厦、宝龙金色家园等小区消防设施维修改造，组织沙霸搬霸专项打击行动，开展自来水一户一表改造。

(黄　嵘撰　蔡逸卿审)

·电　信·

【概况】

2016年，中国电信股份有限公司晋江分公司（以下简称晋江电信）下辖8个部室、6个中心、26个中心分局、近900名员工，固定资产规模达13亿，是全省电信系统规模最大的县级分公司。晋江电信深入贯彻市委市政府及中国电信省市公司的战略方针，融入地方经济建设，开展光城建设和信息化建设，成功完成晋江“光网城市”的创建，并且依托于高速光宽，加快晋江“智慧城市”的建设。晋江电信移动业务用户数超51万户，宽带用户总数超过42万户，其中光速宽带用户超40万户，平均宽带速率47.57兆。

晋江电信连续5届获得福建省文明单位称号；连续十二年获中华全国总工会和国家安全生产监督管理总局联合授予的全国“安康杯”竞赛优胜企业称号。青阳曾井营业厅获省级2015—2017年度文明行业创建竞赛活动示范点，英林营业厅获市级2014—2016年度文明行业创建竞赛活动示范点。在第14号超强台风“莫兰蒂”登陆期间，晋江电信累计出动25个抢修小组456人次、车辆159辆次、油机145台次，保证台风期间网络整体平稳。

【“光网城市”创建】

2016年，晋江电信坚持价值统领，圆满完成“光网城市”的创建任务。发挥网络资源、信息化技术、人才等综合优势，接应宽带中国战略在晋江落地，以美丽乡村建设为契机，进一步加快光纤网络建设和铜线退网升级。年初，对全市393个行政村进行光网络建设，实现晋江城区、镇区全光网络覆盖，全市光网覆盖率99%以上，并实现100兆光速宽带提供能力。加快入村、入户开展现场光纤升级便民活动，累计在各行政村开展现场活动1000余场，超2000人次参与到活动中。全市电信光宽用户占比超过96%，电信宽带平均速率47.57M。

【天翼4G高速发展】

2016年，晋江电信全面发力天翼4G发展，持续投入人力、物力推动4G网络建设，架构起晋江高速的移动通讯网络。累计建设超过1800个4G基站，实现市区、镇区4G信号的全覆盖，重点道路、高速信号的连续覆盖，全市4G信号覆盖率96%，并在市区重点商业区域实现4G+网络部署，最高下载速率300兆比特每秒。全面启动为群众免费更换4G卡的活动，同时配合更换4G手机的折价购便民优惠活动，不断提高用户的天翼4G使用感知。晋江电信的天翼4G卡用户超过40万户。

【电信信息化服务】

2016年，晋江电信依托优质的基础网络、雄厚的技术实力与完备的服务体系，不断拓宽和加深信息技术在各领域的应用。持续依托“智慧城市”“智慧乡镇”项目，加快信息化应用在智慧城管、智慧警务、政务网络等方面的应用延伸。由晋江电信承建的晋江数字城管三期项目基本完成建设。4月1日起，“智慧城管”系统平台正式上线运行，晋江城市管理由“数字城管”迈入“智慧城管”时代。拓宽合作范围，与教育局、学校、电力、村居、社区、企业等多个领域签订战略合作协议。同时践行“互联网+”策略，取得养正中学“六大项目、十五大系统”的智能化项目独家建设权，举行“互联网+酒店”品鉴会，将信息化服务深入渗透至酒店行业。推进云和大数据服务拓展，特别在教育云方面取得较大的突破，以各类“云服务”为抓手，与晋江教育局签订战略合作协议，为晋江各级院校提供教育资源云平台、管理云平台和学校网络接入云安全等信息化综合服务，同时以云桌面为主要攻坚突破口，打造标杆智慧明星校园。

【电信“服务提升年”】

2016年，晋江电信以“服务提升年”为主题贯穿于全年各项工作中，在全市开展客户感知和服务能力提升活动。明确投诉处理、实体渠道、装维服务全年服务管控目标，制定季度服务明星和年度优秀服务团队评选办法，设立服务管理基金池，建立客户服务奖惩机制。完善越级投诉管控和考核办法，强化服务测评管理，改进提升营业窗口服务水平，树立标杆示范窗口。组织常态化客户积分回馈活动和开展客户关怀维系活动。2016年服务明星评选累计综合得分位列泉州电信第一。工信部申诉率月均为0.19件/10万用户，有效控制在目标值0.25件以内，服务派单处理及时率99%，投诉回访满意率99%，均位于泉州市前列。

【电信管理】

2016年，晋江电信持续深化改革，提升企业科学管理水平。全公司上下以问题为导向，强化渠道、营维、服务、支撑四方面执行力。齐心协力，重视团队活动，持续推进企业文化建设，凝聚员工智慧与力量，为企业发展献计献策。坚持能力导向，开展优秀人才竞聘选拔，加强企业人才队伍建设及优秀人才储备。落实安全生产，强化日常安全保卫工作，关注网络信息安全，配合公安部门打击网络诈骗犯罪活动，保障网络信息安全。

(陈舒祁撰　蔡永潮审)

·移　动·

【概况】

2016年，中国移动福建公司晋江分公司(以下简称晋江移动)下设陈埭、安海、池店、磁灶、深沪、龙湖、永和、东石8个营业部，共有员工322名。年度运营收入13.5亿元，累计通信用户138.5万户，其中4G客户89.2万户，是福建移动运营收入、客户规模和网络规模最大的县分公司。晋江移动通信枢纽中心生产调度楼建筑面积18000平方米，完成方案图纸设计及相关政府部门的报批工作，进入施工招投标阶段。

【宽带建设】

2016年，晋江移动投资9922万元增强市域光缆覆盖，实施光网城市建设工程，增强市域光缆覆盖，对弱覆盖区域进行补点建设，新增8.5万个宽带端口、979条集团专线、8252个集团宽带端口，宽带端口覆盖率达50%，实现城区100%覆盖，镇区70%覆盖。

【网络建设】

2016年，晋江移动投资8000万元优化全市“TD—LTE”网络，全年完成651个4G站点、204个2G站点的建设，实现晋江全区域4G网络广覆盖、深度覆盖和道路覆盖。加强通信应急预案，提升应急保障能力，完成第十八届国际鞋业博览会、全国新型城镇化高端研讨会、五店市传统街区央视元宵活动等重大型应急通信保障工作。

【网络诈骗防范】

2016年，晋江移动为坚决贯彻党中央、国务院系列决策部署，细化落实最高人民法院、最高人民检察院、公安部、工信部、中国人民银行、中国银监会等六部门《关于防范和打击电信网络诈骗犯罪的通告》要求，有效防范和打击通讯信息诈骗，切实保障正常通信秩序，保护用户合法权益，维护社会和谐稳定。晋江移动坚持新入网实名制严谨合规，确保100%实名，杜绝网络售卡、杜绝黑卡和暗访违规等事件，统一部署、统一策划和执行存量客户实名补登记方案。与晋江公安局制定有效措施积极应对伪基站违法犯罪活动。利用网络分析平台，对疑似伪基站的活动区域进行跟踪，并通报给公安局反诈骗中心伪基站运动轨迹，反诈骗中心通过轨迹在监控的平台上进行车辆的排查。建立警民有效沟通的渠道，发现可疑目标后，第一时间与反诈骗中心联系，实行多部门分合作，有效打击伪基站违法犯罪行为。

(王婷婷撰　李冬阳审)

·联　通·

【市场经营】

2016年，中国联合网络通信有限公司晋江市分公司(简称晋江联通)坚定聚焦战略，深化机制体制改革，激发企业内生动力，提升4G网络规模，实现收入3.45亿元，移动用户35.6万户，宽带用户5.2万户。助力推进“五大协同发展”。继续强化4G网络，加快推进晋江4G普及应用及行业信息化应用进程。晋江联通全年分阶段开展“沃好快”“无限流量卡”“沃4G+”等营销活动，进一步拉动广大用户使用4G高速移动通信网络，推动4G普及化应用进程。加大对自有营业厅建设，实现一镇一厅建设工作。结合市政府坚持普惠共享为民实事，协助推进公共自行车系统建设，公安监控等工作，助力推进晋江信息化建设。推进宽带建设，实现晋江全区光纤网络改造。针对企业多、外来务工人员多的情况，加大乡镇及企业宿舍的宽带投资建设。启动网络提速降费，通过“提速不提价”“流量不清零”“逐步取消国内长途和漫游费”等措施，落实用户服务体验提升工作。推进便民服务，立足群众、依托群众、服务群众，将企业产品、资源与群众需求有机结合，将服务送到家门口、厂门口。

【客户服务】

2016年，晋江联通为全面提升客户服务感知，为客户业务办理提供便利晋江联通新增建设自有营厅8家，总体规模23家，全面覆盖主要镇(街道)，并通过开展线上线下客户服务、“排队超时·百倍积分”服务承诺、丰富线上业务办理功能等活动，提升客户服务队伍能力，提升客户满意度。

【网络建设】

2016年，晋江联通投资2790.8万元进行FDD—LTE的4G网络建设，4G覆盖率99%，投资560万元对3G网络进行深度覆盖，3G网络覆盖率98%，精品3G+4G网络优势突显。传输基础网络建设新投资780万元，提升基础骨干网络能力、带宽容力，为4G建设和宽带发展提供强有力的基础。在公司统一部署下紧抓光纤到户统一迁转政策，末梢接入能力提高到100兆光纤到户，在原有基础上提升公众用户的带宽使用率。在引进社会资本进入通信政策上突显社会合作形式进行扩充，打造精品宽带，晋江联通宽带网络覆盖晋江市区及各乡镇主要镇区、街道、厂区。

(金晓梅撰　陈文海审)

·邮　政·

邮政经营

【概况】

2016年，晋江市邮政分公司(以下简称晋江邮政)实现业务收入20576万元，同比实现增长11.68%，高于全区邮政平均增幅0.06个百分点。实现利润6389万元，占总收入比重31.05%。代理金融存款突破52亿元，创历史新高;包裹快递收入突破4430万元，规模居全省县(市)邮政第一。晋江邮政人均劳动生产率35.24万元，比全区平均水平高11.14万元，比上年末提升5.18万元。晋江邮政分公司被评为2014—2015年度全国“安康杯”竞赛优胜企业;总经理陈建全获全国“安康杯”竞赛“先进个人”称号；中共晋江邮政分公司党总支委员会获晋江市发改系统党委2016年度“先进基层党组织”。

（潘惠惠撰 王尾珠、傅煌辉审）

【通信建设】

2016年，晋江邮政下辖17个分（支）局、32个金融网点、97台自助终端设备（ATM）、19个EMS自营揽投站、886个便民服务站、30个海西报刊亭。EMS营运车辆20余部，揽投段道110多段，自主邮路25条，日均行程近2000公里，实现全市各乡镇、街道、农村全覆盖。

（潘惠惠撰 张桂芬审）

【国税发票同城寄递】

2016年2月24日，晋江市第一份“网上申领、邮政送达”的增值税发票成功送达金保利（泉州）科技实业有限公司纳税企业，让纳税人（企业）感受到国税服务上门和邮政代投税票所带来的高效与便捷，这是晋江邮政与晋江国税联合开展的国税发票同城寄递项目。

（潘惠惠撰 傅煌辉审）

晋江国税与晋江邮政业务合作签约仪式

【社会公益活动】

2016年8月14日，晋江邮政联合晋江市老龄办、老体协在晋江万达广场举办福建省（晋江）“邮政杯”千村万队老年人有氧行进操展示活动。9月，晋江邮政通过开展邮爱夕阳红、感恩邮礼大回馈等系列活动搭建社会公益平台，创建了26个夕阳红俱乐部和老人活动中心，覆盖全市各个乡镇（街道），专门为55周岁以上的老人们提供养生讲座、专家义诊、文艺表演、金融咨询、办生日会等服务。

（潘惠惠撰 王尾珠审）

邮政管理

【概况】

2016年，邮政业务总量累计完成38.35亿元，同比增长54.13%；快递业务量累计1.73亿件，同比增长42.59%。其中，国际及港澳台快递业务成为邮政业发展的新亮点，全年业务量累计241.03万件（不含国际小包124.53万件），增幅662.33%，有力的支撑着跨境电商的发展。晋江邮政管理局获评“晋江市2013—2015年度精神文明建设先进单位”。

【邮政业务管理】

2016年1月14日，晋江市一批价值5817元、重69公斤的跨境电子商务零售转邮路运输出口货物在晋江陆地港国际快件监管中心出口，这也是全国首票以“跨境电商+邮路运输”模式出口的货物。

4月5日，《晋江市人民政府促进快递服务业发展的意见》印发。该意见是晋江市政府首次对快递业综合发展制定的纲领性文件，从强化用地保障、引导产业升级、改进通行条件、优化公共服务、鼓励科技创新、建设专业队伍、加强行业监管等7个方面配套提出15条扶持政策。

4月29日，《晋江市寄递安全管理专项治理工作方案》印发。该方案明确建立寄递安全管理工作联席会议制度，并结合寄递安全监管工作要点，从市场规范、“三项措施”落实、强化企业主体责任、建立举报制度、加大执法检查、强化安全宣传等方面入手，制定7方面15项工作措施，明确各联席会议成员单位职责，形成齐抓共管、综合治理的整体合力。

6月20日，全省首份快递员举报奖励制度——《晋江市寄递渠道可疑信息报告奖励办法》出台。该办法系晋江邮政管理局联合公安、国安、文体新局、烟草等五部门共同印发，主要针对快递员在收寄中发现并举报可疑违禁物品，经核实确属禁止限制寄递物品的且配合相关部门追溯来源的，予以资金奖励。

6月22日，晋江邮政管理局联合公安局在晋江五店市传统街区开展“实名收寄 安全你我”邮政业安全生产月主题宣传活动。

6月23日，福建省邮政管理局副局长王文胜带队到晋江开展行业发展情况调研，实地走访福建圆通、福建中通以及泉州晋江国际机场物流中心，督导检查快递企业实名收寄制度落实及机场服务快件绿色快速通道等情况。

（庄子瑜撰 刘昭曙审）

在晋江五店市传统街区开展晋江市邮政业安全生产月主题宣传活动

·道路运输·

【道路旅客运输】

2016年，晋江市道路旅客运输业以国有、民营和股份制等多种经济成份并存为经营主体，经营分类为“班车客运、公共交通客运、出租汽车客运”等，基本满足广大市民出行商旅需要。

班车客运　班车分为：快速班车、直达班车、普通班车等。客运线路分为：省际、市(地)际、县际等。全市从事营业性客运企业4家、客运车辆175辆、5132座位。营运线路：省际(始发)21条，通达9个省市；市际9条，通达6个设区市；县际12条。完成旅客运输量654.21万人次，与2015年完成780.04万人次对比，降低16%，完成旅客周转量35392.81万人公里，与2015年完成39973.46万人公里对比，降低11%。全市汽车客运站6家，其中一级站1家、二级站1家、三级站1家、四级站2家、简易站1家，分布在市区及部分镇(街道)。

公交客运　晋江市公共交通客运发展迅速，公交线路由2015年的36条增至43条，线路总长由2015年的734.3千米增至821千米，运营车辆420辆。公交线网覆盖全市各镇、街道，在原有镇镇通公交的基础上，加快推进村村通公交工作进程，最大限度保障群众的出行需求。加快基础设施建设，西园停保场完成征迁和土地利用总体规划调整；池店城北综合客运枢纽站区域划拨1.33公顷作为公交夜间临时停放场地；完成“一镇一枢纽”的规划布局并组织实施，其中五里工业园枢纽、SM广场枢纽和动车站站前广场公交站改造工程建成投用，金井、磁灶公交枢纽办理相关手续；池店、英林、安海、深沪、东石完成选址；推进6个首末站规划建设，其中杏田村、宝龙广场、百捷中央广场住宅小区、安海五里桥镇级等四个首末站建成投用，三创园、草庵公园旅游景区首末站启动规划设计。2016年，晋江公交公司实现为年满65周岁的老人免费办卡；为方便群众办卡充值，到内坑镇前洪村、金井镇坑口村、深沪镇科任村、大力亚集团厂区开展现场办卡活动，发放各类优惠卡36779张，优惠让利537.9万多元。提升公交智能化水平，实现全部车辆与晋江公安局110应急指挥中心系统对接，进一步加强公共交通突发事件应急处置能力；完成全市25座公交智能电子站牌的建设，实现线路信息实时显示、视频监控调度、信息发布、安全报警等多项功能；建成全省首座智慧公交充电站，是第一个采用国家及省政府鼓励的PPP模式建设运营的公交充电站，也是福建省第一个公交与乘用车通用的公交充电站，实现公交充电云平台管理模式；完成智能化公交系统升级工作，通过智能调度系统考核驾驶员行驶至每一个公交站点的准点率，减少市民候车时间。市民可通过微信平台、无限城市掌上公交APP查询线路、站点及最佳换乘方案等相关信息，提前做好出行安排；在公交门户网站及微信平台上发布公交相关资讯及行业信息，在晋江公开网上传公交对外公开的重要信息，为市民提供及时、全面的公交服务信息，进一步方便市民乘车出行，强化形象建设。开展“交通，让生活更美好；廉洁，让交通更美好！”的廉洁公交项目建设，设立党员模范岗位，优选线路和车辆，结合“两学一做”择优推选先进典型和模范党员担当文明规范的驾驶员，实行亮牌上岗。建立公交车流动的廉政宣传长廊，明确9路、15路、20路为试点线路，在公交车车身设立廉政宣传广告，利用终端播放廉政公益广告，内容包括廉政警句、名言、漫画和动漫短剧等。建设流动的廉政宣传风景线，在市区世纪大道、和平路和泉安路开展廉洁公益宣传，营造以廉为荣、以贪为耻的良好社会氛围。

出租客运　顺通出租汽车有限公司拥有出租汽车200辆、1000座位。实现出车班次95687次，出车率75%，载客量约600万。

【春节旅客运输】

2016年，晋江市交通运输部门紧紧围绕“以客为主、安全第一、服务至上、保障有力”的总体要求，提前做好旅客流量、流时、流向调查分析，制定运输方案和应急预案，科学组织运力，合理安排线路班次密度，保障旅客运输需求。组织相关部门联勤联动，强化安全监管，提升宣传服务，发挥汽车、动车、飞机等运输优势，零事故、零滞留，圆满完成春运任务。春运全市投入客运班车175辆，出租车200辆，公交车311辆，外省市支援晋江市客车约350辆，印制加班包车牌证520张。2016年春运期间，汽车站总发车24889班、旅客313823人，客运量同比减少13.54%；公交车104841班次、运送旅客3188734人，客运量同比增长8.03%；城乡客运企业运送旅客627852人，同比减少57.98%；出租车运送旅客273550人，同比减少42.24%；合计运送旅客5034929人次，同比减少17%。

【道路货物运输】

2016年，晋江市政府出台《关于进一步推动商贸物流业加快发展的通知》等各项优惠税费政策，简化相关审批手续，鼓励运输企业发展。晋江市运输管理所在指导晋江陆地港集团成功申领"十二五"国家交通运输部补助资金的基础上，鼓励英豪物流公司、传化物流园申报交通部"十三五"货运枢纽规划项目；指导晋江陆地港企业申报交通运输部多式联运示范工程项目。围绕供给侧结构性改革，发展甩挂运输、多式联运，力促鸿达、英豪、晋江陆地港、晋江传化公路港等成为国家级甩挂运输试点单位，晋江陆地港被交通运输部评为"中国物流示范基地"。2016年，全市需参加考核的货运企业共65家，实际参加考核的企业60家，其中危险货物运输企业4家均为合格AA级；普通货物运输企业61家，合格AA级28家，基本合格A级18家，不合格B级13家。2016年全市新增营业性车辆2967辆，总吨位近千万吨。公路运输总周转量近3400万吨千米，增幅为6.1%；水路运输总周转量近500万吨千米，增幅为10.3%，运输量稳步上升。

【运输审批】

2016年，晋江市交通运输局严格按照市行政服务中心的审批流程、审批时限工作规范开展工作，2016年，新增道路运输企业11家。驻市行政服务中心交通窗口共办理道路运输证年审换发15942辆。创新审批方式，对涉及道路运输、公路工程等事项的申报材料和流转环节进行"瘦身"，逐一对应重新编制办理规程，及时向社会公开办理情况和办事结果。落实好一次性告之制度。推进审批服务"三集中"，90%以上审批服务事项授权分管领导或窗口办理。落实重点交通建设项目全程台帐监管机制，指定专人逐一建立台帐，确保每个项目从窗口收件、组织技术审查、出具评审意见、提供业务咨询服务等全程记录在案。对于办理时限较长的项目，主动与项目业主沟通联系，协助指导其解决实际困难和问题。同时，要大力推进"互联网+行政审批"服务模式，完善道路运政管理系统与电子证照共享平台数据对接，实现在生成纸证照的同时生成电子证照，真正让群众少跑腿。在全国、全省唯一将审批服务进驻企业，即设立泉州传化公路港交通服务大厅，为入驻企业在道路运输经营许可证办理、道路运输证办理等方面提供便捷办理服务。

【公路建设】

2016年，晋江市交通运输局围绕市委市政府"136攻坚行动"，全力推进"百日攻坚"行动。交通战线奋起担当，以提标杆、补短板、争进位的担当意识和攻坚姿态，扎实开展交通建设项目百日大会战。全面推进16个交通公路建设项目，建成迎宾路北延伸、智造大道罗山段、草马路永和至英林段等道路，新增公路里程约9.5千米。至2016年底，全市公路总里程2404.046千米，比上年增加15.79千米，公路密度370.4231千米/百平方千米，是全国平均密度(48.92千米/百平方千米)的7倍多。全市四级以上公路里程2216.053千米，二级以上等级公路里程577.202千米，高速公路里程64.54千米，国道里程119.335千米，农村公路里程2220.171千米。

【机动车维修业】

至2016年底，全市拥有机动车维修企业143家，其中一类企业15家、二类企业47家、三类企业81家，分布在全市各镇(街道)、工业园区，方便机动车辆维修保养。

【机动车驾驶员培训】

2016年，晋江市稳妥推进驾培行业，全面落实《机动车驾驶员培训机构资格条件》和《机动车驾驶员培训教练场技术要求》两项国家标准，进一步规范培训学时管理系统使用，推广先学后付、计时收费、分段式收费模式，推广使用机动车驾驶理论网络教学平台。全市拥有机动车驾驶员培训机构（学校）14家，教学车辆873辆、驾驶操作教练员945人、理论教练员99人，教练场地达到100%水泥硬化，经培训考试并获得机动车结业证书20849人。

【交通综合执法】

2016年，晋江市交通综合行政执法大队共出动执法人员6093人次，立案查处交通非法违法行为2077件，并处罚款504.51万元，其中：查处违规经营客车160辆、出租汽车80辆、非法营运"黑车"163辆、普通货车551辆（其中：无营运证162辆、无从业资格证310起、其它79辆）、超限车辆805辆、危货9辆、查处违规教练车219辆、查处无证汽车租赁3家、查处无证维修厂1家、联合查处非法票点86家。受理群众违章投诉举报486件。

（张鸿进撰　吴鸿斌审）

·公路养护与管理·

【概况】

2016年，晋江公路分局承担晋江境内189千米专养公路的日常管养工作，其中，水泥路173千米，沥青路16千米；国道10.7千米，省道32.3千米。组织公路精细化养护、推进危病桥改造整治、提高公路管养机械化信息化水平、加大路产路权保护力度等，提高专养公路服务水平，确保专养公路安畅舒美，年综合好路率94.8%，干线好路率100%。

【公路精细化养护】

2016年，晋江公路分局组织公路精细化养护，对站班养护生产实行常态化考评管理，严格执行已有的小修养护考评管理规定，用好分局养护工作微信群、PPT点评会等手段，提高管理效能。做好公路日常保洁工作，每天组织5部扫路车、百余名临时工在各条线路进行保洁作业。加强公路路面及其附属设施的维护，督促站班动态掌握公路情况，及时消除危及通行安全的各种隐患。完善公路排水系统养护与加强防台抗毁，强化桥梁养护管理，落实桥梁养护分级管理的工作制度，加强对桥梁的日常巡查，组织人员展开桥梁专项检查，采集更新桥梁基本信息以及病害数据、影像资料，完善"一桥一档"档案。整治易积水路段，控住源头，完善排水管线，做好该村沿路居家排水接入，杜绝生活污水直排公路。充实抢险物资储备，做好公路应急准备，加强雨天巡查，做好暴雨期间积水路段的应急排水。

【专案工程建设】

2016年，晋江市交通运输局继续推

行危病桥梁改造工程，并密切协调各相关镇及早启动改造工程；完成上报福建省公路管理局4座危病桥梁改造任务，争取新增下达2座危病桥梁改造资金补助项目及省、泉州市、晋江三级下拨专项资金补助212.715万元。

晋江公路分局组织精干力量投入危病桥改造整治，抓好工程质量、进度与安全，全年共完成省道308线钞岱桥、新市桥、A匝桥、D匝桥、E匝桥、屿崆桥和省道201线（即乡道124线）安平桥、县道328线乌漏桥、华海桥等9座危病桥改造（加固），完成投资2250万元；省道308线坑口桥和县道322线六角亭桥两处桥梁加固项目进行。完成省道308线两处水毁护坡抢修恢复、11处易积水路段整治、省道308线K6.0—K7.6绿化完善等。

【管养公路置换工作】

2016年，晋江公路分局按照上级布置要求，积极就公路置换事项与晋江市交通运输局沟通协商，对各条线路实地踏勘，协助市交通运输局拟定置换方案，置换工作有序进行。分局原来管养国省县乡道共计189.1千米/32条，置换后将管养国道324线、228线、358线与县道322线、359线、373线等6条干线公路，总里程计190.6千米。

【养护机械化信息化管理】

2016年，晋江公路分局全年投入450多万元，添置扫路车4部、洒水车1部、养护车12部与水泥路面开槽机、标线去除机、无人机、油锯等一批养护设备，淘汰黄标车6部，提高养护机械化水平。组织车辆养护知识讲座，站班人员共30人参加学习，提高职工机械养护技能。规范机材管理，落实机车用卡加油、定点维修；督促站班定期保养机具，保证机具技术状况良好。与哈工大泉州研究院合作研制公路涵洞疏浚机，积极尝试运用养护新设备。

【安全生产管理】

2016年，晋江公路分局推行常态化的安全生产管理，落实安全生产责任制，健全各项安全管理制度，加强安全教育。召开安全生产例会78次，组织公路养护安全作业规程培训1次，观看安全教育片3场次，开展消防演练与养护应急演练各1次。加大安全保障投入，先后为站班添置反光雨衣200件、安全标志服760件、锥标1000个与为职工办理人身伤害保险201人次等。落实安全生产自查自纠，全年共组织安检33次，发现并及时整改安全隐患45处。全面整治公路上的安全隐患，接收晋江市便民服务中心指令单75条，涉及群众反映的路面积水、缺损，井盖缺失等问题，全部及时整改并反馈。组织开展临水路段、学校路段隐患排查并予以整改。完成整治市道安办下达的事故隐患点178处，及时消除公路安全隐患。开展安全生产专项活动。按照上级布置要求，组织开展道路交通安全综合整治三年提升工程、隐患排查治理攻坚行动、桥梁等重点领域隐患整治、“平安公路”创建等专项活动。泉晋公路站被省公路局授予“平安班站”称号。

【路产路权保护】

2016年，晋江公路分局推行标准化路政执法与路产路权保护工作，进一步规范公路许可审批工作。分局路政许可审批进驻晋江市行政服务中心窗口，接受中心的规范管理，在福建省网上办事大厅和中国晋江政务网开通网上审批渠道，通过晋江电子政务平台的审批子模块办理审批，梳理审批流程，压缩办理时限，给当事人提供便利。公路赔补偿案件与监督检查案件在省公路局路政综合平台办理。在路政服务大厅放置一台查询机，方便群众对路政工作进行查询监督。持续加大路产路权保护力度。晋江公路分局路产所人员落实日常巡查，开展路政宣传，与养护人员联动，发现问题，及时处置；会同晋江市交通综合执法大队制定专养公路路政管理协作方案，建立路政工作微信群，共享执法信息，定期召开联席会议，定期开展联合巡查整治等。全年组织路政巡查821人次/243车次，现场劝止违法搭接平交道口、污染公路、毁坏公路设施等行为164起，与执法大队开展联合行动11次，全年办理路政案件36起（许可案件4起，赔偿案件13起，协议式管理案件13起，路政监督检查案件6起），收取公路赔（补）偿费14万余元。开展创建2016年度“标准化路政管理所”活动，完善路政工作软硬件，并通过创建验收。

（张　丹撰　戴伟顺审）

【农村公路安保工程】

2016年，晋江市继续延续实施农村公路安保工程，严格按照《福建省农村公路安保工程实施管理办法》的规定，继续推行“统一设计、统一采购、统一实施”的工作模式，提前启动项目设计、加快采购招标、加强工程管理、进一步严格把控计量和质量，确保关系群众安全的民生工程办实办好。完成农村公路安保工程57条、共63.793千米，完成投资约300万元，惠及9个镇60个村，进一步完善农村公路配套设施，消除安全隐患，改善农村公路整体面貌，让广大群众出行更安全、更舒适。

【农村公路养护管理】

2016年，晋江市人民政府先后出台《关于进一步加强农村公路养护管理工作实施方案》等文件，明确农村公路建、管、养主体责任。同时还创新道路管养模式，2016年通过政府采购方式公开招投标将道路日常巡查和小修维护外包给社会专业公司，确保及时发现并解决道路及配套设施安全隐患，延长道路使用功能及确保道路安全畅通。2016年，下拨1949.46万元补助各镇（街道）乡村道路管养经费。

（张鸿进撰　吴鸿斌审）

·海上运输·

港口建设与经营管理

【概况】

2016年，晋江太平洋港口发展有限公司（以下简称太平洋公司）围绕年度工作目标，以市场营销为核心，以提质增效为抓手，推进生产经营、企业管理、工程建设、增收节支、风险防控、企业文化等各项工作，弥补各方面不足，全力提升港口整体竞争力。夯实安全管理基础，健全长效管理工作机制。公司推进围头港口区2#泊位的对外开放验收进程并于2016年11月1日通过泉州市级验收。

【港区航线】

2016年，太平洋公司继续发挥围头、深沪两港区的区位、集疏运优势，以市场为导向，积极掌握市场信息，贴近客户需要，促进集装箱、散杂货业务的发展。集装箱业务方面，有外贸航线5条，包括东南亚、香港、台湾、金门、厦门内支线等航线，围头港区外贸箱业务继续攀升，外贸航线保持平稳发展，货源聚集效应明显，完成5.3万标箱、比2015年同期增长55.45%，外贸箱吞吐量在整个泉州外贸箱吞吐量占比升至45%。内贸航线10多条，覆盖沿海及长江沿岸主要港口；为促进集装箱业务的公司，公司推行对内贸船公司服务新举措，鼓励、扶持船公司增开航线、加密航班，发展中转业务，做大业务量，完善围头港的内贸集装箱航线布局，降低物流成本。散杂货业务方面，进一步突出差异化服务，为客户提供延伸仓储服务，通过制定科学合理的货物抢卸方案，多措施解决各种困难，努力挖掘潜力，货源结构日趋合理，为港区多元化货种奠定基础。

【港区货物运输】

2016年，围头港区完成集装箱吞吐量36.42万标箱，同比增长4.90%，其中外贸箱5.31万标箱、内贸箱31.11万标箱。

深沪港区完成散杂货吞吐量203.44万吨，同比减少7.7%，其中外贸29.64万吨，同比下降17.16%；进口196.61万吨、出口6.83万吨。

【政策支持】

2016年，太平洋公司为贯彻落实国家发改委、外交部、商务部《推动共建丝绸之路经济带和21世纪海上丝绸之路的愿景与行动》、省政府《关于印发加快港口发展行动纲要(2014—2018)的通知》和省委办公厅、省政府办公厅《关于进一步深化港口体制机制改革的若干意见》精神，立足"十三五"，立足现有码头泊位，集聚各种资源进一步促进集装箱从泉州港进出，着力做大吞吐量，推动泉州港加快发展，提升泉州港口综合竞争力，2015年12月，泉州市政府出台《关于进一步促进集装箱从泉州港进出的若干意见》。该意见自2016年1月1日起实施，有效期2年。

【港口安全管理】

2016年，太平洋公司坚持贯彻"以人为本、安全第一、预防为主"的指导思想和"视隐患为事故·将安全当效益"的安全理念，继续把安全生产放到各项工作的首要工作来抓，不断加强港口基础安全管理工作，持续完善安全生产体系，化解、协调和平衡"安全与效益"两者关系，逐步摸索出一条强体系、重基础、以"大安全理念"为鲜明特色的安全管理模式。"大安全文化"逐步融入员工的安全意识中，公司抗风险能力得到提高，公司安全生产形势持续好转，全年无发生重大安全责任事故。

完善安全管理体系。持续完善以制度保障为核心的全方位、多层次的大安全管理体系，包括安全责任制度、隐患排查制度、港口保安制度、防灾应急制度和后勤保障制度。落实安全管理措施：全面落实包括签订安全生产责任书、岗前安全培训、特种设备合格检测、隐患整改率100%及不发生较大生产事故等安全管理措施。深化安全管理考核：通过实行层层负责制考核管理，坚持"谁主管、谁负责"的管理原则，将大安全管理体系进行全面贯彻落实，各项制度全面覆盖。不断夯实安全基础管理工作。开展各种开工的安全教育培训工作。严格落实上级各类安全文件精神，加强安全宣传教育培训和开展员工三级安全教育培训，坚持每月全员安全学习制度，强化技能培训，确保特种作业人员持证率100%，提升全员的安全防范意识和能力，努力培养员工"我要安全、我会安全"的意识。做好隐患排查和治理：公司根据港口生产点多、面广、线长的特点，创新安全管理，公司安委会每月组织月度安全检查，对发现的整改意见逐条落实限时整改，形成安全闭环管理；建立公司、部门、科室班组层面的专职和兼职安全员队伍，交叉检查、回头检查，加强作业高峰期、夜班、冬季、大风雨雾天气的巡查，强化对港区装卸作业现场的安全管理，深入开展安全隐患专项整治，加强港区内拖车交通管理，及时消除安全隐患，确保港口生产安全。总部中远海运港口每季度组织安全督察，对公司安全工作提出许多指导性的意见，为两港区安全生产工作的顺利开展奠定基础。6月，公司与多部门联合举办港口设施保安及消防应急演练、防抗台风实战演练，11月，举行变电所消防专项应急演练，提高港口应急处理能力。

做好防抗台风工作。公司两港区位于福建省台风多发区域，近半年时间处于台风和强季风高发期。为确保防抗台风工作的顺利开展，公司修订完善《防抗台风工作预案》《防抗台风工作程序》，定期进行防抗演练。2016年重点做好第1号"尼伯特"、第14号"莫兰蒂"、第17号"鲇鱼"等3个台风的防御工作。

开展各项安全生产专项活动。公司结合国家主题安全主题活动及季节特点，深入开展春运安全、"安全生产月"、夏季消防大检查专项行动、防暑降温、冬防安全、港区交通安全等专项活动以及安全生产标准化建设、职业病危害项目建设、港口设施保安年度核验等工作，加强主题活动，提升员工的安全意识。

【航运市场营销】

2016年初，受到公司主要客户新闽航2015年底倒闭的影响，公司业务量一度大幅下降。为尽快扭转不利局面，创新市场营销模式，应对市场变化，拓展业务，做大吞吐量。发挥外贸优势，努力提升外贸箱占有率。晋江是典型的"两

防台风演练

头在外"的工业城市,外贸集装箱生成量很大,发展外贸集装箱有广阔空间。为此,公司提出有的放矢、细分市场、为每个客户提供个性化服务以及与船公司共同营销等营销措施,特别加大对单箱收入较高的外贸货源的揽取力度,加大与晋江陆地港的对接,对外贸航线给予重点保障,使围头港区外贸集装箱业务快速发展,完成5.3万标箱、比2015年同期增长55.45%,外贸箱吞吐量在整个泉州外贸箱吞吐量占比升至45%。马尼拉航线全年完成4万标箱,同比增长99.9%。联合船公司、代理组成联合营销小组,开展市场调研,做好越南、泰国新外贸航线的可行性分析与研究,船公司计划投入近3万吨级船舶运行。

加大营销力度,与客户抱团取暖,努力拓展内贸市场。面对内贸航运市场的持续低迷,公司站在谋求与客户双赢的战略高度,与客户抱团取暖,开展顾问式营销,针对其航线布局与船型规模,积极推介晋江太平洋在靠泊成本、装卸效率以及发展空间等方面的显在优势,以提供差异化服务来增强其合作信心,发挥与泉州太平洋的协同效应,引进南京通海、外运阳光速航2家船公司;通过强化与两大客户中谷物流和洋浦中良的互动,特别是通过良好的高中层定期会晤机制,共同营销,随时解决了业务中出现的各种问题;并协调推动两公司加大运力投入,增加围头港的航线配置,两公司投入的船舶日益大型化,5艘4万—4.5万吨级船舶定期靠泊围头港,充分体现围头港的深水优势。

争取散杂货业务,努力寻找货源。在基础货源面临周边港口激烈竞争的情况下,公司全力维护好PTA、陶土、水泥、钢材等大宗货源,努力开拓市场,开发新客户、新业务。开拓印度红荒料石业务,结合港区靠泊能力、起吊能力和堆场的情况,稳定杰仕达公司货源。挖掘PC预制板、外贸钢构件等外贸及特种货源,为客户提供延伸仓储服务、差异化服务。结合泉州晋江当地产业,寻找新货源,如木浆业务、出口东南亚的水泥管桩业务。

【码头服务质量提升】

2016年,太平洋公司贯彻服务客户、挖掘能力的理念,以提质增效为抓手,围绕着提升码头服务质量及装卸效率做工作,从加强口岸建设、完善码头硬件设施、提高操作效率、提高信息化水平以及设备保障能力等方面入手,将管理提升与开源节流、精细化管理相结合,挖掘潜力,保障重点航班,提升船舶装卸速度,促进生产增效,努力提高港口经营效益,操作效率创新高,船舶装卸速率、船舶平均候泊时间、集卡滞港超30分钟等生产数据均明显向好,受到船公司的赞扬。

加强口岸建设,全力推进口岸开放,努力保障口岸查验。为满足生产和监管需要,公司继续完善各种软硬件设施,按查验部门要求对泊位及闸口监控进行升级,加快推进集装箱检查系统(H986)建设,完成智能闸口建设;拜访口岸查验部门,推进围头港区2#泊位口岸对外开放工作;加强人力、机械的投入,保障口岸查验工作。口岸查验工作顺利,为外贸箱的快速增长提供有力的保障。

调配资源,提高作业效率,降低操作系数。公司在生产中通过优化生产系统增加生产的预见性,加强资源调配,从泊位计划、作业线机械配比、场拖车调配、引航、拖轮沟通、充分发挥6#桥的作业效率等方面实时监控,关注细节,改进流程,进一步落实好大型船舶、核心航班的作业保障,积累作业经验;开展机械技能比武大赛,苦练内功,不断提升泊位、堆场、作业机械之间的配合度,为持续提升操作效率、提高服务质量奠定坚实基础。

公司将管理提升与生产精细化管理相结合,挖掘潜力。在经过充分论证的基础上,12月,将2台RTG移至2号泊位场地上作业中转箱,保障船舶大中转多点作业、2艘大船同时靠泊2#泊位作业、以及大船边装边卸和船船之间直接过驳作业的机械需求,最大限度利用RTG、减轻正面吊作业压力,利用现有场地,减少盘箱量,进一步提升船舶装卸效率,节约生产成本,得到客户的认同。

加强信息化建设,提高系统服务生产的能力。公司信息部门围绕提质增效、精细化管理,对集装箱、散杂货等两个生产管理系统的客户服务、生产调度与操作等模块功能进行了完善,增加生产的预见性,提高系统服务生产的能力。

进一步提升设备保障能力。设备管理上,自研开发设备管理系统,利用系统加强设备的保养、维修、调度的计划安排,下半年试运行后,设备管理水平得到明显提升;为更好地保障生产,技术部门加强机械设备的"管、修、养、用",对核心航班进行重点保障,设备投入前进行详细检查,安排技术骨干全程跟班、关注生产线上的设备运行情况,全力保障核心航班,降低船舶在港时间,设备保障能力不断得到提升。

【节约型港口创建】

2016年,太平洋公司按照总部部署,开展提质增效、增收节支及节能减排工作。公司继续以10个课题小组为平台,以控制成本为关键突破口,重点做好装卸作业、维修、安全生产、财务费用等环节的成本控制,不断拓展节支工作的深度和广度,进一步降低成本,提高成效。深入推行"RTG熄火系统、充分利用耗能低的机械作业",优化作业流程,提高作业效率;采购上,完善合格供应

中良海运万吨级船舶靠泊围头港

和易海运向晋江太平洋公司赠送锦旗

商库，做到"货比三家"，严格执行总部集中采购，降低采购成本；物资管理上，加大对易损件、贵重物资的跟踪管理，分析损耗原因，采取相关措施，节约成本；维修上，开展设备自修和修旧利废，对设备技术改造项目做好可行性研究，降低维修成本；财务管理上，采取对外付款优先采用汇票，做好融资工作、努力降低财务费用，控制各项费用。

开展员工业务培训、技术培训、持证上岗培训，确保岗前培训100%和特种技术岗位持证100%，确保符合监管部门要求；除各部门内部进行常态化的业务培训外，公司每月开展一次公司层面内部专题培训，由公司各专业领域的部门负责人主讲，分享管理、业务、技术经验和新知识。针对一线技术人员、操作司机辞职率高的情况，加强相关调研，组织"一对一"座谈，并有针对性地提出解决措施，将工薪待遇向一线技术员工倾斜，使一线技术员工的工薪待遇得到保障，努力留住技术类员工。

（洪春晓撰　傅国灿审）

海事管理

【概况】

2016年，晋江海事处围绕辖区水上交通安全中心工作，突出海上现场监管、服务地方经济建设，稳步推进各项工作顺利开展，保障辖区安全形势的持续稳定。辖区进出港船舶6593艘次，同比增长2.0%（其中外贸船舶795艘次，同比下降5.4%）；港口货物吞吐量1171万吨（其中外贸货物66.3万吨），与去年基本持平，集装箱35万标箱，同比增长7.9%；办理各类行政许可审批6662件；实施船舶安检初查131艘次，查出缺陷1374项，滞留船舶5艘次。全年共接到海上遇险报警13起，遇险人员95人，成功救助95人，人命救助成功率100%。

【海上搜救】

2016年，晋江海事处全面做好晋江市海上搜救分中心的日常工作，坚持"以人为本，科学决策，快速高效"的搜救原则，做好应急管理和海上搜救工作，完成搜救责任海区"两防一救"的任务，组织海上船舶防御"莫兰蒂"等超强台风，进一步修订完善《晋江市海上搜救应急预案》和《晋江海域船舶污染应急预案》，组织开展晋江太平洋围头港区港口设施保安及消防演练、晋江辖区船舶消防溢油应急演练、桌面夜间应急出动演练、防汛抢险紧急集结、"冬防"应急搜救桌面演练，联合晋江市第十实验小学开展"水上交通安全知识进校园"活动，提高辖区海上突发险情应急处置能力。做好"闽晋渔05891"在钓鱼岛附近海域被希腊籍货轮撞沉事故和"恒宇9"轮主机失控后误入围头湾渔业养殖区后续处置工作。

【港口经济发展保障】

2016年，晋江海事处把履职服务的重点与晋江经济社会发展热点紧密结合。提前与相关职能部门沟通，为深沪渔港口岸开放提供海事咨询服务，并按照口岸开放相关规定从通航环境、安全防污染及相关配套设施建设等方面要求给予现场指导，推进晋江深沪国家中心渔港远洋作业区新增外贸作业点建设，并于9月1日顺利通过省级验收。主动服务地方工程建设，为福建向金门供水工程项目建设提供海事业务指导，为"引晋入金"供水工程建设建言献策，确保供水工程建设顺利进行，跟进金井陆岛交通码头、晋江滨海新城、石井航道二期工程和安海湾海域环境整治等项目建设，提前介入、主动服务，发挥海事部门专业优势，确保涉水工程建设生产和安全两不误。

【海上非法采运砂石查处】

2016年，晋江海事处贯彻落实晋江市委、市政府《进一步建立和健全整治非法围填海和打击非法采运砂工作机制》要求，按照"全覆盖、零容忍、严执法、重实效"的工作要求，组织开展"采运砂船整治"和"内河船舶非法从事海上

打击海上非法采运砂石行为

运输”专项治理工作，保持对砂船非法采运行为严厉打击的高压态势，防范采运砂船海上事故险情，保障生命财产安全。并深化海事、海警、海洋三方定期会商制度，研究解决辖区海上非法采运砂石船管理热点和难点问题，就海上联合巡航执法、打击海上非法违法行为、创建平安海域等工作进行多次的会商交流，统一行动思想，推动三方协作长效化。2016年共联合海警、海洋渔业局等涉海单位联合巡航41次，夜间突击巡航45次，砂整查处22艘次，其中非法过驳砂3艘次，立案处罚22案81件，罚款人民币58.05万元。

【滨海乡镇船艇登记】

2016年，晋江海事处针对海上非法载客现象和乡镇船舶安全管理问题日益突出，特别是衙口景区出现“‘晋龙衙023’载客30人私自出海遇险”的特大险情。开展乡镇旅游船艇船舶管理，履行现场监管职责，全面摸底，深入龙湖镇人民政府、衙口旅游风景区、海陆两栖拼装船造船厂等开展现场调查，主动向地方政府建言献策，指导帮助龙湖镇政府组织有关部门开展联合整治，扶持合法渠道的海上游艇登记，走访厦门鹭江国际邮轮中心、五缘湾游艇俱乐部等地学习先进经验，加强与游艇制造厂、中国船级社、龙湖镇政府的沟通协调，2016年4月份，指导“鸿景1号”“鸿景2号”相继完成船舶检验和船籍登记，总量占到泉州辖区的50%，是泉州海事局发放的首批私人所有的游艇证书，拉开沿海旅游船舶规范化管理序幕。6月，相关操作人员完成游艇驾驶证培训，辖区游艇基本符合“船舶适航、船员适任”要求。

(刘金华撰　许增智审)

·铁路运输·

【概况】

2016年，晋江火车站树立“以人为本、安全发展”理念，落实和谐铁路建设发展战略，坚持“规范、落实、创新、发展”的工作思路，围绕“安全好、效益好、管理优、人心齐、风气正、队伍稳”六大目标，推行“规范化、科学化、标准化、精细化”管理，各项工作呈现持续、健康、稳定发展态势。客运吞吐量达到585万人次(其中发送旅客312万人次、到达旅客273万人次)，客运收入达3.76亿元。

【铁路安全运输】

2016年，晋江火车站坚持“规范管理、强基达标”理念，认真落实安全风险管理，抓好高铁车站安全和客车安全，以强化现场安全管理为重点，以深化“五标”(标准化车务段、标准化科室、标准化车间、标准化班组、标准化岗位)创建为抓手，强基达标、苦练内功，促进班组、岗位全面达标，提升车间、班组管理能力。突出抓好安全关键点和关键作业的卡控，强化安全管理、技术管理、设备管理和专业管理。深入开展预防控制铁路车辆伤害、营业线施工、高铁安全、客车安全、接发列车防错办等安全专项整治，结合车站实际情况，细化整治项目和整治内容，落实责任，限期整改，实行动态管理、闭环管理，消除一批安全隐患，取得较好成效。制定、落实节假日铁路旅客运输方案，在春运、清明、五一、端午、暑运、中秋、国庆等节假日期间，合理组织岗位人员，采取非常措施，加大安全风险防范力度，确保铁路运输安全有序可控、稳定发展。车站累计实现运输安全2441天，劳动人身安全2441天。

【“服务旅客争先创优”活动】

2016年，晋江火车站抓好“服务旅客争先创优”活动，着力打造“温情伴你行，满意在晋江火车站”品牌。推行实名制购票、电话订票、代售点购票、自助售票、取票、网上购票及使用二代身份证直接刷卡进站上车等便民措施，解决旅客购票难的问题，给广大旅客带来便利。因地制宜开展“多一句话”服务活动，在售票过程中，主动为旅客出谋划策、推荐出行方案，引导旅客如何中转车、如何购买车票等；在候车厅、检票口增设自助取票机，在站台上主动引导旅客，对待旅客多一句问候、多解决一个困难，加强天桥、地道等处的引导和自动下行扶梯的防护，多帮助旅客提行李、抱小孩等，给旅客出行提供便利。成立老幼病残孕等重点旅客党员爱心服务队，开设“爱心通道”尝试重点旅客预约服务，突出对重点旅客的候车、进出站、上下车等服务。设置残疾人无障碍购票窗口，实行购票、登记、交接、信息通报等环节的“无缝链接”服务。春运等节假日期间，成立“侨乡之家”品牌服务队，携手晋江市工会、团市委、泉州理工学院、内坑中学及驻晋部队等单位，相继开展“情在晋江站”志愿者服务活动，在车站进站口设立“侨乡之家服务台”，组织车站党员、团员利用休息日开展义务奉献活动。

(许绍辉撰、审)

·航空运输·

【概况】

2016年，晋江机场坚守“飞行安全、廉政安全、真情服务”三个底线，坚持稳中求进总基调，以创新为驱动，以转型升级、提质增效为主线，加强党的领导，依法依规治企，打造精品机场，实现质量和效益协调发展，全年完成航班起降33787架次、旅客吞吐量379.3万人次、货邮吞吐量4.97万吨，在全国218个机场中分别位排名第61、47和35位，同比分别增长3.4%、4.3%、15.5%。12月12日，机场通航20周年。

【第21个航空安全年】

2016年，晋江机场坚守安全底线，落实安全主体责任，提升安全管控能力，获民航华东地区“安康杯”优胜单位，圆满完成春运、两会、国庆等保障任务，实现第21个航空安全年。

落实安全主体责任。修订《安全生产责任制》，完善责任清单，细化分解三大体系75项安全指标。实行安全服务绩效考核，扣罚绩效111分，下发整改通知书121份，提出整改意见建议251项。健全议事制度，协调9类31项安全问题。落实安全隐患排查治理制度，修订安全检查结果报告单，建立隐患整改通报制度，施行整改延期申请和主动报告，强化闭环管理。民航局方检查提出整改建议意见117项，完成108项，整改率92.3%。机场检查提出问题287项，完成279项，整改率97.2%，查处无后果违章行为22条，收集隐患随手拍25条。

规范安全运行管理。实行部门运行手册、岗位手册动态管理，推动三大体系落实安全质量标准，发挥系统风险管理的整体效能。开展“安全保障能力建设年”活动，消防等级由6级提升至7级，保障能力大幅提升。抓人员资质建设和规章制度执行，加强员工思想动态管理，定期进行员工思想分析，确保员工队伍稳定。

深化平安民航建设。加大扰乱民航正常秩序的打击力度，公安分局共查处安检移交案件74起。宣传贯彻《反恐法》《异常行为识别》，提升员工法律意识和反恐防范技能，增设候机楼出发厅护卫巡逻岗，提升防恐防范水平。开展控制区防范入侵专项整治，强化老旧围界、国内到达处及行李传送带通道等部位的防控措施；推进“城安”工程建设，新增98个监控点。实行航空货邮分级处置制度，落实物流寄递安全“收件验视+实名收寄+过机安检”3个100%制度。

规范应急管理。修订《应急救援总体预案》《防汛抗灾应急预案》《大面积航班延误和不正常航班保障预案》等应急文件体系，开展机坪超容量评估工作，组织3次应急救援演练，启动11次应急救援。

抓好运行保障，改善运行环境。PBN程序、ATIS、CNMS等建成投用，气象自动观测系统、航管楼UPS有序推进。强化飞行区管理整治，完成跑道注浆1.5万平方米，维护围界2160米等。处理各类飞机故障339起，出动保障车辆设备7.8万台次；通信导航监视设备运行正常率100%。

推进安全文化建设。开展安康杯竞赛、安全生产月、军民航防相撞工作月等活动，以知识竞赛、征文和演讲等形式，深入宣贯福建民航“自觉、诚信、严谨”安全理念。

【管理型机场建设】

2016年，晋江机场完善管理制度。修订完善会议议事制度，完善法人治理结构、明确责任，落实“三重一大”事项集体决策，提高管理决策水平。对子公司执行董事、监事和法人代表进行调整，建立权责对等、运转协调、制衡的决策、执行、监督机制。机场营业执照完成网上报备和年检，完成食品公司、物流公司内部审计。落实“三全管理”制度。推行全员绩效、全员竞聘、全面预算“三全”管理模式。制定项目式绩效考核方案，以工作进度、质量、职责落实、成效等为考核内容，考核等级与薪酬挂钩。开展全员竞聘，7人实现晋升，22人实现岗位变动；新招员工124人，签订501份劳动合同。组织内部培训53场4032人次，113人取得上岗资质；制订后备人才管理办法，抓好后备人才库建设；加强人员资质建设，搭建资质体系。执行全面财务预算，梳理收费情况，规范收费标准，做好营改增工作，提高资金运行质量，向民航局申报贴息、发展基金共6700余万元，向两级市政府申请民航发展专项资金2960万元。强化内部管控。建立效能监察体系，形成监察合力，跟踪协调事项116项，完成100项，完成率86.2%。建立资产管理项目责任绩效考核机制，年底资产管理软件全面推广使用，完成资产收益3564万元，完成年度指标102%。落实合同会签制度，出台4种合同范本，完成合同审核823份。成立信息化建设领导小组，加快信息化管理及规划实施。五是成立公共服务部，资产的职能管理、规划与客户保障服务分离，明确分工，加强公共区域服务品质管理。

【机场生产经营】

2016年，晋江机场创新营销服务方式，举办9场大型航班推介会，举行10场航班首航仪式。推介莆田、石狮两地城市候机楼，保障旅客6500人次，同比增长10.2%。开展延伸配套服务，吸引省外和周边旅客约13.6万人次。完成空港旅行社资质申请，与旅游局、商会合作，拓展宣传渠道。做好辅业经营，完善法人主体意识、治理结构。依法依规经营管理，优化整合内部资源，每月召开经营管理协调会，协调重要事项60余项，清算注销空港广告和空港装饰公司，完成营收43508万元，上缴特许经营费2773万元。其中，油料公司与中航油公司签订合作框架协议，启动供油迁建工程，完成危险品经营许可证换证，完成航油加注9.58万吨，营收33841万元，完成年度指标104.82%。物流公司全力发展全货机业务，与顺丰达成运力规划共识，进境食用水生动物指定口岸通过验收，获得深航优质货运服务商、顺丰合作伙伴钻石奖，营收2336万元，完成年度指标106.18%。开发公司有序推进空港服务园前期工作，优化候机楼商业业态，营收1024万元，完成年度指标77.69%。贵宾公司完成国际头等休息厅改造，续签、新增18家合作企业，保障VIP旅客9.5万人次，营收1167万元，完成年度指标111.14%。电子公司做好内部运营保障，与中化泉州公司续签服务合同，营收656万元，完成年度指标100.92%。物业公司续签泉州市行政中心物业合同，联合城建物业中标泉州市交通科研楼物业合同，市政府会议中心服务保障工作多次受到市委办书面表扬，营业收入3001万元，完成年度指标93.72%。广告公司努力开发市场，营业收入238万元，完成年度指标47.60%。食品公司新增多家航空公司配餐业务，保障航班7310架次，配餐73万余份，营业收入1430万元，完成年度指标110%。

【政府支持民航发展】

2016年，晋江机场争取政府支持，推动两级市委、市政府重视民航业发展，出台支持民航业发展政策；促成泉州市领导多次拜访民航局、走访厦航总部、到机场及厦航、深航驻泉运行基地调研，研究解决发展问题。推动市政府提高民航发展专项资金规模，同意航线航班补贴资金规模上不封顶、按实补贴。机场口岸签证正式获批，协调联检单位开通国际中转区，形成口岸月度协调会议制度，适度延长保障时间，提升国际航空口岸服务保障能力。

【航线航班】

2016年，晋江机场有18家航空公司

韩国易斯达航空公司开通泉州至济州定期航班

中国民用机场协会专业委员会主任、秘书长会议在晋江召开

驻场运营，通航41个城市，其中国内34个，国际（地区）7个，开通5条全货机航线，客座率为71.9%，航班航线结构日臻完善，构建早中晚航班波，实现主业营收21975万元，同比增长15.46%。

落实市政府与航空公司协议，引导主力航空公司深耕泉州市场，厦航成立泉州分公司，投放13架过夜飞机；深航投放4架过夜飞机，具备分公司运力条件。大力引进新运力。首次开通无锡—泉州—曼谷国际中转航班，首次引进海航、山东航、祥鹏航等新运力，构建合作有序、适度竞争的市场格局。首次引进釜山航、印尼苏拉维加亚航、韩国易斯达航新开、加密国际航班，国际航班快速增长，全年国际（地区）航班起降5485架次、旅客吞吐59.8万人次，分别同比增长11.1%、8.1%。

【服务品质提升】

2016年，晋江机场开展服务质量提升专项活动，3月，被中国民用机场协会授予2015年“服务质量优秀奖”。落实民航“真情服务”理念，执行民航服务规范和标准，做好地空服务衔接，爱心妈妈小屋、五心服务、丝绸班组、刺桐班组等特色服务深入人心，安检站被授予“省级青年文明号”、运输服务部五心班组获泉州市“十佳巾帼服务班组”。优化服务保障流程，开放式办理值机，开展国际、国内中转服务等。对照中小机场服务标准，解决保障资源不足的问题，深入实施一批旅客、员工满意工程，协调增开多路公交线路、推进简易车站建设，改善内场员工值班休息环境等。

【机场重大项目推进】

2016年，晋江机场改建工程全面进入收尾阶段，启动总验收各项准备工作。完成总体规划修编和中央机坪及滑行道改建工程项目可研评审，制定飞行区扩容改建资金筹措方案，并与军方签订改扩建协议，各项工作有序推进。油库迁建和货运中心扩容项目，完成选址工作并与国土局签署用地协议；货运中心扩容项目取得规划选址意见书，启动项目建议书及可行性研究报告委托编制，委托环评、地质灾害评估等工作；油库迁建项目完成预可研（讨论稿）编制和建设地块放样立桩，完成项目规划选址意见书。空管进近管制中心拟选4个地点作为现场考察点，完成石井规划图。积极向两级市政府有关部门协调和沟通，规划以机场为核心的城市综合商业圈、综合交通枢纽和临空产业规划。飞行区改扩建工程正式开工，主要是扩建军用滑行道为军民两用，扩建、新建19个机位的军民两用停机坪。

【中国民用机场协会会议在晋江召开】

2016年3月10日，由中国民用机场协会主办，泉州晋江国际机场协办的，中国民用机场协会专业委员会主任、秘书长会议在晋江召开，会议通报协会2015年主要工作，部署2016年工作重点，各专业委员会主任对机场战略发展、机场运行指挥、机场航线营销、机场服务质量、机场医疗救护、机场信息技术、机场环境保护、临空经济发展等各方面工作进行研究探讨。中国民航局原副局长、机场协会理事长夏兴华主持会议，民航局政策法规司副司长颜明池、民航华东管理局党委书记周正凯受邀参加会议。

【出入境中转区投入使用】

2016年3月29日，泉州晋江国际机场出入境中转区正式投入使用。同日，无锡—泉州—曼谷航班顺利通过中转区进行中转。出入境中转区投入运行后，旅客不须先提取托运行李，可直接在候机楼中转区内办理各项通关手续，直接进入国内或国际厅等待登机，方便快捷。当日，无锡至曼谷航班93名旅客通过中转区乘机，航班保障时间缩短40分钟左右。泉州晋江国际机场从2015年底建设出入境中转区，于3月23日通过试运行。

【口岸签证获批】

2016年5月1日，经国务院批准和公安部授权，泉州晋江国际机场口岸签证正式启动。这是继福州长乐国际机场和厦门高崎国际机场之后，福建省第三个获批开展此项工作的口岸。泉州晋江国际机场口岸签证业务开通后，由于人道原因、应邀入境从事紧急商务、工程抢修，或者具有其他紧急入境需要并持有有关主管部门同意在口岸申办签证证明材料的外国人或旅行社按照国家规定组织入境旅游的，可凭本人护照、有关单位邀请函等证明材料，向晋江国际机场口岸签证机关申请办理口岸签证。

（叶　扬撰　林光荣审）

·2001—2016年晋江市交通运输主要指标表·

表15

年份	公路通车里程（公里）	货物运输量（万吨）	货物运输周转量（万吨公里）	客运量（万人）	客运周转量（万人公里）
2001	602.19	311.00	30569.00	1447.00	30135.00
2002	1635.30	312.00	29248.00	1411.00	33096.00
2003	1642.00	342.00	31073.00	1345.00	36079.00
2004	1625.80	335.11	40432.67	1470.12	39428.61
2005	1725.79	335.34	61398.67	1292.89	38116.90
2006	1725.79	324.87	39634.72	1289.52	37316.49
2007	1725.79	558.58	83096.88	1395.68	42615.09
2008	1835.38	998.67	149082.24	1469.49	47110.72
2009	1835.44	1553.22	219120.50	1521.37	52778.33
2010	1887.65	1802.69	253437.40	1889.00	63603.94
2011	1957.06	2068.11	277804.67	1959.37	68382.54
2012	2362.08	2419.27	320495.60	1994.27	62062.18
2013	2382.72	2727.69	379723.72	2018.72	59142.37
2014	2388.26	3127.24	437288.82	1591.42	51273.03
2015	2388.26	3338.83	506073.34	780.04	39973.46
2016	2404.05	3765.33	553450.11	654.21	35392.81

财政税务

·财　政·

【概况】

2016年，市财政工作围绕市委、市政府决策部署，坚持稳中有进工作总基调，积极实施财政供给侧改革，全力稳增长、调结构、惠民生，推动创新转型，财税运行总体平稳健康。全年完成财政总收入201.02亿元，完成预算100.26%，增长0.36%。其中，本级一般公共预算收入120.68亿元，完成预算100.95%，增长2.97%；一般公共预算收入加体制税收返还4.11亿元，减体制结算预计上缴17.93亿元（其中上缴中央“营改增”3.5亿元、省级固定上缴2.66亿元、上缴泉州10.34亿元、专项上解1.43亿元），本级既得总财力106.86亿元，增长2%。安排一般公共预算支出104.6亿元，增长0.63%。

【财政支持经济发展方式创新】

2016年，市财政局发挥财税杠杆作用，扎实做好供给侧改革“加减乘除”，推进传统产业改造提升和新兴产业培育壮大，增强经济持续发展动力。创新财政支持经济发展方式，设立规模500亿元安芯产业投资基金，运用产业创投引导基金，引入社会资本42.05亿元；投入27.15亿元培育发展集成电路、智能装备、光伏电子、汽车制造、体育+等新产业，以及电子商务、现代物流、文创研发等新业态；兑现各级产业扶持资金13.9亿元，落实“三去一降一补”措施，支持企业实施智能化改造和科技创新，提升核心竞争力，巩固基础税源，安踏、恒安纳税分别超12亿元、10亿元，纳税上亿元企业24家共纳税67亿元。整合资金4.29亿元支持三创园、文创园等创新平台建设以及中科院、中纺院等7家国家级科研机构运营，设立石墨烯产业技术研究院等创新载体；兑现人才培育引进政策1.27亿元，推动人才资源集聚，打造创新发展引擎。落实行政事业性收费减免政策，精简归并“五险一金”，降低企业成本1.9亿元；落实小微企业税收减免政策，1.8万家企业纳入“营改增”，实行不动产进项抵扣，为企业减税超10亿元；办理“免抵调库”5.78亿元、出口退税18.4亿元。有效运作应急保障周转金，为878家企业“过桥”资金56.36亿元，办理转续贷款148.16亿元；搭建中小企业助成贷业务平台，年度办理成长贷136笔，金额8725.9万元；设立不良资产处置基金，成功处置不良贷款40亿元；率先出台财政购房补贴政策，发放购房补贴1.04亿元，促进房地产行业健康发展。

实施财政供给侧改革推动创新转型

【财政支出结构优化】

2016年，市财政局持续优化支出结构，全年民生投入69.25亿元，占一般公共预算支出66.2%，教育、医疗卫生、社会保障、生态环保得到优先保障。教育总投入28.84亿元（含社保缴费配套及上级补助），优化教育规划布局，实施171个校舍项目建设，提高学前教育、高中、中职学校助学金标准，推进普惠发展学前教育，促进教育资源均衡发展。医疗卫生总投入12.1亿元（含上级补助），人均基本公共卫生服务经费提高至45元，持续推进公立医院改革，完善药品零差率补偿机制，加大医疗机构建设投入，支持引进树兰医疗，提高医疗卫生服务能力。投入城乡居民社保体系资金16.27亿元，持续提高新农合、五保户、城乡医疗救助、临时困难救助等社会福利保障标准，调整机关事业单位离退休人员待遇；实施精准扶贫，兑现“春风计划·四帮四扶”救助资金3000万元；推进市社会福利中心以及256个村（社区）居家养老站、41个镇村敬老院建设。着力改善城乡生态环境，投入“美丽乡村”、农村生活污水处理设施、小区“二次供水”改造、环卫保洁等5.29亿元，引水第二通道、金门供水工程和彭村、白濑水库等水资源保护2.12亿元，九十九溪、乪湖等流域生态治理3.08亿元，造林绿化1.1亿元，拨付“莫兰蒂”等台风救灾资金2622万元。着力构筑公共安全体系，投入9812万元建设城安信息系统和社会治理视频监控系统，实施科技强警；强化三级联创，拨付辅警及协管员经费1.34亿元，完善治安巡逻体系。投入文化体育事业资金2.82亿元，支持文化传承、古村落与文物保护，举办重大体育赛事和群众文化活动，繁荣文体事业发展。

【重点项目需求保障】

2016年，市财政局构建多元化投融资体系，科学运作、有序保障重点项目资金需求，有力促进产城融合发展。争取地方政府新增债券19.41亿元、置换债券97.1亿元，获得国家专项建设基金40.5亿元，回笼土地出让金和安置房补差款46.6亿元，全年筹集项目建设资金409.75亿元。投入安置房建设28.63亿元；强化城市基础设施配套，投入交通、市政及防灾体系等公共配套设施37.18亿元；安排12.35亿元支持教育、医疗、养老、文化、体育健身等公共服务配套项目建设，强化宜居环境建设，不断提升城市品质。注重核心功能集聚，整合资金22.76亿元，引入社会资本66.07亿元，加快培育集成电路产业园、三创园、文创园、国际电商园、综合保税区等功能区，支持国际鞋纺城、海峡石化产品交易中心、海峡五金机电城、海西家居建材城、食品园专业市场，以及陆地港、传化公路港等建设，吸引龙头企业电商中心回归，培育服务业新主体、新业态，助推产业优化提升。拨付镇（街）、村（社区）资金50.2亿元，投入22.37亿元支持经济发达镇、小城镇、镇级“小城市”建设，有力推进镇域基础设施建设和生态环境保护，促进城乡协同发展。

【“财政精细管理提升年”活动】

2016年，市财政局组织实施“财政精细管理提升年”活动，建立健全财政管理机制，提升规范化精细化管理水平，圆满通过财政部“依法行政依法理财”示范点建设评估验收。完善预算管理机制，构建全口径预算管理体系，强化部门预决算和200万以上专项资金预算绩效管理，实行“三公经费”信息网上公开，提高预算执行效率。创新支出管理机制，推行公务卡支付、会议定点场所、公务用车等改革，全市“三公经费”和会议费压缩13.49%；改进投资项目评审流程，年度完成投资项目评审482个，核减5.16亿元，核减率7.88%；完善政府采购管理，组织政府集中采购952批次，节约3.83亿元，节约率8.24%；建立结转结余资金定期清理机制，收回单位往年结余资金1.49亿元。优化国资监管机制，完成全市464家行政事业单位及群团组织国有资产清查，组织对组团（片区、项目）进行资产核查及财务审计，加强国有资产动态监管；探索国企财务统一核算管理模式，实行年度绩效考核、负责人薪酬、工资总额预算等三项国企薪酬制度。

【财政风险防范】

2016年，市财政局健全风险防控机制，落实党风廉政建设责任制，改进队伍工作作风，有效防范财政风险。全年梳理排查廉政风险点68个，制订防控措施78条，新建《内部基本控制制度》20余份，规范财政业务流程，开展扶贫资金等财政监督检查项目117个，涉及资金31.46亿元，健全内部风险防控体系。规范政府债务管理，开展政府债务内部审计，优化债务结构，降低融资成本，化解政府债务风险。加强财政监督检查，组织开展扶贫资金等财政监督检查项目117个，检查单位41家，涉及资金31.46亿元。严格履行“两个责任”和“一岗双责”，贯彻落实“五抓五看”要求，开展“两学一做”学习教育、建立廉政谈话机制、设立廉政走廊、更新廉政警示教育馆及财政史馆，推进廉政教育常态化，提升队伍廉洁意识。开展财政“六五”普法工作，贯彻落实“三重一大”制度，汇编《机关工作制度》，增强队伍法治思维，坚持依法依规办事，确保财政资金和队伍安全。

（苏进盘撰　肖金树审）

【国库支付业务流程优化】

2016年，市财政国库支付中心强化对支付审核的管理，继续探索提高支付效率的新途径。经过与市财政局国库科、代理银行的沟通协调，减少国库支付凭证联数，精简支付审核环节，在保证国库支付业务安全高效运行的基础上，提升整个支付流程的运行效率。进一步缩短办结时限，强调报账业务要及时办结，并保证三日内完成财政支付。对存在问题的单据立即反馈，减少报账过程中的信息不对称和沟通成本，从而进一步提高业务办理效率，全力打造优质服务品牌。全年市财政国库支付中心累计完成资金结算业务456.05亿元，财政授权支付申请123.36亿元，财政直接支付申请80.64亿元。

【完善国库支付制度】

2016年，市财政国库支付中心紧扣“安全、高效”的宗旨，进一步强化资金支付安全。完善资金拨付手续，严格按照市财政局预算科下达的指标和相关文件材料执行工程、采购项目等大宗资金拨付，确保城建项目资金顺利进行。

严格执行工资发放制度，做好全市机关事业单位人员工资与补贴发放业务，积极配合各机关事业单位做好人员年度正常晋升、工资补发和年终考核奖等工资调整工作。全年全市累计发放工资23.96万人次。针对新政策执行，市国库支付中心多次与市人社局沟通协调，严格审核单位报送的相关材料，确保资金拨付安全及时。1月起，新增全市乡镇工作补贴，全年全市累计发放乡镇工作补贴约1.15万人次；2016年3月起调整公务员职务职级并行，全年全市累计发放公务员职务职级并行0.13万人次；2016年4月启动公检法系统调整警衔津贴的补发工作，全年全市累计发放公检法系统调整警衔津贴1300人次。

【民政优补资金保障】

2016年，市国库支付中心继续做好各项民政优补工作，高效履行财政国库职能，及时准确发放计生补贴、民政补贴、军转干部退役金、离职村主干补贴、购房补贴及人才补贴，确保民生项目及相关补贴等资金有序进行。全年全市累计发放计生补贴40509人次、民政补贴25102人次、军转干退役金补贴37人次、离职村主干补贴2207人次；2016年上半年晋江市政府新出台购房补贴政策，市国库支付中心全年累计发放购房补贴7124人次，为化解晋江市房地产库存，促进晋江房地产市场健康平稳发展贡献了自己的业绩。

【国库支付基础管理】

2016年，市财政国库支付中心重新制定《晋江市财政国库支付中心内部控制操作规程(试行)》，从制度上进一步促进国库集中支付和会计集中核算的合法合规，防范各项风险，提升财政资金运行的规范性和有效性。认真开展每周例会和内部业务研讨会，及时汇总各核算组在业务办理过程中遇到的重点、难点问题，并进行疏解，统一业务审核标准，进一步完善工作机制，提高会计核算质量，规范单位资金使用。配合省财政厅关于财政管理一体化信息系统建设的有关工作，做好前期基础资料交接，及时完成各阶段任务，为促进财政信息互通互联，实现省财政一体化管理，深化市财税体制改革，提升财政管理水平，加强财政监督做好重要基础性工作。

【财务监管】

2016年，市财政国库支付中心继续加强财务监管职能，多举措规范国库支付业务。严格会计制度执行，针对行政、事业、企业等不同单位性质、会计科目体系，以上级会计科目管理办法为基础，依据实际业务和有关经费管理办法，对经济分类明细科目进行更新调整，并重新制定科目使用规范，强化会计制度执行。优化单位经费支出结构，中心配合纪检部门开展三公经费检查，并就如何规范核算单位财务管理的业务，与市纪委和工会进行探讨和交流，进一步明确基层工会经费收支管理，深入推进单位经费支出结构优化，节俭财政支出，促进单位资金规范使用。加强监督管理职能，积极推动中央八项规定精神落地生根，充分发挥内部稽核小组作用，开展1+X专项督查工作，每月对业务组的账务处理情况进行抽查，并就稽核中发现的问题，提出处理意见，要求相关业务组和督促有关单位及时纠正解决。

(谢　菁撰　陈俊毅审)

·国有资产管理·

【概况】

2016年，晋江市国有资产管理工作优化监管机制，加强动态管理，深化国企改革，提高使用效益。至年底，全市国有资产总量1608.66亿元，负债894.30亿元，净资产 714.36亿元。其中，行政事业单位464家，资产总额199.29 亿元，负债总额 20.01 亿元，净资产总额179.28 亿元；市级全资和控股国有企业100家，资产总额1408.04亿元，负债总额873.83亿元，所有者权益总额534.21亿元。本级参股企业22家，总注册资本约302亿元；供销社及二轻集体所有制企业35家，资产总额1.33亿元，负债总额0.46亿元，所有者权益总额0.87亿元。

【行政事业单位国有资产清查】

2016年，市财政局根据财政部统一部署，成立以国有资产清查工作小组，开展全市行政事业单位国有资产清查工作。清查范围为2015年12月31日以前经机构编制管理部门批准成立，执行行政、事业单位财务会计制度的各类行政事业单位、社会团体；清查重点涵盖行政事业单位货币资产、对外投资、往来款，以及土地、房产、车辆、设备等固定资产情况；清查方式着重从账面入手，全面核对各单位2015年年终决算报表和国有资产信息管理系统资产数据，深入实地盘点核实，全面摸清行政事业单位"家底"。经查，资产总额158.4亿元、负债总额22.3亿元、净资产总额136.1亿元；盘盈资产50.28万元、盘亏2.45万元，盘盈盘亏资产仅占资产总量的万分之零点三三。通过资产清查，进一步夯实管理基础，增强部门国有资产管理意识，促进资产合理配置，实现资产动态管理，确保账账相符、账实相符；有效地盘活存量资产，提高资产使用效益。同时，从资产的数量、价值、结构、使用状况等多层面准确反映政府财务、资产情况，为编制政府综合财务报告奠定基础。

【组团(片区、项目)资产清查及财务审计】

2016年，市财政局根据市委、市政

布置行政事业单位固定资产清查工作

府工作部署，成立组团（片区、项目）资产清查工作小组，印发《晋江市组团（片区、项目）资产清查及财务收支结算审计工作方案》，公开选聘3家会计师事务所，牵头实施全市组团（片区、项目）资产清查及财务收支结算审计工作。经审计，18个组团（片区、项目）征迁补偿费用预计390亿元。在审计工作报告基础上，加强成本效益核算分析，提高项目经济效益。坚持边审计边移交的原则，制定组团（片区、项目）安置剩余房源、固定资产、会计档案和财务未尽事项移交流程，详细说明移交所需资料及手续，有序推进资金资产移交工作，确保财务未尽事项资金结算不脱节。

【城建公有住房运营管理】

2016年，晋江市财政局全面加强全市公有住房建设、安置使用和剩余处置等行为的动态监管。完善公有住房信息管理系统，至年底，纳入信息系统全市公有住房82个楼盘，规划总建筑面积1081万平方米。其中，住宅6.53万套、面积750万平方米，商铺面积86万平方米，车位4.4万个。实行定期巡查机制，安排专人负责公有住房管理情况定期巡查，消除国有资产安全隐患，对被占用的房产，采取法律手段，及时要求占用单位或个人清退所占用房产，杜绝国有资产流失。盘活处置公有处置剩余房源，统筹管理，科学策划，分类盘活公有住房剩余房源，确保国有资产保值增值。2016年出售、出租公有住房剩余房源4541.8万元，其中出售流动人口积分优待房37套面积45668.85平方米，金额146.42万元；出售车位27个，金额25.72万元；出售政策性住宅63套面积7855平方米，金额2820.39万元。

【国有企业人力资源管理】

2016年，市财政局根据晋江市委、市政府《关于晋江市国有企业管理体制有关问题的意见》精神和国有企业经营管理需求，按管理权限会同相关部门，主动承担对国有企业领导人员的考察工作并提出任免建议，抓好国有企业领导班子建设。全年组织考核提名国有企业领导人员87人，其中一类企业3家5人，二类企业25家82人。规范国企人员招聘管理，遵循计划管理、总量控制，公开招聘、择优录用，专业对口、人岗匹配的国有企业队伍建设原则，组织市场化招聘国有企业人员10人，提高国有企业聘用人员整体素质，增强企业核心竞争力。

【国有企业薪酬及绩效考核体系】

2016年，市财政局根据市委、市政府工作部署，推进国有企业薪酬分配制度改革，委托厦门同博企业管理咨询有限公司，依据中央、省、泉州市国有企业薪酬和绩效考核制度，结合全市国有企业整体薪酬现状、行业情况，制定国有企业负责人薪酬、员工工资总额预算、年度绩效考核等三项制度。企业负责人实行年薪制，由基本年薪和绩效年薪、任期激励收入三部分组成；一般员工实行核定工资总额预算，企业自主分配办法；实施绩效考核机制，年度终了和任期终了对企业实行绩效考核评价，考核结果应用于企业负责人绩效年薪和任期激励收入。

【国企集团化财务管理模式】

2016年，市财政局强化国有企业资金监管，探索实施国有企业财务集团化统一核算管理模式，成立晋江市城投公司（旅游集团）财务中心，城投公司、旅游集团、晋融公司和新佳园公司等7家企业纳入财务中心统一财务核算，财务中心在“四个不变”的原则下，实行“四个统一”集团化财务运作，即统一财务管理平台、统一财务制度、统一会计核算办法、统一资金支付流程。统一全面核算办法，引导企业建立科学高效的财务管理体系，进一步提高企业财务监督的有效性，发挥财务管理作为企业价值管理中间枢纽的决策支持作用，提高企业经济效益，做大做优做强国有企业。

（王志宏撰　肖金树审）

·国家税务·

【概况】

2016年，晋江市国家税务局（以下简称市国税局）挖掘税源，寻求堵漏增收措施，坚决落实税收收入分析、重点税源跟踪、收入与绩效考核挂钩等制度，主动做好税源回流落地，积极跟踪机会税源等，全年累计完成税收收入112.9亿元，同比增收7.7亿元，增长7.3%，完成年度计划的102.7%。其中实现地方财政口径收入106.9亿元，同比增收5.8亿元，增长5.7%。完成泉州市局和晋江市政府下达的收入任务，为经济社会发展提供坚强的财力保障。

【税收征管】

2016年，市国税局持续推行《全国税收征管规范（1.1版）》。严格落实《泉州市国税系统征管岗责规范（试行）》，对相应业务板块认真梳理、有机融合，按照“大厅受理、内部流转、限时办结、窗口出件”的要求，优化调整岗位职责体系和业务处理流程，着力解决流程不统一、职责不明确、运行不顺畅等问题，全面规范征管业务工作。全市征管效率明显提升，税务登记信息完整率99.79%，滞纳金加收率99.87%，财务报表采集率93.78%。

出台两个税收风险规程。为强化税源管理，防范税收执法风险，出台《晋江市国税局税收风险管理工作规程（试行）》和《晋江市国家税务局税收风险管理办法（试行）》两份文件，理顺工作职责流程，降低税收风险，提高风险应对水平。依托省局税收风险管理信息系统和电子底账系统，全面开展企业进销项比对工作，全年累计下发风险任务1270户次，完成纳税评估1733户，入库评估税款23661万元，风险分析识别命中率由去年的18.22%提高到51.99%。

加强出口退税管理。落实《出口退税管理规范（2.0版）》和《出口退（免）税企业分类管理办法》，实行分类分级管理，对A类企业提速退税办理审批。推行出口退税无纸化管理，助推税企双方减负增效，全年共有192户符合条件的生产型出口企业实现无纸化管理。力促出口供货企业转为自营出口企业，全年增加自营出口企业235家，加速了企业流动资金周转。全年累计办理出口退税18.4亿元，同比增加1.57亿元，增长8.3%，缓解出口企业资金压力。

金税三期系统平稳上线。按照总局提出的“做得一般就是落后”要求，及时开通内网专栏和微信工作群，制定周例会制度和通报制度，强化沟通协调，凝聚工作合力。发扬党组织的战队堡垒和党员的先锋示范作用，签订党员承诺书，承诺“比一般干部多的工作量”。全体干部职工合力清理异常数据219103条、完成人海压力测试用例19213条，录入双轨运行操作9071条。其突出工作多次受到省局、市局肯定和表扬，共有3名干部被省局嘉奖，9名干部被市局嘉奖。“营改增”扩围顺利实施。5月1日起，晋江市全面推开营改增试点，建筑业、房地产业、金融业和生活服务业纳入试点范围的企业达1.8万户，占市国税局征管户数64%。开通营改增绿色通道，建立四大行业服务联动群，执行局长轮班制，落实午间值班和晚间值班制度，用服务的“加法”，换取税负的“减法”，以此确保改革的“乘法”，持续打赢“开好票”“报好税”“分析好”“改进好”四大关键战役，实现四大大行业税制的成功转换，全面释放改革的红利。

晋江市公安局驻国税联络机制办公室揭牌仪式

【依法治税】

2016年，市国税局推进法治税务建设。依托“厚德、崇法、臻和、求新”的法治国税精神，推进依法治税和法治创新工作。通过引入法律顾问和公职律师制度、建立领导干部局务会议集体学法制度、创建法治文化走廊、推进税务行政审批制度改革等措施，将法制文化和国税文化融会贯通，树立法制理念的权威，提高税收执法的刚性，营造公平公正的税收环境。根据市环保局反馈的情况，市国税局发现所辖纳税人创冠环保（晋江）有限公司2012—2014年度存在有关资源综合利用环保处罚的记录。依据有关文件规定，立即组织力量排查税收风险。期间，创冠企业向市政府申请协调解决，市政府牵头召开协调会议十余次，市国税局坚持法治原则不动摇，合计追补入库税款2978万元。依法治税的工作受到省局和总局的高度肯定，经过省局推荐、国家税务总局集中评审、税务总局依法行政工作领导小组审议决定，被评为第一批全国税务系统法治基地，成为福建省国税系统唯一获此殊荣的单位。

专项整治实现网格化。提请市政府制定《晋江市增值税专用发票专项整治工作方案》，发挥镇街管理优势，以镇街为单位召开20场政策宣讲动员会，实现发票专项整治的网格化治理，扩大治理的覆盖面和影响度，治理成效显著。全年共核减用票企业101户，月核减企业发票用量5133份。对涉嫌虚开增值税专用发票的，一律暂停供票，暂缓暂停企业退税，全市79户企业停止退税，减少出口金额11.5亿元，涉嫌发票违法暂扣退税8户、5000万元，地方经济运行秩序明显好转，得到市委书记、市长的表扬和肯定。

发挥稽查作用。贯彻落实总局打击骗税和虚开工作整体部署和工作安排，配合总局“防虚打骗”福建工作组顺利完成相关案件的检查工作。先后组织8批32人次前往厦门、广州、深圳、上海等地外调取证，逐户把握检查深度和进度，务实高效地完成泉州市稽查局下发的13户打虚打骗工作任务。全年累计收到确定虚开的受托协查案件共480户次，累计回复率100%，稽查查补入库税款2566万元。震慑违法犯罪分子，规范全市的税收秩序。

税警协作步入新常态。全省率先建立公安驻国税联络机制办公室，由泉州、晋江公安派驻4名经侦骨干入驻联络办公室，发挥税警协作优势，合力打击偷逃骗税等税收违法行为，为两部门解决新形势下出现的新问题、开拓执法新局面提供强有力的保障。2016年对涉嫌税收违法犯罪的，移送公安机关立案查处15起，移送26起，有效发挥打击震慑作用。省国家税务局局长林京华在晋江国税局报送的《晋江市国税局在全省率先成立公安局派驻国税局联络机制办公室》上作出表扬性批示，鼓励全省学习借鉴。

推进诚信晋江建设。落实“晋江信用红黑榜”制度，定期将纳税信用良好的企业和纳税失信企业名单，通过晋江经济报、晋江政务网等媒体向社会公开，弘扬诚信、震慑失信，推动“诚信晋江”建设。联合地税开展纳税信用等级评定，2016年度共对8445户企业进行纳税信用评价工作，评定A级企业390户，B级企业3198户，C级企业4054户，D级企业803户，提高纳税遵从，营造诚信纳税氛围。

【纳税服务】

2016年，市国税局打造“十办”新服务。作为全省国税系统“马上就办”示范点创建单位之一。为应对营改增扩围及“金三”上线后7月份“三报叠加”办税高峰，主动研判、整合资源，推出智能办、微信办、网上办、联合办、辅导办、预约办、延时办、分流办、应急办和温馨办“十办”服务措施，破解营改增办税业务骤增难题。7月15日、7月29日，省国税局局长林京华、国家税务总局局长王军分别对晋江国税局服务创新新思路作出批示，鼓励各地学习借鉴并有所突破。

创新推行个性化服务。对年纳税5000万元以上的35户纳税信用A类企业，推出包括组建龙头企业个性化服务团队、个性化服务微信群、VIP客户服务室、优先评定为A级企业或出口管理一类纳税人、聘请龙头企业CFO为税收顾问等12条个性化服务措施，提升纳税服务质效，提高大企业税法遵从，树立诚信纳税示范效应，泉州市局在全市范围内推广晋江做法。

全面升级发票020服务。践行“互联网+税务”思维，在全省范围内率先建立邮政发票库房，推广发票020服务，实现发票集约发售，惠及晋江市5万多户的企业。不仅降低企业办税成本，减轻办税厅的压力，还提升邮政的效益，实现国税、邮政和企业的三方共赢。办税新模式推广后，纳税人通过网上申领平台申领发票户数1787户，申领发票次数4778次，申领发票份数763669份，占发票发售总份数30%，纳税人平均办税成本降低50%。12月22日，市国税局发票020项目以最高成绩获得全省国税系统创新项目评审一等奖。

打造三位一体办税格局。全面升级中心办税厅功能设置，开辟二楼办税新区域，新建传化物流园办税服务厅，全市增设办税窗口20个，自助办税终端20台，自助办税电脑25台，办税机器人1台，实现“机器换工”。推广二维码一次性告知服务和电子税务局应用，打造“实体+网上+自助”三位一体的办税新格局，全面提升办税服务水平。五是深化国地税合作。严格落实国地税联席会议制度，细化国地税合作规范的22项具体措施，开展互派驻点、联合办理登记、互设自助终端、税法联合宣传、联合评定纳税信用等级、联合推广发票020、联合开展税务稽查等合作，2016年互设9个办税窗口，联合开展11次税法宣传，联合开展3场政策培训，联合对8445户企业进行纳税信用评价工作，从地税部门交接纳税人10407户“营改增”纳税人信息。特别是创新“一县多厅”国地税联合办税的晋江模式，即“一厅联办”“一厅通办”和“一窗通办”三种模式，实现服务深度融合，执法适度整合，信息高度聚合。

（许少东撰　张一兵审）

晋江市全面推开“营改增”试点工作协调会

·地方税务·

【概况】

2016年，晋江市地方税务局（以下简称市地税局）落实泉州市地税局和地方党政工作要求，树立“全市一盘棋”的大局意识，按照“地税收入持续、均衡、平稳”的目标，切实做到“账要算、理要说、底要清、步要稳”。扣除“营改增”影响，组织各项收入91.66亿元，比上年增加4亿元，增长4.56%。其中，税收收入入库70.87亿元，比上年增加3.14亿元，增长4.62%；社保保险基金收入入库15.2亿元，增长11.09%。组织的各项收入中一般公共预算总收入入库69.87亿元，比上年增加3.73亿元，增长5.63%，超额完成市政府下达的一般公共预算总收入目标任务。市地税局通过第四届全国文明单位届中复查，工会委员会被中华全国总工会评为“全国模范职工之家”，南区分局被授予“全省地税系统先进集体”称号，涌现出“中国好人榜”“全国好警嫂”毛娟文等先进典型。

泉州市总工会领导为晋江市地税局“全国模范职工之家”授牌

【服务发展能力提升】

2016年，市地税局注重拓展税收政策作为空间，强化税收调研，围绕区域经济结构、产业结构和企业微观层面产品结构的改革与调整，组织开展兼并重组、鞋服行业等7个重点调研课题，更好地对接供给侧结构性改革，通过税收课题的深入调研，摸清摸透地方经济税收发展的新特点和新规律，提出切实可行的意见建议。严格落实小微企业税收优惠、高新技术企业税收优惠、研发费用加计扣除等各项税收优惠政策，全年累计减免税收超过3.74亿元。拓展“银税互动”，支持守信企业健康发展，先后与民生银行、兴业银行开展“银税互动、信息共享”合作，更好地激励和促进广大纳税人依法诚信纳税，实现纳税人、税务部门、金融机构的三方共赢。全力推动社保民生政策落地，主动争取地方党政理解与支持，促成晋江市委市政府出台6份规范社保参保与管理的文件，实现社会参保意识和地税部门征缴水平的双提升，有效促进基本养老保险费收入的稳定增长。开展“税企零距离”活动，密切联系群众，提升干群关系，积极建言献策，不断拓展作为空间，得到社会各界的广泛认可，13名干部被推选为晋江市级新一届党代表、人大代表、政协委员。推进办税便利化改革，全面推广电子化办税，增设电子填单台，升级完善涉税资料电子化管理系统，推行网上预约办税，创设A级纳税人VIP室。11月起5大类54个涉税事项实现泉州市范围内同城通办。

【税收管理机制完善】

2016年，市地税局推动税收信息化建设，开发基于GIS技术的税源地理信息系统，利用国土资源部门在地理空间、土地面积等方面的数据优势，对地籍管理、户籍管理、税源监控等方面进行可视化信息管理，实现地方税收增收与土地集约利用的“有机融合”，该系统自12月1日上线以来，累计核查有面积变化户数397户，有48户补缴税款146.94万元，全市土地、税源匹配率98%。落实税制改革部署，稳步推进全面“营改增”，做好“营改增”发票清理和业户信息比对迁移，全年完成留存状态发票清理30898份，向国税局移交18000多户营业税户资料，代开增值税发票6724份，代征增值税3479.89万元。集中全局力量做好“金三系统”上线各项准备和实施工作，系统上线以来总体运行平稳，各项业务开展顺利。加强国地税合作，促成召开两次国地税合作联席会议，确定5个领域61个合作事项，互设窗口、互派人员、互设自助办税终端、加强数据共享、联合举办纳税人学堂，提升服务水平和征管效率。加强税收风险管理，强化漏征漏管户数据比对，处理异常涉税风险信息5146条。加强欠税清理，组织开展欠税清理专项检查，清理欠税3092.96万元。全面推进税收法治化建设，深入推行税收执法责任制，进一步规范税收执法文书，强化重大案件审理工作，联合国税部门开展纳税信用等级评价，实施税收“黑名单”制度，持续整顿和规范税收秩序，为经济发展营造良好的税收环境。

（王远航撰　洪晓东审）

·2001—2016年晋江市财政收支情况表·

表16　　单位：万元

年份	财政总收入	其中		财政总支出
		中央财政收入	地方财政收入	
2001	161660	72021	89639	69666
2002	200277	115043	82743	84704
2003	270196	161410	106555	122169
2004	331133	197352	131122	132512
2005	386466	220980	163177	170160
2006	485888	271383	211926	223095
2007	602996	334312	265952	288985
2008	720000	390822	327816	358180
2009	815289	444569	370720	408862
2010	1002289	550263	452026	485593
2011	1360566	721402	639164	701225
2012	1610169	798046	812123	815191
2013	1827859	824985	1002874	990382
2014	1980198	839179	1141019	1263935
2015	2002899	830891	1172008	1297465
2016	2010200	803394	1206806	1374144

·发展和计划管理·

【概况】
2016年，晋江市全市实现地区生产总值(GDP)：计划增长7.5%；实际完成1744.24亿元，同比增长7.8%。其中，一产增加值完成20.96亿元，同比增长3.3%；二产增加值完成1087.47亿元，同比增长6.5%；三产增加值完成635.81亿元，同比增长10.2%，三次产业比例为1.2：62.3：36.5。

【工业总产值】
2016年，晋江市计划增长7.2%；实际完成4321.17亿元，同比增长8.36%。其中，规模以上工业产值计划增长7.5%，实际完成3924.79亿元，同比增长8.72%。

【公共财政总收入】
2016年，晋江市计划增长0.1%，实际完成201亿元，同比增长0.4%。其中，本级财政收入计划增长2%，实际完成120.7亿元、同比增长3%。

【全社会固定资产投资】
2016年，晋江市计划增长0%；实际完成914.9亿元，同比增长3.2%。其中，工业投资计划增长8%，实际完成369.2亿元、同比增长23.74%。

【自营出口总值】
2016年，晋江市计划增长1%，实际完成69.3亿元、同比下降8.3%。

【实际利用外资(历史可比口径)】
2016年，晋江市计划增长3%；实际完成5.5亿元，同比增长4.9%。

【社会消费品零售额】
2016年，晋江市计划增长6.6%；实际完成588.28亿元，同比增长9.1%。其中，限额以上零售总额计划增长3.1%；完成230.6亿元，同比增长9.3%。

【城乡居民人均可支配收入】
2016年，晋江市城乡居民人均可支配收入计划增长8%，实际完成34080元，同比增长7.7%。

(苏志英撰　李文宏审)

·物价管理·

【价格监测、分析】
2016年，市发改局做好价格监测、分析、预警工作。做好集贸市场64种生活必需品零售价格和主要农业生产资料的监测采价工作，每旬做到及时上报，为上级价格决策提供参考。因地制宜开展民生价格信息发布工作，全市设置价格监测点6个，做到信息监测点均匀覆盖城区，采集品种26种，包涵米、肉、禽、蛋、菜等群众日常生活必需品。在沿街和桂华苑等3个安置房小区设立LED显示屏4块，每周四更新发布民生价格信息，方便群众快速了解真实丰富的价格信息。

【价格管理】
2016年，市发改局做好辖区内政府定价商品和服务性价格管理工作。按照上级的统一部署，经过成本监审、多次征求意见、组织召开听证会等法定程序，在尊重代表意见的基础上进行修改完善，并经市政府常务会研究通过，完成晋江市污水处理费调整。严格审核磁灶华源自来水厂三年来的供水成本，在召开价格听证会广集民智的基础上，调整了磁灶华源自来水销售价格，并对水价进行明确分类，更加有利于水资源的节约和利用。

【收费管理】
2016年，市发改局扎实推进收费管理工作，全面提升收费监管水平。按照上级文件要求，1月1日起，全面取消《收费许可证》，落实新出台的收费情况报告制度，同步加强事中事后监管，对全市104个行政事业性收费单位填报的数据进行审核上报，并梳理公布《收费单位清单》，实现新旧收费管理方式紧密衔接。会同相关部门及时转发、梳理各类文件，做好国家、省取消、降低收费标准项目的落实工作，确保清理取消的收费项目及收费优惠政策落到实处。核定英林外来工子弟等2家民办教育学校学费标准。完成21所民办幼儿园保育教育费成本审核和收费标准报备工作。

(黄丽香撰　刘美令审)

【收费专项检查】
2016年，晋江市主要开展教育收

费、药品价格和医疗服务收费、涉企收费及行政事业性收费、商品房及房产中介明码标价等专项检查。教育收费重点查处公办、集体办及民办幼儿园代办费收费行为，一些幼儿园结余代办费未退还幼儿家长行为得到纠正；对医疗机构违规在医疗服务项目收取一次性卫材费、床位费违反“计入不计出”规定、收取就诊卡工本费等问题责令整改；针对企业反映强烈的收费问题以及新近国家和省取消、免征、降低的行政事业性收费项目等进行检查，遏制各种涉企乱收费行为；按照法律法规要求规范房地产商及房产中介明码标价，遵循“一房一价”，让购房者明白消费。

2016年，受理并办结价格举报案件263起，其中全国12358价格举报平台转来的交办件206起，市长专线交办件6起，晋江市便民服务中心(12345)交办件51起，办结率100%。举报(投诉)点主要集中在淘宝(天猫)、京东等大型网络购物平台电商涉嫌虚构原价，虚构划线价（划线价无依据）、“仅此一天”等虚构宣传标语（涉嫌价格欺诈）、行政暂扣停车场停车收费、物业公司停车收费、公摊水电费未公示等行为。2016年1—12月共查处14起违法案件，涉及违法金额14.38万元，没收违法金额8.4万元，退还用户5.98万元，罚款金额7.2万元，上缴财政罚没款金额15.6万元。

（曾华龙撰　朱金祥审）

【价格认定】

2016年，市发改局做好涉案财物价格认定。办结涉案财物价格认定1425件，其中刑事案件1405件，行政案件20件，总涉案标的金额20712万元。

涉纪财物价格认定。办结涉纪财物价格认定2件，标的金额5.9万元。

涉税财物价格认定。完成35个楼盘存量房计税基准价格认定工作，其中新增楼盘29个，调整楼盘6个，全市范围完成存量房基准价格认定的楼盘161个。

价格争议调解处理。市价格认定局成功调解价格争议1件，价格争议调解工作点成功调解价格争议17件，接受价格咨询31件。

（蔡军星撰　刘美令审）

·审　计·

【概况】

2016年，晋江市审计局适应新形势，践行新理念，围绕服务地方经济建设中心，突出重点，强化监督，发挥国家审计在推进依法治国、鼓励创新、推动改革等进程中的重要作用。全年完成审计项目36个。审计过程涉及76个部门和单位，并延伸抽查了179个基层单位。审计查出问题307条、金额89538.69万元，提出审计建议122条；依法处理应上缴财政4950.25万元、应减少财政拨款689.1万元、应归还原渠道23.18万元，应调账处理资金557.88万元，应缴纳的其他资金102.17万元；移送市纪委案件线索1条，移送主管部门核实处理线索1条。市领导批示审计报告、综合报告等122次，编发《审计动态》22期，审计信息被各级采用645篇次。局机关工作获得各类先进称号15次，机关干部被表彰10人次。

【预算执行审计】

2016年，市审计局以促进公共资金安全高效使用为目标，突出“民生与生态审计”主题，组织开展2015年度预算执行审计工作。审计过程涉及54个部门和单位，并延伸抽查145个基层单位。审计查出问题149条、79929.56万元，依法处理应上缴财政3934.45万元，应减少财政拨款129.49万元，应归还原渠道18.03万元，应调账处理资金500万元，提出强化预算管理、严格资金管控、加强公房监管、加快流域整治等审计建议50条，进一步提高财政资金使用效益。审计期间，督促有关单位立审立改问题金额3322.73万元。促进市财政将未及时上缴国库的年终罚没户1485.55万元、预算外非税收入户434.27万元、预算外户人才保障房款暂存款646.02万元以及污水处理费、环境监理（排污费）、城市基础设施配套费及城市公用事业附加费753.90万元缴入国库。6月，市人大常委会听取和审议审计工作报告时，以30票满意、1票基本满意通过该报告，肯定预算执行审计工作。

【经济责任审计】

2016年，市审计局继续积极、稳妥推进领导干部任期经济责任审计工作。突出围绕客观评价领导干部任职期间履行经济责任的总体情况，促进领导干部守法、守纪、守规、尽责的目标，把经济责任审计与预算执行审计、政策审计等相结合，有重点、分步骤，频率适度地进行轮审。全年共完成卫生局原局长、市经济贸易局原局长、农业局原局长、环保局原局长、信访局原局长、团市委原书记、文联原主席、高教发展中心管委会原主任等8个经济责任审计项目，查出问题71项，涉及管理不规范金额3992.14万元、违规金额1053.26万元，移送主管部门核实处理线索1条，提出加强管理建议28条。

【政府投资审计】

2016年，市审计局致力推进政府投资项目常态化审计监督，继续在财政投资评审项目中抽查部分结算审核项目，重点开展对民生建设项目的审计和调查。全年完成池店南片区钱头地块安置房工程、龙狮路英林连接线(英林段)工程、东石镇金世片区港湾道路工程及九十九溪上游(岭畔桥至溪头闸坝磁灶镇梅溪段）河道整治工程C1标等4个政府投资项目概(预)算执行情况审计。审计查出问题41项，依法处理应减少财政补款559.61万元、应归还原渠道5.15万元，提出加强管理的建议18条。此外，按照审计署和省市的统一部署和安排，根据授权实施“交叉”审计，派出审计组对南安市2015年保障性安居工程及配套基础设施的计划、投资、建设、分配、运营等情况进行审计，对南安市人民政府所属住房城乡建设、发展改革、财政、国土资源、规划、民政、农业等部门进行重点审计，并延伸调查16个村的84户农村危房改造家庭，对4个安居工程项目的建设管理情况进行了检查。审计查出问题17条、3620.87万元，依法处理应缴纳的其他资金64.71万元，提出审计建议5条。

【审计服务拓展】

2016年，市审计局统筹力量，抽调骨干力量，拓展审计服务空间。组织4个稳增长等政策措施跟踪审计。开展推进简政放权政策落实情况审计调查，将推进简政放权政策落实情况作为领导经济责任审计的必审内容，重点开展对推进商事制度改革，推进行政事业性收费清理和推动整顿出口环节乱收费等方面的审计，促进简政放权落实，并形成综合报告上报。开展晋江海峡石化产品交易中心、晋江中国海峡国际五金机电交易中心及晋江国际鞋纺城等3个省重点项目建设进展情况审计，查出问题5项，提出加强管理的建议5条。完成公务支出和公款消费情况审计调查。结合推动中央八项规定精神深入落实"1+X"专项督查行动开展审计调查，项目涉及泉州市高教发展中心管理委员会、共青团晋江市委员会、信访局、农业局、环境保护局、卫生和计划生育局、文学艺术届联合会、英林中学、磁灶中学等9个单位，促进各单位厉行勤俭节约、反对铺张浪费。配合开展整合医保经办机构基金资产负债审计。根据泉州市审计局工作方案要求，开展医疗保险管理中心、新型农村合作医疗管理中心、城乡医疗救助基金等3个资产负债审计，审计查出问题8条、319.39万元，提出审计建议6条。配合开展涉农资金"最后一公里"督查。根据各级纪委的工作部署，组织对森林生态效益补偿资金进行审计调查，审计人员走访11个镇（街道）84个村（社区）以及市财政局和林业主管部门等单位，发现问题4个。

（林承狮撰　陈恩典审）

·统　计·

【概况】

2016年，市统计局围绕市委、市政府的中心工作，立足建设"数库统计""智库统计""质量统计""效率统计"，应对经济新常态和统计新要求，主动作为，创新进取，完成各项工作任务，为全市经济社会持续平稳发展提供统计保障。综合统计调查工作考核继续列居泉州市各县市区前列。

【经济运行监测】

2016年，市统计局有序推进数据搜集核算。面对经济下行压力，进一步加大统计工作力度，切实做好GDP、工业、商贸、固定资产投资、文化产业、科技、人民生活水平等指标数据搜集整理、分析研判和预警工作。执行上级核算方案，做好GDP等核算指标的审核把关，强化指标核算过程全环节和指标之间逻辑性检验核查，提升指标数据质量。2016年，全市GDP完成1744亿元，同比增长7.8%，其中，第三产业增加值636亿元，同比增长10.2%，占GDP的比重由上年的35.1%提升至36.5%；规模以上工业产值3925亿元，同比增长8.7%；社会消费品零售额588亿元，同比增长9.1%，限额以上零售额231亿元，同比增长9.3%；固定资产投资915亿元，同比增长3.2%，工业投资369亿元，同比增长23.7%；城乡居民人均可支配收入34080元，同比增长7.7%，其中城镇居民人均可支配收入42597元，增长6.4%；农村居民人均可支配收入19882元，增长9.4%。县域经济基本竞争力继续居全国第5位。改进数据预警报送机制，每月28日前向市委、市政府主要领导和分管领导报送主要经济指标预计数，并在泉州反馈后第一时间报送实际完成情况，让市领导及时掌握全市经济动态，提升统计数据服务的时效性和前瞻性。

【联网直报】

2016年，市统计局做好单位名录更新维护，紧盯"五证合一、一照一码"登记制度和一套表调查单位管理改革，密切关注市场主体变化情况，主动加强与市场管理、税务等市直有关部门的沟通协作，进一步年底，全市在库单位名录33800个。做好新增单位纳统工作，协调发改、经信、商务、市场管理、税务、强化基本单位名录库的比对、申报、审批、完善和维护工作。交通、旅游等部门抓好新开业（投产）达到入库标准的工业、批发零售和住宿餐饮业、其他服务业单位，以及新开业或新纳入统计调查的房地产开发经营单位和具有资质的建筑业法人单位入库审核确认和申报工作，保证符合条件的统计调查单位及时入库；做好成长型企业"规下"转"规上"和"限下"转"限上"，进一步挖掘增量企业。全年新增规上工业企业148家，总数1544家；新增限上批发零售企业150家，总数759家；新增限上住宿餐饮企业4家，总数65家；新增资质内房地产6家、总数106家：新增资质内建筑业企业10家，总数达81家；新增规模服务业企业18家，总数达93家。着力提升联网直报质量，"三导"齐下推进"四上"企业统计指导精细化，即：实施重点指导，坚持问题导向，由局领导分头带领科室、专业负责人深入基层一线，对重点行业、重点企业、数据报送异常企业等进行点对点、面对面指导，把错误消灭在源头；强化宣传引导，利用统计信息平台、QQ和微信群、短信、咨询热线电话等，及时把统计业务知识送上门，做好答疑解惑，加强与基层统计人员的信息沟通互动；开展查询辅导，在报表期间，通过后台在线审核，对发现的企业数据不匹配、上下月或同比波动明显等情况及时反馈给企业进行核实，避免出现数据报送错误。

【统计制度改革】

2016年，市统计局做好固定资产投资统计方法制度改革，严格执行新投资统计制度，按照法人单位和项目相结合的方式，加强5000万以上项目投资统计质量监控；坚持项目现场走访确认制度，对发现的问题进行及时更正或补充，确保项目资料的真实性、有效性；强化"审核关"，将审核关口前移，做到边报边审，边审边改，对数据变化较大或存在疑问的企业进行细致核实，消除少报、错报、重报、漏报现象，确保上报数据的准确性和完整性。组织开展自然资源资产负债表编制试点工作，严格按照上级部署和要求，通过组建机构、制定台账、强化沟通等一系列举措，扎实有效推进晋江市编制自然资源资产负债表试点工作，保质保量完成各阶段任务，初步摸清晋江市自然资源的总体情况，探索形成有效的工作模式，为下阶段完善自然资源资产负债表基础工作积累了经验。持续强化电子商务与服务业外包统计，不断提高企业入驻省统计局开办的"正统网"平台的入驻率，全市入驻"正统网"平台的电子商务与服务业外包企业单位数263家，占泉州市的24.3%，入驻单位数居泉州市首位。

【抽样调查】

2016年，市统计局组织开展2016年人口变动情况抽样调查，搭建由统计、发改、公安、卫计等部门共同参与的协调机构，落实调查工作经费、调查物资等要素保障，选聘50名调查员和调查指导员并先后组织各类业务培训8场次，开展社会宣传动员，完成抽中的14个镇（街道）、26个村（社区）的调查摸底、入户登记、数据审核、事后质量抽查等各阶段工作，涉及2000多户、6000多人。组织开展规模以下工业、限额以下商贸业、规模以下服务业、小微企业、月度劳动力、农产量、农户固投等抽样调查，做好调查业务指导和数据审核把关。加强对居民消费价格综合调查点和工业生产者价格调查企业的业务指导和核查，做好居民消费价格指数和工业生产者价格指数统计。组织开展城市综合体调查，深入了解城市综合体的运行状况。组织跨境电商、文化创意产业等抽样调查。

【农业普查】

2016年，市统计局构建市、镇、村三级联动的普查组织网络，市一级成立由市政府分管领导为组长、各相关职能部门分管领导为成员的普查领导机构和办事机构，并根据业务需要划分内设机构；各镇域于6月底前全部成立普查领导机构及办事机构，各村(社区)也相应组建普查工作小组。市农普领导小组先后召开了2次全市性工作会议，对普查工作进行专题研究和部署，市政府分管领导多次亲自带队深入到普查第一线督促指导。

基础保障有力。配足配强“两员”，本次普查全市共选聘2700余名责任心强、具有一定普查经验和计算机操作技能的人员担任各级普查指导员和普查员。落实经费保障，根据普查需要，及时编列经费预算，市财政及时足额划拨普查经费。同时，明确“两员”薪酬标准，分阶段按时支付普查人员劳动报酬。落实普查物资，及时印制、分发各种普查用品、普查材料和普查表式，采购PDA等普查专用设备。做好划区绘图，按照普查小区划分细则，组织镇村普查员采用地图系统进行普查区边界纠正和小区划分，全市共划分普查区379个，普查小区2335个。

工作机制健全。工作规划先行，先后制定下发普查工作总体方案、宣传方案、进度安排、督查方案、培训方案等，有序推进普查各项工作开展。实施挂钩制度，市农普领导小组成员单位各挂钩一个镇街，市统计局、调查队领导和业务科室负责人分别挂钩4—5个镇(街)，对普查各个阶段进度进行跟踪、业务指导。建立督查制度，由市农普领导小组成员单位按挂钩联系镇(街)分阶段开展督查工作。实行问题解答“首问责任制”，要求市、镇农普办人员人人都要成为“行家里手”。实行“挂图作战”，把各镇(街)普查任务进度完成情况通过图表形式展现出来，让各挂钩科室心中有数。

业务培训到位。组织人员参加省、泉州市业务培训近百人次。制定本级培训方案，采取分阶段、分批次、滚动式方式组织全市普查指导员和普查员以及市直有关单位业务骨干进行集中式业务培训，其中小区划分和清查摸底培训1期，入户登记培训和PDA操作培训7期；各镇(街)在市级组织培训的基础上，还自行组织镇级培训，并通过现场培训指导、业务骨干跟班等多种形式组织多场再培训巩固成效。本次普查接受各级培训人员累计超5000人次。

清查摸底做实。从11月份开始，陆续组织各级普查人员开展入户清查摸底，经过一个多月努力，基本摸清全市普查对象情况。根据摸底结果，全市普查共涉及379个行政村(社区)，入户26万户，确定农户普查表登记对象16.9万户，规模农业经营户1992户，农业经营单位登记对象677户，其中农业法人单位562个，产业活动单位8个，未注册农业单位107个。

宣传点多面广。采取多渠道、多形式、立体式、广覆盖宣传策略展开宣传发动，营造浓厚氛围。提早启动，从7月份起，在《晋江经济报》开设“统计之窗”宣传农业普查知识，并不定期在“晋江统计”微信公众号上发布相关普查信息。多措并举，通过户外广告牌、LED电子屏幕、梯视广告、公交车身广告、晋江电视台侨乡频道、悬挂横幅标语以及发放农普LOGO及宣传标语雨伞、办公包(购物袋)、手帕纸、致调查户的一封信等同步开展宣传。

【统计运行机制】

2016年，市统计局明确统计主体责任，以市政府办名义下发《关于进一步加强和改进统计工作的通知》，对各镇域、市直各主管部门的统计职责分工和预警预判、信息共享、督查约谈机制等提出明确要求，推进统计工作责任落到实处，构建齐抓共管的大统计格局。

部门联动机制。加强部门与部门、部门与镇街之间的协调联动，在原有工作机制基础上，建立健全5个工作机制：完善统计工作联席会议制度，加强经济运行分析研判，做好指标监测预警，推进信息资源共享等；建立“五人小组”统计会商机制，组建由市政府办分管领导和发改、经信、商务、统计局长五人组成的统计工作会商小组，统筹协调全市经济指标监测预警和分析研判工作；建立投资统计业务对接机制，每月召集相关部门对固定资产投资统计中发现的问题及时进行会商协调；建立统计工作指导机制，由市政府办牵头，发改、经信、商务分管领导分别带队组成统计指导小组，每月底前赴各镇域指导经济指标统计工作；健全单位名录库管理机制，加强基本单位名录库更新维护，做全、做准、做实名录库。

指标绩效考评。配合市效能办会同有关部门，对之前制定的年度经济发展指标绩效考评奖励办法进行修改完善，把承担经济发展指标责任的市直各主管部门一并纳入绩效考评；同时适当拉开奖励差距，以推动统计责任落实，调动各镇域和市直各指标责任部门完成指标任务的积极性。

企业依法统计。协同相关部门制定《促进企业提升统计意识的工作措施》工作意见，就企业纳统情况与企业申报各级荣誉称号、参加先进表彰、担任社团组织负责人以及享受本级扶持政策奖励、申请要素资源保障等方面如何挂钩提出工作措施，以调动企业依法纳统上报的积极性，及时如实反映企业生产经营情况。加强统计监督执法检查，组织开展投资、工业、贸易、服务业等专项统计执法检查，规范统计行为，全年共检查统计调查单位600多家。

【统计信息服务】

2016年，市统计局数据开发应用能力提升。围绕经济新常态，聚焦经济下行压力和供给侧结构性改革，通过组织数据搜集整理分析、开展统计“田野调查”等，及时向党委和政府客观反映月度、季度、年度各项指标指标的速度、结构变化以及经济运行中的苗头性、趋势性问题，统计参谋助手作用日益增强。全年累计撰写各类分析材料80多篇，部分分析材料得到市委市政府主要领导的批示和肯定；累计提供各类数据、政务信息100多条次，被市委市政府两办信息刊物采用的信息综合排名继续居市直各单位前列，被授予全市政府系统信息工作先进单位。强化统计横向比较，密切关注全国发达县市发展动态，及时提供全国部分十强的季度、年度统计数据汇总资料，认真搞好动态分析与比较。

统计智库建设顺应经济发展新常态和统计管理精细化要求，联合部分科研机构和高校的专家，创建“晋江统计智库”，共同开展课题研究、学术交流、决策咨询等，以更好的发挥统计咨政功能，提升统计分析研究整体水平。先后开展城市综合体、跨境电商、“三新”统计等专题调研，形成《“三新”纳入统计的困惑和对策》《晋江市专业市场纳统问题研究》《晋江市食品行业纳统情况调研》《确保完成2016年晋江市GDP增长目标任务的支撑因素分析》等具有一定份量的调研报告，其中《“三新”纳入统计的困惑和对策》发表于国务院发展研究中心《经济要参》刊物。

统计产品服务整合原先的各类统计服务方式，创办《数情研究》内部刊物，刊载专题调研成果及一些短平快的问题分析并及时呈送给各级领导和相关部门，全年刊发5期。开通“晋江统计”微信公众号，及时对外发布统计工作动态和数据资料，使之成为社会各界了解统计工作、运用统计数据的重要窗口和平台之一。持续做好《晋江统计信息》《晋江统计月报》两本内部月刊编撰工作，及时发布年度《晋江市国民经济和社会发展统计公报》，编辑出版《晋江统计年鉴》年度资料等。

统计服务功能在完成各项常规性统计任务的同时，充分利用机动、灵活、快速反应的特点，坚持服务大局、服务党委政府中心工作，积极拓宽服务领域，提供优质统计服务。先后配合市效能办完成年度绩效考评工作，承担市纪委委托的党风廉政建设述谦述职测评调查，市委组织部委托的村级党组织“领头雁”培育示范对象、村（社区）主干工作实绩及勤廉满意度调查，市委政法委委托的各季度公众安全感调查，市效能办委托的政府绩效公众评议调查，市卫计局委托的人口计生工作满意度调查，等等，取得较好的社会效益。

（林胜利撰 蔡家煌审）

·安全生产监督管理·

【安全责任落实】

2016年，晋江市委、市政府坚持把安全生产工作纳入经济、社会发展总体规划，出台《晋江市“十三五”安全生产专项规划》。市委主要领导召开2次常委（扩大）会议专题听取安全生产工作汇报，市政府主要领导主持召开6次全市性会议研究部署安全生产工作。市四套班子领导坚持落实每月26日安全生产检查日制度，换届后及时调整市安委会成员及下设19个安全专项领导小组，由市政府主要领导担任安委会主任，市委政法委书记协调联系安全生产工作，切实落实“党政同责、一岗双责”，确保责任不断档，工作不断线。

【安全监管模式创新】

2016年，晋江市引入第三方中介力量，在“市、镇、村、企”四级试点推行安全生产社会化服务，主推“送教上门、专家驻点、技术顾问”3种业务服务，6月起，在7个镇（街道）启动试点工作，成功引入2家深圳专业机构、派驻4名专家轮岗驻点，对354家企业进行专业化托管、为1556家企业提供技术支撑服务，逐步形成“市场主导、企业自主、政府推动、社会参与”的联动共赢模式。推进诚信化建设。出台《晋江市企业安全生产信用体系建设实施方案》，实行安全生产不良信用记录、安全生产诚信“黑名单”、安全生产承诺3项制度，强化与国土、金融、税务、市场监管等部门信息互通和约束机制运用，对纳入安全生产诚信8家“黑名单”企业、10家不良信用记录企业严格约束措施，倒逼企业自觉落实主体责任。建设专业化队伍。全面完成职业卫生、烟花爆竹、工业行业安全监管职能划转，配强配齐执法机构、人员、装备，逐步建立完善危化品一体化监管、安全生产与职业卫生一体化监管执法机制。市级安监部门增编至41名，配备68名镇级安全协管员，441名村级安全监管员，特别在消防、危化、易燃易爆等领域重点加强专业化队伍建设，组建19支基层专职应急救援队伍，实现市、镇、村三级安全监管人员全覆盖。

【风险防控体系建设】

2016年，晋江市借力“智慧安监”信息化平台，实施分类分级管控，完成1571家企事业单位基础信息采集，建设隐患排查体系示范点，督促企业建立安全生产管理制度和岗位责任清单，培育24家“四有”示范企业。同时，坚持每个月排摸一批、督办一批、整改一批安全隐患，建立台账清单，滚动管理，逐一销号，形成“闭环”整改，推行危化领域安全风险等级评估工作，完成全市28家重点危化企业风险评估总体报告，推动4家风险较大的企业强化安全管控，2家重大危险源企业搬离人口密集区，4家纳入搬迁计划，消除潜在安全风险。

【安全生产大检查和重点领域专项整治】

2016年，市安监局开展安全生产大检查和重点领域专项整治。道路交通方面，不断深化“平安交通”和“道路交通安全综合整治三年提升工程”，完成农村公路生命防护工程和6座危病桥梁改造，落实新、改建道路“三同时”制度，抓好重点车辆、重点时段、重点路段安全管控，常态化推进酒驾毒驾、涉牌涉证、超员超速等系列专项整治行动，严查“五类十项”重点交通违法行为16.4万起，查处量居全省县级首位。建筑施工方面，召开建筑安全领导小组联席会部署推进预防坍塌事故专项整治，以深基坑、高边坡、外脚手架、模板支撑体系、建筑起重机械、高处作业安全等风险环节为整治重点，检查工程项目57个次，排查安全隐患数142处，责令停用建筑起重机械1台，对违规单位动态记分665.77分。消防“三合一”安全方面，突出冬春火灾防控、夏季消防检查，清缴“火患”，督查整改火患2479处、排查整改“三合一”场所1141家、查封419家，行政处罚686起、343.5万元。非煤矿山方面，依托市国土资源监测指挥平台，对全市无证矿山进行24小时全天候视频监控，组织统一行动117次，捣毁大型切割机165部、采矿设施2278个，震慑打击非法盗采行为。民爆物品方面，对民爆物品储存、使用、运输等环节进行全覆盖监管，严格落实行政许可、安全检查工作规定，严查民爆从业单位569家。危险化学品方面，结合冬季防静电专项整治，对28家重点危化生产、储存企业聘请专家逐一会诊、强化安全风险等级评估应用，有效稳控安全风险。烟花爆竹方面，盯紧重点节会烟花旺季，加大巡查打击力度，查处非法烟花爆竹案件218起，收缴非法爆竹1300余箱，刑拘3人。油气管道方面，开展陆上石油天然气长输管道设施整治攻坚战，实施挂号督办制度，成立专项整改工作组，召开占压安全隐患问题解决协调会，检查企业36次，排查整改安全隐患87处。职业卫生方面，以职业卫生基础建设为抓手，检查用人单位157家，督促98家企业开展职业病危害项目申报及基础建设自评、复评工作。“冶金”等八大工业行业方面，加大有限空间、涉爆粉尘等专项执法检查力度，健全完善“一企一档”，检查企业237家、查处取缔无证生产“黑窝点”“黑作坊”8个。防汛抗旱方面，有效防御“莫兰蒂”“鲇鱼”等超强台风，落实防汛编织袋26.25万条、救生艇8艘、橡皮舟4只，救生衣2119件等防汛抢险战备物资。开展汛期安全大检查，检查水利工程134处，排查整改隐患293项，有效保障在建水利工程施工安全、运行安全。深化城镇燃气、特种设备、水上交通、校园安全、旅游安全等重点领域安全专项整治，促进重点行业领域安全状况持续改善。

【安全保障能力提升】

2016年，市安监局促成6776家企事业单位、12517家个体工商户100%按照“国标”“省标”实现标准化达标提升，完成量及达标率居全省县级前列。创建16个安全社区、3个安全园区，安全环境不断改善。深入开展“安全生产月”系列活动，持续推进普及性安全生产宣教培训工程，2016年共组织市、镇、企三级安全生产培训班100期、1万多人次。在全省县级首创运行集警示、教育、培训三位一体的安全生产宣教基地，接待群众、学生256期、5718人次。

（连凯华撰　曾国灿审）

·市场监督管理·

【工商行政管理】

2016年，晋江市市场监督管理局（以下简称市市场监管局）深入推进事中事后监管，落实“双随机一公开”，营造统一规范、公平诚信的市场竞争环境。

实施企业经营异常名录和个体户异常标注管理，将5892户次企业纳入经营异常名录、32031户次个体工商户标注为经营异常状态，从企业经营异常名录中移出企业1000户次，取消个体经营异常标注3556户次。落实“双随机一公开”，开展9批次1633家市场主体抽查，并对发现的违法违规行为落实惩处措施。深化诚信创建。开展“守合同重信用”企业创建，入选2014—2015年度国家级“守合同重信用”企业7家、省级“守合同重信用”企业64家、泉州级“守合同重信用”企业136家，认定晋江级“守合同重信用”企业102家；创建诚信经营示范一条街1条、诚信驿站1个、省级诚信市场3个、泉州级诚信市场8个、文明集市4个、诚信经营示范商户213家。强化网络商务市场监管，结合投诉举报热点以及广告法、消法等，分批对32个“淘宝村”、3个“淘宝镇”的电商业主开展培训。建立申诉举报中心，整合12315、12331、12365三部热线，共受理各类咨询、投诉、举报案件3859件；维护运营好“晋江12315”微信公众号平台，发挥消费宣传、线上接诉功能；精心组织纪念“3·15”国际消费者权益日系列活动。加快“无传销市”创建，主动联合公安、综治等部门，扎实抓好“无传销市”创建，以打击沃克等新型传销为重点加大宣传力度，12月，省工商局正式认定晋江市为“‘无传销县（市、区）’省级达标创建单位”。持续加大工商监管执法力度，以房地产违法广告、互联网金融广告为重点强化广告监管，以供水、供电、燃气、广电等企业为重点强化公用企业限制竞争整治，以三合一、污染企业为重点强化无照经营查处，以开展“1+X”专项督查为重点推动八项规定精神落实，2016年我局共查处各类案件1102件，案值1648.49万元，罚没736.16万元。以“全省一张网”建设为抓手，做好市场主体信息归集工作。

（林幼瑜撰　叶荣聪审）

【食品药品安全管理】

2016年，市市场监管局深入推进食品药品监管，营造安全至上、防控严密的公共安全环境。充分发挥食安办综合协调职能，督促相关部门全面落实监管责任，调整梳理食安委成员单位和镇街工作职责，聘请395名村（社区）食品药品安全协管员。做强省级食品检测中心，进行70多个项目扩项，达到671个参数的检测能力，基本能满足本地食品产业的检测需求；采购全省县级首台“食品安全快速检测车”，为19个市场监管所配备快检箱，构建起三大批发市场快检点日日检、各市场监管所周周检、局食品安全快检车排班巡回检测三级快检体系。突出涉胶、涉肉食品生产企业、食品加工小作坊、校园食堂、集中配餐单位、农贸市场猪肉摊点等重点对象，开展了各类食品安全检查和检测专项行动。在全市30所学校的50家食堂实施“明厨亮灶”工程，被列入泉州市、晋江市“为民办实事”项目，被评为晋江市2016年“十大市民关注事件”；龙湖镇文博肉粕加工厂创建省级小作坊示范点。加强药械检查，针对省局飞行检查、泉州局双随机抽查、GMP跟踪检查中等存在的问题，加强督促整改；开展疫苗、麻醉药品和精神药品、中药材中药饮片等专项整治。建立食品药品安全信用体系，完善“一企一档”食品生产和药品生产经营企业档案。全年共查处食品违法行为案件119起，罚没242.65万元；查处药械违法行为案件60起，罚没57.63万元。移送涉刑案件11起。

（林幼瑜撰　叶荣聪审）

【农贸市场管理】

2016年，紫帽片区过渡市场。抽调人员组成管理团队，加大市场融市和管理力度，市场继续保持繁荣稳定。市场的日常维修维护方面。市市场管理中心把节假日、特殊时期和日常安全检查结合起来，全年多次组织对所辖农贸市场进行全面安全隐患大排查，及时消除安全隐患。明确经营业主主体责任，与经营者签订安全生产责任书。中心全覆盖的安全监控系统有序建设。有效防抗超强台风袭击，在防抗超强台风过程中科学部署，严密组织，使中心各市场的损失降到最低。台风过后迅速组织灾后重建，保证市民正常物资供应不受影响。持续开展市场信息服务，常年通过中心网站、市发改局物价网站、《晋江经济报》“菜价相拍报”栏目、市场内的液晶显示屏等多种方式和渠道向广大经营者消费者提供农产品价格信息服务，取得明显效果。强化卫生保洁队伍建设，完善卫生管理长效机制，各市场通过增加保洁频次，加强监督检查，卫生状况有大的改观。加大食品安全检测力度，梅岭综合市场配齐食品安全检测室相关设施设备，对人员进行培训，定期对市场内食品进行检测。曾井食品安全检测室全年抽样检测逾7000例。积极配合市场监管，全年多次配合相关职能部门开展食品供应、食品安全、环境卫生、公平交易和市场建设管理等的检查、监督和调研工作，维护市场正常经营秩序，为各级各部门决策参考服务。大胆创新，探索农贸市场新模式。在梅岭综合市场进行试点，为进一步完善配套设施与晋江农商银行合作推出“嘀嘀买菜”闪付系统，为打造现代化、高端农贸市场打好基础。

（程亮撰　柯波峰审）

·出入境检验检疫·

【概况】

2016年，泉州出入境检验检疫局晋江办事处（以下简称晋江办事处）持续深化“帮企业、促项目、谋思路、抓落实”活动，本着服务发展，服务企业的理念，发挥晋江办服务外向型经济职能作用，凝心聚力，真抓实干，积极作为，坚定不移推进“国际化”战略。检验检疫进出口货物9228批、货值5.78亿美元；签发各类原产地证书10972份、4.55亿美元，创历史新高；检疫查验出入境飞机5167架次、人员62.53万人次；检疫查验进境食用水生动物137批、97.6吨、75.45万美元；对台小额贸易5565批、货值1520万美元；检疫查验国际快件2809票、111万件、3287吨，国际邮件2967票、167万件、3937吨，跨境电商140票、27万件。

【推动产品质量提升】

2016年，晋江办事处主动参与地方“全国质量强市示范城市”创建活动，推进晋江市“运动鞋服知名品牌示范区”建设、质量提升和品牌促进工作；以“3.15”现场咨询、食品安全周、“质量月”等活动为契机，发放宣传材料120多份，接受咨询50多人次，联合市场监管局开展进口食品专项整治，落实“食品放心工程”等工作，做好“双打”联合执法工作。推进质量管理提升。组织企业参加质量安全标准培训4场次，145人次，引导27家出口休闲食品企业全部建立HACCP体系，4家企业通过英国零售商协会BRC认证；编纂24期企业版国检信息，帮助企业了解掌握相关法律法规、前沿信息并有效应对技术壁垒。首推“同线同标同质”。发挥久久王、蜡笔小新和福源食品3家龙头企业的示范作用，将出口食品精益制造的先进管理经验运用到内销生产上，指导久久王公司入围国家质检总局首批24家“同线同标同质”示范企业名单，努力打造质量示范标杆，提升“晋江制造”总体质量水平，扩大晋江制造质量影响，得到省局领导肯定。

【口岸开放拓展】

2016年，晋江办事处争取质检总局、福建局特殊政策支持，精心指导晋江机场建设并完善国际货运监管场所，全力帮扶其申请进境食用水生动物指定口岸，并于7月底获得总局进境食用水生动物指定口岸资质，实现泉州口岸国际航空货运业的新突破。共检疫查验入境菲律宾青蟹137批，97.6吨，货75.45万美元。指导晋江深沪口岸远洋渔业作业区1号、2号码头新增外贸作业点检验检疫配套设施建设并顺利通过省级开放验收，获准对外开放，成为泉州市首个远洋渔业专用码头，也是福建首个正式对外开放的专业化渔港，为远洋渔业发展提供有力保障，进口远洋自捕鱼3.64万吨；加强业务指导，精心帮扶泉州围头港区2号泊位通过市级验收，按进度持续推动对外开放。开展进口葡萄酒定制贴标需求研究，率先制定并实施《泉州综合保税区进口酒类定制贴标检验监管方案》，每年可为企业节约成本200万元；实施综保区内进口酒转口监管模式、食品与其他产品拼装出口检验监管方案、总局进境非食用动物产品便利化检验检疫监管措施，力促综保区和重点产业运营发展，通过省级联合验收，受到泉州市委书记郑新聪的批示肯定。争取福厦两局就入境快件分拨转场查验达成共识，与福州机场局建立福州空港入境快件分拨至晋江陆地港监管联动机制，推动泉州晋江、厦门高崎、福州长乐机场入境快件邮件与陆地港对接；争取福建局支持指导，在福建局系统率先制定《关于调整和简化C类入境快件检验检疫监管措施》，帮促陆地港入境快件、进境邮政个人小包、出口跨境电商业务等新兴业态快速发展，全年业务量达407.2万件、货重7853吨、贸易额8825万美元，是2015年全年贸易的5倍多。

【扶持产业转型】

2016年，晋江办事处主动对接地方重点建设项目，对纳入省市重点项目实施个性化管理，指定有关部门重点跟进晋华存储器集成电路生产线项目、金星莲花汽车项目建设进程、HDT高效太阳能电池项目等省市重点项目，并积极向省局推荐，争取纳入大型建设项目，实施更便捷的检验检疫通关便利。主动对接检测支撑平台建设，争取福建局、中国检科院和泉州、晋江市委市政府的大力支持，特别是在泉州市市长康涛、晋江市委书记刘文儒、市长张文贤的亲自指导推动下，中国检科院福建消费品食品研发中心和中检科公司落地晋江市三创园，并被泉州市纳入纺织鞋服产业转型升级主要平台项目，将为晋江市传统产业转型升级，扩大出口提供新的强有力的技术支撑。主动对接传统产业升级，发挥技术优势，深入蜡笔小新公司对2台存在质量缺陷的意大利进口设备开展现场检验验证，及时出具证书，指导企业成功对外索赔60万元，企业专函泉州局致谢；加强技术壁垒研究，常年每月为辖区企业无偿提供企业信息2期，指导企业开拓国外市场，帮助多家纺织鞋服企业有效应对国外通报。

【促进外贸发展】

2016年，晋江办事处呼应晋江政府和企业的需求，争取泉州局为晋江量身定做促晋江外贸稳增长八条措施，政府办及时转发分解落实；借助晋江市2016年外经贸口岸联检部门政策宣讲会、泉州局重点企业座谈会等场合，办领导亲自上台宣讲深化通关机制改革等检验检疫便利政策。全面落实简政放权。主动推进“放管服”改革，9月1日后，对出口玩具、童车不再实施出境法检；承接和规范实施出口食品备案评审考核工作，完成备案评审考核9家。全力推进通关改革。推进并率先上线中国电子检验检疫e—CIQ主干系统，按照“监管更有效、通关更便利”的总要求，更好地服务地方经济的发展。通关单无纸化快速放行8456批，节省通关时间1.69万个小时和费用169万元；落实减免收费政策，减免429万元，惠及所有企业；推进产地证惠企措施，签发产地证10972份，4.55亿美元，关税优惠达1717万美元。四是推行检验监管模式改革。在2家一类、3家二类出口食品企业实施“111”深化模式，由最终产品检验向过程监管转变，实现即报即放，通关时间缩短近40%，助力企业跨越“寒冬”，出口食品12841万美元，首次突破1亿美元大关，增幅高达15.6%；主动创新进境盐渍牛皮“互联网+监管”检疫模式，探索实施高效监管。帮扶陆地港快速健康发展。探索推行直通放行、无纸化报检、绿色通道，实施差异化的分类管理，减少环节，达到通检通关增效提速的目的。陆地港港区业务全年进出口贸易额达41.15亿美元、同比增长43.1%，逐步发展为汇集国际陆港、保税物流、国际快件、跨境电商四大平台功能于一体的多式联运国际内陆港，业务量稳居福建省第一位、全国第二位，获副省长黄琪玉、商务部部长助理王炳南、国家发改委副秘书长许昆林肯定。

【服务水平提升】

2016年，晋江办事处以晋江市打造口岸通关品牌为契机，结合工作实际，秉承服务发展、服务企业的理念，坚持“继承、复制、创新”的精神，按照“求突破、创品牌、得民心、获实效”的要求，着力打造检验检疫特色通关服务品牌，给企业更多快速通关“获得感”。服务地方专项行动，支持晋江市跨境电子商务发展行动、海洋经济发展、APEC电子商务工商联盟论坛等工作、为月亮湾陆岛交通码头建设暨晋江金门海上航线申报、“4.18”鞋博会(体育产业博览会)及第三届闽台食品交易博览会等事关晋江经济发展项目提供高效热情的技术服务。抓好班子带好队伍，强化看齐意识，加强优秀年轻干部培养，按照“纪律严明、专业精湛、能力突出、爱岗敬业”的标准要求带好队伍，努力打造可亲可信、优质高效的检验检疫新形象，力推地方经济转型升级。全年实现零投诉、零举报、零重大差错，服务水平得到明显提升。

(陈冰冰撰　洪文哲审)

·海关监督管理·

【概况】

2016年，泉州海关驻晋江办事处认真贯彻落实国家关于促进外贸稳定增长的重大决策和工作部署，主动作为、主动开拓、主动参与、主动对接，积极推动自贸区制度创新，全力推动新业务发展，用心帮扶中小微企业，在外贸严峻形势下实现了各项业务的逆势增长。依法履行职责，对辖区进出口货物实施监管，全年监管货物237.89万吨，货值73.93亿美元，同比增长21.88%和21.28%，征收税款入库10.08亿元，同比增长6.24%。

【通关一体化改革】

2016年，泉州海关晋江办事处积极向地方政府及口岸相关单位通报海关区域通关一体化改革，争取支持；向报关行、进出口企业进行政策宣讲、解读；认真梳理关区业务模式、优化通关流程，确保业务切换无缝对接；跟踪企业反响，及时协调解决一体化通关模式中遇到的疑难问题，通过内外合力和整体推动确保改革的顺利实施，促进通关便利化，让企业享受改革红利。全年区域通关征税6.09亿元，同比增长77.49%，货运量160.4万吨，同比增长52.46%，在外贸形势持续疲软的情况下实现逆势增长，推动地方对外经贸发展。

【泉州综合保税区建设】

2016年，泉州海关晋江办事处主动参与助力综合保税区发展建设，积极向总署建议降低轮胎维修税率，助推产业发展，探索新兴业态“保税+”模式，吸引企业入区，推进新一轮自贸区优惠政策复制推广，复制推广自贸区创新制度成效明显，多次获得泉州市委书记郑新聪、市长康涛批示肯定；积极协助中国保税区出口加工区(两区)协会在泉州市举办“海关特殊监管区域与自贸区发展宣讲会”，取得预期效果。推动泉州综合保税区海关监管设施改造升级，综合保税区通过正式验收。

【促进关区新兴业态跨越式发展】

2016年，泉州海关晋江办事处积极探索适应跨境电商发展特点的海关监管模式，创新应用“跨境电商+邮路”；做好跨境电商新政落地衔接，引导企业积极适应最新规范，有效保障跨境电商业务有序、顺畅开展。探索适应跨境电商发展特点的海关监管模式，创新应用“跨境电商+邮路”，促进关区新兴业态跨越式发展。海关在晋江陆地港全年共监管进出境邮件、快件、跨境电商389万多件，同比增长18倍；监管进出口货物163.19万吨、进出口贸易总额214.36亿元，同比增长51.3%和46.08%，总业务量占全省4个陆地港的90%以上；推动“旅游购物”开展一年多以来，出口总值突破千万元，占厦门关区总量的90%以上。

【晋江机场拓展新兴业务保障】

2016年，泉州海关晋江办事处全力服务晋江机场新兴业务发展，支持机场出境免税店、货运接驳业务、国际中转业务实现常态化运作，助推离境退税政策落地和业务增长。克服人力资源紧张困难，全力保障机场新增航线、夜航任务。全年共监管晋江机场进出境航班5159航次、进出境旅客57.78万多人次，同比分别增长5.89%、4.12%。

【地方重点项目对接】

2016年，泉州海关晋江办事处主动服务、提前介入福建省晋华集成电路、三创园石墨烯研究所、菜鸟泉州智能物流东南核心节点晋江等地方重点项目，了解项目需求，参与推进项目落地，为项目提供前期政策及通关便利措施指导。

【对台贸易监管】

2016年，泉州海关驻晋江办事处严格执行《厦门海关关于进一步加强对台小额贸易实际监管的通知》及其补充通知，进一步提升对台小额贸易的实际监管效能，强化理货环节管理，理顺现场查验与理货环节的沟通协调机制，加强结合部协作配合，严密监管链条，积极配合风险、情报等部门工作，加强沟通联动，提高现场查获率，对对台小额贸易渠道的走私违法行为形成威慑。全年共监管对台小额贸易货物0.53万吨，货值1320万美元，同比分别下降35.03%和37.2%。

2016年，晋江市继续发挥对台区位优势，开展对台经贸往来，泉州海关驻晋江办事处认真执行大陆对台关税优惠政策，全年监管对台贸易ECPA项下进口原产于的台湾的货物1.14万吨，货值2219万美元，减免关税1227万元，同比分别下降0.41%、14.92%和20.01%。

(罗根照撰　邢广勇审)

文化

- 科学技术事业
- 文化　体育事业
- 档案　地方志

科学技术事业

·科技和知识产权·

【概况】

2016年，晋江市编制《晋江市“十三五”实施创新驱动战略研究报告》《晋江市“十三五”科技创新体系建设研究报告》和《晋江市“十三五”科技发展和创新驱动规划》。出台《晋江市贯彻落实<福建省实施创新驱动发展战略建设创新型省份的决定>的实施意见》《加快推进高新技术产业发展若干措施》，推进实施创新驱动发展战略。

市科技和知识产权局围绕建设“国际化创新型品质城市”目标，融入福厦泉国家自主创新示范区建设，实施创新驱动发展战略，推进创新体系建设，提升创新能力和产业可持续发展能力，打造完善创新创业服务体系，科技工作成效明显。晋江市以“优秀”等级通过省科技厅知识产权强县验收；被国家知识产权局列入专利质押融资工作试点城市；市科技和知识产权局被评为泉州市“高新技术企业培育工作”和“科技公共服务平台建设”先进集体等；中国中小城市经济发展委员会发布的“2016年度中国中小城市创新创业（双创）百强县市”榜单中，晋江位居全国第4位。

实施省级区域重大科技项目2项、省中科院STS计划配套计划项目2项、省级创新资金项目2项、省政策性后补助科技计划项目15项，泉州市科技计划项目32项，共获得资助资金697万元，实施晋江市级科技计划项目115项，下达扶持经费2128万元。完成对32家企业155项研发费用加计扣除项目的鉴定。

【科技奖励】

2016年，蜡笔小新（福建）食品工业有限公司参与完成的“果蔬益生菌发酵关键技术与产业化”获2016年度国家科学技术进步二等奖。晋江市企业获2016年度泉州市科技奖19项，其中泉州市科技创业奖2项，泉州市科技进步奖一等奖1项、二等奖6项、三等奖10项，在泉州市各县（市、区）中排名首位。晋江市对2015年度符合科技创新奖励条件的项目进行奖励，涉及单位74家（111项），奖励资金1769.5万元。

【科技示范企业】

2016年，全市新增省级创新型企业27家，高新技术企业24家，省企业工程技术研究中心2家、省科技型企业8家，52家企业入选福建省科技小巨人培育发展库。新增泉州市企业工程技术研究中心6家、泉州市行业技术开发中心2家、泉州市新型科研机构1家。

【科技人才】

2016年，晋江市实施“海峡计划”引进优秀创业团队和项目，累计实施2批次，围绕项目团队带头人能力、项目团队核心成员能力、项目可行性、核心技术水平及技术难度、企业运营能力和成长型、企业及产品市场前景预期产生的经济效益和社会效益等要点进行审核，共25个项创业团队通过评审。加快建设一支结构合理、素质优良、创新能力强的科技领军人才队伍，新增泉州市科技

科技创新馆

创业领军人才2人，泉州市科技创新领军人才3人。

【科技攻关】

2016年，市科技和知识产权局组织“数控一代”产品的研发与应用，兴翼机械有限公司等12家企业被列入泉州市“数控一代”与智能制造专项，获得扶持经费260万元。推进集成电路科技创新与知识产权组工作，完成晋华公司技术委托合同认定登记事宜，合同交易额达26亿元，减免增值税1.6亿元。

【知识产权保护】

2016年度，全市专利申请和授权量分别为11033件、5498件，申请量同比增长57.68%，其中发明申请和授权分别为1396件、321件，申请量同比增长47.72%，每万人有效发明专利由2015年的3.81件增长到5.21件。依托知识产权维权援助中心晋江分中心平台，通过“鞋博会”“食交会”开展维权保护检查，设立知识产权投诉咨询点，检查参展展位300多次，接受投诉咨询3起；不定期检查各类市场、商场，查处专利假冒案件50起；配合上级知识产权管理部门查处专利侵权案件5起，辅导帮助企业在淘宝、京东等互联网站上维权7起。加快建设专利权质押融资试点工作，指导企业申请各级质押贷款补助资金、申请银行贷款，有9家企业获得16190万元银行贷款。

【泉州(晋江)专利技术展示交易中心】

2016年，晋江市在“晋江市科技成果展示交易中心”的基础上，升格为“泉州(晋江)专利技术展示交易中心”，累计征集各类项目29264项，拥有各类专家3787位，各类高校、科研院所236家，服务企业2113家，提供服务次数6646次，完成供需对接2321次，达成意向58项，完成合同25项，金额3154.5万元。

【晋江市海峡石墨烯产业技术研究院】

2016年，市科技和知识产权局根据晋江市政府第82次常务会、十三届晋江市委常委第12次(扩大)会议精神，按照《中共晋江市委机构编制委员会关于同意设立晋江市海峡石墨烯产业技术研究院的批复》，设立晋江市海峡石墨烯产业技术研究院，为科技和知识产权局下属事业单位，负责推动全市石墨烯及其应用领域的研究和产业开发，促进石墨烯技术与传统产业的跨界融合等工作。

【产学研用合作】

2016年，市科技和知识产权局组织中国科学院海西研究院泉州装备制造研究所、中国皮革和制鞋工业研究院(晋江)有限公司等国字号研究所与晋江市企业签订32项产学研项目。协助福州大学晋江科教园举办福州大学晋江研究院研发平台推介会，组织10家企业进行产学研合作对接；组织鞋博会科技创新馆成果展示，邀请鞋业专业科研院所和高等院校专家8名进行现场技术咨询，成果推介等活动，同时深入企业进行技术诊断，洽谈等活动。

【省级众创空间和科技企业孵化器申报】

2016年，市科技和知识产权局组织申报省级众创空间和科技企业孵化器，其中晋江陆地港众创空间被认定为省第一批众创空间、三创园被认定为省科技企业孵化器，泉州理工职业学院大学生众创空间、泉州轻工职业学院大学生创新创业标准园—基因裂变计划孵化基地被认定为泉州市众创空间。会同有关部门组织举办“海峡杯”(晋江)创新创业大赛，来自十几个国家，622个团队参赛。举办“海峡杯”(晋江)创新创业高峰论坛和资本对接会议，40个决赛项目、200多名创业人员以及50家创投机构、15位创投界大咖参加盛会进行项目对接。

【科技服务】

2016年，市科技和知识产权局将涉及群众切身利益的科技、经信、人社、商务等涉及创新创业的公共服务事项统一进驻市行政服务中心综合窗口，推行一个窗口项目受理。按照服务标准化要求进行规范管理服务事项，重编服务指南，再造工作流程，统一网上审批，审批材料充分“瘦身”，审批事权实现“三集中”，办理时限进一步压缩，报批件完成时限压缩在5个工作日内，本市级科技计划项目立项由原来的72个工作日压缩到25个工作日。将公共服务事项统一在市行政审批中心服务网站、中国·晋江、福建省网上审批服务大厅上向公众公开，群众可以上网了解办理事项的办理条件、提交材料、办事须知等信息，在线上可即时了解服务事项审批进展情况，集中服务为基层群众提供完整的服务链。

(王桂源撰　叶鸣涛审)

·气　象·

【气候概况】

2016年晋江年平均气温比常年偏高1.1度，破历史记录；年降水量属异常偏多年份；年日照时数显著偏少。主要气象灾害有：台风、暴雨、强冷空气、强对流、大雾、高温、干旱、低温连阴雨，以台风和暴雨造成的气象灾情为重。据晋江市防汛办统计，2016年主要气象灾害

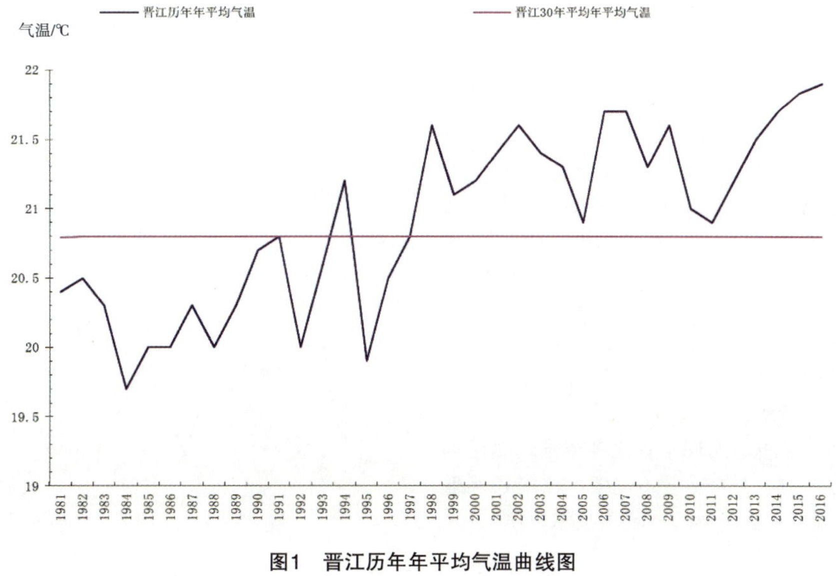

图1　晋江历年年平均气温曲线图

造成晋江市1165人受灾，直接经济损失约4.12亿元。对农业生产而言，2016年晋江市气象灾害损失较重，属较差年景。主要有以下气候特点：

登陆台风偏多偏强、致灾重。2016年1号台风“尼伯特”正面登陆泉州石狮；建国以来登陆闽南的最强台风“莫兰蒂”对全市造成极其严重的风雨影响，全市共有4站出现200毫米以上降水，17站出现100毫米以上降水，以内坑镇248.1毫米为最大；全市12级以上大风有4个站，13级以上大风有2个站，16级以上大风有2个站，以深沪57.9米/秒(17级)最大；“鲇鱼”台风距“莫兰蒂”登陆后仅半个月时间登陆泉州惠安，造成灾害叠加效应。

四季降雨皆偏多，出现罕见冬汛，秋季降水量为历史同期最多。全年雨日异常偏多，暴雨日数多；月际降雨屡创新高，1月份降雨量209.6毫米，偏多470%，破历史极值，出现罕见的冬汛；8月出现夏季少有持续性阴雨天气过程。全年降雨量异常偏多。

强冷空气过程多，低温平历史记录，但是夏秋季和年平均气温均异常。2016年1月25日的强冷空气影响，晋江市低温平历史最低纪录；2016年年平均气温破历史记录。夏季气温异常偏高，秋季气温显著偏高，其中：10月平均气温打破历史同期记录。

【气象要素分布】

气温。晋江年平均气温自1998年开始，持续在历史平均状态以上，2016年为21.9度，比常年高1.1度，比2015年偏高0.1度，刷新历史最高记录。2016年晋江各月平均气温除6月、10月异常偏高，5月、7月显著偏高，11月、12月(2015年)偏高外，其余正常。各季节平均气温冬春季正常，夏季、秋季均偏高1.4度。全年≥35度的高温日数为8天，与常年相比，属正常；比2015年多5天；高温日数除8月出现1天外，其余均出现在7月。极端最高气温为36.4度，出现在7月28日，与常年相比正常。极端最低气温为0.1度，出现在1月25日早晨，平1961年以来历史同期记录。全年无霜日，无倒春寒和五月寒。

冬季。2016年晋江冬季平均气温为13.7度，比常年高0.3度，比2015年低0.2度。冬季平均气温属正常范围，各月气温除2015年12月为偏高外，其余均为

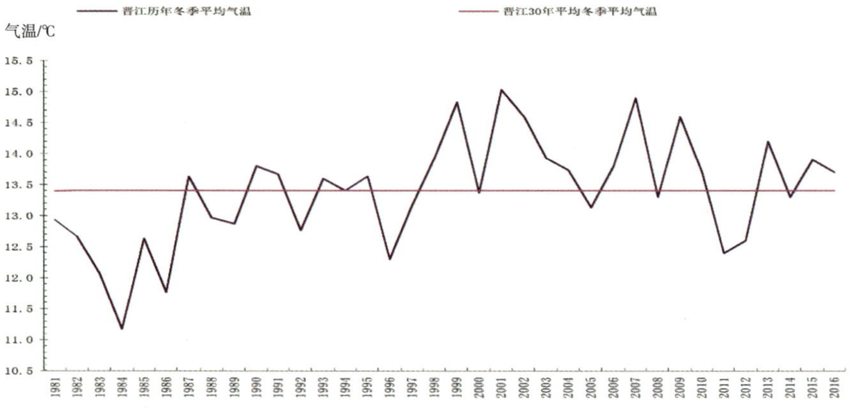

图2 晋江历年冬季平均气温曲线图

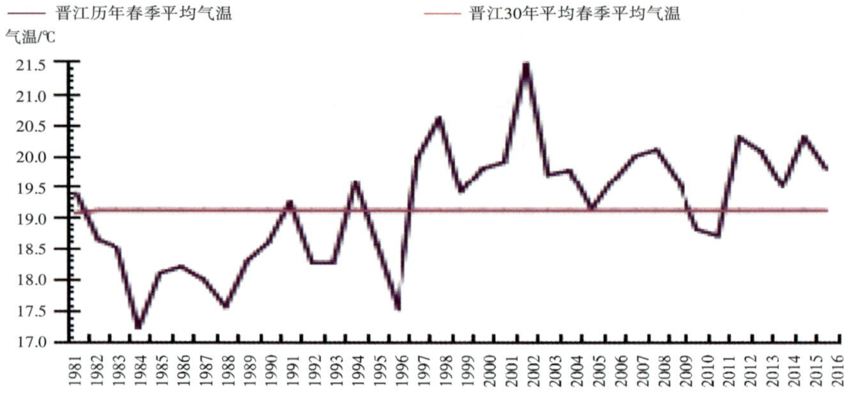

图3 晋江历年春季平均气温曲线图

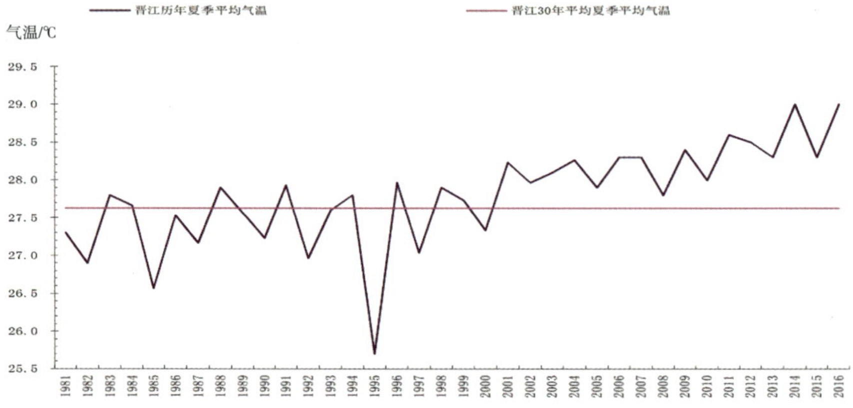

图4 晋江历年夏季平均气温曲线图

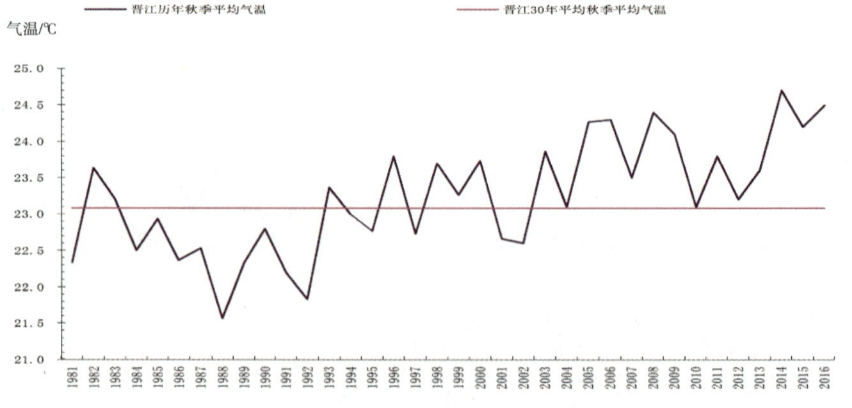

图5 晋江历年秋季平均气温曲线图

正常状态。季极端最高气温25.9度，出现在12月2日及2月13日；季极端最低0.1度，出现在1月25日。

春季。2016年春季平均气温为19.8度，比常年高0.7度，比2015年低0.5度。春季平均气温属正常范围，各月气温为：5月显著偏高，其余正常。季极端最高气温34.1度，出现在5月31日；季极端最低6.6度，出现在3月11日。

夏季。夏季平均气温自2001年起维持偏高状态，2016年夏季平均气温为29.0度，比常年高1.4度，比2015年高0.7度。

夏季平均气温属异常偏高范围，各月气温为：6月异常偏高，7月显著偏高，8月正常。季极端最高气温36.4度，出现在7月28日；季极端最低22.3度，出现在6月3日。

其中：6月平均气温破历史同期纪录。

秋季。秋季平均气温自2003年来一直大于或等于历史同期平均值，2016年为24.5度，比常年高1.4度，比2015年高0.3度。秋季平均气温属显著偏高范围，各月气温为：10月异常偏高，11月偏高，9月正常。季极端最高气温33.3度，出现在9月2日；季极端最低12.6度，出现在11月28日。其中：10月平均气温打破历史同期最高记录。2016年“23”型秋寒出现在10月9日（属正常，历史平均日期为10月12日），“20”型秋寒出现在11月9日（属偏晚，历史平均日期为11月4日）。

降水。2016年年降水量为2010.4毫米，比常年多671.6毫米，比2015年多581.6毫米，属异常偏多。

各月降水时空分布极不均匀：降水主要集中在1、3、5—9月，占全年降水总量的76%，其中1月出现罕见的冬汛，月降水量异常偏多，刷新历史记录。

2016年前汛期从4月23日开始（较常年偏早7天），6月19日结束（偏早7天），历时58天，与常年相当，雨季总强度属正常。

年雨日145天，与常年相比多27.8天（117.2天），比2015年多19天。出现大雨及以上的日数为26天，暴雨日数为8天，大暴雨日数为1天。日最大雨量出现在9月15日，为184.8毫米（受台风“莫兰蒂”影响）。

冬季。2016年冬季降水量为446.4毫米，比常年多296.9毫米，属异常偏多范围，比2015年多337.5毫米。

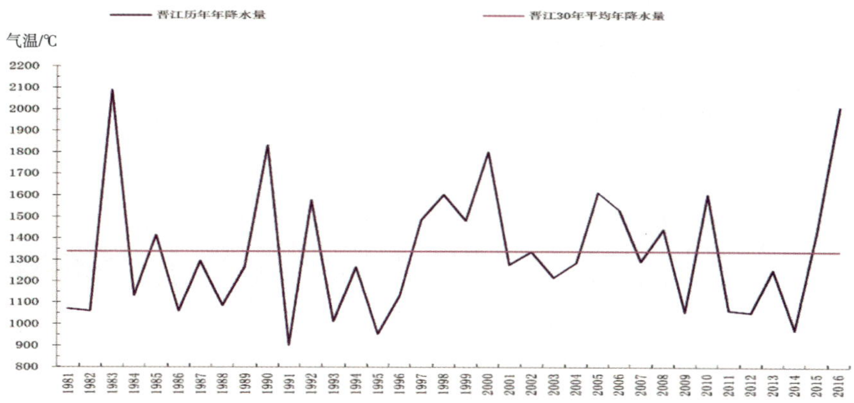

图6　晋江历年平均降水量曲线图

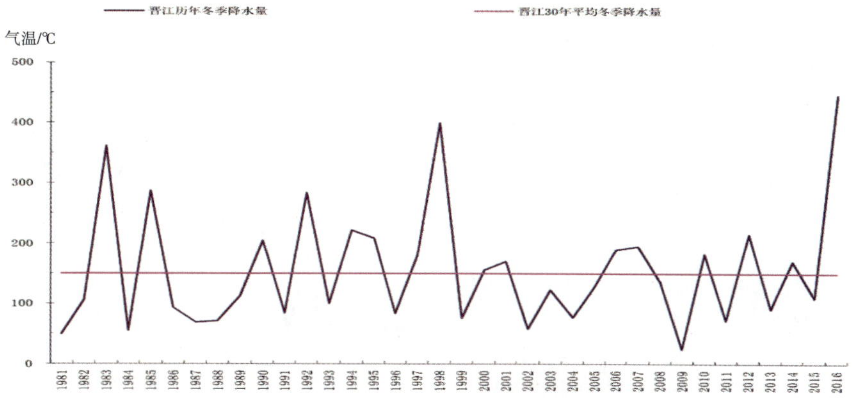

图7　晋江历年冬季平均降水量曲线图

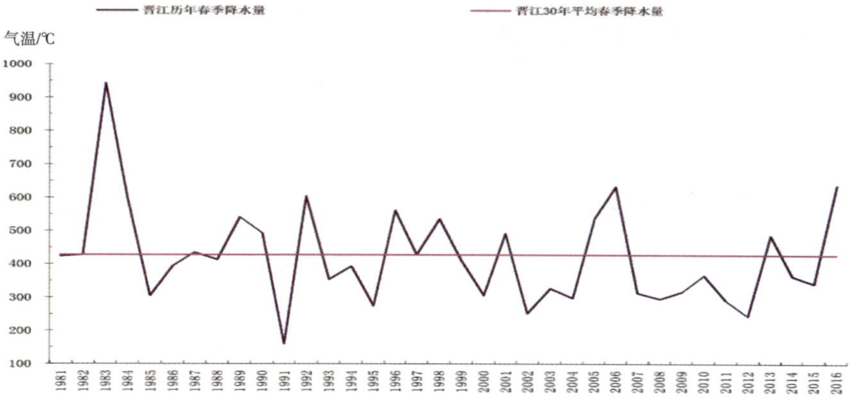

图8　晋江历年春季平均降水量曲线图

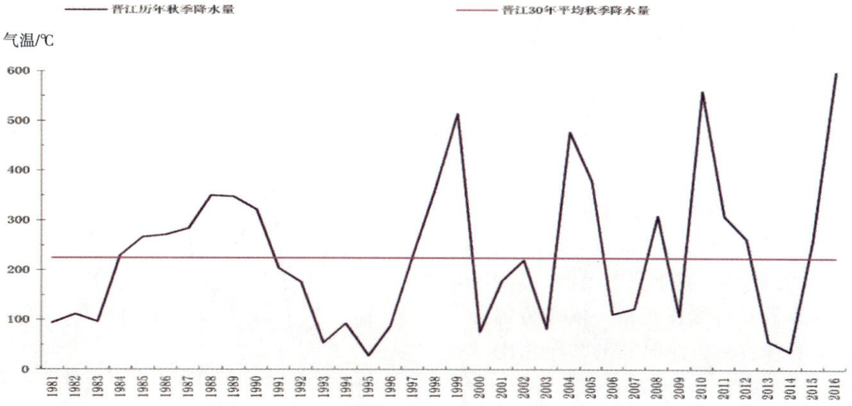

图9　晋江历年夏季平均降水量曲线图

冬季各月降水量分别为193毫米、209.6毫米和43.8毫米，降水距平百分率分别为580%、470%和—49%，分别属异常偏多、异常偏多和偏少。

冬季降水量打破历史同期最高记录。

春季。2016年春季降水量为637.3毫米，比常年多208.1毫米，属偏多范围，比2015年多296 毫米。

春季各月降水量分布不均，分别为234.1毫米、185.5毫米和217.7毫米，降水距平百分率分别为107%、38%和21%，分别属异常偏多、偏多和正常。

夏季。2016年夏季降水量为438.5毫米，比常年少97.9毫米，比2015年少124.4毫米，属正常范围。

夏季各月降水量分别为127毫米、132.6毫米和178.9毫米，降水距平百分率分别为—41%、—2%和—4%，分别属偏少、正常和正常。

秋季。2016年秋季降水量为607.3毫米，比常年多382.8毫米，比2015年多347.4毫米，属异常偏多范围。

秋季各月降水量分布不均，分别为426.3毫米、81毫米和100毫米，降水距平百分率分别为206%、69%和168%，分别属异常偏多、显著偏多和异常偏多。

其中：9月降水量排名历史同期第二，秋季降水量破历史同期纪录。

日照。2016年年日照时数为1774.0小时，比常年少244.9小时，比2015年少328.3小时，属显著偏低。年日照百分率为39%。各月日照时数在79.4～292.8小时之间，其中12月异常偏低(2015年)，10月异常偏低，1月显著偏低，其余月份均属正常。

冬季。2016年冬季日照时数为261.8小时，比常年少143.8小时，比2015年少155.1小时，属于显著偏低范围。

各月日照时数分别为79.4小时(2015年12月)、82.1小时(1月)和100.3小时(2月)，异常度分为—2.2、—1.5和0.0，属于异常偏低、显著偏低和正常范围。

春季。2016年春季日照时数为387.6小时，比常年多0.9小时，比2015年少75.7小时，属于正常范围。2007年来春季日照持续在正常～偏多范围。

春季各月日照时数与常年相比，均为正常范围。

夏季。2016年夏季日照时数为

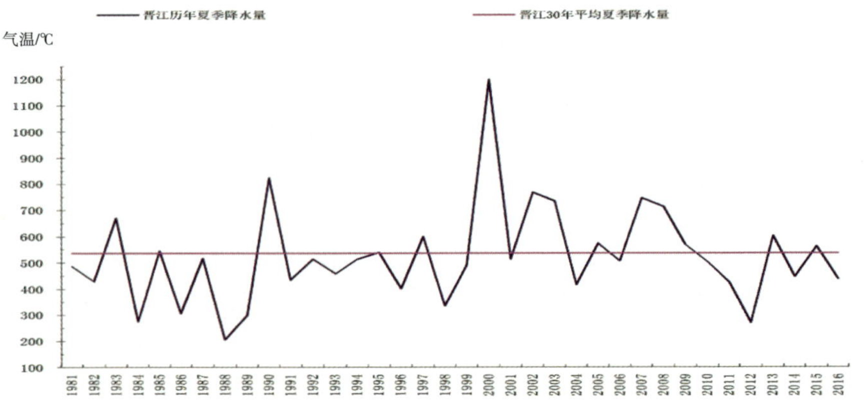

图10　晋江历年秋季平均降水量曲线图

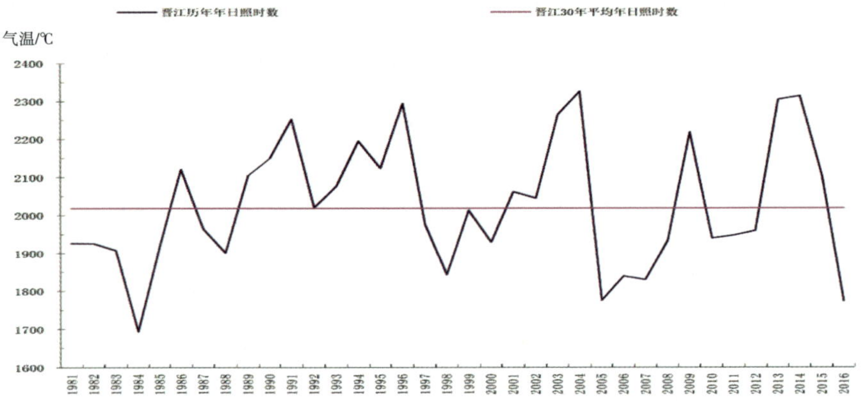

图11　晋江历年年日照时数曲线图

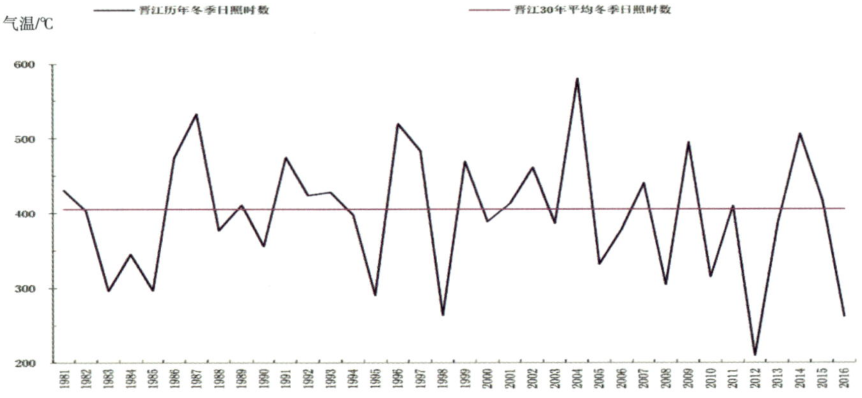

图12　晋江历年冬季日照时数曲线图

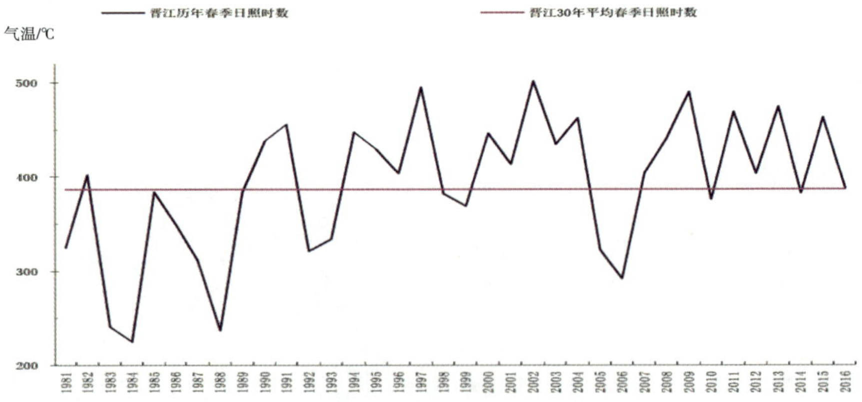

图13　晋江历年春季日照时数曲线图

679.7小时，比常年多7.1小时，比2015年多15.8小时，属于正常范围。

夏季各月日照时数均为正常。

秋季。2016年秋季日照时数为406.7小时，比常年少149.1小时，比2015年少143.3小时，属于异常偏低。

秋季各月的日照时数与常年相比分别为9月正常，10月异常偏低，11月正常。

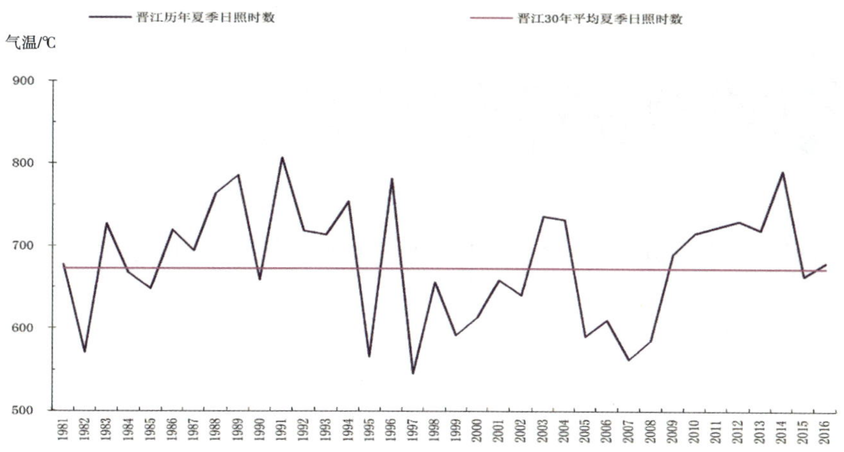

图14　晋江历年夏季日照时数曲线图

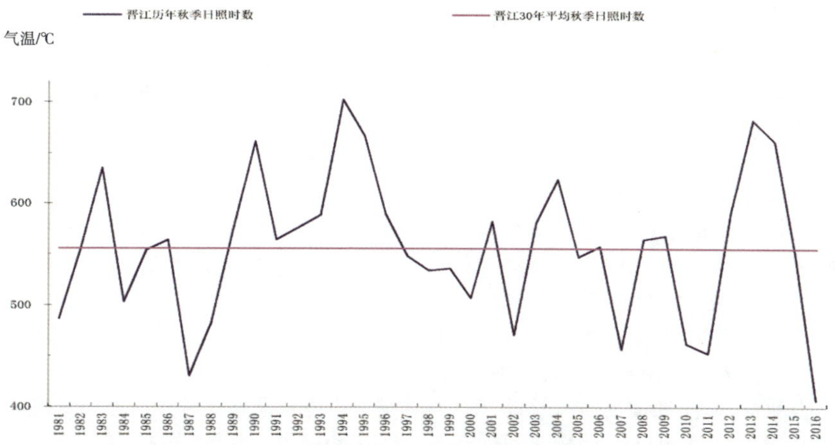

图15　晋江历年秋季日照时数曲线图

【重大气候事件及其影响】

2016年，晋江气象灾害总体较重。主要灾害性天气有：台风、暴雨、强冷空气、强对流、大雾、高温、干旱、低温连阴雨，以台风和暴雨造成的气象灾情为重。据晋江市防汛办2016年1月1日—12月31日统计，2016年主要气象灾害造成晋江市约1165人受灾，直接经济损失约4.12亿元。

（一）台风

2016年共有6个台风影响晋江市（图16、表17），与常年（5.3个）相比正常。其中：登陆泉州市的台风有2个，分别为1601号“尼伯特”登陆石狮、1617号“鲇鱼”登陆惠安；其余4个台风分别为1614号“莫兰蒂”、1616号“马勒卡”、1619号“艾利”和1622号“海马”。2016年因台风共造成全市直接经济损失为3.48亿元。其中“莫兰蒂”“鲇鱼”这2个台风正面影响晋江市造成较严重影响。

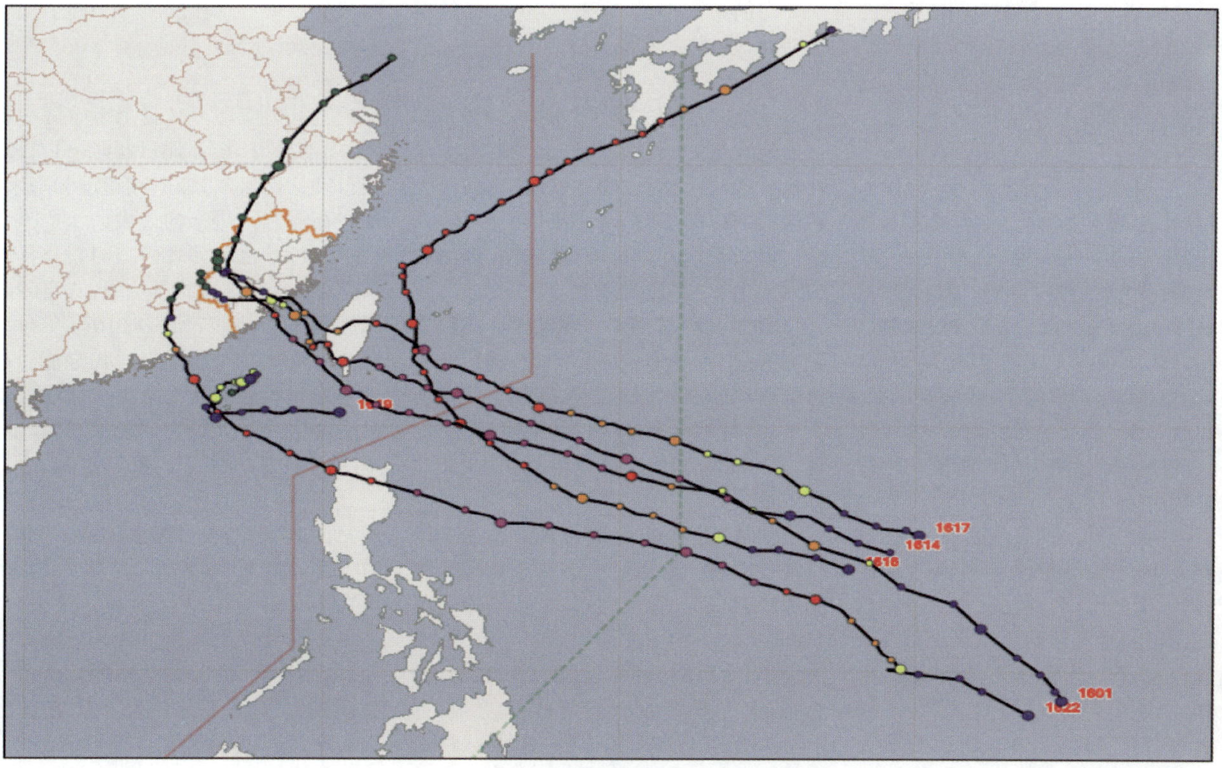

图16　2016年登陆和影响晋江市的台风路径图

2016年影响晋江的热带气旋简表

表17

台风号	名称	登陆地点（登陆强度）	登陆时间	福建省直接经济损失（亿元）	登陆气压（小时Pa）	登陆风速（米/秒）
1601	尼伯特	台湾台东 泉州石狮	7月8日5时50分 7月9日13时45分	99.94	920 990	55 25
1614	莫兰蒂	厦门翔安	9月15日3时05分	169	945	48
1616	马勒卡	—	—	—	—	—
1617	鲇鱼	台湾花莲 泉州惠安	9月27日14时10分 9月28日04时40分	61.33	950 975	45 33
1619	艾利	—	—	—	—	—
1622	海马	深圳大鹏半岛	10月21日12时40分	3.11	960	42

1601号台风“尼伯特”：1601号台风“尼伯特”于2016年7月3日08时在美国关岛以南的西北太平洋洋面上生成；5日02时加强为强热带风暴，5日08时加强为台风，5日20时加强为超强台风，以每小时30公里的速度稳定向西偏北方向移动；8日05:50在台湾省台东县太麻里乡沿海登陆，登陆时中心附近最大风力有16级（55米/秒），中心最低气压为920百帕；8日08时减弱为强台风，14:40前后由台湾省台南县移入台湾海峡，回旋少动，缓慢向西偏北方向移动；8日21时减弱为台风；9日09时减弱为强热带风暴，9日13:45在泉州市石狮沿海登陆，登陆时中心附近最大风力10级（25米/秒），中心气压990百帕；之后横穿泉州西行，9日15时减弱为热带风暴，10日03时减弱为热带低压。

影响。

受“尼伯特”正面登陆影响，7月8—9日晋江市出现强风雨，局地强降水致重灾。

风情：受“尼伯特”影响，晋江市7月8—9日阵风达9～10级。统计7日20时至09日20时区域站极大风，有10个站出现8级及以上大风，其中有3个站9级及以上，以深沪31.3米/秒（10级）为最大。7月10—11日处于尾部偏南气流影响，沿海西南阵风达9～10级。

雨情：受“尼伯特”登陆影响，7月9日暴雨；7月10—11日受尾流偏南气流影响，普降中雨到大雨，局部暴雨。统计8日08时—10日20时区域站累积降水，有8个站出现100毫米以上的降水，以紫帽山雷达站150.3毫米为最大。

灾情。晋江市19个镇街受灾，转移人口9419人，台风未造成人员伤亡，全市实际经济损失438.5万元，主要包括：倒塌房屋2座（破旧房屋）；农作物受灾面积83.07公顷，经济作物损失164.5万元；倒伏树木280株，拦腰折断树木14株；4条10千瓦馈线出现中断。

1614号台风“莫兰蒂”。1614号台风“莫兰蒂”(Meranti)于9月10日14时在西北太平洋洋面上生成，12日11时加强为超强台风，15日3时05分在厦门翔安沿海登陆，登陆时中心附近最大风力15级（48米/秒，强台风级），中心最低气压945百帕。由南至北横穿福建后于15日夜间进入江西境内。台风“莫兰蒂”是今年登陆中国大陆的最强台风，也是建国以来登陆闽南的最强台风，风雨强度大，伴随巨浪狂潮、洪涝灾害重。

影响。

风情：受“莫兰蒂”影响，9月14—15日出现大风9～14级，阵风10～17级。统计14日20时—16日20时区域自动站极大风速，共有18个站出现10级以上大风，其中出现12及以上大风的有8个站，以深沪57.9米/秒（17级）为最大。

雨情：受“莫兰蒂”影响，9月15日普降大暴雨。统计9月14日20时—16日20时区域自动站累积雨量，共有18个站出现大于100毫米以上降水，其中有5个站出现大于200毫米以上降水，以内坑248.1毫米最大。

灾情。受其影响，晋江部分镇街内涝受淹较严重。台风对全市造成直接经济损失3.34亿元。主要包括：全市倒塌房屋110间；农作物受灾面积达2140公顷，成灾面积1673.33公顷，绝收面积1273.33公顷，水产养殖受损面积344.53公顷；有8回110千瓦线路跳闸，1座变电站停运（东石变），171回10千瓦线路停电，共计损失负荷60万千瓦，受影响用户11.8万户、占17.2%；电信基站停电495个、占8%，移动基站停电630个站点、占31.5%；联通基站倒站829个、占24.1%；全市主次干道有3万多株树木倒伏；12套路灯倒踏，4套倾斜；700个景观球罩破损；全市共有96处区域出现积水，3个地下车库、479辆车辆受淹；因14号台风受伤人员4人。

1616号台风“马勒卡”。1616号台风“马勒卡”于9月13日上午8点生成，15日20时加强为强台风，18日3时离福建省最近，在福鼎市东南方向277千米的洋面上，中心附近最大风力15级（48米/秒，强台风级），中心气压945百帕。随后向东北方向继续移动。

影响。

受其影响，9月17日全市普降中到大雨，局部暴雨。统计16日20时—17日20区域自动站雨量，共2个站超过50毫米，以梅岭街道74.5毫米为最大。

1617号台风“鲇鱼”。1617号台风“鲇鱼”(Megi)于9月23日生成，27日02时加强为超强台风，27日14时10分在台湾花莲沿海登陆，28日凌晨4时40分前后在福建省泉州市惠安县沿海再次登陆，登陆时中心附近最大风力12级（33米/秒，台风级），中心最低气压为975百帕。

影响。风情：受“鲇鱼”影响，9月27—28日沿海出现9～11级大风。统计26日20时—28日20时区域自动站极大风速，共有10个站出现8级以上大风，其中有3个站出现10及以上大风，以深沪镇32.6米/秒最大。雨情：9月28—29日，全市普降暴雨到大暴雨，局部特大暴雨。统计27日14时—29日20时区域自动站累积雨量，共有18个站出现大于100毫米以上降水，其中有3个站出现大于200毫米以上降水，其中有1个站出现大于250毫米以上降水，以内坑镇265.2毫米为最大。

灾情。全市共紧急转移安置16828人，无人员伤亡，无房屋倒塌，无地下车库被淹，直接经济损失882.8万元，具体包括：10千伏线路跳闸41条次，停电用户28005户；通信基站累计停电断站176个；农作物受灾802公顷，成灾478.73公顷，绝收268.27公顷；倒伏树木3400多株；晋江机场取消航班70架次，；晋江动车站停运77趟，；公路客运停运406班，其中省际41班、市际75班、县际290班；堤防损坏2处、80米，护岸损坏6处，灌溉设施损坏1处。

1619号台风"艾利"。

1619号台风"艾利"（强热带风暴级）于10月6日在巴士海峡洋面上生成，并在当日进入我国南海海域，之后数日，台风"艾利"在南海海域路径迂回、徘徊少动。

影响。受其外围环流和冷空气共同影响，10月8—9日全市普降暴雨。统计8日08时至9日08时区域自动站累积降水，共有16个站超过50毫米，以内坑镇90.3毫米为最多；统计8日08时—9日08时极大风速，共有9个站出现8级以上大风，其中有2个站出现9级以上大风，以深沪镇26.4 米/秒最大。

1622号台风"海马"。1622号台风"海马"（强台风级）于10月15日生成，10月21日12时40分在广东汕尾市海丰县沿海登陆，登陆时中心附近最大风力14级（42米/秒），中心最低气压960百帕。

影响。10月21日受"海马"外围影响，晋江市普降小雨，以西滨镇14.0毫米最大，沿海有8～10级大风。

暴雨。2016年共有8日出现暴雨天气，分别出现在：2015年12月9日；2016年5月30日；6月16日；7月9日；8月13日；9月15日、17日、28日。其中：属于台风暴雨的有：7月9日（详见台风"尼伯特"）、9月15日（详见台风"莫兰蒂"）、9月17日（详见台风"马勒卡"）、9月28日（详见台风"鲇鱼"）；属于局地短时强降水的有：5月30日、6月16日（详见强对流天气）。因暴雨造成直接经济总损失为3.52亿元（主要为台风暴雨）。2016年暴雨过程出现早、结束迟，最早5月30日，最迟9月28日；12月出现少有的冬季暴雨过程；前汛期从4月23日开始，6月19日结束，均较常年偏早7天。

2015年12月9—10日受南支槽以及低层切变东移的影响，出现强降水过程，9日普降暴雨，10日普降大雨。

其中9日日降水量为99.99毫米，刷新本站12月日降水量极值。

2016年8月11—13日受接连两个热带扰动影响，晋江市出现持续性强降水过程，其中13日出现暴雨。统计10日20时—13日20时区域自动站累计雨量，共有12个站出现大于100毫米以上降水，以新塘街道135.6毫米为最大。

强冷空气。2016年内有3次强冷空气过程影响晋江市。

2016年1月23日西路冷空气影响，至25日此次强冷空气过程最低气温降温幅度7～9 度，过程最低气温出现在25日早晨，本站低至0.1度，平1961年以来历史同期最低记录。统计24日20时—25日20时区域自动站最低气温，全市区域站均低于4度，其中有2个站最低气温低于0度，分别为内坑镇—0.3度、磁灶镇—0.1度。

灾情：据农业局统计，此次寒潮天气以来，晋江市农业生产累计损失约5773.35万元。其中，农作物受灾较严重的为：胡萝卜受灾面积50.8公顷，西红柿和青椒受灾3.67公顷。

2016年2月13—16日，由于前期回暖明显，此次过程低温降幅大，但并未出现极端低温事件，过程降温在10度以上，过程最低气温出现在28日早晨，为7.4度，达到强冷空气标准。

2016年3月9—12日受强冷空气影响，全市最低气温过程降温达10度左右，过程最低气温出现在11日早晨，为6.6度。

强对流。2016年雷暴天气共27天，主要发生在4—9月，其中：3月有2天、4月有7天、5月有3天、6月有7天、7月有1天、8月有3天、9月有4天。3月18日晋江市出现初雷；与常年相比属正常。

5月30日处于副高边缘（福建省在其边缘），午后至夜里出现明显的降水天气，全市普降小到中雨，本站出现暴雨。降水集中出现在30日10时—31日01时，统计此时段的区域自动站累计降雨量，有1个站≥50毫米，以梅岭街道52.2毫米为最大。

6月16处于副高边缘的西南气流控制，低层有西南急流，阵雨或雷雨天气，午后有短时强降水、强雷暴、6级雷雨大风等强对流天气。强降水集中在10—18时有2个站≥50毫米，分别为陈埭镇83.1毫米、梅岭街道73.9毫米。

大雾。2016年雾日较多，共出现30天，与常年相比属于偏多，主要集中在春季，分别出现在：2015年12月1天；2016年1月5天；2月3天；3月5天；4月12天；5月1天；6月1天；8月1天；9月1天；12月1天。

高温。2016年等于大于35度高温日数8天，属于偏多范围。极端最高气温出现在7月28日，为36.4度，与常年相比属于正常。高温天气主要出现7—8月。晋江市6月、10月平均气温创历史同期新高。

低温连阴雨。2016年3月9～12日受强冷空气影响，全市过程降温达10度左右，10～13日日平均气温低于12度，出现春季低温阴雨天气过程。

干旱。2016年晋江市出现不同程度的冬、春、夏、秋旱，分别为：2015年10月中旬—12月初（秋冬小～中旱）、2月中旬—3月中旬（春小旱）、6月下旬—7月上旬（夏小旱）。

干旱无灾情报告。

2016年各月气象要素及评价统计表

表18

月份	降水量（毫米）		温度（摄氏度）		日照（小时）		平均风速（米/秒）	相对湿度（%）
	实况	评价	实况	评价	实况	评价		
1月	209.6	异常偏多	12.8	正常	82.1	显著偏低	1.8	77
2月	43.8	偏少	12.4	正常	100.3	正常	1.9	69
3月	234.1	异常偏多	14.3	正常	106.8	正常	1.9	75

续表

2016年	降水量（毫米）		温度（摄氏度）		日照（小时）		平均风速（米/秒）	相对湿度（%）
	实况	评价	实况	评价	实况	评价		
4月	185.5	偏多	20.3	正常	102.9	正常	1.8	85
5月	217.7	正常	24.9	显著偏高	177.9	正常	1.7	80
6月	127.0	偏少	28.4	异常偏高	192.2	正常	1.7	82
7月	132.6	正常	29.6	显著偏高	292.8	正常	1.9	75
8月	178.9	正常	29.0	正常	194.7	正常	1.9	77
9月	426.3	异常偏多	27.3	正常	159.5	正常	2.3	77
10月	81.0	显著偏多	25.7	异常偏高	117.7	异常偏低	2.0	77
11月	100.0	异常偏多	20.5	偏高	129.5	正常	2.0	74
12月	73.9	异常偏多	17.0	异常偏高	117.6	偏低	2.1	68
年度	2010.4	异常偏多	21.9	显著偏高	1774.0	显著偏低	1.9	76

（杨舒琳撰　陈雅莲审）

【综合业务规章制度完善】

2016年，市气象局根据《福建省县级综合气象业务改革发展实施细则》，进一步修订完善相应的综合业务岗位职责、工作制度、业务流程及应急预案，并组织业务人员学习。完成预报预警工作手册编写任务：参与编写预报预警工作手册及参加研讨会，完成终稿的编写、审核和印刷。

【区域自动站点建设】

2016年，晋江市完成新增10个区域自动气象站的建设，使晋江市自动站数量达28个，自动气象站点密度达到3千米，提升气象灾害监测水平。完成晋江五中、灵源街道、池店、西滨四个点的北斗通信系统安装调试工作。

【崎山迁建项目建设】

2016年，气象局崎山迁建工作加快推进，建设完成25米×25米标准化观测场，监测中心主体结构封顶。崎山国家气象观测站通过省局的验收，于2016年12月31日20时正式投入业务运行。

（杨舒琳撰　陈雅莲审）

【风廓线雷达项目建设】

2016年，市气象局风廓线雷达建设工程及风廓线雷达配套业务用房均如期推进，风廓线雷达探测部分完成施工图设计、预算编制及施工邀标，风廓线雷达工程于12月正式开工，完成基础土石方开挖；风廓线雷达配套业务用房完成方案设计。

【微气候效应评估与改善规划编制】

2016年，市气象局按照《晋江市环境提升三年行动方案（2014—2016年）》通知的要求，承担晋江市环境提升三年行动微气候效应评估与改善规划编制工作，已完成第一、第二、第三阶段工作任务。

（陈辉撰　陈雅莲审）

【《晋江市“十三五”综合防灾减灾专项规划》编制】

2016年，市气象局与晋江市地震办公室联合编写晋江市“十三五”综合防灾减灾专项规划，并共同邀请多名相关专家、市直机关单位、各镇（街道）分管领导府召开论证会；7月26日，晋江市代市长张文贤主持召开市政府第77常务会议，研究通过《晋江市“十三五”综合防灾减灾专项规划》。

（杨舒琳撰　陈雅莲审）

·地震工作·

【概况】

2016年，晋江市防震减灾工作贯彻《国务院关于进一步加强防震减灾工作的意见》及省市防震减灾工作精神，做好晋江市防震减灾各项工作，提高地震监测预报、震灾预防和应急反应能力。经中国地震局考核，晋江市地震办获得2016年度全国县级防震减灾工作综合考核先进单位，1人获2016年度全国市县级防震减灾人员考核先进工作者；经省地震局考核，市地震办获得2016年度福建省县级防震减灾工作年度考核先进单位和2016年度福建省县级地震应急救援工作评比一等奖。

（洪秀又撰　陈瑞伟审）

【地震监测】

地震前兆观测工作。2016年，晋江市地下流体数字化地震前兆观测仪器工作基本正常，水位、水温两个主要观测手段观测仪器基本运行稳定，青阳台水位、水温数据全年完整率分别为：100%、99.54%；深沪台水位、水温数据全年完整率分别为：99.46%、99.10%；安海台水位、水温数据全年完整率分别为：99.42%、99.96%。

晋江及周边地区地震。2016年，晋江辖区内没有发生2级以上地震；泉州3级以上地震有1次：3月19日11：43永春发生3.0级地震。

地震宏观异常的处置。2016年，市地震办处置1起疑似地震前兆宏观异常报告。6月13日上午晋江市东石镇东埕村一村民向镇政府报告其家的井水突然上涨，且不断溢出，村里有人觉得是否为地震前兆。镇政府分管人员迅速将此情况向晋江市地震办报告，晋江市地震办立即组织人员前往查看。经现场勘察，此井属于室外家用水井，水井与自来水管相连接，由于自来水管阀门损坏，导致自来水倒灌至水井，使水位突然上涨溢出，经维修已恢复正常。晋江市地震办判定：此次地下流体异常是属于自来水管阀门损坏，自来水倒灌导致，与地震无关。同时晋江市地震办积极入户宣传，有效平息谣言。

地震预警信息发布试点。2016年10月27日，由晋江市地震办承担的泉州晋江地震预警信息发布示范区建设项目——地震预警暨烈度速报信息发布试点项目，在福建省地震局通过了省局专家组的验收，成为全国地震系统首个面向社会发布的地震预警信息发布系统，解决地震预警信息面向社会发布“最后一公里”问题。晋江市已有96家单位接通地震预警暨烈度速报信息发布终端机。

【震害预防】

2016年，市地震办以中小学生及社会公众为重点，以紫帽镇紫帽中学（晋江市中小学生劳动教育基地）和金井镇石圳华侨中学（泉州市示范性综合实践基地）2个地震科普馆为窗口，持续强化防震减灾知识普及教育，接待参观人数为2.3万次。紫帽科普体验馆，主要对前往劳动技术教育基地的受训学生开放，参观人数约2万人次。

创建地震安全示范社区（示范企业）。在梅岭街道梅庭社区、池店镇华洲村获批国家级地震安全示范社区的基础上，2016年，在金井镇滨海社区、罗山街道兰峰社区开展创建地震安全示范社区工作。12月，经中国地震局审核评议，认定晋江市金井镇滨海社区、罗山街道兰峰社区为国家地震安全示范社区。至此，晋江市4个社区获国家地震安全示范社区称号。

防震减灾知识宣传。5月12日，联合晋江市民政局、气象局等11个部门在八仙山公园举行宣传活动，向群众发放300多份防震减灾知识手册，宣传介绍地震预警系统及应用。5月14日，市地震办与兰峰社区联合举办“防震减灾知识”为主题的书法竞赛，辖区内近40名书法爱好者参加了活动。防灾减灾宣传周期间，分别到市人社局、晋江一中、平山中学等单位开展防震减灾知识讲座，进一步增强群众的安全意识及应急避险能力。为积极推进地震预警信息发布试点工作，使广大市民能够正确识别地震预警信号，科学应用地震预警信息，晋江市地震办制作地震预警知识动漫宣传片，5—8月，在晋江市100台在线运行的公交车载电视滚动播放。

纪念“7•28”唐山大地震40周年。7月23日，晋江市地震办承办泉州市地震局组织的泉州市地震系统防震减灾夏令营活动。参加夏令营活动的营员，通过参观晋江市地震科普体验展馆，了解地震科普知识，学习打绳结、心肺复苏、灭火等自救互救技能。夏令营还安排帐篷搭建、防震减灾知识有奖问答等内容。此外，晋江市地震办还积极参与多次市委组织部、宣传部、文明办等部门组织的宣传活动，以及应社会各界邀请开展防震减灾宣传活动、讲座。

发挥网络媒体的宣教优势。为充分发挥自媒体优势，借助移动互联网技术，随时随地向公众进行防震减灾知识宣传教育，强化市民防震减灾意识，提高防震减灾科普知识的知晓率，7月27日，晋江市地震办微信公众号“晋江防震减灾”正式上线，公众号设有“地震快讯”“减灾知识”和“工作动态”三个主栏目，下设子栏目。为增加公众号的关注度，更好地发挥公众号的作用，于7月27日、28日分别推出“关注微信号送流量”和“防震减灾知识有奖问答”活动，2400人多参与有奖问答活动，取得明显的宣传效果。至12月31日，2000多人关注微信公众号。

组建防震减灾知识讲师团。1月20日，晋江市地震办联合市委文明办、志愿者协会向社会招募一支防震减灾志愿者讲师团，通过对志愿者进行专业防震减灾知识、相关法律法规等内容培训后，志愿者们走上宣讲岗位，向社会各界宣传地震科普知识和防震减灾法律法规知识。

（张春涛撰　陈瑞伟审）

【应急救援】

2016年，市地震办及时更新地震应急预案、调整“三网一员”队伍。全市已有48个政府部门、368个村（居、社区）、27个重点企业、535所学校、22家医院（卫生院）、26个人群密集单位编制应急预案。现有应急预案委托泉州市地震局制作成电子书。

应急避难场所建设和运行。1月，泉州市地震局验收组到晋江市对磁灶中学、南区中学、紫帽中学及南岳中学4处地震应急避难场所进行初步验收，晋江市避难场所31个，覆盖全市各镇（街）。

地震灾害救援队伍和志愿者队伍建设。组建地震应急救援志愿者中队、提高自身应急处置能力。晋江市在原有的11支地震灾害救援志愿者中队的基础上，又成立内坑中队、安海中队、罗山中队、金井中队、经济开发区中队等5支地震救援志愿者中队。晋江市共有16支地震救援志愿者中队。

开展地震预警应急处置演习，检验地震预警试点功效。晋江市结合“5•12防灾减灾宣传周”活动，于5月13日（星期五）下午举行代号为“2016——蝉”的地震预警应急处置演习。本次演习时间为5月13日15:00开始，历时约10分钟；参演单位为首批已完成预警信息发布设备安装的20个试点单位。演习以模拟1994年9月16日台湾海峡发生的7.0级地震为背景，地震预警系统在地震发生后、破坏性地震尚未到达晋江市时，提前31秒发出橙色等级预警信息，预估烈度为6度。

晋江一中、平山中学组织部分班级学生，按照学校平时制定的预案，进行应急疏散，其他完成预警信息发布机安装的单位组织本单位人员学习识别地震预警信号。

组织本级地震救援大队参加上级跨区域联合演练，检验实战能力。5月12—13日，晋江市地震灾害紧急救援队，在宁德市参加代号为“闽动—2016”的地震应急救援联合演练。此次演练在福建省人民政府领导下，由武警福建省消防总队和福建省地震局主办，宁德市人民政府协办。全省各支队县级地震应急救援分队、应急通信保障分队和各设区市部分县（市）地震部门联合参演。

开展抗震救援骨干集训，提升应急综合能力。为进一步提高地震应急救援能力，提升基层应对突发灾害的综合能力，5月16—20日，晋江市地震办配合市人武部，依托泉州市综合性示范教育基地（金井石圳华侨中学）组织抗震救援骨干集训。此次集训共66人参加，参训时间共36个课时。主要进行理论辅导、技能操作、拓展训练、救援演练等内容。

（单洪海撰　陈瑞伟审）

·文化艺术·

【文艺演出】

2016年1月1日、2日,“海丝弦语”晋江市2016年新年民族器乐音乐会在晋江文化中心祖昌音乐厅举行。音乐会演奏的14首名曲,有民乐合奏《春节序曲》《大寨红花遍地开》《红楼梦组曲》《三十里铺》等,也有二胡重奏《奔驰在千里草原》《情爱》、琵琶重奏《送我一枝玫瑰花》、竹笛二重奏《跑旱船》等。中国音乐学院扬琴教师、青年扬琴演奏家吴璜璜,青年二胡演奏家、多次获国内二胡专业比赛金奖的王雅琪到晋江助演。

2月3日、4日,文化、科技、卫生集中性“三下乡”活动分别在陈埭镇江头村、永和镇巴厝村举行,来自晋江市文化馆、掌中木偶艺术保护传承中心、高甲柯派表演艺术中心、青少年宫、合唱团、音乐舞蹈协会、夕阳红艺术团的文化志愿者们积极参与“欢乐新春行”文艺下乡演出。

2016年春节期间,举办“文明和谐·欢乐新春”群众性文化活动。初三至初五,现代歌舞、传统戏剧演出。

3月12日,“菩提情·玉兰韵”文艺晚会在晋江戏剧中心高甲剧场举办。

4月10日,“石鼓琴声”古琴专题音乐会在晋江一中举行。

5月23—24日,在纪念毛泽东《在延安文艺座谈会上的讲话》发表74周年之际,“乡音寄怀”李焕之作品音乐会在祖昌音乐厅举行。本次音乐会由中共晋江市委、晋江市人民政府主办,晋江市委宣传部、晋江市文体新局、池店镇政府承办,晋江市文化馆执行,晋江市民族乐团、晋江合唱团演出。

大美晋江惠民舞台工程“海丝弦语”晋江市2016年新年民族器乐音乐会

6月10日,晋江市青少年管弦乐团夏季音乐会将在祖昌音乐厅举行。

6月11日晚,晋江市第十届南音演唱节正式拉开帷幕,举行为期22天的演唱节活动。6月11日—7月2日晚,来自市南音艺术团、市南音协会、市老年大学南音组、夕阳红艺术团及晋江市各镇街的南音表演团体共22场演出。

6月21—25日,“让文化遗产融入现代生活”——晋江市文化遗产日系列活动暨“送文化下基层”之电影放映在五店市露天戏台举办,放映电影《一轮明月》《圆明园》《寻龙诀》《高甲第一丑》《我的个神啊》。

7月1日晚,“旗帜飞扬,筑梦晋江”晋江市庆祝中国共产党成立95周年文艺晚会在晋江戏剧中心高甲剧场举办。

7月2日,“莲语清韵”晋江市古琴音乐会在祖昌音乐厅举办。

7月19日,由市文化馆主办,东石镇龙江吟社承办,侨声中学、市古琴协会协办的海峡两岸中华诗词闽南语吟唱文化交流联吟会在侨声中学举办。

7月29日,由市双拥工作领导小组主办,市双拥办、文体新局、广电局、团市委、驻晋部队政治机关联合承办的晋江市庆祝中国人民解放军建军89周年暨长征胜利80周年“晋水情”文艺晚会在某部礼堂上演。

8月3日至22日,由晋江市文化体育新闻出版局主办、晋江市文化馆承办的晋江市第二十九届戏剧展演节在晋江文化中心广场举办。展演节持续20天，演出23场（其中8月3—5日在五店市传统街区戏台演出3场的现代歌舞），惠及人数近10万（次）。展演以民营剧团为主，共有16个高甲戏剧团、1个芗剧团、5个歌舞团参演。晋江市高甲柯派表演艺术中心应邀作示范演出。

8月9日，第四届海峡两岸（晋江·围头）七夕返亲节"旖旎围头村·浪漫两岸情"文艺汇演在金井围头金沙湾举办，金门县娜鲁湾舞蹈团应邀表演少数民族舞蹈《奇舞之美》。本次返亲节被国台办纳入2016年对台交流重点项目。

8月19日晚，"大美晋江"惠民舞台工程——福建省第二届二胡比赛颁奖音乐会在祖昌音乐厅举行，晋江市民族乐团与优秀参赛选手合作，为市民带来民族管弦乐《沿着社会主义大道奔前方》《红楼梦组曲》《白毛女组曲》、二胡协奏曲《兰花花叙事曲》《洪湖主题随想曲》、齐奏《赛马》等曲目。

9月25日，"大美晋江"惠民舞台工程——"浪漫金秋"钢琴萨克斯音乐会在祖昌音乐厅上演。主角是来自美国殿堂级爵士乐大师马里奥·卡瓦洛和意大利萨克斯大师马里奥·安东尼奥。

10月16日晚，"不忘初心·长征精神"纪念红军长征胜利80周年文艺演出在晋江戏剧中心高甲剧场举行。

11月30日，"大美晋江惠民舞台工程——波兰拉威尔钢琴组合演奏会"在祖昌音乐厅举行。

12月25日，晋江合唱团携南靖县"土楼之春"合唱团为晋江市民带来"大美晋江"惠民舞台工程——"和声之夜"2017晋江市新年合唱音乐会。合唱《东方红》《八月桂花香》《龙的传人》《胜利节》《香格里拉》《喊一声北大荒》等曲目。

12月31日，"大美晋江"惠民舞台工程——"国乐飘香"晋江市2017民族管弦乐新年音乐会在音乐厅举行。

【群众文化精品】

2月22日，中央电视台第十频道直播栏目《中国谜语大会》，由养正中学学生黄亦陈、唐沁兰、蔡彧组成的代表队，以320分的优势获得第三季《中国谜语大会》金奖。

2016年2月24日至27日，晋江市以"五店市正月笔会"为名，在前四届成功举办的基础上，承办一系列文艺活动，进一步把"五店市正月笔会"打造成晋江新的文化活动品牌，同时举办第二届晋江诗歌节。本次活动由市政府主办，市文体新局、文联、文化馆承办，民盟晋江市委会、市青少年宫、五店市传统街区开发建设公司协办。内容包括："中国作家看晋江"采风创作活动、晋江诗群与晋江文学现象研讨会、晋江作者新春恳谈会、"大美晋江"诗歌音乐会、发行《晋江诗群文丛》（八卷本）和《写家笔下的晋江》（第二辑）、乙未年海内外五店市人文笔会颁奖典礼暨2016年度"五店市的故事"征文活动、"大美晋江"摄影诗展览、"文墨闲篇"吴志实书法艺术展、"乡影溢彩"许竹敬手绘五店市作品展。

3月9日，晋江市文化馆在青阳街道中和中心小学举办"公共文化进校园"活动，内容包括"大美晋江"摄影诗展览、"乡影溢彩"五店市手绘作品展、晋江文化书籍进校园等。

4月8日晚，"晋江艺术讲堂"正式开讲。首期"中国民歌演绎讲演"，由省歌舞剧院副院长林徐源、声乐硕士郑海兵、钢琴伴奏欧君阳和福建师大声乐教师王婷在祖昌音乐厅为300余名观众讲演。

4月16日，晋江市第七届校园灯谜赛个人笔猜在实验中学举办。

4月22日晚，"晋江艺术讲堂"主题为"歌曲的演唱方法与处理"。省歌舞剧院青年演员郑海兵、国家二级演员谢冰华讲演，钢琴伴奏欧君阳。

4月29日至5月3日，由晋江市人民政府、中华灯谜学术委员会主办的第三届中华灯谜文化节暨晋江市"品牌之都"国际校园灯谜精英赛在梅岭街道举办。

5月6日晚，"晋江艺术讲堂"主题为"声乐指导"。省歌舞剧院青年演员郑海兵、福建师大声乐研究生张方、福建幼儿师范高等专科学校教师肖豆豆讲演，钢琴伴奏欧君阳。

5月27日晚，"晋江艺术讲堂"主题为"儿童声乐入门"。省歌舞剧院青年演员郑海兵、福建师大声乐老师王婷、福建幼儿师范高等专科学校教师肖豆豆讲演，钢琴伴奏欧君阳。

6月3日，晋江市第二十一届中小学生南音演唱演奏比赛在池店镇溜滨小

全国第十一个"文化遗产日"晋江市第十届南音演唱节开幕

学举办。

6月11日下午，中国艺术研究院副研究员、中央音乐学院博士陈燕婷应邀作客第五期晋江艺术讲堂，讲座主题为《当现代呼唤传统——晋江音乐类“非遗”的传承和保护》。陈燕婷以南音、嗦啰嗹等非遗项目的保护传承为例进行说明。

6月21日，晋江艺术讲堂第六期，邀请南音国家级传承人苏统谋作《南音的曲牌与滚门》主题讲座。

7月13日，2015—2016年度“逢时杯”颁奖座谈会暨2016—2017年度启动仪式，王勇闪小诗系列4——《刀剑笑》首发式暨捐赠晋江图书馆珍贵收藏本仪式，旅菲闽籍女作家黄梅、小四、小华作品研讨会。

7月14—15日，2016年《星光》评刊会暨围头湾人文笔会举办。

8月4日，由泉州市文化广电新闻出版局和泉州市教育局联合主办的泉州市第二十六届中小学生南音比赛圆满结束。晋江市取得了喜人佳绩，季延初级中学黄琦和江滨中学朱欣欣分别荣获中学组演唱一、二等奖，池店镇溜滨中心小学朱泽生、朱锌涵、东石镇第二中心小学王思晴和深沪中心小学张熙怡囊括小学组演唱一等奖(共5名)的前四名，由付诗婷、朱顺真、陈灿铭、朱泽生、朱梓涵组成的晋江代表队(池店镇溜滨中心小学)获四管合奏二等奖，晋江市代表队(池店镇溜滨中心小学)获优秀组织奖。

8月17—19日，福建省第二届二胡比赛在晋江市文化馆、祖昌音乐厅举办，选手参赛达276人，涵盖儿童组、少年组、青年组、专业组、老年组等5个级别。晋江市民族乐团的李平耀获青年组金奖、杨晶获专业组银奖、严富源获青年组铜奖，晋江一中的杨琦获得少年B组铜奖。

8月，晋江市黄国新、丁则友、蔡龙眼、蔡长荣、陈育才(南音)、黄汉溪(什音)、庄伟国、张白云(高甲戏，柯派)、尤天相、陈代宫、姚赞成(布袋木偶戏)、陈树芳(磁灶陶器烧制技艺)等12人入选泉州市公布第六批非物质文化遗产代表性项目代表性传承人名单。

8月20日，晋江艺术讲堂第七期，福建艺术职业学院二胡专业讲师、二级演奏员范锐锋开讲《二胡教学漫谈》。

8月21日，晋江艺术讲堂第八期，福州市歌舞剧院琵琶独奏演员、一级演奏员曾铖开讲《浅谈琵琶演奏》。

9月16—17日，由晋江市文体新局、教育局、文联和灵源街道共同主办，晋江市文化馆、晋江市灯谜协会、灵源街道社会事务办、灵源街道谜组承办的晋江市第二十六届侨乡谜会在灵源街道灵水中心小学举办。谜会期间，还举行“活力非遗”闽粤灯谜论坛暨联谊精英赛，成立福建省民间文艺家协会灯谜学术委员会，晋江市谜家伍耿怀任首届主任。

9月18日，青年钢琴家吴凡带来晋江艺术讲堂第九期《快乐钢琴音乐分享》。

9月23日，青年钢琴家万凡捷、吴凡带来第十期《漫谈钢琴游学》。

9月，泉州市文化广电新闻出版局公布第二十七届威远楼戏剧展演节获奖名单，晋江市联兴高甲戏剧团演出的《武则天篡唐》获得唯一的优秀演出奖，郑华宇(《武则天篡唐》中饰杜回)获优秀演员奖。首届泉州市高甲戏行当比赛获奖名单揭晓，市文化馆选送的陈烽华、朱建识、洪金喜、张花格获民间职业组一等奖(共5名)，许晴雯、蔡惠逢、施养尝获二等奖。

10月21日，由晋江市人民政府、北京时代美术馆主办，晋江市文化体育新闻出版局、档案局、文化馆、博物馆、北京市晋江商会、THC泰华宸美术馆承办，晋江市美术家协会、书法家协会、摄影家协会协办的“大美晋江”古今书画摄影展在北京时代美术馆开幕。展览为期一周，共展出作品350件，其中晋江市博物馆珍藏的古人书画作品40件，当代书画家作品150件；晋江市档案馆珍藏的历史照片60帧，当代摄影家作品100件。

10月21日、22日，副教授翁世晖带来晋江艺术讲堂第十一期《在东方舞蹈的世界中畅游》、第十二期《在西方舞蹈的世界中畅游》。

11月7日，副教授黄永生带来第十三期晋江艺术讲堂《我画画》。

11月25日，金话筒获得者王华伟带来第十四期晋江艺术讲堂《让你的言谈更有魅力》。

12月22日，金程斌携高全将、郭子健带来第十五期艺术讲堂《漆艺发展历史及流变》。

12月29日，晋江市摄影家协会与晋江市古琴协会带来第十六期艺术讲堂《“光影琴韵”摄影·古琴鉴赏》。

【群众文化队伍建设】

2016年1月23日晚，2016年晋江新春音乐会暨晋江市青少年管弦乐团成立仪式在晋江文化中心祖昌音乐厅举行。

3月28日晚，晋江市民族乐团成立仪式暨“情系国乐”专场音乐会在晋江文化中心祖昌音乐厅举行。

7月11—25日，晋江市57位中青年教师参加现代民间绘画创作培训班。本次培训由市文化馆副馆长翁小华、许自典辅导，晋江市“全国民间绘画优秀作者”蔡建昌、徐维耕、许建宁授课、辅导。

7月27—29日，来自晋江市中小学校的56名教师参加灯谜教师培训班。培训内容既有《晋江校园灯谜活动概述》《灯谜的谜体》《谜格、花色谜等》课程，也有《大家来猜谜》等交流互动项目，由伍耿怀、王银双、李清川三位教师谜家授课，晋江二小孙燕妮、英林英埔中心小学林美银作经验交流。

11月3日，晋江市文化馆古琴传习中心第一期培训班开班。

11月30日，晋江市文化馆古琴传习中心第二期培训班开班。

12月，晋江市文化馆漆艺创作培训班开班，聘请华侨大学美术学院教授金程斌及优秀教师高全将、郭子健等进行授课。

【书刊出版】

2016年4月16日，《开窗放入大江来》出版，本书是晋江籍学者、作家洪辉煌、许谋清合作创作的一部对话散文集，纳入晋江文艺创作援助基金，由九州出版社出版。

6月，《泉南传统戏文四念白》《许祯祥灯谜文集》出版。

9月，刘志峰主编的《许谋清论》由海峡出版发行集团海峡文艺出版社出版发行。

10月，《晋海拾遗——晋江市非物质文化遗产田野调查》(龙湖英林永和卷)内部出版。

2016年出版文艺季刊《星光》4期。

【群众文化交流】

2016年4月16日，八闽报纸副刊聚焦五店市采风活动暨《开窗放入大江来》出版座谈会举办。《福建日报》《闽南日报》《福州日报》《海峡都市报》等十几家报纸副刊负责人参加采风活动，采风团参观五店市传统街区及附近海丝文化考察点——草庵。活动由福建省报纸副刊工委和晋江市文体新局、文联、文化馆主办。

5月27—29日，“人文之旅•非遗之光”少年儿童夏令营走进武夷山。

6月9日，福建省端午习俗传承与保护研讨会在安海举办。20多位民俗专家、企业家、台湾文创界人士等共同探讨端午习俗传承与保护，寻求文化发展新路子。

6月11—26日，晋江市“菩提心•慈善情”主题佛像剪纸作品展暨“漳浦、柘荣、晋江”三地剪纸作品联展于晋江市文化中心一楼展厅展出。展览以庄严精美的佛像为剪纸艺术表现对象，共展出150多幅佛像剪纸作品。活动辐射漳浦、柘荣、晋江、南安、福州、连江等多个地区。11日上午还举行漳浦、柘荣、晋江剪纸交流座谈会。

7月25—29日，中国大陆、台湾、香港作家协会一行18人到晋江采风。28日下午，采风团成员在五店市传统街区布政衙与晋江市文学界代表交流座谈。

9月28日，福建省艺术馆副馆长范晋阳一行到市文化馆调研晋江农民画情况，并选拔晋江市参加“闽宁农民画创作群体漆画技艺实验班”学员。

10月15日，由北京凤凰岭书院指导，华侨大学美术学院、晋江市文化体育新闻出版局、北京华夏两岸经济文化研究院主办，晋江市文化馆、晋江闽台书院、晋江市华夏两岸创新驱动研究院承办的华夏闽台情书画艺术文化作品展在五店市传统街区布政衙开幕。

12月22日，“华侨大学美术学院教学实践基地”在文化中心揭牌，华侨大学将与晋江市文化馆深入开展美术教学、展览活动。

（许竹敏撰　郑丽玲审）

·对外、对港澳台文化交流·

【对外交流】

9月，晋江市选派晋江掌中木偶艺术保护传承中心演员蔡美娜赴西班牙参加“福建文化展示月”活动开幕式演出活动。

12月2日，亚太中心培训部、中国艺术研究院戏曲研究所等领导专家考察《福建木偶戏后继人才培养计划》并到晋江市实验小学考察“晋江木偶进校园”传承情况。

【对港澳台交流】

12月7日，在香港创意艺术中心黑盒剧场，晋江市掌中木偶艺术保护传承中心和香港黄晖木偶皮影有限公司联合举办的“香港艺能发展资助计划——晋江木偶《老戏新姿传承》”启动暨传承拜师仪式。香港黄晖木偶皮影有限公司与晋江掌中木偶艺术保护传承中心向香港特区政府联合申报“艺能发展资助计划”，入选《老戏新姿》50场学校演出、教学推广活动，这是晋江掌中木偶艺术保护传承中心2014年文化部十项“对港澳重点项目”之一——在港设立“晋江木偶艺术传播交流中心”的延续。此次活动的开展，即拓展香港和晋江两地的文化交流与合作，又推动晋江木偶在香港传统艺术的传习。

（庄伟阳撰　陈建军审）

·文化产业·

【文化产业政策扶持】

2016年，晋江市文化体育新闻出版局始终将文化产业作为建设国际化创新型品质城市的重头戏，突出“规划引领、园区（基地）建设、机制保障”，形成规模集聚效应，文化产业持续发展。配合宣传部文改办做好《晋江市促进文化产业发展的若干意见》政策的修改及资金兑现工作，共兑现文化产业资金130万元。扎实推进书香城市建设，学习走访先进地区经验，牵头起草、联合相关部门制定《晋江市扶持实体书店繁荣发展的暂行规定》，每年设立专项扶持资金200万元，鼓励扶持实体书店持续发展，进一步推动文化产业快速发展。

【文化产业示范基地】

2016年9月8日，晋江市洪山文化创意产业园经济综合开发有限公司、福建省纳金网信息技术有限公司、泉州大和金属包装制品有限公司3家企业被泉州市化广电新闻出版局命名为第六批市级文化产业示范基地。12月28日，晋江市五店市传统街区运营有限公司被福建省文化厅命名为第十批省级文化产业示范基地，晋江市共有国家级文化产业示范基地一家、省级文化产业示范基地3家、泉州市级文化产业示范基地18家。

【文博会】

2016年，晋江市12家企业参展第九届海峡两岸（厦门）文博会、1个签约项目、1个投融资项目。项目签约3亿元，投融资金额2亿元。本届展会晋江市申请参展展位42个，是历年来数量最多的一次，也是泉州地区申请展位最多的县市区。此外还在展馆设置晋江文化周宣传板块，对晋江市文化产业发展及晋江城市建设进行广泛的宣传，提高企业、园区和城市的知名度。

（任　雪撰　李和范审）

·文化市场管理·

【概况】

2016年，市文化体育新闻出版局以繁荣市场为第一要务，以规范市场为第一保障，以净化社会文化环境及维护晋江市文化市场稳定为目标，坚持把文化市场管理工作与整顿规范市场经济秩序和社会治安综合治理相结合、与“扫黄打非”工作相结合，在娱乐场所的监管，无证非法流窜演出团体的取缔，版权保护，封堵和查缴政治性非法出版物，查缴各类侵权盗版制品，特别是盗版音像制品、计算机软件、教材教辅读物、畅销书和工具书，清除互联网有害信息及对无证无照黑网吧的查处等方面取得明显的成效；在开展专项治理、查处大案要案、营造良好舆论氛围等方面取得新的进展。

【规范文化市场】

2016年9月，市文化体育新闻出版局牵头起草《晋江市互联网上网服务营业场所设立和执法监管暂行规定》并以政府办名义正式下发。

组织开展与市公安局、市场监督管理局、广播电视事业局环境、保护局等单位的联合行动11次、巡查经营79家次，其中有6次针对黑网吧的联合执法行动。全年共取缔黑网吧16家，立案8件罚款8万元，扣押从事违法经营活动的电脑及显示器211台套，光纤限号转换器1台，经过执法部门的打击和治理，规范市场秩序。

突出演艺市场内容及演出活动合法性的监管，组织娱乐场所、演艺经营单位进行有关法律法规培训并下发文化部公布的违禁曲目名单要求其对照自查，自觉删除违禁曲目，同时在日常巡查中重点检查娱乐场所的曲库，对违反法律、法规的坚决查处，查处、取缔6家无证非法演出活动。

先后7次对中小学校周边的音像店、书店、文具店等进行了全面清理，共取缔无证音像店、电子游戏摊点、无证书刊租赁零售摊点12家次，净化校园周边文化市场。2016年，会同泉州市文化市场执法支队、晋江市公安局成立专案组，查处陈埭镇一销售点销售盗版音像制品的违法行为，此案经晋江法院一审认定构成侵犯著作权罪，判处当事人有期徒刑十年，缓刑三年，并处罚金1万元。

（任　雪撰　李和范审）

·五店市传统街区·

【街区建设】

2016年2月1日，五店市露天戏台落成并对外开放。

5月6日，市长刘文儒率队到五店市检查城市精细化管理推进情况。

6月15日，国台办发言人安峰在例行新闻发布会上应讯表示，中共中央国台办、国务院台办决定在已有的43家海峡两岸交流基地的基础上，增设6家基地，其中包括晋江五店市传统街区。

6月25日，五店市中心水塘建成并对外开放。

6月30日，中共晋江市五店市传统街区支部成立仪式暨市直系统单位党组织结对共建签约仪式在五店市布政衙举行。中共晋江市市场监督管理局总支部委员会、中共晋江市行政执法局支部委员会、中共晋江市旅游局支部委员会参加。

7月28日，五店市参与省文改办在泉州市召开的文化产业园区建设发展座谈会，并就园区建设、招商等方面进行深入讨论。

9月1日，五店市被福建省发展和改革委员会评为“首批省级现代服务业集聚示范区（A类）”。

9月8日，民盟晋江市委员会在晋江五店市传统街区竹语山房设立建设“盟员之家”。

11月12日，由晋江市旅游局、晋江市旅游协会主办的晋江市伴手礼旗舰店揭牌仪式举行。

11月26日，晋江金门民俗文创馆在五店市开馆。

12月13日，五店市被泉州市人民政府台湾事务办公室评为“首批泉州市台湾青年就业创业基地”。

12月21日，福建省餐饮烹饪行业协会评审专家组进入五店市实地考察，经研究，授予晋江五店市“福建省美食城”称号。

12月28日，晋江五店市传统街区运营有限公司被福建省文化厅评为“第十批省级文化产业示范基地”

12月22日，泉州市人民政府外事侨务办公室授予五店市为首批“泉州市海外华裔青少年实践基地”。

【接待调研与考察】

2016年，五店市接待100多批次到晋江调研或考察的人员。其中主要的考察或专题调研团有：

2月29日，国家文物局副局长宋新潮到五店市参观调研。

4月9日，中台办副主任龙明彪一行在省台办副主任宋志强、泉州市人民政府副市长陈荣洲陪同下到晋江考察调研五店市申报海峡两岸交流基地有关工作；

5月1日，福建原常务副省长朱亚衍一行到五店市参观考察。

5月10日，福建省人大常委会调研组到五店市考察调研海丝文化建设工作；同日，国家开发银行调研组到五店市参观考察。

5月16日，厦门大学文创中心为开展晋江市文化产业“十三五”规划，到五店市开展第三次实地走访。

5月25日，全国人大常委、中国科协副主席冯长根带领中国科协第九届常委会继续教育专委会成员一行到五店市参观考察。

6月13日，台湾矽品精密工业有限公司资深副总简坤义一行到五店市参观考察。

6月14日，全国妇联党组副书记、副主席、书记处书记孟晓驷率调研组一行考察调研五店市。

6月17日，中办调研组到五店市开展“台湾青年在大陆就业情况”专题调研。

7月4日，广东省政协副主席唐豪一行，就发挥港澳政协委员作用，推进“一带一路”建设专题，到五店市学习考察。

8月5日，台联电董事长洪嘉聪一行到五店市参观考察。

8月15日，国家发改委城市和小城镇改革发展中心副主任陈洪苑一行在省发改委规划处处长李新飞等人的陪同下到五店市开展新型城镇化综合试点评估工作。

9月8日，以原国家环保总局副局长、党组副书记朱光耀为组长的环保部调研组一行到五店市考察调研。

市长刘文儒（右一）陪同第六届APEC电子商务工商联盟论坛与会人员参观五店市

9月24日，省委常委、宣传部部长高翔一行在泉州市委常委陈铁晗陪同下到五店市考察调研。

9月27日，“国家千人计划”专家卢煜旻团队一行到五店市参观考察；

10月25日，中央党校第16期中青二班调研组一行就“保护开发传统文化、推动海丝先行区建设”课题到五店市开展调研活动。

11月2日，“国家千人计划”专家李伟和英美嘉通公司总经理黄欣一行到五店市参观考察。

11月15日，外交部部长助理李惠来一行在省外办副主任林学峰、泉州市政府副市长季翔峰陪同下到五店市参观考察。

11月18日，中科院外籍院士马佐平一行到五店市参观考察。

11月29日，中央党校领导干部培训班调研组到五店市考察调研；

12月16日，国家“千人计划”专家廖廷俤一行到五店市参观考察。

12月28日，省人大常委会副主任、省诚信促进会会长陈伦一行到五店市考察调研；

12月30日，联合国教科文组织教育助理总干事、人力资源局代理局长唐虔到五店市参观考察。

【街区活动】

2016年开展的街区活动有50余场，其主要的活动有：

1月29日，福建文艺志愿者艺术团走进晋江五店市传统街区文艺演出。

1月30日至2月1日，由晋江五店市传统街区运营有限公司、晋江五店市餐饮服务有限公司、晋江市聚动文化传播有限公司联合主办的晋江市伴手礼集市在五店市布政衙广场开市。

2月25日，乙未年海内外五店市人文笔会颁奖典礼暨2016年“五店市的故事”征文活动启动仪式、“大美晋江”摄影诗展览和“文墨闲篇”吴志实书法艺术展揭展仪式等活动在五店市布政衙广场举办。

6月28日，第六届亚太经合组织电子商务工商联盟论坛与会领导、嘉宾参观五店市，并在五店市参加欢迎餐叙会；同日，省政府副省长洪捷序到五店市参加第六届亚太经合组织电子商务工商联盟论坛并在布政衙出席欢迎餐叙。

福建文艺志愿者艺术团走进晋江惠民演出

7月14日，由新浪闽南主办的“新浪旅游达人游五店市”活动举办。

8月20日，由晋江市传统文化促进会、晋江五店市传统街区运营有限公司主办的“海丝路·两岸情”——晋台两地青少年才艺晚会在五店市露天戏台举办。

9月5日，中央电视台《黄金100秒》走进晋江选拔赛媒体见面会在五店市布政衙举办。

9月9日，由市文体新局、旅游局和五店市开发建设公司，共同主办的五店市导游大赛正式启动。

9月10日，由华侨大学主办的“‘海外归侨助学 一片热血狂心’华人华侨与近现代闽南教育事业的发展”的大型宣传活动在五店市举办。

9月13日，第三届晋台两岸中秋民俗文化节开幕式，在五店市汉文化体验馆启动。

9月29日，由中国电影家协会、中国文联电影艺术中心、福建省电影家协会、泉州市文学艺术界联合会共同主办的“影载中华情·圆梦新丝路”国际影片展映周与交流活动研讨会及启动仪式在晋江五店市传统街区举办。

10月15日，晋江市首届“中华情 两岸缘”新生代台胞结对联谊活动暨晋台中学生足球邀请赛到五店市开展拓展活动。

10月15日，由华侨大学美术学院、晋江市文化体育新闻出版局与北京华夏两岸经济文化研究院联合举办的“华夏闽台情书画艺术文化作品展”在晋江五店市传统街区布政衙正式开幕。

11月5日，首届福建（晋江）“创森杯”插花花艺大赛暨首届福建（晋江）“生活四艺”精品展在五店市中央戏台与布政衙举办。

11月9日，作为晋江市第三届文化产业周系列活动之一，由中国电影家协会、中国文联电影艺术中心、福建省文联联合主办的海峡两岸戏曲电影高峰研讨会在五店市布政衙举办；同日，由中国电影家协会、中国电影家协会两岸交流委员会、中国文联电影艺术中心主办，晋江市文化体育新闻出版局、侨台外事局、晋江五店市开发建设有限公司、晋江五店市传统街区运营有限公司承办的“大美晋江 情系两岸”电影音乐晚会在五店市文化旅游景区举办。

11月25日，民盟中央宣传部部长曲伟、民盟福建省委会专职副主席刘弘、民盟中央宣传部处长齐慧文一行受邀参加在五店市布政衙广场举行的民盟中央美术院晋江分院成立揭牌仪式暨书画作品展活动。

12月10日，中国文物学会历史文化名街专业委员会2016年年会在五店市布政衙召开。

12月18日，国台办交流局局长黄文涛到五店市参加“海峡两岸交流基地”揭牌仪式。同日，由中国美术家协会、中国国家画院主办，THC泰华宸美术馆承办的“王艺2016研究展”在五店市开幕。

12月31日，2017年全国社区网络春晚“活力梅岭 幸福新城”晋江梅岭专场在五店市举办。

【街区宣传】

2016年2月17日，2016年央视元宵晚会泉州分会场录制现场在五店市状元街、露天戏台开机。

3月6日，省书画家、漫画家走进五店市采风。

4月16日，八闽报纸副刊聚焦五店市采风团到五店市交流采风；同日，由福建省报纸副刊工作委员会主办的八闽报纸副刊聚焦五店市采风活动暨《开窗放入大江来》出版座谈会在五店市举办。

4月17日，“中国文学名家看泉州”文学名家及《小说选刊》杂志社领导一行来五店市进行采风创作活动。

4月19日，“看体育名城 享晋江经验”媒体总编走进五店市参观采风。

5月9日，由福建泉州艾嘉影视公司投资的自媒体短视频(水煮英雄)公益喜剧在五店市取景。

5月10日，由深圳市国新南方知识产权研究院、米粒影业、迷宫影视有限公司共同出品的电影《玩大啦》在五店市进行为期十天的取景拍摄；同日，由福建省政府侨务办公室、福建省广播应是集团联合主办的《海外少年到我家》节目到五店市进行录制。

5月11日，福州电视台首档，集综艺、旅游、竞技为一体的大型旅游体验秀节目《这周去哪儿》在五店市进行录制。

5月13日，省委政法委组织的“法制福建进行时”媒体采风八闽行活动采访团到五店市参观采访。

5月19日，中央电视台中文国际频道(CCTV—4)《远方的家》栏目组来五店市拍摄《一带一路》专题节目；同日，由晋江市人民政府主办，晋江市旅游局、厦航泉州分公司承办的“跟着厦航空姐游晋江” 晋江市纪念“5•19中国旅游日”系列活动走进五店市体验晋江传统民俗文化及美食。

5月24日，福建广播影视集团联合台湾东森电视台摄制的两岸大型美食旅游真人秀《味解之谜》第二季专题节目到五店市进行拍摄录制。

6月27日，“全景中国•晋江城市周”中外媒体联合采访活动到五店市参观采访。

7月1日，由海峡卫视、晋江电视台主办的《老闽南专题片拍摄》到五店市进行拍摄，成片于8月2日播出。

7月19日，中央电视台以晋江籍体操运动员林超攀为主题，结合晋江全民健身迎奥运会的体育节目——《相约相里》到五店市拍摄。

8月4日，电影《生于四月一日》摄制组来五店市进行为期三天的拍摄取景。

8月24日，省台办组织部分中央驻闽媒体、省级媒体、台湾媒体进行“聚焦闽台合作”联合采访团到五店市参观采访。

9月2日，由福建省文化厅协调和指导，福建省文艺音像出版社同步摄制成大型舞剧、2D、3D数字电影《丝海梦寻》于五店市进行取景拍摄。

9月21日，人民网副总裁罗华带队人民网“小城故事多”大型策划报道总网采编部门以及福建频道记者、编辑一行到五店市开展调研采访。

10月12日，由中国国际广播电台、记录中国理事会、泉州市人民政府主办的“一带一路”纪录片全媒体国际传播平台启动仪式暨《海上丝绸之路》海外首播仪式在泉州举办，下午由中宣部、国家新闻出版广电总局、中国国际广播电台、记录中国理事会，上海、广东、湖南广播电视台，北京卫视，以及省新闻出版广电局、省电视艺术家协会、东南卫视、海峡卫视等单位组成的采风团到五店市参观采访。

10月20日，中国国际广播电台多语种媒体和福建省主要媒体组成的“海上丝绸之路”多媒体联合采访报道团到五店市参观采访。

12月7日，来自北京的中国国际广播电台与晋江广播电视事业局FM91.4侨乡之声《相约五里桥》栏目的急着团联•合采访活动走进五店市实地采访。

12月9日，华侨大学新闻与传播学院微电影《风海古人》到五店市朝北大厝取景。

【交流活动】

2016年，五店市交流活动频繁，与与港澳台及海外交流60多次，与其他各省市的交流80多次。其主要的交流活动如下：

与港澳台、海外的交流：

2016年3月26日，香港晋江社团总会永远荣誉主席施能狮率青年联合会组织“香港晋江籍青年领袖学习访问团”一行到五店市参观考察、交流学习。

3月28日，香港大学工程学院副院长、美国IEEE Comruter Society副主席刘志满一行到五店市参观考察。

4月19日，法国埃罗省贝达里约市市长安托万•马蒂内率代表团一行到五店市参观访问；同日，意大利库内奥省圣福乐市市长伽尼马立诺•热卡一行到五店市参观访问。

4月23日，新西兰奥克兰市旅游•大型活动•经济发展局欧佰利局长、国家体育总局中国帆船帆板运动协会副秘书长李仲一一行到五店市参观考察。

5月15日，马来西亚银河高科技集团一行到五店市参观考察。

5月31日，以中央政府驻香港联络办宣文部副部长朱挺为顾问，香港影业协会理事长洪祖星为团长的香港电影界代表团一行到五店市参观访问。

6月17日，泉州市首届“海丝情•中国梦”港澳青年精英故乡行回乡访问团一行到五店市参观考察。

6月20日，菲律宾总统中国特使、菲律宾宋庆龄基金会董事长、上好佳(国际)有限公司名誉董事长施恭旗一行到五店市参观访问。

6月24日，菲律宾驻厦门总领事付昕伟一行在泉州市外侨办领导陪同下到五店市参观考察。

7月1日，晋华公司董事陈正坤一行到五店市参观考察。

7月25日，文化部、国台办2016年重点交流项目，由中华文化联谊会和福建省人民政府共同主办的“情系青春——两岸青年八闽行”大型文化交流活动到五店市参观、交流考察。

8月1日，泰国商业部部长顾问披萨弩(谢捷魁)先生率亚洲国际贸易投资商会一行到五店市参观考察。

8月20日，全国政协委员、澳门特别行政区行政会委员、立法会议员陈明金先生家族一行到五店市参观考察。

8月21日，马来亚大学马来西亚华人研究中心考察访问团一行在马来西亚晋江社团联合会会长、拿督黄东海的带领下，到五店市考察访问。

8月24日，台湾原相科技股份有限公司董事长黄森煌一行到五店市参观考察。

9月7日，印尼晋江同乡会青年组访问团一行在会长许宗鸽的带领下到五店市参观访问；同日，台湾宇帷国际股份有限公司总经理郑瀚鸿等一行到五店市参观考察。

9月14日，台湾晋江商会理事长张貽秋率回乡考察团一行到五店市参观考察。

9月17日，菲华商联总会访问团一行在名誉理事长庄前进的带领下，陪同菲律宾葛丹恋礼示省省长柯孙福到五店市参观访问；同日，菲律宾中国商会2016年回国考察访问团一行在会长王长沙先生的带领下到五店市参观访问。

9月18日，香港晋江社团总会名誉会长杨金溪率香港印刷商会一行到五店市参观考察；同日，澳门福建青年联会“闽澳同心海丝情 创新创业百人行”考察访问团一行，在澳门立法会议员施家伦、澳门福建青年联会会长许庆良的带领下到五店市考察访问。

9月19日，国际毛利经贸文化（晋江）洽谈会嘉宾到五店市参观茶叙。

9月21日，马来西亚Aemulus公司总经理Sean Huiu Hubg Lin、新加坡MHA公司总经理MM Chai、尖峰晶片（香港）有限公司运营副总裁郑祥知、苏州元禾原点投资公司执行合伙人孔令国等一行到五店市参观考察。

9月27日，台湾扬智科技股份有限公司总经理黄学伟到五店市参观考察。

10月15日，旅美晋籍华侨、美国闽南亲友联谊总会理事长吴榕生先生家族一行到五店市参观考察。

11月5日，菲律宾晋江同乡总会名誉理事长、菲华商会名誉副理事长庄金耀，香港福建社团联会常务会董庄荣洲等侨领率梅岭希信慈善基金会海外庆贺团到五店市参观访问。

11月19日，香港泉州慈善促进总会主席苏千墅率访问团一行到五店市参观访问。

11月26日，菲律宾参议员维拉尔•辛茜娅、内湖省省长贺南兹•拉米尔和内湖省卡兰巴市市长池培科•贾斯丁•玛可、菲律宾驻厦门总领事付昕伟一行到五店市参观访问。

11月27日，台湾十铨科技股份有限公司夏瞻宁董事长一行到五店市参观考察。

12月20日，台湾矽品精密工业股份有限公司董事长林文伯、台湾联华电子股份有限公司董事长洪嘉聪一行到五店市参观考察。

12月27日，台湾友懋国际科技股份有限公司董事长谢杰志一行到五店市参观考察。

12月28日，2016年马来西亚第二届华裔青少年“中国寻根之旅”冬令营福建晋江营一行到五店市参观考察。

12月31日，台湾中华两岸交流协会会长刘宗明率领台湾中华两岸交流协会代表团一行到五店市参观考察。

其他省市的交流考察：

2016年5月10日，上海市政协副主席、致公党市委主委张恩迪一行到五店市参观考察。

9月21日，第五届全国道德模范故事汇基层巡演晋江专场活动到五店市参观访问。

9月26日，山东省政协副主席、民革省委会主委孙继业一行在省政协港澳台侨和外事委员会专职副主任卢德昌陪同下到五店市参观考察。

12月8日，新浪网副总裁葛景栋带领总网相关人员到五店市考察调研；同日，江西省委常委、赣州市委书记李炳军，市长曾文明带领赣州市党政代表团一行到五店市参观考察。

（王静雅撰 柯国林审）

·图书馆工作·

【概况】

2016年，市图书馆接待读者1499689人次，文献外借总量1637775册，日均接待读者4791人次，文献日均流通量5233册；读者新办证19711本，总有效持证数60297张。举办名家讲座、大型展览、晋江市第六届“悦”读节系列活动等442场次，参与读者41万人次。24小时街区自助图书馆借还图书490821册，办证数4106张。在推进书香城市建设中，建成首个晋江市24小时城市书房，为市民提供24小时不关门的休闲阅读体验。与机关、企业、学校等机构合作建立市图书馆分馆，新增1家实体书店图书馆——空间书屋分馆，新增2家学校分馆：华泰实验小学和实验幼儿园。新增西园街道流通点、内坑镇人民政府流通点、南峰中学等3个流通点，办证数1107张，借还图书1288册。10月，获泉州市社会科学界联合会“泉州市2016—2018年度社会科学普及基地”、福建省图书馆学会阅读推广活动案例征集评选大赛三等奖等。

【馆藏资源建设】

2016年，市图书馆加工普通图书45711种、72139册，附书光盘642种、1089盘；音像光盘27盘，过刊合订本2590册；少儿图书14511种、28747册，少儿附书光盘159种、454盘；街区分馆图书17493册。到晋江市图书馆书吧读者人数1993人，借出图书11939册，占2016年到馆借书人数9.3%，订购图书31202册、1148693元。

市图书馆采编中心负责外文书库建设，派员赴北京参加国际书展，了解英文原版书的出版动态并现场采购图书。并于2016年7月正式成为福建省首家加入OCLC（联机计算机图书馆中心）的公共图书馆，使市图书馆的馆藏文献能够在全球范围内得到充分共享，闽南文化遗产在全世界范围内更广泛地流传，让更多国外读者以及海外学子能够同步了解中国晋江的最新资讯。做好“闽南地区图书馆文献交换”工作，接收厦门市图书馆交换文献59种、66册。接收单位及个人赠书2696册。

【数字资源建设】

2016年，市图书馆进一步扩大“一公里半径”城市图书馆群的服务范围，在原有的32台24小时街区自助图书馆的基础上，新增3台24小时街区自助图书馆设备，项目于10月份完成建设，并投入使用。将服务延伸至全市19个乡镇（街道）、开发区，真正实现将“家门口的阅读”从中心城区向全市各镇（街道）延伸，建成一条条全民阅读快车道，满足公众便利均等的阅读需求。24小时街区自助图书馆办新证4106张，借书252325册次，还书238496册次，借还总量4908231册次，平均每月借还量40901册次。依托现代化技术，建设1座24小时城市书房，为市民打造一个全天候、自助、舒适的阅读新空间，项目于12月份建设完成并投入运行，办理新证91张，借书1040册次，还书538册次，借还总量1578册次，接待读者1033人次。开通市图书馆、少儿分馆和24小时街区自助图书馆“三馆预借服务”，通过预借平台将文献资源配送至任意设置点，实现全馆预借功能开放，为248位读者提供1901次图书预借配送服务。

由市图书馆数字资源部承办的“一公里半径”城市图书馆群宣传推广活动，先后走进竹园社区、宝龙广场与读者进行面对面的互动，并开展主题为“数字悦读•无处不在”推广系列活动，举办贝贝国学少儿活动、新东方雨伞涂鸦活动、“E线晋图•畅享数字”等一系列数字资源推广活动;利用微信推出“关于晋图数字资源的二三事”“导航图带您使用晋图数字资源”等宣传活动,通过形式多样的活动,使图书馆数字资源的知晓率和使用率大大提高。

【“我们的节日”传统文化活动】

2016年,市图书馆持续开展“我们的节日”传统文化推广活动。春节期间开展“名家驿站”经典童书展活动,市图书馆在几个“驿站”展出经典童书950余册。开展“我们的节日•春节”现场写春联、剪窗花赠读者活动,与广大读者共同迎接猴年新春佳节的到来。元宵节期间开展猜灯谜闹元宵活动,200条灯谜吸引近百名读者尤其是中老年灯谜爱好者的参与。端午期间开展“我们的节日•咱厝端午我来绘”获奖绘画作品展,展现晋江端午风貌,加深读者对传统文化的理解、增强对家乡的热爱。中秋期间开展“品味经典•情寄中秋”诗词会,40名少儿、成人读者共品中秋古诗词,欢度经典中秋节,诗词会旨在弘扬中华传统文化,传承国学经典。

【晋江市第六届“悦”读节】

2016年,市图书馆活动拓展部继续承办晋江市第六届悦读节活动,围绕“晋江,阅读大书房“开展18个大型系列活动,包括晋江市少儿“一生阅读计划”推广系列、“悦读风尚我引领”晋江市志愿者服务行动、“读吧!晋江”世界读书日阅读推广活动、“为您读书”有声读书志愿活动,邀请学者叶开、王人恩名家讲坛等影响力大的活动442场次,参与人次41万。中国图书馆学会网、中国新闻网、中国文明网、《福建日报》《泉州晚报》《海峡都市报》《东南早报》《晋江经济报》、晋江电视台等多家媒体单位对活动进行采访及转载报道119次,利用晋江图书馆微信公众平台宣传380次,利用文明晋江、泉州移动、旅游晋江等其他媒介平台同步映射,提高宣传的叠加效应。

1月起,市图书馆定期于每周五晚上开展“说得越多,进步越多”英语角活动。活动邀请外教老师与读者围绕一个主题进行英语互动交流,让读者在学英语、讲英语的交流中,不断提高英语水平及口语表达能力。全年开展50场次,参与人数1300多人次。

2月起,继续开展“悦读风尚我引领”晋江市志愿者服务行动,共举办32场次,近3000人次参与。活动由晋江市图书馆发起,由晋江市妇女联合会、晋江市教育局、晋江市图书馆联合主办,邀请晋江市拥有各种才艺技能的志愿者走进少儿馆,开展讲故事、现场折纸、现场绘画、趣味游戏、英语儿歌学唱、闽南歌谣学唱等形式多样的少儿活动。

3月起,市图书馆开展“市民讲坛”,吸引1000多人参与。活动邀请了荣获第三届《中国谜语大会》冠军的养正中学师生代表围绕灯谜及其相关话题与读者展开交流讨论、国家二级心理咨询师陈红苗开展“全脑教养”主题讲座、知名红学家王人恩前来读者解读《红楼梦》与中国茶文化、知名作家带领近读者走进“深阅读”,作家们结合自身成长经历及阅读经验,推荐好书,启发读者阅读兴趣。

3—11月,市图书馆定期于每周六开展国学讲堂,全年开展活动32场次,近1700人次参与。讲堂邀请国学教师、非遗传承人等专业老师前来开展经典启蒙、灯谜、剪纸、古琴等课程,并加入晋江本地传统文化元素。

4月23日世界读书日起,来自晋江市英林中学、驻晋某部队、西园教育办、晋江市公路建设开发有限公司等来自社会各领域的12个跑团站单位来馆领取由晋江市图书馆赠予的25本精品图书,进行站内阅读接力,正式启动本次跑团活动。跑团以全城阅读接力的形式,活动为期半年,每本书阅读时间为15天。书友通过阅读跑团记录卡、微信朋友圈、微信群,用文字、照片、视频等方式分享读书感想、记录阅读行为、进行读书笔记漂流。跑团期间,晋江市图书馆还组织微信读书会、现场读书会等各种线上线下读书交流活动。活动由晋江市文明办、晋江市文体新局、晋江市图书馆、樊登读书会联合举办。

4月,市图书馆启动“寻找晋江最爱读书的孩子”读书创意展示大赛暨“一生阅读计划”专属卡读者选拔赛擂台赛。采取由各学校初赛复赛、图书馆擂台总决赛的选拔方式,通过乡试、会试、殿试等环节最终选拔出状元、榜眼、探花。擂台总决赛当天经历“乡试”“会试”“殿试”三个环节的晋级比拼,最终贺子祺等6名选手分获状元(一等奖)、榜眼(二等奖)、探花(三等奖)。在擂台总决赛之前,晋江市图书馆联合晋江一小、二小、三小等15所合作小学开展晋江市少儿“一生阅读计划”专属卡读者选拔活动,共4000多名参赛小读者经过3个多月的校内初、复赛选拔出100名小选手,奖励“一生阅读计划”专属借阅卡并邀请参加此次擂台总决赛。活动由晋江市委文明办、晋江市文体新局、晋江市教育局、晋江团市委主办,晋江市图书馆承办。

5月,晋江市少儿读者及青少年演员30名营员走进武夷山市,与武夷山市实验小学的少儿们共同参与第二届“人文之旅•非遗之光”少儿夏令营开营仪式暨武夷山、晋江两地非遗文化交流活动,开启为期3天的夏令营文化之旅。晋江向武夷山赠送晋江文化丛书,安排小营员走读朱子文化、民俗文化、茶文化、丝绸文化的相关旅程,体验武夷山竹编、岩茶、糕子制作技艺。本次夏令营活动由晋江市文体新局、武夷山市文体新局、晋江市图书馆、晋江市文化馆、武夷山市文化馆、武夷山市实验小学联合举办。

6月,启动“为您读书”有声读书志愿活动,通过从地方文献室收集整理闽南童谣、民间故事、对闽南语朗读志愿者集中培训后,开展朗读及录制音频工作,将103首闽南民间故事及闽南童谣制成光盘,收藏于晋江市图书馆视障阅览室、电子阅览室供读者免费借阅;这些优秀有声读物既收入晋江市图书馆有声图书馆,同时收入文明晋江、志愿晋江、晋江市图书馆等微信公众号,进行有声传播。

6月,由晋江市文体新局、晋江市教育局、晋江团市委主办,晋江市图书馆承办,晋江市小新星英语培训学校协办的晋江市第五届少儿英语全能王大赛圆满举行。本次大赛的金奖及银奖选手可参加北京第九届“童声台奖”全国青少年英语大赛。本届晋江市少儿英语全能王大赛面向晋江市小学、幼儿园在校学生分组进行选拔,按年龄和项目共设8个分组,共有344位选手报名参赛。5月14—15日,在晋江市小新星英语学校二校区进行初赛,项目包括自我展示及笔试,从中选拔出160名选手晋级复赛。5月21—22日,在晋江市实验小学金辉楼一楼多媒体教室进行复赛,比赛项目包括英语笔试、英语口语、英语才艺单项比赛以及口语、才艺、笔试综合项比赛。最终只有84人杀进决赛。6月10—11日,11名优秀选手夺得本次大赛桂冠。

6月,晋江市第十八届少儿美术书法

比赛优秀作品展在晋江市图书馆开展。本次展览展出获奖作品350幅，少儿作者以“故乡•校园•我的梦”为主题。

7月22日晚上，晋江市图书馆一楼休闲书吧200多位读者，举办图书馆英语角“百期口语秀”读者派对会。晋江市图书馆英语角从2014年7月开始，固定于每周五晚在图书馆一楼休闲书吧举办，每期均邀请外籍教师及英语工作者带领英语爱好者围绕不同的话题进行英语口语交流，让读者在较为轻松的氛围中提升英语口语水平。

8月，“阅读分享•书香融汇”闽南语读书沙龙在充满闽南味的五店市“三里街”举行。活动邀请中国摄影家协会会员徐维耕为主讲嘉宾，与15位喜爱晋江传统文化的读者共话“咱厝的七夕”。

9月，举办“一生阅读计划”省外采书采风活动，以“一生阅读计划”省外采书为契机，以游读历史文化为轴心，邀请9名优秀小读者游读北京文化。9月22—25日，晋江小读者走进北京百万庄图书馆大厦开展现场采书活动，游读站点以故宫博物院为起点，接连国家图书馆之典籍博物馆、南锣鼓巷、颐和园等站点。

10月，由市图书馆承办的晋江市第九届少儿打字比赛开赛。晋江市各小学125名学生分两场进行预赛，预赛排名前50名的选手再决高下。参赛电脑预装有搜狗、智能ABC、极品五笔输入法，参赛者可选用自己擅长的输入法。比赛时间10分钟，通过打字字数和正确率两个方面为选手打分。比赛设置一等奖2名，二等奖5名，三等奖8名，优秀奖15名。福埔小学陈俊彦、瑞鹊小学邓静怡获得比赛一等奖 。

12月，市图书馆举办“同根同源赤子情”厦漳晋三地华侨人物展在晋江市图书馆一楼开展。晋江、厦门、漳州是我国著名的侨乡，三地的华侨散布于五大洲60多个国家。本次展览综合考量华侨对政治、经济、社会等方面的贡献力和影响力，由三地专家选取厦漳晋地区卒于1956年前的最具有代表性的爱国华侨约60名，以图文展的形式，简要展现华侨生平事迹与贡献。本次展览活动由晋江市文体新局、晋江市侨台外事局、晋江市文联主办，晋江市图书馆、厦门市图书馆、漳州市图书馆承办。

12月，晋江市第六届悦读节闭幕式暨颁奖典礼在晋江市图书馆报告厅举行。200人参加。作为晋江为民办实事项目，晋江市第六届悦读节历时一年，以“晋江，阅读大书房”为主题开展18个大型系列活动，共计442场次，参与人数41万人次。此外，闭幕式期间还举办厦漳晋三地华侨人物展、晋江市图书馆微信嘉年华、“闲散阅读”图书角等配套活动。

【首届海峡两岸图书馆馆长交流季论坛】

2016年12月，市图书馆联合中国图书馆学会、海峡两岸出版交流中心、福建省图书馆学会、福建省图书馆、厦门市图书馆、厦门市图书馆学会、台湾古籍保护学会、台北市出版商业同业公会承办首届海峡两岸图书馆馆长交流季论坛，主题为“海峡两岸图书馆文献资源建设与阅读推广”。

12月21日上午，中国图书馆学会副理事长张晓林，国台办海峡两岸出版交流中心秘书长张万兴，中国图书馆学会公共图书馆分会副主任、福建省图书馆馆长郑智明，广东省立中山图书馆馆长刘洪辉，中共晋江市委常委、宣传部长林惠玲，台湾大学图书馆前任馆长、图书馆学会常务监事、前理事长陈雪华，台湾古籍保护学会会长林登昱，中国图书馆学会阅读推广委员会主任、东莞图书馆馆长李东来，华东师范大学信息管理系教授、硕士生导师范并思等出席开幕仪式。来自全国图书馆界和相关业界的图书馆工作者代表，以及媒体代表和图书馆相关技术的企业代表200余人相聚晋江共襄盛会。张晓林、张万兴、林惠玲分别致辞，并举行海峡两岸地方文献互赠仪式。开幕活动由晋江市文化体育新闻出版局局长柯国林主持，论坛为期两天。

22日，论坛移师厦门开展“文献资源共建共享论坛”主题研讨，两地学者上台分享地方文献的收集与研究、电子资源库的建设、电子资源的共建共享等方面的交流，展示海峡两岸文献资源建设的成果及经验。

【图书分馆建设】

2016年，市图书馆在分馆建设过程中迈出新步伐，初步形成总分馆模式，延伸服务。制定“24小时街区自助图书馆文献资源配置比例表”，要求物流维护团队根据该比例表对相应的点进行配置。同时为向广大市民宣传24小时街区自助图书馆，制作《晋江市24小时街区自助图书馆服务手册》，通过“小图带你逛24小时街区自助图书馆”“关于借阅卡不得不知的几件事”“图书馆特色服务”三大板块，向广大市民宣传。并开通市图书馆、少儿分馆和24小时街区自助图书馆“三馆预借服务”，为350位读者提供2097次图书预借配送服务，开展“名家驿站”和“家临图书馆•悦读在手中等阅读推广活动6场次。在推进书香城市建设中，与机关、企业、学校等机构合作建立市图书馆分馆，新增1家企业分馆——空间书屋分馆，新增2家学校分馆：华泰实验小学和实验幼儿园。并制定《分馆建设标准》等规则制度，规范分馆建设要求，开展10余次分馆现场业务指导。为加强总分馆之间的联系，开展文化敬老和“博采众长•共沐书香”等活动。新建3家流通点，分别为：西园街道流通点、内坑镇人民政府流通点、南峰中学流通点，建成6家图书流通点，办证数1107张，借还图书1288册。

【志愿服务】

2016年，市图书馆长期向社会招募志愿者，2016年，市图书馆志愿服务驿站新增志愿者517人，服务时长累计4000多小时，这些志愿者每逢周末到图书馆，开展图书分类、整架、排书、信息咨询与导引、文明督导和协助开展读者活动等服务。少儿馆推出暑期“今日我当班”志愿服务，招募20名志愿者，小志愿者利用暑假时间来体验图书馆的文献上架、流通服务及丰富多彩的少儿活动等。少儿分馆成为晋江巾帼志愿者服务基地及学校第二课外，全年共接待14批学校参观。全年开展“悦读风尚我引领”晋江市志愿者服务行动，举办34场次，近2000人次参与，全市小学、幼儿园近40名教师参与志愿服务。除招收志愿者外，市图书馆持续开展赠书给磁灶东星小学、春节赠春联、慰问结对帮扶对象等活动。

【文献研究室专家讲座】

2016年，市图书馆继续开展文献研究室专家讲座活动，并邀请省内图书馆界专家学者来馆开展专家讲座5场，全馆干部职工80余人参加。邀请福建省江夏学院图书馆馆长黄建铭开讲《文化、图书馆文化与发展》；福建省图书馆参考咨询部副主任刘煦赞开讲《参考咨询》；福建中医药大学硕士生导师、研究生院院长林丹红开讲《难忘初心——图书馆事业与追求》；泉州市图书馆副馆长陈文革开讲《图书馆职业与价值》；厦门市少年儿童图书馆馆长黄天助开讲《如何做好图书馆志愿者工作》。

(张新阳撰　郑君平审)

·图书经销·

【概况】

2016年，福建新华发行集团晋江分公司(以下简称晋江新华分公司)面对宏观经济下行压力、行业政策调整和市场竞争加剧的挑战。发挥新华书店品牌优势，通过保增长、去库存、清欠款等举措，各项工作保持较好的发展态势，顺利完成集团下达各项经济指标。完成销售码洋7839.78万元。其中，教材教辅销售码洋6370.23万元；一般书销售收入预计完成码洋1028.70万元；多元化销售收入完成码洋345.04万元。获得福建新华发行集团“十佳分公司”称号。

【一般书销售】

2016年，晋江新华分公司根据集团公司统一部署，开展新华书店实体贯标活动，指定分管副经理为主要负责人，图书发行科及各卖场负责人为具体执行人。将晋江书城、安海书城作为实施示范单位，对照全国新华书店实体店服务标准，针对服务设施、服务环境、商品陈列、服务项目、管理制度、服务人员等六个方面的工作进行系统规范培训。将卖场规章制度将进行逐项梳理，将日常工作制度化、表格化。同时通过节假日促销、阅读推广、参与馆配、异业合作等形式拓宽一般书销售方式。

抢抓假日经济，集中促销。以“三八妇女节”“世界读书日”“五一优惠”“亲子阅读季”“双11”等活动为契机，精心组织策划，同时结合实际做特色促销，开展一系列形式多样的促销活动，扩大一般图书销售。特别是“暑假读一本好书”，通过开展全市的征文比赛，为晋江新华分公司暑假带来销售高潮，暑期相关图书的销售码洋30万元。

社店联合，进行阅读推广。联合出版社邀请知名作家桑晓娜、王一梅、郁雨君、杨鹏、李秋沅、周锐到市实验小学、求聪中心小学、华泰实验小学、市第六实验小学等中小学校和市图书馆举办公益阅读讲座及签售活动，名家与师生面对面的交流，引燃阅读热潮，推动晋江市青少年阅读活动的开展。同时加强对农村中小学校的阅读推广，安排作家到张林中心小学、安海桥头小学、英林英埔小学、东石型厝小学开展公益讲座，拉动相关图书的销售业绩，完成签售码洋20.21万元。

积极参与馆配、团购市场竞争。根据晋江市学校大宗采购单项1万元以上必须竞投标的规定，晋江新华分公司迎难而上，向民营书商长期掌控的馆配市场发起冲击，做到图书馆配有标必投、有标必争。参与竞标16起，中得6标，取得供货码洋52.55万元。主动与教育局、各学校联系，整合优质出版社，联合开展“好书相伴.快乐一夏”暑期读一本好书活动，带动少儿类图书的销售。组织晋江市图书馆和10多所学校图书馆30多人参加由福建省全民阅读活动组委会组织，省新闻出版广电局、海峡出版发行集团主办的第二届“世界读书日.海峡读者节”，现场采购图书80多万元，采购金额名列全省第五名。

开拓创新，试水异业合作经营。与民营展开异业合作，在五店市传统街区“安小海的咖啡馆”内共同设立“新华书店.悦书吧”，通过推广公益阅读活动，所有图书免费阅读，喜欢就买，扩大了新华书店品牌的社会影响力。与“樊登读书会”合作，在晋江洪山文化创意产业园成立全国第一家”樊登书店”。通过这种无员工费用、无场地租金的合作形式。通过进驻品牌价值高、影响力大的合作伙伴，进一步提升新华书店的社会影响。同时也拉动一般书的销售。

【中小学教材发行服务】

2016年，晋江新华分公司的教材教辅发行面对生数下降趋势(据教育部门不完全统计2015年秋季仅小学生数比春季就减少7680多人，2016年春季比2015年秋季减少6300多人，外来生减少8%以上)。晋江分公司通过抓好教材发行，抢夺教辅市场、抓好内控管理顺利完成全年任务。

2016年春、秋两季中小学幼儿教材发行保证“课前到书，人手一册”。特别2016秋季出现特殊问题，离开学只有20多天的时间，部分小学课本重新改版印刷，晋江新华分公司全体教材发行人员紧密关注，放弃假日，坚守岗位，按照规定的时间将崭新的课本发放到全市各小学。2016年，福建省财政厅免费教科书检查组到晋江市检查，晋江分公司认真履行免费教科书发行任务，为检查组提供真实可靠的数据。

规范经营，靠前服务。晋江新华分公司通过用好用足政策上做文章，狠抓目录内教辅配套率。深入各学校加强沟通交流，针对学校的教学需求把目录内教辅样书送到各学校参考评判，让学校提前选定相关的教学辅助材料，满足学校的教学需求。同时根据各学校不同情况，进行差异化服务。

【图书卖场建设及物流配套建设】

2016年，晋江新华分公司卖场改造被省新华集团公司列入试点。经集团委托福建省招标采购集团进行项目的规划、设计和施工(总承包制)进行招标。工程项目总控制价328万，计划改造面积2000平方米。10月12日，上网进行公开招投标，11月4日，项目开标，由国广一叶中标。12月，分公司按照项目招标书内容与国广一叶签订装修合同。改造后，晋江分公司晋江书城将着力进行业态和环境的梳理，提升门店品质，激活门店活力，实现由单一书业经营向多元化营销转变，营造一个温馨适宜的阅读购书环境，同时引进文创用品、休闲咖啡、时尚轻饮等体验型业态，形成新的利润增长点。

安平综合楼位于安平开发区，闲置20年。10月，该项目完成政府前置审批，转入实质动工阶段。工程总投资350万元，占地1358.7平方米，建筑面积2025.1平方米。作为安海、东石、内坑、永和、乡镇中小学图书课本的配送点，将为服务乡镇的各中小学提供更快捷的图书配送服务。

(庄嘉宏撰　廖宜和审)

·文物工作·

【“海丝”申遗】

2016年4月，市文保中心为推进泉州“海丝”申报世界文化遗产晋江考察点的保护和申遗工作，成立“泉州海丝申报世界文化遗产晋江考察点申遗工作小组”，下设综合组、文物保护修缮和宣传展示组、环境整治组。综合组负责联络泉州海丝办，及时传达、贯彻有关工作部署，加强各专项组的日常工作联系、协调；文物保护修缮和宣传展示组负责遗产点草庵石刻的本体抢险加固及宣专展示工作；环境整治组负责对草庵石刻建控地带外围进行环境整治。草庵石刻现状整修方案、附属建筑石亭抢险加固方案均通过国家文物局审批，并启动修缮工程。草庵石刻保护规划委托北京国文琰文化遗产保护中心有限公司编制，最终成果上报国家文物局审批。做好各级“海丝”专家考察接待工作，接待各级专家学者23场。6月6日，国家文物局副局长宋新潮一行考察磁灶金交椅山窑址“海丝”申遗工作开展情况；6月8日，前来泉州参加海上丝绸之路国际学术研讨会的专家学者一行50多人，到晋江“海丝”遗产点草庵参观考察；10月20日，由中国国际广播电台多语种媒体和我省主要媒体组成的“海上丝绸之路”多媒体联合采访报道团一行20多人，参观采访草庵、金交椅山窑址。

【文物保护】

2016年，市文保中心制定《2016年晋江市文物保护重点项目》。包括文物保护项目50个，涉及12个镇（街道）30个文保单位。其中，保护规划编制项目8个，修缮项目17个，三防项目（消防、安防、防雷、远程监控）23个，环境整治项目2个。做好文物保护规划。国保单位中，除草庵石刻外，还有西资寺石佛造像、安海龙山寺和深沪庵山青铜时代沙丘遗址也完成保护规划编制，陈埭丁氏宗祠保护规划完成修改稿，均上报国家文物局审批；磁灶窑址保护规划编制中。其中，安海龙山寺同时启动寺内环境整治工作。省级文物保护单位集中成片传统村落金井福全村福全所城文物保护工程总体方案立项报告通过省文物局批复同意；启动安海龙山寺周边环境整治规划编制及陈埭丁氏宗祠周边环境整治规划编制工作；安平桥周边区域环境整治规划设计方案报送省文物局审核。启动名人故居修缮。首批启动3处文物保护单位名人故居修缮工程（即丁拱辰故居、张瑞图故居及吴鲁故居），修缮方案由文保中心负责编制，通过上级文物主管部门审批；施工图送所在镇（街道）编制预算并招投标，政府给予50%的补助经费。国保单位安平桥附属建筑白塔抢险加固工程通过省文物局组织的专家验收。

【文物安全】

2016年，市文保中心全面开展安全检查。加强日常安全巡查，建立巡查、检查情况通报及违法抄告制度；在相关部门及镇（街道）配合下，组织对全市文物开展拉网式安全检查；同时，联合公安、消防等部门对晋江市建筑类文保单位进行重点消防隐患排查，及时排查安全隐患，督促整改。加强消防安全培训。多次组织全市文物管理员参加消防安全培训，结合“文化遗产日”和“安全生产月”等活动，召开《2016年度文物管理员年会暨消防安全培训》《2016年夏季文物消防安全培训》等，提高文管员消防意识和处理事故的能力。配强安全防范硬件。为全市建筑类文物保护单位配备760台灭火器，增强硬件保障，这是我市重视文物消防安全的又一举措。加强执法力度。针对晋江市级文物保护单位东石镇龙江禅寺修缮工程无资质施工，且未按照修缮方案施工的情况，责令立即停工整改。

【文物宣传】

2016年，市文保中心创建龙泉书院“国学讲堂”。8月3日，龙泉书院“国学讲堂”启动，并举办“如何有效传播国学知识”主题沙龙活动。首期特邀浙江大学哲学系主任、央视“百家讲坛”主讲嘉宾董平教授，共举办7期，吸引全市国学爱好者近2000人次参加。举办系列传统活动。利用龙泉书院的有利位置，结合“我们的节日•春节、元宵”，举办“龙泉书院元宵游园活动”；与晋台民间交流协会合作，举办《生活礼仪讲座》。弘扬传统文化。接待菲律宾第六届华裔青少年“中国寻根之旅”夏令营福建晋江营、菲律宾华裔青少年“中国寻根之旅”夏令营晋江罗山灵源新塘营在龙泉书院开展华夏传统服饰、华夏礼仪与射艺的学习体验；举办“海丝情•中国梦”华人华侨（晋江）祭孔大典暨第三届晋台青年

国家文物局副局长宋新潮（左六）参观草庵

共祭孔子大典。

【考古发掘】

2016年6月，泉州博物馆和晋江市文保中心组成考古队，对磁灶蜘蛛山窑址进行抢救性考古清理，经过11天的野外考古工作，完成清理任务，出土残片为宋元时期磁灶窑的瓷器残件，经过分析比对，与“南海一号”水下考古水瓷器相类似。

（陈君兰撰　吴金鹏审）

·博物馆工作·

“海丝情·中国梦”华人华侨（晋江）祭孔大典暨第三届晋台青年共祭孔子大典

【概况】

2016年，晋江市博物馆提升博物馆社会宣教功能，扩大博物馆品牌效应。共接待参观人数10万余人次，未成年人群体2.5万次。

【举办主题展览】

2016年，市博物馆以行业重大节日等为依托，举办形式多样的文化惠民活动，打造博物馆活动品牌。

依托“5·18”国际博物馆日宣传平台，开展系列活动。结合2016年第40个国际博物馆日主题“博物馆与文化景观”，举办“久远的记忆——宁夏岩画特展》”。

依托传统节假日，开展系列活动。举办“毗卢寺壁画摹本展”“大道无为——卢宪民美术作品展”“四有干部谷文昌生平事迹图片展”“长征从这里开始——纪念红军长征胜利80周年专题展览”“斩钉截铁——七匹狼中国男装博物馆藏胡达华钉画展”“铁血长征——福建儿女长征史迹展”“锦绣丝路，华彩晋江——晋江书画院书画作品展览”。

【引进优秀展览】

2016年，市博物馆举(引)办临时展览41场，其中进社区11个。

引进主题突出或极具异域文化特色的临时展览。举(承)、协办临时展览41场。主要展览有：“禅茶雅集—菊香山房作品展”“申猴朝岁—丙申新春猴文物图片联展”“‘百态人生’丰子恺漫画展”“墨韵心声—欧孟秋、余险峰、曾荣秀、杨一家诗书画作品联展”“久远的记忆—宁夏岩画特展”“2016•天津市书画精品展”“海峡情•中国梦—台湾将军书画展”“长征从这里开始—纪念红军长征胜利80周年专题展览”“海峡两岸‘谱牒研究与海丝文化’研讨会暨晋金谱牒文化、家训家规书法联展”“铁血长征—福建儿女长征史迹展”等。

【外办展览】

2016年，“吉羊如意——羊年羊文物图片联展”“‘百态人生’丰子恺漫画展”、《泉南旧事》摄影展等3个展览走进七匹狼中国男装博物馆。“贴得人间喜气来—晋江市博物馆馆藏中国年画展”赴贵州省民族博物馆展览，这是晋江市博物馆藏文物首次赴西南地区展出，共展出近百幅精品。晋江市博物馆高频率外办展览，“贴得人间喜气来—晋江市博物馆馆藏中国年画展”赴石家庄市博物馆展览，“展钉画世界，截铁作城乡——胡达华钉画作品展”“长征从这里开始——纪念红军长征胜利80周年专题展览”在七匹狼中国男装博物馆展览。“猴年•猴趣•猴文化——丙申新春猴文物图片联展”到三明市清流县博物馆、七匹狼中国男装博物馆、晋江市池店镇雁山小学等8个单位展出。“人生百态——丰子恺漫画展”到龙湖镇福林村福林寺展览，“‘四有干部’谷文昌生平事迹图片展”到深沪镇政府展览。10月21—30日，由晋江市人民政府、北京时代美术馆主办，晋江市文化体育新闻出版局、晋江市博物馆等单位联合承办的《‘大美晋江’海内外晋江人书画摄影展》在北京时代美术馆展出，市博物馆遴选44件古代、当代晋江籍书法家书画珍品参加。

【参观交流】

2016年2月25日，市博物馆召开《晋江历史风景线》陈列改版征求专家意见会，聘请专家学者参加会议。晋江市文体新局副局长许鹏飞、博物馆馆领导及陈列改版小组成员出席会议。

4月19日，法国埃罗省贝达里约市代表团12人、意大利库内奥省圣福乐市代表团10人参观市博物馆。6月24日，菲律宾驻厦门总领事付昕伟一行11人，参观博物馆，并举行黎刹塑像交接仪式。6月27日，“全景中国•晋江城市周”中外媒体联合采访活动团60人参观市博。6月29日，菲律宾晋江市英林镇各乡联合会理事长洪肇坚率访问团一行16人参观市博物馆。7月24日，“第十一届晋江—金门红十字青少年夏令营”一行130人走进市博物馆；7月26日上午，中国内地、台湾、香港作家协会海上丝绸之路(晋江)采风团一行20人，到市博物馆参观。7月28日，赣州市南康区政协副主席李旭一行6人，到市博物馆考察。8月17日下午，北京汽车博物馆一行5人，到市博物馆参观交流。8月22日，马拉西亚大学马来西亚华人研究中心考察访问团6人考察市博物馆。8月30日，广东晋江商会创会会长施能狮、会长许春景率回乡考察团一行57人，到市博物馆考察。8月27日，台湾金门历史民俗博物馆馆长卢根阵率团来晋江市博物馆开展馆际交流与合作。并授予我馆“文化交流纪念”证书，同时，敦聘晋江市博物馆

台湾金门历史民俗博物馆馆长卢根阵率团来晋江市博物馆开展馆际交流合作

馆长吴金鹏担任该馆"两岸宗亲文化暨南明史迹交流"的高级顾问。

在做好晋江博物馆网站日常管理，开通"晋江博物馆"公众号，以"走进晋博""展览活动"两大块主览，由专人负责管理，通过微信互动，提高博物馆关注人气。

【晋江市第一次全国文物普查】

2016年，市博物馆集中人力开展对该批文物进行数据采集、拍摄、入库等整理工作。为保障普查工作顺利推进，晋江市人民政府核拨可移动文物普查专项经费54.4万元，福建省文物局核拨2万元经费支持。博物馆馆领导派员参加省文物局、泉州市文广新局举办的培训学习，组织本单位"一普"业务人员到泉州海外交通历史博物馆考察、业务学习，并邀请专家到单位现场指导。

晋江市博物馆完成一普数据采集工作，数据统计8070件（套）。市博物馆组构《馆藏文物图录》编辑小组，对市博物馆第一次全国可移动文物普查成果进行遴选工作。

【安全生产标准化】

2016年，市博物馆落实安全生产标准化等级定级资料的组织申报，每月填报安全生产表格，对安全监控和消控室的日常监控、监督、管理。每天到消防数据网填报《社会单位消防安全户籍化管理系统》。定期检查消防器材，配合消防大队检查本馆消防设施器材，做好空调、电梯、灯光、监控等设备的日常维护、维修，确保工作正常运行。

【文博学术研究】

2016年，林清哲参加由福建省文物鉴定中心主办、厦门文物店承办的福建省文博人员陶瓷鉴定培训班。参与校注的《陈紫峰先生文集》于2016年7月由鹭江出版社正式出版。撰写《〈晋江文库〉首批文献出版座谈会综述》发表在《晋江史志》2016年第2期（总第39期）。林铅海、林清哲、陈聪艺参加泉州市文化广电新闻出版局举办的普查数据审核培训。陈聪艺撰《从碑刻分析清代晋江宗族械斗及其治理》发表于《福建文博》（2016年第2期）。11月，吴金鹏撰写《浅谈文物保护小线在古村落保护实践中的作用》参加在北京召开的首届社会力量参与文物保护论坛。12月，撰写《泉州海上丝绸之路与植物引种》参加晋江召开的"海丝与农业"学术研讨会。

（陈聪艺撰　吴金鹏审）

·广播影视·

【概况】

2016年，晋江市广播电视事业局（以下简称市广电局）坚守舆论宣传前沿阵地，紧扣全市发展大局，服务中心工作，主动适应舆论工作的新形势、新变化和新载体、新受众，推出一批有份量、有温度、接地气的专题和系列，坚持节目栏目创优，做活广电文化事业。获晋江市2016年度绩效评估优秀单位。实现事业收入512.98万元，广告收入500万元，其他收入12.98万元。

【宣传报道】

2016年，市广电局围绕市委、市政府中心工作，引领导向，挖掘更多真善美的声音。紧扣党代会、人大、政协"两会""两学一做""建党95周年""全国文明城市创建""创新转型、跨越发展""为民办实事""精准扶贫""全国沙滩排球赛""四帮四扶""重点项目推进""城市精细化管理""鞋博会"、国际毛利经贸文化晋江洽谈会、奥运选手家乡行、工业设计大赛、文化产业周、防抗台风、记者在一线、美丽乡村重点工作、重要主题、重大活动，通过动态报道、系列报道、新闻特写、主题报道、人物专访、专题报道、公益广告等形式多渠道、多视角、全方位地深入广泛开展宣传，确保足够的舆论宣传力度、密度、强度，形成强大的正面宣传报道态势。

【电视栏目改版】

2016年 10月，市广电局开设《老闽南》方言电视栏目，节目时长为25 分钟，周一至周六首播时间20:40，以传播闽南文化，闽南方言为主，全方位、深层次挖掘老闽南文化，寓文于乐、雅俗共赏。

【广播电视作品创优】

2016年，晋江广播电视台获2014—2015年度优秀作品奖项40件，其中《晋江发放全省首单农村宅基地抵押贷款》获2015年度福建新闻奖三等奖，电视包装作品《善待老人就是善待明天的自己》获2014年度福建省/泉州市广播电视艺术奖一等奖，电视戏曲节目《赏〈龙山情缘〉》获2015年福建省/泉州市广播电视艺术奖一等奖，广播专题《相等五里桥——闽台节俗之元宵十五》、电视播音《"国保"为何不保》等均获2014年度泉州市广播电视艺术奖一等奖，电视长消息《闽向金门供水工程今日开工》获全国县级台2015年度创优评析一等奖。公益广告作品《生命不能重来　请对毒品说不》获泉州市文广新局、泉州市禁毒办联合举办的2016年全市禁毒公益广告作品征集暨展播活动二等奖。论文《浅谈民生新闻栏目特色的挖掘》发表在中文核心期刊《今传媒》2016年第9期。

【对台对外宣传】

2016年，市广电局反映晋台两地深

厚渊源的6集纪录片《源远流长数宫灯》于2月在台湾东森电视台播出。选送《紫星村：守望原生态》等作品到泰国BTU卫视《丝路·泉州》栏目展播。精选《相等五里桥》节目在台湾云嘉广播电台、933乐活网播出。

【媒体建设】

2016年，市广电局重视广播和电视的融合，重视传统媒体与新媒体的融合发展，运用新技术新应用，创新媒体传播方式，逐步完善以视频服务为主、能够提供多样化信息、可管可控、安全可靠的全媒体服务体系，抢占舆论传播的新阵地。晋江电视台微信公众号，在媒体融合方面进行有益尝试，实现微直播，启动“4·18”鞋博会开馆仪式、市“匠心智造 创新突围”企业创新大会、APEC电子商务工商联盟论坛开幕式、第十三届党代会开幕式、食交会、树兰医疗义诊与集成电路开工仪式等直播活动。针对各种节日以及事件开展策划营销，开展线上线下活动50多场。与央视网签订合作框架协议，启动电视节目在央视网直播上线，是国内唯一上线该平台直播的县级台。2016年，晋江电视台微信公众号粉丝突破18万人，日均访问量达到8万多人次，视频、图文消息日阅读量超8万，微信直播活动累计参与人数超20万。

【电视专题活动】

2016年，市广电局举办2016年晋江少儿春节联欢晚会，春节期间在侨乡频道连续播出4期，并在《欢乐侨乡》栏目展播。举办“才艺小达人第二季”、晋江市校园合唱电视大赛、第五届儿童模特电视大赛等活动；启动由中桥传媒公司等联合泉州地区8个县市区电视台主办的“金曲榜中榜”闽南语原创歌曲大赛。与市总工会联合举办晋江市非公企业“风采之星”歌手大赛；与市纪委、市委组织部联合举办“明党章党规、做合格党员”——学习贯彻《党章》和《准则》《条例》知识竞赛活动。承办首届晋江市最美司机评选活动、第二季最萌童声选拔、第五届晋江市人居文化节。

【电影放映】

2016年，市广电局实施“2131”工程，提前一个月完成全年任务。放映农村公益电影放映3516场次、社区公益电影放映392场。

【中桥发展】

2016年2月26日，市广电局正式收到股转系统同意中桥传媒在新三板挂牌的函，并于5月19日在北京全国中小企业股份转让系统举行集体挂牌仪式。打造“文化+产业+资本”的运作模式，搭建成晋江市文创行业投融资平台。依托活动扩大影响增加创收，第四次承办全国沙滩排球赛，总计招商品牌37个，总招商收入123万元，实现利润55万元。

（庄子云撰　洪春婷审）

·网络电视·

【概况】

2016年，福建广电网络集团股份有限公司晋江分公司（简称晋江广电网络）围绕年度各项工作目标，坚持面向市场、面向用户、面向基层，按照“做大做强、优化网络、深化管理、提升服务”的工作方针，加强业务支撑，拓展业务范围，提升客服水平，深化改革管理。晋江广电网络获评全省广电网络系统优秀县（区）分公司，连续第四年在全省所有县（区）分公司中，综合指标排名第一。2016年，晋江广电网络年度经营收入首度破亿，被福建广电网络集团评为集团年度十件大事之一。晋江广电网络下辖13个镇（街道）广电网络站、11个营业厅、2个镇级行政服务中心窗口。被授予晋江市2013—2015年度“文明单位”称号，公司团支部被泉州团市委授予2015年度“五四红旗团支部”称号。组织员工参加上级公司劳动技能竞赛，获泉州广电网络集客营销竞赛团体一等奖、安装维护竞赛团体一等奖，赖小平获泉州广电网络安装维护竞赛个人第一名，并被授予“泉州市五一劳动奖章”，刘旭磊获福建省第一届光传输职工技能竞赛个人三等奖。

【优抚政策落实】

2016年，晋江广电网络与市民政局主动接洽，将优抚、低保对象的广电网络优惠政策列入民政局的年度预算，为全市973户重点优抚对象、4698户低保户减免基本收视维护费，为全市306户重点优抚、低保户免费配送安装机顶盒，落实优惠政策资金83万元。

【“小前端”整治行动】

2016年，晋江广电网络为巩固广播电视媒体宣传主阵地，规范广播电视节目传输秩序，确保信息安全、社会稳定，联合市公安局、国安局、文化市场综合执法大队等部门，对酒店、小旅馆非法安装“小前端”进行集中查处整治，发放《整改通知书》，劝转佰翔、宝龙、爱乐假日等十余家星级酒店，进一步净化安全传输环境，提升安全播出水平。

【服务水平提升】

2016年，晋江广电网络推进全市广电网络营业厅达标建设，开展“优质服务窗口季度评比”活动，每季度对各营业厅进行检查，以用户满意为目标，大力提倡“五心”服务、主动服务和体验式服务，强化基础设施建设，细化各项服务考核指标。新建陈埭营业厅。池店营业厅获评省级“青年文明号”、青阳营业厅被评为泉州分公司“十佳”营业厅、罗山广电站被评为泉州分公司“十佳”广电站。

【播出传输安全】

2016年，晋江广电网络注重对机房和重点线路的日常巡查，加强对隐患线路的排查和整改，全年优化改造网络、机房等建设总投资8600万元。顺利完成元旦、春节、国庆、两会、欧洲杯、奥运会等重要时段的安全播出保障。特别是9月份“莫兰蒂”台风侵袭，各广电站、有关部门及时组织广电线路抢修，及时解决机房供电等问题，保障广播电视安全播出传输。

【网络优化】

2016年，晋江广电网络在辖区内全面开展双向业务，按照“业务倒逼网络”方针，推进全市双向网络建设开展。加强宽带质量整治工作，建设完成全市广电网络城域网，布局全市“一村一光交“建设，推进机房扩容和标准化建设，新建小区网络建设从传统CMTS提升为FTTH，各站布局EOC头端，开展整村FTTH建设试点。完成工程项目立项271个、完成主干光缆2650千米、布设光缆交接箱482个、新增光节点182个、完成8.03万个双向端口建设。

（郭灿辉撰　林君清审）

·四〇二台·

【安全优质播出】

2016年，福建省广播电视传输发射中心四〇二台（以下简称四〇二台）贯彻“不间断，高质量，既经济，又安全”的维护总方针，按照“严格要求、严肃态度、严谨作风、严明纪律”的管理总要求，推进科学化、规范化、制度化管理，提高管理水平。深入开展“优质零秒安全播出竞赛”活动，做好值班值守、技术维护、应急处置、安全保卫等各项工作；落实安全责任制，在做好日常技术维护和安全播出的同时，采取有效措施，落实安全责任制，确保重大节日和重要节目（时期）的安全播出；加强管理，抓好规章制度的完善和落实，针对机房工作实际，制定《机房工作制度》，明确规范机房工作的具体要求，对违反规定工作人员进行处理，增强员工责任意识，推进安全优质播出工作。

【技术维护管理】

四0二台遵循“杜绝政治事故，防止人为事故，减少技术事故”的维护工作思路，采取措施加强确保安全播出。加强技术值班；发挥“发射台集成监控系统”的平台优势；对发射机进行全面维护和测试，发现异常及时排除；对安全播出设施进行检查，对影响广播电视安全播出的关键环节进行整改；及时解决处理天调网络反射异常影响播出问题，保证设备正常运行。发射机技术指标全部达标。

（李志明撰　陈德生审）

·晋江经济报·

【概况】

2016年，《晋江经济报》创刊10周年。晋江经济报社始终坚持“三位一体”的办报定位，坚持“四个更加”的办报理念，为用户提供高质量的新闻宣传服务，较好地完成新闻宣传和报业经营任务。小记者人数6500人。晋江经济报成为中国报业小记者联盟副理事长单位。

【服务晋江经济社会】

2016年，《晋江经济报》报道党代会、两会，四套班子换届、省委书记调研、拉练检查、APEC大会、部门路演、集成电路项目开工、树兰集团入驻晋江等重大活动。推出一系列有分量的人物报道，如“奔跑吧　创二代”，并从行业的角度入手，推出特别策划，如“大破局——晋企供给侧改革”系列报道。打造晋江制造业领域产业链“双平台”，中国副食流通协会休闲食品专委会平台、中国·晋江鞋业发展指数平台。晋江经济报社组织两场晋江民营企业爱心公益联盟活动，分别奔赴闽清和延安。《晋江经济报》在街镇特色新闻服务找到新路子，覆盖晋江所有镇街，还与安海镇党委政府共同创立“安海视点”，并创办新闻周刊“爱安海”。深耕基层，深入一线，新开辟村居版，把新闻视角对准晋江广大村居。

【微信矩阵打造】

2016年，《晋江经济报》初步形成微信矩阵，报社官方微信公众号粉丝数5.6万，其他几个部门微信公众号粉丝数也在不断增长。“产业晋江”粉丝7.4万，“晋好康”粉丝2.2万，“晋江亲子剧场”粉丝1.3万，“晋江经济报小记者圈”粉丝1.2万。

【资源整合】

2016年，《晋江经济报》进一步整合资源，将社会新闻部、新媒体（网络）事业部整合成立新媒体中心。借此初步实现采编流程的再造，重要事件根据报纸和微信、微博的不同特点，形成不同版本的稿件，《晋江经济报》向着“不仅在传统舆论场上占据领先位置，也在新媒体舆论场上占据领先位置”的目标前进。

【首届晋江国际半程马拉松赛承办】

2016年12月3日，晋江经济报社承办首届晋江国际半程马拉松赛。晋江国际半程马拉松赛是泉州史上首届国际马拉松赛，吸引10多个国家、近百家企业跑团、约1万人参与。比赛下设男子半程马拉松、女子半程马拉松、迷你马拉松（5千米）三大组别。

（卢古质撰　苏瑞厚审）

·体　育·

【竞技体育】

2016年，在里约奥运会上，晋江籍体操运动员林超攀获得男子团体铜牌，男子个人全能第五名；击剑运动员施嘉洛获击剑男子花剑团体第五名。

【群众体育】

2016年，晋江市举行晋江市第二届全民健身运动会，市镇（街道）及开发区两级开展全民健身活动，市级财政补助活动经费126万元。开展10个市级活动项目，镇（街道）与开发区开展96个以上的体育活动项目。补助建设20个市区安置小区、35个基层村社区体育设施。

2016—2017中国篮球职业联赛晋江赛区首场比赛

【体育产业】

2016年，晋江市举办中国羽毛球俱乐部超级联赛季后赛、CBA联赛、全国沙滩排球大满贯赛、海峡两岸暨港澳地区群众羽毛球赛、全球华人跆拳道赛、晋江国际半程马拉松赛、全国健身健美冠军大赛、2016—2017CBA联赛等大型赛事。配合举行环泉州湾国际自行车赛晋江赛段比赛；举行国际毛利经贸文化（晋江）洽谈会。

2016年，晋江市体育彩票总销量4.02亿元，其中电脑型体育彩票销量3.6亿元，即开型体育彩票销量3849万元。

（施毓箴撰　许鹏飞审）

·2016年晋江市文化事业基本情况表·

表19

指标	单位	数量
艺术表演机构数	个	2
从业人员	人	79
国内演出场次	场	421
国内演出观众人次	千人次	345
艺术表演场所机构数	个	3
从业人员	人	87
演出场次	场	243
公共图书馆机构数	个	1
从业人员	人	29
总藏书量	千册（件）	919
总流通人次	千人次	1500
书刊外借册次	千册次	1638
文化馆机构数	个	1
从业人员	人	8
文化站机构数	个	19
从业人员	人	37
博物馆机构数（含纪念馆）	个	6
从业人员	人	52
参观人次	千人次	110

·档案工作·

【概况】

2016年，市档案工作实施以人为本，服务为先，安全第一"三大战略"，以服务民生为重点，以强化监督指导为手段，以提高档案管理整体水平为目的，夯实档案业务基础，为促进社会和经济发展，构建和谐社会，主动服务市委、市政府中心工作，获评"福建省档案系统先进集体""晋江市先进基层党组织"、2016年度市级目标效绩评估优秀单位等称号。

【民生档案整合】

2016年，市档案局从资源共享和部门双赢的角度进行谋划，从档案集中管理和便于利用的实际出发，对国土档案、城建档案、婚姻档案、公证档案、退伍档案等资源进行整合，在档案馆一楼大厅成立晋江市行政服务中心档案查询分中心，解决群众查档"多头跑"的问题，更好地满足群众查档需求。档案查询分中心共接待档案利用者98625人次，查阅档案73979卷次，为历年之最。

【馆藏档案资源建设】

2016年，市档案局结合晋江市实际情况，做好重大活动档案、有关部门文书档案、退伍军人档案、评审项目档案、公证档案以及侨批档案、民间档案、族谱档案、老照片档案、名人电影文学剧本、长篇小说著作、散文手稿、漫画手稿等特色档案。全年接收、征集各种档案27309卷 、4918件，手稿7盒，漫画艺术档案200幅，老照片1500张，各种资料1360册。

【馆藏档案资源挖掘】

2016年，市档案局在中国共产党成立95周年之际，挖掘老革命家许集美口述档案资料和馆内革命时期老照片，市委组织部、宣传部等部门联合拍摄纪录片《信念》。纪录片作为"两学一做"党课教材，打造档案编研精品。坚持地方特色和时代精神相结合精准选题，"引进来"有深厚文字功底和地方历史文化知识的专家壮大编研队伍。市档案局联合泉州市档案局（馆）编纂出版全省首个故事性侨批读物《泉州侨批故事》，并独自出版《图说晋江侨批》。与晋江籍漫画家吴煜煜联合出版《晋江艺术档案选辑—古代哲理故事漫画》。

【组团片区档案工作】

2016年，市档案局围绕全市中心工作，加大对各拆迁组团片区档案工作的日常监督，定期对各组团片区档案的归档情况进行分类统计，起草编制《晋江市房屋征收补偿与安置档案管理实施意见》，规范各拆迁组团片区的整档标准，全年全市各拆迁组团片区移交进馆文书档案5589件，征迁档案39959卷，安置档案7068卷。9月上旬，市档案局局对全市各组团片区进行为期7天的档案专项执法检查，深入排查各组团片区档案工作中存在的问题。联合街区建设管理领导组办公室对五店市进行口述史调查、协助安海镇申报全国历史文化名镇，查阅并提供大量馆藏民国时期档案。

【档案业务指导】

2016年，市档案局企业档案工作突

深入挖掘馆藏档案资源的部分成果

出新亮点。以推进专业化企业档案中心建设为目标，指导辖区内各企业开展企业档案建设。市档案局以恒安集团为重点指导对象，指导其建设专业化的档案管理中心和档案管理体系。加强政企联动，深入开展企业档案业务指导工作。转发国家档案局下发的《企业电子文件归档和电子档案管理指南》，上门指导亲亲、七匹狼以及恒安等企业开展档案室规范化建设并建立企业建档试点单位。做好农村土地承包经营权确权登记档案工作的督导。5月，与市农业局联合举办全市农村土地承包经营权确权登记档案工作人员培训班，对相关工作人员进行档案业务的培训，提高其业务素质和业务能力，为晋江市土地承包经营权确权登记档案工作又好又快完成奠定坚实基础。

【基地教育功能提升】

2016年，市档案局以档案文化丰富党建工作内涵。依托“晋江党建展馆”“晋江华侨与抗日战争图片展”等爱国主义基地展览，面向全市长期深入开展红色教育活动。10月，配合市委接待福建省委书记尤权到党建展馆参观党建工作，配合市委接待中央政治局委员张春贤到晋江参观调研党建展馆。2016年，被授予“泉州市爱国主义教育基地”。市档案馆以争创“泉州市级爱国主义教育基地”和做优“全国中小学档案教育社会实践基地”为抓手，不断提升基地建设水平，开展一系列展览活动，档案教育基地共迎接社会各界参观者17587人次。

【首个馆外档案教育展览中心设立】

2016年4月27日，市档案局在七匹狼集团有限公司男装博物馆举行档案教育展览中心揭牌暨《晋江侨批文化展》首展仪式，晋江市档案馆首个馆外档案教育展览中心正式成立，这也是福建省首创。通过馆外展览宣传晋江独具特色的侨批文化，进一步推广晋江档案文化，扩大档案社会教育的功能。10月，联合晋江市文体新局等单位，在北京举办“大美晋江”古今书画摄影展，向各地人民展示晋江市馆藏老照片档案及艺术档案文化的魅力。

【纪念日系列宣传活动】

2016年，市档案局档案文化走进大学校园。与轻工学院联合举办老照片和闽台风情档案展览。“古韵安海”亮相第五届端午民俗旅游文化节活动。在市（安海）第五届端午民俗旅游文化节活动中，参与“古韵安海”老照片展出及档案文化宣传。小记者全新体验档案馆活动。在专人带领下，小记者们体验查档服务，参观库房，参与档案知识问答。在晋江市剪纸协会支持下，小记者们还学习剪纸技能，并动手体验。开办社会主义价值观专题讲座。在二楼侨乡学堂，开展宣传活动，举办蔡长安《细说家风家训那些事儿》专题讲座，邀请泉州书法协会副主席丁金潮从书画艺术档案入手讲述书法鉴赏，并开展唐涛甫老师人生励志讲堂，邀请泉州轻工学院、晋江罗山中学、心养小学和毓英小学学生以及学生家长共同感受档案魅力。积极通过“晋江档案”微信公众平台，及时向公众市档案馆最新工作动态、活动信息、文化研究成果和档案法律法规。

【全省市、县级综合档案馆项目建设推进会】

2016年11月，“十三五”期间全省市、县级综合档案馆项目建设推进会在市档案馆召开。全省各设区市、部分县级档案馆建设项目负责人参加会议。

（周文来撰　黄项飞审）

·地方志编纂·

【概况】

2016年，市方志办紧扣地方志工作主业，尤其是抓好“志、鉴、库、网、刊、会、用”和《晋江文库》等地情资料收集整理出版工作，开展读志用志工作，努力构建地方志工作新格局。3月，被省人力资源和社会保障厅、省地方志编纂委员会授予全省地方志系统先进集体称号，林莉莉被授予福建省方志系统先进工作者称号。7月，《晋江年鉴》2013卷在全国地方志优秀成果评比中获得特等奖。

【市领导调研地方志工作】

2016年12月1日，市委书记刘文儒到市方志办调研地方志工作，刘文儒肯定几年来的方志工作，并对地方志工作提出四点要求：一要加强方志队伍建设，提升修志编鉴能力；二要注重地方志资源的整合利用，积极推进文史（方志）馆筹建工作；三要调动社会积极因素，形成合力，促进方志事业发展；四要继续做好《晋江文库》编校出版工作，更好地传承与弘扬晋江优秀传统文化。市委办公室主任吴尊意参加调研活动。12月13日，市委常委、宣传部部长林惠玲、副部长柯荣围走访市方志办，了解地方志工作情况。

【地方志法规宣传贯彻】

2016年，市方志办贯彻落实“一纳入、八到位”，继续将扎实推进二轮修志工作、组织编纂《晋江年鉴》工作纳入市政府工作报告、“十三五”规划和全市年度绩效考核范围，增强承编单位参与修志编鉴的责任感和使命感，为开展地方志工作提供良好的条件和可靠保障。继续开展地方志法规宣传月活动。认真制定地方志法规宣传活动方案，集中开展学习宣传条例、纲要活动，利用方志晋江公微号平台、市情信息网站、史志刊物、条幅标语等多种形式，增强依法治志意识，营造学习地方志法规、规划纲要的良好社会氛围。以市委、市政府组织的“文化三下乡”活动为契机，举行纪念《条例》实施10周年活动，悬挂宣传标语，分发《条例》《规划纲要》宣传手册1000多本。

【二轮修志工作】

2016年，市方志办增强依法修志意识，严抓志书质量，加快修志进度。不断深入承编单位调研，宣传《地方志工作条例》和《实施办法》，增强承编单位及撰稿人员对二轮修志工作的责任意识，要求充实修志力量，为撰稿人员提供良好的修志条件。严格按照《地方志书质量规定》要求，根据评议稿修改方案，抓好评议稿的修改和缺漏资料补充工作。吸收有关方面的专家、学者参加评议稿审改工作，不断优化志稿的总篇目、框架结构、篇幅章节，组织修志业务骨干多方搜集整理有关资料。不断对评议稿审改工作情况进行阶段性总结，针对需要补充缺漏资料的承编单位，及时向承编单位主要领导反馈志稿审改意见，对撰稿人员进行业务指导，要求承编单位按时报送有关资料。组织对评议稿修改稿进行全面通读，反复打磨志稿，确保志书质量。采用包片分工的方式主动联系承编单位志稿缺漏资料补充情况，确保志稿按时修改完成后送审。加大督查力度，市委、市政府把二轮修志工作纳

开展纪念《地方志条例》颁布10周年活动

入年度绩效考核，督导并举，全面推进。该志稿几经审改、补充，整部志书于12月形成验收稿并送审。

【《晋江年鉴（2015）》出版】

2016年1月，《晋江年鉴（2015）》由方志出版社出版发行。该年鉴155万字，设18个部类、72个类目、86个表格；反映晋江市经济社会发展新貌的图片670张，分列于各部类中；框架清晰，装帧精美，图文并茂，全彩色印刷；年鉴准确翔实全面客观的记述和反映2014年度晋江市科学发展、跨越发展的基本情况和最新成就，具有浓厚的地方特色和年度特点，具有为晋江经济社会发展服务的价值和存史的价值。

【《晋江年鉴（2016）》编纂】

2016年，市方志办成为全省首批开展精品年鉴试点单位，以此为契机，加强年鉴规范化建设，增强精品意识，精心部署组织《晋江年鉴（2016）》编纂工作，制定年鉴编纂时间进度表，组织各承编单位按要求做好组稿工作。建立组稿联络机制，落实主编负责制和“一支笔”统稿。市委、市政府将各承编单位的撰稿及稿件报送工作纳入年度绩效考核范围，督导并举，确保按时保质完成年鉴出版。该年鉴于12月交付印刷厂排版印刷。

【晋江年鉴获得全国特等奖】

2016年7月15日，第一次全国年鉴工作会议在山西太原召开。由晋江市地方志编纂委员会组织编纂的《晋江年鉴（2013）》获得全国特等奖并在会上通报表扬。

【《晋江文库》整理出版工作】

2016年3月25日，市方志办与市文体新局共同主办的《晋江文库》首批文献出版座谈会举行。省方志委副主任俞杰、省方志委志书编辑处调研员凌文斌、泉州市方志委常务副主任张惠评、副主任许晓松，《晋江文库》整理出版工作委员会战略合作单位——福建鹭江出版社社长笪林华，《晋江文库》整理出版工作委员会学术顾问福建师范大学图书馆馆长、教授、博士生导师方宝川、福建省文史馆原馆长卢美松、厦门大学国学研究院院长、教授、博士生导师陈支平等专家学者，以及《晋江文库》整理出版工作委员会特邀委员、委员等40多人参加座谈会。市长刘文儒对与会的领导嘉宾、专家学者表示欢迎感谢，副市长史思泉参加座谈会。首批出版的文献有明代张瑞图的《白毫庵集》、明代蒋德璟《悫书》、清代吴鲁《正气研斋汇稿》《百哀诗》。《晋江文库》是全省首个县级地方文献库，《世界日报》《菲华日报》《商报》《菲律宾华报》《联合日报》等新闻媒体都进行报道。12月，征集到相关文献20余种85册（卷），《石房樵唱》《国史唯疑》《陈紫峰先生文集》出版。

【晋江文献古籍被收藏于国家图书馆、国家方志馆】

2016年5月，由市方志办、市文体新局组织征集整理的《晋江文库》相关文献资料工作得到国家图书馆的支持与关注。《晋江文库》系列（包括《白毫庵集》《悫书》《正气研斋汇稿》《百哀诗》《国史唯疑》《石房樵唱》）、《晋江县志》（乾隆版）等书籍被收藏于国家图书馆特藏室。国家数字方志馆于5月开馆，由晋江市方志办整理或编纂的《晋江县志》（乾隆版）、《晋江市志》《晋江年鉴》《晋江文库》、史志刊物以及系列地情丛书等书籍近200套（册）被收藏于国家方志馆。

首批出版的《晋江文库》系列书籍

【方志文化宣传】

2016年，市方志办继续开展送志书进机关、进农村、进社区、进校园、进军营活动。分别到陈埭镇江头村、永和镇巴厝村、驻晋共建部队以及侨声中学、潘径中学、南岳中学、紫峰中学、罗山中学、晋江市实验小学、紫峰中心小学、中和中心小学、瑞鹊小学、晋江老年大学、泉州轻工学院、泉州理工学院开展读志用志活动，赠送《晋江市志》《晋江年鉴》系列及《晋江文库》等书籍有近2000套(册)。注重传统文化、乡贤文化宣传，以传统节日为契机，与多个单位部门联合举办"我们的节日"系列活动，弘扬传统文化。在修志、编鉴和地情资料编纂中注重乡贤文化的宣传，在《晋江文库》的整理出版中重视乡贤文化的传承弘扬。

【晋江、台湾地方文化交流与合作】

2016年，市方志办与市台联会共建台胞信息库，提供相关书籍上百本(套)。8月，与到访的花莲县文化界人士举行志书交流活动，互赠志书。与金门县政府人员互赠志书，对方赠予晋江市方志办《金门县志》《金城镇志》《金沙镇志》《金湖镇志》《金宁乡志》《列屿乡志》等志书。与晋江市传统文化促进会共同组织到台湾彭湖县进行地方文化交流，互赠各自县市志书，对方赠予晋江市方志办《彭湖县志》1套(共14本)。8月27日，参与举办海峡两岸谱牒研究与海丝文化研讨会。9月，参与举办第三届晋台中秋民俗文化节活动。

【各类志书和地情资料编纂】

2016年，市方志办继续抓好专志编纂工作，组织做好部门志、村镇志和企业志编纂工作。其中，《晋江市姓氏志》《晋江市方志志》《晋江市木偶剧团志》完成总纂工作，正组织审核校对、补充有关资料。晋江地情丛书之十二《海上丝绸之路与晋江多元文化》、之十三《乡音——晋江民谣撷赏》，均出版。

【数据库、公微号及书库建设】

2016年，市方志办做好晋江市情信息网数据库建设，重点把晋江志书、年鉴、地情资料和各部门、各单位可以公开发布的资料分类整理入库。制定网站改造升级方案，加强网站维护管理及安全防患措施，提供高效地情信息服务。

《晋江文库》首批文献出版座谈会

方志晋江公微号注重地情服务，及时更新信息，社会公众关注度逐步提升。

完善书库建设和管理，继续做好图书、资料、图片的征集、整理、分类、入库工作。增强对藏书的保护，书库实施科学消毒灭菌、定时通风等防护措施。

【《晋江史志》出版】

2016年，《晋江史志》按每季度1期共编辑出版4期，总计41期。出版《晋江史志》(2016年合订本)。该刊物新开辟"家训家风"专栏，深入研讨家训、家风、乡规民约，突出地方特色，注重传承弘扬晋江传统文化，深受史志爱好者好评。

【地方志学会工作】

2016年，市方志办不断开展地域文化学术交流，组织会员参加志书编纂、地情理论研究、地方志法规宣传、家训家规宣传等工作。与晋江市文物保护中心、泉州市传统文化促进会、晋江市传统文化促进会、中华民俗礼仪研究推广协会、晋台民间交流协会在龙泉书院举办礼仪讲座。与晋江谱牒民俗学会联合编印《中华家训族规选萃》。

【方志队伍服务能力提升】

2016年，市方志办吸纳有关方面的专家和有这方面工作经历的退休人员充实方志队伍，不断充实修志编鉴力量。在《晋江文库》征集整理出版过程中，不断挖掘这方面高素质人才，加强人才培养锻炼；先后组织参加全国、全省、泉州市综合年鉴编纂业务培训班，参加《福建年鉴》(2016)撰稿人业务培训班、泉州市方志系统信息技术培训等，提升编纂业务能力；组织参加"明党章党规、做合格党员"晋江市学习贯彻《党章》和《准则》《条例》知识竞赛；抽调1名干部到龙湖镇后溪村挂职村支部副书记。

【服务社会工作】

2016年，市方志办不断拓宽地方志服务中心工作的途径和范围，如参与重点城建项目征迁建设工作，抽调1名干部参加罗裳片区城建项目征迁建设工作，抽稿1名副主任科员参加晋江晋华集成电路项目建设工作；参与晋江市第二次地名普查工作；协助市纪委做好家风家训的资料征集、宣传工作；参与香港卫视所拍摄的纪录片《沧海丝路——晋江记忆》制作的相关工作；帮助市水利局查阅有关清代晋江水利水文情况的资料；指导、协助市图书馆做好"厦漳晋"华侨人物展工作（其中有52个晋江华侨人物资料）；协助晋江武警中队做好武警荣誉室创建工作及查阅相关资料；帮助深沪坫头林场查询有关林场资料；协助北京清华同衡规划设计研究院查阅有关青阳镇庄氏资料(共查阅29本相关书籍)；协助广东省南澳县文化馆查阅蔡逢益、陈壮猷、王元、张天福、倪鸿范、吴泗、苏明登等7名晋江籍南澳总兵相关资料；协助福建晋华集成电路有限公司董事长邵玉龙家族寻祖工作；协助台湾高雄市湖内区忠兴宫管理委员会查找"三侯公"相关资料；协助马来亚大学马来西亚华人研究中心做好《马来西亚晋江社群研究》相关资料的征集工作；协助海内外乡亲寻根谒祖等等。

（苏锦生撰　黄　良审）

社会

- 教　育
- 卫生和计划生育
- 民族　宗教
- 劳动和社会保障
- 民　政

·综 述·

【概况】

2016年，晋江市教育工作以“办好老百姓家门口的学校”为主线，以在全省率先基本实现教育现代化为目标，深化教育综合改革，补足短板，创新突围，取得新成效、新突破。晋江市获评全省“全国学前教育改革发展实验区”“安全教育全国示范单位”“全国社区教育实验区”等18项集体荣誉；市教育局获“第二十四届全国青少年爱国主义读书教育活动优秀组织奖”“全国第五届中小学艺术展活动优秀组织奖”。

推进供给侧结构改革

【高端教育谋划】

2016年，晋江拔萃双语学校奠基；引进泉州五中及新加坡和中国台湾等高端教育集团到晋江市办学；争取社会力量支持，筹办大明国际（双语）学校。

5月12日，晋江拔萃双语学校举行奠基仪式，拔萃双语学校名誉理事长江泽玲，中国红十字会总会事业发展中心主任、晋江拔萃双语学校筹备委员会主任江丹一行参加项目启动仪式。泉州市、晋江市领导李建辉、刘文儒、陈晋永、王茂泉、史思泉、罗云出席活动。中央电视台《新闻联播》主持人张宏民主持仪式。位于博览片区（博览大道北侧）的晋江拔萃双语学校占地总面积约10.55公顷，建筑面积11万平方米，计划设置教学班152个，预计总投资达4.5亿元，是一所集幼儿园、小学、初中、高中和国际部于一体的现代化、国际化寄宿制学校。学校依托国内外名校的优质教育资源，聚集一批教育教学管理名家和有丰富教育教学经验的优秀教师，为国内外适龄学生提供高标准的优质教育服务。

【集团化办学推广】

2016年，市教育局推广教育集团、委托管理、联合办学等新模式，新增实验小学、季延中学、华侨职校等6个教育集团。养正中学与福州一中，侨声中学与格致中学，南侨中学与龙侨中学合作办学。晋江一中与中远学校试行公民办学校合作办学，实验小学与第十实验小学结对共建。

【“实验小学、第十实验小学‘1+1’发展共同体”结对共建】

2016年3月，市教育局正式启动“实验小学、第十实验小学‘1+1’发展共同体”的结对创建工作。两所学校立足各自实际，制订管理结对、师资结对、教研结对、班级结对、学生结对、信息化结对等共建模式，明确理念提升、推动教师、推进学习、促进拓展、推广成果等工作目标，制定并积极组织管理、人财物保障、总结提升等一系列工作机制进行深入探索。

【晋江一中、泉州中远学校合作办学】

2016年6月30日，晋江一中、泉州中远学校签署合作办学协议。此次两校合作办学采取“引进管理、引进骨干、资源共享、教研一体”模式。合作期限内，晋江一中委派管理人员，把管理理念和经验带进中远学校；每年派遣一批不同学科的骨干教师到中远学校支教，加强师资队伍建设，推进中远学校课程改革，提高教育教学质量；双方将在泉州中远学校开设“合作班”，2016年秋季开始招生。

【凤竹小学成为实验小学分校】

2016年8月9日，晋江市教育局印发《关于梅岭街道凤竹小学纳入实验小学管理的通知》，决定自2016年秋季起，正式把梅岭街道凤竹小学以晋江市实验小学凤竹校区名义，纳入实验小学管理，两校区实行统一机构、统一法人、统一队伍管理，师资由实验小学根据学科、年龄、职称等因素在两校间按比例合理调配。

6月13日，晋江市在凤竹小学召开全市小学委托管理现场会暨2016年教委办工作例会，总结、推广委托管理试点工作经验，鼓励、扩大全市“委托管理”试点面；正式把凤竹小学纳入实验小学管理，办成实验小学分校区，实现委托管理向分校区模式的转型升格。梅岭街道希信中心小学、心养小学、平山实验小学，安海镇养正中心小学、成功中心小学，磁灶镇中心小学等校均承担委托管理任务，起到较好的示范、辐射作用。

【民办学校年检】

2016年，市教育局组织对民办学校开展年检工作，并在各类媒体上公开年检结果，列入年检198所，确定为年检合格173所，年检不合格22所。

整合教育资源

【教育项目规划优化】

2016年，市教育局编制出台《晋江市“十三五”教育事业发展专项规划》。着手编制《晋江市域中小学幼儿园布局发展专项规划图则》，范围涵盖6个街道和陈埭、池店、紫帽、西滨、磁灶、内坑、永和等7个镇，区域教育设施用地面积约800公顷，涉及298所规划学校。实现一校一图，确定用地位置。启动制定《第三轮中心城区教育资源整合提升方案》。

【教育项目建设】

2016年，全市171个校园新（扩）建项目完成投资2.54亿元（其中，中心城区教育资源整合提升项目63个，完成投资1.26亿元），建成华侨中学教学楼、龙泉小学教学楼等38个项目，建筑面积21.88万平方米，投入43234万元，新增学位1.08万个（其中，中心城区教育资源整合项目9个，投入11339万元，新增学位4420个）。完成13所校园改造，投入1188万元。

【智慧校园建设】

2016年，市教育局推进《晋江市全面改善义务教育薄弱学校基本办学条件实施方案》，投入2062万元采购仪器设备。启动“一网六平台”建设，投入3031万元，配置1355套“班班通”多媒体。

【新晋江人子女入学保障】

2016年，市教育局开展新晋江人（到晋江务工人员）子女入学定点校布点工作，由275所增加至279所，占全市小学的96.53%，推行“先到优先”“公布学位”和“派位招生”政策，引导新晋江人子女在学位宽松和紧缺区域合理分流。通过招生咨询会、网上公开等形式，确保全市中小学、幼儿园相关信息全公开。进一步简化新晋江人子女入学证件，并明确入学对象凭社会保险缴费证明享受优先入学。全年兑现各类教育帮扶资金8291.0433万元，惠及学生87101人次，其中，学前助学金114人次9.372万元、义务教育营养餐24663人次1153.9063万元、高中免学费43860人次3942.05万元、高中助学金2065人196.845万元、少数民族助学金281人次33.38万元、中职免学费12677人2433万元、中职助学金3131人次313.1万元、大学生助学贷款310人次209.38万元。

（林金国撰　陈建生审）

学校安保

【安全责任落实】

2016年，市教育局召开8次综治安全工作会议，及时传达部署安全工作，全年教育系统没有发生重大安全责任事故，获评“晋江市安全生产目标管理责任制考核优秀单位”，在泉州市学校综治安全工作会议上做经验交流。强化队伍建设与安全业务培训，重点开展校车安全、保安人员、危化品安全、毒品预防等业务培训，全年轮训9场2500多人次。

【学生安全工作会议】

2016年，市教育局为贯彻落实全国学校安全工作电视电话会议精神和近日泉州、晋江两级领导关于晋江市学生安全工作的批示精神，切实加强学生安全工作，保障全市中小学生（幼儿）生命安全，4月18日下午，市政府召开全市学生安全工作会议。全市各相关部门负责人、市教育局主要领导和相关科室负责人、各镇（街道）分管教育工作领导、各中学（含职校、劳动基地）校长、各镇教委办、街道教育办主要领导，市直学校（特教学校、幼儿园）校长（园长）等共150多人参加会议。

【校园保安员培训】

2016年7月18日至23日，市教育局联合保安公司开展2016年全市校园保安员培训。本次培训分三期，分别在松熹中学、英林中学和晋江一中等3个培训点进行，培训内容注重针对性和实用性，主要包括：队列形体训练，防暴技能实训，器械使用培训，交通手势指挥，保安应用理论与反暴恐知识讲座和应用理论与实际技能考核等，全市中小学、幼儿园的830名保安参加此次培训。

【安全制度机制建设】

2016年，市教育局推进中小学幼儿园校园技防系统升级改造工程列为市委市政府为民办实事项目，投入1917万元，建设完善全市学校重点部位和区域的技防设施项目，进一步提升校园技防设施的规范化建设和标准化管理水平。健全安全隐患督导检查、督查通报、限期整改反馈和“回头看”等制度机制，实行每月16日学校安全检查日活动，开展每季度学校综治安全工作片区交叉检查督查，检查496所学校，督促整改隐患1911处。推进“两项创建”工作，有651所学校通过学校安全标准化建设提升工程考评验收，650所学校被认定为“平安校园”，分别占应达标数的100%、99.8%。

【学校综治安全工作片区交叉检查】

2016年3月，市教育局开展2016年第一季度学校综治安全工作片区交叉检查工作。检查工作由片区轮值教委（育）办按照要求牵头组织，采取不听汇报、查阅材料、实地查看以及明查暗访相结合的方式进行，重点检查学校常规安全工作、校园“三防”建设情况以及落实学校安全工作文件等情况，每个镇（街道）检查5所学校（含幼儿园），其中包括1所以上的市直学校（含中学、职校、市直小学、市直幼儿园）和1所以上的民办学校（幼儿园）。

【安全宣传教育】

2016年，市教育局坚持每逢节假日都向全市家长发送安全提醒短信，定期在“晋江市教育局”微信公众号发布安全防范知识，制作《未成年人安全宝典》宣传手册，累计向家长发送安全提醒短信960余万条、推送各类安全主题微信25期（总阅读量近20万次）。落实安全教育课程，强化“学校安全教育平台”的在线课程教育，加强“放学前五分钟安全教育”，落实中小学每月、幼儿园每季度至少组织1次以上应急疏散演练，全年累计演练5200多次。11月，教育系统各单位结合“11.9消防安全宣传日”，联合消防部门开展一系列消防宣教演练活动。围绕全省今冬明春防火安全为主题的消防宣传教育活动，不断创新“11•9”消防宣传日宣传模式，确定全市教育系统“消除火灾隐患，构建平安校园”的活动主题，以学校（幼儿园）为单位，查找存在的各类消防安全隐患，共建平安和谐的校园环境。各校（园）主动与消防、公安等部门沟通，大量搜集、整理有关消防安全内容的信息资料，丰富宣传教育的内容。通过校刊、校报、板报、宣传橱窗等宣传阵地，创设宣传环境，组织专题讲座、报告会、知识竞赛等活动，将消防宣教工作的网络和触角延伸进每一个班级、每一位学生和每一个家庭，切实提高宣传普及工作的针对性和实效性。加大消防演练。各学校从实际出发，主动邀请消防、公安等部门，开展针对火灾自然灾害的紧急避险疏散演练，制定科学合理的演练预案，按照预案内容步骤保证演练安全、规范和实效。

【安全专项整治】

2016年，市教育局打好"防溺水与交通安全"攻坚战，开展晋江市学校交通和防溺水安全教育周，组织以"规范交通行为 远离溺水伤害"为主题的"十个一"活动，开展宣传教育活动634场、排查整治安全隐患1157处、发放宣传单(册)25万份；开展以"大爱晋江·七彩暑期·安全护航"主题暑期学生安全夏令营，为32个服务点的2843名学生提供暑期安全常识教育服务。制作推送《让爱不溺》、《携手为孩子的安全成长保驾护航》等公益微信，联合晋江经济报社举办安全知识问答。重视消防、危化品管理等安全工作，集中开展学校危险化学品安全专项整治，开展夏季消防安全督查行动，全市公办、民办幼儿园"5+1"基本配备简易消防设施。开展教育系统安全隐患大排查大整治专项行动，集中开展学校安全大检查，进一步排查安全隐患356处并均已整改。强化校园周边的综合治理，配合相关部门开展校园及周边治安秩序、交通环境、文化食品市场和"打非治违""护校安园"专项整治行动。严防校园欺凌，开展普法教育活动，从源头上预防和减少青少年学生违法犯罪案件发生。在2016年全国安全教育实验区工作会议上做了工作交流，3所学校获评"安全教育全国示范学校"；养正中学获"全国中学生法制谜语精英赛冠军"；毓英中学获"全国青少年毒品预防教育"6.27"工程先进学校"等。

【4个单位获评"安全教育全国示范单位"】

2016年9月23日，市教育局被中国教育学会评为"2015—2016年安全教育全国示范单位"(全国20个，福建省3个)，晋江市灵源街道群峰小学、安海镇菌柄小学、安海幼儿园获评"安全教育全国示范学校"(全国100所，福建省10所)。此外，市教育局还应邀在表彰会上作《探索实行"四个三"工作方式构建具有晋江特色的安全教育工作格局》的经验交流。

晋江市包揽泉州市中小学生田径联赛三个团体总分第一名

素质教育

【文明学校示范学校创建】

2016年，市教育局全面实施学校德育、科技、心理健康和实践技能提升工程。评选确定35所晋江市文明学校，新增6所泉州市青少年科技教育示范学校、26所晋江市德育先进校、30所学校少年宫、18所文明礼仪教育示范校、19所书香校园教育示范校、8所"科技创新实验室"学校和26所"绿色学校"，青阳街道中和中心小学的交通安全生命教育入选福建省中小学德育建设示范项目，晋江市中小学生劳动技术教育基地入选福建省中小学示范性综合社会实践基地。

【艺术体育素养培育】

2016年，晋江市通过全国农村学校艺术教育实验县(第三阶段)预评估。养正中学获央视《中国谜语大会》全国总决赛金奖。在全国第五届中小学生艺术展演活动中松溪中学学生尤泽文(指导老师江胜治)书法作品唐诗两首《枫桥夜泊》《题西陵渡》获艺术作品中学甲组一等奖；市实验小学学生庄沐祺书法作品《周易》节选获艺术作品小学甲组三等奖。全面实施《国家学生体质健康标准》，继续深化体艺"2+1"工程，组织评选确认10所晋江市体育教育特色学校、12所晋江市艺术教育特色学校，举办晋江市第五十四届中小学生田径运动会、校园合唱电视比赛等20多项文体赛事，2016年晋江市初中毕业生升学体育考试A率60.80%，合格率98.13%，继续位居泉州市首位。包揽泉州市中小学生田径运动会小学组、初中组和高中组3个团体金牌，获泉州市中小学生"南少林五祖拳健身操"会操比赛高中组、初中组和小学组的一等奖。1所学校获评全国学校体育工作示范校。

【特色学校创建】

2016年6月7日，晋江市金井镇围江学校和灵源街道灵水中心小学2所学校入选全国青少年校园足球特色学校。晋江市全国青少年校园足球特色学校已增加至21所。晋江二中、晋江二小被确定福建省中小学心理健康教育特色学校，2所学校获评泉州市中、小学劳动教育特色校。

【2所学校被确定为"泉州市闽南文化传承基地学校"】

2016年9月12日，侨声中学和东石镇潘径小学2所学校被确定为2016年"泉州市闽南文化传承基地学校"。至此，晋江市"泉州市闽南文化传承基地学校"已增加至4所。

【第十三届泉州市青少年科技创新大赛获奖】

2016年，泉州市科协、教育局、科技局、环保局、关工委共同主办的第十三届泉州市青少年科技创新大赛。

晋江市中小学共有25个科技创新项目、9个科技创新大赛科技创意作品、8个科技实践活动入围本次复评决赛。晋江市选手在科技创新项目上获得5个一等奖，9个二等奖和11个三等奖；在科技创新大赛科技创意作品上获得3个一等奖，3个二等奖和3个三等奖；在科技实践活动上获得5个二等奖和3个三等奖；在科幻画上获得6个一等奖，5个二等奖和1个三等奖；另外优秀科技创新项目奖5项，优秀科技辅导员奖1名。

（林金国撰　陈建生审）

教师队伍建设

【概况】

2016年晋江市有教师16452人，其中，公办教师13872人，合同管理教师2580人。全市县级以上骨干教师1823人，其中，省级以上骨干教师139人，泉州市骨干教师1037人，晋江市骨干教师647人。

【学校干部队伍管理】

2016年，市教育局制定实施《晋江市教育系统学校校级干部请销假管理制度》，开展中学总务主任等敏感岗位中层干部交流轮岗，共交流轮岗80人（其中总务口干部24人）。选派第十四、十五批共51名校级干部到国内名校挂职锻炼，遴选第九批、第十批共16名学校中青年干部到市教育局挂职锻炼，从基层学校遴选3名干部到教育局下属非教学事业单位工作。举办18期名师名校长大讲堂活动，邀请国内名师名校长到晋江讲学交流，设立名师名校长大讲堂侨声中学讲堂。举办首期169名学员的学校中青年管理干部培训班，分中学、小学、幼儿园到复旦大学、浙江大学、南京师范大学实行异地集中培训。遴选第二批80名学校中青年管理干部培养人选。

【学校中青年管理干部培训】

2016年4月28日，晋江市学校中青年管理干部培训班开班仪式暨晋江市名师名校长大讲堂第55期活动在教育局一楼学术报告厅举行。全市各中学、市直小学校长，各教委（育）办领导、各基层中心小学校长、本次培训班学员以及安海镇学校管理干部培训班学员共计300多人参加。

【教育人才培育】

2016年，晋江市启动实施教育人才“5121”引育计划，引进培育教育人才36人，其中引进高级人才3名。着力加强名师名校长培养，确定首批19名晋江中学教学名师，1名幼儿园园长获评泉州市第三届中小学名校长，遴选38人被确定为泉州市第二批中小学教学名师培养对象，分别有3人入选省名校长、省教学名师培养对象，18人获评2016年泉州市普通中学“教坛新秀”称号；组织对1823名各类名教师2014—2016学年度履职情况进行检查，考核优秀189人，不再纳入管理50人。组织156名义务教育阶段校长教师进行交流，选派6名城镇教师到农村支教，派教师赴印尼任教和到南平、宁夏支教。做好新任教师招聘工作，招聘609名，其中赴高校招聘33名、签约教育部直属师范大学免费师范毕业生8名。启动晋江市首届教师教学技能大赛活动，开展新任教师岗位培训暨师德宣誓活动，举办首期中小学专家型教师高级研修、首期学校专职卫生保健人员业务培训、中学中层干部高级研修、第九期小学校长高级研修班、督学培训班、“名师孵化工程”师资培训班等30多个班次，选送500多名骨干教师参加上级各类培训。开展第三阶段干部人事档案专项审核工作，完成基层小学校长、市直小学、幼儿园中层人事档案认定工作，核对教师人事档案信息库，完成全国教师管理信息系统的数据录入和审核工作。组织开展教育系统第三轮岗位聘用工作，探索设立公办学校统筹岗位，单列管理图书档案、财务会计、卫生保健等系列非教师专业技术岗位，中高级岗位职称比例和指数得到较大提高，398名已评未聘人员得以聘任，一线教师的职称聘用问题不断得到解决，3名教师首次获评正高级职称。做好乡村任教30年荣誉证书颁发登记工作，做好教师资格认定工作。举行晋江市小学生汉字听写大赛，开展晋江市第七届经典诵读大赛暨纪念中国共产党成立95周年红军长征胜利80周年诵读比赛，推荐6所学校参评省级、泉州市级语言文字规范化示范校创建，晋江代表队获第四届“中国汉字听写大会”福建省选拔赛泉州赛区决赛团体季军。

【教育人才引进优惠政策】

2016年，中共晋江市委办公室、晋江市人民政府办公室印发《晋江市教育人才“5121”引育计划》。晋江将实施教育人才“5121”引育计划，力争到2020年重点引进和培育高端人才5名以上、高级人才10名以上、骨干人才20名以上、优秀人才100名以上，打造一支教育高层次人才队伍。

着重引进四类人才。高端人才：享受国务院特殊津贴的人员；国家级教学成果奖一等奖前2位完成人；省级教学名师、省级名校长、省级特级教师；经县级教育主管部门公开选拔推荐并获个人本专业课堂教学大赛、教师专业技能竞赛省级一等奖、国家级二等奖及以上。经认定与上述人员层次相当的其他人才。高级人才：国家级教学成果奖二等奖第1位完成人；省级优秀教学成果奖一等奖第1位完成人；地市级教学名师名校长；省级学科教学带头人、国家级骨干教师；经县级教育主管部门公开选拔推荐并获个人本专业课堂教学大赛、技能竞赛省级二等奖、国家级三等奖；取得正高级专业技术职务任职资格者。经认定与上述人员层次相当的其他人才。骨干人才：地市级学科教学带头人、省级骨干教师、县级名师名校长；经县级教育主管部门公开选拔推荐并获个人本专业课堂教学大赛、技能竞赛省级三等奖或地市级一等奖；取得博士学位者。经认定与上述人员层次相当的其他人才。优秀人才：县级学科教学带头人、地市级骨干教师；取得硕士学位的人员；“985工程”高等院校优秀毕业生；教育部直属院校的师范类优秀毕业生。经认定与上述人员层次相当的其他人才。

安家补贴：对符合条件的引进人才，按下列标准发放安家补贴：引进的高端人才，发放安家补贴40万元；引进的高级人才，发放安家补贴20万元；引进的骨干人才，发放安家补贴10万元；引进的优秀人才，发放安家补贴3万元。

特殊津贴：对于引进和培育的教育人才，参照《晋江市中小学教学名师、学科教学带头人、骨干教师考核管理规定》发放特殊津贴。高端人才500元/月；

高级人才350元/月;骨干人才250元/月;优秀人才150元/月。

交通补贴:引进人才短期到晋江市从事教学工作,全年实际工作时间累计达到30天以上的,当年度可享受一次性的交通补贴。高端人才7000元/人;高级人才5000元/人;骨干人才3000元/人;优秀人才1000元/人。

人事关系:公办学校引进人才按晋江市在编人员的有关规定执行;对辞职、离职到晋江市工作的高端、高级和骨干人才,若原单位同意移交档案的,给予整理入档;若原单位不同意移交档案,经本人及用人单位申请,人力资源和社会保障局、教育局根据其工作经历予以办理重新建档。辞职、离职前参加工作的时间可与来晋江市后的工作时间合计为连续工龄。

职称聘任:引进的高端、高级、骨干人才原已聘任的专业技术职务等级由用人单位先从核准的岗位数中聘用。超出核准数的,用人单位可以申请增设岗位,报有关部门审核后予以聘任。专业技术职务任职年限连续计算。

生活保障:引进人才在晋江市落户,家属户口可自由选择是否随迁。引进的高端、高级、骨干人才配偶需要就业的,根据原就业情况和个人条件,由用人单位和市有关职能部门优先推荐就业、帮助协调解决。配偶属于在职公办教师的,经业务考核和政审合格,可以直接办理调入手续。引进的高端、高级、骨干人才子女可在晋江市公办幼儿园、小学和初中校自主选择入学,由市教育局给予安排。其子女参加晋江市事业单位公开招聘的,可享受晋江生源同等待遇。

外引内培,双管齐下。设立"优秀大学生回乡任教资助金",鼓励晋江籍(含晋江生源,下同)优秀大学毕业生报考晋江市公办教师,在晋江市长期从事教育工作,不断强化本地教育人才的培养。资助对象必须为"985工程"高等院校晋江籍应届优秀毕业生和教育部直属院校的晋江籍师范类应届优秀毕业生,毕业后自愿回本市公办学校工作,并通过招考正式聘用的。

【师德师风建设】

2016年,市教育局坚持规范从教行为,开展教师在编不在岗清查和有偿补课治理,开展2016年春季教师到位情况"大点兵",坚决实行师德违规"一票否决"和责任追究制度。举办第五届"我最喜爱的老师"评选活动,评出十佳获得者和十佳提名奖获得者,在《晋江经济报》教育专刊设立教师风采专栏,正面宣传师德楷模。评选教育世家2户。先后组织慰问教师158人次,金额122100元。先后组织开展全市首届教职工趣味运动会、气排球赛、篮球赛、五人足球赛、教育教学信息化应用技能岗位练兵等5项赛事,近2000名教师参加。

【第五届"我最喜爱的老师"表彰】

2016年11月29日,晋江市德育工作会召开,表彰晋江市第五届"我最喜爱的老师"十佳及提名奖获得者。十佳"我最喜爱的老师"分别是王亚容(晋江市实验小学)、卢晖(晋江一中)、许建南(首峰中学)、吴白霜(青阳街道中和小学)、吴金专(晋江市第二实验小学)、陈珊珊(安海镇西安小学)、杨宝红(侨声中学)、洪金珠(龙湖镇阳溪中心小学)、洪志雄(晋江市第十实验小学)、黄旭升(罗山中学)。

(林金国撰　陈建生审)

廉政勤政建设

【责任追究】

2016年,市教育局制定实施《晋江市教育系统学校校级干部管理行为问责暂行办法》、《晋江市教育系统领导干部述职述廉和廉政约谈工作实施意见》等文件,综合运用好执纪监督"四种形态",落实党风廉政建设约谈制度。对在审计、信访和各种常态化检查中发现的问题依情节轻重给予函询提醒、通报批评、诫勉谈话、组织处理。对在信访等工作中有明显过错的校级领导进行约谈。深入养正中学新校区建设工地开展廉政提醒谈话活动等。共约谈及廉政提醒55人次,追回应由个人承担的5700元并缴入财政账户。责令有关教委(育)办提请镇政府(街道办事处)免职基层小学校长3人。自办1起经济案件、追回违纪所得7500元,立案11起,行政记过处分1人、降低岗位等级6人、开除公职2人,党内严重警告1人、留党察看一年1人。

【廉政提醒谈话】

2016年4月6日,市教育局开展廉政提醒谈话活动。此次廉政提醒谈话活动由市教育局党组、纪检组牵头,监察室、财务管理中心和计财科参加,约谈2015年年底在工程投资项目专项审计和行业整顿中发现问题的单位主要领导、分管领导、经办人员,共9个单位24人。

【重点领域专项督查】

2016年,市教育局出台实施《晋江市住宅小区配套幼儿园建设移交管理暂行规定》《晋江市学校零星工程建设和零星物资采购管理规定(试行)》等文件,进一步强化学校工程建设、物资采购等规范运行,重大实验设备采购项目坚持集体议事、严格审批程序,进一步规范学校采购行为和工程招标流程。共审核学校政府采购项目576个,资金21760万元;共发布学校零星工程建设和零星物资采购项目490个,预算金额5581.43万元,公开招投标中标5093.39万元,折率为91.26%。强化对公办学校店面等国有(公共)资产出租出借管理,有8所学校公告国有资产出租出借,非税收入549.63万元。加强"春节""五一""端午""升学毕业季""中秋""国庆""教师节"期间"四风"问题的执纪监督。先后组织开展教辅材料征订、惠民资金使用、清退公职人员持有非上市公司股份、办公用房、贯彻落实中央"八项规定"精神情况等多项专项督查,全市教育系统共有14人清退所持有的非上市公司股份。教育局"三公"经费同比下降2.1%(其中,公务接待费同比下降1.36%,公车费用同比下降3.63%,印刷费同比下降17.17%)。

【内审监督】

2016年,市教育局更新充实教育系统内部审计兼职人才库,人员增加至35名,选派3人次参加业务培训和跟岗学习;制订出台两份内部审计实施细则,建立审计组长廉洁责任承诺制、廉洁纪律自查机制和被审单位监督反馈制,进一步完善内审工作;委托社会中介机构进行学校零星修缮项目审计,全年完成20个项目,审计报告均已送达各单位;加大自审力度,完成项目20个(其中经济责任审计5个,财务收支审计15个),审计资金总额达12.49亿元,提出126条审计建议,督促整改超标准报支金额2.19万元。

【投资项目委托审计工作启动】

2016年4月,晋江市人民政府批示

同意市教育局委托社会中介机构对学校投资项目进行审计，上半年，对10所中小学、幼儿园投资的10个限额以下基建、加固、修缮项目进行审计工作正式启动。

此次抽审10个单位，其中中学3所、市直幼儿园1所和5个教委（育）办的6所小学。项目为2014年底以来，投资在20万元以上100万元以下在建及完工项目。审计内容包括对建设项目投资立项、设计（勘察）、预算造价、招投标、合同管理、工程管理、监理、财务收支管理、竣工验收、财务决算、财政投资项目评审管理等工作过程的审核和评价。市教育局积极创新机制，通过前移审计关口，内审联动外审，全面强化审计监督。

【廉政宣教】

2016年，市教育局选聘廉洁文化进校园宣讲员73人，组建廉洁文化进校园宣讲团，深入各学校开展党风廉政建设宣传教育月活动。开展廉洁文化进校园图片资料和优秀作品征集活动。举办教育系统“庆元旦•扬清风”廉洁文化书画展。在晋江教育信息网页上开辟“廉政之窗”栏目，关注廉政热点问题，开展警示教育。组织开展“构建‘不能腐’长效监督机制”金点子征集活动，共收到20个单位的金点子205条。组织局机关全体干部和教育系统党员干部8批次近500人到晋江市看守所接受警示教育，零距离地感受在押人员在高墙内失去自由的牢狱生活。完成晋江市中小学生敬廉崇洁教育基地的升级改造，组织纪检委员、廉洁宣讲员和部分学校领导参观接受警示教育。并通过到闽台缘博物馆参观“廉政书法展”等形式，落实警钟长鸣。

【教育行政审批】

2016年，晋江市行政服务中心教育分中心正式投入运行，方便群众办事。对电子协同办公系统和晋江教育局门户网站进行改版升级。对近年来开展的各种考核检查、评比表彰活动进行第二轮清理，考核检查类项目从15项减至7项，市级评比表彰类项目从39项减至26项。

【“互联网+”办事公开】

2016年，市教育局推进“互联网+”办事公开，开通“晋江教育局”和“晋江教育微党建”2个公众微信号和微网站，坚持每日更新，及时更新局机关党务、政务公开栏，利用教育信息网、校务公开网和党务公开网，公开各类政务信息134条，党务信息253条，校务信息599条。信息工作常年居省、泉州教育系统和晋江党务、政务系统前三名。获评“晋江市党群系统信息工作先进单位”和“晋江市政务系统信息工作先进单位”。实施周通报制度，加大信访交办、督办和直接查办力度，全年共受理各类信访件587件，办结587件。

（林金国撰　陈建生审）

·学前教育·

【概况】

2016年，全市幼儿园在班幼儿83466人，同比增加942人，增幅1.14%。其中，到晋江务工人员子女47867人，占57.35%，同比减少2076人，减幅4.16%。全市学前三年入园率98.09%；学前一年入园率99.76%，同比增长0.4%。

【学前教育普惠发展】

2016年，市教育局制订《晋江市国家学前教育改革发展实验区实施方案》，开展国家学前教育改革发展实验区实验工作。开办10所公办幼儿园，全市公办幼儿园（点）达到53所，新增学位2880个。新增2所省示范性幼儿园（梅岭桂华幼儿园、东石中心幼儿园）、1所泉州市示范园（晋江市艺术实验幼儿园）。完善公民办、集体办幼儿园等级评估管理和财政补助制度，共补助813万元，惠及222所幼儿园40882名学生。对全市439所幼儿园的收费依据、收费标准全面登报公示，全市所有民办幼儿园全部完成收费报备审核，全市普惠性收费幼儿园达321所，占73.96%。

【毓英中心幼儿园被确认为福建省示范性幼儿园】

2016年2月6日，福建省教育厅印发《福建省教育厅关于确认永泰县实验幼儿园等12所幼儿园为“福建省示范性幼儿园”的通知》，金井镇毓英中心幼儿园被正式确认为“福建省示范性幼儿园”。全市共有8所省级示范幼儿园、10所泉州市级示范幼儿园，40所晋江市级示范幼儿园，在园幼儿1.98万人，约占全市在园幼儿24%。

【“中奥名雅居”配套幼儿园移交】

10月24日，晋江市中奥名雅居配套幼儿幼儿园移交签约仪式在晋江市教育局举行。晋江市教育局局长陈建生、梅岭街道办事处副主任郑绍乐、中奥地产董事长苏建华、第三实验幼儿园园长陈白鹭等出席此次移交签约仪式。

中奥名雅居配套幼儿幼儿园移交后，将作为晋江市第三实验幼儿园的中奥园区，由晋江市第三实验幼儿园负责办园。晋江市第三实验幼儿园中奥园区占地面积4000平方米，总建筑面积4024.93平方米。该项目由中奥地产根据城市规划建设要求配套建设，移交教育部门举办公办优质幼儿园。

（林金国撰　陈建生审）

·义务教育·

【概况】

2016年，晋江市义务教育阶段学生239029人，同比增加3269人，增幅1.39%。其中，到晋江务工人员子女149736人，占62.64%，同比增长311人，增幅0.21%。全市小学适龄儿童入学率100%。初中学龄人口入学率99.19%。初中辍学率城区0.34%，同比下降0.21%、农村0.37%，同比下降0.12%。应届初中毕业生升入高中阶段教育的升学率97.70%。

【义务教育均衡发展】

2016年，市教育局组织完成省义务教育阶段质量监测组织工作。坚持“统筹规划、分步实施、整体提高、注重实效”原则，开展义务教育学校管理标准化创建工作，实验小学、第二实验小学、安海中心小学、海滨小学、第五实验小学、华泰实验小学、晋江第四实验小学、第十实验小学、平山中学、紫华中学、云峰中学等11所学校获评福建省首批“义务教育管理标准化学校”评估认定。启动“家门口的好学校”宣传月活动，全市50多所中学通过不同的形式认真开展初中招生宣传“五个一”活动，举行宣传活动133场次。及时调整中招政策，规范初招工作，顺利组织晋江一中、养正中学初中部电脑派位。指导中心城区多所学校招生电脑派位，解决初招工作压力。开展中招资格审查、注意录取、综合素质评定等工作。实施初中课堂教学改革联盟。9个学科被确认为泉州普通中学学科教学联盟校成员；3所中学被确认为泉州市首批普通中学学科教学联盟基地校；晋江一中被确认为"泉州市普通高中学生综合素质评价实验学校"。发动全市教师参加全省"一师一优课，一课一名师"工作，中小学教师参加晒客3966课（中学2262节、小学1704节），比例达30%。

【福建省"义务教育管理标准化学校"创建】

2016年，市实验小学、第二实验小学、第四实验小学、第十实验小学、华泰实验小学、第五实验小学、海滨小学、安海中心小学等8所小学，高分通过泉州市级评估验收，完成2016年度全市首批创建任务。

（林金国撰　陈建生审）

·普高教育·

【概况】

2016年，全市普通高中在校学生26377人，同比增长1644人，增幅6.65%。其中，到晋江务工人员子女11212人，占42.50%，同比增加847人，增幅8.17%。

【高中教育优质发展】

2016年，晋江市新增英林中学、晋江二中2所"福建省一级达标高中"。推行创新基地班、直升、保送招生举措。实施普通高中质量提升工程，开展高中多样化课程建设。充分发展高中学科协作组作用，组织各完中校校长、高三骨干老师到河南、河北名校学习交流备考和教学管理经验。开展生物、化学、数学等学科的拔尖学生冬令营活动。学生竞赛成绩突出，41名学生在第22届全国青少年信息学奥林匹克联赛福建赛区泉州选拔赛中获奖；9名学生在2016年全国高中数学联赛福建赛区中获奖，29名学生获福建赛区泉州市级奖项；46名学生在2016年泉州市普通高中物理竞赛中获奖。高考本科上线率80.4%、同比提升4个百分点。

晋江侨声中学和上海市格致中学合作办学签约仪式

【泉州市首批普通中学学科教学联盟校】

2016年9月1日，泉州市教育局下发《关于公布泉州市普通中学首批学科教学联盟校及联盟建设项目实施方案的通知》，公布语文等10个学科的泉州市普通中学学科教学联盟校及21所泉州市普通中学首批学科教学联盟校。晋江市5所学校在9个学科中被确定为学科教学联盟校。

【侨声中学和上海市格致中学合作办学】

2016年3月14日上午，上海格致中学党总支书记王丽萍、晋江侨声中学校长王海嵅分别代表两校，在晋江正式签约携手合作办学。双方在资源共享、队伍建设、学生交流等六方面展开紧密合作。

【养正中学与福州一中签署战略合作】

2016年3月29日，晋江养正中学与福州一中战略合作签约仪式在福州一中举行。养正中学校长江建闽和福州一中校长、党委书记李迅分别代表各自学校在协议书上签字。晋江市教育局局长陈建生及双方学校领导出席签字仪式。本次战略合作，两校将本着互惠互利、合作共赢的原则，将在"拔尖人才培养、教育资源共享、教师队伍建设、校园文化建设、课程开发、课题研究以及学生交流活动"等七大方面开展友好交流与合作，实现互惠双赢，助推两校教育实现新的跨越。

（林金国撰　陈建生审）

·中等职业教育·

【概况】

2016年，全市中职学生15596人（全日制12137人，非全日制3459人），同比减少145人，减幅0.92%。其中，到晋江务工人员子女 7384人（全日制5831人，非全日制1553人），占46.57%，同比增加209人，增幅2.91%。高中阶段毛入学率147.45%，同比增长0.22%。

【职业教育创新发展】

2016年，晋江市出台《加快发展现代中等职业教育若干意见》等9份扶持政策操作规程，进一步推动现代中等职业教育发展。华侨职校、晋兴职校成为首批"福建省中等职业教育改革发展示范校"，安海职校通过第二批省级中等职业教育改革发展示范建设校中期评估。4所中职学校完成"福建省示范性现代职业院校建设工程"项目2016年度建设任务。改革中职招生制度，中职在校生人数达到1.59万人。首次组织开展中职教育市级公开教学周活动，提升中职教师教科研水平。晋江职校入选全国中职教育教学工作诊断与改进制度试点校（全省仅3所）。华侨职校2门课程入选首批省职业教育精品在线开放课程立项建设项目，是泉州市唯一入选的学校。在全国、全省职业院校技能大赛中再获佳绩，荣获全国二、三等奖奖牌5枚、省赛一、二、三等奖奖牌38枚。成功承办厦漳泉中职教育技能大赛部分比赛项目。晋江职校、华侨职校黎明大学分校正式挂牌。

【4所中职学校入选“省级示范性现代职业院校建设工程”】

2016年，省教育厅和省财政厅公布“福建省示范性现代职业院校建设工程”培育院校项目名单，全省54所中职学校入选，晋江市四所中职学校全部榜上有名，占泉州市入围中职学校的50%。

根据省教育厅、省财政厅印发的《福建省示范性现代职业院校建设工程实施方案的通知》，晋江市4所中职学校积极做好申报材料工作。经专家组的严格评审，晋江职校、华侨职校和安海职校3所职校被列入培育项目A类，晋兴职校被列入培育项目B类，两类培育项目均占泉州市的50%（泉州市6所中职学校列入A类，2所列入B类）。

【刘文儒在全省职业教育工作会上做典型发言】

2016年3月27日，在福州市召开的全省职业教育工作会议上，市长刘文儒以“立足产业需求，打造职教品牌”为主题在会上做典型发言。省长于伟国出席本次会议并讲话。刘文儒介绍，晋江市始终把发展职业教育摆在突出位置，以中等职业教育综合改革试点工作为契机，加大投入力度，强化保障机制；创新办学模式，强化产教融合；注重引育结合，优化师资队伍；加强宣传引导，着力转变观念。试点工作以来，职业教育体系日臻完善，品牌学校创建如火如荼，人才培养水平持续提升，校企合作不断深入，为社会培养、培训6.34万名技术技能型人才和高素质劳动者。本次会议有5个单位作典型发言，晋江市是唯一以政府统筹职业教育发展的角度作大会典型发言的。

【华侨职校2门课程入选在线开放课程建设项目】

2016年7月8日，福建省教育厅公布首批立项的职业教育精品在线开放课程建设名单，全省立项的精品在线开放课程共31项，晋江华侨职校交通运输类《汽车电气设备》与计算机类《网络综合布线》共2门课程入选福建省首批职业教育精品在线开放课程立项建设项目，晋江华侨职校是泉州市唯一入围该立项建设项目的中职学校。

（林金国撰　陈建生审）

·高职教育·

【高职院校增设12个专业】

2016年4月，省教育厅公布教育部备案和审批的2016年高等职业教育专业，晋江市高职院校共增设12个专业，其中泉州轻工职业学院增设机械设计与制造、现代纺织技术、金融管理、针织技术与针织服装、展示艺术设计等5个专业，泉州理工职业学院增设新能源汽车技术、清洁生产与减排技术、石油化工技术、工业机器人技术、互联网金融、品牌代理经营、数控技术等7个专业。

【高职院校5个专业减免学费】

2016年8月，泉州市教育局出台《关于对泉州市高职院校部分专业实施减免学费的通知》，决定从2016年秋季起，对泉州市高职院校新招收的纺织鞋服、石油化工、纸业印刷、食品产业、海洋管理等产业急需的、相对艰苦的19个相关专业的高职学生减免学费。其中，泉州轻工职业学院食品营养与检测、服装与服饰设计以及鞋类设计与工艺等3个专业，泉州理工职业学院石油化工技术和油气储运技术等2个专业将获学费减免，标准是每年6000元。

【高职院校招生就业】

2016年，泉州轻工职业学院和泉州理工职业学院面向全国多个省市招生，泉州轻工职业学院计划招生1840人，实际录取1431人，其中“二元制”试点项目招生110人。泉州理工职业学院计划招生2850人，实际录取 1833人。两所学院应届毕业生合计2700多人，就业率超98%。

【轻工学院试点“二元制”人才培养模式】

2016年4月，泉州轻工职业学院机电一体化技术和服装与服饰设计等2个专业获批省首批“二元制”技术技能人才培养改革试点项目，分别与恒安集团、安踏集团合作。9月，“二元制”试点项目正式启动，2个专业顺利开班，招生110人。

【轻工学院智能制造专业群入选培育建设项目】

2016年7月27日，省教育厅公布2016年福建省职业院校服务产业特色专业群建设项目名单，泉州轻工职业学院智能制造专业群入选首批培育建设项目名单，项目建设期3年。该专业群由机电一体化、数控技术、模具设计与制造、机器人应用等专业组成。

【轻工学院创业孵化基地投用】

2016年5月，泉州轻工职业学院大学生创业——基因裂变计划孵化基地正式投用。该基地共投资400多万元，于3月份竣工，其建筑面积3400多平方米，包含创客大厅、学生作品展区、业务洽谈接待区、校企合作就业模拟操作室等功能区，已入驻学生创业公司33家，其中投入运营的有18家。学院为入驻团队免费提供办公所需的计算机、宽带网络、电话、桌椅、空调等。

【轻工学院校企合作】

2016年4月12日，泉州轻工职业学院举行一系列的项目合作签约仪式，包括与泉州华中科技大学智能制造研究院合作建设智能工业实训室暨机器人公共实训基地、与中纺院海西纺织新材料工业技术晋江研究院合作建设现代纺织服装公共实训基地、与中国皮革和制鞋工业研究院（晋江）有限公司合作建设皮革与制鞋公共实训基地、与中科院海西研究院泉州装备制造研究所合作建设机器人研究与应用职教集团项目、与福建盼盼食品集团有限公司合作建设食品加工与检测公共实训基地、与中国电信晋江分公司合作建设“智慧校园”项目等。

6月13日，泉州轻工职业学院与苏州盛世方臣电子商务咨询服务有限公司签订校企合作协议，正式启动电子商务专业订单式人才培养模式，并同步进行开办仪式。

10月13日，泉州轻工职业学院举行2016级新生开学典礼。典礼上，校企合作应用创新中心和焊接机器人创新研发中心正式揭牌成立。其中，校企合作应用创新中心是学院与泉州华中科技大学智能制造研究院合作设立，将致力于培养应用型创新人才；焊接机器人创新研发中心是与厦门思尔特机器人系统股份公司合办，该公司焊接机器人技术居国内领先地位。

12月8日，福建省晋华集成电路有限公司副总经理吴坤荣等一行6人到泉州轻工职业学院洽谈校企合作意向，拟联合开办学徒制订单班。

【海峡两岸高职教育论坛】

2016年5月9日，海峡两岸高职教育论坛第四次峰会在泉州轻工职业学院举行。此次峰会以"培育创业素质，服务创业成功"为主题，泉州轻工职业学院就学院创新创业教育工作进行简要汇报，邀请常州信息职业技术学院党委书记邓志良和台湾龙华科技大学校长葛自祥发表主题演讲，共同探讨在高职教育环境下如何深耕厚培创新创业的种子，以及两岸高职教育在创新创业领域各有哪些独特的优势和可供相互借鉴的地方。

10月13日，泉州轻工职业学院承办海峡两岸高职论坛第五次峰会，此次峰会的主题是智能制造（机器人）专业课程群设计"，学院副院长何世伟，台湾交通大学机械系教授成维华，吉林大学管理科学与工程系主任、博士生导师陈海涛，台湾玉山机器人协会理事长詹焕祯等专家学者，共同把脉智能制造发展，探讨智能制造专业建设发展与产业发展紧密衔接的新思路、新方法，提升智能制造（机器人）专业人才培养水平，更有效地服务地方产业转型升级。

【轻工学院组队参加奥林匹克机器人大赛】

2016年7月30日，泉州轻工职业学院组队参加由台湾玉山机器人协会主办的2016年国际奥林匹克机器人大赛台北市校际杯比赛，和14支队伍同台竞技，获得第1名。此次比赛主题是"保龄球"，由学生设计出能完成保龄球任务的机器人，该机器人可通过程序设计和控制，自主完成瞄准、击打保龄球的任务。

8月18—20日，泉州轻工职业学院组织两支队伍——ZERO队和青锋队，参加在广西南宁国际会展中心举行的，由WRO委员会组织的2016WRO世界青少年机器人奥林匹克竞赛中国总决赛，学院代表队在大赛的常规赛中获冠亚军，其中夺冠的ZERO队将代表中国参加11月份在印度举行的第十三届WRO世界奥林匹克机器人大赛。此次全国总决赛分为初赛和决赛两个阶段，常规赛的主题为保龄球。

11月26—27日，2016世界奥林匹克机器人大赛在印度首都新德里隆重举行，来自51个国家和地区的540支代表队同台竞技。泉州轻工职业学院代表队荣获大赛大学组第7名。

【轻工学院获省"电子商务"赛项一等奖】

2016年12月4日，福建省职业院校技能大赛"电子商务"赛项在三明医学科技职业学院举行，31支队伍参赛，泉州轻工职业学院获得该赛项一等奖，并获得代表福建省参加国家比赛的资格。

【陈明金考察轻工学院】

11月20日，澳门特区行政区立法会议员、行政会委员、澳门金龙集团董事长陈明金陪同全国政协委员、澳门中小型企业联合总商会会长周锦辉等澳门工商界福建考察团一行考察泉州轻工职业学院，重点参观学院的智慧型机器人实验室。晋江市副市长李自力等领导也一同考察。

【第二届高校管理者论坛及校企合作交流报告会】

12月24日，由香港龙腾教育和咨询有限公司、泉州市职业技术教育研究会主办，泉州轻工职业学院、泉州西海岸工贸职业技术学校承办的第二届高校管理者论坛及校企合作交流报告会在泉州轻工职业学院举行，来自大陆、香港高等院校领导、企业家、校企合作工作者共30余人参加，旨在促进香港与大陆高等院校的深度交流，共建和谐，相益互补，配合国家"一带一路"政策探索校企合作新模式。

【理工学院新校区建设】

2016年，泉州理工职业学院加强施工安全管理，确保施工建设和教学活动同步推进，该项目投资约5.16亿元，2016年完成投资3616万元，完成年度目标投资计划72.3%。

【省生态文明建设示范校创建】

2016年2月，省生态文明建设促进会到泉州理工职业学院调研生态文明校园建设情况，实地查看学院在绿色建筑、节能减排等方面的研发成果，了解墙体、屋顶立体绿化、污水生化处理系统、沼气新能源利用、可调式玻璃百叶窗等生态校园建设情况。6月，省生态文明建设促进会授予泉州理工职业学院省生态文明示范校牌匾，同时还授予青少年生态文明教育基地牌匾和生态文明建设志愿者联盟旗子。泉州理工职业学院是福建省首家获生态文明建设示范校称号的高校。

【理工学院成立省院士专家工作站】

2016年6月，泉州理工职业学院福建省院士专家工作站举行揭牌仪式。该工作站由学院与中科院青岛生物能源与过程研究所、辽宁石油化工大学合作成立，其研究的方向为稀散元素汽车尾气净化催化剂、稀散元素离子液体在汽油深度脱硫中的应用及有机钼、硼化合物组成的新型车用润滑剂研制。

【理工学院成立二级学院】

2016年，泉州理工职业学院积极探索建立以行业、企业命名的双主体二级学院。10月，泉州理工职业学院与福建省卫生用品商会正式签约合作成立卫生用品学院；11月底，卫品机械专班正式开班，首期39名学生。

10月，泉州理工职业学院与计文波、络缇集团正式签约，合作创立计文波时尚设计学院，先行开设服装与服饰设计和产品艺术设计等2个专业。

【理工学院成立智能制造工程中心】

2016年11月29日，泉州理工职业学院智能制造工程中心举行揭牌仪式。该中心占地3000多平方米，总投资800余万元，由机加工、工业机器人、智能机器人、机电一体化技术、3D打印、卫品行业设备等6个区域组成，是集教学、科研、生产、培训、技能鉴定和技术服务等功能与一体的实训基地。该中心同时也是泉州市数控一代智能制造公共实训基地暨智能制造福建省高校应用技术工程中心。同时，学院与泉州恒毅机械有限公司、福州和达电子科技有限公司、福建安坪建材科技有限公司举行校企产学研合作协议签约仪式。

【清洁能源应用技术协同创新中心】

2016年10月11日，省教育厅公布省高等职业院校应用技术协同创新中心首批建设项目名单，泉州理工职业学院“清洁能源应用技术协同创新中心”项目被定为首批建设项目之一。

【移动商务（微商方向）精品专业共建】

2016年8月10日，泉州理工职业学院与朴奈恩品牌共建移动商务（微商方向）精品专业签约仪式暨微商学院筹备发布会举行。此次发布会以“触碰梦想 筑梦未来”为主题，旨在充分发挥校企双方优点，通过校企共同体的形式，共同规划整合移动互联网+专业群，主动适应互联网经济发展、产业转型升级要求，调整专业结构，探索建立适合“工学结合”的教学管理运行、保障和监控制度为企业，为行业，为区域的发展培养优秀人才。该专业是国内第一个经教育部门审批的微商方向专业，不仅是对正轨微商的认可，更是微商行业里程碑式的创举以及教育界的富有远见性与实践性的大动作。

【理工学院获“实践实训基地建设奖”】

2016年8月，泉州理工职业学院获全国民办高校创新创业教育示范学校“实践实训基地建设奖”。全国民办高校创新创业教育示范学校评选工作由中国民办教育协会高等教育专业委员会于4月28日起组织开展。经过学校申报、省民办教育协会和中民协高专委工作部推荐等程序，于7月19—20日，由全国民办高校创新创业教育示范学校评选专家组评审、投票，并经评选领导小组审定，评选产生全国民办高校创新创业教育示范学校。

【理工学院获全国科技创新大赛奖项】

2016年9月，泉州理工职业学院以新型抗菌陶瓷、汽车清洁能源这两个创业项目入围参加第十八届中国科协年会全国科技工作者创新创业大赛决赛，其中“汽车清洁能源”获全国铜奖、“新型抗菌陶瓷”获全国优秀奖。该大赛是由中国科学技术协会、陕西省人民政府主办，以“创新发展、科技引领”为主题，共收到全国参赛项目1600余件，最终有185件高水平科技作品入围总决赛，涉及信息技术、生命科学、材料与工程、能源化工、交叉学科等专业领域。

【理工学院获BIM应用技能比赛2项冠军】

2016年10月21—23日，全国中、高等院校BIM应用技能比赛—第九届BIM算量大赛暨第七届BIM施工管理沙盘大赛总决赛在吉林建筑大学（北方赛区）和河南工业大学（南方赛区）举行。本届大赛由中国建设教育协会主办，吉林建筑大学、河南工业大学、广联达科技股份有限公司联合承办，全国224所高校，389支代表队，1700余名师生同场竞技。总决赛分为常规赛和挑战赛，其中泉州理工职业学院“筑梦”代表队到河南工业大学（南方赛区）参加比赛，获得安装挑战赛高职组和BIM招投标项目管理挑战赛高职组的全国冠军；其参赛作品“广联达别墅楼”，获常规赛高职新人组三等奖、全能奖高职新人组二等奖。

【第一期全国贫困村大学生村官培训班】

2016年4月18日，由中共中央组织部组织二局、中国扶贫开发协会联合举办的2016年第一期贫困村大学生村官培训班在泉州理工职业学院开班，安徽、福建、江西、贵州、湖北、湖南、广西、四川（藏区）、西藏等9个省市自治区的200多名大学生村官接受为期一周的学习培训。5月30日，中国扶贫开发协会会长胡富国在宁德向泉州理工职业学院颁发全国贫困村大学生村官培训基地牌匾。

【理工学院30周年校庆】

2016年10月15日，泉州理工职业学院在晋江新校区举行建校30周年庆典，晋江市副市长李志强，中国高等教育学科奠基人、厦门大学教授潘懋元，以及全国各地200多位校友嘉宾，全体师生5000余人出席此次盛会。庆典上还举行卫生用品学院、计文波时尚学院、华视光电校企合作备忘录签约仪式，并成立战略发展委员会、泉州理工教育基金会等。

【省高职院校第二轮人才培养工作评估回访】

2016年11月16日，福建省高职院校第二轮人才培养工作评估回访专家组到泉州理工职业学院进行评估回访，此次回访工作由福建省教育评估研究中心副主任范菁带队，浙江交通职业技术学院院长季永青担任组长。17日上午，举行第二轮人才评估回访工作汇报会。泉州理工职业学院院长臧树良从评估整改概况、整改工作举措与成效、未来发展思路等3个方面对学院整改工作及成效做详细汇报。会后，专家组分为三组分别听取各专业整改汇报、访谈校领导和中层干部、召开多场教师座谈会、考察专业实训场所及查阅资料等。18日上午，举行第二轮人才评估回访反馈会，专家组肯定一年来学校立足产业伙伴型大学的建设需求在调整专业结构、打造科研平台、探索企业二级学院扎实推进产教融合、教师发展、实训基地建设等方面所取得的巨大成效，同时也精准地指出回访中还发现的不足，并给出了非常切实可行的改进建议。会后，专家组一行参观了校史馆、计文波时尚学院教学展、产学研成果展、汽车实践教学中心、汽车清洁能源福建省高校应用技术工程中心、汽车后市场服务实训基地及智能制造工程中心。

【高职对台交流合作】

2016年，高教中心办继续敦促泉州理工职业学院、泉州轻工职业学院立足地缘优势，继续与台湾院校尤其是高等职业教育界保持密切联系，探索两岸教育交流活动合作，加强两岸之间的沟通与了解，增进友谊，增强互信，形成共赢互利的良好局面。

借智台湾，助力学校办学发展。2016年，泉州轻工职业学院、泉州理工职业学院都引进台湾优秀教师入校任职，借鉴和推行台湾职业教育发展经验。泉州轻工职业学院于7月份引进台湾大华科技大学教授、博士何世伟担任学院副院长，负责学院智能制造专业群建设。泉州理工职业学院于5月份引进台湾政治大学博士唐嘉彦任职规划处，指导学院的教育发展规划、教学、创业就业等工作，并邀请台湾博士陈必修来晋开展创新创业系列讲座。

“走出去”，实地感受台湾高职优势。走访台湾高校。泉州轻工职业学院执行董事王树生一行4人于5月中旬赴台湾高校就工业机器人技术应用专业建设开展调研，并与台湾龙华科技大学签订合作办学协议;12月15—20日,学院执行董事王树生、副院长何世伟等一行5人赴台湾台北海洋技术学院、大华科技大学、屏东科技大学就文创专业、海洋食品专业建设开展调研。泉州理工职业学院副董事长吴滨如8人于4月上旬前往台湾逢甲大学等4所高校实地考察交流,双方主要就通识教育、创新创业教育、师资及学生培育等方面进行探讨并达成初步合作意向。加强师生互动交流。泉州理工职业学院于8月份组织师生赴台湾大叶大学参加暑期设计艺术研习营,提升学院学生创新创意思维。开展师资培训,泉州理工职业学院与台湾逢甲大学合作于8月底开办为期十天的通识及创新能力提升师资研修班,学习借鉴台湾高校成功办学模式及通识教育先进理念。

“请进来”,对接台湾优质教育资源。泉州轻工职业学院邀请台湾高校到校访问交流。3月,台湾弘光科技大学海外副校长博士胡庭祯、国际暨两岸事务处执行长陈俊良到校走访,并与学院签订学术交流合作协议书,双方将在师生、教学成果等方面加强交流合作;12月,台北海洋技术学院校长唐彦博、博士张仕贤到校参观交流,双方就联合开设海洋食品专业等事宜进行探讨交流,并签订合作协议。泉州理工职业学院一是与台湾高校、三创园合作共建“海峡两岸创意创新创业学院”,于10月份正式揭牌成立;与台湾大叶大学联合组队,参加“中国HONDA杯节能车”大赛,于10月底赴广州参加全国赛,获燃油组第18名和EV组第24名,期间多次邀请台湾大叶大学的多位教授专家到校为学生讲授汽车相关课程,并指导节能竞技大赛参赛事宜。

(陈达妮撰　陈志刚审)

【高校师生创新工作坊社会实践活动】

2016年,清华大学深圳研究生院、东华大学、北京服装学院、闽江学院等纺织服装类院校师生近二百人次到晋江市企业开展暑期社会实践活动。其中,清华大学深圳研究生院40余名师生在柒牌集团—清华大学深圳研究生院联合培养基地开展“互联网+服装产业创新设计”工作坊的暑期社会实践活动,参与企业产品设计。通过这种创新工作坊的形式,企业与高校一起探索人才培养新模式,从中获得一些前瞻性、原创性的产品研发思路,为进一步深入合作,完成更多的实践项目,探索更多的可能性,实现校企合作共赢。

【校企产学研合作】

2016年3月22日,以“承载青年梦想、缔造时尚先锋”为主旨的柒牌•清华深研院“创响计划”在清华大学深圳研究生院正式启动,柒牌集团将通过“创响计划”建立高校、企业、市场三者之间良好的协作关系,鼓励学生们将自己的学习成果投入市场进行检验。这是继清华大学深研院与柒牌集团研究生联合培养基地成立后,双方在校企合作模式上的又一次深化和创新。“清华大学深研院与柒牌集团研究生联合培养基地”成立后,柒牌集团和清华深研院就智能服饰研究、智能制造研究、品牌建设与服饰设计等方面均达成了长期的战略合作意向。

9月13日“新宏色彩”公司与东华大学“研究生实习实践基地”“产学研合作单位”签约仪式在晋江市举行,双方将从人才需求到产品研发上进行合作,围绕产业发展中的关键技术、共性技术开展联合研究和科技攻关,以期提升企业自主创新能力。

10月19日,高教中心办(纺研中心)与英林镇人民政府共建的英林镇服装纺织人才驿站在英林镇商会正式揭牌。西安工程大学副校长、教授李鹏飞,晋江市委组织部副部长黄建华、高教中心办(纺研中心)主任陈志刚、英林镇党委书记李安辉、英林镇镇长陈东聆等领导出席揭牌仪式。当天还举行英林镇人民政府、西安工程大学与晋江市泳装产业协会战略合作协议签约仪式暨泳装产业研发中心揭牌仪式,三方将就人才交流合作、科研成果转化和科技合作、产业规划升级等方面展开合作。

·成人教育·

【纺织鞋服领军人才香港观展访学高级研修班】

2016年9月6日,由香港贸易发展局、晋江市纺织鞋服人才培养与技术研发中心主办,中国海峡(晋江)人才市场承办的2016年晋江市纺织鞋服领军人才香港观展访学高级研修班在香港举行开班仪式,开启为期5天4夜的学习交流活动。此次研修班共吸引七匹狼、劲霸、乔丹、明伟、恒丰、华宇等近30位领军人才参加,学习内容涵盖品牌、设计、生产等,既有环球经济和香港经济的概况,又有关“纺织鞋服产业于一带一路蓝图下的机遇”,还有2017零售趋势的前瞻,更有与香港税务制度和税收政策的讲解等,通过与香港专家、企业家的案例分享、数据分析、沙龙讲座以及参观展会等形式,促进学员们对香港乃至全球的经济环境及纺织服装发展趋势有新认识,认清企业的定位,提高业务能力,为今后开展更紧密的合作奠定良好的基础。

【产业学习交流平台搭建】

2016年4月16日,由中国纺织服装教育学会、北京服装学院、晋江市纺织鞋服人才培养与技术研发中心举办的以“袖结构理论在纸样设计实践中的应用”为主题的讲座,吸引七匹狼、明伟、泉州轻工学院、泉州理工学院、晋江职校等企业人员和师生共近百人参加。讲座主要围绕版型的结构、立体裁剪及服装结构、领型、袖型的制版等方面进行交流,刘娟还就袖型结构进行现场裁剪演示,深入浅出的讲解,让大家对于制版如何达到理想目标有更深的理解。

4月21日,由福建省服装服饰行业协会、晋江市经信局、纺织鞋服人才培养与技术研发中心、洪山文创办和工业设计与时尚创意协会联合发起举办的福建省服装企业版型技术高级研修培训班在洪山文创园举办,该培训班主要面向晋江服装企业设计主管、服装设计师、中高职院校服装设计专业师生,来自七匹狼、九牧王、利郎、劲霸、柒牌、浩沙、贵人鸟、明伟等企业的51人参加培训。培训中,井口喜正从西服、衬衫、夹克等基础样板的平衡性、人体工程学、基础版制作的思考方法、样板舒适度的设计应用等方面,全面解构男装版型,为晋江市纺织鞋服企业更好的对接日本先进服装版型技术标准,进而有效提升装设计制版水平提供学习的机会。

10月13—15日,由晋江市泳装产业协会、晋江市英林心公益慈善基金会、晋江市纺织鞋服人才培养与技术研发中心主办,维珍妮国际(控股)有限公司、劲霸男装(上海)有限公司、英林镇服装纺织人才工作驿站、投石智库研究所承办。晋江市泳装产业协会组织近50家泳装企业赴深圳学习考察。考察过程中，深圳产业与企业在创新、速度、跨业融合、向高端升级方面的种种做法，让晋江企业家们“脑洞”大开，也更加坚定他们通过在这些方面不断强化、寻求晋江泳装更大突破的信心。考察团一行还走访•深圳市内衣行业协，双方就如何打造区域品牌、未来合作发展、模式创新等议题进行探讨，并达成初步合作意向。

2016年，为搭架纺织鞋服行业人才交流互动平台，晋江市纺织鞋服人才培养与技术研发中心与国家纺织服装质量检验中心（晋江）分中心、第一资源、中纺院海西分院等机构合作，邀请与晋江纺织鞋服产业关联度较高的境内外高校专家和行业精英来晋举办专题讲，分享行业技术、前瞻资讯等，以此推动资源整合，促进高校、企业间人才和技术交流合作。2016年已举办7场沙龙活动，包括“纺织鞋服人才孵化系列沙龙——利郎人才成长之路”“互联网背景下企业中高层管理者如何做到精准选才、科学用才”等相关主题，共有来自利郎、九牧王、柒牌、浩沙等晋江纺织鞋服企业近300人次参加。

（王海洪撰　陈志刚审）

·特殊教育·

【概况】

2016年，市特教学校学生288人，同比增长19人，增幅6.86%；9个特教辅读班、2个随班就读基地，学生76人，同比增长6人，增幅8.57%。6—14周岁三类残疾儿童入学率97.49%，同比增长1.38%。

【特殊教育普及】

2016年，市特教学校落实《晋江市特殊教育提升计划（2014—2016年）实施方案》，增设两个随班就读基地校，配备残疾儿童随班就读资源教室2个，安海教委办成立全省唯一的镇级特殊教育指导中心。继续深化义务教育阶段适龄重度残疾儿童少年“送教上门”服务工作，全市形成以市特教学校为骨干，以特教辅读班和随班就读为主体，以送教上门等为补充的办学模式。

【安海镇特殊教育指导中心成立】

2016年10月25日，安海镇特殊教育指导中心成立大会于水头小学举行。泉州市教科所副所长刘德华出席会议。特殊教育指导中心的成立是落实《晋江市特殊教育提升计划（2014—2016年）实施方案》精神，在全省乡镇级属于首创，指导中心设在安海镇教委办323室，实行专兼职相结合的办法。专职人员担任特教辅读班日常教育教学工作，兼职人员由指导中心根据工作需要聘用。

（林金国撰　陈建生审）

·2016年晋江市学校基本情况表·

表20　　单位：人

学校类别	学校数（所）	毕业生数	招生数	在校学生数	教职工数	
					合　计	其中：专任教师
普通中学	54	25381	31530	87013	5487	4968
其中：初中		18182	22328	60636	3749	3409
高中		7199	9202	26377	1738	1559
中职教育学校	4	4197	6119	15596	691	619
小　学	289	25776	31562	178393	6658	6658
幼 儿 园	434	30215	30461	83466	904	904
特殊教育学校	1	44	70	288	79	79
职业技术培训机构	—	—	—	—	—	—

注：幼儿园学校数为班数+学前班数，特殊教育学校数为教学点数

卫生和计划生育

·综　述·

【概况】

2016年，晋江市各级各类医疗卫生机构发展比较完善，拥有公立医疗机构30家，包括市医院、市中医院、安海医院、疾病预防控制中心、妇幼保健院、卫生监督行政执法大队（卫生监督所）、市医院晋南分院、市卫生进修学校等市直医疗卫生单位，新农合管理中心、卫协会、英墩华侨医院、疗养院等局直属事业单位，街道社区卫生服务中心6家，开发区社区卫生服务中心1家，镇（中心）卫生院12家；村卫生所608家，社区卫生服务站133家，个体诊所69家，民营医疗机构44家。全市各类卫生专业技术人员5903人（不含乡村医生1077人），其中执业（助理）医师2645人、注册护士2520人、药剂师367人，检验人员253人，其他卫生技术人员117人。总床位数4776张（含民营医院730张）；全市千人卫技人员数2.86人（以总人口196.64万人计算，下同），千人床位数2.31张。2016年，市财政投入医疗卫生事业经费8.47亿元，全市公立医院接诊533.81万人次，出院病人数13.85万人；固定资产51054万元；业务用房面积24.64万平方米。

【卫生队伍建设】

2016年，晋江市卫生队伍总量持续增加。完成进高校和本地招聘，招聘卫生专业技术人员158名；其中硕士研究生9名，接收泉州市定向委培临床专业本科生10名到基层卫生院工作；优化人才引进流程，引进1名医学人才。

搭建发展平台。设立实用型医学科研奖励基金50万元/年和高层次卫生人才专项资金200万元；全市拥有博士3名、在读博士2名，硕士130名；选派99名业务骨干到上级医院进修；与市委宣传部联合举办医院管理培训班，对晋江市卫生和计划生育局（以下简称市卫计局）中层以上干部和各医疗卫生单位领导班子成员和市直医疗机构主要科室负责人分2期培训，拓宽视野，促进管理水平提升。完成2016年度全国卫生专业初中级技术资格、护士执业资格、卫生管理专业资格考试报名工作，共有1156人通过审核。

提高人才待遇。用足、用活晋江市人才政策，享受优秀人才待遇151名；设立医务人员绩效考核奖励金（2014年按编制数人均1500元/月），充分调动积极性；完善乡村医生养老保障制度，全年补助245.64万元。继续修订《晋江市乡村医生养老保障补助实施意见》，乡村医生养老保障进一步提标扩面。

优化卫生管理团队。配合市委组织部、宣传部，完成市直医疗卫生单位领导班子的调配工作，完成基层卫生院、社区卫生服务中心领导班子的调配工作，选拔局机关及市直医院5名优秀干部到基层挂职。

优化执业环境。继续为全市6130名医务人员（包括乡村医生）每人每年购买80元医疗意外险。配足医院警务人员及设施，对医闹行为公安部门10分钟内有效出警。完善医疗纠纷第三方调解机制，2016年共调解医疗纠纷31起，调解成功率100%。

乡村卫生人才队伍建设。市卫计局发挥区域资源优势，强化继续医学教育，提高业务技术水平。做好以提高业务水平和工作能力为核心的在岗乡村医生中专学历教育工作，全市村级医疗机构取得执业助理医师及以上资格的有430人，逐步建立起以执业助理医师和执业医师为主体的基层农村卫生服务队伍。

【卫生建设项目】

2016年，晋江市卫生建成投用项目：灵源街道社区卫生服务中心综合楼建设项目和卫生监督所业务用房建设项目。

在建项目：市医院迁建项目感染楼进行验收前的问题整改、教学楼进入装修扫尾阶段，妇儿中心楼进行水电、消防管道的预埋，医疗综合楼进行桩基开孔；安海医院文博科技大楼进行室内装饰及水电设备安装；磁灶中心卫生院迁建项目进行室内水电管网安装收尾工作、二次装修；东石中心卫生院迁建项目进入收尾阶段，准备初步验收；经济开发区社区卫生服务中心综合楼项目进行二次装修。

办理手续及设计优化项目：市疗养院危房改造项目、市医院晋南分院后勤保障楼（公租房）建设项目进行工程预算书编制；内坑镇卫生院迁建项目进行工程的招标工作；紫帽镇卫生院迁建项目优化设计方案；新塘街道社区卫生服务中心建设项目办理选址意见书。

规划筹建项目：启动市口腔医院（省口腔医院闽南分院）建设项目；市医

院晋南分院综合楼建设项目完成项目立项工作；陈埭中心卫生院（晋东医院）迁建项目初步完成选址；规划筹建疗养院改扩建项目、深沪卫生院迁建项目、英林中心卫生院迁建项目、金井中心卫生院建设项目、西园街道社区卫生服务中心建设项目、罗山街道社区卫生服务中心建设项目。

【医疗安全】

2016年，市卫计局完善工作制度。建立完善平安建设的工作制度，明确工作职责，建立平安建设考核制度和考核指标体系；建立隐患排查整改机制，把安全生产隐患排查作为一项重要工作，切实加强对人员密集场所进行检查监督和事故隐患整改，确保排查整改工作的落实；建立健全责任追究机制，通过责任追究，强化工作人员的责任意识，坚决落实平安建设“一票否决制”。

加强医院安全管理。各单位建立健全内部安全生产管理制度，加强对人群密集的门诊、病房、餐厅，各类实验室、仓库、机房、高压氧舱、压力容器、放射源、毒麻药品、化学危险品以及消防设施等重点方面、重点部位、重点环节的安全隐患排查，并登记造册，分类整改。

规范医疗执业行为。严格要求各医疗机构遵守国家法律法规，规范执业行为，不超范围开展诊疗活动，不聘用非卫生技术人员从事诊疗活动，不刊发违法违规医疗广告，不雇用“医托”，全面落实医疗护理核心制度，提高医疗服务质量和医疗技术水平，保障医疗安全。

构建和谐医患关系。落实“以病人为中心”的服务理念，在广大医务人员开展医德医风、职业道德和医疗安全警示教育，发挥典型示范作用；查摆分析医疗事故、医疗纠纷的原因，纠正医疗服务过程的薄弱环节，改善服务流程，持续改进医务人员服务态度和服务理念，努力构建和谐医患关系。

完善调解机制。建立医患沟通评价制度，将医患沟通纳入医院医疗质量考核和医护人员执业考核内容；完善医疗服务信息公开制度，增加医疗服务透明度。积极推进晋江市预防与处置医疗纠纷的有效机制，建强医疗纠纷人民调解委员会，制定出台《晋江市医疗纠纷预防与处置机制暂行规定》，二级以上医院设立调解室，完善制度机制，成为晋江市化解医疗纠纷的主力军。全年经医患纠纷人民调解中心立案31起，赔偿诉求402万元。医疗调委会积极靠前调查了解真实情况和诉求，本着公平公正、尊重事实的原则，及时申请医学鉴定，协调当事双方和解，落实补偿金121.97万元，31起医疗纠纷全部得到成功调解，诉求方的满意率100%，调解成功率100%。

【行风和职业道德建设】

2016年，市卫计局加大正反典型教育，牢固树立廉洁意识。利用党组会、卫计系统每月例会等传达各级纪委有关精神，学习有关知识，强化廉政意识，并多次进行集体廉政谈话。利用短信、微信公众号等多种平台，加强党风廉政建设信息推送，实现卫计系统全覆盖，已推送廉洁短信1万多条。组织新一届领导班子、机关工作人员、医疗卫生单位领导班子成员和重点岗位人员到晋江市看守所接受警示教育。组织各医疗卫生单位领导班子、机关工作人员和重点岗位人员到晋江市法院旁听。强化家风建设，将党风廉政建设工作延伸至家人，组织全体工作人员与家人签订廉政协议活动。

加强专项整治工作，严守党纪政纪红线。纠正医药购销和医疗服务中的不正之风。开展商业贿赂专项治理工作，对医疗卫生单位药品、设备、耗材采购等重点岗位进行全面督查。开展违纪收受“红包”专项治理工作，对出院患者进行电话调查回访，对收受病人“红包”的医疗机构及卫生从业人员进行严肃处理。

市卫计局通过规范药械采购使用管理，健全医院内部控费机制，深化支付方式改革，加强医德医风教育，强化综合监督治理，深入贯彻中央八项规定和省委贯彻落实办法精神，严格落实省卫生计生委制定的《福建省加强医疗卫生行风建设“九不准”实施方案》，严肃查处药械购销的不正之风问题，对违反相关规定的医疗卫生机构，根据情节轻重，给予其通报批评、限期整改、降低级别或等次等处理；需要给予行政处罚的，依法给予警告、责令停业等行政处罚；对违反相关规定的医疗卫生人员，由所在单位给予批评教育、取消当年评优评职资格或低聘、缓聘、解职待聘、解聘；情节严重的，依法给予其责令暂停执业活动或者吊销执业证书等处罚。涉嫌犯罪的，移送司法机关依法处理。11月份对各医疗机构进行药械采购、重点岗位轮岗制度进行专项督查。按照《晋江市卫生局关于印发晋江市医疗系统开展违纪接受“红包”专项治理工作方案的通知》和转发省卫计委《印发福建省医疗机构专项整治“红包”和“回扣”工作方案的通知》对《省卫生计生委办公室关于做好2016年上半年“红包”案件督办查处工作的通知》中涉及晋江市的案件进行深入调查和处理，要求医院落实整改，对相关责任人员和科室按有关规定进行处理。

加强机关效能建设，提高为民办事效率。严格执行中央“八项规定”，开展公务用车专项整治、办公用房清理等工作，均按要求整改到位。进一步规范审批行为，推进各项审批服务工作落实。压缩时限审批提速。对进驻中心审批事项再次进行全面梳理，简化审批程序，提高审批事项授权率和压缩审批承诺时限。将部分办理事项授权分管领导下放至窗口负责人，审批承诺时限从9个工作日压缩至5个工作日。加强“瘦身”工作。对行政权力清单和公共服务事项清单审批服务申报材料全面清理，对所有申报材料找出相对应法律或设区市以上规范性文件依据，做好审批服务申报材料清单目录工作，对24个大项68个子项对照相关法律规定和规范性文件，逐项逐条查找依据，对无相关文件规定或重复性提供材料一律删除，共清理并删除57条申报材料，保证申报材料“合法、合理、便民”的原则。提高授权率。对进驻窗口审批事项进行优化，减少审批环节，不断提高审批授权率。至年底，审批授权到分管领导授权率为91.2%；到窗口负责人及窗口授权率76.5%。提高审批效率。

【卫生计生审批服务优化】

2016年，市卫计局审批科坚持“马上就办，办就办好”原则，进一步优化审批流程，不断推动行政审批服务提速提效，全力为群众营造优质高效的服务环境。

做好常态化行政审批工作。依法受理审批办件10118件。其中，审核办结各类计生证明5890件，计生奖励扶助2357件，医疗机构执业许可证新办和变更116家，校验86家，有效期延续837家，卫生所转型建设社区卫生服务站2家，放射诊疗许可证新办3家，年度校验12家，医疗广告审查证明20件，医师变更注册246件，医师执业首次注册109件，护士变更注册157件，延续注册72件，乡村医生变更注册15件，麻醉药品、第一类精神药品使用许可申办5件，发放供水单位卫生许可证7家，发放公共场所卫生许可证133家，复核、延续45家，变更6家，办结率达100%。窗口每月绩效考核成绩均名列前茅，7次被市行政服务中心评为月“红旗窗口”、13人次被评为月“服务标兵”等称号。第1季度和第2季度窗口绩效考评获第5名，第3季度跃升第2名。

落实简政放权，实行审批事项“目录化”管理。与省、市“权力清单”一一对应，全面清理并动态调整行政权力清单和公共服务清单，确保清单之外无审批；将全部行政许可和公共服务事项进驻市行政服务中心，实行“一个窗口对外、一个机构履职、一枚印章审批”的“一站式”行政服务模式，同时所有服务流程全部在晋江门户网上公示；将公共场所审批材料“容缺后补”，允许先予受理，待现场核查合格，发证前再补齐材料，简化申报材料，推广“审决合一”办理模式，进一步压缩审批环节和审批时限。

优化提升审批服务。按照“审批事项和环节最少、审批集中度和效率最高、审批流程和服务最优”的目标，开展审批流程再造和审批方式创新，提高审批效率。开展预约和上门服务，将服务窗口前移，“零距离”为基层和群众提供咨询、当场开出“处方”等一系列服务；对涉及卫生系统的疾病预防控制中心、监督所、局审批科等内部(单位)科室的审批件，由局审批科实行统一对外受理、统一书面审核、统一回复发证，避免交叉审批和重复审批；组织窗口人员主动参与中心全员挂钩服务工业项目活动，协助解决项目问题和困难，依托市委、市政府企业服务专线进一步畅通审批沟通渠道，建立回访反馈机制，接合审批中心、工商局等相关部门进园区、进企业、进商场，现场提供审批业务咨询、职业健康体检、审批办证、送证上门等主动服务。

(周　沁撰　王保坚审)

【公共卫生服务项目】

2016年，晋江市组织开展国家基本公共卫生服务项目规范培训，设置健康教育宣传栏，开展健康知识讲座等健康教育活动，向城乡居民提供健康教育宣传材料、健康教育咨询和讲座服务。全市设置更新宣传栏168个，机构播放音像资料3.92小时/天；开展公众健康咨询活动244次，参加咨询人数4.3321人次；开展健康知识讲座245次，参加咨询人数15390人次；印发宣传材料80.56万份。建立居民健康档案累计超过190.53万份，电子建档率91.69%；65岁以上老年人建档及健康管理人数累计9.182万份，全市老年人健康管理率超过95%，体检率70.4%。高血压、糖尿病健康管理人数分别为135777、51496人；严重精神障碍患者健康管理人数5301人；接受1次及以上访视的新生儿人数2.49万人，0—6岁儿童规范管理人数8.68万人。及时发现孕妇，并为孕产妇建立保健手册，提供包括一般体格检查、产前检查及孕期营养、心理等健康指导，纳入规范管理孕产妇人数1.56万人，产前健康管理数1.59万人次，产后访视数1.504万人次；协助开展卫生监督协管巡查数1062次，协管信息报告515次。

【卫生应急处置】

2016年，晋江市以加强“一案三制”建设为主要内容，以巩固“国家卫生应急综合示范市”为抓手，进一步健全卫生应急处置机制。新增《晋江市寨卡病毒病卫生应急预案（2016版）》应急预案，指导寨卡病毒病防控工作，制定《晋江市灾后卫生防疫防病工作的实施方案及责任分解》明确分工和责任，主动协调各单位，部门做好灾后防病工作，确保灾后无大疫。积极开展VDPV传播风险评估、台风灾后公共卫生风险评估和H7N9风险评估。规范风险评估，每季度开展突发公共卫生事件和需要关注的重点传染病进行风险评估，并及时通报给相关单位，为突发公共卫生事件和传染病防控提供参考。注重卫生应急队伍建设，开展卫生应急综合队伍规范化建设师资培训班、灾后防疫防病业务培训会和登革热防控知识培训班等6场次。各医疗卫生单位在应急队伍规范化建设和灾后防疫防病期间，将卫生应急培训工作延伸到本单位和辖区内村卫生所（室）/社区卫生服务站的医务人员，较好地提升全市卫生应急专业技术人员的整体素质。同时，各单位积极开展卫生应急处置演练活动。组织开展晋江市2016年寨卡病毒病应急处置桌面演练，各医疗卫生单位积极组织应急演练38场次，通过演练有效地检阅各有关部门间的应急联动机制完善情况和不同单位、不同部门间应急队伍协同作战能力和队员的实战水平，较好地提高应急队员的实战能力。调整充实医疗卫生应急领导机构、卫生应急专家咨询委员会及专业队伍，制定《晋江市卫生应急处置队管理办法》规范管理卫生应急队伍。全年全市120接收市综合应急指挥决策平台（四警合一）总受理电话数26892次，求救电话数12506次，110联动转警出车数8190次。市120急救中心出车次7695次，实接伤病员3651人次，抢救危重伤病员2516人次，急诊出诊总人次数19180人次；其中达到《国家突发公共卫生事件相关信息报告管理工作规范（试行）》规定报告标准的有1起，为1起人感染H7N9流感疫情（属一般事件突发公共卫生事件，Ⅳ级），发病1例，死亡0例。加强对全市各医疗卫生单位预检分诊、发热门诊、肠道门诊的指导，确保卫生应急监测预警体系正常运作。完善我市卫计系统突发事件公共卫生风险评估工作机制，组织开展突发事件公共卫生风险评估日常风险评估5期，专题风险评估2期。市疾控中心定期开展传染病疫情监测分析，编制“晋江市传染病与突发公共卫生事件监测简报”年报1期、月报12期、周报43期，提出监测预警1期，全市突发公共卫生事件报告率等“五率”均达100％，接收并响应传染病预警信息272条。各医疗卫生单位均能按要求报告突发公共卫生事件相关信息和突发事件紧急医疗救援信息。

·医政管理·

【概况】

2016年，晋江市深入推进县级公立医院综合改革、持续提升医疗服务质量、积极对接高端医疗资源、加强医联体建设、扶持社会资本办医、活跃学术交流气氛、强化等级医院创建，开展群众满意的乡镇卫生院和示范性社区卫生服务中心建设。

【医疗服务质量提升】

2016年，市卫计局深入对接高端医疗资源。推动省口腔医院闽南分院建设。对接省口腔医院，经多方征求意见及论证，确定项目合作模式、建设规模和发展规划。推进与树兰医疗集团合作。经前期和树兰医疗集团积极协商洽谈和调研论证，7月16日，与树兰医疗集团合作项目正式揭牌，相关工作按照协议内容深入推进，并初显成效。深化磁灶中心卫生院和省人民医院的协作内涵。与省人民医院签订合作协议，依托磁灶中心卫生院建设晋江市中西医结合医院，同时加挂“福建中医药大学附属人民医院晋江分院”。市中医院与福建医科大学附属协和医院签订合作协作。深化晋江市医疗机构和省内外29家三级医院协作内涵。

开展基层等级医院创建工作。继市医院晋南分院、陈埭中心卫生院、磁灶中心卫生院通过二级医院评审后，英墩华侨医院开展二级医院创建，于11月24日接受泉州评审组评审并顺利通过。

加强医疗技术应用管理。完善晋江市医疗机构手术分级管理制度、抗生素使用分级管理制度、临床路径管理方案及优质护理实施方案等。市直医院开展多项医疗、检查新技术。

组织参加各级医学知识和技能竞赛。加强卫生人才培养，举办全市基层卫生岗位练兵和技能竞赛活动，选派优胜选手参加泉州市级和省级竞赛，2人获泉州市级竞赛二等奖，4人获省级竞赛二等奖，并有5人被授予“晋江市五一劳动奖章”、1人被授予“泉州市五一劳动奖章”。

加强群众满意卫生院创建工作。以创建“群众满意的乡镇卫生院”为载体，提高基层卫生院服务能力和水平，提升群众满意度。2016年度，磁灶中心卫生院和安海镇卫生院被国家卫计委确认为“群众满意乡镇卫生院”。

【公立医院综合改革】

2016年，市卫计局围绕“群众得实惠、医者受鼓舞、医院添活力”，深入推进公立医院综合改革。降低群众医药费用。实施药品零差率销售，降低医药费用，实行同级医疗机构检查结果互认，开展新农合大病商业补充保险。推出便民惠民措施。在全省率先为美丽乡村、见义勇为人士等十类人群（合计14068人）开通住院“先诊疗后结算”绿色通道。开设医院服务中心及便民门诊，增派保安人员，增设报告单及费用清单自助打印查阅机，实行便民停车服务，组建专业护理员队伍，提供优质护理服务。关心关爱新晋江人。设立惠民医院（市医院晋南分院及西滨镇卫生院），推行基层门诊最高限价70元的医疗服务套餐。

创造良好执业环境。深入开展“美丽医院”建设活动和“平安医院”创建活动，调解成功率100%。每年免费为医务人员员健康体检，全面推行医疗责任保险及医疗意外险，为全市5860名医务人员（包括乡村医生）每人每年购买80元医疗意外险。四是倡导崇德精医新风。强化人文素质教育，培育卫生行业文明窗口、标兵，倡导医务人员树立“崇德精医、慈心仁术”的职业道德追求。

建立政府投入长效机制。明确每年公立医院改革发展投入增长比例高于财政支出增幅，卫生投入占财政支出比例不低于8%。建设现代医院管理制度。完善公立医院院长激励监管机制，在市医院先行院长选聘制和年薪制，引入第三方测评机构进行工作评价。扩大医院用人自主权，全面推行全员聘用制，实行中层干部竞争上岗。建立廉医风险防控和社会监督评价体系。拓展对接高端医疗资源。辖区内医院与29家省内外三级医院、高等院校的协作内涵进一步深化。构建多元办医格局，支持举办非营利医疗机构。建设区域卫生信息平台，一期建设完成，正在进行二期建设准备工作。

【区域联动协作】

2016年，晋江市建立以市医院为龙头的三大区域医疗核心，充分发挥市直医院在“学科、人才、技术”的辐射带动作用。在市医院—晋南分院医联体成功的基础上，建立市医院与英墩华侨医院医联体，通过医联体建设，逐步建立起

晋江市与树兰医疗集团合作项目揭牌仪式

基层首诊、分级诊疗、双向转诊制度。同时,加强对外协作,市医院、安海医院还和泉州第一医院和福建医科大学附属第二医院签约协作开展对外双向转诊工作,通过提高新农合报销比例等措施强化双向转诊效果。率先在全省建立全市临床病理诊断中心。

【社会资本办医】

2016年,市卫计局跟踪协助重点项目建设,龙华康复医院、百大妇产医院、福典医院均获省卫计委批准设置,龙华康复医院、百大妇产医院进行土地平整,福典医院进入施工阶段。

【技术交流、技术培训和卫生科研活动】

2016年,市卫计局加强与省内外三级医院的学术交流,邀请专家到晋江讲课、查房、带教,创新医学会、护理学会活动形式,丰富活动内容,发挥医学会、护理学会的作用,组织开展60余场次的学术交流活动,涉及医院管理、医疗质量和安全、各学科学术新进展等方面的业务讲座,提升全市各医疗机构业务水平。推进卫生科研工作,承担各级科研课题44项(2016年结题6项),新增SCI收录论文2篇,发明专利4项,其中获得国家自然科学基金1项,晋江市科技进步二等奖1项,晋江市科技进步三等奖1项,新农合服务管理和数据分析应用性研究获泉州市级科技进步三等奖。

【医疗废物处置专项培训和督导】

2016年,市卫计局加强医疗废物规范处置工作,成立由分管副局长任组长,卫计局相关科室负责人为副组长,各医疗机构主要领导为成员的工作领导小组。制定并下发《晋江市卫生局关于加强医疗废物处置管理工作的实施意见》和《关于进一步加强医疗废物管理工作的通知》等相关文件。开展业务培训教育,于3月11日和8月26日开展2次业务培训。组织专项工作督查,8月,配合泉州市卫计委对晋江市部分医疗机构进行专项督查。

【重大活动医疗保障】

2016年,市卫计局对重大活动、重要节日、特殊时段的医疗保障工作做部署和安排,在人大政协会议、CBA篮球联赛、晋江首届半程马拉松赛、泉州市"环湾"国际自行车赛以及省委省政府组织的拉练检查、中考、高考等重要的特殊时段以及其他重大活动完成医疗保障任务。

【村级医疗卫生机构】

2016年末,全市村级医疗卫生机构(含个体诊所)838所,卫技人员1438人(男863人、女575人)。年龄在30周岁以下的100人,占6.95%;31—40周岁的463人,占32.20%;41—50周岁的412人,占28.65%;51—60周岁以上168人,占11.68%,60周岁以上295人,占20.51%。

全市村级卫技人员中执业医师315人,占21.91%;执业助理医师239人,占16.62%;乡村医生655人,占45.55%;其他人员229人,占15.92%。大学学历64人,占4.45%;大专学历284人,占19.74%;中专学历839人,占58.34%;中专水平137人,占9.53%;高中及以下学历113人,占7.86%。

【乡村卫生服务管理一体化】

2016年,市卫计局按照保基本、全覆盖的要求,通过全面调查摸底和严格审查,将全市纳入乡村卫生服务一体化管理的378家村卫生所(社区卫生服务站)全面实施国家基本药物制度和药品零差率改革,并实现行政村(居)全覆盖。至2016年底,实施国家基本药物制度和药品零差率改革逐步覆盖至全市村卫生所、社区卫生服务站,覆盖率100%。全年发放零差率销售政府专项补助金855.74万元。

【村级卫生信息化建设】

2016年,市卫计局以推进公共卫生、医疗服务、新农合一体化建设为着力点,加快村级卫生信息化建设。对实施国家基本药物制度和药品零差率销售的378家村卫生所、社区卫生服务站进行信息化建设,同步纳入新农合门诊统筹即时结报定点机构。

【乡村医生多渠道补偿机制】

2016年,晋江市对原有补助标准进行调整,并建立退出长效补偿机制。凡是从事农村医疗卫生工作满40年(1970年12月31日前进入农村合作医疗站工作),男年龄达70周岁、女年龄达65周岁且在岗在册乡村医生,本实施意见(修订)正式实施后,不再从事农村医疗卫生工作或离开工作岗位的,仍可继续享受相应补助标准。全市总共完成发放乡村医生养老保障补助金240.77万元,享受养老补助人数851人,维护乡村医生合法权益。

【乡村中医医疗服务体系建设】

2016年,市卫计局坚持中西医并重方针,不断加强乡村医生的中医药知识和技能培训,鼓励农村临床医疗服务人员兼学中医并应用中医药诊疗技术为群众服务。巩固全国农村中医药工作先进单位创建成果,加大资金投入,优化资源配置,组织中医药适宜技术学习培训中医药服务能力、中医药知识知晓率显著提升。

【农村卫生所医疗责任险】

2016年,市卫计局在试点基础上进一步推进农村卫生所、社区卫生服务站、个体诊所医疗责任保险。按照"自愿原则,以县为单位统保"的工作要求,组织开展农村卫生所医疗责任保险工作。2016年全市共有450家村级医疗机构购买医疗责任险。

(周　沁撰　王保坚审)

·疾病防控·

【概况】

2016年,全市传染病及时报告率99.95%。法定传染病报告发病率持续下降,无甲类传染病发生及重大传染病暴发流行;法定传染病报告发病率491.39/10万、死亡率0.63/10万、病死率0.13%;与2015年同期相比,发病率下降1.02%、死亡率上升158.41%。报告乙类14种3728例,丙类6种6483例,传染病防控工作有效落实。

【重大传染病防治】

2016年,市卫计局全面加强疾病预防控制和突发公共卫生事件应急机制建设,强化霍乱、鼠疫、人禽流感等重大传染病防控力度,全市无甲类传染病和重大传染病疫情发生和流行。

霍乱、手足口病防治。开展霍乱监测采集肠道门诊标本744份、外环境标本630份,经检测未发现霍乱弧菌阳性标本;全市各医疗卫生单位疫情监测均未发现霍乱疑似、确诊病例。加强对市医院开展手足口病哨点监测工作的指导与督促，哨点医院实验室监测采集手足口病标本227份送泉州CDC进行手足口病病原学监测，检测结果均有反馈到送检单位并进行相应网络订正。

鼠疫防控。坚持预防为主，持续开展鼠疫防控工作。根据省级安排，晋江市2016年暂停鼠疫监测工作，后经请示中心领导及上级决定仍自行坚持开展2个月份鼠疫监测工作，并根据上级工作方案制定《2016年晋江市鼠疫防控项目实施方案》，继续做好防控工作所需药品、器械的贮备更新，为鼠疫监测及防控工作开展提供保障。全年布放鼠笼1008笼次，捕鼠100只，年均鼠密度为13.66%。全年计检蚤鼠数100只，染蚤率21%，总蚤指数0.29。全年共采集鼠血清80份，肝、脾标本70份，经检测结果均为阴性。

人禽流感防控。4月16日、12月26日，晋江市发生两起疑似人感染H7N9流感疫情。疫情发生后，晋江市立即启动H7N9流感防控应急预案，按照应急预案、应急处置技术方案等规范开展疫情处置、疫情和应急监测、人员培训、防控督导等工作。在疫情处置方面，各有关单位严格按程序对事件进行突发公共卫生事件报告，严格按照应急处置技术预案对病例开展流行病学调查，对病例开展积极救治并做好病例隔离、院内感染预防和医护人员防护，启动人禽流感应急强化监测，对接触者开展医学观察随访等工作。监测工作方面，根据疫情形势加强疫情审核和监测，同时关注全国人感染H7N9流感实时疫情动态，为防控工作提供信息支持；按照方案要求开展2016年职业暴露人群和环境高致病性禽流感监测，1月25—26日，组织人员到池店镇池店村菜市场、安海镇西垵菜市场、陈埭镇溪边菜市场、龙湖镇埭头菜市场、西园街道大霞浯菜市场开展职业暴露人群健康状况监测，采集活禽屠宰/经营从业人员血样标本10份，检测结果均为阴性；市卫计局紧急部署开展禽流感应急监测及强化监测；1月、4月、12月，在全市范围内开展四轮应急监测，采集52家次活禽交易市场共231份禽类外环境标本，经泉州及晋江市疾控中心实验室检测结果反馈86份H7N9阳性，阳性率37.23%。对所有检测阳性的市场摊点可疑暴露人员进行医学观察随访1周，期间均未发现异常。加强人员培训和督导，多次对全市各医疗卫生单位进行人感染H7N9流感防控培训，及时掌握最新疫情防控技术和策略。督导检查全市公立医疗卫生单位疫情防控工作，开展风险评估。12月9日，晋江市卫计局牵头，多单位参与，在市疾控中心开展人感染H7N9流感疫情风险评估工作会。通过分析国内各地人感染H7N9流感疫情态势、相关监测结果及晋江市既往应对人感染H7N9流感疫情的措施和经验，综合事件发生的可能性和后果的严重性分析，人感染H7N9流感的散发疫情的关注等级为“重点关注”；人感染H7N9流感聚集性疫情的关注等级为“一般关注”。

【艾滋病防治】

2016年，晋江市以“预防为主，减少艾滋病新发感染”为主要任务，结合“艾滋病综合防治示范区”工作，切实落实宣传教育、预防干预、监测检测、抗病毒治疗管理、关怀救助、职业暴露防控等措施，艾滋病防控工作顺利完成。多部门合作，通过“三下乡”“进社区、进公共场所、进企业、进学校”及卫生宣传日开展社区居民、外来务工人员、流动人群、妇女、青年学生、医务人员、羁押人员、高危人群的宣传教育活动共30余场，发放宣传材料进3.5万份。扩大干预覆盖面。初步完成辖区内可能发生商业性服务场所253家的摸底工作，干预娱乐场所227家，干预高危人群1027人；同伴教育及外展干预男男性行为者327人，干预高危人群3134人次，性病门诊就诊者2091人次，流动人群9831人，完成福建省艾滋病防治项目年度任务。加强监测检测。国家级艾滋病哨点监测高危、流动人群、性病门诊男性就诊者和孕产妇等4类人群1617份，MSM人群检测129人次，监管场所被监管人员检测HIV 5108份；利用市疾控中心自愿咨询检测（VCT）门诊规范开展VCT工作并提供转介服务，咨询并检测发生高危行为人群596人次。加强艾滋病抗病毒治疗管理。2抗病毒治疗覆盖比例74.8%，服用抗机会性感染药物的比例100%。做好管理及关怀救助。加强感染者和病人的管理，对所有存活、现住址在晋江的AIDS/HIV做到定期随访和关怀，每月定期通知未完成检测人员及时到医疗机构进行检测。1—12月，艾滋病疫情报告质量良好，HIV/AIDS病例随访检测率99.6%，结核病检查比例99.4%，配偶检测比例100%。12月，艾滋病宣传月期间关怀救助10户家庭；帮助1例感染HIV儿童病例申请基本生活费补助，并对该儿童开展母婴传播病例核查工作，形成调查报告后及时报告；通过不同途径关怀和了解病人家庭情况和身体健康状况，现场关怀4人次，通过基层医疗机构关怀8人次。开展专题分析1次、高危人群规模估计和疫情评估预测1轮。有效处置职业暴露。全年处置评估3起职业暴露事件，涉及4人。经评估建议转介晋江市医院，在医生指导下使用预防药物，同时按照规范处置。

【梅毒等性病防治】

2016年，晋江市开展梅毒预防与控制中期评估。制定《晋江市预防与控制梅毒规划（2010—2020年）中期评估方案》，并经由市卫计局以文件形式下发各医疗卫生单位，要求各单位切实按照“规划”要求的工作指标及任务开展防治工作。评估工作开始前，市卫计局组织全市医疗卫生单位进行梅毒控制中期评估及梅毒规范诊疗培训，明确梅毒规范诊疗及报告流程，详细介绍梅毒评估工作实施细则。市级评估工作组按照“评估方案”要求，通过查询信息系统、专项调查、现场调查、查阅资料等方法收集相关数据，及时汇总分析，对发现的问题提出整改意见，并按时将评估报告及数据上报泉州市皮防院。7月，接受省疾控中心与泉州市皮防院联合对晋江市开展的梅毒控制规划中期评估复核。8月底，泉州市皮防院到晋江市开展2016年性病病例报告准确性现场复核及漏报调查，针对晋江市中医院在梅毒控制中期评估省级复核过程中查出的问题的整改情况进行抽查，发现部分存在问题未整改到位。市疾控中心跟进了解该院存在问题的整改情况，同时提供技术指导。10月，接受泉州市卫计委组织梅毒中期评估后2016年工作进展督导检查。进一步规范梅毒病例报告。市卫计局印发“关于进一步加强梅毒病例报告和规范化诊疗工作的通知”，市疾控中心平常注意加强病例报告质量控制与督导检查，全年全市的梅毒病例报告质量相比去年有明显提高。

【狂犬病防治】

2016年9月，市卫计局举办晋江市

狂犬病暴露预防处置资格培训班，参加对象为有设置和拟设置犬伤门诊的医疗机构中从事犬伤暴露处置的医生和业务管理人员54人，内容包含狂犬病预防控制指南(2016版)解析、狂犬病暴露预防处置门诊设置和管理要求、狂犬病临床诊治与暴露预防处置技术规范。

【计划免疫】

2016年，晋江市实施扩大国家免疫规划，严格按照疫苗免疫程序对所有适龄儿童开展国家免疫规划疫苗的常规免疫工作，加强管理，规范接种。1—12月，按监测系统统计全市适龄儿童各苗(一类)预防接种率(基础苗)：卡介苗99.98%、脊髓灰质炎疫苗99.98%、百白破疫苗99.98%、麻风疫苗99.98%、乙肝疫苗99.98%(乙肝疫苗及时率为100%)、乙脑疫苗第一针99.97%、A群流脑疫苗99.97%、甲肝疫苗(一类)99.97%。各苗加强针接种率：脊髓灰质炎疫苗(第四针)99.98%，百白破疫苗（第四针）98.95%，白破疫苗99.94%，麻风腮疫苗99.98%，A+C群疫苗99.95%，乙脑疫苗第二针99.98%。

查漏补种。为保持适龄儿童免疫规划疫苗高接种率的目标，落实预防接种规范管理专项活动相关要求，根据上级有关文件和会议精神，晋江市以4.25全国预防接种宣传日为契机在全市范围内开展国家免疫规划疫苗查漏补种活动。认真做好活动的前期准备工作，制定活动方案和督导方案，制作宣传画、宣传单、各种表格的印制和分发，召开查漏补种工作培训会共78人参加；派出督导人员56人次对各镇(街道)全程督导，及时开展接种率评估工作，汇总督导、评估情况上报市卫计局，以及时反馈解决存在问题。并接受上级专家督导和评估。本次共制作印发宣传单56000张，宣传画1900张，补种通知单56000张，各种表格10000张，横幅2条。通过电视台、报纸、中心网站、横幅等途径开展宣传工作，晋江市侨乡频道电视台和晋江经济报就晋江市开展查漏补种月活动作专题报道，市疾控中心网站也对本次活动内容作相关报道。

各镇(街道)按照会议精神和方案要求，开展相关人员1230人培训工作。发放宣传单40100张，张贴宣传画1812张，悬挂宣传横幅292条。墙报341版次，利用乡镇有线电视宣传70次，广播宣传1024次，通过发送36194条短信进行点对点通知宣传本次活动全市共摸底调查各种国家免疫规划疫苗需补种儿童数52014人，补种49020人，其中本地儿童应种数25876人，补种24292人，流动儿童应种数26138人，补种24728人。

脊灰疫苗本地儿童应补种数4713人，实补种儿童数4529人，补种率96.11%；脊灰疫苗流动儿童应补种数5147人，实补种儿童数4998人，补种率97.11%；含麻类疫苗本地儿童应补种数2970人，实补种儿童数2870人，补种率96.64%；含麻类疫苗流动儿童应补种数3142人，实补种儿童数3034人，补种率96.56%。其他疫苗补种率90%以上。

开展入托、入学儿童查证补种。规范入托、入学儿童查验预防接种证工作，优化查验证流程，提高质量，市卫计局与教育局联合下发方案，开展查验证相关人员45人培训工作，与市教育局开展督导检查。全市666所学校，查验666所，查验覆盖率100%。新入托入学或转学共72905人，实际查验120021人，需补种34046人，完成补种31505人，补种率92.5%，脊灰疫苗和含麻类疫苗补种率95%以上，除A群流脑和A+C群流脑疫苗外其他疫苗补种均在90%以上。

开展免疫规划规范管理专项活动。贯彻落实省、泉州市对预防接种规范管理专项活动的各项指标和要求，及时下发活动方案，成立领导小组，召开工作会进行安排部署和相应人员45人的培训，组织相关人员开展督导检查，及时整改存在问题，并接受省、市级专家领导进行专项督导检查与考核评估，在泉州市级考核评估中获得县乡两级综合成绩全市第二名的成绩，并在考核总结会上作经验交流报告。市卫计局下拨专款经费，完善全市冷链设备，购置1部冷藏车，1座普通冷库，40台医用冰箱和24个疫苗冷藏箱，印制5万本疫苗知情告知手册及17万本，统一制作416块疫苗公示牌。

开展乙肝监测、乙肝流行研究课题和乙肝等疫苗针对传染性疾病的血清学调查。2016年，晋江市报告乙肝病例终审卡1129例，所有报告病例均开展ALT检测，检测率100%，附卡填写完整率100%。对未能明确为慢性乙肝病例报告并采血送检87例，均开展罗氏检测，检测率100%，检测结果为阳性9例，阴性78例。及时根据每月报告的检测结果开展流行病学调查并进行个案录入，现共调查9例，需调查及录入的病例调查率及录入率均达100%。继续做好福建省疾控中心下发的《乙肝高流行区流行规律及防治对策研究课题实施方案》的课题研究项目，开展8例确诊急性乙肝病例随访及7名密切接触者采样。

开展数字化预防接种门诊的考核验收评审。2016年，全市14家基层医疗卫生单位数字化预防接种门诊建成并投入使用，占镇/街道覆盖率为73.7%，有效提升预防接种工作的服务质量和群众满意度。为检验数字化门诊的创建成果，开展数字化预防接种门诊验收评审，晋江市14家数字化门诊全部通过考核验收，考评前3名的的接种单位分别为陈埭镇卫生院、内坑镇卫生院和磁灶镇卫生院。

【脊灰防控】

2016年，晋江市继续维持无脊灰状态。按照《全国急性弛缓性麻痹(AFP)病例监测方案》的要求开展晋江市医院、安海医院和中医院等二级以上综合医院AFP病例的主动监测，做好AFP病例的调查、标本采送检、随访工作。主动监测108旬次，未发现漏报病例。全年全市报告AFP病例9例，另外排除5例AFP病例，全市15岁以下儿童AFP报告发病率3.42/10万，达到国家要求的1/10万的指标标准。9例AFP病例中无高危AFP病例，无脊灰确诊病例和临床符合病例。分布在青阳街道3例，东石镇和磁灶镇2例，梅岭街道和池店镇各1例，年龄分布为1月龄至13岁，服苗史分布为未到免疫月龄的1例，服苗史1剂次的1例，服苗史≧3剂次的7例。9例病例中有6例在发病后14天内采集双份粪便标本，14天内合格标本采集率66.67%，其中3例未合格采便病例的原因为：1例为泉州市儿童医院PICU医务人员拒绝采便，后病例转诊至上海新华医院，导致错过合格采便时间；1例为病例家长拒绝采便后转院至厦门市中医院治疗错过合格采便时间；1例为病例过迟就诊导致不合格采便。7天内合格标本送检率100%，75天内随访率100%。

【麻疹防治】

2016年，晋江市确诊麻疹病例23例，报告发病率11.45/100万。病例主要分布在晋江市10个乡镇，具体为安海镇和磁灶镇各4例，内坑镇和陈埭镇各3例，灵源街道、东石镇和深沪镇各2例，池店镇、西园街道和永和镇各1例。年龄分布为2月龄至54岁，其中8月龄以下5例，8月龄至7周岁13例，14周岁以上成人病例5例。晋江籍11例，流动人口12例。23例病例中，未到免疫月龄的5例，8月龄至7周岁的13例确诊病例中有1例接种过一针次麻风疫苗，其余12例均无麻疹类疫苗免疫史，5例成人确诊病例的免疫史均不详。23例麻疹确诊病例中有15例发病前7—21天曾因其他疾病有过医疗单位就诊史。

按照报告单位统计，2016年晋江市医疗卫生单位共报告47例麻疹疑似病例，均按要求及时开展流行病学调查并录入麻疹专病系统，已录入个案比例100%，48小时完整调查率100%，调查后48小时内录入个案率97.87%，血清标本及鼻咽拭子标本采集率均为100%，达到《全国麻疹监测方案》90%的采血指标要求。截至12月31日，有4例为麻疹确诊病例，43例为其它疾病，全市排除麻疹风疹病例报告发病率为2.07/10万，达到全国麻疹监测方案2/10万的指标要求。2016年全市共报告风疹病例4例，均按要求及时开展流行病学调查并录入专病系统。

【结核病防治】

2016年，市卫计局继续实行结核病归口管理，落实中央加强资金结核病防治项目。聘请专职结核病督导员对结核病患者进行督导管理和追踪；3月24日，晋江市卫计局、疾控中心联合在罗山街道SM广场举行“3·24世界防治结核病日”宣传活动，通过多种形式，利用新闻媒体对结核病防治知识进行广泛宣传；4月6日，召开晋江市结核病工作会议并举办结核病防治知识培训班，培训乡村医生130人；全年登记肺结核及疑似患者4487人，登记治疗活动性肺结核病人1143人，其中初治涂阳468人，复治涂阳38人，初治涂阴637人，新涂阳发现率77.08%，2个月痰菌转阴率88.36%，结核病人转诊到位率45.24%，追踪率100%，追踪到位率88.46%，总体到位率93.07%；涂阳肺结核病人密切接触者共调查784人，发现涂阴肺结核患者3例，涂阳肺结核患者1例；发现36例学生肺结核病患者，筛查密切接触者1533人，发现1例涂阴肺结核患者。筛查可疑耐药者99例，对确诊治疗的5例耐药患者均按全球基金耐多药项目要求进行随访管理；对镇卫生院（街道社区卫生服务中心）督导114次，访视病人228人次。

【地方病、寄生虫病防治】

2016年，全市检测居民食用盐200份，按照国家规定的碘盐含量浓度18—33mg/kg计算，碘盐183份，非碘盐17份（碘盐覆盖率91.5%）；在183份碘盐中合格碘盐180份，不合格碘盐3份（碘盐合格率98.36%、合格碘盐食用率90%）。2016年5月15日是第23个“防治碘缺乏病日”，宣传主题为“坚持科学补碘、建设健康中国”。晋江市卫计局、晋江市盐务局、晋江市疾控中心及内坑卫生院联合在内坑镇新华都广场开展“防治碘缺乏病日”大型户外宣传活动。

寄生虫病防治。2016年，全市未发现输入性疟疾患者。完成“三热”病人（临床诊断为疟疾、疑似疟疾和不明原因的发热病人）血检数1100例，复核血片55例，未发现阳性病例。5月13日，开展晋江市寄生虫病防治培训班，培训50人次。4月26日，泉州市疾病预防控制中心、市卫计局、市疾病预防控制中心和陈埭卫生院在陈埭江头村联合开展“全国疟疾日”现场宣传活动。

【食品卫生】

2016年，市卫计局开展食品安全风险监测情况。根据《2016年泉州市卫生系统食品化学污染物及食源性致病菌监测计划》，制定《2016年晋江市食品安全风险监测计划》，并组织采集学校午餐5份，寿司检测10份，双壳类海产品10份，糕点4份，水产品及其制品10份等39份样品送泉州市疾控中心检测，所检测项目全部合格；采集调味品10份，大米10份，蔬菜10份，焙烤食品10份等40份样品由市疾控中心自行检测，其中发现焙烤食品有1份检测菌落总数、大肠菌群超标。

开展食源性疾病病例监测。根据福建省卫生厅《2016年度食源性疾病监测工作方案》的要求，对晋江市8家哨点医院食源性疾病病例进行监测审核上报676例，报告任务数610例，完成率111%。8个哨点全部完成报告任务数。其中，市医院报告140例（任务数120），中医院报告79例（任务数70），安海医院报告73例（任务数70），晋南分院报告79例（任务数70），妇幼院报告76例（任务数70），陈埭卫生院报告71例（任务数70），东石卫生院报告87例（任务数70），磁灶卫生院报告70例（任务数70）。

开展食物中毒事件调查。根据《食品安全事故流行病学调查技术指南》（2012年版）、《食物中毒诊断标准及技术处理总则GB14938—1994》的规定，2016年参与每起食物中毒报告事件的调查处置，共接到食物中毒事件要求调查的报告10宗，调查完成率100%，原因查明率100%，确认食物中毒事件8起，排除2起传染病事件。

【环境卫生】

2016年，市卫计局开展公共场所各类委托检测：对住宿场所、游泳场所、沐浴场所、美容美发场所、文化娱乐场所、商场超市和其它场所等7大类公共场所环境空气质量委托检测446家，合格率91.9%，实施公共用品检测386家，合格率83.2%。开展室内环境空气质量监测研究课题1个，重点研究新装修居室及幼儿园的室内环境空气的微小气候、一氧化碳、二氧化碳、甲醛、三苯、微生物指标等10项检测，并拓展微生物六级撞击法采样技术取得成功，具备接受室内环境空气质量检测能力。

【生活饮用水卫生】

2016年，市卫计局实施市政供水末梢水监测。根据市食安办《2016年晋江市治理餐桌污染建设食品放心工程工作方案》的要求，对市政供水末梢水10个固定点监测120份，合格率100%，水质合格率达到食品安全治理方案末梢水合格率95%以上的要求。

城区二次供水监测。根据市食安办《2016年晋江市治理餐桌污染建设食品放心工程工作方案》的要求，对城区二次供水监测40份，合格率90%，结果认为晋江市二次供水水质未达到食品安全治理方案二次供水合格率95%以上的要求。

开展国家饮用水项目监测。第三、四季度对10个自来水厂的基本情况进行重新调查摸底与核实，进一步深化明确晋江市生活饮用水的提供方式、制水工艺、饮用水卫生培训，消毒方式、水质检测安全、卫生安全隐患，实验室检测能力等内涵。同时开展市政供水1个出厂水和21个末梢水，农村集中式供水单位的出厂水和末梢水各9个点监测（共计40个点样本80份)。监测结果显示:2016年集中式水质应监测10家,监测覆盖率100%。水质监测任务数80份,监测份数完成率100%。第三、四季度监督抽检出厂水和末梢水80份,合格率96.3%,末梢水合格率达到《生活饮用水卫生标准(GB5749—2006)》的要求。

首次开展公共直饮水水质监测研究课题1个,引用《饮用净水水质标准CJ94—2005》对晋江市城区4个公共直饮水点和瑞景小区直饮水进行水质30个项目的监测研究,3次共监测直饮水水质15份,合格率86.7%。研究发现直饮水存在微生物污染的不安全隐患,提示应当关注直饮水卫生安全问题。

【职业卫生】

2016年,市卫计局开展重点职业病监测与评估。监测与评估工作在2015年重点职业病风险监测与评估的基础上,继续实施重点职业病监测与评估。确定并通知体检科录入职业健康监护信息1007人;获取作业场所监测报告14份;职业病诊断情况:2016年,晋江市涉及粉尘作业职工申报职业病诊断5人,确认职业性矽肺2人,无尘肺3人;工伤鉴定与赔偿情况:通过与劳动与社会保障局联系沟通,没有劳动者申请工伤鉴定和获得过赔偿情况;监测与评价情况:通过作业场所监测分析,三苯检测107点,合格率100%;矽尘检测131点,合格率81.7%;噪声检测346点,合格率94.8%;高温检测6点,合格率66.7%;二甲基甲酰胺检测3点,合格率100%。这18家企业中,1007名从业人员进行职业健康体检,23人存在职业禁忌症。

【放射卫生】

2016年,市卫计局开展放射卫生防护监测研究。根据《医用X射线诊断放射防护要求》(GBZ130—2013)新标准要求,制定放射卫生防护监测方案,并组织对疾控中心、新塘卫生院、灵源卫生院、华山医院及李林医院等5个放射场所进行监测研究,初步取得监测试验成功,还不能接受医疗卫生机构的放射卫生防护委托检测服务。

【学校卫生】

2016年,市卫计局开展学生健康体检工作。首次组织对青阳、西园、紫帽、灵源、英林、陈埭、东石、西滨镇等8个镇14所学校学生视力不良、龋齿、沙眼、营养不良、肥胖等学生常见病发病情况进行统计分析。其中视力不良检测15822人,检出率64.2%;龋齿检测15161人,检出率31.7%;营养不良检测11970人,检出率25.4%;肥胖检测16125人,检出率9.0%;沙眼检测8375人,检出率0.14%。

教学环境卫生监测。疾控中心随机抽查全市城区、镇、村53所中小学校,其中小学29所、中学14所、高中10所。此次监测包含教室课桌椅配备、黑板面照度、课桌面照度、教室采光、教室灯管布放方式以及灯具形式。其中课桌椅配备符合卫生要求数26所,合格率49.0%;黑板面照度符合卫生要求数34所,合格率64.2%;课桌面照度符合卫生要求数51所,合格率96.3%;教室采光符合卫生要求数47所,合格率88.7%;灯管垂直黑板42所,合格率79.2%,控照式灯具32所,合格率60.3%。

【消毒管理】

2016年,市卫计局开展医疗机构委托消毒检测。医疗机构消毒效果监测25家,合格率80%,监测总样本数729份,合格率99%。其中医院环境空气监测69份,合格率97.1%;物体表面监测220份,合格率99.1%;医护人员手表面监测150份,合格率98.7%;医疗用品监测100份,合格率100%;使用中消毒剂监测105份,合格率100%;灭菌器监测20份,合格率95%,紫外线灯监测105支,合格率100%。

开展消毒产品生产企业委托环境卫生学检测。消毒产品企业生产环境卫生学检测34家次,合格率70.6%。共监测总样本数497份,合格率94%。其中,生产与装配车间环境空气监测57份,合格率94.7%;工作台监测165份,合格率100%;工人手监测170份,合格率87.1%;紫外线照射强度监测130支,合格率100%。

实施集中式餐具消毒效果监测。对持证单位进行消毒后餐具的监督抽检140份,合格率72.1%,抽检合格率不符合《2016年泉州市餐饮具集中消毒服务单位专项监督检查方案》规定的消毒餐具抽检合格率达到90%以上的指标要求。

【病媒监测】

2016年,市卫计局开展省级蚊虫监测项目。根据福建省卫生厅关于媒介伊蚊监测文件的要求,于2016年实施登革热伊蚊布雷图指数监测,按方案要求监测住宅环境等场所24次共2469户,发现白蚊伊蚊蚊幼阳性积水容器数117处,布雷图指数为4.7。监测显示:4、5月份气候开始回暖,蚊幼开始孳生,布雷图指数逐渐上升,到9月份到达高峰13.7,布雷图指数随季节气候变化明显,并出现6月和9月双高峰现象。布雷图指数按照地区密度高低分布序列为:深沪华海村大于罗山罗裳村、龙湖南庄村大于陈埭坊脚村。

国家级蚊虫监测项目。2016年,晋江市被国家及福建省卫计委列为国家级及省级蚊虫监测点。根据《国家卫生计生委办公厅关于印发全国病媒生物监测方案的通知》及《福建省卫生计生委关于印发疾控项目实施方案的通知》要求,按照《2016年晋江市蚊虫监测工作方案》,于7至12月对晋江市蚊类及其密度进行监测。诱蚊灯法监测情况。对居民区、公园、医院、民房、牲畜圈等10个监测点进行成蚊密度监测,布放诱蚊灯数120个,捕获雌蚊数483只,灯诱指数为4.0只/灯.夜。其中捕获致倦库蚊455只,占比94%,白蚊伊蚊28只,占比6%。监测发现8—10月份蚊虫密度较高,尤其是10月份蚊虫密度峰值为7.0只/(灯•夜),分析认为,8—10月份晋江市气候较为温暖、湿润,利于蚊虫孳生,故应做好8—10月份蚊媒孳生地环境清理工作,翻盆倒灌、清除积水。双层叠帐法监测情况。对宝龙小区、八仙山公园、轻工学院旁轮胎堆放地等3个监测点进行成蚊帐诱指数监测,布放双层叠帐72个,捕获白纹伊蚊雌蚊123只,帐诱指数3.4只/人。可知10月份蚊虫密度达到峰值为6.6人次/帐次,7—10月份晋江市蚊虫密度较高,分析认为7—10月份晋江市气候较为温暖、湿润,利于蚊虫孳生,故应做好7—10月份蚊媒孳生地环境清理工作,翻盆倒灌、清除积水。勺捕法监测情况。对晋阳湖、绿洲公园、内沟河八仙山小溪、竹树下水库、泽沟等6个大中型水体进行蚊幼监测120处,向水体中捞取水样1200勺,阳性勺数为0勺,阳性勺指数为0。监测结果认为晋江市大中型水体中无蚊幼孳生。原因分析为:晋江市大中型水体多为流动性水体;大型水体整治较好,岸边杂草较少;晋江市大中型水体大部分均有养鱼,蚊幼孳生较为困难。布雷图指数法。对4个监测点进行监测617,发现白蚊伊蚊蚊幼阳性积水容器数32个,布雷图指数平均为5.2,发现积水容器280个,容器指数11.4。从监测结果来分析与风险评估判定:9月份布雷图指数达到峰值12.5,分析认为登革热疫情有中度传播风险,10月、11月份布雷图指数分别为6.9、6.0,分析认为登革热疫情具有低度传播风险,7月、8月、12月份布雷图指数分别为1.0、4.8、0,分析认为登革热疫情处于防控要求安全范畴。可看出8—11月份晋江市布雷图指数较高,分析认为8—11月份晋江市气候较为温暖、湿润,利于蚊虫孳生,故应做好8—11月份蚊媒孳生地环境清理工作,翻盆倒灌、清除积水。

开展出血热疫情鼠类监测与防控。鼠密度监测。2016年,全市发生流行性出血热疫情9宗,及时对各疫点进行鼠类监测,总共布放鼠笼2685个,捕获鼠类124只,鼠密度4.6%。疫点最高鼠密度为12.1%,最低鼠密度为2%。采取防制措施:对疫点进行鼠密度调查与鼠类鉴定;实施疫点消毒与灭鼠灭螨;指导病家及村委会开展爱国卫生运动,清除四害孳生地,降低四害孳生环境条件;指导开展灭鼠活动及指导群众合理安装与使用防鼠设施;评估疫点安全情况;撰写疫点消杀报告。防制效果评价:疫点处置及时率100%,规范化处理率100%;5个疫点经过消杀处理后没有发生续发病例。

开展登革热疫情病媒监测与防控。蚊密度监测。2016年,全市发生登革热疫情7宗,及时对11个疫点进行伊蚊布雷图指数监测,监测694户,发现阳性容器68个,布雷图指数9.8。采取防制措施:实施疫点蚊虫密度监测,开展伊蚊现场检索及对疫点周围开展蚊蚴密度调查;现场实施蚊虫消杀;指导病家及时清除环境中积水;指导村委会开展环境卫生整治活动,清除外环境积水、杂草、疏通沟渠下水道,以防止蚊虫孳生;评估疫点安全情况;撰写疫点消杀报告。防制效果评价:疫点处置及时率100%,规范化处理率100%;5个登革热疫点布雷图指数监测均小于5的安全范围内,另有6个疫点处于低中高度风险范围。

开展创卫病媒防制指导。指导西滨镇创建国家卫生镇病媒生物控制工作,以及协助市爱卫办组织创卫灭鼠、灭蚊、灭蟑螂等病媒生物消杀工作。

【卫生安全保障】

2016年,市卫计局开展高考考点卫生安全保障。6月,开展高考和中考考点30多个校医卫生安全操作指南培训,并组织人员对9家高考考点进行消杀技术指导,达到预期无发生传染病或突发公共卫生事件的目标要求。

开展五店市蚊虫消杀保障。6月18—28日,开展亚太经合组织电商联盟论坛活动五店市及其周边蚊虫消杀指导保障工作。

【监督检测支撑】

2016年,市卫计局开展游泳池水质监督检测。对各类游泳场所的游泳池水及浸脚池水进行监督检测,监督抽检26家,场所合格率61.5%。抽检水质52份,水质合格率78.8%。浸脚池水监督抽检24个,合格率75%。

住宿场所卫生监督检测。6月,对万佳东方酒店、时尚之旅酒店、佶龙商务酒店、利安宾馆、龙门商务宾馆、风雅酒店、鸿福酒店、金玛国宾酒店、罗山佳佳福、罗山爱家宾馆等10家宾馆、酒店等住宿场所进行环境空气质量监督抽检20份(间),合格率100%。同时对毛巾、方巾、浴巾、被单、枕套,洗脸盆、坐便器等公共用品用具进行监督抽检140份,合格率89.3%。

沐浴场所卫生监督检测。7月,对福州市台江区水立方水疗休闲部晋江金溪路分店、晋江市金源大自然养生休闲会所、晋江市青阳名都商务酒店等3家沐浴场所进行环境空气质量监督抽检6份(间),合格率100%。同时对毛巾、方巾、浴巾、被单、枕套,洗脸盆、坐便器等公共用品用具进行监督抽检36份,合格率97.2%。

美容美发场所卫生监督检测。7—8月,组织对晋江市青阳好韵堂美容会所等10家美容场所进行监督抽检公共用品消毒效果100份,合格率84%。场所消毒合格7家,合格率70%。对晋江市青阳美尚理发店等10家美发场所进行监督抽检公共用品消毒效果100份,合格率84%。场所消毒合格5家,合格率50%。

集中空调通风系统卫生监督检测。6月30日,对宝龙酒店、荣誉国际酒店的公共场所集中空调通风系统进行监督检测,重点监督检测风管内表面的积尘量、细菌菌落总数、真菌菌落总数6份,合格率83.3%。冷却水监督检测2份,合格率100%。

商店超市卫生监督检测。7月22日,对深圳沃尔玛百货零售有限公司晋江SM分店、晋江润德商业有限公司、泉州永辉超市有限公司晋江万达广场店等3家商店超市进行环境空气质量监督抽检9份,合格率100%。

体育场馆监督检测。8月18日,对晋江市美国金仕堡健身会所、晋江市浩沙健身俱乐部有限公司进行环境空气质量监督抽检3份,合格率100%。

文化娱乐场所监督检测。7月22日,对晋江市万达国际电影有限公司、晋江光美金逸电影城有限公司进行环境空气质量监督抽检2份,合格率100%。8月19日,对晋江市嘎啦文化娱乐有限公司、晋江市红馆娱乐有限公司、晋江市青阳龙辉娱乐厅进行环境空气质量监督抽检6份,合格率100%。

交通候车室监督检测情况。8月18日,对晋江市长途汽车站候车厅进行环境空气质量监督抽检1份,合格率100%。

消毒产品监督检测。监督抽检各类卫生用品58份,合格率98.3%。其中,生产企业抽检37份,合格率100%;销售企业抽检10家21份,合格率95.2%。

(周　沁撰　王保坚审)

·妇幼保健·

【概述】

2016年,晋江市妇幼卫生工作贯彻落实"一法两纲"和妇幼卫生工作方针,紧紧围绕医药卫生体制改革工作重点,以规范管理、创新机制、突出特色和项目带动为抓手,不断优化服务模式,拓展服务领域,妇幼卫生工作"两个"系统管理不断规范,创建妇幼健康工作优质服务示范县,公共卫生项目有序推进,服务能力持续得到提升,较好地完成各项工作目标任务。全市产妇17069人,住院分娩率100%;孕产妇系统管理率91.29%,产前检查率98.04%,产后访视率92.93%;孕产妇死亡率5.86/10万;5岁以下儿童死亡率2.93‰;婴儿死亡率2.34‰ 。各项妇幼卫生指标均达到或超过年初制定的目标要求。

【妇幼卫生】

2016年,市卫计局落实预防梅毒、乙肝母婴传播项目任务,检测梅毒37039人次,检测乙肝35285人次。完成城乡已婚低保妇女常见妇女病免费检查2900人，完成率100%；全市农村孕产妇住院分娩补助8543人，免费发放叶酸11690人。妇幼工作在泉州市县级妇幼卫生工作考核及县级妇幼卫生工作绩效考核中连续三年获得“双第一”。

妇幼卫生培训。1月23日，特邀福建省妇幼保健院王子敬主任医师讲授“矮身材、性早熟诊治”学术讲座。3月4日，举办晋江市2016年新生儿疾病筛查工程培训班。3月5日，举办“两癌、低保、产筛等项目培训班”。6月17日，举办“2016年晋江市预防艾滋病、梅毒和乙肝母婴传播工作培训班”，对晋江市妇产科、儿科、妇保、儿保业务骨干及妇幼信息人员就预防艾滋病、梅毒和乙肝母婴传播、艾滋病儿童的营养支持、艾滋病感染孕产妇保健等内容进行培训。6月18日，举办产科适宜技术培训班暨再生育相关知识讲座。7月8日上午，举办妇幼保健知识培训班，下午，举办三网监测及妇幼卫生年报汇审会，规范晋江市《出生医学证明》、重大公共卫生项目的开展及提高晋江市妇幼卫生信息管理质量。7月20日，召开全市《出生医学证明》管理模块启用培训工作会。4月21日、11月3日，联合教育局分别在桂华中心幼儿园与艺术实验幼儿园举办二期“晋江市幼儿园卫生保健工作例会暨保健培训”，邀请泉州儿童医院市郑艺霞、丰泽幼儿园李玲玲授课。11月26日上午，举办全市妇幼卫生信息会议暨三网监测培训班，下午，举办全市妇幼保健管理相关知识培训班，邀请泉州市妇幼保健院保健部主任庄镇漳等专家针对《出生医学证明》管理、基本公共卫生项目、艾梅乙母婴阻断及乳腺彩超等相关知识进行培训。12月1日，举办2016年农村妇女宫颈癌HPV检测试点项目专题讲座，省妇幼保健院副院长宋一一等专家授课。

【助产技术服务机构监督管理】

2016年，市卫计局重视助产技术服务工作监管，严格机构及人员的准入审批，确保持证上岗，依法执业，按照要求开展诊疗工作。各助产机构注重加强软硬件设施建设，规范产房布局，成立产科抢救领导小组，产科服务条件逐步改善，服务质量不断提升。落实“禁止非医学需要鉴定胎儿性别和选择性别终止妊娠”专项治理工作，各助产机构按要求配备第二代身份证阅读器，安装监控等设备，终止妊娠手术、住院分娩和孕期超声检查实名登记制度得到有效落实。加强《出生医学证明》管理，做到专人保管、证章分开，严格证明的领用和签发程序。市卫计局组织开展第二轮爱婴医院督查、复核工作，4月，组织专家对8家申报单位进行考核，对存在的问题进行指导并要求整改。5月31日、12月8日，召开晋江市2016年围产保健协作组会议，评审2016年孕产妇死亡病历、新生儿死亡病历。6月，配合泉州市级复核工作的开展，并通过市级爱婴医院复核，做好迎接省级爱婴医院复核的准备，晋江市8家助产机构顺利通过省级爱婴医院的复核，获得“爱婴医院”的称号。6月、12月，市卫计局组织开展全市妇幼卫生工作暨助产技术执法检查，内容包括常规妇幼卫生工作（含妇幼信息、健康教育）、基本和重大公共卫生妇幼保健项目、预防艾滋病母婴传播以及爱婴医院管理等方面，同时对晋江市18家有资质的助产技术服务机构开展助产技术执法检查，采取现场察看、查阅资料、技能考核、抽查询问等方法，并将检查存在问题进行通报、反馈整改，达到规范和提高产科服务质量的目的。6月，市卫计局组织专家组成员对晋江市18家从事母婴保健技术服务的机构进行《母婴保健技术服务执业许可证》到期换证工作，参照《母婴保健专项技术服务基本标准》和《福建省助产技术服务机构基本标准》。

【免费婚检】

2016年，市卫计局严格遵守《福建省婚前保健门诊规范化建设基本标准（试行）》的要求开展婚前保健服务工作，继续做好为群众提供免费婚前医学检查和免费孕前优生检查“一条龙”便利服务。有效预防出生缺陷，提高出生人口素质。全市婚检人数16300人，婚检率100%；其中检出疾病人数2063人，疾病检出率12.66%。

【新生儿疾病筛查】

2016年，晋江市新生儿遗传代谢疾病筛查情况：各医院总计出生人数25752人（包括流动人口），进行筛查的人数25226人（不包括采血不合格退回重查数），筛查率97.96%。其中，TSH确诊23人，PKU确诊2人，G6PD确诊165人，N170HP确诊2人。新生儿听力筛查数24471人，筛查率95%，确诊21人。通过早诊断、早治疗，患儿均达到满意的治疗效果。

【妇女病普查普治】

2016年，市妇幼保健院采取降低收费标准、主动上门服务等措施，定期开展妇科病普查普治。开展晋江市农村妇女宫颈癌和乳腺癌检查项目。完成国家项目宫颈癌检查4100人（其中HPV检测1150人），乳腺癌检查1700人，完成率均100%；未发现乳腺癌，妇女病人数1389人，患病率33.88%；发现宫颈CINⅠ级31人；CIN Ⅱ—Ⅲ级21人；宫颈浸润癌1人，宫颈原位腺癌1人。泉州市为民办实事项目宫颈癌筛查1500人，乳腺癌检查1500人，完成率均100%，妇女病人数466人，患病率31.07%，发现CIN Ⅱ—Ⅲ级3人，宫颈微小浸润癌1人，宫颈浸润癌1人，乳腺癌检查1500人，发现乳腺浸润性导管癌1人。开展非公有制企业女职工开展普查普治。对全市1家非公有制企业女职工开展普查普治，常规开展TCT、乳腺彩超检查，自选乳腺钼靶和组织病理学项目，普查98人，妇女病人数26人，患病率26.53%，并给予相应的治疗。

【预防艾滋病母婴传播】

2016年，全市发现93例梅毒阳性孕产妇，2719例乙肝阳性产妇，确诊9例HIV阳性孕产妇。其中，1例HIV阳性孕产妇引产，1例人工流产，1例行宫外孕手术，1例孕期转介，5例分娩。随访8例艾滋病病毒感染产妇所生儿童，阻断成功3名，转介2名，在访3名。

【妇幼保健科研】

2016年，市妇幼保健院“提高人口素质—婴儿综合发展研究与示范”、“孕产期宣教干预对产后抑郁症的影响”两项晋江市科技课题进入结题阶段。延续开展儿童早期综合发展项目，该项目在省级工作会议上作经验交流，相关论文在国家级刊物上发表。

【妇幼健康技能提升】

2016年，市卫计局注重业务培训。通过选派上级进修学习，举办本市业务培训等形式逐级拓展培训。各基层卫生单位抓好村级孕管员培训，增强村级网底功能。完善危重症孕产妇转诊救治网络。成立组织机构，采取分级管理、分片挂钩形式，落实危重症孕产妇转诊救治。执行流动人口孕产妇住院分娩减免政策。调整充实市围产保健协作组，组织开展孕产妇死亡和新生儿（围产儿）死亡评审，确保母婴生命安全。

【设备添置】

2016年，市妇幼保健院投入195万元购置、安装神经肌肉刺激仪、中耳筛查仪、骨密度仪、全自动眼底照相机、高频电刀、胎心监护仪、迈瑞T5含有创及麻醉气体分析、婴儿辐射保暖台、激光照相机等仪器设备。

（周　沁撰　王保坚审）

·爱国卫生·

【概况】

2016年，为进一步改善城乡环境卫生，提高群众卫生意识和自我保健能力，预防和控制传染病的发生和流行，晋江市以“清洁家园、除害防病、促进健康”为主题，以爱国卫生运动为抓手，组织各部门、各单位，动员广大干部群众，全面推进各项爱国卫生工作。

【环境卫生整治】

2016年，市爱卫办开展4次城乡环境卫生整治、除四害活动，组织各镇(街道)、市直各单位，开展全市环境卫生整治和除四害工作。1月，在全市积极开展爱国卫生和健康教育，普及人感染H7N9/H5N6/H5N1流感防控知识，倡导科学、文明、健康生活方式，提升广大人民群众的健康意识和健康素养，形成人人爱护环境、人人讲究卫生的良好社会风尚。3月，根据全国、全省爱国卫生电视电话会议精神和全国爱卫办《关于开展“清洁家园、灭蚊防病”春季爱国卫生运动的通知》要求，3月3日，市爱卫办在八仙山集中开展一场以灭蚊防病为重点的环境卫生整治活动日现场宣传活动，活动现场以传染病防治知识、除四害”药物发放及知识咨询、转转乐”小游戏、义诊、有奖问答、现场消杀指导等内容。夏秋时节，广东、云南和福州、莆田等地出现登革热疫情。为有效防止登革热疫情在晋江市流行，9月在全市范围内开展以“灭蚊”为重点的爱国卫生运动和登革热防控工作。市爱卫办聘请专业消杀机构统一组织对市区的垃圾箱、垃圾屋、垃圾转运站、垃圾收集站、垃圾运输车、垃圾果皮箱、公共厕所公园、绿地、绿化带、河沟沿岸、下水道口和大中型水体及居民生活小区等进行消杀。

【健康教育宣传】

2016年，市卫计局利用新媒体开展宣传，完善卫计局网站，定期发布卫计相关信息；利用“健康晋江”微信公众号开展宣传，坚持每个工作日发送至少一条宣传资讯；继续和《晋江经济报》、晋江电视台、中国新闻网、领导文萃杂志社开展宣传合作，利用公交车载视频、户外广告牌做大众宣传。2016年，新建16个镇(街道)、村(社区)人口文化园。联合市文明办、市教师进修学校开通青少年健康发展咨询热线；针对不同人群个性化需求开通微课堂，参与人数约2400人；向社会公开招募，组建讲师团队伍，为晋江市开展青少年健康发展工作提供师资保障。以国医节、世界卫生日、护士节、世界人口日等节日为契机，开展形式多样的宣传服务活动；委托全市医疗机构妇产科向全市孕产妇赠送3万个健康大礼包；宣传晋江本土的名医名科室，在晋江经济报开设“名医在线”“名医名片”专栏，为市民推介知名度高病人群多口碑好的各科医生。联合晋江经济报发起“寻找身边好医生，传递社会正能量”活动，向广大市民征集身边好医生的故事。加强健康素养基本知识和技能宣传，积极倡导健康生活方式，提高全民科学健康素养水平。组织健康中国行晋江站活动，与晋江新闻网联合举办“健康晋江　全城热练”活动，向市民征集寻找健康生活style，收到两百多位健身达人的推荐信息，报道十几位健身达人运动方式。

【卫生防病知识宣教】

2016年，市爱卫办印制卫生防病宣传材料5种共5万份，通过卫生、妇联和老年网络，发放到群众手中，宣传养成健康生活方式、除“四害”和禁烟等爱国卫生知识。利用有线电视和报刊等传媒形式，进行爱国卫生健康教育和健康促进宣传活动。4月份是全国第28个爱国卫生月，市爱卫办对集中整治城乡环境卫生、病媒生物防制、卫生创建、禁烟工作等爱国卫生月活动进行周密部署，同时结合全国卫生城市创建工作，动员各镇(街道)、市直各单位，以LED电子屏幕宣传、手机短信、社区宣传栏等传媒形式，在机关、学校、企事业单位、社会团体和城乡居民中，开展爱国卫生健康教育和健康促进宣传活动。

【除四害活动】

2016年初，市爱卫办组织专家做好除四害药物招投标工作。7月8日，进行全市第一轮大规模群众性灭鼠灭蟑除“四害”活动；10月初，在全市范围内开展以“灭蚊”为重点的爱国卫生运动。活动坚持采取“环境综合整治为主，药物消杀为辅”，消除四害栖息繁殖场所，降低和控制四害密度，做到统一布置、统一时间、统一药物、统一投药，进一步巩固除四害成效，有效降低了四害相关疾病的发生与传播。全市共投放灭蟑、灭蚊、灭蝇药12吨，溴敌隆4吨，灭蟑胶饵5000盒、粘鼠板5000张。

【公共场所控烟】

5月31日是第28个世界无烟日，主题是“提高烟草税，保护下一代”。市爱卫办联合市卫计局、市教育局、市疾控中心、陈埭中心卫生院在陈埭民族中学开展控烟宣传。在活动现场发放控烟知识问卷，对积极参与并作答正确的师生，给予发放1100份小礼品。在宣传日期间，学校组织控烟知识校园广播，出版一期控烟知识的黑板报，组织学生观看控烟视频活动及LED滚动播放屏幕控烟相关知识等一系列控烟知识校园拓展活动。

【改水改厕】

2016年，市爱卫办与市疾病预防控制中心共同负责协调、督导、技术指导农村饮水工程的水质监测项目。加强农村改水改厕工作，改善农村环境卫生，发动各镇(街道)、村(社区)深入开展爱国卫生运动，全市改厕卫生普及率98.83%，改水受益率100%。

【卫生专项督查】

2016年，市爱卫办会同市财政局、农业局、市政园林局、市公路局等单位组成检查组，对各镇(街道)进行检查，主要对各单位的外环境卫生进行检查，及时通报检查中发现的问题，并做好指导责任单位整改工作。

（周　沁撰　王保坚审）

·新型农村合作医疗·

【概况】

2016年，全市96.80万人参加新农合，参合率99.99%。全年新农合一般住院结报70976人次，住院总医疗费用59990万元，住院结报费用20650万元，人次均住院结报金额2909元；重大疾病转外住院结报1190人次，住院总医疗费用6918.16万元，重大疾病转外住院结报费用3148.22万元，重大疾病转外住院人次均结报金额26456元；特殊病种门诊结报37636人，特殊病种门诊结报费用6007.33万元；普通门诊结报43.99万人次，普通门诊结报费用1623.8万元。14周岁以下、60周岁以上、低保户、计生户、孕产妇补偿(普通门诊除外)分别为14193人、31696人、1840人、1688人、5711人次。个人补偿额1000—5000元、5000—10000元、10000—30000元、30000元以上的分别有45546人、8331人、5392人、1990人。新农合服务中心完成外伤住院结报案件调查4056件，其中泉州市以外调查422件，省外调查69件。新农合968919服务专线电话接听14942次，总计通话时长37722.6分钟。

【新农合政策措施】

2016年，晋江市坚持“政府领导、统一筹集、监管分离、定额补偿、专款专用、收支平衡”的原则，贯彻落实《晋江市2015年度新型农村合作医疗工作管理办法》。制作政策宣传栏，上墙到市内各定点医疗机构新农合窗口；印发政策宣传单25万张，由各镇(街道)分发到每家每户一份，各定点医疗机构分发到每位临床医务人员。2016年，新农合筹资标准为620元/人，其中个人缴费150元/人，镇(街道)补助10元/人，晋江本级财政补助335元/人，省、泉州市财政补助125元/人。政策上，调整优化新农合住院结报补偿标准，推进支付方式改革和大病商业补充保险，从筹资中列支20元/人为参合群众购买大病商业补充保险。与到晋江人口较多的重庆市丰都县、垫江县和漳州市漳浦县探讨异地结报服务。继续将卫生部列出的肺癌等20种重大病种和肝癌、胰腺癌纳入重大疾病住院种类，因重大疾病到市外三级定点医疗机构住院的，按照晋江市二级定点医疗机构的住院补偿标准。对城乡贫困家庭医疗救助对象、低保对象、革命老区基点村60岁以上老年人、农村计生独女户、二女结扎户、计生特殊家庭、离休干部遗属、持有第二代《残疾人证》的残疾人等优惠对象，继续由相关单位负责新农合个人参合费并提高新农合补偿标准。继续执行18个单病种的住院费用限额结算制度。继续实施外来人口参加新农合，持有《晋江市居住证》且未参加其它社会医疗保障的外来人员可以参加新农合，享受本市新农合同等待遇标准。继续实施“新农合附加意外险政策”，由市财政投入新农合附加意外险保障10元/人。继续执行精神病药品、诊疗项目、中医药诊疗费用等提高新农合补偿标准的优惠措施。继续贯彻落实衔接孕产妇住院分娩、城乡贫困家庭医疗救助对象、红十字城乡困难居民重特大疾病补助以及泉州市新农合重大疾病住院大额医疗费用补充补偿。贯彻落实新生儿参合，儿童白血病、先天性心脏病重大疾病保障，妇女两癌的新农合补偿，14家省级和11家泉州市直医院的异地就医新农合即时结报，社会保障卡“一卡通”建设，福建省新农合药品目录等项目。

【新农合定点医疗机构监督管理】

2016年，市卫生局组织抽调医疗专业人员组成新农合稽核组，对新农合定点医疗机构进行稽查稽核。邀请福建省新农合专家技术指导组和太平洋人寿保险股份有限公司上海总公司精算处专家来晋，分析新农合基金运行情况并提出针对性建议。接受泉州市卫生局新农合工作稽查。

(周　沁撰　王保坚审)

·卫生监督综合执法·

【概况】

2016年，市卫生监督执法工作以上级有关文件精神为指导，按照市卫计局的统一部署，强化卫生监督队伍建设，突出生活饮用水、传染病防治、公共场所、学校卫生等公共卫生重点监督检查，加强医疗服务卫生监督，开展校园周边环境整治，切实履行卫生监督职责，取得一定成效。

【卫生监督能力建设】

2016年，市卫生监督所优化科室设置，对内部科室设置、职责分工及人员配置进行调整，按专业设置，分类执法，便于与上级卫生监督机构对接，提高卫生监管效能。注重业务培训，提高人员素质。选派参加上级培训人员37人次，组织业务知识培训班9场次，培训卫生监督员、协管员200多人次。公开招聘人员，充实执法力量。通过2016年全市卫计事业单位公开招聘，招收2名编制内卫生专业工作人员。此外，公开招聘5名专职卫生监督协管员，进一步补充卫生监督执法力量。

【生活饮用水监督】

2016年，市卫生监督所联合市市政园林局、市住房和城乡建设局开展二次供水管理人员卫生知识培训，并于5月、10月联合开展二次供水卫生监督检查，培训人员102人次，发放卫生知识培训合格证72本。做好集中式供水、二次供水以及涉及饮用水卫生安全产品重点监督检查，出动监督人员212人次，检查集中式供水10家、二次供水35家、涉水产品生产单位3家，开具卫生监督意见书12份。开展“莫兰蒂”等台风灾后饮用水卫生监督检查，期间共出动执法人员46人次，检查集中式供水单位12家次、二次供水单位18家次，快速检测水质18份，立案查处3家，罚款0.88万元。

【传染病防治监督】

2016年，市卫生监督所开展预防接种单位专项监督检查和预防性健康体检专项督查。检查预防接种单位87家次，立案查处2件；检查预防性健康体检单位12家次。开展为期两个月的以纸类卫生用品为重点的消毒产品专项整治，期间共出动监督人员303人次，检查消毒产品生产经营单位61家，开具整改意见书44份，监督覆盖率100%；立案查处无证生产经营消毒产品单位9家，罚款2.7万元；监督抽检消毒产品58份，对其中1份卫生巾样品不合格的单位，依法立案查处并督促落实整改，合格率达

98%。餐饮具集中消毒服务单位监督量化分级管理，共量化评分5家，其中良好1家，一般1家，不予以评定3家。中秋、国庆期间，开展台风灾后恢复重建和卫生防疫防病卫生监督。

【公共场所监督】

2016年，市卫生监督所加强住宿、游泳场所管理人员卫生知识培训，并创建卫生管理工作微信群，培训人员318人次，制作发放公共场所卫生监督信息公示栏800块。建立完善档案资料，全面推行住宿等四类公共场所监督量化分级管理，完成电子档案录入216家，量化评定187家，A级21家，B级143家，C级23家。开展公共场所重点监督抽检，及时上报公示抽检结果，抽检72家，合格49家，对于不合格的督促其限期整改，复检合格率达100%。开展西滨镇创建国家级卫生城镇公共场所专项监督检查，提升公共场所卫生水平，监督检查美容美发场所23家，商场1家。加大监督执法力度，开具卫生监督意见书187份，处理投诉举报6件，立案查处6家，罚款1.9万元；协助审批科新办发《卫生许可证》161家、复核23家。

【学校卫生监督】

2016年，市卫生监督所联合市教育局、泉州市高教中心办制定2016年学校卫生监督抽检工作方案，并组织开展学校卫生监督工作，按总数20%的比例抽查，重点检查学校教学生活环境、传染病防控、生活饮用水、公共场所等内容，出动执法人员305人次，检查学校75家。

【医疗服务卫生监督】

2016年，市卫生监督所加大非法行医打击力度。采取定期不定期巡查、部门联动、举报投诉、专项整治等举措严厉打击非法行医行为，净化医疗服务市场。出动执法人员3589人次，立案查处无证行医案件33件，罚款18.9万元；立案查处有证医疗服务机构案件16件，罚款5.88万元；申请法院强制执行案件15件；依法移送公安机关追究刑事责任5件；办理各级各类投诉举报件235件次；抄告其他有关部门无证行医场所246家次。加大计生“两非”案件打击力度。对卫计综合监督工作进行初步探索，先后在深沪镇、陈埭镇试行卫生计生综合监督模式，推行以镇政府为主的“镇政府+卫计+公安（边防）+市场监管”相融合的综合监督模式。共办理“两非”案件21件，没收违法所得5.2428万元，罚款27.7万元。加强放射卫生监督检查。重点检查医疗机构《放射诊疗机构许可证》和《放射工作人员证》持有情况、放射诊疗建设项目职业病危害评价情况、放射工作人员个人剂量检测及职业病健康监护情况，完成医疗卫生机构放射诊疗许可（校验）现场踏勘40家，其中合格29家。开展放射工作人员知识培训，组织放射工作人员到厦门市第二医院进行健康检查，联系泉州市疾控中心对有关放射诊疗机构进行现场检测，加强对放射诊疗机构的监督与服务。培训放射工作人员164人，组织32家放射诊疗机构的127名放射工作人员参加体检。深入开展专项监督检查。10月，牵头抽调基层医疗卫生单位有关工作人员成立4个检查小组，集中开展集中开展医疗机构依法执业监督检查行动。对全市公立医疗卫生机构、民营医疗机构、卫生所（卫生服务站）依法执业情况进行拉网式的“交叉互查”，进一步加强医疗机构依法执业意识，规范医疗执业活动，对提升医疗服务质量和保障群众身体健康起到积极推动的作用。开展疫苗、医疗废弃物、预防性健康体检等专项检查；在各项专项监督检查中，共检查各级各类医疗单位1110家次。

【麻醉药品、第一类精神药品的监督管理】

2016年，市卫计局强化对麻醉药品、第一类精神药品使用环节的日常监管，及时发现管理漏洞，随时纠错整改，杜绝麻醉药品、第一类精神药品流弊；部门间加强沟通协调，采取对麻醉药品、第一类精神药品协同监管的有效方式和措施，共同应对和处理麻醉药品、第一类精神药品监管和安全管理突发事件；加强规范培训和考核工作，提高相关人员守法意识和业务水平。

（周 沁撰 王保坚审）

·计划生育·

【概况】

2016年，晋江市计划生育工作始终以“坚持国策、创新发展、依法管理、民生优先”为工作导向，紧盯年度计划生育目标管理责任制任务和要求，推进计生服务管理改革，全面提升计生工作服务管理水平。

【计生政策兑现】

2016年，晋江市卫生与计划生育局坚持“严格政策界限、严格确认程序、严格监督管理”原则，做好奖励资金发放。奖励新增独男户25人、独女户13人、二女结扎户11人，发放奖励金15.4万元；兑现农村计生家庭奖励5091人、1268.28万元；兑现城镇计生家庭奖励852人、206.64万元；兑现省计生家庭贡献奖励对象1775人、63.9万元；兑现福建省独生子死亡或伤残对象72人、86.4万元；兑现低保家庭困难补助对象24户、28.8万元；兑现节育贡献奖励对象16421人、295.578万元。此外，将城乡二女结扎户和独生子女户等计划生育家庭奖励扶助标准提高到每人每月200元，纳入低保家庭提高到每人每月300元。在2015年依托部分镇（街道）开展试点、初步形成“城镇职工养老保险、城乡居民险、商业养老保险”相结合的计生家庭养老保障模式的基础上，出台《关于补助部分计划生育家庭参加基本养老保险的暂行办法》，在全市全面推广部分计生家庭养老保障工作，明确市财政补助标准，采取分年龄段、分批参保模式进行，2200多人受惠。持续推进流动人口计生家庭“五大项目”，全年2851个流动人口家庭享受优惠政策、10717名流动人口享受免费生殖保健基本服务及孕前优生健康检查服务。

【计生执法】

2016年，市卫计局规范服务管理项目及流程。依托安海等镇全面梳理新时期基层计生服务管理项目、流程和办理时限，进一步定岗定责，力求基层服务管理更高效便捷和人性化；继续改革计生审批制度，列出计生审批“权力清单”，下放或取消部分审批权限，全面推行网上办事，实行一、二孩登记制度，将网上办事延伸至村（社区）。全年一孩登记5110对，二孩登记7600对，发放再生育证147本。

开展卫计综合执法试点工作。以深沪镇、陈埭镇为试点开展综合执法试点工作，建立卫生计生监督协管员制度，推动卫生计生监督执法职能向基层延伸。改革孕情服务访视制度。取消计生“双查”，充分共享卫生和计生信息，掌握辖区内群众的孕育情况，将原有的双查工作改为孕情访视与生殖健康服务结合，在孕情访视中结合避孕方式知情选择宣传、免费药具服务和妇儿健康服务等，把预防政策外出生和卫计服务紧密结合起来。

提升依法行政能力。对多生育的对象依法征收社会抚养费，对拒不缴纳的对象依法提交法院强制执行，纳入失信人员名单。继续加强出生人口性别比综合治理力度，大力开展打击“两非”和关爱女孩行动。通过各种途径公布“两非”举报方式，设立举报箱192个、举报电话61部，设置5000—30000元不等举报奖励金，鼓励群众积极参与监督。建立健全打击“两非”案件组织协调机制和快速查处机制，形成信息共享、责任共担、案件共查的综合治理格局，充分发挥卫监所执法功能，督促参与打击“两非”，为案件调查、处罚提供支持。

【计生服务】

2016年，市妇幼保健院与计生服务站完成人员、业务的全面整合，市妇幼保健院加挂计生服务站牌子。各镇、街道按《中共晋江市委机构编制委员会关于优化整合妇幼保健和计划生育技术服务资源有关机构编制事项的通知》要求完成整合，计生办改为卫计办，计生服务中心改为卫计服务中心，职能也相应改变。加强出生缺陷综合防治。整合婚检和免费孕前优生健康检查项目，优化宣传、检测、反馈、咨询和指导服务，全年完成优生健康检查14068例；推行为民办实事项目——新生儿疾病筛查费用减免；加强市妇儿中心建设进度，8月，主体结构封顶。市直医院普遍开设再生育门诊，各镇、街道也依托医疗卫生单位开展对高龄孕产妇、再生育及不孕不育人群的服务和指导，不断完善出生缺陷综合防治服务网络。全力打造“24小时”避孕药具智能发放网络。继续推广微信免费发放安全套，并探索引入第三方社会化服务机制，在全市设立416台免费安全套智能发放机，构建覆盖全市的线下24小时免费发放点网络，以提高免费避孕药具可及率。全年发放88万只安全套，为历年来最多。

（周　沁撰　王保坚审）

·2016年晋江市卫生机构、床位、人员数情况表·

表21　　　　单位：个、人

机构分类名称	机构数	编制床位	实有床位	职工总数	卫生技术人员			
					小计	执业医师	执业助理医师	注册护士
全市合计	827	4054	4771	8109	5910	1915	438	2224
一、市级医院	3	1678	1920	2705	2346	756	19	1095
市医院	1	650	680	932	834	321	11	406
中医院	1	520	520	1073	887	206	4	390
安海医院	1	508	720	700	625	229	4	299
二、镇（街道）卫生院	20	1260	1453	2036	1758	521	124	612
三、市卫生监督行政执法大队	1	—	—	32	23	23	—	—
四、市突发公共卫生事件应急处置办公室	1	—	—	5	3	3	—	—
五、市红十字会	1	—	—	6	1	—	—	1
六、市卫协会	1	—	—	4	2	1	—	—
七、市新型农村合作医疗管理中心	1	—	—	5	3	2	—	1
八、市卫生进修学校	1	—	—	4	1	—	—	1
九、市疾病预防控制中心	1	—	—	105	79	43	5	3
十、市妇幼保健院	1	100	63	267	228	71	3	98
十一、市疗养院	1	200	500	161	128	17	2	80
十二、英墩华侨医院	1	106	100	102	87	27	7	28
十三、民营医疗机构	40	710	735	1047	742	255	49	248
十四、村卫生所	621	—	—	1329	213	104	170	26
十五、社区卫生服务站	133	—	—	301	296	92	59	31

续表

机构分类名称	职工总数						
	卫生技术人员				其他技术人员	管理人员	工勤人员
	药剂人员	检验人员	影像人员	其他卫生技术人员			
全市合计	338	221	125	1379	327	233	523
一、市级医院	119	64	44	249	67	62	230
市医院	39	25	7	25	48	—	50
中医院	56	20	28	183	11	7	168
安海医院	24	19	9	41	8	55	12
二、镇（街道）卫生院	128	69	47	257	127	48	103
三、市卫生监督行政执法大队	—	—	—	—	—	9	—
四、市突发公共卫生事件应急处置办公室	—	—	—	—	—	2	—
五、市红十字会	—	—	—	—	—	5	—
六、市卫协会	1	—	—	—	—	2	—
七、市新型农村合作医疗管理中心	—	—	—	—	—	2	—
八、市卫生进修学校	—	—	—	—	2	—	1
九、市疾病预防控制中心	—	20	2	6	10	1	15
十、市妇幼保健院	6	15	2	33	24	1	14
十一、市疗养院	4	1	1	23	17	2	14
十二、英墩华侨医院	8	5	—	12	5	8	2
十三、民营医疗机构	70	47	29	44	70	91	144
十四、村卫生所	—	—	—	643	—	—	—
十五、社区卫生服务站	2	—	—	112	5	—	—

·民族工作·

【精准帮扶民族地区发展】

2016年，晋江市民族与宗教事务局(以下简称市民宗局)积极挖掘和调动各种资源，全面深化智力帮扶、政策帮扶、项目帮扶、资金帮扶。建立市分管领导到民族村现场办公制度，市委常委、统战部部长王金战先后到龙湖后溪村、金井钞岱村开展现场办公，投入400多万元解决少数民族村（社区)发展中遇到的实际问题。制定2016—2017年度民族地区帮扶方案，向本级财政申请186万元民族专项扶持资金。在帮助民族村(社区)选好选优本年度帮扶项目的基础上，主动同上级民宗部门加强联系，积极争取上级的政策倾斜和资金投入。全年上级民宗部门扶持资金63万元用于支持陈埭回族史馆、龙湖镇后溪村、内坑镇霞美村、金井镇钞岱村等少数民族村建设。主动与对口帮扶宁德霞浦县盐田畲族乡对接，对建设项目进行筛选帮扶，对口帮扶资金100万元落实到位。组织对2013—2016年度上级及本级帮扶项目落实情况和扶持资金使用情况进行督查，确保惠民项目真正落到实处，确保帮扶资金专款专用。

【民族团结进步氛围营造】

2016年，市民宗局充分利用《晋江经济报》、电视台等宣传媒介，大力宣传民族政策、民族知识，重点解读新政策以及介绍晋江市民族团结进步的先进典型和工作成效。深入开展民族团结进步宣传月活动，在内坑霞美畲族村开展宣传月活动启动仪式暨民族主题文艺汇演，陈埭民族中学、金井岱峰中心小学开展征文比赛、绘画比赛，各民族村开展篮球比赛、广场舞比赛，营造民族共同团结奋斗，共同繁荣发展的氛围。

【少数民族流动人口服务管理】

2016年，市民宗局指导“7个1”试点单位工作，下拨补助资金帮助三六一度公司新疆籍员工开展春节文艺活动，确保活动经费有保障。坚持以解决问题为导向，切实解决外来少数民族同胞关心关注的实际困难，推选1名外来少数民族务工人员担任市政协委员。引导海外人士捐资10万元设立华侨职校西藏班学生奖学奖教，联合企业开展外来少数民族贫困员工关怀慰问活动，通过政企合作，妥善处置各少数民族同胞来晋江务工岗位安排，做到居住饮食、技能培训、劳动报酬、社会保障“四到位”，有效维护外来民族同胞的合法权益。主动与教育部门衔接，为外来少数民族群众子女就学、就业提供便利，出具近千份少数民族学生成份证明。规范清真饮食市场服务管理工作，确保穆斯林群众“舌尖安全”。

(林承标撰　蔡青云审)

·宗教工作·

【重要宗教活动】

2月24日，晋江市伊斯兰教协会召开第四次代表大会，会议推选出新一届领导班子，推选丁宗沐为会长。

2月25日，晋江市基督教召开第七次代表大会，会议推选出新一届领导班子，推选牧师王声习为晋江市基督教三自爱国运动委员会主席、牧师叶高升为晋江市基督教协会会长。

6月14日，泉州市委常委、晋江市委书记李建辉带队检查安海龙山寺保护修缮和周边环境整治项目。会议指出，龙山寺保护修缮和周边环境整治项目是保护国家重点文物、增进两岸文化交流和拉动文化旅游产业的需要；同时，也是改善寺院周边环境、消除安全隐患的需要。

11月8日，晋江安海基督教会举行建会160周年暨新堂落成庆典。

11月24日，泉南佛国·佛教文化交流活动暨南天禅寺寺兴八百周年庆典在东石南天寺举办。当天上午在南天寺广场举行盛大活动庆典，下午在南天寺与海外学者、宗教界人士举办交流讲座，当晚南天寺还在泉州海峡体育馆举行文艺晚会，泉州市佛教协会现场捐赠100万元用于公益慈善。

【宗教事务管理】

2016年，市民宗局召开全市宗教界人士座谈会，及时向各宗教团体班子成员传达，对宗教界学习贯彻工作做出安排部署。将学习贯彻各级会议精神作为民宗局组织举办培训班的重点内容，联合市政协联络委举办民族宗教专题辅导讲座，邀请省民宗厅领导授课，确保宗教界与党同心、同向、同行。

开展以“规范”为主题的和谐寺观教堂建设，推进“生态场所”“文明敬香”“合理放生”活动，引导广大信众自觉抵制烧高香、烧大香不文明现象。规范宗教场所的财务管理，开户率达到90%以上，位居全省县级市前列。紧抓宗教场所安全生产工作，在重大节日或重要宗教节日期间启动场所安全应急预案常态化建设。市领导多次率队到宗教活动场所开展安全检查，形成民宗、公安、消防、镇街等部门齐抓共管工作态势。依法打击非法宗教行为，成功处置2起非法宗教活动。

严把场所登记关口，将龙池宫、玄武宫、顺正庙等3个场所列为固定宗教活动处所。加强爱国宗教团体建设，市财政拨付20万元作为宗教团体经费，拨付15万元宗教团体培训经费，帮助爱国宗教团体解决经费等方面的困难。开展妈祖文化民俗调查和资料整理，围绕打造妈祖文化品牌，出版《瀚海安澜》一书，为各地妈祖文化机构提供可借鉴的经验和做法。

【宗教慈善事业】

2016年，市民宗局引导宗教开展爱心慈善系列活动，组织拍摄《慈爱人间 宗教同行》晋江宗教慈善宣传片，加大对宗教界开展公益慈善活动好做法和好经验的宣传。春节期间，指导宗教界开展“迎新春 送温暖”慈善活动；全国助残日期间，组织宗教界走访慰问市特殊教育学校、市残联和安海育婴院；开学期间，组织开展金秋助学活动；台风灾害过后，组织宗教界支持“莫兰蒂”台风灾后恢复重建；宗教慈善周期间，组织宗教界开展“宗教慈善周”，共筹集善款46.6万元，重点帮扶少数民族地区困难群众。全年全市宗教界开展慈善公益事业资金超600万元。

【对港澳台对外民间交流】

2016年，市民宗局积极引导宗教界加强同港澳台地区和东南亚国家的民间交流，传播中华优秀传统文化。市佛教协会组织会员到印度朝圣；市道教协会真武殿与菲律宾分炉开展文化交流；市基督教“两会”与菲律宾和中国台湾等地基督教堂开展友好交流；妈祖文化研究会举办两岸妈祖信仰文化交流。全年共2000多人次的台湾民众到晋江市开展宗教和民间信仰交流活动。

（林承标撰　林春旭审）

晋江市第九个民族团结进步宣传月活动启动仪式暨民族团结进步主题文艺汇演

劳动和社会保障

·劳动就业·

【就业与再就业】

2016年，晋江市人力资源和社会保障局(以下简称市人社局)积极采取有效措施，保持就业局势稳定。全市城镇新增就业21020人，城镇失业人员再就业222人，城镇就业困难对象再就业92人，城镇登记失业率控制在0.3%。

落实就业创业优惠政策，兑现就业困难人员医社保补贴26.588万元；审核办理企业稳岗补贴34家，349.6625万元；兑现企业外出招聘补贴23.5万元，劳务引进补贴2.54万元；兑现企业培训直补资金4.4万元；审核兑现职业培训补贴279人16.94万元；兑现2015年充分就业社区奖励，奖励国家级充分就业社区梅岭竹树下社区5万元，奖励省级充分就业星级社区青阳阳光社区、梅岭梅庭社区、灵源小浯塘社区各4万元；受理审核妇女小额贷款担保贴息45人次50.127万元。

开展“2016年晋江市‘春风行动’公益招聘会”系列活动，举办招聘会59场次，吸引参会企业3172家次，达成求职意向20030人次。并于春节期间分6次组织企业赴云南、河南、四川、重庆、浙江、江苏参加“春风行动”大型招聘会，洽谈劳务对接，开展校企合作。举办SIYB创业培训班、“智造人才”培训、“五型班组”培训班，培训160人次；开展“2016年旅游系统第十五届岗位技能竞赛”、承办“2016年泉州市制鞋工职业技能竞赛”，吸引381名技能人才参赛；举办14期职业技能鉴定，507人获得职业资格，其中三级3人，四级86人，五级418人。

【和谐劳动关系构建】

第二届“梦想前进”大学生创客创业大赛

2016年，市人社局将普法宣传工作延伸到镇、村、企业，全年开展劳动用工讲座10余场，印制分发用工风险、办事指南等宣传材料9.5万份，投入宣传经费20万元。加强执法检查，坚持日常巡查、举报专查和专项检查相结合，全年监察企业1240家，涉及劳动者11.78万人，帮助追回劳动者工资4922万元，督促企业补签订劳动合同18.12万份，对8家违法企业进行行政处罚（共处罚金15.5万元），移送拒不支付劳动报酬罪案件21起。

2016年，市人社局注重规范化建设，全力推进“无欠薪项目部”创建活动，将创建活动与文明施工费挂钩，确定通过验收项目可提前退还预缴存工资保证金的一半，激励工程项目开展“无欠薪项目部”创建活动。市政府投资的41个项目均100%开展创建活动，其中，晋江国际鞋纺城、等6个项目已通过验收。适应经济发展新常态、劳动关系新形势，下大力度纠治工资拖欠行为，全年依法处置劳动争议案件5896起，同比下降7.41%，涉及劳动者16569人，其中10人以上群体性案件321起，同比下降11.15%。受理各类工伤认定申请案件1111起，其中认定工伤1093起(工伤死亡案件35起)，不予工伤认定18起；不予受理案件10起。加强基层仲裁建设，在实行仲裁巡回庭开庭方式的基础上，在磁灶、内坑、东石、金井、龙湖等5个镇建设仲裁庭，让群众少跑腿，足不出镇解决劳动争议。全年立案仲裁各类劳动争议案件1288件，涉及劳动者3983人，同比下降11.7%。

【劳动合同签订】

2016年，市人社局坚持强化源头防

控。持续落实劳动合同制度，印发《晋江市深化落实企业劳动合同制度实施方案》，将劳动合同签订工作纳入各镇、街道年终绩效考评内容，并下拨100万元工作经费保障活动开展。全市有近万家企业建立劳动合同制度，签订劳动合同人数67.7万人，比2015年增加20.89%，劳动合同签订任务完成率89.69%，比2015年提高21.06%。

·社会民生·

【社会保障体系建设】

2016年，市人社局按照"补短板，增进民生福祉"的思路，着力完善社会保障体系，推动社会保险由制度全覆盖向实际全覆盖迈进，"职工五险"全面超额完成上级下达扩面任务，全市职工养老保险、医疗保险、工伤保险、生育保险、失业保险参保人数分别增至32.96万人、23.68万人、24.56万人、24.39万人、14.02万人。其中，工伤保险实现建筑工程项目全覆盖，企业退休人员的养老金实现"十二连调"，人均月增加养老金148.93元；城乡居民社会养老保险累计参保64万人，续缴率95.75%，基础养老金由每人每月135元提高至150元；被征地人员养老保障累计218个村（社区）9.2万人参保；机关事业单位社会保险参保单位539个，在职参保人数2.39万人，社会保障体系愈加完善。

实施机关事业单位养老保险制度改革，召开联席会议研究讨论机关事业单位养老保险改革财政配套资金安排、经办服务准备、银行账户开设等问题，会同财政局等部门先后完成个人缴费处理和银行账户开设等事宜；举办全市机关事业单位养老保险数据采集和参保登记工作培训会；组织开展信息采集、调查摸底和参保登记等工作，确保全市930个机关事业单位3万多名工作人员的养老保险改革顺利实施。

推进医保支付方式改革，在总额控制的基础上，推行单病种付费结算方式，与晋江市医院等14家医院（卫生院）签订100个以上病种实行单病种付费结算，报销不设起付线，报销比例95%（计划性剖宫产报销比例100%），大大减轻病人负担。

开展全民参保登记试点工作，成立"全民参保登记计划"工作领导小组，印发《晋江市实施"全民参保登记计划"工作方案》，召开全市全民参保登记工作推进会，确保全民参保登记试点工作的实施。

将解决社保卡"办证难"问题列为2016年市委市政府为民办实事项目，在原有两个社保卡制发服务窗口的基础上，与工商银行、农业银行沟通衔接，在陈埭、安海、金井等3个镇人流聚集、标识醒目、位置便利的银行网点增设6个社保卡制发服务窗口；做好"12333"公共服务平台建设，按时序完成专职人员的聘请和培训、热线号码选择、场所装修、线路和电脑的安装调试以及与电信、审批中心等部门的工作衔接，于10月31日正式开通"82012333"服务热线，为广大市民提供政策咨询、参保信息查询、社保卡挂失等服务；扎实开展企业退休人员社会化管理工作，举办2016年企业退休人员运动会等活动，丰富企业退休人员文化生活。

全民参保登记动员会暨业务培训会

【民生保障】

2016年，晋江市人力资源和社会保障局围绕人民群众安居乐业，全力保障和改善民生。扎实开展"精准扶贫"、"春风行动·四帮四扶"、"2015年晋江市大中专毕业生就业创业服务月"等活动，举办1期技能培训班、14期职业技能鉴定，组织3.5万名各类劳动者参加岗位培训，帮助812人取得职业资格证书，全市城镇新增就业2.102万人，城镇失业人员再就业222人，城镇就业困难对象再就业92人，城镇登记失业率控制在0.3%，就业专项资金用于职业培训补贴、就业困难人员补贴、特困职工慰问等项目支出共计185.63万元，城乡就业局势保持稳定。"职工五险"全面超额完成上级下达扩面任务，全市职工养老、医疗保险、工伤保险、生育保险、失业保险参保人数分别增至32.96万人、23.68万人、24.56万人、24.39万人、14.02万人，其中工伤保险实现建筑工程项目全覆盖，企业退休人员的养老金实现"十二连调"，人均月增加养老金148.93元；城乡居民社会养老保险累计参保64万人，续缴率95.75%，提前在6月底前完成续缴率达90%以上的目标任务，基础养老金由每人每月135元提高至150元；被征地人员养老保障累计218个村（社区）9.2万人参保；机关事业单位社会保险参保单位539个，在职参保人数2.39万人，社会保障体系愈加完善。

（许秋停撰　施能善审）

【保障安居工程建设】

2016年，晋江市开工建设住房2530套，货币安置2722套，完成投资61.80亿元，占年度计划投资的110.81%，全面完成上级下达的5252套建设目标任务。2007年至今，累计开工建设保障性安居工程39个，建设各类住房51390套，总投资254.60亿元。完成货币安置5601套，竣工26438套，封顶16187套，累计交付入住25626套，基本实现保障性住房全覆盖。

【石结构及危旧房屋改造】

2016年，晋江市累计拆除石结构房屋13150栋，拆除面积457.03万平方米。其中，深沪镇华峰村、华海村和东石镇许西坑村等成片改造项目拆除石结构及危旧房屋2469栋，共104.45万平方米；就地翻建项目累计拆除石结构及危旧房屋10681栋，共352.58万平方米。

【安置房建设回迁】

2016年，晋江市累计启动建设安置房项目73个，总建筑面积1082万平方米，总投资约340亿元。其中，35个项目已回迁安置，6个项目已竣工等待移交回迁，2个项目正在扫尾阶段，25个项目正在施工阶段，5个项目正在抓紧前期土地手续办理工作。

（蔡金龙撰　蔡逸卿审）

【城市公共交通服务】

2016年，晋江市坚持政府在城市公共交通发展中的主导地位，推进公交专项规划，在泉州市率先实现公交一体化进程，达到“镇镇通公交”。公交线路增至43条，线路总长821千米，运营车辆420辆。月平均运营里程达210万千米，月载客量约330万人次，公交分担率由7.94%上升到15%，运营规模在泉州市县（市）排名前列。大力推进场站设施建设，稳步实施“一镇一枢纽”工作，不断加快城市公交基础设施建设步伐。目前，全市共建成5座公交首末站、3座公交换乘枢纽站、400余个公交标准化站亭点。金井和磁灶两个枢纽站开工建设，东石、安海、深沪、英林、池店和城北等枢纽站完成用地预审、征迁等相关工作。在全省率先开展新能源推广，更换210部新能源公交车辆，采用PPP模式建成全省首个智能公交充电站，初步建成城市网络充电群。开通微循环公交线路，与电力公司协议试行定制通勤公交，方便群众出行。中心城区公交黄标车全部淘汰，新能源公交车比例50%，市民公交乘车环境位居全省前列。全力推动道路交通安全整治。完成88千米农村公路安全生命防护工程，增设波形铁护栏、标志牌、标线及警示标柱、减速带等；完成29.4千米农村公路进出主干道安全设施完善工程（市主干道安保工程）；完成6座危病桥梁改造工程，确保群众出行安全。

（张鸿进撰　吴鸿斌审）

【市医院迁建】

至2016年底，市医院迁建项目感染楼完成二次装修预验收；教学楼完成二装初步验收；妇儿中心楼完成完成主体结构封顶及地下室、一至十三层内墙粉刷；医疗综合楼完成临时设施搭设、文明工地布置以及施工手续办理等进行桩基及基坑支护施工。

（周　沁撰　王保坚审）

·新晋江人公共卫生服务·

【防病宣传】

2016年，市卫计局发放通俗易懂、内容丰富的宣传材料22万份，不断增强流动人口的卫生防病意识。开展卫生防病知识进企业活动。市卫计局、疾控中心联合相关部门开展“卫生防病知识进企业”活动，由19个镇卫生院（街道社区卫生服务中心）通过义诊、展板、发放宣传材料等形式深入企业，为流动人口宣传卫生防病知识。市直医疗卫生单位结合企业员工体检、农村妇女病普查、职业健康监测等，深化宣传成效。借助有线电视和户外广告牌等进行宣传。在市区主要地段设置户外公益宣传牌，在全市人群密集场所设置卫生宣传牌500多个。每年定期在市有线电视台、公交车车载电视播放卫生防病公益广告，有效地扩大流动人口卫生防病知识宣传覆盖面。四是利用各医疗卫生单位进行重点人群宣传。督促各医疗卫生单位通过设置健康教育宣传栏，开展健康知识讲座等，向重点人群提供健康教育宣传材料和健康教育咨询服务。五是结合各类主题活动进行宣传。开展疾病防治专题宣传，如艾滋病、结核病及各种传染病，普及慢性非传染性疾病防治知识，积极倡导健康文明的生活方式。开展各种形式的宣传教育和行为干预，增强流动人口的健康意识和自我防病能力。

【新晋江人惠民措施】

2016年，晋江市落实新晋江人新农合保障措施。持有《晋江市居住证》且未参加户籍所在地新农合或城镇居民医疗保险以及未参加城镇职工医疗保险和企业医疗保险等其他社会医疗保障的人员，均可自愿参加新农合。异地结报服务点增至10个，其中，新晋江人跨省异地结报点4个（重庆垫江县和丰都县、安徽颍泉县、江西石城县）；晋江户籍参合人员跨省异地结报点5个（广东省、山西省、陕西省、云南省和重庆市）；双向异地即时结报1个（漳州市漳浦县）。深化支付方式改革，单病种限（定）额管理数量增至206种，在全市基层医疗卫生单位开展门诊总额预付（每年约2000万元）。落实外来人口孕产妇分娩优惠措施。实施《晋江市外来人口孕产妇分娩费用减免方案（试行）》，指定各助产技术服务机构为外来人口孕产妇定点分娩医院，外地户籍孕妇凭《晋江市外来人口暂住证》，向定点医院申请费用减免，减免方式为单胎顺产接生费减免300元，剖宫产等其他产科手术按标准优惠20%。

【服务项目拓展】

2016年，市卫计局推进基本公共卫生服务均等化。以孕产妇、0—6岁儿童、65岁以上老年人、慢性病人、严重精神障碍患者等人群为重点，成立流动人口健康档案建档工作小组，为辖区常住人口建立统一、规范的居民健康档案，掌握辖区居民基本信息、主要健康问题及卫生服务记录等内容。按时完成电子档案录入工作，及时整理和更新，确保健康档案的合格率和使用率，共为流动人口建立居民健康档案近66万余份。开展预防接种工作。按照上级文件精神，采取有力措施，确保流动人口适龄儿童规范免疫接种。实行一类疫苗免费预防接种措施，将流动人口适龄儿童预防接种纳入本地免疫规划管理。各镇卫生院（街道社区卫生服务中心）每月定期对辖区内流动人口适龄儿童开展摸底调查工作，对外来儿童、流出返乡儿童分布进行主动搜索，登记造册，对居住时间3个月以上的流动儿童按常住人口管理，及时做好预防接种工作，规范做好接种记录。

【流动人口健康教育和健康促进】

2016年，晋江市出台流动人口健康教育暨健康促进试点工作方案，选取19个流动人口较为集中的社区、企业、工业园区学校作为示范试点单位，并以项目化的方式推进，初步培育了西园传化物流港流动人口健康教育、永和力争村“姐妹健康同行”等4个新典型；有效整合疾控中心、医疗卫生单位的专业力量和计生完善的基层网络开展群众性宣传，并结合我市“春风行动”公益招聘会开展“人口流动·健康同行”大型巡回宣传服务活动等，提升流动人口健康意识和健康素养水平。

【免费抗结核药物治疗与管理服务】

2016年，晋江市免费为流动人口结核病人拍摄胸片1000多张，免费痰涂片3000多张，为699名流动人口结核病人提供免费抗结核药物治疗和管理。

（周　沁撰　王保坚审）

·2001—2016年晋江市在岗职工年平均工资情况表·

表22

年份	晋　江　市		年份	晋　江　市	
	工资总额（万元）	年平均工资（元）		工资总额（万元）	年平均工资（元）
2001	138773	9951	2009	1285711	25606
2002	147986	12026	2010	1560014	29019
2003	195411	13208	2011	1992450	32972
2004	369228	14967	2012	2168392	38023
2005	467077	16491	2013	2053171	41862
2006	648159	18149	2014	2018715	44553
2007	782737	20398	2015	1866519	48477
2008	1067660	22562	2016	1974026	52891

·2001—2016年晋江市农村居民人可支配纯收入情况表·

表23　　单位：元

年份	可支配收入	年份	可支配收入
2001	6140	2009	9828
2002	6330	2010	10542
2003	6710	2011	11965
2004	7166	2012	13503
2005	7625	2013	15213
2006	8068	2014	16611
2007	8617	2015	18166
2008	9202	2016	19882

注：从2013年起，国家统计局开展城乡一体化住户收支与生活状况调查，2014年数据来源于此项调查。与2013年前的分城镇和农村住户调查的调查范围、调查方法、指标口径有所不同，2014年起采用农民人均可支配收入

·2007—2016年晋江市城镇住户人均可支配收入情况表·

表24　　单位：元

年份	可支配收入	年份	可支配收入
2007	15554	2012	27804
2008	17576	2013	30825
2009	19553	2014	37070
2010	21858	2015	40035
2011	24731	2016	42597

注：从2013年起，国家统计局开展城乡一体化住户收支与生活状况调查，2014年数据来源于此项调查。与2013年前的分城镇和农村住户调查的调查范围、调查方法、指标口径有所不同

民政

·春风计划“四帮四扶”·

【“四帮四扶”工程】

2016年，市民政局筹集3000万元专项基金，集中力量帮扶302户特困家庭脱贫解困。

【慈善帮扶】

2016年元旦、春节期间，慈善总会牵头，各镇(街道)联络组配合，分别到各村、社区、企业慰问低保户、特困户、五保户、贫侨、下岗困难职工、到晋江务工人员等875人次，并走访慰问5个社会福利机构，投入慰问资金182.6万元。1月15日，总会联合市人力资源和社会保障局举办到晋江务工特困人员春节慰问座谈会，慰问90位特困到晋江务工人员；1月22日，本会永远荣誉会长许经波、张道辉分别代表总会慰问龙湖敬老院、金井敬老院，并分别送去1万元慰问金；1月27日，慈善总会会长许连捷走访慰问市育婴院，并送去慰问金2万元和日常用品纸尿裤、纸巾，本会永远荣誉会长许连批代表总会慰问安海静慈敬老院，并送去1万元慰问金；1月31日，总会牵头组织本市书法家在罗山街道晋江SM广场4楼为群众义写春联1000多幅。

对突发事件及时走访慰问。6月8日，总会联合市见义勇为协会走访慰问青阳街道莲屿社区见义勇为不幸牺牲志愿者郑聪明家属，为其送去慰问金。8月22日，联合市见义勇为协会为三位见义勇为志愿者子女发放助学金。

市慈善总会联合市关工委、市总商会举办2016年爱心助学工程，为全市范围内927名品学兼优的贫困学生发放助学金，共投入219.5万元。中秋节期间，总会联合福建省麦都食品发展有限公司向晋江市的低保户、五保户、残疾人、孤儿等困难群体免费赠送月饼。9月6日，总会常务副会长兼秘书长龚子猛带着45盒月饼来到晋江特殊教育学校，和麦都食品发展有限公司的总经理李志斌一起把月饼送到这些残疾学生的手上。

(林桂林撰　龚子猛审)

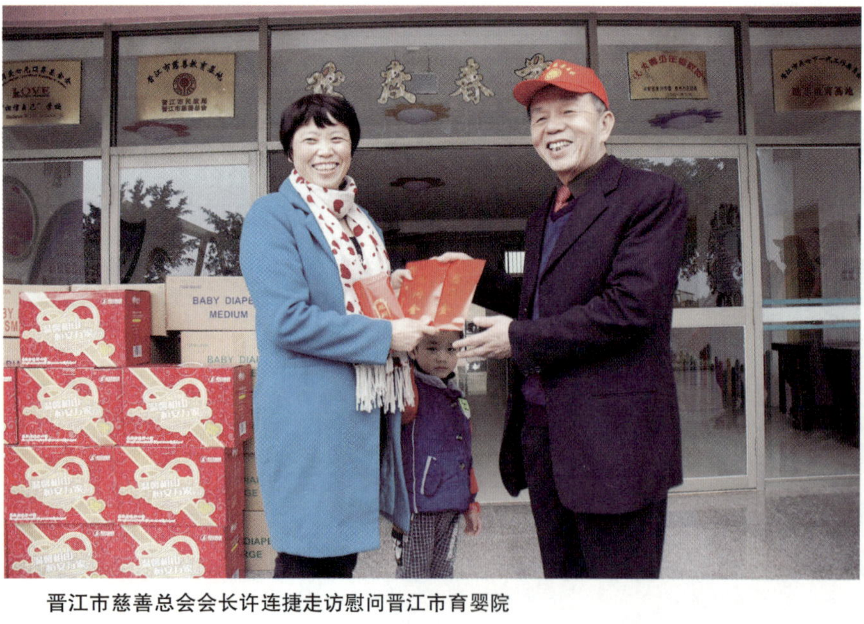

晋江市慈善总会会长许连捷走访慰问晋江市育婴院

【关爱帮扶职工】

2016年，市总工会坚持为坚持关爱帮扶，服务职工群众有新举措。

医疗帮扶。组织14.54万人次参加2016年度职工医疗互助活动，共为2512人次发放了625万元的补助金。每年晋江市参加职工医疗互助活动的人数和结报比例都高居泉州市首位。与市中医院联合为女职工、女环卫工提供乳腺癌、宫颈癌免费筛查体检服务。

关爱帮扶趋于常态。开展“金秋助学”活动，为77名困难职工子女发放了19.25万元的助学金，圆了困难职工子女的“大学梦”；开展来晋务工人员子女助学活动，向池店雁塔、龙湖蓝天等12所外来工子弟学校的500名贫困学生发放助学金25万元，让来晋务工人员子女能上好学。深入开展送温暖活动，共慰问环卫工、殡仪馆工、户外建筑工、单亲困难女职工1987人，发放慰问金233.93

万元。

服务范围拓展。成立职工健康运动指导中心，增设职工健康指导服务和太极拳培训活动，聘请国家专业八段老师常年进行授课，至今举办三期专业培训班，培养健身运动骨干160多人。2016年，为1800多人次提供了脊椎免费治疗和养护，为2200多人次的职工提供便捷式的购票服务；免费为150人次提供各种心理健康辅导服务。

职工法律服务平台。成立晋江市职工法律服务中心，加大法律援助力度，推动工会维权工作基层化、普遍化、常态化。联合市司法局为74名困难农民工提供法律援助，帮助他们追回62.88万元的欠薪、工伤及交通事故补助金。晋江市职工法律服务中心2016年以来共接到电话及现场咨询85个，免费代理劳动争议案件8件，涉案金额70余万元。联合市法院成立晋江市劳动争议联合调处中心，市总工会选派工会专干进驻基层法庭联合开展劳动争议调处，有效地推动法院和工会调解资源的有机整合。

（吴培雅撰　彭培育审）

【关爱帮扶妇女儿童】

2016年，市妇联指派专人负责，及时与挂钩镇（街道）、社工机构相关人员衔接、联系，了解掌握帮扶对象的实际困难，确定每户帮扶2000元，依托每个镇（街道）的巾帼志愿者队伍对有需求对象入户开展志愿活动的帮扶措施，按时保质完成帮扶工作任务。组织42个爱心家庭（单位）以资金、实物、精神关怀等形式结对帮扶全市42名困境儿童，为吴栋辉等7名企业家牵线结对128名贫困优秀学生、发放助学金6.4万元。

（肖丽婷撰　许清心审）

·社会救助·

【城乡低保】

2016年，市民政局做好城乡低保提标工作，标准为每人每月580元，月人均补助水平350元，高于省、泉州扶贫标准，其中特困人员供养标准由每人每月820元提高到860元；推行“互联网＋”低保服务，依托信息系统，对全市低保对象进行重新审核，核对低保对象9945户、24770人，清退2124户、4753人，清退28%；年底全市低保对象6828户、12536人，年发保障金6118万元。

【城乡困难家庭医疗救助】

2016年，晋江市修订完善《晋江市城乡困难家庭医疗救助实施方案》，医疗救助对象增至4类，稳步提高各类住院救助和门诊救助比例及限额。

【临时救助】

2016年，晋江市修订完善《晋江市城乡临时救助实施方案》，一次性临时救助限额从5000元提高至1万元，年救助限额从1万元提高至2万元，解决城乡居民及外来人员临时性、突发性、紧迫性基本生活困难。全年发放医疗和临时救助金1951万元，救助14522（户）次。

【流浪乞讨人员救助】

2016年，市民政局拓展救助方式，开展昼夜巡查劝导。购买实施流浪乞讨人员救助社工外展服务项目，开展“寒冬送温暖”和“夏季送清凉”专项行动，全年接待来站求助人员961人次。

【孤儿基本生活保障】

2016年，市民政局构建新型家庭养育模式，为孤残儿童回归社会创造条件。全市社会散居孤儿82人，机构孤儿148人，社会散居孤儿养育标准由820元提高至860元，全年发放孤儿基本生活保障金313万元。

【残疾人“两项补贴”发放】

2016年，市民政局依托信息化管理系统，经详细比对、精准认定困难残疾人生活补贴对象6008人、重度残疾人护理补贴对象5979人，年发放“两项补贴”1903万元。

【防灾备灾】

2016年，市民政局下拨125万元资金，提升改造25个自然灾害避灾点；做好查灾救灾工作，全年发放229万元，帮助受灾群众灾害应急救助、过渡性生活救助和灾后重建；全力做好“尼伯特”“莫兰蒂”“鲇鱼”等自然灾害防灾减灾工作，投入510余万元，为全市居民（包含外来人员）和城乡住房购买自然灾害公共事业公众责任保险和居民房屋财产保险；深沪镇港阜社区、英林镇三欧村被确定为全国综合减灾示范社区。

·优抚安置和老区工作·

【优待抚恤】

2016年，市民政局坚持实行优抚对象抚恤补助标准城乡一体和自然增长机制，各类抚恤补助标准年平均增长14%，平均高出省定标准53%。全年为5471名优抚对象下拨各类抚恤补助金2660万元，为975名义务兵家庭发放优待金奖励金1754万元。

进一步加强新时期烈士褒扬工作，投入190.2万元修缮改造烈士纪念设施，在清明节、烈士纪念日期间开展悼念、公祭烈士活动，走访慰问享受抚恤补助待遇的烈属、烈士子女71人次、发放慰问金3.55万元，组织发动2场4.57万人次参加爱国主义教育烈士纪念活动。

【“关爱功臣”活动】

2016年，市民政局深化“关爱功臣”活动，下拨慰问补助资金545万元，着力解决优抚对象“三难”问题。

【退役士兵接收安置】

2016年，市民政局接收退役士兵428人，采取档案考核、理论考试“双考”竞争上岗办法，安排20个事业单位工勤岗位和5个国有企业岗位用于安置转业士官，发放自主就业退役士兵一次性地方经济补助金1527万元，组织387人次参加各类教育技能培训，安置率100%。

【军休干部服务管理】

2016年，市民政局全面落实《军队离休退休干部服务管理办法》，切实保障军休干部“政治、生活、医疗”三个待遇。

【老区扶建】

2016年，晋江市出台第四轮晋江市帮扶老区村建设三年规划，下拨年度扶建资金350万元，帮扶90个老区（基点）村建设项目106个，重点扶持五个老区村建设，拨付帮扶资金1400万元。

【“五老”人员抚恤补助】

2016年，市民政局提高革命“五老”人员抚恤补助标准，调整后每人每月1437元，超过省定标准567元，革命“五老”遗偶定期生活补助每月调整至605元。

·基层组织建设·

【社区建设】

2016年，市民政局开展社区治理机制试点，在全市推动10个社区社会工作服务站建设；开展五好完备社区创建工作，实施20个社区65个创建项目；加强美丽社区创建力度，确定锦青、晋阳等7个2016年度“美丽社区”候选社区；启动“党群心连心·民生微实事”项目，基本完成108个微实事项目。

【基层服务社会化试点】

2016年，市民政局推进基层服务社会化试点，通过政府购买服务的方式，试点将部分公益性岗位和不涉及行政主体资格的行政服务项目外包给有资质的社会组织运营。晋江市被确定为省级社区治理和服务创新实验区。

·社会事务管理·

【社会组织登记管理】

2016年，晋江市登记社会组织1045家，居全省县域首位；全省社会组织登记管理机关培训会在晋江举办，推广晋江经验；在全省县一级率先组建社会组织工作专家库，打造“智力引擎”，助力社会组织发展。建成面积3800平方米的社会组织孵化园，入驻14家社会组织；推进行业协会商会与行政机构脱钩，首批试点脱钩行业协会商会93家；编制第二批具备承接政府职能及购买服务资质的社会组织目录，完成首批福彩公益金支持社会组织参与社会服务项目。

【社会工作人才队伍建设】

2016年，市民政局制发《关于推进政府购买社会工作服务的实施意见》《关于进一步加快推进民办社会工作服务机构发展的实施意见》《关于加强非营利组织免税资格认定管理工作的通知》《晋江市基层服务社会化项目绩效评估方案(试行)》等政策文件。启动社会工作“引才工程”，引入深圳鹏星、深圳福德等优质社工机构，促进晋江市社工专业化与本土化的融合提升。全市社会工作职业资格持证人数768人，民办社工机构增至14家，社工人才和机构数量位居泉州市首位。社工人才队伍建设经费纳入公共财政支持范畴，民办社会机构开办补助经费提至4万元，全年各级财政用于购买社工服务的资金1085万元。建立健全社区、社会组织和社工“三社联动”服务机制以及社区党组织、居委会、物业服务企业和业主委员会“四位一体”工作机制。市社会人才队伍建设获评全国基层人才工作创新案例评选最佳案例奖，梅岭街道竹园社区被确定为第二批全国社会工作服务示范社区。

【民政行政审批事项】

2016年，市民政局深化行政审批制度改革，梳理公布权力清单73项、公共服务事项清单22项、责任清单138项，将48项行政许可事项全部纳入政务服务平台公开运行。

【民政资金社会化发放制度】

2016年，市民政局修订完善《晋江市民政局机关工作制度汇编》、下发《晋江市民政局关于进一步规范机关管理制度的通知》，制定《民政专项资金管理办法》，完善民政资金社会化发放制度，规范资金的使用和管理，切实用制度管权、管人、管事，管物，把权力关进制度的笼子。

【婚姻登记服务】

2016年，市民政局承办全国第四期两岸婚姻家庭服务工作者培训班，提升婚姻登记水平；开展无偿个性化颁证、婚姻家庭咨询、离婚调解服务，劝和135个危机家庭。

【殡葬管理服务】

2016年，市民政局加大对城乡困难群众基本殡葬服务费用减免力度，减免优惠709万元；做好农村公益性骨灰楼堂建设审批工作，临时启用13座村级公益性骨灰堂；启动市殡仪馆迁建工作。

【勘界工作】

2016年，市民政局完成县乡两级界线内业联检工作，优化区划信息化水平。

【地名工作】

2016年，市民政局制定完成全国第二次地名普查补查补更实施方案，开展新增道路的命名审核工作，优化地名信息化水平。

·老龄事务·

【养老服务设施建设】

2016年，市社会福利中心一期工程完工；协调推进5个镇级敬老院建设，东石、深沪、永和敬老院完成主体建设；陈埭镇敬老院一期工程进场施工；安海镇敬老院完成设计方案并评审；3个村级敬老院完成主体建设、7个动工建设，核拨村级敬老院建设补助资金956万元。

【老年活动场所建设】

2016年，市民政局扶持老年活动中心建设，全年核拨126万元补助资金，完善30个基层老年活动场所和养老福利机构基础设施建设。

【居家养老服务】

2016年，市民政局投入200万元，新建20个居家养老服务站，制定出台《晋江市村(社区)居家养老服务站星级评定实施方案(试行)》，全市各镇街实施居家养老上门服务，为1800多名特殊困难老人免费提供健康护理、精神关怀等专业化上门服务；建立完善居家养老服务站星级评定工作激励机制，提升居家养老服务品质，为149家星级服务站发放运营奖励360万元。

(陈建造撰　叶苍榆审)

生态

- 国土资源管理
- 环境资源保护
- 水土保持

国土资源管理

【农村土地制度改革】

2016年，市国土资源局深化农村土地制度改革三项试点。加强组织领导。10月25日，调整晋江市农村宅基地制度改革试点工作领导小组，市委书记刘文儒任组长。完善政策体系。进一步探索出台政策，围绕拟出台的《农村宅基地历史遗留问题处理暂行办法》《农村宅基地有偿使用管理暂行办法》等多个文件，经多轮征求部门、镇街意见，出台《晋江市农村宅基地与村民住宅建设管理暂行规定》。完善市镇村三级政策体系，分别指导内坑镇制定《内坑镇农村宅基地制度改革试点实施方案》、砌坑村出台“一制度三办法”。夯实基础工作。开展32个试点村地籍和房屋调查；率先在全省试行编制村级土地利用与建设规划，在19个村取得初步成果，促进村级“两规融合”；宅基地审批管理系统、不动产登记系统已投入使用，通过实行家庭全员实名制，有效防止重复申请问题；编制三项土地制度改革试点实施方案，于12月6日经国土资源部复函同意备案。提升产权价值。推进农民住房财产权抵押贷款试点，办理农房抵押527笔，贷款金额5.48亿元。同时推进宅基地抵押拓展新模式。首笔批量授信总金额1亿元，宅基地财产价值得以显现，盘活农村土地资产。推动村级试点。确定17个首批推进村，重点在安海镇坝头村溪边自然村、内坑镇砌坑村进行突破。成立全省首个村级宅基地信息管理中心，通过信息化建设，提升村庄管理水平。指导成立砌坑村理事会，先后召开三次理事会会议，激发村民自治管理积极性。完善宅基地整理利用模式，在灵水等村探索“有偿退出＋古村落保护”，对一些历史特色、具有文化传承价值的建筑进行修缮保护，盘活利用闲置宅基地。推动宣传引导。镇村宣传。在试点村布置多个宣传点。同时进村入户，解答群众问题，在多个镇组织召开多次农房抵押、宅基地制度改革调研座谈会，开展五期干部学堂村官轮训活动。刊物宣传。编制宣传手册、动漫宣传片、工作纪实片，利用微信、媒体等平台，策划“金点子”活动，在《福建日报》《泉州晚报》等省、市级刊物上刊发38篇。

国土资源部副巡视员赵久田(右二)到晋江督察农村宅基地制度改革试点工作

【自然资源统一确权登记试点】

8月12日，中央把福建确定为全国首个生态文明试验区，同时明确晋江市为自然资源统一确权登记试点。试点工作进展主要有以下三方面：建立督导，层层落实。9月23日，副省长洪捷序率省直有关部门赴晋江市召开座谈会，之后，市委召开常委(扩大)会议专门听取情况汇报。市委书记刘文儒做重要指示和强调要求。省国土资源厅牵头成立晋江市自然资源统一确权登记试点工作指导组和专家顾问组。市国土局先行抽调科室骨干，组建试点办，配足配强力量，研究推进试点工作。市级成立领导小组，建立联席会议制度，在外业调查、系统研发等方面工作经费给予充分的保障。制定文件，开展调研。市国土资源局选派骨干赴省国土厅参与试点实施方案编制，10月13日，省政府印发《晋江市自然资源统一确权登记试点实施方案》；市国土局多次组织人员，赴市直部门收集前期资料，加强与省国土厅领导

副省长洪捷序调研自然资源统一确权登记试点暨农村宅基地制度改革试点工作

及专家学者、律师团队的衔接，探讨自然资源分类标准等重点、难点问题。牵头起草《晋江市自然资源统一确权登记试点工作细则》《晋江市自然资源统一确权登记试点自然资源调查类型（试行）》《晋江市自然资源所有权争议处理暂行规定》三份文件呈审稿，并于12月26日经市深改小组第四次成员会议研究通过，其中《晋江市自然资源统一确权登记试点工作细则》通过省国土厅审批。完成招标，试点探索。牵头编制资金预算、立项方案，主动与市财政局对接，通过公开招投标确定福建省测绘院为调查技术队伍。制定工作底图，同时选取三个典型自然资源登记单元先行开展调查工作。

【不动产登记制度改革】

2016年4月18日，晋江市率先在泉州启动不动产统一登记，实现登记机构、登记簿册、登记依据和信息平台"四个统一"，设立25个窗口，为企业群众提供"一站式"服务。全年受理各项业务60132宗，办结57748宗，颁发不动产证书和证明40334份。主要成效体现在：完善制度建设。自成立以来，相继出台党风廉政建设、绩效考评、主任值班等7项制度，完善工作机制。争创工作实效。率先在全省颁发首本宅基地、海域使用权和集体林地使用权及森林林木所有权《不动产权证书》。加快流程办理，各项登记业务办理时限压缩至2—10个工作日，同时及时梳理安置房办证流程，通过简化手续、专人审理、增设窗口，办理时限从法定30个工作日压缩至10个工作日。在全省不动产登记专项督查中排名第一。强化精细管理。不动产登记系统整合完成房、地、林权、海域等各类登记业务的定制开发，运行良好。不动产登记外网申请内网审理系统开发完成并上线运行，2016年，外网申请办理2292宗。同时结合镇级服务窗口设立以及一并受理业务逐步实现，让群众少跑腿。化解群众难题。配合办理农房抵押，及时为企业、群众的融资办理不动产抵押登记，配合商业银行、金融风险大户办理转续贷工作，化解竹园小区等小区的登记历史遗留问题。提升窗口服务。通过增设大户室等六项举措，提升服务质量，比如，设置LED显示屏，滚动显示登记业务，更加便民；为行动不便的群众上门完成登记业务，获得群众好评。

【城市发展用地保障】

2016年，市国土资源局推进用地报批。成立用地服务领导小组，分片包干、捆绑联系各镇街和项目业主，及时跟踪项目进度，全程指导服务用地报批、收回工作，确保项目顺利落地。全年完成土地利用总体规划调整129宗，面积137.67公顷；获农转用和土地征收报批31个批次（含单独选址），面积537.47公顷，主要包括国省道干线横九线金井围头至深沪东华段工程、龙狮公路龙湖段、草马路（永和至英林段）、集成电路产业园、时尚服饰织造园、三创园、安海中小企业创业园、安海品牌工业城、池店南片区道路、紫帽片区道路、现代物流园等项目用地，保障省市重点项目及一区多园项目用地需求。加强帮扶力度。开展"帮企业、促项目、谋思路、抓落实"行动，开设国土局便民服务窗口，对6类非审批业务，实行统一窗口办理，接待群众200多人次。行政审批服务事项提速，审批环节压缩至5个以内，审批时限压缩至7个工作日以内，取消"国有土地使用权转让"审批，精简申报材料37项。推进不动产登记工作，多次组织各开发公司、银行召开座谈会议，对相关政策给予宣传解释。全年受理国有、集体建设用地使用权登记2633宗、1297.27公顷，为企业群众办理抵押登记249亿元，在企业融资难的形势下，帮扶企业盘活土地，促进企业转型升级。促进土地收储。安排专人做好集成电路产业园、罗裳片区、鞋纺城等区域项目土地收储工作，完成国有土地使用权收回55宗，面积2068公顷。

【节约集约用地】

2016年，市国土资源局健全科学合理的节约集约用地体系。严把项目用地预审关口，根据项目的投资强度、投资计划等要素，合理确定用地规模、供地时序。配合各工业集中区建立入区标准，特别是建立履约保证金、项目退出制度，强化项目落地制约，推进"退二进三"，促进中小企业、新兴产业落地建设。加强盘活存量用地，通过地块整合、重新规划、加快供应、抵押融资、腾退落后产能等渠道对存量用地"二次开发"。开展开发区集约节约利用评价工作。根据国土部、省国土厅的要求，对市经济开发区、泉州出口加工区进行集约节约利用评价工作，并于9月30日顺利通过泉州市国土局验收。开展出让领域专项清理行动。成立领导小组，形成常态监管机制，破解落地难题。按照"政府主导、全面清理、逐级负责、分类处理"原则，结合晋江市实际，11月14日，出台《晋江市批而未供土地专项清理工作方案》，开展集中清理处置。建立各基层所土地利用动态巡查联络员制度，以召开座谈会、培训会等方式对国土所及镇街工作人员进行培训，提高业务素质，加强日常巡查。全局分为五个工作组，持续走访各镇街，深入了解各镇街闲置土地情况，对各镇街在处置过程中存在的疑问、难题予以解答，并结合自身职能，积极跟进，共同推动整改处置工作。

【土地市场管理】

2016年，市国土资源局成立专项供地服务小组，在房地产市场持续走低的不利形势下，通过靠前服务、先期介入、地块推介，加快土地供应周期，同时依托福建省土地出让管理系统，配合网上挂牌交易，实现土地出让网上办理。在2014年基准地价初步成果的基础上，新一轮基准地价修编通过省国土厅验收，于11月15日正式实施。全年组织公开出让经营性房地产项目用地25宗，出让面积102.13公顷，总成交价款252660万元；挂牌出让工业用地93宗，出让面积225.47公顷，总成交价款103214万元；协议出让其他项目用地4宗，出让面积16.93公顷，总成交价9059.77万元。主动对接交通、市政、各组团片区指挥部、各镇街，召开工作推进会，部署公建项目划拨供地，基本完成公建项目划拨供地，全年办理划拨手续104宗，总面积401.53公顷。

【国土资源保护】

2016年，市国土资源局注重国土资源法制宣传教育。开展国土法制宣传活动。如通过举办法律进机关、进企业、进社区、进农村等形式，增强国土保护意识。结合"6•25全国土地日"宣传周，开展"小记者走进国土"、安海镇曾埭村长跑等活动，联合市教育局及《晋江经济报》，推出以"大地的呼唤"为主题的征文比赛。定制不动产登记知识宣传手册、不动产登记热点问与答各1200份，土地日宣传折页、土地日宣传手册各2200份，防灾减灾知识读本1000份及地质灾害应急避险手册500份。发放地质灾害知识问卷220份，地灾宣传资料1500份，利用报纸、微信公众号、网络、LED电子显示屏、宣传布条等平台大力宣传国土资源法律法规政策。

加强耕地保护。8月，出台《晋江市永久基本农田划定工作方案》，积极开展城市周边及全域永久基本农田划定。对占用耕地的，严格实行占补平衡制度，确保"占一补一"，严守耕保红线。策划在保护生态的前提下，积极开展土地整理项目，结合田园风光项目推进高标准农田建设，重点推进砌坑村土地整理项目。

推进土地执法监察。推动依法履职严格规范执法。加大执法力度，加强部门联动，强化日常案件查处，同时推行案件立案查处系统化。优化土地行政执法案件应用系统，得到省国土厅的认可，被省国土厅评为"福建省国土资源执法监察综合管理系统"应用试点单位。开展2015年度卫片执法监督检查工作。以卫片检查和例行督察为重心，严肃查处土地违法违规案件，通过抓整改、抓报批、抓查处，开展"两违"百日攻坚等共同执法行动，并通过上级验收。协助做好市镇人大代表、政协委员考察人选审查。首次协助有关部门对泉州及本市人大代表候选人、政协委员推荐提名人选就是否存在土地违法行为进行核对并提出审查意见。开展2016年度卫片先行评测和整改工作。根据年中自购遥感影像分析成果，及时推进2016年度土地变更工作。通过技术队伍及国土所初步核查，进行数据分析，分门别类制定整改措施。

加强矿产资源管理。加强日常巡查与整治。市、镇两级配备专门执法队伍，采用视频监控和现场巡查相结合的方式，不分节假日对矿区进行全天候巡查。强化夜间特别是下半夜巡查力度，重点巡查存在回潮行为的矿山，一经发现有恢复盗采的迹象，立即开展联合打击行动，彻底消灭盗采苗头。多次联合相关镇、公安、电力等相关部门开展矿山执法统一行动，按照"三不留两切断"标准，采取分组打击、同步打击的方式，对石窟底部、盗采作业平台、矿区道路、周边荒料堆场、残留建筑物和矿山电力来源等进行全方位、立体式、精确化的打击。针对较险恶的矿区地势，聘请"蜘蛛人"到石窟底部捣毁采矿设备，或者雇用吊车将窟底的大切机、空压机、铁轨、锯片等盗采设备以及石窟铁梯等盗采设施吊上来捣毁，或者雇用钻孔机破坏石窟底部已切割的石料，打击无证矿山回潮盗采行为。全年联合相关镇、公安、电力等部门开展矿山执法统一行动90次，回填或破坏荒料11248多立方米，回填石粉石渣5000立方米，拆除违章建筑物、铁梯、作业平台等盗采设施71处，捣毁大切机、空压机、动力等采矿设备61部，吊杆、航吊、铁轨等盗采工具185个，切断矿区道路35条，拆除配电箱35个，切断电线1660米。创新视频监控。全市布设147个矿山监控点，实现矿区全覆盖，重点矿区和非法盗采区域设置多个摄像头加强监管，矿山重镇永和镇、英林镇成立监测分中心，矿山监控网络终端连接至公安系统，进行24小时全程监控，进行同步监测，形成执法合力，防止矿山回潮盗采行为发生。同时建立矿山执法工作微信群，便于及时沟通工作信息以及领导监督、指导执法工作。向各相关镇矿管站巡查人员配发专门执法手机，要求每次巡查要打开手机路径轨迹功能，实时传输巡查路线，及时上报巡查情况和照片。

【地质灾害防治】

2016年，市国土资源局加强地灾点、隐患点排查。做好地灾点日常巡查工作，强化汛期地灾点再排查，及时发放地质灾害防灾工作明白卡和防灾避险明白卡。及时滚动修编年度地质灾害防治方案，指导相关镇街编制《村（居）汛期地质灾害防御群众转移预案》。做好地灾易发区认定及评估工作，对单独选址的建设项目实施地质灾害易发区认定制度。汛期来临，市国土局落实领导带班值班制度，并对全市13个地质灾害点、28个潜在地质安全隐患点进行地毯式检查。成立地质灾害应急工作组，下设救援队，台风期间24小时待命，同时下发《防御台风及强降雨地质灾害巡查工作方案》，局领导带队下乡巡查隐患点，转移群众389人次，治理地质灾害隐患点、潜在地质安全隐患点共6处；正在治理的2处，预计投入治理资金约90万元；近期在地灾勘查、治理设计和编制预算5处。

【矿山安全整治】

2016年，全市设立矿山永久性安全警示标志牌322个，设置安全防护栏18900米。5月，市国土局联合永和镇再次向市政府申请拨付永和镇矿山安全整治专项经费68.5万元，用于进一步完善警示牌、防护栏等安全措施。6月、7月，市国土局联合永和镇对坑仔沟矿区1处危石分两次进行爆破处理，排除矿山安全隐患。

【矿山生态恢复治理】

2016年，根据泉州市国土资源局部署要求，市国土局聘请地勘单位对全市矿业用地现状进行调查，查清全市矿山共244个（其中东石镇41个、永和镇86个、英林镇55个、龙湖镇29个，金井镇30个、磁灶镇3个）。11月22日，晋江市下发《晋江市矿山综合整治工作方案》，并设立镇级整治组、市级整治组、追究刑事责任组、生态环境恢复治理组等7个工作组，重点推进打击回潮矿山盗采行为和矿山生态治理工作，拟在2017年度全市至少回填废弃矿山10个，绿化治理矿山迹地66.67公顷。11月23日，全市召开由市、镇、村三级参加的矿山综合整治工作会议，市政府主要领导对该项工作进行全面部署。2016年，晋江市回填废弃石窟3个，回填面积7264平方米，回填土石方量约15万立方米，治理矿山迹地10.614万平方米。

【涉土信访、诉讼工作】

2016年，市国土资源局实行领导包案制度，解决一批信访难题，信访总量比上年度有较大幅度下降。同时根据上级工作部署，及时制定依法分类处理信访投诉请求清单及主要法律法规政策依据等有关文件，通过上墙明示、办公平台、短信和微信等载体，为更好推进依法信访打下坚实基础。

【解决群众住房困难】

2016年，晋江市办理农民住房审批，办理农村个人建房审批389宗，面积52584平方米；受理并审核无权属来源证明的个人危旧房翻建补办用地手续565宗。做好失地农民养老保险审核。配合人社局办理18个村（社区）被征地人员失地养老保险。落实库区移民后期扶持扶助政策。组织做好2016年度资金直补移民对象的增减工作，完成库区移民“十三五”规划编制的修编和上报，以及移民技能培训任务要求。实施7个移民后期扶持项目，涉及资金598万元；开展20个后扶项目验收及款项拨付工作，涉及资金974.78万元。及时落实移民直补资金和扶贫专项资金的发放工作，确保库区移民和谐稳定。

【国土资源基础工作】

2016年，市国土资源局不断夯实土地基础性工作。开展2015年度晋江市土地变更调查与遥感监测工作。查清全市土地利用年度变化情况，根据国家及省国土厅的要求进行修改完善，数据成果通过国土部审核验收，于10月8日正式启用。开展地籍和房屋调查工作。完成第一批4个试点村的外业测量、权属调查和内业处理工作。第二批28个行政村的农村地籍和房屋调查工作正全面开展。对全市航摄数字地形图进行修测。市国土资源局在全市范围内采用航测法进行1：500修补测和控制点普查，对全市实施航测，影像地面分辨率小于等于5厘米，对原有1：500地形图进行更新，完成1：1000数字高程模型，为全市提供更高标准的测绘服务。该项目已基本完成，正进行成果质量检测。开展全市永久基本农田划定工作。根据上级国土部门部署要求，于8月19日在城市中心区补划245.13公顷一般耕地作为基本农田。此次土地利用总体规划（2006—2020年）调整完善确定晋江市基本农田保护面积为8293.33公顷。在泉州市国土资源局下达土地利用总体规划调整完善调控指标后，晋江市搜集汇总“十三五”重点项目、公建、民生、基础设施等项目，并将部分指标下达至各镇（街道），根据上级下达的分配指标进行项目落图，全市永久基本农田划定方案完成，12月26日，通过泉州市审查论证。加快土地利用总体规划调整完善工作。根据晋江市社会经济发展战略要求，重点保障“十三五”重点项目、“多规合一”试点、农村土地制度改革试点涉及公建、民生、基础设施及为民办实事等项目。同时，对全市重点建设项目清单进行梳理更新，将新增的交通、水利、能源等项目列入土地利用总体规划重点建设项目清单，保障项目用地。

打造智慧国土。做好基础测绘成果保管和分发。严格遵照《基础测绘成果提供使用管理规定》，做好基础测绘成果的提供分发及使用审批登记，全年共为公安局、水利局、相关镇街等30多个单位提供电子格式地形图、影像图35400幅。推动“数字晋江”地理空间框架建设。建成了三套不同网络环境的地理框架数据库。9月份获得省测绘地理信息科技进步一等奖和国家测绘地理信息优秀工程银奖。推进建设智慧国土2.0大数据分析系统等研发工作。推进智慧国土2.0大数据分析系统、外网申报服务系统、福建省执法监察管理系统二期项目、福建省不动产登记信息基础平台建设等研发工作，正处于初步完善阶段。

（魏智文撰　林积焕审）

环境资源保护

·环境保护·

【概况】

2016年，晋江市环境保护局(以下简称市环保局)围绕中央“五位一体”总体布局，在创新体制机制、深化污染防治、强化环保监管、防控环境风险等领域取得成效。一批突出环境问题得到有效整治，水、大气、生态环境质量持续改善，获国家生态市正式命名，迎接省委省政府环保督察，晋江市查办的环保刑事案件入选最高法发布的8起环境污染犯罪典型案例之一，在全国推广学习。

【建设项目把关与服务】

2016年，市环境保护局严把环境准入。对位于环境敏感区、排污量大、生态影响严重的项目从严把关，坚守环保底线。主动靠前服务。主动对接全市重点项目，对莲花汽车、集成电路等重点建设项目安排专人对接，主动提供跟踪咨询，确保项目尽快落地。压缩审批时限。对重点建设项目、技改项目开通绿色通道，实行先审先办，促进环保审批提速增效。受理环评审批292件、完成竣工环保验收282件、核发排污许可证458份，按简化程序办理房建类、生态类项目42份，发放免予办理排污许可证明205份。解决历史遗留问题。按照未批先建、批建不符及已批未验建成三种情况逐家分类，甄别出违规建设项目2525家，11月底，全面完成环保违规建设项目清理、备案工作。

【总量减排】

2016年，市环保局在国家、省仍未下达2016年及“十三五”的减排计划前，结合晋江实际提前下达2016年生活污染减排初步计划，全力加快推进污染物减排项目。工业减排方面，全部拆除陶瓷企业水煤气发生炉，拆除3家造纸生产线，垃圾焚烧发电厂完成脱硫、脱硝治理设施及在线监控、中控系统改造。农业减排方面，全市禁养区、禁建区所有生猪养殖场和可养区内存栏500头以下生猪养殖场全部完成关闭退出，超额完成省上下达我市的整治任务。生活减排方面，2016年，晋江市列入泉州市污水处理厂及配套管网建设项目有30个。开工23个项目，其中完成5个、在建18个。结构减排方面，提前一个月完成5480辆黄标车淘汰任务，同时将机动车“绿标区”由建成区扩大至城乡结合部，并按时完成建制镇镇区“绿标区”划定工作。

（王丹妮撰　林志雄审）

【节能降耗】

2016年，晋江市做好固定资产投资节能登记工作，加强固定资产投资项目节能评估和审查工作，提高能源利用效率，完成44个固定资产投资项目节能登记备案。督促77家重点用能企业开展2015年度节能目标考核及能源利用状况审计，配合省里做好14家陶瓷企业专项能源审计工作。呼应重点行业减负呼声，协调争取非居民天然气价格下调，确保上游基准门站降价及时，减轻用气企业负担，同时先后向陶瓷企业兑现2015年度泉州、晋江两级用气补贴2292万元；协调和推动蒸汽价格由年初每吨198元下调至173元。4月份起，实施阶梯汽价，对用热大户每吨最高再下调10元。向安东园工业热用户兑现2015年晋江本级用汽补贴1584万元，为热电厂向省政府争取高于标杆电价每度0.04元的上网优惠电价补助，并将优惠电价补助全部让利给工业热用户，此项补助折算每吨蒸汽可下调近20元，大大降低企业用能成本。加大回潮生产石材企业综合治理力度，排查147家回潮生产石材企业，关闭90家。至年底，完成淘汰燃煤锅炉515.4蒸吨，超额完成泉州下达的任务。鼓励企业开展节能技术改造，推动一批重点耗能企业实施余热余压利用、电机系统节能等重点节能工程。组织晋江市美胜陶瓷有限公司项目申报纳入省、泉州市节能技术改造及循环经济财政奖励项目库。

（许长江、蔡育新撰　李忠思审）

【排污权交易】

2016年，市环保局严格执行建设项目总量指标前置审核制度。审核出具新增主要污染物总量指标确认意见274份。推进全市排污权初始分配核定。全市需核定初始排污权企业476家，报送泉州市排污权储备中心核定393家。建立晋江市排污权储备与出让制度。制定《晋江市排污权储备和出让管理规定(试行)》，完成政府排污权初步储备。协议出让政府储备的排污权化学需氧量(COD)18.16吨、氨氮(NH3—N)2.55吨、二氧化硫(SO2)59.112吨、氮氧化物(NOX)1049.972吨。指导新增总量指标的建设项目通过市场购买所需排污总量。全年52家企业通过福建海峡交易中心完成123笔排污权交易，交易总额1451.43万元。

【水域污染整治】

2016年，市环保局推进33条生态水系工业污染源整治。组织实施《晋江市生态水域综合治理工作三年计划实施方案(2016—2018年)》，埋设污水管道20.3千米、实施各类河道整治工程43.3千米、完成流域周边各类污染源及违章建筑源销号345个。推进重点流域(含近海水域)水环境污染综合治理。投入3.2亿元，完成32个整治项目：10个农村污水处理项目、12个截污管网项目、5个河道整治项目、2个工业整治项目、3个生态治理项目。持续开展跨境流域综合治理。分年度细化安排《晋江石狮跨境流域污染治理三年行动计划》，晋石、晋南跨境流域污染治理累计投入1.49亿元，其中晋石跨境流域投入0.64亿元、完成9个整治项目，晋石跨境流域投入0.85亿元、完成7个整治项目。四是加强饮用水源保护。加大饮用水源地污染源、安全隐患、水面漂浮物等排查、清理力度，杜绝设置排污口，提高水质监测频率，组织取缔周边违法建设项目6个，关停新垵水库饮用水源保护区2家陶瓷企业，确保饮水安全。开展小流域"赛水质"活动。2015—2016年晋江市参加小流域"赛水质"的下灶溪、侯厝溪、潘径溪、港塔溪等4条流域均以优良的成绩顺利通过考核。

【大气污染防治】

2016年，市区环境空气质量有效监测天数365天，优良以上天数344天，空气质量优良率94%，可入肺颗粒物(PM2.5)年均值为毫克/升，达到国家二级标准(0.035毫克/升)，达到泉州考核要求。完成大气污染防治项目建设计划。印发《大气污染防治晋江市2016年度实施方案》，全市12个重点项目建设完成。推进陶瓷行业污染整治。编制2016年度晋江市陶瓷企业干燥塔粉尘污染专项治理方案，持续推进干燥塔和窑炉除尘设施建设，对逾期未完成建设的企业，坚决予以查处。全年全市在产的98家建陶企业已完成干燥塔除尘设施改造升级备案的70家。打击回潮生产建筑饰面石材企业。组织对永和、东石等石材集中区进行交叉执法检查，排查石材企业689家，对石材企业立案处罚171家次，罚款1026万元，办理查封扣押案件3起，移送公安行政拘留案件9起。建立大气应急处置制度。编制晋江市轻微污染天气应急工作预案和应急工作机制，各镇(街)、市直相关部门根据职责强化建筑施工、道路扬尘、露天烧烤、随意焚烧垃圾、餐饮油烟、机动车和工业烟粉尘等大气污染源整治。

【生态修复】

2016年，市环保局开展矿山生态治理。对晋江市草马路改造工程征地范围内七个废弃石窟进行回填，共回填石窟面积8027平方米；通过生态修复，建成安海镇瑶前村瑶前公园和英林镇陈山村英山生态公园。造林绿化工作。全市累计投入造林绿化资金1.3亿元，完成植树造林630.87公顷，占泉州下达任务168%。开展海域修复。签订《安海湾海域环境整治项目业主委托协议书》，推动安海湾海域环境整治，指导福建向金门地区供水工程业主实施海洋工程生态补偿工作。清理海漂垃圾。晋江市全部实现依靠社会化服务开展海漂垃圾整治工作，整治效果明显提高，成绩长期保持在泉州前列。

【环境执法监管】

2016年，市环保局加大执法监察力度。坚持勤查重罚，持续加强对重点行业、企业和重点区域、流域环境安全的日常监管。组织错时及交叉执法690次，出动执法人员2747人次，突击检查企业1368家，发出整改意见书470份；开展污染源日常环境监管随机抽查，共随机抽查企业347家次；受理环境举报投诉件2028件，包案化解重点信访87件；征收排污费2139.95万元，缴入国库2003.20万元。加大违法处罚力度。发挥环保刑事案件联席会议作用，探索打击环境污染犯罪的新举措，加强与公检法的沟通协调，从严、从快、从重打击环境污染刑事犯罪。作出环境行政处罚案件705件，罚款2872.55万元，责令违法企业登报环保承诺40家，移送行政拘留67件，查

晋江市华懋电镀集控区应急演练

封扣押144件，按日计罚6件，限产停产10件，移送环保刑事27件。2016年，晋江市在环境违法案件查处的力度上、数量上和质量上，均位居全省前列。推进网格化环保监管体系建设。建立“横向到边、纵向到底”的网格化环保监管体系，下设5个监管工作小组，20个镇组成三级网格，300余个村（社区）组成四级网格。四级网格共巡查污染源26家，查实后依法立案处罚23起，涉及罚款115万元。

【环境风险防范】

2016年，市环保局开展环境保护大检查。出动执法人员3698人次，检查企业86家次，对检查出的各类环境问题及环境违法行为建立污染源台账和污染源治理销号制度。推进环保安全生产工作。制定下发涉及环保安全生产大检查相关工作方案，加强放射源、危险化学品企业（单位）的环境安全监管，督促存在风险隐患的企业限期整改，定期跟踪回访，巩固整治成效。抓好危险废物管理。制定并实施2016年度危险废物规范化管理“达标升级”工作方案，严格落实危险废物转移联单管理办法，完成危废转移审批初审46家次。履行危险废物行政代处置职能，与省内3家有资质的单位签订应急处置协议，委托其对本市查封的危险废物进行行政代处置。组织开展泉州市首例危险废物鉴别工作，委托有资质的检测单位对本市查扣的一批废皮进行鉴定，并组织专家进行论证、出具意见，为危险废物监管工作提供执法依据。推进重金属污染防治。对晋江市3家企业的重金属污染物总量指标调剂意见予以明确；推进中央重金属专项资金发放工作，安排发放144万元重金属专项资金；编制晋江市《“十三五”重金属污染综合防治技术分析报告》，为“十三五”重金属污染防治工作和风险防控奠定基础。加强环境应急管理。排查环境风险隐患。出动执法人员673人次，检查企业218家次，责令企业消除环境安全隐患40余处。组织环境应急演练。在东石华懋电镀集控区组织开展环境应急演练，锻炼各职能部门和企业在应对突发环境事件中的应急响应、应急处置、现场组织指挥和部门联动能力。完善环境应急物资储备库。依托安海可慕制革集控区和东石华懋电镀集控区两个集控区设立本市环境应急物资储备库，投入环保资金21.4万元购置环境应急装备和应急物资。

【环境监测】

2016年，市环保局做好环境监测保障。组织开展市区环境空气质量、城市饮用水源、地表水、功能区噪声监测，全市环境质量状况总体良好；抓好国控、省控重点污染源废水、废气季度监督性监测和废水在线仪器设备的比对、重金属整治企业的监测工作；推动企业做好“三同时”竣工验收监测和在线监测设备比对验收。出具监测报告516份，在线仪器比对报告70份，环保竣工验收监测报告176份。完成企业自行监测工作。全市手工监测完成率94.87%，自动监测完成率99.94%，自行监测合计完成率99.85%，重点监控企业自行监测及信息公开率均为100%。抓好在线监控工作。开展国、省控重点污染源在线监测数据有效性审核和自动监控设施专项执法检查，依法查处有效日均值超标和监控设施不正常运行等违法行为。对5家企业自动监控设施违法问题进行立案查处，完成14家省控及省控以下企业自动监控设施的验收，22家企业参与第三方委托运维。

【省环保督察问题整改】

2016年8月31日—9月29日，省委省政府环境保护督察组对泉州市开展环境保护督察并到晋江开展延伸督察。12月19日，省督察组向泉州市委、市政府反馈督察意见，指出泉州6方面、124项问题，其中涉及到晋江的有5方面、29项问题。晋江市对督察反馈问题进行逐条立项分解，并交由相关责任单位开展问题整改。各镇（街）、有关单位抓好前期各项整改及配合工作，落实省委省政府环保督察反馈问题、国家环保部来泉调研发现涉及晋江问题、省委省政府2016年度党政领导生态环境保护责任书落实情况通报问题以及省、市经济运行分析会通报的突出环境问题等事项的责任分解，按要求制定整改工作方案，有序推进各项问题整改和落实。

（王丹妮撰　林志雄审）

·林业资源保护·

【森林资源保护】

2016年，晋江市组织开展森林资源二类调查，完成全市地方监测体系的174个固定样地调查回收工作和森林资源年度变更调查及数据更新工作。继续推进全国林地占补平衡试点工作。2016年，晋江市获批征占用林地项目121宗316.07公顷，完成占补地块外业调查面积1657.53公顷，完成林权发证材料签字盖章314.53公顷。对全市153株古树名木进行挂牌保护，同时组织开展第二轮古树名木普查。

【森林防火】

2016年，市防火办开展致学生家长一封信、“爱护绿色青山，文明祭扫从我做起”作文征文比赛、“众人合力、防范未燃、清山行动”等一系列宣传活动，全年发放各类森林防火材料50万份，在《晋江经济报》、侨乡频道及微信等媒体上，刊登森林防火宣传广告。全年完成36公顷的生物防火林带建设，市级财政共补助森林防火隔离带清理126公顷，森林防火蓄水池建设1800立方米，补助60万元。全市举办森林防火各类培训班3次，250余人参加行为期5天的强化训练，采购一批价值61.144万元森林消防器材。

【林业有害生物防治】

2016年，晋江市林业有害生物综合防控投入资金2670.63万元，其中山体林分改造及景观提升工程2036.4万元，生物防火林带建设239.26万元，林业有害生物综合防治394.96万元。全市清除枯死木3323株，喷施白僵菌1746.67公顷，挂设诱捕器402套，诱捕天牛1.68万头，喷施1%噻虫啉微胶囊粉剂3000千克，防治面积400公顷。结合景观和疫情除治改造面积237.72公顷。其中，磁灶镇9.2公顷，灵源街道55.91公顷，罗山街道15.23公顷，内坑镇41.78公顷，永和镇74.62公顷，紫帽镇40.98公顷。

【湿地及野生动物保护】

2016年，晋江市和福建农林大学合作开展晋江市自然保护小区及湿地植被监测工作，对全市各主要湿地进行调查。在金井镇和深沪镇建设两个智能视频监控点，对主要沿海湿地和栖息鸟类进行全天候无间断监测。晋江市积极野生动物保护，全年共解救放生野生动物9只。

【森林综合保险】

2016年，晋江市继续加强森林综合保险办理。全市投保生态公益林面积2034公顷。

（施荣达撰　洪海港审）

·海洋资源保护·

【渔业资源增殖放流】

2016年，晋江市开展4次渔业资源增殖放流活动，分别在深沪中心渔港和围头湾海域放流真鲷鱼苗62.25万尾、长毛对虾苗1.35亿尾及淡水鱼苗105.77万尾。通过增殖放流增加渔业资源量和生物种群结构，保护生物多样性，维护渔业水域生态平衡，促进渔业生产的良性循环。增殖放流的生态效益进一步凸显，有效促进渔业可持续发展。

（赖永铅撰　吴晋居、朱志新审）

【安海湾海域环境整治】

2016年1月5日，晋江市在泉州市海洋与渔业局及泉州港口管理局的鉴证下，会同南安市政府与泉州航道站共同签订《安海湾海域环境整治项目业主委托协议书》，委托泉州航道站作为业主法人单位具体负责安海湾整治项目前期工作和后期施工管理。

【海洋生态补偿】

2016年11月2日，福建向金门地区供水海底管道工程项目业主福建晋金供水有限公司在晋江市围头湾海域开展海洋环境生态补偿增殖放流活动，放流黑鲷117万余尾。

（王华毅撰　吴晋居、何团祖审）

【海洋监察执法】

2016年，市海洋与渔业局联合海警、海事等部门开展“碧海2016”、“海盾2016”执法行动，全年立案非法采砂行政处罚案件12起，上缴罚款金额113万元。落实海岛、海岸线及用海工程项目常态化巡查机制，共出动巡查120次，出动人员830人次，执法船艇32航次，巡查里程超过4500海里。在全市8个沿海镇，26个重点村（社区）、港澳口和重点海岸线安装41个视频监控点，全面掌握晋江市渔船出入港动态，有效监管倾倒海漂垃圾以及非法围填海等破坏海岸线行为。

【伏休渔船监管】

2016年5月1日起，晋江市开始休渔，历时3个月。市海洋与渔业局制定出台《2016年度晋江市海洋伏季休渔工作方案》，召开专题会议进行部署，通过电视、报纸、发放通知书等形式加强休渔宣传，采取休渔首报、聘用伏休协管员、公示应休渔船、公布举报电话，实行伏休渔船定点停港和动态点船管理制度，强化渔港巡查和海上执法，全面强化伏休监管各项措施，全面监管667艘参与伏季休渔渔船。

（陈德昌撰　吴晋居、朱志新、苏小奔审）

·深沪湾自然保护区（地质公园）·

【卫星遥感监测情况核实】

2016年，福建深沪湾海底古森林遗迹自然保护区管理处（以下简称深沪湾保护区管理处）根据环保部《关于实地核查国家级自然保护区人类活动情况的函》文件要求，对照《2013—2015年福建省国家级自然保护区人类活动变化遥感监测报告》，深沪湾保护区管理处组织开展为期半个月的人类活动点实地核查活动。经核查，保护区内涉及人类活动变化点4处，无变化斑块实际71处（其中拦水坝1处、沙滩1处、矿沙堆积地1处、旅游设施5处，交通设施1处，养殖场1处、天然水塘1处，其它人工设施60处）。保护区管理处在摸清人类活动情况基础上，制订整改方案，开展保护区人类活动整改工作。

【海洋环保执法】

2016年，深沪湾保护区管理处内设监察科（加挂中国海监福建深沪湾保护区大队的牌子）。全年累计开展巡护454次，出动人员908人次，巡护里程2643千米，发放责令停止违法行为通知书3份，开展联合执法行动4次。

9月22日，由中国海监东海总队、福建省总队、东海第六支队、泉州市支队、晋江市大队、深沪湾保护区大队四级海

深沪镇狮峰中心小学到保护区开展世界水日活动

监队伍组成的联合执法行动组在深沪湾国家级自然保护区及附近海域开展中国海监2016年度福建海洋保护区联合执法行动并召开总结交流会。

【海漂垃圾治理】

2016年，深沪湾保护区管理处根据《深沪湾自然保护区管理处海漂垃圾治理三年行动方案》要求，保护区管理处积极探索、推进海漂垃圾清运市场化运作的方式，从9月份开始委托石狮市新天泓环卫工程有限公司负责保护区沿岸海滩卫生保洁工作。全年累计清理海滩垃圾361次，清理垃圾数量140吨，有效改善保护区海岸带环境卫生。9—12月，保护区在海漂垃圾治理环境卫生考评中连续4个月获得晋江第一名，位列泉州海岸带卫生考评前十名。

【科普宣传】

2016年，深沪湾保护区管理处以“畅游深沪湾、畅享科普乐”为科普宣传主题，围绕3·22世界水日、4·22世界地球日、5·12防灾减灾日、6·5世界环境日、6·8世界海洋日、中国自然保护区建区60周年纪念等重要节日开展科普宣传活动。先后邀请华侨大学、泉州一中、季延中学、晋江市实验中学、陈埭镇花厅口小学、深沪镇狮峰小学、华峰小学、深沪中心小学、深沪培青小学等多所大中小学校近800名师生参与“海洋生态创意涂鸦”“加强水资源节约保护，推进水生态文明建设”“保护地质遗迹·爱护地球妈妈”“防灾减灾 自救互救 共创安全”和“海丝风情 战地探秘”等科普系列活动。全年开展主题科普讲座11场、现场知识竞赛3场。利用保护区网站和微信公众号这两个“软”平台，及时发布科普信息，并不断更新党政要闻、保护区管理动态和相关法律法规。据统计，2016年保护区网站共发布新闻63篇，微信公众号共发布信息57篇。

【基地共建】

2016年，深沪湾保护区管理处开创保护区管理处与科研院所及高校合作的新模式。6月，与华侨大学美术学院共同创建大学生社会实践基地，通过开展创意涂鸦活动，为华侨大学美术学院学生提供写生创作、墙绘设计等形式多样的实践平台；10月，与福建省地质调查研究院共建福建省地质调查研究院科研基地，进一步提升保护区管理处的科研能力。

【网纹红土地层项目研究】

2016年，深沪湾保护区管理处与中国科学院地质与地球物理研究所、中国科学院古脊椎动物与古人类研究所联合开展《晋江地区网纹红土地层环境记录及古人类活动遗迹调查》的科研项目。项目组对晋江市龙湖镇、磁灶镇、紫帽镇、西园街道、灵源街道、罗山街道等地进行实地考察。在草庵、砌田村等地的网纹红土地层里挖掘出多种手镐、薄刃斧等旧石器样品，并首次在晋江市范围内发现手斧的存在。经过对样品进行分析和鉴定，初步断定旧石器样品距今有97万年，这是世界上发现最早的古人类活动遗迹，具有重要科研价值。

【地质公园总体规划修编】

2016年7月，深沪湾保护区管理处委托福建省地质调查研究院着手进行福建晋江深沪湾国家地质公园总体规划的修编工作。此次规划修编范围总体沿龙湖、深沪、金井三镇的海岸线展布，现已完成前期的实地勘查、论证和资料收集，进入规划初稿的编撰工作。

【深沪湾监控中心建立】

2016年9月，深沪湾管理处委托泉州中誉光电有限公司对保护区管理处办公楼及海底古森林地下通道布设网络高清安全监控中心，共布设19个监控摄像头和4个监控电视，利用一个操作系统对保护区核心区、缓冲区等重点管护区域实行24小时全方位的监控管理。

【深沪湾保护区分区界限矢量图件编制】

2016年10月12日，深沪湾保护区管理处委托福建省地质调查研究院编制自然保护区的分区界线矢量化图件，福建省地质调查研究院于当月30日正式提交保护区矢量图件，该矢量图件已应用到保护区功能区划的项目管理中。

（王建筑、万培纯撰　苏文伟审）

【概况】

2016年，晋江市完成水土保持综合治理面积866.67公顷，占年度计划371.4%；审批方案49项，其中水土保持方案报告书33项，报告表15项，登记表1项；水土保持补偿费征收入库402.88万元；完成生产建设项目水保设施验收2个。11月，晋江市水土保持委员会办公室被授予2013—2015年度文明单位称号。

【水土流失治理提速】

2016年，晋江市水土流失治理工作全面提速，明确任务，精准发力，不断完善项目实施方案，建立项目挂钩制度，从项目立项、苗木调配、督促检查、资金管理和质量验收等各个环节都有专人跟踪、监督、指导和服务，确保治理措施到位。水利部门完成水土流失综合治理项目34个完成治理面积520公顷，投入资金1870万元，修建护岸护坡2160米，挡土墙3180米，截、排水沟1430米，蓄水池8口。全市林草覆盖率、拦蓄降雨径流量和拦截泥沙能力得到明显提升。

【市区水系综合治理】

2016年，晋江市遵循“生态、自然、环保”的水系综合治理理念，统筹考虑防洪排涝、城市景观、治污截污、生态自然等功能，持续推进市区水系综合运行调度。完善市区水系长效保洁机制，保证市区水系317公顷水面清洁；实施水情监测、蓄水、调水等措施，通过分析水位变化，调控南渠节制闸及晋东水闸，适时对市区水系进行冲排、补换水，全年蓄水、调水18416万立方米。

【市域小流域整治】

2016年，晋江市域小流域整治工程实施21个标段（项目）的建设工作，受征地拆迁、方案变更、气候灾害等诸多因素干扰，各项目前期进度受到不同程度的影响，后经各方共同努力推进，项目全年总体进展情况良好，累计完成投资7907万元，占年度投资计划的131.8%，完成河道综合整治10.27千米，占年度整治计划128.4%（2016年计划投入资金6000万元，整治河道8千米）。完成阳溪永和段、梧垵溪灵源段、梧垵溪英墩支流、鸳鸯溪（K2+927～K4+806）段、埭边东溪二标段、九十九溪沿江支流橡胶坝工程、梧垵溪新塘段农用桥改造项目等7个标段（项目）的建设；有序推进梧桐溪（新塘段、罗山和平南路下游段、金冠段）、梧垵溪（新塘干流段、罗山片项目区、永和北片项目区）钞井溪（龙湖溪前片、龙湖曾厝片、永和南片）、金井溪下游（利生桥至滨海新城段）、港塔溪上游段、小姐港等12个标段（项目）的建设工作；启动趾湖生态修复工程、港塔溪出海口段两个项目的建设工作。

英林镇马山村生态护岸治理后

【小流域支流及镇村沟渠整治】

2016年，市水利局指导英林镇、深沪镇开展马山溪、下寮溪两条镇村沟渠的整治工作。加强项目技术支持和协调工作，保障各项目有序推进，完成河道整治1.73千米、新建护岸2.46千米、完成投资390万元。其中，马山溪整治521.1米、投资65万元；下寮溪整治1210米、投资325万元。

【水环境综合整治】

2016年，晋江市生态、环境类综合整治主要实施两方面工作，泉州市“赛水质”项目。配合市环保部门开展2015—2016年泉州市“赛水质”活动，东石镇潘径溪（金东公路潘径桥—出海口）、英林镇港塔溪（港塔村—玉坂村）两条河道的“赛水质”综合整治工作，顺利通过泉州市级检查。配合环保部门制订2016—2017年度泉州市第三批小流域“赛水质”活动实施计划和方案，将钞井溪马坪桥上游段、霞浯直溪C2标列入新一批赛水质活动项目，计划完成河道整治4.2千米。重点流域(含近海水域)水环境综合整治、跨境流域水环境污染整治工作。配合环保等部门开展重点流域(含近海水域)水环境综合整治工作，完成霞浯直溪C2标、港塔溪上游、钞井溪马坪桥上游、侯厝溪安海南片、梧桐溪新塘段等整治工程的年度任务，完成投资3457万元。配合泉州市、石狮市以及环保、西滨镇、新塘街道、良种场及等相关单位和部门开展跨境流域水环境污染整治工作。

【水资源管理】

2016年，晋江市落实最严格水资源管理制度，严控“三条红线”，加强水资源节约、配置和保护；严格落实取水许可及水资源有偿制度和水土保持补偿费征收制度，征收水资源费460万元、原水费5200万元、水土保持补偿费402.88万元，全市累计完成水土综合治理面积1.3万平方米；加强“四库一湖”饮用水源保护区工作，在重要河流和饮用水源地布设监测点，按丰、平、枯三个水期，每期二次进行水质监测，及时掌握水质变化情况，排查隐患。

【水土保持植绿】

2016年，晋江市多部门协同协作参与水土保持植绿工作，生态修复力度不断加大。借“3•22世界水日”“中国水周”之机响应本市“全民动员，绿化晋江”的工作要求，晋江市水土保持委员会办公室牵头，联合市水利局、检察院、英林镇政府于采矿迹地英林镇英山公园开展义务植树活动，活动共种植苗木950余棵，播撒草籽5千克；与共建部队开展“军民共建，送绿进军营”活动，调配各类绿化苗木2700株，草籽20千克，协助驻晋部队做好水土保持生态修复。

【水土保持监督执法】

2016年，晋江市水土保持监督检查执法力度持续加大。加强日常巡查执法。集中开展西园街道、灵源街道，紫帽镇、永和镇、磁灶镇、英林镇、龙湖镇等区域执法巡查工作，着重打击在禁止区从事取土、挖砂、挖土洗砂等可能造成水土流失的活动。全年查处水土保持违法行为16起，发放责令停止违法行为通知书4份，立案2件，罚款2.3万元，破坏水土资源行为得到遏制。强化生产建设单位督查指导。坚持源头严防、过程严管、后果严惩，严格水土保持方案和验收审批，对水土保持事中事后监管，加大对未批先建、未验先投、擅自变更等违法行为加大处罚力度。至年底，检查各类生产建设项目94个，出动执法人员376人次，发放整改通知14份，追缴水保补偿费约13.9万元；督促落实挡土墙2200米，排水沟2500米，清理临时沉淀池5个。

【水土保持监测】

2016年，晋江市按要求完成全市19个镇（街道）2015年水土保持遥感监测数据外业验证工作。以遥感监测为主，人工实地调查为辅，对选定的矿山迹地、道路区、山体、工业园区等33个监测点进行现场GPS定位，拍摄现场照片150张，对定点土地类型、坡度、植被覆盖度、水土保持措施等情况进行详细记录，按时提交市水土流失基础数据监测成果。同时，继续对重点项目开展选择性水土保持监测，在安平公园开展水土流失模拟实验。以自然气候为前提，人为设定坡度，植物覆盖率等变量开展对比实验，对实验监测设施运行情况进行跟踪，维护，定期数据收集等工作，为水土流失监督治理提供依据。

【水土保持审批服务】

2016年，晋江市水土保持项目审批服务不断优化，做到“一简两加强 ”。即简化流程，加强管理，加强沟通。落实行政审批“三集中”，采取“统一协调、集中办理”形式，5月起，水土保持方案审批纳入行政审批中心水利窗口办理。优化水土保持方案和验收审批两项行政许可的程序和工作流程，实现审批服务标准化，减少审批环节，压缩审批时限方便办事群众，进一步提高审批效率和服务质量；建立项目立项跟踪服务机制，组建水土保持方案技术评审专家库，对编报过程中存在的问题及时给予指导及协调，切实为生产建设项目业主提供高效、优质的审批服务；组织召开水土保持方案审批工作座谈会，为相关市、镇(街道)、经济开发区负责水土保持工作业务人员、及晋江市备案水土保持方案编制单位负责人提供培训交流平台。进一步加强中介服务管理，提升方案编报质量和审批服务效率，促推业主、中介编制单位衔接配合，逐步实现方案快审、快批，确保水保措施落实。

【水保宣传】

2016，晋江市以“保水土、美生态、兴产业、惠民生“为宣传主线，探索宣传创新，打通宣传渠道，通过打造“4个1”积极开展系列宣传活动。打造一个“微”平台，实现宣传广覆盖。“晋江水土保持”微信订阅号作为全省唯一一个独立的水土保持移动宣传平台，运营一年以来，推文90期，发送信息121条，其中编创信息占三分之一。实现全市水土保持工作动态报导，深入宣传普及水土保持法律法规、政策方针和水保常识等。同时积极向省、泉州市报送简讯，并结合传统媒介《晋江经济报》刊发新闻报道及公益广告，促进广大干部群众对水土保持工作的了解。举办一场经典赛事，逐步形成品牌效应。协同团市委、教育局、文体新局联合举办第十届“水保杯”校园歌手大赛、“水保杯”音乐会暨颁奖典礼，活动全程吸引24.58万人次参与。构建一批示范校，推进水保教育进校园。推动12家中小学校创建水土保持示范校。通过“大手拉小手”引导学生正确认识自然规律，树立水土保持意识，培养青少年保护生态环境责任感。形成一个宣传月，探索基层宣传创新。以12•10省水土保持宣传日为契机，集中一个月深入开展基层“四进”活动；向全市人民发送水土保持宣传短信10万余条；切实发挥好微信平台宣传载体带动效应，开展线上线下有奖答题活动，吸引5000余市民参与互动。其次，举办面向学生、业主编制单位水土保持知识讲座等，全市水土保持宣传呈现良好态势。

（王惠灵撰　陈书琴审）

街道镇场

●街　道
●镇　场

街道

·青阳街道·

【概况】

青阳街道位于晋江市区，2016年，青阳街道辖区面积约11平方千米，下辖13个社区，分别为：阳光社区、锦青社区、青华社区、永福里社区、莲屿社区、霞行社区、曾井社区、青新社区、高霞社区、普照社区、洪宅安社区、陈村社区、象山社区。常住人口5.8万人，流动人口3.6万人。

2016年，青阳街道党工委、办事处紧紧围绕打造“创新型城市先行区、现代服务业发展核心区、优质教育引领区、文明宜居示范区”的定位，实施“六大工程”，推动各项工作落实，取得较好成效，获2016年度晋江市绩效评估优秀单位。

【经济发展】

2016年，青阳街道经济运行稳中有升，实现财政收入12.7亿元，同比增长1.73%，总量位居全市第四；限额以上批发零售业销售额422.1亿元，同比增长18.1%，占全市四分之一；限额以上住宿餐饮业营业额6.9亿元，同比增长10.9%；全社会固定资产投资8.68亿元，其中工业投资完成5.4亿元、同比增长306%。产业结构逐步优化。出台《青阳街道扶持现代服务业发展的若干意见(试行)》，每年列支1000万元专项资金，扶持发展现代服务业和引进的三产项目。新增商贸企业886家，同比增长40.4%，注册资金57.9亿元。海峡石化产品交易中心入驻企业212家、年度营业额超400亿元，累计营业额超千亿元。洪山文创园累计引进高校和设计机构145家，吸引各类人才884人。跨境电商洪山园开园，引进赛维、一达通等跨境电商机构80家。海峡青年创客坊投入运营，签约60名国内知名创业导师，引进鞋老板等22家创业机构。成功协办第三届海峡杯工业设计大赛。纳入市重点技术改造项目5个，完成投资8895万元。伟志工程等3家企业在全国股转系统挂牌上市，纳金网等8家企业纳入市“新三板”挂牌后备企业。全力协助8座重点商务楼宇开展招商工作，推荐市级重点培育商厦3栋。项目建设有序推进。开展“重大项目前期工作活动年”和“百日攻坚活动”，落实挂图作战、建立台账、跟踪督查、定期通报等一系列工作机制。纳入晋江市级重点项目24个，总投资125.7亿元，年度计划投资24.5亿元，实际完成投资30.7亿元，完成年度投资额的125.4%。其中，宝龙城市广场、金融广场、晋创和平城市广场、利郎时尚创意产业园等12个项目超时序进度。

【城区建设管理】

2016年，青阳街道的城区环境持续改善。加快组团片区改造建设，陈村、高霞安置房已建设完成，即将进入回迁阶段，陈村片区的人员抽调和各项准备工作已陆续到位。解决罗裳片区、陈村片区征迁遗留问题，妥善处理群众反映强烈问题，创造和谐回迁稳定条件。研究制定老旧小区整改提升方案，强化物业管理联席会议和街道领导挂钩物业小

阳光广场地下停车场

区工作制度，新成立业委会2个。阳光广场地下停车场建成并投入使用，阳光桥顺利完成改建，缓解区域内停车压力。出台《青阳街道环卫保洁工作绩效考评办法》，实现环卫保洁市场化运作全覆盖。街道财政支出环卫保洁经费720余万元，聘请环卫工254名，配置垃圾桶2093个、保洁车133辆。进一步拓展“青阳创城在线”平台功能，完善实时交流、快速处置机制，快速处理环境卫生问题。聘请2名专职卫生巡查员，对13个社区的卫生情况进行常态化巡查。开展“全民动员，绿化晋江”活动，持续推进“人植两树，社区、企、校造一景”和市区重点区域高强度绿化，街道绿化覆盖率22.1%。城管执法力度加大。巩固省级无违建创建示范点，开展41场行动，拆除53宗次，拆除面积约8300平方米，其中大型拆除行动7场次，出动大型机械9辆次。推进城管执法进小区创新管理模式，与社区、小区加强协作互动，在宝龙城市广场首设小区调解室，变事后介入为事前预防，提高执法效率，全年发现小区违建18宗，拆除9宗，拆除面积约100平方米。

【社会管理】

2016年，青阳街道治安形势持续好转。2016年辖区共立刑事案件1658起，同比下降27.6%，其中立“两抢一盗”案件799起，同比下降35.4%。将综治和社会管理创新经费纳入财政预算，年度投入经费近570万元。健全治安防控体系。街道现有1支街道机动巡逻中队和13支社区治安巡逻队，其中巡逻中队队员52名，社区巡逻队员144名。投入36.4万元，完成高霞、洪宅垵2个社区监控系统建设，逐步实现街道视频监控系统无缝覆盖。推进社会管理创新。率先开展基层服务社会化试点，以永福里、青新社区为试点试行网格化服务管理外包，“连人带事”由社会机构承接，将街道延伸到社区的12大项服务和管理工作外包给社工机构。网格信息采集总量135529条，常住人口信息58118人，流动人口信息36734人，楼宇信息4939栋，出租屋信息5524间。事件采集总量8292件，办结总量8180件，办结率98.64%。创新调解手段，与律师事务所签订合作协议，每天安排一名专职律师到综治信访维稳中心值班，全程处理涉法涉诉信访问题。加强平安创建工作。紧紧围绕提高综治“三率”，扎实开展“法律六进”、广场宣传活动，继续推进“综治进两新组织”工作，重点树立国贸电脑城和大润发两家各具特色的典型示范单位，为综治工作进“两新”组织全覆盖奠定基础。落实流动人口办理“居住证”制度，办理居住证24865份。推行安全生产社会化服务试点，委托深圳市安平信息咨询有限公司对辖区内的59家生产性企业、500家燃气使用场所提供安全生产托管和送教上门服务。推进企事业单位安全生产标准化提升工程，43家小微企业达标，2311家个体工商户完成标准化申报。组织市场监督管理所、派出所、城管办、综治办、行政执法中队等部门开展联合行动32次，共检查企事业单位6326处，发出整改通知书4664份，发现新增“三合一”场所126家，全部纳入重点整治范围。

【社会事业】

2016年，青阳街道优先发展教育事业，街道财政投入教育资金1301万元，超法定应投入173%。拓展优质教育资源覆盖面，第二实验幼儿园正式投入使用，第二实验小学新校区、象山小学、象山幼儿园启动建设，中和小学二校区正加快前期。优化办学模式，晋江一中与泉州中远学校签署合作办学协议，采取“引进管理、引进骨干、资源共享、教研一体”模式。开展达标创优，逐步实现从基本均衡向优质均衡发展，实验小学图书馆被评为全国“最美校园书屋”、第二实验小学确定为“福建省心理健康教育特色学校”、普贤小学被授予泉州市首批“国学教育普及基地”、艺术幼儿园通过泉州示范园验收；全年教师竞赛获市级及以上200多人次，学生竞赛获市级及以上1800多人次。青阳教育发展基金会保持良性运作，捐赠资金累计2.3亿元，2016年，颁发奖教奖学金514.8万元。完善社会保障体系，新农保参保13684人，参保率92.2%；落实精准帮扶措施，对50户特困家庭精准帮扶，补助金额38万元；发放低保费109万元、重度残疾人生活救助金67万元，社会困难救济11人、金额4.5万元。投入29.7万元为辖区内526名独女办证户、二女结扎户家庭成员办理团体重大疾病保险。阳光社区、锦青社区获2016年居家养老服务站星级评定殊荣。进一步丰富市民的业余文体生活，加快街道文体活动中心建设，街道累计拨付650万元。全年组织5场“三下乡”活动，5场全民健身活动。继续深化“同创共建，全民美城”行动，推动文明城市创建制度化、常态化。举办“青阳城韵·文明与礼”“孝德文化”“厉行节约、移风易俗”等主题实践活动，提升市民文明素质。采取“社工+义工”“党员带群众”的形式，通过“微基金”“微心愿”等新载体，引导市民广泛参与志愿服务，有13个社区志愿服务站及7个社会自发公益组织，全年主办5场大型志愿活动。加强未成年人思想道德建设，辖区内13个社区均建立家长学校、少年之家，配置未成年人专用绿色网吧、少儿图书角、心理咨询室等。

【基层组织建设】

2016年，青阳街道扎实做好街道领导班子换届工作，圆满完成党代表、人大代表换届选举工作。认真开展“两学一做”学习教育，涵盖辖区91个党组织、1944名党员。率先在全市推行“社区大党委”党建模式，成立“学区大党委”“片区大党委”“园区大党委”，初步实现社区党组织与驻区单位党组织工作互联、资源共享。创新党员人才共育模式，推行“园区+楼宇+人才”工作模式，推动党建与人才工作有机融合，人才聚集效应更加明显；每季度开展一场红色CEO讲堂，推动企业高端人才素质提升。统筹推进“领头雁”和“奋蹄马”工程，安排阳光社区与霞行社区结对开展跨社区联创。积极探索城市商圈非公党建工作，新成立宝龙广场党支部。持续开展党内帮扶，累计慰问困难党员71人次，发放慰问金5.9万元，组织“十必访”116人次，发放慰问金3.12万元。党风廉政建设落到实处。落实党工委党风廉政建设和反腐败工作主体责任，结合“两学一做”学习教育，深入开展《准则》和《条例》的学习宣传活动，开展“一把手”讲授廉政党课活动。定期通报违反中央“八项规定”精神案件，每季度组织观看反腐倡廉电教片，累计开展警示教育活动11次。落实内部谈话提醒制度，在街道领导班子之间、党员干部职工之间开展交心谈心，涵盖15名党政领导和18名一般干部。严格执行中央“八项规定”要求，积极推进公务用车改革，“三公”经费同比下降0.62%，全年未产生公务接待费用，公车运行费用下降1.61%，会议费下降0.21%。加大纪律审查力度，立案

13起，全部结案，谈话函询9起。强化集体“三资”监管，规范村级工程招投标管理。严格村财代理管理，全年退回社区手续不完整开支凭证45张，减少开支约27万元。

（张国荣撰　林水清审）

·梅岭街道·

【概况】

梅岭街道地处晋江市北部，东与陈埭镇接壤，北与池店镇相邻，西临西园街道，南接青阳街道。梅岭街道因处于青梅山于岭山交界处而得名。地形自西向东稍微倾斜，地势较为平坦，2016年，梅岭街道辖区面积约11平方千米，下辖15个社区28个自然村，户籍人口4.7万人，常住人口3.2万人。

2016年，梅岭街道紧紧围绕建设“国际化创新型品质城市”的目标，继续以“打造品质生态智慧城，建设商贸服务核心区”为主线，创新思路，抢抓机遇，较好的完成各项经济指标，综合实力稳步提升，城市建设日新月异，民生民本持续增进，党的建设全面加强。街道拥有国家AAAA级旅游景区五店市传统街区，绿洲公园、晋阳湖公园、江滨公园、竹树下公园、教委公园、桂山水库公园、敏月公园、八仙山公园、体育公园和奎碧山公园等十大公园，晋江荣誉大酒店、荣誉国际酒店、宝龙大酒店、爱乐国际酒店四大星级酒店和世茂御龙湾、万达城市广场、格林春天、中航城四大城市综合体。中心城区集文化、旅游、购物、休闲、娱乐、商贸服务为一体的核心商圈蔚然成形。梅岭街道先后获“2011—2015年全市普法先进单位”“2015年度全市宣传思想文化工作示范街道”“泉州市征兵工作先进单位”等多项称号，工作绩效连续6年位列全市街镇前列。

【经济发展】

2016年，梅岭街道财政总收入9.72亿元，同比增长0.55%，本级收入6.16亿元。规模以上工业产值38.73亿元，限额以上批发零售业销售额95.33亿元，同比增长99.63%，完成全年任务118.13%；限额以上住宿餐饮业营业额4.97亿元，同比增长36.21%，完成全年任务106.29%；固定资产投资额13.36亿元，同比增长27.37%，完成全年任务104.42%，其中工业投资5.69亿元，同比增长196.04%。

规模企业　部分规上企业特别是技改创新型企业，相继完成产品结构、品牌运营、零售终端的战略转型，发展稳定。明伟公司继跨界合作漫威之后，加大广告投放力度，斥资千万签约央视少儿频道，全力开拓国内外市场，2016年产值7.9亿元；顺超公司从引进先进设备、增加生产流水线、加强管理创新、提高产品质量等方面着手，在国内需求下行的困境下，产销保持稳定增长；金苹果公司在台湾上市之后，加大市场考察力度，进行多元投资发展；科技创新型和金融服务业企业壮大，卓展科技、耀华园林上市新三板。

楼宇商圈　部分规上企业相继完成产品结构、品牌运营、零售终端的战略转型，发展稳定。重点楼宇招商不断取得突破，7幢晋江市重点培育商务大厦入驻商贸公司近400家。“万五”商圈共入驻商户451家，增长42.72%。2016年，万达广场全年营业额同比增长20%，居华南地区前列。五店市接待游客130万人次，同比增长64.6%。

政企互动　深入企业开展政策宣讲23次，协助兑现企业帮扶资金102.6万元。配合组织10家有跨境电商意向的企业参加第六届APEC电子商务工商联盟分论坛。举办梅岭商会换届典礼，获得泉州银行、晋江农商银行60亿元授信额度。通过商会、“岭想汇”等平台，组织各企业参加形势分析、企业文化沙龙等活动，配合组织68家企业参加外经贸政策宣讲大会。强化金融风险防控，建立“一企、一档、一领导、一对策、一预案、一分析”的工作机制的形成，加大企业约谈力度，化解8.7亿元可能劣变的贷款，督促12家企业还款3650万元。

【重点项目建设】

2016年，梅岭街道开展项目建设百日攻坚活动，按照“五个一批”的总体思路，加快难题化解，强化要素保障，成立项目攻坚四个尖刀连、四个服务小分队，实行挂图作战，推进29个市级重点项目，22个教育提升项目、100个社区项目和36个“民生微实事”全部得到有效的落实。完成市级重点项目投资54.4亿元，完成年度计划124%，超年度任务10.55亿元，7个项目竣工。

【城区建设管理】

2016年，梅岭街道优化物业管理模式，完成3个安置项目物业选聘工作，成立5个小区业委会。以梅庭、竹园2个社区为试点，在晋江市率先推进基层服务社会化工作，在社区党建、宣传、志愿服务活动等方面初显成效。深入开展环境整治，整改21条环境安全隐患及17个违规建设项目，取缔“三无”企业11家，淘汰黄标车182辆。实施“城区绿化”工程，完成绿化种植100亩的任务，绿化率上升至46.68%。修订环卫保洁工作机制，环卫工作季度考评排名居晋江市前列。启动双沟、赤西、沟头3个社区排污整治工程。深化“两违”整治工作，拆除违建面积约5913平方米，实现拆后土地利用100%，超额完成年度拆违任务，治违工作考评位居晋江市第4名。

【社会管理】

2016年，梅岭街道建成视频监控数1902个，实现15个社区全覆盖。2016年累计破获刑事案件155起，治安案件1241起，发案率同比下降20.5%。开展安全生产大检查，整改隐患1711条，通过“福建省安全社区”复评。持续深化安全生产工作，与15个社区、14个专项整治组及6个工作点签订《2016年度安全生产目标管理责任书》，明确安全生产责任区域和责任人，开展安全生产重点领域专项整治，排查“三合一”场所109家，在建工程、公众聚集场所等3912家，整改隐患1711条，整改率100%，顺利通过“福建省安全社区”复评。实施安全生产社会服务工作机制，对32家企业实行安全托管服务，开展送教上门564次。落实食品安全目标责任制，推进校园食堂及食品加工点卫生整治，夯实群众“餐桌安全”基础。强化H7N9禽流感监测和家禽场消毒工作，严格督查和市场管理，全力防控H7N9工作。

完善信访工作　优化三大平台运转机制，解决“市长热线、12345便民热线、民情处理中心”收集的群众诉求及各类举报问题332起，接待群众451人次，办结276件，办结率100%。设立企业员工学法点，成立三方调解机构，联合劳务、司法、企业主代表、职工代表，调处劳务纠纷，解决一线员工困难68条，调解工伤案例13起，涉及金额40.4万元。

【社会事业】

2016年，梅岭街道探索完成卫计融合工作，指定专人担任计生协会专干，进一步完善队伍建设，搭建“社区计生协会+夕阳红生殖健康服务队+社区卫生服务中心”多方合作服务体系，不断提升服务质量。加大计生经费投入，投入10万余元，开展各类宣传活动，发放计生知识问卷500多份，宣传资料800多份，参与人数2000多人。创建晋江首个流动人口社会融合文化园。拨出计生专项经费685万元，推进安居、幸福、保障、亲情、成才五大工程，计生考核位列晋江市第2名。

实施“四帮四扶”工程，发放各类帮扶资金235.9万元。做好城乡居民社保参保工作，参保率95%。筹集200万元，成立梅岭希信慈善基金会。发挥社区“爱心慈善援助站”作用，定期组织爱心慈善人士深入了解特困户的生产生活，进一步对特困户给予援助，全年累计援助180多人次6000多元，发放慈善捐助卡14人、1.4万元。推进社区居家养老服务机构建设，新建晋阳社区居家养老服务站。着力构建以居家养老为主，机构养老为辅，社会化服务为依托的社区养老服务体系，健全为老服务功能，对老年人提供助餐、助洁、助浴、助医、助行、助急等六项服务，并对社区居家养老服务站专职人员进行业务培训，提高居家养老服务质量。打造老年友好型社会，投入老年工作经费近150万元，成立街道老干活动中心。

投入教育经费1.7亿元，完成6个教育提升项目；桂华幼儿园顺利通过省级示范幼儿园考评；推进办学模式创新，率先以晋江市第三实验幼儿园为试点，尝试“一园四区（竹园小区园区、城市晶典园区、桂山园区、中奥园区）——教育集团化办学模式”；开展委托管理工作，凤竹小学正式纳入晋江市实验小学管理；持续民办公助新模式，助力市第三实验幼儿园与福典幼儿园联合发展国际高端学前教育。

承办第五届全国社区网络春晚晋江梅岭专场、第三届中华灯谜谜语文化节，成立梅岭街道书法协会，举办第6届梅岭篮球联赛等活动。大力培育志愿服务文化，街道志愿服务“领袖”计划获得福建省首届志愿服务项目大赛铜奖。

落实文明创建责任，完善精神文明创建工作联席会议制度，将创城工作分解到人，形成“一把手”负总责、分管领导认真抓、党员干部齐抓共管、职工广泛参与的“四级联动”创建领导体制和运行机制。健全卫生保洁机制，通过招投标聘用4家专业保洁公司，负责主要道路的环保服务。强化保洁队伍管理，执行卫生保洁考评每月一通报制度，按考评结果及时拨付保洁经费。开展环境卫生大整治活动，清理辖区内“三无”地带和“无物业管理”小区。

【基层组织建设】

2016年，梅岭街道落实“一把手”精品党建项目，利用万达广场商贸及五店市文化旅游资源，构建“商贸+旅游”党建联盟，拓宽党建新领域。结合元宵节、端午节、“七一”建党节等节日，举办“家风家训家规”元宵猜灯谜活动、趣味运动会、纪念建党95周年红歌会等活动。开展“组建五店市联合基层工会”“纪念‘国际三八妇女节’106周年活动”“工会大讲堂”等12个年度基层党建重点项目。深入学习贯彻晋江市第十三届党代会精神，成立专题学习领导小组，下设监督组和7个工作推进组，组织各社区书记、主任，镇直、非公企业党组织负责人参加专题学习会。

成立中共晋江市五店市传统街区支部，与中共晋江市市场监督管理局总支部委员会、中共晋江市行政执法局支部委员会、中共晋江市旅游局支部委员会签订结对共建协议，围绕“共同学习、共办活动、共听民声、共帮弱、共谋发展、定期沟通”等六项协议内容，以“服务街区、服务党员、服务游客、服务经济”为主线，拓展共建活动形式，丰富党建活动内容。提高非公党建领域覆盖率，成立中共晋江市福建福能能源管理有限公司党支部、中共晋江市世茂天成物业服务集团有限公司晋江分公司党支部，对中共晋江市厦门华菲物业管理有限公司晋江分公司支部、中共晋江市裕佳利（福建）服饰有限公司支部进行升格，提升非公党建工作水平。

【人才建设】

2016年，梅岭街道开展人才重点项目建设，联合晋江市亿家社工事务所，实施社工人才培养工程，完成梅庭社区、竹树下社区、双沟社区3个试点建站，开展社区活动30场，入户探访辅导120余人次，组建或孵化志愿者队3支。搭建政、银、企人才交流平台，召开“经济新常态下晋江企业的应对之道”系列专题讲座，邀请专家做主题演讲，为广大民营企业家解读政策，拓宽新思路，提升企业经营管理、创新驭变能力。统筹辖区人才资源，建立机关内部专业技术人才及企业技术人才信息库，充实社区党员干部、离退休老干部、慈善义工、文体活动人才等6大人才信息库，并设立专项资金，强化人才经费保障。完善五店市风雅颂人才驿站，提升海明文化城、海峡时尚中心人才聚合力，打造梅岭人才高地。

（陈卫星撰　余　洁审）

开展“关注民生，送法服务”主题系列活动

·西园街道·

【概况】

西园街道位于晋江市西北部，东南面与梅岭街道、罗山街道相接，西抵磁灶镇，北邻池店镇，是晋江中心市区西大门的重要门户。福厦高速公路、泉三高速公路、双龙路、博览大道、迎宾路贯穿全区，交通便利。西园街道辖区总面积21平方千米，下辖11个行政社区，103个居民小组，2016年户籍人口43151人，流动人口8526人。辖区内有大专院校1所（泉州轻工学院）、国家重点职业中专1所（晋江华侨职校）、市属公立小学1所（晋江第四实验小学）、市属公立幼儿园1所（晋江第四实验幼儿园）。辖区企业主要涉及印刷、汽配、钢结构、卫生材料等产业。

2016年，西园街道紧盯年度目标任务，围绕“晋江现代服务业基地、生态宜居新城区”发展定位，全面实施“产业提升、城建提速、民生提质”的基本策略，适应新常态，推进产业转型升级，优化区域发展环境，推动经济社会全面协调发展。

【经济发展】

2016年，西园街道紧紧围绕既定目标任务，牢牢把握稳中求进总基调，推动产业结构调整，总体经济运行平稳有序。全年实现财税收入2.65亿元，同比增长12.08%；规模以上工业产值12.89亿元，完成率119.4%；限额以上批发销售额12.09亿元，完成率120.3%，其中，零售额1.39亿元；固定资产投资5.8亿元，完成率138.1%，其中，工业投资1.52亿元，完成率101.1%。扶持壮大传统产业，启动振隆纸业、安婷妇幼、联合纸业、新建兴器械等8家传统企业技术改造，累计投入9201万元，完成年度计划114.92%；积极协调解决伟顺机电生产厂房建设问题，实现增资扩营；支持和鼓励新建兴机械与中科院海西研究所继续在陶瓷后整设备机械化开展深度合作，进一步加快转型升级，有效提高产品附加值，提升综合竞争力。引进发展商贸服务业，依托世茂御龙湾、格林春天、中航城、双水湾二期等商业地产，鼓励发展商贸、家政、餐饮等现代服务业；协助美明达公司办理商务大楼“两证”手续，招引酒店、餐饮企业入驻，吸引人流，聚集人气；支持国泰皮革迎宾路旧厂房立面改造；引导国源、豪达等辖区内停产、外迁企业盘活闲置厂房，发展现代仓储物流。

【重点项目建设】

2016年，西园街道继续深化项目带动战略，推进重大项目落地，加快推进重点项目建设，牵头组织实施21个省市级重点建设项目，年度计划总投资9.8亿元，全年累计完成投资11.45万元，完成率116.85%。结合项目建设“百日攻坚”活动，实行“挂图作战”，6个安征迁项目全面推进，3个滞后项目实现突破。其中，现代物流园一期项目完成投资2.91亿元，地块二土石方平整与土方回填累计约完成总工程量的95.22%，地块三土石方平整正有序进行。传化公路港完成投资1.06亿元，于9月28日正式投入运营。华侨职校扩建项目完成投资3424万元，并投入使用。赖厝安置小区项目完成投资1986万元，项目建设有序推进。社区养老院工程完成投资2467万元。其中，后间社区投入使用；霞浯社区竣工，进行运营前准备工作；赖厝社区完成主体建设，进行内部装修；官前、屿头主体建筑封顶，等待验收。石结构房屋改造项目完成投资5087万元，完成危房翻建审批270宗。重点技改项目完成8家企业技术改造提升并投用。其中，振隆、鑫盛、金晖等3家企业安装新设备，友诚、华辉、新建兴部分投产。

【城区建设管理】

2016年，西园街道主动融入全市城建大局，城市更新扎实推进，城市精细化管理水平不断提升。项目征迁扫尾方面，有序推进王厝历史遗留问题征迁扫尾工作，王厝安置房建设项目进展顺利；妥善解决美旗城烧厝历史遗留问题，完成拔萃双语学校征地工作；成立吴厝驻点维稳组，值班组协同入户，力促吴厝历史遗留问题尽快解决。宜居环境提升方面，加强生态资源管护，配合做好九十九溪田园风光项目，完成23.33公顷的绿化造林工程；深入开展生态水域治理，扎实推进霞浯直溪流域综合整治，实现周边工业污染、农业污染、生活污染全部销号，流域水质明显改善；加强环境综合整治，建立环境卫生市场化运作机制，健全环境卫生督查和考评机制，环卫保洁工作取得较大提高。城市管理升级方面，深入开展交通秩序、市容市貌专项整治，在11个社区设立交通安全劝导站，实现社区交通安全劝导站全覆盖，双龙路、晋光路、博览大道等交通、市容乱象得到有效管控；建立小区物业管理机制，指导双水湾小区成立业主委员会，推动城管执法进小区常态化，妥善解决安置房后续遗留问题；保持“两违”高压态势，拆除违建面积3.8668万平方米，完成省平台全年任务数161.12%；加快就地翻建审批270宗，其中“四帮四扶”9宗，完成率157%，超额完成石结构房屋改造年度任务；主动融入中心市区城镇化建设，推动世茂御龙湾、格林春天、中航城天御等优质项目全面投建、部分投用，城乡面貌明显改善。

【社会事业】

2016年，西园街道加大民生投入，推动社会事业发展。民生保障方面，实施精准扶贫，做好低保对象确认清核工作，进行动态管理，重新确认低保、五保对象共252户584人，全年发放低保金与用电优惠金217.55万元。深化“春风计划·四帮四扶”活动，确定16户特困家庭，落实帮扶资金15.7万元。社会事业方面，率先在全市启动“家庭医生‘一对一’”活动创建试点工作，创建经验被泉州、晋江两级多家媒体报道，医疗服务水平有效提升；积极创建流动人口传化公路港企业计生协会联合会，在全市范围内进行经验交流，计生年度考评成绩明显提升；拔萃双语学校、教师进修学校附属小学相继落户西园，优质教育水平持续提升；分别在轻工学院和华侨职校建立大学生创新创业服务指导站、学生就业指导中心，引导轻工学院在传化公司设立学生实践基地，支持传化公司在轻工学院设立物流人才培训基地，积极推动国家级集成电路人才培训基地落户轻工学院，校企合作持续深化；实现“农家书屋”、文化信息资源共享工程点、省级居家养老服务站、社区老人活动中心等“十个一”公共服务设施全覆盖。

【社会管理】

2016年，西园街道持续深化“平安西园”建设，加大违法打击力度，全年破获刑事案件134起，查结各类治安案件

拔萃双语学校奠基仪式

1135起，行政处罚285人；成功化解企业不良贷款8宗，调解劳动争议案件41起，追回拖欠工资52万元；调处矛盾纠纷29起，查结信访件46件，有效加强社会面稳控，进一步提高群众安全感。组织对辖区内3个村级在建工程进行安全文明施工检查，及时整改安全隐患；推进安全生产责任体系“五级五覆盖”，开展企业安全生产标准化建设，做好安全生产社会化服务工作，持续深化“打非治违”工作，全年共查处危险化学品生产、储存、经营企业共7家，排查整改隐患1906条，排查整改“三合一”场所31家，整改率达100%，辖区安全形势总体平稳，各类事故得到有效遏制，实现全年生产安全情况“零事故”。扎实开展社会治安综合治理，持续推进严重精神障碍患者肇事肇祸问题专项治理行动，抓好精神患者救治管控工作；强化街道、社区两级经费保障，加强治安巡逻队伍和视频监控系统建设，夯实社会治安防控基础；全面推行社区网格化管理，完善安全生产、环境卫生、消防设施等网格数据，常住、楼宇数据录入均90%以上，办理事件2126件，办结2095件，办结率为98.54%；积极探索流动服务均等化新举措，全年共办理流动人口居住证5759份，签注918份，管控帮扶36名社区矫正对象社区矫正工作机制不断完善。

【基层组织建设】

2016年，西园街道进一步突出党建引领作用，全面加强机关和组织建设。成功举行街道党代会，圆满完成街道党代会各项任务，顺利完成街道人大代表换届选举工作；深入开展“一社区一财源”活动，突出以点促面，发挥典型示范的引领作用，壮大社区集体经济，11个社区平均村财60万元；加强基层组织建设，抓好“领头雁”和“奋蹄马”工程，整顿转化软弱涣散基层党组织，苏塘、后间社区作为示范典型在全市进行经验交流，梳理烧厝社区“奋蹄马”薄弱社区治理转化清单，加快实施转化工程；加强干部队伍建设，突出理论学习，规范“西园讲堂”运作，开设“西园讲台”，全年举办各类专题培训14期、“西园讲堂”6期、“西园讲台”4期；注重机关氛围营造，联合市图书馆设立机关图书室，配备各类书籍600余册并定期更换；加强党员队伍管理，开展党员组织关系排查工作，排查出口袋党员1名、空挂党员37名、失联党员4名，发展新党员11名，开展党内关怀帮扶行动，慰问生活困难党员、老党员123人次；持续深化“马上就办”活动，出台便民服务等18项制度，街道便民服务中心实现规范化运作；加强全面从严治党，狠抓“两个责任”落实，坚持反对“四风”问题，强化监督执纪问责，创新设立社区纪检监察监督小组，探索实行党风廉政谈话制度，党风廉政建设不断深化。

（赖婷婷撰　尤国辉审）

·罗山街道·

【概况】

罗山街道位于晋江市中部，以其境内“罗裳山”得名，东邻新塘街道，西通西园街道、磁灶镇，南连灵源街道、永和镇，北接青阳街道、西滨镇，2016年，罗山街道辖区总面积25平方千米，下辖16个社区，常住人口53864人。福兴路、社马路、泉安路、和平南路、世纪大道纵横辖区，交通便捷，地理位置特殊，是晋江市新的行政中心区和城市核心区。

2016年，罗山街道牢固树立“五大发展理念”，大力实施“抓一区、振两翼、兴三园——123”工程，抢抓机遇，应对挑战，全力以赴推动罗山经济社会健康发展，各项工作取得较好成效。全年街道完成规模以上工业产值155.9亿元，同比增长9.5%。全社会固定资产投资总额14.28亿元，同比增长1.9%。限额以上批发和零售业销售总额87.98亿元，同比增长25.7%。限上住宿餐饮业营业额2.05亿元，同比增长7%。

【经济发展】

2016年，罗山街道通过深化“帮企业、促项目、谋思路、抓落实”活动，强化党政领导挂钩联系帮扶企业制度，实施不良贷款“一企一策”，加大企业风险隐患动态排查，构建银企对话沟通平台等措施。传统产业转型加快。引导规模食品企业加大新产品开发力度，雅客长白甘泉、久久王酷莎奶棒等受到广大消费者好评，提高企业竞争力。打造食品产业升级平台，保障豪新食品专业市场及盼盼、蜡笔小新、福派园等食品企业项目在食品工业园区施工建设。发挥规模企业龙头带动作用。推动传统产业绿色转型，鼓励46家企业按规范建设污水处理设施，断电取缔20处非法生产点。

第三产业不断发展。豪新食品市场启动全国招商，海峡国际食品城众创空间开始运营，社店食品市场启动改造，三大食品市场与传统食品企业相辅相成，一条集生产、销售、研发、仓储物流为一体的食品产业链逐步成型。罗裳汽车配套市场启动招商，与汽车交易市场一期、二期共同形成集整车销售、配套销售、汽车装饰、维修为一体的“大4S”综合汽车服务产业基地。SM广场改造升级，华泰、兰峰、安泰世界城等周边房地产商铺继续开发，福埔社区夜市一条街设立，SM半小时商贸圈不断成熟。安泰世界城三期热销开盘，华泰国际新城八期公寓热销出售。

新兴产业逐步形成。“三创园”、中科院海西研究院泉州装备制造研究所项目加快施工建设，“三创园”创客大街开街运营，首批26家企业入驻，石墨烯产业技术研究院正式运营。智能装备制造产业园项目加快征迁扫尾，晋华集成电路项目正式开工建设。

【城区建设管理】

2016年，罗山街道深入开展征迁扫尾。实行“6+1”工作制度，开展项目征迁扫尾百日攻坚活动，狠抓30个征迁项目进度，各项目工作进展明显。其中，罗裳片区改建一期、晋南高速路口改造工程(罗山段)、看守所东侧扩建工程等项目房屋和土地征收已全部完成，正在保障施工。智能装备产业园、海峡花卉高新研发基地项目、市医院迁建项目、草庵公园等项目进入征迁扫尾阶段。

基础设施配套。完成晋江市第六实验小学配套道路建设，启动和平南路改造建设工程，推进和平公园征迁工作，配合完善晋江市第六实验幼儿园配套道路设计，保障晋江市第十五号路建设。持续推进石结构房屋改造工作，全年审批翻建房屋395件，面积约47000平方米。加快推进社店、许坑、后林、梧垵等4个社区道路硬化工程。投入300多万元推进农村生活污水管道工程建设，后林、樟井、梧桐等3个社区正在施工，山仔、苏前等2个社区正在前期设计。

优化城区管理。重视安置小区建设管理，做好文景雅苑、世纪雅苑等四个安置小区房产证办理工作，办理413多本。强化新型社区物业管理，兰峰小区、华美公馆、华泰小区、百宏雅苑等8个社区已成立业委会，安泰世界城、晋兴伴山御景等4个小区正在筹备中。抓城区保洁，投入600多万元实施环卫保洁市场化运作机制，不断加强城区环境整治和景观改造建设。落实污染源排查销号制度，完成梧桐溪、梧垵溪流域新增69个工业污染源销号，确保梧垵溪梧桐溪流域环境整洁。加大“两违”打击力度，规范城乡建设行为，全年查处“两违”建筑290宗，拆除213宗，拆除面积约2万平方米。

【社会事业】

2016年，罗山街道关注惠民保障。深入开展“四帮四扶”活动，投入28万元帮扶15户特困户；实施精准扶贫，投入8万元帮扶40户贫困户。强化动态管理，确保低保对象应保就保；新农合、新农保、失地养老保险逐年提标扩面。

教育优先　投入600多万元用于龙泉小学教学楼、罗山中学和季延中学宿舍建设；投入200多万元改造苏前公办幼儿园，并于2016年九月份开办。积极落实迁建育德小学、新建第六实验幼儿园、军民小学和罗裳幼儿园建设前期准备工作。

文体事业　投入100多万元改造街道文体服务中心，培育兰峰社区志愿者驿站和爱心格子铺等基层宣传示范点，启动草庵海丝申遗工作，挖掘草庵人文历史文化，培育缺塘艺馨南音社、后林虎影谜社等文化品牌，苏内舞龙队、火鼎公婆入选央视猴年春晚泉州分会场。坚持开展移风易俗，提升市民素质，深化文明城市创建工作，2016年街道被评为晋江市文明单位。

平安建设　创建缺塘、社店两个星级警务室，投入156.4万元完成1771个视频监控点建设，全年化解各类矛盾纠纷68起，调解203人。强化司法行政职能，建立3个司法行政工作室及华泰物业、SM等2个调解委员会，举行6场普法活动，完成16个社区法律顾问签订合同，接收新入社区矫正人员24名。

【基层组织建设】

2016年，罗山街道夯实党建基础。严格党员教育管理，扎实开展“两学一做”学习教育，全年新发展18名党员，完成13个基层党组织换届，新覆盖非公企业和社会组织45家。强化机关管理，出台《关于进一步严明机关纪律的通知》，优化干部考核评价体系，推行干部季度反向测评办法。坚持全面从严治党，贯彻中央八项规定，加强党风廉政建设，落实“两个责任”，强化纪律审查，查处违纪党员10人，把握运用好“四种形态”，谈话问询11人，建设廉洁文化宣传阵地——“正风园”。

丰富工作载体　实施党员“微实事”项目，解决45个民生问题。抓好罗裳、山仔、许坑三个社区“领头雁”工程培育，扶持罗裳社区发展汽车配套市场，引导“奋蹄马”苏内社区加快发展，协调解决苏内草庵停车场乱收费问题，投入10万余元改善草庵周边环境。发挥SM商圈大党建孵化中心作用，全年新转入11名企业党员，发展7名党员。率先成立3支非公企业防汛应急突击队，为企业挽回经济损失30多万元。

发挥引领作用　平稳、顺利完成各级党代表、人大代表、政协委员的选举或提名推荐工作。开展“凝心聚力谋思路、主动作为谱新篇”、“共话品质新罗山建设”等活动，收集助推新罗山发展意见建议258条。实施“领航计划”提升企业家素质，开展“学标杆、找差距、补短板、促提升”学习考察活动，向武汉等地区学习。组织菲律宾华裔青少年“中国寻根之旅”夏令营，完成街道青年创业联合会筹备工作。强化党管武装，推进军民融合。做好老干部工作，打造社区服务老干部省级示范点。支持群团组织活动，培育华泰社区“白兰花”家庭驿站、儿童四点钟学校，街道工会被评为“福建省示范镇街工会”。

（陈文财撰　杨青梅审）

·灵源街道·

【概况】

灵源街道地处晋江市中部，东接永和镇，西靠灵源山脉，南连安海镇，北与罗山街道交界，泉安公路、世纪大道、泉州绕城高速、福厦铁路晋江疏解公路、佘马路、灵石路贯穿全区，交通十分便利。辖区内灵源山系国家AAA级风景区，文化积淀深厚。2016年，灵源街道下辖林口、张前、英塘、林格、小浯塘、灵水、曾林、大山后、大布林、小布林等10个社区，辖区总面积20.6平方千米，常住人口近3万人，外来人口5万多人，灵源侨亲遍布港澳台及东南亚各国。街道有企业110余家，其中规模企业14家，涉及纺织、食品、机械等主要行业企业。

【经济发展】

2016年，灵源街道规上产值累计17.95亿元，同比增长11.4%，完成100.3%；全社会固投累计8.8亿元，同比增长11.3%，完成100.8%；工业固投累计3.5亿元，同比增长6.2%，完成104.7%；限上批零销售额全年任务数3.5亿元，累计3.8亿元，同比增长25.5%，完成107.4%；限上零售额全年任务数0.56亿元，累计0.68亿元，同比增长33.6%，完成121.1%；限上住餐全年任务数400万元，累计425万元，同比增长36.9%，完成106.2%；限上住餐零售额(无任务数)，累计304万元，同比增长41%。

【社会事业】

2016年，灵源街道按照市委市政府在年度工作报告中提出要“加快灵源文化旅游项目建设”和“培育发展灵源山文化旅游产业带”的要求，依托深厚的人文历史，围绕打造“人文之城”的目标，整合现有项目和周边资源建设灵源文化旅游产业聚集区，通过策划建设灵水古村落片区改造、灵源山登山木栈道建设、灵源山绿化项目、灵源公园建设等一系列生态文化休闲旅游项目，引领整个区域的产业转型、升级，进而带动大灵源山景区的开发与建设。

社会保障不断完善。13个为民办实事项目基本完成，解决群众的生活需求；坚持应保尽保，累计发放低保金1341390元，用电优惠金49924.65元，发放春节物价补贴63750元；安排危房翻建指标，累计完成危房翻建审批180余宗，为一批住房困难群众解决了燃眉之急；林口、张前、小浯塘、灵水、曾林5个安置小区业主委员会成立工作有序推进。教育事业不断发展。灵水中心小学、华林小学、灵水中学、紫华中学等校园改造项目顺利推进；集团化运作灵水中心幼儿园，拓宽优质教育资源，华林、福锦两个幼儿园分园对外招生；启动群峰小学、大山后小学迁建，第八实小、第八实验建设等项目。环卫保洁不断提升。保洁范围实现由社区主干道到各支路、房前厝后、卫生死角的覆盖，预计全年投入保洁经费574万元；启动城乡污水处理工程，先行在张前社区实施建设，其他社区逐步推进。

【社会管理】

2016年，灵源街道推进网格管理。试点网格化管理，街道10个社区全部进行网格化试点，共划分为38个二级网格，配备38名二级网格管理员，社区综合治理水平有效提高。街道被确定全市基层服务社会化工作试点单位。开展平安整治。创新巡防机制。将辖区分为南北两个片区，4个巡防区，11个责任区，分析本辖区发案时间特点，普通巡逻和重点巡逻相结合，分时段增加路面警力，全面充实社区巡逻队力量，全天候保证每个巡防区至少有1辆摩托车巡逻、每个大片区至少有1辆警车巡逻，提高路面见警率和群众的安全感。打击违法犯罪活动。筹措资金604.8万元投入综治平安建设，在全市率先完成社会管理监控视频系统建设和10个社区视频监控室建设，集中力量对“两抢一盗”、八类暴力犯罪、黑恶势力、赌博、诈骗等违法犯罪活动进行了严厉的打击和整治，街道辖区刑事案件持续保持大幅下降，刑事立案比降25.81%；开展反邪教宣传教育工作。创建3个“无邪教创建”活动示范点，发放“校园拒绝邪教”倡议书5000份，“防邪知识进家庭” 宣传单10000份，进一步健全警示教育及无邪教社区工作制度，全年辖区无发现邪教活动。强化安全生产。强化宣传教育。结合“三下乡”等法制宣教活动，进一步加强安全生产的宣传力度，通过张贴标语、发放宣传单等方式，向广大群众宣传安全生产知识，提高群众的安全生产意识和技能。发放安全生产法规和常识读本400多册，印发《平安灵源》增刊3万份。加强安全生产监管队伍建设，不断提高安全监管水平。组织安全生产培训、讲座，不断提高安监队伍的综合素质。试行安全生产社会化服务，50家行业企业作为试点单位先行先试，建立完善安全生产社会化服务质量监督检查、事故隐患报告和整改督办、约谈通报、专家费用保障等配套制度，街道全年未发生重特大安全生产事故。

【基层组织建设】

2016年，灵源街道健全组织机构，按照“党委统一领导、党政齐抓共管、纪委组织协调、部门各负其责、依靠群众支持参与”的原则，建立健全了党风廉政建设责任制工作领导小组，明确相关职责和工作要求，把反腐倡廉的工作责任细化到岗，强化到人。统筹安排部署，街道党工委、办事处高度重视党风廉政建设和反腐败工作，将其纳入重要工作议事日程，与财税、经济、城建工作一起部署、一起检查、一起考核。每年结合街道情实际，制定党风廉政建设和反腐败工作任务分解，确保责任落实到位。狠抓工作落实，街道党工委主要领导牢固树立“不抓党风廉政建设就是失职”的理念，切实担当好第一责任人责任。党工委书记自觉做到“四个亲自”，亲自部署街道党风廉政建设工作，亲自在街道机关例会上为全体干部职工讲授廉政党课、亲自对信访举报件及案件查处批示、督办，亲自协调解决工作过程中的问题。

（陈伟哲撰　蔡文习审）

·新塘街道·

【概况】

新塘街道地处石狮与晋江交界处，2016年，新塘街道辖区总面积22平方千米，辖上郭、湖格、梧林、荆山、沙塘、后库、后洋、杏田、杏坂、南塘、塘市等11个社区，户籍人口3.6万，外来人口2.63万。

2016年，新塘街道以“改变短板、建设全国样板”为奋斗目标，紧紧围绕“三园两区一走廊”（即新塘园、智能装备产业园、空港物流园、新塘园拓展区、新塘中心区、新塘汽车销售走廊）的发展规划，抢抓机遇、主动作为、精心运作，推进街道经济社会健康快速发展，较好地完成年初确定的目标任务。

【经济发展】

2016年，新塘街道全年实现规模以上工业企业产值86.6亿元，同比增长13.1%；全社会固定资产投资10.17亿元，同比增长22.8%，其中工业固定资产投资5.28亿元，同比增长15.1%；限上批发零售业企业销售额27.8亿元，同比增长2%，其中零售额18.73亿元，同比下降1.67%；财税收入2.31亿元，同比增长19.52%；实际利用外资2506万美元，同比下降12.04%；自营出口6577万美元，同比增长9.18%。

新塘街道开通官方微信公众号“新塘芯起航”，搭建交流平台，及时有效宣传解读各类惠企惠民政策。组织走访辖区企业，协调解决新塘园公交线路增设、园区入驻企业手续办理等问题。支持金冠包装、凯浪服装和森林狼服装等企业加大技改投入，鼓励聚旺机械加大研发力度，建立国内首个云计算智能印染设备在线服务平台并竣工投产，从制造业向“制造＋服务”转型。继续强化汽车销售产业集群效应，加大招商力度，新增北现合众、国腾、汇京等3家4S店并纳入限上企业，全年汽车销售产业突破26亿元。支持木延文创生活馆扩大宣传，打造集家具生产、休闲体验、装修设计、旅游观光等为一体的文创企业，木延文创生活馆入选“第七批泉州市科普教育基地”，获批“福建省观光工厂”。

【项目建设】

2016年，新塘街道开展百日攻坚活

动，突出抓好6个市重点项目，完成年度投资1.33亿元。其中，福兴路拆迁安置房、聚旺印染机械、新侨中学宿舍楼3个项目均超时序进度完成年度投资项目。新塘社区卫生服务中心、杏田中心幼儿园、湖格实验小学等项目前期取得实质性突破，为2017年实现实质开工建设打下良好的基础。全力推进集成电路产业园、食品专业市场、小流域整治、社区卫生服务中心等项目的征迁工作，完善新塘园、智能园与周边各社区道路、排洪排涝、学校等配套设施规划和建设，促进新塘园、智能园和中心园区等众多项目落地。

【城区建设管理】

2016年，新塘街道狠抓基础设施建设，智造大道新塘路段通车，新塘中路正式动工建设，高铁、有轨电车进场地勘。推进辖区桥梁改扩建，实施道路硬化20条。继续实施梧垵溪、杏坂西沟段等流域整治工程，完成梧桐溪流域整治工程新塘段征迁工作。开展畜禽养殖退出“回头看”，取缔5家实心砖瓦厂和环保违规企业58宗，改善生态宜居环境。鼓励引导农业适度规模经营，沙塘、后洋、梧林等社区共完成土地流转65.33公顷。严格控制“两违”态势，全年拆除“两违”建设4.05万平方米。全力推进杏坂的泉州市新农村建设试点示范社区工作和梧林古村落规划保护建设工作，两个社区均获评为2016年晋江市首批“最美乡村”、占全市总数的10%，梧林古村落被列入第四批中国传统古村落名录，打响了杏坂、梧林两张“亮丽的社区名片”。

【社会管理】

2016年，新塘街道狠抓安全生产工作，与企业、社区联签安全生产责任状，开展“安全生产月”活动，组织安全生产宣讲进企业活动。结合“安全检查日”开展统一行动，共组织开展联合执法专项行动26次，排查“三合一”企业、住宿与经营合用场所41家，查封29家，关闭取缔非法生产、经营场所8家。强化信访维稳工作，加强社会治安重点整治，建设视频监控2098个，在全市率先实现视频监控网络全覆盖。全面推进社区警务室建设，健全配齐街道社区巡逻队，创建新塘园、集成电路产业园警务室，组建专职巡逻队，辖区有12支专职巡逻队143人，并在14个人员密集场所和治安复杂地区建立中心执勤点。治安巡逻队工作在全市年度考评中位列第2位，综治年度考评位列全市第四，获评全市综治先进镇街。做好严重精神障碍患者排查，完善镇村两级台账，创建福建省首个镇级精神患者帮扶基地——“新塘街道爱心帮扶协调中心”，构建自理康复、职业培训、庇护就业等立体帮扶体系。宣传普及社会综治险，建立街道、派出所、社区、保险公司四方工作平台，实现在线咨询理赔，缩短理赔时间，全年共有275人获赔综治险，补助金额达26.5万元。在梧林社区创建泉州市首个社区矫正公益劳动基地，实行“一卡一考”制度，安排社区矫正人员公益劳动项目、内容，并登记作为考核依据，发挥社区矫正公益劳动惩戒、教育和服务社会的功能。

梧林古村落古民居

【社会事业】

2016年，新塘街道社会事业全面发展。持续做好街道低、五保对象的全面摸底、精准帮扶等工作，确定低保、五保对象237户。开展“四帮四扶”工作，接受帮扶的特困家庭共14户。广泛发动群众，全年参保城乡居民养老保险14772人次，参保新农合28086人。推进“全面两孩”政策，增设15台智能免费药具发放机，弥补以往在时间段、服务人群、药具补充等盲区。加强民兵整组工作，完善应急排、对空观察哨和红缨6导弹连建设，获得晋江市民兵整组先进单位、情况收集报送先进单位称号。超额4人完成征兵任务，共有19名青年应征入伍，获评晋江市征兵先进单位称号。优化科教文卫布局，争取湖格实验小学、实验幼儿园落地，实质性启动杏田中心幼儿园、湖格实验小学规划设计等前期工作，加大对新侨中学的财政性投入。全面启动梧林古村落规划、新塘文化中心设计。社区卫生服务中心改扩建工程取得实质性进展，基本完成土方平整及围墙砌筑。实行主干道及社区卫生保洁专业化市场化运作，建设生活污水管网，实施户户通计划，全年共9个社区及后库小型污水处理站完成管道设计、预算备案。

【基层组织建设】

2016年，新塘街道党建基础进一步夯实。统筹推进“两翼”工程和“一把手”精品工程，扶持杏坂发展滩涂经济、观光农业等“造血”经济，梧林开发传统文化和侨文化资源，加快“中国传统古村落”建设；推进南塘社区“奋蹄马”整顿治理工程，盘活70亩集体发展用地，逐步摆脱社区党组织“软弱散”的面貌。抓好党员队伍管理。开展党员组织关系排查、党组织集中换届等4个专项整顿。总结提升“两新”党建、服务企业发展的工作成效，建立汽车协会“红色汽车党建联盟”，党员驿站。积极推行人才强街战略，引进汽车维护、物流管理等优秀人才25人，与晋江华侨职校签订校企人才订单计划，依托汽车协会和木延党员人才驿站，搭建培训交流平台。强化党风廉政建设，组织集中学习、专题研讨、辅导讲座、警示教育等活动，开展“寻找我身边的家风故事”征集活动，挖掘整理本地家规家训教育典型。

（黄　璟撰　张　榕审）

·陈埭镇·

【概况】

陈埭镇位于泉州湾畔繁华的三角地带，东临大海、居晋江入海口南岸，西与晋江市区毗临，南与石狮市相连，北隔晋江与泉州市区隔江相望。镇域面积38.4平方千米，海岸线长13.6千米，是闽南重点侨乡和少数民族的聚居地。镇域内有沿海大通道外线、晋新路、沈海高速泉州机场连接线、双龙路等对外交通要道，镇区距离泉州晋江机场3.4千米、沈海高速公路出入口6.5千米、晋江动车站19千米。2016年，全镇人口8.1万人，流动人口常年30万人以上，共辖26个行政村（社区），其中回族村（社区）7个、2万余人，海外侨胞及港澳台同胞5万余人。

【经济发展】

2016年，陈埭镇全镇工业总产值总量534.5亿元、增长6.44%、增长6.23%，全社会固定资产投资56.94亿元，财税收入22.55亿元、增长0.32%，陈埭作为一个乡镇在全省乃至全国经济发展格局的重要地位日益显现，镇域综合实力位居全国中小城市百强镇第30位。

【城镇建设管理】

2016年，陈埭镇在规划建设方面：陈埭地处泉州中心市区和晋江市区辐射范围，具有“拥湾面海”的地理优势。立足高起点、高标准，规划建设面积10平方千米的东部环湾新区，晋江国际鞋纺城、滨江商务区、鞋都片区、品牌工业园等一批省市重点项目先后落地。其中，晋江国际鞋纺城项目总控制规划面积526.67公顷，新的鞋服原辅材料、鞋服机械等鞋服业相关产业的贸易集散地，市场全部建成后年交易额预计可超千亿元；滨江商务区位于晋江市陈埭镇与池店镇交界处，总规划面积14.23平方千米，致力打造一个集商务、会展、酒店、居住等功能为一体的综合性城市中心区，企业运营中心、兴业皮革大厦、泉商环球广场、德伦地产、海峡石化交易中心、希尔顿酒店等项目落地陈埭；鞋都片区是以双龙路东拓带动旧区改造的战略性项目，是连接晋江市区与泉州行政、文化中心区的重要纽带，并通过沿道路两侧实施改建，完善区域商务办公、商业服务、文化休闲等配套功能，激活提升“中国鞋都”市场活力；陈埭品牌工业园由安踏、乔丹两家公司共同投资建设，目标建设集智能型现代物流、生产仓储等功能为一体的现代化产业园区，是陈埭鞋业产业转型提升的重要平台。

【社会事业】

2016年，陈埭辖区内有高中校2所、初中校2所，公办小学19所，公办幼儿园4所，已全部达到“省义务教育标准学校”标准。此外，还有民办外来工子弟学校6所，民办幼儿园44所。2016年投入教育资金2458.73万元，实施校园扩容项目20个，新增校舍8500平方米、班级16个、学位800个。引进市区优质资源，第五实验幼儿园、第五实验小学涵口分校、江浦分校启动前期工作。组建“名师工作室”3个。推进闽南语进课堂，倡导乡土特色教学。建成桂林七人制足球场及涵口、坊脚篮球场，加快涵埭文化中心建设，启动西霞美游泳馆前期工作。镇级青少年宫开班运行。举办第18届“老健会”、海尾村跑等全民健身活动。陈埭小伙林超攀为泉州拿下史上首枚奥运奖牌。丁氏宗祠登上央视《国宝档案》《穿越海上丝绸之路》纪录片。推动晋东医院项目落地鞋纺城片区。实施“全面二孩”政策，严厉打击“三非”行为。办理计生家庭基本养老保险128人。拓展流动人口双向协作，服务点覆盖5省11市18县137个乡镇。创建江头、花厅口2个社会融合社区。辖区建有镇级中心卫生院1所，为二级乙等综合医院；村级卫生所64个，卫生技术人员97人，其中乡村医生80人。

【行政管理体制改革】

陈埭镇是2010年4月中央编办等6部门确定的全国25个经济发达镇行政管理体制改革试点之一。2016年，陈埭镇政府设置“2办5局1中心”，即党政办、综治办、经济发展和改革局、财政和资产管理局、市政管理局、社会事务局、人口和计划生育局、行政服务中心。同时，辖区派驻公安（边防）派出所4个，设立市城乡规划局陈埭分局、住房和城乡建设局陈埭分局、行政执法局陈埭分局、国土资源局陈埭分局和环境保护局陈埭分局，负责市直行政主管部门各项政策和工作职责在陈埭镇的执行和落实。简政放权方面，涉及15个市级部门的141项经济社会管理权限先后下放，入驻镇行政服务中心集中运行，方便群众生产、生活。户籍改革方面，率先试点启动全市户籍制度改革，流动人口在就学、就业、社保等待遇的同城化、均等化进程稳步推进。

(王凤仪撰　黄贤答审)

·池店镇·

【概况】

池店镇位于晋江市北部、泉州市区南郊，地处晋江下游南岸，是泉州市区、晋江市区、泉州经济开发区的结合部，是泉州、晋江同城化的咽喉之地，是泉州、晋江的形象窗口、城市走廊，是晋江对接泉厦首当其冲的区位要地。2016年，池店镇镇域面积24平方千米，辖24个行政村，户籍人口6万多人，外来人口约15万人，旅居海外华侨、港澳台同胞5万多人。

2016年，池店镇抢抓发展机遇、有为应对挑战，经济社会各项事业全面协调发展，泉州环湾同城核心区建设取得成效。

【经济发展】

2016年，池店镇坚持提质增效，产业经济稳中有进。通过加快推进产业转型升级，攻坚项目建设，有效帮扶企业，有力稳住经济大盘。实现规上工业产值153.3亿元、同比增长10.45%，公共财政总收入21.17亿元、同比增长1.53%，固定资产投资32.64亿元、同比增长25.51%，经济财税综合实力保持全市前列。一是全力推动“优二进三”。巩固提升工业企业，支持智能化改造企业12家、厂房改扩建8家。加快一批三产项目“落地生根”，百捷商业步行街、百捷中央写字楼、大清柏景湾等综合体、写字楼基本建成，刺桐新景城开工建设，万科金域滨江进驻城北。二是推动项目攻坚。推行项目无障碍施工，41个项目完成年度投资41.9亿元，完成年度计划107.53%。房地产、市政基础设施、民生项目分别完成投资29.3亿元、5.13亿元、6.53亿元，33个项目顺利开工。三是推动房地产健康发展。联合海峡都市报推出“风水沿江走，宜居池店城”大型城市宣传活动，在大泉州3600多部电梯播出“池店—给您一个安家的理由”视频广告，全年销售商品房63.6万平方米、同比增长120.86%，晋江域外购房消费群体占比达40%。四是稳妥化解资金风险。关注化解不良贷款，协调银企有效对接，发挥“过桥”公司作用，服务企业融资申请、信贷支持，帮助企业“过桥”2148家、融资续贷56家、资金43亿元。

【城镇建设管理】

2016年，池店镇坚持建管并重，城镇功能不断完善。完成鸿雁小区、雁山花园、绿洲花园3个小区1173套安置房回迁。城北组团基本建成世源•江湾国际、中骏•四季花城、卓辉•海港城等小区，舒华奥体中心加快建设。池店南片区推进龙湖城市综合体二期建设，市政道路、水利不断完善。滨江组团完成景观大道建设，百信御江帝景二、三期加快建设。南迎宾中骏•蓝湾悦庭正在进行主体外装修。实施5条道路改建，迎宾路北延伸、江滨南路改造建成通车，陈泉路赤塘段、溜石段及陈池路、东唐路等4条道路进场施工。机场连接线公园基本建成，桥南中心公园完成绿化场地平整。开展“两违”和市容市貌综合治理，拆除违建面积50716平方米，拆除违规广告牌1539块、布条横幅363条，查处占道经营2547处。全年投入保洁经费1508万元，推行环卫保洁服务外包。

【“三农”工作】

2016年，池店镇坚持统筹协调，扎实推进“三农”工作。有序推进9个村238.4公顷土地确权登记。投入建设9个美丽乡村675.26万元。“见缝插针”植树绿化，新增绿化面积470亩。推进南低干渠清濛、柴塔、御辇村段及浯潭、东山防洪排涝工程规划建设。浯潭村污水管道建设基本完成，钱头、唐厝、柴塔3个村污水管道开工。支持7家380公顷的水稻、蔬菜种植专业大户流转经营，发放农业各类补助资金38万元。推进田园风光项目建设，完成田洋启动区概念性规划方案设计及前期工作。

【社会事业】

2016年，池店镇坚持惠民利民，民生保障更加健全。实施20个中小学、幼儿园改扩建项目，总投资11.67亿元，竣工1个、开工8个、前期工作12个。泉州五中桥南校区基本完成前期筹建工作，第七实小鹤浦校区教学楼、宿舍楼封顶，第三实小本部扩建、滨江校区开工建设，溜石、溜溪等4家幼儿园二次装修进场施工，实验幼儿园嘉天下分园已建成。晋江二中通过省一级达标验收，教育教学质量稳步提升，高考本科上线率达69%。有序推进33个镇级为民办实事项目，受理危房翻建172宗。新建霞福村敬老院及溪头、溜石2个居家养老服务站，开展服务站星级评比。创建第三实小国家级应急避难场所。开展“春风计划•四帮四扶”活动和精准扶贫，投入111.5万元，重点帮扶24户困难家庭。办理慈善申请、困难救助、医疗救助115例，为173名残疾人发放保障金60.52万元，为682名低保、五保对象发放保障金200.97万元。新农合、新农保参保率分别达到99%、93%。四是社会治理不断优化。投入205.5万元，在新店、赤塘等12个村安装视频监控823个，全部完成24个村视频监控2088个。投入373.52万元，规范管理镇村两级巡逻队伍。全年刑事案件立案1571起、比降31.25%。受理劳动争议468起，涉及职工1224人、金额1779万元，签订劳动合同48679份、覆盖率97.7%。办理市长专线201件、12345政务服务平台900余件，办结率100%。组织安全生产检查专项行动30余次，检查各类生产经营场所2245家次，关闭取缔生产、经营场所35家，督促整改“三合一”场所85家，没有发生重特大生产安全事故。强化工业污染源整治，查处环保信访件630件，办理行政处罚案件28件。此外，国土、双拥、征兵、统计、侨务、档案管理、老年关怀等工作不断加强和推进。

【机关效能建设】

2016年，池店镇深入开展“两学一做”学习教育，严格执行中央八项规定，健全机关效能、公车、公务接待等管理制度，全年“三公”经费比降11.22%。完成公务车改革。受理人大代表建议和意见27件，办复率100%、满意率100%。

(蔡滨琪撰　蔡永钦审)

·安海镇·

【概况】

安海建镇于1130年（南宋建炎四年）建镇，有886年悠久的历史，是闽南侨乡，泉州南翼新城核心区的重要组成部分，也是福建省著名的文化古镇、经济强镇和商贸重镇。2016年，辖区面积55.72平方千米，镇区规划区面积24平方千米，建成区面积13.5平方千米，下辖36个行政村和5个社区居委会，土地面积55.72平方千米，居住人口接近20万人，其中本地户籍人口12万人。

【经济发展】

2016年，安海镇党委、政府紧紧围绕市委、市政府提出的落实"五个一批"要求，深入推进"重大项目前期工作活动年"和"百日攻坚会战"，推动53个市级重点项目落地实施，完成投资18.71亿元。主动服务企业发展。成立工作小组，加大服务企业力度，帮助企业破解发展难题。引导企业上市融资、到场外市场挂牌交易。盼盼食品、晋工机械被列为上市后备企业，阿一波食品、香江皮革被列为场外挂牌后备企业。有效防控金融风险。成立信贷风险防控小组，建立风险联动机制，强化预警预判，化解不良贷款5.95亿元。

全年实现工农业总产值341亿元，同比增长5.14%，其中规上工业产值270亿元，同比增长4.67%；财政总收入17.21亿元，同比增长5.99%；农民人均纯收入18580元，同比增长8.2%。位列2016年"全国科学发展千强镇"第27位，稳居福建首位。

安海镇食品、机械、纸业三大主要支柱产业分别完成产值69、38、42亿元，同比增长11%、1%、5%，工业转型成效初步显现。强化平台建设。装备基地安海园建成配套道路4.2千米，大深支路、养正大道、园西一路相继建成，园北一路、园西二路、园北路西段等工程加快施工。品牌工业城加快推进基础配套设施工程前期工作。狠抓招商选资。福建大奇物流总部正式入驻，飞皇物流与国内物流平台商桥物流合作运营。装备基地安海园加大招商推介，入驻企业达52家，建成投产3家，在建10家。促进转型升级。引导企业强化"五个创新"，恒安入围全国日化用品前三，跻身中国轻工企业品牌价值榜第二位，获"2016中国最佳雇主企业"，柏明顿阿米巴经营管理体系成为工信部智能制造试点示范项目。盼盼食品获得全球雇主认证，进军国际市场。晋工机械轮式液压挖掘机位列中国工程机械年度产品50强。夯实人才支撑。成立全省首个镇级职业经理人协会，建设人才工作信息服务平台，聘用46名联络员。启动高技能人才培养工程，创办"安海大讲堂"，成功举行人才联络员、旅游讲解员培训班及企业人才、文创沙龙互动活动，人才集聚效应显现。

【城镇建设管理】

2016年，安海镇立足泉州南翼新城、晋西辅城核心区定位，深入推进"镇级小城市"试点建设。统筹规划发展。加快"多规合一"，不断完善镇总规及中心镇区、兴安新区、东南新区等控规编制。邀请北京清华同衡规划设计研究院开展古镇保护规划编制，申报全国历史文化名镇。提升城建品质。海东鸿塔片区旧城改造工程2400户群众幸福回巢，大润发入驻侨成广场，优越百货施工顺利，三里街文化商圈加快融市，上悦城商圈越发繁荣。海景湾(一期)、恒隆国际花园等高品质开发项目持续推进。改善镇域交通。海东鸿塔片区、恒安片区、兴安路、报恩路等市政道路完成改造提升。桥山路、南环路安平段工程相继开工。泉厦漳城市联盟高速、快速通道东石连接线启动安征迁。

【生态建设】

2016年，安海镇力促经济发展与生态文明建设良性互动。生态治理更优。坚持勤查重罚，铁腕治污，形成"任何人不得为环境污染说情"的社会共识。河道截污工程及村级污水管道工程扎实推进，侯厝溪高分通过泉州"赛水质"考核。全国"两会"期间《人民日报》刊载"清新福建"，将安海"河长制"作为镇级唯一案例予以报道。城乡保洁更美。投入2000多万元用于环卫整治，镇区及主干道全面实行保洁市场化运作，农村实现日常保洁常态化，城乡环境明显改观，环卫保洁水平跃居泉州、晋江前列。美丽乡村更靓。投入500万元专项资金，以奖代补支持美丽乡村建设。30个村(社区)投入近2000多万元铺筑村间道路47条，建成20个村级公园绿地。瑶前、上垵入选晋江市首批"最美乡村"。

【社会事业】

2016年，安海镇实施文化旅游发展三年行动方案，策划生成32个项目，年度完成15个项目。安平桥景区于2016年12月23日获评国家4A级旅游景区。龙山寺及周边环境整治启动前期工作。着力打造元宵、端午、中秋"三大节庆"品牌。举办第五届端午民俗旅游文化节、首届中秋文化节，吸引来自美国等国内外游客超10万人次。新增"非遗"项目省级1个、泉州市2个、晋江市4个，居全市各镇街之首。《古镇书香》《闽海儿女》《安海故事》《守艺安平》《乐游安海》等"安海题材"作品相继出版。接待中央省市领导、海内外嘉宾来安海考察调研近百次，承办泉州市基层宣传思想文化工作示范乡镇创建推进会。央视等高端媒体成为安海常客。央视品牌栏目《记住乡愁》《远方的家》走进安海，摄制专题片、纪录片。

实施教育资源整合提升工作三年行动方案。举办首届"学在安海"论坛。养正中学蝉联全国文明单位"四连冠"，被泉州市教育局确定为中美"千校携手"项目学校，种胜教育基金会600万元重奖高考优秀师生，获央视"中国谜语大会"及"名城姑苏"全国法治谜语邀请赛金奖。子江中学开办首届"中美高中国际实验班"。安海职校获评全国"首批职业院校数字校园建设实验校"、省"示范性现代职业院校建设项目学校"。安海幼儿园、菌柄小学获"全国安全教育示范校"。养正中心小学、成功中心小学承办"全国农村学校艺术教育实验县国家级课题实验学校"现场会。建成全省首个镇级特教中心。

12件为民办实事项目基本完成。社会保障全面覆盖。25户家庭通过"四帮四扶"脱贫解困。为695户低保、五保对象发放保障金558.43万元，为困难群众发放救助金144.21万元，慈善协会为465户病灾家庭发放补助金307.51万元。推进12个老区基点村建设，新增2个居家养老服务站，累计运营15个。医疗卫生事业稳步发展。安海医院文博科技大楼进行二次室内装修，安海卫生院获评全国"2015—2016年度群众满意乡镇卫生院"。计生工作落实到位。成为"全省基层计划生育服务规范化培训班"首个镇级承办单位，获得省卫计委领导充分肯定；为5602户计生家庭户办理意外伤害保险，为全镇计生特殊家庭办理农村二女、独女家庭养老保险，发放各项计生补助金258.7万元。新农合参合率达99.29%，新农保参保率达95.25%。

【社会管理】

2016年,安海镇率先建成"3+1"平台,确立"争创全市治安最好的镇"目标,实现警情和群众满意率"一降一升",省委政法委、泉州市现场会先后观摩肯定、总结推广。率先实施联动管理综合执法,成立镇级市政管理服务中心,规范占道经营、广告店招、环境卫生、交通秩序等,扭转"工作碎片化、多头难问责"状态。率先成立全省首个镇级医疗纠纷调委会,主动构建医患双方依法公平对话、保障正常医疗秩序。便民服务热线(82112345)累计接线996次,办结率达100%。妥善处理信访热点和遗留问题,办理各类信访件96起,调解民间纠纷25起,调处劳动争议案件514起。定期开展安全生产联合执法行动,拓展社会服务购买领域,聘请专家参与危化品安全生产检查、整治。通过"省级安全社区"创建考评验收。安全生产"闽南四句"征集等系列活动宣传效果明显。

安海镇严格按照"党政同责"、"一岗双责"和"五级五覆盖"要求,对各相关单位及个人履行安全监管职责情况进行绩效考核,表彰奖励工作成效明显的单位和个人,通报批评工作落实不到位的单位和个人,对发生安全生产责任事故的按照相关文件予以追究相关单位与个人的相关责任。坚持在每月26日统一行动,以工作点和各专项整治组为单位开展大检查大整治行动,尤其是"三合一"场所、道路交通安全、建筑市场安全、燃气安全、危险化学品等重点行业领域的大检查大整治工作。组织全镇性统一行动12次,出动4000多人次,共发出整改通知书1800多份,整改安全生产隐患2800多处。全镇25个村58家企业进行专项督查,发现安全隐患85处,整改率100%。充实工作队伍。结合消防等安全工作需要,全镇41个各村(社区)按照要求,依托村两委及巡逻队,成立专(兼)职消防应急队伍,共326人,加强对初起火灾巡查、协调联系、应急处置的工作力度。推进企业安全生产标准化提升工程。全镇大中型企业达标20家,完成任务数100%;小微企业达标528家,完成任务数100%;个体工商户达标522家,完成任务数的90%。引入安全生产社会化服务。开展现场安全诊断、执法人员安全技能培训、指导完善应急救援体系和应急演练、辅导安全社区工作深入开展、指导培育安全生产标准化示范企业、重点行业作业现场规范化建设等工作。创新宣传手法。举办安海镇安全生产主题"闽南四句"征集宣传活动,征集200多条作品,并通过聘请专家评选出社会组跟学生组各20佳作品。通过"今日安海"公众号实行网络投票,获得25万人次访问,4.7万多人次投票。举办两场安全生产主题灯谜活动,分发各类安全宣传手册7000多份。5月20日,我镇顺利通过了福建省安全生产科学研究院评审组考评验收,被命名为"福建省安全社区"。6月17日,举办一期生产经营单位主要负责人与安全生产管理人员的培训班,共通知300多家生产经营单位到会参加培训。

【基层组织建设】

2016年,安海镇深入开展"两学一做"学习教育,强化干部扛旗担当意识,在"急难险重阻"中发挥先锋模范作用。9月28日,"鲶鱼"台风当夜,省长于伟国突访,肯定安海干部"紧张有序、状态很好"。严格执行中央八项规定,"三公"经费同比下降2.4%。定期听取社会各界意见建议。办理人大代表建议52件,满意、基本满意率100%。受理群众来信来电来访356件,办结反馈率100%。进一步完善机关效能建设,提升机关后勤保障服务水平。获评全省"征兵工作先进单位"。坚持每年两次向离退休老干部通报工作,定期与工商各界互动协调,虚心听取社会各界人士意见建议。在全市率先设立政协委员工作室。

2016年,安海镇坚持抓牢党建主业,把夯实基层、打好基础作为硬任务、基本功。抓"两学一做"。开展学习教育,重点引导党员队伍强化"跳出安海看安海,站在未来谋发展"的格局站位,强化"功成不必在我,建功必须有我"的境界追求,强化"政惟求于民便,事皆可与人言"的民本导向,强化"以推诿避事为耻,以负责担当为荣"的作为意识。组织专题学习讨论,落实"三会一课",并从实际出发加强分类指导,策划开展"认领微心愿""一句话承诺"等活动,推动以学促做。抓基础保障。相继建成梧埭、西门、后林、桐林、上垵等一批村级活动中心,实现村村有阵地。修订《安海镇村(社区)干部绩效考核办法》,落实党建经费、村干部待遇及养老保险等政策近500万元。抓"三年承诺"。开展"届中看承诺"督导检查,推动41个村(社区)主干践行换届后"今后三年怎么干"承诺,组织实施158个项目。镇级配套支持村级发展3700多万元。抓"双翼"计划。通过责任分解、现场办公、一线协调,推进"领头雁""奋蹄马"跨村联创工程,确定实施瑶前等5个"领头雁"示范村项目38个,新店等3个"奋蹄马"薄弱村项目30个。抓专项任务。完成市镇两级换届选举,加强发展党员工作,规范流动党员教育管理,严格党费收缴标准,严肃党员违纪违法处理工作。抓"两新"示范。扎实推进非公企业、社会组织党建"两个覆盖"。加强示范建设,推动恒安公司党建创新,指导总结福源公司党委"三联"举措,两家企业党建项目分别作为全市非公企业唯一代表赴省参评、在泉州"两学一做"推进会典型发言。深化"同业党建联盟",策划、建设安海商会党委宣传文化走廊,成为市级党建示范点。

(吴志源撰　王耀民审)

·磁灶镇·

【概况】

磁灶镇地处晋江市西北部,2016年,磁灶镇镇域面积56平方千米,辖26个村(社区),户籍人口近10万人,外来人口5万人。因自南朝晚期开始烧制陶瓷而得名,有1700多年的烧陶历史,是闻名全国的建陶产业主要聚集基地,2000年6月,磁灶镇被中国建筑卫生陶瓷协会授予"中国陶瓷重镇"称号。2010年5月,磁灶镇被确定为泉州市小城镇综合改革建设试点镇,2011年1月,晋江市委、市政府决定成立磁灶区域发展建设指挥部,统筹对磁灶区域开发建设并把磁灶区域定位为晋西北城市次中心,2012年底,晋江市委、市政府决定将磁灶镇纳入全市"一主两辅"主城区范畴,2016年5月,被确定为泉州市小城市培育试点。

2016年,磁灶镇积极抢抓泉州市小城市培育试点机遇,融入全市发展大局,提升"三个一"建设(一个包括国家级印刷产业基地和建陶转型发展基地在内的现代产业基地,一个福建领先、全国有影响的商贸物流中心,一个一流

磁灶镇商贸中心区

的现代化新区），实施“产业提升、城镇建设、生态修复、幸福和谐”四大工程，推进产业融合、产城融合、城乡融合、生态融合、人的融合，全力推进“幸福磁灶、魅力新城”建设。

【经济发展】

2016年，磁灶镇坚持优存量、扩增量，12个重点技改项目完成投资6.3亿元，28个市级重点项目完成投资43.33亿元，超额30%完成年度总目标；兑现各类财政扶持企业资金3000多万元。一批优势企业创新步伐加快，与科研院校共建科技成果转化基地，联手国外知名设计公司研发高新产品，走进美国和东南亚国家参展办展，前往哈萨克斯坦、俄罗斯、印度等“一带一路”沿线国家实地考察，筹划布点营销。五金机电、海西家居两大市场加快融市，顺丰等一批快递区域运营中心投入运营，闽运兴“龙易配”智慧物流平台上线推广，电子商务发展稳健，呈线上线下融合化态势。

【城镇建设管理】

2016年，磁灶镇编制西南片区控制性详细规划，不断完善镇村规划体系。现代商贸中心、中心居住区、财富广场、惠风第一城等项目稳步推进。豪庭北路、336县道和陶城西路竣工通车，陶东路、陶西路、火车站连接线等干道完成绿化提升，磁灶社区、岭畔、洋宅“村村通”道路全线贯通，镇村交通微循环有效提升。投入2200多万元建设美丽乡村，大埔村入选“2016年中国名村影响力300佳排行榜”，前尾村获评泉州市新农村建设示范村，大埔、东山村获评“晋江市最美乡村”，苏垵、洋宅村获评“首批晋江市最美乡村入围村”。强化国土资源执法监察，狠刹违法建设行为，查处违法占地60宗13.74万平方米，拆除“两违”建筑42宗4.8万平方米。

【生态建设】

2016年，磁灶镇持续推进污染源头、工地扬尘、大气水域、畜禽养殖等污染治理，49家企业完成干燥塔二级除尘设施改造，4家企业完成污染源销号，会同机关职能部门清理环保违规建设项目121个，立案查处环保违法企业60家次，处以罚金183万元，行政拘留7人。晋西北污水处理厂一期开始试运营，垃圾转运三站完成建设，下灶溪、梅溪、双溪截污管道全面完工，村级污水管网建设全面铺开。“一村一公园”计划有序实施，流域景观绿化和山体林分改造扎实推进，新增造林绿化63.66公顷。全面落实“河长制”，深入推进生态水域综合整治，疏浚整治河道10.67千米。

【社会事业】

2016年，磁灶镇投入8700多万元用于民生事业，占本级支出73.2%，14项为民办实事项目如期完成。城乡居民参保续缴率稳定在95%以上，新农合参合率100%，职工医疗互助任务超额完成，“四帮四扶”、精准扶贫有序推进。一批村级敬老院加快建设，10所村（社区）养老机构获评三星级以上养老服务站。村级连片改造有序实施，前尾村连片改造入选泉州市级示范点。开展农村土地经营权确权登记颁证，完成危房翻建审批679宗，两项工作均走在全市前列。成功防抗“莫兰蒂”等超强台风，安全转移受困群众900多人次。率先在全市设立镇级农产品质量安全检测实验室，完成207家小微企业安全生产标准化创建，村级视频监控系统基本建成，一批村级微型消防站正式投用。年度教育经费投入3315万元，创历史新高。完成磁灶中学400米标准运动场、张林中心幼儿园锦美分园建设，大埔中心幼儿园新校区、尚志中心小学教师宿舍楼、晋江五中晋兴职校新校区等一批校园改造工程加快实施，岭畔小学青少年科学工作室参加“全国青少年机器人大赛”获一等奖，晋兴职校获评“福建省示范性现代职业院校培育学校”。镇中心卫生院升格市中西医结合医院，入选“全国群众满意的乡镇卫生院”。首批“爱心奉茶站”正式启动，“全民健身，快乐奔跑”健跑活动成功举办，率先在全市成立镇级文物管理委员会，传统陶瓷烧制技艺、“黑茶

磁灶镇大埔村新貌

古”烧制技艺申报泉州市第五批非物质文化遗产代表性项目。海外侨亲和社会人士捐赠社会公益资金超亿元。

【基层组织建设】

2016年，磁灶镇全面开展“两学一做”学习教育，不断加强党的建设。坚持民主集中制，保障党员民主权利。全面运行市、镇党代表工作室和工作站，支持人大、政府和人民团体独立开展工作，扎实做好统战、群团、人武、老干等工作，广泛凝聚各方力量。切实加强基层组织建设，深化村级党组织“领头雁”示范工程，扎实推进“村带村”结对联建工作，狠抓软弱涣散党组织专项整治，加强党员队伍建设。严格执行党风廉政建设责任制，从严落实中央“八项规定”，完成公务用车改革，严控各项行政支出。健全落实机关效能管理制度，政务环境进一步优化。

（黄振杰撰　张广德审）

·内坑镇·

【概况】

内坑镇地处晋江、南安市交界，与晋江安海、磁灶，南安官桥等镇接壤，内坑镇辖区总面积47平方千米，下辖28个行政村，54个自然村，2016年，户籍人口71805人。内坑镇经济社会各项事业持续健康发展。全年各项经济指标均超额完成，综合排名位列全市前茅，全年实现规上工业产值174.28亿元，同比增长16.49%；固定资产投资41.96亿元，同比增长36.9%，其中，工业投资31.64亿元，同比增长59.16%；税收收入4.24亿元，同比增长4.29%；农民人均纯收入1.59万元，同比增长8%。

【经济发展】

2016年，内坑镇实施项目拉动，调整经济结构，促进转型升级，经济稳步增长。项目拉动发展。开展重点项目“百日攻坚会战”，推进23个市级重点项目完成年度投资9.51亿元，完成年度计划的130.01%，恒安智能化生产基地一期入驻生产线增加至27条，超裕、易宝高分子材料等项目进一步扩大产能。园区带动发展。加快品牌工业城建设，完善镇区工业区功能，分别实现产值10.06亿元和8.59亿元，同比增长17.39%、17.83%。大力推进高铁物流区建设，普洛斯物流园吸引德邦、百世、天猫超市等规模企业入驻，实现满仓运营；陆地港在全国首创“跨境电商+邮路运输”出口模式，承建泉州跨境电商综合服务平台——跨境通，国际快件及跨境电商贸易额8825.39万美元，外贸进出口交易额40.27亿美元，同比增长34.34%。转型推动发展。开展“五个创新”行动，加快建陶、鞋塑等传统产业转型步伐，17个市级重点技改项目完成年度投资4.66亿元，完成年度计划132%；恒安智能化生产基地成为工信部智能制造试点示范项目。创新驱动发展。推进创新平台建设，提升众创空间、大学生创业园等创业孵化平台，成立泉州理工学院院士专家工作站及智能制造工程中心，深化校企合作，加大各类人才培养力度。推动企业掌握自主核心技术，嘉怡塑胶、力道鞋服获评泉州市科技小巨人企业；尚锟齿轮箱制造、泉成机械共有3项技术成果获晋江市科技创新奖。全镇专利申请量111件，同比增长23.38%。帮扶促动发展。支持企业翻建、扩建、新建厂房32宗、123.9亩；推荐34家优质企业争取银行授信4.45亿元，帮助6家企业转贷、续贷并执行基准利率，缓解资金压力，减轻财务负担；帮助企业拓展市场，组团赴东京、马来西亚等地参加知名展会，新增自营出口企业10家，自营出口完成19.18亿元，同比增长106.04%。

【城镇建设管理】

2016年，内坑镇推进基础设施建设，完善公共服务配套，打造宜居环境，推进城乡一体化建设。组织规划建设。启动镇总体规划修编工作，组织编制上方—柑市—霞美控规，开展砌坑村“多规合一”试点，努力提高规划的科学性。建成捷龙商业广场、旧街改造三期，加快建设金龙城一期等项目，城镇骨架逐渐撑开。成立首个小区业主委员会——世昌第一城小区业主委员会，小区管理更加规范有序。拆除“两违”建筑251宗次、6万平方米。配套基础设施。推动晋江动车站升级为二级站。基本建成内坑自来水厂、后坑220千伏输变电站。完成消防站用地报批，新建黄塘、后山、内山尾、坑尾等4个微型消防站，黄塘消防队的经验做法得到省消防总队的肯定和推广。完成莲湖公路桥改造工程和莲山路路灯工程，基本完成站南接线路普洛斯段、双垵公路建设，加快品牌工业城二期区间道路等项目前期。打造宜居环境。开展建陶企业干燥塔二级除尘技改，拆除59个水煤气发生炉，立案查处环保违法企业20家，取缔“十五小”“新五小”企业9家，淘汰黄标车253辆。实施4个水土流失综合治理项目，完成造林和林分改造100公顷。投入镇村环卫保洁1074.89万元，大力推进村级污水管网建设，霞美村已启动施工、砌坑村完成招投标。建设“美丽乡村”。扎实推进砌坑村农村宅基地制度改革试点，探索宅基地有偿使用、有偿退出等制度，试点经验得到《人民日报》的宣传报道。全面开展农村土地承包经营权确权登记颁证，完成权属调查576.13公顷、地界指认187.67公顷、确认公示85公顷，深圳村工作经验得到中国新闻网推介。大力推进力豪生态农业园等一批现代农业项目，建成黄塘菜市场等集体创收项目，建成砌坑村委会办公楼，启动建设前洪村委会办公楼。成片拆除旧厝1.17万平方米、新建房屋1.76万平方米，硬化村级道路5330米，修筑排水沟9320米，架设路灯411支。

【社会事业】

2016年，内坑镇统筹推进各项社会事业。财政统筹投入8291.5万元用于民生支出，占本级支出59.49%。办好14件为民办实事项目、16件“党群心连心 民生微实事”。强化民生保障，推动社会保障提标扩面，新农合、新农保、低保、被征地农民养老保险、职工医疗互助活动等全面铺开。加强养老设施建设，提升12个居家养老服务站功能，建成潘厝、黎山（张坑）、古山3个村级敬老院。实施精准扶贫，帮助29户“四帮四扶”困难家庭脱贫解困。共投入1600余万元开展慈善救助、节日慰问等活动，惠及2500余户（次）。重点推进项目建设。推进11个校舍项目建设，建成霞塘小学教学楼，加快丰光中学迁建工程、第二所镇属公办中心幼儿园前期工作；推动泉州理工学院全力备战“专升本”。启动内坑卫生院一期土方工程，上线运营移动公共卫生管理系统。完成卫计服务融合，落实全面二孩政策。加快完善公共文化服务体系，启动镇级综合文化站装修改造，开通“烽火内坑”微信公众号，构建“文明使者暖心窝”志愿服务平台，累计开展志愿服务2000多人次。加大平安创建，强化安全生产，促进社会安定稳定。新建视频监控1436个，网格化服务管理实现全覆盖。保持打击违法犯罪行为高压态势，共立刑事案件692起、比降13.5%，其中，“两抢一盗”发案432起，比降10.2%，群众安全感达90.75%。深化矛盾纠纷排查调处，累计排查矛盾59起，调处成功率达100%。有效落实安全生产责任制，累计排查整改安全隐患场所356家，一般隐患整改率达100%，获评“省级安全社区”。扎实推进减灾防灾工作，长埔村获评“全国综合减灾示范社区”。此外，民族宗教、统计调查、工青妇儿、残疾人、老干老龄、国防动员等工作取得新进展。

【机关效能建设】

2016年，内坑镇坚持“规范在前”，推进各项效能建设。在全市率先完成镇级权责清单编制，公布镇级权力事项和部门下放事项，主动接受社会监督。持续完善机关管理、财务管理、绩效考核等制度，进一步梳理办事审批流程，提高行政服务效率。全面落实中央“八项规定”，稳妥推进公车改革，公务接待费同比下降28.01%。按规定办结23件人大代表意见、建议，满意率、基本满意率100%。规范群众来信来访办理程序，累计办结208件。认真落实党风廉政建设责任制，加强效能督查、政务督查，树立为民务实清廉的政府形象。

（陈长江撰　张东奇审）

·紫帽镇·

【概况】

晋江市紫帽镇位于泉州中心市区的西南部、晋江市的西北部。东与泉州经济技术开发区和池店镇毗连；西接南安榕桥；南与磁灶镇隔梅溪相望；北邻鲤城区江南街道。2016年，紫帽镇镇域总面积20.4平方千米，全镇户籍人口15700人，下辖园坂、湖盘、塘头、浯垵、洋店、紫湖、霞茂、紫星等8个行政村、22个自然村。辖区内依山傍水、山清水秀，有紫溪、紫湖两大水库，紫帽山坐落西北，高尔夫球场拥山而落，国道324线从腹地经过，两翼有泉州出口加工区、泉州经济技术开发区，距泉州火车站10公里、晋江机场15千米，泉三高速公路泉南入口设在园坂村，福厦高铁从紫星村穿过。

【经济发展】

2016年，紫帽镇积极应对经济下行压力，力破城镇建设瓶颈，统筹推进稳增长、调结构、促改革、惠民生等各项措施，全年实现企业生产总值39.61亿元，其中规上工业产值16.19亿元，同比增长11.46%，完成年度目标的115%；全社会固定资产投资10.45亿元，同比增长0.09%，完成年度目标的110%；一般一般公共预算总收入2.71亿元，同比增长30.9%；农民人均纯收入1.87万元，同比增长9%，镇域经济基本竞争力持续提升。

紫帽镇（含片区）10个市级重点项目完成投资24.58亿元，完成年度计划的130.4%。其中，11个安置房地块完成投资13.01亿元，超额完成年度计划130.1%；文体活动中心完成主体工程；中心幼儿园主体工程封顶；中心小学、卫生院迁建等项目均按时序进度推进。推进转型升级。鼓励支持企业技改提升，开展降低实体经济企业成本行动，协隆陶瓷公司窑炉技术改造有效减少碳排放，麦都公司、友臣公司、三龙机械公司技改项目完成投资5280万元。友臣公司“双十一”电商销售情况良好。同时，持续引导喜玛拉雅、新顺兴等企业拓展市场，推动三龙机械加快伸缩臂叉装机研发及远程故障诊断服务系统应用。推开片区招商。先后邀请和接待中铁置业、中梁地产、中奥体育、卡尔美以及中国登山协会等数十家企业和单位来紫帽考察投资环境，组织招商团队赴北京晋江商会、北京地产文创大会等作专项推介，开展合作洽谈，打造一流的营商环境。创新招商方式，与上海锦坤、厦门新景祥公司开展特色小镇顶层设计和项目招商策划，依托第三方进行招商。

【城镇建设管理】

2016年，紫帽镇按照“布局合理、设施配套、功能完善、环境优美”的要求，积极打造宜居宜业、有特色、高品质现代化新城镇。城镇建设初具规模。不断完善规控和专项规划体系，全力推进片区建设，高标准建设安置房，严把工程质量，7个安置房地块完成主体结构封顶，324国道、303县道拓改、兴紫大道及片区内道路整治建设有序推进，324国道紫帽段拓宽工程预计今年7月完工并试通车。配套设施日臻完善。全年投入920万元，在湖盘、紫星、洋店等三个村全面开展农村生活污水整治工程。同时加快规划紫帽综合市场、垃圾中转站等配套设施项目，城镇综合承载力不断提升。城镇管理日益规范。创建省级“无违建”示范点，扎实开展“两违”综合治理工作，健全治理“两违”长效机制，超额完成年度目标任务；紫湖村被列为省级“无违建”示范点村。美丽乡村加快建设。紫星村生态科普园一期项目和生态溪二期项目启动建设，入选晋江市首批最美乡村；园坂村敬老院、幼儿园、苦园街店面建成投用，渠道整治项目有序推进，被评为泉州市美丽乡村；村集体经济空壳村全面销号。

【生态建设】

2016年，紫帽镇继续巩固和深化国家级生态镇、省级绿色乡镇创建成果，持续开展生态保护、防止水土流失和污染整治工作。加快造林绿化。开展“全民动员、绿化紫帽”活动，承办第四届晋江紫帽山植树节暨生态文化旅游活动周系列活动，加大植树造林力度，实施林分改造1305亩。实施花化彩化工程，在紫帽山下种植樱花、大叶紫薇、黄花槐等优质树种，不断优化景区环境。持续治理水系。开展前面溪、下落沙溪整治，清理九十九溪湖盘溪支流等河道，做好辖区内水库、山围塘的安全检查和堤坝加固清淤、清杂和放水等工作。推进环境治理。开展镇村环境卫生大整治，探索环卫市场化运作模式；投入150多万元完善镇村环卫设施，新购置垃圾转运车4辆，提高环卫保洁效率。超额完成黄标车整治工作任务。

【社会事业】

2016年，紫帽镇扎实推进民生福祉建设，社会事业全面发展。社会保障全面提升。投入1567万元用于民本民生建设，占本级支出59%。重新确认低保、五保对象186户389人，新农保、新农合参保率分别达95.57%、100%。加大对弱势群体帮扶力度，持续开展“四帮四扶”，帮助7户困难家庭脱贫解困；办理城乡医疗救助、临时困难补助76人；慰问、帮扶孤儿、计生困难户、残疾人及其他困难群众681人，建成园坂村首家村级敬老院。科教文卫均衡发展。坚持教育优先，投入1184万元，重点推进紫帽中学教师宿舍楼重建、学生宿舍楼加固，紫帽中心小学改扩建、紫坂紫星小学校园局部改造以及紫帽中心幼儿园迁建等项目。国际化合作办学取得新突破，紫帽中心小学与新加坡聚英小学缔结姐妹学校，紫帽中学与新加坡教育机构初步达成委托管理合作意向，双语班、国际班正在谋划中。

紫帽镇贯彻落实中央全面实施二孩政策，并严格按照上级关于人口计生工作会议精神和文件要求，紧扣服务主题，强化领导，突出宣传，创新工作，不断提升人口计生工作水平。夯实基层基础。坚持每月召开一次计划生育工作例会，及时总结交流经验，查找并解决存在问题。加强流动人口均等化服务工作，开展计生服务进车间活动，进一步规范流动人口基础档案管理，流出育龄妇女《婚育证明》办证登记率和流入育龄妇女查证建档率均达100%。强化利益导向。落实安居、成才、致富、保障、亲情等“五大项目”，为外来人口提供4项计生基本公共服务；累计帮助农村2户独生、二女户改善居住条件，为4户计生家庭户办理小额贴息贷款，为3户计生家庭户办理“幸福工程”创业基金。突出宣传教育。创新宣传载体，打造紫帽镇计生家庭职业培训基地、紫星村级人口计生文化园等一系类具有紫帽特色的计生园地；联合多部门，组织开展“关爱流动人口，优化企业环境”、关爱世界人口日女性健康、“携手抗艾，重在预防”等宣传活动。全年共印发计划生育家庭养老保险、奖励扶助、青少年健康教育等相关宣传材料10000余份。

【社会管理】

2016年，紫帽镇以建设“平安紫帽”为总抓手，推进社会综合治理、安全生产等工作，营造安定和谐的社会环境。狠抓综合治理。加大政法综治经费投入，强化科技强警，加快视频监控系统建设，实现全镇视频监控全覆盖，构建立体化、全覆盖的治安防控体系。开通镇级网格化管理平台，全面推行村级网格化服务管理，新增紫星村为网格化试点村，实现紫帽未拆迁村网格化全覆盖。加强镇村治安巡逻队规范化建设，加大“两抢一盗”等案件侦破力度，严厉打击“黄、赌、毒”，全年立刑事案件110起，同比下降18.5%，破获刑事案件56起，刑拘犯罪嫌疑人35人，逮捕17人，起诉31人；查结各类治安案件70起，其中行政处罚33起，现场调解19起，行政拘留47人，抓获在逃人员16人，查处赌博案件12起，处罚18人，行政拘留3人，破获贩卖毒品案件11起，起诉6人，破获容留吸毒案件3起，录入吸毒人员42人。落实安全生产。排查出辖区内32家企业各类大小安全隐患603条，整改完成582条，整改率达97%。投入整治资金近30万元，整治消防隐患50多条，配备各类灭火器200多支，整治“三合一”场所18家，查封5家，行政处罚25000元，超额完成全年“三合一”罚款任务。2016年，喜马拉雅科技实业有限公司通过“三级”标准化评审，18家小微工贸企业完成安全生产标准化提升三年行动，提前完成100%目标任务；辖区内294家个体工商户持续滚动更新，全年未发生重大安全生产事故。在紫帽中学建成镇级安全生产宣教基地，在紫湖、洋店、园坂等三个村完成消防“5+1”工程建设，在园坂和湖盘建成两个微型消防站。强化山林防火。全年投入100多万元，壮大镇、村两级山林消防队伍，配齐灭火弹、铁扫把、探照灯等灭火、巡防设备。健全日常巡护制度和重大节日应急机制，切实加强森林防火宣传，禁止野炊、野外用火，着力确保紫帽山森林安全，全年无发生重大火灾事故。

【基层组织建设】

2016年，紫帽镇以全面从严治党为主线，深入开展“两学一做”学习教育，扎实推进党的建设。强化科学理论武装。打造学习型党组织，开展4次专题研究宣传思想文化党政联席会议，集中学习研讨“两学一做”12次，开展“三进”宣讲活动12场。坚持“一把手”讲廉政党课制度，组织学习15次，观看电教片，参与《准则》《条例》知识竞赛，参观市检察院警示教育基地，通报典型违纪案件，开展任前谈话等加强党风廉政教育。做强非公企业党建。加强企业党建和人才工作，结合“二带十”区域党建工作，成立非公企业党建联盟，设立非公企业党群服务中心，实现非公党建“抱团成长”。创新开展“论道紫帽山”，举办“消费升级时代下企业的市场开拓与布局”主题沙龙和紫帽特色小镇研讨会，为提高紫帽镇企业创新发展能力，聚拢优势产业力量和吸引人才，壮大非公企业党建提供强大的平台。落实党风廉政建设。成立落实党风廉政建设责任制领导小组，制定责任清单，严格执行“双报告”制度和述职述廉制度。建立领导信访接访日等制度，全年来共受理、办结市纪委交办件6件，协办信访件1件。坚持有案必查、有腐必惩，健全案件查办日常协作机制及谈话提醒机制。共立案6起处理违法违纪党员6人，开展岗前谈话3人，诫勉谈话8人，常规约谈及提醒谈话18人，签定廉洁自律承诺书16份，营造廉洁自律的政务环境，武装、统战、宣传、群团等工作有效推进，党委统揽全局能力不断增强。

【机关效能建设】

2016年，紫帽镇进一步强化政府自身建设，改进机关作风，提高办事效率和服务质量，推进政府职能改变，优化经济社会发展环境。自觉接受镇人大及其主席团的法律监督，坚决落实市委、市政府的决策部署，全力配合支持镇人大依法履职，认真办理人大代表建议14件，办结反馈率100%。持续深化“马上就办”活动，整合设置4个便民服务窗口，推动镇便民服务中心整改提升；整合村级公共服务中心，加大建设力度，全力推进便民服务延伸到村，提高服务水平；园坂村和紫湖村村级公共服务中心分别被评为三星、四星级。启动“七五”普法宣传，聘请政府法律顾问，依法行政水平不断提高。顺利完成年度征兵任务。

（李依婷撰　陈建辉审）

·东石镇·

【概况】

东石镇位于晋江市东南沿海，2016年，辖区面积65平方千米，海岸线长28千米，辖29个行政村、5个社区（共56个自然村），常住人口10.55万，海外侨胞和港澳台同胞20余万人，是晋江的西南门户、泉州南翼新城的核心区域，也是闽南重点侨乡和历史古镇，素有“海滨邹鲁、仁和之乡”之称。拥有南天禅寺、东石古寨、古檗山庄、白沙古战场等国家、省、市级保护重点文物和爱国主义教育基地达17处之多，其中南天禅寺被列为国家级文物保护单位；古檗山庄、东石古寨和白沙古战场遗址、玉记商行被列为省级文物保护单位。“中国伞都”逐步形成以伞具制造、纺织服装、五金建材、食品加工、庙宇木雕等五大产业为支柱的发展格局。2011年1月，东石被列为福建省小城镇综合改革建设试点镇；2015年4月蝉联“全国文明村镇”称号；同年，通过国家级生态镇验收；2016年，被评为泉州市级小城市培育试点镇。

【经济发展】

2016年，东石镇全镇实现工业总产值244.3亿元，同比增长3%；规上工业产值216.21亿元，同比增长3.1%；财政总收入7.51亿元。镇域综合实力跻身全国科学发展百强镇前列，位居福建第8名。面对趋紧的宏观经济形势，东石镇致力于创新驱动，全年申报市级以上科技项目14个，启动技改项目9个，完成投资2.06亿元，成立伞具工程技术设计研究院，44个在建重点项目超额完成年度投资计划。伞业集群被国家商务部授予“国家外贸转型升级示范基地”，国家级品牌6枚，中国驰名商标5枚，省名牌10枚。龙头企业转型成效逐步凸显，雨中鸟（福建）户外用品有限公司获评2016年度国家知识产权优势企业。镇域整体经济运行稳中有进，综合实力跻身全国科学发展百强镇前列，位居福建省第8名。

【城镇建设管理】

2016年，东石镇推进小城镇建设项目51个，完成投资16.62亿元，28个项目竣工投用。其中，“钻石海岸”商住房主体结构全部封顶；滞洪人工湖正抓紧前期手续报批；高新产业园土方工程顺利实施，园区内道路正加快建设；中片工业园各项基础设施正有序推进，部分入区企业开始动工建设。伞都大道（二期）建成通车；张清公路拓改征迁全面完成；环湾大道、园东路“白改黑”工程、晋南快速通道东石连接线东石园区段拓改项目正抓紧施工；泉厦漳城市联盟路东石段、晋南快速通道东石连接线进入动迁阶段；镇域内联外拓功能明显增强。严格执行“河长制”，有效推进潘径溪、梅塘溪、安东排污渠等综合治理，铺设污水管网30.5千米，修复水毁工程4千米，整治沟渠积水点4处，城镇基础设施和防灾抗灾水平进一步提升。环卫保洁工作持续深化，累计投入环卫保洁资金2169.89万元，污水固废、重点流域、近海水域等综合整治成效明显，环卫考评保持晋江前列。2012—2016年，东石镇连续五年获泉州市小城镇建设考评三等奖。

【“三农”工作】

2016年，东石镇以省级农民创业示范基地和省级蔬菜标准园为载体，新增土地流转73.33公顷、农业设施89.47公顷，全镇省、泉州农业产业化龙头企业达7家，无公害蔬菜生产基地17个，102家规模农业场（户）经营面积增加至近1333.33公顷，小型农田水利东石片区工程顺利建成，全年实现农业总产值3.44亿元，增长14%，农业生产经营更具规模化、标准化。大力实施“一村一品”工程，引导村（社区）策划生成各类项目154个，总投资3200万元。大房、许西坑等农村污水管网基本建成。17个村财薄弱村一律补足到20万元。檗谷村获评晋江首批“最美乡村”。组织申报扶持农业发展项目120个，发放农业支持保护补贴资金约140万元，农民人均纯收入达1.89万元。

【社会事业】

2016年，东石镇成立东石镇教育发展促进会，举办侨声中学建校60周年纪念活动，全年镇财教育投入首次突破4400万元。推进14个中小学、幼儿园项目建设，总投资超1.15亿元，东石中心幼儿园、井林中心幼儿园分别通过“福建省示范幼儿园”“晋江市示范幼儿园”验收。侨声中学高考本科上线率达95.92%，各初中校均获2016年晋江市初中教学质量奖。坚持医疗惠民，不断改善医疗卫生条件，持续加快东石中心卫生院迁建步伐，与泉州第一医院达成紧密型合作，挂牌“泉州第一医院东石分院”。坚持养老供给，东石镇敬老院基本完工，新增村级敬老院2个、居家养老服务站2个，“三位一体”养老服务体系逐步形成。坚持文化共享，举办“闽台数宫灯”、南音大合唱、慈元文化节等民俗节庆活动，首办东石仁和文化雕刻展，“龙江吟社闽南语吟唱”入选晋江市第五批非物质文化遗产项目。

东石镇办成镇村为民办实事项目149个，投入1.48亿元用于民生建设，占本级支出57.74%。各类保障持续提标扩面，全镇新农保参保率、新农合参合率分别达92.67%、99.74%。大力实施精准扶贫和“四帮四扶”工作，发放低保五保金720.94万元，补助重度残疾人生活保障金183.6万元，慰问贫困户、优抚对象、“五老”对象41.87万元，帮助1361名贫困学生、农村二女户实现就学，帮扶5户残疾对象就业创业。翻建危旧房屋840宗，建设各类安居工程92座，有力解决群众住房问题。投入综治维稳资金1000多万元，新增村（社区）视频监控探头3661个、重点场所一键视频报警系统15个，率先在镇级巡逻中队及辖区9个警务室安装“360水滴”，治安防控能力进一步提高。深入开展“七五”普法，全面深化道路交通、校园安全、食品药品、特种设备、建筑工地等重点领域专项整治，严厉打击各类违法犯罪行为，持续保持全镇低案发率水平。扎实推进安全生产标准化建设和社会化服务工作，2016年通过“福建省安全社区”复评验收，获福建省消防安全工作先进单位。

【机关效能建设】

2016年，东石镇以建设服务型政府为主要抓手，全力配合支持镇人大依法履职，认真办理人大代表意见建议31件，满意率、基本满意率100%。持续深化便民服务中心标准化建设，梳理编制镇级权责清单224项、受委托事项8项。累计代办事项2720件、协办事项232件；发布政府公开信息138条；接办市便民服务中心“12345”事项428件；处理各类群众来信来访226件，办结率93.8%。加强效能督查、综合监察、专项检查，累计发出督办通知29份，督办决定事项198件；开展效能督查2次，训诫谈话、通报批评33人次，机关作风明显转变。

（高少蓉撰　姚远志审）

·永和镇·

【概况】

永和镇地处晋江市中南部，东临石狮8千米，南近深沪、金井对台贸易万吨级码头15千米，北临晋江机场16千米，西接福泉厦高速公路入口15千米；新石东线、旧石东线、晋南快速通道、大深线、草马线、灵石线等数条市级主干公路纵横境内，地理位置优越，交通网络完善。2016年，永和镇全镇土地面积50平方千米，现辖24个行政村，63个自然村，人口7.2万多人，旅居海外侨胞和港澳台同胞4万多人，是闽南侨乡之一。

2016年，永和镇主动抢抓机遇，勇于应对挑战，加快转型升级，全镇经济社会平稳发展。拥有工业企业656多家，职工1.8万人。有规上企业49家，上市企业1家，上市后备企业3家，中国驰名商标称号2枚。获评中国淘宝镇，被市政府评为电商镇，有8个中国淘宝村。

【经济发展】

2016年，永和镇工业总产值完成150.33亿元，同比增长15%；规模以上工业产值完成121亿元，同比增长11.2%；全社会固定资产投资完成24.76亿元，同比增长16.4%。面对经济下行压力和转型困境，深入推进供给侧结构性改革，强化项目运作和攻坚，全年投入64533万元超额完成16个市重点项目，引导11家企业投入48310万元实施扩能技改，形成新的投资增量。落实百日攻坚项目，完成110千伏电网建设工程永和段征迁项目；基本完成市域小流域整治工程；泉厦漳城市联盟路永和段和快速通道东石连接线安征迁项目率先完成入户摸底和现场测量“双百”任务；完成经济开发区五里园中心区安置房项目；集中攻坚食品产业园永和片区、五里园永和片区等征迁扫尾工作。协助7家企业申报“首次突破2000万元”政策补助，帮助38家企业兑现各级政策资金669.629万元，为企业办理环评准入手续13宗。加强企业产学研点对点对接，帮扶转型升级。积极培育新增长点，培育自营出口主体24家，支持信泰集团、公元食品、集成伞业等一批龙头企业创新自主品牌，实施品牌直销，抢占市场份额。新增5家规模以上企业、2家限上批发零售企业。防控金融风险，建立政府、村、银行、企业快速反应联动机制，协助催收5家企业欠息，不良贷款率控制在0.7%。引导公元食品、集成伞业等规模企业主动出击并进行技术改造、转型升级，持续提升辖区内机械制造、食品、纺织等传统产业发展，同步引导重点及规上企业发展电子商务应用，引进电子商务、商贸物流、环保建材等新兴产业，深圳八实万“互联网+”移动超市、弘桥智谷电商园先后投入运营，与天仓电商物流园、顺丰速递晋江区域总部等项目达成初步合作意向，全力争创福建省特色小镇“云裳小镇”，全年新引进三产企业135家。持续引导石材企业向电商、五金、装备制造等行业转型，支持华宝石业人造无机精工石技改项目等，鼓励发展循环经济和环保产业，推进绿环再生资源、永葆新型建材等一批资源综合利用项目建设，在石材转型中寻找突破口和增长点。

【城镇建设管理】

2016年，永和镇结合“双高”建设布局，启动镇总体规划修编，整合全镇六大片区连片联动发展，扩大中心镇区规划用地，通过镇区辐射带动餐饮娱乐、商贸物流等产业的发展和繁荣，促进产业发展、城镇建设、土地利用、生态保护等规划有机衔接，城镇建设初具规模。基础设施日臻完善，铺设农村道路6.8公里、污水管网9公里，基本实现镇村主干道路硬化及路灯亮化；推进西坑至安海赤店、马坪至西坑、坂头至新塘湖格3条“村村通”工程及坂头、玉溪、后埔、上宅4个村农村污水处理设施建设；初步确定“一镇一枢纽”选址内厝村并开展前期工作；整治交通事故多发点35个，城镇基础设施、防灾体系经受住连续强台风、强降雨考验。健全治理“两违”长效机制，规范城镇道路、交通护栏、户外广告管理，清理违章广告牌300余宗，整治占道经营100余次，拆除违法建设157宗，拆除面积7.35万平方米，超额完成“三年行动”拆违任务，新增“两违”基本遏制。

【社会事业】

2016年，永和镇投入919万元用于民生建设，占镇级支出38.67%，基本完成11件镇级为民实事、88个镇村惠民项目，有效推动社会事业协调发展。“五险统征”持续提标扩面，全镇参保率、参合率分别达95.65%、99.58%，在全市率先完成参保缴费率95%。实施精准扶贫，确定扶贫对象42户140人；深化“四帮四扶”工程，帮助20户困难家庭脱贫解困，兑现帮扶资金81万元。发放低保、五保、残疾人生活保障补助及各类救济救助金646万元，失地农民养老保险1010.25万元。出台《永和镇石结构及危旧房屋改造实施方案》，办理危房翻建320宗。建成镇级敬老院、力争村敬老院，新增居家养老服务站4个。全力防抗台风，安全转移171人，救灾面积25.4公顷。

【“三农”工作】

2016年，永和镇坚持镇村联动、示范带动、以奖代补措施，推进“美丽乡村”建设，农村活力不断增强。发挥3个市级农业示范基地、25个蔬菜基地的资源优势，推动现代农业规模化、产业化、集约化发展，新增土地流转20公顷、农业设施66.67公顷，全镇3个规模农场经营面积达120公顷。重点培育玉溪、玉湖、后埔、梨星4个典型示范村，玉溪村被列为泉州市“美丽乡村”试点村、晋江首批“最美乡村”。申报“一事一议”财政奖补项目6个，兑现奖补资金128.18万元。完成前村水库、塘下水库除险加固工程及4个水库、10个山围塘的除草灌浆工作。实现全镇24个行政村及主干道路保洁市场化运作。稳步推进玉湖、割山、后埔、塘下、邵厝5个试点村土地承包经营权确权登记颁证工作。

【生态建设】

2016年，永和镇突出生态文明建设，不断优化人居环境。融入全市“一山一水”慢行系统，建设恒山生态公园，打造乡村休闲生态旅游亮点。新增绿化造林92.26公顷，建设恒山防火带4千米，实现清明森林零火警。持续矿山综合整治，建设周坑石渣堆渣场，深化石粉石渣综合处置，回填、捣毁方料约3400立方米，有效遏制非法盗采行为。整治梧垵溪、阳溪、钞井溪等生态流域溪流河道6.795千米。打击取缔污染环境的非法生产点21家，立案查处45家。开展黄标车淘汰减排工作，完成淘汰指标370辆。全面完成55个环保违规建设项目清理整治任务，顺利通过国家级生态镇验收。

【社会事业】

2016年，永和镇全年投入598万元用于教育事业，完成南峰中学、塘下小学等一批校园改造项目；促成英墩中学与季延中学集团化办学；培育打造邵厝小学民俗文化、集英小学少年军校、永和中学足球等特色项目；通过政府引导、社会参与成立小学教育基金会9个、校董会26个，引导社会各界捐资教育事业600万元。社会秩序保持稳定，投入综治维稳资金240万元，安装三期视频监控共2449个，实现重点路段、部位全覆盖；深化道路交通、校园安全、食品药品等重点领域专项整治，严厉打击各类违法犯罪行为，全年共立刑事案件412起，下降32.1%，“两抢”案件下降75%，盗窃案件下降44.4%，刑事发案率持续下降；完善信访和矛盾排查调处工作机制，排查化解各类矛盾纠纷798起；落实社会治安综合保险制度，落实台风受灾赔偿580起、54.718万元。安全生产落实到位，完成企业标准化建设295家，达标率100%，整改企业75家，行政处罚64起；配齐安全生产教育警示基地和火场烟热体验室设施，设立永和消防培训中心，防控火灾和应急救援能力明显提高，获评泉州市级安全社区。卫计服务融合持续提升，英墩华侨医院通过二级乙等评审；落实全面二孩政策，在北京晋江企业商会成立计划生育协会，创建力争流动人口健康教育促进基地并被全市推广，依托八实万“互联网+”移动超市平台实施计划生育精准扶贫。文化事业长足发展，镇综合文化站筹建工作稳步推进，实现全镇农村书屋全覆盖，文化基础设施不断完善；山前“火把节”及巴厝小坑园“掷锣钹”入选晋江市非物质文化遗产；成功举办机关文化节、恒山休闲文化节等文化活动，营造良好文化氛围。超额完成年度征兵任务，获评年度征兵先进单位。

【机关效能建设】

2016年，永和镇坚决落实市委、市政府和镇党委的决策部署，深入开展“两学一做”专题教育活动，严格执行中央八项规定，持之以恒纠正“四风”，履职能力显著增强。全力配合支持镇人大依法履职，认真办理人大代表意见建议30件，满意率100%。持续深化“马上就办”，推动镇便民服务中心整改提升，整合设置9个便民服务窗口，通过优化服务环境、健全体制机制，全力推进便民服务延伸到村，提升服务水平。完善机关运行五项制度，健全函询谈话制度，加强效能督查、综合监察、专项检查，开展督查活动18次，机关作风明显转变。

（李少荣撰　王振明审）

·英林镇·

【概况】

英林镇地处晋江市南部沿海，与金门隔海相望。2016年，英林镇辖区面积29.8平方千米。全镇辖20个行政村、41个自然村，常住人口4.63万人，外来人口6万多人，旅居海外乡亲和港、澳、台同胞约3万多人，是晋江市的主要侨乡之一，是全省主要服装加工基地和原辅料集散地，荣获“中国休闲服装名镇”称号。

【经济发展】

2016年，英林镇紧紧围绕打造“时尚英林、人文英林、美丽英林、生态英林、幸福英林”的目标，在应对挑战中保持经济平稳健康发展，在抢抓机遇中推动各项工作落实，较好地完成镇十二届人大五次会议确定的目标任务。英林镇全年实现规模以上工业产值217.1亿元，同比增长14.43%；固定资产投资37.64亿元，同比增长24.86%；财政收入6.3亿元，与2015年基本持平。

推动成立全市泳装产业协会，组团亮相第十八届国际体育产业博览会，设立英林泳装专馆，打响“英林泳装”品牌。组织泳装企业赴深圳考察取经，与深圳内衣行业协会签订协议，结成战略合作伙伴关系。联合西安工程大学设立泳装产业研发中心，深化产学研合作。七彩狐、劲峰、敦煌世家等泳装企业引进60多台德国进口经编机，生产规模进一步扩大。

龙头企业持续发挥示范引领作用，领跑中国男装品牌。劲霸男装携手腾讯开启新媒体整合营销传播，品牌价值突破400亿元，蝉联中国商务休闲男装第一价值品牌，获国家“2016年度标准化工作先进单位”；柒牌在产品研发、质量管理、市场营销上创新突破，入选福建省第二批智能制造试点示范企业，并获大中华区艾菲奖银奖、中国广告长城奖广告主奖及媒介营销奖。品牌企业与中小企业加强协作，实现产能对接1.46亿元。引导企业强化“五个创新”，实施技改项目11个，完成投资4亿元。联合市纺研中心共建服装纺织人才驿站，强化人才支撑。深化校企合作，柒牌•清华深研院“创响计划”正式启动，首发全国首款智能时尚夹克。劲霸运用新面料、新技术，全国首创气度茄克。七彩狐荣获第26届中国华东进出口商品交易会“创新奖”。

【城镇建设管理】

2016年，英林镇启动英林镇区控制区控制性规划编制、英林镇转型升级总体策划编制，为城镇建设、产业发展指明方向。开展城镇治堵、占道经营整治，完成道路安全隐患整改7处，新增交通劝导站12个。全年拆除“两违”建筑34宗、面积18346平方米。清内村创建省级“无违建示范村”。

【社会事业】

2016年，英林镇新农保、新农合参保率分别为91%、99.9%，新增3个村被征地养老保险。全面完成10件为民办实事工程、3件民生“微实事”。开展贫困对象调查登记，确定精准扶贫对象59户。建成柯坑村、钞井村敬老院，东埔村、嘉排村居家养老服务站获评市级五星级称号。举办重阳节敬老活动，慰问全镇4位百岁老人、102对结婚60周年和4对结婚70周年伉俪。三欧村成功创建全国自然灾害避灾点示范村。成立集教育、慈善、强村、敬老、生态于一体的英林心公益慈善基金会，汇集善款1.09亿元；采用商业模式运作公益项目，心商店顺利开业，营业额突破300万元，影响力持续扩大，得到省文明办高度肯定。探索山海协作结对帮扶新模式，以心商店为平台，联营销售安溪县西坪镇“爱心茶”。圆满完成年度征兵工作，为部队输送11名优秀青年。香港英林镇同乡联谊会、菲律宾晋江市英林镇各乡联合会顺利换届。香港、澳门、菲律宾同乡会先后组团回乡考察联谊，家乡与海外社团联系更加频繁、紧密。

英林镇重点培育、典型带动，东埔、三欧等6个最美乡村创建村累计完成旧房拆除8座，整理土地4361平方米，道路硬化12.45千米，修筑排水沟6.272公里，新建公厕12座，增设垃圾桶440个，安装路灯187盏。东埔、嘉排、三欧、钞井4个村被评为晋江市首批20个“最美乡村”。

英林镇与新学校（北京）教育科技研究院签订区域教育内涵发展质量提升三年协议，着手制定全镇教育事业五年发展规划。英林中学被省教育厅确认为“福建省一级达标高中”。南湾中学、英林中心小学、嘉排中心小学被评为晋江市文明学校。加快南湾中学改扩建工程，完成英埔中心小学智慧足球教室建设、南湾中学跨金东路人行天桥主体结构。搭建名师名校长培育平台，组织教师赴河南、北京学习培训，举办英林心大讲堂10期，英林心公益慈善基金会出资140.87万元，奖励教师366人，表彰尊师重教先进个人51名。推动市第十实验小学与市实验小学结对“‘1+1’发展共同体”，南湾中学与泉州五中互动学习。加强传染病预防和公共卫生事件防控，建立居民健康档案77250份。设立英林心家庭驿站暨青少年健康发展服务中心、英林心四点钟学校，深化流动人口计生服务均等化，在泉州市计生协会会长培训会和晋江市流动人口计生协会建设经验交流会上作经验介绍。

英林镇实施“春风计划·四帮四扶”工程14户。发放低保五保、爱心助学、医疗、临时困难救助等各类救助金495.8万元，受益群众1138名。实施计生“五项工程”，发放慰问金134.1万元，受益群众875人。

【生态建设】

2016年，英林镇铺设村级污水管网20.33千米，河道综合整治1.3公里，完成工业污染源销号23处，港塔溪亲水景观工程持续推进。新增造林绿化33.33公顷，新建三欧、西埔2个村级公园。辖区内畜禽养殖场全面退出。加大环保执法力度，清理整治违规企业57家，移送公安机关立案侦办2起，淘汰黄标车133辆。

【社会管理】

2016年，英林镇加大矛盾纠纷排查、调处，化解各类纠纷35起。协调解决“12345”便民服务平台、市长专线等反映的问题292件；强化立体化防控，20个村完成“村村通”视频监控建设，新增网格化试点村8个。英林派出所综合业务用房开工建设，英林村、东埔村警务室建成投用。严厉打击各类刑事犯罪，违法犯罪发案率下降26.3%。开展严重精神障碍患者救治管治工作，实施以奖代补，发放看护管理奖金2.25万元、受益对象15人。推广社会治安综合保险，发放补偿款44万元。调整16个安全生产专项领导小组，聘请专家对企业“把脉问诊”，推动安全生产标准化、秩序化。

【机关效能建设】

2016年，英林镇严格遵守和执行各项法律法规，自觉接受镇人大的工作监督、法律监督，认真办理人大建议、意见32件。启动“七五”普法工作，聘请政府法律顾问，加强法治政府和诚信政府建设。深化政务、村务公开，群众的知情权、参与权和监督权得到有效保障。严格招投标制度，完成37宗村级建设工程施工招投标，节约资金304.2529万元。开展行政服务标准化建设，编制小城镇机构改革试点镇政府权责清单，全年办理各类事项687件。严格落实党风廉政建设责任制，认真履行“一岗双责”，坚决执行中央“八项规定”，“三公”经费同比下降25.2%。

（张燕娜撰　陈清漂审）

·金井镇·

【概况】

金井镇，位于晋江东南隅，地处福建东南沿海围头半岛，距离金门仅5.1海里，是祖国大陆离大金门岛最近的地方。2016年，金井镇辖20个行政村、2个社区居委会、60个自然村，土地面积56.7平方千米，海岸线长26.5千米，全镇常住人口10.2万人，旅居海外侨胞、港澳台同胞10余万人。系全国重点镇、宜居小镇示范镇、建制镇示范试点、省级小城镇机构改革试点、小城镇综合改革建设试点、“镇级小城市”培育试点。金井镇策划的晋江人才梦想小镇被省政府确定为全省首批28个特色小镇创建名单之一。

【经济发展】

2016年，金井镇全年累计完成规模以上工业产值208.8亿元，增长15.22%；固定资产投资45.95亿元，增长25.4%；限上批发零售额72亿元，增长44%；限上住宿餐饮额3050万元，增长6.09%；两税入库7.43亿元，增长3.03%。力抓项目攻坚。32个“百日攻坚”建设项目完成投资18.82亿元，完成年度计划111.4%。47个小城镇建设项目完成投资20.91亿元，完成年度计划110.6%。福州大学晋江科教园区项目去年10月进场施工，完成教学楼AB区工程桩施工。莲花汽车生产项目完成征迁和安置小区建设。装备园区兴凯机械、宏雅纺织数控等项目竣工投产。力抓企业帮扶。深化“三比一看”和“帮企业、促项目、谋思路、抓落实”，加强政策引导，组织47家企业申报政策资金578万元，帮助企业去库存800多万元，支持5家企业申请改扩建1万余平方米。有效防控金融风险，积极协调市金融局和银行机构，化解14家逾期逾息贷款企业风险。力抓税源回流。加强惠企政策宣传，引导七匹狼、福建斯凯奇等电商到金井纳税，促进美京服饰、与狼共舞、大新、大发、长城贸易等企业拓展税源渠道，全年新增税源回流约3000万元。

金井镇抢抓新型城镇化建设试点机遇，全面深化体制机制、创新平台、投融资模式等改革创新。策划晋江人才梦想小镇，被确定为省政府首批特色小镇。调动各方政策和资源，对接做好强镇扩权试点工作，建成晋南行政服务中心，梳理市级部门拟下放事项136项。推行政府购买服务，向企业咨询公司、安全生产中介组织等专业机构购买社会化服务。依托福州大学的科研资源和人才团队，构建本硕博学历教育和政产学研合作平台，8家研发机构入驻办公。采用PPP模式，推进福州大学晋江科教园区项目建设。依托小城镇建设投资有限公司，积极引入社会资本参与小城镇建设。申报国家政策性资金支持，9个项目获国开行、农发行贷款3.19亿元。

金井镇着力结构优化，加快产业转型升级。推动传统产业升级。引导10家重点企业实施技术改造，七匹狼公司3项研发成果国内领先，大发集团引进日本丰田公司先进喷水织机，转向精品高端市场，世兴达、宝能达、锐高等企业项目申报战略性新兴产业、技术创新项目。推动旅游文创业态培育。委托专业团队开展旅游业态规划，启动全镇旅游标识标牌设计、塘东古民居修缮，筹建省二级游客集散中心、闽台民俗文化展馆，策划七匹狼文创园，虾妈蟹爸“智慧渔村”招商入驻。建立镇情讲解员队伍，扩大旅游文化推广。石圳海岸公园、塘东海滨公园、围头海角公园入选福建首批海岸公园名单。石圳成美小学修缮工程等4个项目列入市级文物保护重点项目，围头村10栋近现代建筑被确定为市级优秀传统建筑。推动现代物流业发展。围头物流园区引进粮食仓库、冷链物流项目，通关中心进行内外装修，围头综合码头建设有序推进，围头港区2号泊位港口岸线获批开放。

【城镇建设管理】

2016年，金井镇不断完善城市功能配套，全面提升城镇品质。完善镇村规划编制。完成小城镇规划展厅改造提升。启动福全村详规编制。塘东村传统村落保护发展规划获批。完成丙洲、塘东、坑口片区控规及石圳村庄规划报批稿。加快中心城区建设。滨海新城五期、华侨商贸城C地块基本完工。安置房、人才公寓完成主体工程和装修。流动人口综合服务大楼投入使用。推进基础设施配套。完成1.5千米电力专线铺设。完成4.7千米污水管埋设、4个村级生活污水处理工程建设。投入2590万元，完成学院路等5条2.53千米市政道路建设。开工建设金井公交枢纽站，环城高速围头疏港延伸线加快推进。完成金井消防站建设。强化城镇规范管理。加强镇容镇貌整治，治理违规广告、流动摊贩等违规行为为306起，恢复破损井盖72处，维修路灯321盏，完成4批次89个交通隐患点段整改。强化环卫保洁日常监管，立案查处违法排污企业12家。拆除“两违”建筑4.37万平方米，我镇被评为泉州市“无违建”示范点创建镇，古安、洋下村被列为省级“无违建”示范点创建村。

中国历史文化名村——福全古城

【“三农”工作】

2016年，实现农业总产值3.61亿元，增长5.28%。兑现各项支农惠农资金2560万元。拓宽增收渠道。新增耕地流转23.33公顷，扩建胡萝卜出口创汇基地33.33公顷。培育8家市级农业产业化龙头企业和农业生产示范基地，7家企业通过无公害认证。发展围头海角房车集装箱露营地、晋江马休闲游等生态观光项目。引导养殖户加大投入，做大做强鲍鱼养殖业。提升防灾能力。完成年度小型农田水利工程重点项目建设，完成石圳、围头海堤水毁重点部位加固，推进塘东海堤建设。加强渔船安全管理，做好伏季休渔及2016年小型渔船检验、渔业保险工作，完成涉渔“三无”船舶上交拆解任务。滨海社区被中国地震局评定为国家地震安全示范社区。

【生态建设】

2016年，金井镇全年新增造林506亩。与福建农林大学合作，完成最美乡村项目规划。引导村（社区）策划生成98个“美丽乡村”建设项目，围头村获评中国最美乡村，溜江、塘东、南江、福全等4个村获评全市首批最美乡村。

【社会事业】

2016年，金井镇全力办好20个为民实事项目。民生支出占总支出的77%。办理发放各类救助、慰问、保障资金580万元，救助帮扶困难群众1438人次。新农合参合率100%，新农保参保续缴费率93.1%。审批个人石结构房屋翻建230户，补助困难户26.3万元。2个村级敬老院、2家村级居家养老服务站投入使用。全年镇财政投入1600万元，改善中小学办学条件。完成毓英中心小学、光华小学教学楼建设，石圳幼儿园正式招生，石圳中学综合实践基地、毓英中学高中部新校区、晋江职校新校区加快建设。举办第四届海峡两岸（晋江·围头）七夕“返亲节”，列为国台办2016年对台交流重点项目。承办福建省青少年儿童沙滩排球赛。促进卫计融合，推行“医养结合”服务。加强食品卫生安全检查，建设人口文化园，完善计生利导政策，开展流动人口计生优质服务，提升基层卫计工作水平。

【社会管理】

2016年，金井镇实现镇村视频网络全覆盖，破获刑事案件168起。完善“大调解”机制，抓好矛盾纠纷排查化解及各级转交办信访办理工作，调处各类劳资纠纷205起，为371人追回欠薪375万元。聘请镇政府法律顾问，全面实现“一村（社区）一法律顾问”。完善全镇生产

围头海角

经营企业“一企一档”，完成企事业单位安全生产标准化提升工程“三年行动”。完成21个农村交通安全劝导站建设和人员及设施配备。

【机关效能建设】

2016年，金井镇扎实开展“两学一做”学习教育活动，严格执行中央八项规定，健全机关效能、公务用车、公务接待等规范化制度，严格“三公”经费使用管理。办理人大代表建议意见32件，满意率和基本满意率100%。完成镇权责清单编制工作。打造优质服务窗口，深化“马上就办”，全年办理各类行政服务事项4.35万件，按时办结率100％。加强效能督查、政务督查、绩效评估、行政监察和审计监督，服务效能持续提升。

（李默得撰　尹继雄审）

·龙湖镇·

【概况】

龙湖镇以湖得名，地处晋江东南沿海，毗邻石狮市区，与英林、金井、深沪、永和四镇交界，是晋南重要的交通枢纽。2016年，龙湖镇辖区面积63.9平方千米，全镇下辖42个行政村、84个自然村，常住人口8.7万人，外来流动人口2.4万余人，海外华侨、港、澳、台同胞20.5万人，是闽南著名侨乡。全镇以化纤纺织、服装拉链产业为主，获评“中国织造名镇”称号。

2016年，龙湖镇按照“产城乡”融合发展的总思路，坚持创新转型、项目引领、平台拓展和结构调整，保持经济社会平稳发展。全年实现工业总产值311亿元，财政收入6.03亿元。

【经济发展】

2016年，龙湖镇加快重点项目建设。深入开展“重大项目前期活动年”“百日攻坚会战”活动，落实“五个一批”要求，17个市级重点项目、20个技改项目分别完成投资10.64亿元、4.31亿元，分别完成年度计划投资114.36%、103.40%；合计签约“6·18”海峡项目成果交易会和“9·8”贸易洽谈会项目15个，鑫盛食用菌、恒盛玩具等11个项目顺利开工。加快帮扶企业发展。新增规模以上企业9家，其中，产值超亿元企业2家；深化“帮企业、促项目、谋思路、抓落实”和“三比一看”活动，企业融资取得新成效，恒盛集团在韩国主板上市，夜光达挂牌“新三板”，上市公司数量增至6家；落实经济发展政策资金8000多万元。有效防控金融风险。成立金融风险防控领导小组，多次组织企业、债权行开展银企对接会，健全企业约谈机制，协调市金融局、银行做好续贷工作，严厉打击逃废债行为，帮助化解风险企业13家，解除担保链7起，处置不良贷款1.53亿元。发挥协会引领作用。打造国际化营商环境，顺利完成龙湖商会、外商投资企业协会、拉链五金同业公会、纺织服装同业公会和龙湖侨联换届；组织龙湖商会会员企业先后赴德国、广州、四川等地进行考察学习，参加国内外展会30余次，拜访异地兄弟商会，强化招商引资，协助企业开拓市场。不断提升创新能力。被中国纺织工业联合会评选为2015年度纺织行业创新示范集群地区、被中国长丝织造协会授予行业发展突出贡献奖；百宏聚纤入选2016国家技术创新示范企业，信诚、万兴隆、远大公司入围2015年中国长丝织造行业经济效益指标排名50强。加速引育高端人才。成功引进省级“百人计划”1名；积极为校企合作牵线搭桥，促成企业与中纺院、东华大学等院校开展高端科研人才引育合作项目，百宏熔体直纺涤纶长丝智能化技术改造项目被工信部评为国家2016年智能制造新模式。优化升级传统产业。大力推广“数控一代”“机器换工”，传统制造模式逐步向精细化、智能化方式转变，百宏年产11万吨超纺棉涤纶长丝生产项目成为今年我市唯一入选的2016年福建省智能制造样板工厂示范项目。加快培育新兴产业。恒盛玩具“爵士兔”“亚洲恐龙”文创品牌开发步上快车道；宗兴拉链“辅城网络”辅料交易平台斩获福建省青年APP大赛创意组一等奖，夜光达反光材料研发获泉州市“科技创业奖”；龙之族通过海洋生物涂层技术，成功开发防水、透气、透湿新材料。持续做大第三产业。深度整合北片物流园区，梧坑华创物流园开业运营；新增新丰、埔锦、石龟等3个“淘宝村”，全镇“淘宝村”达5个，首次获评“中国淘宝镇”称号；衙口旅游景区环境和服务品质持续提升，游客数量突破100万人次。

【城镇建设管理】

2016年，龙湖镇积极开展全省小城镇试点复评迎检工作，深化“产城乡”融合发展思路，加快“一轴两片三区”建设步伐，不断改善城乡面貌。规划修编更加完善。统筹城镇布局、交通路网、排污管网、水电设施等规划设计，完善城乡区域功能布局，同步实施田野风光、旧城改造、阳溪景观、传统村落保护中轴等7个专项规划，镇区控规面积拓展到15.08平方千米，控规覆盖率100%。基础配套更加给力。重点推进5个重要交通项目，完成龙狮公路拓改及高速互通拓板清表工程，完成时尚服饰园配套道路广井路、天竺路路面铺设，启动西环路施工，着力省道308“白改黑”“智造大道”龙湖段前期筹备工作，立体交通网络进一步完善；加快“水、电”设施建设，扎实推进百宏110千伏输变电工程。乡村发展更具活力。有序开展农村土地承包经营权确权登记颁证、地籍与房屋调查及宅基地制度改革试点工作，扎实推进农业普查、农业“三项补贴”工作，累计获批石结构与危房改造手续496宗；按照“一村一品”思路加快新农村建设，策划生成5个村集体创收项目，实施20个“最美乡村”建设工程，衙口获评2016年度晋江市“最美乡村”，鲁东村成为省级“千村整治、百村示范”美丽乡村建设工程正选重点村；加快传统古村落保护工程建设，施世纶主题“正气园”建成落地，施氏大宗祠重修竣工，福林入选福建省第五批历史文化名村。城镇管理更加精细。深入开展镇容镇貌整治行动，治理主干道违规广告牌390处；加强地质灾害隐患治理，完成2处地质灾害点整治工作；严厉打击“两违”、无证矿山盗采行为，组织统一执法行动35次，合计拆除“两违”建筑4.5万平方米，回填矿山土石6万立方米。

【生态建设】

2016年，龙湖镇深化绿色发展理念，加强生态文明建设，发挥自然资源优势，积极打造宜居发展空间。强化环境保护。建立环境卫生常态化考评、巡查制度，开通龙湖环境卫生微信监督平台；开展“全民绿化、植树造林”活动，新增绿化造林面积26.87公顷。强化水域治理。协助编制龙湖凾湖水环境保护工程总体方案，启动凾湖综合治理项目征迁，完成龙湖镇污水泵站选址征迁工作；加快河道清淤和排污截圬，实施2个村庄污水管网工程，新铺设污水管网4.3千米；实施水域周边景观绿化工程，阳溪、钞井溪、东溪3条小流域整治工作取得阶段性进展。强化污染整治。加大打击违法排污加工点力度，立案处罚28家污染企业，整合搬迁水源保护区内4家企业，完成4家工业污染源销号工作；落实节能减排，淘汰黄标车354辆，督促3家企业进行环保设施改造升级；加强环保违规项目清查工作，完成56家企业环保违法违规建设项目备案。

【社会事业】

2016年，龙湖镇持续加大民生投入力度，全面落实25件为民办实事，12项民生微实事。推进"即征即保"，新增办理失地养老保险2个村；新农保、新农合参保率分别达到91.16%，100%；应对台风"鲇鱼""莫兰蒂"，强化救灾保障能力，帮助28户家庭申请灾后救助。实施"精准帮扶"，落实优抚政策，积极帮助弱势群体脱贫解困，完善残疾人服务机制；核对确定低保620户1124人，五保84户91人；实施"四帮四扶"工程，确定25户重点帮扶家庭和6户"回头看"帮扶家庭。教育事业不断发展，尊道小学一期工程建成投用，大坡小学整体翻建通过验收，如论中心幼儿园、晓新小学新校区建成落地，南侨中学教学楼重建动工；市医院晋南分院引进"树兰医疗"进行联合托管，全面打造国际化医疗机构，一期工程建成投入使用；养老服务资源更广，新建5个居家养老服务站，尚善养老院医养结合型养老模式得到上级领导肯定，在泉州市进行推广。积极弘扬社会主义核心价值观，配合拍摄以全国道德模范提名人物罗永秀为原型的微电影《后爱》；举办首届"隐•福之林"福林文化节和晋江市首届"村跑"梧坑站比赛，承办全国沙滩排球大满贯赛；龙湖施嘉洛代表中国击剑队征战里约奥运会，获得男子花剑团体第五名；"衙口花生"成为农产品国家地理标志，入选"福建省非物质文化遗产"传统技艺代表性项目；"后坑面线""美琼肉粕"制作技艺入选"晋江市非物质文化遗产"代表性项目。创新服务模式，引入"第三方"机构参与安全生产监管，首批托管企业30家；新建治安联网视频监控探头3040个，新增14个网格化管理试点村，实现村网格化管理服务覆盖率100%；有效整合综治、便民、应急、信访、民情服务等信息资源平台，创建集政策咨询、监督投诉、应急指挥为一体的综合管理服务中心，受理群众来访来信来电395件，反馈率100%，办结364件，办结率92.2%。

【机关效能建设】

2016年，龙湖镇全面加强依法行政，认真落实党风廉政建设责任制，深入开展"两学一做"学习教育，严格执行中央八项规定，落实公车制度改革，编制政府权责清单。改善便民服务中心办公环境，加强效能督查，完善政务公开，落实"马上就办"。认真办理人大代表建议25件，代表答复满意率100%；受理"市长专线"73件，办结率100%；处理劳动案件争议307起，追回拖欠工资584.54万元。

（吴家添撰 林 楠审）

·深沪镇·

【概况】

深沪镇位于台湾海峡西岸东南沿海突出部，三面临海，一面依山，海岸线长18千米，素有"岵海金狮"之称。2016年，深沪镇辖12个村和7个社区，深沪镇域面积33.46平方千米，常住人口（含长期居住的外来人口）13万多人，是侨乡和台胞祖籍地，共有旅外侨胞、港澳台同胞10万多人，是对台小额贸易试点及台轮停泊点。

2016年，深沪镇牢固树立"五大发展理念"，适应新常态，加快推进产业转型，推动经济社会稳步发展，镇域综合实力位居全国千强镇前列。全年实现税收收入9.06亿元，其中国税收入7.49亿元，地税收入1.47亿元。规模以上工业产值完成235.91亿元，同比增加14.6%。固定资产投资完成40亿元，同比增加16%。

【经济发展】

2016年，深沪镇经济质效稳中有升。扎实推进供给侧结构性改革，全力做好企业服务，有为应对经济下行压力。加大政策扶持力度。坚持实行党政领导服务挂钩联系企业制度，建立政策传递、对接、兑现"一条龙"服务机制。累计协助企业申报各级惠企资金1850万元，为127家企业简化办理环保手续，协调解决土地历史遗留问题13宗，帮助企业办理"两证"33宗。加强防范金融风险。积极处置企业与金融机构的关系。协调解决10家企业周转资金需求。累计处置7家贷款逾期企业，涉及资金1.44亿元。加快推进项目建设。全面开展重点项目"百日攻坚"会战，着力解决项目手续办理、征迁遗留等问题。龙峰二期、浔兴科技工业园、嘉利、鸿利、百佳等重点项目全面竣工，科任水库景观提升工程项目顺利推进，妥善解决横九线东华段、深沪污水处理厂等项目征迁问题，闽南水产项目开工建设。全镇24个市级重大项目进展顺利，累计完成投资14.72亿元，完成年度计划投资的115%。

产业集群效应进一步显现。全镇海洋、纺织服装、拉链、漂染等四大支柱产业分别增长16.3%、18.8%、24.3%、24.8%。三产继续保持快速发展势头，主要指标均超额完成年度任务。蝉联"中国内衣名镇"称号、获评"2016年中国纺织行业人才建设示范单位"。浔兴公司获评"2015—2016年度中国纺织服装企业竞争力500强企业"。龙峰公司获评"2015年度中国纺织服装行业主营业务收入百强企业"称号，并代表泉州参与全省项目拉练检查评比。创新转型进一步加快。大力推进25个工业项目应用"数控一代"，一批新技术、新产品、新业态相继涌现。浩沙公司投资10亿元引进智能化数码印花科技项目，浔兴公司投资2.2亿元开展拉链智能化技改，龙峰公司二期投资2亿元引进1300台智能织布设备。龙兴隆、福田公司分获2016年"中国印染行业优秀面料"一、二等奖，通亿公司建成国家级实验室。展销渠道进一步拓宽。通过众筹方式成立电商"沪筹者"联盟，组织7家企业抱团入驻洪山电商园，组织24家企业上千件产品进驻晋江购跨境电商平台展销中心。鼓励企业通过互联网，提高企业销售能力。

【城镇建设管理】

2016年，深沪镇规划体系更加全面。完成总体规划修编，村庄规划实现全覆盖。确定运伙村、群峰村、华峰村为"多规合一"试点。完成渔港经济区概念性规划，启动特色小镇发展规划，"全镇一城"规划不断优化完善。国家中心渔港远洋渔业作业区1#、2#泊位通过省级验收并投用，成为全省唯一远洋渔业专用码头。公交枢纽站动工建设。科任水库除险加固工程竣工并通过验收。疏港路拓宽改造及景观提升工程全面完工，乌漏桥竣工投用，镇域路网体系进一步完善。开展镇域主要道路景观提升行动，组织开展环境卫生及海漂垃圾清理活动，投入保洁经费514万元，年处置垃圾约2.5万吨。强化“两违”综合治理，共强制拆除“两违”46宗，“脏乱差”及交通拥堵局面得到缓解，获评“泉州市两违综合治理表现突出单位”，运伙村获“省无违建示范村”。完成狮峰、运伙、东垵、科任、东华等村级公园建设，烟墩山海丝文化公园顺利开工建设。大力推进农村污水治理工程建设，华海、运伙生活污水处理设施全面竣工投用。持续开展“全民动员、绿化深沪”活动，全年完成植树造林面积373亩。加大“美丽乡村”建设力度，累计投入资金1500多万元，获得各级补助600多万元。运伙村入选全国第四批美丽宜居村庄示范名单、“省乡村旅游二级特色村”，科任村、运伙村获评晋江市“最美乡村”。

【社会事业】

2016年，深沪镇做好社会保障。推动新农合、城乡居民保提标扩面，新增投入各类保障资金114万元，新增柳山、狮峰等2个村（社区）纳入征地农民养老保险范畴。持续开展“四帮四扶”活动，完成慰问帮扶500户困难家庭，全年共发放低保、五保、救助金等500多万元。镇级养老院主体工程完成内外装修，科任、华峰、浔光等村级敬老院建设顺利推进。镇级安息堂竣工并投入使用。提升公共服务。持续增加教育投入，不断改善办学条件，全年镇财政投入教育经费1041万元，占法定应投财政收入的31.5%。深沪中心小学新校区动工建设，深沪中学科技楼竣工投用，首峰中学运动场塑胶跑道工程竣工投用。简化危房翻建程序，完成危房翻建审批397宗。贯彻落实“全面二孩”政策，进一步缓解人口老龄化问题。推广文化惠民。深沪水丸、深沪冰饼制造技艺入选市级非物质文化遗产。深沪鱿鱼干、深沪糖芋等六种深沪小吃获评国家地理标志证明商标。举办第二届美食文化节，深沪美食广场建成开业，“深沪小吃”影响力持续扩大。新建5人足球场、游泳馆、移动图书馆等文体设施10余处，支持音乐、游泳、书法等协会广泛开展文化娱乐活动，不断满足群众精神文化需求。维护社会和谐。落实社会治安综合治理责任制，全年投入综治维稳专项资金300多万元。完善治安防控体系，累计建成各类治安视频监控探头2177个，覆盖率100%。配齐配强镇级和村级巡逻队员，构建警民联动、多种巡逻方式一体的治安防范网络，全镇继续保持低案发率水平。全年发生“两抢”案件5起，同比下降61.5%。构建“大调解”工作网，成功处置“闽晋渔05891”与希腊籍货船碰撞事故民事赔偿纠纷，维护社会安定稳定。建成8个微型消防站，处置各类火灾150起。引入安全生产隐患排查治理社会化服务，安全生产工作取得显著成效，全年未发生重大安全事故。获评“泉州市安全社区”，港阜社区获评“全国避灾示范社区”。

【机关效能建设】

2016年，深沪镇接受人大法律监督和社会各界的民主监督，办理人大会代表意见建议21件，满意率、基本满意率100%，受理群众来信来访32件，办结反馈率100%。严格执行中央“八项规定”，推行“八简三风”工作法，完成办公用房专项清理整改。推行“马上就办、办就办好、从我做起”的工作作风，推进行政审核审批制度改革，精简办事流程，进一步提高办事效率，全年受理办结审批（核）事项3000多件，接待群众3万多人次。

（林振贤撰　陈继添审）

·西滨镇·

【概况】

西滨镇地处晋江东南部沿海平原，东靠军垦农场，南邻新塘街道与石狮市，西、北面接陈埭镇，是晋江中心市区规划控制区，被列入泉州环湾发展规划区。2016年，西滨镇辖区面积2.1平方千米，下辖海滨社区、跃进村和思进村（三峡移民村），本地人口1675人，外来流动人口8332人，是全省最小的乡镇，曾荣获全国绿化造林百佳乡镇、省园林乡镇、省卫生镇、省级生态镇、省级文明镇、省百强乡镇第4名、省级安全社区，并多届蝉联泉州文明乡镇。

【项目建设】

2016年，西滨镇以指挥部工作机制聚力推进项目落实，成立晋新路征迁、思进村安置房回迁、廉租房配租配售等重点项目领导小组，建立周项目工作分析会议制度，协调推进项目建设，从重点项目工作“单兵作战”变成“协同作战”。成立项目督查组，督查工作采取“一周一调度、半月一通报、一月一点评、一季一观摩”的方式对项目建设完成情况进行动态监控。在政府大厅LED滚动公示2016年35个重点项目、重点工作进度情况，实行挂图作战，对照各项目制定的时间节点不定期组织“回头看”，推行“项目建设晴雨表”，对项目建设进展情况分类设立已完成、按时序进度、滞后三级预警，重点督查滞后项目，对已完成项目进行销号处理。

【经济发展】

2016年，西滨镇抓住“转型提升传统产业”和“加快发展商贸物流业”两大主线，以项目为支撑，以改革创新为动力，着力攻坚克难，有力保持了经济平稳健康发展。全年实现工业企业总产值84.3亿元；规上企业总产值81.1亿元，同比增长12.56%；全社会固定资产投资10.3亿元，同比增长9.69%，其中工业投资8亿元，同比增长64.95%；限额以上批发零售业销售额实现49.75亿元，同比增长14.26%；财政总收入2.4亿元，同比减少10.64%。西滨镇经济主导产业为：造纸、制鞋、特色鞋材（轻泡）、纺织等行业，现有企业90家，其中规模以上企业27家，上市企业2家，优兰发是西滨镇的龙头企业。全镇产值超10亿元企业1家，产值超亿元企业9家。引导企业加大技术改造和技术创新项目的投入，努力增强传统企业核心竞争力，支持华祥、振兴、佳明三家企业申报市重点技改项目4个，足额完成年度计划投资1.3亿元，增加产值2亿元、税收500万元。落实各级众创扶持政策，大力发展商贸和楼宇经济，培育华银公司、思进村、佳明公司三个众创空间，引进泉和、世达、拼拼等一批新的商贸、电商公司。依托晋新路的地理优势，跟踪服务象屿泉州公路港、达发物流配套建设等物流项目，加大物流业的招商引资，打造泉州环湾区的新型物流中心。开拓创新服务企业，成立企业服务工作室，共协助2家企业取得进出口经营权，协助8家企业完成变更公司注册地址和税务登记等业务。加强银企对接，邀请兴业、农商行等6家银行召开银企对接会。加强与前海股权交易中心合作，引导企业通过“新四板”融资，稳踏、铭兴2家公司成功挂牌“新四板”。

【城镇建设管理】

2016年，西滨镇立足创建国家卫生

乡镇，坚持“城乡统筹、一体发展”思路，升级发展模式，加快城乡融合，持续深化美丽西滨建设。持续推进美丽乡村，完成思进村安置房工程扫尾，健全设施配套，打造精品社区；跃进村石结构危旧房整体改造项目工作有序进行，首批18宗石结构危旧房正在翻建；推进海滨社区住宅区周边道路硬化工程。协调部队完成石狮至晋新路临时便道建设，做好晋新路征迁工作，努力推进打通晋新路部队段。协调公交公司将公交线路（8路）延伸到晋新路周边，方便群众出行。完善农村污水管网系统，完成小姐港两侧排污主管建设，推进海滨社区及周边污水管网建设，把思进村生活污水纳入市政管网。加强路灯、消防栓等基础设施建设维护，不断完善城镇功能。推进“国家卫生乡镇”创建工作，强化水域综合治理，抓好海烟沟河道治理、清淤疏浚和沿线绿化等工作，协助市水利局抓好小姐港河道整治工程。深入开展“全民动员、绿化西滨”活动，全面完成今年绿化任务。贯彻实施新《环保法》，全面完成辖区环保违规项目清理和黄标车淘汰工作。严格落实节能减排任务，建立污染源排查台账，督促金丰公司和华祥公司等企业污染物达标排放。实施环卫保洁市场化运作，加大环卫保洁经费的投入，完善环卫保洁管理监督机制，实现全镇保洁全覆盖，城乡环境卫生保洁名列全市前茅。

【社会事业】

2016年，西滨镇运用大型广告牌、灯杆广告、沿街LED广告、镇村企三级宣传栏、“晋江西滨”微信公众号、短信等各类载体，广泛宣传党的方针政策、国家法律法规、社会主义核心价值观和新出台的晋江市民文明公约及行为规范等，不断提升群众文明素质、遵规守法意识。完善公共文化服务体系，整合完善镇文体活动中心各功能室，充分发挥西滨剧场的文化阵地作用，继续开办闽南语培训班，开展高甲戏、亲子剧文艺汇演等多场演出活动，组织开展“观影月”“三下乡”“庆元宵·猜灯谜”、中秋全民博饼、五四跳绳比赛、“不忘初心·走进伟人世界”暨习近平总书记视察西滨18周年图片展等群众性文体活动，满足群众的多元文化需求。海滨小学科技综合楼现已动工建设，将更大范围地解决企业员工子女入学问题。深入开展“讲文明、树新风”活动，完善各村（社区）村规民约，倡导“婚事新办、喜事简办、准时开宴”，形成文明风尚。

西滨镇坚持民生优先理念，把社保、住房、教育等群众反映的热点问题和群众的基本生活保障作为重点，完善公共服务体系，提升群众获得感。社会保障普惠共享，推进精准扶贫工作全覆盖，兑现帮扶资金10.64万元，新农合参合率100%、新农保覆盖率95.4%，职工医疗互助提标扩面。关注住房困难群众的困难问题，完成21户廉租房配租配售，推出50套公租房房源。推行本地户籍居民免费上镇公办幼儿园，享受政府出资各种医疗、养老保险补贴和免费的综治财产险，补助独女户、二女户计生家庭参加社会养老保险，老年人享受免费健康体检。公共服务均衡优质，整合优化镇区医疗、文化和教育等资源，努力构筑均衡优质的公共服务体系。推进海滨小学科技综合楼建设，更大范围地解决企业员工子女入学问题，完成工程招标，进入实质性建设阶段。开展关爱新西滨人健康行动，镇卫生院免费为外来务工人员体检，加强与市医院、泉州正骨医院的合作，医疗水平有效提升。加强食品卫生监管，强化农贸市场和餐饮服务业管理，督促餐饮服务业主办理《餐饮服务许可证》32份。落实全面“二孩”政策，发挥计生协会作用，夯实基层计生基础工作。完善镇政务服务中心管理，梳理权责服务清单351项，推行“马上就办、办就办好”的工作理念，有效方便群众办事。

西滨镇育龄妇女450人，已婚育龄妇女354人，其中，无孩育妇15人，一孩育妇184人，二孩育妇142人，多孩育妇13人。出生19人（男11人，女8人），其中，一孩12人，人口出生率为11.404‰。贯彻落实全面“二孩”政策，完成免费孕前优生健康检查44人。继续实行诚信计生户子女入园奖励方案，由镇级财政补贴24540元，对符合条件的37户诚信计生户子女免去幼儿园保教费；对5户就读镇幼儿园亲子班的诚信计生户，予以学费减半补贴，共补贴3000元。持续对全镇农村独女户、二女结扎户实行全员免交“新农合”个人参保基金。为全镇独生子女户和二女户减免全年有线闭路费共7290元，慰问计生困难户38户，慰问金额20400元。鼓励二女户、独女户计生家庭参加社会养老保险，在原有每人补助1500元（夫妻只参加一人的补助2000元）基础上，自2015年起至2027年镇级每年实行先交后补的操作办法，对社会养老保险年缴费用提高部分再予以补贴50%。2016年补助28人，共计55720元，其中，提高部分达到9720元。在原有二女户、独女户、村级协会副会长免费参保计生家庭意外伤害保险的基础上，首次将独生户纳入参保范围，由镇财政出资全额投保，每户投保家庭在保险有效期内享受16.2万元的家庭保障，包括意外身故和伤残保险金15万元和意外伤害医疗金额1.2万元。

【社会管理】

2016年，西滨镇深化“平安西滨”建设，拓展镇社会管理创新服务平台和提升网格化管理模式，强化网格化队伍建设，继续推行网格员代办镇级审批服务事项，坚持24小时便民服务热线，完善

西滨镇思进众创空间

便民服务事项微信平台，有效回应群众合理诉求，增强社会管理创新的工作实效。网格管理员通过日常走访、不间断巡查，发现并上报占道经营、环境卫生、违章搭盖等各类社会事件2854件，办结2854件，办结率100%，其中按期办结2854件，按期办结率100%。加大人防技防投入，新增“村村通”监控摄像头210个。开展“法律六进”活动和民主法治示范村（社区）创建，推进法治文化建设，增强全民法治观念。严厉打击各种违法犯罪活动，群众安全感、平安建设知晓率和执法工作满意率测评均位居全市前列。深入开展反邪教、创建“三无”乡镇等活动，开展各类矛盾纠纷排查化解工作，实施依法处理信访事件“路线图”，今年共受理各类纠纷21起，调节成功21起，调解率100%，共接待来访群众14批次35人次，处理信访事件14起，处理率达100%。2016年继续为全镇本地户口居民办理综治财产保险，全年共受理社会综治保险61起，理赔金额共计70890元。加强食品卫生监管，强化农贸市场和餐饮服务业管理，联合西滨市场监督管理所、陈埭卫生院举行现场办证，实现饮食场所办证一站式服务，督促餐饮服务业主办理《餐饮服务许可证》32份。落实安全生产责任制，深入开展各相关领域安全生产大检查、职业卫生基础建设、创建安全社区和安全生产标准化创建等系列活动，全年共检查企业场所1825家次，排摸各类隐患254处，整改254处，整改率100%；发现“新增”和“回潮”三合一场所6家，行政处罚4起共2万元。全年全镇企业安全生产实现零较大事故。

【基层组织建设】

2016年，西滨镇共辖党（委）支部28个，其中村（社区）党支部3个，机关党支部7个，非公企业党组织18个（其中企业党委1个），党员310名（其中非公企业党员121名）。全面贯彻从严治党，坚持高标准严要求，深入开展“两学一做”，推进党的思想、组织、作风和制度建设，进一步夯实党建基础，加强服务型党组织建设，提高党建工作水平。开展党员组织关系排查，准确掌握党员队伍情况，排查空挂党员10名，失联党员5名，均已转出。先后组织开展正风肃纪明察暗访活动5次，开展廉政监督员督查活动4次，无发现任何问题，落实效能问责，对所有中层以上干部进行效能谈话，开展民主推荐股级干部工作。严格落实中央“八项规定”，着力解决“四风”问题，“三公”经费支出持续下降，办公用房整改到位。加强党在非公企业的领导，围绕创建园区党建服务工作站，依托镇文体活动中心、优兰发党群活动中心场所，设立集党员教育培训、组织关系转接、座谈交流、驿站联络、人才服务、成果对接等功能为一体的园区党建服务工作站，构筑“两个中心（站），多个网点”的工业园区党建服务辐射圈。西滨镇2016年党建品牌“三级同创”特色项目“星火网”激活小微企业党建活力，通过组织联建、平台联用、党群共建、和谐共创、品牌共塑，努力破解软弱涣散和小微空壳企业党组织党建工作困境，开展各种党建活动，助推非公企业党建抱团发展，增强党建工作活力，项目最终获评晋江市非公企业党建品牌“三级同创”活动二等奖。优兰发公司2016年党建品牌“三级同创”特色项目，公司党委根据项目实际、人员组建情况，整合公司各部门的市场、信息、技术、生产一线等资源，着力搭建项目与部门的深度对接平台，集公司上下之力，全力推进项目，获评晋江市非公企业党建品牌“三级同创”活动二等奖。

（黄巧巧撰　林建明审）

·国营晋江市良种繁殖场·

【概况】

晋江市良种场系全民事业单位，属政府系统正科级市直部门。2016年，辖区总面积1.2平方千米，常住人口369人。

【经济发展】

2016年，晋江市良种场紧扣建设国际化创新型品质城市的新晋江主题，立足辖区工作实际，努力克服各种困难，大胆创新工作方法，推动经济健康稳步发展。2016年全场实现规模以上企业总产值16.25亿元，完成固定资产投资1.28亿元，共有瑞盛服装有限公司、城城服装织造有限公司、敦煌鞋服、锋鑫公司等项目建成；有闽狮服饰有限公司正在规范建设；优兰发集团、佩克鞋业、华清园林等一批企业办理相关报批手续。

加大基础设施建设力度，完成场农村生活污水管道一期工程，铺设DN300管道563米、DN400管道173米及DN150管道300米；加强道路巡查，更换各主干道受损井盖3个；启动良种场驻地街路命名工作，对辖区良塘路、良兴路等8条道路进行命名，进一步规范场部驻地街路名称；实行环境卫生合同承包制，与专业环卫队伍签订合同，添置保洁垃圾桶20个。

【社会管理】

2016年，晋江市良种场以促进和谐稳定为前提，全面推进平安创建工作。全年联合新塘街道开展2次安全培训，组织3场消防灭火演练，与辖区企业签订《安全生产责任状》108份，印发安全生产宣传材料1000余份，组织50家生产经营单位到市安全生产宣教基地参观学习；排查新增、回潮“三合一”场所9家，完成整改9家，未发生一起重特大安全事故。

全面落实企业用工单位劳动合同制度，2016年，督促辖区107家用工单位与劳动者签订3246份劳动合同，保障用工单位和劳动者的权益。实行领导轮流接访，包案到组到人制度，上级转来信访案件、群众信访件和矛盾纠纷案件处置率100%，全年成功调解13起劳资纠纷，涉及人数94人、劳资金额约26万元。

2016年共拆除“两违”面积3130万平方米，完成年度拆违任务157%，，全场未发现一起新增“两违”建筑。

【社会事业】

2016年，晋江市良种场积极支持辖区老协会开展各类活动，10月，组织开展第一届“晋良杯”老年人门球邀请赛，晋江、石狮地区80支门球队参赛；老教工作开展有声有色，每月15日的集中学习例会出勤率95%以上；组织66名退休人员参加健康体检，并在春节、重阳节等节日开展祝寿慰问活动。

【基层组织建设】

2016年，晋江市良种场严格落实党风廉政建设责任制，深入贯彻落实“八项规定”，结合“两学一做”学习教育，全面开展领导干部“四下基层”“马上就办”活动，推行“一线工作法”，落实党务公开制度，通过抓好班子，带好队伍，促进党建工作落到实处。

（高姗姗撰　唐玉梅审）

荣誉榜

- 先进集体、先进个人
- 热心家乡公益事业的单位与人士

·先进集体·

【获省部级以上表彰的先进单位】

表25　2016年晋江市获省部级以上表彰的先进单位名表

获奖单位	奖励名称	颁奖单位
晋江市	全国科普示范县（市、区）	中国科学技术协会
晋江市	双拥模范城	全国双拥工作领导小组 中华人民共和国民政部 中央军委政治工作部
晋江市	“国家生态市、县、区”称号	环境保护部
晋江市磁灶镇大埔村党委	全国先进基层党组织	中共中央
晋江法院刑一庭	2014-2015年度国家级“青少年维权岗”	全国创建“青少年维权岗”活动领导小组办公室
晋江市人民检察院	2014-2015年度国家级“青少年维权岗”	全国创建“青少年维权岗”活动领导小组办公室
晋江市食品药品监督管理执法大队	2014-2015年度国家级“青少年维权岗”	全国创建“青少年维权岗”活动领导小组办公室
晋江市人民法院刑事审判第二庭	2014-2015年度全国“青少年维权岗”	全国创建“青少年维权岗”活动领导小组办公室
晋江市食品药品监督管理执法大队	全国“青少年维权岗”	全国创建“青少年维权岗”领导小组办公室
晋江市总工会	2014-2015年度全国“安康杯”竞赛优秀组织单位	中华全国总工会 国家安全生产监督管理总局
晋江市邮政公司	2014-2015年度全国“安康杯”竞赛优胜单位	中华全国总工会 国家安全生产监督管理总局
国网福建晋江市供电有限公司深沪供电所	2014-2015年度全国“安康杯”竞赛优胜班组	中华全国总工会 国家安全生产监督管理总局
晋江市地方税务局	全国模范职工之家	中华全国总工会
泉州市汽车运输总公司晋江长途汽车站	继续保持全国“安康杯”竞赛优胜单位	全国安康杯竞赛组委会

续表

获奖单位	奖励名称	颁奖单位
中国电信股份有限公司晋江分公司	继续保持全国“安康杯”竞赛优胜单位	全国安康杯竞赛组委会
中国移动通信集团福建有限公司晋江分公司	继续保持全国“安康杯”竞赛优胜单位	全国安康杯竞赛组委会
国网福建晋江市供电有限公司	继续保持全国“安康杯”竞赛优胜单位	全国安康杯竞赛组委会
福建七匹狼有限公司	继续保持全国“安康杯”竞赛优胜单位	全国安康杯竞赛组委会
泉州市公路局晋江分局	继续保持全国“安康杯”竞赛优胜单位	全国安康杯竞赛组委会
晋江市人民检察院	《门楣中的廉政》荣获“全国检察机关第二届微电影专题片展播活动”专题片类二等奖	最高人民检察院 检察日报社
晋江市人民检察院	2016年度全国检察宣传单位先进单位	最高人民检察院 检察日报社
晋江市人民检察院	青少年维权岗	共青团中央 最高人民检察院
晋江市人民检察院预防科	荣获第二届全国检察机关惩治和预防职务犯罪年度报告评选地市、县级院十佳年度报告	最高人民检察院
晋江市东石镇人民政府	全国文明村镇	中共精神文明建设指导委员会
晋江市审计局	2016年度全国审计通联宣传工作先进单位	审计署　中国审计报社
晋江市公安局陈埭派出所官方微博	全国十大基层政务机构微博	人民日报社　新浪网
晋江市关工委	宣传工作先进集体	中国关工委 中国火炬杂志社
中国建设银行晋江分行营业部营业室	2016年度中国银行业文明规范服务千佳示范单位	中国银行业协会
福建优兰发集团实业有限公司	2011-2015年度全国计划生育协会工作先进单位	中国计划生育协会
福建省纳金网信息技术有限公司	第六届中国侨界贡献（创新企业）奖	中华全国归国华侨联合会
晋江市金井镇围头村	中国最美乡村	农业部 新华社
晋江市金井镇围头村	中国美丽休闲乡村	农业部
晋江市龙湖镇福林村	第四批中国传统村落名录	住房和城乡建设部
晋江市公安局刑侦大队	全国公安机关执法示范单位	公安部
晋江市公安局法制大队	全国公安信访窗口示范单位	公安部
晋江市公安局指挥中心	全国打击拐卖妇女儿童犯罪活动情报协作专项研判行动成绩突出单位	公安部
晋江市公安局经侦大队	打击利用离岸公司和地下钱庄转移赃款专项行动成绩突出集体	中国人民银行 公安部 国家外汇管理局
晋江市国土资源局	2011-2015年全国国土资源信访工作先进集体	国土资源部
晋江市地震办公室	2016年度全国县级防震减灾工作综合考核先进单位	中国地震局

续表

获奖单位	奖励名称	颁奖单位
舒华（中国）股份有限公司	2014-2015年度“守合同重信用”企业	国家工商行政管理总局
晋江公安“厝边”警察志愿服务队	全国最佳志愿服务组织	中宣部 中央文明办
晋江公安“厝边”警察志愿服务队	第十一届中国青年志愿者优秀组织奖	共青团中央 中国青年志愿者协会
民革晋江市委员会	全国祖统工作先进集体	民革中央
晋江市磁灶镇大埔村党委	全省先进基层党组织	中共福建省委
泉州华祥纸业有限公司	2015年度福建省科学技术进步奖二等奖	福建省人民政府
晋江市公安局交警大队	福建省道路交通安全综合整治先进集体	福建省人民政府

【获地厅级表彰的先进单位】

2016年晋江市获地厅级表彰的先进单位名表

表26

获奖单位	奖励名称	颁奖单位
晋江市	省级社区治理和服务创新实验区	福建省民政厅
晋江市	省级社科普及示范创建市	福建省社科联
晋江市	福建省第四期社科知识有奖竞答活动优秀组织奖	福建省社科联
晋江市	福建省第五期社科知识有奖竞答活动最佳组织奖	福建省社科联
晋江市司法局	2016年全国人民调解宣传工作先进集体	中华全国人民调解员协会
晋江市国土资源局（数字晋江地理空间框架建设）	2016中国地理信息产业优秀工程银奖	中国地理信息产业协会
晋江市国土资源局（晋江市三维地理信息平台）	福建省测绘地理信息科技进步奖一等奖	福建省测绘地理信息协会
晋江市国土资源局（数字晋江地理空间框架建设）	福建省测绘地理信息科技进步奖三等奖	福建省测绘地理信息协会
晋江市国土资源局	土地利用和管理形势观测分析工作成效突出观测点	国家土地督察上海局
晋江农商银行	2016年中国债券市场优秀金融债发行人	中央国债结算登记有限责任公司
晋江市地震办公室	2016年度福建省县级防震减灾工作年度考核先进单位	福建省地震局
晋江市地震办公室	2016年度福建省县级地震应急救援工作评比一等奖	福建省地震局
晋江市档案局	全省档案系统先进集体称号	福建省人社厅　档案局
泉州出入境检验检疫局晋江办事处	2015年度“突出贡献项目”—推动事业单位改革	福建省出入境检验检疫局
泉州出入境检验检疫局晋江办事处支部	福建检验检疫系统先进基层党组织	福建省出入境检验检疫局
福建省晋江市地方税务局南区分局	全省地税系统先进单位	福建省地税局 福建省人社局

续表

获奖单位	奖励名称	颁奖单位
晋江市市场监督管理局	政务信息工作先进单位	福建省工商局
晋江市池店镇市场监管所	执法办案有功单位	福建省工商局
晋江市金井镇围头战地文化渔村	福建省一级乡村旅游特色村	福建省旅游局
晋江农商银行内坑支行	农村青年创业金融服务站	福建省银监局 共青团省委
晋江农商银行“一卡一贷一基金”青年创业金融服务模式	福建金融青年双提升活动“金点子”服务创新类方案一等奖	福建省银监局 共青团省委
晋江公安“盾边警察”志愿服务队	第十三届“福建青年五四奖章”集体	共青团省委 福建省青联
晋江公安“盾边”警察志愿服务队	第十三届福建青年五四奖章集体	共青团省委 福建省青联
晋江市人民检察院团支部	福建省五四红旗团（总）支部标兵	共青团省委
民进晋江市总支部	先进集体	民进福建省委会
农工党晋江市青阳第一支部	先进基层组织	农工党福建省委会
民盟晋江市委会	2014—2015年度民盟福建省组织建设工作先进集体	民盟福建省委会
晋江市文联	2016年全省文联系统先进集体	福建省人力资源和社会保障厅 福建省文学艺术界联合会
晋江市直机关工委	2016年全省机关工委系统先进集体	福建省人力资源和社会保障厅 中共福建省直机关工委
中共晋江市委党校	全省党校、行政学院系统先进集体	福建省人力资源和社会保障厅 中共福建省委党校 福建行政学院
晋江市英林中学	2016年福建省中学生排球锦标赛（高中男子组）二等奖	福建省教育厅福建省体育局
晋江市英林中学	2016年福建省中学生排球锦标赛（初中男子组）二等奖	福建省教育厅福建省体育局
晋江市东石镇人民政府	全国乡镇综合文化站评估定级二级文化站(2014-2017年度)	福建省文化厅
晋江市审计局	2015年度福建省县级审计机关审计统计工作先进单位	福建省审计厅
晋江市审计局	2015年度福建省县级审计机关审计信息宣传工作先进单位	福建省审计厅
晋江市审计局	2015年度福建省AO应用实例优秀奖	福建省审计厅
晋江市审计局	2015年度福建省优秀审计项目	福建省审计厅
晋江市公安局	全省公安机关执法质量优秀单位	福建省公安厅
晋江市公安局	全省公安队伍正规化建设示范单位创建点	福建省公安厅
晋江市公安局	全省‘飓风肃毒’会战成绩突出集体	福建省公安厅
晋江市公安局	现场勘查优秀县级公安机关	福建省公安厅
晋江市公安局灵源派出所	集体二等功	福建省公安厅

续表

获奖单位	奖励名称	颁奖单位
晋江市公安局侦破部督“4.1”非法制造买卖爆炸物案专案组	集体二等功	福建省公安厅
晋江市公安局刑侦大队	全省公安机关执法示范单位	福建省公安厅
晋江市公安局经侦大队	全省公安机关‘猎狐2015’专项行动成绩突出集体	福建省公安厅
晋江市公安局治安大队	全省公安机关执法示范单位	福建省公安厅
晋江市公安局交警大队	全省公安机关执法示范单位	福建省公安厅
晋江市公安局警务保障室	全省公安机关‘210工程’建设成绩突出先进集体	福建省公安厅
晋江市公安局罗山派出所	全省公安机关执法示范单位	福建省公安厅
晋江市公安局内坑派出所	全省公安机关执法示范单位	福建省公安厅
晋江市公安局龙湖派出所	全省公安机关派出所文化环境建设评比活动一等奖	福建省公安厅
晋江市东石镇人民政府	第二届福建省热心消防公益事业先进集体	福建省公安厅
福建纸匠文化科技股份有限公司	福建省2016年高新技术企业	福建省科学技术厅 福建省财政厅 福建省国家税务局 福建省地方税务局
泉州市新宏色彩信息科技有限公司	福建省2016年高新技术企业	福建省科学技术厅 福建省财政厅 福建省国家税务局 福建省地方税务局
晋江市农产品质量安全监督管理站	2012-2015年度全省农业系统先进集体	福建省人力资源和社会保障厅 福建省农业厅
晋江市司法局	2011-2015年全省法治宣传教育先进县（市、区）	中共福建省委宣传部 福建省司法厅 福建省依法治省领导小组办公室
中共晋江市委宣传部	2015年度全省宣传文化系统舆情信息工作先进单位	福建省委宣传部
中共晋江市委宣传部	2015年度全省宣传文化系统调研和部刊工作先进单位	福建省委宣传部
中国联合网络通信有限公司晋江市分公司	2015年度福建省“安康杯”竞赛先进单位	福建省总工会 福建省安全生产监督管理局
泉州市烟草公司晋江分公司	2015年度福建省“安康杯”竞赛先进单位	福建省总工会 福建省安全生产监督管理局
福建晋江天然气发电有限公司设备部热控班组	2015年度福建省“安康杯”竞赛先进班组	福建省总工会 福建省安全生产监督管理局
福建晋江天然气发电有限公司设备部	2015年度福建省“安康杯”竞赛先进班组	福建省总工会 福建省安全生产监督管理局
福建大发科技集团有限公司整浆并班组	2015年度福建省“安康杯”竞赛先进班组	福建省总工会 福建省安全生产监督管理局
国网福建晋江市供电有限公司青阳运维站	2015年度福建省“安康杯”竞赛先进班组	福建省总工会 福建省安全生产监督管理局
晋江市公安局出入境管理大队	省级“五一先锋号”	福建省总工会
福建广电网络集团晋江分公司	2015年度全省广电网络系统优秀县（区）分公司	福建广电网络集团
福建广电网络集团晋江分公司市场营销部	2015年度全省广电网络系统优秀团队	福建广电网络集团

续表

获奖单位	奖励名称	颁奖单位
福建广电网络集团晋江分公司龙湖广电网络站	2015年度全省十佳乡镇广电网络站	福建广电网络集团
晋江市妇联	2012-2015年度福建省妇联系统先进集体	福建省人力资源开发办公室 福建省妇女联合会
晋江市	福建省科普示范县（市、区）	福建省科学技术协会
工商银行晋江分行营业部	五星级服务网点	福建省银行业协会
晋江市价格认定中心	全国价格认定机构先进单位	国家发展和改革委员会价格认证中心
泉州晋江机场股份有限公司安检站	2016-2018年省级青年文明号	福建省创建青年文明号活动组委会办公室
晋江市公安局灵源派出所	2016-2018年省级青年文明号	福建省创建青年文明号活动组委会
晋江市纪委宣传部	2016年度《中国纪检监察》学刊、用刊工作先进单位	中国纪检监察杂志社
晋江农商银行	福建农信系统2015年度经营管理十强	福建省农村信用社联合社
中共晋江市委报道组	福建日报2015年度十佳报道组	福建日报社
晋江市人武部党委	先进团级党委	福建省军区党委
晋江市教育系统关工委	2016年全省教育关工委先进集体	福建省教育系统关工委
福建晋江天然气发电有限公司财务部	会计报告报送竞赛评比一等奖	福建能源集团
晋江市深沪镇璧山社区居委会	文明社区	中共泉州市委 市政府
中共晋江市委编办	泉州市2013-2016年度文明单位	中共泉州市委 市政府
晋江市	2016年度各县（市、区）绩效评估第二名	中共泉州市委 市政府
中共晋江市金井镇南江村支部委员会	泉州市先进基层党组织	中共泉州市委
中国电信晋江分公司党总支	2016年先进基层党组织	中共泉州市委
福建省晋江优兰发纸业有限公司	2015年度泉州市科技重大贡献奖	泉州市人民政府
泉州华祥纸业有限公司	2015年度泉州市科技进步奖二等奖	泉州市人民政府
福建省晋江优兰发纸业有限公司	2016年度泉州市科技进步奖一等奖	泉州市人民政府
福建省铭兴激光科技有限公司	2016年度泉州市科技进步奖三等奖	泉州市人民政府

·先进个人·

【获省部级表彰的先进个人】

表27

2016年晋江市获省部级表彰的先进个人名表

姓名	籍贯	工作单位	奖励名称	奖励单位
颜呈矿	晋江安海	晋江市经信局	全国纺织工业先进工作者	人力资源和社会保障部 中国纺织工业联合会
张辉扬	安溪	晋江市烟草专卖局	全国卷烟打假先进个人	公安部 国家烟草专卖局
蔡育树	石狮永宁	晋江市科协	全国科普工作先进工作者	科技部 中共中央宣传部 中国科学技术协会
庄志坚	晋江梅岭	晋江市殡管所	殡葬改革先进个人	民政部
李友加	晋江罗山	晋江市农业局	全国农业先进个人	农业部
陈瑞伟	晋江安海	晋江市地震办公室	2016年度全国市县防震减灾人员考核先进工作者	中国地震局
王颖芳(女)	晋江池店	晋江市总工会	2014-2015年度全国“安康杯”竞赛优秀个人	中华全国总工会 国家安全生产监督管理总局
黄颖峰	南安	国网晋江市供电公司	2014-2015年度全国“安康杯”竞赛优秀个人	中华全国总工会 国家安全生产监督管理总局
陈建全	惠安	晋江市邮政公司	2014-2015年度全国“安康杯”竞赛优秀个人	中华全国总工会 国家安全生产监督管理总局
余永成	永春	泉州出入境检验检疫局晋江办事处	2016年度党建和思想政治工作论文评选三等奖	国家质检总局
肖文书	晋江东石	晋江市池店镇人民政府	2012-2014年度计划生育先进工作者	福建省人民政府

【获地厅级表彰的先进个人】

表28

2016年晋江市获地厅级表彰的先进个人名表

姓名	籍贯	工作单位	奖励名称	奖励单位
余永成	永春	泉州出入境检验检疫局晋江办事处	2015年度福建检疫系统先进个人	福建出入境检验检疫局
余永成	永春	泉州出入境检验检疫局晋江办事处	2015年度福建检疫系统优秀党支部书记	中共福建出入境检验检疫局党组
徐小伟(女)	湖北荆州	泉州出入境检验检疫局晋江办事处	2016年度青年岗位能手竞赛动植检岗三等奖	福建出入境检验检疫局
王凤平(女)	山东荷泽	泉州出入境检验检疫局晋江办事处	2016年度青年岗位能手竞赛食品标签检验岗二等奖	福建出入境检验检疫局
谢丽明(女)	泉州洛江	晋江市人民检察院	2015年度全省检察机关信息工作先进个人	福建省人民检察院

续表

姓名	籍贯	工作单位	奖励名称	奖励单位
周鑫希（女）	宁德屏南	晋江市人民检察院	全省检察机关首届新媒体30强评选活动中，被评为优秀编辑	福建省人民检察院
罗明芳（女）	三明尤溪	晋江市人民检察院	全省优秀公诉人	福建省人民检察院
王璜瑜（女）	泉州鲤城	晋江市人民检察院	全省侦查监督业务标兵	福建省人民检察院
冯　洁（女）	湖北武汉	晋江人民法院	全省民商事审判先进工作者	福建省高级人民法院
黄永星	晋江安海	晋江人民法院	全省法院党建工作先进个人	福建省高级人民法院
蔡鸿铭	晋江永和	晋江人民法院	全省法院党建工作先进个人	福建省高级人民法院
阮　芳（女）	四川宜宾	晋江人民法院	全省法院党建工作先进个人	福建省高级人民法院
陈凯思	晋江罗山	晋江人民法院	全省法院党建工作先进个人	福建省高级人民法院
林雅思（女）	晋江陈埭	晋江人民法院	全省法院党建工作先进个人	福建省高级人民法院
傅贵华（女）	龙岩连城	福建麦都食品发展有限公司	福建省百万职工“五小”创新大赛二等奖	福建省总工会
何秀凤（女）	晋江灵源	晋江市第二实验幼儿园	2015年福建省五一劳动奖章	福建省总工会
郭协力	石狮	晋江市医院	2015年福建省五一劳动奖章	福建省总工会
任达树	贵州松桃	福建省晋江市佶龙机械工业有限公司	2015年福建省五一劳动奖章	福建省总工会
许贻亮	晋江东石	晋江市第二实验小学	2015年福建省五一劳动奖章	福建省总工会
范军贤	南平顺昌	晋江市公安局交警大队	2016年“福建省金牌工人”	福建省总工会
张雪红（女）	江苏徐州	福建晋江天然气发电有限公司	福建省五一巾帼标兵	福建省总工会
王颖芳（女）	晋江池店	晋江市总工会	2015年度福建省“安康杯”竞赛优秀组织个人	福建省总工会 福建省安全生产监督管理局
张燕婷（女）	晋江磁灶	福建广电网络集团晋江分公司	2015年度全省广电网络十佳营业员	福建广电网络集团
施聪伟	晋江龙湖	福建广电网络集团晋江分公司	福建广电网络集团2015-2016年度优秀党务工作者	中共福建广电网络集团委员会
柯国林	莆田秀屿	中共晋江市委宣传部	2015年度全省宣传文化系统调研和部刊工作先进个人	中共福建省委宣传部
刘旭磊	山东烟台	福建广电网络集团晋江分公司	福建省第一届光传输职工职业技能竞赛三等奖	福建省通信管理局 福建省人力资源和社会保障厅 福建省总工会 共青团福建省委

续表

姓名	籍贯	工作单位	奖励名称	奖励单位
周　莹（女）	南安	民进晋江市总支部	全省统战系统先进工作者	中共福建省委统战部 福建省人力资源和社会保障厅
杜建超	泉州洛江	动物卫生监督所	2012-2015年度全省农业系统先进工作者	福建省人力资源和社会保障厅 福建省农业厅
张　飞	内蒙古包头	晋江市公安局指挥中心	个人二等功	福建省公安厅
王彬辉	晋江安海	晋江市公安局灵源派出所	个人二等功	福建省公安厅
王维柱	晋江东石	晋江市公安局治安大队	个人二等功	福建省公安厅
邱德民	龙岩上杭	晋江市公安局禁毒大队	个人二等功	福建省公安厅
洪松派	晋江金井	晋江市公安局磁灶派出所	个人三等功	福建省公安厅
蒋灿阳	晋江金井	晋江市公安局巡特大队	个人三等功	福建省公安厅
蔡鸿群	晋江东石	晋江市公安局出入境大队	清查“三非”成绩突出个人	福建省公安厅
洪进南	晋江英林	晋江市公安局	个人二等功	福建省公安厅
周剑华	晋江金井	晋江市公安局治安大队	2013-2015年度全省卷烟打假打私工作成绩突出个人	福建省烟草局 福建省公安厅
张小聪	漳州漳浦	福建纸匠文化科技股份有限公司	第十三届“福建青年五四奖章”	共青团福建省委 福建省青年联合会
洪炳文	晋江英林	福建柒牌集团有限公司	第十三届“福建青年五四奖章”	共青团福建省委 福建省青年联合会
黄子龙	惠安	晋江市公安局政工室	2015年度福建省优秀共青团干部	共青团福建省委
粘文俊	晋江龙湖	民盟晋江市委会	2014—2015年度民盟福建省组织建设工作先进个人	民盟福建省委
雷翠云（女）	晋江梅岭	民盟晋江市委会	2014—2015年度民盟福建省思想宣传工作先进个人	民盟福建省委
詹燕清（女）	晋江安海	晋江市公安局巡特大队	福建省三八红旗手	福建省妇女联合会
詹燕清（女）	晋江安海	晋江市公安局巡特大队	全省政法系统百优最美家庭	福建省委政法委 福建省妇联
龚志勇	石狮	晋江市公安局指挥中心	全省政法系统百优最美家庭	福建省委政法委 福建省妇联
张家团	南安	晋江市公安局交警大队	全省政法系统百优最美家庭	福建省委政法委 福建省妇联
毛娟文（女）	福州闽清	福建省晋江市地方税务局	全省最美家庭	福建省妇女联合会

续表

姓名	籍贯	工作单位	奖励名称	奖励单位
许茵茵（女）	晋江英林	晋江农商银行	“福建省三八红旗手”	福建省妇女联合会
詹燕清（女）	晋江安海	晋江市公安局巡特大队	福建省消防官兵十佳好妻子	武警福建省消防总队 建省妇女联合会
陈加平	南安柳城	晋江消防大队陈埭中队	优秀共产党员十佳优秀指导员	武警福建省消防总队
李　兵	江西南丰	晋江消防大队安海中队	十佳执勤中队长助理	武警福建省消防总队
刘　剑	湖南安化	晋江消防大队陈埭中队	十佳政府专职消防队员	武警福建省消防总队
肖荣荣（女）	晋江东石	中共晋江市委宣传部	福建省第四期社科知识有奖竞答活动优秀先进个人	福建省社科联
谢佩龙	南安	中共晋江市委宣传部	福建省第五期社科知识有奖竞答活动最佳先进个人	福建省社科联
李小清	福州长乐	晋江市人武部后勤科	后勤工作先进个人	福建省军区后勤部
曾宝架	晋江东石	晋江市东石中学	2015年福建省中学教师“说题”比赛三等奖	福建省教育学院 福建省教育学会
蔡丽华（女）	晋江东石	晋江市福利厂	福建省老年体育健身优秀辅导员	福建省老年人体育协会
许艺珊（女）	漳州诏安	晋江市人民法院	中国审判兴安杯征文二等奖	最高人民法院人民法院出版社 中国审判杂志社
王清镇	晋江新塘	晋江市人民法院	中国审判论坛“和平杯”立案登记制改革与诉权保障征文二等奖	最高人民法院人民法院出版社 中国审判杂志社
黄金菊（女）	南安	晋江市人民法院	中国审判论坛“和平杯”立案登记制改革与诉权保障征文二等奖	最高人民法院人民法院出版社 中国审判杂志社
曾摩托	晋江永和	晋江市人民法院	中国审判“人民法院诉讼服务中心建设工作”主题征文三等奖	最高人民法院人民法院出版社 中国审判杂志社
彭志翔	泉州洛江	晋江市纪委	2016年度《中国纪检监察》学刊用刊工作先进工作者	中国纪检监察杂志社
甘泽阳	惠安	晋江市人民检察院	全国检察机关“两学一做”新媒百优称号	检察日报社
林承狮	晋江永和	晋江市审计局	2016年度全国审计通联工作先进个人	审计署中国时代经济出版社
赖礼宣	德化	晋江农商银行	全国金融青年岗位能手	中央金融团工委 全国金融青联
莫松霖	晋江紫帽	晋江市季延初级中学	2015年度最美中学生	团中央学校部 全国学联秘书处 中国青年报社
庄子瑜	泉州泉港	晋江市邮政业发展中心	2016年度邮政行业“优秀通讯员”	中国邮政快递报社

续表

姓名	籍贯	工作单位	奖励名称	奖励单位
姚煜娟(女)	晋江内坑	中共晋江市委宣传部	2015年度福建日报“十佳通讯员”	福建日报报业集团
杨煌程	泉州鲤城	晋江市公安局英林派出所	泉州市优秀党务工作者	中共泉州市委
钟荣茂	晋江内坑	晋江市青阳街道办事处	泉州市优秀党务工作者	中共泉州市委
洪进南	晋江英林	晋江市公安局	泉州市优秀共产党员	中共泉州市委
黄拥护	晋江东石	晋江市东石镇檗谷村委会	泉州市优秀党务工作者	中共泉州市委
叶佩芬(女)	晋江东石	晋江市人民法院	泉州市优秀党务工作者	中共泉州市委
陈孟建	晋江磁灶	晋江市磁灶镇前尾村党支部	泉州市优秀共产党员	中共泉州市委
林建杯	晋江池店	晋江市池店镇赤塘村	泉州市优秀党务工作者	中共泉州市委
林时就	晋江内坑	晋江市罗山街道办事处	泉州市优秀党务工作者	中共泉州市委
傅贵华(女)	龙岩连城	福建麦都食品发展有限公司	泉州市科学技术奖	泉州市人民政府
李志斌	泉州鲤城	福建麦都食品发展有限公司	泉州市科学技术奖	泉州市人民政府

·热心家乡公益事业的单位及基金·

福建兰峰地产开发有限公司
晋江市晋龙实业发展有限公司
福建省晋江市泰禾服装有限公司
三六一度(中国)有限公司
福建省好邻居食品工业有限公司
晋江市亿泰鞋用材料有限公司
晋江新天物流有限公司
福建闽海石化有限公司
福建晋兴集团有限公司
卡尔美(中国)有限公司
丁和木家族慈善基金会
中国斯兰集团
泉州金威集团(蔡金榜)
旅菲福田同乡会
达发物流公司
古安村陈氏乡亲
古安坑西旅菲同乡会
李德谦基金会
石狮市信佳电子有限公司
旅菲福全同乡会
恒安国际集团
福建好来屋食品工业有限公司慈善基金
福建省泉州喜多多食品有限公司
安海医院生命救助慈善基金
见义勇为慈善基金
精准扶贫基金
安海教育发展慈善基金
爱警基金
必应茶有限公司
侨成集团
芙蓉基金会
德尔惠(中国)晋江有限公司
晋江惠风置业有限公司
佳辉(福建)陶瓷有限公司
劲霸(中国)经编有限公司
钿华基金
欧阳良楠夫妇慈善教育纪念
欧阳钟义伉俪慈善基金
虹兴拉链、华伦世家服饰
新世界印花厂
香港东石镇同乡联谊、侨声中学香港校友会
加伶、秀差家族教育基金
柯子安家族教育基金
柯贤独家族教育基金
柯贤伦、刘幼末家族教育基金
柯子博、林花片家族教育基金
柯尊墟、陈丽雅家族教育基金
柯贤岁、洪秀寒家族教育基金

·热心家乡公益事业的人士·

青阳街道

林水杰(莲屿社区)　庄美影(莲屿社区)　张惠琴(曾井社区)　张长春(曾井社区)
丁玉璇(阳光社区)　廖金堆(阳光社区)　王水源(高霞社区)　庄鸿辉(青华工业区)
陈桂枝(洪宅埃)　陈志谋　柯文化　蔡世团　李国兴　陈永福

梅岭街道

苏千墅(桂山社区)　李振家

西园街道

何棋松(砌田社区)

罗山街道

吴文盼

灵源街道

王荣号(大山后社区)

新塘街道

王孝沛(沙塘社区)	王文默(沙塘社区)	王良星(沙塘社区)	柯志民(上郭社区)	柯孙福(上郭社区)
王文坦(杏坂社区)	柯鸿振(杏坂社区)	陈清斯(后库社区)		

陈埭镇

陈山海(岸兜)	丁和木(岸兜)	丁家泰(岸兜)	丁建通(江头)	丁文镇(江头)
丁海瑞(江头)	林清贤(桂林)	林明伟(桂林)	林志民(桂林)	林海茶(宫口)
丁宗寅(四境)	林文健(洋埭)	陈久治(庵上)	丁金朝(溪边)	

池店镇

杨建辉(池店村)	张维建(池店村)	朱浴龙(霞福)	朱国祯(霞福)	朱添福(霞福)
朱仲伟(霞福)	朱和平(霞福)	曾瑞油(御辇)	林建明(古福)	

磁灶镇

王险治(磁灶居)	吴永忠(磁灶居)	吴敬章(磁灶居)	吴聪林(磁灶居)	吴迎接(磁灶居)
吴稳步(磁灶居)	吴普查(磁灶居)	吴景生(磁灶居)	吴金标(磁灶居)	王丽观(磁灶居)
吴湘江(磁灶居)	吴荣华(磁灶居)	吴天国(磁灶居)	吴志杰(磁灶居)	吴良景(大埔)
吴家柿(大埔)	王永气(前尾)	陈孟建(前尾)	王乌番(前尾)	王清历(前尾)
王金档(前尾)	王水禁(前尾)	陈金埕(前尾)	吴泉江(下官路)	吴忠义(下官路)
吴文程(下官路)	吴永新(下官路)	张以利(张林)	张长文(张林)	张良碧(张林)
张肖峰(张林)	陈传基(大宅)	陈金盾(大宅)	苏国川(钱坡)	陈文择(琼瑶)
庄清乐(锦美)	张儒德(上厝)	吴笙福、吴欢俊(三吴)	苏振佳 吴炳辉	吴瑞彪 吴金针

英林镇

洪肇战(英林村)	洪忠信(英林村)	洪文化(英林村)	洪于枫(英林村)	洪文协(英林村)
洪联煌(英林村)	洪英塔(英林村)	洪英内(英林村)	洪文提(英林村)	洪清楚(英林村)
洪文革(英林村)	洪天高(英林村)	洪东群(英林村)	洪时文(英林村)	洪于桥(英林村)
洪世纯(英林村)	洪志谅(英林村)	刘加业(英林村)	洪春节(英林村)	柯文华(英林村)
洪肇明(英林村)	洪祖典(英林村)	洪肇明家族(英林村)	洪清江、施明丽贤伉俪(英林村)	
欧阳连团伉俪(三欧)	欧阳明士(三欧)	刘加业(三欧)	欧阳为行(三欧)	欧阳明纯(三欧)
洪清纯(三欧)	洪金殿(陈山)	洪连灯(陈山)	洪祖柏、洪祖侨(陈山)	洪文勇(陈山)
洪文乾(陈山)	洪祖利(陈山)	洪祖退(陈山)	张建任(嘉排)	张子概(嘉排)
权书娴(嘉排)	王槐荣、王瑛材(嘉排)	姚文艺(嘉排)	洪于涯(西埔)	洪文协(西埔)
洪朝珠(西埔)	洪我海(西埔)	洪光椅(钞井)	洪清伟(钞井)	洪祖典(钞井)
洪青山(高湖)	洪少秩(高湖)	洪少奕(高湖)	李文栽(谢厝街)	谢东辉(谢厝街)
谢天恩(谢厝街)	洪肇坚(龙西)	洪连江、林秀偏伉俪(龙西)		洪常青(龙西)
洪友朋(龙西)	张良灏(柯坑)	张雄文(柯坑)	林见礼(港塔)	欧阳培香(港塔)
吴天文(东埔)	苏嘉鸿(湖尾)	许宏全(埭边)		

永和镇

庄清源(永和村)	庄德尖(永和村)	姚建基(永和村)	姚建筑(永和村)	许远南(永和村)
蔡世杰(玉湖)	蔡文急(玉湖)	蔡育腾(玉湖)	蔡清涵(玉湖)	翁文平(玉湖)
蔡世传(玉湖)	蔡衍贵(后埔)	蔡衍添(后埔)	蔡金钟(后埔)	蔡衍东(后埔)
庄孙美(后埔)	陈良岩(古厝)	陈文景(古厝)	陈玉仁(古厝)	陈潢林(古厝)
陈荣炼(茂亭)	陈长州(茂亭)	陈文握(茂亭)	林天恩(巴厝)	林树铜(巴厝)

林　传（马坪）　林华成（马坪）　蔡金盾（刈山）　蔡自然（刈山）　施钊潘（福田）
施彩玉（福田）　王诗祥（玉溪）　李清茂（玉溪）　蔡坤耀（坂头）　吴秀丽（力争）
林清海（锦岭）　许金岑（英墩沪坑）　蔡清来、许金枝夫妇（山前）　许四川（坂头工业区）
蔡天锡　蔡衍远　姚加督　姚志文　姚庆生

紫帽镇

蔡荣万（塘头）　曾论水（洋店）

东石镇

蔡石码、蔡芙蓉伉俪（一居）　蔡文雄、周宝青伉俪（一居）　叶文楣、蔡美旋伉俪（一居）
黄书镇（二居）　黄文集（二居）　黄家合（二居）　蔡志超（三居）　蔡长质（五居）
萧自能（萧下）　萧其旋（萧下）　萧子超（萧下）　萧佳煌（萧下）　萧孙庆、萧孙喜、萧孙镛昆仲（萧下）
张年习（大房）　张朝群（大房）　许联才（许西坑）　许春景（许西坑）　孙晋忠（塔头孙）
孙文俊（塔头孙）　陈明旭（光渺）　陈明金（光渺）　蔡文用（东埕）　蔡礼岳（梅峰）
陈诗照（平坑）　刘天遵（塔头刘）　王天对、王丽宣伉俪（埔头）　许金钱（大房）
周鸿图（白沙）　王清渺（张厝）　张百显、曾能辉伉俪（潘径）　刘基安（刘厝）
吴辉体（三乡）　蔡长清、萧月明伉俪　陈强韧　曾淑霞　张忠贤
杨荣春　黄共流　蔡裕泰　蔡天守　王一平　张百苏　蔡上新、郭颖桥　许大座、许水深昆仲
蔡崇河、杨玲玲伉俪　蔡小兵、黄良玉伉俪　蔡尚切、施丽星伉俪　蔡其猛、施婉艺伉俪
蔡扶持、蔡聪英伉俪　颜文远、宋培英伉俪　曾云松、曾莎菲伉俪　蔡振沛、施敏丽伉俪
张朝群、张亮亮伉俪　温文墩、蔡彩霞伉俪　温奕明、龚迎迎伉俪　蔡海滨、黄佩云伉俪
黄辉城、黄秀美伉俪　王书侯、施珊娜伉俪

安海镇

许连捷（后林）　许连批（后林）　许健康（溪边）　吴清标（安平）　许文默
赖新达　吴华春　柯金鏢　陈永建　张秀惠
吴秀冬　吴鸿岩　蔡笃顶　许金成　苏义阳
吴文礼

金井镇

周永伟（金井居）　陈永培（金井居）　李子超（石圳）　李天基（石圳）　李家骐（石圳）
李经伟（石圳）　李加强（石圳）　李黄顺艺（石圳）　李昭拔家属（石圳）　李昭北家属（石圳）
李昆明昆仲（石圳）　李楚生、李王文娟伉俪（石圳）　李贻廉、李许美玲伉俪（石圳）
李集招、李黄鹏修伉俪（石圳）　李四彬、潘明燕伉俪（石圳）　吴志文（围头）
陈跃团（围头）　洪祖求（围头）　洪金杯（围头）　洪文华、谢清瑜伉俪（围头）
林伟雄（福全）　苏荣祥（福全）　陈德茂（福全）　蒋建新（福全）　王松龄（三坑）
许文帛（三坑）　施仲益（山苏）　施良帛（山苏）　王远铭（丙洲）　王珍评（丙洲）
陈祖昌（溜江）　李东昌（南江）　曾景曙（新市）　黄世育（古安）　洪宝塔（玉山）
杨荣华（岩峰上清）

龙湖镇

吴永超（锡坑）　施能狮（衙口）　施清溪（前港）　施东海（前港）　施议树（钞厝）
吴长盾（吴厝）　施远迎（南庄）　施纯锡（信诚工业区）

内坑镇

尤文缺（后坑）　尤连嘉（葛洲）

深沪镇

侯长青（璧山）　张国良（璧山）　李建筑（璧山）　陈明达（璧山）　蔡建达（璧山）
吴锡建（璧山）　侯祖悦（璧山）　侯祖怡（璧山）　侯祖彭（璧山）　侯继汉（璧山）
良鹏楼（璧山）　陈绍蛟、李金珠（璧山）　施振忠（东华）　吴永年（东华）　施文彪（东华）
施再生（东华）　林再生（东华）　施能坑（浔光）　许其昌（运伙）　蔡建忠（狮峰）
陈省奎（达丽工业区）

·部分捐资剪影·

慈善基金捐赠
500万元
庄清乐先生

通过晋江市慈善总会定向捐赠
1000万元
舒华股份有限公司

捐给晋江市慈善总会
1000万元
许书典家族慈善基金

芳傳鶴瑞
通过晋江市慈善总会定向捐赠
218万元
柯文华[redacted]美景伉俪

捐赠晋江市慈善总会
叁佰伍拾万元整

人物

●人物简介
●人物表

·新闻人物·

【方怡灿】

2016年4月，福建浔兴拉链科技股份有限公司车间主任方怡灿获全国五一劳动奖章称号。

方怡灿，泉州洛江人，1991年到浔兴公司工作。他是个共产党员，时刻以党员标准严格要求自己，26年来，全心全意为公司发展贡献心力。身为车间主任，他总将自己置身于火热亲切的生产一线，对品质的苛求，真正做到“细节成就品质”。对一些较长、较易出现品质事故的产品，他每条都亲自拉过，有些检验员检验较长拉链时，基本上拉到一半就认为检测到位了，而他不但注重每条拉链的拉感，更是仔细地一直从头拉到尾。为防止拉链出现跳牙、易断等现象，他还将每条拉链钉在桌子上反复拉，哪怕出现一点点的问题都认真挑出来重新返工。

全公司所有的品质事故中，人为失误占有相当大的比重。为让员工重视品质、减少人为失误，方怡灿采取一系列举措。对新进员工，首先，将他们集中起来亲自进行安全、效率、品质等方面座谈；其次，让新员工参加车间所有工序培训，并实行一对一以老带新制度，尽快让新员工上手，且在较短的事时间内让新员工从整体上把握产品质量。当发现员工因客观因素造成品质问题时，他及时找员工谈心。对一些思想波动比较大、有辞职意向的员工，都单独与他们聊天并极力挽留。他关爱员工是出了名的，平时，他经常利用下班后的休息时间到宿舍慰问员工，关心员工的生活情况。他对员工的真诚关爱和品质意识的树立，成品二车间员工的稳定性最高。技能娴熟老员工沉淀越多，品质越有保证。

要长时间稳定产品品质，仅仅靠一个人的影响力是不够的，还需要制度来保障。方怡灿除每日召开早会重点宣传贯彻品质事项外，还建立许多切实可行有效的考核制度，以持续保证良好的产品品质，大大提升员工自检积极性和品质稳定性。

他所负责的车间，有员工398人，平均年龄30岁。车间全体员工倡导“节约成本，降低损耗，改善品质，促进效益”的主导思想。这些年来，车间原材料消耗得到较好的控制，其中主要原材料码装、拉头均比消耗指标下降0.7%以上，生产成本不断降低。面对激烈的市场竞争，车间制定以“狠抓质量，促进效益”为理念的有效措施，不断提升产品质量。车间所生产的成品拉链在国际市场得到客户充分肯定，尤其在土耳其市场，从未接到代理商的任何投诉，代理商认为SBS是仅次于YKK的中国第一品牌。2007年12月，其所在车间被公司命名为“方怡灿车间”，成为晋江市非公企业中唯一以员工名字命名的车间。“方怡灿车间”先后被授予泉州市“工人先锋号”、福建省“工人先锋号”、全国“工人先锋号”等称号。他个人先后获得福建省非公有制经济组织创先争优活动优秀共产党员、晋江市劳动模范等荣誉。

·逝世人物·

【许集美】

中国共产党优秀党员，久经考验的共产主义战士，福建省政协原副主席、晋江籍离休干部许集美，因病医治无效，于2016年4月22日22时25分在福州逝世，享年92岁。28日上午，许集美遗体告别仪式在福州举行。

中共中央总书记习近平对许集美的逝世表示哀悼，对其亲属表示慰问，并送花圈。俞正声、刘云山、孙春兰、赵乐际、胡锦涛、朱镕基、贾庆林、贺国强、卢展工、王兆国等中央领导，中组部、全国政协办公厅，以及尤权、于伟国、张昌平等省领导，全国人大、全国政协专委会领导黄小晶、梁绮萍，省法院、省检察院领导，部分省级老领导，省直有关单位，省有关民主党派、工商联、人民团体，部分港澳社团、乡亲代表和海外人士，部分市县乡村和学校代表以不同方式表示悼念。

告别仪式上，尤权、于伟国、梁绮萍、杨岳、王宁、陈冬、郑晓松、陈桦、张燮飞、刘可清、郭振家、陈荣凯、陈义兴等领导及老干部，向许集美遗体鞠躬默哀，并与其亲属握手表示深切慰问。

许集美，1924年8月1日出生于福建省晋江县。1938—1941年，在安海养正中学读书，并积极参加学生革命活动，1939年10月，加入中国共产党，入党后从事党的地下工作。1940年2月，任养正中学学生党支部书记；1942年1月，任晋江县安海区特派员；1942年9月，任晋（江）、南（安）、惠（安）边区工作委员会书记；1945年5月，起先后任挺进工作队队长、厦门工委书记；1946年7月，任闽中地委委员兼泉州中心县委书记；1948年1月，任闽浙赣人民游击纵队泉州团队指挥员兼政委。中华人民共和国成立后至1966年，历任晋江县委第一书记兼县长、泉州市市长、晋江地委委员、秘书长兼统战部部长、宣传部部长，晋江专署专员，共青团福建省委副书记，三明地委副书记等职。“文化大革命”时受冲击。1971年6月，任莆田地委常委、副书记、地区革委会副主任；1983年2月起，先后担任福建省人民政府侨务办公室副主任、党组成员，福建省华侨投资公司副董事长；1985年10月起，任第五届、第六届福建省政协副主席。1998年12月，离职休养（享受正省级医疗待遇）。

许集美15岁投身革命，从此将自己的一生投入到党和人民的事业之中。抗日战争时期，他不畏艰险开展地下斗争，在晋江、泉州一带发动群众、宣传抗日，发展壮大2000多人的抗日武装。解放战争时期，他在国民党力量十分强大的泉州地区开展反内战、反饥饿、抗捐、抗税、抗征兵等群众运动和游击战争，成功策反三位国民党少将以及国民党325师1000多名官兵起义，对我军顺利解放泉州地区起到重要作用。在泉州中心县委领导下，成功策反国民党“海辽号”轮船起义，中共中央主席毛泽东为此致电嘉勉，中华人民共和国发行纸币中记载“海辽号”起义图案，“海辽号”起义事件永远载入共和国史册。解放后，他先后在晋江、泉州、福州、三明、莆田担任领导职务，为当地工农业生产发展和经济建设做了大量工作。在“反地方主义”中，许集美受到错误处理，在“文化大革命”、“四〇五专案”中，又多次受到迫害打击，身陷囹圄，但他始终坚信党的领导，忠于党的事业。在省政协工作期间，组织带领省政协委员、民主党派人士积极参政议政，提交多份重大的有影响的调研报告，得到中央领导和省领导的高度重视和批示。许集美为改革开放事业做出积极努力。他作风民主、务实、公道、廉洁，思想开拓，敢于负责，在干部群众中威信很高。1993年，从省政协领导岗位退下来后，许集美仍坚持为党、为国家、为人民忘我工作，先后在省老区建设促进会、林则徐基金会、泉州侨乡开发协会、黄仲咸教育基金会等社团担任主要领导职务，在积极弘扬林则徐爱国主义精神、团结华侨、发展社会公益事业等方面发挥了重要作用，特别是为福建老区建设殚精竭虑，作出突出贡献。

许集美离休后，坚决拥护党的领导，一如既往关心党的事业，关心福建改革开放、经济发展和社会进步，关心人民生活，严格要求自己，严格要求家属和身边工作人员，表现出一位老共产党员的忠诚与无私。

【施宣圆】

《晋江文库》整理出版工作委员会特邀委员、晋江市地方志学会高级顾问施宣圆，于2016年7月3日在上海逝世，享年76岁。

施宣圆，晋江市龙湖镇埔头村人，1941年出生，1954年，就读于南侨中学，后考入复旦大学历史学系，1965年，毕业分配到《文汇报》理论部，1994年，评为高级编辑，曾任“学林”专刊主编、上海市历史学会理事、上海市海峡两岸文化交流促进会理事、上海研究中心特邀研究员。2001年退休。

施宣圆先后在《文汇报》“学林”专刊主持孔子问题、国学问题、上海建城时间、中国传统文化和现代化和学术规范等专题讨论，采访过马寅初、顾颉刚、罗尔纲、谢国桢、顾廷龙、谭其骧、陈旭麓、蒋孔阳、蔡尚思等100多位我国学术界著名专家学者，文章多次为《新华文摘》《人民日报》《光明日报》等报刊转载转摘；创办的《中国文化之谜》栏目和《学者与专著》栏目以及编辑的学术文章和采写的新闻，多次获全国和上海好新闻作品奖。著有《徐光启》《蔡锷——护国运动主将》《刘永福》《中华学林名家访谈》，主编《中国文化之谜》《世界文化之谜》《中国文化辞典》《上海七百年》和《中华学林名家文萃》等，其中《千古之谜——中国文化500疑案》和《千古之谜——世界文化500疑案》荣获第五届全国图书“金钥匙”奖一等奖。

【陈世狮】

晋江市人大常委会原主任陈世狮因病医治无效，于2016年12月8日逝世，享年83岁。

陈世狮，1934年12月出生于泉州市洛江区，1953年3月加入中国共产党。1951年3月参加工作，先后在河市区、晋江县第三区任职。1955年4月至1958年3月，带领民工参加鹰厦铁路、4582工地（晋江机场）建设；1958年4月至1960年10月，任中共晋江县委办公室干事、秘书；1960年11月至1966年1月，任晋江县深沪人民公社党委副书记、书记；1966年2月，任惠安县山腰社教分团副团长，同年12月至1969年10月，任晋江县人民政府副县长；1969年11月至1975年10月，先后任晋江县干宣队队员、县直蹲点工作组组员、山美水库晋江民工团副团长、晋江县粮食局科长；1975年11月至1978年2月，任晋江县委办公室主任；1978年3月至1979年10月，任晋江县革委会副主任；1979年11月至1987年10月，任晋江县人民政府副县长；1987年11月至1990年10月，任晋江县第十届人大常委会主任。1988年1月，当选福建省第七届人民代表大会代表。

说明

1. 领导名表收录2016年晋江市党、政、军、统、群及事业单位在职的副科级以上领导人及部分企业负责人。编排原则以“单位系人”,任职上限空白者系2015年12月仍然任职,续任者系2016年继续任职,任职下限空白者系2016年12月仍然任职。专业技术职务人物表,收录2016年度在晋江市批准确认或从外地调入的高级专业技术职务人员。逝世人物表,收录2016年逝世、曾在晋江市(县)担任过副科级以上领导职务或仕外回晋江籍贯地,行政职务副处级以上的人物和离休人员。

2. 本表资料由各有关单位提供,市方志办汇编,市委组织部、老干局、人社局审核。

·领导名表·

一、中共地方组织

(一)中共晋江市委书记、副书记、常委、正处级干部、副处级干部

中共晋江市委书记、副书记、常委、正处级干部、副处级干部名表

表29

职　务	姓　名	籍　贯	任职时间
书　记	李建辉	厦门思明	—2016.6
书　记	刘文儒	德　化	2016.6—
副书记	刘文儒	德　化	—2016.6
副书记	张文贤	安　溪	2016.6—
副书记	曾清金	惠　安	—2016.7
副书记	陈晋永	晋江磁灶	2016.7—
常　委	张文贤	安　溪	—2016.6
常　委	林仁达	南　安	—2016.7
常　委	吴清滨	晋江安海	—2016.7
常　委	陈晋永	晋江磁灶	—2016.7
常　委	许宏程	晋江英林	—2016.6
常　委	王金战	晋江青阳	—2016.7
常　委	林惠玲（女）	泉州丰泽	续任
常　委	许仰东	南　安	2016.1—
常　委	王茂泉	泉州鲤城	2016.7—
常　委	黄文福	晋江金井	2016.7—
常　委	潘子良	浙江温州	2016.7—
常　委	吴忠刘	南　安	2016.7—
常　委	陈长义	晋江罗山	2016.5—
常　委	刘文成	安徽肥东	续任
常委（挂职）	郑亚亮	宁夏呈忠	—2016.8
正处级干部	罗　云	江西南康	续任
正处级干部	薛宗炎	泉州鲤城	续任
副处级干部	吴淞江	晋江安海	2016.5—
副处级干部	张文节	南　安	续任
副处级干部	陈云腾	晋江金井	续任
副处级干部	洪金城	南　安	—2016.7
副处级干部	林　跃	晋江安海	2016.5—

(二)中共晋江市纪委书记、副书记、常委、监察员、检查员

表30　中共晋江市纪委书记、副书记、常委、监察员、检查员名表

职　务	姓　名	籍　贯	任职时间	职　务	姓　名	籍　贯	任职时间
书　记	曾清金	惠　安	—2016.1	正科级监察员	郑燕飞	安　溪	—2016.5
书　记	许仰东	南　安	2016.1—	正科级监察员	吴丽婷(女)	晋江磁灶	续任
副书记	庄祖奇	惠　安	续任	正科级监察员	黄志坤	晋江安海	2016.6—
副书记	陈雄松	石　狮	2016.7—	正科级监察员	庄跃进	晋江梅岭	—2016.10
常　委	郑燕飞	安　溪	—2016.5	正科级监察员	陈少雄	晋江金井	续任
常　委	黄志坤	晋江安海	—2016.6	正科级监察员	许晨辉	泉州鲤城	2016.6—
常　委	蔡韵清(女)	晋江东石	续任	正科级监察员	张瑞雪(女)	泉州洛江	2016.6—
常　委	陈雄松	石　狮	—2016.7	正科级监察员	谢东红	晋江池店	2016.6—
常　委	林海东	泉州泉港	续任	副科级检查员	王文艺	晋江青阳	—2016.7
常　委	郭培源(回)	石　狮	续任	副科级检查员	张彬彬(女)	晋江东石	—2016.6
常　委	蔡龙添	惠　安	2016.6—	副科级检查员	姚思明	晋江内坑	—2016.6

(三)中共晋江市委员会工作机构及直属单位负责人

中共晋江市委员会工作机构及直属单位负责人名表

表31

机构名称	职　务	姓　名	籍　贯	任职时间
办公室	主　任	丁鸿雨(回)	晋江陈埭	—2016.5
	主　任	吴尊意	晋江金井	2016.7—
	副主任	王荣辉	晋江灵源	—2016.5
	副主任	许紫竹	晋江安海	—2016.11
	副主任	柯晓钟	晋江罗山	续任
	副主任	蒋家兴	德　化	续任
	副主任	曾伙明	晋江内坑	2016.6—
	副主任	林灿煌	晋江陈埭	2016.11—
市委综合系统党委	书　记	朱丹红(女)	晋江池店	续任
	专职副书记	蔡祈斌	晋江东石	—2016.11
	专职副书记	宋豫闽	河南确山	2016.11—
市委督查室	主任	陈鑫祥	南　安	续任
保密局	局　长	柯晓钟	晋江罗山	续任
国家密码管理局	局　长	吴炳新	晋江磁灶	续任
党群系统党委	书记	王志宏	晋江灵源	—2016.5
	书记	林嘉达	晋江深沪	2016.11—
	专职副书记	颜呈秒	晋江安海	续任
监察局	局　长	庄祖奇	惠　安	2016.6—
	副局长	吴丽婷(女)	晋江磁灶	续任
	副局长	庄剑泓	晋江青阳	续任
组织部	部　长	林仁达	南　安	—2016.7
	部　长	吴忠刘	南　安	2016.7—
	副部长	王志宏	晋江灵源	—2016.5
	副部长	林嘉达	晋江深沪	续任
	副部长	庄东航	晋江梅岭	续任
	副部长	黄建华	南　安	续任
	副部长	陈进福	晋江磁灶	—2016.7
	副部长	许著赟	晋江安海	2016.12—
机构编制委员会办公室	主　任	陈进福	晋江磁灶	—2016.7
	主　任	杨春雷	晋江龙湖	2016.11—
	副主任	尤国盘	泉州洛江	续任
	副主任	黄文铅	晋江东石	—2016.11
直属机关工作委员会	书记	林仁达	南　安	—2016.7
	书记	吴忠刘	南　安	2016.7—
	副书记	庄东航	晋江梅岭	续任

续表

机构名称	职务	姓名	籍贯	任职时间
非公有制企业党的工作委员会	书记	庄东航	晋江梅岭	续任
	专职副书记	颜才镖	晋江安海	—2016.11
人才办	主任	黄建华	南　安	续任
	专职副主任	蔡文思	晋江永和	续任
宣传部	部　长	林惠玲(女)	泉州丰泽	续任
	副部长	柯国林	莆　田	—2016.11
	副部长	柯荣围	晋江安海	续任
	副部长	陈多多	晋江深沪	续任
	副部长	郑科伟	晋江龙湖	续任
宣传系统党委	书　记	柯国林	莆　田	—2016.11
	书　记	黄华东	南　安	2016.11—
	专职副书记	吴清淡	晋江东石	续任
精神文明建设办公室	主　任	陈多多	晋江深沪	续任
	副主任	吴成业	晋江磁灶	2016.6—
	副主任	李培植	晋江安海	2016.6—
统一战线工作部	部　长	王金战	晋江青阳	—2016.7
	部　长	黄文福	晋江金井	2016.7—
	副部长	曾惠萍(女)	晋江池店	—2016.11
	副部长	陈秋景	晋江永和	续任
	副部长	杨春雷	晋江龙湖	—2016.11
	副部长	范飞跃	晋江金井	2016.11—
	副部长	陈金尚	晋江罗山	2016.11—
统战系统党委	书记	杨春雷	晋江龙湖	—2016.11
	书记	陈金尚	晋江罗山	2016.11—
	专职副书记	侯俊勇	南　安	续任
民族宗教事务局	局长	杨春雷	晋江龙湖	—2016.11
	局长	范飞跃	晋江金井	2016.11—
	副局长	林春旭	晋江磁灶	续任
政法委员会	书　记	吴清滨	晋江安海	—2016.7
	书　记	陈长义	晋江罗山	2016.7—
	副书记	杨思程	晋江陈埭	—2016.11
	副书记	林劲松	晋江安海	续任
政法委员会	副书记	陈清棋	晋江永和	续任
	副书记	王经勤	晋江安海	续任
	副书记	林如欲	晋江陈埭	2016.11—
政法系统党委	书　记	杨思程	晋江陈埭	续任
	专职副书记	王义彬	莆田仙游	续任
社会治安综合治理委员会办公室	主　任	林劲松	晋江安海	续任
事业单位登记管理局	局　长	张谋苗	晋江磁灶	—2016.5
	局　长	杨　彬	晋江新塘	2016.6—
老干局	局　长	林嘉达	晋江深沪	—2016.11
	局　长	许著赞	晋江安海	2016.11—
	副局长	徐定根	江西奉新	—2016.11
	副局长	黄明霞(女)	南　安	—2016.11
	副局长	陈鹭旭	晋江安海	2016.11—
党　校	校　长	曾清金	惠　安	—2016.7
	校　长	陈晋永	晋江磁灶	2016.7—
	副校长(常务)	陈志雄	晋江深沪	—2016.6
	副校长(常务)	戴庆阳	南　安	2016.6—
	副校长	黄华东	南　安	—2016.11
	副校长	许自来	晋江东石	2016.6—
党史研究室	主　任	陈伟荣	晋江安海	续任
	副主任	颜清堤	晋江安海	续任
档案局(馆)	局(馆)长	黄项飞	莆　田	续任
	副局(馆)长	洪春婷(女)	晋江深沪	—2016.11
	副局(馆)长	苏飞武	莆田仙游	续任
信访局	局　长	黄胜鑫	石　狮	—2016.11
	局　长	许小卫	晋江安海	2016.11—
	副局长	蔡婉湞(女)	石　狮	续任
	副局长	曾伙明	晋江内坑	—2016.6
	副局长	朱良志	晋江内坑	2016.6—

（四）中共晋江市纪委工作机构负责人

表32

中共晋江市纪委工作机构负责人名表

机构名称	职务	姓名	籍贯	任职时间
效能监察室	主任	黄志坤	晋江安海	—2016.6
办公室	主任	郭培源(回)	石狮	—2016.6
	主任	黄工作	晋江安海	2016.6—
组织和宣传部	部长	彭志翔	泉州洛江	2016.6—
党风廉政建设室	主任	许晨辉	泉州鲤城	—2016.6
	主任	姚思明	晋江内坑	2016.6—
信访室	主任	张清泉	晋江内坑	续任
案件监督管理室	主任	陈萍萍(女)	南安	2016.6—
第一纪检监察室	主任	苏远志	晋江龙湖	2016.6—
第二纪检监察室	主任	黄进苹	南安	2016.6—
第三纪检监察室	主任	张长仁	晋江梅岭	2016.6—
案件审理室	主任	张瑞雪(女)	泉州洛江	—2016.6
	主任	张彬彬(女)	晋江东石	2016.6—
纪检监察室	主任	谢东红	晋江池店	—2016.6
	主任	林明温	晋江陈埭	2016.6—
执法监察室	主任	林明温	晋江陈埭	—2016.6
宣传教育室	主任	彭志翔	泉州洛江	—2016.6
监察综合室	主任	张长仁	晋江梅岭	—2016.6
非公企业纪委工作室	主任	陈萍萍(女)	南安	—2016.6

（五）各街道党工委负责人

表33

中共晋江市委各街道工作委员会书记、副书记、委员名表

街道	职务	姓名	籍贯	任职时间
青阳	书记	陈东聆(女)	晋江安海	—2016.5
	书记	许长俊	晋江安海	2016.5—
	副书记	吴靖宇	晋江内坑	续任
	副书记	吴青山	石狮	—2016.5
	副书记	王晓人	晋江金井	续任
	副书记	钟荣茂(畲)	晋江内坑	2016.5—
	委员	蔡安怀	晋江梅岭	续任
	委员(秘书)	林水清	晋江陈埭	续任
	组织委员	杨达妮(女)	晋江安海	—2016.5
	组织委员	丁晓岚(女,回)	晋江安海	2016.5—
	宣传委员、统战委员	王荣誉	晋江东石	续任
	委员	王伟	惠安	续任
梅岭	书记	张志雄	晋江安海	—2016.5
	书记	洪长江	晋江东石	2016.5—
	副书记	吴再发	晋江西园	—2016.5
	副书记	洪志强	晋江东石	2016.5—
	副书记	陈文路	晋江罗山	—2016.5
	副书记	吴青山	石狮	2016.5—
	副书记	施金钟	晋江龙湖	续任
	委员	王建回	晋江永和	—2016.5
	委员	吴连坛	晋江龙湖	2016.5—
	委员(秘书)	余洁	福州鼓楼	续任
	组织委员、统战委员	张金龙	晋江磁灶	续任
	宣传委员	谢玉婉(女)	惠安	—2016.5
	宣传委员	洪琼琼(女)	晋江东石	2016.5—
	委员	侯国猛	晋江深沪	续任
西园	书记	许长俊	晋江安海	—2016.5
	书记	林晓为	晋江安海	2016.5—
	副书记	林晓为	晋江安海	—2016.5
	副书记	杨双华(女)	晋江新塘	2016.5—
	副书记	陈松柏	晋江罗山	—2016.5
	副书记	陈文聘	晋江安海	续任
	副书记	吴世春	晋江金井	2016.5—
	委员	陈继祖	晋江罗山	续任
	委员(秘书)	尤国辉	永春	续任
	组织委员、统战委员	吴雅琳(女)	石狮	续任
	宣传委员	陈加星	晋江罗山	—2016.5

续表

街道	职务	姓名	籍贯	任职时间
西园	宣传委员	颜拥军	晋江安海	2016.5—
	委员	颜向阳	晋江安海	续任
罗山	书记	陈文斗	晋江金井	续任
	副书记	张志友	晋江东石	2016.5—
	副书记	曾远漂	晋江安海	续任
	副书记	张连侨	晋江内坑	—2016.6
	副书记	蔡北京	晋江东石	2016.5—
	统战委员	陈海鸣	晋江安海	—2016.5
	委员	庄铭德	晋江梅岭	2016.5—
	委员(秘书)	丁君明(女、回)	晋江安海	—2016.5
	委员(秘书)、统战委员	杨青梅(女)	晋江紫帽	2016.5—
	组织委员	林时就	晋江内坑	—2016.5
	组织委员	粘磊石	晋江深沪	2016.5—
	宣传委员	洪段宏	晋江东石	续任
	委员	张卫东	泉州丰泽	—2016.11
灵源	书记	陈传芳	晋江金井	续任
	副书记	苏振发	南安	续任
	副书记	张小鹏	晋江内坑	续任
	副书记	施伟群	晋江深沪	续任
	委员	苏文璋	晋江安海	—2016.5

街道	职务	姓名	籍贯	任职时间
灵源	委员	陈金元	晋江磁灶	2016.5—
	委员(秘书)	蔡文习	晋江东石	续任
	组织委员	陈俊明	晋江深沪	续任
	宣传委员、统战委员	庄燕燕(女)	晋江青阳	续任
	委员	王彬辉	晋江安海	续任
新塘	书记	洪长江	晋江东石	—2016.5
	书记	洪永胜	晋江英林	2016.5—
	副书记	洪永胜	晋江英林	—2016.5
	副书记	谢建智	石狮	2016.5—
	副书记	柯永顺	晋江安海	—2016.6
	副书记	洪俊杰	晋江金井	续任
	副书记	颜婉媚(女)	晋江安海	2016.5—
	委员	陈达森	晋江金井	—2016.5
	委员	蔡崇伟	晋江安海	2016.5—
	委员(秘书)	尤丁贵	永春	续任
	组织委员、统战委员	施文响	晋江龙湖	—2016.5
	组织委员	周嘉琛	南安	2016.5—
	宣传委员、统战委员	吴友列	晋江磁灶	续任
	委员	郭东汉	晋江罗山	续任

(六) 各镇党委负责人

表34　　中共晋江市各镇党委书记、副书记、委员名表

镇	职务	姓名	籍贯	任职时间
陈埭	书记	潘子良	浙江温州	续任
	副书记	洪建立	晋江英林	—2016.5
	副书记	庄垂生	晋江梅岭	2016.6—
	副书记	曾焕镖	晋江内坑	续任
	副书记	许著赟	晋江安海	—2016.11
	委员	姚庆祝	晋江内坑	续任
	委员(秘书)	许自央	晋江安海	—2016.5
	委员(秘书)	黄贤答	晋江东石	2016.5—
	组织委员	黄贤答	晋江东石	—2016.5
	组织委员	丁永达	晋江陈埭	2016.5—
	宣传委员、统战委员	陈荣辉	晋江西园	续任
	委员	曾朝阳	晋江内坑	续任

镇	职务	姓名	籍贯	任职时间
陈埭	委员	李建设	晋江梅岭	—2016.6
池店	书记	许畴料	晋江东石	续任
	副书记	庄垂生	晋江梅岭	—2016.5
	副书记	李章凯	晋江金井	2016.6—
	副书记	许小卫	晋江安海	—2016.11
	副书记	庄自宝	晋江梅岭	续任
	委员	叶志明	晋江东石	—2016.5
	委员	王振峰	晋江新塘	2016.5—
	委员(秘书)	蔡永钦	晋江金井	续任
	组织委员	吕少欣	晋江深沪	2016.5—
	组织委员、统战委员	陈流恭	晋江罗山	—2016.6
	宣传委员、统战委员	叶志明	晋江东石	2016.5—

续表

镇	职　务	姓　名	籍　贯	任职时间
池店	宣传委员	吴成业	晋江磁灶	—2016.5
	委　员	陈志远	泉州泉港	续任
安海	书　记	李志强	晋江池店	—2016.6
	书　记	唐春晓	晋江池店	2016.5—
	副书记	唐春晓	晋江池店	—2016.5
	副书记	张健龙	晋江内坑	2016.5—
	副书记	张志友	晋江东石	—2016.5
	副书记	张清山	晋江东石	续任
	副书记	曾焕铁	晋江新塘	2016.5—
	委　员	赖渠鸿	晋江西园	—2016.5
	委　员	林俊伟	晋江罗山	2016.5—
	委员（秘书）	姚建源	晋江内坑	—2016.5
	委员（秘书）	王耀民	晋江罗山	2016.5—
	组织委员	蔡少林	晋江永和	—2016.6
	组织委员	王晓闽	晋江新塘	2016.5—
	宣传委员、统战委员	张培良	惠　安	续任
	委　员	李章其	晋江金井	续任
磁灶	书　记	张汉杰	晋江内坑	—2016.5
	书　记	黄延艺（女）	晋江安海	2016.5—
	副书记	黄延艺（女）	晋江安海	—2016.5
	副书记	王志宏	晋江灵源	2016.6—
	副书记	曾勇军	晋江罗山	—2016.6
	副书记	张振铃	晋江内坑	续任
	副书记	陈礼新	永　春	2016.5—
	委　员	蔡辉煌	晋江安海	—2016.5
	委　员	曾培镜	晋江青阳	2016.5—
	委员（秘书）	许泳泳（女）	晋江安海	—2016.5
	委员（秘书）	张广德	广东普宁	2016.5—
	组织委员	吴松江	晋江东石	续任
	宣传委员、统战委员	张步贤	晋江东石	—2016.5
	宣传委员、统战委员	杨志远	晋江新塘	2016.5—
	委　员	洪松派	晋江金井	—2016.6
内坑	书　记	连建筑	晋江安海	—2016.5
	书　记	张劲竹	晋江英林	2016.5—
	副书记	张劲竹	晋江英林	—2016.5

镇	职　务	姓　名	籍　贯	任职时间
内坑	副书记	陈其昌	晋江深沪	2016.6—
	副书记	朱新旭	晋江池店	—2016.5
	副书记	张建群	晋江金井	续任
	副书记	王景珊	南　安	2016.5—
	委　员	许添福	晋江东石	—2016.5
	委　员	王宁强	晋江安海	2016.5—
	委员（秘书）	张东奇	惠　安	续任
	组织委员、统战委员	高斓斓（女）	晋江安海	续任
	宣传委员	庄铭河	晋江青阳	续任
	委　员	林宏展	晋江安海	—2016.6
紫帽	书　记	李逊庆	晋江青阳	—2016.5
	书　记	吴再发	晋江西园	2016.5—
	副书记	柯枫伟	晋江安海	续任
	副书记	蔡龙添	惠　安	—2016.6
	副书记	王剑鸿	石　狮	2016.5—
	副书记	郑伟军	安　溪	续任
	委　员	廖智华	三明大田	2016.6—
	委员（秘书）、宣传委员、统战委员	陈建辉	晋江磁灶	2016.5—
	委员（秘书）	洪琼琼（女）	晋江东石	—2016.5
	组织委员	庄跃聪	晋江梅岭	续任
	宣传委员	林文尚	晋江内坑	—2016.5
	委　员	陈黄河	晋江东石	—2016.6
东石	书　记	吴淞江	晋江安海	—2016.5
	书　记	洪建立	晋江英林	2016.5—
	副书记	颜宏达	晋江安海	—2016.5
	副书记	李德铭	晋江池店	2016.6—
	副书记	戴庆阳	南　安	—2016.6
	副书记	曾志协	晋江金井	续任
	副书记	吴志峰	晋江安海	2016.5—
	委　员	王振峰	晋江新塘	—2016.5
	委　员	蔡达峰	晋江安海	2016.5—
	委员（秘书）	姚远志	晋江内坑	续任
	组织委员	吴黎水	晋江灵源	—2016.5
	组织委员	颜秋娥（女）	晋江安海	2016.5—

续表

镇	职　务	姓　名	籍　　贯	任职时间
东石	宣传委员、统战委员	陈少慰	晋江金井	续任
	委　员	龚志勇	石狮永宁	—2016.11
永和	书　记	李德铭	晋江池店	—2016.5
	书　记	吴超鹏	泉州鲤城	2016.5—
	副书记	王沂鸿	山东临沂	—2016.5
	副书记	陈荣松	晋江罗山	2016.6—
	副书记	邱良须	石　　狮	续任
	副书记	王剑鸿	石　　狮	—2016.5
	副书记	陈永溪	晋江安海	2016.5—
	委　员	罗　健	江西赣州	续任
	委员(秘书)	张清源	晋江英林	—2016.5
	委员(秘书)	王振明	晋江青阳	2016.5—
	组织委员、统战委员	陈德意	晋江罗山	续任
	宣传委员	王银姬(女)	晋江新塘	续任
	委　员	张贻东	晋江磁灶	—2016.6
英林	书　记	陈长义	晋江罗山	—2016.5
	书　记	李安辉	晋江池店	2016.5—
	副书记	李安辉	晋江池店	—2016.5
	副书记	陈东聆(女)	晋江安海	2016.6—
	副书记	蔡金章	晋江深沪	续任
	副书记	蔡惠琼	晋江紫帽	—2016.6
	副书记	许国鑫	晋江龙湖	2016.5—
	委　员	林炳辉	晋江永和	续任
	委员(秘书)	陈清漂	晋江永和	续任
	组织委员	陈锡岑	晋江罗山	—2016.6
	组织委员	郑英奇	晋江安海	2016.5—
	宣传委员、统战委员	颜国升	晋江深沪	—2016.5
	宣传委员、统战委员	柯康灿	晋江金井	2016.5—
	委　员	庄飞虎	晋江梅岭	—2016.6
金井	书　记	林　跃	晋江安海	—2016.5
	书　记	丁鸿雨(回)	晋江陈埭	2016.5—
	副书记	黄思添	南　　安	—2016.5
	副书记	邱鸿荣	石　　狮	2016.6—
	副书记	陈荣松	晋江罗山	—2016.5
	副书记	陈英煌	晋江青阳	续任
	副书记	吴永发	石　　狮	2016.5—
	委　员	林忠山	晋江陈埭	续任
	委员(秘书)	黄工作	晋江安海	—2016.6
	委员(秘书)	尹继雄	湖北天门	2016.5—
	组织委员	雷鸣(畲)	上　　杭	—2016.5
	组织委员	洪少艾	晋江英林	2016.5—
	宣传委员、统战委员	许竞宇	台　　湾	—2016.5
	宣传委员、统战委员	苏明春(女)	晋江英林	2016.6—
	委　员	姚常青	晋江永和	—2016.6
龙湖	书　记	王江涛	晋江东石	—2016.5
	书　记	陈希轩	晋江金井	2016.5—
	副书记	陈希轩	晋江金井	—2016.5
	副书记	张志雄	晋江安海	2016.6—
	副书记	陈世裕	晋江东石	—2016.5
	副书记	郭亨群	晋江金井	续任
	副书记	施纯玺	晋江深沪	2016.5—
	委　员	庄添生	晋江青阳	续任
	委员(秘书)	林楠(女)	晋江深沪	续任
	组织委员	朱智钰	晋江内坑	—2016.5
	组织委员	黄美霞(女)	晋江东石	2016.5—
	宣传委员、统战委员	詹伟清	晋江安海	—2016.5
	宣传委员、统战委员	张尚府	晋江东石	2016.5—
	委　员	潘溶芳	泉州丰泽	—2016.6
深沪	书　记	傅天宝	晋江英林	—2016.5
	书　记	许文倡	晋江英林	2016.5—
	副书记	许文倡	晋江英林	—2016.5
	副书记	孙晋展	晋江东石	2016.6—
	副书记	王毓峰	晋江新塘	—2016.5
	副书记	陈　铭	南　　安	—2016.9
	副书记	陈松柏	晋江罗山	2016.5—
	副书记(挂职)	严立祥	宁夏中宁	—2016.8
	委　员	翁国栋	晋江灵源	续任

续表

镇	职务	姓名	籍贯	任职时间
深沪	委员(秘书)	陈继添	晋江罗山	续任
	组织委员	柯康灿	晋江金井	—2016.5
	组织委员	吴秋品(女)	晋江磁灶	2016.5—
	宣传委员、统战委员	蔡开阳(女)	晋江东石	—2016.6
	宣传委员、统战委员	陈奕友	晋江安海	2016.5—
	委员	柯长春	晋江新塘	—2016.6
西滨	书记	孙晋展	晋江东石	—2016.5
	书记	王沂鸿	山东临沂	2016.5—
	副书记	林明捷	南安	—2016.6
	副书记	陈高攀	晋江磁灶	2016.12—
	副书记	庄金治(女)	晋江梅岭	—2016.5
	副书记	王国华	晋江内坑	2016.5—
	副书记	许添福	晋江东石	2016.5—
	委员	洪国财	晋江内坑	续任
	委员(秘书)	吴连坛	晋江龙湖	—2016.5
	委员(秘书)	林丹红(女)	晋江青阳	2016.5—
	组织委员、统战委员	林丹红(女)	晋江青阳	续任
	宣传委员	吴友峰	晋江磁灶	续任
	委员	林荣武	晋江安海	—2016.6

(七)各镇、街道企业党委负责人

表35 **中共晋江市委各镇、街道企业党委书记、副书记名表**

镇	职务	姓名	籍贯	任职时间
青阳街道	书记	钟荣茂(畲)	晋江内坑	续任
	专职副书记	张剑锋	晋江东石	续任
梅岭街道	书记	李育波	晋江池店	续任
	专职副书记	尤秋猛	晋江内坑	—2016.5
	专职副书记	詹伟清	晋江安海	2016.5—
西园街道	书记	吴世春	晋江金井	续任
	专职副书记	张挺伟	晋江英林	续任
罗山街道	书记	李荣沛	晋江青阳	—2016.5
	书记	蔡北京	晋江东石	2016.5—
	专职副书记	林晓东	晋江深沪	续任
灵源街道	书记	陈小妮(女)	晋江安海	—2016.5
	书记	张小鹏	晋江内坑	2016.5—
	专职副书记	徐东	山东曲阜	—2016.5
	专职副书记	李其旦	晋江内坑	2016.5—
新塘街道	书记	洪俊杰	晋江金井	—2016.5
	书记	颜婉媚(女)	晋江安海	2016.5—
	专职副书记	蔡崇伟	晋江安海	—2016.5
	专职副书记	张国钱	晋江东石	2016.5—
陈埭镇	书记	陈激扬(女)	晋江永和	—2016.5
	专职副书记	孙水滨	晋江东石	—2016.5
	专职副书记	蔡建明	晋江紫帽	2016.5—
池店镇	书记	陈奕凯	晋江深沪	续任
	专职副书记	林其成	晋江磁灶	—2016.5
	专职副书记	肖志贤	晋江东石	2016.5—
安海镇	书记	曾焕铁	晋江新塘	续任
	专职副书记	蔡长久	晋江东石	续任
磁灶镇	书记	孙文欣	晋江东石	续任
	专职副书记	郑诗棉	晋江青阳	—2016.5
	专职副书记	蔡建东	晋江内坑	2016.5—
内坑镇	书记	王佳郎	晋江深沪	—2016.5
	书记	张建群	晋江金井	2016.5—
	专职副书记	洪金清	晋江东石	续任
紫帽镇	书记	王国华	晋江内坑	—2016.5
	书记	庄跃聪	晋江梅岭	2016.5—
	专职副书记	肖文书	晋江东石	2016.5—
东石镇	书记	张金祥	晋江英林	—2016.5
	书记	吴志峰	晋江安海	2016.6—
	专职副书记	黄红艺(女)	晋江安海	—2016.5
	专职副书记	柯俊辉	晋江西园	2016.5—
永和镇	书记	庄宏清	晋江青阳	—2016.5
	书记	陈永溪	晋江安海	2016.6—
	专职副书记	王振明	晋江青阳	—2016.5

续表

镇	职　务	姓　名	籍　　贯	任职时间
永和镇	专职副书记	吴式宏	晋江灵源	2016.5—
英林镇	书　记	蔡永革	晋江永和	—2016.5
	书　记	许国鑫	晋江龙湖	2016.5—
	专职副书记	王寿权	晋江灵源	续任
金井镇	书　记	陈荣松	晋江罗山	—2016.5
	书　记	陈英煌	晋江青阳	2016.5—
	专职副书记	张明智	晋江内坑	—2016.5
	专职副书记	许国立	晋江内坑	2016.5—
龙湖镇	书　记	吴永发	石　　狮	—2016.5
龙湖镇	书　记	施纯玺	晋江深沪	2016.5—
	专职副书记	庄铭德	晋江梅岭	—2016.5
	专职副书记	张明晓	晋江磁灶	2016.5—
深沪镇	书　记	李永宗	晋江内坑	—2016.5
	专职副书记	陈　筑	安　　溪	续任
西滨镇	书　记	林丹红(女)	晋江青阳	—2016.5
	书　记	王国华	晋江内坑	2016.5—
	专职副书记	吴华东	晋江灵源	2016.5—

(八) 中共晋江市各镇（街道）纪（工）委书记

表36　　**中共晋江市各镇（街道）纪（工）委书记名表**

镇（街道）	姓　名	籍　贯	任职时间
青阳街道	钟荣茂(畲)	晋江内坑	—2016.5
	王建回	晋江永和	2016.5—
梅岭街道	李育波	晋江池店	续任
西园街道	吴世春	晋江金井	—2016.5
	苏文璋	晋江安海	2016.5—
罗山街道	李荣沛	晋江青阳	—2016.5
	吴黎水	晋江灵源	2016.5—
灵源街道	陈小妮(女)	晋江安海	—2016.5
	陈凌燕(女)	晋江安海	2016.5—
新塘街道	黄谅茹	晋江内坑	—2016.5
	黄若凡	晋江安海	2016.5—
陈埭镇	陈激扬(女)	晋江永和	—2016.5
	张金祥	晋江英林	2016.5—
池店镇	陈奕凯	晋江深沪	续任
安海镇	曾焕铁	晋江新塘	—2016.5
	叶水滨	晋江东石	2016.5—
磁灶镇	孙文欣	晋江东石	续任
内坑镇	王佳郎	晋江深沪	—2016.11
紫帽镇	王国华	晋江内坑	—2016.5
	许文理(女)	晋江安海	2016.5—
东石镇	张金祥	晋江英林	—2016.5
	陈建新	晋江金井	2016.5—
永和镇	庄宏清	晋江梅岭	续任
英林镇	蔡永革	晋江永和	续任
金井镇	张建元	晋江内坑	续任
龙湖镇	吴永发	石　　狮	—2016.5
	张谋苗	晋江磁灶	2016.5—
深沪镇	李永宗	晋江内坑	—2016.5
	王斌斌	晋江青阳	2016.5—
西滨镇	陈建新	晋江金井	—2016.5
	张清源	晋江英林	2016.5—

二、地方人大组织

(一) 晋江市人大常委会主任、副主任、副处级干部

表37　　**晋江市人大常委会主任、副主任、副处级干部名表**

职　务	姓　名	籍　贯	任职时间
主　任	陈健倩(女)	安徽无为	—2016.12
主　任	洪于权	晋江英林	2016.12—
副主任	林庆峰	永　　春	—2016.7
副主任	郭鸿荣(回)	晋江罗山	2016.12—
副主任	曾献礼	晋江内坑	2016.12—
副主任	连泉富	泉州泉港	续任
副主任	姚志强	安　　溪	续任
副主任	庄天怀	晋江梅岭	—2016.7
副处级干部	林友竹	晋江陈埭	2016.7—

（二）晋江市人大常委会工作机构负责人

表38

晋江市人大常委会工作机构负责人名表

机构名称	职务	姓名	籍贯	任职时间
办公室	主任	谢江漫	晋江金井	—2016.10
	主任	陈钖岑	晋江罗山	2016.10—
	副主任	李蔚民	石狮	续任
	副主任	戴文俊	南安	—2016.10
人事代表委员会	主任	许乔良	晋江东石	—2016.10
	主任	蔡银青	晋江永和	2016.10—
	副主任	陈晶晶（女）	石狮	续任
内务司法委员会	主任	柯明泉	泉州泉港	—2016.10
	主任	许良晓	晋江龙湖	2016.10—
	副主任	吴好景	晋江磁灶	续任
农村经济工作委员会	主任	黄鹭旋	晋江安海	—2016.10
	主任	林明捷	南安	2016.10—
	副主任	林友彬	晋江青阳	续任

机构名称	职务	姓名	籍贯	任职时间
财政经济委员会	主任	庄碧芳	晋江青阳	—2016.10
	主任	颜宏哲	晋江安海	2016.10—
	副主任	黄宁生	福州仓山	续任
教育科学文化卫生委员会	主任	洪天炳	晋江英林	—2016.10
	主任	施正琛	晋江龙湖	2016.10—
	副主任	许燕辉（女）	晋江安海	续任
华侨民族宗教委员会	主任	林德生	晋江陈埭	—2016.10
	主任	柯碧玲（女）	晋江罗山	2016.10—
	副主任	李永宗	晋江内坑	2016.6—
环境与城镇建设委员会	主任	黄清泉	晋江东石	—2016.6
	主任	陈晓辉	石狮	2016.10—
	副主任	陈萌雅（女）	晋江安海	续任

（三）各镇人大主席团主席、副主席

表39

晋江市各镇人大主席团主席、副主席名表

镇	职务	姓名	籍贯	任职时间
陈埭	主席	曾逸峰	晋江安海	续任
	副主席	黄小凤（女）	晋江池店	2016.5—
池店	主席	张雄鹰	晋江英林	—2016.5
	主席	李逊庆	晋江青阳	2016.6—
	副主席	黄英瑜（女）	石狮	2016.5—
安海	主席	柯煜煜	晋江新塘	续任
	副主席	苏华伟	安溪	2016.5—
磁灶	主席	王奇志	厦门翔安	续任
	副主席	蔡辉煌	晋江安海	2016.5—
内坑	主席	洪国延	石狮	续任
	副主席	许天增	晋江安海	2016.6—
紫帽	主席	杨双华（女）	晋江新塘	—2016.5
	主席	王荣辉	晋江灵源	2016.5—
东石	主席	颜建顺	晋江安海	—2016.5
	主席	陈文路	晋江罗山	2016.6—

镇	职务	姓名	籍贯	任职时间
东石	副主席	陈连升	晋江安海	2016.5—
永和	主席	施金箱	晋江深沪	续任
	副主席	洪志华	晋江安海	2016.5—
英林	主席	颜永福	晋江安海	—2016.10
	主席	林德生	晋江陈埭	2016.10—
	副主席	林文尚	晋江内坑	2016.5—
金井	主席	庄松龄	晋江青阳	续任
	副主席	丁永贵（回）	晋江陈埭	2016.5—
龙湖	主席	陈志农	晋江罗山	—2016.5
	主席	朱新旭	晋江池店	2016.6—
	副主席	许荣题	晋江东石	2016.5—
深沪	主席	王少严	晋江金井	—2016.5
	主席	王宏华	南安	2016.6—
	副主席	曾振奋	晋江金井	2016.5—
西滨	主席	王毓峰	晋江新塘	2016.6—

(四) 各街道人大工委主任

表40

晋江市各街道人大工委主任名表

街道	职务	姓名	籍贯	任职时间
青阳街道	主任	林碧玉(女)	晋江内坑	—2016.5
青阳街道	主任	吴文永	晋江罗山	2016.5—
梅岭街道	主任	陈聪衍	石狮	续任
西园街道	主任	洪秀杯(女)	晋江英林	—2016.5

街道	职务	姓名	籍贯	任职时间
西园街道	主任	陈世裕	晋江东石	2016.5—
罗山街道	主任	王向阳	晋江安海	续任
灵源街道	主任	林松庆	晋江陈埭	续任
新塘街道	主任	林友栋	晋江罗山	续任

三、地方人民政府

(一) 晋江市人民政府市长、副市长、调研员、副处级干部

表41

晋江市人民政府市长、副市长、调研员、副处级干部名表

职务	姓名	籍贯	任职时间
市长	刘文儒	德化	—2016.6
市长	张文贤	安溪	2016.12—
常务副市长	许宏程	晋江英林	—2016.6
常务副市长	王茂泉	泉州鲤城	2016.7—
副市长	曾献礼	晋江内坑	—2016.7
副市长	丁峰(回)	晋江陈埭	—2016.7
副市长	王茂泉	泉州鲤城	—2016.7
副市长	李自力	晋江池店	续任
副市长	张淑语(女)	晋江英林	续任
副市长	黄少伟	晋江安海	2016.7—

职务	姓名	籍贯	任职时间
副市长	李志强	晋江池店	2016.6—
副市长	庄天怀	晋江梅岭	2016.7—
副市长	张朝阳	晋江内坑	—2016.8
副市长	史思泉	泉州鲤城	—2016.7
科技副市长	王文晖	泉州丰泽	续任
副处级干部	黄少伟	晋江安海	—2016.7
副处级干部	苏延辉	安溪	—2016.7
副处级干部	颜宏达	晋江安海	2016.5—
副处级干部	黄思添	南安	2016.5—

(二) 晋江市人民政府工作部门负责人

表42

晋江市人民政府工作部门负责人名表

部门	职务	姓名	籍贯	任职时间
办公室	主任	吴尊意	晋江金井	—2016.7
办公室	主任	陈进福	晋江磁灶	2016.7—
办公室	副主任	尚建萍(女)	辽宁黑山	—2016.11
办公室	副主任	李宝泉	晋江梅岭	续任
办公室	副主任	蔡斯坤	晋江东石	续任
办公室	副主任	王国杰	晋江内坑	续任
办公室	副主任	蔡晖	晋江深沪	—2016.11
办公室	副主任	颜才镖	晋江安海	2016.11—
办公室	副主任	郑志杰	惠安	2016.11—
办公室	副主任	蔡祈斌	晋江东石	2016.11—
办公室	副主任(挂职)	张昊	山东滕州	2016.10—
办公室	纪检组组长	郑志杰	惠安	—2016.11
办公室	纪检组组长	柯金买(女)	晋江新塘	2016.11—

部门	职务	姓名	籍贯	任职时间
接待处	主任	吴家悲	建瓯	续任
接待处	副主任	颜玉苗	晋江东石	续任
政府综合系统党委	书记	王宏华	南安	—2016.5
政府综合系统党委	书记	林永红	晋江内坑	2016.11—
政府综合系统党委	专职副书记	柯金买(女)	晋江新塘	—2016.11
行政服务中心管委会	主任	颜志平(女)	莆田仙游	2016.11—
行政服务中心管委会	常务副主任	范飞跃	晋江金井	—2016.11
行政服务中心管委会	副主任	张尚府	晋江东石	—2016.5
行政服务中心管委会	副主任	杨志勇	晋江安海	2016.6—
行政服务中心管委会	纪检组组长	黄小凤(女)	晋江池店	—2016.5
行政服务中心管委会	纪检组组长	蔡开阳(女)	晋江东石	2016.6—
经济开发区管理委员会	党工委书记	谢永彬	晋江磁灶	续任
经济开发区管理委员会	副书记	施奕超	晋江安海	续任

续表

部门	职务	姓名	籍贯	任职时间
经济开发区管理委员会	副书记	周宗仰	晋江安海	续任
	纪工委书记	王　平	安徽灵璧	续任
	副主任	张玉玺	晋江东石	续任
深沪湾保护区管理处	主　任	苏文伟	南　安	续任
	副主任	蔡志忠	晋江东石	续任
	综合科科长	洪少艾	晋江英林	—2016.5
	综合科科长	施伟楠	晋江深沪	2016.6—
	科研科科长	柯华贵	晋江灵源	续任
	监察科科长	曾培镜	晋江青阳	—2016.5
	监察科科长	王建筑	晋江灵源	2016.6—
安平管理处	主　任	蔡清渠	晋江东石	—2016.6
	副主任	曾绍鹏	晋江龙湖	—2016.6
	副主任	刘延良	永　春	续任
	副主任	姚建源	晋江内坑	2016.5—
驻深圳办事处	主　任	陈金尚	晋江罗山	续任
驻福州办事处	主　任	蔡长坚	晋江东石	续任
支前办公室	主　任	周先进	晋江东石	续任
泉州出口加工区	管委会主任	薛宗炎	泉州鲤城	续任
	管委会副主任	黄溪洪	泉州洛江	续任
	管理局局长	张世雄	晋江英林	续任
	管理局副局长	何宏伟	晋江灵源	续任
安全生产管理监督局	局长	曾国灿	晋江罗山	续任
	纪检组组长	汪贵荣	江西宜春	续任
	副局长	王景珊	南　安	—2016.5
	副局长	柯荣锻	晋江新塘	续任
	副局长	曾云开	晋江梅岭	2016.6—
民政局	局　长	叶苍榆	晋江东石	续任
	副局长	陈孟桔	晋江磁灶	续任
	副局长	施琼琼(女)	晋江龙湖	续任
	副局长	吴志峰	晋江安海	—2016.5
	副局长	张连侨	晋江内坑	2016.6—
	纪检组组长	柯龙照	晋江深沪	—2016.6
	纪检组组长	李文程	晋江池店	2016.6—
地震办	主　任	陈瑞伟	晋江安海	续任

部门	职务	姓名	籍贯	任职时间
国土资源局	局　长	张健龙	晋江内坑	—2016.5
	局　长	蔡清渠	晋江东石	2016.6—
	副局长	颜志平(女)	莆田仙游	—2016.5
	副局长	林志雄	晋江永和	—2016.11
	副局长	朱文育	晋江安海	续任
	副局长	陈英俊	晋江金井	2016.6—
	纪检组组长	蔡建明	晋江池店	续任
国土资源行政执法大队	大队长	吕少欣	晋江深沪	—2016.5
	大队长	蔡晓旭	晋江紫帽	2016.6—
	教导员	蔡秀丽(女)	晋江东石	续任
国土资源陈埭分局	分局长	王少欣	晋江金井	续任
市土地储备中心	主任	张广德	广东普宁	—2016.5
	主任	洪炳钦	晋江英林	2016.6—
不动产登记中心	主任	庄晓红(女)	晋江青阳	2016.8—
侨台外事局	局　长	陈建军	晋江陈埭	续任
	副局长	戴邵阳	南　安	—2016.6
	副局长	陈　凌(女)	泉州鲤城	续任
科技和知识产权局	局　长	陈贻熊	晋江金井	—2016.6
	局　长	谢建新	晋江东石	2016.6—
	副局长	庄伏龙	晋江青阳	—2016.10
	副局长	谢建新	晋江东石	—2016.6
	纪检组组长	罗　敏(女)	广东乐昌	续任
旅游局	局　长	黄志荣	晋江安海	—2016.11
	局　长	许紫竹	晋江安海	2016.11—
	副局长	柯惠玲(女)	晋江新塘	续任
	副局长	王斌斌	晋江青阳	—2016.5
	副局长	蔡经雄	石　狮	2016.6—
人力资源和社会保障局	局　长	蔡银青	晋江永和	—2016.10
	局　长	黄胜鑫	石　狮	2016.12—
	副局长	洪荣塔	晋江英林	—2016.11
	副局长	陈鹭旭	晋江安海	—2016.11
	副局长	吴清瑜	晋江东石	续任

续表

部门	职务	姓名	籍贯	任职时间
人力资源和社会保障局	副局长	尤金榜	晋江安海	续任
	社保系统党委书记	黄文铅	晋江东石	2016.11—
	纪检组组长	陈玲玲(女)	晋江罗山	续任
机关事业单位社保中心	主　任	张杭	晋江西园	续任
社会保障系统党委	专职副书记	林金龙	永　　春	续任
公共就业和人才服务中心	主　任	吴秋品(女)	晋江磁灶	—2016.5
	主　任	丁青青(女、回)	晋江陈埭	2016.6—
财政局	局　长	李章凯	晋江金井	—2016.5
	局　长	肖金树	晋江东石	2016.6—
	副局长	吴绶明	晋江池店	续任
	副局长	庄庆福	晋江梅岭	—2016.11
财政局	纪检组组长	陈丽娜(女)	晋江罗山	续任
	副局长	黄志峰	南　　安	—2016.6
	副局长(挂职)	罗光恩	沙　　县	—2016.7
财政金融系统党委	书记	颜宏哲	晋江安海	—2016.10
	书记	吴东进	晋江永和	2016.11—
	专职副书记	洪明照	晋江龙湖	续任
财政国库支付中心	主任	陈奕友	晋江安海	—2016.5
	主任	陈俊毅	晋江深沪	2016.6—
审计局	局　长	陈恩典	晋江永和	续任
	副局长	蔡向阳	晋江东石	续任
	副局长	肖子新	晋江东石	续任
	纪检组组长	蔡淑兰(女)	晋江紫帽	续任
	总审计师	许真真(女)	晋江龙湖	续任
国家税务局 市局	局　长	王庆福	永　　春	续任
	副局长	谢培坤	安　　溪	续任
	副局长	柯向阳	晋江英林	续任
	副局长	曾跃峰	晋江池店	续任
	纪检组组长	谢福岩	南　　安	续任
	副局长	张一兵	晋　　江	续任
国家税务局 稽查局	局　长	尤俊峰	晋江深沪	续任
国家税务局 信息中心	主　任	黄平水	晋江安海	—2016.11

部门	职务	姓名	籍贯	任职时间
国家税务局 市局	科　长	林昆仑	石　　狮	续任
	科　长	杨式禹	晋江东石	续任
	科　长	丁明山	晋江陈埭	续任
	科　长	许天冠	晋江龙湖	续任
	科　长	陈文哲	晋江永和	续任
	科　长	施文造	晋江深沪	续任
	科　长	蔡明科	石　　狮	续任
国家税务局 进出口税收管理分局	分局长	陈天星	晋江陈埭	续任
国家税务局 税源管理分局	分局长	吕珍护	晋江深沪	—2016.2
	分局长	陈永军	晋江安海	续任
	分局长	林清潭	晋江陈埭	续任
	分局长	林良德	晋江西滨	—2016.11
	分局长	张文化	晋江内坑	续任
	分局长	高思源	晋江安海	续任
	分局长	陈哲瑜	晋江安海	续任
地方税务局 市局	局　长	刘建民	晋江东石	续任
	副局长	洪晓东	晋　　江	续任
	副局长	郑序紊	晋江池店	续任
	纪检组组长	施纯望	晋江深沪	续任
	副局长	杨　苹(女)	泉　　州	2016.2—
	稽查局局长	柳志远	晋江安海	续任
地方税务局 分局	分局长	施文奕	晋江龙湖	—2016.3
	分局长	蔡泽勋	晋江永和	续任
	分局长	丁奕滚	晋江东石	续任
	分局长	张连进	晋江英林	续任
	分局长	许海鹏	晋江金井	续任
	分局长	许宏颢	晋江安海	续任
	分局长	陈白烽	晋江深沪	续任
	分局长	黄　斌	江西奉新	续任
	分局长	聂招东	武　　平	续任
	分局长	陈育雄	惠　　安	续任
	分局长	杨辉阳	惠　　安	—2016.3
	分局长	骆炳招	惠　　安	续任
	分局长	张世强	惠　　安	—2016.3
	分局长	张伟煌	惠　　安	续任

续表

部门		职务	姓名	籍贯	任职时间
地方税务局	分局	分局长	吴志坚	晋江东石	续任
		分局长	王金池	晋江灵源	续任
		分局长	尤志贤	晋江内坑	续任
		分局长	吴振东	晋江	续任
水利局		局长	柯发音	晋江新塘	续任
		副局长	曾文寿	晋江内坑	—2016.10
		副局长	陈一啸	晋江安海	续任
		纪检组组长	蔡景福	晋江新塘	续任
		总工程师	刘地强	泉州泉港	续任
水土办		主任	吴欢迎	晋江东石	续任
防汛办		主任	尹继雄	湖北天门	—2016.5
		主任	林景锋	惠安	2016.6—
新安水库管理处		主任	洪志华	晋江安海	—2016.5
		主任	洪贻谋	晋江英林	2016.6—
统计局		局长	肖金树	晋江东石	—2016.6
		局长	陈志雄	晋江深沪	2016.6—
		副局长	陈聪鹏	石狮	续任
		副局长	吴其仁	晋江西园	续任
		纪检组组长	谢长春	永春	续任
经济调查队		队长	蔡家煌	晋江紫帽	续任
农业局		局长	李友加	晋江罗山	续任
		副局长	张晚金	惠安	—2016.6
		副局长	许建林	晋江青阳	2016.6—
		纪检组组长	许建林	晋江青阳	—2016.6
		纪检组组长	张明智	晋江青阳	2016.6—
		总农艺师	蔡章棣	晋江永和	续任
农业系统党委		书记	施建成	晋江龙湖	续任
		专职副书记	洪海港	晋江西园	续任
区划办		主任	王活泼	晋江安海	续任
森林公安分局		局长	颜柳绿	晋江安海	续任
		教导员	庄明雄	晋江磁灶	续任
沿海森林派出所		所长	柯晓峰	晋江英林	续任
农机站		站长	陈飞熊	晋江东石	续任
海洋与渔业局		局长	吴晋居	晋江磁灶	续任
		副局长	朱志新	晋江池店	续任
		纪检组组长	蔡天强	晋江东石	续任

部门	职务	姓名	籍贯	任职时间
农业行政执法大队	大队长	曾长兴	晋江安海	续任
	教导员	林国辉	晋江内坑	续任
交通局	局长	吴鸿斌	晋江紫帽	续任
	副局长	张海滩	晋江东石	续任
	副局长	连碧龙	泉州泉港	续任
	副局长	许国鑫	晋江龙湖	—2016.5
	副局长	肖奕志	晋江安海	2016.6—
	纪检组组长	舒华	江西南昌	—2016.6
	纪检组组长	施连续	晋江深沪	2016.6—
交通运输系统党委	书记	谢春雷	南安	续任
	专职副书记	蔡于洋(女)	晋江东石	续任
国防动员会交通战备办公室	主任	吴奕民	石狮	—2016.6
	主任	尚建萍(女)	辽宁黑山	2016.11—
交通综合行政执法大队	大队长	林群雄	晋江内坑	续任
住房和城乡建设局	局长	蔡逸卿	晋江东石	续任
	副局长	周良盼	晋江东石	续任
	副局长	丁清松(回)	晋江陈埭	续任
	纪检组组长	卓鸿源	晋江紫帽	续任
	总工程师	洪逸群	晋江英林	续任
住房和城乡建设局陈埭分局	分局长	洪鸿飞	晋江英林	续任
建设系统党委	书记	陈文星	晋江深沪	续任
	专职副书记	何志强	晋江西园	—2016.6
	专职副书记	曾绍鹏	晋江龙湖	2016.6—
城建项目管理服务中心	主任	李俊颖	晋江池店	续任
城乡规划局	局长	许礼义	晋江东石	续任
	副局长	洪志强	晋江东石	—2016.5
	副局长	刘文斌	泉州泉港	2016.6—
	纪检组组长	刘文斌	泉州泉港	—2016.6
	纪检组组长	许永康	晋江东石	2016.6—
	副局长	张尧进	南平建瓯	2016.6—
城乡规划局陈埭分局	分局长	邱志军	石狮	续任
泉州市住房公积金中心晋江管理部	主任	张晓光	晋江东石	续任

续表

部门	职务	姓名	籍贯	任职时间
市政园林局	局长	王清龙	厦门	续任
	副局长	陈晓辉	石狮	—2016.10
	副局长	蒋东晓	晋江金井	续任
	纪检组组长	许永康	晋江东石	—2016.6
	副局长	李再生	晋江罗山	续任
	纪检组组长	蔡劲松	晋江池店	2016.6—
	总工程师	庄树渊	晋江青阳	—2016.6
	总工程师	颜呈忠	晋江安海	2016.8—
人民防空办公室	主任	陈文星	晋江深沪	续任
城市卫生管理考评中心	主任	黄永东	晋江安海	续任
环境保护局	局长	纪刚宏	晋江金井	—2016.11
	局长	林志雄	晋江永和	2016.12—
	副局长	倪向群	晋江陈埭	续任
	纪检组组长	柯清学	晋江灵源	续任
	副局长	蔡东毅	晋江金井	续任
	副局长	卢敬东	晋江池店	续任
环境保护局陈埭分局	分局长	刘金乐	晋江东石	续任
发展和改革局	局长	陈伟勇	晋江西园	续任
	副局长	李文宏	晋江池店	续任
	纪检组组长	朱金祥	安徽	—2016.11
	纪检组组长	丁永安	晋江陈埭	2016.11—
	副局长	饶一兵	湖北武穴	续任
	副局长	吴荣世	晋江安海	续任
发展和改革系统党委	书记	吴东进	晋江永和	—2016.11
	书记	庄庆福	晋江梅岭	2016.12—
	专职副书记	刘美令(女)	晋江东石	续任
商务局	局长	蔡文卿	晋江东石	续任
	副局长	谢建智	石狮	—2016.5
	副局长	庄晓芳(女)	晋江梅岭	—2016.11
	纪检组组长	杨竹裕	晋江安海	续任
	副局长	蔡伟达	晋江安海	续任
	副局长	苏孙慰	晋江安海	2016.6—

部门	职务	姓名	籍贯	任职时间
经济和信息化局	局长	颜呈矿	晋江安海	—2016.6
	局长	郭浪滔(回)	晋江东石	2016.6—
	副局长	林永红	晋江内坑	—2016.11
	纪检组组长	施连续	晋江深沪	—2016.6
	副局长	施跃腾	晋江龙湖	续任
	副局长	李忠思	晋江东石	续任
	纪检组组长	张文盾	晋江东石	2016.6—
经信系统党委	书记	黄跃夏	晋江安海	—2016.5
	书记	曾勇军	晋江罗山	2016.6—
	专职副书记	陈连智	晋江罗山	续任
金融工作局	局长	刘向阳	惠安	续任
	副局长	张开端	晋江内坑	续任
	科技副局长	林溢芳(女)	厦门	—2016.11
	纪检组组长	苏孙慰	晋江安海	—2016.6
	副局长	陈希卓	晋江金井	续任
	纪检组组长	陈元福	晋江磁灶	2016.6—
企业上市服务中心	主任	陈元福	晋江磁灶	—2016.6
城镇集体工业联合社	主任	邱家耀	石狮	—2016.11
	主任	洪安和	南安	2016.11—
	副主任	黄少欣	晋江金井	续任
烟草专卖局	局长、经理	庄进勇	泉州泉港	续任
	副经理	徐芳南	安溪	续任
	副局长	张辉扬	安溪	续任
	纪检员	颜天宝	晋江新塘	续任
行政执法局	局长	吴超鹏	泉州鲤城	—2016.5
	局长	黄清泉	晋江东石	2016.6—
	副局长	黄志杰	南靖	续任
	副局长	肖奕志	晋江安海	—2016.6
	副局长	魏德赐	南安	续任
	副局长	柯永顺	晋江安海	2016.6—2016.11
	纪检组组长	陈英俊	晋江金井	—2016.6
	纪检组组长	陈流恭	晋江罗山	2016.6—
城市管理监控中心	主任	陈海洋	晋江东石	续任

续表

部门	职务	姓名	籍贯	任职时间
行政执法局陈埭分局	分局长	吴长江	晋江灵源	续任
教育局	局　长	陈建生	晋江磁灶	续任
	副局长	蔡惠琼(女)	晋江紫帽	2016.6—
	副局长	肖金鎗	晋江东石	续任
	副局长	郭俊慨(回)	晋江金井	续任
	纪检组组长	王文出	晋江灵源	续任
教育系统党委	书　记	蔡美玲(女)	晋江东石	—2016.11
	书　记	蔡惠琼(女)	晋江紫帽	2016.11—
	专职副书记	蔡朝阳	晋江梅岭	续任
教育督导室	主　任	肖金鎗	晋江东石	续任
教育工会	主　席	杨志明	晋江内坑	续任
高教中心办	主　任	陈志刚	晋江磁灶	续任
	副主任	施伟楠	晋江深沪	—2016.6
	副主任	姚晓翔	晋江安海	2016.6—
	副主任(挂职)	林文艺	安　溪	—2016.7
文化体育新闻出版局	局　长	黄　良	晋江金井	—2016.11
	局　长	柯国林	莆　田	2016.12—
	副局长	李和范	晋江罗山	续任
	副局长	许鹏飞	晋江龙湖	续任
	纪检组组长	庄春霞(女)	惠　安	续任
文化市场综合执法大队	大队长	吴艺敏(女)	晋江安海	续任
卫生和计划生育局	局　长	许嘉丰	晋江金井	—2016.11
	局　长	纪刚宏	晋江金井	2016.12—
	副局长	黄长沙	石　狮	续任
	副局长	吴淑霞(女)	泉州丰泽	—2016.12
	副局长	张白茹(女)	晋江深沪	续任
	副局长	陈文添	晋江内坑	续任
	纪检组组长	谢培义	石　狮	—2016.6
	纪检组组长	陈激扬(女)	晋江永和	2016.6—
卫计系统党委	书　记	翁国明	晋江灵源	续任
	专职副书记	黄大炮	晋江池店	—2016.6
	专职副书记	雷鸣(畲)	上　杭	2016.6—

部门		职务	姓名	籍贯	任职时间
卫生监督行政执法大队		大队长	何天票	晋江灵源	续任
		教导员	许文理(女)	晋江安海	—2016.5
		教导员	杨金锭	晋江东石	2016.6—
计生服务站		站　长	吴钦旋	晋江金井	—2016.9
流动人口与计生管理站		站　长	陈庆谊	晋江罗山	2016.6—
市场监督管理局	市局	局　长	叶荣聪	惠　安	续任
		副局长	黄永豪	晋江安海	续任
		副局长	刘奇斌	惠　安	—2016.11
		纪检组组长	高万里	晋江安海	续任
		副局长	许宗智	南　安	续任
		副局长	苏少森	晋江陈埭	续任
	系统党委	书　记	张萍(女)	晋江英林	—2016.11
		书　记	柯永顺	晋江安海	2016.11—
		专职副书记	叶子清	晋江东石	续任
	执法大队	大队长	洪德意	晋江龙湖	续任
市场监督管理局	质量计量检测所	所　长	张英俊	晋江英林	2016.11—
	青阳所	所　长	许伟文	石　狮	续任
		教导员	洪文志	晋江东石	续任
	梅岭所	所　长	陈俊达	晋江深沪	续任
		教导员	王江萍(女)	石　狮	续任
	西园所	所　长	刘劲松	晋江东石	续任
		教导员	蔡培塔	晋江永和	2016.5—
	罗山所	所　长	杨朝阳	晋江内坑	—2016.11
		教导员	林　晖	南　安	续任
	灵源所	所　长	曾华习	晋江金井	续任
		教导员	陈小立	晋江青阳	2016.5—
	新塘所	所　长	林文斌	晋江永和	续任
		教导员	徐　诚	山东曲阜	—2016.11
	陈埭所	所　长	李健鹏	安　溪	—2016.8
		教导员	王金川	晋江紫帽	续任
	池店所	所　长	林俊峰	晋江金井	续任
		教导员	王有忠	永　春	续任

续表

部门		职务	姓名	籍贯	任职时间
市场监督管理局	安海所	所长	肖子逊	晋江东石	续任
		教导员	许培坤	晋江青阳	续任
	磁灶所	所长	林文艺	晋江永和	续任
		教导员	庄玉树	晋江青阳	续任
	内坑所	所长	林聪谋	晋江深沪	续任
		教导员	施荣尧	晋江龙湖	2016.5—
	紫帽所	所长	谢海青	晋江英林	续任
		教导员	许青松	晋江龙湖	2016.5—
	东石所	所长	何育斌	晋江青阳	续任
		教导员	蔡有志	晋江安海	续任
	永和所	所长	杨金星	晋江深沪	—2016.11
		教导员	范维忠	晋江金井	续任
	英林所	所长	吴清波	晋江安海	续任
		教导员	高轮	晋江安海	2016.5—
	金井所	所长	李海晖	晋江英林	续任
		教导员	许青显	晋江安海	2016.5—
	龙湖所	所长	苏凯东	泉州鲤城	续任
		教导员	尤江华	晋江内坑	续任
	深沪所	所长	张瑞裕	晋江磁灶	续任
		教导员	张少鹏	晋江英林	续任
	西滨所	所长	庄志东	晋江青阳	续任
		教导员	周忠林	山东定陶	续任
广播电视局		局长	郑科伟	晋江龙湖	续任
		副局长	王建新	晋江金井	续任
		副局长	施清凉	晋江龙湖	续任
		副局长	卢智健	漳州南靖	2016.6—
		副局长	洪春婷(女)	晋江深沪	2016.11—
		纪检组组长	杨彬	晋江新塘	—2016.6
地方志编纂委员会办公室		主任	黄尤敏	晋江东石	—2016.11
		主任	黄良	晋江金井	2016.11—
		副主任	林莉莉(女)	晋江青阳	—2016.11
公安局	市局	局长	陈文荣	永春	续任
		政委	黄建辉	南安	—2016.7
		政委	苏家明	泉州丰泽	2016.7—
		副局长	苏家明	泉州丰泽	—2016.7
		副局长	赖培猛	晋江西园	续任

部门		职务	姓名	籍贯	任职时间
公安局	市局	副局长	佘胜坚	石狮	续任
		副局长	苏琪	泉州鲤城	续任
		副局长	蔡水抽	晋江东石	续任
		副局长	林如欲	晋江陈埭	—2016.11
		副局长	李天平	晋江梅岭	2016.11—
		副局长	曾朝阳	晋江内坑	续任
		副局长	颜清祥	晋江东石	2016.11—
		副局长(挂职)	董军	福州	—2016.7
		纪委书记	李天平	晋江梅岭	—2016.11
		纪委书记	黄泓	晋江梅岭	2016.11—
		纪委副书记	刘志松	晋江东石	续任
		纪委副书记	陈清硕	晋江安海	续任
		总工程师	施建忠	晋江深沪	续任
	机关党委	书记	苏家明	泉州丰泽	续任
		专职副书记	尤志贤	晋江内坑	续任
	监察室	主任	刘志松	晋江东石	续任
	政工室	主任	洪进南	晋江英林	续任
	警务保障室	主任	施连团	晋江龙湖	续任
	警察公共关系室	主任	陈耀宗	南安	续任
	警务督察大队	大队长	傅国平	河南滑县	续任
	指挥中心	主任	黄泓	晋江梅岭	—2016.11
		主任	龚志勇	石狮	2016.11—
		教导员	欧阳荣	湖南衡东	—2016.4
		教导员	张飞	内蒙古商都	2016.4—
	国保大队	大队长	颜斯鸿	晋江安海	续任
		教导员	李建民	晋江安海	—2016.4
	经侦大队	大队长	杨剑扬	晋江内坑	2016.4—
		教导员	杨剑扬	晋江内坑	—2016.4
		教导员	苏世源	晋江磁灶	2016.4—
	治安大队	大队长	林康育	晋江池店	续任
		教导员	洪长存	晋江英林	—2016.4
		教导员	王维柱	晋江东石	2016.4—

续表

部门		职务	姓名	籍贯	任职时间
公安局	法制大队	大队长	吴世钦	福州闽侯	续任
		教导员	陈著塔	晋江深沪	续任
	出入境管理大队	大队长	施育霖	晋江龙湖	续任
		教导员	张莹玲(女)	晋江陈埭	续任
	交通管理大队	大队长	颜清祥	晋江东石	—2016.11
		大队长	张卫东	泉州丰泽	2016.11—
		教导员	高泉清	晋江安海	续任
	禁毒大队	大队长	李明星	晋江梅岭	续任
		教导员	林春水	晋江青阳	续任
	户政管理大队	大队长	洪长存	晋江英林	2016.4—
		教导员	姚红日	晋江内坑	2016.4—
	网安大队	大队长	许春江	晋江金井	续任
		教导员	马永芳	三明宁化	续任
	刑侦大队	大队长	陈金超	晋江磁灶	续任
		教导员	施文生	晋江龙湖	续任
	边防大队	大队长	林顺明	漳　　州	续任
		政　委	钟明聪	泉州泉港	—2016.7
		政　委	许文鑫	泉　　州	2016.7—
	巡特警反恐大队	大队长	郑志朋	晋江罗山	2016.4—
		教导员	蒋灿阳	晋江金井	2016.4—
	拘留所	所　长	陈峻峰	惠　　安	续任
		教导员	李景峰	晋江池店	续任
	消防大队	大队长	邱建鹏	漳州长泰	2016.11—
		教导员	余治国	湖南益阳	续任
	看守所	所　长	吴国宾	晋江灵源	续任
		教导员	黄鹏程	晋江安海	续任
	青阳派出所	所　长	王　伟	惠　　安	续任
		教导员	李以聪	南　　安	—2016.4
		教导员	欧阳荣	湖南衡东	2016.4—
	梅岭派出所	所　长	侯国猛	晋江深沪	续任
		教导员	陈松陵	晋江安海	续任
	西园派出所	所　长	颜向阳	晋江安海	续任
		教导员	朱良志	晋江内坑	—2016.6
	罗山派出所	所　长	张卫东	泉州丰泽	—2016.11
		教导员	蔡乔峰	晋江东石	续任

部门		职务	姓名	籍贯	任职时间
公安局	灵源派出所	所　长	王彬辉	晋江安海	续任
		教导员	谢世炎	晋江陈埭	续任
	新塘派出所	所　长	郭东汉	晋江罗山	续任
		教导员	赖晓山	龙　　岩	续任
	陈埭派出所	所　长	曾朝阳	晋江内坑	续任
		教导员	李进益	晋江池店	续任
	滨江派出所	所　长	李建设	晋江梅岭	续任
		教导员	许江洪	晋江安海	续任
	池店派出所	所　长	陈志远	泉州泉港	续任
		教导员	李建民	晋江安海	2016.4—
	安海派出所	所　长	李章其	晋江金井	续任
		教导员	李卫阳	晋江罗山	续任
	磁灶派出所	所　长	洪松派	晋江金井	续任
		教导员	林拥军	晋江陈埭	续任
	内坑派出所	所　长	林宏展	晋江安海	续任
		教导员	万志明	泉州丰泽	续任
	紫帽派出所	所　长	陈黄河	晋江东石	续任
		教导员	洪清昌	晋江英林	续任
	东石派出所	所　长	龚志勇	石　　狮	—2016.11
		教导员	蔡长翼	晋江金井	续任
	永和派出所	所　长	张贻东	晋江磁灶	续任
		教导员	唐劲松	泉州泉港	续任
	英林派出所	所　长	庄飞虎	晋江梅岭	续任
		教导员	江冬平	南平浦城	续任
	金井派出所	所　长	姚常青	晋江永和	续任
		教导员	蔡士达	晋江安海	续任
	龙湖派出所	所　长	潘溶芳	泉州丰泽	续任
		教导员	蔡宗晨	厦门同安	续任
	深沪派出所	所　长	柯长春	晋江新塘	续任
		教导员	张长光	晋江青阳	续任
	西滨派出所	所　长	林荣武	晋江安海	续任
		教导员	曾进步	南　　安	续任
	安平派出所	所　长	林江涛	晋江陈埭	续任
		教导员	庄建筑	晋江青阳	续任

续表

部门	职务	姓名	籍贯	任职时间
海警第二支队三大队	大队长	凌　志	湖南醴陵	—2016.4
	大队长	施艺勇	龙　海	2016.7—
	政　委	夏际勇	浙江舟山	—2016.4
	政　委	余国庆	永　泰	2016.7—
司法局	局　长	吴飞跃	石　狮	—2016.11
	局　长	许嘉丰	晋江金井	2016.12—
	副局长	张春晓	晋江池店	续任
	纪检组组长	王腾阳	石　狮	续任
	副局长	张贻潜	晋江东石	续任
	青阳所所长	李其旦	晋江内坑	—2016.5
		洪文峰	晋江龙湖	2016.5—
	梅岭所所长	柯　涌	晋江新塘	续任
	西园所所长	蔡鹰扬	晋江东石	续任
	罗山所所长	许文友	晋江永和	续任
	灵源所所长	蔡建华(女)	晋江东石	续任
	新塘所所长	张　榕(女)	晋江安海	续任
	陈埭所所长	王华端	晋江灵源	—2016.5
		陈毅伟	晋江安海	2016.5—
	池店所所长	庄晓峰	晋江青阳	续任
	安海所所长	余胜琛	晋江永和	续任
	磁灶所所长	陈　筠	晋江东石	—2016.5
	磁灶所所长	庄晓东	晋江梅岭	2016.5—
	内坑所所长	王说佳	晋江金井	续任
	紫帽所所长	魏志强	泉州丰泽	续任
	东石所所长	王培德	晋江金井	—2016.5
		庄舒怀(女)	晋江梅岭	2016.5—
	永和所所长	黄英瑜(女)	石　狮	—2016.5
		赖雪芳(女)	晋江青阳	2016.5—
	英林所所长	陈俊雄	晋江深沪	续任
	金井所所长	陈毅旺	晋江安海	续任
	龙湖所所长	许荣题	晋江东石	—2016.5
		李培耀	晋江内坑	2016.5—
	深沪所所长	姚卡尔	晋江安海	续任
	西滨所所长	陈明霞(女)	南　安	续任

部门	职务	姓名	籍贯	任职时间
国家安全局	局　长	饶聪敏	惠　安	续任
	副局长	丁永辉(回)	晋江陈埭	续任
	副局长	吕尚恶	晋江西园	续任
泉州出入境检验检疫局晋江办事处	主　任	余永成	永　春	续任
	副主任	蔡水狮	南　安	续任
	副调研员	张石岩	江西景德	续任
	办公室主任	洪文哲	晋　江	2016.5—
	综合科科长	许群雄	晋江安海	续任
泉州出入境检验检疫局晋江办事处	检验监管科科长	张志刚	晋江内坑	—2016.5
	检验监管科科长	郑永泉	永　春	2016.6—
	动植物与食品检验监管科科长	王良填	石　狮	续任
	陆地港检验检疫科副科长	黄崎山(女)	莆　田	2016.5—
海事处	处　长	许增智	安　溪	续任
	副处长	林永革	南　安	续任
	副处长	赵顺尧	安　溪	续任
	副处长	徐　忠	山东莒县	2016.4—
	办公室主任	许荣辉	晋江青阳	续任
	办公室副主任	刘金华	江苏南通	续任
	受理科副科长	吕　婕(女)	龙岩漳平	2016.4—
	执法大队大队长、船舶科科长	林青峰	泉　州	续任
	执法大队副大队长	林天信	莆　田	续任
	执法大队副大队长	袁小亮	江西分宜	2016.4—
	船舶监督科副科长	王小孟	宁　德	续任
	政务受理科副科长	林丽蓉(女)	惠　安	续任
中国人民银行晋江市支行	行　长	骆裕明	惠　安	续任
	副行长	庄家训	惠　安	续任
	副行长	黄文忠	晋江安海	续任
银行监管办事处	主　任	许一平	南　安	续任
晋江市邮政管理局	局　长	刘昭曙	泉州泉港	续任
	副局长	尤菲菲(女)	南　安	续任

（三）各街道办事处负责人

表43

晋江市人民政府各街道办事处负责人名表

街道	职务	姓名	籍贯	任职时间
青阳	主任	吴靖宇	晋江内坑	续任
	副主任	朱永安	晋江内坑	—2016.5
	副主任	叶水滨	晋江东石	—2016.5
	副主任	曾台店	晋江安海	2016.5—
	副主任	朱智钰	晋江内坑	2016.5—
	副主任(科技)	黄志胜	晋江安海	续任
梅岭	主任	吴再发	晋江西园	—2016.5
	主任	洪志强	晋江东石	2016.5—
	副主任	谢玉婉(女)	惠安	—2016.5
	副主任	郑绍乐	永春	续任
	副主任	陈文祥	晋江青阳	续任
	副主任(科技)	洪文岭	晋江龙湖	续任
西园	主任	林晓为	晋江安海	—2016.5
	主任	杨双华(女)	晋江新塘	2016.5—
	副主任	陈加星	晋江罗山	续任
	副主任	洪长华	晋江英林	—2016.5
	副主任	吴贻锶	晋江龙湖	续任
西园	副主任(科技)	施文士	晋江深沪	续任
罗山	主任	张志友	晋江东石	2016.5—
	副主任	柯清哲	晋江灵源	—2016.5
	副主任	黄若凡	晋江安海	—2016.5
	副主任	陈达森	晋江金井	2016.5—
	副主任	林时就	晋江内坑	2016.5—
	副主任(科技)	陈长达	晋江深沪	续任
灵源	主任	苏振发	南安	续任
	副主任	许文宣	晋江安海	续任
	副主任	林伟伟	晋江青阳	—2016.12
	副主任(科技)	柯志力	晋江新塘	续任
新塘	主任	洪永胜	晋江英林	—2016.5
	主任	谢建智	石狮	2016.5—
	副主任	张连升	晋江青阳	续任
	副主任	陈凌燕(女)	晋江安海	—2016.5
	副主任	施文响	晋江龙湖	2016.5—
	副主任(科技)	叶明阳	晋江梅岭	续任

（四）各镇人民政府和良种场负责人

表44

晋江市各镇人民政府和良种场负责人名表

镇(场)	职务	姓名	籍贯	任职时间
陈埭镇	镇长	洪建立	晋江英林	—2016.5
	镇长	庄垂生	晋江梅岭	2016.6—
	副镇长	许少伟	晋江龙湖	—2016.5
	副镇长	丁安颖(回)	晋江陈埭	—2016.5
	副镇长	蔡北京	晋江东石	—2016.5
	副镇长	洪志新	晋江英林	续任
	副镇长	许自央	晋江安海	2016.6—
	副镇长(科技)	陈毓瑜	晋江磁灶	续任
池店镇	镇长	庄垂生	晋江梅岭	—2016.5
	镇长	李章凯	晋江金井	2016.6—
	副镇长	黄劲松	晋江安海	—2016.5
	副镇长	吴长挺	晋江深沪	续任
	副镇长	陈瑞峰	泉州鲤城	续任
	副镇长	刘小燕(女)	南安	续任
	副镇长(科技)	李泱	晋江安海	续任
安海镇	镇长	唐春晓	晋江池店	—2016.5
	镇长	张健龙	晋江内坑	2016.6—
	副镇长	施明亮	晋江龙湖	—2016.5
	副镇长	吴清源	晋江永和	续任
	副镇长	张百夷	晋江东石	续任
	副镇长	张文盾	晋江东石	—2016.6
	副镇长(科技)	蔡娜娜(女)	晋江东石	续任
磁灶镇	镇长	黄延艺(女)	晋江安海	—2016.5
	镇长	王志宏	晋江灵源	2016.6—
	副镇长	陈银良	惠安	—2016.5
	副镇长	陈国良	晋江青阳	续任
	副镇长	施纯玺	晋江深沪	—2016.5
	副镇长	潘炳煌	晋江永和	—2016.5
	副镇长	许泳泳(女)	晋江安海	2016.6—
	副镇长	张步贤	晋江东石	2016.6—
	副镇长(科技)	黄国裕	晋江东石	续任

续表

镇(场)	职　务	姓　名	籍　贯	任职时间
内坑镇	镇　长	张劲竹	晋江英林	—2016.5
	镇　长	陈其昌	晋江深沪	2016.6—
	副镇长	许添福	晋江东石	—2016.5
	副镇长	张辉永	晋江陈埭	续任
	副镇长	兰雯雯(女、畲)	晋江安海	续任
	副镇长(科技)	刘铮铭	晋江金井	续任
紫帽镇	镇　长	柯枫伟	晋江安海	续任
	副镇长	林文尚	晋江内坑	—2016.5
	副镇长	蔡劲松	晋江池店	—2016.6
	副镇长	庄跃聪	晋江梅岭	2016.6—
	副镇长	苏孙庚	晋江安海	续任
	副镇长(科技)	吴马愿	晋江罗山	续任
东石镇	镇　长	颜宏达	晋江安海	—2016.5
	镇　长	李德铭	晋江池店	2016.6—
	副镇长	颜婉媚(女)	晋江安海	—2016.5
	副镇长	李文程	晋江池店	—2016.6
	副镇长	吴健军	晋江金井	续任
	副镇长	陈奕忠	晋江深沪	续任
	副镇长	赖渠鸿	晋江西园	2016.6—
	副镇长(科技)	施建成	晋江龙湖	续任
永和镇	镇　长	王沂鸿	山东临沂	—2016.5
	镇　长	陈荣松	晋江罗山	2016.6—
	副镇长	苏世杰	晋江磁灶	—2016.5
	副镇长	陈贻得	晋江金井	续任
	副镇长	陈海鸣	晋江安海	2016.6—
	副镇长(科技)	许成家	晋江东石	续任
英林镇	镇　长	李安辉	晋江池店	—2016.5
	镇　长	陈东聆(女)	晋江安海	2016.6—
	副镇长	陈永溪	晋江安海	—2016.5
	副镇长	陈连升	晋江安海	—2016.5
	副镇长	林荣坤	晋江安海	—2016.6
	副镇长	曾辉英(女)	厦　门	续任
	副镇长	颜国升	晋江深沪	2016.6—
	副镇长(科技)	黄志向	晋江内坑	续任

镇(场)	职　务	姓　名	籍　贯	任职时间
金井镇	镇　长	黄思添	南　安	—2016.5
	镇　长	邱鸿荣	石　狮	2016.6—
	副镇长	曾台店	晋江安海	—2016.5
	副镇长	林尚昭	晋江永和	—2016.5
	副镇长	林雨榨	晋江永和	续任
	副镇长	许党恩	晋江东石	—2016.6
	副镇长	苏世杰	晋江磁灶	2016.6—
	副镇长	许竞宇	台湾台北	2016.6—
	副镇长(科技)	尤燕红(女)	晋江安海	续任
龙湖镇	镇　长	陈希轩	晋江金井	—2016.5
	镇　长	张志雄	晋江安海	2016.6—
	副镇长	王云强	晋江安海	—2016.6
	副镇长	许上林	晋江英林	续任
	副镇长	许辉荣	晋江内坑	续任
	副镇长(科技)	蔡伟群	晋江安海	续任
深沪镇	镇　长	许文倡	晋江英林	—2016.5
	镇　长	孙晋展	晋江东石	2016.6—
	副镇长	洪天友	晋江英林	—2016.5
	副镇长	曾振奋	晋江金井	—2016.5
	副镇长	施建生	晋江龙湖	续任
	副镇长	蔡夏溪	晋江东石	续任
	副镇长(科技)	陈延裕	晋江龙湖	续任
西滨镇	镇　长	林明捷	南　安	—2016.6
	镇　长	颜志平(女)	莆田仙游	2016.6—2016.11
	镇　长	陈高攀	晋江磁灶	2016.12—
	副镇长	吴友峰	晋江磁灶	2016.6—
	副镇长	吕良芽	南　安	续任
	副镇长	颜　虹(女)	晋江安海	—2016.6
	副镇长(科技)	丁劲松	晋江安海	续任
良种场	场　长	许英蔚	晋江英林	续任
	副场长	唐玉梅(女)	晋江池店	续任
	副场长	肖志贤	晋江东石	—2016.5

四、地方政协组织

（一）政协晋江市委员会主席、副主席

表45　　政协晋江市委员会主席、副主席名表

职　务	姓　名	籍　　贯	任职时间
主　席	周伯恭	南　安	—2016. 12
主　席	林仁达	南　安	2016. 12—
副主席	朱永远	晋江内坑	—2016. 12
副主席	林庆峰	永　　春	2016. 12—
副主席	叶荣宗	长　　泰	续任
副主席	洪元程	台　　湾	续任
副主席	施能坑	晋江深沪	—2016. 12
副主席	洪忠信	晋江英林	2016. 12—

（二）政协晋江市委员会秘书长

表46　　政协晋江市委员会秘书长名表

职　务	姓　名	籍　　贯	任职时间
秘书长	郭浪滔(回)	晋江东石	—2016. 6
秘书长	蔡　晖	晋江深沪	2016. 11—

（三）政协晋江市委员会工作机构负责人

表47　　政协晋江市委员会工作机构负责人名表

室　别	职　务	姓　名	籍　　贯	任职时间
办公室	主　任	许特级	晋江东石	—2016. 11
	主　任	蔡　晖	晋江深沪	2016. 11—
	副主任	蔡阿炳	晋江陈埭	续任
	副主任	张晚金	惠　　安	2016. 6—
提案委员会	主　任	许天宝	晋江龙湖	续任
	副主任	张谋荣	晋江池店	—2016. 11
经济与法制委员会	主　任	许荣宣	晋江安海	—2016. 11
经济与法制委员会	主　任	张谋荣	晋江池店	2016. 11—
	副主任	张茂倩(女)	晋江安海	续任
文史资料委员会	主　任	吴明哲	晋江龙湖	续任
	副主任	黄诗瑜	晋江安海	续任
联络委员会	主　任	黄嘉平	南　　安	续任
	副主任	林真真	晋江英林	2016. 11—

五、地方军事组织

（一）晋江市人民武装部负责人

表48　　晋江市人民武装部负责人名表

职　务	姓　名	籍　　贯	任职时间
部　长	喻青松	江西南昌	续任
政　委	刘文成	安徽肥东	续任
副部长	戴若立	福　　鼎	续任

（二）各镇、街道人民武装部部长

表49　　晋江市各镇、街道人民武装部部长名表

镇（街道）	姓　名	籍　　贯	任职时间
青阳街道	蔡安怀	晋江梅岭	续任
梅岭街道	王建回	晋江永和	—2016. 5
	吴连坛	晋江龙湖	2016. 5—
西园街道	陈继祖	晋江罗山	续任
罗山街道	陈海鸣	晋江安海	—2016. 5
	庄铭德	晋江梅岭	2016. 5—
灵源街道	苏文璋	晋江安海	—2016. 5
	陈金元	晋江磁灶	2016. 5—
新塘街道	陈达森	晋江金井	—2016. 5
	蔡崇伟	晋江安海	2016. 5—
陈埭镇	姚庆祝	晋江内坑	续任
池店镇	叶志明	晋江东石	—2016. 5

续表

镇（街道）	姓　名	籍　　贯	任职时间
池店镇	王振峰	晋江新塘	2016. 5—
安海镇	赖渠鸿	晋江西园	—2016. 5
	林俊伟	晋江罗山	2016. 5—
磁灶镇	蔡辉煌	晋江安海	—2016. 5
	曾培镜	晋江青阳	2016. 5—
内坑镇	许添福	晋江东石	—2016. 5
	王宁强	晋江安海	2016. 5—
紫帽镇	许文宝	晋江龙湖	—2016. 5
	廖智华	三明大田	2016. 6—
东石镇	王振峰	晋江新塘	—2016. 5
	蔡达峰	晋江安海	2016. 5—
永和镇	罗　健	江　　西	续任
英林镇	林炳辉	晋江永和	续任
金井镇	林忠山	晋江陈埭	续任
龙湖镇	庄添生	晋江青阳	续任
深沪镇	翁国栋	晋江灵源	续任
西滨镇	洪国财	晋江内坑	续任

（三）武警泉州支队第二大队负责人

表50　　武警泉州支队第二大队负责人名表

职　务	姓　名	籍　　贯	任职时间
大队长	王跃平	浙江金华	—2016. 4
大队长	杨进发	永　　春	2016. 4—
教导员	翁春辉	泉　　州	续任

（四）武警第二大队晋江中队负责人

表51　　武警第二大队晋江中队负责人名表

职　务	姓　名	籍　　贯	任职时间
中队长	胡喜兵	湖南桃江	续任
指导员	傅仰钦	南　　安	续任

六、人民检察院

（一）晋江市人民检察院检察长、副检察长

表52　　晋江市人民检察院检察长、副检察长名表

职　务	姓　名	籍　　贯	任职时间
检察长	邱仲华	石　　狮	—2016. 2
检察长	甘泽阳	惠　　安	2016. 12—
副检察长	陈紫凡	晋江永和	续任
副检察长	余冬阳	台湾台南	—2016. 5
副检察长	许昔翻	晋江东石	续任
副检察长	王加贺	福　　鼎	2016. 4—

（二）晋江市人民检察院内设机构负责人

表53　　晋江市人民检察院内设机构负责人名表

职　务	姓　名	籍　　贯	任职时间
政治处主任	许良晓	晋江龙湖	—2016. 10
政治处主任	王龙头	晋江安海	2016. 11—
纪检组组长	王云进	晋江内坑	续任
专职检委会委员	曾文聪	晋江罗山	续任
办公室主任	王德县	安　　溪	续任
办公室副主任	许少宇	晋江东石	—2016. 5
政治处副主任	许文族	晋江龙湖	续任
侦监科科长	庄如梅(女)	晋江青阳	续任
侦监科副科长	周昌烨	晋江安海	续任
	黄华安	晋江安海	续任
侦监科副科长	王加荣	晋江安海	续任
公诉科科长	黄挺进	南　　安	续任
公诉科副科长	叶贻峰	晋江安海	续任
反贪局局长	郑金标	莆　　田	续任

续表

职　务	姓　名	籍　贯	任职时间
反贪局教导员	桂卓迎	晋江安海	续任
反贪局副局长	施祖烈	晋江龙湖	续任
反渎局局长	洪游逸	晋江龙湖	—2016.5
反渎局副局长	许娟娟(女)	晋江安海	续任
	王远恒	晋江安海	续任
监察局局长	蔡金益	晋江东石	2016.2—
监所科科长	蔡金益	晋江东石	—2016.2
民行科科长	施冬梅(女)	江西宜春	续任
民行科副科长	苏瑛玉(女)	晋江安海	续任
控申科科长	许天谋	晋江东石	续任
控申科副科长	陈建安	晋江永和	续任
	许永恒	晋江东石	续任
预防科科长	李妮妮(女)	晋江安海	续任
研究室主任	吴仁义	晋江金井	续任
监察科科长	吴银鹏	晋江西园	续任
法警大队大队长	姚鸿苗	晋江英林	续任
未检科科长	詹雅须(女)	晋江深沪	续任
生态资源检察科科长	吴雅芳(女)	晋江磁灶	续任
案管中心主任	王龙头	晋江安海	续任

七、人民法院

（一）晋江市人民法院院长、纪检组组长、副院长

表54　晋江市人民法院院长、纪检组组长、副院长名表

职　务	姓　名	籍　贯	任职时间
院　长	李小兴	南　安	—2016.7
院　长	陈水深	南　安	2016.12—
纪检组组长	林天宝	莆　田	续任
副院长	李金凤	晋江陈埭	—2016.2
副院长	庄能宗	泉州泉港	续任
副院长	吴庆锥	晋江深沪	续任
副院长	丁银汉(回)	晋江陈埭	2016.6—

（二）晋江市人民法院内设机构负责人

表55　晋江市人民法院内设机构负责人名表

职　务	姓　名	籍　贯	任职时间
刑一庭庭长	丁银汉	晋江陈埭	续任
民二庭庭长	庄马炮	晋江梅岭	续任
政治处主任	苏晓瑜	晋江东石	续任
执行局局长	吴明铀	晋江罗山	续任
专职审委会委员	叶佩芬(女)	晋江东石	续任
	陈维山	晋江梅岭	续任
正科级审判员	柯贤镖	晋江东石	续任
	王鸿楠	石　狮	续任
副科级审判员	欧阳克三	晋江安海	续任
	林国良	晋江陈埭	—2016.5
政治处副主任	黄永星	晋江安海	续任
监察科科长	杨明护	晋江罗山	续任
办公室主任	苏友庆	晋江永和	续任
办公室副主任	黄婷婷(女)	晋江安海	续任
	吴晓燕(女)	晋江安海	续任
立案庭庭长	颜　仪(女)	晋江安海	续任
刑一庭副庭长	林　萍(女)	晋江安海	续任
刑二庭庭长	刘基荣	晋江东石	续任
刑二庭副庭长	陈雁平(女)	晋江陈埭	续任
民一庭庭长	洪民强	晋江池店	续任
民一庭副庭长	洪　涌	南　安	续任
民二庭副庭长	姚志阳	晋江内坑	续任
	林海堤	晋江池店	续任
	林真真(女)	晋江英林	—2016.11
知识产权庭庭长	张慧玲(女)	晋江西园	续任

续表

职　务	姓　名	籍　　贯	任职时间
行政审判庭副庭长	施莎丽(女)	晋江龙湖	续任
	胡　谦	石　　狮	续任
审监庭庭长	蔡佳民	晋江金井	续任
审管办主任	陈国钧	晋江池店	续任
执行局副局长	许朝晖	晋江安海	续任
	庄滨滨	晋江梅岭	续任
	林　琳	莆田仙游	续任
法警大队大队长	丁育新	晋江安海	续任
法警大队政委	魏维平	晋江池店	续任
青阳庭庭长	姚加奖	晋江英林	续任
陈埭庭庭长	吴铭清	晋江西园	续任
安海庭庭长	蔡忠楚	晋江新塘	续任
磁灶庭庭长	郭灿培	晋江金井	续任
东石庭庭长	吴景芳	晋江罗山	续任
龙湖庭庭长	林荣业	晋江深沪	续任
金井庭庭长	陈永固	晋江永和	续任

八、民主党派、社会团体

(一) 晋江市民主党派负责人

表56　　晋江市民主党派负责人名表

单　　位	职　务	姓　名	籍　贯	任职时间
中国国民党革命委员会晋江市委员会	主　委	曾献礼	晋江内坑	续任
	专职副主委	张子牙	晋江东石	续任
中国民主同盟晋江市委员会	主　委	王子标	晋江青阳	续任
	专职副主委	粘文俊(满)	晋江龙湖	续任
中国民主建国会晋江市委员会	主　委	庄天怀	晋江梅岭	续任
	专职副主委	洪鸿雁	晋江英林	续任
中国民主促进会晋江市支部	主　委	许维蓄	晋江龙湖	续任
	专职副主委	周　莹(女)	南　　安	续任
中国农工民主党晋江市委员会	主　委	郭为汀	晋江青阳	续任
	专职副主委	张琳琳(女)	南　　安	续任
中国致公党晋江市委员会	主　委	颜　虹(女)	晋江安海	续任
九三学社晋江支社	主　委	苏温州	晋江陈埭	续任
	专职副主委	林宗灿	莆　　田	—2016.11
台湾民主自治同盟晋江市支部	主　委	洪元程	台　　湾	续任

(二) 晋江市社会团体负责人

表57　　晋江市社会团体负责人名表

单　位	职　务	姓　名	籍　贯	任职时间
总工会	主　席	张文贤	安　　溪	—2016.6
	主　席	吴忠刘	南　　安	2016.9—
	常务副主席	彭培育	石　　狮	续任
	副主席	颜劲松	晋江安海	续任
	纪检组组长	施文协	晋江深沪	续任
	副主席	王颖芳(女)	晋江池店	续任
共青团晋江市委员会	书　记	陈其昌	晋江深沪	—2016.5
	书　记	蔡少林	晋江永和	2016.6—
	副书记	卢奕珠(女)	德　　化	续任
	副书记	施荣进	晋江龙湖	续任
	副书记(挂职)	吴剑文	晋江磁灶	—2016.10

续表

单位	职务	姓名	籍贯	任职时间
妇女联合会	主席	吴丹红(女)	晋江磁灶	—2016.10
	主席	钟文玲(女、畲)	泉州泉港	2016.10—
	副主席	许清心(女)	晋江龙湖	续任
	副主席	丁玉梅(女、回)	晋江陈埭	续任
工商联(总商会)	会长	洪忠信	晋江英林	2016.12—
	常务副会长	陈清勤	泉州鲤城	—2016.11
	常务副会长	许特级	晋江东石	2016.12—
	副会长、秘书长	谢安娜	晋江金井	续任
	纪检组组长	陈长荣	晋江安海	—2016.11
归国华侨联合会	主席	叶水应	晋江梅岭	—2016.11
	主席	庄晓芳(女)	晋江梅岭	2016.12—
	副主席	王清泽	晋江金井	—2016.11
科学技术协会	主席	蔡育树	石狮	—2016.10
	主席	谢江漫	晋江金井	2016.11—
	副主席	王鸿锦(女)	晋江永和	续任
文学艺术界联合会	主席	李伟才	安溪	续任
慈善总会	会长	许连捷	晋江安海	续任
	常务副会长、秘书长	龚子猛	晋江安海	续任
残疾人联合会	理事长	蔡尚才	晋江东石	续任
	副理事长	温名锋	江西宁都	—2016.6
	副理事长	林荣坤	晋江安海	2016.6—
老区建设促进会	会长	施并章	晋江龙湖	续任
	常务副会长	张景锻	晋江内坑	续任
	副会长、秘书长	陈扶西	晋江深沪	续任
计划生育协会	会长	王庆芬	石狮	续任
	常务专职副会长	王立民	泉州鲤城	续任
	专职副会长	刘名军	江西兴国	续任
台湾同胞联谊会	会长	詹淑华(女)	台湾新竹	—2016.11
	会长	吴朝晖	台湾台北	2016.11—
	专职副会长	吴朝晖	台湾台北	—2016.11
关心下一代工作委员会	主任	陈长庚	晋江龙湖	续任
	常务副主任	许天祥	晋江东石	续任
	副主任、秘书长	陈龙琪	宁德	续任
	副主任	郑清爽	晋江东石	续任
	副秘书长	张孙厚	晋江英林	2016.2—
	副秘书长	朱福声	晋江内坑	2016.2—
国际贸易促进委员会	会长	钟文玲(女、畲)	泉州泉港	—2016.10
	会长	蔡育树	石狮	2016.12—
	副会长	陈冬生	晋江安海	续任
	副会长	杨志勇	晋江安海	—2016.6
	副会长	孙水滨	晋江东石	2016.6—
红十字会	专职副会长	陈礼新	永春	—2016.5
	专职副会长	陈小妮(女)	晋江安海	2016.6—
社会科学联合会	主席	林惠玲(女)	泉州丰泽	—2016.12
	主席	柯荣围	晋江安海	2016.12—

九、事业单位（部分）

（一）晋江市交通运输事业单位负责人

表58　　晋江市交通运输事业单位负责人名表

单位	职务	姓名	籍贯	任职时间
泉州公路局晋江分局	局长	戴伟顺	南安	续任
	副局长	柳剑飞	莆田	续任
	副局长	王宗龙	泉州泉港	续任
泉州公路局晋江分局	教导员	罗勇	厦门	续任
市交通运输管理所	所长	蔡经雄	石狮	—2016.6
	所长	蔡志尧	晋江深沪	2016.6—

(二) 晋江市教育事业单位负责人

表59

晋江市教育事业单位负责人名表

单 位	职 务	姓 名	籍 贯	任职时间
教师进修学校	校长、副书记	姚荣祖	永　　春	续任
	副校长	陈淑端(女)	晋江磁灶	续任
	副校长	王晓闽	晋江新塘	—2016.5
	副校长	施世杰	晋江深沪	2016.6—
晋江一中	校长、书记	陈燎原	晋江东石	续任
	副校长	黄家策	晋江池店	续任
	副校长	王宽购	晋江安海	—2016.9
	副校长	张友力	湖北十堰	续任
	副校长	郑志雄	晋江东石	续任
养正中学	校　长	江建闽	山东平阴	续任
	书记、副校长	沈慈勇	晋江安海	续任
	副校长	颜建增	晋江安海	续任
	副书记	陈金明	龙岩上杭	续任
	副校长	施茂庆	晋江龙湖	续任
季延中学	校　长	施金象	晋江龙湖	续任
	书　记	丁泽岩	晋江陈埭	—2016.11
	副校长	王毅阳	晋江新塘	续任
	副校长	陈鸿群	晋江金井	续任
	副校长	蔡明指	晋江龙湖	2016.6—
	副校长	黄祖铭	晋江东石	2016.9—
侨声中学	校长、书记	王海墘	晋江东石	续任
	副书记	王云良	晋江安海	续任
	副校长	张　鹞	重　　庆	续任
	副校长	蔡安源	晋江东石	续任
	副校长	许再生	晋江青阳	续任
晋江职业中专学校	校长、书记	陈华兵	晋江金井	续任
	副校长	施天赐	晋江龙湖	续任
	副校长	刘晓斌	晋江安海	续任
	副校长	翁天妙	晋江龙湖	续任
华侨职业中专学校	校　长	陈惠群	泉州泉港	续任
	书　记	陈惠群	泉州泉港	2016.9—
	副校长	蔡裕友	晋江青阳	续任
	副校长	许云华	南平政和	续任
	副校长	庄耀明	晋江青阳	续任
南侨中学	校长、书记	刘清裕	晋江龙湖	续任
	副校长	施养胜	晋江龙湖	续任
	副书记	姚加雄	晋江英林	—2016.12
	副校长	施文书	晋江龙湖	续任
	副校长	柯荣树	晋江英林	续任
毓英中学	校长	蔡泉聘	晋江金井	—2016.9
	校长	王宽购	晋江安海	2016.9—
	书记	蔡泉聘	晋江金井	续任
	副校长	曾祥汀	晋江永和	—2016.9
	副校长	吴健康	晋江东石	续任
	副校长	施佳友	晋江金井	续任
	副书记	陈金星	晋江磁灶	续任
英林中学	校长、书记	陈昌卫	晋江东石	续任
	副校长	黄祖铭	晋江东石	—2016.9
	副校长	袁建民	江西南城	续任
	副校长	李志勇	晋江龙湖	续任
	副书记	郭泉源	南　　安	续任
陈埭民族中学	校长、书记	陈瑞山	晋江池店	续任
	副校长	王毅军	江西临川	续任
	副校长	施易俗	晋江龙湖	续任
	副校长	许明哲	晋江东石	续任
	副校长	庄树江	晋江梅岭	续任
平山中学	校　长	王劲松	石　　狮	续任
	书　记	蔡金潮	晋江罗山	续任
	副校长	林德田	龙岩古田	续任
	副校长	陈维新	晋江池店	续任
	副校长	庄燕红(女)	晋江青阳	—2016.4
	副校长	曾祥汀	晋江永和	2016.9—
磁灶中学	校长、书记	曾国耕	晋江安海	续任
	副校长	朱兴成	四川达州	续任
	副校长	陈泽峰	永　　春	续任
	副书记	蔡金聪	晋江罗山	续任

续表

单位	职务	姓名	籍贯	任职时间
首峰中学	校长、书记	杨少伟	晋江英林	续任
	副校长	陈福元	安　溪	续任
	副校长	吴贤集	晋江英林	续任
	副书记	洪培峥	晋江英林	续任
晋江二中	校　长	王诗坦	晋江永和	续任
	书　记	庄建松	福州台江	续任
	副校长	邵　琼	湖北黄冈	续任
	副校长	徐宗发	莆田仙游	续任
	副校长	吴进安	晋江磁灶	续任
永和中学	校长、书记	傅灿辉	晋江池店	续任
	副校长	黄诗竺	晋江安海	续任
	副校长	王洛阳	晋江青阳	续任
	副书记	叶明瑜	晋江梅岭	续任
内坑中学	校　长	周江浩	晋江安海	续任
	书　记	尤芳臻	晋江内坑	续任
	副校长	朱江河	晋江内坑	续任
	副校长	陈文段	晋江安海	续任
中远中学	副书记	吴伟鸿	晋江磁灶	续任
子江中学	副书记	林宏图	晋江安海	续任
晋江华侨中学	校　长	陈燎原	晋江东石	续任
	书　记	王宽购	晋江安海	—2016.9
实验中学	校长、书记	陈宝玉（女）	晋江磁灶	续任
远华中学	校　长	张金桥	晋江内坑	续任
	书　记	庄良国	晋江青阳	续任
罗山中学	校　长	黄培开	晋江东石	续任
	书　记	蔡乃顕	石　狮	续任
紫华中学	校　长	苏海曼	泉州鲤城	续任
	书　记	吴汉斌	晋江安海	续任
灵水中学	校　长	陈婉芳（女）	晋江安海	续任
	书　记	吴海山	晋江罗山	续任
新侨中学	校　长	陈良平	永　春	续任
	书　记	吴少伟	晋江西园	续任
池店中学	校长、书记	陈金毕	晋江内坑	—2016.4
	校　长	王诗坦	晋江永和	2016.9—
	书　记	吴进安	晋江磁灶	2016.9—

单位	职务	姓名	籍贯	任职时间
江滨中学	校　长	陈佑俊	泉州鲤城	续任
	书　记	陈金土	晋江池店	续任
高登中学	校长、书记	吴水泽	晋江罗山	续任
紫峰中学	校长、书记	施华雄	晋江龙湖	续任
	副书记	郭桂欣	惠　安	续任
	副校长	许荣辉	晋江龙湖	续任
	副校长	庄勋洋	晋江青阳	续任
	副校长	林清海	晋江陈埭	续任
紫帽中学	校长、书记	朱钢强	晋江池店	续任
晋兴职业中专学校	校长、书记	尤荣毅	晋江安海	—2016.4
	校　长	陈惠群	泉　港	2016.4—
	副书记	吴清泽	晋江磁灶	—2016.9
	副书记	谢志全	晋江磁灶	2016.9—
	副校长	谢志全	晋江磁灶	续任
	副校长	洪妈愿	晋江梅岭	续任
	副校长	吴清泽	晋江磁灶	2016.9—
晋江五中	校　长	尤荣毅	晋江安海	—2016.4
	校　长	陈惠群	泉　港	2016.4—
尚志中学	校长、书记	王永筑	晋江紫帽	续任
陶英中学	校长、书记	许友瑞	晋江安海	续任
安海中学	校　长	陈永胜	晋江安海	续任
	书　记	洪　涛	晋江安海	—2016.9
	书　记	陈永胜	晋江安海	2016.9—
安海职业中专学校	校长、书记	李克勤	晋江金井	续任
	副书记	黄文艇	晋江安海	续任
	副校长	杨硕南	晋江安海	续任
	副校长	黄源华	江西崇义	续任
	副校长	王学森	晋江安海	续任
松熹中学	校　长	颜国镇	晋江安海	续任
	书　记	许维恭	晋江安海	续任
潘径中学	校长、书记	杨育忠	晋江东石	—2016.4
南岳中学	校长、书记	蔡俊育	晋江东石	续任
金山中学	校长、书记	黄琳琅	永　春	—2016.4
	校长、书记	杨育忠	晋江东石	2016.4—
东石中学	校　长	许文艺	晋江东石	续任
	书　记	王保护	晋江东石	续任
三民中学	校　长	柯孙长	晋江东石	续任
	书　记	王建国	晋江内坑	续任

续表

单　位	职　务	姓　名	籍　贯	任职时间
丰光中学	校长、书记	吴毅军	晋江磁灶	续任
英墩中学	校长、书记	蔡荣宗	晋江罗山	—2016.4
南峰中学	校长、书记	许永清	晋江东石	续任
阳溪中学	校长、书记	施纯福	晋江龙湖	—2016.9
	书　记	柯荣树	晋江英林	2016.9—
龙侨中学	校长、书记	杨文健	晋江新塘	续任
云峰中学	校　长	张为瑟(女)	晋江龙湖	续任
	书记、副校长	何继新	湖北公安	续任
石圳侨中	校长、书记	王文质	晋江安海	续任
锦东中学	校长、书记	刘海森	晋江龙湖	续任

单　位	职　务	姓　名	籍　贯	任职时间
南湾中学	校　长	陈春玲(女)	晋江深沪	续任
	书　记	姚文典	晋江英林	续任
深沪中学	校长、书记	周练习	晋江东石	—2016.4
	校长、书记	施纯福	晋江龙湖	2016.9—
慎中实验学校	校长、书记	林时超	晋江永和	—2016.4
	校长、书记	洪　涛	晋江安海	2016.9—
西滨中学	校　长	林彩蓉(女)	安　溪	续任
	书　记	曾川平	泉州鲤城	续任
梅溪中学	校长、书记	林胜利	晋江陈埭	续任

(三)晋江经济报社负责人

表60　　晋江经济报社负责人名表

职　务	姓　名	籍　贯	任职时间
总编辑	陈煜晃	长　乐	续任
副总编辑	苏瑞厚	德　化	续任
副总编辑(挂职)	柯荣围	晋江安海	续任
副总编辑	方锦枞	晋江龙湖	2016.1—
编　委	李剑锋	泉　州	续任
编　委	方锦枞	龙　海	—2016.1

(四)晋江市广播电视台负责人

表61　　晋江市广播电视台负责人名表

职　务	姓　名	籍　贯	任职时间
台　长	郑科伟	晋江龙湖	续任

(五)晋江市四〇二台负责人

表62　　晋江市四〇二台负责人名表

职　务	姓　名	籍　贯	任职时间
台　长	陈德生	晋江安海	续任
副台长	郑惠忠	惠　安	续任

(六)晋江市医疗卫生事业单位负责人

表63　　晋江市医疗卫生事业单位负责人名表

单　位	职　务	姓　名	籍　贯	任职时间
市医院	院　长	陈峻严	晋江金井	—2016.9
	书记、副院长	王灿阳	晋江东石	—2016.9
市中医院	院　长	庄耀东	晋江梅岭	续任
	书　记	吕荣锡	晋江西园	2016.9—
市疾病预防控制中心	主　任	王金象	晋江金井	续任
市疾病预防控制中心	书　记	陈马富	晋江罗山	—2016.9

单　位	职　务	姓　名	籍　贯	任职时间
市妇幼保健院	院　长	郑秋平	石　狮	—2016.9
	院　长	吴钦旋	晋江金井	2016.9—
	书　记	黄晓虹(女)	晋江池店	—2016.9
	书　记	陈扶持	晋江深沪	2016.9—
安海医院	院　长	许群英	晋江内坑	续任
	书　记	吕荣锡	晋江西园	—2016.9

（七）晋江市市直事业单位负责人

表64

晋江市市直事业单位负责人名表

单位	职务	姓名	籍贯	任职时间
气象局	局长	郑凤宝	泉州泉港	—2016.9
	局长	叶秀枝（女）	南平松溪	2016.9—
	副局长	陈雅莲（女）	永春	续任
	副局长	魏伟锐	广东汕头	续任
新华书店	经理	曾鸣	晋江池店	续任
	副经理	李壁雄	晋江安海	续任
	副经理	廖宜和	建瓯	续任
晋江盐务局	局长	林金田	安溪	续任
市场服务中心	主任	张英俊	晋江英林	—2016.12

十、企业单位（部分）

（一）晋江市金融单位负责人

表65

晋江市金融单位负责人名表

单位	职务	姓名	籍贯	任职时间
中国银行晋江市支行	行长	陈晖	南安	续任
	副行长	刘承武	永春	续任
	副行长	朱良枝	晋江内坑	续任
	副行长	李金光	晋江梅岭	续任
	副行长（挂职）	任明	福州晋安	2016.2—
中国农业银行晋江市支行	行长	陈金挺	南安	续任
	副行长	刘子清	泉州泉港	—2016.5
	副行长	曾华瑜（女）	泉州	—2016.5
	副行长	杜毓昆	泉州洛江	续任
	副行长	陈清（女）	福州	续任
	副行长、纪委书记	郑小铅	泉州泉港	2016.5—
	副行长	陈昌标	晋江安海	2016.5—
	副行长	丁一	晋江陈埭	2016.5—
	副行长	黄嘉铭	晋江安海	2016.5—
中国建设银行晋江市支行	行长	陈立新	惠安	续任
	副行长	陈承标	连江	—2016.3
中国建设银行晋江市支行	副行长	李清海	南安	续任
	副行长	王群峰	石狮	续任
	副行长	陈希枫	晋江罗山	续任
	副行长	丁映晖	晋江陈埭	2016.3—
中国工商银行晋江市支行	行长	王清水	南安	—2016.6
	行长	陈良辉	泉州泉港	2016.6—
	副行长	陈伙成	惠安	—2016.6
	副行长	汪全理	永春	—2016.6
中国工商银行晋江市支行	副行长	庄清洋	惠安	—2016.6
	副行长	林章普	晋江	—2016.6
	副行长	黄永杰	晋江	2016.6—
	副行长	曾焕龙	晋江	2016.6—
	副行长	陈希翔	晋江	2016.6—
中国农业发展银行晋江市支行	行长	谢庆丰	泉州丰泽	续任
	副行长	陈娉婷（女）	泉州鲤城	续任
福建兴业银行晋江市支行	总裁	陈志祥	南安	续任
	行长	胡天祝	晋江青阳	续任
晋江市农村商业银行	董事长	林太白	南安	续任
	行长	苏德胜	南安	续任
	监事长	丁建国	晋江	续任
	副行长	杨金莲（女）	晋江青阳	续任
	行长助理	王璇	晋江青阳	续任
招商银行晋江支行	行长	张培增	晋江东石	续任
	副行长	刘海鹰	江西奉新	续任
	副行长	任立波	惠安	续任
中信银生晋江支行	行长	庄鸿文	泉州	续任
	副行长	陈志生	安溪	续任
	行长助理	吴柏炎	泉州	续任
泉州银行晋江支行	行长	李清茎	南安	续任
	行长助理	翁天冷	晋江青阳	续任

续表

单位	职务	姓名	籍贯	任职时间
民生银行晋江支行	行长	黄永刚	晋江安海	续任
	副行长	洪进长	晋江	2016.8—
	副行长	曹金富	龙岩	—2016.8
	行长助理	陈雍容	泉州	—2016.8
	行长助理	童国从	泉州	2016.8—
	总监	俞江淮	泉州	—2016.8
交通银行晋江支行	行长	史家明	泉州鲤城	—2016.8
	行长	曾世明	泉州泉港	2016.8—
	副行长	黄昱	龙岩新罗	续任
平安银行晋江支行	行长	张华山	晋江池店	2016.12—
邮政储蓄银行晋江市支行	行长	王国良	惠安	续任
中投证券晋江营业部	总经理	蔡命港	石狮	续任
兴业证券晋江营业部	总经理	钟琳(女)	广东梅县	—2016.11
	总经理	傅子勤	泉州	2016.11—
兴业证券晋江营业部	总监	任阳	重庆	续任
中国人民保险公司晋江市分公司	总经理	王秀明	泉州泉港	续任
	副总经理	吴劲	泉州鲤城	续任
	副总经理	林强	泉州鲤城	续任
	党委书记	林少静(女)	永春	续任
	总经理助理	苏小琦	晋江	2016.8—
中国人寿保险公司晋江市分公司	总经理	杜盛盟	泉州	—2016.7
	总经理	余晓烨	南平	2016.7—
	副总经理	陈辉	福州罗源	续任
	副总经理	陈善源	三明沙县	续任
	副总经理	洪明堂	南安	2016.8—
	总经理助理	王伟城	南安	—2016.8
太平洋财产保险公司晋江市分公司	总经理	吴紫芳	泉州丰泽	续任
	副总经理	叶锦华(女)	安溪	续任
	副总经理	周敏芳(女)	福州	—2016.8

(二)晋江市邮政分公司负责人

表66

晋江市邮政分公司负责人名表

职务	姓名	籍贯	任职时间
总经理、书记	陈建全	惠安	续任
副总经理	李玲(女)	长乐	续任
副总经理	郑书华	福州	续任
助理调研员	范德才	上杭	—2016.11
副总经理	苏小莹(女)	惠安	2016.12—

(三)中国电信晋江分公司负责人

表67

中国电信晋江分公司负责人名表

职务	姓名	籍贯	任职时间
总经理	蔡永潮	晋江安海	续任
副总经理	陈东鸣	晋江安海	续任
副总经理	林立	晋江	续任
副总经理	何群峰	惠安	续任
副总经理	黄建鑫	石狮	续任
副总经理	许巧游	晋江	续任

(四)中国移动通信晋江分公司负责人

表68

中国移动通信晋江分公司负责人名表

职务	姓名	籍贯	任职时间
总经理	尤秉志	永春	续任
副总经理	肖鹏鹏	泉州丰泽	续任
副总经理	林安全	南安	续任
副总经理	黄明实	惠安	续任

（五）中国联通晋江分公司负责人

表69　　中国联通晋江分公司负责人名表

职 务	姓 名	籍 贯	任职时间	职 务	姓 名	籍 贯	任职时间
总经理	陈文海	安 溪	续任	副总经理	汪代斌	泉 州	—2016.11
副总经理	郑志斌	安 溪	续任	副总经理	苏温悦	泉 州	2016.6—
副总经理	孔令焰	龙 岩	—2016.6	副总经理	季明涛	湖北孝昌	2016.6—

（六）晋江市国有资产投资经营有限责任公司负责人

表70　　晋江市国有资产投资经营有限责任公司负责人名表

职 务	姓 名	籍 贯	任职时间
董事长、总经理	陈桂金	晋江池店	续任

（七）国网晋江市供电公司负责人

表71　　国网晋江市供电公司负责人名表

职 务	姓 名	籍 贯	任职时间	职 务	姓 名	籍 贯	任职时间
总经理	黄颖峰	南 安	—2016.11	副总经理	丁伟生	晋江安海	续任
总经理	颜宝塔	晋江东石	2016.11—	副总经理	陈宁钊	安 溪	2016.2—
党委书记	颜宝塔	晋江东石	—2016.11	纪委书记、工会主席	赖新裕	泉州洛江	—2016.1
副总经理	许民川	晋江深沪	续任	纪委书记、工会主席	赖建新	晋 江	2016.2—
副总经理	郭明强	惠 安	—2016.1	总会计师	林曦(女)	泉州鲤城	续任

（八）晋江市供销社（市中联集团）负责人

表72　　晋江市供销社（市中联集团）负责人名表

职 务	姓 名	籍 贯	任职时间	职 务	姓 名	籍 贯	任职时间
主 任	蔡水利	晋江永和	续任	副主任	颜少英	永 春	续任
副主任	李贻团	晋江西园	—2016.6	副主任	金宏勃	晋江青阳	2016.6—
副主任	吴金猛	晋江东石	续任	纪检组组长	林萍拉(女)	石 狮	续任

（九）泉州晋江机场负责人

表73　　泉州晋江机场负责人名表

职 务	姓 名	籍 贯	任职时间
总经理	方庆强	莆田涵江	续任
副总经理	薛 海	上海闸北	续任
	李龙新	晋江池店	续任
副总经理	黄剑峰	泉州鲤城	续任
副总经理	陈火斌	南 安	续任
副总经理	张建祖	泉州鲤城	续任
总经理助理	郑文灿	惠 安	续任
财务总监	黄剑峰	泉州鲤城	续任
党委书记	林光荣	泉州鲤城	续任
工会主席	邱 华(女)	武夷山	续任
工会副主席	郭振煌	晋江安海	续任

职 务		姓 名	籍 贯	任职时间
工会副主席		李建宗	晋江池店	续任
机关第二支部	书 记	刘国良	泉州泉港	续任
纪 委	书 记	黄志雄	晋江池店	续任
办公室	主 任	邱 华(女)	武夷山	续任
审计部	经 理	郑文灿	惠 安	续任
	副经理	庄振明	泉州泉港	—2016.4
市场营销部	经 理	王学艺	晋江安海	续任
	副经理	洪佳进	泉州洛江	续任
人力资源部	经 理	杨德立	泉州鲤城	续任

续表

职务		姓名	籍贯	任职时间
党委办公室	主任	王雅芳(女)	泉州鲤城	2016.6—
	副主任	王雅芳(女)	泉州鲤城	—2016.6
计划财务部	副经理	庄振明	泉州泉港	2016.4—
	副经理	张丽敏(女)	惠安	续任
安全质量部	经理	李祖植	晋江池店	续任
	副经理	王英俊	晋江英林	续任
监察室	副主任	吴灿辉	南安	续任
团委	书记	陈艺	惠安	续任
保障总值班室	主任	许东权	晋江安海	—2016.6
	值班经理	吴晋宁	晋江青阳	续任
	值班经理	何炜乐	将乐	续任
	值班经理	颜远表	晋江安海	续任
指挥中心	经理	许杏海	晋江安海	续任
	副经理	郭振煌	晋江安海	续任
	副经理	施伟	惠安	续任
	副经理	陈朝锋	南安	续任
建设管理部	经理、书记	林宏芳	晋江安海	续任
	副经理	李经验	晋江安海	续任
	副经理	王兴旺	石狮	续任
资产管理部	经理	丁煌续	晋江陈埭	续任
	书记	陈文森	南靖	—2016.10
	副经理	黄继波	永安	续任
电子公司	经理	黄评评	泉州鲤城	续任
机务保障部	经理	施清该	晋江龙湖	续任
	副经理	王加	泉州丰泽	续任
安检站	站长	许燕纪	晋江安海	续任
	书记	朱惠英(女)	惠安	续任
	副站长	黄家坪	晋江安海	续任
公共服务部	经理	陈文森	南靖	2016.10—
运输服务部	经理	郭赐东	泉州鲤城	续任
	副经理	张宏达	南安	续任
物流公司	经理	方海山	莆田	续任
油料公司	副经理	黄恩纯	晋江东石	续任
开发公司	经理、书记	林国华	莆田	续任
贵宾服务公司	经理	李建宗	晋江池店	续任
物业公司	副经理	陈明灯	泉州鲤城	续任
	副经理	黄荣芳	晋江东石	续任

(十) 晋江天然气发电有限公司负责人

表74　**晋江天然气发电有限公司负责人名表**

职务	姓名	籍贯	任职时间
总经理	周朝宝	安溪	续任
党委书记、工会主席	刘保辉	松溪	续任
副总经理	刘惠明	陕西合阳	续任
副总经理	罗睿	吉林辽源	续任
副总经理	周联丰	大田	续任
副总经理	钟爱民	龙岩	续任

(十一) 福建广电网络集团晋江分公司负责人

表75　**福建广电网络集团晋江分公司负责人名表**

职务	姓名	籍贯	任职时间
总经理	林君清	莆田	续任
副总经理	沈少伟	晋江安海	续任
总经理助理	李洪峰	晋江陈埭	续任
总经理助理	施聪伟	晋江龙湖	续任

(十二) 晋江火车站负责人

表76　**晋江火车站负责人名表**

职务	姓名	籍贯	任职时间
站长	许绍辉	漳州	续任
书记	林祥露	安溪	续任

（十三）晋江太平洋港口发展有限公司负责人

表77

晋江太平洋港口发展有限公司负责人名表

职　务	姓　名	籍　贯	任职时间	职　务	姓　名	籍　贯	任职时间
总经理	朱立水	山东莱芜	续任	党委书记、常务副总经理	孙　凯	辽宁丹东	续任

（十四）晋江热电有限公司负责人

表78

晋江热电有限公司负责人名表

职　务	姓　名	籍　贯	任职时间	职　务	姓　名	籍　贯	任职时间
总经理	王　泉	宁　化	2016. 12—	副总经理	胡古帅	辽宁辽阳	2016. 12—
党委书记	江长发	上　杭	续任	副总经理	巫宁聪	宁　化	2016. 12—
副总经理	王咸洪	长　汀	2016. 12—	纪委书记、工会主席	贺文飞	陕西神木	2016. 12—

·高级专业技术职务人物表·

表79

2016年晋江市获得高级专业技术职务任职资格人员名表

姓 名	工作单位	技术职务	获任职资格时间
庄玉芬	晋江市林业技术服务中心	林业专业高级工程师	2016年12月
庄舒怀	罗山街道发展服务中心	农业技术高级工程师	2016年5月
陈小燕	晋江市环境监测站	质量专业高级工程师	2016年12月
林夏梅	磁灶镇农业服务中心	农业技术高级工程师	2016年5月
姚培森	晋江市林业技术服务中心	林业专业高级工程师	2016年12月
林友榆	晋江市医院	主任医师	2016年11月
蔡耿耀	晋江市医院晋南分院	主任医师(基层)	2016年11月
倪雅红	晋江市疾病预防控制中心	主任技师(基层)	2016年11月
王玉诗	晋江市安海镇卫生院	副主任医师	2016年12月
王国光	晋江市医院	副主任医师	2016年12月
王俊鸿	晋江市医院	副主任医师	2016年12月
王荣全	晋江市池店镇卫生院	副主任医师	2016年12月
朱玲玲	晋江市妇幼保健院	副主任医师	2016年12月
刘和狮	晋江市东石中心卫生院	副主任医师	2016年12月
庄文志	晋江市医院	副主任医师	2016年12月
许月琴	晋江市医院	副主任医师	2016年12月
许金表	晋江市医院	副主任医师	2016年12月
李贤常	晋江市深沪镇卫生院	副主任医师	2016年12月
李金涛	晋江市紫帽卫生院	基层副主任医师	2016年12月
吴灿勇	晋江市疾病预防控制中心	副主任医师	2016年12月
陈丽珠	晋江市妇幼保健院	副主任医师	2016年12月
陈丽湾	晋江市妇幼保健院	副主任医师	2016年12月
陈国庆	晋江市医院晋南分院	副主任医师	2016年12月
陈英贤	晋江市医院	副主任医师	2016年12月
陈素贞	晋江市安海医院	副主任医师	2016年12月
林利平	晋江市医院	副主任医师	2016年12月
林喜足	晋江市陈埭中心卫生院	副主任医师	2016年12月
罗金泉	晋江市医院晋南分院	副主任医师	2016年12月
郑自力	晋江市医院	副主任医师	2016年12月
施少兰	晋江市医院晋南分院	副主任医师	2016年12月
施良彬	晋江市医院晋南分院	中医副主任医师	2016年12月
洪猛猛	晋江市医院	中西医结合副主任医师	2016年12月
胡志敏	晋江市妇幼保健院	副主任医师	2016年12月
郭海莲	晋江市医院	副主任医师	2016年12月
黄思逐	晋江市中医院	中医副主任医师	2016年12月
蔡名利	晋江市医院	副主任医师	2016年12月
蔡志龙	晋江市安海医院	副主任医师	2016年12月
蔡沉逐	晋江市医院	副主任医师	2016年12月

续表

姓 名	工作单位	技术职务	获任职资格时间
颜芳婷	晋江市磁灶中心卫生院	副主任医师	2016年12月
李永余	晋江市医院	副主任技师	2016年12月
陈晓婷	晋江市医院	副主任技师	2016年12月
王荦跃	晋江市英林中心卫生院	副主任药师	2016年12月
王丽平	晋江市深沪镇卫生院	副主任护师	2016年12月
许金链	晋江市医院	副主任护师	2016年12月
李小婷	晋江市医院	副主任护师	2016年12月
吴明霞	晋江市妇幼保健院	副主任护师	2016年12月
蔡秀群	晋江市医院	副主任护师	2016年12月
薛　飞	市高甲柯派表演艺术中心	二级演员	2016年11月
叶章英	毓英中学	副研究馆员	2016年12月
柯燕萍	市国土资源档案和基础地理信息管理中心	副研究馆员	2016年12月
李燕平	晋江华侨职业中专学校	高级讲师	2016年5月
陈惠卿	晋江华侨职业中专学校	高级讲师	2016年5月
郑志龙	晋江华侨职业中专学校	高级讲师	2016年5月
陈白鹭	晋江市第三实验幼儿园	幼儿园正高级教师	2016年9月
陈英水	晋江第二中学	中小学正高级教师	2016年9月
林月影	晋江第一中学	中小学正高级教师	2016年9月
王亚芳	晋江市第三实验小学	中小学高级教师	2016年11月
刘春生	晋江市第十实验小学	中小学高级教师	2016年11月
许以姗	晋江市金井镇毓英中心幼儿园	中小学高级教师	2016年11月
杨巧艺	晋江市东石镇廷都中心小学	中小学高级教师	2016年11月
杨淑英	晋江市池店镇东山小学	中小学高级教师	2016年11月
苏海云	晋江市教师进修学校	中小学高级教师	2016年11月
李燕玉	晋江市特殊教育学校	中小学高级教师	2016年11月
吴秀利	晋江市池店镇教委办	中小学高级教师	2016年11月
邱芙蓉	晋江市华泰实验小学	中小学高级教师	2016年11月
张阿满	晋江市金井镇教委办	中小学高级教师	2016年11月
陈达娟	晋江市安海中心小学	中小学高级教师	2016年11月
陈秀真	晋江市龙林中心小学	中小学高级教师	2016年11月
陈凉凉	晋江市深沪中心小学	中小学高级教师	2016年11月
陈鸿莉	晋江市安海镇成功中心小学	中小学高级教师	2016年11月
林仁忠	晋江市紫帽镇中心小学	中小学高级教师	2016年11月
施丽双	晋江市龙湖镇阳溪中心小学	中小学高级教师	2016年11月
施雅敏	晋江市龙湖镇衙口中心小学	中小学高级教师	2016年11月
洪荣华	晋江市英林中心小学	中小学高级教师	2016年11月
康新妹	晋江市池店镇金山小学	中小学高级教师	2016年11月
粘培红	晋江市龙湖镇光夏小学	中小学高级教师	2016年11月
黄玲玲	晋江市第二实验小学	中小学高级教师	2016年11月
傅彩虹	晋江市实验小学	中小学高级教师	2016年11月
蔡月珠	晋江市东石镇第二中心小学	中小学高级教师	2016年11月
蔡秀丽	晋江市第五实验小学	中小学高级教师	2016年11月
蔡琦珍	晋江市东石中心小学	中小学高级教师	2016年11月
陈　芳	晋江市国土资源档案与基础地理信息管理中心	档案副研究馆员	2015年12月

·百岁以上老人名表·

表80

2016年晋江市百岁以上老人名表

序号	姓名	性别	出生年月	民族	居住地
1	赖吓圆	女	1915.6	汉	晋江市青阳街道青华南区
2	许　也	女	1916.6	汉	晋江市青阳街道莲屿西宫角61号
3	柯　共	女	1916.9	汉	晋江市青阳街道高霞社区
4	孙雪黎	女	1915.5	汉	晋江市梅岭街道福隆
5	林　守	女	1916.11	汉	晋江市梅岭街道梅山社区后崎
6	林　尺	女	1916.2	汉	晋江市梅岭街道梅山社区大石脚
7	林　确	女	1916.1	汉	晋江市梅岭街道梅青社区孙厝头

续表

序号	姓名	性别	出生年月	民族	居住地
8	吴水来	男	1914.5	汉	晋江市西园街道霞浯社区
9	郭　起	女	1915.12	汉	晋江市西园街道车厝社区
10	吕　页	女	1913.3	汉	晋江市罗山社店文明16号
11	曾　目	女	1915.7	汉	晋江市罗山后林延林中路11号
12	张　婆	女	1915.7	汉	晋江市罗山社店尾厝176号
13	吴　义	女	1916.8	汉	晋江市罗山社店缺塘社区
14	郭阿妹	女	1912.1	汉	晋江市新塘街道杏坂社区
15	蔡乌肴	女	1913.11	汉	晋江市新塘街道杏田社区
16	蔡红治	女	1914.7	汉	晋江市新塘街道沙塘社区
17	林厝治	女	1915.4	汉	晋江市新塘街道沙塘社区
18	柯乌实	女	1915.1	汉	晋江市新塘街道沙塘社区
19	王乌敏	女	1915.6	汉	晋江市陈埭镇桂林村
20	丁　巧	女	1916.4	汉	晋江市陈埭镇桂林村
21	曾乌螺	女	1916.3	汉	晋江市陈埭镇花厅口
22	武阴治	女	1916.8	汉	晋江市陈埭镇四境社区
23	倪文斗	男	1913.12	汉	晋江市陈埭镇四境社区
24	高妹娘	女	1914.7	汉	晋江市陈埭镇奄上村
25	尤乌益	女	1915.3	汉	晋江市陈埭镇大乡村
26	黄　娶	女	1913.2	汉	晋江市池店镇华洲村
27	许鲑娘	女	1913.6	汉	晋江市池店镇柴塔村
28	张　刊	女	1915.8	汉	晋江市池店镇古福村
29	苏扣娘	女	1915.11	汉	晋江市池店镇古福村
30	张　笑	女	1915.9	汉	晋江市池店镇新店下街社区
31	丁　贺	女	1916.12	汉	晋江市池店镇新店村
32	张　品	女	1916.1	汉	晋江市池店镇浯潭村
33	吴加走	女	1912.9	汉	晋江市安海镇庄头村
34	肖乌甘	女	1912.11	汉	晋江市安海镇苏厝村
36	黄乌碟	女	1916.4	汉	晋江市安海镇瑶前村
35	苏孙可	男	1915.12	汉	晋江市安海镇梧山村
37	王　怨	女	1916.2	汉	晋江市安海镇丙厝村
38	吕　成	女	1912.2	汉	晋江市磁灶镇大埔村
39	蔡瑞治	女	1912.11	汉	晋江市磁灶镇钱坡东街78号
40	陈　棍	女	1912.09	汉	晋江市磁灶镇张林村
41	曾　恋	女	1915.07	汉	晋江市磁灶镇官田村
42	黄　宅	女	1916.1	汉	晋江市磁灶镇岭畔村
43	陈　泗	女	1916.1	汉	晋江市磁灶镇上厝村
44	吴　算	女	1916.8	汉	晋江市磁灶镇张林村
45	陈　讨	女	1916.1	汉	晋江市磁灶镇大埔村
46	苏东京	女	1914.03	汉	晋江市内坑镇白垵村
47	高　参	女	1915.5	汉	晋江市内坑镇东村村
48	李　茅	女	1915.12	汉	晋江市内坑镇黎山村
49	李立命	男	1916.1	汉	晋江市内坑镇潘厝村
50	李雅道	男	1916.2	汉	晋江市内坑镇柑市村
51	郭红芬	女	1914.11	汉	晋江市东石镇金瓯村
52	颜乌苋	女	1914.8	汉	晋江市东石镇第五社区
53	张　问	女	1913.9	汉	晋江市东石镇许西坑村
54	蔡　什	汉	1915.09	汉	晋江市东石镇清透村
55	蔡　姜	汉	1915.12	汉	晋江市东石镇檗谷村
56	颜贻坊	男	1915.8	汉	晋江市东石镇埔头村
57	蔡　首	女	1916.5	汉	晋江市东石镇许西坑村
58	施乌鍊	女	1915.3	汉	晋江市永和镇茂亭村
59	林秀呈	女	1914.8	汉	晋江市永和镇力争村新菌边
60	蔡乌兜	女	1912	汉	晋江市英林镇清内村
61	洪　奢	女	1915.8	汉	晋江市英林镇嘉排村
62	张荷肯	女	1916.8	汉	晋江市英林镇英林村
63	洪源顶	男	1916.8	汉	晋江市英林镇英林村
64	苏乌惜	女	1916.11	汉	晋江市英林镇加排村
65	蔡荷算	女	1915.5	汉	晋江市金井镇围头村
66	周荷鍊	女	1916.11	汉	晋江市金井镇围头村
67	王荷伴	女	1916.11	汉	晋江市金井镇塘东村
68	吴荷赤	女	1912.1	汉	晋江市金井镇溜江村
69	柯荷盏	女	1916.12	汉	晋江市金井镇丙州村
70	洪秀珍	女	1914.5	汉	晋江市金井镇新市村
71	柯荷好	女	1912.8	汉	晋江市金井镇埔宅村
72	林荷点	女	1916.1	汉	晋江市金井镇埔宅村
73	沈　新	男	1916.8	汉	晋江市金井镇金井社区
74	蔡乌连	女	1915.11	汉	晋江市龙湖镇衙口浔中区

续表

序号	姓名	性别	出生年月	民族	居住地
75	洪乌里	女	1916.6	汉	晋江市龙湖镇南庄村
76	洪乌沉	女	1915.1	汉	晋江市龙湖镇湖北村
77	吴修岭	男	1915.11	汉	晋江市龙湖镇古胡东区7号
78	许乌粒	女	1916.7	汉	晋江市龙湖镇衙口
79	施秀论	女	1914.12	汉	晋江市龙湖镇埭头东
80	李荷凤	女	1912.8	汉	晋江市深沪镇后山社区
81	施至锫	男	1915.2	汉	晋江市深沪镇首峰村
82	王美娥	女	1916.1	汉	晋江市深沪镇南春社区

·逝世人物表·

表81

2016年晋江市逝世人物名表

姓名	性别	出生年月	逝世年月	籍贯［省、市（县）、镇（街道)]	原工作单位及职务
王天泰	男	1934.03	2016.01	福建省晋江市青阳街道	晋江市水土办主任(副科)
陈仲初	男	1952.12	2016.01	福建省晋江市安海镇	晋江市政协文史办主任 (科级)
朱义固	男	1935.10	2016.02	福建省晋江市内坑镇	晋江市内坑镇党委书记(科级)
吴清标	男	1933.07	2016.03	福建省晋江市安海镇	晋江市委办(副处)
张昌铨	男	1931.10	2016.04	福建省晋江市深沪镇	晋江市龙湖乡副书记 (副科)
林再清	男	1934.08	2016.04	福建省晋江市金井镇	晋江市金井镇党委书记 (科级)
蔡雪仪	女	1933.11	2016.04	福建省晋江市青阳街道	晋江市第一实验小学离休干部
许霜辉	男	1932.10	2016.05	福建省惠安	晋江海防部副部长(科级)
李宁川	男	1938.11	2016.05	福建省晋江市永和镇	晋江市检察院(科级)
林学少	男	1924.11	2016.05	福建省晋江市青阳街道	晋江市池店镇党委副书记 (离休)
黄灵端	男	1940.01	2016.05	福建省晋江市	晋江市人民政府教育督导室副主任
苏世东	男	1952.08	2016.06	福建省晋江市磁灶镇	晋江市法院(副科)
李金锭	男	1937.08	2016.06	福建省晋江市	晋江市法院(副科)
肖世概	男	1953.08	2016.06	福建省晋江市	晋江市民政局(副科)
张子卿	男	1929.06	2016.06	福建省晋江市	晋江市公安局局长 (科级)
张子套	男	1940.05	2016.06	福建省晋江市	晋江市物价局 (科级)
颜英杰	男	1934.11	2016.06	福建省晋江市安海镇	晋江市委办 (副科)
许秀见	女	1930.02	2016.07	福建省晋江市梅岭街道	晋江市饮服公司离休干部
林树欣	男	1940.09	2016.07	福建省晋江市	晋江市内坑镇党委 (副科)
苏宗定	男	1925.08	2016.08	福建省晋江市龙湖镇	晋江市永和供销社离休干部
郭宗朴	男	1935.03	2016.08	福建省莆田涵江	晋江市科协 (科级)
柯连坤	男	1923.09	2016.09	福建省晋江市金井镇	安溪县委副书记 (离休)
蔡尚元	男	1930.07	2016.09	福建省晋江市金井镇	晋江市农办 (副科)
吴资友	男	1933.08	2016.10	福建省晋江市	晋江市计委 (科级)
黄金杯	女	1932.08	2016.10	福建省石狮市	晋江市委办 (科级)
曾丹峰	男	1917.06	2016.11	福建省晋江市池店镇	晋江市池店镇党委离休干部
陈世狮	男	1934.12	2016.12	福建省泉州洛江	晋江市人大常委会主任
翁德时	男	1927.02	2016.12	福建省晋江市陈埭镇	晋江市池店镇党委副书记

附录

文件选编

晋江市人民政府关于扶持做大做强传统产业十四条措施的通知

各镇人民政府、街道办事处，经济开发区管委会、泉州出口加工区管理局，市有关单位：

为顺应供给侧结构性改革总体导向，深化产品、技术、管理、品牌、商业模式“五个创新”，引领传统产业向时尚创意、智能制造、高端定制、跨界融合转型，凝聚提升传统产业发展内生动力，现就扶持做大做强传统产业提出如下十四条措施：

一、做强龙头企业，提升支撑带动作用

（一）鼓励企业并购重组。鼓励龙头企业通过并购国（境）外同行业企业，整合国（境）外研发团队、设计资源和销售渠道，打造具有国际影响力的知名品牌，加快品牌国际化。对以兼并或控股方式收购，且收购金额在2000万元以上，并在晋江市内设立该高端品牌营销总部的，按其实际投入收购金额的5%给予奖励，最高限额300万元。

支持龙头企业兼并重组本地产业链上下游企业，实现资源整合，保存优势产能，降低生产成本。对采取公司合并或资产收购、股权收购方式并取得本市上下游企业控股权的（不包括关联企业间的兼并重组），且收购金额在2000万元以上的，按其实际发生收购金额3%的额度给予奖励，最高限额300万元。（责任单位：金融局、财政局）

（二）鼓励技术创新投入。支持龙头企业加大技术研发、产品设计投入，建设高端研发、设计机构，提升新产品研究开发能力。龙头骨干企业设立的泉州市级及以上企业重点实验室、企业工程技术研究中心、行业技术开发中心、企业技术中心、工业设计中心新购置研发仪器设备（研发试验专用）的，购置金额在100万元以上的，按购置总额10%的额度给予一次性补助，最高限额50万元。（责任单位：经信局、科技局、财政局）

（三）支持设备改造升级。支持龙头企业围绕“两化深度融合、提高生产自动化和智能化水平、提高生产效率、提升产品技术含量和附加值”实施技术改造提升。具体扶持措施按照《关于促进传统产业转型升级的若干意见》（晋政文〔2015〕136号）、《关于加快发展智能制造十二条措施的通知》（晋政文〔2015〕229号）执行。（责任单位：经信局、财政局）

（四）鼓励拓展定制业务。推行个性化、定制化生产，鼓励企业紧盯细分市场，培育“工匠精神”。支持龙头企业投建B2C+020定制服务平台，转型从事个性化定制、柔性化生产，在其B2C+020定制服务平台投用当年，按其实际投入的宣传推广、平台维护费用的5%，给予资金补助，最高补助限额50万元。鼓励龙头企业抢滩制服、校服、军服等批量定制市场，企业参与制服、校服、军服招标项目中标，产品中标合同金额500万元以上的，履行合同收付款项已达合同金额60%以上的，按合同金额的3%给予奖励，单家企业最高奖励不超过50万元。（责任单位：经信局、财政局）

（五）发展服务型制造。鼓励龙头企业向前端研发设计、后端市场营销、售后服务、仓储物流、设备租赁等领域延伸拓展服务链条，实现以产品制造为核心向产品加服务的转变。对服务性收入超过1000万元且占主营业务收入比例首次超过20%的企业（包括绝对控股的子公司），一次性给予20万元奖励。（责任单位：经信局、财政局）

二、筑牢产业链条，增强协作配套能力

（一）提高企业代工能力。鼓励企业通过导入国际公认认证标准，争抢境内外知名品牌供应链入场券。对通过德国必维（BV）检测认证公司、香港ITS检测认证公司、欧洲SGS检测认证机构、德国莱茵TUV检测认证公司、中国检验认证集团等具备国际多边互认资质的代工企业认证机构认证的晋江制造企业，一次性奖励10万元。筹划建设品牌企业代工授权中心，集聚一批境内外知名品牌授权贸易机构、代工资质认证机构，服务企业转型作专业化代工。对租用办公场所入驻品牌企业代工授权中心设立的境内外知名品牌授权贸易机构、代工资质认证机构，每月每平方米补助10

元，每年最高补助限额20万元。（责任单位：经信局、财政局）

（二）鼓励上下游产能对接。鼓励中小企业紧盯细分领域、细分行业，专注主攻细分市场，专注做配套，打造一批“专精特强新”企业。鼓励晋江企业采购本地设备、原辅材料，以进项发票为依据，当年度合计采购额在1亿元以上的，一次性奖励50万元；当年度合计采购额在5000万元以上的，一次性奖励20万元。鼓励晋江原辅材料生产企业通过协作加工方式，进入本地产成品企业供应链，按原辅材料生产企业年协作加工产值的1%给予补助，最高限额10万元。（责任单位：经信局、财政局）

（三）培育产业短板项目。鼓励产业链短板项目落户晋江，对投资总额1亿元以上的产业短板项目（指填补晋江各个产业上下游产业链空白点的项目），给予提供最优惠地价，项目推进过程中涉及的问题，采取“一事一议”的方式给予协调解决。支持龙头企业发起整合本市同业企业以及境内外科研院所资源，抱团组建实体研发机构，紧盯产业链空白点实施重大技术专项科研攻关，开发、转化产业短板项目。对新设立并且实际募集资金超过2000万元的产业短板项目实体研发机构，由经信局会同科技、财政部门组织认定后，一次性给予30万元开办经费补助。经认定的产业短板科研项目经科技立项后，前期研发经费投入超过500万元的，按其经专业审计机构审计认定的实际投入5%给予风险资助，最高限额100万元。（责任单位：经信局、科技局、财政局）

（四）扶持发展线上品牌。支持行业组织、龙头企业通过加强线上产品设计开发、品牌推广和渠道布局，培育线上零售原创品牌，带动中小企业转型作专业化代工。对注册地及结算地在晋江的线上零售原创品牌，带动5家以上晋江企业从事贴牌代工，线上年销售总额（含分销）达到1亿元以上的，按其每年实际投入线上宣传推广费用的10%给予资金补助，每年最高补助限额100万元。（责任单位：经信局、财政局）

三、构建服务平台，优化产业发展环境

（一）支持建设产品资讯平台。鼓励行业组织、产业公共服务机构发起建设产品流行趋势信息服务平台，助力企业对接全球产品前沿流行资讯，抢占全球市场先机。对注册地在晋江、投资500万元以上的产品流行趋势信息服务平台，按照“一事一议”的办法给予政策支持。平台投入实际运营后，每年为20家以上晋江企业提供时尚资讯培训、流行趋势查询、产品设计辅助服务的，按2500元/家标准，给予平台运营费用补助，每年最高补助限额10万元。（责任单位：经信局、财政局）

（二）支持建设创新服务平台。鼓励“国字号”研发机构和211、985院校以及晋江本地高校、职业院校在晋江注册设立研发创新公共服务平台，按照“一事一议”的办法给予政策支持。平台每年为20家以上企业提供研发创新外包服务，且经由经信局会同科技、财政部门认定后实现产业化生产的服务项目，按每个服务项目1万元标准，给予平台运营费用补助，每年最高补助限额20万元。（责任单位：科技局、经信局、财政局）

（三）支持建设供应链智能化平台。鼓励行业组织、企业发起建设线上线下一体化的B2B供应链智能化平台，带动企业渠道扁平化，缩短资金周转期限，提升产品盈利空间。对结算地在晋江、服务晋江企业超过20家、年交易额超过2亿元的供应链智能化服务平台，自其平台投入实际运营当年度起，每年一次性给予50万元运营费用补助。（责任单位：经信局、财政局）

（四）支持建设人才培养平台。鼓励晋江中高职院校开设与传统产业集群相适应的学科专业，采取校企合作办学模式，试行现代学徒制，鼓励校企共建“教学、实训、生产”一体化实体性职教集团，鼓励学校设立以企业命名的二级学院，加快技能型应用人才培养。对学生入学后签订毕业后至少在合作办学企业就业一年以上就业合同的，按每学期每名学生3000元的标准给予所在晋江中高职院校办学经费补贴。（教育局、高教办、财政局）

鼓励行业组织、晋江中高职院校顺应晋江传统产业集群需求，订单式开办企业员工专业技能强化培训班，每期培训在24课时以上，参加人数不少于30人的，一次性给予5万元活动经费补助。参训企业员工在完成规定课程并取得相关证书后，按其实缴培训费的50%额度给予补助，最高限额5000元/人，每家企业每年享受补贴的人数限额5人。（责任单位：经信局、人社局、财政局）

（五）支持建设打假维权平台。鼓励行业组织发起整合部门、媒体以及专业法律机构资源，采取会员制模式，组建行业性企业打假维权援助中心，帮助企业提升应对侵权行为能力，激发企业创新积极性。对新设立的打假维权援助中心，一次性给予5万元开办经费补助。打假维权援助中心每年帮助企业开展打假维权案例超过10个以上的，按2万元/个给予经费补助，最高限额20万元。（责任单位：市场监管局、财政局）

四、其他事项

（一）本通知的龙头企业是指经市政府下文认定的晋江市重点培育产业龙头企业。

（二）本通知的政策条款与之前出台的晋江市相关产业扶持政策条款存在冲突的，适用本通知政策条款。

（三）同一企业每年累计享受的各类本级补助、奖励资金总额以该企业当年纳税本级财政分成额度为上限。

（四）凡生产废弃物超标排放、“三合一”整改不达标、恶意欠薪、偷税漏税或者构成重大危险源而未按要求登记建档及进行定期检测、评估、监控的企业（单位），自其被查出（或发现、认定）直至整改达标或按规定接受处罚之日起的两年内，不予享受任何鼓励扶持政策。

（五）申报单位弄虚作假骗取政策资金、违反规定使用政策资金的，政策主管部门、财政部门将按照国家有关法律法规规定，全额追回补助资金，依法追究相关人员责任，并取消其五年内申报政策资格。

（六）本通知由市经信局牵头会同有关部门负责解释并组织实施，实施管理相关规定以配套出台的《操作程序》为准。

（七）本通知有效期一年，自发布之日起30日后开始实施，至2016年12月31日止，2016年1月1日起至2016年5月31日参照执行。

晋江市人民政府

2016年5月6日

晋江市人民政府关于加快推进高新技术产业发展若干措施的通知

各镇人民政府、街道办事处,经济开发区管委会,市有关单位:

高新技术产业是战略性先导产业,是最具爆发力、最具含金量、最具发展潜力的产业,加快发展高新技术产业,是我市推进产业转型升级、构建现代产业体系的重要途径。为充分发挥高新技术产业在供给侧结构性改革中的引领、支撑作用,全面推进大众创业万众创新,现结合晋江实际,就推进高新技术产业发展提出如下措施:

一、指导思想和发展目标

(一)指导思想

全面贯彻党的十八大和十八届五中全会精神,认真落实习近平总书记系列重要讲话和来闽考察重要讲话精神,瞄准产业转型升级的瓶颈制约问题,把握好新旧产业交替和发展动力转换的关键时期,将高新技术产业发展作为推进供给侧结构性改革和“双创”的突破口和切入点。从高新技术企业培育、创新平台建设、高新技术研发、产学研合作、高新技术成果转化、创新人才引进等方面,推动要素资源向高新集中、政府投入向高新倾斜、龙头企业向高新转型,加速高新技术成果转化,提升高新技术产业核心竞争力和区域辐射带动力,将晋江建成福建乃至全国重要的高新技术产业基地,为晋江转型升级跨越发展提供技术和产业支撑。

(二)发展目标

——总体目标:力争到2020年,实现高新技术产业增加值占GDP比重提高到16%,高新技术企业产值占全部规上产值的比重达到20%。

——产业发展目标:重点推进高端装备制造(智能装备)、新材料、光电信息产业、海洋经济产业等产业领域高新技术发展,大力发展现代服务业等其他领域国家鼓励的高新技术,加快运用高新技术和先进适用技术改造提升传统产业,促进传统产业向高新技术领域转移。到2020年,力争高端装备制造(智能装备)产业超800亿元,新材料产业超300亿元,光电信息产业、海洋经济产业超100亿元,互联网经济规模达到300亿元,现代服务业增加值突破1000亿元。

——企业发展目标:到2020年,培育高新技术企业达到100家,其中年产值过10亿企业10家,年产值过亿企业35家。建立科技型企业培育数据库,培育科技型中小企业500家,“科技小巨人”企业300家,创新型企业100家。

二、主要任务和政策措施

(一)实施高新企业倍增计划,壮大战略性新兴产业

1.全力培育高新技术企业。通过高新技术的采用与辐射,催生传统产业向高新技术产业的转换,逐步实现企业质变,从而扩张高新技术企业的比重。建立健全高新技术企业后备企业登记制度,完善培训、辅导机制,对后备库企业进行重点帮扶和支持,推动面广量大的科技型小微企业加快成长为高新技术企业。积极引入科技含量高、市场前景好、有助于我市发展的高新技术企业,促进全市高新产业快速发展。

(1)在晋江市产业创投引导基金中,设立晋江市高新技术产业引导专项,建立和完善政府引导、企业为主体、直接融资和间接融资相结合的高新技术产业投融资体系,大力促进和支持高新技术成果产业化。

(2)对认定为国家火炬计划重点高新技术企业的一次性予以50万元补助,省级高新技术企业的一次性予以20万元补助。

(3)对现有的高新技术企业到期后,复审通过的,国家火炬计划重点高新技术企业的一次性予以30万元补助,省级高新技术企业的一次性予以10万元补助。

(4)跨认定机构管理区域整体迁移到晋江的高新技术企业,在其高新技术企业资格有效期内完成迁移的,按完成迁移后剩余的有效期占完整有效期的比例给予补助。国家火炬计划重点高新技术企业的最高一次性予以50万元补助,省级高新技术企业的最高一次性予以20万元补助。

(5)取得高新技术企业资格并符合企业所得税法及实施条例等有关规定条件的企业,享受15%的企业所得税率。

2.全力培育创新型企业集群。大力培育以科技型企业——科技小巨人企业——高新技术企业——创新型企业为梯队的创新型企业集群。激发高新技术企业创新活力,瞄准新材料、光伏电子、集成电路、海洋生物及海洋相关产业、智能装备及机械制造、汽车制造及零部件等产业方向,重点引进扶持一批拥有自主知识产权、自主品牌、产品属于行业前列的高新技术企业做大做强,打造一批在细分领域市场占有率高、拥有核心技术、成长性好的科技小巨人企业和在国内乃至国际上影响行业发展的创新型企业。

(1)对命名为“福建省科技小巨人”的企业奖励20万元,“泉州市科技小巨人”的企业奖励5万元。

(2)对命名为“国家创新型企业”、“福建省创新型企业”的企业,分别奖励100万元、50万元。

(二)实施创新平台提升计划,完善区域创新体系

1.加强技术研发平台建设。突出提升企业研发机构层次,加大对高新技术企业技术平台建设的投入力度,从高新技术产业发展专项资金中安排一定比例的资金,重点支持高新技术企业建立健全高水平重点实验室、工程技术研究中心等研发机构,不断提升高新技术企业的研发能力和创新绩效,着力突破一批核心关键技术,研制一批重大战略产品。

(1)高新技术企业、院校和科研机构组建国家级科技研发创新平台,对新认定的国家重点实验室、工程实验室、工程(技术)研究中心予以补助,最高不超过1300万元。

(2)高新技术企业内部建立的省级以上重点(工程)实验室、工程技术研究中心、行业技术开发中心和企业技术中心等,对其新购研发仪器设备予以补助,最高不超过250万元。

2.加强科技创业平台建设。围绕晋江市战略性新兴产业,不断完善“创业苗圃—孵化器—加速器”链式孵化机

制，依托高校、科研院所、新型研发机构、大型龙头企业建设一批战略性新兴产业专业孵化器，探索建立专业化服务体系，培育具有前瞻性、成长性、带动性的高新技术企业。

（1）获国家级认定的科技企业孵化器对孵化器运营商奖励100万元，省级的奖励50万元，泉州市级的奖励30万元。

（2）对在科技企业孵化器内注册并实际经营的企业通过国家级、省级高新技术企业认定，分别按照每家20万元、10万元的标准给予孵化器一次性奖励，同一家高新技术企业不得重复计算，每年度累计最高奖励100万元。

（三）实施重点科技研发计划，促进高新产业裂变发展

1.加快产业共性技术突破。强化科技财政的导向作用，每年安排1000万元研发资金，通过事前补助的方式，超前布局石墨烯、机器人、物联网与云计算、微电子、生物医药等一批战略性新兴产业关键技术的研究开发项目与应用示范，吸引国内外高新技术企业、院校和科研机构承担研发项目，努力在若干重点新兴领域实现重大技术突破。支持晋江市高新技术企业主动承接各类国家计划项目，提高我市高新技术研发水平，增强高新技术产业核心竞争力和发展后劲。

（1）高新技术企业、院校和科研机构承担国家自然科学基金、国家科技重大专项、国家重点研发计划、技术创新引导专项（基金）、基地和人才专项等各类国家计划及项目，对在晋江建设实施的项目给予补助，最高不超过200万元。

（2）支持高新技术企业、院校和科研机构承担晋江市高新技术产业领域重大科技专项，给予50—100万元的项目研发经费。

2.加快高新技术产品开发。鼓励高新技术企业加大研发投入，引导高新技术企业加快技术进步和成果转化，研究开发一批具有自主知识产权的高新技术产品，提高产品的附加值和市场占有率，大幅提升我市高新技术产业和区域的竞争力。

（1）高新技术企业为开发新技术、新产品、新工艺发生的研究开发费用，未形成无形资产计入当期损益的，在按照规定据实扣除的基础上，按照研究开发费用的50%加计扣除；形成无形资产的，按照无形资产成本的150%摊销。

（2）企业开发经认定的拥有发明专利或者核心知识产权的重点自主创新产品，每项一次给予4万元补助。

（3）建立科技创新券制度，对高新技术企业检验检测、知识产权、数据分析、法律咨询、创业培训等科技创新服务的支出费用进行补助，每个申请对象每年只能申请一次，补助标准按申请对象实际发生费用的 50%予以补助，补助额度不低于1万元，最高不得超过30万元。

（四）实施产学研合作计划，抢占产业发展制高点

1. 大力推进产学研合作和成果转化。鼓励高新技术企业与国（境）内外高校、科研院所联合开展技术攻关，研发突破一批产业前瞻性与共性关键技术，支撑形成一批高价值知识产权、战略性产品和先导性产业。以推动高新技术产业集群发展为导向，引导我市高新技术龙头企业组建一批全国性、全省性的产业技术创新战略联盟，加强行业共性技术和前沿技术的研发，促进科技资源和科研成果共享。

（1）对与国家重点大学、国家级重点实验室、国家级研究所建立技术依托关系并实施研发项目的高新技术企业，优先安排科技立项，给予20—50万元资金支持。

（2）对与一般高等院校、省级重点实验室、省级研究所建立技术依托关系并实施研发项目的高新技术企业，优先安排科技立项，给予15—30万元资金支持。

（3）对高新技术产业创新战略联盟在我市实施的科研项目，优先安排科技立项。其中，对由我市3家以上联盟成员牵头组织实施、针对我市高新技术产业共性、关键性技术难题、并经论证列入重大科技计划的科研项目，给予100万元以上资金支持；对各级高新技术联盟成员在我市实施，并列入泉州市级以上科技计划的研发项目给予补助，最高不超过150万元。

2. 大力引进国家级研发机构和科研院所。整合利用中科院等7家“国字号”机构和企业技术中心、工程中心，建设集检测、标准、研发“三位一体”的技术公共服务平台，推动产学研协同创新。结合晋江市高新技术产业的发展需要，探索具有晋江特色的技术转移模式，重点支持国家级产业联盟、研究机构、著名高校在晋江设立分支机构，促进高端科研成果在晋江落地，形成“研究所+孵化器”的一体化布局，生产一批有产业技术对接和产业化项目。

（1）中央直属企业、国内著名企业、跨国公司、国家研究机构、国家重点大学、港澳台知名大学在晋江设立独立法人资格、符合晋江高新技术产业重点发展方向的研发机构，优先安排科技立项，给予100万元的项目经费资金。

（2）对新落户的国家级、省级产业研发检测机构，按年度运行经费的20%补助，期限2年、每年最高不超过80万元。

（五）实施科技成果转化计划，培育产业服务新业态

1. 促进高新技术企业科技成果转化。集成推进一批创新水平高、产业带动性强、具有自主知识产权的成果转化和产业化。鼓励高新技术企业通过科技成果展示交易平台和中国海峡项目成果交易会等平台，展示晋江市高新技术企业的科技创新产品，开展创新项目与生产力对接活动，实现技术交易，强化创新成果与产业对接，推动创新成果产业化。

（1）对纳入国家高新技术产品目录，并在我市转化落户的技术成果，优先安排科技立项，给予15—50万元资金支持。

（2）对通过《企业知识产权管理规范》（GBT29490—2013）认证的企业，一次性给予10万元的奖励。

（3）高新技术企业通过晋江市科技成果交易平台上引进非关联企业、科研院校，专利权人的科技成果（专利技术）的，按技术交易额10%予以补助，单个项目奖励不超过30万元，年度最高不超过100万元。平台运营机构促成晋江企业实现技术交易的，按技术交易额的5%予以奖励，单个项目奖励不超过10万元，年度不超过200万元。

2.促进科技中介服务机构发展。积极实施高新技术产业服务化战略，推动高新技术服务业与高新技术制造业相融合，推广“产品制造+服务”、“终端产品+服务”等模式的发展。大力培育和发展各类科技中介服务机构，使我市的科研条件、知识产权保护、产权交易、技术交易、科技成果产业化、科技服务中介、

金融服务、资讯服务专业化、规模化，逐步形成结构合理、功能完善的高新技术产业科技服务体系。

(1)对在晋江市新设立的专利代理机构，并为晋江市产业服务一年以上的，一次性给予20万元的奖励。

(2)对在晋江的专利代理机构和专利代理机构的办事机构为晋江企业代理发明专利申请，并获得授权的每件补助300元，年度最高不超10万元。

(六)实施人才强企计划，搭建创新型人才高地

1. 加快集聚海内外优秀人才。全面实施高层次人才"海峡计划"，坚持引进项目与引进人才相结合，以项目资金带动人才引进，吸引海内外优秀人才带团队、项目、技术前来晋江创业，促进一批具有自主知识产权的科技成果转化和产业化，推动高新技术产业发展。

(1)高新技术企业引进优秀人才，根据《关于加快集聚优秀人才的若干意见》(晋政文〔2015〕87号)，经认定，按照一至五类，享受优秀人才津补贴、购房补贴、学术活动资助等政策。

(2)对引进高新技术产业领域优秀创业团队和项目，根据《关于加快引进优秀创业团队和项目的若干意见》(晋政文〔2015〕83号)和《晋江市引进优秀创业团队和项目评审办法(试行)》(晋委办〔2015〕204号)，经评审，按国际一流水平、国际高端水平、国内先进水平、国内优秀水平、高成长性等五大类别分别提供创业启动资金、工作场所保障、成果转化资金、政府社会风险投资、贷款贴息等扶持政策，其中创业启动资金最高分别为500万元、200万元、100万元、50万元和20万元。

2. 加快提高科研人员成果转化收益。下放科技成果获得的奖励资金使用权，直接交给科研项目完成人员，提高科研负责人、骨干技术人员等重要贡献人员和团队的收益。晋江市科学技术进步奖和专利奖获奖项目奖金直接发给获奖项目完成人员。

三、组织领导和保障措施

(一)加强领导，强化责任。市政府加强协调和督促，系统研究、统筹协调高新技术产业相互促进、良性互动的具体措施，整体推进，重点突破。各镇(街道)、经济开发区要高度重视，建立"一把手"亲自抓，分管经济工作的领导具体抓、科技副镇长(主任)协助抓的新体制。建立和完善高新技术产业发展目标考核机制，将高新技术产业增加值增长率、R&D投入纳入到镇(街道)、经济开发区领导班子实绩考核。各有关单位在开展工作时，要求其建立研发投入统计台账，提供上年度科技统计报表，并作为审核批准或享受优惠政策的必备条件。镇(街道)、经济开发区要按照本措施的要求，明确分工，强化责任，落实到位。

(二)完善机制，形成合力。建立和完善全市高新技术产业的统计监测体系，对全市高新技术及产业进行统计监测，对应纳入统计而未纳入统计的企业和产品进行及时增补。进一步下放行政审批权限，减少行政审批事项，优化服务环境，简化审批流程，提高办事效率，对高新技术企业和高新技术项目，在工商注册、税务登记、企业认定、项目审核等方面简化手续、优先办理，为高新技术企业提供便利化服务。

(三)加大宣传，营造氛围。充分发挥晋江电视台、晋江经济报等专业类媒体的宣传引导作用，跟踪报道我市高新技术产业扶持政策，大力宣传高新技术企业的典型事迹和发展经验，树立一批高新技术示范企业。

四、附则

(一)本措施中，同一企业(机构)、项目(技术)及产品，多级获奖(配套补助)的，以最高等次奖励补助，不予重复奖励补助。

(二)凡生产废弃物超标排放、"三合一"整改不达标、恶意欠薪、偷税漏税或者构成重大危险源而未按要求评价登记的企业(单位)，自其被查出(或发现、认定)直至整改达标或按规定接受处罚之日起的两年内，不予享受任何鼓励扶持政策。

(三)对企业、单位或个人在申请政策资金过程中，有弄虚作假骗取、套取政策资金等违法违纪行为的，政策主管部门、财政部门有权依法依规取消其享受政策资金资格，追回骗取、套取的政策资金，并限制其五年内不得申请政策资金。同时，有关部门可依照《财政违法行为处罚处分条例》(国务院第427号令)的规定对当事企业、单位或个人予以处罚，并依法追究当事人和直接责任人责任；构成犯罪的，移交司法部门依法追究刑事责任。

(四)本措施有效期3年，自发布之日起30日后实行至2018年12月31日止。此前出台的政策、意见及相关办法等与本措施重复或有冲突之处的，以本措施为准。

(五)本措施由市科技和知识产权局牵头会同有关部门负责解释并组织实施。

晋江市人民政府

2016年5月6日

晋江市国民经济和社会发展第十三个五年规划纲要的编制说明

晋江市发展和改革局

2016年1月6日

一、关于《纲要》的形成过程

根据省、泉州市的统一部署和市委、市政府的工作安排，我市于2014年年底启动"十三五"规划研究，总体分两个阶段进行：第一阶段的主要工作是编制"十三五"规划《基本思路》，采取部门自主编制与专家辅助研究相结合的方式进行，先后组织实施了18个前期重点课题、启动了28个专项规划编制工作，在此基础上，于2015年8月中旬形成《基本思路》初步研究成果，经过多轮征求意见、多次修改完善后，于2015年11月27日通过市政府第66次常务会研究；第二阶段的主要工作是根据《中共晋江市委关于制定晋江市国民经济和社会发展第十三个五年规划的建议》主要精神编制《纲要》，与《基本思路》的修改完善工作交叉进行，于2015年11月中旬形成《纲要》初稿，经过广泛征求、吸纳市委、市人大、市政协以及市直相关部门、各镇（街道）、社会各界代表的意见建议后，分别于2015年12月30日和31日通过市政府第68次常务会议和市委第134次常委(扩大)会议研究。

二、关于"十三五"时期晋江经济社会的发展基础和发展前景

《纲要》认为，"十二五"期间，尽管国内外经济形势持续低迷不振，我市又处在"经济转型、动力转换、增速换挡"的艰难时期，但全市经济社会发展仍然保持平稳健康的良性态势，为"十三五"时期的创新转型、跨越发展奠定了坚实基础。《纲要》围绕国际国内形势和我市的发展阶段特点，全面分析了"十三五"时期我市经济社会发展将面临的机遇和挑战，认为"十三五"时期我市总体上仍将处在大有可为的政策红利期和战略机遇期，但是，同时面临着经济失速、结构失调、城乡失序以及发展活力弱化、开放动力衰退、发展空间紧张、社会发展不协调等七个方面的发展风险。

三、关于"十三五"时期晋江经济社会发展的基本构想

（一）指导思想和基本原则。《纲要》认为，"十三五"时期我市经济社会发展的指导思想应该是：高举中国特色社会主义伟大旗帜，全面贯彻党的十八大和十八届三中、四中、五中全会精神，以马克思列宁主义、毛泽东思想、邓小平理论、"三个代表"重要思想、科学发展观为指导，深入贯彻习近平总书记系列重要讲话精神和对福建工作的重要指示，坚持全面建成小康社会、全面深化改革、全面依法治国、全面从严治党的战略布局，坚持发展是第一要务，着力创新发展、协调发展、绿色发展、开放发展、共享发展。认真落实中央、省、泉州支持晋江发展的重大决策部署，以转型升级、跨越发展为主线，以创新驱动为核心战略，以提升人民群众获得感为目的，全面推进经济建设、政治建设、文化建设、社会建设、生态文明建设和党的建设，凝心聚力，创新突围，重塑优势，丰富"晋江经验"，持续当好机制活、产业优、百姓富、生态美"新福建"建设的县域排头兵。《纲要》还提出贯彻这一指导思想必须坚持的六个原则，即：坚持科学发展、跨越发展；坚持改革创新、全面转型；坚持补齐短板、均衡发展；坚持开放引领、合作共赢；坚持以人为本、共治共享；坚持生态优先、绿色发展。

（二）发展目标。《纲要》提出了"建成更高水平的全面小康社会，率先迈入新兴高收入经济体行列"的总体目标，并规划了经济发展、创新转型、城市建设、民生保障、生态文明等五个方面、43项预期指标，其中：地区生产总值年均增长8.5%左右，到2020年力争突破2500亿元；一般公共预算总收入年均增长6%；中心城区建成区面积拓展到117平方公里；中心城区人口增加到128万人；城镇化率提高到70%。

（三）战略布局。《纲要》提出了"一主两辅、一轴两带、多点支撑"的战略布局："一主两辅"——就是继续按照"一个主城区和晋西、晋南两个辅城区"的市域空间结构统筹"全市一城"发展，推动晋江全域融入厦漳泉城镇联盟发展带;“一轴两带”——就是打造“城市发展主轴”以及“西南向‘主辅联动’发展带”和“东南向‘主辅联动’发展带”,强化市域内联外接功能;“多点支撑”——就是打造“三廊十一区”多业并举、多点支撑的增长格局,推动城市、经济、社会全面跨越发展。

四、关于“十三五”时期晋江经济社会发展的主要任务

《纲要》围绕“创新驱动、改革深化、结构升级、城市提质、民生福祉、生态文明、开放提升”等七个重点,提出了“十三五”时期经济社会发展的10个方面主要任务。

(一)加快推进产业转型升级。围绕提升晋江产业在全球价值链分工地位的战略目标,推动产业经济“四元融合、三链延伸、五化转型”,培育“5561”现代产业体系,支撑区域产业体系向中高端迈进:一是改造提升传统产业。谋划实施产业转型升级路线图,推动传统产业差异化、高端化发展,力争至2020年,传统产业产值突破5000亿元。二是培育发展新兴产业。盯紧高潜力、高需求市场领域,加快嫁接新技术、拓展新领域、延伸产业链新环节,推动新兴行业整体跨入发展快车道,力争至2020年,新兴产业产值突破1500亿元。三是做大做强现代服务业。顺应产业跨界转型新趋势,推动现代服务业与关联产业深度融合,培育发展新产业、新业态、新模式,力争至2020年,服务业增加值占GDP比重提高到34%。四是打造海洋经济强市。加强海洋资源环境管理,优化海洋产业布局,推进“科技兴海”战略,培育海洋产业集群。五是构建未来产业蕴育体系。建立未来产业发现机制、健全未来产业孵化体系、探索宽容失败的体制机制,营造未来产业催化、孵化生态环境,蕴育未来产业发展机会。六是拓展提升产业空间。推动“一区多园”提质升级,探索建设异地产业园区,改造升级镇村工业园区,提升产业空间承载转型发展能级。

(二)深入实施创新驱动发展战略。坚持以市场需求为导向配置创新资源,构建创新资源汇聚网络,营造公平创新环境,激发市场主体创新活力,以创新提升产业优势、催生新型业态、驱动经济持续增长:一是培育企业创新能力。狠抓骨干企业创新跃升、中小企业创新孵化,强化企业创新主体作用,引导企业全方位创新。二是优化创新资源配置。建设产业创新信息服务中心、健全产业创新公共服务平台、打造众创空间、构筑科技创新孵化保障链条,破解创新信息共享壁垒、创新资源配置障碍,促进创新资源高效配置。三是汇聚创新创业人才。加强创新创业人才引进和培养,优化人才创业环境,营造多元创新文化,多方汇聚智力资源,开拓人才引领创新的工作局面。四是构建科技金融体系。建设科技金融合作平台,创新科技融资模式,探索网络金融服务,推动科技与金融高效对接。

(三)全面深化各项改革。坚持问题导向,全面深化经济社会各领域改革,破除各种体制机制障碍,激活市场活力和社会创造力:一是加快转变政府职能。进一步规范政府行为边界、放宽市场准入门槛,推进简政放权、放管结合、服务优化,推动治理能力现代化;二是深化民综配套改革。处理好政府与市场的关系,统筹推进供给侧、财税、科技、开放型经济等重点领域改革,使市场在资源配置中发挥决定性作用,增创民营经济发展新优势。三是推进新型城镇化综合改革。稳步推进农业转移人口市民化成本分担机制建设和农村宅基地制度改革、城建投融资体制改革,探索新型城市行政管理模式,消除农业转移人口市民化的成本、制度、能力障碍。

(四)打造海丝前沿高地。发挥区位、产业、侨力、人文优势,把握“海丝”战略机遇,拓展开放新空间,激活开放新动力,在更大范围、更宽领域、更高层次融入全球经济体系:一是加强开放平台建设。强化开放平台创新、拓展开放平台功能,推动出口加工区转型升级、海陆空口岸能级提升、国际交流平台多元发展,增强开放型经济吸引力、承载力、竞争力。二是培育外贸竞争新优势。适应国际环境新变化,优化外贸市场布局,提高进出口产品质量层次,推动外贸转型升级。三是拓展国际经贸合作。对接国际经济合作走廊,协同推进“引进来”、“走出去”,提高集聚、运用、配置全球要素资源的能力。四是深化晋台交流合作。加强经贸合作、文化交流和直接往来,推动晋台交流合作再上新水平。

(五)推进新型城镇化建设。坚持“环湾面海、对接泉厦”,扣紧“一主两辅、一轴两带、多点支撑”布局结构,强化空间统筹、优化城乡环境、完善城市功能、提升要素集聚度,推动城市整体走向“沿江、沿海”时代,抢占环湾城市建设制高点:一是保障城市发展空间。完善土地管理制度,优化土地利用方式,提高土地利用效率,保障城市发展和产业转型空间需求。二是健全城乡规划体系。推进规划管理体制改革,完善城乡规划体系,统筹空间资源配置,保障城乡空间有序发展。三是提升城市功能品质。统筹推进中心城区、辅城城镇、美丽乡村建设,突出提升城市要素集聚度和综合服务功能,增强城市综合承载力。四是加强城市综合管理。深化省级城市综合管理试点,健全城管机制,创新城管手段,提高城市综合管理水平。五是强化基础设施支撑。推进交通、能源、市政、水利、信息等重大基础设施建设,构建城乡一体化基础设施体系。

(六)推动三农全面发展。着力解决“三农”问题,破除城乡二元结构藩篱,提升农民幸福指数:一是加快发展特色现代农业。转变农业发展方式,构建现代农业体系,提升现代农业发展水平。二是深化美丽乡村建设。创新农村长效发展机制,加强农村环境整治,提升农村生产生活品质。三是确保实现全面脱贫。落实中央关于打赢脱贫攻坚战的决定,完善扶贫工作机制,健全脱贫攻坚支撑体系,实施精准扶贫、精准脱贫,实现全面脱贫。

(七)加强生态文明建设。争创国家生态文明建设示范市,健全生态文明制度体系,加强生态建设和环境保护,推动绿色循环低碳发展,促进人与自然和谐共生:一是培育绿色低碳经济。倡导绿色低碳发展理念,加快推进节能减排、发展循环经济,突破资源环境瓶颈制约。二是强化环境综合治理。注重污染源头防治,全面提升环境质量。三是加强生态环境保护。优化国土空间开发格局,加强生态功能区保护、生态环境修复,增强区域生态系统支撑能力。四是健全生态文明制度。构建系统完善的生态文明制度体系,用制度保护生态环境。

(八)提高民生幸福水平。坚持“以人为本、共治共享”,高标准补齐民生“短板”,解决好人民群众最关心、最直接、最现实的利益问题,让人民群众有更多获得感:一是优先发展教育事业。推进教育改革创新、均衡发展,提高教育质量,优化教育结构,促进教育公平,在全省率先实现教育现代化。二是提高健康保障水平。深化医药卫生体制改革，完善健康服务体系，提高医疗服务能力。三是健全社会保障体系。提升社会保险、养老服务、住房保障、社会救助等服务保障水平，促使改革发展成果全民共享。四是促进居民就业增收。实施就业优先战略，完善就业服务体系，优化创业服务环境，多渠道、多形式促进就业增收。

（九）提升城市文化软实力。坚持文化软实力与经济硬实力同步提升，深化文明城市创建，扩大对外文化交流，推动文化事业、文化产业创新发展，增强城市文化影响力、感召力和竞争力：一是深化文明城市创建。培育和践行社会主义核心价值观，提升市民文明素质和社会文明程度，争创全国文明城市。二是繁荣发展文体事业。塑造城市文化品牌，构建现代化文体服务体系，扩大文化服务供给，促进公共文体服务标准化、均等化。三是发展壮大文化产业。建设文化产业园和示范基地，培育文化产业集群，推动文化产业成为重要支柱产业。四是拓展对外文化交流。在更高站位、更高平台上拓展对外文化交流，扩大城市文化影响力。

（十）推进社会治理现代化。把依法有序、公平正义作为维护社会稳定的首要原则，构建全民共建共享社会治理格局，增强社会自我调节功能，推动社会治理体系和治理能力现代化：一是加强民主政治建设。坚持和完善人民代表大会制度，坚持中国共产党领导的多党合作和政治协商制度，加强侨务和对台工作，依法管理民族、宗教事务，充分发挥各民主党派、工商联和社会组织的作用，注重发挥工会、共青团、妇联等群团组织联系和服务群众的作用，扩大和完善基层民主。二是全面推进依法治市。加强法治政府、法治社会建设，保障司法公正，打造“法治晋江”。三是加快建设“诚信晋江”。健全社会信用法规体系、标准体系和监管体系，完善社会信用体系运行机制，改善经济社会运行环境。四是推进社会治理创新。创新社会治理体制机制，加强基层治理体系建设，鼓励社会各方参与，推动政府管理与社会自我调节和居民自治良性互动。五是深化平安晋江建设，加强社会治安综合治理，拓宽民意沟通渠道，深化和谐劳动关系构建，预防和化解各种社会矛盾，确保群众人身财产安全。六是加强党的组织建设。推进党的执政能力和先进性建设，进一步提高党领导经济社会发展的能力水平。七是推动军民融合深度发展。完善军民融合机制，发展军民融合产业，争创“全国双拥模范城”七连冠。

五、关于“十三五”期间的重点建设项目规划

经过多轮筛选策划，全市共计生成“十三五”期初重点支撑项目670个，总投资4677.6亿元，其中“十三五”期间计划投资2528.4亿元。具体包括：交通项目59个，总投资351亿元，五年计划投资287亿元；能源项目6个，总投资251.5亿元，五年计划投资106.9亿元；农林水利项目24个，总投资92.1亿元，五年计划投资59.3亿元；社会事业项目127个，总投资173.7亿元，五年计划投资133.3亿元；城建环保项目84个，总投资1181.2亿元，五年计划投资515.3亿元；商贸服务项目169个，总投资1642.6亿元，五年计划投资864.3亿元；工业项目201个，总投资985.4亿元，五年计划投资562.2亿元。

六、关于“十三五”规划的组织实施

如果《纲要》（草案）通过大会审议，市政府将从五个方面推动《纲要》有效实施：一是分年度制定实施计划，分解落实《纲要》目标任务；二是衔接平衡各类规划，增强《纲要》的宏观指导作用；三是动员社会各界参与，凝聚《纲要》实施合力；四是加强规划实施监督，定期组织《纲要》执行情况跟踪分析，并及时向市人大报告、向市政协通报实施情况；五是强化规划评价考核，督促各方共同推动各类规划落实到位。

各位代表，谋划好、制定好“十三五”规划纲要，是当前全市政治工作、经济工作的一件大事，恳请各位代表认真审议，提出宝贵意见，促使《纲要》更加科学、更加完善、更具指导性和可操作性，成为今后五年凝聚全市工作合力、激发全市创新创业热情，指导、推动晋江创新转型、跨越发展的行动纲领。

附：

《纲要》编制说明有关名词注释

（1）“一主两辅、一轴两带、多点支撑”：

一主两辅——继续按照“一个主城区和晋西、晋南两个辅城区”的市域空间结构布局统领“全市一城”发展，进一步强化主辅联动、区域协同，推动晋江全域融入厦漳泉城镇联盟发展带战略格局。主城区着力打造一批重大生产性服务业集聚区、大型公共服务和功能配套设施，推动城市功能加速软化，引领全域转型发展；晋西、晋南辅城加快实施规划对接、布局调整、资源一体化利用等发展战略，推动基础设施、公共服务与主城区等高对接，安海、东石以及内坑南部城镇空间相向发展，英林、深沪、龙湖融入晋南辅城发展框架。

一轴两带——围绕强化市域内联外接功能，打造“一轴两带”空间支撑系统：“一轴”，指城市发展主轴。主要通过世纪大道、中通道、杭深线福厦段晋江火车站、城际轨道交通、新建福厦客专等市域纵向交通轴线，串联滨江组团、城北组团、池店南片区、九十九溪田园风光项目、博览片区、福厦客专晋江南站、东石高新产业园、滨海新区等“东北—西南”向产业、城市空间组织，打造“交通·产业·组团”复合发展主轴，促进“两湾”联动发展，强化对泉、对厦经济联系。“两带”，指西南向和东南向“主辅联动”发展带，其中：西南“主辅联动”发展带重点依托沈海高速、双龙路等交通线，联结包装印刷基地、杭深线福厦段晋江火车站前物流区、装备制造业基地（安内园）等产业空间组织，强化城市西南向发展空间格局；东南“主辅联动”发展带重点依托围头疏港支线、深安线、东部快速通道、横九线等交通线，联结经济开发区五里园、食品产业园、永和高铁新区、龙湖时尚服饰织造园、体育产业基地、装备制造业基地（金深园）等产业空间组织，强化城市东南向发展空间格局。

多点支撑——立足城市开发现状和新一轮转型提升的空间需求，统筹优化市域发展空间组织，着力打造“三廊十一区”多业并举、多点支撑的增长格局，具体包括：主城创新活力走廊——主要依托世纪大道中、南段两侧以及罗裳片区、行政中心总部区等改造区域，打造驱动全市域转型发展的混合型、多业态创新示范区、中心活力区；环湾高端商务走廊——主要依托泉州湾环湾一带的滨江组团二期、城北组团、鞋都片区等组团片区，打造泉州“陆家嘴”、国际化资源要素配置中心;滨海运动休闲走廊——主要依托晋东南沿海大通道两侧,在更高层次上规划、定位、建设"国家体育产业基地",打造滨海运动休闲旅游目的地,激活城市滨海繁荣带;围头湾跨界经贸合作区——主要依托滨海新区,打造引领未来发展的生产性服务中心、服务贸易创新基地、复合型生态滨海新城;东石高新技术产业培育区——主要依托东石高新产业园,打造高新技术产业增长极;新塘智能制造产业示范区——主要依托智能装备产业园,打造具有区域影响力的、科工贸一体化的轻型智能装备产业高地;城西交通会展复合功能区——主要依托博览片区会展中心和综合交通枢纽,打造中心城区西向发展的重要引擎;晋西现代物流商贸集聚区——主要依托内坑、磁灶区域,打造闽南地区重要物流基地、五金建材集散中心、"道口经济"综合示范区;金井科教产业集聚区——主要依托福州大学(晋江)科教园以及周边晋南水城区域,打造集科技成果转化、高新企业孵化、创新创业人才培养等功能为一体的综合性智力高地;莲花汽车及产业链驱动区——主要依托装备制造业基地(金深园)及周边区域,加快催生汽车产业集群;和平中路临空经济活力区——主要依托泉州晋江国际机场周边及和平中路两侧区域,培育航空物流、航空维修、国际商务、旅行商业等高端业态;紫帽休闲度假旅游集聚区——主要依托紫帽片区,打造具有闽南特色的生态文化旅游小镇;深沪海洋经济成长区——主要依托深沪国家中心渔港、泉州港远洋渔业作业区和海洋生物科技园,打造海洋经济发展示范基地;传统产业转型提升拓展区——主要依托时尚服饰织造园、食品产业园、新塘园以及安东园印染集控区,推动传统产业向中高端转型发展,同时依托装备制造业基地(安内园),打造国内知名的机械装备制造中心。

(2)"四元融合、三链延伸、五化转型":"四元融合"指传统工艺与信息技术、规模制造与定制生产、线上营销与线下营销、制造业与服务业相融合;"三链延伸"指延伸拓展产业链、价值链、创新链;"五化转型"指推进智能化、高端化、服务化、品牌化、国际化转型。

(3)"5561"现代产业体系:第1个"5"指5大传统支柱产业——纺织服装产业、制鞋产业、食品饮料产业、建材陶瓷产业、纸制品及包装印刷产业;第2个"5"指5个战略性新兴产业——新材料产业、光伏电子产业、海洋生物产业、智能装备及机械制造产业、汽车制造及零部件产业;"6"指6个现代服务业——科创设计产业、商贸物流产业、互联网及信息服务产业、金融服务产业、文化旅游产业、体育健康服务产业;"1"指1个未来产业蕴育体系。

(4)"一区多园":"一区"指经济开发区;"多园"指五里综合园、安东生态园、金井高新园、东石高新产业园、磁灶印刷园、安内装备园、英林服装园、深沪中小企业园、新塘工贸园、国家体育产业基地、食品产业园、时尚服饰织造园、智能装备产业园。

《晋江市集成电路产业发展规划纲要(2016—2025年)》(摘录)

2016年9月,《晋江市集成电路产业发展规划纲要(2016—2025)》(以下简称《纲要》)出台,旨在科学谋划晋江市集成电路产业发展蓝图,构建"芯片设计—制造—封装测试—装备与材料—配套及终端应用"的集成电路全产业链生态圈、资源生态圈、智能生态圈、企业生态圈、人才生态圈,努力实现晋江市集成电路产业跨越式发展。

"三大定位"指方向

——全球重要内存生产基地

根据《纲要》,晋江集成电路产业的第一个发展定位是:紧盯国家战略方向及国内外市场缺口,以晋华项目为龙头,重点发展内存产业,布局内存制造、设计、封测、模块及组装全产业链,打造全球重要的内存生产基地。

据福建省集成电路产业园区筹备组相关人员介绍,晋华项目坐落在晋江集成电路产业园区,由福建省电子信息集团和泉州、晋江两级政府共同投建,主要生产内存晶圆,预计2018年9月形成月产6万片的生产规模。届时,将打造国内首家拥有自主技术的存储器产研一体化企业。

——海西地区特色集成电路全产业链生态圈

根据《纲要》,晋江集成电路产业的第二个发展定位是:以集成电路制造为主,封装测试、设计为辅,装备材料、应用终端为配套,以龙头项目为带动,打造海西地区特色集成电路全产业链生态圈。

集成电路产业与传统产业协同发展,形成以内存、逻辑芯片、传感器等为支撑的应用终端产业,这是晋江集成电路产业的一大亮点。晋江将重点支持智能鞋服等智能穿戴,并规划发展从纺织、鞋服、芯片、电子元件、生产组装,到信息软件服务的全产业链。开发智能装备、智能汽车、物联网等应用终端产品。

——两岸集成电路产业合作示范中心

晋江位于"海丝"先行区的前沿区域,更位于海西经济圈核心地带,与台湾地区一衣带水、同宗同源,是晋江承接利用海峡对岸高度发达的集成电路产业链条,加速追赶、弯道超车的天然优势。

《纲要》结合晋江区位优势,提出集成电路产业的第三个发展定位:充分发挥对台优势,推进深度合作,承接台湾地区技术转移,打造两岸集成电路产业合作示范中心。

十年"三步走"

《纲要》明确提出,晋江集成电路产业发展的总体目标是,到2025年,产值达千亿。为实现此目标,晋江规划建设"三园一区",即科学园、工业园、设计园和综合保税区,为集成电路产业发展提供强大的平台支撑,并制定了"三步走"方案。

——起步阶段（2016年—2019年）

晋江将引进产业链条上下游配套企业，推动与本土传统产业协同合作。同时，加快晋华项目建设及技术开发，2018年完成建厂并试产，达产后每月产能6万片。

——发展阶段（2020年—2022年）

晋江将持续引进培育与电子信息终端相关的集成电路设计企业，集成电路封测、装备及材料项目将在该阶段陆续落地投产。

——腾飞阶段（2023年—2025年）

晋江将引进国际化优质企业，往高端内存产品发展。同时，晋华项目将在该阶段持续加快技术开发及产能扩充，目标月产能20万片。

龙头项目带动，布局全产业链

《纲要》提出，晋江集成电路产业将形成以制造为主，封装测试、设计为辅，装备材料和应用终端为配套的集成电路全产业链发展格局。

重点建设晋华内存制造项目，初期以利基型内存产品为基础，待产品技术、生产良率稳定后，逐步往高端内存产品发展，以满足国内需求，力争成为国内第一大内存生产制造企业。同时，重点引进台湾地区及祖国大陆龙头封装测试企业，完善集成电路产业链配套。

同时，依托晋华项目，融合晋江优势传统产业，发展具有前瞻性、创新性的智能化产品芯片设计，包括网络芯片、CIS、RFID等。依托福建省平板显示产业，支持发展面向光电显示模块的芯片产品，包括面板驱动、触控、高速接口、LED芯片等。依托园区产业配套，积极推进集成电路装备材料产业发展。

综合配套保障，强化产业顶层设计

《纲要》强化产业顶层设计，完善政策体系，统筹协调整个产业发展。此外，还聘请国内外知名专家担任晋江市集成电路产业发展决策咨询顾问，建立外部专家智库团队及咨询制度，持续跟踪研究国内外集成电路产业发展态势。

在人才引进方面，《纲要》将高层次集成电路人才的培养和引进纳入晋江市重点人才工作赶超计划。在人才政策上向集成电路产业倾斜，从工作津贴、薪酬补贴、创业扶持、科研资助、人才培养补助到户口迁入、子女就学、社会保险等配套方面全方位保障。

在科研支撑服务体系方面，将成立晋江集成电路设计及研发服务中心，提供专业服务以及知识产权公共服务两大平台，为企业提供软硬件、培训宣传、技能认证、测试等共享服务。成立集成电路产业联盟或协会，整合企业、学校、研究机构、中介机构等资源，成为政产学研之间的沟通管道，互通产业资讯，提供专业服务。定期举办交流活动，促进晋江市集成电路相关企业紧密合作并开展对外交流，完善行业生态圈。

完善产业投融资体系。每年统筹安排一定比例财政预算作为专项产业扶持基金，制定资金管理计划办法，具体金额按照每年重点支持项目及相关优惠政策需求。

利用有利的区位优势，加强与台湾地区集成电路产业的合作，在产业基金扶持、投融资、企业成长激励、科研鼓励、人才优待及其他相关配套方面给予更优惠的政策。

晋江市创新人才发展机制驱动产业质量发展的实践与探索

市委组织部课题组

人才是产业发展的源动力，产业是人才的集聚体。近年来，晋江市以首批福建省定人才强市试点、第二批全国社会工作人才试点为契机，坚持人才强市战略，充分释放人才红利，助推经济社会持续健康发展，创造了2个超千亿、5个超百亿产业集群，县域经济基本竞争力连续15 年位居全国第5—7位。但是，也存在传统产业创新能力偏弱、新兴产业发展缓慢、人才体制机制不够完善等问题。为此，晋江市委人才办联合人社局、经信局、科技局、高教办组成课题组，分4组深入20个镇(街道、开发区)、5家驻晋国字号科研平台及3家创新创业载体开展实地访谈和问卷调查，共计召开26场座谈会、访谈250人、发放问卷600份。同时委托市社会经济调查队从1550名优秀人才中随机抽取200名开展电话调查，并充分借鉴长三角、珠三角等沿海发达地区经验，形成如下调研报告。

一、晋江人才工作驱动产业发展现状

服务产业发展是人才工作出发点和落脚点。近年来，晋江市着力从政策创新、育才聚才、平台建设和服务保障等方面入手，推动传统产业改造提升、战略性新兴产业和高新技术产业加快聚集。

1.发挥人才政策的"磁场"效应，推动产业转型升级。围绕构建"1+N"人才政策体系目标，制定1份总方案《晋江市人才工作赶超行动方案(2015—2020年)》，出台N份配套政策，优秀人才可获最高每月1万元工作津贴或一次性1万元交通补贴，最高80万元购房补贴或申请面积不少于120平方米人才公寓，最高4万元学术活动资助。目前，共有企业经营管理人才9万人，高技能人才2.5万人，专业技术人才1.6万人，社会工作人才582人，农村实用人才4358人。2011年至今，累计认定纺织鞋服、造纸、机械等行业优秀人才1550人，兑现津补贴6768.7万元、创业扶持资金2140万元。大力实施高层次人才"海峡"计划，创业团队可获累计最高1900万元项目扶持资金。目前共有19个优秀创业团队和项目入围，将兑现启动资金1640万元。同时对特别优秀的人才采取"一事一议"，如认定国家"千人计划"专家曾福泉团队为第一类优秀创业团队，支持在晋创办液体色母染料公司，带动食品饮料和纺织化纤行业技改，引领产业快速发展。

2.发挥培育工程的转化效应，引导企业紧跟经济发展前沿。针对不同时期的产业发展现状，瞄准企业家群体，精心开展差异化培训活动。如2003年至今举办8期北大(晋江)总裁研修班，12期"创二代"青商财俊班，推动家族化管理向现代化管理转变；定期举办"晋江大讲堂"、"财智论坛"、"企业家文化沙龙"等系列高端课堂，先后邀请了郎咸平、龙永图等20多名名师大儒授课解惑，帮助紧握发展前沿。为打造高素质企业家队伍，去年以来，实施企业家素质提升行动"领航计划"，重点从一体化运营、系统化培训、项目化推进及社会化参与等四方面入手，至今已举办5期"晋江企业大讲堂"，招募25人参与企业总裁研修班，高层次人才创业训练营也已在筹备中。如晋工机械"创二代"企业家柯金鐤，带领企业实施省级重点技改项目《年产10000台装载机暨3000台挖掘机》，助推企业年产值增创30亿元，跃居全国工程机械制造商30强。

3.发挥科研平台的辐射效应，促进产学研用有效融合。投建三创园、洪山文创园等5个政产学研平台，累计推动本地企业与20多家高等院校合作实施79个产学研项目，承担27个国家级、省级重大科技项目。引入中科院海西研究院、中国纺织科学研究院、中国皮革和制鞋工业研究院等7家公共技术服务平台，累计集聚各类技术研发人才200多人，对接技术成果51项，促成22个项目签约，服务企业200多家。如引进哈工大机器人研究所专家，合作实施"智能化改造"工程，带动全市至少30%规模以上企业应用智能化装备，已累计替代人工达10万人。注重发展企业技术研发平台和众创空间，建设重点实验室、工程实验室和企业技术中心等200多家，众创空间11处，入驻创客团队537个3124人。2003年率先在全国县级设立博士后科研工作站，已集聚海内外博士300多名，有力抢占行业价值链高端。

4. 发挥专项资金的先导效应，培育高科技创新型产业。市财政设立1亿元人才专项资金、5亿元产业创投引导基金，下设智能制造、互联网+和创业创新子基金，引导基金保障优秀人才实施创业项目。自2011年起，累计投入人才资金3亿多元，其中近1亿元投资于科技创新项目，惠及优秀人才5000多人次。2015年全社会R&D投入占GDP比重提升至2.6%，科技创新型企业增至200多家。例如，浩沙实业获10万元科技进步奖励实施的“防散脱纬编无痕弹力面料开发”项目，已实现年产面料128吨，年销售收入6490万元，新增利润1600万元，带动了服装出口产业档次提升。

5. 发挥人才服务的支撑效应，优化创业就业环境。组建162名企业人才联络员队伍，深入了解企业引才引智困难，破解企业发展难题。实施创业导师行动计划，筹建海西创客学院，已集聚创业导师30名，累计举办创业沙龙、创业分享会近20期。实施人才住房保障工程，推出人才保障住房523套，兑现购房补购305万元，同步建设晋江人才大厦、人才驿站、人才安居园、专家公寓、专家活动中心等配套服务设施。出台《优秀人才享受工作生活待遇暂行办法》，为来晋人才提供企业注册、法律援助等全方位服务。

二、存在的问题及原因

虽然晋江市在创新人才体制机制、驱动产业发展方面取得一定成效，但也面临传统产业与新兴产业发展失衡的突出问题，以2015年为例，二者产值分别占79%、11%（图1），其中高新技术企业仅54家。从调查来看，产业在发展过程中遇到的主要困难分别是技术营销人才缺乏、用工成本增加、产品创新不够、订单需求不足等（图2）。从根本上说，创新型、技术型人才引领和支撑乏力是人才驱动产业发展的掣肘，产业难以转型升级的结构性矛盾在于未能处理好产业链、需求链和人才链的关系。具体体现为五个方面：

1. 人才政策效能不高。即人才政策的“杠杆作用”未能充分发挥，“政策

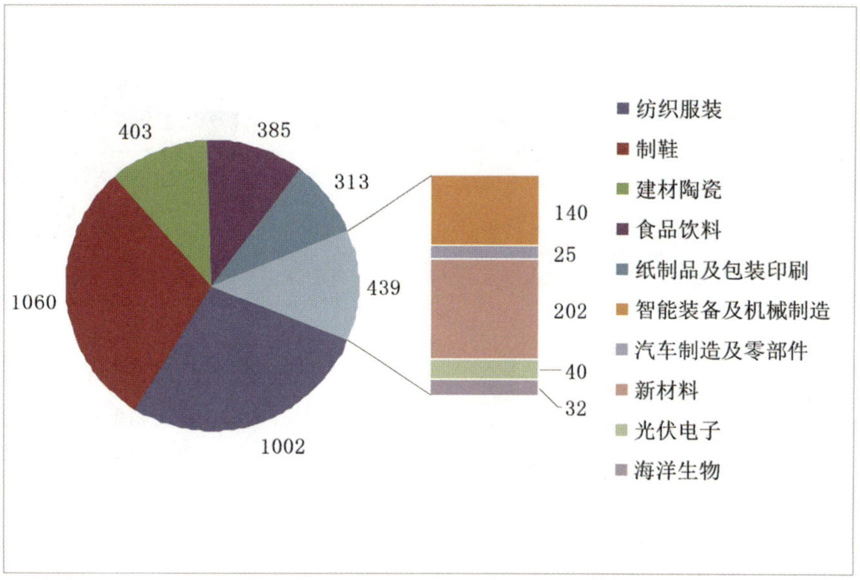

图1　2015年晋江传统产业和新兴产业的产值饼状图（单位：亿元）

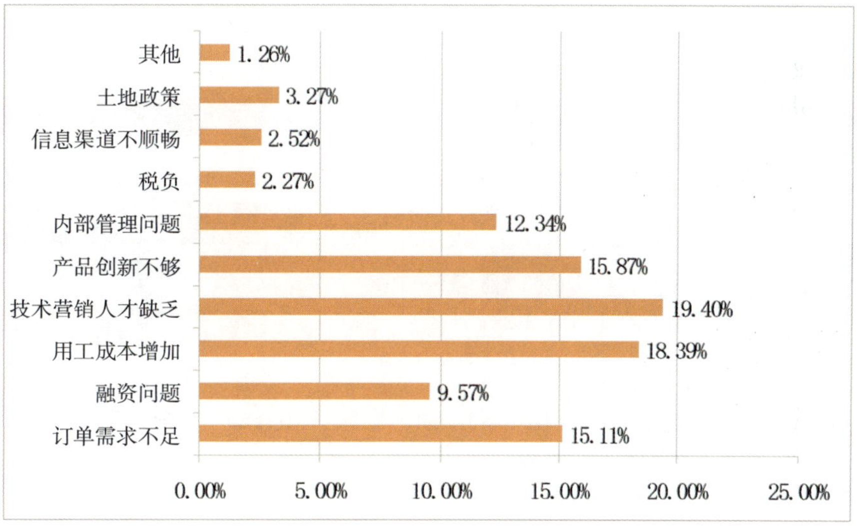

图2　产业在发展过程中遇到的困难

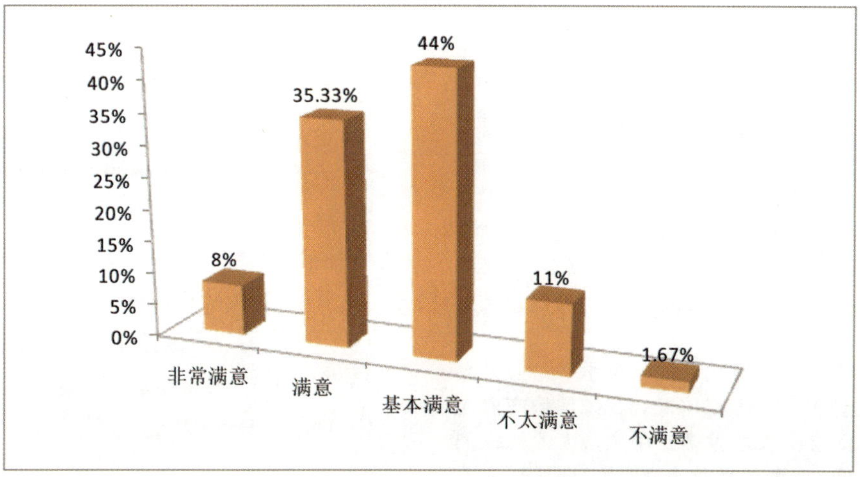

图3　企业对晋江人才政策及相关措施的满意度

红利”未能充分释放。一是政策覆盖不够全面。虽已出台“1+N”人才政策体系，但对于传统产业技能人才、专业技术人才、社会工作人才的认定仍缺失。由于技能人才是传统优势产业的发展动力，调研中至少60%企业反映技能人才贡献不可替代，须扩大人才政策覆盖面。二是政策后续配套不够完善。政策体系存在短板，重引进而开发不足。目前高层次人才引进占政策体系大部分内容，而后续开发过程如评价、激励、流动、保障等方面的政策设计仍不完善。调查结果表明，75%认为政府应多向政策后续配套内容倾斜。三是政策落实不够有力。调查显示，78.66%知晓现行人才政策，其中87.33%持基本满意态度（图3），且座谈中30%企业反映，人才认定及待遇兑现周期较长、落地较慢，必须加强宣传和执行力度，提高政策效力。

2.企业主体作用不强。一是多数中小企业仍受家族式管理制约。由于晋江的早期民营企业家大多草根出身，初期创业普遍是家族成员齐上阵，但在产业改造提升之际，多数中小企业未考虑长期规划，未能引进一些经营管理人才，仍抱“重要岗位自己人”、“聘请职业经理人要一岗多能”等滞后观念，外来人才难以真正融入企业，制约中小企业主动转型升级。二是企业引进的人才作用发挥不明显。这源于企业关注人才的即时价值，倾向市场营销类、客户服务类等特定专业人才，而引进的人才多为高级管理人员，存在对企业发展需求把握不准、契合度不够等问题，人才发挥的作用有限。实地访谈中，部分企业反映引进的人才发挥效果不佳。问卷调查结果表明，44.6%认为符合企业需求的人才难找是企业人才引进过程中的最大困难（图4）。三是企业对人才培养意识不强。由于人才流失性大，内训成本高，企业不愿主动培训，导致人才知识更新速度和个人成长慢，加剧了流动性，陷入“恶性循环”。问卷调查中，20.42%希望政府在人才培养方式的多元化上多下功夫。

3.高层次人才集聚不多。一是高层次人才比例偏低。传统优势产业的低层次人才偏多，中高层人才比例偏低，而新兴产业的领军型、研发型人才偏少，高层次人才集聚度亟待提高，未

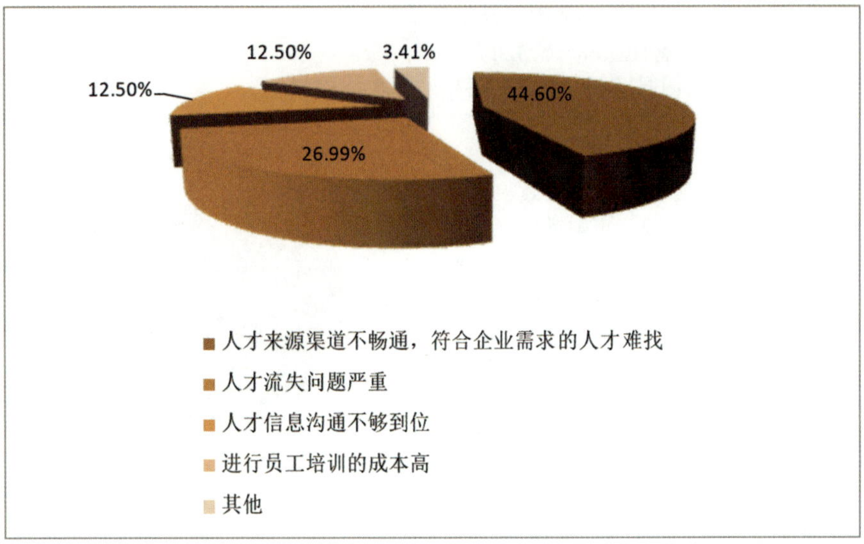

图4　企业在人才引进过程中的困难

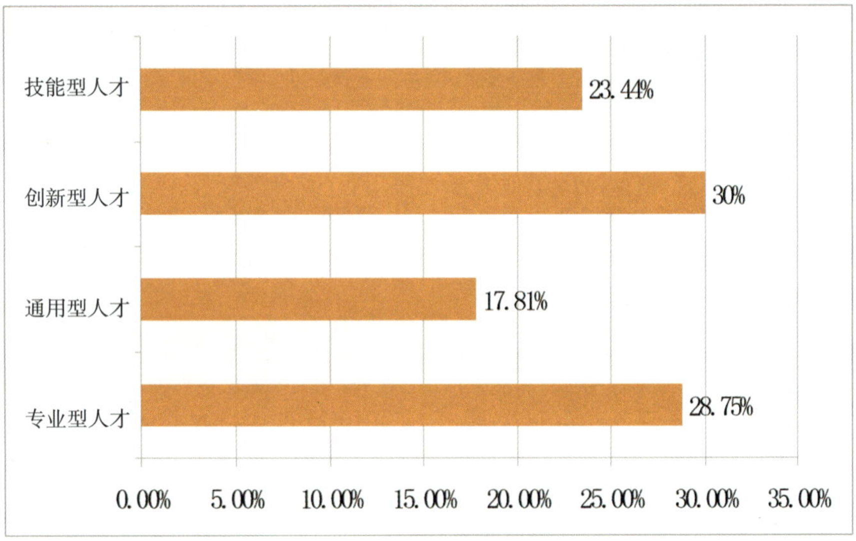

图5　企业需要的人才类型

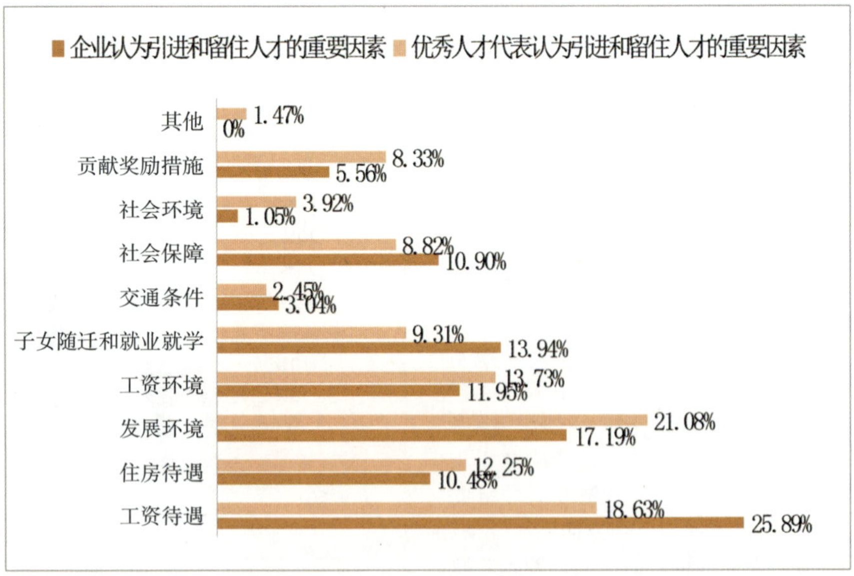

图6　企业和优秀人才代表认为引进和留住人才的重要因素占比

能形成"一名领军人才，引回一批专业人才，引进一组招商项目，引来一批高端技术，引用一套管理经验"的"雁阵效应"。调查显示至少58.75%企业亟需创新型、专业型人才（图5）。二是高层次人才交流平台缺乏。实地访谈中，80%认为缺乏高层次人才交流平台，难以通过必要社交获得前沿资讯、碰撞创业灵感，影响人才在晋成长性，缺乏归属感。一些人才建议成立高层次人才交流协会和人才基金，或政府引导企业众筹成立人才交流俱乐部。三是特色园区承载力不强。目前，晋江规划设立的特色园区，如洪山文创园、三创园、集成电路产业园等仍在发展起步阶段，产业配套设施还没跟上，产业链条不够完善，对高层次人才的承载力不够强。

4. 人才发展环境不优。目前晋江城市化水平滞后于工业化发展，基础设施和教育、医疗、娱乐休闲等生活配套仍无法完全满足外来人员需求，导致就学难、就医难等问题日益显现。电话调查中，21.08%认为发展环境是吸引和留住人才的最重要因素（图6）；吸引、稳定人才的优惠政策（占25.51%）、人才服务体系（占16.69%）是晋江人才环境需要改善的主要方面（图7）。

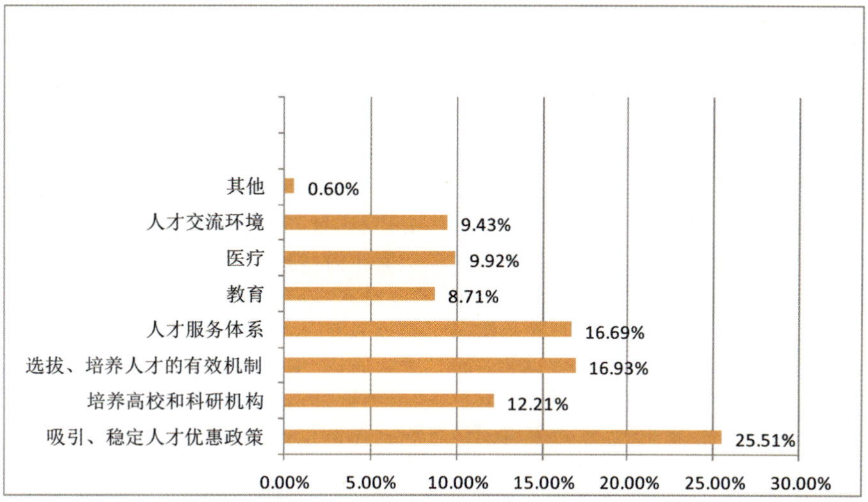

图7　晋江人才环境需要改善的内容

5. 人力市场成熟度不佳。即市场化的中介服务不足，体现为既有人才市场体系和服务功能不完善，机构数量少、发展滞后，相比其他先进地区，存在高端人资服务机构及服务专才比较缺乏、人资服务机构缺乏集聚效应、企业对本地人资服务缺乏信任、人资服务实际经济和社会效益较低等方面差距。例如，杭州拥有400多家人力资源服务机构，2015年营业额突破200亿元；深圳拥有243家，且成立市人力资源服务协会，现会员单位数量已发展至112家等。

三、深化晋江产业发展的人才发展机制对策建议

习近平总书记强调："人才资源是第一资源，也是创新活动中最为活跃、最为积极的因素。没有人才优势，就不可能有创新优势、科技优势、产业优势"。晋江市第十三届党代会提出，要大力推进人才强市、新型城镇化、国际化"三大战略"，全力建设国际化创新型品质城市。实现这一目标，必须以人才为支撑，按照"六优联动"总体思路，持续深化驱动产业发展的人才发展机制，推进供给侧结构性改革，推动经济发展动力由要素驱动向创新驱动转换，助推产业转型升级。

1. 以产业需求为导向，优化人才队伍结构。围绕战略性新兴产业的加快培育和支柱性传统产业的转型升级需求，全方位招才引智。一要实施"离岸引才"计划。依托高校、科研机构、企业在海外设立的技术研发中心或分支机构，采取自建或合建形式，市财政给予一定的建站费用补贴和运营补贴，建立海外人才离岸创新创业基地，通过课题攻关、项目孵化等方式吸引海外人才进基地开展课题或项目合作。二要实施高层次人才"海峡计划"。按"产业集聚导向、创新企业或者项目主体、人才资本市场化配置"原则，吸引集聚一批具备国际化视野、综合专业素养、掌握核心领先科学技术、熟悉市场运作的海内外高层次创业创新人才及团队，重点扶持环保、新能源、集成电路、石墨烯、生物医药、海洋经济等未来产业，对能实现重大产业突破的团队进行"一事一议"。未来4年对接、引进100个有发展潜力的项目落地，带动人才和产业发展，实现"引进一个项目，引来一支团队，引入一个产业"。三要实施高技能人才"振兴工程"。出台在职劳动者职业技能等级或学历层次提升补贴自助办法。推动轻工学院、晋江职校、大企业等与国际知名职业学校或企业等合作共建对接产业需求的院系或专业。推进企业新型学徒制，鼓励企业开展校企联合培养试点并适当予以企业培训补助。以项目经费资助建设技能大师工作室、高技能公共实训基地，加大高技能人才培养载体建设力度。四要实施"走出去引才"战略。发挥美国纽约、费城、马来西亚等海内外人才工作联络站招才引智作用，重点吸引集聚集成电路、汽车制造、智能装备等新兴产业发展需要的国际化专业人才。同时通过校地联合培养、引进海外专业培训机构或平台，大力培养集成电路等新兴产业基础性人才，满足新兴产业链对基础性人才的需求。

2. 以放权松绑为策略，优化人才举荐和评价。一要建立传统产业技能人才举荐制度。探索成立晋江市职业技能鉴定专家委员会、职业技能竞赛裁判库，邀请行业杰出人才和领军企业高管担任成员，其推荐的高技能人才可直接认定为晋江市高层次人才，并享受相关待遇。二要完善高层次人才市场化认定机制。发挥政府、市场、专业组织、用人单位等多元评价主体作用，在行业领军企业、新型科研机构、高新技术企业等开展自主评价试点，将技术创新和创造、高新技术成果转化、发明专利转化、实际经济和社会效益等作为评价依据，赋予用人单位评价自主权。三要推进技能人才多元化评价改革。鼓励支持更多学会、行业协会、专业人才评价机构等社会组织承担职称评价服务工作，选取行业特点明显的工种如版型师等，交由具备条件的行业组织开展业内技术技能人才评价，推进行业组织承接技能人才评价改革试点。四要探索产业人才分类评价办法。推动综合量化评价改革试点，建立以产业为导向、以市场认可为标准、以社会贡献度为依据的评价标准。对传统产业应用型人才，按其在企工作年限、在同一工种工作时间、工作实绩、岗位不可替代程度、累计在晋纳税额等累计积分认定。对集成电路、石墨烯等重点新兴产业，则按学术成果价值、对产业发展贡献、纳税额等认定。

3. 以市场配置为抓手，优化人才管理效能。一要建立县级特色“人力资源服务产业园”。充分借鉴“中国杭州人力资源服务产业园”建设模式，未来3年吸纳30家以上人资服务机构入驻发展，打造集人才访聘、租赁、测评、HR管理咨询等业务于一体的“一站式服务”；在建园模式上，采用“一园多区”，规划重点园区和分园区，完善基础配套设施，促进人力资源服务产业集聚，致力于将园区打造成服务产品齐全、专业化程度和技术含量高的人力资源服务供应基地。二要探索组建“人才开发集团”。以省委探索公益性的人才•科技•资本综合运营平台试点为契机，探索整合闲置市国有资产，组建“晋江人才开发集团有限公司”(简称“人才开发集团”)作为市政府直属的全资国有公司之一，每年定期注入市人才开发专项经费，代理机关事业单位人才引进收储业务、派遣人才的管理和评价、高层次人才的猎聘、评价及培训等业务；围绕产业发展需求，撮合引进创业类高层次人才来晋开展项目孵化，每年提取20%人才开发专项经费，撬动社会资本开展合作，提供人才科技项目投融资等服务，加速新产业和新业态发育。三要成立“人才基金”。发挥市政府5亿元投资和引导基金作用，专设人才基金支持人才创新创业，采取鼓励引导社会资本参与、市政府按一定比例入股、入股资金承担风险但不参与收益的运行方式，重点为战略性新兴产业、未来产业和现代服务业提供投资与服务。同时以人才基金运作为基础，建设人才创新创业政策咨询、资源对接、项目路演和基金投资服务，构建“1+1+N”即一个人才投资基金、一个人才创新创业大赛、多家人才创新园支撑的综合平台。四要打造“一站式”人才服务体系。充分借鉴深圳市“人才园”的服务模式，整合相关涉才部门，将人才引进、评定、补贴兑现、落户、社保服务等业务纳入，分设不同数量业务受理窗口和统一咨询窗口，同时配备信息咨询台、引导员、自助查询机、办事便民手册等，提供复打印机、证书翻译、技能培训等服务，通过集中办事地点和优化办事流程，力争“一站式”办完全部业务。

4. 以创新创业为主线，优化人才培育机制。一要实施企业家素质提升行动“领航计划”。为培养一支国际化高素质企业家队伍，引入投石智库轻咨询公司进行一体化运营，开展系统化培训，常年筹划开展“企业家领导力工程”、“晋江企业大讲堂”、“对标工程”、“企业家社群品牌活动”等四大活动品牌，以及集合境内外实战经验丰富的企业管理业界资深专家等资源，打造新型智库平台。通过引导企业加快技术、产品、业态等创新，让传统优势迅速嫁接创新资源，驱动转型升级；全力做强企业主体，推动更多“创二代”企业家、“专精特新”中小企业的领军人物涌现。二要实施大学生“创客公寓计划”。以我市现有众创空间的自有创客住房为首批试点，给予入驻大学生创客租金补贴，吸引大学生来晋创业，打造我市大学生创客服务品牌。鼓励资深创客、知名创客及有丰富经验的企业家和技术专家担任志愿创客导师，对符合条件的创客个人或团队项目给予一定资助，增加创客个人和团队数量，激发创新创业活力。

5. 以激发活力为目标，优化人才分配激励。一要探索股、期权激励。探索支持中小企业实施股、期权改革，如股权合伙制、员工股份定额制等，明确激励的受益对象，坚持报酬与实绩挂钩，以财富红利激发人才创新创业活力。二要改进科技创新激励。规范企业科技成果奖励分配办法，合理划分创新团队、个人、单位间的科技成果转化收益分成，确定科技成果完成人或团队的最低分配比例，加速科技成果转化。建立健全科技人才荣誉制度，定期开展企业科技人才评选活动。三要加强精神激励。分行业、分领域开展优秀人才评选，积极推荐优秀人才参选人大代表、政协委员等，多渠道宣传优秀人才先进事迹，让人才在晋江拥有更多获得感。

6. 以服务体系为保障，优化人才发展环境。一要营造国际化的人才环境。健全“政产学研金介用”服务保障，构建集创业扶持、孵化空间、科技服务、金融支撑、创业辅导、创新交流于一体的创业生态体系。创新社会资本投资教育医疗方式，持续引进国际医疗资源，加大国际学校布局和建设，建设国际人才社区，营造适应海外来晋人才就学、就医、交流等需求的国际化人才发展环境。二要打造优质的高端“人才社群”。以人才驿站为载体，积极打造人才社群。实施青年人才“生根计划”，打造青年人才创业交友、交流休闲的平台。探索设立高层次人才交流协会或引导多企业众筹成立人才交流俱乐部，打造高层次人才交流平台，提高归属感和认同感。三要营造重才爱才的社会氛围。探索设立人才节，集中时间策划系列人才主题活动。开展“科技与人才工作先进单位”评选等活动，加大对重大科技创新成果、领军人才和团队宣传力度。加强“晋江市人才工作网”、“人才晋江”微信公众号等信息平台建设，针对性宣传晋江的创新创业环境优势、产业结构优势和高层次人才创新创业的典型案例，突出晋江人才主题，提升社会影响力。

课题指导：吴忠刘
课题负责：黄建华
课题成员：蔡文思、丁锦茹
施永鑫、苏志英
张晓玲、黄宇鹏
课题执笔：苏志英

打造国际化创新型品质城市背景下市民行为素质提升的探索和思考

市委宣传部课题组

城市，承载着成千上万的市民；而成千上万的市民，依赖着城市生活并发展。市民是城市形象的主体，市民行为是城市形象最典型的表现，是市民日常生活的行为举止、文化修养、民族风情、精神风貌和人生价值观等诸多方面的综合体现，更是城市形象立体化和动态化的全面反映。要实现晋江市第十三届党代会提出的打造国际化创新型品质城市这一目标，一大重要内容就在于全面规范市民行为、提升市民行为素质，让市民的行为少一点任性，多一分自觉，这既是增强城市实力的重要途径，也是全面提升城市品质的重要举措。

一、国际化创新型品质城市是一种可持续发展定位

城市国际化是从国别尺度去衡量城市综合实力，突出表现在影响力、吸引力和辐射力等国际属性，简单而言，就是在生产要素，如人、财、物、信息以及文化等方面存在较为稳定有序、不断增加的跨国交流。国际化不仅仅是结果意义的国际化，同时也是过程意义的国际化，也就是通过国际"化"过程促进"国际"化结果。在晋江谋求国际影响力的过程中，以人的国际化、科技国际化、产业国际化过程，推动晋江最终成为一座在国际上有相当影响力的国际城市。

创新型城市的发展定位是晋江建成国际化创新型品质城市的内在驱动力，也将突破晋江原有经济发展格局限制，从原先资本、资源、劳动力要素的生产投入转化为依靠人才要素、科技要素、制度要素的创新型投入。晋江市第十三届党代会所提出的国际化创新型品质城市这一发展定位，正符合晋江社会经济持续发展的现实需求。在这阶段，经济与社会发展将逐步转变为人力要素、科技要素和制度要素的发展，在稳定原有发展格局基础上，进一步突出创新创业的主导地位。

品质型城市的目标定位是国际化城市与创新型城市的最终指向。通过晋江国际化的进程，可以鼓励晋江市民提升创新意识；而通过创新意识的培育和实践，也可以促进晋江的国际化水平，两者是相辅相成的关系。最终通过国际化与创新，实现"品质"目标，让晋江成为更多人可托付终身的"人生选择"。

当前，在"一带一路"战略大背景下，晋江将未来城市目标定位为国际化创新型品质城市符合可持续发展的基本理念和需求，既切合晋江长期经济社会发展所形成的外部城市形象，同时也是对晋江以往发展路径的肯定和整体提升。无论是国际化城市进程，还是创新型城市进程，都是为了打造高品质晋江。国际化创新型品质城市，不仅需要晋江以国际化视野谋划未来城市发展，也需要晋江坚持创新驱动核心地位，全力实施"136"攻坚行动，力推"七大"品质提升工程，着力完善城市综合功能，提升城市文化品质，打造一流的自然生态、宜居环境、功能设施、文化氛围，从而大幅提升城市软实力和竞争力，真正跻身于国际化创新型品质城市的行列。

二、市民行为素质是建成国际化创新型品质城市的重要基础

城市是市民、科技、产业的聚集地，是经济与社会发展的重要依托。未来晋江要实现上述城市建设目标，将国际化创新型品质城市从蓝图变为现实，不仅需要科技、产业、制度上的国际化与创新，更需要市民行为素质的国际化与创新。国际公认，城市发展和文明程度的一个重要基础性指标，就是城市公共生活空间中的市民行为素质，"人们通过创设城市文明这一概念，既规范了市民行为，同时也实现了自身需求"。而我国经过长期城市建设，也同样明确了一个基本道理，那就是未来的城市化，是"人的城市化"，而不是"物的城市化"或"产业的城市化"。同理可证，晋江未来的国际化创新型品质城市目标，同样是"人的国际化、人的创新化和人的品质化"。

（一）从国际化角度出发，晋江市民行为的基本素质内涵应当包括三种精神。首先是法律精神，即晋江市民生活应当在法治指引下，尊重法律权威，信任法律，全面遵守和实现国家法律法规，依法办事，努力摆脱不讲法律不讲规则的不文明、无法治状态。这是国际社会从事国际民商事活动的基本前提，也是晋江市民走向国际化应当努力调整和适应的地方。其次是契约精神，这更是晋江未来实现国际化必须关注的重点领域，所谓契约精神，就是诚实守信，无论是在商业活动中，还是社会活动中，诚实守信的契约精神都是国际社会一贯重视的基本行为素质之一。晋江未来走向国际化，走向创新发展，都必须注重契约精神，注重诚实守信。最后是包容精神，这是当下国际社会发展的一个现实需求。包容体现了一个高品质城市下市民的胸怀和心襟。包容的主体是多元的，一个人、一个群体或者一个阶层都可以成为包容的主体。随着晋江城市发展，人作为社会关系的结合体，市民包容意识的高低影响着城市建设的进程。包容意识外化为市民行为，一方面要尊重外来的文化风俗，在行为上给予外来务工人员和外地商、游客充分的尊重；另一方面要善待外来务工人员，在衣食住行、就业、医疗、社会保险等方面给予充分的保障，让其享受与本地人同样的福利待遇。

（二）从创新型角度而言，晋江市民行为的基本素质内涵主要是创新意识。创新是城市发展的核心动力，是一个国家和民族进步的直接来源，而创新又是在创新意识激发下完成的。创新意识能够促成社会多种因素的变化，能够推动晋江市民思想的进一步解放，有利于在现有基础上形成更主动、更具开拓性的、更有领先意识的生产方式。创新意识也能够推动晋江市民朝着更加法治、国际、民主和宽容的角度发展，后者也会反过来推动晋江经济社会全面进步。而且创新意识外化为晋江市民的行为，会使晋江市民成为充满生机和活力的人，成为具有开拓精神的人，也同时会成为有新思想、有道德素质和有科学素养的人。

（三）从品质角度而言，主要是生态文明意识。品质城市的一个重要衡量指标就是城市与环境之间的平衡问题。城市与环境的问题，不单单指人与自然和谐相处的问题，更主要是指人与人之间的生态平衡。生态文明是以人与自然、人与人、人与社会和谐共生、良性循环、全面发展、持续繁荣为基本宗旨的社会形态。晋江在未来国际化与创新型城市发展进程中，应当秉持生态文明理念，不仅作为制度创新、科技创新的重要内容，更作为人的创新的重要内容，以此协调人与人、人与社会的良性互动和发展。从国内角度而言，十三五时期的国内经济与社会发展已经进入“转型提质”的新阶段。城市的推进不在于速度，而在于质量。城市质量不仅仅在于衣食住行等物质层面的提升，而且需要着力培育市民的行为素质。提升新老城市居民规范文明的行为理念和精神境界，已经成为当前城市化发展面临的一项重要且紧迫任务，也关系到晋江城市建设目标的实现。晋江将国际化与创新型作为质量目标之一，同时也将品质作为重要目标，就必须深入关注市民行为素质的提升工程，将这项工作作为晋江城市发展的重要基础，脱离这项基础谈论城市建设目标的实现，无异于缘木求鱼，可能还将阻碍城市建设目标的实现。

三、晋江市民行为素质需提升的领域

虽然从整体而言，晋江市民行为素质在不断提升，但因为经济发展、人口激增等因素，也带来不少有损城市形象的问题。据不完全统计，目前晋江本地户籍人口100万左右，外来人口130万，庞大的人口基数必然带来管理问题，如市容市貌问题、征地拆迁问题、劳资问题、外来人口问题、外来人口与本地人口冲突问题等。在这些管理难题中，值得关注的就是市民行为素质的问题。结合前述第二部分，在晋江城市公共生活空间里，以下领域的市民行为素质亟待提升：

(一)在公共卫生领域的行为素质需要提升。农民就地就近城镇化是晋江农民市民化的一个重要特征。随着生存环境的改变，刚刚进入城市的新市民对于周围环境，特别是公共卫生环境应尽的社会责任有着不同的意见和评判标准。一些不文明的市民行为也就应运而生，如随地乱扔垃圾、随地吐痰、宠物粪便未及时清理，甚而在市区核心区禁养区域违法饲养鸡鸭禽畜，对周边公共卫生环境的整洁与维护造成了极大的困扰。

(二)在公共秩序领域的行为素质需要提升。公共秩序的维护落脚在人的行为素质上，突出表现在对公共场所秩序和城市交通道路秩序的遵守。然而，“人上楼，思想不上楼；车上路，观念不上路”的现象在城镇化进程中的晋江仍时有发生。从历次文明城市指数测评及模拟测评来看，公共场所不排队、大声喧哗，在观赏演出或参加活动时未遵守演出现场及会场的规定，在交通参与时，行人闯红灯、随意横穿马路、车辆随意变道、加塞、不礼让行人的行为不时上演。

(三)在公共交往领域的行为素质需要提升。随着晋江城市环境的逐渐改变，城市的开放性特征日渐突出。现有的城市生活与原来农村熟人社会中的相邻关系、价值观念等都发生了较大的变化，公共交往不仅局限在邻里、同事、亲朋之间，还有个人与陌生人、个人与社会之间的交往。反观我们的城市生活，一些人仍然不能善待他人(如公交让位、主动热情为陌生人指路等)、在得到帮助或服务未曾表达感谢，甚至出现“路怒”，引发较为严重的交通事故。

(四)在公共参与领域的行为素质需要提升。高品质的城市治理需要广大市民的积极参与。市民参与社会、经济与文化事务的治理活动，一个重要的纽带就是市民的职业，通过职业联动个人与社会。然而，一些人职业素质低下，不敬业、不担当，对公共参与缺乏主动意识，或者参与后行为不够理性、缺乏成效。比如，门难进、脸难看、事难办的现象在一些单位仍有存在；一些市民对于生态环境的构建仍然不重视，毁林损绿的行为在一定程度上仍然客观存在。

四、晋江市民行为素质提升的主要路径

提高市民行为素质是一项长期工程，也是市民素质的一场“革命”，涉及社会方方面面，必须多管齐下，多措并举。

(一)努力丰富社会公共资源供给，让市民行为无需“任性”

1. 建立普惠性、保基本、均等化、可持续的社会公共服务体系。一座国际化创新型品质城市必然要有丰富、普惠、均等、可持续性的公共服务体系，在衣食住行、就业、教育、社保、医疗等方面提供较好的保障。要突出两方面，一是把握社会公共服务体系构建的方向。要增加覆盖面，实现普惠性，要注重面向130万的“新晋江人”开放，涵盖他们的生活，加强对特定人群特殊困难的帮扶，更好地满足群众的基本生存和发展需求。二是创新公共服务提供方式。公共服务提供方式影响公共服务供给能力和共享水平，在实际操作中，要寻求机制和体制的突破，建议能由政府购买服务提供的，政府不再直接承办；能由政府和社会资本合作提供的，广泛吸引社会资本参与。比如，重点培育一批有偿服务的社会工作机构，通过购买社会服务，打造精品公共服务方式。

2. 在城市精细化管理上下功夫。城市的管理最后都要落脚在精细化上。要继续深化2014年我市实施的城市精细化管理工程，特别是注重规划建设、市政设施建设、中心市区停车场建设、公共交通服务、小区物业管理等方面的提升，使城市可以提供的公共服务资源愈加丰富，那么市民就不会争抢仅有的公共服务资源，自然在行为上就无需“任性”和“无理取闹”了。

(二)加大违法违规行为惩处力度，让市民行为不敢“任性”

现代社会发展的一个趋势是，很多国家更注重采用严格而又符合情理的城市管理制度来解决市民行为素质低下问题，对那些劣性大、屡较不改、自律意识薄弱的人来说，实行制度的“硬约束”往往比道德的“软约束”更有效和更持久。

1. 从“小微”违法、违规行为入手。市民的一些“任性”行为虽然小、不起眼，但是已经违反了国家的法律和城市的管理规定，突出表现在交通违法行为和占道经营、违建搭盖等违规行为。一方面，相关执法部门要加大巡逻，提高“见警率”，增强震慑感；另一方面，要主动靠前，遇到违法违规行为要及时制止，尤其是行人闯红灯、不走斑马线、车窗抛物等违法行为更应予及时的处罚，使市民摒弃侥幸心理，不违法则已，违法必被究。

2. 切实将政府《通告》落到实处。2016年，晋江市出台了《关于禁止违法饲养鸡鸭禽畜的通告》《关于规范市区核心区民俗和商业活动拱门、彩旗等设置行为的通告》《关于禁止乱张挂、张贴小广告的通告》《关于规范市区核心区路线和殡丧车定点位置(试行)的通告》等系列通告，以通告的形式对市民参与城市生活的部分行为予以规范，定下了规矩。然而，有了规定不去执行，或者时紧时松，不仅不能对城市公共生活起到应有的规范作用，还将使市民对行政规定的公信力和执行力产生怀疑。作为城市相关领域的管理者，相应的执法部门应严格按照《通告》的规定，严格执法，使不文明的市民行为无处遁形，不敢“任性”。

3. 将不文明行为记入个人征信系统。根据《福建省公共信用信息管理暂行办法》，加快我市信用主体诚信建设与行业信用信息系统建设。其中，在查处不文明行为时，行政执法人员有权要求行为人提供姓名、地址及联络方式等信息，对个人不文明行为予以记录并通过有关部门录入进征信系统，作为个人评先评优、提拔任用、困难补助申请、银行贷款等的重要依据。同时，相关部门将公职人员不文明行为情况抄送文明办，文明办视违规情况对该名同志予以一定比例扣发文明单位奖励金的处罚。

（三）加强思想道德教化活动，让市民行为不愿“任性”

文明行为的养成，除了靠治理，还需要道德教化。习近平总书记在近期的法律与道德的关系中就提到，法律是最低限度的道德，道德是人心中的法律，我们要注重法治建设，也不能忽视在思想道德领域的教化活动。

1. 注重新市民的教育引导。外来务工人员日益增多，农民就近就地城镇化，这些新市民的行为素质如何，直接关系城市经济社会文化的可持续发展，关系市民的整体素质。一是要深入开展新市民的思想道德教育和法律法规普及教育，引导他们学习《晋江市民公约》和《晋江市民行为规范》，促其养成良好的行为习惯和生活方式。二是依托社区、企业开办“新市民学校”，为外来务工人员和农转居人员构筑教育和培训体系，普及基本的科学文化知识，教授实用的就业技术、技能，注入良好的思想道德观念。三是把教化和服务结合起来，善待新市民，在社会保障、医疗、购房、就业、子女入学、职业介绍等方面提供与本地市民同等的服务。

2. 注重培育诚信友爱的城市道德环境。以公平正义、诚信友爱为核心的社会道德体系建设，应成为社会转型期公民道德取向获得普遍认可和接受的必要条件，这也是培育和提升市民良好行为素质的基础道德环境。首先，要发挥“中国好人”、“福建好人”、各级道德模范、美丽晋江人的示范带动作用，组织巡讲、巡演，把好人好事、先锋模范的事迹传颂到群众身边，切实让市民学身边好人，做文明晋江人。其次，发动社会各界，以邻里守望、帮扶助弱、环境保护为重点，广泛开展志愿服务活动，使志愿友爱的热情充满城市大街小巷，深入每一位市民的内心。最后，要充分利用报纸、电视台、各类新媒体的宣传效应，传播好人，同时也要揭露失信败德的不文明行为。

3. 注重发挥学校、家庭和社会教育的作用。对于学校而言，要有组织、有计划、有目的地向受教育者传授各种知识、技能以及社会规范、价值观、道德观等。通过教育，不仅使受教育者掌握谋生的本领，也利于其全面塑造自己的人格和品行，为将来进入社会做好物质和精神上的准备。对家庭而言，家庭是每一位市民的第一所学校，家长除了注重孩子的成绩外，还应特别注重孩子的品行教育，良好的品行教育不仅帮助孩子，也使家庭、社会受益。对社会而言，要在继承以往教育成果的基础上提倡终身教育，创建学习型家庭、学习型社区、学习型单位，在全社会营造良好的学习氛围，通过不断的学习教育，把市民培养成为有知识、有素质、有能力的人。

市民行为素质的提升不是一朝一夕之举，而是内化于日积月累的行为过程中。小到不闯红灯、不乱扔垃圾、不随地吐痰，大到遵纪守法、诚信经营、爱党爱国，市民的一举手一投足都是素质的体现、文明的缩影。“诚于中而形于外”，唯有通过长期的市民教育，让每一位市民都怀抱主人翁意识，以高尚的道德、优雅的情操塑造自己，以文明的言行、严格的要求约束自己，不断提高个人素质，推动城市文明水平不断提升，才能让文明之花盛开在晋江的每一个角落，也才能最终实现晋江成为“托付之城”的美誉。

课题指导：林惠玲
课题负责：吴成业
课题执笔：何跃加、刘岩澍

索引

·说　明·

一、本索引采用主题词分析法，按主题词首字汉语拼音字母顺序排列。

二、类目、分目标题用黑体字。“特载”“大事记”“附录”“人物表”“统计表”等类目文件夹内容及“概况”条目不作索引。

三、索引主题词后的数字表示页码，数字后的a、b、c表示栏别左中右。

四、空一字起排的款目为上一主题的说明项。

A

B

C

D

E

F

G

K

L

M

N

P

Q

R

S

T

W

文 化 305

X

Y

Z